国家出版基金项目
NATIONAL PUBLICATION FOUNDATION

国家社科基金重大项目结项成果
“十四五”国家重点出版物出版规划项目

二十世纪东亚抗日叙事文献整理与研究丛书

丛书主编——牛林杰

史料编·纪实卷 Ⅰ

分卷主编——韩晓

山东大学出版社
SHANDONG UNIVERSITY PRESS
·济南·

图书在版编目(CIP)数据

二十世纪东亚抗日叙事文献整理与研究丛书. 史料编. 纪实卷. Ⅰ / 牛林杰主编 ; 韩晓分卷主编. -- 济南 : 山东大学出版社, 2025. 8. -- ISBN 978-7-5607-9016-9

Ⅰ. K152

中国国家版本馆 CIP 数据核字第 2025M1F746 号

策划编辑 张铭芳
责任编辑 楚洋洋
封面设计 卡古鸟设计

二十世纪东亚抗日叙事文献整理与研究丛书 · 史料编 · 纪实卷 Ⅰ
ERSHI SHIJI DONGYA KANGRI XUSHI WENXIAN ZHENGLI YU YANJIU CONGSHU · SHILIAOBIAN · JISHIJUAN Ⅰ

出版发行 山东大学出版社
社　　址 山东省济南市山大南路 20 号
邮政编码 250100
发行热线 (0531)88363008
经　　销 新华书店
印　　刷 山东新华印务有限公司
规　　格 720 毫米×1000 毫米　1/16
　　　　 81.25 印张　1454 千字
版　　次 2025 年 8 月第 1 版
印　　次 2025 年 8 月第 1 次印刷
定　　价 450.00 元(纪实卷全 3 卷)

国家社科基金重大项目『二十世纪东亚抗日叙事文献整理与研究』结项成果

二十世纪东亚抗日叙事文献整理与研究丛书

编辑说明

“二十世纪东亚抗日叙事文献整理与研究丛书”由文学编、史料编、研究编及总目组成，其中文学编及史料编为文献整理部分。该部分内容卷帙浩繁、体裁众多，整理难度较大。现将整理编辑原则说明如下。

一、收录原则

“二十世纪东亚抗日叙事文献整理与研究丛书”文献整理卷册系统整理并收录了国内外有关东亚抗日叙事的重要文学作品及相关史料。收录作品的国别范围包括中国、朝鲜、韩国、日本、苏联等国家。苏联在传统意义上是一个横跨亚欧大陆的欧洲国家，但其远东地区位于东北亚，并且在第二次世界大战期间曾与日本直接发生战争。因此，我们将苏联列入了东亚抗日叙事文献收录的国别范围。同时，丛书也收录了抗战时期来华的一些欧美人士创作的有关东亚国家抗日叙事的作品。丛书所录中国抗日叙事作品原则上仅限于涉及东亚国家抗日或反战主题的作品。对于东亚各国战争期间创作的作品和战后创作的作品采取了区别对待的原则。战争期间创作的作品十分珍贵，能收尽收。战后创作的作品，由于各国社会制度和意识形态不同等原因，抗日记忆和叙事内容出现了一些较为复杂的变化，对此，我们坚持历史唯物主义原则，甄选并收录了各国较具代表性或影响力较大的作品。其中，篇幅较长的部分文本，视内容的不同情况，或全文收录，或节选部分重要章节。

二、所据版本

为再现东亚抗日的历史现场、确保文献的真实性，丛书收录的文献以20世纪前半期(1900—1950年)创作和发表的文献为主，部分回忆录、传记、翻译等文本则兼顾20世纪后半期发表或出版的文献。所录文献原则上以初刊本或初版本为准，以保留初始版本叙事的语境、意义和风格。对于一些初刊本难以查阅到的文献，则收录较早的转载本。在每篇文献之后均标注了文献的详细出处。

三、关于文献作者和国籍

文献作者及其国籍原则上以原始文献为准进行标注。作者不详或没有注明作者的文献均以“佚名”标注。民国时期，关于朝鲜半岛国家的名称有“朝鲜”“韩国”“高丽”等多种标记方式。因此，朝鲜民主主义人民共和国和大韩民国正式成立(1948年)以前的文献保留原始文献的国籍标记方式，1948年以后的文献则根据作者的实际国籍分别标注为“朝鲜”“韩国”。

四、编排顺序

丛书文献部分按小说、诗歌、戏剧、散文、传记、史传、书信、日记、纪实、评论等分卷编辑，各类下篇目主要以公开发表时间为序进行排列，个别未公开发表的文献按作品中标注的创作时间列入。为了方便读者阅读，部分卷册在目录中对文献进行了时段区分。

五、文字和格式处理

为尊重原文献的历史语境，不尽符合现行语法规范的字句，在不影响文意的情况下一般不予改动。原文疑似错字后加[　]标出拟改文字，无法辨识的文字用□表示，衍字用〔　〕表示，漏字加〖　〗表示。小说、散文和诗歌已有分段、空格的按原刊格式，个别明显不当的略有调整。戏剧的人物称谓和格式按原刊。旧体诗词、散文和小说原文无标点或只标句读，大部分无分段，为便于阅读，本书编者增加了标点和分段，其中或有不当，望识者指正。

六、其他

其他未尽事项及特殊情况参见正文相关注释或按语。

总序

“二十世纪东亚抗日叙事文献整理与研究丛书”是国家社科基金重大项目“二十世纪东亚抗日叙事文献整理与研究”(15ZDB090)的最终结项成果。在纪念中国人民抗日战争暨世界反法西斯战争胜利80周年之际,本丛书付梓出版,为我们提供了一个重新认识东亚抗日叙事文化内涵、深入思考和平与发展的契机,具有重要的学术价值和现实意义。

当今世界正面临百年未有之大变局,坚持和平与发展,携手构建人类命运共同体已成为国际社会的广泛共识。但在东亚地区,由于20世纪上半期日本军国主义发动侵略战争而遗留的一些问题,如对侵略战争的认识问题、殖民统治问题、“慰安妇”制度问题、战时强征劳工问题等仍没有得到妥善解决,人们对于战争的记忆难以磨灭,这种情况甚至还在影响东亚国家关系的正常发展。

从文化史、文学史的层面上,深入挖掘和整理东亚国家抗日叙事的文本资料,可辨析东亚抗日叙事中丰富的历史文化信息,还原历史真实。通过阐释东亚抗日叙事的历史价值和美学价值,可为阐明20世纪东亚精神的本质和意义、建构和谐东亚提供理论依据。同时,通过跨文化、跨学科的全面系统研究,阐述东亚抗日叙事的独特性和内在关联,进而阐明东亚文学与文化交流的历史发展规律和特征,并深入探讨文学与时代精神、文学与身份认同、文学与意识形态等文学的理论和实践问题。因此,20世纪东亚抗日叙事文献整理与研究无论在理论方面还是现实方面都具有重要的意义。第一,从东亚抗日的视角出发，深入发掘和整理20世纪中国、朝鲜、韩国、日本、苏联等国以及部分来华欧美作家的东亚抗日叙事文献资料，可从东亚文学史的角度为阐明"中国的抗日战争是世界反法西斯战争的重要组成部分""中国抗日战场是世界反法西斯战争的东方主战场"提供文献资料支撑。第二，东亚各国的抗日叙事并非各自孤立的存在，而是在抗日语境下作家们相互交流、传播思想、译介作品中展开的。深入探讨抗日语境下东亚各国作家之间的人文交流、作品译介和传播及其对东亚抗日叙事的影响，对于阐明20世纪上半期东亚文学的形成和发展、特点和规律具有重要意义。第三，通过对东亚各国抗日叙事的比较文学研究，阐明东亚诸国作家的民族认同、国家认同、东亚认同，进而可以从跨文化的视角探讨东亚抗日叙事在世界反法西斯文学乃至世界文化史中的价值及地位。第四，以新时代习近平中国特色社会主义思想为指导，基于"东亚抗日叙事"的性质和特点，在研究过程中尝试提出并应用"抗日叙事与反战叙事""跨国体验与跨界叙事""东亚认同与身份认同""意识形态与抗日记忆"等一系列创新性学术话语，为构建中国特色学术话语体系做出贡献。第五，东亚抗日叙事研究蕴含了"让历史说话，用史实发言""还原历史，以史为鉴"的精神，有利于推动爱国主义教育、民族认同、国家认同，有利于正确认识东亚抗日的历史和本质。

"二十世纪东亚抗日叙事文献整理与研究丛书"共34卷，由文学编（13卷）、史料编（11卷）、研究编（9卷）及总目（1卷）组成。其中，文学编和史料编属于文献整理部分，文学编按照小说、诗歌、戏剧、散文等分卷编辑，史料编按照传记、史传、书信、日记、纪实、评论等分卷编辑。丛书系统整理了中国近现代文学史料中的东亚抗日叙事文本，重点发掘整理了中国、朝鲜、韩国、日本、苏联等国的抗日叙事文献资料，并对一些重要的外语文本进行了中文翻译。

中短篇小说卷（共2卷）选录了90余篇短篇小说和4部中篇小说，其中不乏新发掘的文本，短篇小说如歌颂朝鲜义士英雄壮举的《韩儿舍身记》（泪人，1915）、批判日本殖民台湾惨状的《一位台湾女子的谈话》（白薇，1931）、以鬼的口吻讽刺德军罪行的《一九三八年的鬼》（A. ABRAMOV，1938）、赞颂苏联红军在哈桑湖区域击退日军的《哈桑湖畔》（莫什梁克，1942）等作品；中篇小说则包括以安重根义举为主线的《朝鲜血》（黄世仲，1909—1910）、以朝鲜亡国为蓝本的《朝鲜亡国演义》（1921）等。

长篇小说卷（共4卷）选录了17部长篇小说作品，其中包括以朝鲜亡国为蓝本的《亡国影》（倪轶池、庄病骸，1915）、《朝鲜遗恨》（沈桑红著、蓝剑青评，1932），无名氏以韩国爱国志士李范奭为原型创作的《荒漠里的人》（1942—

1943)、《北极风情画》(1943—1944),以朝鲜抗日事迹为主题的《历史》(韩雪野,1957)等。小说卷收录的作品反映了抗日语境下东亚文人的集体记忆,展现了国家民族危亡状态下人民的困苦生活与精神渴求,对于研究东亚各民族联合抗战与东亚认同具有重要的文献价值。

诗歌卷(共 2 卷)收录了近 700 首东亚抗日诗歌作品,涉及的国家包括中国、朝鲜、日本、韩国、苏联等。所录诗歌的体裁与形式多种多样,既有古体诗、词、曲、赋,也有自由体、新格律体、散文诗等形式的新诗作品。其中,很多国内诗歌作品都是第一次被发掘出来,很多外国诗歌则是第一次被翻译成中文。这些诗歌作品,或叙事、或抒情、或言志,承载并生动反映了 20 世纪上半期东亚各国人民反抗日本侵略的坚定立场和大无畏精神,是东亚现代诗歌文学研究的重要资料。

戏剧卷(共 2 卷)收录了近 60 篇东亚抗日戏剧作品。收录作品的国别主要有中国、朝鲜、韩国、日本、苏联等。戏剧卷所录戏剧既有抗战时期就多次公演并引起较大反响的作品,也有编者新发掘和直接从外文翻译成中文的一些鲜为人知的珍稀作品。如侯曜创作的《山河泪》、文靖珍创作的《阿里朗》、鹿地亘创作的《三兄弟》等作品,在中国抗战期间公演时获得了文化界知名人士艾青、林林、王莹、力扬、杨朔等人的高度评价。而戏剧卷所录反映朝鲜半岛抗日斗争的中国戏剧《海牙剖腹记》《炸皇宫》,反映日本反战意识的日本戏剧《正义血战》《骷髅的跳舞》,反映朝鲜半岛人民抵抗殖民压迫的戏剧《朝鲜的女儿》等则都是新发掘的文学史料。长谷川海太郎创作的《安重根——十四场面》、金春光创作的《安重根史记》、乌鸦创作的《血海之唱》《战斗的密林》等作品,则都是第一次被翻译成中文介绍到国内。

散文卷(共 3 卷)收录了近 300 篇东亚抗日散文作品。收录作品的国别包括中国、朝鲜、韩国、日本、苏联等国家。同时,也收录了史沫特莱、约士登等抗战时期来华的一些欧美作家创作的有关东亚国家抗日叙事的散文作品。东亚抗日叙事中的散文丰富多彩,其中既有中国成名大家之作,如郭沫若的《鸡》、卞之琳的《一个敌军小队长》等。也有日本、韩国、苏联等国的散文作品,如鹿地亘的《过香港》、金在天的《亡国痛史》等。鹿地亘的《回忆录:在抗日战争中》、金台俊的《延安行》等文献都是第一次被翻译成中文。

传记卷(共 1 卷)收录的抗日人物传记作品涉及中国、朝鲜、韩国等国家。其中记录东北抗联李红光烈士事迹的《李红光传》(澹,1936)、《东北抗日联军第一军第一师师长李红光烈士传》(1937),以及《安义士重根》(李斗山,1941)、《韩国同志李斗文传》(贺彪,1945)等传记作品,反映了东亚人民不屈不挠的抗日斗争精神，以及对民族独立、祖国光复的强烈诉求。

史传卷(共 2 卷)收录了 17 部作品，多为朝鲜亡国史相关著述。除梁启超的《朝鲜亡国史略》《日本并吞朝鲜记》等经典作品外，《朝鲜亡国史略》(尚中，1910)、《日本合并朝鲜始末记》(长舆，1910)、《朝鲜亡国鉴》(刘彦，1915)等均为新发掘的近代中国人撰写的朝鲜亡国史传作品。这些作品反映了当时日本吞并朝鲜半岛的暴行，表现出中国对朝鲜亡国的深刻同情，具有十分重要的文本价值。

书信卷(共 1 卷)选录了 1919 年至 1945 年间东亚各国人士与抗日有关的私人信件、公函、公开信等。东亚不同国籍人士之间的官方或民间书函往来，真实反映了抗日语境下东亚人士频繁的跨国交流情况。其中，中方书信中有巴金、吴石等著名人士与国际友人的书信，也有桂林儿童团体、贵阳书店工人、中华全国文艺界抗敌协会等致国际友人的慰问信；国际人士信件则包括日本反战人士鹿地亘、池田幸子、绿川英子，韩国抗日独立运动家金九、申圭植、安昌浩、赵素昂、金若山，以及各在华抗日团体与中国友人之间的信函。书信卷所录在华从事抗日或反战活动的国际人士之间的交往信件是不可多得的贵重资料，如日本反战人士绿川英子致朝鲜义勇队的信函、日本俘虏觉醒后与鹿地亘的书信交流等。此外，书信卷还收录了一部分战时中方缴获的日本士兵的家书，这些书信对研究战时日本国情、士兵心理以及对战争的态度等均具有重要文献价值。

日记卷(共 1 卷)搜集并选编了抗战时期中国报刊、书籍中登载的部分日记及日记评论，涉及中国、日本、苏联、韩国等国的 60 余位作者。这些日记资料都与“东亚抗日”这一主题相关，其中既有中国普通民众的日记，也有韩国独立运动家、日本反战人士及苏联战士的日记，而更多的日记资料则来自战时中方缴获并翻译刊行的日本士兵日记。中国人日记方面，《春生日记》记录了一名普通中国学生与韩国流亡抗日志士遗孤的交往片段，《编辑室日记》反映了战时《黄河》杂志与韩国青年战地工作队、日本俘虏的交流，这些都是值得关注的资料。朝鲜义勇队队员的《阵地工作队日记》《中条山反扫荡日记》、日本反战人士池田幸子的《武汉行》、苏联西尔倩考的《冲上张鼓峰去》、格罗金的《一个空军战士的手记》等国际反法西斯人士的战斗日记，为我们拓宽了东亚抗日叙事研究的国际视野。此外，本卷选录的日本士兵日记中译本与日记评论，对了解战时中国文艺抗战和军中敌工工作、战时日本军队情况等都是可资参考的重要资料。

纪实卷(共 3 卷)收录了 1909 年至 1948 年间有关东亚抗日的报告文学、

长篇通讯、人物采访、历史纪实等文献资料。这些资料涉及中国、日本、朝鲜、韩国、苏联等国家。其中有对安重根、尹奉吉、李奉昌、朝鲜义勇队等朝鲜抗日志士或团体的真实记录和描写，有对日本铁蹄践踏下的朝鲜社会现状之控诉，也有对各国抗日情形之真实再现，还有绿川英子、鹿地亘等在华日本反战人士的深情回忆。上述文献资料散见于20世纪上半期的报纸、期刊和图书，内容多为真人真事，是研究东亚抗日不可多得的宝贵资料。

评论卷（共3卷）收录了400余篇东亚抗日相关评论文献。所录文献既包括文学评论，如鹿地亘的《创作方法之现实的基础》、金光洲的《朝鲜文坛的最近状况》等；也包括一部分政论和史论，如申晥观的《吾人今后之责任》、杜洛斯基的《苏俄政府何以不对日宣战》、金奎光的《朝鲜民族反日革命总力量问题》等。这些评论资料紧紧围绕抗日的时代主题，或从世界大势的宏观视角，或从东亚各国内部的微观视角，深入分析了当时东亚抗日战场的现状、动态和趋势。

丛书的文献整理部分几乎每一卷都包含了一些尚未引起国内外学界关注的珍贵文献资料，这些文献不仅是研究20世纪东亚国别文学的重要资料，也是从宏观上研究抗日语境下东亚文学交流与互动的重要史料。

“二十世纪东亚抗日叙事文献整理与研究丛书”研究编由9部专题著作组成。《抗日语境下的东亚跨界叙事研究》围绕20世纪上半期抗日语境下东亚文学中的跨界叙事进行研究，重点分析了中国现代文学和日本反战作家文学中的抗日叙事。《抗日语境下的东亚文学交流研究》聚焦抗日语境下东亚各国的作家交流、文本译介及其对抗日叙事的影响。《东亚抗日叙事比较研究》则通过比较东亚各国抗日叙事的发展脉络，阐明其特殊性和普遍性。《中朝韩当代抗日叙事研究》以第二次世界大战后中朝韩当代抗日叙事为中心，对东亚文学中的当代抗日记忆进行了比较研究。《朝鲜半岛来华留学文人的跨国体验与文学书写研究》《申圭植的中国体验与文学创作研究》《朴殷植的文坛活动与文学创作研究》《赵素昂的跨界体验与文学创作研究》《金学铁抗日文学研究》等5部著作则分别从作家研究的角度深入阐述了抗日语境下朝鲜半岛作家在中国的跨国体验与文学创作。

在开展20世纪东亚抗日叙事文献整理和研究的过程中，编者团队就东亚抗日叙事文献的资料价值、东亚抗日叙事的主要特点等相关问题形成了一系列的学术观点，现将其中几个重要观点简要介绍如下。

第一，20世纪东亚抗日叙事是东亚现代文学研究值得深入挖掘的一个丰富的资源宝库。从目前整理的20世纪东亚抗日叙事相关文献资料来看，其数量之多、范围之广、体裁之全面、内容之丰富、价值之重要，都远远超出了我们的预想。东亚抗日叙事相关资料反映了侵略与反侵略、正义与邪恶、进步与反动的人类斗争，充分体现了20世纪的东亚精神和文人的文化自觉。这些珍贵的文献资料无疑是20世纪东亚文学的重要组成部分。但令人遗憾的是，其中很多文学史料尚未被纳入东亚现代文学的研究视野。

第二，中国抗日战场是东亚抗日叙事生成的重要历史场域和空间场域。在抗日的大背景下，东亚被殖民国家和地区的抗日志士纷纷流亡中国，在中国开展抗日斗争。中国政府也适时提出了支持东方弱小民族抗日独立运动的口号。日本人民反战同盟、朝鲜义勇队等抗日、反战组织先后在中国抗日大后方成立。来自东亚各国的抗日志士除少数人直接参加武装斗争，大多数人主要从事写作、宣传活动。他们在和中国文人、作家积极进行交流互动的同时，以抗日或反战为主题，创作了丰富多彩的抗日叙事作品。这些抗日叙事作品的内容往往超越国家、超越民族，反映的是东亚人民共同的心声。这些作品在中国创作、在中国发表，甚至在中国舞台演出。

第三，跨界叙事是20世纪东亚抗日叙事的一个重要特征。20世纪上半期，面对残暴的日本帝国主义侵略，中国作家与日韩流亡文人就反抗日本帝国主义这一时代主题进行了共同书写，并在叙事内容上表现出鲜明的“跨界”特征。跨界叙事包括跨界体验叙事、跨界题材叙事、跨界共同叙事。跨界叙事是文本价值实现超越与重构的重要途径之一。叙事时间和空间的变化可以直接带来思想观念、叙事结构的变化。抗日语境下，东亚抗日文学的跨界叙事极大地强化了东亚国家之间的东亚身份认同，密切了东亚国家人民之间的传统文化关系。

第四，跨界体验是20世纪东亚抗日叙事的一个主要特点。跨界体验也称跨国体验。首先，跨界体验的意义在于通过跨界的政治体验、文化体验、教育体验等获得反思、反观的机遇，从这个意义上讲，跨界体验可以有效地促进作家对本国的深度体验。其次，跨界体验包括人际交流、文本交流以及政治、外交等领域的交流。跨界体验是文学生产的主要创新机制。通过对话与交流呈现相互叙事，通过相互叙事不断地发现和建构自我与他者。抗战时期，朝鲜半岛的大批知识分子和日本的反战人士长期在中国学习、战斗和生活，他们在跨界体验的过程中重新认识中国，重新认识本国，重新认识东亚。这些新的认识在他们的抗日叙事中得到了真实的反映。

第五，抗战背景下，中国一度成为东亚抗日戏剧交流的中心舞台。国家危难之际，戏剧是唤醒民众、动员国民、鼓舞士气最有效的艺术形式之一。抗战时期，东亚各国的剧作家在中国进行了密切的交流与互动，创作了一大批东亚抗日戏剧并在中国舞台上成功公演。其中既有反映朝鲜半岛抗日斗争的戏剧，如《亡国泪》《爱国魂》《图们江边》《朝鲜的女儿》等，也有反映日本反战意识的戏剧，如《三兄弟》《正义血战》《胜利在前头》《侵略战争之罪恶》等。这些在中国舞台上公演的东亚抗日戏剧，在当时的中国社会引起了强烈反响，鼓舞了东亚各国抗日民众的士气，是东亚抗日文学的宝贵财富。

第六，20世纪东亚抗日叙事是东亚各国现代文学史的重要补充。抗战期间，日本反战人士在华创办了很多报刊，创作并发表了大量反战叙事文学作品。但由于战乱，这些资料没有得到很好的搜集和整理。同样，朝鲜半岛来华从事独立运动的仁人志士在华创办了百余种中文或朝鲜文报刊，积极宣传抗日主张，并通过文学创作发出他们的抗日呼声。朝鲜半岛文人大多精通汉语，他们创作的中文作品带有十分鲜明的抗日文学性质，是东亚抗日文学的宝贵财富。刊载这些作品的报刊由于都在中国发行，至今尚未引起韩国学术界的关注。可以说，上述文献资料是日本反战文学史、韩国抗日文学史的重要补充。

本丛书依托的国家社科基金重大项目“二十世纪东亚抗日叙事文献整理与研究”2015年立项，参与研究的国内外学者历时十年，在国内外发表了70余篇学术论文，最终整理出1000余万字的结项成果。本丛书的创新性主要表现在以下两个方面。

第一，在数据资料方面的创新性。从整体上来看，本丛书是国内外迄今为止收录范围最广、数量最多、体裁最全、内容最丰富的20世纪东亚抗日叙事文献资料。从局部来看，几乎每一卷都包含一些珍稀的文学史料。在收录范围方面，不仅包括中国、朝鲜、韩国、日本、苏联等国家的作品，还包括抗战时期来华的一些欧美作家创作的有关东亚国家抗日叙事的作品。在史料价值方面，丛书所录苏联作家关于1938年发生的苏日远东张鼓峰战斗的小说、散文、日记、报告文学等作品，可以说是世界反法西斯文学的重要组成部分，极大地鼓舞了抗战初期中国军民的抗日斗志。丛书所录日军日记以及中国作家创作的日军“慰安妇”题材诗歌和纪实作品，不仅从文学史料的角度印证了日本军国主义在华实施“慰安妇”制度的事实，而且将“慰安妇”现象的出现时间追溯到1938年初。此外，抗战时期在中国舞台上演的反战、抗日戏剧等文学史料都是第一次得到全面系统整理。

第二，在解决实际问题方面的创新性。编委会认为，为了深刻阐明“中国的抗日战争是世界反法西斯战争的重要组成部分”“中国抗日战场是世界反法西斯战争的东方主战场”等历史事实，我国的抗日文学创作应积极拓展国际题材。丛书文献整理部分收录的有关朝鲜半岛人民在华与中国人民并肩抗战的历史故事、日本反战同盟在华从事反战运动的史实、抗战时期在华欧美人士支持和同情中国人民抗日斗争的故事等都是很好的历史素材。特别是抗战时期中国政府支持朝鲜半岛人民在华开展抗日独立运动以及联合抗日的史实，在一定程度上可以增进彼此间的友好认知。

“二十世纪东亚抗日叙事文献整理与研究丛书”是编委会集体智慧的结晶，编委会成员由来自山东大学、中国海洋大学、延边大学、南开大学、山东师范大学、哈尔滨理工大学、江西师范大学等国内高校以及来自日本、韩国的共计30余位学者组成，在东亚地区形成了一支以中国学者为主体的跨国学术团队。

在丛书编写期间，延边大学金柄珉教授应邀担任学术顾问，给予了宝贵的学术指导。吉林大学张福贵教授、清华大学王中忱教授、北京大学王丹教授、南京大学尹海燕教授、北京外国语大学韩梅教授、中央民族大学金明淑教授、延边大学朴银姬教授等对丛书编写提出了很多中肯的建设性意见。山东大学出版社的领导和编辑认真负责、精益求精，为丛书的出版付出了辛勤的劳动。在此，我谨代表全体编委会成员，向所有为丛书出版做出贡献的专家、学者、编辑表示衷心的感谢。

在丛书编纂过程中，编委会高度重视著作权人的合法权益。通过中国作家协会等官方渠道及多方努力，我们已与大部分文献的版权所有人（或其继承人、代理人）取得联系，并依法获得了作品收录授权。出于各种原因，截至出版时，我们未能与本套丛书的全部著作权人取得联系，敬请作品的著作权人或与著作权有关的权利人与山东大学中日韩合作研究中心联系，以便奉上稿酬和样书。

20世纪东亚抗日叙事文献的整理是一项十分艰难的工作，由于战争期间资料保存不易，很多文献遗失或不完整，再加上外文文献的搜集和翻译有一定的局限，本丛书中的文献资料在选篇、翻译、录入、编辑等方面难免存在遗漏或错误之处，恳请广大读者批评指正。

牛林杰

2025年春写于济南

目录

1900—1919 年

1920—1931 年

1932—1936年

1937—1938年

1900—1919年

韩国党人之末路

佚名

一刺伊藤公者。韩国刺客安重根审讯情形迭志本报兹闻检查。安氏来往函件，有俄文、韩文、东文各种文字，沟渊检察官已派员逐件翻译，以便查察究有若何之关系。并闻安氏通电处，以浦盐、韩国、哈尔滨、墨斯科等处为最多，秘密机关甚为完备。又，安在狱中与人相见时，必曰：尔与我无一面之识。言际神色自若，所以制于机先，故其同党之发觉颇不易。现旅顺狱内因被嫌疑连累者甚多，均经沟渊检察官，就狱中审讯多次，非常秘密。惟前经俄官在哈尔滨拿获形迹可疑之七人，内有四人已经讯明，全与凶手无涉，应照例释放。日前法院将四人释放时，特派警兵保护由火车送回哈埠。

一刺李完用者。韩国总理大臣李完用被刺一事，已据西报译登兹。据《泰东报》云，该大臣现在大韩病院由菊池博士悉心调治，如不再波及肺腑，则大约五星期后可望康复。刺客李在明，前在美国留学六年，于前年阳九月间回国，后居平壤，专事招聚同党，至近日间始入京城。李在明于京城洞岘买置一妾，行凶之前一晚尚宿于妾家，故该妾现亦逮案审讯。李在明行凶被捕之时，大声操英语向众曰："吾甘为韩国牺牲。"李在明被讯时，始答："二十一岁，嗣称二十三岁。"并问："李大臣已薨逝否?"且谓："李大臣如未死，吾愿啮我舌而死。"言毕，噤口不发一言，问官甚觉棘手。李完用被刺后，日韩巡警缉捕同党，异常严密。

即日，拿获同党金亭益一名，嗣将形迹可疑者四名查拿，以次审讯。同党金亭益，系稽古学堂学生，本为企图暗杀一进会长李容九。入京正在豫备行凶之际，不料李在明已先刺李完用，致金亦以同党被捕。金被捕时仰天叹曰："恨我尚未刺李容九。"遂将所持手枪抛地，慨然久之。李在明被捕后，在身上搜出手枪一支，内装子弹五粒，另有文牍一纸，系美国人送与该犯者。李完用受两伤甚重，流血极多，屡致昏倒。幸由菊池博士施术极为灵妙，故仅留一线生命。

刺客李在明曾于行凶以前语人曰："吾系与安重根同志，伊已暗杀伊藤公达其目的矣。吾愿将订日韩条约之李大臣刺杀，以成吾志云云。"当时闻者以为狂言，不料竟有此次之举。韩人金龙文等五名被疑同党逮案，其中金龙文及金庆镇二人系大韩医学校学生。金庆镇前曾刊一传单，题曰"与安重根书"，传播各地，竭力鼓吹。嗣闻李在明决计行刺李完用，乃偕金龙文同李在明张宴痛饮，以志永诀，翌日李在明即起事。

韩国医务总厅已将李在明起讯，始终不肯实供，唯谓："此举系我一人所为，并无同党。凡欲成大事者纠合同党，恐惹失败，故吾独力当此耳。"李在明被捕时，身负微伤，然伊毫无诉痛之状，惟谓勿费无用之讯问，并屡问李大臣已否薨逝而已，李完用因肺腑引气胸下起肿，故此时尚有生命之虞。度支部大臣高永喜氏自闻李完用被刺后，颇滋恐慌，且恐凶党窥伺，故近日谢客，一概不见。刺客李在明现仍每日祝祷李完用之死，且谓："伊如不死，吾必啮舌而死。"

韩国内务部大臣已奉旨署理总理大臣，李在明之同党向在海参崴者有二十一名，刻已陆续潜入京城，李在明于十四日起开正式豫审庭。

（原载于《申报》1909 年 12 月 30 日）

韩国刺客安重根定罪记

孙观圻

本月(宣统二年正月)五日,日本关东都督府法院判定韩国刺客安重根之罪。该法院对于被告之犯罪事实有正当之管辖权与否,是为第一问题。今将该法院之意见摘述于此。

本件之犯罪地及被告人逮捕地虽为中国领土,然又为东清铁道之附属地,故在俄国政府行政权之下,俄国官吏得逮捕之。而审问之后,知被告有韩国国籍,故本件不能受俄国之裁判。据《日韩协约》(日本明治三十八年,十月十七日缔结)第一条,今后韩国对外国之关系及事务,日本政府得据在东京外务省而管理指挥之。日本之外交代表者及领事,当保护韩国臣民在外国者之利益。又《中韩通商条约》第五款,明记韩国臣民在中国之治外法权。准此二约,则管辖犯罪地及逮捕地之哈尔滨,日本领事据明治三十三年法律第七号关于领事官职务之规定,有审判被告犯罪之权限。但明治四十一年法律第五十二号第三条云,凡属于驻满洲日本领事官之刑事事件,外务大臣得以国交上之必要,使关东都督府法院裁判之。本件以明治四十三年一月二十七日受外务大臣之命令,移于关东都督府法院。此该法院所以有裁判本件之权限也。

其第二问题,则本件当适用韩国刑法乎,抑日本刑法乎?辩护人谓:日本据《日韩协约》第一条而保护韩国臣民,此不过出于韩国之委任,故日本处罚韩国臣民,当用韩国刑法。而法院则谓:依《日韩协约》第一条正当之解释,日本政府保护韩国臣民,当与日本政府置其国民于公权作用之下相等,今刑事法之适用,亦属于公权作用之一部。故本件适用日本刑法,乃合于协约之旨也。判决文谓:安重根杀害伊藤公爵之所为,合于刑法第百九十九条,又欲杀川上、森、田中而未遂,合于同法第四十三条、第四十四条、第百九十九条、第二百三条及第六十八条，是为四杀人罪之并合。其中，杀害伊藤公爵一事虽非出于私愤，然深谋远虑犯严肃之警备，实行于全市名士聚集之地，处以极刑，允称至当。至其余三杀人罪，则依刑法第四十六条第一项之规定，皆免科云。

（原载于《外交报》第 10 卷第 4 期，1910 年）

安重根终审之状态

佚名

旅顺特别通信云：正月初二日，旅顺地方法院论断安重根等罪状。此日公廷之开，由午前以至午后约六时间，日本沟渊检察官论安等罪状。略云：安重根及禹连俊二人以杀害伊藤为目的，安为罪首，禹亚之，其余则皆雷同，附和且斥安之主义种种皆误。虽曰复仇非政治犯，复引裁判管辖问题，谓关东法院有裁判被保护国人之权。请判安以死刑，禹及曹道先三年惩役，柳东夏一年六个月以上之惩役。豫定初四日再开廷，由两造律师辩论，宣布堂判。

及初四日午前九时开廷，由日本官选之水野、镰田两律师为安等辩护。大概谓柳、曹二人全不知情，为安所利用，请酌量末减，又谓安、禹二人所为，因韩国之现状恰如日本当年喧唱尊王攘夷之时代。安、禹亦如日本当年维新忧国之士，其杀害伊藤乃由误解《日韩保护条约》云云。

此一篇无关痛痒之辩论，既终安等乃申其最后之意见词，甚愤懑可怜。

柳云：我固曾侮辱伊藤及日本人，今仅获一年半之徒刑，我固不免有遗憾。

曹云：事既至此，余惟任凭强权之处置而已，余宁缄口不再言。

禹云：余所以欲杀伊藤者，以其为日韩两国之障壁，隔断彼此情素。故余欲排除伊藤以求达究竟之愿。愿我韩国得以独立，使世人待韩与待日本相等。

安云：我之杀伊藤实非误解，而始杀彼以彼擅改日本对韩素定之政策，剥夺韩国之独立权也。苟日皇为明德之君，闻余杀伊藤必加嘉许。以我之杀伊藤，乃欲使今后日韩益交亲，而东洋永远之平和可望，又韩国之独立亦可冀故也。

至初六日午前复开廷宣告判词，处安重根死罪，禹连俊三年惩役徒刑，曹道先、柳东夏一年半惩役徒刑，如有不服，许于五日内上控。方宣布时，安重根面色镇定不变，洋洋如平常，有视死如归之概。禹、曹之态度亦如平常，唯柳则对判词而雪涕。盖诸人中，唯柳年最幼，仅十八岁也（呜呼壮哉）。安当退廷时，曾请通译申明其意见，谓：彼虽死终不服此不法之判，因此案应依国际法不当用日本法。云：英律师德雷司君曾劝安再上控，安笑谢之，昂头复入狱以待决。

（原载于《广益丛报》第226期，1910年）

韩国刺客安重根受日本关东都督府法院宣告处死刑

为人

韩国人安重根于千九百零八年十月二十六日在哈尔滨铳杀日本所遣韩国统监公爵伊藤博文，为俄国警吏所逮，引致日本，后定归关东都督府法院审讯，至是法院豫审告终，于本月八日开庭公判本件。安重根受审时状颇从容，裁判官逐件细诘，安对答极详。

裁判官以安身畔带有小刀，询曰：此小刀，是否拟于目的达到后用以自杀者？安曰：不然。吾之目的在东洋平和及韩国独立，并不在仇杀一伊藤。故伊藤虽死，我之目的犹不能谓之达到，焉用自杀？

安左手食指短半分。裁判官询之。安曰：本年之春，余联合同志誓保东洋平和，断此指以示信耳。裁判官曰：同志者皆断指乎！安曰：然。裁判官曰：闻当时有誓文一通，并以指血书“独立”二字，有之乎？安曰：有之，书“大韩独立”四字。裁判官曰：据禹德淳所言，有义兵参谋中将一语，究何解？安曰：义兵参谋中将者我也，能杀伊藤者，即为有韩国独立军中将资格之人。余抱此志，死而后已。余等同志中之重大人物，有金基列、博乐吉、朴根职、金太连、安启烨、李国天，义军总将曰金都世，予即其部下之一人，为俄领一带同胞之司令官。若伊藤来满稍迟，予将率若干兵，围击于哈尔滨。若再有实力，将造军舰邀击伊藤于对马岛。

安语及此，面有得色，手振足举，热血迸裂。续曰：伊藤毙于余一发拳铳之下，乃韩国独立战争之开幕也。今日之立于法庭，受此裁判，亦与从事独立战争，战士被捕，而受敌军之讯问相同耳。且自《日韩协约》缔结后，义兵起于北韩各地，屡劳日本之讨伐军。毕竟韩国民对于日本，终必有为此独立战争之事者。其历指伊藤罪状，则曰：现在日本与韩国之关系，虽为两国，殆可以作一国观，何则？日本人者，韩国之役人也；韩国人者，日本之官吏也。以故伊藤之在韩国，实为韩国之陪臣而已。夫世界上最重者，一国之天皇。而伊藤对于韩国皇室，乃无臣下之分。僭越我大韩国皇帝废立之主权，侵占其不可侵占者，是其行为实不得为一国之臣民，彼既不愿陪臣之分际，而敢为此无道之事，则吾等不得不发愤，而加以一番诛罚。安语至此，声愈宏壮，口鼻几皆吐火，而直叱伊藤为乱臣，曰：伊藤行韩帝之废立如此，妨害韩国之独立如此，破坏东洋之平和如此，溯之昔日，则杀王妃（闵妃）欺日本皇帝、日本皇帝陛下之先帝……此时，裁判长因其言无底止，特下严命中止，并发禁止傍听之命。故以后之语，无闻之者。

前此所述，盖安氏第一、二日受裁判之情形也。至第五日，辩护士之辩论既终，裁判官复令其述最后之申诉。安乃复开悬河之口，备述伊藤之无道，虽啖其肉，啜其血，尚不足饱。总之，韩人有一人被杀，必起十名义兵；有十人被杀，即起百名义兵。现在我韩人守此政策，尔等有何法镇定之耶？人谓伊藤曰英雄，其实乃奸雄也。其奸智欺及日本天皇陛下，惟不能逃我韩国人之目及世界之新闻纸耳。夫人谁不乐生而恶死，我之为此者，因大韩国民有涂炭之苦，不得不舍身一救。至于伊藤之被杀，因其对韩政策之非是，实自取其咎也。又曰：我大韩有国有君主即当握国权，伊藤何人，敢蹂躏我国权，背人道，灭天理？故我为恢复韩国国权计而杀彼，为韩国人办护国事，践正道，行大义，而尚何罪之有乎？我辈不怕死，即死，亦将以我等之碧血，染我韩国鲜明之旗。又闻审讯时，裁判长问曰：汝于刺杀伊藤时有逃走之心否？安正色曰：予之志愿，岂止以杀一伊藤毕我事哉？予以大韩独立，东亚和平，为终身所期望，自杀逃走，卑劣之事，岂吾大韩报国志士所为。惟予能生一刻，则日本之暴举，必表白于世界耳。旁听者闻之，咸为叹息。有泣下者。（录《神州日报》）

决判卒定安氏处死刑。与同谋之禹德淳，处惩役三年。其曹道先、刘东夏二人，各处惩役一年半。所携枪弹等皆没官，而于十四日为宣告焉。

安氏事件判决全文不备录。今将东报所载关东法院意见大略及判决文大旨，录之于左。（原译者日本留学生孙观圻氏）

二月十二日，日本关东都督府法院判定韩国刺客安重根之罪。该法院对于被告之犯罪事实有正当管辖权与否，是为第一问题。今将该法院之意见摘述于此。

本件之犯罪地及被告人逮捕地，虽为中国之领土，然又为东清铁道之附属地，故在俄国政府行政权之下，俄国官吏得逮捕之。而审问之后，知被告有韩国国籍，故本件不能受俄国之裁判。据《日韩协约》（明治三十八年十月十七日缔结）第一条，今后韩国对外国之关系及事务，日本政府得据在东京外务省而管理指挥之。日本之外交代表者及领事，当保护韩国臣民在外国者之利益。

又《中韩通商条约》第五款明记，韩国臣民在中国之治外法权。准此二约，则管辖犯罪地及逮捕地之哈尔滨，日本领事据明治三十三年法律第七号关于领事官职务之规定，有审判被告犯罪之权限。但明治四十一年法律第五十二号第三条云，凡属于驻满洲日本领事官之刑事事件，外务大臣得以国交上之必要，使关东都督府法院裁判之。本件以明治四十三年一月二十七日受外务大臣之命令，移于关东都督府法院。此该法院所以有裁判本件之权限也。

其第二问题，则本件当适用韩国刑法乎，抑日本刑法乎？辩护人谓日本据协约第一条而保护韩国臣民，此不过出于韩国之委任，故日本处罚韩国臣民，当用韩国刑法。而法院则谓：依《日韩协约》第一条正当之解释，日本政府保护韩国臣民，当与日本政府置其国民于公权作用之下相等，今刑事法之适用，亦属于公权作用之一部。故本件适用日本刑法，乃合于协约之旨也。判决文谓：安重根杀害伊藤公爵之所为，合于刑法第一百九十九条，又欲杀川上、森、田中而未遂。其名所为合于同法第四十三条、第四十四条、第百九十九条、第二百三条、第六十八条，是为四杀人罪之并合。其中，杀害伊藤公爵一事虽并非出于私愤，然深谋远虑犯严肃之警备，实行于全市名士聚集之地，处以极刑，允称至当。至其余三杀人罪，则依刑法第四十六条第一项之规定，皆免科云。

（原载于《东方杂志》第7年第3期，1910年）

朝鲜人冤狱

[美国]史密司
佚名 译

是篇系美人史密司先生(Mr. W. M. Smith)记载，先生现就职于苏州东吴大学堂为某科教习。六月间，因事赴朝鲜。适朝鲜人荣男爵等谋刺总督寺内氏未成。案发，受审于汉城法庭。先生目击日本官吏残暴，逮捕者冤抑未伸。时逗留数月亲自采访，详加探听。回华后，将所见所闻之事实叙为一篇，竟不避嫌怨，刊诸报中，以供天下留心世事者一览。吾不识自号文明之木屐儿对之，亦有所愧否。

——译者志

近世史中留一最大污点，遗万世于不忘者，即日人审讯朝鲜刺客是也。余(史先生自称)初料日人讯理此案，决不用其非法行为。其手续均按诸公理，依据法律而行。殊不知对于是案，竟一反其文明态度，良可叹也！以世界眼光观之日本，若惯用此技，因循不改，恐未免为各国所不齿，而起藐视之心，自失其文明资格，余深为日本所不取也。

凡遇朝鲜人之所发电信，日人必一一折之。苟稍有嫌疑者，即阻止其传递，甚至将电中语言措词颠倒，使受信人莫辨，盖防其互通声气，不致有意外举动。而日人所以多此权力者，缘朝鲜国亡后，一切邮电交通机关悉操诸日人故也(呜呼亡国奴，不能书信自由)！又有教士，亦惹起日人注目，一举一动，必有暗探尾随于后。故居留汉城之教士，终日闭门，不敢尽其传道之义务，诚恐因传道而生猜忌(此次株连教徒居多数)，不如不传道之为愈也，日人防患有如此者。

八月廿三日，为此案复审期，即余离汉城之日。是日受审者，共百二十三人，中有前朝鲜新闻记者三人、耶教徒八十七人，余均学生。尚有二人在警署初讯时已直认图谋暗杀，故径系诸狱中。当开庭讯问时，旁听席异常拥挤，几

无容足地。(供词略)

至受刑者忍无可忍、不省人事时,日警即捏造供词写于纸上,勒令彼等加盖指模,以备他日作为供认证据;或在堂上承审官宣读供认状时,使受审者不能辨明,莫知所云,然斯时神智昏迷不能争辩,不得不含糊承认,亦加盖指模,而日官即作为正式供认,以掩人耳目。总之,被告承认非由日官调查其形迹搜索其证据而得,乃由威吓拷打而得也。嗟乎,日人之公理何在,人道何在?

迩来日报对于驻韩教士发一种时评,言语讽刺,词意卑鄙,拟乘此用一网打尽之计。然此种评论,不值识者一笑。礼拜五夜(八月二十三),余将乘车离汉城,有形似日侦探者二人跟踪而至,亦搭车与余同坐一处。未几,有一人启口曰:吾等欲习英语,先生肯教吾乎?佯为学习英语,实则侦察余之踪迹。又一人问余曰:近日审讯荣男爵等谋刺案,先生对之有何意见?并嘱余将余之姓名、职业、住址写下。余遂一一依从。写毕,即与二日人。后问伊何用,始则支吾以对。余虽操日语,一若有不明了余之语意者,继乃面露怒色,有不悦状。余亦不与辨,即将日人手中所持之纸夺回,掷于车外,而争论乃息。此种事在朝鲜内已数见不一见,惟与教士尤甚。

荣男爵乃森社(地名译音)英韩公学之长,自国亡后,控案已有三起,均是捕风捉影、毫无根据者。盖日本虽并吞朝鲜,而杯弓蛇影之心深入脑筋。故稍有举动,必疑韩人反抗。然韩人中有血气者,岂能一时受日政府束缚而不谋恢复之举?暗杀之事亦势所必然。千九百十一年九月,集议反叛,多至三起,卒乃泄露,事不果行。

余之所以有此记载,是唤醒日本早日悔悟,不再作此非法行为。今日本亦自知不合公理,但势成骑虎,对于朝鲜只有前进之态,如此于国家名誉不损,余不信也。

译者近阅路透电报告,是案已经终结,宣布刑期。男爵荣纪和(译音)及五领袖定十年徒刑,余均七八年不等,至少亦有五年。据最近汉城路透电,谓被告不服,判决将上控矣,未知韩人得能表白其冤狱否乎噫。

(原载于《警务丛报》第1卷第27—28期,1912年)

朝鲜人冤狱其二

[英国]麦于尼
佚名 译

日人审讯韩人谋刺寺内氏一案，已喧传于全球。各国政府亦啧有烦言，而报纸时著论说，极力痛诋其残暴行为。前见大陆西报有史密司君记事一篇，详述日警对于韩人之忍心残酷，几令读者酸鼻，闻者发指。余曾译出，题为《朝鲜人冤狱》，刊诸丛报。近在故纸堆中，见伦敦《太晤士报》，亦登载日人审讯谋刺案一则。其中叙述日警凶暴情形，更有甚于前者，爰再译之。作为《朝鲜人冤狱》第二篇，借以洞悉亡国人之惨痛、日警察之非理，诸君其许吾乎？

——译者识①

耶教在韩之盛况

耶教在韩国北部，其兴盛之状态，达于极点。未及二十年，沛阳（地名译音）至鸭绿江一带教堂，先后成立者凡数百处。其经费，半由公家担任，半由私人资助。其组织，悉听美国长老会会长之命令而行。是时也，教堂地位颇觉稳固，北部韩人入教者亦甚踊跃。统计有三十万人，不可谓不盛矣。迨日本占居韩国，北部韩人无论其教徒非教徒，皆坚持反对主义，图谋恢复。当时美教士虽极表同情于韩，然因国际的关系，只能严守中立，无可干涉也。讵料日人一入韩国北境，即从事于搜查教堂，稍有政治思想者，悉被驱逐。惟照约章而论，日本此举未免太过。当耶教传入时，曾得日政府之许可，故无论在日本境内及其属地，均有自由传教之权。况学堂与寺院（日本本佛教）得受同一法律上之保护，然今姑不置论矣。

① 译八月十四日伦敦《泰晤士报》麦于尼君投稿。

教士见疑于日人之原由

北部教士，早为日官所疑忌，所作之事均有日警探督察之。而日政府犹嫌此种办法非治本之计，故又调查韩国幼童，已入教堂肄业者勒令退学，未入者永不准入。盖防彼等受人煽动，致生变故。有教士米克痕者，美之沛塞而惠尼恩产也，在韩已有七年，其与韩人感情之厚，非笔所能尽述，每见韩人受种种虐待，辄抱不平，与日人理论。一日曾嘱其子弟勿许在明治天皇照前行礼，在教中一面观之，除上帝之外别无至尊可敬者在。日人则以为大逆，不与天皇行礼，即不服从天皇之命令也。

某日米君在教堂宣讲圣经，有大维（译音，按即天使之谓）前搿利司（译音，按即魔鬼之谓）争战之古事。米君谓"大维乃一善良柔弱之辈，焉能与狰狞如搿利司者相敌？乃不知一为天使，一为魔鬼。虽天使不能制胜于目前，然其道正其心清，卒能克服云云"。后被日官闻之大愤，谓"圣经是淆乱观听之张本，教堂乃奸徒集合之场所"。此教士见疑于日人之所由起也。

日人之胁迫供认手段

自谋刺寺内总督案发生后，被捕者不知凡几。教会司事学生主教等，不分皂白，悉罗致于狱。然后再由警署，逐一问供。当讯问时，百般恫吓，勒令彼等承认与谋。稍一倔强，即实行其残忍手段。余（麦君自称）初尚不信，后亲自调查，不觉闻之骇然。其所施苛刑，有非笔墨可能形容者。法有五：（一）用一种极狭笼子，将身置之中间，使受刑者不可坐，亦不能立，惟作曲背蹲踞状。如是者有三十六时之久。（二）以四方木板一块，中有圆洞，直径约三寸许，将人之头颈放在此圆洞，然后抽起悬于空中（译者曰"如前清之站笼"）。（三）用绳索缚住手指吊起，再以皮鞭挞背。（四）手足反缚扎紧，使肌肉挤起。（五）将手扯直，向后缚住，胸腹向地，头向上。少时再将头用一种器械，使之旋转于后，掷于水内。凡此五刑，被捕者必尝其一。若经此威迫，不认而自认矣。闻拘捕后，其间虽有释放，然韩人之死于非命者有之，气愤而自尽者亦有之，何日人残暴不仁一至于是耶。

某教士致书寺内总督

驻韩教士闻日人故意加害，对于教徒有如此之残忍，特派一员至日警署探听，并致书寺内氏询问（信略），后得寺内氏复信，谓"非用此种刑讯，不能得确实口供云云"。试问天下有是理乎？各国文明法度有此威刑乎？

是案公开审判，本定六月二十八日，后因人证未齐，改至七月十七日。是日，承审官将被告姓名、年岁、职业、住址逐一点验毕，即将在警署供认之纸。宣读官问：被告承认否？各被告均一致答曰：否。谓当时之供认，非自己所愿意。问：既不愿意，何以加盖指模？曰：被日警胁迫故。问：手指生在尔等身上，何以一经强迫，即加盖指模于供单上？曰：被日警用种种非刑，不得不含糊承认。于是，各被告详述当时之惨酷情形，声泪俱下。

舌人偏私

被告多操韩语，所述之事，承审官不能直接晓然。堂上有舌人一名，将被告之语译成日语。待被告说至"苛刑"（TORTURE）二字，舌人译作"强迫"（Pressure）或"凌辱"（Scolding）。被告律师即起而驳曰：舌人所译之语，非被告之语意而译，乃颠倒黑白，故意将重要字句湮没。譬如，"酷刑"二字译作"强迫"或"凌辱"。在该舌人之用意，无非庇护日警未尝用苛刑加害，惟强迫凌辱而已。讯至此，被告律师每求撤换舌人，承审官不允，遂退。

（原载于《警务丛报》第1卷第37期，1912年；第2卷第1—2期，1913年）

记韩人问答

抚瑟

朝鲜进士金于霖，号沧江，风雅士也，尤长于诗词。张啬庵师在韩时，与有缟纻之谊。中日战后，国内党争日烈，其国事益日迫。日人则利用其党争，不惜摧残士类，逐节进行，扼其命脉。沧江知不可为，又痛其祖国之将沦亡也，乙巳渡海南来，愿依啬庵先生终老焉。携一妇，并书簏数事，此外别无长物。年未六十，须发皓白。啬庵先生延主翰墨林校对一役，极勤其职。即其死也，允为买山葬于琅峰之麓，题“故友某国某某之墓”。居通数年，诞一子。暇即为诗，半多亡国之音，抚逝痛存，溢于言表。刊有《沧江集》六卷行世，书法亦佳，有求者借薄润以自资焉。昔俞曲园先生亦曾称其诗文可与安南陈子野并传也。余在通时，以病目假新安会馆息夏。庭宇深邃，滨临长河，垂杨夹岸，远隔尘嚣，境界颇幽僻。然夏日当午，骄阳亦甚可畏，忽一纱巾深衣者，有唐汉风，款步而来，古味盎然。望而知为儒者，即之面貌清臞，伊郁善感。又一望可知，延之座，以言语不通，借笔以译。每至不平处，或怒发上指，或长吁浩叹，烟筒不去手。痛哉！亡国民也，一夕伤心话，如使人走入雪山，烦溽顿消，兹以暇日，检得旧纸，重录一过。而区别为问答，然已失十之七矣，茶余酒后，不无余感。

（抚）先生学有渊源，博通今古，仆来通时，久钦盛名，苦以事累，未能一识荆州。何幸宠临，能多费时间作竟夕谈，幸教不才否。

（沧）愧甚，吾与虎臣先生，两皆多事人也。（虎臣姓李，名以炳，太仓人，曾任通校历史课。）同是天涯，迄尚未能谋一面，毕竟应有会时。

（抚）虎臣先生学问甚博而精实，然好漫骂，以是人多谤之。其读书得间处，实有非他人所能及者。浮慕皮毛，无所分晓，直格格不相入，今之好学如先生亦仅矣。

（沧）诚然读书之道，非有刻苦功夫，焉能探其究竟。尝闻虎臣向他人言，中国之患不在学之新旧，而在浅尝辄止，终无一得。读书有根柢君其一，顾某、杨某亦并称道之。

（抚）愧甚少而失学，长而无闻，何足称述。先生将于何日往访之？

（沧）来星期日，拟必一访，当与快谈。易园近日已否复来，仍居本校乎？

（抚）已来住校东之通明宫，水木明瑟，饶有花竹之胜。

（沧）易园文字，极精稳可佩。惟身体孱弱，文人通病，体育不讲，此亦病国之本。

（抚）自恨学识浅薄，后日极想时承教言，感念身世，余亦今之伤心人也。

（沧）先生休矣，世之人有如吾人之伤心者乎？“等是有家归未得，杜鹃休向耳边啼”，所示甚，愿但不敢当此言。今世富强之业，决不在文字，君不可不知，不谓中国学子，此等积习，仍不能免。吾伤之，吾重伤之。中国士大夫向以言利为大戒，夫利用厚生之道，圣王所不废，所谓识时务者为俊杰，知乎此乃可立国，即以之抚四夷而驾强邻，亦无乎不可。

（抚）贵国丁此百六之会，空山草泽，亦尚有一二志士乎！近今消息何如，乡中士大夫亦尚通音问乎！以痛痒相关之意，不揣冒昧及之，幸有以相谅。

（沧）敝邦仅如中国一省耳，一勺之渊，安有大龙，惟亦必亡而已。（按是时韩尚未并于日，言此节时，极忿怒，将投笔于庭。）君为中国人，应知此中历史。在汉武帝时，曾灭为四郡。若使中国历代之间多有如汉武帝者，则吾邦岂得在中国版图之外而妄自称一国邪！穷兵黩武，向者病之，此皆不思之过也。于是耗无限之金钱，以羁縻无益之属土。一旦势弱，各自分裂。今日割东南，明日割西北，势同瓦解。一部十七史，直历历伤心录耳。

（抚）诚然，此自有其相沿之历史。凡享有庞大之国土，无强固之政府以统摄之，人亡政息，鲜不解体。有元一代，其最著也。当其盛时，奄有亚欧，及一旦决裂，如横水烈火无可收拾。先生亦深知吾国历史者，盛衰强弱之故，鲜不由此。其大弊则在父子孙曾，政策不能一贯，至号令不能行于国内，即其亡也忽焉之朕兆。窃谓今之小国，虽易弱，亦易强。止求政府中少数人，明白事理，团结一气，顷刻之间，心意可达于全国。若各自树党求援外人，虎既入室，即有永不可复之浩劫。贵国近十年来，怵于世故，亦云至矣。若先生辈尤明达之士，岂竟无见以及于此，而有今日惨痛之现象。

（沧）先生议论史事，简洁了当，吾甚佩慰，但言论与事实有毫厘千里之差。敝邦内容，门户水火之祸，益深益烈，应亦早有所闻。罄十日谈，所不能尽。言之吾则不知汩之何从，利令智昏，当局者迷，又岂敝邦为然。言论无补于事实，此中国之大病。吾邦亦中此病，积弱以至今日，尚何言哉。

(抚)某国多为徐福之后，信乎？（正谈至此，适有江君来。江籍新安，沧江友，邀其赴小庱看伍信云，略坐而去，此中亦间有与江君问答。）

(沧)此大不然，日本史并无此说。惟吾邦人种，十之九皆中国人箕子之后。此信而可征者，如英人之主阿美利加，本种销铄，不过十之一。彼即灭尽吾种，亦中国种，并非妄附大国以自豪。（言时忿恨如前。）

(江)先生仇某人甚，不欲引为同类，故作此说乎？

(沧)君何浅之测我也，论人之国，而不本于其国史可乎，史若无实则何得曰史。况日人或有骂孔子以私心作鲁史者，岂肯用私于己史乎！为亲者讳，为贤者讳，此春秋之大义。日人明知此义，而大骂己国之史，似乎不可不信。且其人贪狠谲诈，有如毒螫，无所不用其极，其非泱泱大陆之种，可从而知。

(抚)其詈骂孔子，得毋时机关系乎！当甲午之役，欲倾中国而甘心，为此嫉痛之说，以警彼国人耳。而崇拜孔子之真意，始终未变。信乎！

(沧)先生误矣，吾所言者为一事，君所论者又另一事，请言教育。谋教育者，必有一定之宗旨，有永久的与一时的之分。永久的本其国之风俗历史，而陶冶自成一国之特性。一时的则为对于某国而有重要之事发生，唤起一般之舆论，一致以御外侮。普之所以胜法，日之所以胜中，皆本此义。今中国教育，大半模范日本主持。教育之权，几为所垄断。东鳞西爪，绝无一定之宗旨，生死关头，而任人指挥，窃为中国危。且其对于中国，时有特别教育之会议，自具一种手段。夫舍其田而芸人之田，其用意之别有所在，从可知矣。（按中国谋教育近已十数年矣，略无效果可言，未始不由于此“东鳞西爪”四字，直抉病根。）

(沧)敢问君，使朱子处今之世，亦可髡其头乎！（按，其时国内正议剪发事，而会馆中所祀者为朱子，故相因而类及之。）

(抚)以利害言，宜取其利而舍其害；以时局言宜通其权而达其变。既可由冠而索也，亦何不可由索而髡？特未识保存国粹者，如朝中诸老，其意见何如耳？

(沧)愚窃谓即以孔子处今之世，亦必断发，君以为何如？孔子为时中之圣，固无乎不可，且最能审时度势，非同于迂阔者，硁硁执守一成不变之见也。

(沧)洪福为何如人？书法甚好而有魄力。

(江)洪福字海如，徽之歙人，下世未久，其历史亦颇有趣。洪本为某茶叶肆之学徒，酷好写字，三更夜半，偶得残膏剩纸，手不停挥。颇受司事责备，忽闻山东某庙（一说孟子庙）凡学书者多聚集于此，一夕忽遁去，不知所终。盖洪已徒步至鲁省，而寻得某庙。肫诚求学，朝夕临池，三年有成，复来通州，人犹未之信也。乃构架十数丈，于山阴之半，奋笔大书“五山拱北”四字，如龙蛇走壁，观者万人。由是声名扬溢，求书者户限为穿。

（沧）诚然，狼山北向峭壁，上有“五山拱北”四大字，的为神来之笔。

（江）先生爱大门额，其人书法近何人？

（沧）似模晦翁而原东坡。

（江）此馆楹联，以通直刺孙云锦为最佳。先生曾见之否？

（沧）大好，着墨用意脱然于畦町之外。请问，大门“公善堂”三字额又为谁书？

（江）年深日远，不知为谁书如何。

（沧）大好，气味渊古。

按，沧江诗学之美，已有集行世，不再述。兹纪其一，以见一斑。《姑苏怀古》云：“吴王日日奈欢何，越女如花唱艳歌。未洗千年亡国恨，姑苏城外水空多。”大约亡国之民，其所歌咏，音节无不哀楚。如越南张鼎南《感怀》佳句云：“种族存亡书上血，山河来往梦中痕。时危益叹人才少，道丧争权霸术尊。”《咏子胥》云：“秋高剑影横江过，日落箫声绕市来。自古丹心贯金石，几人青眼可尘埃。”《入吴》云：“生为独鹤归何益，死化猿哀恨未销。黄海怒涛秋抚剑，吴门岁月夜吹箫。”兹连类附录数则于此，以存一般亡国之余哀而已。

（原载于《中华学生界》第2卷第4期，1916年）

朝鲜独立运动之感想

只眼

这回朝鲜的独立运动，伟大、诚恳、悲壮，有明了正确的观念，用民意不用武力，开世界革命史的新纪元。我们对之有赞美、哀伤、兴奋、希望、惭愧种种感想。

我们希望朝鲜人的自由思想，从此继续发展。我们相信朝鲜民族独立自治的光荣，不久就可以发现。我们希望朝鲜独立以后，仍然保守今日“用民意不用武力”的态度，永远不招一兵，不造一弹，做世界上各民族新结合(不叫做国)的模范。受过军国侵略主义痛苦的人，当然抛弃军国侵略主义。既然抛弃军国侵略主义，当然没有养兵的必要。

我们希望日本人纵然不能即时承认朝鲜独立，也应当减少驻留朝鲜的军警，许他们有相当的自治权利。第一对于这回参加独立运动的人，一概不加以刑罚，正所以表示日本人的文明程度。因为这回独立运动，乃是朝鲜人的正当权利，并没有触犯日本的国体和扰乱日本国的安宁秩序。我想富于自由独立大和魂的日本人，对于朝鲜人这回悲壮的失败，都应该流几点同情的热泪。

有了朝鲜民族活动光荣，更见得我们中国民族萎靡的耻辱。共和已经八年，一般国民不曾一天有明了正确意识的活动。(辛亥革命，大半是盗贼无赖借光复的名义抢劫。)国民和政治，隔离得千百丈远。任凭本国和外国的军阀联合压迫，不敢有丝毫反抗。西南护法军，竟和国民分做两截。不但乡下的农民老百姓不敢做声，就是咶咶叫的名流、绅士、政客、商人、教育界，都公然自己取消了主人翁国民的资格，降作第二者来调和政局。请看这回朝鲜人的活动，是不是因为没有武器便不敢反抗，便抛弃主人翁资格来做第三者？我们比起朝鲜人来，真是惭愧无地！

这回朝鲜参加独立运动的人，以学生和基督教徒最多。因此我们更感觉教育普及的必要，我们从此不敢轻视基督教。但是中国现在的学生和基督教徒，何以都是死气沉沉！

(原载于《每周评论》1919 年 3 月 23 日)

朝鲜独立之活动

佚名

中美通信社接驻韩访员来函云：朝鲜独立进行，仍在发展中。

本月十三日上午九时，同郡华北面约一千二百余人，高呼独立万岁。日兵开机关枪猛击之，惨死者七人，重伤者三十六人，被捕者十二人。现在严刑审问中。闻庆郡于十四日山阳市场，约一千余名，大呼万岁。日步兵及宪兵合力击之，死者九人，重伤者十八人，被捕者六人，市场悉闭。水原郡松山面十四日，以前次独立活动之故，日兵警逮捕韩民七十九人，现有七人已毙于毒刑之手。高卢郡于十三日午后十一时牛谷面约数千名，大呼独立万岁，日兵警击之，死者十七人，儿童遭惨毙者六人，重伤者四十余人。蔚珍郡于同日约五百余名，大呼独立万岁，日兵警暴击之，死者七人，重伤者十余人，被捕者三十余人。宝城郡筏桥于同日约二百名有独立之举动，日警击之，死伤数人，被捕者十三人。保宁郡兄川面于同日约数百名，为独立之举，日兵警协力捕去其首领金某等五六人，现以恶刑审问。日警复断绝交通，行人极不方便，甚至有行人被捕，亦惨受刑戮者。灵光郡于月初宣布誓约书，且唱爱国歌。约五百余名，有独立之情形，日兵警击之。而日人所管公立普通学校生徒多数参加，曹喜兑（学生年十八）被捕，押送于本浦检查局。长湍郡于十五日约四五百名在山上大呼独立万岁，当地日警击之，死伤极多（数待查）。江华郡于同日有二三处，约四五千名，各聚于山上，大呼独立万岁。日兵警等开炮追击，死伤甚多（数待查）。顺天郡于十二日夜间约一千五百名，有以上同一之举。日兵击之，死八名，被伤者二十余人。伊川郡洛阳面及郡城，于十三日约二千五百余名，挥扬太极国旗，大呼万岁。被日兵击死者甚多（数待查）。水原郡水原、振威两郡西界海岸各地，自去月有二三千名为独立运动。且自安城、阳城两郡，有四五千名互相来往，大呼独立万岁。该地居民，半农半渔，昼则避于山林，或放船海中，夜则还家安睡。故日兵警等亦无法以处之，乃于四月十一日当地警务部及日检举队合三千余人为一队，于夜半分行搜索八百余户，逮捕四百余名。十二日夜检举第二队约一千余人，复行搜索三千余户，以嫌疑被捕者八百余人，均囚于水原警察署，惨受毒刑。其搜索适在深夜，故男妇老幼于酣睡中，突遇此变，妇女儿童等惊恐号哭。日兵等则以拳足交挥，恣其侮辱毒殴。而以无故被捕者，亦多不可数。搜索后日兵谓该地即贼（指独立党）之巢穴，凡家屋悉行纵火焚之。

费勒特尔非亚四月二十二日无线电云：侨居美国及檀香山之韩人代表在本埠开一大会，并发出关于“韩人运动恢复自由独立，希望美人表示同情赞助”之通启。又将其决议寄与日本人民，表示其反对日本统治高丽云。

四月二十一日消息云：高丽贵族前外务大臣金子爵与前教育大臣李子爵联衔呈禀，请准高丽总督转呈于日本天皇与内阁。该两贵族系由天皇赠以头衔，而其举动实极有效力。日本当局警告各报社云：凡高丽贵族有此行动，均应禁止登载云。

（原载于《民国日报》1919年4月28日）

朝鲜独立运动二志

佚名

朝鲜独立运动，今乘李太皇之丧，业已成为事实。自三月一日起，各城人民均有示威运动，纷纷宣布独立。兹汇集各种消息如下。汉城宣布独立，则在三月一日午后一时，国民党在华馆（译音）开会，其领袖当场被拘。二时，高等、中等、初等学校连同所谓官立学校学生数千人会集塔园，宣谈独立，列队游行，以官立高等女学校学生居前列，随以学生公民数万人。平安北道桑城（译音）宣布独立，则在二日上午十二时。兴圣（译音）专门学校学生二百人聚集校前，三呼高丽独立，于是列队游行，工商妇孺亦杂入群众，且有数人以宣布独立文送至警务裁判所及城议会。另有数人向众演说，新维州宣布独立则在四日午后二时，有商民及农民集众示威以独立文送至各事务所，并散发与人民。松都（译音）宣布独立。在三日下午五时，群众凡二千人，由十四岁至十八岁之幼童居前，列队游行各街道，欢呼高丽独立。沿途见有日旗即为除下，盖是日为高丽前皇举殡之期，日人皆悬旗也。公山（译音）宣布独立，自一日至四日，公山城中，发有示威运动数次，散发独立文，并向群众演说。五日晨间，高丽讲道师二人被捕，午后三时有众千人列队游行各街，手持高丽旗，口呼高丽万岁。平阳（译音）宣布独立。在一日午后一时，基督教徒一千五百人聚集教堂，行祈祷礼后，即赴十字街口。该处有官立私立学校男女学生一大群伫候之，由领袖一人宣读独立文并行事之规则。既毕，群众欢呼高丽独立，其独立宣言书中最要者凡三条：

（一）吾人今日此举，实为世界大机运所促进，为民族自决之要求，积极发挥自由之精神，决毋逸出排他之举动。

（一）猛勇精进，须至最后一人鞠躬尽瘁而后已。

（一）一切行动务须尊重秩序，使吾人之主张与态度，当光明正大，贯彻始终。

具名者为朝鲜独立国民团代表孙秉熙、李商在、吉善宙。而三月六日东京电云，交通部大臣野田氏，前因李太皇之丧赴韩，现已回京。据称，汉城乱事并不剧烈，天道教主为激起此次暴动之人，现已就逮。此外，被拘者尚有数人。一般人佥以为此次暴动学生之与闻者甚众，且有女生在内。其原因半由于政治，半由于宗教。但无甚深之原因，足以使人忧惧云。又七日电云，自各方面传来之汉城消息，至今均不准披露。惟知朝鲜之示威运动，自三月一日以来，继续进行，是为一有统系之行动。其目的在谋国家之独立，此项示威运动以天道教徒及改奉耶教者鼓动，几于全国各处同时并发。据《大陆报》记事，则云两月以来韩人在上海秘密运动，预备向世界各国请愿，承认高丽，其事至今始得明了云。昨闻六星期前，有高丽青年领袖一人，离沪赴欧，为高丽运动。其人名钟振文，此时当已抵美，取道赴欧矣。预料现在欧美运动之高丽学生等均将与之联合。此项运动其目的大率在造成欧美之舆论，闻拟于世界各大都会设出版部散布书籍，从事鼓吹，并望能定期出一小册，兼于各重要出版品中陈述高丽事件，且谋与各报记者及有政治势力之人物接触，然在目下，则将专注力于世界各国巴黎会议之代表，韩人希望能游说协约各国代表，正式与以受理云。

（原载于《学生》第6卷第4期，1919年）

韩国独立运动与和会

巴黎通信社

韩国自为日本合并后，其志士分往各地，组织机关，力图光复。但处日人强力之下，言论机关，不能成立。因之彼等所受惨苦不平之情形，无由宣达于外。故此水火中之二千万韩人，久已不为世人注意。但彼等光复之志，未常以此稍阻。近年以来，皆展转在国外组织有力机关，如檀香山、桑港、芝加哥、上海、满蒙各处，皆有完备之组织。及至最近，乃自新韩青年党出现。在欧战中，即分头稍极进行。在国内者为"反抗运动"，在国外为"联络运动"。凡在各地各机关主干者，皆一时青年有为之士。如在美国方面之李承晚（哲学博士），闵潜镐、郑景汉（皆美国大学毕业），安昌诰[浩]（桑港国民会中央总会长），林容万（新韩民报社），卢白磷（大[太]平洋报社），李大卫（桑港新韩民报）；其在国内者如孙秉义（大道教生），李尚宰（汉城基督教青年会），吉善宙（平壤基督教长老会牧师）等；其在满蒙各处垦牧经商，而随地设置机者，人数极众。当战争未停以前，彼等以时机尚远，多从事于实业经济。迨至战事方了，美总统威尔逊以民族自决号召于世，巴黎和平会议之开，群又以平反国际不平及世界永久和平之建设期之。于是韩国志士知时机已至，投袂而起。经各处开会讨论，结果大致决定两种进行方针。一为派代表赴和平会议请愿；一为分头派人回国，联络各地人民，急起反抗日本，运动独立，并为赴欧代表声援。计派赴和平会议者计四人。从美国方面往者为李承晚及闵潜镐、郑景汉，从中国往者为金奎植（留美学生归国后兴办教育，复又在满蒙各地创办实业，既能操英、法、俄、华语）。金于二月一日，自沪起程，乘法船波尔多号赴法，于三月十三日抵巴黎。时战事初停，西航乘客极众。该船中于国际有关系者，殊不乏人。除吾国南方代表伍朝枢氏外，尚有捷克斯拉夫副总统、俄国下议院长及下议院议员乌克安尼外交代表等，皆系赴巴黎和会有所企图者。金君在舟中与彼等颇有所商榷，弱小民族有不期然而同情者。及至巴黎，乃知自美赴法之三代表尚未至，后乃知系为护照问题，竟不能来。此所谓国际网罗，亡国者真举步艰难矣。后金君遂独在巴黎活动，与各国报界及巴黎之法国在野有名人物皆有联络，尤以下院中数民党议员极表同情。金君又将应独立之理由，函上于和平会议（全文见本社译稿）。且另有正式请愿书，不日即行呈递。威尔逊总统处因甚忙碌，晋见不易。且以日本关系，威氏亦不欲公然引见。美国如此，其他可知。和平会议权在五强，日本又居其一。英法以印度安南之故，亦不敢自发其覆。但韩国革命起事后，欧洲政界亦颇注目，英法各报皆有评论专载。（中略）

欲知和平会议态度如何，实与韩国革命消息关系极大。盖“势力”二字，在国际之间实握成败枢纽。所谓正义云云，又必在势力之后也。记者前日得晤金君，兹纪其谈话如下。

吾韩亡后，吾人虽在各地奔走号呼，但公理未张，凌弱暴小，视为平常。今兹德人以自恃力，为协约所败。美总统更以正义人道扶植弱小，喝破世人迷梦，不得谓非世界人类之一进步。吾韩为四千余年古国，在历史上皆有不断之光荣。爱和平重人道，颇为世人所称。日人前此蔑视信义，破弃条约，以欺诈手段，掩尽世人耳目，遂令韩人蒙亡国之耻。此岂特韩人之辱，亦人类之羞、正义之玷。夫协约击德以其破约，对于韩国施以援助，当为所愿。否则胜利偿值，当令人怀疑。总之此次会议，各国既欲谋世界永久和平，自非使世界人类皆各得自由发展之地不可。若仍令二千万不平之民族抑处于战后经济中心之远东，而欲永久和平，何异南辕北辙。故吾人为和议价值及世界和平计，实有无限希望。又谓有言独立运动不成可退而要求自治者，此层吾人殊未思及，亦不欲论及此事。惟吾人笃信吾人愿望终将达到云。

（原载于《民国日报》1919 年 6 月 5 日）

朝鲜代表在和会之请愿

民意

此次朝鲜代表金奎植氏在巴黎和会提出请愿书，请求离日本之束缚，改造朝鲜为一独立国家。其事不特耸动世界耳目，兼与东方受侮民族，以最大之刺激教训，实为一重要事实，我国研究者不可忽略者也。朝鲜之亡国，在中国几视为既定事实，而一朝突受世界潮流之感动，乃演此空前之悲剧。人种苟存，其力量可得麻醉，而不可得消亡，于此益可证之。而对于此请愿，欧洲人之态度正亦在可研究之列。日本国民对于此之应付如何，为朝鲜人计，当采如何之方针，均属吾人所应知者。故略述其事实，加以论评。

其请愿书（由英文译出）全文如下。

敬启

（一）高丽民族有一定之国民生活及文化者四千二百余年，为亚洲历史的一国家。此四十二世纪之中，大部分之时期，高丽享有国家独立。（案，高丽历史推源于檀君兄弟，谓其建国在中国古代唐尧之二十六年。）

经承认之高丽独立

（二）以日本、英国、美国、其他国家与高丽政府所定修好通商条约中，已经承认高丽之继续存在，为一独立主权国。在一八八二年五月二十二日，高丽与美国在汉城所订条约切实声明，有云“万一两国中有一国受别国不平或压迫，则以通知于缔约他一国，其国当以其尽力，使该事项解决有利，以示友谊”。又在一八九五年四月十七日之《马关条约》，日本要求中国确认“高丽之完全独立自治”。在第一次英日同盟（一九〇二年正月订定）协定，日英两国承认且允保护高丽之独立。最后，高丽、日本间一九〇四年之攻守同盟条约，日本特别保证高丽之独立与保全。

高丽独立为国际的信任

（三）此等条约，不仅承认保证高丽之独立存在，为一主权国也。实依于国际之权威与公认，以为基础，而有一国家欲凌蔑之者，实难逃他国之干涉矫正之也。

日本侵犯高丽独立

（四）而日本实侵犯高丽之独立，当时日本政府——依于欺诈与胁迫——强逼缔结一九一〇年八月二十二日之条约，以此条约，当时高丽皇帝称言以高丽全国主权，并当时一千五百余万人民，完全永远让与“日本皇帝陛下”。

高丽人之反抗

（五）以其侵犯高丽主权，而以此一国并为日本之一省，故高丽人民曾经极力反抗，现尚不休。

（六）此种反对日增日烈，以日本统治高丽所用方法，使之然也。此其方法，实仿效普国之治东边诸省，及修列斯维、何伦斯坦（案，此为德国前夺自丹麦者）暨阿尔萨斯、鹿林者而行之，无所宽容，不遗余力。日本于名义，于实际，均决定变高丽为日本之一省。其达此目的，则以惨酷之待遇，图灭绝爱国主义之根柢——爱国心、国语、国史——又独揽教育及财富二事，而资之以扑灭高丽人爱国心。

日本之独揽高丽教育及财富

（七）不论何种现代教育，苟超过一定程度，足以鼓舞寺内伯爵——合并高丽之日本统监——所谓“危险思想”者，或则全被禁止，或则于日本政府监理之下，为糟粕之教授。而高丽学生，即以自费欲求往学于欧美者，亦概被禁止。

（八）一切高丽富人，殆皆被逼用一日本支配人，在其家中理其财产及其收支，而高丽人存款于银行者——其银行皆日本所设——设非将用钱目的报告银行，则一时不能提回存款中之巨额。

日本与基督教

（九）日本当局设种种方法，使基督教会在高丽之传道事业失败断望，以为此实反对日本在此半岛之根本利益者也，而用警察力以为之者尤多。即此岂不足见日本人在高丽所为，实际视基督教为一大力，能阻日本在此邦政治系统之成功乎？

日本人之高丽

（十）日本当局自称已加改良于高丽。然当记忆“改良之大多数，以其价值论，可以于改良流刑植民地见之”（纽约“高丽迫害事件”）而其全数，固皆以高丽人工及高丽纳税人之财力，为日本人之利益及日本之便利为之，而日当局则为此辈，囊括高丽，以为消容此辈之植民地也。

（十一）日本之统治管理高丽，全为宗主国的统治，如谓为私利的国民统治则尤明切矣。除却以畜牧者主人视其奴隶家畜为其财产而爱护之之感情以外，高丽之公安未尝入日本政治之计画也。

反对全世界之日本

（十二）在高丽人民之困厄，固为要求高丽分离、解除日本对其人民之束缚之直接理由，而又以世界重要利益有关——此中法国亚洲之利益与英美两国在亚洲及太平洋之利益为尤——益使其有理由矣。

（十三）关于商业贸易，日本排斥西人在高丽之商贾，收从来高丽与外国订立修好通商条约所与之利益，尽归日本商人手中。其排斥西方竞争商人也，日本实继续甚久。而在昔时，彼固僵守孤立。在今日，彼犹以此胁威，将排除西人在东亚之势力，而以污渎之远东门罗主义适用焉。

日本之大陆政策

（十四）此固为日本甚长远之政治计画，而触及法国及英美重要利益者也——而其继续合并高丽实为之显示——日本以外之国家之危险（英美法均在其内），无不在于日本之无际限大陆政策实行一事。此种政策计画，第一，在统辖管理中国之人力富源，以攫取亚洲霸权——以日本之保有高丽为大陆上根据地使之可能；第二，则支配太平洋，以为惟一手段，以求日本移民入澳洲美国无限之门户。

实现之政策

（十五）日本之大陆政策，已于事实现出如下。

（甲）以其两次战争成功，使彼成为亚洲最大陆军国。恰似普国再战再胜，而为欧洲最大陆军国。

（乙）以其并合高丽。

（丙）以其在南满、东内蒙，以日本代中国施其威权。

(丁)以其企图在和会中求得承继德国所有及特权,在中国山东省中者,青岛亦包在其内。

(戊)以其逐渐支配中国,并其未开发之人力富源,归于日本管辖,一切循用从前所施于高丽之方法,其名则曰"政治必要"。

(己)又以其赤道北南洋诸岛归日本领有,使日本离澳洲更近二千里,而以根据地与海军,实际统辖太平洋全地区者也。

高丽之革命

(十六)以高丽人民对于日本之合并其国,及其天皇所委官吏政治压制进行,为抗拒与反对,遂有此次高丽革命出现。三月一日午后一时,高丽人民及国家宣言独立。此种独立,以国民独立协会之形行之。此协会含有高丽人三百万,而代表一千八百七十万在高丽本土暨中国、西伯利、夏威彝及美国之高丽人达其愿望与意志。宣言中有曰"求得自由权与吾人自身国民性格之不绝进展,以吾人置诸改造世界之主义之下——求吾人之独立,拭去污损,驱除现在为患者,贻吾人子孙以永久自由,而勿予以苦痛及羞辱之遗产。此吾人之神圣义务也"。

革命之进行

(十七)高丽代表——以高丽国民独立协会及其他为高丽独立而组织之各团联合而成之"新高丽青年结合"所派遣者——屡接海电通知,报告革命之进行与国民独立运动。在巴黎于去七日,接经上海来之高丽国民独立协会通知,其中一部如下。"吾人以三月念六日开大示威运动于京城,吾人国旗悬于城中山上。日本政府拘引参加者二百人,两方各有死伤。三南(即京城以南各省)逐日奋起,于东西伯利及满洲亦行高丽人示威运动。"

高丽民国

(十八)同电又报告高丽临时政府之组织,其中包有总统、副总统、国务卿、内务、财政、司法、军务、各总长。政府中有朴泳孝公及李承晚、安昌浩、李东晖[辉]各氏。朴泳孝者,高丽史中一八八四年急进党运动五领袖中之一也。一八八四年之急进党推彼为首,以促进高丽现代之改革。合并以前,曾一为内务大臣。李承晚者,美国哈华大学之学士,布令斯顿大学之哲学博士也。自一八九四年,彼已为旧高丽独立俱乐部(独立协会)之首领。其为政治上工作也,已曾入狱,且被械系。安昌浩为新人会之创设者,自一九〇五年,已为青年高丽国民党(青年爱国党)之魁首,现为国民会中央总会长。李东晖[辉]为故高丽陆军参领,为满洲及西伯利高丽国民党公认之首领,亦曾被日本政府械系者也。

日本之压迫

(十九)四月十日,高丽代表复接一通知,内言:“自三月一日起,以至该日主动的独立运动之示威运动遍于各地,指挥如意。代表者(案,指高丽本土之代表)以演说及宣言为之,采受动的革命,女孩尤为剧烈。敌人(日本)之工场、仓库等皆见罢工。吾人之教堂、学校、仓库,所至皆被闭锁。男女被囚者三万二千人,重伤者十万人,其中有老人及妇稚。内地运输杜绝。敌人(日本)采残虐之行动。教会现正以真相布告天下。”四月十一日,高丽代表续接通知备述日本人之残酷云。“日本三月廿八日开始大虐杀于高丽,在京城三时间之示威运动之际,人民无武装而被杀者过千人。鞭打、枪击、钩刺之施诸人民者,通于全高丽,惨不忍言。教堂、学校、首领之家屋均被破坏。妇人被裸鞭打于群众之间,而首领家族之妇女尤甚,其囚者皆加栓梏。医生视察伤者,亦被禁止。吾人求外国红十字会急来相助。吾人已决心战至高丽人尽死而后已,吾人信上帝之能相佑也。”关于此项一切消息,已见欧美各报,吾人惟引最近伦敦泰晤士之东京通信,即已足矣。此通信载于去四月十七日纸上,其题目为“高丽之权利”内言:“当人人认高丽骚动为仅能出于同一根源之时,日本政府之决定增加驻高丽陆军定员,诱起新闻之批评。在一般议论,均谓遇有机会,以文官总督易武官总督一事必不能免。《日日新闻》以此骚动归于民族自决主义之误用及宣教师之煽动。《时事新报》则证言高丽须改良之处甚多。又有其他新闻杂志,论高丽人决非劣等民族……”

取消合并条约

(二十)高丽人民要求宣布一九一〇年八月二十二日所缔结合并条约无效,不复行用,或由和议以此请愿书及附属说明书之所述理由,宣告取消之。其理由之尤重要者如左。

第一,该合并条约以诈欺胁迫缔结之,在其为法律与为国际记录之有效性,已经灭失。不待计当时高丽皇帝有无权利可将一千五百万之人民与为独立主权国四千二百年之国土,让与“日本皇帝陛下”也。

第二,高丽人民及国家,否认傀儡高丽皇帝有权缔该约,关涉及于彼等。人非畜类,其允诺始终为该条约有效之贵重条件,而此种允诺,固从来未尝与之也。

第三，该合并条约为日本直接侵犯国际的保证，此保证由日本政府与高丽及他国订约，认高丽人独立自主而来。

第四，在高丽与日本其他各国所定多数条约，及日本与中英俄所订关于高丽各约，“高丽之为独立主权国”已经于每一约中明晰承认。而其政治上独立及领土保全，亦有多数明白保证。其条项实根据于无有一国能侵害人，而不受列席于今日和会等之万国会议之各国所干涉之国际公法基础者，而日本尤不能免。

第五，和会开会，所以求依威尔逊总统所提十四条之主义，以决定会中各国事项也。而未开化国之利源及奴隶其人民，而美其名曰“轻白人之担负”。日本人既欲执东方之牛耳，不得不防此可惧之白祸。欲防此白祸，非强大不能为力。日本今日生产之速率，每年加增八十万，此速率惟德国与此战前差堪比伦。但日本人民既有此非常之增加，则推广其土地成一最急之问题。南北美洲为门罗主义所阻，不得染指。非、澳两洲，又为欧罗巴人之势力范围。亚洲之各小国，亦为白人蚕食殆尽。所余者，则为高丽与中国耳。故日本不得不以全力经营此二处以为彼之植民地。

自俄罗斯称雄东亚，高丽即成一附庸国。其所以不急就灭亡，得中日俄三国之均势耳。但不久中俄先后为日所败，而均势遂失。当时最欢迎日本称霸高丽者，莫若彼之同盟国英吉利，因欲利用日本以抵制俄德之势焰也。美国虽与高丽有互相协助之条约，然当时亦承认日本之并吞高丽。

日本战胜中俄而吞高丽，为彼有史以来莫大之荣，自以为彼之占朝鲜，乃战胜国应享之权利，与当时欧洲所持主义相同。但今日则不然。美总统威尔逊之宣言曰“当今之世，譬一棋局，不能以棋中之兵卒待今日之弱国，可以自由割让”，又曰“一国之民族，若不愿归他国管理，不能以武力压服之”。此种论调，与从前之主义大相径庭，而为国际法开一新纪元。

日本之治高丽，颇有可称者。如治河、修路、推广邮政电报及研究卫生等是也。但作工之人，皆逼高丽人为之。所用之地则夺之于民，钱则加重税而取之。韩人之意，以为日本之尽力于以上所述之善政，非为高丽也，为日本军事上行动计耳。然吾人不论日人有无别种用意，要之皆有益于社会，故不得不赞美之。然有一问题，吾人须研究者，即如韩人所得以上之利益，能偿所失数千年来一国之政治、经济、文化及历史乎！今日高丽之情形，乃一最可怜者。虽自归日管后，一国之财政较前为优，然百姓则较前更苦矣。高丽归并后，一百五十余万人迁至中国及西比利亚一带，非避日本之强暴，盖无可聊生耳。高丽有地八万方英，人民一千七百万，所有之地向分四种：

一、私家之田地。

二、皇室之田地，时有租与平民耕种者，可自由转租或传之子孙。

三、地方公地，然亦多名为公有，实为私人之地者。

四、庙宇之地。

私家之地，年须纳税于政府。皇室田地，所入则归皇室。私人之地，出地方之名者，则纳税于该地方官。僧人之地，则免税。至高丽归日后，日政府将皇室之田地、地方之田地及庙宇所有者皆充公。彼之理由，以该田地既非私产，应归政府。此法一行，无数高丽中等人家皆流于沟壑矣。而所充公之地，皆分卖或租之于日人，高丽人不与焉。

东京之政策，欲诱多数日人往高丽以补军力之不足，以为若一旦有事，则日人尽兵也，韩人何能为。今日已有三十万日人在韩，现尚日有加增。此政策乃毕士麦欲同化波兰而未收实效者，今日本再加改良而行之于朝鲜。日政府既欲实行此毒计，遂设一东方殖民公司，政府每年津贴五十万元。其宗旨以鼓励高丽植民，每一日人之愿往者给以盘费，到韩后则给以田产、粮食及耕种所需之器械，三四年后再偿还该公司。

前篇已述日人将高丽之公产充公，今更述日人夺取私产之法。高丽以农立国，向来习惯。谷田所须之水，皆由一发源之处流入田中，然后转注他田，源源不绝，以滋灌溉。日本农民则将水所必经之田，出重价购而塞之，则他田皆枯槁，不能不一并卖之于东方植民公司或日本农民。其价则由日人定之，而高丽农民无奈何也。若诉之于公堂，则日人置之不理。因此高丽三分之一之私产，已入日人手矣。

日人及袒日人之著作家，常赞扬日人改良高丽之币制，不遗余力，吾对此不得不一言之。自一千九百一十年朝鲜银行起而替日本第一国家银行代理高丽国库，高丽财政部成一有名无实之机关。朝鲜银行对日所处之地位，即如伦敦银行对英政府所处之地位也。日本国家第一银行与朝鲜银行前后发出纸币数百万，而原有之铜币、银币则运至日本溶化之，至今未有再运金银往高丽，以代从前运出之货，而作纸币之准备金。今日高丽无一现金币，即银币亦少见。最可异者，高丽通行之纸币，尚不能通行于日本。此可证明高丽之纸币，实不能兑现之纸币矣。

日政府每发表其对韩之宽厚，谓高丽百姓所缴之税较日本人在本国所纳之税为轻。殊不知高丽人今日所纳之税，已四倍于高丽政府时代。当时只征田地税，今则无物不税，即蓄一猪，亦须缴税。在高丽政府时代，买卖自由，今则不然，无论物之多少，卖主须交税，然后可将物件出卖。例如，农夫携鸡蛋十枚入市，亦须领一牌照，及纳税后始可出卖，其他可知。

此不过对于高丽之财政权而言，至若其对待私产，更有可怖之处。例如，每富室须雇一日本支配人，该日人有全权管理一切出入款项，虽高丽雇主不能自由使用一钱。若不听彼约束，该日人可告之于日官，则为祸不浅。故前王李氏，虽名为得日政府年俸一百五十万元，实则彼之财力犹不及高丽一工人。一千九百十五年，有一高丽富室曹(译音)中佐，设一学校于北京，以培植高丽青年。日政府将其一切财产充公，其理由则谓高丽中佐谋叛政府，中政府因领事裁判权故，不能助焉。再有一法，可以缚束韩人私产者，则无论何人，虽得日支配人之许可，每次亦不得支过五百元。盖恐高丽人作非法行为，谋叛政府。此举最足摧残韩人商务。因既不能支取巨款，则不能经营大商业，而至微之商业，亦难与日人抗衡矣。故高丽富人，至经济窘迫时，不得不将田地售之于东方殖民公司，以应其急。惟此一法，幸可免日本支配人之干涉耳。

当高丽独立时，各国商民受同等待遇。高丽第一条铁道汉城至仁川，为美国所有，第一电镀厂及自来水厂皆属于美商，关税则归一英人管理。今则不然，种种商务，均为日人所夺，其势力雄厚如英美烟公司者，亦为日公司排挤而去之。从前高丽，尚有发达之希望，今则全国无生机矣。一千九百〇八年高丽被吞之前二年，有一高丽富商，欲与一意大利公司订立合同，办出入口货。该意公司派一经理来韩，调查情形，日人告以种种苛例，该意人竟为骇走。因此商务不能与日商争衡，即最下等者，均给日人优先权，高丽人则小贩亦须领照抽税以剥之。若高丽人欲向日人押款或借款，则须年息七分。此不过略举日人抢夺高丽人财产之法而已。

朝鲜为亚洲古国之一，其四千年之历史，足以证明之。日本一切之文学、陶器、制造法、宗教等，皆传自高丽。至今高丽人犹自信其文化高出日本。高丽人今日虽受日本政治及经济之窘迫，然其心则始终不变。日人亦知历史文字言语三者，足以唤起韩人爱国之心，乃集高丽文章历史而毁之，以愚其民，较之中国秦始皇之焚书坑儒，同一比例耳。此种野蛮举动，不知损失多少高丽最可宝贵之物，国可复而此国粹不可复得矣！吁，可慨也夫！

日本既将高丽文字历史焚毁殆尽后，乃又封禁一切报纸杂志。欲博西人之美誉，政府乃出一种英文汉城报，所载者皆政府许可之新闻。每年复出一朝鲜维新及进步报告书，此报告书专载高丽人对日政府如何满意及地方兴旺。此书分送于各国图书馆及有名人物。殊不知高丽今日并无所谓言论自由、出版自由、集会自由。耶教会每星期三集会一次，亦须警厅许可。赞美诗中之“向前进，我基督教之军人！”亦不准唱，恐唤起爱国尚武之精神也。各地侦探密布，高丽游人到一城必须注册，邮信亦严查不怠。

日人既欲同化高丽，不得不从禁止高丽言语着手。虽教会学堂素用高丽语言，现在亦须用英文，由高丽总督派一翻译员译成日语，以教授生徒，其不便可知。又日人恶耶教会在高丽有碍一切进行，思有以伤之而未发。寺内总督乃于一千九百十二年实行其摧残手段，羁各高丽有名之耶教徒及学问家于狱，诬以欲行刺高丽总督，即美国教士亦不能免。其证据，或捏造之于日人，或买韩之无赖者以实之，或暗用酷刑使各教士承认之。种种不法行为，令人发指。有奇耳(译音)牧师在平壤，劝其生徒勿吃卷烟，亦为执去，而定以大逆之罪，谓烟为国家专卖之品，反对吸烟，即反对国家。日本之苛政，于此可见一斑。

日本破坏高丽教育，尤不遗余力。名为统一及改良，实则严加防范。历史地理及高丽语言不得教授，惟日皇像及国旗须敬礼之。高丽学生之求学日本者，亦只令其学工艺，而法律、历史、政治、经济等不得学焉，游学欧美更无论矣。此与日本在欧和会所求之黄白平等之宗旨，正相反矣。

高丽今日所处之地位乃一被征服国之地位也，与欧战前之波兰、波希米同，而其所受之苦况，则非世人所得知。日本知世界舆论之可贵也，乃思出种种方法，发表其对待高丽手段之和平及抚治之得法，且厚颜以其对待高丽、中国比美之治小吕宋古巴，美其名曰“东方之门罗主义”。日本既自比如美国之宽厚，吾请将二国对待植民地之特点一比较之。

高丽被灭后，即归日本军阀所管辖。自总督以至于下等官吏，皆以武人任之，高丽人不得置身其间。美国之待小吕宋则不然，除总督副总督正副查账员为总统所派外，六部总长(即小吕宋内阁)皆选之于菲列滨人之得议会许可者。议会分参众两院，亦由菲列滨人选举，并有驳回总督之否认权；高丽人则议院亦无之，欲置镇中之小吏，亦须得该地方日武官许可。至菲列滨人所享之选举权、内政自治权，更为高丽人所未闻矣。间或亦有派高丽人为各省长官者，然不过作傀儡以掩他人之耳目，其实权皆在日本顾问手中，稍不听命，即可革换。日人尚自赞其治绩精善，如但由日人一方面观之，诚无愧也。

高丽人素爱和平，在专制时代，虽治不得法，然较之今日，已有天壤之差别。朝鲜人今日所受之苦，乃世界有史以来所未有，此皆素号文明国所赐也。世人不察，反赞美之，岂天下真无公理耶。高丽人真忍无可忍，受不能受，自知手无寸铁，何能抗一世界称强之国。然义旗一举，四方响应，可见人心未死，尚可为也。今日虽败，然有一可喜者，则令世人知高丽人之不服日本也。由此观之，日本之治高丽，可称完全失败。其失败理由，则日本自私自利心使之也。世界不乏明理之强国，岂任日人之鱼肉而置高丽于不顾耶？

今日英美之同情，固集于高丽。然英国自不能解决爱兰问题，又何以能使日本解决朝鲜问题？美国不能助一独立国以抗一独立国，又岂能助一被征服国以抗一征服国？斯固理之显著者，不俟多证。即如前举之第三办法，英可以主张日本施之朝鲜者，日本未尝不可主张英国施之印度，即此一节，已为朝鲜之独立运动外交上之致命伤，岂待多言？故今日对于朝鲜代表在和会之请愿，豫决其无效者必中，既定之事实，无可挽回矣。前数日（十月初）报载欧电拒绝朝鲜请愿，其详情虽不可知，要无可容疑之余地也。

朝鲜此次请愿，不过独立运动中之一部分。然其独立运动进行中，有大属望于外交，固无可疑。则此独立运动，将因外交之失败而遂中止乎？抑将继续为一东方未解决之问题，以待日本国中之根本改革乎？大有研究之余地者也。以现在朝鲜代表之所陈述，分别言之，则一为证明日本合并朝鲜之不合法，二为日本对于朝鲜人之迫害，三为日本合并朝鲜之不利益于世界各国。此殆其外交上立论不得不然。以余观之，则其所陈说虽皆有其事实，毫无过滥之词，而朝鲜人所以要求解放之真因，决不止此。故即令合并朝鲜全为合法，对于朝鲜人未见迫害，且使世界各国并不受损，高丽人仍可有其主张独立分离之理由。

此种理由，固包含所谓民族自决与资本阶级压制对抗。二事实而言，强加压迫以合并，苛政以穷其民者，固有分离之理由。即以合意而成为一国，对于人民本无歧视者，以两民族理想之殊，亦常使生不得不分离之理由。此固无可如何者也。欧洲美洲之利害，非即黄人之利害，尤其非即世界人类之利害。欧美经营商业于东方之少数资本家利害，又非欧美人民之利害。在朝鲜人举事岂但计欧美在东亚之特权如何，但使于自己民族有益，于世界人类无损——因之即为有益——则当尽其力以为之耳。故吾人眼光，当注于使朝鲜独立为必要之原因，苟其原因存在，则独立运动无从销灭。朝鲜问题遂将为解决日本自身问题之钥，有如波兰、芬兰等人种种在俄罗斯所已见者，可豫言也。

对于朝鲜人之攻击，日本先后发表多数辩解之文。即如对于朝鲜人之失业流亡一层，即摘举日本移住人民数目之少，以证其非压迫朝鲜。据其所述，则“朝鲜面积略与日本本岛相等，而人口仅一千七百万人，皆觉其土旷人稀。而并合以来，内地（日本）人移住朝鲜者，仅十五万人，不过沧海一粟”（匿名一官吏在四月《中外公论》投稿）。于此一点，日本人以为可以解免侵略之恶名。而自吾人观之，此尤足为朝鲜应独立之最大理由。盖以朝鲜全国国权之牺牲，人民百余万之流出，日俄战役以来十五年间之苦痛，仅易此日本十五万人之利益，则日本统治之为朝鲜大祸为东亚不靖之根源，已甚明矣。

朝鲜独立之第一理由，为其民族之自由意志不待言。而其第二理由，则明为对抗日本之资本的帝国主义。此项理由，在朝鲜虽为后起，在世界实为最重要，而吾人所以赞成朝鲜独立者，宁以此为尤深切之理由。彼日本之十五万移住人，能使朝鲜全国茹此无穷惨痛者，正足以说明日本之资本的略夺而有余也。

如使日本来住朝鲜之人，仅有与朝鲜人均等之权利，为均等之生活，以开发朝鲜天然利源，为其衣食所资，绝无掠夺他人劳动结果之事，则岂特十五万人不为多，虽千五百万人可也。试观中国对于来住之五十万朝鲜人，何尝有丝粟之不平哉！今所患者，即在竭朝鲜八十八万方里之天然力与一千五百万人工之余剩价值，仅足以养此十五万人，且富此十五万人中之少数人耳。以吾所知，日本平常之农工对于乡土眷恋至深，不肯轻为移住。所谓台湾移民、朝鲜移民者，皆希望以征服者之资格一攫万金，归而为安闲怠惰之生活，持此不良之野心，以出国门。而所谓"亲方"者，则结托军阀，以得知政治上趋向，勾连诸大会社，以得资助。而所谓"子方"者，则供其敲髓吸血之耳目爪牙，为产业征服之侦探，为奴隶工作之监督。故十五万人者，什九为此懒怠乖谬、不容于乡里、被迫"出稼"之不良人民，其什一则不能置身于本国之会社员、投机师、欺诈者、卖淫附属业者也。若而人者，惟以不能于本国自力求食之故，而出为移民，则岂有能于朝鲜产业增丝粟之益？惟有压搾取得朝鲜人向来所有之利益，以入私产，于是朝鲜所损者十，日本人所得者不过一。而朝鲜人口千七百万，养此十五万寄食之人，犹日苦其不足。此无他，来住之十五万人，以侵略论亦非健者，特倚此五千余万人之势力，以强取其所欲得。既满所欲，即任意狼籍其余，所以移民止于十五万人也。

为日本资本家计，今后对于朝鲜，必更选精于掠取劳动余剩价值之人，以代今之不良移民。一面尽朝鲜半岛天然利源而枯竭之，一面使用朝鲜工人于较有利之途，增其体力与生产力，而余剩价值亦由之可以增大。当是时，日本之移民必愈少，各会社之利益必愈多，而阶级斗争自此始入于正常之轨。若今日者，尚未进步至此也。惟尚未进步，故朝鲜已甚困，而日本之资本家所得尚甚少；亦惟未进步，故其掠夺余剩价值之证迹尤为显著。

顾为朝鲜计，今日如此之资本家压制，已不可不反对，则异日更进步之组织的掠夺，尤不可不反对。如使日本一日不放弃其政治上、经济上之优越，则朝鲜一日不能不为日本少数资本家所牺牲。朝鲜独立于此，固有打破亚东资本阶级统治之意味，同时为世界社会革命之一部。朝鲜独立亦至少含有此种意味，始能成就也。

日本自为辩解之词曰:攻击日本之专为日本人利益开拓朝鲜,不顾对朝鲜人责务之辈,不外表示其为缺现代植民政策知识之一种不平者。彼等若研究欧美诸国之殖民政策向来施行如何,则不难知。日本对朝鲜植民政策有较之甚优之处。(桑原册次郎在十月《中外新论》著论)此言,以之对抗欧美人,决非无理。日本之殖民政策,较之一世纪以前英、法、西、葡、荷等所施者,孰优孰劣,吾亦信其为一问题。然即较英、法、西、葡、荷等国昔日之植民为优,初无以自解其在东亚为劣,而亦不能以人之曾劣,遂可禁人不言。即如人类生息以来,已百数十万年,吾人仅有四千余年之历史,又何能保吾之先祖非食人种族?然吾人决不以此是认食人之习惯。即在今日,亚洲民族有与朝鲜等其苦痛者,吾亦认之。然而此可以谓之日本与欧人同其罪,未可主张其特邀宽典也。然在日本,自计此等论议,初不期人谓为叶理,但使英、美自悟其曾为两印度人之日本,则对于此现为朝鲜之英、美者,常有有瑕不可戮人之心事。即日本之外交无所惧,而朝鲜人巴黎和会之请愿自归无效。日本之政策既在此,则于巴黎和会中之所持以抗英、美者,亦可由此而决定之。人种差别废止之提案,世以为日本持以胁英、美,使容其东方优越权主张,实为豫定之交换退让条件。其实所谓交换退让者,仍是名义上之事。论其实际,所谓交换者,固非仅移民美、澳之制限而已,又有亚洲非洲植民地、欧洲新割地之问题在于其中。两国相互了然,于其所持武器之力量,遂不显出而终矣。

然则此为英、美之失败乎?非也。英、美人之热心于朝鲜问题者,不过在东亚之少数人,其他之谈朝鲜问题者,自始以为一种手段而已。大战将近,结末之际,日、德已有交通,甚者至言其有密约。密约既无所征,姑置不论。其在媾和席上,日本若不能独占南洋群岛,若受联盟束缚,即可引德为重,以抗英、美,此则无复容疑者也。日本非为德国计也,将以德之利益为牺牲,而易取其在南洋群岛较多之权利。而英、美亦即逆用此术,先以山东问题、朝鲜问题挟持日人,使自就调和,不为阻碍。此五强会议中,日本发言之事,所以限于东亚而结局一切决定,所以卒由三强定之,不由五强定之也。故朝鲜问题亦与日本之人种差别废止问题相同,亦为豫定之牺牲。即中国问题又何独不然?英、美有此朝鲜问题,已可使日本所要求消减于无形,此英、美之大成功也。

然而为朝鲜请愿代表者何如?彼其挟持千七百余万人代表之名义,往巴黎一为请愿,以待日人之见其拒绝而拊掌快心也。果谁为为之乎?朝鲜之请愿,果以今兹见拒之故,而成为全无效果者乎?如在彼朝鲜之独立政府中,热心希望于友邦之赞助者,必以失望而视此行为毫无结果无疑。即如去年王、顾在和议发言之际,中国之最大多数人何尝不信青岛可由对德宣战参与和会而得？及其闻英、法以中国对德宣战之故，许日本占领青岛，其失望后悔之情何如？以己度人，可知朝鲜代表之伤心矣。然若平心论之，则此次之请愿，决不能谓之失败。

朝鲜之人民，向未知有以兵力革命之事。前此每有赋税政治不平，无所申诉，则以瓦器书字，以次递传于乡落，瞬息而妇孺俱集，成所谓民变者。事至民变，则政府大抵屈己以从之矣。欲其如中国之揭竿斩木，固不可得也。其对外国，则除隋末唐初两役以外，皆恃外力始能自保。一旦无恃，即见覆灭，乃常依违两大之间，以幸免吞并。此又非能以武力抗一国而自立者也。其谋独立，不能依武力，而惟能恃请愿，又何足怪？顾此请愿，非徒请愿也。有十余年之死丧流离以为之前导，有三月之役千余人之血以为之背景，虽不战斗，效且与战斗等。以如此之请愿，英、美始得挟以制日本于和会中，使不能有所发舒。然则此一请愿，于朝鲜所求者，虽无丝粟之益；于日本所望者，已有邱山之损。此固朝鲜人所不能以武力得之者也。夫传有之"时日盍丧，及女偕亡"，夫今日之朝鲜，则立于无可复亡之境者也。请愿而不得，则朝鲜所失者，一希望而已。除希望以外，朝鲜人民更无可失者矣。而使朝鲜请愿不接受之一事实，竟成为日本四年苦心作成之和会位置之代价之一部，是则朝鲜以其所希望者易日本所已握有者，视及汝偕亡为尤胜也。夫今日朝鲜人之心理，但求其为日本之害，不必其为朝鲜之益也，且视日本之害犹朝鲜之益也。今日朝鲜之人，凡为国民所当有者，悉献之日本宪兵长剑绚绳之下，所有者惟有希望，而其希望则待日本人之害而实现。然则请愿之失败，请愿之成功也，朝鲜人可以无馁。计朝鲜之力，如欲独当日本，则不能敌甚明；欲倚外国，则英、美既已若是矣，将忍之耶？则日本人今日之所事于高丽者，犹之合众国及南美诸国未独立前，英西所以待美洲土人者也，其灭亡可待也。夫此无可奈何之况，为日本人所认，故日人敢于鱼肉朝鲜。

岛田三郎之言曰："朝鲜人自称有四千年之历史……不论何代，皆纯然之专制政治也。朝鲜人常于专制治下，保屈从之生活……半岛之民，内苦于苛敛诛求，外胁于大陆之强国，皆不免于苦患。有时为蒙古向导而与日本争，有时为日本所侵而为中日战场，朝鲜遂不能保持纯然独立之体面，挟于中日之间，为防一方强压，而至不得已为他方附庸国。事实朝鲜者，以为国则无为纯然独立国之自信，以为民则不能养毅然之独立气象。"此以为朝鲜向来无反抗强权之历史与能力也。又曰："计画此事变（三月一日之事）者，当亦非真知世界形势，察大局有确信而企之者，乃不满绝望之极，自暴自弃，乘机为此无谋之举耳。……朝鲜人自从暗杀寺内之大疑狱以来，一切武器均被收没，更无可以为暴举者，又缺组织的抵抗力。所谓暴动者，不过男女老幼狂跃之示威运动耳。为日本官者拱手待之，自无如此之惨事，乃徒周章狼狈，诱起烈之冲突，冀直压伏之，而用武力感情所激，使朝鲜人出于投石抵抗之举。我又以平生视同无物之朝鲜人，骤为此抵抗而发铳击之。……如是一朝之失策，至通半岛出千五百乃至二千之死伤者，烧失数多家屋。”此日本人眼中朝鲜独立运动之效力也。其卒曰：“暴力不可以得幸福，是吾等告朝鲜人民之警告也。”则明示于朝鲜独立运动绝无畏缩让步者也。（十一月《大观杂志》所载。岛田者，前国会议长宪政党一首领也。）

又桑原册次郎《论在美朝鲜人》曰：“彼等依美国移民法欲归故国娶妇，殆不可能。是故彼等现有之妻女，皆白种妇人也。……在美国热心独立运动之朝鲜人，其后继者必杂种儿也。不然，则将失其血嗣。彼既不能得纯血之朝鲜人为后继者矣，则不出二三十年，彼等独立党有殆不能不一切死灭之命运。……其独立运动亦不得无废灭？”盖以为独立思想所以流传，只倚此国外少数人之手，此少数人老死，则日本人可以安枕而卧也。大抵非亡国人民决不能知亡国人民政治运动之真相，而日本之号称研究中国、研究朝鲜者，皆以武断为出发点。近年来，日本人漫游中国归而著书者多矣，其未能箸书而发为言论、宣之报纸者尤多，然大抵到中国不过会晤数人，转徒数旅馆，多者两月，少一礼拜耳。此其人皆先有断案，而后至中国、朝鲜觅证据以实之。其武断非武断于观察之后，乃武断于未观察之先，其于朝鲜之独立运动无从了解，固无足怪。

顾在朝鲜人视此无可如何之状况，将何所感乎？朝鲜人于日本之统治果无幸免之期，而此独立运动果如岛田所言为不满绝望之结果乎？日本遂可以拱手对付此朝鲜独立运动乎？决不然也。朝鲜于历史上不示其反抗侵略之能力，固也；而同时朝鲜魔史上亦无有如今兹之资本的略夺之行，亦无有如今兹世界的阶级斗争之剧烈。今兹惟日本以其资本的略夺施之朝鲜，而后朝鲜人之反抗力有其根原，朝鲜人之结合力亦从此而大矣。往昔之朝鲜，无论其为独立国、为附庸、为郡县，尝有以中国之民往夺其业而以为己业，用其势力而使其衣食不给者乎？固无有也。惟然，故朝鲜之人初无反抗之必要也。

今之日本，既使朝鲜人不得安其业，不特置之于政治的隶属之地位，且强迫置之于经济的隶属地位，使其有同受侵略之感觉，自能使其生同为反抗之意志。日人以为当并合之时，尚不见有丝毫之反抗，十年以外，岂复有此反抗之可能？及今兹之事变，世界人人以为意中事者，日人乃以为出之意外，实则政治的侵略，感其痛苦者尚是少数。向来与闻国政之人，必待经济的侵略，而后人民一般有深刻之感动。然则日本统治之日愈长，朝鲜人反抗之心必愈盛，团结之力必愈强。

在日本人固曰：朝鲜人初无可以暴动之武器，又无组织的能力，示威运动可以拱手待之。然而事实固在今次之独立宣言，已令日本在和会发言有所顾虑。将来朝鲜人独不能继续行如此之示威运动，为如此无武力之宣言乎？日本人不用铳弹毙之，而投之于监狱，毙之以绞绳，任其意可也。朝鲜人固当知其不可而为之。虽然经一度之压服，则朝鲜人反对之心愈强，而世界上日本之敌人利用之，以为日本不利之机会愈多。夫日本对待朝鲜之能事，尽于压服，而朝鲜之起革命，即望其压服，望其失败，以其失败，以其死亡，为日本之不利。如是者，无组织将终于有组织，而无武器转胜于有武器也。夫日本固不能得侵略主义之国家为友者也。日本之所已占有者与所将占有者，皆为此余各国所共欲故也。而非侵略主义之国，固已不愿日本为之友。抑且每有朝鲜问题起，即攻击集，而外交又随之有所丧矣。朝鲜之独立运动，独患其无嗣响耳。不然者，日本固不能使之失败也。朝鲜独立，以被压服为成功者也。

日本人之见事，通常太迟。俄国革命已在目前，而负责任之外务大臣尚力证俄国地位之巩固。中国张勋复辟之际，公使馆某电东京曰：支那复辟，帝国万岁。夫其旁观尚不能清，则当局之迷，亦何足怪。今日朝鲜独立之原动力，已由日本之资本家逐日以压榨形成之。而日本所恃以为经济的侵略之武力，固由无产阶级组织而成，其旦晚了解自身位置与行为结果，而不复受人利用，可坐而待也。而日本尚欲以此终古，其愚又安可及也。

夫朝鲜人固无暴动之武器，而朝鲜人之革命，既由今日之日本资本家赋与以经济的革命之性质，则亦无须乎暴动之武器。朝鲜人之不具反抗之武器，犹之俄国之犹太人、波兰人，犹之英国治下之印度人。日本所谓通晓俄事者，于俄国革命已起之日，尚不信波斯犹太人有解放之日者也。而今则可如凡此种不持武器之民族的运动，固豫期其不得胜利，不惟不得胜利，又有无数惨剧随之。然而此失败与惨剧，即所以使朝鲜人永远不忘朝鲜，所以使他国人认识朝鲜人之团结之能力与不挠之意志，认识日本人无制驭朝鲜、同化朝鲜之能力，认识日本之统治朝鲜、拥有朝鲜，反为日本之一弱点，而时时利用之。夫日本已为朝鲜再为倾国之战矣，其死者伤者数十万，负十数万万之债，而全国人呻吟于此重税之下，以求偿其本息，今廿余年而未能清也。所以自慰者，不过曰领有朝鲜，而领有朝鲜之后，方复劳国民守之，守之不已，又分担其因朝鲜而起之不利，则将来之日本一般国民，不得与其经济的略夺之利益者，必皆废然思反。然则失败与惨剧，不为朝鲜之不利，而为日本资本阶级政府之不利，明也。

于此二十世纪，一民族中之少数人，尚欲倚其与之反对之劳农所组成之武力，为后授以拥护，其握有他民族奴隶使之之特权，真犹燕巢幕上，决无长久理矣。

朝鲜人不患其无抵抗之武力，而患其无抵抗之意志；不患其无联结之许可，而患其不感联结之必要。夫其意志感觉，既不能以言论宣传得之，则惟有以血得之。吾以为巴黎请愿之成功，非向红髯绿眼人七日夜哭之为有力也，乃恃有此千万人之敢于牺牲生命也。朝鲜之将来所能为者，皆此等儿戏的示威、可怜之呼吁、无谋之反抗耳。朝鲜独立，前途尚辽远，然而惟有遵此无谋可怜儿戏可以达之，惟有恃此因无谋可怜儿戏而发生之惨痛历史，以培养之。抵抗之意志，必要联结之感觉，非可以成功奖励之，而只可以失败激起之者也。朝鲜独立，多一次之失败，则近于成功一步。日本人梦想以为在美朝鲜人老死无后，而朝鲜革命之种绝，日本可以长治久安。但今试想像，日本人能逐次使美国引渡此诸人，于日本一一快心诛戮之？只见朝鲜之革命党骤增，决不见其减少，可断言也。

朝鲜之革命，世界革命之一部也。今日朝鲜人尚揭民族自决之名义以呼号，然吾知其使有此革命者，固经济上之理由也。旦晚朝鲜农人尽丧失其土地，则往昔之自作农皆变而为受雇之工人，得奴隶之生活，则此感觉必日激烈。夫以有四千年历史之民族之全部，置之于奴隶的位置，而欲得安，固无其理也。以今日世界之资本劳动对抗，而尚容此奴隶的工作介在其间，不蒙影响，亦无其理也。世界革命既在进行之途中，日本将何由避之？日本自身尚不保，何以保高丽？

如使朝鲜之状态永远消沉，则朝鲜之不幸，亦日本人民之不幸也。世界革命是一事，朝鲜独立又是一事，即无朝鲜独立运动，世界革命犹当进行，而朝鲜独立运动之缺乏，同时为日本人民觉悟机会之减少，将来日本与朝鲜将俱为此世界革命之牺牲，受更多之痛苦艰危，虽欲避之，无由避矣。

朝鲜之有日本，犹印度之有英国。英国之待印度，尚容其自设名义，上之代表院，约定逐渐还其本有之权。日本则并此无有。然日本人犹时时议印度之革命，观其议论，若忘其为何国人，所言未尝不可击节叹赏。吾今姑介绍鹿子木员信之一文(《东方时论》八年十二月号)。

鹿子木之言曰：

> 在印度之英国权力，有如不倒翁，苟大英帝国而存者，无论如何推倒之，必以其广大无边之武力、富力，粉碎革命的权力，依然确立此旧英国权力，毫无所难。在印度言革命，非革命也，国民的战争也；非一国内新旧二

势力之冲突与交替，而印度国民与英帝国国民之战争也。而印度国民于种种方面绝对缺少此国际的战争之准备，则愈言之愈觉无聊。

如此，就新旧之二势力言，就印度之革命主义者与在印度之英国权力之关系言，印度之革命为无谋矣。不止无谋，又无意味也。

虽然一切希望之中含有失望，固也。而一切之失望，又各于其暗云之中含有希望之曙光。夫印度之革命，若单就英、印二国之关系见之，则无论如何无意味也。但世界上成为国者，不止英与印，此二国以外，自有若干之权力中心对立存在。夫一国中可有革命，世界内何独不然？吾人以与一国之革命对比而言，则可称之为世界革命。世界革命者，对于私有过大之领土、富源、权力之旧大国之横暴擅越之新国勃兴冲突与战争也。彼新条顿尼（德）对旧不列丹尼（英）之世界革命战，以其新者太为旧者习惯感情所拘，而徒梦想大英帝国霸权之空位，有意取而代之。又以彼等之自觉其战争所藏意义过薄，而终于失败。然条顿尼之世界革命战虽败，世界革命战不自此终也，只见其日日发展而已。吾人当以深甚感兴之注意，注视于此雄浑无比之世界革命战之经过。（此所谓世界革命，与吾人所用异义，当注意。）

如是，印度革命必待与此世界革命相结合，而此革命即为在印英国权力后援之大英帝国霸权胁威者，夫然后有微渺之曙光可见。即世界革命者，印度革命实现之外的条件也。

…………

印度革命待世界的革命而始可能，世界革命实印度革命之外的条件也。然而此固外的条件也，将使世界革命得为印度革命之外的条件，必先具备其内的条件。印度革命之内的条件者何耶？印度固无有遂行革命所必要之资金，亦无武器与弹药，乃并不识用一切武器，顾余不以此为印度革命之内的条件。印度革命之内的条件，真内的条件也，内的精神的条件也。……至少勇敢诚实之德，为革命遂行所不可缺者，不待言。如欲以怯懦不信之精神变为勇敢诚实之精神，先须有魂之内的革命乃可能也。印度当面之革命，非炸弹短刀暴动之革命也，深藏于精魂之中之性格，精神之革命也。……世界革命于其根本性质上，以人类之中所生最新之思想感情信仰为其精神，撤废人种差别，打破阶级精神，黜去宗教僻见者，其所最致力也。……印度革命，若欲真有意义，则不可不自其内的革命始。……若其不可能，则彼等之革命希望为虚。革命之希望为虚，则彼传惟有与英国共其破灭之命运。不然，则必于英国统治之下，渐次堕落衰亡，以往彻底沉沦于国民的奴隶之渊。无论如何，彼等之前途待之者，殆皆悲惨之末路矣。印度革命者，于一切革命之中，最深又最难之精神革命也。印度之民，果能招其祖考之勇敢诚实高贵之魂，而复之以成就此有光荣之使命否乎？真一大问题也。不特印度之问题，又世界之问题也。

鹿子木之为其同盟国之反叛者谋，可谓忠矣，然而真理也。顾吾惜其言之不以朝鲜代印度，日本代英国。夫朝鲜之无战争准备，犹印度之无准备也；朝鲜独立之无谋无意味，犹印度革命之无谋无意味也。然而世有为印度设之世界革命，独无有为朝鲜设之东亚革命乎？朝鲜人之精神革命，今正在其进程之中。日本之经济上侵略，已使全朝鲜人民化为不识政权之无产阶级者，正所以隐括朝鲜人民，使具有革命之精神耳。夫革命精神之故乡，在于面包缺乏之所。冬暖号寒，年丰啼饥，即朝鲜人革命授课之钟声也。朝鲜独立之内的条件，既以日本财阀之力成就之矣；其外的条件，将于何时以何如人之力成就之乎？非吾所敢知也，其必有此朝鲜复活之一日，则易知也。日本其奈此同文同种之朝鲜何哉？

［原载于《建设》（上海，1919）第1卷第4号，1919年；第2卷第2号，1920年］

1920—1931年

韩国独立纪实史（节选）

丘哲

这个报告一到，中国和欧美各国的人也就给韩人深表同情，往往暗中帮助韩人，很盼望他们百折不挠，能够达到最后的目的。所以巴黎的各阶级和社会党人逐日和韩国代表过从，允说帮助进行。即巴黎的各国议和代表也都给韩国代表团深表同情，想要找个机会来帮他的事情。那美国大总统威尔逊，亦由他自己的信念和主张上的见地，更加赞助韩人的民族自决运动。不过在政治界的人，因为和日本的国交上有关系，有许多不便明助韩人的举动。所以韩代表在巴黎和会还没有参加一席地，也不能收显着的功效。但是来日方长，世界的公理渐渐彰明，必有达到最后目的之一日。所以四月二十日，先在上海一面设立大韩民国临时政府，一面创开国会召集三百六十多县的议员，又聘英、美、法、印度等各国的顾问，着着进行独立运动和新建国家一切的事务。一方发行独立报，阐扬独立精神和民族主义。接着又选举韩国革命的先觉、美国哲学博士李承晚君为临时大总统，革命的先觉、西伯利亚韩人领袖李东辉君为国务总理，巴黎和会代表金奎植君为外交总长。其余各部的总次长，也都是一时的俊杰。宣布选举结果之后，海内外的韩人祝贺函电雪片似的纷至踏来。现在临时政府的成立，已经有九个月的工夫了。不但国内外的韩人信仰他，便是世界各国的人士也都信仰他，说韩人自治的权力十分充足，表无限的同情。一方在美国的李总统和各志士，注了全力把韩人独立精神和民族自决的能力宣传于美国的各社会，要求实力的赞助。又于拾月卅一日以后，又开始第二次的大示威运动，继续到如今。那时日本的新总督和新政务总监也没有法子对付他们，只管用武力去压伏。然而韩人是已经下了全国都死剩了最后一个人也去主张独立的决心，无论日本用什么伟大的武力，也断不能阻碍他们的国家独立和民族自决。

现在上海的韩国临时政府组织很完全，势力亦巩固，确有统辖韩国的力量。所以国土虽然还在敌人占领之下，但外人很信仰他、尊重他，对他表示俨然邦交的态度。至于韩人呢，无论在内在外，绝对服从临时政府的命令。不但中俄各地和美洲巴黎的各机关完全归附他，就是韩国里面的二千余万的国民也是精神上完全归附他。表面上也是大半拒绝日本行政机关的处分和日本官吏的征收税金，当面声明自己是完全独立的国民，决无纳税于日政府的义务，却把税金汇到上海的临时政府，大有和衷共济的气概。所以那些韩国的遗老，就是从前叫做乔木世臣的守旧派人物，也纷纷逃到上海。十月里也有一位韩国的大老，前驻北京公使、外交部大臣，日本封他做男爵的金嘉镇，带了一子一仆，暗地走出，已经安到上海，帮助临时政府策励进行。十一月初九，旧皇帝的第二子、前义亲王李冈[堈]，也暗地逃出汉城，要到上海协助临时政府。可惜刚刚走到安东车站，被日兵拿住，勒他送回汉城，现在已经软禁在他的宫里了。这个亲王是什么样的人物呢？他虽是生长在皇室，从十多岁的时候留学英、美、法、德诸国，后来也常住在欧美，新思想非常丰富。回来之后，眼看日本的侵略政策，而且看父皇受了日本的无限威逼，就排斥日本振刷国政的宏愿，一天比一大恳切，时常要逃赴外洋，图谋革命。日本亦看他的人格非凡，也就想法消磨他的志气：送给他日本的美人和珍宝玩好，要他迷惑在财色里面，不去想政治。然而他是本来非常聪明的人，早看破日本的鬼祟假意，受用他的美人财宝，格外装出浪子的态度，整年沉迷酒色，诳骗日本，却在暗地里修养精神，鼓励志气。或是秘密资助青年的学生和有志的党人，叫他逃出本国到海外，协助革命的事业。直到这一回，父皇暴崩了，光复党的计画也成熟了。全国同时起事，他就暗暗和天道教的教主孙秉熙等等的有力者，在背后支配示威运动。后来孙氏也被日兵拿捕去，其余的党员也都逃避。他知道在内的活动总不如在外的活动，而且上海临时政府的威信已经伟大，就于十一月的初九夜里十二点时候换了微服，单身逃出宫门，伴着党员两人，先匿在城外过夜。第二天，潜坐火车直向奉天。那知日本总督接到皇子失踪的报告，心胆都要破裂，马上加派军警守住各处的关隘。果然十一日早上在安东车站拿住他，即刻押回汉城。因此他不能到上海援助临时政府。然而他押回汉城的数日后，暗派密使送来的亲笔信件一封，说已经安稳了。

那亲王送到上海的信，里面的辞意说："我亲爱的临时政府诸公，我这一回决意要到上海和诸公握手，一致拥护神圣的临时政府，达到祖国独立的最后目的。所以十一月初九走出宫门，明日就西行。不期日人派兵守隘，十一日在安东车站被日兵扣留，即日押回汉城，现在软禁深宫里面，一切行动毫无自由。然而这也是一时的不幸，不足忧虑的。将来遇有机会，我必能到临时政府，归依大韩民国的宇下。但是现在我和诸公握手的第一步目的没有达到，不得不先把我决意向往临时政府的四大理由明白陈述，叫诸公谅解我的诚心和态度：(一)一千八百八十五年，日人杀害我的母后，如何惨毒，世人还没有明白底细，我不得不把这个哀痛的惨状和日人的暴虐手段向世界人宣布宣布。(二)一千九百零五年的保护条约和后来各种亡国的条约，我的父皇总没有押过私印。我们的国民抵死不肯承认这些条约的，实证还在我手中。我不得不把这个实证和一切文书向世界人宣布宣布，请世界人明白这个冤抑情事，而且求他们给我们公判一下。(三)今年三月初一国人起事以来，日本对我同胞的嫉视和虐待，比前更加十倍，到处蹂躏韩人的生命财产和一切生活的技能。而且日人这一回对于我们善良和平的同胞施行的毒刑，可算东西洋古今也都没有的。我目击心伤将近九个月，不得不把我们同胞所受的非常苦痛和日人的惨无人道的行为向世界人宣布宣布，求世界人类的援救。(四)我宁愿做大韩民国临时政府统治下的一个平民，断不愿做日本的皇族亲王。以上四项，就是我要走出国门归依临时政府的主要理由。其余的无限诚意和衷曲，是等到我得了机会，亲到诸公面前的时候再宣布罢。”

他的书信大意是这样的了。这几天日本的官场声明李岗[堈]亲王失踪的理由，说他是本来没有排日的意思，这一回不过被几个韩人强盗用武力劫他出走，已经在安东车站全体拿获的谎话。上海韩国的临时政府一看这个报纸，马上把皇子亲笔书信的内容登报，完全驳斥日本官场荒谬的声明。那么，世人也都晓得日本的虚伪手段，那日本官场也就懊丧万分。

韩人从三月一日实行独立示威运动以来，民族自决的精神和势力好似一日千里，进行非常迅速。一方国内的韩人，全不承认日本的统治权，声明独立，而且拒绝一切日本的政令和纳税。一方在外的临时政府和和会的专权代表，也完全发挥他的价值，行使他的职权。不久的工夫，欧美各国和东方各国人也都对于韩国的临时政府，慢慢表示敬意。总而言之，他们的自决精神和活动的力量，实在有不可侮视的地方。所以日本政府起初两三个月，要专用武力，一方鼓励军警，叫他们尽力屠杀韩人，焚烧房屋；一方大捕韩人，乱加毒刑，逼他承认悔过。你说他们日兵残忍无人道的手段，可恶不可恶啊。他们拿韩人男女群众，先把男的断手切足，刺心割腹，加了种种不可形容的恶刑。再把女的剥脱衣服，绑他跪在地板，然后随意向他嘲笑打骂，逼他承认悔过，签押悔状。那知韩国的女子辞色从容，毫不屈服，反倒怒叱日兵。日兵看他们不肯屈服，把他们搁着倒钉在木板上，用棍乱打一回。那个女子挨不过满身的痛苦，登时晕绝。日兵一看这个血肉模糊的妇女，非常高兴，不觉拍手狂笑。把他们投着地牢里面，也不给他穿衣，也不给他饮食。他们在狱中因伤因饿毙命的，统计两月以内，死的韩国女子达一万多人。其余或把烧红的火铁烙住韩人的生殖器，或把滚水滚油倒注韩人的七孔。种种惨毒的手段，直可算超越古今。因受这样毒刑毙命的韩人男女，亦达一万多人。另外还有活焚韩人的毒举，也无日无之。

（原载于《闽星》第2卷第2—3号，1920年）

韩国女界的血泪

[韩国]各界女代表

美国议员团过韩的时候，韩国的人民狠表示一种呼吁的挚情，女子加入的也狠多。下面这封信就是韩国各女界代表上议员团的。信里所说的，都可以表示他们牺牲的痛苦和奋斗的精神。

我们对你们说这些话，是韩国可怜的女子们。我们所尊敬、亲爱、信靠的，除了大美人民代表国会议员诸君没有别人了！在完全无人道无正义的世界中，惟有你们是同情的。你们来吊慰我们为争自由，成了血红的足迹；我们用血泪感谢你们诚恳的恩惠。

噫！你们所经过的，没有一城一乡不是用我们的泪洗了的。你们所踏的地，或是用我们的血洁净了的。

那监狱、警察署、宪兵队，以及我们格外的从日本人手中受了无礼的暴虐；牢狱的墙和地板，曾被我们最悲苦的热泪调和过的；一切默然的惨刑，你们大概没有看见的。你们所经过的京城和平壤及乡村，就是我们被日本人握发引去的地方和受日本人枪刺苦痛的地方。

你们在街上所见的那柱子，就是我们被捆在上边受过鞭打的。请问一问被逮捕过的女子们，你们将要听见这同样的暴虐和痛苦的故事。我们被强迫着在日本人面前赤身露体，被踢被掌，不算什么，惟上帝晓得。我们好些人苦至被烧红的火箸烧过。怕你们文明的国民，很难看得见的。

我们实在受了这大不幸，因此我们忍不住把我们的悲伤的故事，述于你们听，并且如此激刺你们的感情。

我们受了些侮辱，仍然生活，是无体面的和下贱的。但是祈求着我们能做什么？我们能控诉于谁？谁能胜过至高的上帝和你们呢？对你们这重公义爱自由神圣一般美国人民代表，靠你们仁侠的名字、神教徒的慈悲和你们祖宗遗传下来大主义的名字，因此我们才敢控诉于你们。这是正义，请你们耳听——

听我们切实的恳求！我们的眼发欢喜的光辉，我们的心志忐忑的激刺，当我们正在苦难中间，看见从美国发来有希望的光线！

我们多少万兄弟姊妹父母丈夫们被日本人枪毙了，被日本人的铁钩烧死，或被日本法律下的重棍打死。

我们之中——除了他所爱的一个，没有一个不被他们捉去的。诸位呀！你们在我们韩国三千里半岛中，随便询问我们那些人；他若是一位老妇人，那应他一定失了失了他的儿或女；若是一位青年妇人，那应他一定失了他的丈夫；倘若他是一位幼年的孩子，那应他一定失了他的父或母。你们能不看见我们最爱的国土，是充了忧愁。我们全体的眼睛，都充满了疼痛的泪。我们憎恶日本人深入我们的骨髓中，我们想望自由充满了我们的胸怀。为的是这事体，并不为时间的萎靡和易忘的势力，破坏这心愿。就是你们祖宗所传留到后代的"自由或死亡"，是在我们的口上，直等到那生命的光离开我们的时候。

日本人用最好改良的伪法子，更要压制我们到死地。有时候他们用武力和惨刑，我们韩国爱国的弟兄姊妹们，被杀死不够，尚且不法的占领我们祖国，自然这是万不能够的。

我们韩国民族建国以来，现在四千余年。我们永没有被异族管理过，除非我们的皇室与中国照例纳贡。那好像一件礼让的事情，比较的很适宜。国民有这样古代的荣耀，他常常的藐行憎恨日本人。在这一切民族自由和解放的时代，他们不能甘受日本的支配，虽然有利益有方便，亦是不行的。倘若现今这理性不错，日本人的战术，再过十五年，就可显明他们自己在韩国是无用的。那时候的最好的记忆，就是我们对日本国人继续的憎恨；日本人用尽心力胜我们，仅增加两民族中间的不幸和仇怨，并且他们是延长世界的不安。

我们昼夜图谋仇视日本和怎样恢复我们的祖国。他们虽然吸尽我们的乳，倒是叫我们浸润着永远憎恨日本人。我们自己牺牲一切，有机会我们还要自由和独立，我们宁死也是韩国精神的自由，较比活着为米克杜的百姓强得多。

我们那些韩国弟兄们，仍然活着寻我有国死的好法子。

使韩国独立，子孙得自由，死生一致。你们诸君所实践的地，不久要被我们热血染红，请看看我们实在的情形。在活着的一些人脑中记忆的，你们的祖宗为释放黑奴奋斗，近今你们为民治为人道血战；我们为那些亲近我们自己的仇敌，如何禁止我们流血呢？

但我们是孤立的、软弱的，并且我们必需用辅助的。试问我们现在要从何处得这助力呢，无他，仅有天上的上帝和地上的你们诸君！

伟大的国民——头脑的代表！美国议员团诸君！你们听见我们死命叫呼么？西历一千九百二十年八月大韩民国各界女代表上。

（原载于《解放画报》第 5 期，1920 年）

朝鲜女界思想之变迁及其现状

[韩国]朴春
郑伯奇 订正

朝鲜开国悠远，久沐孔教文化，尚虚文，轻武事；重操觚之士，而贱执兵之徒。文艺虽有进步，而国运卒致凌夷。见辱他国，受人蹂躏；被无理之虐待，受非道之惨杀。未始非右文贱武有以致之也。

朝鲜古来，文艺即甚进步而女性文学尤为发达，风晨月夕，讲书咏诗；佳景良会，征歌奏律，淑女才媛，辈出一时，然以民智风化未如今日之开放。以是社会风纪大为颓废，投桃报李之风，桑间濮上之音，大为论者所非，甚至识字之妇无人过问。女子教育顿被摧残，女子地位日以沉沦，而一代光华之女性文学亦澌然衰灭矣。

距今五十年前，欧米文明自西徂东，朝鲜人士恶梦渐兴。女子教育亦来时运，譬如雨后春笋，随地发生，外国宣教师设施尤多，女子教育遂以中兴。一部守旧之徒，不无反对；而大势所趋，无力逆行。从此瞻望前途，可为朝鲜女界祝福矣乎？

不意日人逞其强力，合并朝鲜。对于固有中等以上之教育，加力摧残。唱为尚早之论，谵为无用之说，发布学制，压迫民智，教育之精神澌然灭矣。哀哉！甫露萌芽之女子教育亦被打击，譬之雪后，嫩条初抽，而北风遽来，益以严霜，其能侥幸者几希。然诸姑姊妹，鼓勇出国，万里波涛，渡涉不休：或苦学，或劳动，一片丹心未尝稍懈。然念国内之惨状，闻父兄流血之悲史，则又泪尽以血愀然而悲矣。奔走东西，宣传祖国之情形，因以博志士仁人之同情，亦复不少。此亦朝鲜女子可聊以自慰者也。

日本十余年来，施其武断政策，朝鲜人民受其苦痛，久不聊生。去年三月三日卒然大举独立万岁之声，震动半岛天地。日人不悛，肆行虐杀；三千里河山半成屠杀之场，二千万生灵，多歼于炮弹之下，惨状暴行，笔墨难以尽形。当时国内女子，尽力于此运动不少或被惨杀，或辱缧绁，幸者则流离他乡。然此举惊醒民族之睡梦唤醒国民之自觉，其功固不少也。

然我侪志愿非但救济一国一民族而已，所谓人类和平，所谓妇女问题，所谓社会主义，苟为吾人类生活之所关，文化之需要，均愿力加研究，冒危险，洒热血，为世界除不平，为人类求幸福，此区区微意也。愿世界各国之同志者，无分畛域，互相提携，则真正之和平幸福，其庶几乎。

[原载于《少年世界》(上海，1920)第1卷第8期，1920年]

韩人庆祝独立纪念

佚名

侨沪韩人昨日下午二时在夏令配克戏院开宣布独立三周纪念会，到者百余人，中国来宾数十人，西人数人，内有美妇一。至四时散会。兹将秩序单录下。（一）开式：《爱国歌》，歌见后（大家起立合唱）；（一）奏国乐（上海孤儿院管乐队）；（一）国旗悬上（齐向旗行最敬礼）；（一）式辞（张鹏）；（一）立宣言书奉读（金秉祚）；（一）庆祝歌（郑蕙园）；（一）临时大统领祝辞（李承晚）；（一）表演中国武士道（中华武侠会）；（一）闭式（一同三呼大韩民国独立万岁）。

《高丽爱国歌》：（一）东海水与白头兮——枯干了，磨尽了。上帝必定保佑我们，使我们的国万岁！（二）无穷之花三千里，藻丽哉大好的江山！大韩的民大韩的国，永远互相安乐！（三）南山上的那株松树，身披铁甲意俨然，凛风冽霜不变其态——我们的气象兮如斯。（四）清秋长天正空阔，高高焉没有一点云，明月皓朗恰似我们胸襟，一片的碧血丹心。（五）立这志气，有这个心神——尽己忠，竭己诚。苦境也罢，乐境也罢，必要爱我的国家！

韩国大总领祝辞。大意云：独立宣布没有两年中，死者若干人，受苦者若干人。我人对此惨境，尚何庆祝之足云。然死者为求生而死，受苦者为求快乐而受苦。故我人当抱积极乐观之念，不应抱消极悲观之念云云。

又表滨武士道之后，韩国陆军总长卢君起立演说，大致谓：七月甫自美抵沪，将与诸君相聚，甚幸。鄙人不久即须出征，故极愿与诸君晤谈。此外，又竭力勉励同人云。

（原载于《民国日报》1921 年 3 月 2 日）

韩人谋刺田中大将

佚名

三十九日沪函昨日下午三时许，黄浦滩新关码头发生韩人谋刺日本大将田中案。当经记者特访日本领事馆，晤副领事野田君，询以田中大将遇险事。据野田君云：渠于此事，尚未详悉，就其所知者言之。此次田中大将赴斐列宾之马尼拉，以斐总督美国吴德大将去年曾至日本，田中氏特往报聘，事毕返国，乘提督公司之松邦号，同行者有日本驻马尼拉总领事来栖君。松邦号本定于昨日（念七）抵沪，以遇雾迟至今午（二十八）始到吴松。上海日总领事船津君特邀请沪上日美著名绅商，于下午三时，在其西摩路寓所开会欢迎。田中大将及来栖等共七人，于三时半来沪，驻沪日人咸往欢迎之于黄浦滩新关马头。乃田中大将等登岸之际，忽闻枪声，初以为爆炸耳。时距离田中等约十五英尺处，有美国男女二人站立，女中弹而倒，方知有人行刺，放枪者系一华装之韩人。又有一西装韩人，力掷炸弹，幸弹未炸。于是两韩人窜入四川路而逸，沿途开枪乱放，计死一西妇，伤一形似掮客之西人、一印捕、一车夫等。两韩人卒经追获，现禁总巡捕房，受伤者则均送至医院，至田中大将则已于晚间仍乘松邦号返日矣。

所获二韩人，至总巡捕房后，据供，华装者名李诚龙，二十三岁；西装者名金益湘，年未详。由吉林来申，甫十日，居法界白尔路亭云里十八号，向二房东陈姓（在瑞和拍卖行营业）租屋时，冒称中国人，家眷不日来申。此次来沪目的，专为暗杀田中大将，二人均为鼓吹独立党员，非过激党员云。捕房得供，当派特别间西探三人，华探谢光林、王长根等六七人，各执手枪，押李诚龙同乘汽车至卢家湾，得法捕房之许可，往搜白尔路该韩人等寓所，见所借系亭子间，抄出手枪子弹一包、白粉一包，均由西探等带回总巡捕房云。

［原载于《大公报》（长沙）1922 年 4 月 3 日］

谋刺田中韩人越狱再志

——金益湘已起解长崎

佚名

国闻通信社云：谋刺日本田中大将之韩人吴成仑逃走一事，昨日中西捕探于各租界及华界四处严密侦查，未得结果。惟获嫌疑人日人一名，似与吴宗义同逃之日人不无关系。日领署侦探人员方面，对于侦查手续尚守秘密。惟云日领署已悬赏五百元缉拿吴犯，至其余暗杀共犯金益湘，业于昨日侵晨，由日领署派员押送乘山城丸前往长崎，将交长崎法庭审讯云。

《上海日报》载称：三月二十八日午后三时余，在税关码头与金益湘共犯，谋刺日本田中大将之吴成仑，年二十三岁，突于二日午前一时（即一日夜半破狱而逃）。该狱室只有假名上海副领事内田、在东肥号诈取皮靴二双之田村忠一（二十三岁），及贩卖军器之古宫、同犯藤田都合三人同居。二日午前一时之越狱，即同犯金益湘亦无所闻。在吴与同狱田村共谋，用极敏捷巧妙的手段。此事犹晴天之霹雳，足惊当局。探悉，时两犯已遁，只藤田、古宫两犯尚被缚。因此木下署长三日晨即报工部局，并请使用急应法。工部局即命各捕着手逮捕，直至晚间犹未捕获。木下署长说：“吴等之逃亡，自有种种事由，总之责任难逃，对世人实不堪惭愧。对吴等惟监视虽严，脱逃方法实巧。在未捕获前，只有对彼同类防其脱逃。同谋者田村，非有何种主张，且刑期极轻，实属不解。即金益湘豫审已结束，吴之豫审亦方将结束。虽彼等对于死犯之案，异常心忧。然豫审既了，当将二犯送至长崎云云。”小林警部云：“我前对于杀人犯井手三郎脱逃，因当时监视者有狱役三人、警察官三人、值日者一人，交替监视，以为监狱之不完备，亦一造因。总之木下署长始即苦心于领事馆警察之改造，今日遭此不幸，实属烦闷云云。”

联合通信社云：暗杀田中未成之韩人二名，日署系分别监禁。金益湘禁第一层牢狱，吴成仑（即开枪误中美妇者）与日籍犯人三名同禁第二层牢狱。牢狱外表系西洋式，房内尚有方型铁笼，犯人居笼中。吴氏不谙日语，同监三人中有名田村中一者，熟谙英语。因案判定刑期一年半，执行至今才及三月。田村与成仑用英语同谋越狱，其他二人皆不知之。越狱之夜，乘同监之藤田、小宫两人熟睡时，先将脚镣扭开，又将铁笼门锁扭断。同监二人闻声惊醒，吴等故作持有手枪之态，吓禁声张，旋将藤田、小宫二人背缚，然后下楼启门，外间无人守夜，故得越墙而遁。

（原载于《民国日报》1922 年 5 月 4 日）

朝鲜义烈团计划在俄国树立政府，当局开始活动

佚名

朝鲜的义烈团，自从数年前组织的。团长金元凤，是庆尚南道密阳人，今年才二十七岁的轻轻年纪的青年。他们一派的活动，却是要运动朝鲜的独立。如大正八年六月在吉林谋杀该地的大官们和破坏公署的事件，以及大正九年耸动世间耳目的爆弹事件，直接、间接他们都是有关系的。所以当局对于这个团体党员，极非常的取缔。只因那个团体的基础是十二分的坚固，当局也不容易扑灭了他们。

直到今年三月，他们又忽然组织数个的决死队，带着许多的爆弹和手铳潜入京城。于是，当局一方面赶快禁止揭载关于这桩事件的新闻记事，一方面马上开始大大的活动来检束他们。可是他们具有神出鬼没的妙技，好不容易捉着。

如今他们的根据地又移到北京、天津、上海，并且以朝鲜赤化为条件联络了俄国共产党。他们不但资金十分充足，尚有个爆弹制造蔽在上海，都用外国人的技师制造，乃极非常的精巧。最近围长金元凤又派了朝鲜无产者同盟会长金翰，带着莫大的资金和许多的武器运到朝鲜内地。他们党里也有朝鲜总督府的官吏，像那黄钰，确是京畿道警部，他不但和这团体互通气脉，甚至利用了他自己地位去北京、天津、上海运回爆弹来朝鲜内地举事。幸得因钟路署的爆弹事件发生，后来捉了金翰、黄钰以下拾八个的党人，又押收了爆弹三十六个、手铳五支、装置爆弹的时钟六个，以及革命宣言书不隐文书九百余张，才得防止了未然哪！

（原载于《台湾民报》第1卷第3号，1923年）

蒙古和高丽的革命青年运动

大林

蒙古

蒙古革命少年团于最近曾开第二次大会，在第一次和第二次大会之间，团员数目增加了两千人，现在总计团员有三千五百人。

本次大会的经过，完全依照少年共产国际的训令，在其精神领导之下，完成工作。这次大会的结果，使原有的右派完全失败。

本次大会的议决案件最重要的，是关于团内的刷新。曾议决排除团内的贵族与障碍组织工作的分子。那些被排除的分子，想另建设一个新的少年团，但没有一些结果。

大会中讨论，狠注重到少年团须踊跃加入国家政治的实际工作的问题。到了选举的时候，少年团与国民党联合，加入国会和国民自治团内去，并且预备提出候补员。

少年团在国民党已有了公开的势力。在民党开会的，多数代表是少年团的团员，并且把团内重要的职员，都被选到民党中央执行委员会去了。

蒙古少年团与西方无产阶级少年的组织，已有接近联合的表示。蒙古少年团这次大会的议决，赠送大旗一面到少年共产团，由少年团特特派代表到莫斯科递送。

高丽

一九二三年中，日本警察又给了高丽青年共产主义组织一个很大的打击。但是在这个打击之后，他的组织狠快的恢复起来了。在原有的高丽共产主义青年团，现在有十二个支部在各种公开的青组织中，共产主义青年团在这些组织中的影响非常之大。我们在事实上可以看出，譬如在国际少年纪念日的那天，这些组织都狠踊跃的来参加。

此次高丽庆祝国际少年纪念一切的举行，都狠有兴趣。在汉城庆祝国际少年纪念那天，是在公开组织的汉城青年团指导之下，联络旁的青年组织举行的。朝鲜日报登载，汉城一般无产青年从清早起拿着旗子，有两辆汽车参加，在汽车上散发传单，高呼“向人类解放奋斗”。传单末尾写着，第一次庆祝国际少年纪念还是一九一五年在柏林举行过的，现在已是第九周了，但是在高丽还是第一次。全世界的青年联合起来呵！在晚间招集了一个群众的会议，讲演题目为“无产阶级青年的状况，无产阶级青年运动与阶级斗争”。

除了汉城在这天全天庆祝国际少年纪念外，旁的地方也有狠热烈的庆祝。

［原载于《中国青年》（上海，1923）第2卷第47期，1924年］

湖南雪耻会之讲演大会

——韩国志士为述亡国惨状

佚名

长沙通信：湖南雪耻会于上月二十九日晚六时，举行第四次讲演大会，到会者五六百人，首由曹穆生演述“国民会议”，次即韩国来湘朱志士登台，将其亡国原因，可分为二项。

（一）为国民，对于国事漠不关心，致使国家政治腐败，假日本倭奴侵掠之机会。

（二）为内哄迭起，致外来侵略，不独毫无抵抗能力，抑且甘心卖国媚外，有求以保其自身权利者。

自此二因，国家以亡，既亡之后，更受其痛苦，有不堪言状，今举一二为贵国同胞语之。

甲，赋税之苛征也。人有人口税，住家有房产税，婚娶有结婚税，即生一小孩，亦须纳税三十元，至明日死去，又须纳洋二十五元，其他可想而知。

乙，人民行动之不自由也。敝国人之言论出版结社等之自由，早被剥夺，固不待言，即一切行动生活，均被严加限制，其痛苦真有不可言宣者，而刑律之暴虐，敝国人所受刑罚之酷，直开世界未有之端。凡韩人稍有不合日人之意志者，即将其捉去，倒悬梁上，而以沸水自鼻孔中徐徐贯入，必使其人近死而后已。若捉有革命及谋独立之韩人，则更用铁锯——平日木匠用以锯木头者，自头上直将人身分作两块，其悲惨较十八层地狱下之苦刑，有过之无不及。

亲爱之中国同胞，敝国现已灭亡，受此惨祸，无可多谈。然以贵国与今情势而论，则夫亡国地位亦属不远，倘甘心与我高丽为伍，受此亡国灭种之惨况则已耳。否则当此一发千钧之秋，民众还不团结起来，与彼阴贼险恶之英日帝国主义者作最后之奋斗，真将噬脐无及矣。亲爱中国之同胞，极速起！语毕，众当拍掌。

继裕兴绸业商人吴光业自请出而讲演，略谓五卅惨案发生，全国工人学生奋起作救国运动，惟我醉生梦死之商人，则多视若罔闻，诚堪痛恨！即以湖南而论，此次对英日经济绝交，纯为我三千万人民自动之主张，谁不遵行！但闻少数奸商，竟尚乘此时期购办仇货，且对于雪耻会加以破坏，其无心肝，至于此极！希望大家监督，并请商友对于此种商界之蟊贼，群起歼之云云。

［原载于《益世报》(天津)1925年8月4日］

朝鲜之大示威运动

一个朝鲜人

六月十日从今将是朝鲜的一个纪念的日子。朝鲜的民众，趁着废皇出殡这一天，举行了一次很大的示威运动。关于这次运动的消息，一般人很难知道得详细，因为朝鲜的报纸稿件被日本检查员拿去，每日出版仅着是许多空白。日本自己的报纸及通信社又都不肯将运动的真相披露出来。这自然是日本帝国主义的新闻封锁政策。帝国主义者对付中国去年的五卅运动也是如此，朝鲜人简直听不见中国独立运动的消息，间或能够得着一点也靠由秘密方法输送中国报纸进来。此地连中国资产阶级的报纸都得不着，日本帝国主义的封锁政策真厉害！现在我愿意向中国的民众报告这次运动的一些状况及其意义。

朝鲜自被日本帝国主义兼并之后，整个的朝鲜民族都受很残酷的压迫，一切自由都被剥削净尽，民众对于日本帝国主义之仇恨是可想而知的。兼并以后朝鲜曾起数次反抗运动，暗杀和革命，结果都未曾成功。到了一九一九年正当中国五四运动的一年，朝鲜遂爆发有名的“三一”运动。这运动的范围非常广大，连穷乡僻壤都普及到。这运动充满了美国帮助的希望，凡尔塞和会和国际联盟的幻想，其思想的表现是半贵族的半知识分子的资产阶级思想，工人和农民虽然很广大地参加，但是还没有形成独立的政治力量，因为那时工人和农民还没有组织起来，结果这和平的“跪求”运动被日本警察宪兵的机关枪、大炮一场大屠杀镇压下去了。这运动虽然失败，但却使主持运动的一般青年打破了威尔逊式的希望和幻想，而明白要解放朝鲜必须靠朝鲜工农自己的组织和努力。于是朝鲜独立运动史上就开了一个新的时期：一方面，日本帝国主义改变了政策，去收买大地主和城市资本阶级以分裂总的民族运动；他方面，朝鲜的工人和农民因再不能容忍日本帝国主义的剥削而开始为自己利益的运动——工农运动。

一九二〇—二一年新兴的朝鲜工农运动，主持者乃是共产党人——但不是整个共产党，因为那时朝鲜还没有整个的共产党。这种运动受俄国革命成功和中国革命发展之影响自然很大，当时甚至有很高的、以工农为根本势力的社会主义革命呼声和共产主义思想的宣传。

工农运动主持的分子结果就组织成了朝鲜共产党。从一九二三年起，朝鲜的工农运动遂趋向于集中的组织，要求各种革命势力之互助和团结。到一九二四年四月遂召集了全朝鲜工农团体大会，代表十一万有组织的工农，从这次大会中便产生了“全朝鲜劳农总同盟”和“全朝鲜青年总同盟”。这次大会以后工农力量突然增长起来，在几次反对大企业家和大地主的罢业中，工农争得着胜利，因此更巩固和发展他们的组织。在一九二四年，我们在朝鲜第一次看见各企业各城市之同情的罢工；在一九二五年四月又召集了全朝鲜工农团体大会，到开会那一天警察把会场封闭了，于是朝鲜历史破天荒第一次发生数千群众在共产党指导下拿着红旗举行示威。示威结果，群众成群地被捕了，但朝鲜共产党的影响突然增长起来。同年十二月，朝鲜共产党、朝鲜共产主义青年团负责同志被捕至二十二人，但党的影响仍然保存着，而且有更大的发展，消灭了以前种种恶倾向，而积极从事于民族解放运动，建立民族革命的联合战线，反对日本帝国主义。

以上便是今年六月十日大示威运动以前朝鲜民族解放革命运动的概况。

六月十日大示威运动，从各种报纸登载的消息看来，也显然可见是朝鲜共产党主持的。权五呙[卨]同志是朝鲜共产党中央执行委员，是全朝鲜劳农总同盟的首领，这次大示威运动就是他受朝鲜共产党的委任去准备的。事前已经准备好了十二万份以上的传单，同各地革命团体也有联络。六月十日本来是准备做一番政治的大运动和大示威，但不是准备于这一日便要解放全朝鲜。日本报纸宣传说，这一日朝鲜革命党要起事，这完全是造谣。但假使事前未被发觉，准备的行动未被破坏，谁又知道这一日的大示威运动不急转直下引起武装的革命冲突呢？日本警察于六—七日即搜出了预备于十日散布的五万传单，拘捕了九十余人；七—八日又发现了秘密印刷局，权五呙[卨]及其他几个同志亦被捕了。但不管事前已被破坏，十日的运动仍然举行，传单仍然散发，各地如大丘、平壤、新义州、公州、马山、高山、春州、忠州等也都召集大会并举行示威。十月一日各地被捕的总共有四百余人。

这次大示威运动的真实情形，因为警察检查极严，朝鲜报纸既多留空白出版，日本报纸又肆意造谣，故我们无从详细知道，但把我们所知，这次大示威运动的意义亦可得言者。

这次大示威运动比“三一运动”确实有很大的进步。“三一运动”是原始性的，幻想资本主义国家帮助的，其所表现是本国落伍的资产阶级之思想。这是“跪求运动”。这次大示威运动虽然范围没有“三一运动”斗争那样广大，但是有组织有准备的，又是受全朝鲜共产党首领的指导，联合民族革命团体共同奋斗，而且没有以前的幻想，反有确定的政纲和通俗的适合群众要求的政治口号。这样，经过三四年工农非政治的经济斗争及民族革命团体活动完全沉寂之后，朝鲜民众现已进了一个新的时期——政治斗争的新时期；有确定的政纲和部分要求的口号，这的确是向前进了一步。从今朝鲜民众在新兴的然而革命的民族解放前锋无产阶级领导之下，将有计划有方法地去攻打敌人之全副武装的炮垒。可是朝鲜无产阶级明白知道，朝鲜民族解放运动之命运是与日本革命无产阶级运动和中国及一切殖民地民族解放运动息息相关的。既然同受日本帝国主义的压迫，中国的革命者和朝鲜的革命者自然容易接近；这二国革命运动的联络愈密切，则其反对共同敌人的斗争必愈有成效。我们的胜利是有保障的了。

（原载于《向导》第 159 期，1926 年）

韩人姜九禹之血书

佚名

姜九禹者，韩之热血男儿也，痛国亡之惨，乃步安重根后，欲恢复其祖国。致遭矮人之忌，不得已亡命吉林延林一带，提倡革命，高唱韩人自决之说，尝纠合同志组织独立军，与矮人战，只以势弱援绝全军尽覆，仅以身免，避匿东三省。然仍继续其救国运动不遗余力，领导其同志以抗矮人。韩人之所以迭有革命举动，前仆后继者，多出姜力。矮人恨姜极，既大屠其亲属，复密索之。姜以白山黑水间，密迩扶桑，难留东省，潜之北平。不料为矮使馆侦悉，又跟踪大索，姜遂避之沪。五月三十日之惨案发生，姜以悲壮之热诚，断指血书，勉吾人须努力奋斗。学联会感其善意，赠以匾额。去年十二月十五日北平开反日大会，姜突然至天安门会场，登坛演讲韩民所受痛苦。为激励我国民众勇气起见，当堂以短刀断左手无名指，以杯乘血，濡笔痛书一文，见者无不感动。查姜因先后血书，已去二指，现尚存者八指而已。兹将其血书原文制版刊出。呜呼！读其文而不振者，岂人也耶！

（原载于《珠江》第 31 期，1928 年）

断头台上的两个韩国烈士

佚名

一九二六年七月，韩国独立运动之一机关驻满洲“参议府”陆军正士李寿兴，携带武器潜入韩国内，与其同志柳泽秀等昼夜奔驰，出没于韩京及其附近一带，袭击日本警察署官公署等十余处，杀伤敌警察及官吏等十数人，使得一般人心汹汹沸沸，日警甚为惊慌，用尽心力结果，不幸竟于晚秋间，李等遂被捕。去年六月，李寿兴（二五）、柳泽秀（二九）二人判处死刑，被押在韩京西大门监狱，日望着将临头之绞首台，而只候最后之一日。终于二月二十七日午前，竟作绞首台上之烈士！

是日天气，阴暗异常，漫天风云，低迷回环于仁旺山下西大门监狱，好像天地风云共吊此热血男儿之最后！二十七日上午十一时三十分日总督派遣死刑执行吏渡边及森下等，将李、柳两人送上绞首台，两人由绞首台上被吊下后，经过十六分钟始得绝命！

傍听该事件公判头末的一记者写着：李寿兴事件！一九二六年之秋间，何等地刺激了我们的神经，何等地使警察惊慌失措！这真是近来罕有的大事件了！但是在三四个月之后，他们终不免被捕于敌人之手，自去年夏秋间，二人竟被宣告死刑以来，在阴暗凄惨的牢狱里过年，终于此新春坼芽绽蕾之时，着上绞首台，完结了他们短促的一生了！”记者还写下去：“李寿兴是在第一审，被处死刑，而泰然自若，视死如归，就抛弃了控诉权：他这样对于性命，视若鸿毛、毫无留恋的态度，尤足令人惊叹不已了！”

“是的！李寿兴是豪放不羁，而且怀着虚无思想的人。不消说他天赋性格有这种倾向，但他家庭生活之极不幸，也许影响于他的本性不少！”现在他一生的详细情形，无法得知。但他十七岁的时候，飘然离开了故乡（利川），漂泊到满洲去了以后，父亲是病殁，而母亲也不明其行踪了！这一段事实也使我们可以想像到他的一生总没有享家庭幸福的时期了！

去年六月二十八日，要在京城地方法院公开审判的时候，他的胞姊和姊夫极力探问他的母亲的所在，使他们母子最后接面一会，但终是无法□得，不得如愿以偿，而长使义烈多负于天伦之爱情，亦可谓莫可奈何之痛恨！

公判开庭时，他们一进了法庭门，赶紧回过首来，向望着傍听席，放出眼光于“荆冠”之间窍，窥察着明友和亲戚们的来会与否，而这时柳泽秀忽然与其胞弟（弟兄二具被捕）楠秀，紧紧地握着手，默默地黯诉着具在铁窗下长期隔绝之情怀！及其脱卸了“荆冠”之时，柳泽秀向着李寿兴说：“阿叔呀！（他们是个亲戚）我们弟兄俩，太对不起我们的父母了！”他一面说着，一面禁不住泪汪汪地饮泣。此时苍白脸的柳楠秀慰劝了他的哥哥，李寿兴看见这个光景，很不满意地喊道：“这是什么话！我们只管对不对得起同胞就是了！”这时看守们把不得制止他们说话，但柳泽秀说：“我和我的兄弟，虽然不能谈话，但难道连握手也不许可的吗？”看守也没有法子，许他们握手了！凡此等等，使旁听者无非嘘唏饮泣！

李寿兴对于法官的审问，毫不忌讳，态度极泰然自若，使当时列席的记者印象深刻，记忆尚新！呵！他们的一生休矣！唯有他们不死的精神永照着后继者的前头！

（原载于《东方民族》第1卷第1期，1929年）

朝鲜被并

朱公振 编

朝鲜也是一个东方文明之国，和中国的关系，却也很深。那知在一九一〇年日本竟宣言日韩合并，好好的一个朝鲜，被日本灭掉；朝鲜何以这样无用，竟被日并吞？我就把他来叙明一下吧！

朝鲜沿革大要

周灭殷后，王族箕子出奔朝鲜，就在这里建都立国，那就是朝鲜开始时期。到了汉代，朝鲜卫民降服汉朝，后来虽有马韩、弁韩、辰韩的并立，高句丽、新罗、百济的鼎峙，但是对于中国，却常输诚内向，做中国的藩属。唐末时候，高丽统一朝鲜，仍做中国的属国，朝代变更，国王即位，都受中国的册封，而且进贡来朝。经了辽金元三朝，没有更变，仿佛成了中国的一部分。到了元明之际，权臣李成桂篡高丽自立，改号朝鲜，仍受明封为藩属。直到清朝，依旧内附。朝鲜和中国的关系，要算密切了。东面的日本，从变法之后，国势日强，因此要想侵吞别国的土地，向外发展。他西望朝鲜，却仍习守故常，不知振作，就引动了他并吞朝鲜的野心。千方百计，起先引诱他独立，后来归他保护，再后卒能达到并吞的夙愿。地图上朝鲜的色彩，就受日本国色彩的同化了！

日本并吞朝鲜史略

日本既有了并吞朝鲜的野心，所以故意和朝鲜起衅。光绪元年，日本兵船开到朝鲜附近，朝鲜炮台开炮示威，日本借此交战，打得朝鲜一败涂地，朝鲜没法，只得和日本订约，开仁川、元山二港通商，承认朝鲜脱离中国，算做独立国家。日本虽认朝鲜独立，朝鲜的人民却仍归向中国。后来朝鲜有了新、旧两党的冲突，国王李熙派人到中国来求救。中国政府依然以上国自居，派兵到朝鲜去镇压。那知日本政府也派兵前来，驻在朝鲜京城。于是，朝鲜京城就有了中日两国的驻兵。日本要帮朝鲜脱离中国，中国却防日本勾结朝鲜。后来，朝鲜的新党受了日本的运动，汲汲要想独立，起事变法，中日驻兵就此发生冲突。中国兵多，日本兵不免受挫，新党的变法也完全失败。日本政府得这消息，在光绪十一年三月就派伊藤博文到中国来，要求解决朝鲜问题。于是中政府派了李鸿章，和伊藤博文在天津商议，议定两国撤去驻兵，并且定了一条"朝鲜若有重大事件，须中日两国出兵，那么两国须于出兵前互相知照，事定后便当撤退"的条件。那就明明承认朝鲜不专是中国的属国，并且无异公然承认朝鲜是日本的属国了。过了十年，朝鲜又起内乱，求救吾国，吾国派兵前去，日本也派兵前去，就此酿成了中日之战。（详见《近百年本国史》）战争的结果，中国失败，缔结了《马关条约》，朝鲜就此公然独立，改国号叫"大韩"，国王李熙竟改称大韩皇帝，表面上虽是独立，实际却已早受日本的监督。日俄战争（详见"日俄战争"）之后，日本得胜，俄国便承认朝鲜为他的保护国。他就派重兵驻扎朝鲜，还派总监派顾问前去监督韩皇。一九〇七年，竟迫韩皇禅位给儿子李坧，尽取他的行政权和司法权。过了一年，朝鲜统监伊藤博文被韩人安重根刺死，日本对韩政策因此格外严厉，就提出日韩合并案，迫着朝鲜承认。韩皇没有法想，便令李完用和日人签字认可。一九一〇年，日本就宣言合并朝鲜，改统监府为总督府，韩皇改为李王。可怜几百年自称为王名属中国的朝鲜，从此成了历史上的名称。

朝鲜被并了，朝鲜人民眼见日人这样的仗着强权，侵略土地，那肯屈服，所以近几年来，朝鲜人的复国运动，层出不穷。今年（一九二八年）八月二十九日，为日本合并朝鲜纪念日，朝鲜新义洲[州]地方监狱中被囚的朝鲜革命党人二百人，一致断行同盟绝食，以资纪念亡国之痛。他们的革命运动，现在虽是没有达到目的，但是有志竟成，全在朝鲜人民的好自为之哩！

（原载于《近百年世界史》，世界书局，1929 年）

韩民揭竿，亡国易而独立难!!

——光州事件之前因后果

佚名

【汉城通讯】此次朝鲜学生之独立运动，开一九一九年三月一日独立运动以来之新纪录。朝鲜发生巨大之革命风潮，轰动世人耳目。但日本通讯社，不但不宣布事实，且造谣中伤，以图掩蔽世人之耳目。于是韩人之革命运动，真相莫明，平津各报鲜有记载。兹据本报通讯关于光州事件之真相，所述概要如次。

事件发端于朝鲜光州地方韩日学生之间。日本学生时以统治者的野心，对于朝鲜学生取挑战行为。即于去年十月三十日，日本中学生福田等数人在路上调戏朝鲜女学生朴奇玉。该女生从弟朴准睬见状不服，与日生争论，日警干涉，反袒护日生，并殴打朴君，于是朴君（十六岁）含愤而回。翌日，朴君又路遇福田，向彼要求谢罪未果，由此事情渐次扩大。十一月三日光州高普校学生及女高普校学生全体不胜愤慨，遂行罢课。男生手执棍棒僻[劈]柴，女生携绷带及医药品，举行对日示威运动。于是日政府即下军警总出动令，实行弹压，四五百学生激烈反抗，实出日人意料之外。一时秩序大形紊乱，即与日本学生大起冲突，日警援助日生，两方互死伤数十人，军警当场捉韩生三百余人，即行拘留。各地朝鲜学生听此消息，忍无可忍，相继而起，同盟罢课，散布檄文，反对日帝国主义，一方面又采取直接行动，到处与日警徒手肉搏酿成血战，由此引起了极大的民众运动，在重要市如韩京、平壤、开城、元山、咸兴、公州、仁川、东莱等地都有大规模之运动。即在京城一地，前后被日警捕去之学生有六千四百余名之多，其余各团体主要人物被检举者尤属不少。因军警总动员不敷警备，所以连消防队清道队警官学生亦武装出动把守各校校门，禁止学生出门。于是男生以赤手空拳，突破警官之包围而出，女生被软禁在校内，无法参加血战，于是校内充满悲愤空气，放声大哭。当时路过女校旁的行人被凄惨之声所刺激，愤起而参加群众运动，高呼：“独立万岁！倒坏日本帝国主义！大众们，起来斗争呀！”夜间，市内各剧场内正在演戏之时，时有学生突现于舞台上，以沉痛的演说曝露日本帝国主义之罪恶，这样场内突然变为大修罗场，观众变成革命的群众。此种激烈运动，自去年十月三十日在光州发端后，直到现在，已历三个月尚未停息。可见朝鲜民众的反日运动，并不是一时感情的冲动，而是二十年在日本帝国主义铁蹄之下，铸成的结果。此次光州事件，不过是革命运动爆发的导火线而已，最近之将来朝鲜民族与日本当有一番大血战也。

廿余年苦斗，绝对不屈服

据某方面确讯云：此次朝鲜国内独立运动爆发，屡见报端，而对此次运动，国外独立党人呼应援助不遗余力。兹觅得朝鲜大独立党檄文，译之如下：

觉悟了四千余年所未有的亡国耻辱之朝鲜民族，与强盗日本经过二十余年长时期的血肉横飞的恶战苦斗了。然而吾民族的光复运动毫未挫折，而尤倾于奋进的趋势。此次因光州事件在各地所勃兴的独立运动，在我们可算是永远忘不了的血与泪的一页。

朝鲜民族呀，认识时代罢，我们的独立运动渐次要成熟了，以二十年怨恨的总和作为我们革命的精神，又以破坏的步骤为独立运动的方法，这样我们当面的任务与要采取的行动是：

（一）积极的破坏敌人的一切设施与机关，并且先行扑灭在韩之日本移民。（二）学生诸君应先放火毁尽倭奴所经营的奴隶教育机关，假使因敌人之压迫而屈服，这就是自取灭亡之途。（三）扑灭以韩人而为倭奴的走狗之蠹贼与承认倭奴之法律，而在其下实行合法运动、政治运动。为转换方向的自治运动者，我们更要鲜明“绝对独立”的旗帜。（四）朝鲜革命的总力量应该集中在独立运动的旗帜之下，促进大独立党的统一组织。（五）以最后一人、最后五分钟与强盗日本抗争到底。

朝鲜大独立党筹备会

三千万韩族与华同终始

韩人此次独立运动，深望华人予以同情，其忠告华人书云：

满眶热泪，满腔诚血，忠告中华四万万同胞。中韩自古谊同一家，中华安宁之日即韩国独立之日也。以地理有唇齿之势，以文化有同种同文之教，累千年来治乱兴亡，同归一辙，安危祸福，不相上下，证诸史册，了然可鉴。盖禹舜治平水土后，玉帛相酬，礼臣相望，此非两国皇家睦谊之重乎！汉时之移民朝鲜西部，如置郡之事，非同种同文之政化乎！三百年前，日本请假道朝鲜，欲侵伐中国，因朝鲜王不许假道，独担战争八年，乃有中国政府派李如松等合力击破，遂成媾和者，此非两国如一家之祸乱相救乎！二十三年前于哈尔滨安重根之枪杀倭魁伊藤博文，非专为东洋平和视中韩两国之危机如一家观乎！昨年于台湾韩人赵永夏之枪击台湾日本皇族大官，不幸未达其目的而牺牲自身者，非中韩两国同仇敌忾之义乎！

噫！彼日本以海岛酋种，先输泰西之文明，致速度之发展，自恃富强，骄肆无忌，凌侮邻国。清日战胜后，如《马关条约》，脱离中韩两国之关系，声言确保韩国完全独立，如有德色于韩国，中日双方缔结公约，各负保护之责。不几年，野鄙无道之日本，食金石公证之盟约，瞒掩世界之耳目，白夺三千里之山河，鱼肉数千万之生命，韩国遂亡。而主约者之中国，上自政府，下至社会，呆然无言，置若罔闻，并无一人之痛惜。论调若秦越人之相视，此不但失主约之精神，顿丧责任观念，是岂韩人希望于中国耶！

亡国前后数十年间，覆巢破卵，全失基窟之韩人男负女戴，号呼凄惨，流离国境，转入东三省者，全被日人毒杀。虐祸残余之亲族视中国如第二祖国而来，愿化中国，孰不有杀父杀兄杀子极怨至痛之恨，白夺所有财产者乎！此等以徒手血汗，开拓东省，僻地荒野，粒粟麋根，维保残生，对日奴有不共戴天，痛切骨髓，日以卧薪尝胆，私以报父兄之仇，公以为祖国独立，待决牺牲者也。

彼极恶极凶之日本帝国主义的蛮策，惟以全灭韩族为目的，种种教唆东省当局，诬陷韩侨，指独立运动者名为不逞暴徒，或为共匪强盗，加以二重三重之压迫，捕送日警，遭其毒刑惨杀者，不计其数。又如韩农驱逐，不许土地租借及买卖等事，则以韩人为日本侵略满蒙之工具与前驱云云。排之斥之，使韩人不得其生路，而穷天雪地，冻饿惨死，亦不知其数。呜呼！世界上最可惨最可怜者，无如亡国之民族也。东省当局，何其不智之甚耶！世岂有抱不共之仇而为利用于敌国者乎？虽有少数不良之韩人，为日本走狗辈操纵其间，依敌势恫胁同胞，诡诈拨弄，累及全体者，比比有之。然决不以韩侨全体为日奴之先锋，而侵略中国也。此等主论者，不过是畏日者之侮蔑已亡韩人而已。韩族于十年前宣言独立后，被日人之毒杀惨杀以至三万余人，遭其拘刑监禁者殆逾十万。全国各地建设者，惟以监狱绞台警察为施政之最重事，军警之布置密如麻竹，人民掏手触禁，以韩人十五岁以上无人不一再被刑监禁者，世岂有如许残暴无道之政策乎！

日本之蛮欲，尚不餍快，并满蒙为第二朝鲜，以中国本部视以第二殖民地，着着实行，非目下积极政策乎。满蒙版图已插于日本领土范围以内，教育国民久矣。虽因列强猜疑之眼目而踯躇，其宣言合并，其实权则名存实无。观于军警之布置，扩大教育，发展产业，兴办交通，自由、法律实施，无有不备。任其横暴蹂躏主权，旁若无人，本地人民反被日人之监督及受治国人，皆能明知乎。不见东省，不知中国之危机；不到东省，不知国际之侵略。关内人士中有眼光者几人，明察东北之大势乎？日本田中声言于先，滨口实行于后，不知满蒙积极政策，终归解决不远矣。

中国同胞，同胞乎，急起来急起来，自救自国，勿恃外援！美国决不为中国而战争，日本、英国、法国亦不为中而造福，德俄诸国非为中国牺牲者。惟有三千万之韩族，能与中国始终同生死、同祸福之同胞也，兄弟也，良友也。三千〖万〗韩族，是打胜日本之武器，即战血牺牲者、最后奋斗者、东亚平和之关键者、时代革命之完成者。中韩两民族联合起来之期今日到来矣。勿谓我孤全世界十七亿良心为其后援，勿为我弱四万万中华同胞为忠义甲胄，三千万韩人为急先锋矣。

[原载于《益世报》（天津）1930 年 1 月 25 日]

一千九百十九年韩人之独立运动

甘德云　伍福琨　杨明栋

韩自被日并后，韩人冀图恢复自由，以期脱离日本羁轭之苦，未尝一日去诸怀也。然所以未爆发者，正如余烬之酝酿于灰堆之中，终有复燃之一日。韩国少数领袖，虽慑于日之兵威，然仍敢静待时机，对于所谓上国长官，以图一逞，可谓壮哉。在外间观察，似觉其余一般韩人，对于彼之国脉，视为无足轻重，其实凡属韩人，未有不抱舍身以脱国人于日本羁绊之思想。韩人又能谨慎从事，诚以轻举妄动，适足自堕日人之牢狱而已。但日警认韩人为可疑者，即谓其有危险思想，随便可以逮捕。据一确实之布告，谓韩之监狱，几有人满之患，凡被拘留之韩人，均犯有危险思想之嫌疑。他如韩人敢公然发表复国之论者，日吏更视为罪大恶极，盖以韩为其领土也。查韩人之情状比较坚尼之非洲黑人，毫无少异，今以备受蹂躏之韩人，对于日本治韩，常有愤恨之举与不满意之表示，阅众诸君能毋慨乎。

老韩王(人称之为大太子怡)既没，殊于一千九百十九年三月一日，举行葬礼。溯其当国之时，对于韩人，绝少恩意，徒作一独立国之表证，而世人以韩有此表证，竟认其为国矣。

是日，举行要求独立运动，其目的在驱逐侵略家于韩境之外与推翻日人在韩之统治权。同时韩人领袖怂恿美国之贤明总统威尔逊君赞助民族自决，而美总统亦以被压迫之民众应得自由权，斯时革命风云弥漫韩之半岛(此种消极运动今亦见于印度)。日吏遣军四出，以严酷手段驱散各公共场所之民众，但韩人绝不理会，因此激成巷战，韩人死亡八百、日人三十。日警逮捕主持独立运动之韩人领袖五十名，但半数为耶教徒。此事传至日本，即有拆毁教堂及一切教会建筑物之事发生，其意盖欲驱除耶教徒也。但曾受日人鱼肉者，莫不设法以严厉对付之，而参与此次韩国独立运动之五十领袖今已永远垂名于史矣。据外人消息，韩人因此役而被捕者，为数约三万三千人，其中妇女亦属不少，中国人亦有数名。此次独立运动，日人虽能以兵力遏止，但韩人心中，仍充满怨愤之气，待时而动，以期打倒此专制之恶魔也。

日本民众之惊扰

当韩举行抗日示威运动之重要消息传至日本后，日本民众惊骇不置，此因平素日人深信韩人和平民族，必能恪守法纪，然今竟有此举，诚出意料之外也，日人更竭尽心力宣传在韩之实际努力建设，但对于残酷手段遏止韩人独立之事，则无一字提及。至于韩之固有文化，亦置之度外，民众教育绝不注意，私人坟场绝对禁止，更以宪兵为压迫韩人之工具。而韩人亦视日警为寇仇，甚至参与市政事务之代表原则，亦废弃之。韩人对于国事无发言权，此惧韩人涉反日人之治理权也。其他类此之事，不能尽录。韩人在上海设立之临时政府委员，虽曾以日人压迫韩人之事实诉诸世界，声讨其罪，但结果终成画饼也。

警署多于学校

关于教育一层，农人工人不许入公立学校，贫民子弟不谙日文者，亦不许入初级学校，但韩生父兄有二万日元之财产者方许入中学，而贵族子弟查确未有参预独立运动者始准入中学或大学。一千九百二十九年，统计韩国公私立学校，共弍千九百九十三间，韩籍学生有四十五万六千九百弍十二名，照全韩人口不过百分之二；而日籍学生则有四万三千八百八十一名，照居留韩境之日人比较，日籍学生之数逾乎百分之十。日人每年增加，必依此比例数推进，学级愈高，韩人愈少，而日人愈多：专科生韩人弍百五十七名，日人五百弍十名。警署多于学校，而小学校不能容纳入学年龄之儿童十分之一，良可慨也。

非日本教科书不准用

韩人印刷所，不准印教科书，所有书籍必须由日文编选。日人在汉城设一半官式印刷所，名曰“高丽印刷公司”，发行之书，可供四十万学生之用。一千九百弍十九年四月，汉城学校议会审定教科书价格，其值高于平常书籍百分之十，故高丽印刷公司每年获纯利日金二十万元。

拍卖家俬以偿学费

学校学生应按月缴纳学费，中有不依期缴纳者，学校职员有权将学生斥退，并知会警察入屋，将其家俬拍卖，以清学费。

发异论之学生立即驱逐

除日文书籍之外，不许韩国学生读其本国之书，无论何种文艺会议，非得警署允许，不准开会。而学生之议论或文字，有诋及日人者，即将该生逐出校外，故常有因此被逮而处罚者。一千九百廿八年十月十日，于五十七间学校之中，有二千〇四十八名学生亦因此而被逐。翌年学生被逮之数加培，学生界大愤，遂酿成一千九百二十九年十一月及十二月之革命。尤以今年一二月间之革命风潮为甚，论及革命风潮之如何扩大，与乎日人遏止之手段如何残酷，记者不能尽详，因此消息来自日人方面故也。

又据檀香山传来之确实消息，足征日人此次对韩之举，确属违背世界文明。昨联合新闻社代表谒见檀岛夏威夷韩人民族自决会之秘书长金夏利君，据云：接上海韩人代表拍来无线电称，此次韩人独立运动，韩人被捕者一万七千人，毙命者七十八人，并说上月此种运动，曾有复起之讯。金君续言此消息系间接来自上海，且日人在韩境施行检查，极为严厉云。

日人在韩境东京路透通讯社近日工作忙碌，所得消息谓据韩国报纸所载，韩学生此次暴动风潮确受政治家之鼓动。在汉城，捕获之学生，一千名内中有弍百五十名为女生。此社消息，以其采自报章，故知该社实未有设立办事处在韩境也。今闻日人又不许路透社在韩境设立分社，可知日人狡计甚工，不欲人知其统治韩土之真相也。复次，居驻北平之韩人领袖关于解释韩之现状，说及此种简单可味之消息，由间接得来，大帮被捕之学生均被认为犯有危险思想及参与独立运动之嫌疑，此因日吏深知共产党势力可畏之故。学生风潮，始发于汉城，继发于平壤，而被捕之数千学生中亦有女生，俱在监禁之列。数日后，奉天传来消息，称日吏再捕韩籍学生六十名，谓其对日政府有不轨之举动，查该学生系在毗连韩境之华界内教会学校肄业。

另有一讯，谓有十三间学校学生因表同情于此次被捕者，故于考试之日，哄然大呼奔出考堂之外云。而广州通讯社，据载韩都特别布告，谓有韩籍学生四十名在高丽境内之岗洲（译音）被日兵刺杀。此消息传出后，学生团体之反日空气益加浓厚，罢课者五十万人，且各地均有示威运动，致与日警冲突之事发生。一月二日，青浦地方亦有学生散布传单，致被日警拿捕多名云。

（原载于《中华实事周刊》第2卷第5期，1930年）

亡国民之殷鉴：丧钟（一名六十万元之朝鲜富人）

[朝鲜]更生 口述

刘士木 笔记

赫然六十万元也，而今安在哉！

予朝鲜之富人也，家产六十万元，当未亡国时，自以为六十万元，一生吃着不尽，国之存亡，与我无关，岂知国亡而家产随之去，并性命亦不保焉哉？亡国后之某日，忽有一日本人来余家，问余共有家产若干？余一一将实情告之："共有六十万。"因畏其威，不敢隐匿，且隐匿则不认为我所有，不如实告之为佳也。日人乃问我：每月用银若干？余实每月用银五六百元，恐其责我奢侈，告以"每月用二百五十元"。彼突向面击一掌曰："汝可用二百五十元一月乎？"余吞声饮泣不敢辩，又问余：用仆人若干？答以"共用四人"。彼又击余一掌曰："汝可用仆至四人之多乎？"彼又问："有子几人？年几岁？"答以："共有二子，长者二十一岁，次者十六岁。"彼命余呼二子出，余即呼二子出，彼一见我子，又击我一掌曰："汝有二子，可在家不作事乎？"又问余："有妻几人？"答以有"一妻二妾"。彼又击余一掌曰："汝可有一妻二妾乎？"于是彼命我遣二子随之去作工，命我将家产契据等一一交出，曰："自后汝可向日本银行每月领银五十元，以供汝食用。"余无一不唯唯听命，因抵抗之效，当在未亡国时，若既亡国，则一抵抗，而受祸愈毒，尚不如不抵抗之佳也。自此以后，二子遂永不见面，且消息全无，不知死生存亡，以臆见揣之，则必先遣至某处作苦工，继乃寻其失而鞭挞横加，终乃不胜陵虐而死，死则弃之陷坑而已。盖彼所最忌者为青年，青年或有报仇雪耻之志，故必寻事杀之，以绝根株。若老朽如我，可以苟延残喘者，因尚非被所深忌也。余素以五六百元自奉，今乃只有五十元可供食用，逐渐致衣服破敝，而不能更新；食物窘苦，羸瘦日甚。且二子生离等于死别，忧心如焚，苦无良法，屡欲觅一死以了此生。然畏死之念又常常起于心中，故欲死而尚未死。

寻死于中华民国黄浦江中者，乃一朝鲜之富人也

吾所深悔者，悔未亡国前如醉如痴以度日也。悔不捐巨款以兴办海陆军，致无一武器以卫国；悔不捐巨款以开学校，故民智闭塞，国将亡而民犹未觉。然当时亦有见解，以为世界惟尚金钱，我有金钱，何惧亡国？且国人办事，每入私囊。余即肯捐巨款，果能保事事归于实际乎？此我所以鄙吝之原因也。岂知亡国以后，虽欲捐巨款以办爱国事业，已毫不能自由乎。惟携薄资出外经商，尚为日本人所许，因离去本国，彼可全收我产业以为己有也。当时余亦不暇思前顾后，决计禀明日官，请给万元以出外经商，日官果准许。惟给以日钞万元，余即携日钞万元至上海，各种商务皆不熟娴，惟买卖金子，似可获利。遂从事于金子生意，讵料一连数月共折本五千金，所余资本只有一半。细思此后资本用完，难于生活，于是决然向黄浦江一跳。呜呼！亡国富人之末路，如此而已！此后予赖中国人之拯救，得以不死，并赖中国人人婉劝，不再觅死，是中国人乃我之大恩人也。我今对于大恩人，不得不进一忠告。

棋高一着，缚手缚足，请君入瓮，此之谓也！

中国以二十年来之教育，致学生对于国事十分热心，一呼之下，全国响应，不可谓非好现象。惜乎，守旧之人尚居多数。朱姓女生因入“学生联合会”，故在路旁演说，而殷姓妇人笑之，谓其忘女子之本分，因中国古训有“内言不出”之戒也。若人人如殷妇，则大大中国正可亡于若辈之手。二十一条款书于白布，悬挂当街，使人人触目惊心，此亦是好法，有加以批注者尤佳。惜乎！批注尚未切中窍要。即如第十七条，中国有内乱时，须求日本武力之辅助，日本亦担负中国之维持秩序，此一条似外观亦平妥，实则内容之凶狠极矣！即如此次事变，因欲诛卖国贼，而学生路旁演说，政府因保护卖国贼，拘捕学生，商界因学生被拘而罢市，罢市尚不达目的，则军警表同情于学商，一致推翻北京政府，然予取逆材革命军朝起于北京城内，日本兵将夕而攻取北京，何也？借口于维持中国秩序，而清朝代代朝之老文章可以照抄也。如捕雀者，设罗网于东之丛木，而目西持捧赶之，鸟向东而飞，以为无上上策，而不知悉堕其毒计，令我为中国人十分寒心焉。

费九生二虎之力，未必可挽回

使中国人而智者，则当于未设网罗以前，早早觉悟，网罗既设，则为候补之几上肉釜中鱼，夫复何言！虽然，知其不可而不为，亦弱者之心理也。鸡也，豚

也，知不可与人敌而不反抗，人虽暂不杀之，而久后终吃一刀，若早知必吃一刀，而逢人便啄便噬，则人亦将畏而避之。不见夫蜈蚣与蜂乎，小于人者千百倍，而人或见之而生畏心，非以其有毒牙与毒刺乎？清之灭明也，明之忠臣义士已死灭，殆无孑遗，于是整兵而入明之疆土。明之人民，匍伏于道左，任其以刀砍头，连排砍去，无一免者。此时明之人民尚多于清兵数倍，若使人人能奋其勇，虽弓马不如清兵熟娴，但使斩木揭竿，百方以与清兵为难，则清兵虽强其气不能不挫，杀敌而死与畏敌而死同死也。然杀敌荣而畏敌辱，杀敌有功而畏敌有害！然使无机会杀敌而有机会逃匿，则逃匿尚愈于徒死，何也？他日尚有报仇之机会也。

勿蹈义和团、东学党之覆辙

愤敌人之横暴，至于目眦上裂，怒发冲冠，然亦不可不自量力，但逞一朝之忿，而贻日后之大悔。“义和团”者以练拳为能，尚谓可不怕枪炮，愤外人之欺侮，激起排外举动，当时义和团势力遍布北直一带，附和者众，几无人敢议其非，卒之八国联军一击，遂尔烟消云散，岂非前车之鉴乎？以迷信自欺欺人，实则肉体究不敌枪炮，其失一也。不问何国人，一律排斥，致犯众怒而寡助，其失二也。朝鲜之“东学党”，殆与义和拳团无异，一时势力，殆布满朝鲜全国，卒引起中日战争，而东学党遂消灭无存，其失败之点，亦与义和团无异，亦以迷信自欺，谓肉体可御枪炮，亦滥讲排外，而不知讲外交，临事而惧，胜于暴虎凭河，非教人瞻怯也，劝人深谋远虑，庶可失败少而成功多也。

中国人今已大有进步，愿益加研究，以达完善地位

善哉！此次之举动，互以切勿暴动为戒，令敌人无隙可乘。“青红帮”者，素称为杀人放火之会党。然此次集议，谓学生举动，全出于爱国，我等亦国民一份子，当以善意互助。所以党人相戒，勿为扰乱治安之行为，故上海罢市五六日(但指起此稿时而言)，并鼠窃之事亦不发现，即青红帮爱国心之表示也。一日人招中国流氓三人，令打毁日人一商店，许以每人得洋十元，流氓允之。但言每人十元太少，递加至每人五十元。日人一一付现讫，流氓各得五十元于手中，乃向日人行一敬礼，曰“谢谢”，遂袖金而去卒不打毁商店，日人竟无可如何。我谓此法大可行之于中国。今日之官僚，日人方辇巨金，向中国有力之官嘱托，令其压迫学生，官吏若学流氓之法，受其金而不为办事，则日人岂不受一大损失哉？然官吏对他本国不肯尽忠，对于日人却肯尽忠，何也？则前有巨金，后有手枪，以制其死命，而吏有一定地方，非如流氓之来去无踪，官吏怕死，

流氓不怕死故也。然以我例之，则此等官吏，亦如被畜之鸡豚，久后必吃一刀，若官吏之智能，早见及此，即不致为日本人之傀儡矣。

虽诸葛复生、张良再世，第一奇计不过如此

语云："知彼知己，百战百胜。"中国如欲与日本战，则必海军与日本工力悉敌而后可。中国之海军，已为中日战时失其战斗力，海军经费又向来供颐和园之用。或谓陆军尚可战，然上海兵工厂不过日本兵工厂四十分之一。陆军所用枪炮，多数为日本用剩之废铁，其不可恃明矣，以己之短，敌彼之长，非策也。有不烦一兵，不折一矢，而可运筹帷幄，决胜千里者，则抵制日货是也。二辰丸事件时，惟广东一带抵制日货，不用鱼翅海参，因此日本海货行不货，海货行不进货，则日本沿海之渔人所得海货，无从消售，海货无从消售，则渔人将饿死。于是此辈渔人悉向日本外务大臣宅中要求吃饭养家。区区小抵制，已受莫大之影响，况大焉者乎！

最新之进化学说：尊重、互相扶助主义

西伯利亚荒山中，虎豹吞噬小兽，致小兽无孑遗，既而虎豹自相吞噬卒至敌尽而饿死，同归于尽。惟有野马者，千百成群，非有犀利之爪牙也。然马群有互助之公性，一闻虎警，则聚为一大群，头向外而尾向内，成一无比之大动物，比虎豹大千百倍。虎豹望望然去，莫能加害也。有一马不守公例，独出觅食，则必为虎豹所吞噬，因果昭彰，可引为败群者之炯戒。由此观之，专务竞争者终败，互相扶助者终胜。日人勿自喜，或不免步虎豹后尘；中国人勿自馁，马群之良法可取而为师也。古者，圣人仰观俯察，近取诸身，远取诸物，得道者多助，失道者寡助，先我言之矣，患在不能实行耳。

…………

如何为真文豪

此文作于十年以前，虽时移事异，而细玩字句，实觉真切不浮，乃知著书者真有心人，且用意诚恳，言立真实，近今名著中殆不多见。惜搜罗尚欠丰富，未能令妇人孺子皆阅之而感动奋发耳。第一，先须有一枝神妙之笔，画龙画虎，画蛇画狗，无不毕肖，然后身履印度、安南、朝鲜、台湾等处，描写其真相，始可令人读之拍案叫绝。今既无此妙笔，又不能身履朝鲜等处，宜其无佳文也。著者尝学为描写真相，见一桌椅描写其真相，见一猫犬而描写其真相，见一男女而描写其真相，屡屡习之，始知描写真相之难；悉心研究，始略知描写真相之

诀；久而久之，始知吾国名著中有功于恢复国权报仇雪耻者，实以施耐庵为第一大文豪。其描写真相，神妙欲到秋毫巅，实以《水浒传》为第一。

神龙变化描写透骨

《水浒》开端，描写一王进，王进一见高俅，便知彼将生事害人，而避其害之法，惟有远走高飞，此何如卓见乎！世之愚人，早已被人视为砧上肉、釜中鱼，而犹昏昏不悟，如鸡豕之认豢之者为主人，方以为朝夕与吾以食物，而不知终必刀加吾颈也。接下去描写一林冲，仝是八十万禁军教头，而钝于见机太甚，持刃狠狠，误入白虎堂，外貌似英勇无匹，而内实胡涂，日陷于他人谋算中，而觉悟欠早，故曰"豹子头"林冲，言其头似豹之凶，而在树林中冲来冲去，白费劳心也。

大文豪寓意深远

施耐庵为元朝汉人，因汉族被元人压迫，无可如何。其时元朝兵制，令十家养一兵，即每汉族十家有一元兵监视，汉人欲为反抗之运动，即为兵所觉，轻则个人身首异处，甚者全家族灭，既无从练兵，如何能生反抗能力？施耐庵教之曰：各英雄同志，可潜伏深山中相集练兵，此所以有梁山泊也。若无资本，则设法夺贫官所有以为用，此所以劫生辰纲也。各人各展所长，不啻人自为战，此所以一百单八人，各自有出色之专长也。心地偏狭者，不足以容纳众长。故火并王伦，而以晁盖创始，以宋江集成。宋江二字，明明含有宋室江山意味。金圣叹批评宋江之奸，此是明朝书生别有所指，非能真知作者寓意者。其后朱元璋、陈友谅、张士诚辈，卒能驱逐胡元，实得力于深山炼兵。推究元勋，实为施耐庵。施耐庵非真名姓，曰施，有"博施之意"；曰耐，有"忍耐"之意。愈欲成功者，愈不可不忍耐。耐庵自序云："太史公有为而作，故牢骚发愤，一寓于书。我则与二三书生，花晨月夕，高谈阔论，涉笔成趣而已。"其然，岂其然乎！意深哉，此耐庵之所以为耐也！

杀人放火不可为训

或曰：《水浒》满纸杀人放火，似不可为训。答之曰：诚然，然亦看如何情形而。已武松杀嫂，为报兄仇也。兄仇不报，非丈夫也。鲁达打杀镇关西也，为主持公道也。谓鲁达太鲁，则镇关西果仁至义尽乎？盗贼而称忠义，似乎拟不于伦，实则弦外余音。自元朝视之，则盗贼也。自汉族宋人视之，则忠义也。若使圣贤仙佛，或不必如一百八人所为。然同居世俗，而作一平等观，则一百八人之杀人放火，固各有理由也。惟王进似神龙，不居一百八人之列，王进云者，进于王道也。其弟子为史进，言自史进起，至卢俊义幻梦止，可作一部实写历史观也。

甘地主义亦足为我人师

印度受英之压迫，而甘地主义闻于世。甘地主义，力戒杀人放火等越轨行动，惟主张消极抵制，以婆心苦口，劝其邦人，邦人不之听，则自诚意不到，甚者绝粒多日，奄奄垂毙，邦大为感动，实行其主义，亦有明效大验。要之真爱国者，无论为武力为文功，为表现为潜在，先须有牺牲自己之精神，则学武松可，学甘地亦可。若借口以济其私，而实无牺牲之精神，则非我所知矣！

认贼作父之恶果

中国近年来所受痛苦，首称军阀。军阀所以能横行，由于民智民德民力之堕落，无能力行使监督权。民智民德民力之堕落，实由满清二百余年之皇帝将民间优美萌芽斩除殆尽之故。何以任令满清保有二百余年之皇帝权，则因明末以来之汉族“认贼作父”。故吾人今日所受种种痛苦，可归结于“认贼作父”之恶果。

贼与父不可不辨

何谓认贼作并父？中国向来君父重，所谓父者，亲生我者也；所谓君者，父子兄弟中举才德完全之人，总理一切，非尊严不足以统治。故公共尊崇之，爱与敬交尽，待之等于慈父，此诚优胜于天演界之良法也。满清异族，剪除汉族之共主，而代其位命，人民认之为君父，岂非认贼作父乎。中国向来以认贼作子为大羞，而况认贼作父乎！含羞辱近三百年，宜乎民智民德民力扫地尽矣！

满清篡窃之证

吴三桂借兵，引鬼入门，满清得据燕京打倒史可法，削平前三藩，满清遂居然称皇帝。明之遗民，已不反抗矣。剪发令下，又引起一番干戈。其时明朝男子，其发似今之道士，而满洲人拖辫子，将前之发剃光。清朝皇帝诏曰，帝父也，民子也。子与父宜同样，故不可不剃发。嘉定屠城之惨剧，即演于此时。由是观之，满清皇帝居然自认为父，视民为子矣，实则非父也，贼也。所谓认贼作父者，此也。

辨之勿明勿措

故让一步言，决非嗣父而为后父，嗣父者吾父之弟死，令我为之后，父之弟，我之叔也。伯叔本称我为犹子，楚人之弓，楚人失之，楚人得之，得失仍在一家中，后父则异是。我父死，我母不得已而嫁人，我母之第二夫，我称为之后父，非我族类，其心必异，论后母之虐者，史不绝书，况后父乎！况篡窃之贼乎！

辨之勿明勿罢休

反抗满清之志士曰，吕留良被清朝戮尸毁板者也，即后父之惨酷行为也。清之雍正批评《大义觉迷录》谓满清入主中夏，等于舜与文王。舜东夷之人也，文王西夷之人也，舜与文王，中国公认为圣人，岂知彼亦本来是外国人乎？

雍正此言，一手掩尽天下之耳目。舜与文王原是黄帝子孙，不过初时居处在乎夷狄之境，况尧崩而舜避尧之子于河南，文王三分天下有其二，以服事殷，其让德为何如？乘李闯之乱，入据燕京，得尺进尺，得寸进寸，让在何处，言及舜与文王，亦当羞死愧死，不知自愧，而厚颜为此言，三寸利匕首，血染黄袍，丧命于吕四娘之手，庶几大快人心。

同病相怜隔岸观火

朝鲜人吃亏，亦在认贼作父。中东之战，日本主持公道，谓朝鲜宜独立，不得为中国属国，似也。日俄战后，主张日韩合邦，谓朝鲜是专制国，日本为立宪国，若合并于日，则朝鲜国民由专制国之地狱高升而登立宪国之天堂。朝鲜有权之民众竟迷信之，铸成西江难洗之大错，岂非认贼作父之恶果乎，辨之可不明乎！

《清朝圣人陆稼书》(戚饭牛著演义，上海书坊有买处)。陆稼书长嘉定县，汤斌为江苏巡抚，相互扶助，实行有利于民之政，清朝大忌，以慕天颜代汤斌。慕天颜做寿，大括金钱，陆稼书不知谄媚慕天颜，以“伪学圣贤”四字劾之，稼书罢职归家，以卑鄙龌龊之姜霞初长为嘉定县。后父之心法，曰妒贤疾能，昭昭乎若日光中之黑幕矣，民智民德民力之堕落，皆以妒贤疾能为根源。

（原载于《暨南校刊》第65—68期，1930年）

最近朝鲜学生之独立运动

佚名

此次朝鲜学生之独立运动，可算是二十多年来朝鲜独立运动的新记录，在朝鲜引起了革命的大旋风，轰动了世人的耳目。但是日本帝国主义之通讯社，如电通社、新联社等，不但不宣布事实，而且故意造谣中伤，以图掩蔽世人之耳目。现在据我们调查所得，把光州事件的真相，述其概要如下。

事件的发端是在朝鲜光州地方，韩日学生平素的感情向来不好，日本学生时常以统治者的野心来向朝鲜学生取挑战的行为。去年十月三十日，日本中学生福田等数人在路上调戏朝鲜女学生朴奇玉，因此她的从弟朴准睬与之争论。其时，日警出而干涉，袒护日生，殴打朴君，朴君（十六岁）含愤而归。翌日，朴君又路遇福田，向彼要求谢罪，未果。其后由此事件而日韩人的冲突渐次扩大，光州高普校学生及女高普校学生全体不胜愤慨，遂于十一月三日实行罢课，男生手执棍棒劈柴，女生携带绷带及医药品，举行对日示威运动。于是，日政府即下军警总动员令，实行弹压。其时只有四五百学生，因为激烈的反抗，一时秩序大形紊乱，且与日本学生大起冲突，日警援助日生，两方互有死伤，军警当场捕韩生三百余人拘留起来。因之，各地朝鲜学生相继而起，同盟罢课，散布檄文，反对日帝国主义；他方面又采取直接行动，到处与日警徒手肉搏，酿成血战，由此引起了极大的民众运动。在重要的都市，如韩京、平壤、开城、元山、咸兴、公州、仁川、东莱等地，都有大规模的运动，即在京城一地，数日内被日警捕去者共八千余名学生，还有各团体主要人物，被检举者亦属不少。

事变发生之后，军警总动员还不敷于警备，所以连消防队、清道队、警官、学生也都武装出动，把守各校校门，禁止学生出外。于是男生以赤手空拳突破警官之包围而出，女生被软禁在校内，无法参加血战，于是校内充满悲愤空气，放声大哭。当时路过女校旁的行人也被凄惨之声所刺激，愤起而参加群众运动，高呼："独立万岁！打倒日本帝国主义！大众们，起来斗争呀！"夜间市内各剧场内正在演戏之时，时有学生突现于舞台上，以痛沉的演说暴露日本帝国主义之罪恶。于是场内突然变为大修罗场，观众变成革命的群众。到最近数日，全国学生罢课者约六十万人，工商界亦群起响应，被捕者约三万人以上，被杀者约数千人。这样激烈的运动，自去年十月三十日在光州发端后直到现在，经过了三四个月，尚未停息。可见朝鲜民众的反日运动并不是一时感情的冲动，而是廿年来在日本帝国主义铁蹄之下铸成的结果，此次光州事件不过是革命运动爆发的导火线而已！同胞们，努力呀！在帝国主义者崩溃之前夜，这是我们最后五分钟的血战！

（原载于《新东方》第1卷第2期，1930年）

日本掠夺朝鲜与朝鲜独立运动

友竹

关于朝鲜政治方面的文字，说的人颇多，关于朝鲜革命历史的叙述，自朝鲜痛史与朝鲜血史而后，比较有系统的纪载，却是很少。本文作者以身历其境之人，叙身历其境之事，真情事实，慷慨激昂，确是一篇很有价值的文字。

——记者

一、绪言

近年以来，日本之对韩政策，由政治的侵略转换到经济的侵略，其榨取方法层出不穷。日人之主要目的，不仅在握得领土权，还要夺尽韩人之私有土地，所以用种种奸滑的经济政策，操纵金融，使韩人间不得流通转动，压迫韩人拍卖或典质其地，使韩人在其故乡不得安居乐业而流离于外，受自然之淘汰，以至于灭种。以前韩人所有的沃土，其十分之七强，已为日本东洋拓植公司所有。在韩内地除极少数的资本家外，其余二千万人民几乎皆成为乞丐。现在先将日本帝国主义对韩之经济侵略政策、朝鲜的经济破产的现状及最近的韩国独立运动，分项叙述于下。

二、韩人的经济生活

经济是人类生活上最需要的根本条件，而国家社会的兴败与个人的盛衰，都视其经济生活的消长如何。若在这种立场上，观察今日的朝鲜经济，韩人的产业及经济生活状态，从那满目疮痛、穷迫、饥饿的惨景中，我们不得不感觉一种恐怖与战栗。

若问今日韩人的经济生活状态究竟如何？我们只能答曰："完全破产。"看罢！今日朝鲜人的一切经济活动，仅为糊口，且有不可能，在农村便有成群流离的乞人，都市里充满着失业的群众和冻饿而死者。还有男负女戴，离开本国，往南向日本或往北向满洲的荒野前进者。但依然不能得到生活的根据，这就是现在朝鲜人的命运。

但在另一面，观察朝鲜的产业状态，则也可以看见昔日所未有的产业之发达。在都市中，可以看见年年增加的工厂，在农村水利工事的开垦事业和农产物年益增加，森林也多少带了绿色。又有整然的街道和华丽的店铺，海岸上增加了很多渔夫的数目和水产物的收获。日本政府所编的统计表，实在令人不能不惊奇它的发展。于其财政收入上，或于生产物的量上，输移出入的贸易额及其各金融机关的出入款上，其数量比廿年前增加了约十倍以上。论其统计的正确与否，则不无可疑之处，然而一切都很有增加的情形确是事实。那末，为什么朝鲜人的经济生活反比廿年前陷于惨淡的危境呢？目睹朝鲜人的经济生活的人，谁也可以晓得那种产业的发展，都不是朝鲜人的，而属于日本人的。所以日本人在韩之经济发展，只能促进朝鲜民族的经济的破产罢了。日人在朝鲜产业上所扶植的势力愈见增大，则朝鲜人的经济力正成其反比例而愈益退缩劣败。盖因没有保障的韩人，立于民族间的势力竞争场上，不能不忧经济的淘汰。换言之，处在日人之殖民地经济政策之下，朝鲜人的经济焉有发展的可能呢？

实在，朝鲜人的手中，资本已经涸渴[竭]了，产业上的实权也早已离开了韩人的手。今日的韩人很少不是三重四重的债务者。只是这一点，也可以证明朝鲜人的经济确是陷于破产。

朝鲜人在政治上、文化上早已破产，而今在经济上又见最后的破产了。过去的朝鲜人很悲痛于政治和文化的破产。但到现在，重迫于比那更惨酷的经济的破产了。政治的破产，只不过是国家的灭亡——主权的丧失。然而经济的破产，却是实生活的破灭，是生命的灭亡。前者的破产人民还能保存一条命，而后者的破灭就是最后的死路。所以处在这种危机的韩人，为求生存计，不得不采取激烈的革命运动的手段。

三、经济破产的现状

A.农业现状

农业在朝鲜可算是唯一的产业，所以农业的衰退即可代表全朝鲜经济的破产。因为随着日本农民的增加，而以农业为唯一生命的韩农的土地所有权上发生很大的变动。据民国十二年朝鲜总督府的调查，朝鲜全国的耕地面积，田有二百七十七万一千四百余町步，其中最肥美的土地约卅万余町步，归日人所有，只大部分荒芜之地，还在韩农之手中。这样，韩人所有地虽广，而其生产额与地价不及日人之所有地。

只看在朝鲜可称为土地大王的东洋拓植会社的所有土地，已有十万余町步。此外还有国有未垦地、军用地、铁道用地、矿地、殖产银行的占有地等，都在日人之手。

B.商业现状

今日朝鲜的商业界也成了日本人的独占的舞台，各地的商业会议所名义上虽说是韩日人的共同机关，但事实上，却完全是日本人的独占机关。因此，都市与地方、边地与山谷里的商业权也在日人手中。在都市与港口，依日本人的贸易商而输出朝鲜的生产物，而且一切海陆产物及舶来品，也经过日本商人的手以入朝鲜。再看在朝鲜内地的商品的分配关系，则一切商品都经手于日人的贸易商而再分配到韩商，所以韩商大多数都系小贩商人。由此可知朝鲜商业界中韩商势力之如何了。日商的活动地带是釜山、仁川、京城、大邱、平壤及元山等大都会，所以朝鲜全国所需要的商品势必经过他们的分配手段而散布到各地。

再将日商的资本与韩商的资本比较看，实有天渊之差。除个人经营外，据民国十二年四月的调查，日本人商业财团与股份有限公司，在韩设立本店者二百四十四个，分店十八个，而韩人的公司仅有四十四个。日本人的总资本金竟达二亿一千七百九十八元，韩人方面仅有一千二百十万元。

要而言之，如此日人之势力在朝鲜日益膨胀，就是韩商的势力萎缩的反证。

C.工业现状

据民国十二年的调查，朝鲜的工厂数有二千九百个，资本总额有一亿八千三百五十七万余元，生产额有一亿三千三百四十五万元。但韩人的投资额不过日人之十七分之一，其生产也不过六、五分之一。这样察其内容，实在令人不禁寒栗。

此外还有韩人的水产业、矿业及林业等，都在日人之掠夺政策之下，无一不是破产的状态，兹为节省篇幅起见，不再详述。

四、掠夺的方法

A.日本延长主义

日本人的掠夺的成绩，已如上述，不过日人还利用所谓“内地延长主义”

(内地即日本)"一视同仁"的招牌,韩、日二民族有均等机会的意思。但这是全韩民族最痛恨的标语。因为那个招牌就是朝鲜人的生活上莫大的祸根。看罢!在那招牌之下,韩人只被利用为日人之工具。这样在韩之经济发展,就是日本人的发展而已。日本商人又得到政府的补助金,所以利权当然容易归于日本人。

总而言之,要救济朝鲜民族的经济的破产,则除非朝鲜民族完全自主独立外,没有其他的出路。

B.苛捐杂税

朝鲜人所负担的所谓国费地方费及其他各种苛捐杂税,比任何国民还重,所以每年日本总督府的预算额和政费年益增加。其中虽然日本人也有负担,但不问其负担多少,那不是从日本带来的,而是在朝鲜从韩人的财富中征出一部分而已。所以其额数愈增加,则韩人的财富愈见萎缩。一方面韩人的财富离开韩人,而在他方韩人的支出渐次增大,这就使韩人的经济生活陷于穷迫一大原因。兹将日本总督府自明治四十三年至大正十二年岁出入累年的统计,列于下面。

年次	岁入(千元)	指数	岁出(千元)	指数
明治四十三年	二二,三二一	100	一八,二五七	100
明治四十四年	五二,二八四	二三四	四六,一七二	二五三
大正元年	六二,一二六	二七八	五一,七八一	二八四
大正二年	六三,〇九三	二八三	五三,四五四	二九三
大正三年	六二,〇四七	二七八	五五,〇九九	三〇二
大正四年	六二,七二三	三八一	五五,八九六	三一二
大正五年	六八,二〇二	三〇六	五七,五六二	三一五
大正六年	七四,九〇三	三三六	五一,一七一	二八〇
大正七年	一〇〇,一一一	四四八	六四,〇六二	三五一
大正八年	一〇五,八〇三	五六四	九三,〇二六	五一〇
大正九年	一四六,三四三	六五五	一二二,二二一	六六九
大正十年	一七五,一三四	七八四	一四八,四一四	八一二
大正十一年	一五八,九九三	七一二	一八五,九九三	八七〇
大正十二年	一四六,〇〇七	六五四	一四六,〇〇七	七九九

续表

年次	岁入(千元)	指数	岁出(千元)	指数
大正十三年	一四〇,八二三	六三一		
大正十四年	一七三,三九二	七七七		

据此表,明治四十三年岁入只有二千二百三万余元,但到了大正七年(即民国七年)已超过一万万元,到大正十四年一跃而达一亿七千三百余万元。十五年以来,约有八倍的增加。

又据日本总督府发表的各样统计,则十数年来所负担的税额,少则有七八余倍的增加,多则有十余倍的增大。并且,再加上地方税与其他苛捐杂税,都把它综合起来,朝鲜人的总负担额每年竟达三万万元以上,把这额数与朝鲜全人口平均分配起来,每人一年负担十八元的巨额。若按贫穷的韩人的经济力,实在连其十分之一即一块八毛也不容易负担。还有一件最怪的现像,就是虽是韩人负担那么大的巨额,但总督府的岁出是大部分为补助日本人的。那些收入,都用在日本人行政官吏的薪金、警察费、日人新设事业的补助费等。就是韩人完全负担日本总督府的一切经费,总督府又榨取韩人的金钱分给日本人。在这种情形之下,韩人的经济怎会不破产呢?

C.对日关税制度的撤废

朝鲜对日的关税于民国九年撤废以后,货物与船舶自由出入于二国间,然而后来为补充总督府的岁入起见,虽然仍课移入品的关税,但其税额是极低微,所以民国十二年所收的税仅及民国八年之四分之一。

因为撤废对日关税的缘故,日本的工业品辐辏于朝鲜,因而幼稚的韩人的产业受极大的损失,并且因其出入不相敷,韩人的岁计的负担也随之增大。这样,对日关税制度的撤废便成为压迫韩人的经济政策。

D.东洋拓植会社的活动与日本移民

日本政府为侵略朝鲜起见,距今二十二年前,在东京设立一个股份有限公司,叫做“东洋拓植会社”,这就是现在朝鲜的土地大王。他们在朝鲜全境收买土地,典押不动产货金的方法,刮尽土地,不遗余力,所以韩人的所有土地渐次缩减,而反处于二重三重的债务之下。并且该公司的目的,全在极力奖励日本人移住于朝鲜,而日本移民极力掠夺韩人的土地,所以只要一户移住于朝鲜农村,则七八户甚至一二十户的韩农失其土地而被逐出。这是多么可怖的事实!

五、革命运动的起因

笔者已在上面简单地列举许多的事实，这自日人的侵略政策看来，可算是合理的。然而在其铁蹄之下，被压迫的民族为自己的生存起见，就不得不起来反抗帝国主义而争自由与独立。这样的反抗运动起伏在朝鲜，已有二十余年的历史。自从朝鲜亡国到一九一九年三月一日独立运动的详细情形，在朴殷植先生所著《韩国独立运动之血史》上已有详述，故不愿再来叙述。至于最近几年的激烈的革命运动，还没有人述及，所以我现在以被压迫民族之一份子的资格来简单叙述最近几年朝鲜革命运动实况。不过在我的手边，毫无参考数据，只凭自己的记忆力和日人方面所发表的独立运动统计，这是最遗憾的一件事。

现在帝国主义国家中，把侵略政策发挥得最利害的，要算是日本帝国主义者。所以在其践踏下的朝鲜民族的解放运动，比任何民族的解放运动还剧烈，此足以证明愈有压迫的地方，愈有激烈的反抗。过去的一切事实告诉我们，侵略中国最凶猛的，也就是日本帝国主义。但还有些人，拿什么同文同种的封建的意识来对待日本帝国主义者，或与之妥协，这简直是睡在鼓里说梦话。近年以来，朝鲜革命党与日本帝国主义者挣扎的形势日益加紧，我们在报章上几乎每天都可以看到殖民地独立运动的消息，但往往激烈的运动发生之后，帝国主义者对于不利本国的消息始终用封锁政策，秘不宣布。所以运动的真相，局外人无从得闻。但我们从大体上，可以晓得殖民地的独立运动日趋于激烈的倾向。

六、近十年来朝鲜革命运动

朝鲜二千万民族，自经十一年前开巴里和会时宣言独立以后，直到如今，其恶战苦斗的运动，毫未中断。起初都市乡村的民众，甚至乞丐、妓女等都组织爱国团体，身不怀方寸之刀，非常和平的要求过民族的自决和提倡正义人道。但以后的运动——最近十年以来的运动，却不见那样和平了。朝鲜民众已经深刻地了解了反抗暴力的武器便是暴力。这是因为日本帝国主义者始终不放弃他的杀人政策的缘故。最初他们的独立宣言末后的公约上说：

一，吾人今日此举为正义人道，生存繁荣之民族的要求，须要发挥自由之精神，决勿趋于排他之感情。

二，以最后一人、最后一刻为限，快快发表我民族之正当意思。

三，……。

今日韩国的独立运动，正与最初之公约第二条切相符合，这是事实方面可以看出来的。

A.十年以来鸭绿图们二江边之血战

自一九一九年韩国独立运动发生以来，韩国国境方面，独立军之出没频频，时闻与日本武装军警冲突交战。兹将一九二〇年至一九二七年间在国境一带所发生的冲突次数及其人数与被日本政府所破获者，调查统计如下。（这是日方所发表的统计，一九二八、二九年的尚未发表。）

年次		冲突次数	破获于日本者
一九二〇年	件数	一，六〇〇	九四六
	人数	四，六四二	二，九一五
一九二一年	件数	六〇二	五〇七
	人数	三，一四八	二，四〇一
一九二二年	件数	三九七	二四二
	人数	一二七	三一五
一九二三年	件数	四五四	二九六
	人数	二，七九七	六〇一
一九二四年	件数	五六〇	四二二
	人数	三，四八三	五三九
一九二五年	件数	三七〇	二四一
	人数	一，五三〇	二六三
一九二六年	件数	六九	一三六
	人数	三〇一	一七二
一九二七年	件数	五三	三三
	人数	三一一	五九
共计	件数	四，〇一六	二，八八六
	人数	一八，一三九	七，二六二

据上表，则八年以来，朝鲜独立军与日军在国境一带冲突次数有四千余回，独立军被牺牲者竟达七千二百余人，可见其交战之如何剧烈。

朝鲜独立军的根据地是东三省，今又据日本总督府调查过去九年间满洲朝鲜独立军侵入朝鲜境内的统计，此表内并发表日方所受的损失，但这是极不可靠的，对于己方不利的消息，自然要尽量地掩蔽的。今将该表录之如下：

年度	侵入件数	独立军人数	驻在所袭击	被害日警军
一九二〇年	九〇八	二，六〇一	八	二九
一九二一	四五四	二，一七三	七	一六
一九二二	三五〇	一，二一九	九	一八
一九二三	四三五	二，七三三	一一	一六
一九二四	五二八	三，三四九	八	三四
一九二五	二四二	一，三六八	五	二九
一九二六	六五	二八〇	—	二
一九二七	一〇	七九	—	三
一九二八	四	一二	—	—
合计	二，九九六	一，四二一四	四八	一四七

据上表，则一九二八年的运动较为沉寂。但在我们看来，该年的运动比前几年更加激烈。就以一九二八年十月间而论，依日本当局所发表，一月之间（日皇昭和加冕之时）在朝鲜内地，因独立运动而被捕入狱者竟达一万七千余人。因之，向来之监狱已不敷用，决增筑京城大监狱，以便专收政治犯。一九二八年十月，鸭绿江边的独立军决以炸弹和手枪庆祝倭皇加冕，所以屡次攻击日本军警驻在所，激战月余，当时韩国民众内外呼应，形势颇为严重。吉林的张作相亦为保全领土，防备日军借口侵入起见，曾通告全国严守中立。这样朝鲜独立军的痕迹，每年在鸭绿江边消灭不尽；在朝鲜内地，烈士之手枪声炸弹声震轰不已，每年被捕的党人不下数千人。前年日政府决又加派一师团兵力布防鸭绿江，又忙于建造吉会铁路，以为根本铲除韩独立军之根据地。

上述二种统计之中，前后关于侵入之独立军人数和冲突次数，不相符合，可见日方的统计是任意捏造的。但据他们所发表，最近九年之间，共计有一万八千余独立军，侵入次数达四千余次，袭击日本军警驻在所四十八处，杀害日军警一百五十余。这是日方所发表，虽不确实，但仅指鸭绿江、图们江的事变而言。其余每年在朝鲜内地所发生的事变之统计，还不在其内。

独立党方面虽然没有发表确实的统计，但依他们侵入国内的次数看来，每次的侵入都不免与日方交战，互有死伤。这样年九以来，四千余次的侵入、交战，何止有一百五十名被害日军警呢？每次最低限度，以一名计算，也就该有四千余名的死伤了。

B.朝鲜内地的革命运动

除图们、鸭绿二江边的血战外，独立党人常到朝鲜内地重要都市，如京城、元山、平壤、大邱等地，拿手枪炸弹，破坏日本官公署金融机关，枪杀日警者颇多。自一九一九年三一运动以还，差不多每年在京城的日本总督府及其他警署等，受过炸弹的洗礼。

十年前，六十余岁的老人姜宇奎烈士炸斋藤总督后，相继而起者，有金益相、金祉燮、金相玉、罗锡畴、宋学先、梁槿焕、赵永何等烈士，都以最后五分钟为限，奋斗到底。

五年前，金祉燮烈士自上海带炸弹到东京，投在日本皇宫前二重桥上。由此，日人崇拜为万世一系神圣不可侵犯的皇宫竟受了炸弹的洗礼。这在迷信最深的帝国主义者，以为最大的不幸了。

次由金益相之两个炸弹投在汉城（京城）日本总督府内，虽然没有得到很大的破坏功效，但提起了不少民众的革命精神。后来金氏恨第一次未成功，遂逃到上海，在黄浦滩码头上枪击由日本来沪之田中义一（当时日本陆军大臣，后升为首相），二枪均未命中，金氏遂被逮捕。

还有金相玉也携带枪弹潜入京城，首先破坏日本铁路警署以后，在孝悌洞单独与日军警一百余名激战半日，当场击死有名的日人侦探队长（警部）及其下十余名，最后弹尽，自枪自杀，死后甚至两个手枪仍紧紧握在手中，日人始知革命党之如何厉害。

一九二七年，又有罗锡畴之大举破坏东洋拓植会社和殖产银行。因为这两个金融机关是朝鲜人的吸血鬼，自经罗氏破坏并枪杀七八名职员后，全国韩人无不称其痛快。罗氏也不愿死在敌人之手下，所以最后留一弹自杀，其义烈的精神，今犹深刻地印在韩人的脑中。

一九二八年六月韩皇出殡，朝鲜民众乘其热闹机会，复举行大规模独立运动，各校学生如同此次光州革命一样，很有组织的起义。又有宋学先烈士白昼在大马路傍谋刺日本总督斋藤，在万人丛中，汽车跑来，宋氏以为此乃总督之车，故急奔车上以刀刺杀二名日人，惜误中副车矣。

又此次朝鲜学生之独立运动，开一九一九年三一运动以来之新纪录，自去年十月三十日在光州发端，直到现在，已历三个多月尚未停息，被捕者已有三万余名，被惨杀学生三百余，首由学生运动，已进为民众之革命运动，将来的结果如何，现在还不敢预料。关于此次光州事件，本刊二期时评已略论过，故不赘说。

除独立党的独立运动外，还有共产党的共产运动，最近其声势也非常浩大，但他们的运动因为某种关系，近来与日本无产政党有联络，所谓“合法运动”就是他们重要的口号。

C.国外的革命运动

朝鲜国外的运动，在中国最有潜势力，各种革命团体散在中国各地者，尤属不少。据去年日人之调查，一年以来，在东三省、北京及上海等地，搜集韩人革命运动的案件，有一百三十余件之多，这足以证明在中国之韩国革命党之势力。近来，日人缓和朝鲜的独立运动起见，宣传将给韩人自治，但韩国的民众只希望彻底的独立，而对于自治问题，付之一笑。七年前日本政府，朝鲜运动正在激烈之时，也利用以前的卖国贼闵元植，使他提倡自治运动，但未及一月，闵贼在东京铁路旅馆中被独立党人梁槿焕所刺死，于是闵元植之自治运动遂归于完全失败了。

近年以来，日本人之侦探走狗等在东三省、上海、北平、天津一带被革命党人暗杀者，不知凡几。其中，最著名的侦探被暗杀而在报章上披露过的，有北平之金达河、金天友、朴容万，天津之李泰和等。还有去年独立党人赵永夏在台湾刺日皇族久尔[迩]，虽未达目的，然已轰动了世人耳目。

朝鲜革命党中，较有力的团体，大半都在中国方面，尤其是在东三省。例如，大独立党筹备会乃吉林、北平、天津、上海等地的独立运动者所组织，此间积极进行各项秘密工作，查该会有三种纲领的标语：一，积极破坏日人之统治机关，使之无法维持其统治力。二，反对合法运动、自治运动，主张绝对独立。三，将一切革命力量，集中于大独立党。还有国民府临时政府，在满洲及上海二处。韩人青年联盟，系网罗北满各地革命青年团体而组织者。在美国的韩侨中，有兴士团的组织，虽然他也是民族主义团体，但颇倾向缓进的潮流。

此外还有共产主义的团体散在各处者，也很不少，如在中国之韩人青年总同盟，义烈团，高丽共产青年会，高丽共产党，社会科学研究会，列宁主义研究会，上海派及尼市派等，其中可分为上海、尼市二派或左右二派。共产主义的右派，近来大唱特唱合法的自治运动，这就是独立党人所极力反对者。

七、结论

笔者始终感觉得中国的革命运动和朝鲜的独立运动，实有密接之关系，并且东方的革命和日本帝国主义绝对不能两立。我们要东方革命，则须先打倒日本帝国主义。因为日本帝国，不仅是灭朝鲜，还极力阻挠东方全局面的革命运动。他在中国已经掠夺许多特殊利权，在满蒙已有经济的基础，如果中国革命成功了，日本的国基就要根本动摇。所以他对于中国革命，也如同朝鲜革命一样，不得不拼命地压迫下去。

笔者以为欲救东方之危急，巩固东方革命之基础，各民族应该首先援助日本帝国主义压迫下之弱小民族的反日运动，使其革命势力发展，打倒日本帝国主义；欲达此目的，对于最近之韩人独立运动，各民族不应漠视。

（原载于《新东方》第1卷第3期，1930年）

韩国独立运动之经过

——韩国革命志士在浙省党部报告

[韩国]延秉昊

韩国之被日本帝国主义者之强占，一因为韩国民族不自图强之故，二因为日本之侵略大陆之战略上不得不先行占据韩国——竟于一九一〇年被日本强占。从此，韩日两民族之生死战开始矣。国亡之事，为意料所不到之大变。韩国民族受以创痛，一时慌忙，寻不出若何方法来对付敌人，而激于爱国与义愤，不能不乱撞一番，并且革命事业本未有前例，仅凭人类有限之智识来创造。是以韩国之革命运动，亦多幼稚错误，因此在近二十年来长次之革命运动中，耗费时间与精力及无代价之牺牲并且错失时机者甚多，致以二十年血斗未见成功，殊使韩国民族愧无面目对人也。兹将其所谓革命运动之情形概述于下。

初期革命(自一九一〇年至一九一九年)。一九一〇年八月，日本帝国主义者蔑视人道，以旁若无人之横暴手段强占韩国。韩国全民族义愤冲天，全国各地义勇军蜂起，期图驱敌，复国雪耻，奈以日本武力高压，以薄弱之力量，不能相敌，终归失败。惟少数义勇军，则出没于韩国南部智异山一带，继续奋斗二十年，而表其心之不死也。一方面多数有志者，不能立足于国内，相率亡命海外，如南北满洲、西伯利亚、沿海洲[州]一带以及美洲。在此数地韩侨中，从事革命的活动，大部分从教育方面入手，灌注民族思想与革命精神，纠合同志组织团体，作革命活动之基础。在东三省一带，则因地理上之便利，努力于微乎其征之军事上之预备。又一方面，全国有志之士不能全部出国，此为势之所迫，故屈一时之愤，潜在敌人压迫之下，借名义而培养革命之力量。当时日本帝国主义者不许集会结社言论之自由，集结同志实所难能，故假借宗教之名义，作秘密结社，如天道教，大倧教等其一例也。其他如佛教、基督教，亦为同志等假借隐身，作联络同志之场所。以目送举手，为同志相迎之暗号。此外激进之秘密结社，亦复不少，如“革命同志会”“光复会”“新民社”“白婴社”“少年大韩党”“韩族会”等是也。至一九一六年秋冬间，在国内以光复会为中坚，谋大举暴动。当时其势力及于全国，咸兴以南十二道（原十三道）均布置妥善，声势浩大，如青山报恩，其他南韩一带暴动颇烈。后为其首领朴尚镇等数十人，被捕下狱刑死而事败。至一九一八年秋冬，欧战将终，威尔逊之和平宣言一发，美洲方面，世界弱小民族之联合会开会。际此时会，韩国独立运动乃大爆发。即由美洲方面同志中派出代表参加弱小民族联合会议。一面在美国政府开始活动，冀得国际间之同情与注意，并暴露日本帝国主义者非人道的惨毒行为于国际间。同时上海与国内同志，密派代表于巴黎讲和会，向国际各国间表示韩国独立运动之意旨，并求公正之同情。如此秘密活动中，通令韩国旧皇帝被日人药死之惨闻传播全国。（韩皇帝于一九一四年德日开战时，曾与上海外有志者取联络有所图谋，为日本政府觉察事败，巴黎和会中日人恐其有所活动，下此毒手。）当时全国人心，十年蕴结之抑怨乘机爆发，借哀悼最后国皇而全国痛哭，以泄十年国亡怨泪，人心极为激昂。国内外同志，咸认此种情形为不可失之机会，遂锐意活动之结果。

一九一九年二月间，日本东京方面，韩国留学生数十名首先宣言拨乱，继之三月一日在汉城中央白塔公园八角亭上，全韩各界首领署名之《大韩独立宣言》发表朗读，向众布告。当时百万集结之大众，同声响应，高呼独立万岁，而相率游街示威，全城狂跃参加。此消息一经传出，全国各地相继响应，以致造成在韩国民族史上空前的壮举。

自觉运动（自一九一九年至一九二九年）。一九一九年三月一日，独立宣言发表后，韩国民族之思想为之大变化，日本帝国主义者亦为之大惊失色，其愚弄韩族之手段政策，亦不能不稍稍变更。首先撤换其所谓总督长谷川，而代替以斋藤实，“标榜武断政治改为文化政治”，以此重新开始笼络韩族，软化革命高潮。如政治方面，在各都市、道、郡、面等行政机关设置咨询机关（协议会），网罗各地土豪劣绅充任之。又一面许与一部分集会、结社、言论、出版之自由，使智识阶级得享小康之乐。教育方面，变更从前采用之同化政策，学校日文课程酌予减少时间，缓和学生之心理，彼等同化政策下教养之学生，立予独立运动之最先锋，故不能不变更同化政策之妄想。韩国革命党人，一面在国内外实行激烈之运动，如组织革命政府、统一号令、编练军队、买枪购械锐意进行外；一部分在国内之同志则决定利用敌人之文化政策，谋得言论、出版、集会之自由，以此将全世界革命思潮及各种学术介绍于全国民众。盖以革命非早夕间事，必须有源源不竭之民众作革命基本力量，然后革命不以一时之挫折而停顿，所以此种将计就计之策不可忽视，遂决定利用敌人政策而开始文化运动、思想运动、社会运动。结果，韩国文人学士举办几种新闻杂志、流动讲演等方法，介绍新文化于全国民众，思想为之一变。学校以兴，团体蜂起，如是努力近十年之结果，成绩尚佳。革命思潮与民族之意识，已深入于民众之间。所以目下国内各地，如农民、劳工、青年、少年等团体之组织，无地不有，有组织之民众达四五千万。此外激进的活动成绩，则十年间三千回之韩日军冲突，其为日人统计表示也。总之，韩国革命运动，最初由爱国志士之开导，再经比较多数之智识阶级之领导，而第三期则已转移深植于民众自觉运动，前十年则幼婴时代革命运动，后十年则比较进步矣。

目前情形，国外方面如上海有革命政府，任指挥革命全部之责；美洲方面，置欧美外交委员会，任欧美方面宣传联络之工作；东三省方面注重于军事工作，现有十大队又三个特别队之力量；国内有四五十万民众之组织，有独立党核心一切之活动。党之组织为民主集权制，其主张为民族独立、民主建国、经济平等，等等。

今后趋向。韩国革命运动中，民族的感情、政治的压迫以外，经济问题颇为重大。日本之侵略韩国之重要策为经济策略，经济侵略之工具——东洋拓殖会社及殖产银行，一为吸收土地，一为操纵金融。韩国人民之经济基础，全在土地，此土地尽数吸收于东洋拓殖会社之势。韩族之经济以之破产，多数人民势不得不趋于经济斗争之一途，今后韩国革命斗争重点，经济问题为其一。并且十数年革命运动中，富有家产者不甚出力，反附敌妨害革命。故今后革命势力，不得不树于大众深处，所以今后努力，在乎训练民众、宣传民众、组织民众以及革命武力之预备；一面培养自治运动、参政权运动，又一面联络国际间革命同志，共同奋斗，以期打倒帝国主义者，故甚愿追随友邦同志，协同努力也云。

（原载于《湖北党务周报》第 6 期，1930 年）

朝鲜民众的革命运动

颂华

朝鲜自从一九一〇年归并于日本以来，忽忽已经二十年了！在这二十年之中，朝鲜的民众无日不于精神上及物质上受日本帝国主义惨酷的压迫，而朝鲜的志士们亦无日不有独立革命之谋。其因运动独立革命而为日人逮捕下狱以及惨戮者，前仆后继，不知凡几。他们这种运动，近更剧烈。盖朝鲜民众是我箕子之后裔，与我黄帝子孙血统原属相同。他们开化既也很早，加之受了现代世界民族运动的潮流的激荡，近来革命的气势自然益加盛旺。他们的民众曾于一九一九年三月一日，在日帝国主义势力高压之下，起过一致的壮烈的革命运动。这是大家知道的。他们的革命虽然尚未成功，而民众对于日帝国主义的反抗，还是非常昂进。在去年十月三十日，朝鲜复起一次全国青年反抗日帝主义的极大的学潮，这决不是一件寻常偶然之事。自该次学潮发生之后，据今年二月七日《民国日报》所载国闻社汉城通信，全韩罢课的学校有二百余处，参加的学生有三十万余人，投狱的男女学生有一万七千余人。此外，各工厂男女工人同情罢工者日有数起，而各团体领袖被捕者为数亦有千人之多。此次学潮不但范围扩大，化为全国的独立革命运动；而且历时又很长久，自去年十月三十日学潮勃发以来，民众对抗日帝国主义的奋斗，支持三月有余，尚未平静。现在朝鲜爱国的民众，抱有不达目的不休的决心，预料此种悲惨壮烈的反抗运动恐从此无有已时云。由此而论，可见朝鲜这次对日的学潮，实在与印度甘地辈对英的独立运动遥遥相对，有同样的意义，而有同等的注目的价值了。

据二月五日上海《民国日报》以及六日首都《中央日报》两天报上所载吉林和上海方面的消息，东省韩侨现已组织了反日同盟，并发表反日的宣言；在沪的韩侨亦组织上海韩人各团体联合会，谋积极对日抗争，并响应其国内革命民众之反日运动，而且亦有反日的宣言发表。关于朝鲜此次学潮的经过，东省韩侨反日同盟发表的宣言中有以下一段的叙述：

> 当一九二九年十月三十日，在韩国罗南道罗州车站内，日本多数学生(光州中学)对韩女高学生(光州女高中)作最无礼之欺凌。该女生之小弟目睹此光景，觉不堪忍受，乃为抵抗的叱责。日生大愤，群相殴打，并解刀乱刺。此时巡警森田赶至，一方阻止乱斫，一方以棒击退韩生了事。次日上学，又在火车相遇(因皆由火车到校上学)，日生余威未逞，更行寻衅。正在争论，车掌日人又对韩生为特别不堪之酷责，谓："凡我大日本学生之所为，无一非善；凡尔韩人之所为，无一非恶。"此等帝国主义下之公理，实不能不激动亡国少年的血泪。但铁蹄钢锁之下，除忍气吞受又将如何！不意此优胜之批判，终不能满足日生暴虐无人道之兽心。日生更集多人，持匕首，对全光州高校韩生示威，结果伤韩学生十余人，韩生为自卫而抵抗，但日本中校体育教员旋领全体学生持棒来袭，并称："我们是神圣的大和魂子孙，怎能受累于韩生？我负责！将全数韩生打死！"奔到各校，肆行乱打。此时光州全城军队、消防队借口维持秩序，全体出动，除将韩生乱打外，逮捕三百余韩生。光州市民感于忍受无可忍受，退让无可退让，故全市市民遂为迫于义愤的大示威游行，高喊"释放被捕学生！""韩国独立万岁！""打倒日本帝国主义！"等口号，以致又牺牲数百韩国同胞之生命，监禁了五六百同胞。如此暴虐的日本帝国主义者，以拥护几个不良日生，乃无忌的牺牲了数万无辜之韩国学生和民众。有血有生命的我们，焉能束手待毙呢？长久时间忍受的反抗猛焰乃爆发了！日本虽断交通，检查邮件，阻止传布此事，但终于革命怒潮激动了全国！各都市已坚决的罢工、罢市、罢课。这就是全韩民众对强盗日本帝国，勇敢的做决死的抗争！亲爱的中国同胞！野蛮不知人道的日本，对我们中韩民族的压迫各尽其极了。我们同胞们的血汗，被他们榨取去；我们的兄弟姊妹，被他们凌虐侮辱。我们两万多同胞，都被投入牢狱。我们除了反抗、革命外还有其他可走的道吗？

从上面所叙的事实看，我们可以晓得，朝鲜这次学潮是因为若干日本学生对朝鲜某女学生作了最无礼的欺凌所以爆发的。曲在日本，不言可喻。但这不过是朝鲜此次学潮和革命运动的导火线罢了。根本原因，还是在日本帝国主义的蛮横。现在再节录上海韩人各团体联合会于其建国纪元四千二百六十三年一月四日发表的宣言中的一节于后，以见朝鲜此次学潮的发生不是一件偶然的事情。

这次在光州城里电车上日人学生嘲笑韩国女生发生的一件小事，成为引起全国学生一致罢课示威的导火线，这并非偶然发生的一件事。在日帝国主义的高压政策之下，澎湃汹涌的革命的潜势力自然像活火山般地爆发起来。而野兽化的日帝国主义，更加凶横起来，军队动员，警察武装，肆其大捕大杀的惯技，原来是日帝国主义统治韩国始终一贯地用武力的虐杀政策。“三一”运动的时候，日警在水原、定州等各地惨杀了一万五六千人；在满洲方面，以讨伐马贼为名，派送三千兵演出大掠夺、大屠杀的惨剧；在东京震灾当时，残杀避乱呼救的韩人男女五千名；现又在光州城，一时屠杀徒手青年学生四十多人。接着施行全国的大检举，滥捕投狱二千多的学生(记者按：二月七日《民国日报》所载国闻社汉城通信，投狱的男女学生有一万七千余人)，加以种种野蛮的毒刑。京城各地团体的要人，亦被日警一律拘禁。却是革命的整千整万的学生和一般群众，从京城到各地方，到处举行轰轰烈烈的反日示威，勇敢地与日警巷战。我们在上海的韩国民众，接着这件痛愤的消息，立即组织各团体联合会，一致决定积极应援国内革命群众，对日帝国主义开始拼命的奋战。万恶的日帝国主义是世界人类的公敌，破坏东亚和平的祸首！我们誓死要打倒日帝国主义，夺还我们的自由。

大凡一个有悠久绵远的历史的民族，历尽了异族压迫的痛苦，未有不一面竭力挣扎以求解放，一面希望友邦善意援助的。朝鲜的人民亦是这样。所以东省韩侨反日同盟发表的宣言中，还有对我们中国同胞所发的以下几句极沉痛的话：“亲爱的中国同胞，野蛮残忍、不知人道的日本帝国主义，二十年来，在韩国虐杀十余万的革命烈士，禁锢数百万革命群众，以军队、警察严密的封锁全国，以暴虐无理的特别法令蹂躏人权。除无厌的榨取膏血和骄肆的逮捕、监禁惨杀虐刑外，一无可说。以昔日文化繁盛之韩国，竟一变而为二十世纪最惨酷之大监狱。亲爱的中国同胞，凡此日本在韩国之惨酷行为，正不必求之于韩国，即由其已往对中国之压迫——如二十一条之想一网打尽，‘五三’在济南之惨无人道，满洲炸案之野心包天——亦可推知。亲爱的中国同胞！‘五三’之惨剧，至今回想，尚有余痛，而今日之韩国同胞乃无日不在‘五三’中也。”这几句真可算是朝鲜人对于我们中国同胞说的血泪语。凡吾同胞，看了想来没有不觉得酸鼻的。自从该宣言发表之后，二月初旬，上海特别市学生联合会以及国内有几处的党部特通电全国，援助朝鲜的革命运动。这是国人所予朝鲜民众的一点精神上的慰安。

朝鲜的独立革命运动不但范围扩大,且历时亦颇长久,前面已经说过了。试问日本用什么新的政策去应付呢?关于这个问题,我们大概可以说日本仍旧采向来所取的压迫政策对付韩民。按二月十六日《中央日报》所载韩京特讯,日本新任朝鲜总督斋藤实虽曾于二月九日宣布过几项新政策,但考其内容却仍脱不了旧时压迫策的窠臼。现在且把所谓新政策的要点摘录于后:(一)防止新思想的浸染;(二)学校教育方面,除彻底改革外并将注重实业教育;(三)官立学校之入学资格严加限制,凡负担每年纳税义务二百圆以上者之子弟方有入学资格;(四)实施地方自治,由城市方面开始,各地方自治团体应由日韩人共同组织,在自治团体有选举权与被选举权者,应限于有三千元以上的财产者;(五)制定取缔私立学校法,以防止私立学校的滥设;(六)制定取缔满洲及国外鲜人之警律,以防止其活动及宣传。

我们再看韩京特讯,晓得自从上述各项政策宣布后,“韩人方面舆论大为愤激。各地学生示威更加猛烈,城市方面官立学校都已辍了弦诵,而地方私立学校学生亦继城市学生起而反抗。全国学校中无一校能即开课”云。大凡压迫愈大,反响亦愈高。新任朝鲜总督既有此压迫韩人的很苛酷的新政策发表,又何怪学生纷纷示威,韩人舆情非常愤激呢?

就日本施于朝鲜的各项新政策说,其中第六项我们大有注意的必要。盖第六项所云,制定取缔满洲及国外鲜人之警律云云,无异将我们东三省看做殖民地了!按二月二十一日《时报》的哈尔滨消息,哈埠韩侨中爱国志士竟被日警搜捕。又据报载吉边的韩侨亦受日兵同样非法的虐待。夫容留他国的政治犯为国际公法所许,如今日本的军警竟在我国领土内,毫无忌惮,搜索并逮捕朝鲜无辜的爱国的侨民。这样的自由行动,真可谓蛮而无理之极了。我们无力主持正谊,援助朝鲜的独立运动,已经是一件非常惭愧的事,现在还不能保障托庇于我国领土内的韩人的安全,莫说对于韩人说不过去,而且我国的主权却亦因此伤损了。如果我们不能积极制止日人在我东三省这样行蛮而无理的自由行动,则长此以往东三省恐将变为朝鲜第二了。这实在是国人所万万不可忽视的啊!

尝读商务印书馆于民国十八年出版的黄氏所著的《朝鲜》一书,见其开卷语里有以下数语:“……对外不一致,其无可以幸存矣。哀哉鲜民,宁牺牲千万人生命于既亡之后,曾不肯牺牲少数人意见于未亡之先。由今思之,果何为也哉?呜呼!莫问彼欲朝鲜我否,且自审我视朝鲜何如,则朝鲜诚我之宝镜也。更观彼所施于朝鲜者何如,施于朝鲜人者又何如,则今日之朝鲜,尤今日之我之宝镜也。”现在我们看了朝鲜最近的独立革命运动，再回想朝鲜未亡时对外不一致的情形，倒确乎起了一个疑问：朝鲜乎，朝鲜同胞乎，你们究竟还是今日我们中国同胞的宝镜么？

（原载于《东方杂志》第 27 卷第 3 号，1930 年）

朝鲜民族解放运动之回顾与展望

方保汉

一、序言

朝鲜自被日人并吞后，倏忽已历二十星霜，在这段时间内，日人所加于朝鲜的压迫，真是如水益深，如火益热。可是物极必反，朝鲜民族的解放运动，也就同样的与日俱进了。

朝鲜民族解放运动虽有二十余年的历史，可是离最后的目标，还不能说是很近。我们回顾过去的陈迹，固然是可歌可泣，而我们企望将来的进程，仍然是需要更大的努力。炎黄遗胄的朝鲜民族，应该用他们的头颅和热血，去换得他们的自由。

本文先略述朝鲜民族解放运动不朽的历史，次述朝鲜民族解放运动至今日尚未能完成的症结，最后并略述朝鲜民族解放运动以后应取的途径。朝鲜民族解放运动的成功，不独是朝鲜本身能得到永久的自由和独立，同时也为亚洲其他被压迫民族增加不少的勇气，使大家共同竖起了革命的旗帜，向帝国主义者的营垒进攻。

二、朝鲜民族解放运动之动因

朝鲜民族解放运动的动因，可自两方面说明之：

(一)民族自觉。

(二)日人暴虐太甚。

凡是一个民族，都有她的民族意识，不过在特种情形之下，她的民族意识无从显露罢了。可是它的潜势力，却还是很大，所以到某一个时期，它就不期然而然的暴发了。朝鲜本箕子之后，甲午战役以前，皆隶属于中国，故其文化全由中国传入。迩来朝鲜人民虽转辗于日人横暴的积威下，而民族意识并未消灭，尤其自中国革命成功后，他们更觉有民族解放的必要。

朝鲜民族解放运动勃起的第二个动因，是日人的暴虐太过，约而言之，可分三点：

（一）政治方面。日本自并吞朝鲜后，便在朝鲜地方设置了一个朝鲜总督府，总督由天皇直接任命，重要官员亦皆为日人，只有无关紧要的官职，方令朝鲜人充任，从此可见朝鲜人在政治上的地位是如何了。总督府对朝鲜民众，有种种苛刻的条例，所谓违警罚法八十七条，简直把朝鲜人束缚的运动也不能了。我们为篇幅所限，不能逐条列举，兹择其最紧要的数条如下，凡是违反这些条文的，都要受拘留或罚款。

一，强制加入团体者。

二，聚众向官署请愿或陈情者。

三，为不稳的隐语，或揭示、颁布、朗读、放吟不稳的文书、图画、诗歌者。

四，制造摇惑人心之流言浮说及虚报者。

五，有意阻碍他人及追随他人者。

好了，在以上的几条里，我们已可以看出韩人是绝对无言论、集会、结社的自由了。可是苛法还不止此呢，在保安规则第九条第三项及第十二项，有下列的规定：

一，理事官由统监（总监）的命令，检阅新闻纸的原稿，得禁止有前条所述的记载（指妨害安宁秩序等）。

二，不受检阅，或记载被禁止之事项时，其发行人及编辑人的处分与前项同（一年以下的禁锢或二百元以下的罚金）。

更有一种所谓保安法者，其压制韩人的政治运动更为显著，其中主要的条文如：

一，关于政治的集合以及在屋外集会群众者，一律禁止。

二，关于政治的不稳的言论动作，或煽动告唆他人，或干涉他人之行为，因而妨害治安者，处以五十以上的笞刑、十月以下的禁狱或二年以下的幽闭。

三，警察官于街路或其他公开场所，对于揭示及公布朗读文书、图画，或言语形容及其他作为，恐有紊乱安宁秩序时，得命其停止。

总之，日人对于朝鲜的政治压迫，无所不用其极，韩人非纯为浑浑噩噩者，其民族革命的爆发，固为意料中事。

（二）经济方面。日人对朝鲜所施经济压迫的方式有二：一面日人极力为朝鲜富源的开源，一方用种种苛法限制朝鲜人民经济上活动的自由。朝鲜二十年来经济状况的发达，至为可惊。无论何项事业，其进步之速，皆为一般人意料所不及。吾人就产米一项而论，当一九一〇年左右，朝鲜全土所产的米尚不足百万石，现则骤增至千万石以上，且每年仍有激增的趋势。又如日本所用之铁，大半系取自中国，其余则取自朝鲜，由此可见朝鲜产业增加的一斑。可是这种增加的产业，十九为日人所占有，而朝鲜人民则反渐有经济破产的趋势，此固因日人资本浩大，经营敏活，有以致之。而日本法律的压制韩人经济向上，要为一最大的原因。下列诸种事实，皆是以表示经济上的受日本人压迫：

一，日政府对于朝鲜人的资产，用极精密的方法调查，如家产超过几千元以上的，日政府便强迫其聘请一日人为之司赈，即本人用钱亦受限制。

二，朝鲜人民握有五百元以上的现款时，日政府就勒令他们存放于银行中，取用的时候，先把用途开清，给与银行办事人员过目，如果办事员认为不当时，就不照给。

三，无论何种营业，均须抽税，甚至贩卖小菜的人也要领牌。领牌的时候，当然要照货价抽百分之几的税。如果没有领牌，一经查出，立刻把全担货物充公，厉害一点的，就有破家荡产之虞。

此外尚有限制朝鲜工商业的发展，以免妨碍日本商品的销路；收买韩人的田地，俾达其逐渐侵蚀的目的。加以东洋拓殖会社与朝鲜银行的为日人助力，日人在朝鲜的经济侵略，真所谓如虎添翼、无往不利了。

（三）文化方面。日人惯用其斩草除根的手段，对于朝鲜的固有文化，摧残剥削，不遗余力。朝鲜全土的教育权，更全操于日人之手，而其所授的教育，又纯系奴化性质，除教以忠于天皇，爱护大日本帝国以外，便纯是日文日语了。由此可见朝鲜人的程度，将日趋低落，终于做日本的顺民。可是日人还不放心，还要设种种限制朝鲜人受教育的苛条。如：

一，对朝鲜民族教育的限制。

1.贫民子弟及不解日文的儿童，不准入学。

2.家庭财产不满二万元者，或有革命思想的表现，或涉与社会团体者，不准入中学。

3.如非富豪贵族的子孙，不准入学。

4.重要政治犯的子弟，不准入学。

5.不准工人和农民设立简易讲习所。

统计朝鲜全境，官公私立大中小学共二千七百九十二处，韩人学生总数四十五万六千九百零二人，仅占全人口百分之二；而日本学生则有四万三千八百八十一人，竟占移住人口百分之十。学校程度愈高，韩日学生比例数相差愈大。至于大学，则朝鲜学生仅二百五十七人，而日本学生竟达五百二十六之多。

二，对朝鲜学生榨取和压迫。

1.一切教科书，不准韩人印售(特别是四十余万朝鲜学生的教科书)，而由半官式的朝鲜印刷股份公司印售，价格至高。去年四月，由京城府学校评议会调查结果，其出售价格，比普通书籍竟高过十倍。日人在印刷方面每年所受的益金，竟达二十余万金之数。

2.大学及中学姑置不论，即对小学生，亦须征收甚重的“月谢金”。如有过月未纳的学生，便即缴夺教科书，批颊逐出，并押收家伙，拍卖补充，因之小学生中途废学，徬徨号泣者，不知凡几。

3.不准作韩文，不准谈韩国历史。

4.不准研究社会科学。

5.不准举行学术上的集会、结社和演讲。

6.如有反抗言论及行动，即施停学、退学、拘囚、判刑等，并无假借。

朝鲜受中国文化数千年的薰陶，并非浑浑噩噩的民族可比。奈日人用种种文化侵略的手段，务使其民族程度日趋低落，固有文化日形消失，以便其统治的永持；可是物极必反，理之当然，日人的横暴，不过促韩人的早日觉悟罢了。

三、朝鲜民族解放运动之回顾

朝鲜民族解放运动的兴起，是在一九〇七年，那时日本尚未正式合并朝鲜，朝鲜不过为日本的一保护国。其实早已保护其名，合并其实了。这次解放运动的经过是这样的：原来一九〇七那年，正是海牙万国和平会议开会时，韩帝密遣李相卨、李俊、李玮钟三人赴会，请愿独立，并说明乙丑保护条约全系日本政府强迫订立，并未得韩帝同意，应即宣布无效。因此，该会会员遂即致电问询韩帝有无派遣使臣，可是那时的邮电机关全在日人手中，所以朝鲜总督伊藤博文乃得假托韩帝名义，覆电该会说并无此事，而朝鲜的第一次解放运动遂归失败。

自一九一〇年日本正式宣布合并朝鲜后，朝鲜民族的解放运动遂益形尖锐化，其中重大事件足资记述的有：

1.崔益铉及其门人林秉钻等的反日运动。

2.李麟荣、李殷钻、李载求等的革命运动。

3.黄大成、赵东教、朴汝城等的反日运动。

此后朝鲜人民的革命运动，几无日无之，无论日政府的防范如何严密，终不能压制朝鲜民族的自觉。因之遂有安重根手刃伊藤博文的事件发生。原来日本的宰割朝鲜，全由伊藤博文主谋。行刺帝后，屠戮朝鲜人民的惨剧，也全由彼一人居中指使。朝鲜人民，实恨之刺骨，莫不欲食其肉而寝其皮，安重根的手刃伊藤博文，一时人心大快。而日人在朝鲜的暴虐，也不得不稍为敛迹，这可说是朝鲜革命史上一点小小的成功。

一九一八年欧战告终，一九一九年巴黎和会开始，美国总统威尔逊大唱民族自决，一时全世界民族解放运动，颇有蓬蓬勃勃之势。那时在国外的朝鲜人，便在上海举行独立运动，并组织了一个临时大韩民国政府议政院及各机关，同时国内亦到处响应。这次解放运动虽又归失败，可是朝鲜民族努力奋斗的精神，早已宣示于全世界了。

一九二八年五月，朝鲜又有革命运动，可是不多时便被平服了。最近就是去年十一间发生的民族解放运动，又开朝鲜民族解放史上一新纪元，因此我们不得不有较详细的纪述。

一九二九年十一月三日，日本人正在举行明治天皇纪念节的庆祝大典，其兴高采烈、目空一切的态度，早已为韩人所不能容忍。同时，光州郡有日本学生侮辱朝鲜女生之举。该地朝鲜学生大为愤慨，据理诘责，日本学生不但不引咎自悟，反大声辱骂，两方渐起冲突，厥后两方学生愈聚愈多，遂致肉搏，双方各有死伤。日本警察只将肇事的朝鲜的学生逮捕，而祸首的日本学生，反置之不闻不问。朝鲜学生忍无可忍，遂由该地农业学校、师范学校、女子高等普通学校全部朝鲜学生，结成五队，作大示威游行，并高唱革命歌。当地朝鲜人民也加入助势，因此到处和日警冲突，死伤和被捕的达百余人。于是朝鲜的民族解放运动，遂有一泻千里之势了。

自光州惨案发生后，全国朝鲜学生陆续举行示威运动和同盟罢课，反对光州事件处理的不当。迄十二月二日，革命运动乃爆发于京城，由帝大朝鲜学生为首，联合各学校各团体，举行大示威，并提出下列六项条件：

1.援助光州投狱学生从速释放。

2.韩国独立万岁。

3.严惩在光州行凶的日本学生和警察。

4.大众们一齐起来，赴独立血战。

5.扑灭日本帝国主义。

6.世界革命万岁。

不久朝鲜革命运动更形澎湃，如平壤、元山、开城、咸兴、本浦、群山、公州等地，都先后响应。日本不惜施用凶恶残暴的手段，到处检举学生，封闭学校，朝鲜人民并不为之少为退缩，仍一致奋勇向前。同时朝鲜民族协同战线结合体的新干会（本名新韩会，以避日人之忌改为今名）干部开秘密会议，发表某种重要的决议文，俾唤起全民族的舆论，举行示威游行及露天演说，后被日警发觉，被捕者十一人。同时朝鲜各地工厂亦举行大罢工，以响应革命，其主要的有下列数处：

1.釜山纺织厂。

2.仁川加藤机米工厂。

3.大邱机米厂朝鲜工人。

4.宣川排水工人。

此外最堪注意的，要算是朝鲜大独立党的成立了。朝鲜大独立党是以中国天津的朝鲜人为中心联络其他各地的革命人物所组织的，其党纲如下：

1.积极破坏日人的统治机关，使之无法维持其统治力。

2.援助学生，由示威运动进入暴动破坏。

3.反对自治运动，主张绝对独立。

4.将一切革命力量集中于大独立党，务使最后一人最后一刻仍积极反抗日本帝国主义。

如火如荼的朝鲜民族解放运动，终于在日人的枪弹下给压服了，噩耗传来，自然使我们无限痛心。可是我们回顾过去的成绩，确有无限的荣光，这已足证明朝鲜民族是一个有为的民族，不是奴颜婢膝而受日人的宰割的。

四、朝鲜民族解放运动失败之症结

朝鲜民族解放运动失败的原因，固然是为了日人不惜以强大的武力布满朝鲜全境，以遂其剥夺的私欲。朝鲜境内几个较大的城，如汉城、仁川、平壤等处，不用说全布满了日本的军队，即是无关紧要的小城镇，也有日兵的踪迹。以毫无武力的朝鲜，欲赤手空拳战胜强横的日本，固不可能。可是历史告诉我们，武力只是部分的原因，而不是唯一的原因。他们方法的错误，方是失败最大的症结。所以我们必须能够将过去的错误找寻出来，然后方知将来努力的途经。朝鲜民族解放运动方法的错误，约有下列数点：

（一）一个毫无军备的弱小民族，欲单独与帝国主义奋斗，在事实上是不可能的。所以弱小民族欲解放运动的成功，必须大家联合起来，立在同一的战线上向帝国主义进攻。朝鲜民族向来就没有看到这一点，以为朝鲜只是朝鲜，和其他弱小民族没有关系，这实在是他们很大的错误。

（二）朝鲜的革命力量，素来是涣散而是不集中的，在目的方面，有自治派与独立派之分，就是同为独立派，他们所采用的方法也各不同：

A.不合作派。此派受甘地影响很大，誓不用日货，欲不合作手段以达到独立的目的。

B.秘密团体。此派一切皆在秘密中进行，而以上海为其大本营。

C.炸弹团体。此派亦可名为“暗杀团体”，专一暗杀日本要人，欲借此以促日人的觉悟。

以上三派，是各自进行，毫无联络的。革命力量一放散，便难受较大的效果了。

（三）朝鲜只是地方的革命，而非全国一致的革命。我们看朝鲜以前的革命，虽也有蔓延的很大的，可是总不能全国一致。在一个地方，帝国主义者可用其全力于此，这也是朝鲜解放运动失败的一大症结。

（四）朝鲜只是智识阶级的革命，而非全民革命。智识阶级的人数究竟较少，力量自然薄弱，以这薄弱的力量，欲与强横的日本帝国主义对抗，正如以卵击石，必然失败，我们只能说其志可悯罢了。

五、朝鲜民族解放运动之展望

朝鲜民族的解放运动，在过去虽有其光荣的历史，可是因为方法的错误，正在由萌芽而生长的民族革命势力每受帝国主义者的摧残而消灭，结果反使帝国主义者的压迫加甚。我们鉴于过去失败的症结，希望今后朝鲜民族解放运动应向下列数点努力，不然，无谓的牺牲反足以减少革命的力量，朝鲜也许很难有解放的希望了。

（一）和亚洲其他弱小民族互相联合起来。亚洲民族互相团结，已成为今后亚洲弱小民族解放运动唯一的途经。所以总理对于中国革命说：“唤起民众及联合世界上以平等待我之民族共同奋斗。”亚洲的弱小民族，必须联合起来，才能集中革命势力，而构成整个的亚洲国际势力，这样才能把帝国主义者的营垒攻破。以前的闭门革命，是绝对的错误。

（二）与日本国内被压迫阶级同盟。朝鲜民族解放运动，一方面须与其他各弱小民族联合，以增加革命的力量，同时还要联络日本国内的被压迫阶级，以减少帝国主义者本身上的力量，所以朝鲜民族解放运动的成功是与日本内部的被压迫阶级有关系的。

（三）集中国内的革命力量。朝鲜自被日本并吞后，虽有前仆后继的解放运动，可是都是各自为谋的，限于一地方的，非全体民众的。所以日本帝国主义者看出他们的弱点，就能以威迫利诱的手段，以维持她在朝鲜的统治权。朝鲜如欲民族解放运动成功，唯有集中国内的革命力量，使各党为一致的行动，使全国同时爆发，使全国民众一致加入运动，以这样排山倒海的力量，还怕日本帝国主义打不倒吗？

六、结论

朝鲜的民族解放运动，前仆后继者，迄今凡二十余年，我们虽然不能说她已经有很好的成绩宣示于世界，可是他们这种努力的精神，是始终值得我们钦佩的。以后朝鲜民族如能认清过去方法上的错误，翻然改变过来走上他们应走的途径，那末我们可以推定，成功并不是理想。昔美人汉汀顿(Huntington)氏至朝鲜游历时，和朝鲜革命党人聚谈，曾询以你们何以继续不断的图谋独立，他们的答语是"这是和鸡司晨一般，无理可言。"的确，朝鲜是应该做一个自由的民族，是应该从日人的铁蹄下解放出来。否则，"不自由，毋宁死"。有人可以使鸡不司晨吗？除非她生命毁灭的时候。

最后尚有不得已于言者。朝鲜好比是中国出了嫁的女儿，她现处于日人横暴的积威下，自己虽然也时常发生奋斗的呼声，可是究竟能力太薄弱了。每次挣扎的结果，无非多引起日人的嫉视，而厌迫也就同时加重几层。所以她希望以平等待她的民族——尤其是中国民族，能加以相当的援助，因为她环顾四周，除了中国之外，很少有人肯和她亲近的了。所以我们对于朝鲜的解放运动，不当只抱着十二分的同情，还应该站在弱小民族共同的立场，依照总理遗训，联络朝鲜，一致和帝国主义的日本奋斗。

一九三〇年十月

（原载于《新亚细亚》第1卷第3期，1930年）

日本统治下之朝鲜

白霞

日本合并朝鲜已二十一年，其统治之成绩，果如何耶？曰，政治犯思想犯之激印增也，大众之贫穷化也，韩人之难返故土而散之四方也。自去年光州事件及全国学生反日运动以来，日人对朝鲜之政策已弃政治上之抚摩手段及教育上之同化，而注重掌握韩人经济命脉，此日本殖民政策之一大转换也。兹将最近朝鲜政治经济上种种情况，述其概略，以供学友们之参考焉。

一、新设苛税。总督府统治下韩人之负担，年有增加。本年谷价暴落，农民不堪负担之苦，于是弃其田地，于夜中逃走者，日有所闻。在此状态之下，总督府竟通过增税案，并特设空地税、庭园地税、麻雀税及私设墓地税等等苛税。一般地主则增收佃租，转嫁其负担于佃农身上。

二、丰年恐慌。朝鲜去年五谷收成，均称大丰，而米价暴落，一石米之价最高不过四五元。佃户、地主之收入均不敷支出，形成离奇之丰年恐慌。

三、土地侵略。据日本殖产局农务课最近调查，在朝鲜境内，日本人所占据之农地，除官公机关所有三百四十余万町步外，专由日人个人能力占夺农地之总面积达二十二万町步，略占全韩农地十九分之一，与东洋招殖公司所有田地合计之，可达全韩农地四分之一。循此以往，韩人不久将全失其农地，举全民族而变成无寸土之无产民族，可预卜也。

四、革命急进。目下韩人革命战线，分左右两翼。左翼与战线，分左右两翼，左翼与中国共党合同，进行种种猛烈之破坏运动。右翼则进展边连，倾向于大同团结。各种小组则融化于大独立党，国内国外之革人命士互相策应，有席卷全韩之势，其组织颇为严密。为避免日人调察计，严守秘密，其内部情形绝不向外泄露，于暗中进行工作，同大独立党之总干部设在上海，党员已有四千人。

五、日人高压。日当局鉴于韩人革命怒潮日形膨胀，极感不安，遂设置思想检事，以资取缔。从思想上制止反抗运动之萌芽，其防备之周到，可谓无微不至。更有可注意者，本年二月总督府召集全韩思想检事会议，讨论处罚革命党员之方针，一致议决采用严罚主义，废止酌量减刑之制，犯者一律处以严罚不贷，并决议思想犯独囚制，以防革命党员在监狱中互通消息，撒播革命思想。日人之防范韩人革命运动，真是无微不到，而其前仆后继颇不乏人，其前途又未足乐观，吾人当拭目以待也。

（原载于《互助周刊》第6卷第5期，1931年）

万宝山事件的真相与意义

珍瓦

近数年来，中韩民众在东三省的冲突，已经不是罕有的现象，而这次的万宝山事变更明显的指示出这种经常不断的中韩冲突的严重性。也正惟因此，我们必须把这种冲突的现象，当作重大的问题，加以正确的分析。

首先，第一，中韩民众在东三省的冲突决不是单纯的因语言不同或习惯互异而发生的误会；第二，也决不是中国人与韩人之间有什么民族的仇恨；最后，更不是所谓“无赖”韩人的兴风作浪。这一切都是很明显易见而为每一中韩民众所能承认的。

那末，由什么原因使这种冲突事情常常发生而且愈演愈见严重呢？

问题之回答，非常简单：日本帝国主义对所谓满蒙之积极的进攻政策，使这种冲突反复不已，且使之愈益染上严重的性质。

要证明这一结论，事实的资料是列举不尽的。最简单的证据，但是最有确实性的证据，我想我们只要引用前日本政友会总裁、内阁总理大臣、同时陆军大将的田中义一关于满蒙积极政策之奏章中几句话就够用了，即“……至今在东三省之朝鲜民，几及百万有奇。如此之现象，为帝国对满蒙之权利，不求而可自答，真可谓为国家造成莫大幸福，为帝国对满之国防上经济上，添加无数势力，为鲜民统治上显出莫大曙光”。又云：“一面利用已是归化之鲜民，盛为买收满蒙水田地，而另由各地之信用合作或银行，或东拓会社或满铁公司，通融有支那籍之朝鲜民资金，而作我经济侵入之司令塔也。”不仅如此，他更预计或更确切些说，他更布置中韩民众之冲突，而决定在这冲突中日帝国主义所必须采取的方策，他说：“按在满蒙的朝鲜人，如扩张至二百万以上者，待有事之时，则以朝鲜民为原子，而作军事活动，更借取缔为名而援助其行动。”

这还不够证明日帝国主义确为构成中韩民众冲突之根本原因么？我想，谁都能承认这已经是充分而重要的证据了。

日本资产阶级的无底的利润欲驱使日帝国主义探取不把满蒙成为第二的朝鲜不能停止的积极政策，而苏联无产阶级政局之愈益强固，社会主义经济建设之可惊的成功，更使日帝国主义积极的征取满蒙，以便进攻苏联时，在军事上经济上占领优势的地位。这只要看看日帝国主义在满州之军事的布置，旅顺大连等等重要都市之防空演习，以及最近调动大批军队永住南满的政策，可以一目了然。

因此，日帝国主义之积极的侵略满蒙，同时就是进攻苏联之积极的准备。掠夺殖民地半殖民地的劳动群众的血汗与进攻无产阶级的国家，是资本帝国主义当前的最大最高的政策。因此，反对帝国主义的侵略和拥护苏联劳动群众的国家，同样是全世界劳动群众之最大的任务！

在日本帝国主义的满蒙侵略政策之下，和万宝山事情同样的事变一定要继续不断的发生，而且将愈益凶狠且更见巧妙的制造出来，这是毫无疑问的！

但是，这不是说万宝山事件没有特殊重大的意义，却却相反。正因为日本帝国主义制造万宝山事件，正因为由万宝山事件而惹起了全朝鲜民众之排华怒潮，更正因为由朝鲜排华怒潮而惹起中国民众之反日帝国主义的斗争——虽然上海及各大城市的对日经济绝交的号召是半殖民地资产阶级的买空卖空的投机运动。然而广大群众的反日帝国主义的斗争之积极化，是不能默过的，而我们这里所说的反日帝国主义斗争的重心自然是指的这一方面——格外的表示万宝山事件和因此而发生的事变之重大，而有严密的分析万宝山案件和起来积极的行动之必要！

因此，我们除上面所说万宝山事件为日本帝国主义在满蒙积极政策上利用朝鲜农民所组织的事变之外，还必须指出如次的几点，而且同样是根本的原因。第一，中国的地主资本家阶级是万宝山事件的直接的责任者。关于这一点，是地主资本家们所急欲掩盖而不愿透露的，然而事实俱在，地主资本家虽欲掩盖，终是不可毁灭的。郝永德以长春稻田公司经理的资格，向地主萧翰林所租得的地田，很明显的为的是地主萧翰林等从每垧的荒地中每年取得稻租一石二斗，熟地每垧每年稻租二石整（参看地主与长春稻田公司契约），而郝永德之所以出租韩农，因为想从韩农身上剥削每年每垧荒地二石（注意一石二斗与二石之区别——笔者），每垧熟地稻租二石三整（注意二石整与二石三整之差额）。而且在地主萧某与长春稻田公司的契约中，明白先有这样的规定："第七条，各地主系将地租与郝永德所办之长春稻田公司一家，以后如何耕种，或转租他人，或因此发生意外事故，均由该公司负责办理……"即此就可知道地主资本家互相串通转以此项地田去剥削鲜农的阴谋。然而，地主资本家之这种剥削的企图，竟为日帝国主义所利用，且为附近农民所急烈的反对，或者是出于他们意料之外的！然而，我们决不因日帝国主义的侵略政策而忘记了中国地主资本家的剥削手段，而默过事变的真相，遮蔽中韩两国劳动群众的耳目。

第二，我们必须指出的，国民党官僚的“劫贼的政策”是这次事变的直接责任者。当朝鲜数百农民积极的开掘沟渠时，附近的中国农民和伊通河上的船夫已经因切身的利害而奋起反抗，要求东三省国民党官吏起来而制止，然而国民党官吏不但不起来阻止，反而从中渔利。这并不是捏造，确实的证据是从中国资产阶级的代表的言论机关——上海《时事新报》的特派员口里透露出来的。七月十九日的上海《时事新报》登载着《万宝山案的调查记》，其中有这样的一段：“（该管长春县自治区第三区公所区长曹彦士，即郝与萧、张等原订契约之保证人）……盛传韩农民之敢于界址以外，肆无忌惮，因根据租契第八条所载水道使用地，每垧每年缴付稻租三石，然对于区长曹彦士，实另有每垧每年缴付稻子五十之密约。记者实地调查时，每晤农民代表，谈及此案，诸民必出右手，先屈其二指示意，继复完全伸长。三之与五，是何渊源，门外汉真无由捉摸，进诘其故，则笑言三为排行数，而五所代表，决非十百，鲁（即县公安局长鲁绮）之有恃无恐者在此。”而对这“三之与五”，该记者亦不得不称为“神哉此谜”，而竟作“谁不为好奇心所冲动，记者不敢求甚解，亦不忍求甚解”数语以了之。然而该记者虽“不忍”解释，而地主资本家与国民党官吏之互相勾结，企图从韩农身上剥削血汗的事实，固已了然大白了！

第三，我们必须指出一切资产阶级的报纸或宣言书里所表白的以郝永德一人为罪魁的主张，是一种欺骗劳动群众的虚伪的宣传！他们想以“汉奸”或“长春十八条好汉之一”的名义把整个地主资本家和国民党官吏的罪恶转嫁于郝永德一人。这种奸计虽然凶险，然而广大的劳动群众是不能被欺的。即根据以上第一、第二的事实，已足证明这次事件并不是郝永德一人所为，而是整个地主资本家和国民党官吏的合作，更何况长春稻田公司早已经成为专门经营这种租田的企业了呢？

第四，我们在万宝山事件中如在其他的一切对外事件中一样，地主资本家和国民党官吏没有对帝国主义作斗争的行动，只有向帝国主义哀求和服从的投降表示。在万宝山事件的数月经过中，格外明显的表示出国民党政权之这种政策。自四月中鲜资本家缔结开垦水田和开掘水渠的契约以来，万宝山的农民早就表示反对的意志，要求国民党当局禁止鲜农开掘水渠，而所谓长春市政府和长春县政府只有敷衍的手段，虽曾向日领事提出过抗议，然而迹其行为，不外是一种循礼举动，并没有把万宝山农民的要求和日帝国主义利用鲜农以侵略中国的政策作为严重的问题而予谋抵制。这一态度，至现在万宝山事件扩大到这样程度之时，国民政府的外交部犹认万宝山事件为局部的地方问题，与朝鲜排华怒潮分开来解决这一政策对照之时，更见明白！因此，要非万宝山的农民为自身的切身利害（因水渠开成之后要淹没农民耕田数百垧和杜绝长春农民夏令航行运输之要道等等），知国民党官吏之不可恃，自动的起来填没和破坏开掘水沟之事，则所谓万宝山案，老早就被地主资本家和国民党官吏所断送了。从这里很清楚的可以看出，能够而且必需要反对一切帝国主义的侵略者，只有工人农民和被压迫的群众，地主资产阶级国民党及其从仆们是没有力量和切要来反抗帝国主义的。

最后，我们指出，在这次事变中最受痛苦、压迫和剥削的，只有中韩两国的农民和苦力群众。他们各受各方的地主资本家和日本帝国主义的暴力的摧残，不仅中韩农民冲突中死伤至数十百人之多，更在日帝国主义军警的武装压迫之下，继续的受着军役、掘渠以及一切非人的待遇和奴隶般的强制劳役！而两国的地主资本家们却仍逍遥自乐，依旧的能够过其剥削和压迫农民和苦力的生活！

事变之这样的认识，使我们不得不承认只有澈底的驱逐日本帝国主义在东三省的势力，打倒地主资产阶级及其政权，才能实际的消减万宝山事件的根因，才能保证中日韩三国劳动群众的互助合作。

每一个革命工农，必须认识万宝山事件之这种意义和任务，必须加紧的作反日帝国主义的斗争，暴露国民政府在这次对日交涉中的将要陆续表现的欺骗、投降和禁止群众反帝国主义运动的政策，揭发资产阶级所号召的反日经济绝交之假面具，加强劳动群众反帝国主义斗争之认识和组织，使这次反日本帝国主义的斗争能冲破一切反动阶级的把戏而向前猛进！

（原载于《红旗周报》第 14 期，1931 年）

日本北进政策下之朝鲜

郭映汉

一、导言

近百年来暴残的帝国主义，由欧美向远东舒展出侵略的铁腕，竞相掠夺殖民地，印度、朝鲜及南洋群岛均先后被他们瓜分吞并。在这时代的中国，却处在异族的满清政府蹂躏之下，而满清政府的内身又充分暴露出其昏瞶腐败的污点。这样遂启国际帝国主义侵略的野心，挟其经济上，军事上的一切暴力，恣意的向我国侵略，我国自雅片战后八十年间，国际帝国主义先后攫夺我国藩属，割地赔款，订立种种不平等条约，得寸进尺，剥皮吸血，有加无已；不特此也，屠杀我同胞，所演惨剧指不胜数。于是全国民众，对于外人，莫不恨之入骨，排外的思想日甚一日；最初义和团首开其端，不过其行动不免幼稚，但的确是中华民族对帝国主义侵略压迫的一种伟大的反抗运动，惜无纪律无计划，终归失败，致为帝国主义所借口，作更进一层的胁迫。八国联军占剧[据]平津以后，强订《辛丑条约》。在此期日本积极伸张于南满，同时暴俄侵略于北满及蒙古，英国更乘机窥向我西藏，瓜分共管的声浪较前益高，我国国际地位一落千丈，中华民族沦于次殖民地，大局岌岌，亡国灭种，大有不可终日之势！

但是帝国主义者内部，却因权利冲突，各不相下，常因我国之利益，而起数国之纠纷(现在有人推测，将来的世界二次大战将由我国而引起)，于是他就不得不标榜“机会均等，利益均沾”的口号，互相监视，来维持他们对华侵略的均势。这样的中国始得以在国际帝国主义磨牙吮瓜的凶焰之下，偷过着苟延残喘的日子，比之朝鲜、印度诸国，似可侥幸于万一者，不过国内的主权，尚不至完全傍落外人之手。可是日本帝国主义，为我国东邻最接近的一国，他因为土地狭小，国富有限，近年生齿日繁，故其对外发展实迫于眉睫，对于我国侵略，为其日夜焦思一刻不忘的。各帝国主义者对于我国虽然是互相监视，然如英、美等国,有时即感有鞭长莫及之慨。日本即一旦有事,朝发可以夕至,且其所用之手段,无所不用其极。民国三年借口对德宣战,进攻我青岛,占据我胶济路,蹂躏我山东东部。民国四年又提出"二十一条",逼迫袁世凯签字,企图层层钳制,吞并我国。十七年,我国民革命军节节北进,日本帝国主义又恐其势力范围为我革命军冲破,竟不惜采用卑劣的强蛮手段,出兵我国山东境地,于五月三日至十一日在济南残杀我军民官吏数千人之众,惨无人道,为世所罕睹!此其荦荦大者,其他如占我琉球,据我台湾,更使我们痛不能言了。故我们认定打倒帝国主义,必须要首先打倒日本帝国主义。所以日本帝国主义的一切政策,我们不能不注意,不能不教我们细心研究。兹就日本帝国主义对朝鲜最近施政之残酷及朝鲜人革命运动之失败□以叙述,一则以使人人知道亡国后之凄惨而有所警惕;一则以供大家参考,准备打倒日本帝国主义而有所应付。

二、为什么日本要侵略朝鲜

日人侵略朝鲜与侵略中国,同是日本维新以来实行大陆政策的传统的、一贯的政策的表现。明白些说,日人侵略朝鲜是侵略中国的第一个步骤,也是谋实现其绝大的野心——大陆政策的第一个步骤。在日人心目中,朝鲜的重要不下于苏伊士运河,新加坡在英国政治上的重要不下巴拿马运河、坛香山之在美国政治上的重要。朝鲜在日本诸岛大陆之间,欲实行其大陆的政策,朝鲜是登岸的一座绝妙的桥梁。釜山之南端及日本本部的极西端只隔一二〇哩,他的北部接连着满蒙和西伯利亚,实居远东之中心位置,日本为贯澈其大陆政策,非先攫取朝鲜到手不可。最初之中日之战,嗣后日俄之战,皆日本感觉着自身之生死关头,举全力而为,即在此也。

日人侵略朝鲜,并不是明治维新以来才有的事。在幕府政治全盛时代,丰臣秀吉于统一内部以后,便领兵数十万侵入朝鲜南部,四年后几有朝鲜全部。不久,丰臣秀吉死,事随中止,日兵才全部退出(一五九八年)。明治维新以来,日本资本主义很快的发展着,自然政治也渐渐强盛起来,在各方面的需要上,大陆政策便应时而生,以后便开始了日本的大发展,同时便发生了朝鲜的外族压迫史。

三、日本侵略朝鲜史

日本侵略朝鲜,可分做三期:从明治维新到中日之战是日本侵略朝鲜的第一期,切断了中国与朝鲜间的关系;从中日之战到日俄之战,是侵略朝鲜的第二期,切断了俄人与朝鲜间的关系;从日俄战后到现在,是日本侵略朝鲜的第三期，吞并了朝鲜。兹简单分述如下。

第一期：在十五六世纪日本浪人即中国所谓之“倭寇”，在中国和朝鲜的沿岸时常扰乱，少至数人，多至数千人。朝鲜历代君主都敢怒而不敢言，然恨日本浪人早已入骨髓了。为消极的抵制，遂持闭关政策，不与交通。明治以来，日本执政者莫不以先得朝鲜为要策。一八七五年便驶兵舰直入江华岛，朝鲜人用合法手段炮击之，但弱国无外交，公理即强权，及至日人遣使责问，便没办法了。结果由日人利诱与强迫竟与日人订了《江华条约》，许日人自由通商，并由日人承认为自主国，这是日人把朝鲜拉出中国的藩属的第一步。日人为寻干涉的口实，便资助朝鲜新党使内乱，并助以兵力谋推倒旧党，但结果日人并没有得到胜利，新党卒败。日人遣使中国请议朝鲜事。结果伊藤博文和李鸿章订《天津条约》，该约载：

> 一、两国屯朝鲜兵各尽撤退。
>
> 二、朝鲜练兵，两国均可派员为教练官。
>
> 三、将来两国如派兵至朝鲜，须互先行文知照。

依此协议，有二点大错误：第一点，中国对朝鲜的主权完全丧失；第二点，朝鲜已成为中日两国共同的保护国矣。无知的清廷又兼李鸿章辈不谙国际法，故有此大错误，这是多么失策的事！而在日本方面却是把朝鲜拉出中国的藩属第二步胜利。

一八九四年朝鲜有东学党之乱，告急于中国，首领雀时亨自号“伟丈夫”，朝鲜不能平。清廷派叶志超率兵赴援，驻牙山县，并照会日本，盖践《天津条约》也。日兵亦抵釜山，乱遂平。中国请日撤兵，日本借口整理朝鲜内政，不肯撤兵，并将朝鲜国王幽禁起来。在事实上，完全是日本向中国挑战，自然这是千载一时的机会。日本乘中国的不备，向中国进攻，结果中国全部海陆军覆没，与日本订立《马关条约》，第一条便是：

> 中国明认朝鲜确为完全独立无缺之自主国家，凡有亏损独立自主体制，即如该国向中国所修贡献典礼等，嗣后完全废绝。

这是日本把朝鲜拉出中国藩属以外的最后胜利。自此以后，中国和朝鲜二千余年的历史关系便告终了。

第二期：和日本同时觊觎朝鲜的更有俄国。俄人之足以阻碍日本的西进不下于中国，在一八九六年的《日俄协定》内，俄国虽然承认了朝鲜是独立国家，但依旧有些靠不住。日本对于俄国处心积虑，两帝国同于一样利益焦点之下钩心斗角已非一日，俄国东下，日本西进，正相冲突。及至一九〇四年日俄大战暴发，俄国大败。一九〇五年订《日俄条约》，俄国承认了朝鲜是日本的保护国，同时将俄国在北满既得之权利完全让给日本。自此以后，日本便成了宰割朝鲜的唯一主人了。

第三期：日本既切断了中俄两国与朝鲜的关系，日本在北方的劲敌已被挫败，他处置朝鲜自然是任所欲为了。故派伊藤博文为朝鲜统监，复以战胜余威，便逼迫亲日党李完用再订《日韩条约》，将日本统监之职权大加扩充，凡朝鲜之行政、立法、司法、三权尽归统监施行，于是朝鲜名存而实亡矣。

韩王苦之，然亦无可如何。但韩人中富于爱国思想者秘密结社，号召志士，以图排除日本之势力，恢复其民族地位，一再奋斗，累遭残杀。虽韩国志士刺杀伊藤博文于哈尔滨稍解日本之压迫，然率以李完用之卖国而不免于灭亡，时在一九一〇年八月订《日韩合并条约》，朝鲜至此遂变成日本属地了。全文共八条，兹录其第一条如下：

韩国皇帝陛下将韩国全部之统治权完全永久让于日本皇帝陛下。

四、日本统治朝鲜的政策

(1)文化侵略。日本自强迫并韩后，第一步专力于消灭韩人固有文化，禁止各学校教授韩国历史及韩文教科书，由朝鲜总督府编印日文教科书，分配于全韩各公私立学校，其内容无非讴歌天皇圣德，忠顺日本政府。至言论、出版、集会、结社，尤在禁止之列；且搜集全韩各地所有关于韩人历史民族性之图画、小说、野史、仪器等等，均移运东京，或就地烧毁，以谋根本断绝韩人历史观念。自一九一九年韩人独立运动以后，为缓和韩人心理起见，特许各学校参用韩文教科书，并稍给以言论、出版、集会、结社之自由。

(2)政治压迫。韩人有四千余年长久之历史，虽一时绝灭被并于日本，而其爱国排日之思想，固非短时间以内所有消灭。韩人拟罗织罪名，一网打尽，以总督府制令，发布所谓违警律、治安维持法、内乱犯条例等许多新法令，严刻取缔韩人复国运动。第一次，借谋杀寺内正毅之罪名，拘捕全韩各地爱国志士尹致昊等一百二十人，用惨无人道之恶刑勒取口供，因不胜苦楚，在狱毙命者数十人；其余分别处刑。第二次，一九一六年因光复团事件，拘捕朴尚镇以下千余人，处绞刑及徒刑者八百余人。第三次，一九一九年三月一日韩人独立运动暴发后，枪毙烧杀男女党员一万零五百余人，检举投狱者五万余人。第四次，一九二六年因共产党阴谋事件，检举全韩青年二千余人，判处徒刑者一千五百余人。第五次，一九二九年十一月因光州学生事件，拘捕处刑或当场枪杀者二千余人。此系日人并韩后二十年间屠杀朝鲜独立党之最著之成绩而世人所公认者。其他创义起兵失败而死难者，或为反抗日人无理榨取而被屠杀者，更指不胜数。因限于篇幅，未能详述。

(3)经济压迫。朝鲜本一农业国民，工商两业原无与日人竞争之能力，故在朝鲜境内，一切大工厂、大生产机关定全为日人掌握，任意榨取韩人血汗。韩人唯一之生活根基在于土地，日人多地狭，虽欲实施其多年经营北进政策，而满蒙一带，气候寒冷，不适于日人生活，故愿移殖者甚少，不得不用递嬗的移民方法，以经济力压迫韩民，驱逐于满蒙，而移殖日人于韩境。此为日人根本断绝韩人乡土观念，安置自己余剩民族之两全政策。其唯一榨取朝鲜民族之东洋拓殖会社、殖产银行、朝鲜银行，操纵全韩金融，以土地作押品，贷与低利资金于韩人后，征苛捐杂税或用其他奸策，使债务者非破不可，而没收其土地，故韩人之土地归日人所有者已占七八成。一方又奖励韩人移殖满蒙，以遂其以邻为壑侵占韩土之野心。最近日本更变本加厉，自去年光州事件及全韩学生反日运动以来，日人对于朝鲜之政策已弃政治上之抚摩手段及教育上之同化，而专注重于掌握韩人命脉之经济，此日本殖民政策之一大转机也。据上月《世界新闻》电："总督府统治下韩人之负担，年有增加，本年谷价暴□，农民不堪担负之苦，于是弃其田地，于夜中逃走者，日有所闻。在此状态之下，总督府竟通过增税案，并专设'空地税''庭园地税''麻雀税'，及私设墓地税等种种苛税；一般地主则增收佃租转嫁其担负于佃农身上。朝鲜去年五谷收成，均称大丰，而米价暴落，一担米之价最高不过四五元，佃户地主之收入均入不敷出，形成奇离之丰年恐慌。"我们由这一段中，其日本之毒辣可谓至极：希冀在最近期内将韩人一网打尽！即不屠杀，亦被逐于海外。

(4)日人移韩、韩人移满的政策。韩人移殖东北远在一七八五年即开始了。一八六九年，因韩国西部发生大饥，居民感受生活的威迫，韩人移殖东北人数虽有一批增加，不过客食性质，无政治作用。自日本并韩后，即非昔比。自从民国二年至十四年，东三省即有韩人一百三万人之多，迄今将近二百余万多之韩人。韩人移殖东北，殊为可惊。日本帝国主义谁都晓得是三数小岛合成的，地既贫瘠，且多火山的爆裂，不宜于农作业，所以要供养五千余万的日人，不无捉襟见肘之势。所以日本要想出这种递嬗的方法，一方将韩人移殖东北，借以分散韩人革命的整个力量；一方将本国人民迁移韩境，以便随时监视出国的韩人行动，而制止他们民族革命运动的发展。韩人既移殖东北，不但韩米可输入日本，使日本的人口问题、粮食问题可以解决一部份，而且韩人移殖东北等处开发富源，每年农产余剩也可输入日本内地，使日本的人口问题、粮食问题更可减轻担负。这是日本阴谋的兼收政策，可以说是再不能想这样妙！在表面上看日本人对于朝鲜人移殖东北不仅以朝鲜人移殖东北即算了事，关于精神上、学术上、物质上，都积极的训练、充分的指导和接济。所谓拓殖省的成立，无非为殖民而专设。如果我们从表面上看去日本人有这样的慈悲心——保护韩民，利便韩民，使韩民在东北地位稳固，一定要说日本人对于韩民的功德是很大的不错，日本的确是暂时应该这样去干，可是日本非爱慕韩人，不过利用韩民做满蒙的辟荒牛，而为日人侵略满蒙的先锋队。所以，田中义一上日皇奏章说："然朝鲜民移住东三省之众，可为母国民而开拓满蒙处女地，以便母国国民进取上可借朝鲜民为阶段，而可与中华民联络一切，而利用有日化中华国籍之鲜民，盛为收买满蒙水田地，而另由各地之信用合作，或银行，或东拓会社，或满铁公司，通融彼等有中华籍之朝鲜民，以资金而作我经济侵入之司令塔也。"由此看来，便可证明日本之对韩民移殖满蒙完全为日本侵略满蒙之工具，日本之实施移殖韩民满蒙政策，不仅利用韩民为侵略满蒙之工具，而且戒惧韩民不稳之行动，所以不能施用其调虎离山的方略，灭杀韩国内地独立运动之势力，使韩民永远不能在韩国捣乱。全韩人口不过一千八百五十余万，而韩民移殖满蒙已逾二百余万，若如日本这样奖励韩民移殖满蒙，而韩民不速思有所应付，殊不难将韩民全数移离本国

(5)分化政策。当一九一九年时，欧战甫终，和平会议开于巴黎，民族自决之声浪鼓动全球，韩人于是年三月一日在汉城宣布独立设置临时政府于上海，为持久斗争之准备。日人虽以惨无人道之枪炮屠杀无数量赤手空拳之韩人，而其前仆后继、决死对抗的运动，终使日本帝国主义者发生极大的恐怖。日人狡猾，因此遂变更策略，拟设法分散韩人革命力量，乃暗示不干涉社会运动，而绝对取缔独立运动之意思于一般韩人。于是共产党乘机活动，新起之共产党团体有火曜会、京城青年会、扶风会、ML党等许多名目。各党互相挑拨离间，使各党各派相互龃龉，于是韩国独立运动党果受其影响，而共产党之气焰骤高万丈。于一九二六年六月，日人又恐共产党再如果放纵不顾，声势浩大，无可收拾，于是借共产党阴谋暴动罪名，大事检举，将全韩青年四千人，不问共产与不共产，一律处以徒刑。因此独立党与共产党，同受一蹶不振之打击，而日人之分化政策大告成功。

(6)鼓励自治运动。日人虽苦心孤诣的镇压独立运动，而韩人原非浑浑噩噩之野蛮民族，且中国国民革命之成功，与印度、菲律宾之各民族之独立运动，正蓬蓬勃勃，如长此用高压政策制服韩人，终非上策。故欲设法缓和韩人心

理，授意于素所奉养之工具，提倡自治运动，暗中供给费用，以资活动。最近倾向于自治运动者，除少数甘心媚外之奸人外，另有一部主张阶级革命之共产份子参加其中，大肆活动。惟多数韩人看破其御用式之自治运动，虽云成功，而亦不过利用少数鹰犬辈把持一切，其结果得不到丝毫利益。如有名无实之中枢院，名义上是朝鲜人组织的，但内中的分子都是些日帝国主义者的走狗或当地的贵族和财阀，而且招集会议之权是属于总督府的，所以自设立以来，并没有开过一次会议，所谓之"中枢院"竟可谓之为日本帝国主义和朝鲜资本家之勾结之总机关。此为日人利用韩人名为鼓励自治运动，实则以韩人箝治韩人，自相攻击灭杀独立运动之势力。这一种政策，成绩很有可观，而于朝鲜革命前途受莫大之损失。

以上系日人统治朝鲜的大概。其中最毒辣之政策，莫过于经济压迫及日人移韩、韩人移满的政策。如现在日本的国势再延长几十年，而韩人无相当对策，则朝鲜全国土地必为日人所独占，二千万韩民将全被淘汰，流离国外，步犹太人之后尘，而将来光复故土，愈加困难。所以，现在的韩人要二千万人有觉悟，而思有以应付。

五、朝鲜独立运动的经过

(1)独立协会。韩人独立党之组织，始于甲午中日战后。当时先进人士发起组织独立协会，其纲领为改进君主立宪，革新内政，讲修外交。乙未年八月，韩后闵氏被日政府派人暗杀。其时独立协会党员联络各地儒生及乡勇组织义兵，其主旨为母国报仇。举义后全国响应，与日兵交战，屡败屡起，前仆后继，相持三年之久，彼此接触，统计至三千回之多，杀伤日兵至五万人之多。于此观韩人之毅力与勇气、爱国之心切，亦可见一斑。卒以该会受腐败官僚之排斥，终被强迫解散，其党员多遭杀或亡命国外。

(2)新民会。丙申丁酉之交，留美韩党人联络国内外同志，组织新民会，置本部于美洲布哇，以"排除强邻侵略，巩固自主"为纲领，分布同志于中俄两国韩侨所在的地方，注力于教育青年及军事预备，并刊行日报杂志鼓动民气，宣传国情。其力量已有操纵全韩之势。故新民会之目的，完全集中于培养力量，其中虽有安重根之刺杀伊藤博文，李在明之暗杀李完用事件，而皆系局部行动。然在国内之党人，为避免日人注目计，或托身宗教，暗中活动，如天道教、大倧教，为新民会党人潜迹之大本营。其在外党人，或假借实业，秘密结社，如美领之兴士团、上海之同济社等，皆取稳健态度，预备充实力量。不幸于一九一二年在国内重要同志尹致昊等一百二十人被日人全部拘捕，党势顿受打击。

(3)光复团。当一九一六年国内党人一部,联络各地青年,组织光复团,其性质完全为急进,拟便用暴烈手段,破毁一切建设,并暗杀日本天皇以下各重要人物,造成极大的恐怖,激动日人内部之大变乱,使日人自相倾轧,无暇顾韩,可乘机光复故土。不幸事机不密,重要干部党人朴尚镇等数千人同时被捕,几遭一网打尽。

(4)韩国临时政府。一九一六年光复失败后,其多数团员逃亡海外,分布于满洲、上海、俄领沿海州一带,预作第二次的暴动。至一九一八年欧战告终,世界和平将现曙光,国内外独立党各团体联络一致,事前布置妥善,于一九一九年三月一日首先发难于汉城。在外各地之独立党同时响应,为持久斗争计,由国内外各团体选派代表,组织临时政府于上海,为指导革命最高机关。临时政府成立后,即选派代表出席巴黎和会,声明日人强并韩国之经过及韩人绝对主张独立之理由,并在美京华盛顿设置欧美委员会,专任宣传及外交事项;在东三省及俄领海参崴等地,设置军事机关,预备独立战争。当已经组织之部队约有五万余人,开始训练之新兵有八万人,拟于一九二〇年冬间,待鸭绿、图们两江冻冰后,进攻朝鲜西北方面,直捣汉城。无如日帝国主义不顾国际道德,自由进兵,于一九二〇年八月,日兵大举进逼延吉、珲春、长白、宽间[甸]等县。当时独立军总司令金佐镇率领一部约八百余人巡察各地,在和龙二道沟青山里,突遇日军,激战至三昼夜,日兵死伤三千余人;独立军因联络中断,子弹给养不继,不得已退入俄境。其他各部队,或解散,或退入俄境。此系军事上之一时失败,独立党终不因此而退缩,同志之团结与工作之进行绝不因此少挫。而上海之朝鲜临时政府,尚继续负责指导革命工作,派遣人员潜赴各地联络韩人,更较前为努力。

(5)韩国独立党。一九一九年韩国独立党设立临时政府于上海后,苏俄政府遣派俄籍韩人共产党来沪,以扶助韩人独立运动为口实,愿加入合作。而临时政府深信苏俄历次宣言,即许其协同进行。无奈共产党别抱野心,事事把持操纵;不用党团作用,除图谋分化独立党而改组赤党机关。因此,共产党与独立党发生激烈斗争,相持多年,至一九二五年始完全分离,重新纠合纯粹民族主义者组织"韩国独立党"。今将韩国独立党蜕嬗之由来图示如下:

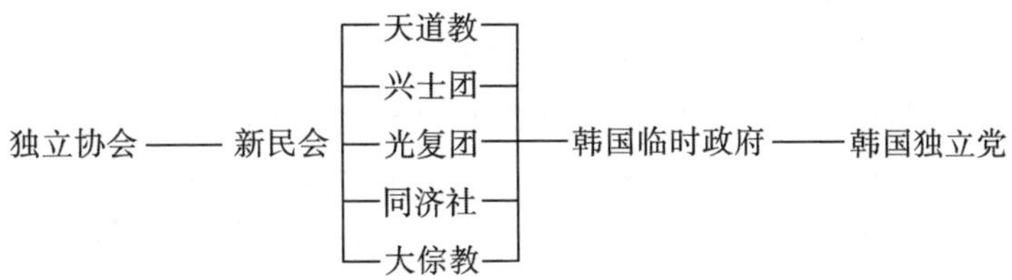

(6)光州学生事件。一九二九年十一月三日全罗南道光州郡日人举行明治纪念节庆祝典礼,有日人中学生侮辱韩女生之事,韩国学生大为愤慨,与日生交涉,大起冲突,彼此互有负伤。日人警察只将韩国学生几人拘捕,反置日生于不问。韩国学生忍无可忍,遂联合各校学生千余人结队出发,举行大示威,高呼"韩国独立万岁"。在此情形之下,当地附近民众亦加入助威。日警到场弹压,发生冲突,彼此死伤百余人。事后日人秘不宣布,汉城韩国学生界微有所闻,派人暗查,始知真象,乃即分途密赴各地公私学校,约定同时举事,援助光州被捕学生。十一月二十九日自汉城为始,全国男女学生一致发动,举行大示威,高呼"韩国独立万岁""扑灭日本帝国主义""释放光州被捕学生,严惩日本学生凶手""世界被压迫民族独立万岁"等口号,革命空气布满全国。朝鲜重要都市数十处工厂公司工人,一齐罢工,援助学生。独立党各团体指导运动。日帝国主义者又不惜使其恶毒手段,封闭多处学校,检举学生,拘捕各团体各工会重要份子,前后被枪杀处徒刑者约计数千人,卒以手无寸铁之韩人终于无结果而屈服于强权之下。

(7)最近韩国革命情形。最近组织之韩国独立党在与共产党分离以后,因为防止共产党混入捣乱,尚未公开,暂在秘密工作之中。其定名为"韩国独立党",取普遍之意思,亦为避免日人之注意。目下临时政府为其表现机关,受党的指导之团体,现有上海韩人侨民团、上海韩人青年同盟、上海韩人少年同盟、上海韩人爱国妇女会、上海韩人女子青年同盟、南京韩侨会、天津韩人侨民团、北平韩族会、东三省韩族总联合会等组织。在中国内地计有韩人三百五十余万,而作实际反日运动革命工作的有五十万之多。其他如美洲等处,现在正是着手组织之中。其在韩国内地的更有许多秘密的组织,更有极严重之韩人反日运动。据上月韩京讯,本年韩国全国经济恐慌加甚,致反日运动之酝酿益形严重,一月以来,农民暴动案竟达二百七十件之多,反对水利组合最为猛烈,三韩各地水利组合均有韩人反对运动,袭击官厅、杀害日人之案时有所闻。于此可见韩人之反日运动之普遍,由智识界而达于农民。又世界新闻社讯,朝鲜最北部地区有由东北方面侵入之韩国独立军出没,夜袭国境,夺去警察所数处,并夺去军器多种。且共产党之赤化运动,亦甚猛烈,去年之加入共产党者颇多,全国殆已陷于恐怖状态。

以上系韩人过去反日运动之组织沿革及最近革命大概情形:每次都能做出壮烈伟大表现,而且一次比一次有组织!可见朝鲜人民族精神是不会消失的,压力愈大,反抗力亦愈力。我们相信朝鲜如能继续不断的这样努力,从过去失败找应付日本的方法,准备充实内部力量,必有打倒日本帝国主义之一日!

六、朝鲜独立运动前途的悲观

朝鲜亡国原因虽多，然各党派之互相仇视，加以亲日派之陷害，不能同心协力的一致团结，为其亡国灭种之一最大原因。我们不谈朝鲜亡国则已，如果谈到朝鲜亡国这回事，尤其是亡国以后尚不取一致行动，各党互相火并，真教我们冷静的血也要奔腾起来！如何的痛恨他们已往各党派怎样缺乏理性，怎样认贼作父！其祸国、其卖身的罪恶滔天了！尤其教人痛心疾首的，是朝鲜亡国以后，迄今已二十年，全韩人尚不能有所觉悟，前事不忘，后事之师，不能根据过去的错误而纠正将来的行动，这教人多么可怜！又多么可恨！我们窥察朝鲜各党，党内分派，派内分系，只有支配欲，而没有独立性；只可做日本的工具，而没有利用日本的能力。良可叹也！

朝鲜地处温带，为一个半岛国，物产丰富，有数千年长久之历史，有三千余万之民族，而结果竟被日本吞并，被日压迫而牺牲者，血流成河，积骨如山，已有千百余万了。哀哉鲜民！宁牺牲千百万人生命于既亡，曾不肯牺牲少数人意见于未亡之先，日处日帝国主义铁蹄之下，尝尽人类不平的苦楚，诚如捷克民族的悲歌：

> 回首当年兮同是自由之身！惟此山河兮吾侪实为主人！痛异族之侵凌兮，铁蹄蹂躏其纷纷：窒我血之呼声兮，拔我祖宗之语根！

亡国之民，不如丧家之狗，是多么的凄惨！百闻不如一见，其痛苦，其强权之惨无人道，的确是非吾人所能意想。朝鲜人并非野蛮民族，尤非浑浑噩噩的民族，在此日人铁蹄呻吟情形之下！自己的独立运动，打倒日本帝国主义是多么须要迫切呢！可是韩各党主张和策略，互相分歧，各自为战，组织既是涣散，势力又复薄弱，所以每次独立运动的时候，都没相当领导的能力因此每次独立运动都是很幼稚而终归失败的。就以现在韩国各党来讲，韩国内地和南满亲日派是很多的，势力也是很大。韩国内地的新干会，虽然在韩国各党较有历史，较有组织，可是被亲日派压迫得一筹莫展，因为亲日派是日本官府的爪牙，所以在外各党，如韩族总联合会、北满韩人青联盟、北平韩族同盟、独立运动者联盟和分布中国南北各地及檀香山、菲律宾等地的韩国独立党回国活动，都是很困难的。有时亲日派还参加各党的活动，而为日本政府的间谍，所以韩国人在外各党领袖或重要份子常常被人暗杀，或给日本政府设计逮捕。至于韩国共产党，他的主张虽以打倒日本帝国主义为对象，可是韩国共产党完全为赤俄收买，而为赤俄赤化远东的工具。韩国共产党最近对于独立各党，挑拨离间，使各党各派互相龃龉，即如韩国共产党之暗杀独立党首领及去年八月间韩国共产党一百八十余人潜在哈绥线海林诏袭击独立党本部事件，这是韩国独立运动进程中最不幸的事！

抑尤有甚者，韩国各党之火并与夫共产党之捣乱，固然是独立运动中最不幸之事件！可是韩民移殖满蒙政策之实施，更为朝鲜独立运动进程中最大之礁石！大好山河，海岸尤多，物富民殷，而天然形势尤具有特殊性，其具有独立自强之资格，无一不可能；乃以韩人竟被日人利用、利诱、强逼、驱逐，做满蒙的辟荒牛，为日人侵略满蒙之先锋队！所以田中义一上日皇奏章说："满蒙到处皆有丰富利源，以安朝鲜移民，因之日移日众……如此之现象为帝国对满蒙之利权不求而可自得，真可为国家造成莫大幸福！……为鲜民统治上显出莫大曙光！"日本之大陆政策是明治天皇整个计划之一，并非起自田中义一，自明治以来，六十余年一贯的政策。由此看来，便可知日本之对移民实施移殖满蒙，积极奖励，完全为日本侵略满蒙之工具。进一步说，不仅为侵略满蒙之工具，而且戒惧韩民不稳之行动，灭杀韩民独立运动的势力，使韩民永远不能在韩国捣乱。现在韩人每年移住满蒙者突飞猛进，已有二百余万了。长此以往，韩民不思有良策对付，韩民恐不难全数飘流国外，到了这个时候，不仅要永远为亡国奴，希图恢复故土恐怕是作梦想了！

七、朝鲜独立运动今后应注意之点

韩国之各党互相火并，与夫韩民移殖满蒙政策之实施，的确是韩国独立运动中前途的悲观。但是我们对于这种悲观，有什么方法可以补救呢？这是韩国各党应该想及的疑问。假使坐守困城，终日吁叹，如不改弦更张，也是终致灭亡之一途，甚且只向各帝国主义奔走求怜，更是缘木求鱼，是不可能的。所以我们希望韩国各党大彻大悟，应当有下列之努力。

(1)努力各党大联合。韩国独立运动可说是风起云涌，再接再厉了。但是多被坏手段所征服，或被亲日派所破坏，而没有相当的成功、相当的功效。所以此时各党应检查过去的工作，要觉悟以前革命势力之薄弱、意志的分歧、精神的涣散，应该及早努力各党的大联合，扩大革命的力量，使革命战线巩固统一，严密内部的组织，防止亲日派之加入，非如此不足以达到独立革命的目的。

(2)反对移殖满蒙政策。韩国独立运动固应扩大革命力量，巩固和统一革命战线，为第一要着。然如果移殖韩人满蒙政策继续进行，也是独立运动前途的悲观，韩民应该一致起来反对。在外的革命同志，应该迅速回国，向国内韩民作普遍的宣传，揭破日本移殖政策的阴谋。这种反对移殖满蒙政策的工作应该急速进行，不容稍缓，即最小限度，今后之韩民一人也不再移往国外。因为韩人移殖满蒙政策以韩民为日本侵略满蒙工具，可是满蒙为中国土地，日本侵略满蒙虽是野心勃勃，中国早已认识清楚，将来总可打倒日本的侵略政策，其结果韩民最受损失。韩民之在满蒙愈多，则韩民变为亡国奴的数目亦愈多；韩民之在满蒙最高限度也不过取得归化中国的地位，而为犹太人之第二而已。所以朝鲜今日之反对移殖满蒙政策，实为韩民革命工作中最切要、迫不容缓的。

(3)共产党应放弃赤化工作，采取三民主义。韩国与中国本有数千年不相分离之历史，同处于帝国主义铁蹄之下，而且国内一切情形与中国有同样的病态，只是患穷而不患不均。马克司的共产主义，的确是现代的梦想。韩国共产党不以理智观察实际情况，其目的做赤俄赤化的远东工具，必难得到国际间的同情。此种离去事实而注重理论的赤化工作，我们不能称之为革命工作，只可称之为感情冲动，固然在标题上是打倒日本帝国主义为目的，可是以这种感情冲动去做独立运动，亿万年恐怕没有成功的可能。韩国共产党应该早日了解赤化工作没有成功的可能，应该迅速的放弃其赤化工作，从事实上的工作，迅速的与各党合作，采取三民主义的主张。韩国革命为什么要采取三民主义的主张呢？我们知道日本自幕府时代日本已有吞并韩国的野心，所以日本在韩国做了不少消灭三韩民族思想的工作。直至现在，独立运动屡次失败，未始非民族思想消沉的原因。韩国有二千余年的历史，专制思想受毒颇深，非以民族主义洗刷不可，不然便没有团结之希望。专制思想既深，奴隶的服从性更是很深，非以民权主义灌输，不足以伸张其团结之伟力。再以韩国经济状况来说，韩国土地面积百分之五十以上已入于日人之手，工业则全为日本人所独占，韩国人之投资工业不过百分之五，其他商业、水产业、矿山、森木等业，更是完全为日本人所独占。所以韩国将来民生问题，至危且急。要解决此种危险，非实行民生主义不可。由是言之，韩国不欲复国则已，如果必须复国，必须先行恢复三韩民族性，团结三韩民族力量，消灭专制的奴隶性，发挥民权思想。欲达此目的，不无二法，惟有采取三民主义的主张为迫切之要图。如果韩国各党果能团结一致，积极的反对移殖满蒙政策，共产党放弃赤化工作，采取三民主义的主张，如此，不仅是合适自己的国情，必且能得到中国实际的援助。我们曾记得韩国青年同盟发表了一篇宣言，具体的表现韩民族运动者要和中国民族联合。那宣言有段说：

……他们——日本帝国——还是张牙舞爪的，猛向着中国这方面跑进来，台湾的强割、旅大的强租、满铁的强筑……在我们看来，任何帝国主义、任何野蛮军队断没有这样专横残暴的行动了。要之，他们今日之对待中国，完全是二十年前对待朝鲜一样的伎俩呵！他们已吸尽了韩国民族的血了，再进一步要大嚼中国的肉啊！革命的青年们：日本帝国主义一日不打倒，中韩两国民族的生命是一日不得保障啊！所以我们中韩革命民族要切实的联合并力打倒野蛮凶横、豺狼一般的日帝国主义，然后韩国的完全独立、中国的革命完成才可以早日实现。中韩革命民众要切实的联合，并力打倒日本帝国主义。

我们从这一段宣言中，更可看出韩国民族自应仿照中国的国民革命，积极的采取三民主义，韩国革命的前途自然能放曙光，成功当可以预卜了。

八、结论

我们上边已经说过日本帝国主义侵略朝鲜即是侵略中国，同时也是实行大陆政策最初的一个步骤，所以在这样情形之下，朝鲜的一切的一切，当然是与我们中国是有连带不可分离的密切关系，唇亡齿寒，不能不教我们惊慌。日本的凶焰，处处足以致我们于死地！最近的日本更是变本加厉的欲生吞我们东北，宇垣继任朝鲜总督以后，发表治韩政策，其专心致志，皆以侵略东北为总目标，实施满鲜统一政策，实在教我们胆战心惊。诚然是与中韩两国有不共戴之仇，就是日本帝国主义！我们可以说有中韩两国的革命，就没有日本帝国主义的存在。然居今日弱肉强食之时代，强权即公理，苟无种种物质力量为后盾，则空言反抗，于事无济。那么我们应当如何？一言以蔽之，惟有充实内部的力量。在韩国革命志士，应念自己民族处于日本铁蹄下之艰危，不宜空谈独立，轻举妄动，务须自蓄实力以十年生聚、十年教训之决心，忍辱负重，应付将来。在我们中国应当首先注意东北延边各地，根据日本所谓“满朝”一贯之布置，多驻军队，以应不测。至日本在东北之“特殊权利”“特殊地位”，我们中国自应坚执东三省为整个中华民国之一部，绝对不容有“特殊”之存在，取断然之主张，速为相机因应之筹划，庶不致临渴掘井，手忙足乱，任日本帝国主义之宰割也。在我们全国国民，自当以时不再来，机不可失，从沉痛的耻辱当中觉悟起，坚忍不拔的团结一致，本先总理昭示我们的“革命尚未成功，同志仍须努力”的大无畏精神，切实的奉行三民主义。以身作则，依照戴季陶先生告诉我们的话，同时也是朝鲜全体人民应该努力实践的，认为金科玉律的。兹将其原词录下，作为本文之结论：

1.做官的人，要服从党义，奉行国家法令，绝不受贿赂，绝不任用私人，刻刻要保持着慎、清、勤的人资，处处要为人民作清勤慎的模范，国家社会的建设才能从举国一致的工作当中确确实实的发展。

2.做军官士兵的人，要彻底树立坚强、沉毅、武勇、仁慈的精神，真正救国救民的志，确确实实地做除暴安良、绥靖地方、扶助建设的工作。

3.教育界的人要认清教育是救国的根本，负教育责任的人是把国家存亡、民族盛衰、社会安危、青年的生死苦乐的责任都挑在自己的肩头上。

4.做学生的，所应该做的报仇雪耻的功夫，就是要训练自己的身心，努力学问，训练身体，修养道德，要把科学、体育、道德三件大事拼命刻苦作去，使今后中国的文化一年好过一年，一代强过一代。

5.作工的人，要晓的振兴产业是国家建设的基础，同时是个人生活的根苗，要雪国耻，必须要刻苦自励，在工作上奋斗去！

6.做农民的，要晓的救国先要从自己的田地救起，要把自己所耕的土地做的十二分的好，把自己的村庄整顿的十二分的好，方可以达到救国的目的。

7.做商人的，个个把良心拿出，把一切虚伪欺诈投机的弊病根本除掉，要拼命求工商业的进步，要把商业的团体组织成欧美文明国家一样。

（原载于《新亚细亚》第3卷第3期，1931年）

朝鲜的妇人运动

绮雨

这篇介绍文依据朝鲜李贞鸣女士的文章作的，原文载日本《女人艺术》本年一月号上。我们这些被压迫的邻邦的妇女，先受儒教之束缚，继受基督教之麻醉，许多情形都与中国一样，所以她们的运动在许多意义上都是值得介绍的。不过原文竟被日本政府削除了二十余行，这是可惜的事。

一、朝鲜妇人之社会的地位

在进行这篇小论之前，先应得将朝鲜妇人之社会的地位来简单地说一说。

上古曾有过以女性为中心的社会，但待这种社会崩溃而移到以男性为中心的社会后，女性之社会的地位便一落千丈，最后女性竟不是一个人而只不过是男性之爱玩物，或者完全地从属于男性了。——换言之，无论在政治上的或经济上的自由都被褫夺了。

朝鲜的妇人也逃不出这个例，她们亦是踏着这个历史的辙迹过来的，现在不过是居于男性之所有物的地位的朝鲜妇人，在上古时也曾有过以她们为中心的社会。

即在三国时代(高句丽、百济、新罗三者分割朝鲜半岛的时代)，还存着女性中心社会之余风。高句丽之当时的风习，便是其证明。在高句丽时，待婚约一成立后，即于婚姻当夕，由新郎到新妇家去，跪于其门外以三呼自己之名。及得了女家之允许时，才能入内结夫妇之缘。这样，在未生小孩之前，新郎皆在女家同居，及到生了小孩以后，才能带着新妇回到本家来。

其后经过三国时代及新罗统一时代而到高丽支配着半岛时，女性之权力便急速地低下，及进了李朝时，女性已经不被承认为一个完全的人了。

李朝是儒教最兴隆的时代，政治、经济、法律、教育等一切都被儒教的教理所粉饰，礼节、仪式亦是全部都依据儒教的。这个儒教的道德和思想，在女子身上益加了残酷的桎梏。在高丽时代，还承认有离婚及再婚的自由，及到李朝，连这个自由都被剥夺了——即此亦可以见得儒教对于所加的桎梏之一般及当时之女性状态了。

“三从之道”及“七去之恶”等这样的拘束的道德律，是当时所盛为唱道的。所谓“三从之道”者，即在家从父，出嫁从夫，夫死从子；“七去之恶”者，即无子去，不孝去，不顺去，淫去，妒去，有恶疾去，近邻不和去（中或有一二不符者）等，凡女子犯有此中之一者，男子即可以自由休之。而且这样的道德律仅是课于女子一面，男子无论犯有如何的罪过，无论有如何的残疾，为其妻者都无离婚的权利。不特离婚，即男子死后，连再嫁亦是不允的。当时的政府以法令来禁止再嫁，对于再嫁的女子，竟制定有不允其子孙登任显职之法规。

因之女子一旦成为寡妇，遂演出悲观自杀之例实亦不少。而儒学者竟把这种自杀的原因，曲解为系女子对于丈夫的思慕之情所生出来的烈妇的行动，而竟夸为是儒教之壮美。但假使女子有再嫁的自由，而且能以自身之力为生活时，想来不会有悲观自杀而被贴上一种烈妇之美名的必要罢。又女子在婚结后自然是无自由，即在处女时代，亦是无选择婚姻的权利，不问其男子为白痴或为残废，皆须随着父亲之指定而嫁之。

这样的事实，自然在贫民中遂生出婚姻买卖的结果。一个女子的价格为五十元、百元、二三百元，既无一定之市价，故完全像商品，互相讲生意以行买卖。又父亲之专横，自然亦成为早婚之弊害的原因。或以十二三岁之少女，嫁与三十或四五十岁之壮年或老人，或以二十余岁之女子而嫁之于十二三岁或八九岁之幼孩。这样的现象，遂使女子过于憎恶而惹起毒杀丈夫的事件。这种毒杀事件，现在的报纸上还时时能见着的。

在朝鲜因男女的不平等，对于女子的社交，自然是绝对地不可能。“男女七岁不同席”，这个儒教之道德的伦理观，照样地移到朝鲜来，故女子的外出是极端可贱的事，即有不得不外出的时候，亦须从头至腰用“长衣”来掩着，这是恐怕被人看见的原故（不过这个陋习现已革去了）。

在这样的状态之下，女子教育自然是不曾行过。女子如果多少学得一些国文（指朝鲜文字，因朝鲜从前是行的汉文教育），亦是被认为不当的。现在朝鲜的女子教育，虽已渐被认为正当而且已经渐渐地在施行着，但决不能说因此女性之社会的地位遂增加了。今日从外观上说来，或者可以说是女子的地位比较前日稍为增高了。但这始终是皮相的观察，一般女性的人格在全朝鲜国内还是未被承认的。

“女子只有顺从”——这个律言，只要是一个男子（除开社会主义者），不问其受过教育与否，都知道向着女子说。一般的男子都异常的跋扈，女子则蛰居于家庭内，只不过是一个炊饭缝衣、养育子女的奴隶。如果女子一说什么，则男子的回答总是："女子懂得什么！女子是'在内不言外'的。"在这样状态下的朝鲜女子，不惟说不上经济的自由、经济权等，即她们亦因为受了长久的压迫及奴视的原故，遂亦只认为这乃是人类的反则律而甘于没视自身的人格和能力了。

但是时间的转换，终于使朝鲜的可怜的女性亦有光明照来，新的世界渐在她们的眼前展开出来了。

二、女性运动之前期

既如前述，朝鲜的女性完全是处于监禁似的生活而与世间无交涉的。正在这样的状态时，以女子教育为目的的女学校，遂由基督教徒之手创办出来。这个女学校的出现，对于冥顽的男子确是一个铁槌，对于无力的柔顺的女子是一个警钟。

然基督教之女子教育的机能，果是给了·种力量与一种决心与朝鲜的女子么？绝对不是的！基督教的女子教育，乃是专为宣传基督教，以图在女性中去增加他们的教徒，为诱出女性教徒计，对于充当其任的女子，不得不施以教育。简言之，他们一面作宗教的宣传，一面是要巩固其宗教上的答礼的。基督教之对于男子的教育机关之目的既是如此，其对于女子的教育，自然亦是不能相异的。

那么，基督教之女子教育是如何的东西呢？这只要看"夏娃系割取亚当的肋骨来造成的"这样的教义来看，即可知基督教亦不曾把女子看为是一个独立的人。立脚于这样的男女观及人生观上的女子教育，当然不能使朝鲜的女子起来作自身的解放运动，而且也不能使他们想起来作。不特此也，受过基督教之麻醉教育的女性们，反把这样的解放运动视为不当的行为，视为女子的罪恶。所以基督教的教育之结果，不过使女子认识了一点文字；对于男女之不平等，不特不曾解放一点，而反使之正当化、合理化起来了。

可是，基督教在朝鲜施设女子教育的先鞭曾给了一大刺激与当时的朝鲜社会的事实，是我们不能否认的。因为从此以来，非基督教徒之间亦开始了女子学校的设立，这虽说是时代之进展有以使然，但总之基督教确是先作了女子教育的模范的。现在朝鲜的女子教育，亦得了相当的普及，从前的柔弱的女性们，现在亦从幽闭的闺房走到街头来了。一九一九年，女性之三一运动（此乃指三月一日朝鲜全国的革命运动）之参加，不能不说是在朝鲜的历史上划了一个新时期的事件。

这样“不言外”的笼中鸟们，竟与男子们互相携手而参加到大众的解放运动，不能不说是她们的觉醒，而暗示将来女性自身之完全解放的事情。在这一次的运动，她们竟流了可贵的血。这样为解放运动的血，是朝鲜数千年的历史上所不曾见过的，亦可说是成了女子们的生命力。因为她们在这次的运动中竟组织了一个政治的团体，名“爱国妇人会”，为这个会的女会员们在运动的全面的进行上或作募捐的运动，或计划运动的进行，对于当时的贡献颇不少。这个会虽是马上就被解散了，但确是证明无知无力的朝鲜女性竟觉醒到政治上来了。

不过，这个运动的参加虽是证明了从来受着非人的待遇之弱女子们向前进化了一步，但决不能马上说这便是她们的真正的解放运动或斗争，因为当时她们所作的这个政治运动，仍然是与男子们一样，是由小有产者的妇女、宗教信徒、教育家、女学生等乌合来作的。所以如果停止于这样的运动而不更向前进一步时，并无何等的意思。自然有闲阶级的女性、中间层的女性们是不会更进一步的，但是无产女性们呢？历史的事实、环境的现实，都是不允许她们停止在这样的运动的界线上的。

所以，她们活动起来了。她们不断地向前突进！

三、女性运动之成长

一九一九之三一运动，是朝鲜民众向着帝国主义的城壁进攻的最大的跃进，同时也是朝鲜民众从死灭中更生的表象。但这个运动的结果怎样呢？这终于马上被日本帝国主义的军警镇压下去，在此，朝鲜民众才觉悟了殖民地之征服是由资本主义而来，于是他们渐次把运动的方向转换了。

在这样的影响之下，朝鲜的女性运动亦开始转换其方向。她们知道女性的真正的解放，只有在全被压迫民众解放之日才能达到。她们觉醒了女性运动不应独立地举行，这只有在全被压迫民众之解放运动上完成其一翼的任务时才能获得意义。所以，她们终于手携手地投身到社会运动中去了。

但是，参加到社会运动中的女性还不曾见着有完善的女性团体。及到一九二四年春，在京城才有贞详琡、朴元熙、郑钟鸣等诸女士发起了一个“朝鲜女性同友会”。这个会的构成会员极为复杂，全部都不是有彻底的意识参加进去的。有的是抱着受了三一运动所震荡了的心思和漠然的政治行动的观念而参加的，有的则更以为这是女性团体的缘故，为维持其“新女性”的面目即完全为社交的意思而参加的，即在发起人中亦有不少这样的女子。所以她们终于落后了，有的完全成了家庭人，有的则去求有钱人的爱，这可以说是当然的结果。

这样，“朝鲜女性同友会”的纲领虽说是抽象的，行动虽说是微温的，总之算是她们又前进了一步，女性革命的旗帜在朝鲜半岛上，亦渐鲜明地飘摇起来了。

但是女性运动到了此时，竟发生了一个沉痛的现象，就是她们亦被卷入于社会运动的党派斗争中去了。这种党派斗争于一九二四年由劳农总同盟及青年总同盟之成立而稍为缓和，但到两总同盟成立过后，这种暗争则愈见深刻、愈见猛烈，而且暗争之原因亦非出自主义上及政策上之不同。当时女性运动者之卷入于派争的原因，亦同样地非出自主义政策之不同，实由于情感关系而来。换言之，她们并不解剖批判当时之派争而徒趋于情感关系，即甲派之妻女或相亲的女性便加到甲派去，乙派之妻女或相亲的女性则又加入于乙派。这样的派争，对于女性团体发生了如何的结果呢？这自然只有分裂。

因此，火曜会派的青年女性们便于“朝鲜女性同友会”之外另组织了一个“中央女子青年同盟”，京城派（火曜会派与京城派算是当时派争之两大阵营）之女性们则又组织了一个“京城女子青年会”来与前者相对立。（其后朝鲜女性同友会把属于京城派之委员除了名而完全成了火曜会派之团体。）这种无意义的斗争不特限于京城一地，即乡下的女性团体亦分裂为如上的两派，而使女性的派争达于全国了。及到一九二七年朝鲜的社会运动之派争起了分解作用，派争之作用渐次向下时，女性运动之派争才稍为缓和。

不过在这样的纷争状态之下，女性运动之质、量两方面都又前进了一步的事实，是我们所不能看过的。她们有些参加了“朝鲜工党”，有些则奔到苏俄去留学，有些则在各该地方中去作热烈的运动。

在此，还须得说明的，即朝鲜的妇女运动还不过是知识阶级的女性运动。现在朝鲜的职业妇人及在各种工场中劳动的女工虽大为增加，而这些女工们虽亦时有罢工之行为，但她们大概都是无确定的鲜明的意识的。将来她们想必有一次新的跃进，总之现在还不曾脱离以智识阶级妇女为中心的领域。

四、朝鲜妇女运动的现状

一九二七年秋，朝鲜的妇女复组织了一个“槿友会”。槿友会是与新干会在同样的目的下结成的，所以其组成分子是网罗了各阶层的女性。其结成的动机，是在使朝鲜的全民众的蹶起及对于帝国主义的一致的反抗，但此会结成后的事实，则完全不曾达到这个目的。以知识阶级妇女为中心而集合了贵妇人、小姐及其他杂然的女性群的这个团体，亦可说是当然的。

在槿友会内虽亦有相当的社会主义女子，但她们都无独特的主张，纵然有一些主张，亦是与宗教信徒的女性及纯民族主义的女性是不相融合的。那末，这些女性社会主义者对于槿友会的态度及行动解释等是如何呢？

她们以为与其拿槿友会来作政治斗争，宁以从事于朝鲜女性大众之启蒙运动为其主眼。从一般看来，朝鲜女子的文化水平极低，又不曾自觉过来；在这样的时期，若骤然从事于急激的政治的斗争，亦是不能收得多大的效果的。

她们主张在这个时期中应当加紧致力于启蒙运动，政治运动是应当渐进的。如果在这时即以社会主义的斗争手段来提起民族的政治斗争，则槿友会不特要起分裂，而亦是现在朝鲜的客观情势所不许的。在此，朝鲜女子社会主义者们竟疏外了自身的运动而全部集中眼目于槿友会的运动去了。这个错误是与新干会在社会运动上所犯之错误是一样的。在这样状态之下，必然地有对抗运动起来了。

一九二八年春，在东京的槿友会支部竟有梁凤顺、金橳实等女性，与木浦的槿友会支部之高连宇、韩国惠等提携起来，对于槿友会本部(槿友会本部之中央委员中有多数的女子社会主义者，如郑铸鸣、许贞琡、丁七星及其他等)要求了一个反省。但木浦支部内仍然内包得有民族主义女性及社会主义女性的关系上，所以木浦支部本身内便先起了纷争。我们为简便计，以后即称属于中央委员派之社会主义女性为右翼，其反对者为左翼罢。于是，右翼派便起来抑制木浦支会内的左翼而拥护自派的系统，左翼亦起来称右翼为反主义之社会民主主义者而加以猛烈的反对。

这样，槿友会运动算是灭杀了社会主义女性运动的意识，而槿友会运动团体亦不曾见有如何可注目的进展，这可算是证明了无斗争之处则无局面的展开，无斗争之时则无良好的收获了。

依据上述来，想来读者已经明白朝鲜的妇女运动之现状了。但在此应得说明的，就是读者绝不要因此遂断定朝鲜之女性运动是处于濒死状态的了。经过几世纪的抑压的朝鲜妇女，她们已经踏入了解放运动的舞台，而且在这多年间的运动中，她们备尝了许多经验，经过了许多洗练，现在已经筑起了不可动摇的土台了。

又，日本的资本主义不断地把许多的朝鲜女性从家庭中引出来，投到工场中去了。这些被投入于工场中的妇女们，已经渐知道了资本主义社会的构造，她们已经渐知道了要得自身的真正的解放，只有向着这个社会作斗争。近来朝鲜女工间之猛烈地不断地罢工，便是说明这回事。

朝鲜的妇女解放运动，在已经开拓了的阵地上，复加上了这些新觉醒的而且具有伟大的力量的要素，不久是定将有一个大的波纹卷起来的。

［原载于《妇女杂志》(上海)第17卷第4期，1931年］

日人治下的高丽

[国籍不详]H. T. Nobld
王志斌 译

高丽现正经过一极困难的经济变迁时期。国内的领袖对于本国的前途，除了变成一外国的经济奴隶外，几乎一筹莫展，表示大大的失望。造成这种现象的主因，并不是高丽的政府，而是现代经济界的各项问题。

在高丽的乡村之间，东方的习俗仍然存在。男子戴高帽，女人穿短衣，露着胸部，在各处却可看见。但是在城市中，特别是京都汉城，服装的改良很显明的是受了西方的影响。各街道上也可看出现代的改变。牛、汽车、人力车与脚踏车，皆可同时在街上看见。在今日的高丽，有汽车的人仍然是被视为很有资产的。在汉城大街的两侧，都竖立着现代式的大办公处与商店，虽然在较多数高丽人住的地方是不尽如此的。

自经过一九一九年的消极革命运动，斋藤(Saito)被任为高丽的总督以后，日人之治高丽全用一种残忍武力的政策。自从那时起，日人便将总督一职交与文人，并将武权由总督手中取去，例如此次委任斋藤男爵为总督，便是一个显例。斋藤是一个很有干才、易与人接近的政治家。因为他很想为高丽人谋幸福，所以他任这职时也很有成效。其他各上级官员也调动不少，大概都用总督一类的文人。但是高丽人仍然反对，因为换了文人之外，日人的政策却不见有什么改变。他们指出日人对高丽的目的，与一九一〇年仍是一样。基本法律未尝变更。总督有专制的权力，可任意成立何种规则，不受他方的约束，只等到下次日本国会开会；倘使在这个国会内通不过，而暂时已行过的政策亦不能推翻。

在高丽有三种的官吏：(一)由日本天皇自己任命的官吏，如总督与副总督；(二)由日本政府派出而经天皇认可的官吏；(三)由当地任命的官吏。按第三种这种官吏，差不多占全数官吏百分之九十。在日人所行分部办事制度之下，第三种官吏每日所做的，都是公事房中的琐事；而第二种官吏的工作，大部是签定那些已缮就了的重要公文。普通的高丽人大都是借着他们而与高丽政府有来往,而日本对于高丽人的政策,亦是由这一般官吏实施出来的。虽然斋藤男爵的政策是比较的和缓些,然而这还是不能使他以下的官吏亦是如此。他们时常为了些琐屑事情,使高丽人不能不抱着国家主义与仇日的观念。现在的高丽政府对于这事,已在设法改善。对于较小的官职,多用高丽人。不过就大体而论,日人对于运输、交通、卫生、造林、经济状况,与公债担保等等事项,所有改良与协助的地方亦颇不少。

按照历史的习惯,读书人在高丽是很被人尊敬的。在今日各公立与私立学校中,都是充满了许多抱着很大欲望的学生。由习惯方面看来,普通的学生仍以为读书是不能与劳工混为一谈的。

他希望在高级中学或大学毕业以后,只做文人所做的事。其是他所读的是农科,而他所希望的却是做一农业教员。若是他研究那一专科,而他日后亦盼望做那专科的教员。这种情形有一半是因为政府特别提高教员的地位,而使真有才学的人从事于教育。然而另一半则由于中学与大学的毕业生,欲借教育事业而引起人的尊敬。现代的青年高丽人,若要救他们的祖国脱离经济的危险,必须除去那种文人思想。除了用脑子以外,同时也要用他们的手。幸而在最近的三年内,高丽的青年已摆脱了旧日的习惯,而从事于生产的劳工,同时尊视劳工的人们也已加增不少。

现时的高丽已沉沦在经济不可救济的状态之中,恐非一时代的时间所能救济的。在一千七百万的人口之中,倒有百分之八十是从事于各种农业的。自欧战以后,制造工业逐渐加增,只是直到今日,在全国各种出品总数之中,农业品仍占百分之八十。高丽人的生活是全靠农业与农夫的。所以农业的问题,关系当然是很重要,而且也成为一国的问题了。

高丽最大的问题,便是出售田地了。关于这事,高丽人与日本人都不能辞其咎,虽然日本人因处于政府的地位,可使这事减去不少。但若是高丽人的经济眼光放大些,也不至于随便的将田地卖去了。依照旧式随随便便做生意的方法,这卖去田地的事还不是很多。但是日本放债的与高丽的助手,他们都是现代的商人,借一文是要还一文的,并且是要加上利息的。照法律认可的利息,最高是二分至三分,视借款之大小而定。但是有很多的借款是由五分至六分的利息借来的。普通的方法是在借款时将利息扣下,如此放债的不至受损失。若是借款的提出须照法定的利息,法庭一定是照准的,但是对于一般放大利的债主,并不以责罚,且只有极少数的商人情愿为这些事到法庭去的。因为一旦到过法庭,这人的信用便因之而低下不少。政府对于这事是取一种忍心不管的态度。

为要对日本人有公平的批评，我们也当指出高丽人所以到放债的人手中借而不到银行去借的缘故，就是因为他们自身没有相当的抵押品，以应合银行的条件。

自从高丽被并以后，有很多的良田都转到日人手中去了。据一九二五年可靠的统计，在全国可用作农业之地，有百分之十五是属于日本个人与政府的，其中尤以属于个人的居多数。这数目并不包含已抵押的田地，而此类抵押的大多数，亦是属于日人管理之下。自一九二五年以来，高丽人出卖田地的运动进行甚力，但无相当的统计，可供我们参考。在高丽南部这种运动是特别的有力，大概是因为那边土地肥美与天气温和的缘故。凡是可供农业之用的地，往往也是产米最丰富的区域，内中百分之六十是属于日本人的，他们大都是地主而不是种地的。这样，高丽人就很快地变为无田产或是租地的阶级。这件事是高丽的智识阶级所特别注意的。

凡已经开垦的田地中仅有四分之一是产米的，百分之四十五是由地主垦植的，而地主之数仅占全数农民百分之五十三。平均起来，每家可有地五亩。其余百分之五十四.五，内有全数出米田地约三分之二，是仅属于全农民数百分之四弱。高丽所有的地，几乎是全由租户代种的，平均每家三亩，内有一亩米田。照普通的办法，租户每年与地主平分田地的出产。租户不仅只出力，亦须出种子与肥料，并须付地税。一九二八年那一年，公认为歉收的年份，只有百分之三十自种田地的地主稍有利息，其余的仅够开支。在短期租户方面，总计有百分之九十五是欠债的；至于长期租户，约有百分之九十六是欠债的。在这两种农民中间，至少有百分之八十除了那年的债以外，以前并欠着很大的债。在这些债上，他们每年所付的利息，每年自一分二至四分八或更多些。

在一九二九年六月，高丽的国外贸易共四百五十万，而进口已占有四百万，这数目与平常相差不远。除了由外国教会汇来的款与私运少许的金子出口外，高丽差不多无他法以抬高它的出口贸易以与进口相等。换一句话说，高丽不仅是一个负债的国，并且她的债额的加增，其速度也真可惊人。但是日人却每年投大宗资本于高丽，这样更是在无望之中增加了高丽人的债额。高丽的农民，是想采用现代的生活程度。以前从未听过的日用品，现在成为必需品了。然而在种田方面，他们所种的仍旧是祖传下的田，且仍旧用祖传下的方法。

高丽政府与人民都有他们的方案以谋改良这种情形，虽然彼此的根本目的略有不同。日人自并吞高丽后，已由政府设立农业试验所，里面的设备皆很完备，也有相当人材。不过在改良农业方法上，却只有很少的成效，因为高丽的人民是始终不信任日本的官员与会社的。

日本政府最大的农业计划，就是用大规模的灌溉设计以增加高丽的生产额。今日的日本，除由高丽进米以外，不得不每年由外洋进米一千五百万竫。为求减少外洋的米进口。在日本帝国境内，高丽自然是产米最相当的地方。现在政府已预备筹一万五千万余金元，以备灌溉与改良高丽的米田。这种计划已实行了三年，且有很多的地方已被改良了，很多的早[旱]田亦已购进为产米之用。如经过长时期的设施，这种设计自然是有利于高丽的。不过现在对于农民的影响，倒是很可悲惨的。

大多数的农民，每年虽如此劳碌，却得不到一点利息，甚至内中有很多人的进款，不能与开支相抵。当灌溉的方法在某地改良以后，那地的地税也就立刻加高了，虽然大多数的农民不能付那加高的税。若是让农民照旧额付税，只等到农人由改良的方法中赚得利息后，农人与日本人双方皆可获利。但是逼着要付重些的地税，农人只好抵押，或卖他们的田地与用具，而成为日本私人或公司的租户。在他们方面如有大资本，自然可以等候较大的收成。在日本帝国方面，米的加增自然是与他们有利益的。不过，这种设计进步一日，则高丽的农民就要将他们的田地更快的卖出了。

高丽的领袖，对于本国同胞的无望的前途，抱着非常的悲观。有一部分的人，希望将来能发起一大教育与组织运动，以备在高丽设立合作社会。现在已经成立的，有二百处的借贷所。凡是所员，皆可在内借款，利息比较在私人处借款低的多。有几处大的地方，已经成立生产合作社，特别是经售米与其副产及鸡蛋等，不过这种运动的规模还是很小。若是合作运动在高丽能发达，能有成效，高丽可变为亚洲最繁盛区之一。若是这种运动不幸而失败了，则不但高丽人民的前途毫无希望，而日本政府也须时常要预防着这般已失去经济担保的无产人民的革命运动了。

（原载于《青年进步》第 139 册，1931 年）

朝鲜民族的独立运动

邵霖生

（一）朝鲜的被邻国所觊觎

朝鲜位在中国、俄国和日本的中间。全境的面积，共一万四千三百一十二方里。人口的总数，据大正十四年十二月末的统计，共有一千八百五十四万三千三百二十六人。它的人种很是复杂，除外来的如汉、日本、靺鞨、契丹、女真、蒙古等族外，有夫余、高丽、东沃沮、濊、挹娄、韩、倭等原有的民族。它立国是很古，有四千余年的历史。它本是一个独立的国家，土地、人民、政治都全备，虽然曾经受过中国的征服，但是后来仍旧独立了；可惜在最近的二十一年前，已被日本所并吞了。不过要知道，朝鲜的民族难道是永远只配做日本民族的奴隶吗？不！决不！它早已在和日帝国主义挣扎而谋独立了！

朝鲜的出产，很是富饶，如动物，不下五百余种；植物方面，产米甚丰，青郁数十里之森林亦很多，其他种种果树，竟为日本国内所不及；至于矿产，则更特别著名，如金、银、铜、铁、铅、石炭、煤、云母、花冈石、大理石……等，均特别的多。因为它的出产这样的丰富，所以因此就被邻国所觊觎了。

日本是侵略朝鲜的第一个努力者，它感到国内富源异常缺乏，工业上所最不可缺的煤，军备上所绝对必需的铁，在日本境内的产量是极少，同时在日本海对岸的朝鲜却有极丰富的煤和铁存着，所以它就用种种的方法来侵略足以供给它需要的朝鲜了。其次，要侵略朝鲜的就是俄国，俄国为什么要远远的来侵略朝鲜呢？是为人口吗？是为土地吗？人口和土地，在俄国早已充分而且有余了！它来侵略的目的，完全是在朝鲜的矿物和黄金之沙以及铁矿和煤层等等，于是俄国就用了劳动者的形态，送了无数军队到了朝鲜，谋扩张它在朝鲜的势力。至于我们中国，也因为朝鲜人民是我国周代箕子的后裔（史纪载：武王既克殷，乃封箕子于朝鲜），与我们中国人民有血统的关系，也不肯完全放弃。因此，一个国体健全的朝鲜，竟变成了日俄中三国的角逐物了。

日本为了地狭人众的缘故，推广它地盘的心最切；俄国和中国，都是地大物博，不必急急的求之于外，所以最初开始向朝鲜侵略的便是日本。在一八八五年四月，伊藤博文和李鸿章在天津开谈判，决定中国不得私自侵略朝鲜的主权。等到一八九四年中日相战，日本得了胜利之后，就强迫中国确认朝鲜为完全无缺的独立国，从此朝鲜的一切，中国绝对的不能加以干涉了。一九〇四年三月，俄国嫉妒日本在朝鲜独得权利，就戴起了“为谋东洋和平”的假面具，兴起了自称“正义之师”，日俄之战就此开始了，但是结果俄国大败，从此朝鲜的一切，俄国再也不能染以侵略之指了。中俄二国受了淘汰之后，朝鲜几乎是成了日本的专利物了。

（二）朝鲜的被日本所吞并

日本一战胜中国，再战克俄国，从此一个小小的岛国竟名震世界了。它于侵略朝鲜的事，也就乘机而大加扩张！

日本侵略朝鲜的第一步工作，就是利用资本家到朝鲜去投资，先开公司在朝鲜境内建筑铁路，又在各大都市设立银行，此外又在各处造路筑港，建铁桥，治水利，伐森林，直到后来，连传通消息的邮政和电报，也被日本人接手办理了。其次是日本人在条约上强迫朝鲜聘日本人为顾问，如一八八二年聘日人崛[堀]本礼造为新军教练，一九〇四年聘日人为财政顾问，翌年又聘日人为警务顾问，并将外交权完全交与日本，一九〇六年以日人伊藤博文为统监，又在各部任用日本人，从此日本在朝鲜的行政上有极大的势力了。第三步工作，就是诱通了朝鲜的国贼，如宋秉畯、李完用等一类的人，授他们以爵位，把三千万圆的巨款来赐给他们作酬金，于是他们就竭力的为日本工作了。日本这样的从多方面去侵略朝鲜，到一九一〇年的八月二十九日就大功告成了。但是这一天，同时又成了朝鲜民族的莫大的国耻日！

朝鲜的被日本所吞并，原因虽然是很复杂，但是其中最大的原因，还是在朝鲜民族没有自决的力量，朝鲜的面积和日本本部的面积相等，人口也不算少，出产品反较日本丰富，为什么日本能一跃而为世界的一等强国，而朝鲜只能做日本的征服者呢？唯一的缘故，就是因为日本人能和衷共济的一致对外，而朝鲜人反时常庸人自扰的内乱，所以堕落了。自求多福的日本，它侵略朝鲜的欲望已如愿以偿了；自作孽的朝鲜，已把那自由独立的祖国断送在日帝国主义的掌中了。

日本呀！你努力奋斗的精神固然是很好，但是你去侵略人家，压迫人家，是公理所不容的啊！

朝鲜呀！亡国奴的生活好过吗？试问你为什么要做亡国奴？

（三）朝鲜人民生活的苦况

在日帝国主义辖制下的朝鲜人民，他们的生活，是何等的苦啊！单就劳动者工资讲，他们和日本工人在同一的环境中过生活，而日本工人的工资平均率是三.四六四，朝鲜工人的工资平均率是二.〇九三，其中是多么悬殊啊！这并不是朝鲜工人的工资本来就低，实在是日帝国主义的力量在慢慢的苛待他们，试看他们在最近十年内工资逐渐减低的状况：一九二一年工资的平均率是二.四〇，一九三〇年工资的平均率是一.七二。

物价在一天天的腾贵，而他们工人的工资却一天天的减低，这样，朝鲜人怎样能保持不致没落呢！

据一九二六年的统计，在一年中破产的朝鲜人，达一万零三百三十二户，不下五万余人。这些人为了在本国不能存活，全数都流浪到日本、满洲和西伯里亚。从一九一〇年到最近一九三〇年，朝鲜人流浪在海外之人的总数为四十六万九千二百八十六人。这个大大的数目，使人见了，真是可惊！

据最近的户口调查报告，更加可以窥得朝鲜人民生活的现状：

大地主	六，八五六户
地主	一〇六，一二九户
自耕农	五五三，六七八户
佃农	一，〇七九，五二〇户
极贫者	九七三，七三八户
乞丐	一六二，二〇九户

照上表看来，朝鲜人以代人耕种的佃农数为最多，极贫者亦近一百万户，做乞丐的已到第四位，能有田可耕的农民为数不多，其中能称为大地主的不过仅占到千分之二。朝鲜人民生活的苦况已达到极点了！

（四）朝鲜民族的独立运动

朝鲜民族自从受了日本政治上的管理，饱尝了极不平等的待遇之后，勇敢可贯的独立运动自然而然不绝的蜂起了。为了篇幅的关系，不能一次次都在此叙述，且择其中最重要的两次略述于下。

A.一九一九年三月一日(三一运动)

在这一天,有数万朝鲜人集合在京城城塔公园,高呼“韩国独立万岁!”的口号,宣读如下的独立宣言书:

> 吾等兹宣言我朝鲜为独立国,朝鲜人为自由民。……有民族自存之正权。……今日吾人之责任,但有自己建设,而决不破坏他人也。以良心上严肃之命令,开拓自家之新运命;而决非以旧怨与一时之感情嫉逐排斥。……一切行动,务要尊重秩序;使吾人主张之态度,光明正大,贯彻始终。署名者:孙秉熙等三十三人。

这事的结果,有许多朝鲜人被捕入狱,终归于失败。

于这次独立运动的起因,自然决非偶然,其总原因,就是在于日本的对待朝鲜苛待太甚了。日本禁止朝鲜人集会、结社、出版……等自由,一般朝鲜人无形间好像是被铁链捆绑着不能动弹,再加上经济的侵略——从一年中有五万人破产的事上可见。日本这样的苛待朝鲜人,无怪朝鲜人要反抗它而谋独立了!

这次独立运动的结果虽然是归于失败,但是朝鲜人决不因之而丧志,所以一次次较小的独立运动,跟随着不绝的发生,虽然未能有伟大而具体的成迹,但是在出版不自由的环境里,能创办出《共济》《无产者》《开辟》《学友》等刊物来做独立运动的宣传品,已是大不容易了。

B.一九二九年十月三十日

在这一天,因为光州火车中有许多日本学生欺凌某朝鲜女学生,该女生的小弟大抱不平,向日本学生论理,日本学生大怒,起而殴打,幸亏巡警起而了事。翌日,日本学生向朝鲜学生动武示威,向朝鲜学生乱打,结果朝鲜学生被伤者十余人,被捕者三百余人。光州市民因为事已无可再忍,迫于义愤地出来大示威游行,高呼“释放被捕学生!”“韩国独立万岁!”“打倒日本帝国主义!”等口号,但是终究被日本军队击败,徒然丧了几百朝鲜人的生命罢了。从外表看来,朝鲜人是失败了,其实,朝鲜人在独立运动的事上,已有了特殊的进步!

这次的事发生了以后,在中国的朝鲜侨民,像上海、东三省等地,都起来组织反日同盟会,响应国内同胞的反日独立运动,发表详细的宣言,大白于世界。同时在朝鲜全境内的人民,个个都合口同声地呼着“韩国独立万岁!”,昔日不能团结而致亡国的朝鲜人,现在能一致对外而肯牺牲自己,这岂不是朝鲜人在独立运动的事上进步的例证吗?

（五）关于朝鲜将来的展望

朝鲜是在一九一〇年亡于日本了，它现在连一切的自由权都被剥削。政治上受日本官吏的管理；教育上也受限制——每年纳税超过二百圆的，才有入官立学校肄业的资格；不得私自集会、结社和出版。朝鲜人这样的被压迫，所以都要起来努力独立运动了。可惜多次的独立运动，均遭惨败；但是失败是成功之母，凡一件事情的成功，事前必经多次的失败。所以，今日朝鲜民族独立运动的失败，又何尝不是日后成功的朕兆呢！

"不自由，毋宁死！"是法国革命的口号，今日朝鲜人民在日帝国主义压迫之下，要想谋独立而得自由，也应当和法国革命同志有同样的决心！"与其束手待毙，不如决死一战！"朝鲜人民倘若不向日帝国主义对抗，终必同归于尽！倘若个个人都能抱着决死一战的心来对日本，那末，朝鲜国徽的高扬空际，为期当不在远！

朝鲜将来的展望，完全是操之于现时的朝鲜人手中！假使朝鲜人能始终不屈不挠的继续去为民族自由而奋斗，朝鲜的前途就必光明！反过来说，朝鲜人若不彻底的和日帝国主义决斗，那末朝鲜的独立前途还是暗礁丛生呢！

一九三一，一.一四

本文曾参考下列各书：

《朝鲜并合史》	释尾春芿著
《朝鲜》	黄炎培著
《朝鲜独立运动》	朴殷植著

（原载于《青年进步》第140册，1931年）

朝鲜惨案之前前后后

怀琮

一

日本侵略满洲政策，向以政治、经济相辅而行。其经济方针在前清末叶，仅持商业政策；民初增用工业；及欧战后，遂更注重于农业。盖彼邦感于国内人口过剩之厌迫，食粮缺乏之恐慌，深羡满洲幅员辽阔，土地膏腴，适于大规模之农业，遂蓄意攫为己有；乃先就旅大租借地及满铁附属之区域内，移殖其国内过剩之人口，使为开拓农业之先驱。年前首创“大连农事会社”，由“南满铁路会社”出资五百万元组织之，先在貔子窝、普兰店等处，以高压强制手段，收买民有土地，并于长春、公主岭及熊岳城等处，均设“农业实习所”，养成服田力穑之专门人才，以为就近取材之计。嗣复设“东亚劝业公司”于沈阳，资本金号称二千万元，实收五百万元，在东三省收买土地，约有十二万四千六百七十二町步。实业耕作者，计有水田一千二百九十七町步，旱地六千四百四十町步，其他以日本私人名义或团体名义，在东三省所收买土地数目亦有二百二十五万九千亩之多；至假借华人名义，或用中日合办名义，或用典租借用等名义，所占之土地，尚更仆难数。总之，日本在东三省所收买土地，除关东表州租借地及南满铁路占用地而外，共计十四万町，合我国二百二十五万九千亩之多。

自去年日本创设拓务省，拓相松田源治视察满洲、朝鲜各处回国后即召集拓务恳谈会，汲汲图满蒙政策之统一，尤注重于满洲之农业。故其演说，即谓以拓务之全力，亟谋移民之增加，满洲一隅，诸待开拓，愿与诸君努力奋斗，以启发满洲天然之富源云云。由是即进行其二十年后移民百万于东北之计划，俾打成满鲜一片，而划我东北于其版图内。据去年杪调查日民移居东北腹地数目，为十八万一千二百余人；然此仅为所知之数目，至散在其他各地之日民及鲜民计有二百余万人，其务农者约在一百五六十万人左右。在我国当局，因朝鲜系我数千年来之附属国家，且怜其亡国之惨，故任其来满之人杂居腹地，一视同仁，此因为我方覆帱之宏，岂知适堕日人之计。盖日本在满，既未取得商租权，故利用鲜人，使之散布于满洲全境，并以少数日民为之监督指挥，侵占我农业，窃取我地权，以为交涉内地杂居及商租权之准备。近年来各地华农损失生命资产之案件，已历多起，虽经当局据理交涉，而日人均置之不理，日人处心积虑所在，固不难证明之也。

年前，因日人侵占东省土地而发生纠纷者，计有（一）东亚劝业株式会社，因收买土地，在新民县指挥日警枪杀中国农民；（二）日人飞龙田强占七公台水田，率警击毙会首韩锡奎；（三）日人神原侵占北陵租借农场外之地基，始则侵占官地，继复侵占民田。除此三案外，其他尚难偻指。但其一方面，去岁又在北满沿线修筑炮台七十二座，今岁复于铁岭建筑兵营，并将驻满师团增加至两师团之多，其防御警察亦骤添额数，大连、旅顺间五月中亦相继掘有战壕，如临大敌，但吾人初尚不知其用心所在；乃不转瞬而万宝山案以起，又未旋踵而朝鲜惨案继之，似此情形，蛛丝马迹，诚不能不令人惴惴深惧也。

盖自日俄战争以还，日本对于我东三省及内蒙各地，经营不遗余力，自铁路、矿山以至农工商各业，莫不着着进行。民国四年，用暴力订定“二十一条”，其侵略满蒙之心，路人皆见。关于南满洲及东部内蒙古之条约第二条云：“日本国臣民往南满洲为盖造商工业应用之房厂，或经营农业，得商租其地亩。”所谓“商租地亩”者，即欲占领我土地也。此次朝鲜农民移住万宝山，经营水田，其渊源即出于“二十一条”之计画。而其根据则悉本于最近决定之“新满蒙政策”。往者日本常直接向我东三省移民，但以该地华人之克苦耐劳，日人之移住该地者，辄不能与之竞争，故数年以来未见有若何发展，因即变更计划，即以日人移鲜，而迫鲜人移满，将来更以移满之鲜人移蒙，以移鲜之日人移满，再以本国之人民移鲜。盖欲利用鲜人于无事之秋为日人经营耕种，一旦有事即可作日本人之鹰犬，计固得也。自此政策实行，间岛地方、辽河河畔及松花江边朝鲜人之被迫来营水田事业者，踵趾相接。东省从此多事矣。

二

长春位南北满洲之分界处，乡二三区万宝山及三姓堡一带，地势冲要，接近中东铁路，日人得之，一旦有事，可取米沙子于车站而断绝中东路，是以垂涎该地业非一日。但该处悉系低地，土质瘠瘦，不能耕种，日人以别有用意，遂于今春指使韩人申某等勾结华人郝永德，组织“长农稻田公司”，私订合同，雇韩人五十名佣工种稻，未经地方当局正式允许，即于六月初旬着韩民二百名前往垦田，并在伊通河马哨口地方向北挖掘长三十里、宽一丈五之引水沟。当地农民三百户，以事先未经同意，且属损害主权，而横河筑坝，堵截伊通河水，则上流各地势必发生水灾，为害匪浅，曾表示反对，上呈省政府，派代表向县政府请求制止，并于六月初旬全体来城向市政处请愿。周玉柄处长一面向日本领事交涉，一面电省请示，省令县警察施行驱逐韩民，唯县当局与公安局因某项缘故，未敢施行，以致养疮成患。韩民非但未去，反而愈来愈众，至六月十日，增至四百余名，昼夜挖沟，日领事并派武装日警前往保护韩民工作。农民益为愤激，咸欲自动填沟，并驱逐韩民。我当局恐生意外，仍本和平宗旨，竭力制止，并劝谕农民听候交涉。当此时期，长春满铁地方事务所长大岩等以第三者态度，向中日两方提议：双方派员调查真相，以凭解决。讵日人不依调查书为凭证，仍暗助韩民工作。至六月二十日，水沟挖成，农民益愤，市政处迭向日领事交涉，不下十次，中有因迁延不决，如发生意外，须由日方负责等语；而田代领事只答覆二次，且并无具体解决办法。

六月三十日，筑坝工程又竣，农民以交涉无效，为保全利权计，于七月二日早六时，不约而同者一千余名一齐自动施行填沟工作，七时许，填平五六里。而保护韩民之日警不顾交涉，甘为戎首，竟向我农民开枪射击，农民不甘屈服仍继续工作。此时日警署用汽车载武装日警二十名，连同一日夜潜赴该地之日军十名，于八时许到达，并帮同压迫我农民，农民为自卫计，取自卫枪抵抗，冲突二十余分钟。结果，日警将农民捕去十余名，抢去枪十余支，后经当地公安局劝散农民，日军警亦停止放枪，将农民放回，此二日上午事也。

二日下午，长春日领事召驻长第三十八联队长大岛及中川少将研究向万宝山出兵办法。又关东厅于三日午令驻满铁沿线日警察准备行装，听候集中长春。日侨民则于三日下午三时开全体大会，决定积极研究援助韩民并压迫华农办法，并由韩民组织敢死队，向我农民拼命。又日警署当晨运去帐幕十架、食粮一大车，并在壕沟附近建筑临时驻军草房。视此种种，足见日方不顾国交，横行乡间矣。

三

万宝山案固发端于鲜民强占华农熟田开渠引水，而韩境平壤、汉城、开原、仁川、镇南浦、元山、釜山、新义州、柴足面、安乐、沙里院、宣川、公州、清州、群山、礼里、光州等处之暴行，谓乃起因于万宝山事件之激动，似以华韩两方之冲突为限，而究其内幕，实不止此。若租地开渠之举，固全由日人主动；至华农自动填壕毁堤以后，日警竟实弹射击，并陆续派往军警至五百名以上更可证明。

盖自万宝山案发生以后，日人各报皆大肆虚伪宣传，捏造韩侨被东北官厅压迫之种种情形。四日晨，仁川各日文报忽登万宝山韩农被华农屠杀，东北当局下令驱逐韩侨之讯，大书特书。韩人见之大为惊惶，四日夕，韩人开市民大会，讨论韩侨被迫问题。从来日本当局严禁韩人开会，至于群众大会，尤为严禁，是夕特为允许。无知韩人大为愤激，成群作队，至华人区示威，日警旁观，不加禁止，示威群众至仁川华商会附近，掷石破坏商店前门，与商会内华人开始冲突。韩人遂大举袭击各华商，其势甚猛，日警署派警察巡行于群众游行之左右，韩人知识阶级团体有印发传单劝众勿暴动者，日警则前加阻止。仁川如此，其他各地亦然！其中受害最烈者，厥为平壤。平壤为镇南浦副领事管辖。五日下午八时起发生大袭击、大惨杀、大掠夺、大放火，孩童妇女、被戕者，惨酷情形，无所不至。当其猛烈暴动时，遇华人无论男女老幼，即挥斧劈杀，或用竹竿锐尖刺死，乳儿妊妇之死尤为多数，甚至呱呱堕地亦被劈为两半，或践作肉酱！饮泪就戮，伸颈待刀，含冤九泉，惨伤谁诉！凶恶暴行，古今中外，无以复加！凡属血气之伦，闻之无不发指眦裂，愤激肠断！且交通断绝，消息不通，故如此大肆虐杀，外埠多有未能得其真相者。至华侨商店，除一二家损害略轻外，余均（约五百余家）房屋被毁，货物被劫殆尽，农园房屋大都被焚，生有产物尽归乌有。被击毙之华侨，已知者达百人，但据死者实数，确在二百人以上，而重伤者亦有二百余人，至轻伤者则不计其数，损失数字，无从调查。总而言之，平壤华侨财产实无异全数被毁灭也。

但日人之所以欲先于万宝山引起纠葛，复于韩境激起暴动者，盖自有其目的在也。以韩人散居满蒙者，逾五十万人，华人咸动公愤，将有报复行动；则中国当局既难予保护，而日方亦无从覆庇，恐将酿成重大事变，此等重大事变，即日方之所希望者，彼将借口于中国当局之不能保护，而调兵护侨，以遂其侵略满蒙欲望。不意中国人民已非复义和团时可比，对于韩人，始终悯其为被动者，而并不加以仇视；即对于少数明白事理之日人，亦并不一概皆以仇敌视之。故日本之苦肉计，终于失效也。

由是观之，韩案之发生，而谓非日本国家有意识有系统之指使导演所致耶？善哉！七日日本阁议之决定曰："为谋解决在满鲜诸悬案，除去祸根，将由外务、拓务两省及朝鲜总督府开始交涉，确立此后方针。"日人竟以残暴卑鄙之行为，制造突发之事件，反乃借题发挥，以解决悬案之名，进行继续侵略之实，观彼冠冕堂皇之阁议，如见其肺肝矣！

四

惨案既发，举国民众，悲痛欲狂，迄作者握笔时止，南京、上海、北平、汉口、长沙、镇江、苏州、徐州、无锡、杭州、宁波、绍兴、福州、济南、天津、重庆、沈阳、长春、太原、西安、洛阳、南昌、芜湖、烟台各地，或则通电唤起国人，或则组织反日援侨会为长期的奋斗，各地海外侨民更纷请坚决反日，民气之壮，可见一班。惜乎外交当局不能利用此千载一时之机会，树革命外交之勋业，扶国际地位于平等，徒以弱国无外交为遁词，方避暑避寿之不暇！呜呼，弱国固无外交耶，德国之复兴，其所凭借者谁乎？闻日方且将故意延宕，待我民气稍静后，乘我外交之无能而提出强硬之要求矣，夫复何言！

（原载于《血钟》第 1 期，1931 年）

日并朝鲜记

梁心 编

中日未战之前，我已放弃朝鲜宗主权，大错既成，虽有善者亦莫能为之后；则朝鲜合并于日本，实误于李傅相之开放时，而非误于慈禧后之复古时也。履霜坚冰，此枋国所以贵慎始！

自中日战后缔结《马关条约》，我国便承认朝鲜为独立国；日本在朝鲜之势力，遂骎骎加长，日俄开战之初，即命公使林权助与朝鲜总理大臣李址镕缔结日韩议定书，旋缔日韩协约，迫朝鲜承认为日本所保护；其后至光绪三十一年（一千九百零五年），与英订同盟新协约，与俄订媾和协约，均规定日本对于朝鲜，有政事、军事、经济之卓绝利益，且有指导监督保护之处分权利。翌年，乘胜俄余威，特派伊藤博文为敕使，赴朝鲜与外务大臣朴斋纯协议，缔结扩张保护权之日韩新协约，其要如次：

一、今后朝鲜对于外国之关系事务，由日本国外务省监理指导之；在外国之朝鲜居民及利益，由日本派出公使与领事保护之。

二、日本政府代行朝鲜现在与他国所订有诸条约，自后朝鲜政府不经日本政府之手，不得与他国订何等国际条约及契约。

三、日本政府置统监一员于朝鲜京城，专管理外交事务，有亲谒朝鲜皇帝权利。又日本政府于朝鲜开港场与日本政府所认为必要之地方，得置理事官，执行从来日本领事之职务，悉受统监指挥。

四、日韩两国间现存诸条约及契约，限于与本条约不相抵触者，继续有效力。

五、日本政府确保朝鲜皇室之安宁与其尊严。

尔后日本遂改设统监府，委伊藤博文为统监，公布统监府理事厅官制。该官制规定："统监除管理朝鲜外交事务外，得干涉朝鲜之一切施政，又得命驻朝鲜司令官使用兵力，理事官除执行从来之领事职务外，得干涉朝鲜各地方之一切施政，又得命驻在该地司令官使用兵力。”盖即以一统监府与数理事厅，而制全朝鲜政治之死命也！

自后朝鲜一切政治，遂无不受伊藤干涉，朝鲜苦之；爱国志士，愤国权旁落于外人之手，结党图恢复，然日本陆军大将长谷川好道以重兵驻扎京城，警务严密，凡结社集会，悉行禁止，所谋卒无所展。翌年六月，朝鲜皇乃遣密使李俊、李相卨、李玮钟三人，赴海牙和平会，诉日本之暴虐，以期脱离其保护关系，为海牙和平会所拒，日本闻之，以朝鲜违反条约为辞，意含侮辱，即遣林董渡朝鲜与统监协商对朝策。于是伊藤秘密运动朝鲜大臣李完用、宋秉畯与朝鲜一进会等政党，迫朝皇让位于皇太子李坧，而伊藤更乘势逼李完用扩张保护权，缔结日韩新协约时，光绪三十三年六年事也。（即日明治四十年七月二十四日）其条文如左：

一、朝鲜政府关于施政之改良，受统监之指导。

二、朝鲜政府制定法令与重要行政处分，须预经统监之承认。

三、朝鲜之司法事务，须与普通行政事务区别之。

四、朝鲜高等官吏之黜陟，以统监之同意行之。

五、朝鲜政府依统监推荐之日本人，任命为朝鲜官吏。

六、朝鲜政府无统监之同意，不得佣聘外国人。

七、明治三十七年八月二十二日之日韩协约第一条（即财政顾问聘佣件）废止之。

调印之后，伊藤博文统监即以执行协约第一条之义务，除留朝鲜宫中侍卫兵一大队外，余悉解散，以日本军队代之。八月，朝鲜新皇李坧即位，九月日本复派曾祢荒助为副统监，十月，日皇又遣太子渡朝鲜，以示亲善。翌年，又迫朝鲜新皇遣皇太子英亲王往日本游学，拜伊藤为太傅，迩后伊藤遂专事怀柔手段，及日本对朝鲜改行最后处分策时，伊藤因托故辞职归国，委曾祢荒助继任。遂于宣统元年六月二十五日，先逼李完用缔结司法权与监狱事务条约。

自是朝鲜内外政治权，尽行委诸日本之手，仅留一形式上朝鲜名词而已。日本以朝鲜容易屈服，乃起日朝合邦之议；同年（宣统元年）阳历十月，伊藤博文借漫游东三省为名，衔使命来哈尔滨，与俄国大藏大臣哥乌左福密约朝鲜满洲事件，二十六日，突被朝鲜志士安重根以手枪刺杀之于哈尔滨车站，日本大哗，合并朝鲜之念遂切，一方面取朝鲜警察权，易以日警二万人，分布朝鲜要塞；一方面与俄缔结密约，使俄承认日并朝鲜，约既成，遂于八月十六日，使寺内正毅统监，亲向李完用提出合并日朝案，李完用原为亲日派，逢迎惟恐不速，接到合并案后，迫朝鲜皇画诺，皇无如之何，痛哭挥泪许之！二十二日，遂与寺内缔结并朝条约，其全文如下：

日本国皇帝陛下，及朝鲜国皇帝陛下，以两国特殊之亲密关系，欲增进相互之幸福，与确保东洋永久之平和，为达此目的，确信不若将朝鲜合并于日本帝国，兹两国决订合并条约，日本皇帝命统监寺内正毅，朝鲜皇帝命总理大臣李完用，各授全权委任，协定左之诸条：

一、朝鲜皇帝陛下，将朝鲜全部之统治权，完全永久让与日本国皇帝陛下。

二、日本皇帝陛下，承受前条所记之让与，且全然承认合并朝鲜于日本帝国。

三、日本皇帝陛下，对于朝鲜皇帝陛下、大皇帝陛下、皇太子殿下，并其后妃及后裔，使各称其位置，享有相当之尊称、威严及名誉，且保全之故，酌供给充裕之岁费。

四、日本皇帝陛下，对于前条以外之朝鲜皇族，及其后裔，使各享有相当之名誉及其待遇，且为维持之故，酌给与相当之资金。

五、日本皇帝陛下，对于有功勋之朝鲜人，应与相当之表彰者，授荣爵，且给恩金。

六、日本财政以合并之结果，全然担任朝鲜之施政，对于遵守法规之朝鲜人民身体财产，与以十分之保护，且图增进其福利。

七、日本政府，对于诚意忠实尊重新制度之朝鲜人，且有相当之资格者，依事情录用为朝鲜之帝国官吏。

八、本条约已经日本皇帝陛下及朝鲜皇帝陛下之批准，自公布之日施行。

明治四十三年八月二十二日　统监子爵寺内正毅

隆熙四年八月二十二日　内阁总理大臣李完用

约成，于八月二十九日公布，朝鲜遂变为日本领土，而朝鲜遂亡！吾国数百年之藩属，于是乎亦亡！

厥后朝鲜备受亡国痛苦，常思举义，以图恢复；惟日本防之綦严，惨杀备至，其著者如明治三十八年京城钟路之惨杀，三十九年忠清南道与庆尚北道之惨杀，及李太王被迫之惨状，其他官吏人民因是而被戮者以千万计焉。近年朝鲜人虽反动日益剧烈，而压迫惨杀亦愈甚；又未有仗义执言之第三者处乎其间，朝人实无可如何也！兹举其一九一九年举义事实如左，以示朝鲜人民气一班。

> 暴德颠覆，协商国开国际和平会于巴黎，高丽人以为时机已至，是年正月，依例举行全国查经会，牧师金弼沫以卖教会报为名，坐汽车巡行各教会，与各教会首领秘密联络，约以三月二日下午二时举行示威运动，盖三月三日为高丽李太王国葬日，各道各郡，齐集送葬，意欲乘时激起全国敌忾之同情也。高丽又有所谓天道教者，教主孙东熙抱光复之志，信徒逾百万，与金弼沫合力举义。教会内之学校与外界学校，先行团结，预印传单，广备国旗。三月二日，各教会首领特开公民大会于汉城太和馆，到者数万人，升太极国旗，行恳典亲礼，各首领为沉痛失声之演说；当即致书于驻朝总督长谷川好道曰："我神圣大韩国民，际昌明之世，倡自由之权而独立。此后汝等可速返贵国，勿轻伤两国国民和气。"总督大惊，如闻霹雳，急布戒严令，如临大敌，派汽车数十辆，武装驰至，拘捕各领袖，各领袖声色和霭齐呼曰："我等说话未毕，请徐待也。"仍从容演说，分给传单于大众，向国旗行鞠躬礼，大呼独立万岁者三，遂从容就捕，凡三十三人。耶教牧师古善宙、崔圣模，天道教教主孙秉熙、吴世昌、梁汉默其最著者也。日人既获各首领，以为无事，不意越三日而全韩震动，家家太极国旗，人人独立万岁，示威运动，遍于十三道三百六十余县，童子、妇女亦结队游行，大呼还我山河，民族自决，逮捕诛戮，前仆后继；其先又预派全权代表金奎轼赴巴黎和会请愿，四月十二日，以四国之认可，提出独立请愿书，国外侨民，函电四驰求援，四月十七日，组织临时政府，阁员为李承脱、金奎轼、安昌浩、李东晖[辉]、崔在亨、文昌范、李始荣、李东宁等；五月十二日，美国默认李承脱为驻美大使，允假华盛顿独立馆以为之招待，日人见其势之日炽，极为可危，乃调集军警，大事屠戮，裸体火炙，钉足剖腹，或三五活埋，或毁灭全闾，自二月至六月，惨死者约三万余众，女子二千余人，监禁者万余人！

观此，则朝鲜人之身受痛苦，果何若哉？政治文物，受我国数百年之覆翼，乃倏忽沦于异族，十余年来，袖手旁观，而不敢一为援助，耻何若耶？

"心"按：朝鲜之亡，朝鲜自亡之，非日人所得而亡也，前者如闵妃如金朴，后者如李完用如李容九，无一非仇国谯周，亦无一非通敌秦桧，朝鲜之不亡，又奚待耶？然而朝鲜已矣！邻于朝鲜者，若满洲南境，其危机四伏，固无异于朝鲜当日也；而彼军阀行为，亦无异于闵妃、李完用当时也；唇亡齿寒，朝夕莫保，虽谓列强协约，以均等机会，保持中国领土安全；然经济问题、实业问题，南满地域，无一不操于日本掌握中，进可以略地无穷，守可以收利莫尽，南满，南满，吾知其无安枕之一日矣！

（原载于《国耻史要》，广东佛山撄宁书室，1931 年）

韩国志士杀金然波真相

佚名

长春通讯：日韩人主办之满鲜日报驻长记者金然波号利三在吉被杀一案，日韩各报记载完全与事实相反，兹将调查所得真相，详述如下。

金然波，号利三，咸镜北道人，为亲日党健将之一，除充鲜京满鲜日报驻长记者外，并兼汉城、仁川、平壤各鲜文报通信，已数年于兹。平日对于我东北军政外交，善造谣言，巧于鼓簧，且本年来又惯于离间中韩民族恶感，挑拨韩人仇华，此种恶意的宣传，时在各报露布。自六七月间万案交涉紧张，形势恶化以来，金利三与日本记者同一步骤，作恶意宣传，致发生全韩鲜民暴动，群起杀伤华侨之惨案。其所发通讯，大旨如下。（一）万宝山马哨口韩农四五百名于六月二十九日被中国军队以武力压迫包围，生死莫卜，并逮韩人五六十名，解吉惩办及华官驱逐东北韩农一律出境等语。此其造谣者一。（二）马哨口韩农被中国军重围后，于七月一日间枪杀殆尽，并用大炮轰击，房毁人死无数，日领派兵驰援营救被害韩侨等语。此其造谣者二。上述两次通讯，全系捏造，纷载满鲜各报，掀起韩人仇华暴动，金利三之造谣通讯实有以致之。

万、鲜两案发生后，东北及鲜京日韩报仍推波助澜，继续恶意的宣传，扩大煽乱范围。旅吉韩侨两次电召金利三开会研讨万案真相，金于七月十五日由长赴吉，下榻商埠大马远东号内，参加会议。一般韩国志士群起诘金：万案中国并未派兵，韩农亦未被围，且未被杀，尤未被捕，你（金）为何受日本人利用，作亲日走狗，故造万案谣言，与日鲜京等处排华暴动？金正表示歉意间被全某一枪打死，哄然散去，迨日领石射侦悉，派警往救，群众皆逃，结果将与此案无关之韩人捕去数名。此其被杀原因。对万案作反宣传之经过事实，各报载金为东亚报记者，凶犯为朴某，皆系传闻错误。

金被枪杀后，日领田代特派长春鲜民居留会长金东满赴吉运柩回长，一切运费柩资，概由头道沟鲜人摊纳，每户哈大洋二元，由金会长带日警征收。十八日金柩抵长后，即行葬埋，嗣由东文北满日报、实业新闻、朝日、东亚各支局奉田代领事命令，会同金东满，发起满鲜日报驻长记者金然波遇害追悼会，现已组织成立，日韩市民均须参加，并于七月二十五日十一时在圣德太子堂开会追悼，以表彰金然波亲日功绩，并认为万案宣传牺牲者、勋劳卓著之一人。追悼会费，全由驻在韩人农工商贾按名摊派，每户摊纳金票两元。另有公启通知，日领田代、署长武波、司令中川均莅会追悼，而日人利用韩人排华杀我侨胞，并以新闻反宣传，造成韩人仇杀华侨惨案，至此益可证明。

七月二十六日

（原载于《申报》1931年8月2日）

日并韩时惨史一页

自在

暴日横行，举世同愤。然吾人追述庚戌七月十八，日本强占高丽之一页伤心史。当必□，而悟觉而思也。《马关条约》缔结以还，全韩风云，骤然变色。识者早已知斯土之非李氏享有也，然当时韩皇受日本之口蜜腹剑，怂恿独立，以为金城汤池之基，子孙帝王万世之业，确定斯举，因自加徽号云“天运肇极敦伦正圣光义明功大德尧峻舜徽禹谟汤敬应命主纪至化神烈巍勋洪业启基宣历乾行坤定英毅宏体大皇帝”，长至四十九字之多，可谓鱼游釜中不知死期之将至矣。

当日本强占高丽之日，开御前会议。早日也，韩国内阁总理大臣李完用、赵农相、朴内相、高度相、皇族代表者兴王李载冕、中枢院代者金议长，以及日派专员齐集仁政殿。无何，韩皇随尹侍从高礼式课长出，韩贼李完用趋前奏言：“臣观世界之大势，韩国之现状，为高丽国民福利可莫若奉韩国土地，献于日本，永受保护。数日以来，阁臣慎重会议，敢奏皇上裁可。”韩皇斯时闭目蹙额。半晌方言曰：“所奏已明白了，万事凭卿等处理。”言罢泪涔涔下。殿上文武，除预约者外，多为凄然，而三韩国运尽于此矣。

日本并韩国后，设统监府驭治。明野志士，切齿腐心，悲专制之压迫，悼祖国之沦亡。倡言反抗者，前仆后继，并造成民七年独立大运动。徒以力微失助，致中道挫折。然其不屈不挠之革命精神，至今尚不稍止。因中华革命尚未成功，三韩民族尚难独立。此则无司疑义者。嗟乎！茫茫前途，沉沉大陆，翘首东北，凄然欲绝。我国民鉴于日人之暴行、三韩之惨亡，读此一页韩国亡国史，能不洒一掬同情之泪，奋起而救国乎！否则当为韩民之续矣。

（原载于《申报》1931 年 10 月 9 日）

1932—1936年

苏俄军官对日本陆军在东北作战的观察

[日本]平田晋
T 生 译

译者的导言

日本帝国主义对于东北的侵略政策的根本目的简单地可以分作两种。一是维持他的平时重工业的原料供给和战时的军需原料，这是属于经济方面的事。二是他的作战上(对美对俄)的重要性。这是属于军事方面的事。不过这两种目的能否达到全看他在东北的政治上的支配势力能否确立而决定。所以经济、政治、军事的侵略是互相联络着进行，并不能够机械的分开。看这次他在东北的暴行，我们可以知道既不仅是军阀的野心，也不仅是重工业者贪欲或政治家的支配欲所引起的事。在军阀的野蛮行动中可以看出他们是代表资本家和政治家的要求，在资本家和政治家的主张中可以看见他们是与军阀同唱一曲。他们唯一的目的、共同的目的是把东北的经济完全掌握，把东北的政权完全操纵，把东北的军事的一切势力完全消灭，拿他所拥立的傀儡东北伪政府做他向国际间所声明的"保全中国领土"的证明。俄军官的论文虽是就军事上的见地立论，但是我们可以发见全篇都与政治、经济有关，拿现在的日军暴行和他的论文(一年前的)对看，使我惭愧我们的昏睡。日军已将吉辽完全抢夺到的掌握下了，而他还在进兵黑省想去完成他的全东北的支配，这不能不说一半的目的是在俄军官所说的作战上的铁路政策了。而他却还狡猾地宣传俄军在黑省活动，想利用各国畏惧"赤化"的心理去减少对他的暴行的反对！！

日文作者对于中国陆军的判断，把东北军说得不堪之至，这当然是日帝国主义者优越感和欺瞒的见解。我们知道我们的军队在战术战略上是不能及它，就在兵士的心理上也未必完全有了解。不过东北军败溃的原因，一是长官平素的无计划，临时又下不许抵抗日军的命令，以为虎狼心理的日军是可以用不抵抗主义去缓和，使有斗争心的部下也无所适从，被日军不费力的缴械！！

二是为日军的借演习而变成实战的狡猾阴险行为所乘。这种行为可以说是日本的国民性!!

日本陆军的作战计划,观查者虽有大同小异之处,但是他在战争发生后不论中国与他同盟或反抗,必定出兵占领中国本部是绝对无疑的事。世界战争的勃发说不定在今天或明天,但是中国的现状拿什么来抵抗日军对我们中国本部的侵略和占领呢!? 东北是已经无力地、无抵抗地被他占去了!! 我不知道中国的参谋本部也像日本的参谋本部译了这俄军士官的论文? 不要因为他是俄军官的作品,译一部看看是多少可以作参考的。

海拉尔的青年的留书

由哈尔滨坐火车向西方走百多里越过了大兴安岭,那里展开着一望无涯的大草原。那里是羊群、蒙古马、天幕的世界。太阳真是由地平线升起来又沉到地平线下去——在由这草原的中央向西流着的海拉尔河畔有呼伦市街。苏俄陆军观察将来日俄陆军第一次的战争,便会是在这里发生。在这市内居住的T君去年尾来访我,交给我由报纸上剪截下的俄国人 Lulin 所著的《太平洋和满洲问题》(*The Problems of Pacific Mandhuria*)的论文。一读之后,就知道是红军士官所作的(后来听说参谋本部方面也译了一部分),题名虽是太平洋和满洲问题,但文章全体都是由军事上的见地上观察来的见解,日本陆军的东北四省作战计划明如指掌的写着。我听最感觉兴味的是作者在描写日军的行动之间无意地泄露了赤军的作战计划一事。但是读后的印象,因为他太把日军写得过强,有些不快活。例如他豫想日俄开战后一星期前后日军便可越过大兴安岭,并且对于中国东北军对日军的防碍行动一句也不写着。他全体的文章内完全抹杀了东北军的存在,好像日军的东北占领是在无抵抗状态之下进行一样的写着。不论中国陆军怎样弱,仅仅在一礼拜内就把东三省完全送给日军的事,我在当时是完全想不到的!!

中国陆军的判断

民国十九年的东北边防军是如左的大编制,足使青年士官们陶醉其新兴陆军的盛大。国防军以沈阳近卫队、步兵十九旅、骑兵四旅做中心,附属上铁甲车队、航空队、炮兵团、工兵团。此外更有省防军步兵十四旅、骑兵三旅、屯垦军三团。日本军仅有相当于 Light Division 轻师团的三分之二的驻扎师团和等于中国的一旅的独立守备队六营、旅顺重破兵营。就加上朝鲜的两师,彼此的兵力也相差太大。所以北大营的第一旅长王以哲君说日本军易与也是当然的事。特别是东北军有飞机二百余架,真可制日军的死命。中国军的参谋本部里若有有头脑的参谋,那么驱逐在东北的日本军队,在理论上决不是不可能的事。但是九月十八日沈阳战斗,完全暴露了中国军的无力,平常说"我们是有实战的经验,不是无战争经验的日军可比"的参谋们,在交战(?)十二点钟之后,已经不能不战栗着看到东北边防军的中心机关被三营的日本军占据了。日本的精密而且迅速的科学战术,在一日以内把满铁一千基罗确实的掌握着,使中国军陷入于恐怖状态抛弃了战意。假若更积极的进取,那么连哈尔滨也可以占据。日本军的有效的攻击力,听说外国武官都为之吐舌。我们日本人自己也吃惊不小。我因此增加了署名 Luliu 的红军士官的评价,重新再把他的文章读一次。以下介绍他的意见,并在重要处加以注释。他的意见竟能够把日本参谋本部的作战计划推测到什么程度当然不能保证。不过战争是有一定的范畴的。若假定日俄在远东作战,用两军的地理、经济、兵器的条件作材料去研究,那么在专门家里面就可以成立数个的作战公式。Suliu 的意见实在可以说是其中之一。①

日本陆军的作战线在那里?

他这样说:日本和美国或苏俄战争时,中国的中立是必然的被侵犯。不论美国或苏俄,只有占据了中国大陆才能使日本屈服。所以从日本方面看来,是不可把中国大陆让敌人拿去。日本一开战后,一定很迅速地出兵占据中国的各要地罢。日本以现在师团做基础的第一次动员,大约可以推定为八十万乃至百万人。他们的占领目标是东三省、东部内蒙古及长江以北、平汉路以东的中国本部。占领这些地方不仅是作战上必要,并且可以补充日本所最感苦痛的战时资源的不足。日本本国的资源到底不能支持长期的大战。他们若不先取了北库页岛,那么他们就要被煤油的缺乏所苦,大冶、鞍山、本溪湖等处的铁若被敌人夺去,那么他们就要发生可怕的钢铁饥饿。我们已经知道日俄战争的末期,日军因钢铁不足,使用用铸铁的外皮包着的炮弹。铁不足是日军的最大弱点。日俄战争二十个月间日军使用了百四十万发炮弹,和世界大战中香庞会战时法国炮兵在十七日内使用了的七百五十万发相比,不过百分之十三。至于逊木会战时,英法炮兵所消耗的炮弹是达了三千四百万发之多。将来远东战争,纵使不会发生逊木会战时一样激烈的炮兵战,但是因为战场在海陆两

① 日本的作者也是于陶醉于日军胜利之中,无意间泄露出日军此次的暴行是他有计划的预定动作,不是他所谓的什么"自卫"。

方面都无限的扩大，所以铁的消费量一定不下于世界大战的。所以日本不能不将中国大陆的矿业管理起来，把铁、煤、煤油输送日本，使日本的军需工业得到活泼的活动。并且开战后最有劳动力的人都征派到战线和工场去，农业自然不振，为补足食粮的不足，也非把中国大陆支配起来不行。这样的日本，不论敌人是美或苏俄，他是有不能不出兵中国的命运。日本即使为和美国战争而出兵中国，结局也必定引起和苏俄的冲突。结果日本的中国大陆出兵数会达到百万以上罢。这样大军的军需品供给是非常的事业。用欧战时的经验看来，在中国大陆就地征发食粮，每天也需要配备五百辆的货车。日本的商船队向着大连、天津、青岛、上海做军事输送，海军则用驱逐舰、海防舰护送商船以图安全。不过，在对美国战争时，日本海军的主力舰队为和美国舰队对抗使用于纯粹的作战，输送护卫任务上当然不能使用多数优秀的军舰，因此日本的商船队就会屡屡受设根据地在菲利宾群岛或其南方的敌军巡洋舰、大潜水舰（美国的V级之类）的胁威。在这里日本就不能不寻出两条被敌人袭击的危险最少、容易护卫的食粮补充军队输送的道路。这两条路就是由用要塞连贯着的朝鲜海峡经朝鲜铁道到满洲及中国本部的一条和由日本海至北朝鲜的清津经过吉林、长春到东北中央部的一条。只要能够死守着这两交通路，就使日本海军不幸像大战时德海军蛰伏在本国军港内无用之地，他仍可以对中国大陆继续军事行动。日本海军只要多少保存它的舰队的存在，那么美国就怎样保持得有大兵力，也不能冲破朝鲜海峡，切断日本的生命线罢。保持得有破坏这交通路的战略的地位的，只有我们红军的远东舰队，可惜，我们在海参崴港内看不见有一只挂着红星军舰旗的巡洋舰。假若由海参崴要塞做根据地的红军潜水舰队存在着，Naroduciety级的新式潜水舰①一队和Profintern级的巡洋舰②在日本海内游弋着，那么日本的海上交通路一定起非常的混乱罢。当做未然的压伏日本的对俄战意的一方法，我们要求革命军事委员会至少在日本海内建立与欧洲同等的潜水舰队③。

窥伺着西伯利亚的日本

日本和苏俄战争时他企图占领远东西伯利亚自是当然的事，就对美国战争，他对西伯利亚起军事行动的必然性也很充分有。因为我们的西伯利亚军

---

① 红军海军所建造的，排水量八五〇吨，续航力七千哩。

② 七千六百吨，速力二十九哩。

③ 现在赤卫海军在波罗的海和黑海内有十五只潜水艇。

事守卫的七个师[1]的配备是取包围东北的形式，对于日本的满洲军是眼中钉。红军北方由布拉哥即西齐盐斯克，东方由绥芬河，西方由满洲里随时可以侵入东三省，日本参谋部为使他在东三省的地位安全，势不能不将沿海州和阿穆尔州的红军击破。更从经济上看，战争既成了大规模的长期战时，远东西伯利亚虽不如东三省，但对于日本也是重要的资源地。根据以上的理由，可以预想日本必定把他集中在哈尔滨的兵力向乌苏里铁路沿线攻击。远东西伯利亚所埋藏着的铁、煤油和大森林对日本的军需工业增加以一大威力，海参崴和乌苏里铁路的占领则对于日本的内部交通路和东三省管理上给以安全的保证。

横断东三省的战略铁路

一九二二年由西伯利亚被红军驱逐了的日本，它于是不能不死守东三省。日本在东三省的中央，握有三条重大的交通路线，就是由大连经沈阳至长春一线（满铁连长线），通过朝鲜海峡，朝鲜本土至沈阳一线（朝鲜铁道安奉路），由日本海经北朝鲜的清津至长春的一线。最后的一线是未完成路线，并且不是日本的铁路。不过事实上很明了的是日本陆军的战略铁路。这条铁路由将来的第二的大连—清津北过间岛至吉林（六部分已开通）折向西由长春通出洮南[2]。在这里分为两条，一条北上达于中东铁路齐齐哈尔[3]，一条由大兴安岭的南通到海拉尔的草原。这条铁路的完成，在经济上说，对于大连、满铁是给以大打击，不过对于日本本国在军事上是有绝大的价值的。吉林、朝鲜间未完工的六十七里（吉会铁路），只要日本一发动武力，在极短期间可以建设完成。我们研究东三省的铁路问题时，应当想着纵然是纯粹的中国铁路，在战时是全部被日本使用为战略铁路的。[4] 何况这条铁路（吉会路）是在朝鲜十九师团虎视之下呢。

由北朝鲜进攻海参崴

吉会路的起点清津，现在虽然不大有名，但是日本于一九一六年开始筑港工程，现在已经快要成为具备得有可惊怕的设备的军港兼商港了。苏俄的特务机关研究调查的结果，知道该港仅在防备设施上已经用了七百万圆以上的

---

① 现在八师。

② 虽尚未修完，但有迂回线。

③ 洮昂路已完成。

④ 这次事变证明他的意见大概正确。日本在吉林强修吉会路，和他平时抗议说是满铁并行线的洮昂路的漱江桥他要强迫去修理——使张海鹏军好渡江，都是俄军官所说的战略的铁路的实证。——译者注

日金。将来远东战争时，这港是要成非常重要的作战根据地，现在想象着都会起一种兴奋。日本参谋本部在日俄战争时就已经着眼在这不冻港，想拿他做攻击海参崴的根据地。这个着眼在日本陆军的内成为一种传统。现在北朝鲜及吉林省的日本的军事施设，由我们看来，都是对海参崴的攻击准备。例如由清津至俄鲜国境的庆兴间要修的预定线，正是暴露了他们渡豆满江经过我们的坡西越特街进攻海参崴的作战意图。此外，由吉会路的敦化经宁古塔横断中东路和北流的牡丹江平行到三姓的一条铁路，不仅是在经济上是满铁路吉会路的培养路，在战略上是威胁海参崴侧面的危险铁路呢。这条铁路若和会宁、隐城、宁古塔间的新路连结起来，海参崴自然陷于孤立地位了。若日本希望的清津到尼可里斯克的铁路能成功，那么他可以直冲海参崴的背后防御地尼可里斯克，北上更可以攻击红军根据地哈巴洛夫斯克了。幸得这几条铁路大半尚未完成。[1] 不过由这雄大的计划看来，我们可以想象将来日本军的战时行动。

孤立的沿海州

由东朝鲜至西朝鲜的联络若一完成[2]，吉会线也全通，由长春开的车不仅去大连并且经过吉林的山野向着清津开驶，那么日本的东三省铁路政策，由军事的眼光看已经达到了第一次目的了。用由长春起点向着日本海、黄海走去的两条大干线做中心，(A)由吉林经海龙、沈阳和满铁交叉至北平的路，(B)由四平街经郑家屯至洮南再北行到齐齐哈尔的路，(C)由郑家屯过通辽到内蒙古的赤峰再南行由热河窥北平的路，(D)由长春北上到中东路的安达的路，(E)由齐齐哈尔沿松花江上流到大兴安岭的东麓漱江的路，(F)由哈尔滨过漱江到黑龙江江岸的黑河的路等等，现在东四省内新筑或正在筑造着的铁路蛛网一样的多，正是进了交通革命的时期。这些铁路不论是中国或日本的所有，不仅都是对中东铁路和乌苏里路的经济挑战者，在战时全部都是被日本陆军使用作战略路。特别是(E)的齐齐哈尔、漱江路，(F)的哈尔滨、漱江、黑河路若被日本军使用起来，那么红军负担第二阵的布拉哥耶西齐盐斯克师团就很易被攻击，沿海州、阿穆尔州和贝加尔地方的联络就容易被切断。我们应当知道中东铁路和西伯利亚铁路一天一天的在经济、军事两方面都陷入于孤立包围状态里了。

---

① 这日军阀在沈阳成立他的傀儡的什么“东北铁道委员会”，他的野心就是要取得这些未完成线的权利。——译者注

② 会宁、京城间已开通。

日本进攻中国本部的道路

在前面已经说过日本在中国大陆作战时到上海、青岛、大连的三条航路是日本的生命线。若果盎格尔、萨克逊海军的协同作战能实现(有十分的可能性),那么"陆奥""长门"以下的精锐也许会像大战时德国的大海舰队的主力隐匿在威廉法亨港内一样,只把轻快舰队在近海游弋,主力却在吴、横须贺或日本海方面取候机的状态罢[①]。换言之,日本许会由南洋或南中国海方面远远地被包围着罢。在这样的时候,三条的海上交通线定会常常被敌的巡洋舰及飞机所攻击的。因此,日本为对中国远征军给以补助的联络就不能不选择朝鲜铁路、安奉路、北宁路的海岸迂回铁路。不过这铁道因为沿海岸走,被敌人的爆击飞机攻击的危险也不少罢。在这里,日本海—清津—吉林—长春—四平街—郑家屯—通辽—热河—北平—汉口通过和敌人隔得很远的地的大干路,真成为日本的生命路了。这铁路的长处大约与由赤塔到海参崴的西伯利亚铁路相等,用日本的铁路技术去管理,大量输送是不会有什么大困难的罢。这条陆上交通线一完成,日本就可以安心地接受美国的挑战,如意地的支配中国大陆了。重叠地说,他们只是怕苏俄的红军由沿海州、阿穆尔州、贝加尔三方面来袭击他的生命路。

红军动员的次序

西伯利亚的红军最大集中地是上贝加尔地方。这方面对于日本军是鬼门关。太平洋战争中,苏俄若取敌对行动时,日本军就非在贝加尔地方和东三省铁路网——他的生命线——的中间地域内配置军队防备红军的袭击。卫戍上贝加尔的红军是属于远东特别军的赤塔第十八军(赤塔第三十六狙击师、伊尔库次克三十五狙击师、威尔佛韧金斯克独立骑兵第五师,此外还有优势附野战重炮兵团)[②]。

在远东特别军团的背后更有第二十一军的三狙击师(民兵)防守着,共同担任防守西伯利亚的第二阵线。这五狙击师和骑兵一旅,在开战后一定能迅速地冲破国境确实地占领海拉尔的草原地带罢。同时,诺威俄西比斯里克及赤塔的飞行机营立刻须从事侦察爆击的任务。乌拉尔山脉以西的红军也下动员令,鄂尔加第十三军团的克桑、萨玛拉两师以乌拉尔东麓的斯威尔托罗夫斯

---

① 笔者由军事研究的观点看来对此意见不赞同。

② 这军团是前年打败东北军的。

克狙击师做先锋，积载着他所特有的二十七年式步兵携带炮输送到东方战场，数十队的航空军福加战斗机和A.N.T.爆击机连着机翼轻快地、沉重地越过乌拉尔上空向东方飞驶罢。继续着鄂尔加军的动员，莫斯科军也开始输送，最后三十乃至四十师步兵及七八师骑兵输到西伯利亚也说不定。① 这样地红军成立以来，最初的对外战争准备已经成功了。不过仅只西伯利亚铁路一条铁路，军队的输送是不会完全的。

向四方伸手的日本

日本军如何的动作呢？他们平时的兵力虽只有十七师团，但是他编制在战时可以增为三倍，他们在日俄单独战争时，用在东三省师团、朝鲜师团做前卫，强行占领中东路，在他本国内则比较一九一四年夏季的德国更机敏地大动员，不上数日，大连、釜山、清津诸港就被运送船挤满了。由朝鲜铁路、满铁、吉会路北上的军队的一部集合在沈阳、长春、哈尔滨，继续扩大中东路、沿海州的占领区域和南满铁有关系的中国铁路的占领。他的主力则长驱着北上，蹂躏齐齐哈尔，更向西进行去占领大兴安岭的第一防线罢。日美或中日战争的延长战的日俄战争的形势，也大略相同。② 要之，把主力集合在大兴安岭，取攻击海拉尔平原的红军的阵地，同时完全占领东三省内部铁路是他们东北作战的原则行动。此外，另一个原则行动就是占领海参崴及乌苏里铁路。以哈尔滨、吉林做根据地的日本右翼军，有受红军由绥芬河、伊满、哈巴罗夫斯克、布拉哥耶西齐盐斯克袭击的危险。所以扫荡这四方的红军是他们的最急务。只是就现在的交通状况来论，日军由哈尔滨进攻绥芬的红军，由会宁徒步行军进攻海参崴，对于哈巴罗夫斯克、伊满、布拉哥耶西齐盐斯克的红军暂且不管，等海参崴、尼可里斯克占领后，然后利用乌苏里铁路顺次的去击破，这样的作战是非常浪费势力和时间的。若果那时日本所希望的东北铁路网已经完成，那么布拉哥耶西齐盐斯克可以利用哈尔滨、黑河路去袭击，哈巴罗夫斯克可以利用会宁、宁古塔、三姓铁路冲出松花江岸道路去威吓。伊满的红军由哈尔滨、会宁两方面派出军队以宁古塔为根据地去对抗。东三省的一切新铁路是如何地给日本军事行动以利益，看到这里已可明了了。我十分希望革命军事委员会的干部明确的认识随着东三省的铁路网的完成红军太平洋诸师的战略地位急速低下的事实。

---

① 红军总兵力有狙击师七十一，骑兵师十三，独立骑兵旅六，航空军约二百队。为防备罗马尼亚、波兰、最精锐的乌克来军、白露军的大部分，不能调到东方。又为镇压国内反革命运动起见，莫斯科、列宁格勒军的一部也不能不留守着，所以能够调遣到远东的军队不能达到总军力的三分之二以上。

② 现在日军在黑省的军事行动已可证明大半。——译者注

红军前卫部队的危险

在沿海州、阿穆尔州的红军是属于哈巴罗夫斯克的十九师，兵营散在乌苏里沿线。第一太平洋师团在海参崴，第二太平洋师团在布拉哥耶西齐盐斯克，远东独立骑兵第九旅的司令部在克罗德哥，斯巴斯卡牙是航空军根据地，有飞机营及陆军飞行学校。预想这远东部队的战时行动，若是日俄单独战争，那么海参崴的第一师一面牵制着朝鲜罗南的日军十九师团，一面急速由绥芬河向东三省内的中东路进行，布拉哥耶西齐盐斯克的第二师若哈尔滨、黑河路开通了，那就利用着回齐齐哈尔、哈尔滨南下，若该铁路尚未通，那么由乌苏里铁路东南下和第一师协同作战罢。总之远东部队的第一任务占领中东路，同时坚固海参崴的防备。但是这个战略的行动，仅仅两师兵力是很难负担得了的。第一师竭全力防御朝鲜军攻击海参崴还感觉不足，进占中东路事实是做不到。以长春做前进根据地的日本的在东三省军（日本所谓关东军）乘着隙数小时间内占领了哈尔滨，红军第一、二两师在开战不久后，彼此的联络在尼可里斯克附近就要被截断罢。若更假定日军和红军冲突是在日美、中日战争进行中发生，那么红军的远东部队的运命更是悲惨了。[①] 红军作战上的生路是在能完满的使用骑兵旅和航空军的战略上的能力，不过以现在的单薄的兵力也是无希望的。

我们以为若要完全防御海参崴及乌苏里铁路，并且能够牵制中东路的日军行动，那么应在沿海州、阿穆尔州增派驻狙击师一师（最好是二师）骑兵一旅（和现在的第九旅合编一骑兵师）。远东军队的任务是在竭力威胁在东三省内的日本交通线，使他们不能撤回派向兴安岭方面的兵力，间接援助由赤塔开来兴安岭方面的红军主力。现在的兵力到底不能做到这作战的目的，远东军恐怕在几星期之内就会被日军扫荡了罢。这两师兵被击破之后，日本军就可以倾全力的向大兴安岭了。[②]

---

① 现在的情势，使我们感觉大战就在目前，日本又派一混成旅到东北，在黑省的日军已能控制中东路，更得到已可以防止大兴安岭一带的红军的侵入的地位了。——译者注

② 一八三〇年中俄冲突时派来做救援军的第二十六师，事后即在兴凯湖的东岸斯巴斯克永久驻屯，称为太平洋第三师。由这师的驻屯处的地势上看来，很明白的是当做战时侵入中东路的军队，著者Snlin的希望已经达到一半了。并且增加远东兵力的计划好像红军军事委员会已在研究中呢。日军的生命线煤油出产地库页岛，已经开通A.N.T.机的航空路，红军的作战部决不是昏睡着的，所以日军的战时行动能否如Sulin所说一样容易进行是疑问的。

占据兴安岭的日本军主力队

若击败了红军的远东军，日本军在兴安岭的作战就容易从事了。因为日本军由主要根据地输送军队到战线有三条干路，红军只有西伯利亚一条，日本军的输送能三倍于俄军。(A)由清津经吉林、长春到海拉尔的南部干路，(B)由海参崴或清津通过哈尔滨到兴安岭的中部干路，(C)由海参崴经布拉哥耶西齐盐斯克到赤塔的北部乌苏里路，这三条干路的火车都满载日军向西方战线快跑罢。这样的对红军有三条，对中国有两条[(A)长春—热河—北平路，(B)奉天—北平路]。东北横断战略铁路的日本军，在各战略路间的连络路也很方便，例如中部路和南部路的连络是哈尔滨—长春路、齐齐哈尔—洮南路、安达—长春路、敦化—宁古塔路，联络乌苏里路和中部路是黑河—齐齐哈尔路、黑河—哈尔滨路。这些铁道，使军队的移动力达到极度，日军借此可以发挥变化自在的作战妙谛。应当还要注意的是大兴安岭一带是荒废地方，不有供给大军以食料品和粮秣的能力。所以，若铁路兵站路不充足，日本军到底不能在这方面起大军事行动的。他们感觉仅只中东路一条是不安稳而需要由洮南起点的南方战略铁路及连络路理由就在这里，铁路！铁路！铁路就是决定东北作战的成功与失败的东西!! 最近中国对日本挑(铁路)战，独力建设数条铁路，而日本陆军对此不十分注意，比较地冷静地傍观中国进行铁路工程的理由，是因为他们确信东三省内及内蒙古的交通路不论是谁建设的，在战时都可武力占领做自己的军用铁路。可怜的中国，幻想着驱逐日本势力，却替日本军阀完成他们的战略铁路。

日本如何研究着预想战场

日木陆军为图支配东北，把它的第一阵线于在大兴安岭，对这方面的军事地理就不能不精密的研究。欧战前德国陆军关于旧俄领波兰的军事地理比俄国陆军还知道得详细。德国陆军的特务机关派遣许多变装为商人、技师、工人、农夫去探查波兰的一切地形，研究波兰内的军事、工业、粮秣关系。

现在日本在大兴安岭方面也干着同样的勾当。[①] 挟着通过大兴安岭的中东铁路有千古的森林繁茂着，这森林地方无疑地是要成为日本军阵地的中心地。这森林的采伐权是为扎免采木公司所有，不过这公司中日俄的合办，南满铁路会社是隐然掌握着实权。这公司在经济上每年都亏损，但由日本看来，只

① 中村就是其一。——译者注

要能利用着做大兴安岭的军事地理研究机关就满足了。由这公司和特务机关的活动,日本已经完成了大兴安岭及东蒙古的最精密的地图。我(俄军官)在一九二三年在东京看见了每英寸约等于四十八俄里的东三省及东蒙古地图,里面对于由大兴安岭的南方迂回着到满铁路的南部铁路沿路地极精密地描绘着,地名也不像以前借用俄名,都是由日本人的手所新调查来的。借此我们可以知道日本陆军对于大兴安岭南方的红军的迂回战是怎样地警戒着了。大兴安岭西麓的海拉尔河上流、伊米哥拉河上流的森林,也都被他们研究好了。日本军的后方阵地齐齐哈尔、安达一带的粮秣关系也好像精很通似的。至于东三省作战的中心地哈尔滨,那么就说一切占领的计划已经完成了也不为过言。在长春的日本兵未到哈尔滨以前,四千的日本商人及其分子会编起义勇军为正式军,取占领的准备行动罢。我曾去看过收容数百名的日本青年的日俄协会学校,这学校是一种类于要塞一般的建筑,对哈尔滨的任何地方都能够炮击。对于由中东路进攻海参崴、乌苏里路时的作战上的一根据地牡丹江溪谷也是可惊异地精查着。

Lulin 的辩明

我在日俄两军似乎立刻就会开战的想定之下将我的意见说了。我信我的意见是有十分的客观性。不过日军或红军的作战计划不一定就是说立刻要战争。两国的军部都有由军部的使命上预定预想战场,树立作战计划的义务。不能说他们尽这义务是他们希望战争。[①] 譬如保加利亚因为和土耳其接境,曾作成了非常完善的对土作战计划,但欧战时却协同作战。苏俄或者放弃了抵抗力大的东北作战计划,取由土耳其斯坦进窥印度以制大英帝国的死命的作战计划也未可知。我个人的见解是以日本的敌不如以英国为敌较有胜算,这是冷静地研究东北作战所生出来的观查。

以上是 Lulin 一士官的意见。觉得不妥当的地方也有,但他大胆地描写东北战争的预想图都不失真相,可算是能干了。大兴安岭占领后(日军)战局的进展预想不曾说及是很可惜。[②] 关于这点是不能不先研究两军的军器、两国的军需工业能力,论点已由作战计划论移到国家战争能力论去了。所以现在不及提及。

---

① 野兽的日本军阀是不在此例的。——译者注

② 帝国主义的日本,更希望 Lulin 泄露红军西伯利亚作战计划给他!! ——译者注

译后言

日文作者是十月三日作的文章，他若在现在发表这文，我想他一定更佩服或嫉忌 Snlin 太把日本军阀的鬼心道破了罢。我于课余之时翻译这文，前后共费了一星期，在这一星期之内，日军在黑省的行动，由这行动而引起的俄军不安及日军在天津的阴谋(这些在中国本部的日军都是 Snlin 所说及的哈尔滨日俄协会学校一样的东西)。日本增兵东北一旅团，谁能说现在在熊本一带的大演习不是大战的实演呢。可恨中国凡事稀糟，对 Snlin 的很好的他山之石，也无拿做参考的机会与能力!!

二十年十一月十四日

(原载于《苏俄评论》第 2 卷第 1 期，1932 年)

韩有国士韩决不亡

——爱国团领袖宣布炸案真相，尹奉吉宣誓报仇慷慨就义

佚名

【上海九日下午十时本报专电】沪各报佳（九日）均接到由本埠发出同样之英文信，并附尹奉吉宣撰照相一张，译录原函如下：

四月二十九日晨，余友尹奉吉来，授以余自制炸弹二枚，其一炸吾人之仇敌，即日本军阀，并嘱其谨慎从事，勿伤害他国人士；其一嘱其于掷弹后即自杀。尹君慷慨受命，吾等合泪握手，互道珍重，并盼来世重逢。余即雇一汽车遣之赴虹口公园，其身上仅带炸弹二枚、大洋四元，余乃默祝尹君成功。

（一）余为主动人。尹君为高丽礼山一贫家子，虹口炸弹案虽日人□欲将此事与某某数团体牵连以遂其志，而此中真相仍未明了。旅沪韩侨首先无拘票被捕，甚而至于东京、高丽等处亦受无妄之灾。余为此案之主动人，在未起程离沪前，为人道计，为正义计，将此事真相宣露，冀以唤起余之友朋，一致起而摧毁日本侵略政策。

（二）计划与实行。日本以武力夺去高丽，复以武力掠得东省，继又不宣而战，侵入上海。此种举动，将危及东亚及世界和平，故余决意向世界和平之仇敌及毁坏人道主义者报仇。第一步，余派李奉昌至东京，李君于一月八日行刺日皇。四月念九日，余又派尹奉吉至虹口公园行刺日本军阀领袖。兹将虹口事件之源源本本，详述于后，至东京事件则请俟诸他日。

（三）尹奉吉历史。尹奉吉君，一九零八出世，其父母尚健在。尹君有一妻二子，为人聪颖，故有神童之誉，迨后性格暴燥，与人斗无不胜。十七岁设一夜校以课赤贫之农家子，如此者凡五年。惟见日人所施之经济、政治侵略，使韩人奄奄垂毙，乃决意离家复仇，原拟至沪，中途羁留青岛，即在青岛一日人名中原兼次郎所设之洗衣作内工作，尹君以所蓄之资已足为川资之用。故于去年八月来沪，在某厂内作工度日，嗣因厂内待遇苛刻，乃辞职他去。后乃入虹口

菜场某食物店，以待机会之来临，最近始来余处，讨论如何挽救韩国之事。不久，即为韩人爱国团员。

（四）韩人爱国团为余所组织，团员悉为爱国志士。其目的在以死力拯救韩国，只有肯牺牲者始能为团员，凡团员之指派与承认，均余一人作主。故其他团员之名字，亦有不知者。此团并不开会，吾等工作之进行极端秘密，盖欲以谋杀敌人首领、破坏敌人行政机关之手段，为谋韩国独立。吾等无兵力、无财力与日军司令白川决战，惟有一训练纯熟之人，能徒手于日军禁卫森严中将其杀死。

（五）君知我是谁，我为谁写此。当二十一岁时，我即开始我之冒险生活。是年我韩虽为一独立国，日军队已开入京城，兼于宫中杀害我皇吏，全□皆为之震骇。我即从事秘密复仇计划，首次谋杀于黄海之安兵省，用我之赤手杀敌主将土由，继于附近某城镇书就我具名之谋害根由及住址长信而回家。在日当局严密搜查中，我被捕后之二十日押解至济犯浦监禁，韩法庭为日大使林权助，威力追究，我遂判死罪。三年中国事复乱，苟延残喘，我乘机破狱逃出，化装为僧，匿迹于远处，一年曾返游韩国全境。我继续努力为往后扩大之新运动，先树根基。一九零九年安重根刺杀伊藤于哈尔滨，日军将余拘捕，以为我即安君之友，其后释出。余乃任黄海安岳省杨山中学校长，一九一一年又被捕，谓有谋刺寺内嫌疑，继判决监禁十五年苦工。余之真实姓名，三十年来并未泄露，故生命未遭危险，五年后即释。一九一九年，我国全国一致奋起，群作独立运动，我深知个人生命之危险，乃始来华。自此以后，即作反日之奋斗。我之所有武器，仅手枪数支、炸弹数枚而已。我仍将极力奋斗，不至我国独立后，决不中止。

函末谓：另附上尹奉吉君于出事前才三日，立在韩国旗下摄相一纸，胸前钉有向韩人爱国团宣誓文。其文曰：我誓以韩人爱国团之一员，仇杀敌之侵略中国将校，疾呼我国之独立自由，大韩民国十四年四月二十六日，宣誓人尹奉吉。

［原载于《益世报》（天津）1932 年 5 月 10 日］

李奉昌

[韩国]金九

本年一月八日，在日本东京樱田门前暗杀日皇之韩人李奉昌，年三十二岁，韩京城水原郡人。以亲受日人之凌虐，自幼即怀革命之志，习为日人，化名曰“木下昌藏”，于一九三一年到沪，加入韩人爱国团。是年十二月赴东京，本年一月炸案爆发，当场被捕。九月十六日，在东京大审院作第一次公判，三十日宣布死刑。本月十日晨，在市谷刑务所执行。当此案爆发时，我国青岛市党部及上海《民国日报》皆以言沾祸，触怒日人致被封被毁。国人受此侮辱，至今犹莫明其真相，今由其首领爱国团团长金九(亦即虹口公园炸案之主动者)详述此案颠末，及李之历史，字里行间，虎虎有生气，读之令人起敬。噫嘻！亡国遗民，犹多义勇，堂堂大族，徒事蜗争，将正气之云亡耶，抑人心之已死耶！呜呼！予欲无言，以下即为金九之文。

阴霾四布，魑魅横行，霹雳一声，撼天动地，此日本东京樱田门前一八炸案爆发时也。迄于今九阅月矣，就敝团之事业言之，在国内曾有某某案，在上海则有轰动世界之“虹口公园炸案”。在大连更有“五二四谋刺本庄内田山冈未遂案”。鄙人素抱含默之旨，苟非至特殊之境，雅不欲多所宣白，而于此东京炸案则独有不能已于言者，盖以上月十六日东京大审院，对本案作所谓第一次公判而举世景企之李义士奉昌竟于昨日长辞浊世，鄙人深惧此案之真相长处于疑云晦雾之中，致壮烈之气湮没不彰，且因此案而累及青岛市党部被毁，上海《民国日报》被封，至令对吾人深表同情之中华民众，尤无不急欲知其究竟，此鄙人所以不得不贡其颠末，以略慰其渴望也。

韩国义士李奉昌与一八东京炸案，此二者关系至密，不可分离。故言一八东京炸案者，莫不知李义士为之主，而言及李义士者，又莫不联想此壮烈之一八东京炸案。鄙人之所以郑重声明者，欲使举世之人，咸知李义士，为“韩人爱国团”之团员，而又为本团之最先锋也。鄙人为谋祖国之自由与民族之解放，献身于革命事业，四十年来未尝一日忘此“暴烈行动”。固知仅恃此“暴烈行动”，不足以完成吾人之革命，但同时认定，处此惨酷死线之上，欲以最少之力，收伟大之效者，舍此以外，确无二途。以是鄙人倾其全力，从事于此，在此长期奋斗之中，失败固多，成功亦复不少，所谓胜固欣然，败亦可喜。鄙人初不以利害易其念也！晚近数年，因受经济困难之牵制，思想纷歧之影响，事业前途，顿受打击，而同志征求，更有才难之叹。鄙人抱百折不回之志，作卷土重来之思，振刷精神，以图恢复，乃严格训练，密组“韩人爱国团”。最先加入者，李义士也，当其加入之顷，以刺杀日皇为誓，即日只身东渡，单骑冲锋，呜呼！

李义士先世居京城南之水原郡。父镇奎先生，继承祖业，家道小康，嗣以其产被定为铁道附属地，为倭敌所攫，生计骤绝，不得已徙家于京城之龙山。义士以公历一九〇〇年诞于此，当义士最后离国之时，其家在龙山锦町一一八号。义士生自寒家，求学不易，幼时仅于家庭中略习文字。十岁以后，乃得入龙山文昌小学校，凡四年毕业。其伯父范台先生现住韩之清津，而其父镇奎先生则已于二年前在清津作古矣。

奇花初胎，霜雪已酷，不啻为初涉人寰之李义士写照。义士既毕业于小学校，为饥寒所驱，不复有求学之望，乃投身于龙山某日商之糖果店为佣，以天真烂漫之幼童，直接受日人之种种凌虐，含垢忍辱，泣血椎心。十九岁，改充南满铁道社会，龙山车站转铁手学习员。义士目击日人之横暴压迫，凌蔑诟辱，辄觉义愤填胸，怒不可遏，每欲乘机举义一雪国耻，而一家老弱赖以生存，满腔孤愤遂不得不强自抑制，独于深夜空山洒其血泪，砉然长啸，与凄凉之汽笛声相应和而已。悠悠岁月，荏苒四年，刺骨深仇，忍无可忍。乃猛然辞去龙山车站之职，而赴日本大阪。

复仇！革命！祖国之自由！民族之解放！此种幻想，常纵横于李义士之脑海，盖自义士佣工商店，身受凌虐之时，早具深刻之认识，迨义士服务龙山车站之年，适为公历一九一九正韩国全国独立运动勃发之秋。义士经此震荡，心志益坚，曩之幻想，渐趋实际，于是慷慨自誓，立意牺牲一身，以谋祖国之光复，孑身东渡旁若无人，盖世拔山，气吞三岛。当是时也，固已为沉毅果敢之铁血男儿，而迥非徬徨歧路之失志青年矣。自到大阪以后，即与家庭隔绝。年逾尔立，未尝有男女之私，流离转徙块然独身，盖其忧国之心，□于梦寐，诚精专一，不遑有他。方其始至也，漂泊都市之中，役于劳动，以免冻馁，暇则侦伺敌情，动息不懈。而异域风霜，益以劳瘁，病魔侵袭，遂困英雄卧病于名古屋市，凡一载，举目生疏，四顾凄绝，念及此境，真不知涕之何从也！幸天不绝人，忽遇亲友某为之将护，病乃渐减，既而友介义士于日人某，欲以义士为婿，义士毅然绝之。乃翻然游遍大阪、东京各地，斯时也，义士揣摹日人之语言动作，已臻神化之境，于是变姓名曰“木下昌藏”，虽日人亦无复辨其为韩人矣。心怀大志，潜居敌国者凡六七年，至是义士认为复仇之机已近成熟，孑然一身，力有未逮，滔滔举世，无可与谋，且自变名而后，不复能以韩人行世，而其在本国之兄弟叔姪，又频与日人交往，邻右曰为亲日派，以是爱国之士，裹足不前，欲诉衷怀，更无从接触，徬徨终夜，怅然所之。于是义士决向其平日所企望之上海，临时政府所在地多数独立运动者所集中之上海出发。于去年六月中旬到沪，人地生疏，访求不易，形神为之焦躁。一日义士方徘徊路侧，突遇一不知姓名之韩人，示以临时政府通讯处之地址，乃得踵门投谒，时夜将半值楼上有密议，忽闻突来不速之客，操半杂日语之韩语，形迹仓皇，众皆疑虑，坚不纳。义士设辞婉进，众愈疑。同志中三青年，虑其为日人侦，欲挥诸门外，义士坚不去。继以哀求，□鄙人方在楼，闻声下视，立谈之顷，顿觉义士态度非凡，乃令暂居附近之旅舍。

义士安居旅舍后，鄙人乃时往密访，初亦仅作寻常谈话而已，犹未敢披肝沥胆，倾吐腹心也。义士亦频至临时政府通讯处，然群疑未释，终为多数同志所忌，并鄙人之时与过从，亦谓不宜。鄙人甚忧之，想解其惑。一日，义士来，鄙人乃与处中三数同志设肴馔于食堂，相与痛饮，酒将半，义士乘醉大言，慨然谓诸同志曰：“狙杀日皇，真易事耳！独立运动者，奈何不为之也？”举座恶其狂，疑讽，乃以讥讪报之曰：“既甚易，何不径杀之？”义士不以为忤，续言曰：“余前年在东京时，一日闻日皇自叶山归，即往观之，伫望之余，日皇逆余面而过。当是时，余目动心摇，百脉腾沸，自念设余身怀利器，大事济矣，今乃交臂失之。”鄙人骤聆此语，色然以喜，益觉义士为非常人，顾以合席嚣嚣，不足与道，乃寂若无睹。

既闻义士醉中伟论，越数日，鄙人又造访义士于旅次，痛诉心腹。确知义士抱非常之志，真诚醇朴，与群众所疑适相反，于是肝胆相照，叹息唏嘘。有顷，即密议刺杀日皇之大计，定进行之方策，鄙人乃令义士溷迹虹口，冒为日人，以避耳目，时义士居沪，盖月余矣。义士复以“木下昌藏”之化名寄居虹口，初以杨树浦某日人印刷厂为机工，凡数月，继入日商乐器店荣昌公司为店员，颇得日人之信任。鄙人与密约，每阅三四月，则秘密来会，来必以酒肉飨诸同志。虽致群疑，义士固未尝介意。某日，义士以倭服木屐至，阍人逐之，众乃称之为“日本老爷”，加以讪笑。噫！此本为复杂份子之机关，乌足以共大事，鄙人以事□所关，虽不欲有所表白，对此无理之举，隐忍于心，一笑置之而已。

义士性极和蔼，煦若春风。然气迈情豪，忽如烈焰。故其待人接物，仁慈之中，兼以豪侠，一旦震怒，则径以匕首相见。辟易千人，豪于饮而谨于色，又擅交际，凡日人之俚词歌曲，无所不通。以是居虹口未一年，而所交好之倭男女，不可胜计。虽日警亦可玩弄于股掌之间，而□□领事内宅，竟得出入无阻。盖其天才卓荦，有非常人所能及也。当其离沪时，日人知好咸至轮埠相送，其间有泣下沾巾者。日警且祝其平安回国，又孰料此化名之“木下昌藏”已图刺日皇，身怀炸弹二枚耶。

公历一九三一年十二月朔，吾人忍死以待之良机已至，所制炸弹亦完竣，同时金钱亦汇到若干。此款为美、布、墨等处劳动侨胞之血汗，汇交临时政府，专备特项用途者，鄙人毅然付之，盖深信义士此举，必获成功也。议既决，鄙人乃于是月十一日定旅舍于中兴旅馆，招义士来，告以所备已妥。义士喜跃。中夜，二人作实际炸杀日皇之计划。既定计，即付以资，令速整装东发。越二日（十三日），义士来告别，决于数日后成行。是日，义士始正式加入爱国团，郑重宣誓刺杀日皇，留影以为纪念，壮气豪情，令人敬服。是夜，吾二人又同宿于某旅舍，密议未尽之机宜，布置义士东渡后各事。翌日，共饮于状元楼，擎杯高举，以祝成功，作最后之诀别，约相见于来世，悲壮淋漓，慷慨相对。将别，再摄二人今世最后之合影，甫对镜机，而鄙人于不知不觉间而露凄惨之色。义士见之，乃慰余曰：“吾人此行大事将成，此应喜，请勿悲！”鄙人大感动，急改容复摄，既毕，与义士为最后之握手，义士则欣然乘车向虹口而去。

越数日，义士在日友等欢送声中附轮离沪安抵东京，以吾得函电所传消息，获知义士顺利进行，本年一月之朔，忽得义士最后之电，文曰：“商品准于一月八日售出，祈安心。”鄙人接电后，拭目伫望，苦候佳音，果也，九日清晨此惊人消息已赫然披露于多报之上，时鄙人快慰无加，距□三百，特不幸博浪一击，误中副车，致令日皇幸免，稍觉可惜。然已充分发挥吾人之精神与计划，而足夺数人之魄，即谓为成功，亦无不可。惟鄙人至今犹引为遗憾者，设当时不为经济力所限，而能制与虹口公园尹义士所用同样之巨弹，则日皇早先白川而死矣。但鄙人深信机会续来，于不久之间，吾团同志中，必有继义士而起，为义士雪此恨者。

一月八日，樱田门前亲投炸弹之李义士，于日皇丧魄、敌众惊窜之时，当场就胸次取出国旗，迎风挥扬，高呼“大韩独立万岁”者三次，乃从容就捕，宣布其真姓名，以及年龄、籍贯，同时以光明磊落之态度，声明其本人为韩人爱国团团员，奉本团之使命来此暗杀日皇。问以他，则缄口。敌官每审询，义士必严辞斥之曰：“咄，今以汝皇为对手，汝辈鼠雏耳，焉敢以无礼加余。”以故迄今九阅月，未尝一度豫审。迨前月十六日，日本开所谓第一次公判。义士莅庭之际，神色泰然，气象威猛，法庭威信，抹杀无余，内外骚然，有不安之象。法官大窘，开庭未五分钟，忽宣告禁止旁听，于含糊朦昧之中，谬言公判顺利。乃定于上月三十日，宣布义士死刑。噫！义士之死，为无上之光荣，为亿万人所景仰，义士之肉身，虽滴血于断头台上，而义士伟大之精神，将与日月并垂不朽，炳耀千秋。呜呼壮已！吾韩人于义士就义之日，全体绝食一餐，以为悲壮之纪念，愿普天下同情革命之人，共庆此荣哀之举。

一九三二年十月十一日夜半　韩人爱国团团长金九

（原载于《尚志》第2卷第4—5期合刊，1932年）

东京炸案之真相

[韩国]金九

发表本案之理由

阴霾四布，魑魅横行，霹雳一声，撼天动地，此日本东京樱田门前一八炸案爆发之时也。此案于今已九阅月矣。就本团之事业言之，在国内曾有□□□□案，在上海则有轰动世界之“虹口公园炸案”，在大连更有“五二四谋刺本庄、内田、山冈未遂案”。余素抱缄默之旨，苟非至特殊情形，不欲多所宣白，而于此东京炸案，则独有不能已于言者。盖以上月十六日，东京大审院对本案作所谓第一次公判，又同月末午前九时十五分，该院于三百五十名军警之铁瓮城中，将李义士宣告死刑，而举世景仰之李义士奉昌乃于昨日午前九时二分与世长辞。余深惧此案之真相长处于疑云晦雾之中，致壮烈之气湮没不彰。且因此案而累及青岛市党部被毁，上海民国日报被封，至今对吾人深表同情之中华民众，尤无不急欲知其究竟，所以不得不贡其颠末，以略慰世之仰慕李义士者。

爱国团之最先锋

李义士奉昌者，韩人爱国团之最先锋也。余为谋祖国之自由与民族之解放献身于革命事业，四十年来，未尝一日忘此暴烈行动，固知仅恃此暴烈行动，不足以完成吾人之革命。但同时认定，处此惨酷死线之上，欲以最少之力，收伟大之效者，舍此以外，确无他途，故余倾其全力，从事于此。在此长期奋斗之中，失败固多，成功亦复不少，然余初不以成败易其初念也。挽近数年，因受经济困难之牵制与夫思想分歧之影响，事业前途顿受打击，同志征求更有才难之叹。而余抱百折不回之志，作卷土重来之图，严格训练，密组“韩人爱国团”。最先加入者，李义士也。当其加入之际，即以刺杀倭皇为誓，即日只身东渡，单骑冲锋，呜呼勇矣！

天生英杰于龙山

李义士先世居京城南之水原郡，父镇奎先生。继承祖业，家道小康。嗣以其产被圈为铁路附属地，为倭敌所攫，生计顿绝，不得已徙家于京城之龙山。义士以西历一九〇〇年诞于此，当义士最后离国之时，其家犹在龙山。义士生自寒家，求学不易，幼时仅于家庭中略习文字。十岁以后，乃得入龙山文昌小学校，凡四年毕业。其伯兄范台先生，现住韩之清津，而其父镇奎先生则已于二年前在清津作古矣。

忍挥血泪度青春

奇花初胎，霜雪已酷，不啻为初涉人寰之李义士写照。义士既毕业于小学，为饥寒所驱，不复有求学之机会，乃拔身于龙山某日商之糖果店为佣。以天真烂熳之幼童，即直接受日人之种种凌虐，而含垢忍辱，受之而已。十九岁，改充南满铁道会社龙山车站转铁手见习。义士目击日人之横暴压迫，义愤填胸，怒不可遏，每欲乘机举义，一雪国耻。而一家老弱赖其生存，满腔孤愤不得不强自抑制。独于深夜空山洒其血泪，砉然长啸，与凄凉之汽笛声相应和而已。悠悠岁月，荏苒四年，刻骨深仇，忍无可忍，乃浩然辞去龙山车站之职而赴日本大阪。

满怀壮志东去三岛

“复仇”“革命”“祖国之自由”“民族之解放”，此种幻想常纵横于李义士之脑海。盖自义士佣工商店身受凌虐之时，早具深刻之认识。迨义士服务龙山之年，正西历一九一九年，乃韩国全国独立运动勃发之秋。义士经此震荡，心志益坚，曩之幻想，渐趋实际。于是慷慨自誓，立意牺牲一身，以谋祖国之光复，孑身东渡，气吞三岛。当其时也，固已为沉毅果敢之铁血男儿，而迥非彷徨歧路之失志青年矣。义士悟“不入虎穴，焉得虎子”之至理，抱“我不入地狱，谁入地狱之决心”。自到大阪以后，即与家庭隔绝，年逾而立，未尝有男女之私，流离转徙，块然独身，盖其忧国之心，萦于梦寐，精诚专一，不遑有他。方其始至也，漂泊都市之中，役于劳动，以免冻馁。假时则侦伺敌情，作息不懈，因之异域风霜，益以劳瘁，卧病于名古屋市，凡一载，举目生疏，四顾凄绝，幸遇亲友某为之将护，病乃渐减。既而友介义士于日人某，欲以义士为婿，义士断然绝之，翻然遍游大阪、东京各地。斯时也，义士揣摹日人之言语动作，已臻神化，于是变姓名曰“木下昌藏”，虽日人亦无复辨其为韩人矣。

时不利兮流离海上

义士心怀大志，潜居敌国者凡六七年，至是认为复仇之机已近成熟，而孑然一身，力有未逮，且自变名而后，不复能以韩人行世，而其在本国之兄弟叔侄又频与日人交往。邻右目为亲日派，以是更无从与忧国之士接触，彷徨终夜，怅无所之。义士乃决向其平日所企望之上海——临时政府所在地、多数独立运动者集中地——出发，以去年一月中旬到沪，人地两疏，访求不易，形神为之焦燥。一日，义士方徘徊路侧，突遇一不知姓名之韩人，示以临时政府通讯处之地址，乃得踵门投谒。时夜将半，值楼上有密议，闻突来不速之客，操半杂日语之韩语，形迹仓皇，众坚不纳。义士设辞婉进，众愈疑。同志中两三青年，虑其为日人侦，急欲挥诸门外。义士坚不去，继以哀求。时余方在楼，闻声下视，立谈之顷，觉其态度非凡，乃令暂居附近之旅舍。

午夜酒后露真情

义士既定居旅舍，余乃时往密访，初亦仅作寻常谈话而已，犹未敢披肝沥胆，倾吐腹心也。义士亦频至临时政府通讯处，然群疑未释，终为多数同志所忌，并劝余不宜时与过从。余忧之，思解其惑。一日，义士来，余乃与处中三数同志设肴痛饮，酒半，义士乘醉大言，慨然谓诸同志曰："狙杀日皇，真易事耳。尔曹独立运动者，何不为之耶？"举座恶其狂，以讥讪报之曰："既甚易，何不径杀之？"义士不以为忤，续言曰："余前年在东京时，一日闻日皇自叶山归，即往观之。伫望之际，日皇逆余面而过。当是时，余目动心摇，百脉腾沸，自念设余身怀利器，大事济矣，今乃交臂失之。"余骤聆此语，色然以喜，益觉义士为非常人。顾以合席嚣嚣，不足与道，佯若无闻。

"日本老爷"

予既闻义士醉中伟论，越数日，又造访义士于旅次，痛诉心腹，益知义士抱非常之志，真诚醇朴，与群众疑者适相反。于是肝胆相照，叹息有顷，即密议刺杀日皇之大计，令义士溷迹虹口，冒为日人，以避耳目。时义士居沪，已月余。乃复以"木下昌藏"之化名，寄居虹口。初入杨树浦某日人印刷厂为机工，凡数月，继入日商乐器店荣昌公司为店员，颇得日人之信任。余与密约，每阅三四月，则秘密来会，来必以酒肉飨诸同志，虽招群疑，义士固未尝介意。某日，义士以倭服木屐至，阍人逐之，众乃称之谓"日本老爷"，加以讪笑。余以事势隔阂，虽不欲有所表白，然对此无礼之举，几不能忍，李义士则一笑置之而已。

英雄本色

义士性极和蔼，煦若春风，然气迈情豪，有如烈焰。故其待人接物，仁慈之中，兼以豪侠。一旦震怒，则匕首相见，辟易千人，豪于饮而谨于色。又擅交际，凡日人之俚词歌曲，无所不通。以是居虹口未一年，与所交好之倭男女不可胜计。虽日警，亦可玩弄之于股掌之上，而□□领事内宅，且得出入无阻。盖其天才卓荦，有非常人所能及也。当其离沪时，日人知好，咸至轮埠相送，且有泣下者。日警亦祝其平安回国。又孰料此化名之“木下昌藏”，乃身怀炸弹二枚，以飨倭皇者耶？

最后之别

大韩民国十三年，即西历一九三一年十二月朔，吾人忍死以待之良机已至，所制炸弹告完竣，金钱亦汇到若干。此为美、檀、墨等处劳动侨胞之血汗，汇交临时政府，专备特项用途者。余毅然以付义士，盖深信义士此举必获成功也。议既决，余乃于是月十一日定行舍于中兴旅馆，招义士来，告以所备已妥，义士喜跃。中夜，二人作炸杀倭皇之实际计划，即付以资，令速整装东发。越二日（十三日），义士来告别，决于数日后成行。是日，义士始正式加入爱国团，郑重宣誓刺杀倭皇，留影纪念，壮气豪情，令人敬服。是夜，吾二人又同宿于某旅舍，密议机宜，布置义士东渡后各事。翌日，共饮于状元楼，擎杯相祝，约相见于来世。将别，复摄二人今世最后之合影。甫对镜机，余不觉面露凄惨之色。义士慰余曰：“吾人此行，大事将成，应喜，请勿悲。”余大感动，急改容复摄。既毕，与义士为最后之握手，义士则欣然乘车返虹口。

举世震惊之一掷

越数日，义士在日友之欢送声中浩然离沪，安抵东京，以吾等函电所传消息，知义士进行顺利。本年一月之朔，得义士最后之电，文曰：“商品于一月八日必售出，祈安心。”余接电后，拭目侧耳，以候佳音，果也。九日清晨，此惊人消息已赫然露于各报。时余快慰无加，距跃三百，虽不幸博浪一击，误中副车，致令倭皇幸免，然既已充分发挥吾人之精神与计划，以夺敌人之魄，即谓为成功，亦无不可也。惟余至今犹引为遗恨者，设当时不为经济所限，而能制与虹口公园尹义士所用同样之巨弹，则日皇必先白川而死矣。但余深信机会续来，将于不久之间，吾团同志中必有继义士而起、为义士雪此恨者。

凛然大义

一月八日，樱田门前。亲投炸弹之李义士，于日皇丧魄、敌众惊窜之时，当场就胸次出国旗，迎风挥扬，高呼“大韩独立万岁”者三，乃从容就捕，宣布真姓名，以及年龄、籍贯，同时以光明磊落之态度，声明其本人为韩人爱国团团员，奉本团之使命，暗杀倭皇。问以他，则缄口不对。敌官审询，义士必严辞斥之曰：“咄！余以汝皇为对手，汝辈鼠雏耳，焉敢以无礼加余！”以故迄今九阅月，未尝一度豫审。迨前月十六日，日本开所谓第一次公判，义士莅庭之际，气象威猛，法庭威信抹杀无余。法官大窘，开庭未五分钟，忽宣告禁止傍听。于含糊暧昧之中，谬言公判顺利，乃于昨日执行死刑。噫！义士之死，为无上之光荣，为亿万人所景仰。义士之肉身，虽滴血于断头台上，而义士伟大之精神，将与日月并垂不朽，炳耀千秋。吾等于义士就义之日，全体绝食一餐，以为纪念，愿与普天下同情革命之人，共庆此悲壮荣哀之一举。

大韩民国十四年十月十一日　金九

（原载于《屠倭实记》，韩人爱国团，1932 年）

虹口炸案之真相

韩人爱国团

发表本案经过

本团团长金九先生，素抱寡言力行之旨，非到相当时期，决不愿将本案之真相暴露于世。然本案发生之日，倭人焦急万状，一方以本案之责任卸于法租界韩人全体，遂与该租界官宪沟通，肆意搜索、拘捕，以威胁韩人；一方则穷思极想，觅得外交上之借口，与中国为难。于是金先生为破其奸计起见，不得已于五月十日以英文广布本案之真相于中外。本文与该文略同，并稍予补充焉。

两个奇异之人物

不下十万之驻沪倭人于狂歌乱舞之胜战快感中，庆祝彼皇诞日，此为强占东北、蹂躏江南后之第一次庆典。倭人咸喜不自胜，黎明即竞赴虹口公园参与祝贺。适其时，沪上一隅有两个奇异人物，倚立一汽车之傍，一为五十余岁之老工，一为未满三十岁之潇洒青年，其时则本年四月二十九日也。

剧的一场

老工以悲壮之语，谓青年曰："君命即将与世辞矣。余为祖国光复与民族自由，切祈于将作伟大牺牲之君，赫赫之成功，将与君长在。惟最后有一言语君：吾人之敌，倭寇而已。则今日举事，切须审慎，万勿加于倭寇以外各邦人士。今以二弹授君，一以屠戮敌将，一以毁灭己命。"青年答曰："谨遵教，深愿先生为国保重，奋斗到底。"老工又曰："君乎！望与君再面于地下。"于是两人握手相别，不觉热泪滂沱。呜呼！此日此时，看此悲壮之一幕者，更有何人？

突破警备线

日本民族本无法治可言，自古蛮暴残忍，其佩刀称武士者，能自由劫财、奸淫、杀人，他人不敢顾问。彼辈有时出没于中、韩沿海地方，所谓倭寇是也。自明治维新以后，彼更利用科学新法，尽心尽力于黩武，不数年，一跃列于最文明式之头等强盗。故今日之日本政治，运转于军阀之专横手掌上，无足怪也。是故民不聊生，均有是日曷丧之叹，为政者惧之。有事时，恒先以枪刃织成珠网，发挥暴威，弹压人民。其于国内犹然，况在国外举行大典时乎？又况激发四万万大众之愤怒时乎？四月二十九日，倭人之警备，实前古所未有。坦克车、飞机、铁甲车、大炮、机关炮等利器，无不罗列。虹口、闸北、江湾一带，皆在警备线内。数千武装队，或骑或步，梭巡该园内外，几无一毛可入之孔。华人（汉奸除外）勿论，外人无招待证者，亦不准入围。坚如铁瓮，高似长城，以此比之，犹有逊色。噫！以世界一等国大军阀之权威，乃不能阻一青年之伟大精神，亦大奇矣！青年非他，即与老工相别者，渠正成其所志，于四月二十七日曾赴该公园，悉心布置，再赴虹口，求得白川照片，并购日本国旗一副，藏之怀中。至二十九日晨，着西装，肩垂军用水壶（内藏炸弹），手持辨当（辨当为日人盛饭之长方形白铁器，亦内藏炸弹。白川、河端等吃此辨当而死），驰赴该园，日军警竟不知其为韩人也。于此可知倭人之戒备，虽千万恶辣，韩人视之，诚无一笑之价值。一八东京炸案，亦足为证也。

快哉！凶手亡矣

青年驰车赴园后，老工急回某处，准备酒肴，将举祝杯。正其时，日本驻沪最高文武官员鹄立虹口公园庆祝台上。日侨围于台下，兴高彩烈，同祝国运之日盛，圣寿之无疆。将午，黑云满布，天忽阴雨，该青年之两手一挥，一水壶高飞台上，霹雳轰作，天地震动，台上人物应声纷仆，时在午前十一时四十分也。河端破肠即死（河端者，倭居留民团长。与倭商业会议所所长米里俱为沪变之民间凶首，自为便衣队队长，操纵浪人。三友实业公司工厂放火杀人案，实其一手所造成者）。侵略上海之总司令白川大将身中二零四个大弹片，小片无数，至五月二十六日毙于沪。第三舰队司令野村中将眼珠突出，只眼失明。第九师团长植田中将，折只足。驻华公使重光折两脚，虽免惨死，然皆残废。此外，驻沪总领事村井、民团书记友野及倭卒、倭妇五人，均负伤。于是倭贼上下汹汹，所谓二十一发皇礼炮，亦因一声炸响而停。瞬息之间，庄严庆祝会顿成凄惨修罗场。是实宣告日本帝国主义没落之吊炮，惩罚杀人放火凶犯之霹雳，闻此巨响，而大叫痛快者，岂独三千万韩人乎？四万万华人宜有同感也。死于沪战之数万生灵，从此九原冤魂可瞑目矣。噫！匹夫有志，可夺三军之帅，真诚心忧国者，当此危急存亡之秋，岂可束手坐毙，而不亟起奋斗乎？

青年为谁

青年为谁，即中外钦敬之尹奉吉义士也。义士于距今之二十四年前诞于韩国忠清南道礼山郡德山面柿梁里。自幼聪明过人，有神童之誉。天性富于反抗，虽师长而以无理压迫，痛殴之，无所惮。与人斗争，决不退让。年十五，能作华文诗。一日，乡中父老试其才，命落韵成诗，义士应声曰："不朽声名士气明，十气明明万古晴。万古晴心都在学，都在学行不朽声。"十六岁自习日文，一年而能通话。十七岁为乡中无产子弟执教鞭，至十九岁兼办夜校，以迄今兹。此等穷乡愚夫，其能吸收新思潮于不知不识间，皆义士之赐也。

壮哉！ 义士之志

彼倭人之于吾韩，政治压迫，无微不至，经济榨取，使韩民逐日饿死，是可忍孰不可忍。于是义士吁然长叹，愿以一死报国，拯同胞于水火。然在敌人监视下，举手投足，不得自由，二十三岁，乃断然离国向沪。

泪别祖国

义士之父璜，年四十二；母金元祥女史，年四十四；妻裴用顺女史，年二十六；长子模淳，年六；次子淡，年三；次弟奉锡，年二十三；三弟永锡，年十六。家无遗业，生计甚困，仅以务农过日。以义士之至孝至爱，岂甘恝然弃其家庭，特以家国不能兼顾。方寸之刃，忍痛割之，其志大可悲矣。将离国，川资难得，不得已于自办之学校经费中权取数十元，潜渡鸭绿江。至青岛，囊中已空，异域漂迹，无地容身，乃含泪忍辱，为倭人中原兼次郎洗衣作工人以度日，蓄其所余。一年后，汇还权取学校之金，以其所余作沪行。去年五月八日乃抵上海。

龙飞大海

义士既到沪，喜不可喻，然四顾无亲，迫于贫穷，乃入某鬃品公司服务，月得十余元糊口。旋愤厂主之压迫，而自营小菜商于虹口市场，此皆不过仅图免死而已。义士毫无所懊悔，常破衣废履，掉臂于堂皇大路上，即韩人亦多藐视义士者。旋为金九先生所识，一谈天下事，即肝胆相照，先生甚重之。先生为谁？前述之老工是也。四月二十六日，义士入韩人爱国团，于同月二十九日。

遂生平之大志，义士见目的已达，从容就逮。今虽为倭敌之捕虏，杳无消息，然不朽之伟业，与日月争光，岂独为韩国民族之荣誉已哉？实全世界被压迫民族之光明也。

最后消息

《申报》本年十一月二十六日记事：

东京《时事新报》云，本年四月二十九日，上海虹口公园炸弹案，日本白川大将、河端行政委员长先后因伤身死，重光公使、植田中将残废伤脚，野村中将失明。案犯朝鲜人尹奉吉等二名被逮后，拘押于上海宪兵队。前月底，业已豫审完毕，于本月十八日午后六时，由十数名宪兵秘密护送离沪，押解至大阪。二十日夜已抵大阪港，即移解于大阪卫戍刑务所，将交第四师团军法会议。该会议依照会议法第六条，派第四师团军法会议检察官金子部长、长谷审判长、斋藤陪席推事等审判云。

世界新闻社云，据日讯，虹口公园炸弹案，炸伤日本白川大将、重光公使、野村中将等之韩人尹奉吉被捕后，由驻沪日宪兵队严重询问，直至最近押解回日，由宪兵五名护送，解往神户。又讯，尹奉吉被捕，经日派遣军军法会议确定死刑，将交大阪陆军卫戍刑务所执行枪毙。最近解往神户，转送大阪，收容于大阪陆军卫戍刑务所。

（原载于《屠倭实记》，韩人爱国团，1932 年）

大连炸案之真相

韩人爱国团

震天动地之一八东京炸案、四二九虹口公园炸案，以及五二四大连炸案，为韩人爱国团已显露之伟大事业。此决非因于偏狭的民族观念的感情爆发，乃为三千万韩国民族维持正当之生存权，且为四万万中国民族除去心腹之患，而打倒倭帝国主义之正义发动也。谓之为“东洋平和之警钟，世界安宁之福音”，亦不为过。然则昭其真相，以激励中韩革命民众，巩固其抗日联合战线，以一致其步武而共同杀敌，实为本团自负之义务。苟能履此义务，其于全人类之福利上必有莫大之贡献。本团团长金九先生，对于东京及虹口公园两案，既发布其真相，唯于本案，于今半载，只言未及。盖本案不幸垂成而败，若发表其真相，则非但资敌人以推察本团对东北之计划，且虑现为敌俘之四义士或因此而更受不利也。故本案发生后，本团只作宣言一次，以反驳奸敌之谋陷，更无其他言论。兹本团特先引用关于本案之几篇新闻记事及本团宣言书，并述本案之重要人物崔兴植、柳相根两义士之履历，以告世人。至明示真相，则请待后日。切望天下贤明之革命同志，鉴谅此苦心焉。

一、申报记事（本年七月十四日）

韩爱国团谋炸日要人，仍是金九所派遣；以本庄等为目标，柳、崔等四人被逮，炸弹亦为水壶形。

汉城通信，据本月三日韩京《东亚日报》载，韩人爱国团团员柳相根、崔兴植、李盛元、李盛发等，拟乘国联调查团自沈阳抵大连车站，日本军政要人躬出迎迓之际，将关东军司令本庄繁及南满铁路总裁新任外长之内田康哉暗杀事，被当地警署发觉，即行将柳等四人搜捕，但秘不发表。至本月初，始许各报揭载，兹译其梗概如此。

自东北事件发生，日本实行侵略中国东三省以后，韩国独立党认为第二次世界大战之导火线已着，积极谋复国运动，规模宏大，计划周密。而金九所领导之韩人爱国团，则专负暗杀暨破坏责任，在沪战尚未爆发之先，业已先后派遣该团暴力份子潜赴各地相机举行。此种消息，早为日本当局探悉，故密布警戒线于日本、韩国各地，而该团竟不顾牺牲，于本年一月八日派该团团员李奉昌在东京向日皇投掷炸弹。四月二十九日，复遣尹奉吉乘上海日人在虹口公园庆祝天长节之际，向在场之军政要人投掷特殊炸弹，所有白川、重光等十二人无一幸免。

嗣后日本各地军警愈加戒备，几至不眠不休，风声鹤唳，亦疑为该团之呼啸，草动树摇，竟视作该团之活跃，防不胜防。五月中旬，大连邮局发现一韩人投发一中国式密电号码之信件，当即送往该埠警署检查，始悉该埠潜伏有刺客多人，准备举事。乃大搜全市，于五月二十四日黎明，在北大山通五号韩人渔夫组合内金正顺家将崔兴植逮捕。次日，又将柳相根、李盛元、李盛发三人先后捕获，严刑拷讯，真相大明。

据称，该四人均系韩人，受爱国团首领金儿之命。崔兴植(年二十二岁)，机敏善谋，专负调查旅顺、大连之警备状况，于四月一日由海道潜来大连，隐匿于金正顺家内。其间，曾一度密赴沈阳、长春、哈尔滨各地，寻觅机会。柳相根(年二十二岁)，则负实行暗杀使命。五月四日，由上海来连，匿居儿玉町满铁，寄宿舍儿玉寮内满铁社员某韩人之寝室内。另由七十二岁老人李龙发、长子盛元及次子盛发二人，担任运输武器，由某地将炸弹、手枪、塔轮先到营口，再转大连，交付柳相根收存。柳将是项武器受而深藏于自用之皮箱内，四人秘密往还，暗通声气。伊等多方探悉，国联调查团将于五月二十六日午后七点四十分到达大连站，先来此间留候之本庄繁及内田康哉诸人届时必躬出接迎，企图乘此机会，一举而将二人炸歼之。若机会逸失，则改三十日上午九时三十分该调查团离去大连之时举行。待目的达到后，即以备就之手枪□□，绝不让日人捕去云云。柳相根被捕后，态度自若。崔兴植则云：彼对于今番之失败，毫不在意，因伊之同志，已弥布各地，专以扫杀日本野心巨魁为职志，前仆后继，绝不停止此种计划之实行。又据供称，伊等是番企图目的，在欲于调查团眼目之前给予破坏东方和平者严厉之惩戒，并使国际明了韩国民族反抗强日，实与中国同一战线，并不如日本片面之欺世宣传，一味蒙蔽世界视听云云。闻警署所抄出之炸弹，与虹口公园炸白川诸人者形式相同，乃一重有一百三十两之大形军用水壶，内储强烈爆炸药及碎薄白铁，外以三分厚之钢铁皮包之，裹以呢，系以长带。投掷时，揭去小盖，引出尖端，借此尖端出了磨擦力，则能自然发火。

且该水壶形之炸弹，因系有长带，故能利用远心力，视其目的之远近，可以调节如意，极为准确云。（华联社）

二、本团宣言

本团素重实行而避发言，故对于此次大连案一向沉默。然彼奸敌造谣，继续宣传本团之大连炸案，出于暗杀国联调查团之阴谋云云，是实本团不能容忍者。兹发简单宣言，以明其真相。

本团团员李奉昌义士于本年一月八日在东京狙击敌皇，敌于是造谣曰"本团之背景为中国抗日会"，无何，事实自明，敌即停止其虚伪之宣传，本团亦从无辟谣之举。

本团团员尹奉吉义士于本年四月二十九日在虹口公园屠戮倭敌军政要人，本团亦不发一言。敌又造谣曰"住居法租界之全体韩人皆此案之关系者"，不留时刻，实行大搜索法租界韩人之住宅，乱捕韩人，甚至男女老幼无一幸免。被捕者凡十二人，皆无政治关系者。彼等犹以为不足，结队梭巡，威胁万端。该租界官宪，忽变过去十三年之态度，助桀为虐。倭敌再以该案之责任转嫁于中国，望得外交上之借口。奸敌之卑鄙行为，盖数十年之惯技，本团不能默尔不言。故本团团长金九先生于五月十日发表《虹口公园炸案之真相》一文，揭破敌人之假面具。倭敌乃惧，放十一韩人，只押革命领袖安昌浩先生一人，解往韩京，准备提起公诉。然亦竟不能以炸案加诸先生，更不能以此案之责任加诸中国也。

本团团员崔兴植、柳相根等四义士，于本年五月二十四日，在大连不幸未达目的，而为倭敌所拘。于是倭敌复广播谣言曰："金九领导之韩人爱国团，自东京及虹口公园炸案爆发后，本谋暗杀朝鲜总督及满洲之日本文武长官，临时变更计划，将暗杀国联调查团。该团将以此使日本陷于国际上之困难，促起世界战争，乘机完成韩国之独立。而该团自中国政府及民众抗日团体得充分之活动资金云。"奸敌虽以谲辞谋害，然本团决非因此而受害。兹撮其要点，一一反驳之。（甲）敌指本团为好战，然本团希望为人类真正幸福之战争以外，决不愿有任何侵略性之无名战争。本团之所以不顾许多牺牲，一向以暴烈行动对抗者，盖手无寸铁而被驱逐于死线之韩人，舍此更无他道也。故韩国之独立，一日不成，则暴烈行动即一日不绝。（乙）本团除倭敌外，对于任何国人，视之如亲友，绝无伤害之意，虹口公园事件可证。（丙）崔、柳两义士所负之使命，为屠戮侵略东北之敌魁，其人为关东军司令本庄、南满铁路总裁内田、关东厅长官山冈，决非欲加害国联调查团。（丁）我韩族为神圣遗裔，本团为纯粹爱国团体，虽死，决不冒充三岛蛮籍，以惹起国际问题。（戊）本团为彻底的救国团体，惟以坚固的自立精神，奋斗到底，决不依赖任何国人或任何国政府。然则倭敌其不知此而造谣乎？曰：否。彼欲以此掩饰己罪也。盖日本对于国联调查团，外刚内惧，其忌之实甚。其中支配现政府之军阀尤然，彼等暗令法西斯蒂团以种种方法威胁调查团，竟有受激动，敢谋杀该团者。于是倭政府甚狼狈，遂以此罪施诸本团也。本年七月十八日，日本及韩国境内之各新闻竞载其惊人消息。兹译韩京东亚日报记事如左。

东京十七日发电。警视厅特别高等课数日以来甚紧张，于十五日午前二时，拘捕高崎市出生之青柳健治（二十七岁），方在严鞫中。青柳曾谋害于四日入东京之国联调查团一行，携带装置实弹之手枪一只，潜入东京，以待机会。渠系右倾团体所属分子，已与调查团到东时散布不稳传单之一派，相通声气云。

国联调查团之任务，为彻查日本帝国主义之蛮行，则本团于驳斥倭敌之虚伪宣传外，拟向该团直接呼诉韩人之愤恨，旋以此非其时，且收效难期，故姑置之。本团确信该调查团若切实履行其任务时，则不待本团之呼诉，当能深刻认识韩国完全独立之必要。盖韩国为东洋平和之关键者，历史地理所共证也，故欲求中日冲突之永久解决，非韩国问题之完全解决不为功。

若该团不能观察及此重要性，则其惊喧一世之伟大努力，亦必归于零而已。

大韩民国十四年八月十日　韩人爱国团

三、崔兴植义士履历

一、原籍：韩国京城黄金町二丁目二十二番地。

一、现住：韩国京城光熙町一丁目十四番地。

一、姓名：姓崔，幼名八庆，长名兴植。

一、年龄：二十二，未婚。

学历：

一、自七岁至十岁，在家学习文字。

一、十一岁，入京城水下洞公立普通学校。

一、十四岁，因学资困难，中途退学。

经历：

汉朝先生其父，罗氏其母，罗氏为汉朝先生之续室。义士诞生时，父年七十二，母年四十四。义士乃罗氏之初生，因接生疏忽，甚难产。罗氏得病，未三月即卒。义士襁褓时，恃老父之爱育，以至长成。父业药行，收入丰裕。义士七岁而慈父又逝，哀痛罔极，不知所为，乃托身于兄光植家。兄以义士为庶子，待之不厚。三年，因长侄不端，家产荡然，义士身世乃大狼狈。十四岁废学，始入相光印刷所为见习，以不足以谋生，三月即退。翌年冬，乃以悲壮之决心，欲别开生路，筹得川资五元，飘然离家，赴仁川，四处求业，皆无一就，势将饿死，乃躬作小贩，卖馒头于路上。每晚九时起，翌晨三时为止，日得不满二三角，计穷力尽，辄萌蹈海之志。旋离仁川，南向釜山，孑孑漂踪，跋涉百里，至永登浦，遥望汉江（环流汉城之大江）铁桥，回想家乡，泪下如雨。流离于忠清、全罗、庆尚三道，以乞丐度日者，凡五载。十九岁，积劳得重病，不得已回家。二十岁为纸灯公司之跑街，亦未几，即辞退。义士以未及弱冠之年，即饱经人生最难堪之苦痛，故意志坚强，抱负大志，欲以一死救三千万生灵于水火。第二次离家向华。方欲与在外革命同志携手，至平壤，以其兄死，急返治丧。昨年四月，三次离家，经沈阳至大连，困于川资，乃为倭商店之跑街。同年十一月，以薄蓄乘舟到沪，入某鬃品公司，以待好机将至。今年一月，闻李奉昌义士之快举，手舞足蹈，欲追其后，乃为金九先生所认识。四月，授之以爱国团重要使命，派赴大连，不幸于五月二十四日与柳相根、李盛元、李盛发三义士俱被拘于倭，竟不得遂其大志也。

四、柳相根义士履历

一、原籍：韩国江原道通川郡顺岑面五柳里。

一、现住：中国吉林和龙县明新社富兴坪二号。

一、姓名：姓柳，名相根。

一、年龄：二十二，未婚。

学历：

一、自六岁至九岁，在家学习文字。

一、自十岁至十四岁，肄业于通川公立普通学校。

一、自十六岁至十七岁，肄业于延吉县龙井村东兴中学校。

经历：

父春基先生，母金氏。义士有四兄二妹，家业农。当义士十四岁时，其父移住中国吉林省延吉县二道沟，三月，再移于蜂蜜沟毕山村。义士住此约一年半，助父务农。十六岁，离家赴龙井村，入东兴中学肄业一年，因故退学。后家再移于和龙县。十九岁赴哈尔滨，寄居姨丈李钟翊先生家，义士常郁郁不乐，盖不遇其时，大志不得施也。一日于其叔处得川资若干，经大连而至上海，因时不利，亦不得一试其壮志。沮丧之际，幸遇金九先生，受深切之感化，意气甚豪。以暂维生活起见，金先生介之入英商公共汽车公司为查票员，服务九个月，时割其所得，以供先生之零用。未几，义士将欲周游南华，无以得旅费，复为人参商，历览广东、香港等地。昨年被先生召返沪，即任韩侨民团义警队队员，助先生如左右手足，先生甚爱之。今年一月辞义警队任务，先生授以爱国团之某重大使命，五月初始入大连，与崔兴植义士等，互相周旋，将举大事，不幸未成，而于同月二十四日，为倭敌所拘矣。

（原载于《屠倭实记》，韩人爱国团，1932 年）

蛮倭铁蹄下之中韩苦景

韩人爱国团

中华民国二十年九月十八日，是为蛮倭开始并吞满蒙之第一日，将永远不灭于四万万中华民族之脑海矣。噫！倭仇之垂涎于满蒙，非一朝一夕，乃中日、俄日两大战争后，于西历一九零九年，倭酋伊藤博文将欲实现此积年野心，与俄帝国全权古考不伊爱夫会于哈尔滨站头。若使伊藤不死于我韩义士重根之手，则九一八事变早发生于此时，岂迟至二十余年之今日？自此以后，中国应有大悟，宜防不测于未然。奈历年东省当局者，反不顾邦国存亡，将欲树立封建的势力于关外，以固个人的地盘，引狼入室，为虎作伥，予以进攻满蒙之绝好机会于倭仇，遂致九一八事变之发生。

当此时也，无不谓中华有五千年悠久之历史与四万万伟大之民族，应有第二岳武穆、袁崇焕，决死抗敌。乃事与愿违，守土之将急率精兵数十万，一意退让，直入关中。从此三千万无辜为倭仇之鱼肉，日章旗翻扬于四百万方里之广袤之沃野，甲于全国之兵工厂及飞机队，为屠杀义勇军之最好工具。

其有热血者，岂可坐视此惨境乎？于是我韩义士李奉昌愤起，以匹马单骑，直冲倭国首都，乘倭皇甫终新年阅兵式，自代代木练兵场返宫之际，狙击于樱田门前，快雪耻辱。然则李义士之举义，独为中华而然耶？曰：否，亦为我韩而然。盖九一八以后，二百万东北韩侨与三千万华人共为鱼肉，数万光复军将无用武之地也。李义士不幸误中副车，然倭皇饱受虚惊，诸倭无不丧魂落胆。中韩同庆，拍手称快，因此促进倭仇侵占江南之野心。上海《民国日报》被封，青岛市党部被毁，终致一·二八事变发生于沪上。然深明大义、忠勇果敢之十九路钢兵，以孤军能始终抗敌，我韩三千万同胞无不喜跃，咸祝胜利。其为韩人者犹然，而况华人乎？不幸因国计未定，抗日决心各有见地，忽于三月初，全军忍痛退却，革命志士之所痛恨者，莫过于此。于是我韩义士尹奉吉愤然而起，以单身屠杀倭将白川等于虹口。设中国能驱倭于江南，则虹口炸案不在于沪，而当在于我韩矣。逾月，崔兴植、柳相根两义士又举义于大连，不幸失败，其志则足使倭仇战栗耳。于此可见我韩多有热血志士，然岂敢谓我韩族勇于华族而然耶？盖韩人之为倭仇受苦久于华人，而抗日决心愈强而已也。九一八与一·二八以后，已予以极烈刺戟于中华，亦将不知几十几百之李奉昌、尹奉吉出自四万万中矣。又况当此热河危在朝夕，藏、回告警，滇、桂受胁，江南不安。

呜乎！今日中华之为倭仇蹂躏，与我韩无异。中华国民乎，再不应以地大物博自夸，尤不应侮辱韩人为亡国奴，互相怜爱，共同奋斗，作成强固的抗日联合战线，是所望于两大民族。

（原载于《屠倭实记》，韩人爱国团，1932 年）

虹口案后之白色恐怖

韩人爱国团

因一八东京案，而倭皇惊魂落胆，再因虹口公园案，而诸倭酋暴死。于是，倭奴为狂如癫，于四月三十日晨三时，设搜查本部于法租界毕勋路倭公使官邸，于倭警部园田指挥下，出动便衣军警百余人，持有三十六拘捕状，开始搜查。而数百军警及浪人则于二十九晚，即以华服遍布于多数韩人住居之法租界霞飞路、马浪路、劳神父路、贝勒路一带。法租界官宪忽变过去十三年间尽力保护韩国革命者之态度，亦单独拘捕韩国革命领袖，名之曰“炸案连累犯”，且诚心协助狂倭之行动，以致此案后四阅月之九月七日，竟有倭军警拥至吕班路十三号误绑一华佣之举。海上中外各报为之喧然。其后，倭军警成群结队，继续袭击法租界之韩人住宅。法警皆熟视无睹，予以默认，反扬言曰：“此为寻常探访之行动。”呜呼！素不相识之敌我间，更何访问之足言？帝国主义者之强词夺理、奸滑成性，有如此者。自是以后，法租界即成黑暗世界，吾等韩国人民已不能安然托足其间矣。兹将虹口案后吾人受难情形揭之如左。

一、安昌浩先生受难。虹口炸案爆发时，十万倭人仓皇失色，一边处置死伤者，一边镇压民心，奔走不假，罔知所措。不意法租界官宪深表同情于倭奴，乃不经合法手续，于同日午后三时许，即单独袭击霞飞路宝康里五十四号李裕弼氏住宅。李氏为一民族运动者，当时任侨民团长职，别无其他举动，若以为祖国革命而努力为有罪，则李氏固当不免，然与炸案则毫无关系，更无为法警直接拘捕之理由。时适李氏不在，该警等潜伏室内，静待其返。少顷，一韩国革命领袖安昌浩先生来访，该警等喜出望外，即拘至霞飞路捕房，不问曲直，即欲驰车引渡日领署。先生坚申自己为华籍，车至八仙桥时，西探要求执照，先生诺，即导至环龙路二六〇号其亲戚家，出而示之。彼等即驱车至卢家湾总捕房，详加审查，悉先生确为华籍。然法警不变初志，故意引渡日领署，此已为美籍律师阿乐满氏证于各报上者，先生自此为俘虏矣。噫！如先生者，为祖国革命努力四十年而入狱，虽死犹荣，惟违反国际法规之暴行及为德不卒之背信狡技，不出之他人，而乃出之于以世界革命先进自任之法人，亦玷辱华声甚矣。当时法国国内舆论骅[哗]然，如政界领袖班乐卫先生及学界领袖沙教授（人权拥护会会长）等，皆亲致电于上海法领事梅理蔼，劝阻非法行动。当时上海报界，如《大美晚报》《大陆报》《密勒氏评论报》及《字林报》诸大西报，无不主张正义。中国报章于吾韩虽有深切之同情，然自民国日报社被祸后，深惧蛮倭之暴行，未敢发挥议论。而有□□新报者，乃于五月二十一日"虹口炸案非安昌浩主使"之题下，反加辱于安先生及独立党，而其稿出于□□抗日同盟常委嵇翥青，此诚不可不谓为一大憾事矣。委任营救先生之阿乐满律师，则不以法官宪之非法引渡为念，彼确信倭官宪无权拘押，据理力争。盖（甲）先生不依拘捕状而被捕。后倭警虽对《字林西报》记者狡辩，谓安氏之拘状已于六七年前。安氏自美来华之日发行，然迩来六七年间，则彼等在法租界一无着手拘捕之行动，而且依领事团所定法规，则管辖住居地之领事一次签字于他治外法权国领事发行之拘捕状时，其效力只限于四十八小时，过时欲继续拘捕，即须重行签字，六七年后之今日万无有效之理。（乙）先生已于暴日并吞韩国之前离韩，倭户籍上无先生名字，倭官不能认先生为倭籍人民。（丙）倭官宪自体亦承认先生为华籍。有此三证，本可箝彼倭之口，然狂倭非但不顾阿氏之正当法理，且无视中国政府、上海各团体救国联合会、上海总商会、上海律师公会及上海总工会之抗议，于六月二日秘押先生至韩京警署。七月十五日，自京畿道警察部解京城地方法院，提起公诉，其所谓公判即在目前，然闻倭人无法以炸案犯加诸先生，另以所谓治安维持法科之，如此先生或不致一死，然不知何日出狱，纵使出狱，亦将永为俘虏，此乃上海倭官宪所声明者也。

二、十一无政治关系者受难

于四月三十日晨，倭警会法警试欲拘捕三十六重要韩人，开始搜查。韩人机关及住宅，无一幸免。然安先生被捕引渡后，韩人已窥法官宪豹变态度，恐有意外危险将至，无不避身他往，只留妇人、小儿、学生及其他无政治关系之纯粹职业者守家。倭官宪平素对于此辈人士不甚注意，故虽在日领署附近，亦得自由来往。有时更自由往返韩国、日本等地，倭警视若寻常。然当日出动之倭官宪，骚扰终夜，一无所得，乃毒不可制。所到之处，恣意劫财，失棉被衣服者一家，失韩国人参者一家，失土地证券者一家，失银行存折者两家，失高价机械商品者一家。彼辈又横施殴辱，以不知其夫所在地，故一妇人被殴；以怒视彼辈，故两岁乳童被辱。彼辈乱捕，结果韩人男者，虽儿童不得免。以表示之如左：

姓名	年龄	职业	被捕地点
金德穆	一八	学生	霞飞路宝康里五十四号
朴华山	二一	同	同
车均灿	二〇	同	同
李东一	三四	牙医	同
张铉瑾	二二	学生	马浪路普庆里八号
金德根	二〇	同	马浪路四四六号
朴济道	二三	电车公司员	辣斐德路三八八号
朴济建	一六	学生	同
李基咸	一六	同	马浪路崇一里一六号
张相国	三一	电车公司员	同
胡圣源	二五	学生	同

阅此表，当时惨状即可推知。后法警察虽为倭军警代辩白，谓此十一人皆依适法拘捕状而被拘者，然革命领袖安昌浩先生被捕月余，敌尚不能定罪名，况此十一人乎？使法人之说为然，则倭万无不能定罪之理。倭警对此十一人不加酷刑，亦不加严审，无端非法久押，使就学者失学，服业者旷业，帝国主义者之蹂躏人权，有如此者。五月七日倭警始释第一批五人，二十九日再释第二批四人，尚不放张铉瑾、金德根两君。至六月二日，即与安先生俱解韩京，直押至七月二十五日始放，并拘束其将来三年间之居住自由。

三、华人受难

华人徐显达，年二十五，湖南人，系某机关之工友。四月三十日晨三时，日法军警搜查该机关时，徐方在该处当值。倭警先示以数万巨金，诱以甘言，乞指示金九先生住址。徐始终以不知二字答。倭警大怒，拳足交加，且以木棍、铁杖乱打，霎时流血狼藉。法警察亦在傍助势，押至卢家湾巡捕房，骂之曰“共产党”，复痛殴之。至翌五月一日礼拜清晨，引渡至倭宪兵司令部。倭宪兵以二事强之，一为指示金九先生住址，二为作倭侦协拿韩要人，而徐又拒之。该宪兵施以各种非刑，几至昏晕。下午，忽带至倭领馆，二法探带回至卢家湾，示以西文一纸，命押指印，后即释放。噫！倭奴行同禽兽，其压迫韩人乃至华人犹可说也，彼法人不尝以文明人自期者乎？乃亦不顾对华友谊，偏袒暴日，酷爱自由之法人士闻之，其将作何感想耶？

（原载于《屠倭实记》，韩人爱国团，1932 年）

一九三一年朝鲜革命运动概况

友竹

一、日本人的政策

第一期(合并后十年间)

日本自并吞朝鲜以后,表面以改革朝鲜过去的腐败官吏与行政自命,实则采用种种方法,积极地图谋消灭朝鲜人的独立的思想,这是尽人皆知的事实。故一方采用武力的高压手段,而在另一方,又表面忠实地遵守法令,想给一般朝鲜民众以日本人如何善于遵守法令的暗示。但那种带假面具的行动,早已不能支持下去,而在日人的铁蹄下,是无穷的压迫的朝鲜民众不绝地实行反抗运动,不遗余力。于是日本合并朝鲜后,其高压政治与同化教育均归失败,直到一九一九年三月一日全朝鲜动摇起来,高揭独立运动的旗帜。这正是欧战完结弱小民族的反抗运动蔓延于全球的时候。这种朝鲜革命运动史上,可谓划时代的三一运动,便给朝鲜人自己与他人认识朝鲜民众确有独立的可能性。于是日人也似乎觉悟了一点,便知道专以武断政治,究竟不能统治朝鲜,所以自从派遣斋藤总督的时候起,不得不实行所谓“文化政策”,但当标榜所谓文化政策的斋藤来临的时候,朝鲜民众曾经拿什么来欢迎他呢?斋藤刚到汉城南大门车站下车的时候,照样给了他一个炸弹的洗礼。朝鲜民众并不因其所谓文化政策而中止其喷如火山似的猛烈的运动。这样的精神是在过去或今日都没有两样的。这就是欲使日人永远觉悟,朝鲜人唯有依靠朝鲜人自己才行的严重的表示。

就此合并后十年间——第一期间的朝鲜的经济状况而论,以农为本的朝鲜并不见极度的破产,因为欧战时,日本积蓄了相当的财富,所以就不十分榨取朝鲜,也有它的财富的来源。并且朝鲜此时工商业尚未发达,故一般朝鲜农民还不至陷于破产的绝境。换言之,政治上、思想上受无双的压迫的朝鲜民族还没有达到饿死的境遇,所以那时被逐到东省的朝鲜农民的数目,也不是很多的。

第二期(三一运动以后十年间):所谓文化政策时代

但到了三一运动以后,日本的政治一变了其素来的态度,所谓废除殖民地的特殊待遇,而采用了“日本延长主义”。在提倡文化政策的一点上,允许了一点言论自由、集会自由。如此一变的政治,当然不是从日本的好意而来的。实在是朝鲜民众的气势,使日人不得不转换一点方针而已。在政治上,日本固然不得已而采取的暂时和缓政策。但在经济上,却用尽了他们的心血以榨取朝鲜人民。此时日本的大财阀三菱、三井等,在朝鲜各地设置大工厂,以廉价收买朝鲜的原料,以高价的工业品卖给朝鲜人,独占了朝鲜的工商业及渔权,经营大农场与森林,运出无量的木材与纸扎,任意占取各样的利权。因之,朝鲜的经济状况,在不知其内容的第三者看来,实有长足的发展,但这已经不是朝鲜人的经济发展了。反之,朝鲜人的生活却日趋于贫困,所谓朝鲜境内的大资本家除掉几个是朝鲜人以外,尽为日本人,所以此后朝鲜人又在经济上做了日本人的奴隶了。最后,日本的移民于朝鲜半岛上年年增加,而政治经济上毫无保障的朝鲜农民不得不被驱逐到满洲的荒野来。直到最近受世界经济恐慌的影响的日本,不仅以榨取朝鲜为满足,而将它的毒牙又伸张到中国东北来了。这次日本的侵略东北,察其根源一切为的是经济榨取,暴力的行动不过作为经济发展的保障而已。

现在我们开始说朝鲜革命运动的过去与现在的概况吧!

自朝鲜合并于日本以后,初期的革命,自然是少数先觉者、亡命者及在满洲独立军的活动。而在一般的朝鲜民众,虽然很希望脱离日本的羁绊,但在方略的决定上,却费了相当的时间,所以合并后十年间朝鲜的革命运动记录上,个人的革命行动占其大部,而少数的先觉者与亡命家奋斗了许久。又在满洲方面,在东北军警官吏的无智的压迫之下,数千的独立军还和日本军血战了好久。

所以在当时革命运动上,在中国的朝鲜革命者的奋斗比朝鲜内地的民众运动还要猛烈些,因之朝鲜内地的民众也对于在中国的独立军抱了很大的希望。后来朝鲜民众经三一运动的经验中,得到了不少的教训与勇气,遂觉悟到期诸于国外的革命党不如以内地民众自身的力量击退日本的统治。

所以观察最近的朝鲜革命运动,则其所走的方向,已由少数人而趋于民众化了。所以朝鲜的革命群众，非但是壮丁与青年，从小学生、中学生、大学生、农民、工人以至于渔夫都是革命的大众。这样民众化的革命运动已经不是那种印度甘地式的消极的方法与表面的运动，而一切群众无不直接参加于积极的直接行动，例如前年的光州事件所引起的朝鲜革命运动，及伊川、洪原等无数地方的农民运动与最近受东北事件的影响而起的朝鲜北部永兴、洪原一带农民军的长期大运动，都可作为实证。朝鲜的民谣所云："只要是朝鲜人，由母胎中刚下来也会反抗日本人呀！"实在，我们不能够把这句话只当做感情的说话。

有人以为朝鲜的版图过于狭小，人口也只有二千多万，所以不好自主独立，但过去的朝鲜历史很可以打破这种的论调；现今欧洲的诸小国以及朝鲜民众反抗日本帝国主义的力量，很可以把这种"事大"主义的思想付诸一笑而已。

这都是朝鲜民众在直接斗争中得来的实际经验。看吧！所谓帝国主义的模范关——日本，内阁一变的时候，一切都入于少数政党的手中，丑态百出，向称为世界最正直而不贪污的日本官吏，到如今盛行着贿赂，买卖官位，尤其是朝鲜山梨总督的受赂事件与官吏买卖事件等，可算是预告了日本帝国主义政治破产的表示。

二、一九三一年朝鲜革命运动概况

要知道朝鲜运动的真况，须先考察最近一二年内在法庭被告的朝鲜人数的统计，因为这个数目，很明显的表示日本帝国主义者在朝鲜虐政到什么地步，与朝鲜革命运动到什么程度。在朝鲜所谓犯罪的人数，为什么与年而俱增？以下所列的统计是日本当局将一九三〇年的统计今年才公布出来的。

日政府检事局受理的案件竟达十二万三千九十二件、人数十八万七千七百八十二人，将这新接受的案件及人数和旧案件尚未了理的一千二百六十四件、人数二千五百九十八人，共合十二万四千三百五十六件、人数十九万三百八十人。这样骇人的数目比一九二九年增加了八千二百七十六件，人数增加一万三千四百九十一人。由此看来，朝鲜犯罪案件与人数实有日益增加的趋势。

总搜查的件数中在一九三〇年已处理完结的达十二万三千五百八十五件，人数十八万八千七百零八人。再看其处理的结果，则在检事局被起诉的达四万六千九百十五件，人数五万四千二百八十九人（在预审中的九百八十件，人数二千三百六十三人；付于公判的一万二百五十三件，人数一万三千三百六十四名）。

以上的统计中我们要注意的:去年中,因为革命运动被捕而还未到法庭的,尚不在上列数字内。在上列人数中,犯罪的性质大别为特别犯与刑法犯。所谓特别犯者大都是指政治犯而言的。刑法犯中也有政治犯,不过刑事犯人占其大部份而已。

还有日人所谓思想犯人,这是指各种社会主义运动者而言的。朝鲜的思想犯人,种类大别为马克思主义者与无政府主义者,现在我们再看思想犯人的激增。

一九三〇年	件数	人数
已处理完结的案件	一三四件	五五八人
尚未处理的	四八件	二〇六人
总计	一八二件	七六四人

一九三一年	件数	人数
已处理完结的案件	九二件	二七八人
未处理	五九件	五一二人
总计	一五一件	七九〇人

(未决的人数比较一九三〇年差不多增加一倍强。)

我们再看在日人的榨取之下破产的朝鲜到底有多少失业者。据日当局发表失业者总数(一九三一年)三十一万五千名,其中正在饥饿线上彷徨的有十六万人,占总人口之百分之一六。但真正的失业者超过这统计还不知有几倍,这是特别指各都市中的失业者而言,还有在农村的一般穷农达人口总数百分之八十,他们何尝有饭吃呢?不过日本政府不愿把这惹人注目的统计发表出来而已。

(1)农民运动

这里,作者先要声明的,即是在这第一项内要叙述的农民运动中的最大事件,是朝鲜农民在日政府及日韩地主阶级的压迫之下,纯粹由农民自动而向其剥削阶级斗争的实况,所以这并不是在某种主义派别系统之下干出来的运动。

拟日政府所发表的统计,不便分别那一种是农民的自动的斗争,但由发生的重大事件的始末看来,这种考察是很容易的。我们先看朝鲜农民在一九三〇年斗争的记录吧。一九三一年的统计因日当局尚未公布,故不列入表中。

但我们只看一九三〇年的有增无减的斗争记录,也可以晓得一九三一年的斗争记录当不在其下,这是我可以断言的。

一九三〇年全朝鲜的佃农向地主斗争的次数达七百二十次,参加人数有一万二千余人,比一九二九年明显地增加三百零三件,人数增七千零百余人,现在我们且来回顾过去的统计吧!

年次	件数	人数
一九二三年	一五	四,一四〇
一九二四年	一六四	六,九二五
一九二五年	一一	二,六四六
一九二八年	三〇	三,五七六

兹据东亚日报社的调查,一九三一年农村斗争中较重大的事件竟达六十一件,比一九三〇年增至四倍。

据日本警务当局的发表,一九二五年佃农斗争突减的原因,是因为同年实施了治安维持法减少了煽动农民的人的缘故,但这完全是欺人之谈,如其所言,果为事实,那末,自从一九二九年以后,逐年增加的斗争次数、阶级的对立、愈趋于尖锐化的现状,拿什么话来可以掩饰住呢?

从上面的统计中,考察斗争的原因有如下几个条件:(一)因于日人地主无理的移动承佃权而起的有四百八十五件。(二)甚于地租高率的有六十七件。如斯承佃权的移动占了斗争的原因之大半。从实际上论来,实在朝鲜的佃农制度已达于不合理之极点:佃农对于土地耕作权(承佃权)一点也没有保障,日人地主毋论何时都可自由移转佃农的耕作权。因之,朝鲜农民在日人的暴敛诛求之下,无日不在战战兢兢的状态中。佃农给地主的佃租普通占五成甚至七成,而且土地税与水利员等公课金都是佃农所负担。在这种不合理的佃农制度之下,激增的佃农斗争怎能看做是偶然的现象呢?

去年(一九三一年)发生的六十一次的佃农的斗争,为节省篇幅起见,只选择有名的沃沟(在朝鲜南部)等地方佃农由斗争而入于暴动的情形,叙述其梗概,以作朝鲜佃农斗争之研究的参考。

(A)沃沟地方佃农斗争

朝鲜南部沃沟郡(如中国的县)有一个日本人经营的大农场,叫做“八木农场”,该农场租给佃户韩人田相升,以全年收获有六石米的土地,而日人地主竟向田相升要求六石的佃租。所以在佃户方面,若以全年农作的六石米尽供于地主，则无法糊口，乃向农场请求减租，但日人地主置之不理，更派遣农场监督日人多名，竟将已收获的六石米粮完全强行夺去。于是附近一般佃户闻讯，大为奋慨，立刻集合一地，数百佃农袭击农场。未几，该郡日警几全部出动，弹压了暴动之农民。这就是去年十月廿六日发生的事，以后农民陆续被日当局逮捕下狱者不知凡几。从这一件事，我们就可以晓得朝鲜农民受日人的压迫和榨取，究竟到了什么程度。

(B)全北农民破坏堤防

八月间在朝鲜全北(朝鲜南部)连日下大雨，全北平野尽成水国，当时水灾中的农民们连日奔忙于排水的工作，但该地方因日政府水利局的所筑的万顷的堤防关系，大水渐泛滥于农田中，五谷与人命势将同归于尽。于是，农民们要求水利局暂时将堤防拆开一段，以便排水流灌于外，并且农民愿意后来出资重修堤防，但日水利局始终不允。农民们因大水渐渐逼近村中，不得而已以直接的暴动手段，将水利局之堤防拆毁。因之，当地日警全副武装出动，从事弹压农民，但农民们徒手反抗，至为激烈，结果日警多人亦有负伤，农民五十余名被捕而入狱中。

(C)农民到处火烧日人之大森林

日本并吞朝鲜以后，将以前之朝鲜国有森林都收为总督府所有。因之，朝鲜农民虽然多在山间耕作，但燃料的供给在农家生活中实成问题。一般农民自然买不起高价的煤炭与木材，于是多数农家整年仅烧谷草，而日人的森林法令又严，只要盗伐森林被发现了，非但罚款还要坐牢。但全国农民对于日人的大森林，无日不在放火烧毁中，以泄愤恨。在去年上半年六个月之间，农民违反森林法令的统计竟达六千余次，比之前年还增加了一千余次，这真是朝鲜特有的现象呀！兹将日警务局所发表的“森林关系犯罪激增”的统计列之于下。

一九三一年一月—六月间

一、违反森林令	三，三〇六件
盗伐	三，一三八件
侵垦	二七件
放火	一六五件
二、违反道厅法令	三，〇七二件
三、其他	九件
共计	六，六八七件

这种破坏日人的大森林的工作，尤其在朝鲜北部咸镜南北道几乎天天发生，日人简直防不胜防，而且去上半年的农民运动和下半年的农军的活动在北部尤其激烈。自一月到六月间，抗捐暴动、违反森林法、违反治安维持法等革命行动事件，竟达一百六十三件，只在一地方发生了这样多次数的斗争，而被捕人数达五百七十五名。至于死伤人数，日政府向来严守秘密而不轻易发表，所以无从探觅其实在的数目。还有日当局在咸镜南道端川郡自去年五月九日到八月四日间陆续逮捕农民组合与青年团体会员二百余名，但其逮捕原因，日当局付于秘密，尚未发表。

(D)洪原农民暴动事件

谁说农民不是革命的中坚份子，这种错误的见解已为朝鲜农民的百拆不屈的革命运动打破了。从前的朝鲜革命运动大部以智识阶级为中心，但自一九三一年以后，革命的中坚责任已由农民自动起来负担了。看吧！民众自动的力量多么厉害，他们所采取的运动方略比智识阶级更有组织、更有计划咧！

洪原的农民虽然没有接触过什么社会思想，并且他们的运动虽然不在什么社会思想团体的领导之下，但他们从切身的直接经验中深知私有财产制度之罪恶，于是他们一认为那种榨取制度无存在的理由的时候，毫不犹豫地立刻团结起来，便向资产阶级和日人开始反攻了。

去年八月三十一日晚间在洪原(朝鲜北部咸镜南道)附近森林中，首先由三十余名青年农民召开秘密会议之后，数百农民分队出发到洪原日韩人资产阶级富豪家里，又一队到资产阶级的团体“共同契”中，一方面没收其私有财产，同时将与农民有金钱关系之一切契约、文书、账本等强夺过来，付诸于火。第二天多数农民又在森林中密开重大会议之后，讨论如何对付日本军警的计划，正在此时，数百名武装日警到来，将森林围住，开始攻击，但农民等始终猛烈地反抗，竟能支持数日，后来暴动的地域渐渐扩大起来。直到九月三日午前九时，又有农民四十余名在洪原附近龙谷里地方袭击十四户豪绅家，将贷借关系之文件一概烧却，又将没收的金钱作为暴动之费用。霎时间，又有浦项、四洞、新安及孔德等地方的农民闻讯，即以响应而起。于是日警惊惶，不暇顾及，等到各地的日援军到暴动区域与农民发生了极大的冲突，双方都有死伤，但其确实的数目，日人怕引起全国的暴动，至今尚不敢发表。唯被捕的人数，据日当局发表的，共有百余名，后来陆续被捕的农民亦达数百名。而洪原一带的农民，近来又与永兴一带为东北事件而起的农军联合起来，以咸镜南北道大山脉为根据地，进一步乘夜出没各地，破坏日人机关，不遗余力，在严冬雪寒之中苦战至今，已有四五个月，尚未停止。再详细的情形，我要继续在永兴事件内叙述，因为这两个大事件互有连带的关系。

(E)东北事件与朝鲜咸南农军的活动

东北事件的激动了朝鲜农民的愤恨，演成了朝鲜革命运动史上极光荣的一页。这消息，恐怕朝鲜国外的人还不知道哩。因为日人在朝鲜掌握了一切邮政电信的机关，又无外国通信记者驻于朝鲜，当然这种消息是不能够露出外面来的，但在朝鲜出版的几家报纸上，却大书特书过这消息的梗概了。我记得在中国报纸上正在日军要攻齐齐哈尔的时候，登过一段小小的新闻："驻韩的日军已开至东省，所以朝鲜后方空虚，农民时有暴动，故不日将一部东省之军队复开回朝鲜云云。"于十月十五日在永兴郡以"农民组合"为军队的朝鲜农军开始活动了。以下所述的消息，是大半由朝鲜报纸上翻译过来的，还有一部分是从朋友方面听来的。先由永兴郡永丰里的农民组合会员向日警开始袭击，是日据日方发表，有一名屋山警察部长负重伤，当警察后援队赶到时，农民均避入山中了。到二十二日早晨，避入山中的农民一小队五十余名又下山袭击日人之面事务所(面为朝鲜的地域单位＋编注)与警察所的时候，日人方面有不少死伤(但日当局只说农民一名被杀)，农军霎时间占领了警所与面所，又将房屋与一切公文放火一烧，又侵入面长私宅，以镰刀坎断面长之右腿，后向附近农民妇女宣传日人之罪恶。未几，日军警多数联合向农军防地进攻，炮火至为猛烈，但农军方面又无新式的枪械与军器，只以斧子、镰刀、土枪，实无法进攻，只好又避入于深山中。于是，各地日军警联合起来，公推当地警察部长为总指挥，陆续集中于山下，开始追击，但农民且退且战。结果，日军之总指挥当场中弹殒命，进攻之五六百日军中，负重轻伤者竟达四五十人。日人知在高山峻岭中无法肃清农军，便退回原防，痛愤之余，逮捕无辜的农民三百五十余人，而且被日军逮捕的农军中，拟说未满二十岁之少年与少女尤属不少。从这里我们可以看出朝鲜农村少女与少年的勇敢，实比都市中的学生更有勇气。当那退回的日警在农村中捕无辜的人民时，忽然间有一队青年用暗号分配人员于各要路口，拾石子以抗警察，一面被伤，而一面勇往直冲，夺回被捕去的同伴，这是多么悲壮的一幕呀！

据报载(《东亚日报》)，农民自动组织起来的该地农民组合，会员数约有一万八千余名。该组合中的组织至为完善，共分十一部，有庶务、财务、组织、宣传、争议(讨论劳资争议的意义)、出版、佃户、妇女、青年、警护(即是武装组织)等部，设十七组合支部，共有一百五十六小组。执行事务，不采用设固定机关的方法，所有会员也没有会员名簿，只有负联络的责任者才知道各会员。所以，日人连日虽逮捕多名会员，但至于其组合的内容，则无从侦知。所以，日夜出没的会员简直无法预防。

农军所以有这样的固密的组织与计划，是因为屡次失败中所得的经验，这并不是出于一朝一夕的计划。自从前年（一九三〇）以农民组会为避免日人的注目起见，挂着“卫生健康运动”的招牌，在农村里发起了“早起会”（即是每天起早的意思），当然日人对于卫生运动是不会干涉的。于是农民组合利用了这个表面的结社，每天使农民家家早起，而后带到山中作军事训练，以为来日的准备。这样训练了已有年余。震动全球的东北事件发生了，于是农军探知日军大部分均已开入东北，以为这是不可失的千载一时的机会，于是发了一部分的动员令，开始向日军警袭击，至今已过四五个月。虽然日兵多数集合在永兴，严密地戒备与追击，但散在民间的他们的潜势力，非一时的炮火所能消去的呀！

（2）劳动运动

近年来朝鲜的劳动运动，虽不如农民运动气势之壮烈，但一九三〇年的劳资斗争的件数突破了以前的记录。一九三〇年中发生的劳资争议有一百六十件之多，参加的人员有一万八千九百七十二人，若将此数与一九二九年的比较起来，增加了五十九件，人员有一万零六百七十九人之多。这可惊的数目，在朝鲜有史以来可算是初有的现象。

回顾以前的统计，自一九一一年到一九一六年间，仅有三十六件，每年平均还不过六件。自一九一七年以来渐次增加，到了一九一八—一九年达八十件，这样朝鲜的劳动者在酷毒的异族的压迫之下，阶级的意识日趋强烈，到今日差不多每日都有劳资斗争的事件发生。近十年以来，很有几次轰轰烈烈的罢工运动，但这早已在有些中国杂志报章上登过，所以不再重述了。现在作者愿将最近的消息，尤其是一九三一年间的消息，给亲爱的读者报告以下。

（A）新兴煤矿袭击事件

这是前年五月一日发生的事情，但到去年，日当局才把事情简略的公布出来，所以我只好从那朝鲜报里译其一段。这是在叙述这重大事件的笔者，不是不认为遗憾。一九三〇年五月一日当国际劳动节的时候，工人们照样地在最秘密里召集全体会议讨论罢工及向工厂要求十项条件，工人们将改善待遇，减少劳动时间，增加工资等十项要求向煤矿主（日人）提出之后，见矿主无任何表示，遂即罢工。于是矿主为缓和工人的紧张空气起见，允许数项要求之后同时又开除了认为“不稳”份子的十余名工人，这是资本家对付工人的老手段，工人们怎能忍得住呢？于是遂宣布第二次罢工，但厂主方面，倒行逆施，要强迫工人上工。于是罢工二周之后，于六月廿一日夜，数百名工人依其预先作定的计划，分十队密布于工厂各要处，到了夜半三更，一齐下总攻击，破坏机器工厂、发电所及办公处等十余处。因之，十余年日人苦心经营之大煤矿，一旦成为焦土。当时被弹压的日警所逮捕现在在法庭上正受审判的主要工友姓名如下：白二德、林忠锡、李敏镐、朴在浩、韩哲风、车南斗、韩弘顺、金夙珠、朴桢睦、白鹤周、魏桢林、朴永春、李宗洛、李仁锡、李兴柱、李钟秀、金顺七、李介东、李昌镇、金龙相、李致文、成圣淳、尹昌济等二十三人。

(B)我们现在再看一九三一年间劳运动动的成绩如何

一九三一年的朝鲜劳动争议的趋势，在其发生的件数上又比过去一年增加有二倍，达二百余件，参加的工人数约五万余人，可算是划时代的新记录了。

在同年所发生的斗争的性质与往年的消极的改善待遇等要求大不相同，即因为劳动者已有了阶级意识的缘故，其所斗争的目的，并不在目前的生活上，而是积极的、有目标的抗争。就是在劳动争议的战术方面也很有进步，例如前年平壤的胶皮工厂的女工实行罢工的时候，罢工的主要份子女工中的年长者攀上工厂的烟筒的极顶上，绝食数日，促工友们团结；有的横卧在电车轨道上，断绝交通而求大众的援助；有时候竟占据工厂，而抗拒资本家和警察。这些崭新的罢工战术，在京城、平壤、木浦、群山、釜山等大都市中罢工的时候，都用过这世所罕有的方法。日人的工厂主常说，朝鲜是产业尚未发达的国家，所以非但不应该罢工，而为幼稚的产业的发展起见，实有劳资合作的必要。因为这种麻醉的论调和武力的压迫，朝鲜的劳资争议中劳工很少有得胜利的时候，但如上所述的有组织的有战略的对抗，将来必引起更大的所谓“不幸”(？)。现在，在全朝鲜内的劳动团体有八百十六个，参加团体的人员约有五万余名，京城有四十个劳动团体，平壤也有三十余个，但其中最被日当局所注目的，如平壤洋袜职工组合及群山、木浦等地的劳动组合。

(3)民族主义运动

武装独立军的活动与国外独立党的政纲：

近十年以来，满洲的朝鲜独立军时常侵入朝鲜国境内袭击日警所，放火、暗杀。这是只要稍注意时事的人都已知道的事实。而且近年来，奋斗苦战的概况及其统计，作者已在本志第三期《日本掠夺朝鲜与朝鲜独立运动》一文中已略论及，故在这里也不再重复地叙述了。

(A)于一九三一年下半期，据作者调查所得独立军由满洲方面侵入朝鲜国境的次数共有六次，尤其东北事件发生后侵入的次数增加了不少

警备森严的朝鲜北部国境，东流图们江，西以鸭绿江为界，所以大部队的侵入是不容易的事。所以十余年来，武装独立军时常三三五五结成游击小队，只以破坏、袭击、暗杀及捣乱日人机关为目的。现在将其出没的断片的消息列之如左：

于七月廿一日午后十一时，在咸镜北道稳城郡永瓦面松北洞地方突现武装独立军十余名，与日军激战数小时后即渡江至满洲。

于七月三十一日早在新义州有武装独立军三名袭击日本陆军射击场，而与多数日军激战结果，独立军方面因众寡不敌而死亡者二，日方茂木刑事受重伤。殉义的二名独立军中，一为曾在日人监狱中服五年徒刑之后，于五月间始被释放的朴某云。

还有最后几次，在新义州与龟城地方与日军交火数次，并且有武装团三人深入于咸南明川地方，到处与日军冲突，日当局很怕他们与咸南的农军有切实的联络。

(B)革命决死团员上了断头台

朝鲜革命决死团员崔孝一、李丙权等十名是满洲朝鲜独立党国民政府的会员，他们以奉天省兴京县旺清门为根据地，召募多数决死队员以后，于九月潜入平壤及咸南等地，开始猛烈的活动，枪杀日本巡查部长，又袭击日人之长途汽车，夺取日人的多数金钱为革命资金。后在洪原郡不幸被捕者竟达十名，有的已处死刑，有的被判无期徒刑与十年有期徒刑。十名决死团员在法庭受审判时，大呼“朝鲜独立万岁”，傍听席及全场为之震动云。

(C)留华朝鲜民族主义者发生政纲

近两年来，朝鲜民族主义者鉴于民族主义运动之渐次紊乱，而均感觉重整旗鼓之必要，于是以上海为中心的关内民族主义者互相联合而组织独立党，于去年发表其政纲四条如左：

第一，经济均等，土地与大生产机关作为国有。

第二，政治均等，实行无条件的普选制。

第三，教育均等，实行全国民义务教育制。

第四，国际均等，图民族与民族、国家与国家间的平等。

现在朝鲜革命运动线上，可以大别为三种的主义：即是(一)民族主义，(二)共产主义，(三)无政府主义。这三种主义者，到了一九三一年间很明显地

在对立的状态,但在反抗日本帝国主义的战线上,虽然各有方略上的差异,而其目前所攻击的目标却是完全一致的。

本文中在民族主义之前面,所叙述的农民运动与劳动运动,可算是并不带什么主义色彩的纯粹民众的反日革命运动。纵使有些地方带了一点色彩,也不十分浓厚的。

(4)共产主义运动

在朝鲜,共产主义的运动也是至为猛烈,但因日当局取缔最厉之故,许多活动份子尽被捕入狱。因之,一九三一年的朝鲜共产主义者之活动甚不若前几年之热烈,兹将认为较重大的几个事件叙述如下

(a)朝鲜工作会事件

这是一九三一年春期发生的重大事件,但日当局到了六月十三日才解禁公布出来。自从同年三四月以内"中国共产党朝鲜国内工作委员会"份子潜入朝鲜之后,大形活动,便以朝鲜京城为中心,西至平安南道,北至咸镜南道,南至全罗南道,如此在全朝鲜内召得二百余名工作会会员,后被日当局发觉,二百余名悉被逮捕,最后付于起诉者竟达一百二十七名。

这个事件的动机是在上海,原有的朝鲜共产党上海派与京城派联合之结果。本来朝鲜共产党中因意见纷歧,互相分裂为五六派别。于是彼等感觉得党的组织过于倾向于智识阶级,遂决定今后方针:注重纯粹劳动者方面的工作,以工场、矿场为中心,欲扶植其潜势力。依此种的决议案,四十余名朝鲜共产主义者从中国方面潜入朝鲜国内,着手组织赤色劳动组合。事件的被发泄,是由于五月一日彼等宣布激烈的宣传,那时被捕的青年中,日人以严重调查之结果,得了重大事件的端倪,发现了上述的秘密团体。又平壤的赤色劳动组合曾计划煽动平壤电气工人罢工,欲使全市黑暗化,惜在未举行前被捕者有二十余名,致未达到目的。因赤色劳动组合事件的关系,此后在各地陆续被捕者,尤属不少,于十月二十二日早晨,新义州青年同盟会员廿名又被当局检举了。

(b)以京城帝大为中心的朝鲜共产党事件

满洲事件发生以后,日军部及其各机关突然紧张起来,全朝鲜密布无数侦探,侦查韩人的行动。这样,于十月二十七日在京城又发现了反战的檄文,于是极度地刺激了倭奴的神经。此时,在京城市内,于廿七日午后八时逮捕了手持该项檄文的青年善若水,因之日人得一线倪端,开始大检举结果,查出反帝国主义同盟、赤友会等秘密结社。与以上秘密团体有密接关系的人物,大都在朝鲜最高学府——帝国大学的学生及其他中学生。还有银行及日官厅的事务

员等，因之更引起了世人的注目。上述共产主义团体，组织的内容及其系统至为复杂；在最高指导干部之下，设各部门的小团体组织，如在学生运动方面，有反帝同盟与共产主义读书会(R.S.)及救援部等。在产业组织方面，以日总督府工人为中心的赤色雇佣组合，有赤色出版劳动组合行动队的组织。而且各部中，又置组织部、联络部、出版部、会计部、煽动部、宣传部及调查部，在这些部之上又有书记局的机关。

(5)无政府主义运动

无政府主义之在朝鲜发生，不过有七八年的短期的历史，但其发展，实有破竹之势。七八年前，在日本东京，中国上海、北平等处，只有寥寥无几的朝鲜无政府主义者，但七八年后的今日，在朝鲜各大都市及朝鲜北部农村内，几乎无处不见无政府主义者的活动。这大概是因为日人的压迫太甚，而朝鲜民众愈趋极端的趋势。而日当局尤其对无政府主义者防范太甚，只要稍有一点举动就要检举。

(a)组织朝鲜无政府共产主义者联盟事件

三月间，在朝鲜大海港元山有无政府主义系统的劳动团体争夺日人的货物运动事件发生。此来，无政府主义系统的元山青年会干部金大观、南相决等即被日当局检举，还有在新义州、平壤及中国奉天等地相继被捕者有十余名。至于其被捕的重要原因，据报载，在三年前，彼等在平壤召开全朝鲜黑色运动者大会时，被捕入狱的无政府主义者竟在日人监狱里秘密组织了全朝鲜无政府共产主义者联盟秘密结社，但该时日人还未侦知。到后来，该联盟分子屡在各地活动，因之日当局遂发见以上的秘密。

(b)煽动日本军队事件与厦门投弹案

自东北事件发生后，朝鲜无政府主义在朝鲜关内外活动，日益激烈。十二月八日在朝鲜南部大邱市的无政府主义的学生，时常向当地日本驻在军秘密宣传，因之日军在大邱高等普通学校在商业学校检举三十余名。但彼等毫不畏惧地在三十余名被捕的第二天，又在车站向满洲出兵的日本军队散布反战的檄文，高呼反日的口号，当时三千余在东站上的群众为之响应。查此次事件的主动者为以前无政府主义团体真友联盟的份子云。

又有朝鲜无政府主义者在中国福建厦门联络中国、台湾[①]的无政府主义者，在东北事件发生后组织反日同盟等团体。并在万宝山案发生时，有朝鲜无

---

① 1895—1945年台湾省为日本侵占时期，抗日叙事中有时作为单独个体。下同。——本书编者注

政府主义者向驻厦日领馆投一炸弹，惜未爆发，于是彼等恨第一次末见成功。及到九一八事变后，十月十八日下午中国、朝鲜、台湾的无政府主义者的联合团体东方无政府主义者联盟发出“破坏日本强权机关”宣告，同时向厦门鼓浪屿日领馆及厦门日警侦缉所二处，投炸弹三枚，但投在日领事馆的又未爆发，而在侦缉所爆炸二枚，侦缉所房屋被毁得不成样子，但日警没死一人，只有负轻伤者。因之，厦门的全市在白昼间震动了一时，中日警察分队向各校搜查犯人，但投弹的犯人早已不见了。

据朝鲜黑色新闻载，现有朝鲜无政府主义者在日人监狱中的总数在一九三一年度达五十余人，可见无政府运动在朝鲜也算不弱了。

三、结论

作者身在中国，所以在朝鲜国内各种潜行的运动及诸大事件的真相实在无由详知。这篇文章的材料，大部分都是在日当局的检阅之下出版的朝鲜数种日报里头得来的，不过还有一部分是从朝鲜过来的朋友及其他方面听来的事实。一九三一年的朝鲜运动，其猛烈的程度实不至于当年三一运动时代，在质的方面而论，比那时候更是实际些。

在这日本帝国主义的恶势力正向中国突飞猛进的时候，我以为与中国民众真正能够联合的唯有弱小民族，尤其是在日本帝国主义之下又受压迫而反抗的朝鲜、台湾的革命民众，或以为他们才是中国民众的真正的朋友。我希望亲爱的中国革命民众，不要漠视这殖民地民族的革命运动，进一步和他们联合起来，共同抵抗万恶的日本帝国主义。

（原载于《新东方·二周年纪念特刊》，1932 年）

韩国大侠金九

震夏

日昨报载有自称金九其人者，韩国志士爱国团领袖也。读其发表自述一书，大意谓为韩国独立而奋斗，为弱小民族生存而奋斗，慷慨激昂，一字一泪！观其发表之用意，不外因虹口炸案发生后，日人假此案件任意搜捕旅沪之韩人，并影响东京之韩侨及其本国民众之安宁，不忍因此案之牵连，累及无辜，故毅然自白，将炸案经过详情公布世界，使世人知韩国虽亡，尚有尹奉吉(即尹奉天)其人在！设尹奉吉被处而死，则尚有金九其人在！设金九亦不幸而死，则尚有爱国团全体团员在！前仆后继，必达其国家独立解放而后已！故其言曰："余为此案之主力人，在未起程离沪前，为人道计，为正义计，将此事真相宣露，冀以唤起余之友朋一致起而摧毁日本侵略政策。因此种政策，将危及东亚及世界和平，故余决意向世界和平之仇敌及毁坏人道主义者报仇！"其抱负何等伟大！其行动何等光明！此种真情之流露，热肠之奋发，无畏之力量，即整个大侠魂之表现！盖大侠魂者，大之为匡人救世，小之为修心立命，即知即行，亦武亦文，至大至刚，能屈能伸。《中庸》所谓"放之则弥六合，卷之退藏于密"者是也。且朝鲜亡于日本者二十余年矣！在日人积久压迫之下，其环境之恶劣，可想而知。既无枪炮兵力与之争，又无政治势力与之抗，故惟有以精神之力量，与之相周旋，是与印度甘地之复国(甘地氏主张不合作主义，即精神抵抗之意也)殊途而同归！成败得失，非所计及，凭其精神之力量，奋斗到底已耳！回顾我国以八千万方里之大、四万万人民之众，虽沦于将亡之境，然究有整个之国家在，兵力虽弱，尚能一战，淞沪之役，可以概见，其环境较之朝鲜、印度究有天渊之别。岂我国四万万人之中，竟无金九、尹奉吉其人耶？抑须待覆亡之后才得觉悟以起耶！呜呼！强权不灭，正义不伸；暴日不亡，世界不平。愿我全世界弱小民族，真情真情，携手迈进，拿起大侠魂旗帜，共献身于世界之革命！

(原载于《大侠魂》第1卷第12期，1932年)

金澂案详情

佚名

新声社云：自日探绑架归化籍民金永铎案发生后，中外人士对于此案极为注意。此中之主要角色，除金澂、金哲及汉奸黄展英外，背景人物尚有多名，兹分志如下。

抗日大同盟之成立

金永铎为韩国要人，归化中国，业已数载，与中国人多所联络。九一八案发生以后，有扬州人赵石龙与稽翥青友善，因介绍稽与金等相识。时抗日团体纷立，各报宣传，盛极一时，赵石龙向各方奔走，组织抗日大同盟，预定方针为（一）不在报纸宣传；（二）盟员务求忠义精干，在精切做事，不在虚张声势；（三）经费由发起人负担；（四）严守秘密。是以除向律师公会请求援救安昌浩之函件曾登报端外，从无见有此项名称流传社会，如金永铎、金哲等皆其中之人物也。然该同盟之内容，已为黄展英尽情报告于日领，此刻无容严守秘密，故稽翥青将有长文向社会报告。

寒风凛烈，星夜营救

前月三十日夜间，金永铎被绑后，稽翥青得金妻惠恩淳之报告，遂向崔赴出事地点查看一切。知为黄展英所卖，乃往寻吴凯声律师，未遇，继见蔡晓白律师。蔡闻稽至，披衣而起，齿战有声，立允向法领署依法交涉。稽又往寻抗日团体中坚份子郑某，请其协助，又往寻同盟徐某未遇，又赴法捕房探视金哲及被获之日探，因夜深未遇，只见金哲偃卧于门内。次晨于金哲出险以后，又同蔡晓白律师赴市政府请愿，至夜八时，而金永铎始由法领交涉释出。

以死相拼，安然出险

金永铎自法领署释出后，辗转而入东新桥大沪饭店，开六零六号房间，即邀稽翥青前往，筹议脱险之法，即金妻崔惠淳亦不知金寓何处。其时南北车站汉奸及日探密布，加以受伤甚重，稽乃请红十字会某名医为之诊治。至四日晨，稽以汽车乘金氏父子，谓金曰："此刻如日探袭击，余决以自卫抵抗，宁愿同归于尽，不受日探俘获，设日探跟金迹而至，余将百口难辞。今日为阁下生死关头，亦即余之生死关头。"金等下楼，同乘车赴稽友郑某君之家，郑谓南北车站均不可去，容设法避免。有间，谓由某路驰车赴某处决无危险，金等信其言，遂同车下乡，住宿村镇，至六日始至安全地界，七日已有信致沪申谢。

搜集证据，准备控诉

稽翥青以黄展英将案中文卷、会中秘密报告日领。凡属盟员，除与黄同流合污者，决不与黄党妥洽。现正搜集一年来之经过，公布社会，并拟控告黄展英以危害罪，已于昨日呈请当局，依法究办矣。稽翥青为涟水人，旅沪有年，近三月来，稽氏往返青江浦及南京等处，未与金氏父子会面，亦未与黄展英等晤谈，遂酿此祸。稽乃搜集事实，原文叙述此案甚详，明日可以公布。

金澈放弃发还财物

金永铎代表律师蔡晓白，前曾致函法领署，要求转向日领，追索没收之财物。兹蔡律师已得法领回函，惟日方所没收之财物并未退还原主，仅交法领暂为保留。其原函云："敬覆者，顷由日领送来宁波商业银行存折洋一百七十五元五角九分，另现银五元三角及其他杂零碎物等，暂为保存。俟查明金永铎之国籍后，当即交还等语。但昨闻金澈已致函某驻沪友人，嘱通知蔡晓白律师，对于日领署送还之金钱、物品等不必具领，情甘放弃。惟盼努力交涉，保护中法两国主权之尊严，勿因此造成不良祸端，贻害未来之归化侨民与韩国侨民及其他各色侨民，对于吴凯声律师交涉大纲，极为赞同。

归化证书摄影研究

金永铎之归化证书，经法领寄赴北平法公使馆后，已由法方摄一照片寄法研究，原证书遂于昨日由法领送交金之代表律师蔡晓白。

伍澄宇函申辩原委

伍澄宇律师昨函各报云：敬启者，刻阅报载。有金澈之友谈话谓展英随鄙人甚久，因相信鄙人之故，致遭此祸，阅之殊为诧异。查黄展英系于一·二八战事后，无处栖身，仅曾在敝事务所南京路一零七号时寄住。迨后敝事务所他迁，黄已离去，并非敝处受薪职员。至于韩人方面，弟系本年二三月间，始识金永铎、金哲两君于冠牛围，金澈未晤时，冠生园黄某在场，或即于此时认识，更非弟为之介绍。且报载金澈谓与黄相识尚在去岁，其时弟个人未与金君相识，又何从因而相信。自十九路军离沪，弟于救国团体久已停止活动，黄某与金君如何来往，概不知情。贵报所登某君之言，因五日稽翥青君来所谈及各报所载之言，故即往晤稽君，获悉金哲君之函，当已一面去函请将详细情形函复，至恐黄某果有冒用鄙人名义，登报限期答复，否则依法呈请缉究。诚恐外间不明真相，请将此函登出。正拟函间，又于八日见各报所载金哲语人一段，闪烁之间，似有意牵涉鄙人。岂知安昌浩被捕以后，弟绝未与金君一晤面。所谓某君日久到所与黄展英及另有某君者商议济助，弟以救人之急，在所面谈，亦不阻止，而弟更未有愿出多金之语。纵他人或有其事，弟亦不掠人之美，黄展英与某君如何，绝不知情。至黄某□弟之牌子一事，此为沪上律师通有之事，且亦系为律师业务之事，非为律务，自不负任何责任。惟查近日新闻屡出欲牵入鄙人，必有某君在内，得无某君于五日到弟处因所意弗获，而别有作用乎。除函某君外，请贵报照实纪载，免外间不明真相，致生误会。并乞以后关于鄙人名誉方面，在此毫无凭证，请为勿登，致生纠纷，实纫公谊。

（原载于《申报》1932年12月9日）

日并朝鲜的始末

李次民

自甲午(一八九四年)而至现在,不过四十年间,中国与日本既成形现代世界史上势不两立的国家。其中日本屡用种种暴力,不断的侵害中国的主权、土地,以及其他一切。同时又还一步紧一步地大踏前来,已成今日忍无可忍,耐无可耐,不得已迈着气力和他挣扎一次,以雪此数十年来深积的痛苦与愤恨!

这篇“日本并吞朝鲜的始末”,本来是拙编“鸦片战后的八十年”第六章第四节的一节事实。因鉴于暴日这次侵略满蒙的野心与以前并吞朝鲜之手段大相仿佛,故特地将此篇抽出,拿来发表,俾给亲爱的读者们,明了倭奴亡人国土的狡技。

——作者附识

一、朝鲜与中日之关系

照一般中国古代历史的纪载,“朝鲜在周朝初年已与我国发生关系了”。这是根据周武王封箕子于朝鲜的史实。但细考其受中国的册封,是在明清之间,同时对于朝贡方面,方始源源不绝,故说起来朝鲜与中国有宗属的关系,这是很显明的事实。

至于朝鲜与日本的关系,始自三韩时代(纪元前约二〇二〇年汉武帝时代)。这时不过只是发生称号的给赐而已,但到了唐代以后,复脱离了日本的关系。一直到了一五九二年(明神宗万历二十年),日本丰臣秀吉欲借通朝鲜侵犯明地,那时国王昭敬不但不许,且大修城池以待日军,又将此事实告明廷。秀吉闻之大怒,即起兵攻朝鲜,自对马岛上岸,北向汉阳进攻,于是朝鲜八道尽陷,日军旦夕可渡鸭绿江。明廷虽三次遣兵援救,但皆败绩,幸不久秀吉病死,日军遂自行告退。惟自是以后,朝日即互遣使节通商,关系渐密。

满清入关，朝日两国的交通也渐次繁盛。然而那时朝国又忽有攘夷论起，于是两国又绝往来。到了一八六八年（清穆宗同治七年）日本又欲与朝鲜通好，便那时适幼主李熙尚立，大院君摄政，他固执锁国主义，不纳日本要求，因此又引起反感，自后大院君对日恶感遂日深。这样一来，日人以朝鲜如此暴慢，大欲兴师问罪。后虽因事未及实行，可是那时中国与日本又生一事交涉，此事为何？就是琉球发生难民一事，日本派遣全权大使副岛种臣赴清廷交涉，同时又以朝鲜如此暴慢质同清廷，清廷总理衙门即回答说："中国对于朝鲜，虽以册封为正朔，然其内治与和战皆朝鲜王自主，与中国无关。"种臣闻此遂回国报告政府，于是日本政府即决定以独立国待遇朝鲜。自是中国断送朝鲜之路，也就从此创出祸根。以此就可见清廷外交的一斑了。

二、中日交涉朝鲜问题的经过

自清廷发出对朝鲜抱不干涉的言论之后，日本就节节进逼朝鲜，于是不息地勾结奸党，鼓弄奸党，互相倾轧，互相攻击。同时朝鲜的少年遂分中国与日本两党，从此朝鲜的乱机也就不期然而伏着了。

到了一八八四年（清德宗光绪十年），日本公使竹添进一郎唆使日本党领袖金玉均、朴泳孝等乘朝京邮局举行开幕的时候，纵火禁杀中国党人，领袖闵泳翊等均被难。竹添又乘机发兵在内助乱，一面则扬言维持治安，派兵入宫迫走朝王，令金朴等执政。那时清廷以闵妃之请，特派驻韩全权委员袁世凯率兵讨乱，竹添公然对袁抵抗，后来被败，竹添遂引兵遁逃，同时又将自己的使馆焚毁。于是中国党的势力骤然伸张。但是到了后来，朝日因这次战争亦曾订了一次的和约。

翌年，日本政府又派宫内大臣伊藤博文来中国谈判，清廷即以李鸿章为全权大臣，和议于天津。当谈判的时候，鸿章与伊藤的意见大相径庭，几至决裂，那时鸿章不得已，卒让步以就伊藤，和议始告结果，而订《天津条约》：

（一）中日两国驻朝鲜军队，限四个月内全数撤归；

（二）中日两国皆不得派员教练朝鲜军队；

（三）中日两国如欲出兵于朝鲜，彼此必先行文照知。

右约既定中日两国在朝鲜的势力，完全同等。易词言之，那时朝鲜既无异于完全脱离中国而独立了。

三、中日的战况

日本侵略朝鲜的手段，第一步即使朝鲜脱离中国藩属关系；第二步即使中国承认朝鲜为独立国;第三步即替中国的地位,使朝鲜成为日本的保护国。当一八九四年(清德宗光绪二十年)朝鲜东学党人在全罗道起事,这遂给日人借口出兵的好机会,迨乱事平定,日本非但不守前约而不撤兵,反而百端诱迫清军,使清军坠其开衅的计划,至此中日战祸的危机,遂欲避无避了。

朝鲜乱事已起,朝政府亦无法制止,一方又请求清廷援助,清廷即派李鸿章转驻日公使汪凤澡[藻]照会日本外务省,日外务省答称:"日本未认朝鲜为贵国的邦属。"及至东学党完全平定以后,中日两国应可同时撤兵,日本不但不应,且外务省反而作进一步的要求,提出对朝鲜共同改革的案子,交付阁议:(一)中日两国兵协同平定朝鲜内乱;(二)朝鲜内乱以后,两国设委员会于京城,调查其行政,淘汰其官吏,设警备兵,保持其国内的安宁;(三)整理朝鲜财政,募公债兴一切公益。后阁议皆赞成。翌日外务又增加议案两条:(一)无论中国政府提案与否,日本军队决不撤回;(二)若中国政府不赞成议案之时,日本政府以独立迫朝鲜实行改革。自此案提出后,中国当然不肯答应,从此遂隐伏着战机了。

是年八月,清廷宣告开战,日本亦于是时宣战。两国公使各下旗回国,欧美各国除法、俄、墨三国不表明态度外,余均宣告独立。英则提议于上海为中立地,日本亦请上海为不战的区域,均经清廷应允。至于战争的开端,是起自牙山的驻军叶志超营内,那是日本以海陆军进袭牙山。清军聂士成守成欢驿,马玉昆、左宝贵、卫汝贤的兵还没有到,日本一面令海军击沉中国运械的高升船,一面又发兵攻击聂士成,士成退走公州,又和叶志超走平壤,马玉昆等三人合兵亦不能救。未几,日军占领平壤,左宝贵死之,诸军尽退鸭绿江。海军方面亦被败于大东沟。日军遂渡鸭绿江,宋庆总诸军守辽东,屡战皆败,于是九连、安东等地亦次第陷落。宋庆又退守摩天岭,日本第二军又从鼠子窝登陆,旋陷大连,又攻旅顺。宋庆则把摩天岭的防御交给聂士成,自己则另率诸军往救,不克,旅顺遂陷。日军又陷海城,宋庆把大军分布从山海关到锦州的沿路,日军又分扰山东,于是荣莱和威海卫亦相继攻陷,海军提督丁汝昌以军舰降敌,而自己则毒死。山东巡抚李秉衡从芝罘守莱州,日军又陷文登、宁海。到了一八九五年春,日本两军合并力攻辽东,营口、盖平皆陷,因此辽阳、奉天声气全绝。日本舰队又南陷澎湖,逼台湾。到了此时清廷知不敌,不得已请英美公使出任调停,于是战争遂告终结。

四、和议之经过及其结果

中日和议已有转机,清廷即派张荫桓、邵友濂二人为全权大臣,后以国书及全权的立凭不合，给日本摈斥。清廷又任李鸿章为全权大臣，由日驻北京公使介给于日本政府，日政府即以伊藤博文为全权大使，指定马关为会议的地点。两国先拟讨论休战条约，伊藤要以大沽、天津、山海关一带归日本占领，各地驻军的用品亦归日本管理，鸿章对此大为作难。正磋商间，突有日本暴民刺杀鸿章，以短枪伤他左颊，受创颇重，伊藤闻之大惊，驰赴慰问，日皇立派御医前来疹[诊]断，备极优渥。这样日政府乃怕鸿章因伤损命，在国际上有所非难，因此也愿让步，遂缔结无条件的休战条约。

休战条约已定，两国大使进而讨论和议的条件，中国以战收求和，伊藤屡以恃势欺人，鸿章见休战条约限期将满，他亦不得已屈从伊藤之意见，缔结正式和约，是为《马关条约》，其内容如左：

(一)中国确认朝鲜为完全自主国，所有该国向中国修贡献典礼等，自后全行废绝。

(二)中国将左开之地域及在该地域之城垒、兵器、工厂及一切官有物，永远割让与日本国：

(甲)奉天省南部，即鸭绿江口溯玉[至]安平河口，从该河口折线至凤凰城及营口而止，所有折线以南的地方及辽东湾东岸、黄海北岸属于奉天省诸岛屿者，概为割让地；

(乙)台湾全岛及附属诸岛屿；

(丙)澎湖列岛。

右割让地的中国人民，愿迁居割让地以外者，准于两年内，任便变卖产业、移居界外。但二年满后，尚未迁徙者，即认为日本臣民。

(三)中国赔偿日本军费库平银二万万两，自本条约批准后，七年内分六次交还，未纳银，每年付息五厘。

(四)两国从前条约一概作废，中国以与欧州各国现行约章为基础，速与日本结通商航海及陆路交通贸易新条约，又遵行以下诸项：

(甲)中国现今已开通商口岸之外，为日本新开沙市、重庆、苏州，杭州为通商口岸，日本得置领事官，且享有中国已开市场同一特典与便宜；

(乙)自宜昌至重庆，自上海入吴淞江入运河到苏州、杭州间之航路，日本汽船自由通行；

(丙)日本臣民在中国内地购买货物及生产品，又向中国内地输入之运送品，皆有租栈房存货之权，免除税钞及一切派征诸费；

(丁)日本臣民在中国各通商口岸，得自由从事各种制造业，又各种机器仅纳进口税，便得自由装运进口；

（戊）日本臣民在中国内地制造之货物，其一切课税及租栈房之利益均照日本臣民输入物之例办理并享受一切之优例豁免。

（五）为担保本条约实行，日本暂以军队占领威海卫，俟第一、第二两次赔款偿清，所余赔款之原例以关税作抵，又通商航行条约批准交换之后，日本始得撤威海卫军队。

另有别约三款，其规定如下：

（一）暂驻威海卫之日军不得过一旅团，由中国津贴库平银五十万两；

（二）刘公岛及威海卫口湾沿岸，在五日本里以内的地方为日军驻扎之所，清军不得巡近或扎据；

（三）日本驻军之处，地方政务仍归中国办理，关涉军事上之犯罪，归日本军审断办理。

右约已定，俄德法三国出而干涉，日本不得已才许中国给银三千万两赎回辽东半岛等地。从此，朝鲜遂不复有“中国关系”的观念了。

廿一年二月二十六补记

（原载《广西大学周刊》第2卷第2期，1932年）

奋斗中的朝鲜民族

雪涛

一、先来一套开场白

朝鲜自一九一零年被日本帝国主义吞并了以后，文化的侵蚀、政治的压迫、经济的掠夺使得整个的朝鲜民族呼号哀痛，辗转于蛇蝎缠绕的深渊，争扎于牛马生活的悲境。任何人看了，都不能不为他们掬几把同情之泪！

这"亡国奴"的滋味，一般朝鲜的同胞们总算是尝过了整整的二十三年了。在这二十三年间，暴日无论怎样地建筑其铁网樊笼，怎样地施行其恐怖政策，而结果恰如莎士比亚所说："恐怖之下会隐藏着反抗的种子的。"我们知道，压迫和反抗、黑暗与光明不是一贯的因果关系吗？

诚然，那恐怖政策下底反抗的种子，他们不忍长期地沦落在那黑暗之乡，他们必然地要从那黑暗之乡杀出一条光明的大道来。因此，便发生民族解放斗争。换句话说，就是谋全韩独立的民族革命运动。

考朝鲜民族革命运动的历程，可以分做两方面看，一方面是政治的，一方面是文艺的。政治方面的民族革命运动，表现着热烈而悲壮的功绩。文艺方面的民族革命运动，孕育着鲜美而繁荣的火花。这些功绩、这些火花，在全世界被压迫民族革命史上，确应给予相当的评价。

现在，我把这两方面的民族革命运动的历程依次说明，同时推论朝鲜民族复兴之路及其可能性。也许对于我们"抗日"和反国际帝国主义运动，不无小小的补益罢。

二、政治方面的民族革命运动

从一九一九年"三一"革命轰然爆发后，这民族解放的怒潮，竟奔腾澎湃于整个的朝鲜领域。甚或在日本帝国主义的任何势力圈内，只要曾隐藏着朝鲜的革命种子，就无时不想直接间接予暴日以迎头痛击的创伤。而尤以暗杀政策的实施，足使“木屐儿”惊心动魄。如姜宇奎之炸斋藤，金益湘之炸总督府，朴烈、金地燮之谋刺日皇，吴成伦、金益湘之谋刺田中义一等案，此种震撼世界的大暗杀，不惟日阀丧胆，即一般帝国主义当局，亦不免惶惶然自觉其地位与生命之垂危吧？

暗杀政策和大规模的民族革命斗争分途进展，这是朝鲜抗日运动日形激化的明证。果然地，到了一九二九年冬，第二次大革命又在“光州事件”（光州中学多数日本学生对韩女生作最无礼的凌辱）扩大的当中暴发了。后来一九三一年九月之顷（革命爆发在满洲事变初起时，是时日本驻朝鲜之三师兵力扫数调往我辽、吉等地，鲜人便乘机起事）仁川、平壤等地的革命洪流。一九三二年四月二十九日（是日为皇昭和诞辰，全上海日侨暨海陆军共一万四千余人均集虹口公园举行庆祝大会，并举行阅兵典礼，日将白川、植田、野村及驻华公使重光葵等在洋洋音乐中被韩国独立党奉赠了几枚炸弹，结果死伤狼藉）上海虹口公园的炸弹敬礼。这都是日阀的致命伤，同时是朝鲜民族革命势力勇往直前、百折不回的表现。

他们近十余年来的革命斗争，虽往往因组织的松懈、纪律的散漫、步调的不齐而陷于非集团的各自为战的畸形发展，以致一朵朵的革命鲜花终于毁灭在那日本帝国主义的剑影刀光之下。然而，其不惜以赤血头颅直喷暴日，企图换回自由平等的人格的铁也似的胸襟，亦够值得我们的同情和仰佩呢！

三、文艺方面的民族革命运动

政治方面的民族革命运动，它所表现的是热烈而悲壮的功绩，自然易于引起世人的注目。但关于同时发展的文艺方面的民族革命运动，则因其系内在的活力，似乎谁都不曾予以深刻的认识。不过，我们要知道，这与政治方面的民族革命运动同时发展的文艺方面的民族革命连动，可以说是相辅而行的。进一步说，政治方面的民族革命运动的主力军多半是文艺方面的民族革命运动所孕育出来的产儿。这就是说，文艺方面的民族革命连动，譬如一杯兴奋剂，又譬如一阵温和的春风。人们服了这杯兴奋剂，会觉得活力的激增，而致于拔剑起舞。桃林感到了这阵温和的春风，会促成绿萼的飘香，而致于花枝招展。这满含着生命力的兴奋剂与温和的春风，便是文艺方面的民族革命运动的特点。

这里，我可以把这种运动的历程给它披露一下。

朝鲜的文坛，自一九一〇年以来，大都是反映日本帝国主义的罪恶的。现在可以分为诗与小说两方面来说，虽然他们的诗、他们的小说有时尚嫌缺乏高远的理想，以及伦理的(非三纲五常之谓)社会的要素，但单从民族革命运动这方面给予评价，是决不会使人们——或者是我们的“文豪”——过于失望的，我想。

近二十年来朝鲜的新诗作家颇形活跃。文坛健将狄马是第一个爱国诗人，他的作品如《满洲》《憧憬》《西比利亚》《太平洋的狂潮》《祖国光荣的回顾》等等，对于暴露日本帝国主义底罪恶和掀动一般青年的民族革命思潮，他这力量，确曾获得了相当的酬报。这里所谓酬报，并不是金钱的，而是民族解放斗争的开始。

其他新诗作家，如崔南善、朱耀翰、金岚曙、金巴人、李鹭山、李秉歧、郑寅普诸人，他们在创作方法与体系上虽然各具立场，但背景和目标还是脱不了“民族革命”的范畴的。

崔南善是个散文诗作者，在朝鲜文坛上享有相当声誉。他是韩国政府第一次派遣留东的学生，肄业于东京早稻田大学文科。后来目击暴日吞并祖国，受了爱国热忱的驱使，便抛弃学业，归国创办少年杂志。他在少年杂志上发表的东西，如《力》《希望》《同族爱》《自己牺牲》等作，都很深刻洗炼。崔氏所采的诗形，大概是摹仿茨尔基呢夫散文诗而来的。不过，他自己还有些独到处罢了。

继崔氏散文诗的后起者，有所谓新体诗，即日本输入的七五调。这些新体诗作家，对狄马和崔南善的诗深致不满。后来崔氏又换转风头，改用一种时调的格律。这么一来，时调与新体诗便成了对立的形势。

新体诗作家为朱耀翰、金岚曙、金巴人等人。时调作家除崔南善外，有李鹭山、李秉歧、郑寅普等人。

朱耀翰是个基督教徒，同时又是个新闻记者。他的诗以清朴见长，无粉饰气。刊行诗集有《宝仙花》和《美丽的曙》二种。

金岚曙的作风，颇有波特莱尔式的倾向。本来，他原是介绍波特莱尔风格于朝鲜新诗坛的第一人。所以他对朝鲜新诗坛底贡献，倒有不可忽视的功绩存在。

金巴人是朝鲜独立运动的先锋。他的《反抗》《力》等诗，给予朝鲜一般革命青年底影响很大。金氏诗集自《国境之夜》刊行后，曾一度掀起了朝鲜文坛的波浪。

至崔南善、李鹭山、李秉歧、郑寅普等数人，乃时调的正统派。他们的中心思想，是完全建筑在“民族革命”的基石上的，所以他们的作品中随在显示着

"国破山河在"或"夕阳,这也许是你生命的尽头罢"一类的感伤和反日的意味。

朝鲜新诗坛的概况,大体已见上述。此外,就是小说作家了。

在一般小说作家中,金东仁、玄凭虚、廉想涉、罗稻香等人几乎是代表了朝鲜文坛的巨子。他们因为欧战后受了新民族意识的熏陶,对朝鲜现实的惨淡和沉闷,殆无时不蕴蓄着"反帝"的火花。

金东仁描写手腕颇高。《马铃薯》这本短篇小说,可以说是他的代表作,是相当成熟的作品。

玄凭虚的作风,是倾向于写实派的,从他的短篇小说集《朝露》上可以看出他是写实主义底产儿。

廉想涉是个长篇作家。他的作品虽比较的干涩而且钝重,但深刻之处常非他人所及,似乎可以说是朵斯退夫斯基式的作家。他的《标本室的青蛙》《万岁前后》《日向草》《心》等作,倒是新文艺巨流激荡中的佳果。

罗稻香是个浪漫主义作家。他的《幻戏》和《哑三龙》等作,在朝鲜文坛上取得了优越的地位。

我们由上述一般作家中,大概已得到了近二十年来朝鲜文坛对于民族革命运动努力前进底印象。固然,此外尚有所谓新兴派的普罗文学,它在反帝战线上虽然相同,不过因为他们根本是站在普罗列塔利亚的立场,似非本题范围,故从略。

四、到民族复兴之路

在政治与文艺两方面的民族革命的历程中,其所遭挫败,当然以政治方面的民族革命运动为至深且巨。可是,那反日文坛上所产生出来的作品,往往引起日本帝国主义驻韩当局底注视,因而加以查禁或根本摧残者,亦属不少。惟此两方面的民族运动的青苗,却并没有因遭狂风暴雨的打击而夭折。其潜势力的发展,依然弥漫于整个朝鲜及其革命党人的侨居地带。我们由这点便可以预测将来朝鲜民族的复兴,只要他们能够扫除过去的组织松懈、纪律散漫、步调不齐的缺陷,而"联合世界上以平等待我之民族"实行反帝总动员,则在这个"联合战线"之下自然会踢翻日本帝国主义的囚笼,完成国家独立、民族复兴的使命!

[原载于《南方青年》(南宁)第 2 卷第 5 期,1933 年]

李永祥在平被日警架走

瑾

北平特讯：二十三晨八时许，有六三零号汽车一辆，到宣内参政胡同首善公寓内前停止，车内走出六人，四着西服，两穿中服。下车后，即入柜房，着中服者自称李姓，谓找二十五号李永祥先生。伙计答以李先生尚未起床，我去给看看。李谓无庸看，遂一同进入。至三十五号时，李果未起。伙计当呼之谓有人找，李当起床，延客人。因均不识，亦只好云“请坐请坐”。伙计闻言，以为系熟友，当即退出。未十数分钟，李当随该六人出，同登汽车而去。当六人入门时，李之隔壁室中住有律师顾振和，正在室中。彼谓六人入屋后皆操日语，并有翻箱威吓之声。

午间，该找李某之人，又携一人乘汽车至公寓。下车后，即至账房，谓有李永祥之亲笔签字函，来取行李，并与算房账。言毕，出李函，原文云“首善公寓账房先生，顷烦此人去便，弟之行李一切，许即送来为要，其他事情不得论及，专此，李永祥”，一下并有英文签字。账房人见信，当与算账，并将行李交与。正取行李期间，有公寓伙计数人站在门前，开汽车人谓“你们这客人犯了什么案”，伙计谓“我们那儿知道”。汽车夫又谓”你们知道我们是那儿的么”，伙计答以亦不知道。汽车夫最后乃谓“我们是日本警察署的”。此时行李搬竣，复开车而去。下午四时，李姓又来，谓要到三十五号房看看，遂直闯而入，见二伙计正清洁房屋，又由烂纸堆中检信封两个而去。事后查悉李永祥为中韩联军总司令，三月间北来从事工作，经人告密，致被架走。同屋尚有李凌然，因与孙冠英涉讼，已他往，未被捕获。

二十四日上午十时，北平宪兵司令部侦探闻讯，赴首善公寓探询李永祥下落。账房谢树英答谓：李先生走后，有人将其所欠之账算清。公寓规则，凡旅客算清账目，当然任其迁移。搬行李者，偿伙计小费一元一角。李先生于本年五月二十五日迁来，在寓居住颇安静云。

是日下午三时，又有女生二人到首善公寓访李，账房答以李已被日人架走，二女生败兴而去。据首善公寓住客汤琴女士谈李永祥被架经过，略谓李先生本居十四号房，房价九元，因经济困难，迁入三十五号房，房价六元。平时寡言少语，为人颇忠实。忽然昨日上午八时许，有日人二名及中国游民前来，谓访李永祥先生。入室后，李谓“请坐”。未几，日人在李先生箱内搜去委任状信件多种，双方以日语互辩，最后始架上汽车，赴东交民巷某处。

李先生本系韩国人，于今年五月二十五日来平，在公寓登记簿上写明李永祥，云南昆明人，年三十九岁。四年前在上海卖药为生，前年在辽宁卖药。东北事变发生后，李先生不愿在伪国统治下营业，遂来北平，在平开有药铺，营业尚称发达。

据外人方面消息，李永祥为韩国独立党要人，主张韩国应脱离日本，成为独立国家，生平著作甚多，曾在上海、辽宁宣传独立运动。东北事变后，李来平作抗日运动，后因日本侦探得悉，遂安然静默，由东城演乐胡同迁入西城首善公寓。佯言学界，又谓以卖药为生，其假名医生，因欲医治韩国也。李氏就任中韩联军总司令后，与上海独立党互相联络，不料事机不密，为奸人函告日方，遂被架而去。（二十四日）

（原载于《申报》1933年6月26日）

朝鲜抗日史

印维廉

中国有句古语“物极必反”，又说“闷极则启”。记得莎士比亚也曾这样说过：“恐怖的下面隐藏着反抗的种子。”美人 Huntington 游朝鲜时，询朝鲜革命领袖不断图谋独立的原因，他说：“这是和‘鸡司晨’一样的。”盖压迫与反抗、黑暗与光明，实有一贯的因果关系的。在暴戾的日本帝国主义政策下，朝鲜人的反日运动当然要跟着愈趋激昂。

亡国前的抗日

自日俄战争（一九〇四年）后，朝鲜一变而为日本保护国，日帝国主义对于朝鲜的压迫，日甚一日，表面上虽然拥有一位傀儡式的韩国皇帝，而一切大权，都操在日人手中。全国人民，见此情形，当然是万分愤慨，各种革命团体，如雨后春笋般的兴起。最显著的，是国债报偿期成同盟（以市民为中心）、青年学友会（青年）、地方学会（教育界）、新民会、东京兴学会、美洲共和协会、布哇国民会、俄领劝业会、上海同济社，等等。一九〇七年六月五日海牙万国和平会议时，列强都拿出“和平”的假面具，在日人监视下的韩帝密遣李相卨、李俊、李玮钟三人赴会，请愿独立，并声明以前所订条约全系强迫订定，未得韩帝同意云云。那知所谓和平的国家，见了此事，不独不与同情，乃反想出一个绝妙的拒绝方法来，就是电询韩帝有无遣派使臣之事。其实朝鲜的一切邮电机关，都在日人手中。这明明是给日人以狡赖机会。此电到韩京，朝鲜统监便假托韩帝名义否认此事。这样一来，不独求救不成，反而将韩帝废去，因为合并的时机未到，朝鲜统监伊藤博文仍立韩太子为皇帝，并美其名曰“禅位”。自此以后，日人在鲜益加骄横。

伊藤博文是灭亡朝鲜的第一个刽子手，鲜人之稍有血性者，莫不欲手刃之而食其肉。卒于一九〇九年，为朝鲜志士安重根所刺杀。经过是这样的：一九〇九年冬十月，伊藤漫游满洲，目的在掠夺我东北，实现其所谓大陆政策，二十六日上午九时刚抵哈尔滨，在数千俄兵警卫中，安重根烈士也混杂其间，忽然枪声起处，伊藤应声而倒，连发三枪，均中要害，不十五分钟遂死，而随行之总领事秘书及铁道总裁三人也被射倒，欢迎伊藤的各国领事及兵士莫不惊避，安重根因目的已达，遂从容就捕殉难。

惊动世界的三一革命

朝鲜亡国之惨状，已如前述，斯知革命种子潜伏已久，一有机会便轰然爆发，再加许多热血青年、革命先进辗转呼号，前仆后起，民族自觉心与同仇心早已在每一个民众的内心燃烧着。到了欧战以后，这潜伏着的民族烈火再也按纳不住了。一九一九年三月一日的革命，就是朝鲜民族魂第一次给世界以正确认识的表现。当时的经过情形，是有组织有纪律而且是极端文明的，可是各国对于此事，很少有正确的记述。以下是根据韩国临时政府前大总统朴殷植的报告，虽然简单，但很可信。

> 其谋始也，本部(即朝鲜青年独立团本部)极主缜密，故其举行之定期与集合之位置，惟为各团体首领及各校代表之决定者所知，而并未告及于多数学生及一切团员。至二月二十八日之夜，始派学生两人为之临时通知，约一日午刻齐集于塔洞公园，举行示威行动。及其至也，学生之不期而会者已千余人。于是九年间渺无形影之太极旗，突现于汉城中央，飘飘天空。有天道教一人挺身登坛，朗读独立宣言书。读未毕，万岁之声，轰如雷霆；无数宣言书及小国旗，如灵山会之天花雨下。争掷首帽于空中，狂喜踊跃！于时城中及地方人民合助声势者数十万，前挤后拥，足不履地。乃分两派，逶迤前进，一派由钟路普信阁之前，向南大门；一派沿每日申报馆之侧，向大汉门。闺中妇女，亦皆喜跃，争持茶水以馈之。西洋各国人，素轻吾族，谓无独立资格者，均以是日睹我示威行动之勇敢、壮烈、整齐、稳健，而赞叹不已曰：我辈确信韩族有独立资格者云。彼日人官吏对此光景，罔知所措，其市民多望而却走者。乃总督府多派宪兵，驰马挥剑，以拒独立团之赴大汉门者。众皆冒刃直前，势如怒涛。日宪兵慌乱，不觉手剑坠地，众乃大呼，进抵大汉门。先导诸人诣德寿宫太星魂殿，行大鞠躬礼，连呼万岁，仍由西小门回。旋以入过日本町，至美国领事馆，有一学生高揭国旗，以指血写“大韩独立”四字而前导之，美领事开门欢迎，深表同意；我辩士一人，痛述独立主旨，声泪俱烈。至钟路又开始演说，日

宪兵骑兵等挥剑欲逐之，而众皆自若，毫无退步，至六点钟乃罢。此日我民族代表三十余人，在太和馆齐举祝杯，仍以电话通知于警务总监部曰：我独立团代表诸人在此。于是总监部即派宪警，以自动车载代表诸人疾驰以去。独立团沿路高呼万岁，代表诸人均将宣言书投与群众。翌日总督府大发军警，搜捕独立团，投狱者万余人！……

自京城发难后，全国各地纷纷响应。计自三月到五月三个月之间，响应的府郡有二百一十一个，集会的次数有一千五百四十余次，参加的民众有二百余万，死伤者两万余，被囚者四万余，民气的激昂振作由此可以窥见一班。这次革命的唯一主张，详见朝鲜独立宣言书，大要是：吾等兹宣言我朝鲜为独立国，朝鲜人为自由民。以此告于世界各国，而阐明人类平等之大义，以此诰于子孙万代，而永有民族自存之正权。今日吾人责任，但有自己建设，而永不破坏他人也。以良心上严肃之命令，开拓自家之新运命，而决非以旧怨与一时感情，嫉逐排斥。

当时并定下列三条公约：

1.吾人今日此举，为正义人道生存尊荣之民族的要求，须要发挥自由之精神，决毋逸走于排他之感情。

2.以最后一人最后一刻为限，快快发表我民族之正当意思。

3.一切行动务要尊重秩序，使吾人主张之态度，一出于光明正大，贯彻始终。

三一革命以后的趋势

三一革命，无论朝鲜人的行动和方法是怎样的正当，但是结果总是惨败于日人的屠刀之下。本来他们就没有胜利的把握，既无具体之纲领，又乏坚强的组织，徒恃一时感情冲动，冀博得列强同情，唤起日人觉悟。这样的“正义人道”，望之于国际帝国主义，实等于望梅止渴。事后被捕的人数中，有百分之十三，是十岁未满的小孩；有百分之三十七，是二十岁未满的少年。可恨的日政府，以种种虐刑，施之于一万以上未成年的幼年男女，其居心险毒，较洪水猛兽为尤盛！

自此以后，日帝国主义对于朝鲜政治压迫稍已减轻，而经济之掠夺与榨取却变本加厉。于是朝鲜的革命分子，除纯粹的民族主义力量外，又有大部分金融资本下的劳工们在从事于社会运动。朝鲜民族革命，有此两大力量，比翼进行，内外呼应，故每有所动，莫不风起云涌，惹得日政府手慌脚乱，徒呼奈何。

朝鲜国内社会组织的最显著者，是一九二〇年朴重华等所组织的朝鲜劳动共济会，朴一秉等所组织的朝鲜青年联合会，金翰等所组织的“京”青年会；一九二二年尹德炳等组织的无产同志会，京城各团体又组织朝鲜劳动联盟会；一九二三年，有朝鲜物产奖励会、民立大学期成会等之组织；一九二四年四月，朝鲜劳农总同盟、朝鲜青年总同盟相继成立。社会运动乃有统一之组织，组织既统一，力量亦遂集中，故在一年之间，罢工事件有四十二次之多。一九二五年，劳农总同盟扩大为朝鲜农民总同盟和朝鲜劳动总同盟。此外，尚有学生总联合会、全朝鲜记者大会、全国少年总同盟、北风会、火曜会、女子团体，等等。这些社会团体，在日本高压下虽不能怎样活动，但是，无形中却可以表现朝鲜民族的群力。而且他们虽不揭出反日的旗帜，可是摧残日本的资本主义，却是有同样的效力。这不能不说是三一革命以来朝鲜民族革命史上的一大特点。

在另一方面，纯粹的民族革命者，鉴于三一革命惨败的所在原因，故在上海组织临时政府，主持一切；并在朝鲜北部与中俄边境组织独立军，不时与日本军警短兵相接；又有暗杀团之组织，专门暗杀日本要人。

自一九一九年迄一九二九年之间，抗日运动未曾间断。国内以社会运动中心为势力，民旅革命者因不能容身于国内，只得在国外奔走呼号，或组织军队，或施行暗杀。统计这十年之内，罢工、罢市、罢课等运动，不胜枚举；因革命关系被捕者十余万人，被杀者五万以上；其独立军之大小部队，在朝鲜境内与日本军警接战者，有二千九百九十六次之多，虽然朝鲜独立军的人数不过一万余人。由此可以想见朝鲜民气之不可侮了。而尤以暗杀政策，足以令日人丧胆，如姜宇奎之炸斋藤，金益湘之炸总督府，朴烈、金地燮之谋杀日皇，金益湘、吴成伦之谋杀田中义一(在上海)等等，都是震动一世的大暗杀。

一九二九年的大革命

朝鲜的民族革命，到了一九二九年冬季，又有第二度的大爆发。这次革命挣扎六七个月，弥漫全部朝鲜，举凡青年、学生、农民、工人、商人、侨民等等，莫不站在一条战线上，背城借一。

这一次的革命，就时间说，血战了六个多月；就空间说，弥漫到全部朝鲜，凡是朝鲜的青年、学生、工人、商人、农民，乃至于各地韩侨，莫不闻风起舞；就牺牲的量数说，前后被日人立刻枪杀或击毙者，有数千人！被捕入狱，裁判五年、十年甚至无期徒刑者，凡数万余人！这样的残酷事件，在人类斗争史上也是不可多观的，不料竟施之于五千年来文化优越的朝鲜民族，痛也何如！

事实的经过是这样的：

> 当一九二九年十月三十日，在韩国罗南道罗州车站内，日本多数学生（光州中学）对韩女高学生（光州女高中）作最无礼之欺凌，该女生之小弟目睹此光景，觉不堪忍受，乃为抵抗的叱责，日生大愤，群相殴打，并解刀乱刺。此时巡警森田赶至，一方阻止乱斫，一方以棒击退韩生了事。次日上学，又在火车相遇（因皆由火车到校上学），日生余威未逞，更行寻衅。正在争论，车掌日人又对韩生为特别不堪之酷责，谓："凡我大日本学生之所为，无一非善；凡尔韩人之所为，无一非恶。"此等帝国主义下不意此优胜之批评，终不能满足日生暴虐无人道之兽心。日生更集多人，持匕首，对全光州高校韩生示威，结果伤韩学生十余人，韩生亦为自卫而作相当抵抗，但日本中校体育教员旋领全体学生持棒来袭，并称："我们是神圣的大和魂子孙，怎能受累于韩生？我负责！将全数韩生打死！"奔到各校，肆行乱打。此时光州全城军队、消防借口维持秩序，全体出动，除将韩生乱打外，逮捕三百余韩生，光州市民感于忍受无可忍受，退让无可退让，故全市市民遂为迫于义愤的大示威游行，高喊"释放被捕学生！""韩国独立万岁！""打倒日本帝国主义！"等口号。长久时间忍受的反抗猛焰乃爆发了！日本虽断交通，检查邮件，阻止传布此事，但终于革命怒潮激动了全国！各都市已坚决的罢工、罢市、罢课。这就是全韩民众对强盗日本帝国，勇敢的做决死的抗争……

以上是东三省朝鲜侨民反日同盟会所发表的宣言之一段，对于这事件的经过，说得很详实。"凡我大日本所为，无一不善；凡尔韩人之所为，无一非恶！"呜呼，这就是当今国际帝国主义横行时代之公理也！

现在我再把关于这些零零碎碎记述，汇集数则，以见一斑。

1.事件发生后，当地学校市民一连举行两次示威运动，前后被捕及负伤者凡数百人，并遮断交通，以防革命行动之蔓延。

2.十二月，消息传播到京城；九日，举行最剧烈的示威运动，当时被捕杀者一千五六百人！自此以后，革命空气更高涨入云了。

3.十二月二十四日，在东京的韩人密谋示威，事泄，当被捕去三百余人；二十六日，又陆续捕去百余人。

4.一九三〇年一月二十三日起罢课风潮，波及全国。各地的劳动者，一律罢工；各农场的农户，一律抗租。风起云涌，日益扩大！

5.一月十五日，京城学生又起示威，当场捕去一千数百名。随后男女学生与日警不绝的巷战，死伤不可胜数！是夜，在朝鲜剧场，忽有青年数人跳上戏台，飞散传单，高呼口号，观众千余同声响应，当场又拘去五百余名！

6.据日本警厅报告，从一九二九年十二月起，迄一九三〇年二月止，在这二个多月内，共捕去四万五千余人，杀伤数千，其他学校团体均在严重监视中。

以后的反日消息，因为日本取缔邮电甚严的缘故，很少能布露出来。

这一次如火如荼的大革命，又在日本帝国主义屠刀下屈服了！这一次的抗日，正值日本帝国主义平静无事之际，以全副精力来摧残压迫，才遭顿挫！但这不过是暂时的顿挫而已，若说朝鲜民族革命从此一蹶难振，则未免误会了事实。

可是日本帝国主义受这次革命的打击之后，极谋应付方法，一面加紧其愚民政策，一面扩张其所谓地方自治的阴谋，其实这种心劳日拙的鬼计，徒足以表示帝国主义者的愚蠢罢了。要断定日人软化政策的有无效果，我们可以看看朝鲜民族的心理若何。

问：日人若肯给予你们自治及利益，你们将如何？

答：日人予我自治？！足下为何提出此不经之谈！

问：假使日人真的马上允许你们自治，你们觉得满足吗？

答：满足？满足？这话从何处说起！我们是有文明历史的国家，岂有如此毫无意识。不过到那时候，仇视日人的心理或者可以减轻些罢了。

以上是上海大陆报记者和朝鲜民众谈话笔记中之一段。由此，我们可知朝鲜的真价值了。

一九三一年的革命

一九三一年九月十八晚，日人施行其大陆政策的第三步骤，以武力强占我东北三省。所有驻在朝鲜的三师兵力，均调到我国辽、吉等地。朝鲜内部空虚，仅有少数军警维持秩序。朝鲜革命党人认为有机可乘，乃于九月廿一、廿二两日在京城、仁川、平壤等地举行大革命，各地鲜人纷纷拥起，以掠夺军械为目的，计日人死于此役者二十余人。后来因为鲜人没有充分的准备，徒恃一时勇气，各自为战，终不免为日军所扑灭！此次正届日本对华用兵之际，本有机可乘，可惜鲜人未能善为布置，故归失败，可慨也已。日人因此消息颇不利于对华侵略行为，所以严禁各种报纸揭载片言只言，故真相如何，迄今犹难以明了。

虹口炸弹案

日本以武力强占我东北三省后，兽欲犹以为未逞，乃复欲夺我淞沪，威胁首都。一九三二年一月二十九日，我英勇爱国的十九路军及第五路军奋起自卫，以少数器械不足的军队抗彼倾国之师，鏖战一阅月，杀敌数万人，终以故而退出第二道防线，从此我经济枢纽文化中心的上海一变而为矮奴扬眉吐气的牧马场所了。

朝鲜的临时政府在上海，朝鲜革命的大本营在上海，朝鲜革命志士当我十九路军奋起抗日时，大都投入我国军队，从事于抗日工作，及闻十九路军退守第二道防线之后，鲜人乃有四月二十九日虹口公园的一击。

事实的经过是这样的：

四月二十九日，为日本昭和天皇的生日，俗称天长节。先是日军被我十九路军屡次击败，主将凡五易，由少将监泽而野村而中将植田而大将菱刈隆而白川，日本军阀中的翘楚统统集中于我国的上海。我军退出第一道防线后，这些军阀莫不兴高采烈，假天长节的机会，庆祝他们阴谋的胜利。而朝鲜人呢，深知如果日本侵略中国成功，与朝鲜革命有更大的不利，所以乘这个机会，运用一人一弹的力量，把日本的主要军阀政客聚而歼之。

是日上午九时，全上海的日侨暨海陆军共有一万四千余人，在虹口公园举行庆祝大会，并举行阅兵典礼。日将白川、植田、野村及驻华公使重光葵、上海日侨民团长河端，皆在音乐洋洋声中陆续莅场。公园并架设机关枪，以资保护。日人的预防，不可说是不周密。

检阅完毕之后，参与庆祝典礼的各国来宾均已星散，而日侨则赓续举行所谓官民联合会，虽然在阴雨淋漓之下，日人都好像疯狂一般的高唱国歌。正当日人乐不可支时，忽听得轰然一声，司令台陡然坍倒，在台上领导日侨唱歌的重光葵被炸弹炸到半空中，有如风中之叶，落地后血流如注，腿跌断了，腰部亦受重伤；白川全身受伤，由台上跌下；村井伤了右足和腹部；野村失去左眼，眼珠流出；植田伤了右足；河端则腹破肠流，首先送命；道光则腿、野村剁眼，才苟延了生命。而日本军阀中的巨头白川随后送了老命，植田也吃足了苦头。军阀政客的下场如此，真是大快人心。

抛掷炸弹的义士尹奉吉见目的已达，便含笑就逮。但是阴狠成性的日本军阀，遭此意外之灾，不但不自警惕，反觉得愤无可泄，全国动员，严密搜查，在上海方面，租界捕房巡捕分别到上海各韩侨住宅去搜查，借机株连，谋一网打尽在上海、东京及朝鲜境内的朝鲜革命势力，无故逮捕者极多，前革命领袖安昌浩也于事变后一日被捕。按：安氏本为朝鲜革命先进，弱冠时就从事于革命运动，朝鲜最有势力的“新民会”就是安氏所手创，最初秘密结合全鲜青年，约近万人，图谋恢复国权；不料功败垂成，只好亡命海外，到了美国之后，又联合侨美鲜人组织革命团体。三一革命，安氏也是主持者之一。嗣来沪为韩国独立党首领，并任临时政府总理。后以独立党内部意见不能统一，故由总理地位降而为执委，对于革命前途，每自抚胸浩叹。独立党中主持特务军事(即暗杀事业)的金九(金九另组韩人爱国团，用作独立党的别动队)与主持经济的金澈等，皆抱人各为战的宗旨，所以炸弹发生事件，安氏不知底蕴，仍逍遥租界，故被逮捕。

朝鲜革命党的主张

一切行动是跟着主张走的，没有主张的行动就谓之盲动，血迹满涂着的二十多年来的朝鲜独立运动，决不是没有主张的。自三一革命以还，朝鲜独立运动的路线不幸分裂成两条：一条是民族主义的路线，一条是社会主义的路线。虽然这两条路线都是以打倒日本帝国主义为主要目的，可是后者对于民族主义的组织，竟不免有时加以破坏。这实在是朝鲜民族的一大厄运。但是我们敢相信，最后的胜利一定是属民族主义的革命党，不但他们的行动悲壮热烈，而他们的主张尤其是适合环境的需要。兹略述如下：

A.实现包罗各层各级之全民族的大党。

B.在全民族的斗争中，内包阶级的社会的斗争。

C.把所有各阶级反日帝国主义之各个要素巩固的连合起来，以坚固共同的协作战线。

D.民族的大党把持民族运动的领导权。

E.使朝鲜的民族运动澈底的与世界被压迫群众的解放运动，尤其是与被压迫民族的解放运动同盟。

俗语说，主义战胜一切。这话的意思并不是说主义是一个法宝，能够克服一切，乃是说有了完善皎洁的主义，才能号召有为的青年，使许多不同的意志变成一个强大的意志，本着这强大的意志而发生强大的力量，由这力量来推翻他们共同的敌人。

虽然朝鲜革命党的主张是很简单的，但是它要把朝鲜民族各层各级的力量集中到朝鲜民族解放运动，这确实是最完善的救国路线。我们热烈地盼望朝鲜的志士们，本着这个主张，作澈底的团结，很迅速的在一个强有力的组织之下，共同努力，千万不要再有各自为战的病态啊！

朝鲜革命的过去检讨

我们平心静气地研究一下，朝鲜的民族革命确是有不少长足的进展。就革命的份子言，从皇族而贵族，而绅士，而智识份子，而青年学生，乃至弥漫到全体群众。就行动言，从自杀而义兵，而结社，而示威，而宣传，而暗杀，乃至转入于民族斗争、社会斗争。就思想言，由复仇而雪耻，而恢复国权乃至民族主义、社会主义同时并进。就国际关系言，由依赖美国（如三一革命，盼美国援助）、依赖欧洲（如海牙和会之密使及巴黎和会之要求）、依赖俄国，乃至觉悟到联合世界被压迫民族之必要。凡此都足征二十年来朝鲜革命先烈的赤血头颅，不是白牺牲的！

到民族独立的途径

处在帝国主义铁蹄下的被压迫民族，第一个先决条件，是在求民族的自由平等。我们探讨过去，研究现在，推测将来，认为朝鲜民族的获得自由平等，乃是天经地义而且极端可能的事，所顾虑者，时间问题耳。兹本人管见所及，供献下列几点意见，朝鲜志士幸垂鉴焉。

第一，我们就民族主义的立场说，凡是"以平等待我之民族"，都应该"联合"的。准此，我们应该看清，压迫朝鲜的是万恶不赦的少数帝国主义者；在日本的内身，也有大部分与我们同尝苦味的农工份子。这些份子，是富于革命性的，而且是可以负起打倒日本帝国主义者的使命的，这样应该分出泾渭，万勿笼统模糊，以整个的日本民族为仇视的对象。

第二，与你们陷入同样命运的十二万万被压迫民族，万不能再如散沙一般的乱动，应该要奔走联络，在"民族自决"与"民族平等"的条件下，严密地组织起来，将全世界的反动集团——国际帝国主义根本捣毁。不能容身于国内的志士们，在奔走各国之时，应该要积极的负起这个使命来。

第三，不论任何国家的革命，皆是以组织与主义为保障成功的先决条件。朝鲜革命最初没有显明的主张，其后又无具体的组织。主张有了，组织有了，而主张与组织又嫌太多了。革命的战线，因此太不统一，各派各党的首领应该化除偏见，集中力量，以完革命之全功。

（原载于《日本评论》第3卷第2期，1933年）

朝鲜民族之复兴运动

则文

一、亡国前的奋斗

日俄战争后，朝鲜处于保护国的地位，当时的皇帝还不如现在伪国傀儡的执政，一切大权都操在日人手中，全国的人民当然要痛恨到极点。因此，各种抗日的团体和革命的组织云涌而起。例如以市民为中心的国债报偿期成同盟、青年界的青年学友会、教育界的地方学会，此外更有美洲共和协会，俄领劝业会，东京兴学会，上海同济会、新民会，布哇国民会等组织。

海牙万国和平会议在一九〇七年六月开幕了，一点没有办法而仿佛坐在囚笼里的韩王密遣使臣三人，是李俊、李相卨、李玮钟等，跑到和平会去请愿独立，并声明以前所订的条约都是日本强迫签的字，不承认其有效。各国接到了他们的请求，迫于日本帝国主义同寅的面子，也是没有办法，只好用一个计策把它推委过去，所以给朝鲜韩王去个明电，探问是否出于韩王本意。您想！在日本统监支配下的韩王，他那里会接到这封电报，所以由日本的统监从中给回个电报，假托韩帝而否认了他们的请愿。结果，请愿的使臣没有脸回来，自杀在和平会上。韩帝从此更受了虐待，不久即被统监废立□而拥傀儡太子即位。日人从此更横行起来了。

伊统博文是朝鲜的统监，也就是灭亡朝鲜的第一个刽子手，所以朝鲜民众对于伊藤博文恨入骨髓。后至一九〇九年十月二十六日，安重根居然把伊藤博文刺死在哈尔滨，数千百万的韩民莫不蹙额称快。不过，从此以后朝鲜不但不能独立，甚而被保国的资格也一并取消了。一九一〇年七月，日本派陆军大臣寺内正毅来韩就任统监，受命合并韩国，强迫签订日韩合并条约，降太皇帝为德寿宫太王，皇帝为昌德宫王，统监府一跃而为朝鲜总督府，各部长均改任日人，朝鲜至此算告名实俱亡。

二、亡国后的奋斗

处在帝国主义铁蹄下的被压迫民族，没有一个是能甘心的，所以朝鲜亡国后，民族的奋斗在高压之下，越发振作。在这九十年来，朝鲜的民族每天都在奋斗着，努力他们的复兴事业，一方面我们感觉着朝鲜的复兴，不久就要来临；一方面还感觉着朝鲜的民族，也是极能干的民族。现在我们要看看他们在亡国后是怎样奋斗来着。

(1)欧战告终的大革命

一九一九年，欧战告终，潜伏在朝鲜民族中的烈火，再也不能忍挨，于是在这年的三月一日爆发了朝鲜给世界的警炮。

先是朝鲜青年独立团，在二十八日的深夜，派学生两人，临时通知各校的学生，约一日午刻，齐集塔洞公园，举行示威运动。届时，不期而先到的，已竟有了一千多的学生，后来各校全体的学生完全到达，把太极旗也悬挂起来。汉城中的民众闻风兴起，达数十万众，浩浩荡荡游行起来。朝鲜总督府闻讯，大发军警，捕获下狱的有一万多人。民气从此更沸腾起来了。所以从三月到五月这个期间，闻风影从的有二百十一个郡府，集会达一千五百四十多次，参加的民众有二百多万，死伤的有两万多，被囚的有四万多，可见民气的激昂。这次革命的中心主张是：

> ……吾等兹宣言我朝鲜为独立国，朝鲜为自由民。以此告于世界各国，而阐明人类平等之大义，以此诰于子孙万代，而永有民族自存之正权。今日吾人责任，但有自己建设，而永不破坏他人也。以良心上严肃之命令，开拓自家之新运命，而决非以旧怨与一时感情，嫉逐排斥。……(详见三一革命朝鲜独立宣言书)

我们由上面这一节的宣言，就很充分的看明他们是争取民族的“自由”，“阐明人类的平等大义”。这种革命的目标，的确使我们能发生十二分对于弱小民族的同情。他们还说：“……但有自己建设，而永不破坏他人……”这两句话，又可以表明朝鲜民族人格的伟大，并不是气量扁狭的民族。再看这两句话：“……以良心上严肃的命令，开拓自家的新运命，而决非以旧怨与一时情感，嫉逐排斥……”朝鲜民族这次的发难，乃是他们得到了良心的命令，并不是盲动。当时他们更定了三条公约：

> 1.吾人今日此举，为正义人道生存尊荣之民族的要求，须要发挥自由

之精神，决毋逸走于排他之情感。

2.以最后一人最后一刻为限，快快发表我们民族之正当意思。

3.一切行动务要尊重秩序，使吾人主张之态度，一出于光明正大，贯澈始终。

这次的革命，他们主张的确是很正大，但始终他们没有胜利的把握。大屠杀、大囚笼，种种虐刑恶果，都是我们给他们逆料到的必然收获，这是什么原因呢？不外(一)他们没有健全的组织；(二)没有反抗的实力；(三)没有全盘的计画。他们虽然是失败了，可是这次的代价是非常大的：第一，他们给世界一个最清楚的对于他们的认识；第二激起了全朝鲜的民族意识；第三，他们给日本一个绝大的警告和刺激。所以这次无论怎样的失败，总是有代价的。

(2)一九二九年的大革命

自从一九一九年的革命以后，的确是使日本对于朝鲜的政治压迫减轻了很多，可是在经济方面的榨取，倒是变本加厉了。因此不但朝鲜的知识分子完全加入革命工作，便是劳动阶级也一概的从事社会运动。所以从三一革命以后，每有动作，必是全国到处响应，日本真感觉得难办。在这个期间，朝鲜的革命团已竟形成了两派的组织，一派是社会运动团体，一派是民族革命团体。

民族革命团体，自从三一革命惨败后，在上组织了一个临时政府，朴殷植为大总统，同时在朝鲜北部与中俄边境组织独立军，此外又有暗杀团。社会运动派最显着的是一九二〇年的朴重华等所组织的朝鲜劳动共济会，又有朝鲜青年联合会、京青年会、无产同志会、物产奖励会、朝鲜劳动联盟会、民立大学期成会、朝鲜劳农总同盟、朝鲜青年总同盟等团体，不计其数。

到了一九二九年的冬季，第二次革命又酝酿成熟了，上述的每团体同时暴动，凡青年学生、农工商民以及朝鲜侨胞，完全站在一个站线上，奋斗起来。前后时间支持了六个多月，革命高潮弥漫到朝鲜全境。可是结果依然的惨败。据日本警厅报告，从一九二九年十二月起至一九三〇年二月止，在两个多月内共捕去人犯达五万人，杀伤数十，一切学校团体均在严厉监视之下。这次虽然失败，但是朝鲜民族奋斗的精神愈行提起。不过日本人的确是害怕了，所以加紧的施行愚民政策，同时进行试办朝鲜的地方自治，可是铁一般的朝鲜民族奋斗的心，是不能为他有一点的摇动。

(3)“九一八”后的革命

一九三一年九月十八日，日本由朝鲜发出重兵，来夺取我们东三省。这时候，正是朝鲜复兴运动的机会到临。所以朝鲜各派的革命团体，都以为这内部空虚的时候，正可活动。于是在平壤、仁川、京城各处举行大革命，各地朝鲜人都纷纷起事，第一步便是掠夺日兵的武器。不幸这次，虽然日出兵东北，内部空虚，可是鲜人事前并没有充分的准备，他们不知道“九一八”事变的能如此突然暴发，所以事起未几，日本就马上把他们平定。因为这种消息过于密秘了，惟恐影响到对华的出兵，所以始终我们没大清楚，对于这回朝鲜的革命。

(4)“一·二八”后的炸弹案

朝鲜的独立党人拿上海似乎当作他们的大本营了，所以在上海尽量的活动。当着沪战发生的时候，朝鲜人看着我们抗敌的这样的奋勇，感得十二分的痛快，后来看着我们撤退了，他们便特别的失望。天长节，日本的要人大集会，尹奉吉一个炸弹，居然把白川、河端炸死，重光葵、野村、村井、道光等都受了重伤，真使得我们痛快。

三、朝鲜民族奋斗的总检讨

朝鲜民族最初是依赖中国，次则美国，又次则依赖欧洲，再次俄国，结果都使他失望。他们这才觉悟，他们以为今后的复兴，只有一个办法：是一面自己努力奋斗；一面联合世界的弱小民族，共作同情的奋斗。他们奋斗的基本主张是：(一)实现包罗各层各级之全民族的大党；(二)在全民族的斗争中内包阶级的社会斗争；(三)把所有各阶级反日帝国主义的各个要素巩固的联合起来，以坚固共同的协作战线，同时与世界被压迫的民族共同努力解放运动。这寥寥数语，的确是无上的主张，的确是最完善的救国方策。现在我们很希望他们与我们中华民族共同的努力向日本帝国主义进攻！

(原载于《行健旬刊》第 31 期，1933 年)

东北之朝鲜独立革命党

佚名
樊哲民 译

序论

一、东北反“日”思想运动与其类别

凡是在“满洲”扰乱治安的分子，一般人都给他下个总称，叫做“胡匪”。虽然都叫做胡匪，但是其中的性质可大有分别。如结合败类的党徒，从事于职业的掠夺；又如遭受这种残害的人们无法生活，也只得去做胡匪生意；又有一经尝着这种滋味就临机应变，时而为匪，时而假装良民，总以满足私欲为其目的，我们可以称呼他是“土匪”。再如有思想背景的，扰乱治安亦系有目的、有意识的而非盲目的分子，这就是我们所常称道的“思想匪”。

所谓“思想匪”就是从他的思想背景诱导出一种信念，为完成他的一定目的，设法支配周围的情势并企图有组织的扩大和强化其势力。至于在“满洲”的反“国家”思想运动，也就是这一流人所干的阴谋诱惑和暴动。

这些思想运动，因其背景不同，可分以下三种：一、有政治思想背景的运动。二、有宗教思想背景的运动。三、有社会思想背景的运动。

（一）有政治思想背景的，如在崇奉三民主义的中国政府指导下以反“满”抗日为目标的邓铁梅、唐聚五和以民族主义为底意的朝鲜独立革命党，共同在僻地蟠踞着唤醒民众，力图伸张政治的势力。

（二）有宗教思想背景的，就如大刀会、红枪会，结合在特定宗教信念下，企图强化势力扰乱地方。

（三）有社会思想背景的，如共产党之企图社会组织的革命和破坏治安。

但实际上所说的“宗教匪”，大概都属于第一类的反“满”抗日里，第一类的朝鲜独立革命党和第三类带有共产彩色的彼此间也形成错杂的关系。而属于

第一类的反“满”抗日团体，其势力虽日渐减退，但同时乃有遁入第三类共产系的倾向。

本文所要论的朝鲜独立革命党是基于以上的观察，“满洲”的反国家思想团体是有其政治思想的、社会思想的背景。

二、朝鲜的社会思想与其独立革命党

我们在叙述朝鲜独立革命党以前，必须先知道在朝鲜的社会思想，因为在朝鲜独立革命党里活动的人们又以朝鲜人而参加朝鲜社会思想团体。所谓今日在朝鲜的社会思想，乃是由民族主义和共产主义的方便的合流思想，如一考究朝鲜社会思想发生的痕迹，并未经有很长的历史过程，假如回顾日韩合并以前的朝鲜历史，就看不到所谓什么思想运动。

但自从明治四十三年八月的日韩合并，朝鲜知识分子中的民族主义运动才勃然以兴。(此处民族主义运动，乃指已形成的国家或未形成的国家的民族，凭自己民族作独立国家的建设运动。)一方，自一九一九年苏联政府的势力东渐，仇日鲜人遂竞相与之接近，并极力求苏联政府的援助，居于俄领的归化鲜人遂成为苏联共产党的正式党员，或组织韩族共产党，对居俄的鲜人是不屑说的，连朝鲜国内居民都施以赤化的企图，因欧战后马克斯主义的理论的实践的发展，朝鲜的民族主义者也走向共产主义的道上了。大正八年(民国八年)三月独立万岁事件爆发，日本当局以假借取缔共产党为名，在朝鲜竟数次施行大检举，于是走向共产主义运动的民族主义者乃逃亡过半。至昭和五年春，朝鲜唯一的民族主义团体“新干会”亦被取消。因为这些机关的解散和一时对主义者的检举，朝鲜人内心所深入的民族意识非但未能消失，并且因为新干会的解散，才向共产主义运动的一路发展，这个也是以民族主义为出发点的。否，横在朝鲜背景前的民族主义和共产主义这两种思想根本相反的主义，因为要求一致，就很就便的合流起来了。

就以上几点，很可明白证明有政治思想、社会思想背景的朝鲜独立革命党的思想彩色。

本论

一、朝鲜独立革命运动自治机关国民府

欲明了朝鲜独立革命党的发生，必须先叙述其母体，即所谓独立革命运动的自治机关国民府。

(1)沿革。日本吞并朝鲜后，当前急务即在解散朝鲜国内的军队，而义军所在蜂起，反对吞并以从事恢复朝鲜运动。当时运动乃系自然发生的，并无什么指导的组织的机构，均散在各处个别呼号反对吞并。当时的运动颇缺乏活力，后乃次第进展。但当巴黎会议时，美国大总统威尔逊提倡民族自决主义，朝鲜民族主义运动突然为所激动，渐次及于激烈化，大正八年三月一日遂惹起独立万岁事件。日方官宪对此等爱国鲜人取高压手段，严厉取缔。鲜人为避免此种压迫，多逃亡辽宁的东边道。东边道地带多为山岳，在此耕作水田，实为避免日本官宪压迫的适当地方。

到东边道以后，这些民族主义者就纠合同志创立独立团体，当时的独立团体分三十余个。团体内的同志，纷争不已，故其目的终难贯澈。北鲜派玄益明痛感战线有统一的必要，在各团体里奔走，才渐渐在昭和二年把正义府、参议府、义军府(统义府)三个团体团结起来。当时俄国的共产主义运动适侵入满洲，以上三个民族主义团体的运动为施行理论的实践的斗争，认为统一民族运动实为切要之事，昭和三年九月遂在吉林集合参议府梁荷山、朴大浩，义军府金某，正义府玄益哲、金史轩、梁世奉、金昌宪、金保安、张文波、金冲波等开催三府统一会议。在会议中遂形成南鲜派和北鲜派的对立。昭和四年三月三府统一命名为国民府，玄益哲就任中央执行委员长，置总部于新宾。

此后，赤化运动益形猛烈，民族主义和共产主义对抗起来(在满洲的鲜人共产主义运动早就有指导的地位)，不断的在争夺指导民众权。当时，共产党里面已组织秘密机关，以指导煽动民众，处处在破坏国民府，树立领导权的获得方针。而国民府亦极力结成秘密政治与之对抗，朝鲜独立革命党就是从这里产生出来的。

(2)现况。如前所述的国民府，当时正值东北当局对内则拥护中央，对外则一心驱逐外来势力，锐意联络言论机关，唤起民众，认为中韩两被压迫民族利害关系有共同之点，故在此种东北的政权政策下，国民府在东三省南北各地竟获有会员七万余户，此时实为国民府的全盛时代。由以上关系，在国民府与东北政权易于联络的立场上，国民府关于在僻地的鲜人问题，玄益哲曾数次派遣金学圭谒见东北当局。昭和六年十月，国民府又派代表崔义山到南京政府连络，请求援助，迨事变交通断绝就无有连络的机会了。

九一八事变的时候，各地治安陷于紊乱的状态，共产党势力的反响和各地民会组织的发达均行蹶起，国民府的势力乃大衰退，再加上屡次受日“满”军警的讨伐和压迫，活动的地域愈行减少。去年五月干部派金昌述赴北满企图挽回势力，但毫无所得，最近干部间三府意见又行分歧，传将内讧云。

二、朝鲜独立革命党

朝鲜独立革命党已如前述，乃是朝鲜独立运动自治机关国民府的武装机关。而在此所说的朝鲜独立革命党，乃是自治机关革命府和武装机关革命军的总称。

(1)沿革

武装机关革命党(广义的革命军)的结成，乃是如前所述专为对共产党的对抗手段而成立的。究其远因，备尝辛酸共同奋斗的玄河竹、金史轩、吴东振连络东边道的独立团体，遂组织成复兴党，自国民府成立后经中央执行委员玄益哲、委员李浩源和高而虚等的指导下，于昭和四年十一月遂改称为革命党。于是此后全满独立运动始成一团，以国民府纯为自治机关的表现团体，革命党为秘密机关倾注全力于朝鲜独立革命之途。

(2)组织

(A)党的组织体系。

党的组织由党员三名以上、七名以下组织一细胞，三细胞以上、七细胞以下构成一支部，以中央统辖全支部。

(B)党的组织人员。

细胞——责任者一名，参加支部大会的细胞代表一名。

支部——支部置三名以上、五名以下的支部执行委员，置支部代表一名。

中央——中央置七名以上、二十五名以下的执行委员，选执行委员十一名任常务执行委员。

北满特别委员会——责任者为金史轩，据有北满及吉林一部份势力，遇有讨伐则以此为最后的隐避地方。

(C)党的各部署。

(a)细胞——无部署。

(b)支部——政治部、自治部、组织部、青年部、宣传部、劳农部。

(c)中央——政治部、财政部、组织部、青年部、劳农部、调查部、教养部、国际部、军事委员会、自治委员会、宣传委员会。

备考：

(一)自治委员会为党的表面机关指导国民府。

(二)军事委员会为武装机关指导革命军。

(三)党的组织仅为纵的连络而非横的联络。

(D)革命军的组织。

革命军在革命党军事委员会的指导下以一中队为基本的组织，以三小队为一中队，现有八个中队，各中队分为三方面活动，其配置如左：

第一方面(兴京、清源、柳河)：

第三中队长金德海、第七中队长崔允□。

第二方面(通化、辑安)：

第一中队长崔峰、第二中队长赵化□。

第三方面(宽甸、桓仁)：

第四中队长金京根、第八中队长金昌□、第六中队长张明道(由国民府公安队临时编成)，第五中队游击于吉林方面。

各中队统合将校下士兵卒组织兵士委员会，给以训练建议的权限。

(E)国民府的组织体系。

十户以上为屯，百户以上为区，五百户以上为地方，全地方归中央统辖。屯置屯长一名，区置区执行委员三名，地方有地方执行委员三名至五名，中央有中央执行委员九名至二十五名。总务部、地方部、公安部、教养部、财政部、外交部。

(F)朝鲜革命党各机关的职员。

(一)党中央常务执行委员			
委员长	高而虚	政治部长	高而虚
组织部长	李不二	救养部长	高而虚
财政部长	黄宪	劳农部长	金世浩
青年部长	金世浩	调查部长	梁细奉
国际部长	金学奎	军事委员长	文彬
自治委员长	金东山	宣传委员长	金昌述
(二)军事委员会			
委员长	文彬	军事部长	尹一波
参谋长	金学奎	司令长	梁细奉
(三)国民府			
中央执行委员长	金东山	地方委员	安松
公安委员	金斗七	教养委员	安松
财务委员	金南	外交委员	金斗七

以上的人位时有变动。

(3)现况。

朝鲜独立革命党虽然如此的广布在东北,但其实不过是在新宾、桓仁、通化、辑安、宽甸等县和在北满特别委员会名义下就是在吉林有一部分势力而已。东北事变后,和东边道自卫军首领唐聚五、王荣文等合流组织特务司令部,从事于光复工作,并在朝鲜沿线各地企图破坏工作,但以时时受日“满”军警的压迫,卒不得逞。

在去年和邓铁梅、王凤阁,中央新宾地带的五风楼以背靠背为根据的赵宝臣等取得密接的联络,并派遣曾充军事委员长的北满特委干部柳东悦到北平,活动某种工作。

目下在军事委员会指导下的武装党员约有四百余名,但是现在的革命党因为国民府的征收不丰,财政已陷于穷途,为党的缘故就组织成募捐队,到各处对鲜人施以强制的募集军需。

观察革命党的宣传及教育方法,可分为对内对外两方面:

(A)对内宣传:以出版部为主,对党员施以运动理论及方法的宣传教育。

(B)对外宣传。

(a)以传单等出版物印刷品宣传情势报告和革命理论,尤其在其机关杂志上捉着时局问题运用排日思想高唱独立意识,由此论调以宣传其共产主义。

(b)利用多数人的集合机会(婚丧事)说破虚伪的世界和日本内情,论朝鲜独立的日子就在眼前。

(c)对中国人宣传民族合作,同舟共济,以强化排日运动。

结论:朝鲜独立革命党向何处去?

我们在序论里已经说过关于在东北的反国家思想运动和其分类,在本文里也可以明了朝鲜独立革命党的思想背景。本文虽不甚完全,但也可以粗知其沿革组织及现在的情势。

但是,朝鲜独立革命党究竟必定走向那一条路呢?再如对于“满洲国”的思想统治上给以多大的影响呢?我想拿以下所叙述的当作结论。

关于今日朝鲜独立革命党的归属,可由种种立场观察出来,我们按着最妥当而最有兴味的观察,中国共产党中央部有如以下的发表:

> 朝鲜独立革命党乃是由于在东三省的鲜人小资产阶级、破产阶级、知识阶级、政治的流浪人、革命家等集合而成为半统治团体,由民族资本主

义的立场和日本资本主义相敌对，指望朝鲜得到政治的、经济的独立，形成一个单独自主的资本主义国家，但其结果恐不易实现。自其运动过程而论，最近原来队伍由有内因的和外因的关系就发生了分化作业，此时站在八方无路的形势的革命党或有改变于屈服运动的可能，最后也许合流于日本资本主义的区流里。有二十年运动史的朝鲜革命党至少也可以说由于一部热情分子奋斗的结果，把鲜内社会情势转换到共产党的路上来，这时候我须放弃已往的斗争意识，当作新同志好好联络。然后必须把苏联区域的东边道和朝鲜由强盗日本的手里夺回来。

以上是中国共产党所看到朝鲜独立革命党的归宿，九一八事变以前的情势有合流在中国国民党统治阶级的倾向，但现在已不成问题，结果其思想的背景竟有合流于共产党的可能性。现在四百名武装党员，以共产党红军游击队的资格在东边道开始有新的活动，在奔走呼号着反国家思想运动。吾人如一探索在东北社会思想运动的痕迹，其指导的主力的地位大概皆为鲜人，故朝鲜独立革命党的存在，对于在“满洲”的思想统治上，实为一大障碍，其为害将不堪设想。

（原载于《行健月刊》第 4 卷第 6 期，1934 年）

日本铁蹄下朝鲜人的生活

印维廉

这篇文章告诉你几个人们不注意的故事，这些故事都是很不动听的，各位看了之后，一定感觉得不愉快，但是我希望这个"不愉快"永久记住在你的心里，所以我毅然把它介绍给你。

——编者

关于日本问题，在本期月刊里已经有马先生和张先生的两篇文章，这两篇文章都很有价值，我们看了之后，可以对日本本身有相当的了解。现在，我再不揣鄙陋，来谈一谈日本铁蹄下的弱小民族的生活，因为篇幅关系，本文先述朝鲜人的生活，其他部分想以后慢慢说来。

日本为什么并吞朝鲜

第一句，我要先告诉你，日本为什么并吞朝鲜？原来朝鲜是日本北进政策的大本营，是日本帝国主义延长命脉的泉源；有朝鲜亡国的痛史，才能造成日本帝国主义巍峨的殿堂。日本自明治维新之后，已一步一步的走上资本主义的大道，可是那贫瘠的蕞尔三岛，不独缺乏富源，而且更没有宣泄物品的场所。于是日本苦闷了，特别是三岛之内没有煤和铁，更是所谓"资本主义"的致命伤。后来他们穷极智生，一眼看到隔岸的朝鲜。啊！那里有丰富的储藏，有巨量的物产，真是取之不尽，用之不竭。何况，在朝鲜的背后，还有比它更好更多的富源呢！但是朝鲜是中国的藩属，日本要掠取朝鲜，所以不惜和中国战，后来又和俄国战。结果，日本都战胜了，如愿以偿，到了一九一〇年八月二十九那天，朝鲜竟被日本一口吞去！自此以后，日本是靠弱小民族的血肉来把自己养得胖胖的了。

他们“是一等国的臣民”？

在二十四年前，日本并吞朝鲜的时候，日人小松绿[禄]对朝鲜人说道：“日本是个一等国……韩国(那时朝鲜称韩国)一跃而为一等国的一部分，她的人民也随而为一等国的臣民。所以像新罗之变为高丽，高丽之变为朝鲜，这次韩国改国号为日本，能这样想就好了。”(《外交秘话》——栖云阁主人著)

这些话说得多么动听啊，朝鲜竟“一跃而为一等国的一部份”，朝鲜人也高升为“一等国的臣民”了！现在我们来看看这些所谓“一等国臣民”的实在生活是怎样？

两个很平常的故事

这里有两个朝鲜人认为很平常的故事，是前韩国临时政府大统领朴殷植氏在他所著的《韩国独立运动之血史》一书内告诉我们的，现在我一字不改地抄在下面：

> 有母子二人同居，而无其他家属者，彼(指在朝鲜的日本警察署)以夫妇同居录于民籍。其母子二人闻而大惊，诉求改正，则彼乃曰：既为夫妇，不能以母子更正，非提出离婚申告书，取销夫妇关系，则不许可也！

> 在某郡(日本官厅)发令各人均置捕蝇器一具，更有宪兵巡视各家。有一家共有五口——父母二人、孩儿三人，孩儿中有一婴孩，才满十月，其父母只置捕蝇器四具，而十月婴孩未及，于是彼(日本官厅)即以违反法令，逮捕问罪！

从这两个很平常的故事，可以看出朝鲜人是过的什么生活。听说日本吞并朝鲜后，因为怕人民造反，所以一律没收民间的武器，甚至连切菜刀也没收了，在一条大街上设一个公共切菜的地方，这地方有一把不锋利的刀，而且是用一条很粗的铁链锁着的，只能用着切东西，不能拿了走。凡是住在这街上的人民，每天切菜一定要到公共切菜的地方去。各位想想，亡国奴的生活，是多么的可怜啊！

朝鲜人的经济生活

我似晓得，帝国主义的掠夺殖民地，绝对不是逞政治上的浮威，主要目的，是在夺取富源——经济的压迫。日本掠夺朝鲜，当然不能例外。不过，经济的压迫，没有政治压迫那末显明，所以不十分引起人们的注意。其实，经济压迫是普遍的、慢性的。它的结果，是把弱小民族的精血尽量吸取，好像肺痨虫在病人的肺部活动，等到病人感觉得痛苦时已经来不及了，只有睁着眼等死。

朝鲜是个农业国家，所以日人首先着手于农村经济的压迫。于是朝鲜的地主没落而为自耕农，自耕农又没落而为佃农。在一九一四年朝鲜佃农仅有九十一万一千多人，到一九一九年就增加到一千九百万多人了。这个数字的增加，显然的表示朝鲜农民的血液是一天比一天干枯了。

农业基础是被日本资本主义捣毁了，畸形的工业和商业却有迅速的发展。从一九一一年到一九二五年，朝鲜工厂的数目和资本的总数增了二十倍左右，工人增加了五倍以上。这些新兴的工业，都是握在日人手中。日人固然是养得面团团富家翁了，而朝鲜人呢，农村站不住脚，手工业不能存在，唯一的出路就是到日本人办的工厂和矿山里做奴隶！

这些奴隶在年少力强的时候，日本人还须要他卖苦力，等到一旦年老力衰，就好像“煤渣”一样，毫不客气的赶出厂外，听其饥寒而死了。

朝鲜个人经济生活的自由，也是被日人剥削殆尽。最痛心的，有下面两种办法：第一，日政府对朝鲜人的资产，用极严密的方法调查，如家产超过千元以上的，日政府就强迫他们聘请一个日人为司帐；这个日人司帐的权力极大，就是家主用钱，也要受他限制。第二，朝鲜人握有五百元以上的现款时，日政府就勒令他存到银行里去；存银人在取款的时候，一定要先把用途说明，给银行办事员过目，如办事员认为用途不当时，就不照给。

闻所未闻的教育状况

各位大都是在学校里的青年，一定要明了弱小民族的教育状况吧？好，让我再告诉你们。

日本在朝鲜施行的教育，是道地的奴化教育，就是青年要接受这种奴化教育，也得受种种的限制。例如，贫苦子弟不得入学，不懂日文者不得入学，政治犯的子弟不得入学，农工子弟不得入学，等等。

讲到学校里的课程，真是奇怪万分。所谓修身教科，从不闻朝鲜祖先的嘉言善行，并且喋喋不休的说什么朝鲜始祖是日本始祖之弟，信口雌黄，恬不为耻。他们对于日本儿童的训练，是“勇武”“爱国”“奋斗”“复仇”等精神；可是对于朝鲜儿童，则是“娱游”“服从”“节制”“安分”“感谢日皇恩德”等宗旨了。在历史方面，不但把朝鲜的历史抹杀，就是世界各国的独立史、革命史也不提起，就是偶尔提起，也是说他们“轻举妄动”。至于教科书内的插图，都绘些“学生向警察鞠躬”，或者是“向日本教师鞠躬”。学生所用的一切教科书，都是由半官式的朝鲜印刷公司购买，其订价至少要比普通书贵十几倍。这样，日本政府在教科书方面平均每年至少要榨去二十多万。不论大小学校，都受很重的月谢金(就是按月缴的学费)。倘过期不纳，立刻批颊赶出，毫不宽借！总而言之，日本人的目的，就是希望朝鲜人不要受教育，永远做一个奴隶，万一要受教育的话，也是施行奴化教育，造成一些高等的奴隶罢了。

强权下的公理如此如此

一九二九年朝鲜的大革命，是震动全球的事情。记得这次革命发生的导火线，是这样的：

一九二九年十月三十日，朝鲜罗南道罗州车站内，光州中学的日本学生调戏该校女高中的朝鲜女生，朝鲜女生的小弟看不过去，上前阻止，于日本生大怒，拔出佩刀，把姊弟二人刺得皮破血流，后来巡警赶到，将姊弟二人逐出车外，方算了事。第二天，又在火车上遇到(因为皆乘火车上学)，日本学生怒气未消，又来寻衅，朝鲜学生不免辩白几句，这时火车上的职员(日人)又帮助日生，对朝鲜学生加以严酷的责骂，并且说：

> 凡是我大日本学生所做的事，没有一样不是好的！凡是你们朝鲜学生所做的事，没有一样不是坏的！

这种不讲公理的话，不但不能满足日本学生的暴戾，并且更鼓着勇气，集合很多的人，拿着小刀，到光州中学去对朝鲜学生示威。朝鲜学生为自卫起见，也作相当的抵抗，结果朝鲜学生被刺伤的有十几个人，日本学生也有几个略受微伤。

这样一来，日本人更大吹大擂，光州中学的日本体育教员对日生说：

> 我们的神圣的大和魂子孙，怎能受累于朝鲜学生？我负责把全数朝鲜学生打死！

于是率领全体日本学生，持着刀棒，打到各朝鲜学校来。同时日本政府也一致动员，捉去三百多个朝鲜学生！

这样，朝鲜人忍无可忍，震动全球的大革命就轰然爆发了。

作者志：本文因属稿匆匆，未能广为搜集材料。本文所述，大都是根据拙著《亚洲民族反帝运动史》第一章。

[原载于《浙江青年》(杭州)第1卷第2期，1934年]

威胁日本之苏联空军

[美国]Yates Stering Jr.
佚名 译

按最近伦敦海会之决裂，表示日本对太平洋上之野心，已不容他人饶舌，因而引起英美等之积极扩充空军，其用意在补助舰队之不及，增加远征战之效能，显而易见。本文作者为美国海军著名将领，据其推测，在最近之将来，苏联空军已足予日本以重大之威胁。因其地势毗连日本，日欲逃避此难关，必须努力于新战略要害之占领。此外，对英美之海军计划，亦略述一二，异常警辟，可供关心远东形势者之参考。但文中涉及我国训练空军时，认为足使日人不安，则未免误听他人宣传，要知我国以自保为念，绝无意侵犯他人也。

——编者

一九二一年日本代表参加华府会议讨论海缩问题时，其最关心最注意者，为英国在香港与美国在小吕宋方面两大海军根据地未来发展之可能性。因此，在同意五∶五∶三比率以前，日方坚持在华府条约中切实声明对于该项海军根据地之设备，应切实废除。盖此时日本海军当局之政策，为英美各国之海军较日本远为优越，若复令其在远东方面得有根据地，其权力将益强大。于是，每当日本之对华政策与彼等(指英美言)不合时，彼等即可起而干涉，制止日本，优乎有余。

大不列颠一方面同意放弃香港为海军根据地之计划，但坚决主张应在新加坡方面设立一新的海军根据地，以容纳其舰队。在新加坡方面驻守有效能之英国舰队，则东方商业航路之中心焦点，不啻为英所把握；而日本对印度、荷属东印度、波利阿(Borneo)、澳大利亚，及纽丝兰所抱之任何野心，皆将因而感受威胁，再不敢发矣。由此观之，大英帝国之政策仍为把持全世界各部分之海权，而不稍退却。按：英国向以海权无往不属于己自骄，今者在远东方面所驻舰队，较以前少去多多，然而其在远东之地位依然如故。

英国赞成巡洋舰

据大英帝国之见解，渠所以能控制七洋之海权，完全由于彼巡洋舰能力之伟大。拥有相当数量之巡洋舰，复以之分驻于各商业航路之重要中心地点，英国之商业，因能普及全世界，无往而不安全。试想英国每日在中国、澳大利及印度各海洋上来往之财产——船只与货物——其数常达八万万元，则大不列颠苦心营谋，图为此项巨大之财产，立下安全之基础，亦理之当然。

至于美国，则放弃小吕宋海上根据地后无可奈何，因取得夏威夷群岛以为代替——此岛去远东方面之海上地带四千里，故美国之如此乃不得已。至于放弃菲律宾海军根据地之损失，则为（一）美国海军在东方之动员力量减少，（二）美国在远东方面之声威降低。吾人在此方面之海上贸易，远不能与大英帝国者相比较。美国在夏威夷方面之军舰，日本淡然视之，远不若新加坡方面之英国兵船能使日本不能安枕。

海上军力之减缩

海上军备之缩减，将各级各型之舰类大量减少（各国均受此裁制）。经过此次缩减后，英国愈感困难，在其他方面，既须保留海上兵力不可疏忽，而在新加坡方面，以其关系帝国前途，更为重要，又不得不多派舰队，因以捉襟见肘。假使英日之间发生战争时，则英国方面最好将其现存舰队悉数开至东方，全力应付方可，然事实又不可能。故在此时会，英国方面殊无胜利之把握。此次海上军力之缩减，对于英国，确实为一重大不便。美国亦有如此感觉，不过程度较轻，因其地势优越，易于照顾，故尚不感受如何重大痛苦（按：美国自华府海会后确未造新船，以致近来大感恐慌，通过文生方案，准备加速大批赶造）。英美之海军力量，既俱形薄弱，则在远东方面，自不能不稍稍退让，不能如以前矣。

日本则比较的占有利益，因其国度较小，在防卫方面，并不需要几何船只。而且在其他方面，亦不用分神照顾，作战之时，全部舰队可以参加。但日本之地势，虽如此优越，其间亦有一项缺点，即苟日本与其他国家开战时，其作战之场合必距日本国门不远。

日本之目的

直至最近时期，日本海军当局之信念仍为：日本之安全，在赶速建造军舰，完成条约上之限度；使敌对国海军远驻，对于日本之交通与实业中心地点不致威胁(因迫英美放弃其前述根据地)。日本尤其注意者,为英美两国以彼等之海上军力较优于己。

一海军根据地,可譬之一枪,而兵船则为由枪中射出之火。兵船在根据地所享受之利益为:可以安全地下锚停泊,可以充实供给品,可以修理损坏,可以加煤添油,再可以使人员休息。当兵船由根据地射出时(譬之枪与枪弹),其能力充分发挥之时间与距离皆有限度,经过相当时间后仍须回至根据地加煤加水,充备军实,而当其与敌舰一度接触后,更必修理战斗时船身所受之损伤。至于一舰对于其根据地能隔至若干远而不失其活动力,则以各舰之继航力(Steaming Radius)与其航行之速度为准,不能一概而论。在普通情形之下,大概一舰能航至二千五百里左右而不失其能力。是以海军根据地当距离其企想中作战之场合不过二千五百里之半圆径,然后可以各方照顾,至单独一只舰船,其航行自可较远。

新加坡距日本二千九百里,夏威夷则距日本三千四百里,因此皆不合于前述之作战条件。

海军根据地之重要

在过去时间,吾国人士大都不知一海外海军根据地对于舰队有若何重大之关系。自己海岸边之海军根据,在设备与供给方面,过分充实。一切船支之动员,皆由此等根据地发动,但只能达到相当之距离为止。正如一支枪,内海根据地将船支向各方面射出,在射出之后,其能力已终止。而被射出之船只,在估量其续航能力已将及半与夫供给物品少去若干时,必开始回航,则其活动力量,将由此等于零数。但假设海外又有海军根据地,则其作用好比一只新枪,可将该舰吸入,经过一度修养与充实后,再行射出,则无徒劳往返之烦,得以尽量发挥其能力。假设无外海根据地,譬之吾人有许多子弹而无枪以发射之,其可痛为何如。

是以英国在新加坡与美国在夏威夷之舰队,只可认为系供自卫之用,对于日本,毫无威胁可言。因该两地对日本距离,均较远于其能量之所及。

日本之作战根据地

至于日本,则除在内海方面,有充实之海军根据地,在外海方面若Amami、冲绳(Okinarwa)、Bonin及澎湖群岛,均有优良之根据地。各该根据地,可包围由新加坡北来之舰队,而阻止其前进。日本委任统治地各岛,若加罗林(Caroline)、Marshall及拉德伦(Ladrone)亦设有海军根据地,夏威夷群岛来犯之舰队则在此方面将感受威胁，不能前进。

日本在海上虽然设备周全，不惧任何大国之来犯，但彼却忽视半海军国若苏俄、中国之威胁。诚然，此等国家缺少海上兵力，但苏俄之海上根据地海参崴距日本实业中心地点不及六百里，扬子江之出海处与日本实业中心地点之距离亦与上相同。

日本既将英美在东方海上之兵力以强迫放弃香港与小吕宋两根据地而事实地减弱之后，其领袖之注意力似乎日渐转变，对俄国与中国所给予之威胁加以重视。“达摩克之剑”（Sword of Damocles，相传 Damocles 谀称其僭主 Dionysins 之安乐，僭主乃厚飨之，而以一发悬剑，垂于其首，以示王位之决非安泰云）而今愈见其可危，远甚于以前之猜想。一九三四年四月十七日，日本方面发表宣言，称中国方面延外人训练空军，由外人以飞机供给南京，日人觉之，殊为不满。按：日本之作此宣言，其用意在昭告其国民，一整顿空军之国家，与日本有不利也。

吾人设将东方地图约略省视，可见日本帝国之本部沿太平洋海岸而伸张，多半与中国海岸相联。至于在亚洲大陆方面，则有东西比里亚使其与他国隔断，由四百五十里至六百里之远。当然，一有效能之战斗轰击机飞越此等距离，十分容易。但日本既与大陆如此隔离，其在海上军力方面又如此强固，是以在某一时间，彼邦军政要人均以为国防非常巩固，可以高枕无忧。

但今日之日本，似乎已由安全自得之美妙幻梦中惊觉，了解在东西比利亚及中国方面，均有袭击之危险，不能绝对大意。世界各大国家空军能力之发展，已使日本深感恐怖。今者苏俄在海参崴方面集中有大量飞机，该地去日本工业中心地点不到六百里。有效能之战斗轰炸机，四五小时便可飞达。是以日本之大感恐怖，亦理所当然。至于中国方面之延请外人训练飞行人员及购买外国飞机，亦足增加日本不安之心理。

武力占领可以减少威胁

日本三岛如果定欲将空中袭击之危险绝对免除，惟有以武力将所有距离上足以威胁日本安全之异国飞机根据地完全占领，方可办到。倘若如此，则不止满洲伪国或日本不肯放手，即俄属西比利亚以至贝加尔湖（Lake of Baikal）一带之土地与中国东部各省亦必为日本所垂涎。

在此等新的威胁之下，英美两国之海军，在日本看来，已不甚关重要矣。

因为英美两国，苟欲以空军袭炸日本，必使用航空母舰以为根据地。此事本极严重，但日本兵船力能及此，可以奋勇直前，摧毁其母舰，使其冒险不克成功。但对于苏俄，则除开将其陆上所有根据地及关于空军之制造场所完全消灭外，殊无法以避免其由天空之袭击。

苏俄飞机近在眉睫

苏俄战斗机如此之多，皆迫近日本，不时可施攻击，实使日本日夜不能安枕。其最后结果必为两国国交之破裂，而促酝酿中之恶果早早勃发——当此项紧张之局面，促神经过分兴奋时。总之俄日两国如能回溯历史上过去之事实，必同意在两国之间维持一中立区域，在此区域中，双方均不能停留飞机。至于其阔度，则以能化除日本对俄国空军之威胁为限——须其空军一时不能达到日本之实业中心地点。目前之情势已甚紧张，似乎不能无定期延长下去。

日本目今之安全，既系由大量之金钱与热血换得，对于苏俄方面之威胁，当不能长久忍受。因其空军近在海参崴，犹如悬刃于一人之面前，使其刻不能安。一易于激动之民族若日本者，对此情形，自以完全去之为快。

日本海陆军及外交当局，今日之所考虑即此一点。英国之海上兵力或美国之空军，日本均已不加措意矣。目下之问题为日本果以何术去此眼中钉乎。

（原载于《中央时事周报》第 3 卷第 30 期，1934 年）

苏俄眼中之日本

恪

苏俄人民外交委员长李维诺夫在美国和罗斯福总统交涉美俄复交问题之后，便又到意大利去访问意相慕沙里尼，现在已经回国了。李维诺夫回国之后，大家都以为李氏这次赴美赴意的确获得了外交上的胜利：美俄已正式复交，从此两国可以联合对日；俄意经李慕两氏的会晤，两国也发生了新关系，在欧洲外交阵容上很有影响。因此李氏最近的言论很为人所注意。正好苏俄中央执行委员会全体大会开会，李氏曾向该会报告国际形势，很是值得我们注意的。

李氏对于中俄复交表示满意，他说，中国现在不幸仍受他国的侵略，内遭变乱，实在可惜。关于日俄形势，李氏又说，近几月来的日俄纠纷已经引起世界的注意，因为日政府的侵略政策，摇动了世界和平的基础。现在国际风云非常紧张，国际政治舞台上常演恶剧，但苏俄信任日本不至侵略苏俄在东三省的利益。不过在事实上日本竟公然背约，自攻取东三省后即图占中东路，更不惜采用种种离奇怪诞的方法谋夺该路。目下日军又在满边积极增兵备战，至陷苏俄边境于极危险地位，所以苏俄也不得不调兵增防，以防敌人进攻。

李氏又引证斯丹林前曾宣言"苏俄决不割让寸土，倘敌来犯必倾全国力量与之周旋"，表示苏俄政府决本此主张应付目下的国际环境和暴邻的野心，所以积极备战，凡是侵略苏俄的利益和疆土的，苏俄决以武力解决。

我们从李维诺夫的报告中，我们可以看出日本已决心侵略苏俄的利益，而苏俄也决心以武力相抗，日俄战争恐终不能避免罢！

（原载于《民间周报》第 44 期，1934 年）

韩国历年义士活动要目

[韩国]赵素昂

一、奇山涛等以公历一九〇五年谋刺缔结保护条约之朴斋纯等五贼失败，被捕判役事在京城。

二、罗寅荣等以公历一九〇七年二月念五日枪击五贼之一权重显于京城钟路，被捕判流刑。

三、张仁焕、田命云等以公历一九〇八年三月二十三日枪杀美籍倭奸须知分于美国桑港，判二十五年徒刑于美国，当时美国法界认为爱国狂而宥之。张公以一九三〇年五月二十二日自杀。

四、安重根等以一九〇九年十月二十六日铳杀伊藤博文于哈埠，判死刑，以一九一〇年三月二十六日就义于旅顺敌狱，年三十有二。

五、李在明等以一九〇九年十二月二十二日剑刺李完用于京城钟岘，被捕判死刑，年二十四。

六、安明根等以一九〇九年谋刺李完用于京城，被捕判终身。

七、新民会员一百二十人梁起铎等以一九一一年间谋刺寺内正毅于京城，被捕判六年。

八、朴尚镇等以一九一二年组织光复团枪杀张升远于大邱，判死。

九、姜宇奎等以一九一九年九月二日投弹南大门车站谋毙斋藤实，被捕判死刑，年六十六。

十、金荣哲等以一九一九年八月二十一日谋刺斋藤实于京城，在雅叙园被捕判役。

一一、安敬信女士以一九二〇年八月投弹平南道厅及新义州铁道饭店，被捕判役。

一二、朴治毅等以一九二〇年八月五日乘美国议员团入国时谋举大暴动，被捕判死，年二十一。

一三、林日龙等以一九二〇年八月间谋举事，被捕判死，与朴治毅等同。

一四、梁槿焕等以一九二〇年剑刺闵元植于东京，判终身。

一五、黄尚奎等密运大批子弹谋毙斋藤实于京城，被捕判役，亦在于一九二〇年。

一六、金益湘以一九二一年九月十三日投弹京城敌督府而逃。

一七、金益湘、吴成仑等以一九二二年投弹于黄浦滩谋毙敌将田中义一。吴成仑逃，金益湘被捕判终身。

一八、金始显等以一九二三年三月十五日被捕，因大批弹药之发现于中路判役。

一九、金相玉等以一九二三年一月十七日炸破敌警署致毙多人。又以同年一月二十二日与敌军警大战于京城，多杀敌，终自枪，年三十三。

二〇、文昌淑等以一九二三年十二月下旬在国境江界大杀敌官，判死。

二一、朴烈、金子文子等以一九二四年十一月三日谋狙击敌皇于东京，被捕判死。

二二、参议府将军白狂云之部长李义俊以一九二四年五月十九日在渭原郡马嘶对岸狙击斋藤实之船舱。

二三、金址[祉]燮以一九二四年一月五日狙击敌皇于东京二重桥，以一九二五年八月十二日判无期，以一九二八年自杀叶千[千叶]狱中，年四十四。

二四、片康烈等组织义成团以一九二四年谋炸敌公署及大魁，被捕判死于一九二五年一月十五日。

二五、金永用等以一九二五年二月十五日东京被捕，因谋炸事。

二六、李泰华以一九二五年二月九日枪杀敌警于平壤，判死，以一九二五年十月七日就义。

二七、李东秀以一九二五年谋杀李完用于京城，以二月十二日判三年。

二八、李义俊等以一九二五年六月十九日与敌军大战于江界郡，判死。

二九、杨承雨、韩东震等以一九二五年谋炸于平壤。杨承雨判死，韩东震判无期。

三〇、金成范以一九二五年五月至十月大杀敌军于云山，判死，年二十八。

三一、李荣九等以一九二五年十二月十六日被捕，因谋刺李完用事。

三二、宋学先以一九二六年四月二十八日剑杀高山、佐藤二人，因误认为斋藤实，至一九二七年五月十七日就义，年三十一。

三三、李德三等以一九二六年四月十六日大战于虹口，因自杀于上海敌领署，年二十七。

三四、李寿兴、柳泽秀、柳楠秀等以一九二六年起事国内，四月大战。李寿兴、柳泽秀二人以一九二九年二月二十七日就义，李年二十五，柳年三十五。柳楠秀判终身。

三五、罗锡畴以一九二六年十二月二十八日大战于京城，杀敌极多，终自杀，年三十五。

三六、张镇弘等以一九二七年投弹敌人银行，被捕判终身。

三七、赵炳云等以一九二七年九月十九日与敌军大战于渭原郡，阵亡。

三八、赵明阿以一九二八年五月十四日剑刺敌亲王久弥于台湾，以其年十月十日就义，年二十四。

三九、崔养玉等以一九二九年四月四日大战于杨州，被判锾。

四〇、金中山等以一九二九年在韩国金化郡起事，谋覆敌督府，多数被捕，金中山逃。

四一、金容夏以一九二九年在美国纽育剑刺敌领事(韩人)金宇荣。

四二、金寿岳、金召胤、金富卿等以一九二九年伫置炸弹于韩国京元线三防车站附近山中，谋炸敌督，被捕。金寿岳年十八，金召胤年二十二，金富卿年十九。

四三、李奉昌以一九三二年一月八日投弹敌皇于东京，以一九三二年十月十日就义，年三十二。

四四、尹奉吉以一九三二年四月二十九日投弹虹口，大杀敌军主脑，以一九三二年十二月十九日就义于日本金泽之射击场，年二十五。

四五、柳相根、崔兴植、李元盛、李元发等以一九三二年谋毙武藤于长春，被捕。崔年二十三，柳年二十二。

四六、南慈贤女士以一九三三年三月一日谋起事于长春，自杀于狱中。

四七、白鸥波、李康勋等以一九三三年谋杀敌公使有吉于上海，以三月十七日被拘。白年二十八，李年二十二。

四八、张小隆以一九三三年一月廿六日被拘于天津，因谋杀武藤，张年二十七。

四九、金一凤以一九三三年二月四日被捕于德川，因谋杀敌督金一凤被捕。后嚼其审问时所举之炸弹自杀，金年四十四。

五〇、张基明以一九三三年一月十五日谋杀倭大官于长春，被捕，年二十七。

五一、朴敏沆、李昌用、孙基业等以一九三三年一月二十七日谋杀武藤于长春，被捕。

五二、康秉鹤以一九三四年三月三日投弹于虹口公园附近之阵亡追祭式场，康年十九，逃。

（原载于《震光》第2—3号合刊，1934年）

四千年来的朝鲜与中国

吴作心

(1)概说

朝鲜开国以来,直到日韩合并的日子为止,不管是翻开历史看和拿脑袋想,无论是谁,总不会把朝鲜来看成是与我无干的国家。世间的所谓"中鲜兄弟之邦"者,就是从这些历代的史实上产生出来的。现在我们要问:朝鲜对我国到底有什么关系,就是有关系,是到了什么程度?对这个要解答的问题,不是马马虎虎就可以答复了事的,最少也得有点真考实据吧!写者虽是苦心的搜罗了一些,怕是也不能就说是全对的,因为急要解答这个问题起见,只好不管三七二十一的,尽我所知道的写出。

朝鲜的开国始祖,他是在中国生长成人的,后来到朝鲜来,坐了王位,照样说来,他是纯正的中国人,他的名字叫檀君。可惜如今的朝鲜历史,变了本来的真意,把他说的奇奇怪怪,叫人半信半疑的闷在心里。这不仅是犯了现行法的伪造罪,也是成立了灭祖毁宗的行为了。先圣檀君做了朝鲜的初代王以后,他的子子孙孙随着也就继续袭位。据四千年的朝鲜史载说,檀家前后共在位了一千多年,才把天下失于箕家了。当纣王无道的时候,装疯死谏的箕子,后来武王封他为朝鲜王,箕子受封以后,就来到平壤又做了朝鲜的第二朝的王。箕子即位以后,就把我国的教化传给了土著的百姓们。不用说那时候朝鲜的礼教,和周朝自然没有什么差别,就是到了如今,朝鲜的古礼还是照常。我们是号为礼仪之邦的人民,怕是不及人家的固守吧!我们在礼教的形式上看,朝鲜就是中国了。箕子是把朝鲜治得路不拾遗、夜不闭户,不只是政治这么好,就是男耕女织,各事所业、各取所需的经济良法,也不是现在的社会所能及的。箕家在朝鲜传了四十一代,前后的年数是有八百多年,其遗迹虽不多,但只万年不坏的箕子陵,也足够我们信而不疑了。

在箕家末尾的时候，有燕国的人卫满带领了许多的人马，把箕子的四十一世王箕准杀死，夺了箕家防天下，又在平壤做了第三朝的朝鲜王。卫家在位的日子，比较的是短的，到了第三世王卫右渠的时候，就被汉武帝征服了。汉武帝的时候，敕使大臣涉何来朝鲜谕其奉贡来朝，卫家的三世王卫右渠不只是不听命武帝，更设计暗害汉臣涉何，幸涉何没遭毒手。生还回去以后，就一五一十的奏报武帝。武帝一听，这自然是非常激怒的，就派了大将军杨恒带领大军征伐，初始接战，也没见谁胜谁败，武帝闻奏，更是恼怒起来，就再派济南太守孙遂加兵援助辽东战事。又打了些日子，卫家那能抵当得住，从此才把卫家抄灭了。抄灭了卫家以后，武帝就把朝鲜划分四郡治之，就是真蕃、玄菟、落[乐]浪、临屯四郡，此后不只是废去了朝鲜的王位，也是把朝鲜切切实实的划在我国的版图了。直到如今，落[乐]浪时代的遗迹还是比比都是。只就最近的说，龙岗郡的乌石山上，到如今还存留有汉兵的屯军营房。据朝鲜的史家说，这山上的遗迹，全是当年汉家的兵将建筑的。可惜如今的人，轻忽了先人的遗产，把这些有意义的古迹不能保存。他的意思就是说，这些有关于中国的事迹，现在的当局是不肯照实的说出来，怕再惹起了中鲜的老友好和不可分的兄弟关系。再则朝鲜总督府，这几年以来也派出了许多的考古家，在平壤的附近一带发掘落[乐]浪时代的古迹。据地方的日鲜各报纸载道，到一九三四年底为止，已掘出者共有一百三十一件古宝。其价值，现在据说是无价的宝贝。

我们对这些事实，是应该做什么感想呢？我想凡被掘破的古坟，全是我汉家大官的坟墓，有什么凭借呢？因为所掘出土的古器，都是我国古代的，所谓全鼎玉葬的摆饰，既是我先人的坟墓，如今我们活眼见着给人家掘去了，能不痛恨吗？

著者再把朝鲜总督府的掘坟用意说上几句。我看朝鲜总督府决不是为要得这一百三十一件古宝才掘坟，他的掘坟惟一用心是要消灭中鲜两国之间的往古亲密。然后再变造朝鲜的史迹，以备永永远远的再没有那种良好的印象与及信仰史迹的意识。我先人在朝鲜的遗迹既被扫净，将来我们再用什么方法去说中鲜是兄弟之邦，中鲜的绝缘已在眼前摆着，以后我们还讨亲近吗？闲话少说，再说从此以后的演进。当时在我辽东扶余兴起了一个国家，叫着高勾丽，这国的始祖姓朱名蒙，他是那国那族的人，著者是权且搁置不提，然而他是始终反抗中原天朝的，遮断了我东边的交通。在隋炀的时代，曾经遣兵派将，讨伐过三四次，不过结果是劳而无功，后来幸有唐二主大举征东，才把个不讲理的高勾丽打灭了。虽是武力把他来打灭了，但这一次的善后办法，可是有些如前不同，著者并不是有所埋怨，我看是有些的失策。

在过去的朝鲜，是不间断的受我国人的治理与管辖。到了唐家，虽是也受我国的节制，不过是不如从前的那般好。想从前全是我国的人执了政权，到了汉家又分置四郡，直属中原，等于我国的本土。可惜唐家的措置，考虑欠缺周到，致把个几千年以来的宗主权放弃。细考唐家把高勾丽征服了以后的政治设置，并找不出有什么机关的设置来，只是立了一所都督府，传说史记又不一致，有的说是设在平壤，有的又说是在安东，两说的那个确实，著者想，还是在安东的多。再就都督府的身上说几句。想都督府的组织，无疑的是武人政治，轻看了文治，以致中华文化不能深入民间，因此便渐渐的生疏起来。驻了不久以后，都督府也撤消了。从这看来，我们对唐家的措施，就可以结论的说一句了，唐家的武力虽是败了高勾丽，可是政治与人事上却是忽略了，这么一来，竟把我先人几千年来的遗业，流到了茫茫的黄海了。

到了王建立国，国号高丽的时代，朝鲜就完全成了独立的国家，再不受我国的辖制。当那时候，正是五代变乱的时代，本来我国也无暇顾及于边境，从此就造成朝鲜自主为政。到了我明朝的时候，朝鲜的南邻——岛国日本出了一位脸似猴狲的野心汉。这就是大名鼎鼎的丰臣秀吉氏，丰臣秀吉把本国（日本）打成了统一以后，就倡着先取朝鲜以便借路攻打大明，丰臣秀吉的主张说出了以后，自然是没人敢来拦阻的。丰臣秀吉便亲率大军攻取高丽，果然是势如破竹，一鼓气的就占了高丽的全土一半。高丽王一见，就害起怕来，当时召集文武群臣计议抵策。当时的群臣，咸主张非求救大明天朝是别无善策的了。高丽王李宣祖听了，也是以为有理，立时就派了大臣来到我国求救。我朝听了倭奴作乱，扰我边境，哪有坐视沦陷之理，就任大将军宋应昌挂印为帅，长胜将军李如松任为马前先锋，带领了十几万兵马，不论白黑的杀奔朝鲜来，到了朝鲜的边境以后，接着听说倭军已占了平壤。我大明的大军，不顾生死的杀到平壤，连打了几仗，都是大获全胜的，在如今的元山、东莱各地，直把倭军打得落花流水。那时丰臣秀吉见势不好，就降伏于我大明主帅。我大明将军沈惟敬就接收了丰臣秀吉的降表，从此两下里罢兵停战，讲和于平壤的练光亭。假使那时候我们不援助朝鲜的话，怕是朝鲜早就亡于倭国了吧。

著者写到这里，更觉的有许多的话要说。日本在丰臣秀吉的时候，就想着借路朝鲜，攻打大明。直到甲午年又二次占了朝鲜，其间的长短，不能不说是很长，而我国历代的当局总不设法防备，这真是何等失策。

经过了这一场大战以后，倭军算是一败涂地，再也不敢重犯了。李朝因此就四海升平，人民也安居乐业。算是安稳了二百多年，这个时期可以说是朝鲜的太平时代了。到了明治维新的时候，日本的征韩论者又迭出不穷。譬如西乡隆盛的主张，非要当时把朝鲜拿过来不可的。后来没得着庙议的允许，他就一口气跑到了鹿儿岛，作了犯叛，旋被政府的大军抄灭了，西乡隆盛割腹自刎，这是所谓日本的西南战役。及后来到了江华岛的事件发生了以后，国人才高抬起西乡隆盛来，政府也把叛逆的西乡隆盛钦续了侯爵。这是什么意思呢？在西乡隆盛大叫征韩的时候，倭国的朝野人士是把西乡隆盛的唱说当着自我死路来看，到了江华岛的事件发生以后，又恨时期已晚了。于是才领悟武圣人西乡隆盛有先见之明了。

自江华岛的事件发生，日本的舆论顿时又恢复征韩之说，于是日本虎视眈眈的待机进攻，不是逼李王开关通商，就是要强派军人硬作李朝的顾问，致当时主政的李太君吓得无从应答，因而闹成壬午、甲申的二次变乱，这不过是明吓，还有阴险毒辣的暗算手段哩！最显的就是当时的一进会与及黑龙党，都是朝鲜亡国的催命鬼。这一场变乱，日本假名为李家的顾问，其实是日本的探子，掘[堀]本礼造大尉被护韩军杀死的时候，日本公使花房义质他见势不好，就拼命地逃出了汉城，由仁川乘英船回到长崎去了，自然是把事情弄得严重点奏知明治天皇和当时的外相井上馨。日外相井上听取此项报告，就大叫兴师问罪的声讨朝鲜，日本朝野人士也表示赞成。日政府既这样的裁决，就派了海军少将仁礼景范，率了金刚、扶桑、日进、清辉四舰，并派陆军少将高岛辆[鞆]之助，领有几个大队的陆军，海陆军一齐到了仁川。我前清的政府听到这个消息，也就派了海军提督丁汝昌，带领了威远、镇远各舰，也停泊在仁川口外，并有大将军吴长庆带了不少的陆军，上了仁川的口岸。仁川的街头，一时便紧张起来，大龙旗的照耀灿烂，也遮蔽了半西的月尾山。两下军队因此形成对立，大有一触即发之势。日使花房义质同军队在仁川住了些日子，就先派书记官近胜到汉城去安置被烧的公使馆。花房日使随后自己也带许多的陆军，进驻汉京，当时的京畿监司相国氏就把近卫将军李钟承的房子借予日使暂住。次日，日使花房亲带着许多的军队，强见李王，要求变乱的损失赔偿，并限三日以内答复等话。结果李王也没法子答复，日使花房怕有变，仍回到仁川驻扎。后来李王派李客九同日使花房定了一种条约，就是世间说的《济物浦条约》。把这一场大艰难办完了之后，摄政王李太君就来到我国游历了，从此朝鲜又算暂告小康。

后来皇戚闵家改组政府，向世界声明朝鲜是中国的一部份。所改组的政府机关，军机衙门的参议任用我国人王锡鬯、马建常二人，就是别的机关也是同我国合作。日方一见，当然气得红了眼睛，就百方的收买奸徒，暗杀要人。结果仍没得着什么好处，这时候正逢我同法国开仗，日方便以为有机可乘，于是就舍了从来消极的进取方法，就换了急进的厉害手段，想把我在朝鲜的势力驱扫净尽，因此两国的军队在朝鲜李王的宫外开战，结果日方军队惨败不堪的逃跑了。后来日本外相井上同我通商大臣吴大澂谈判了两下的善后。嗣后日本有个首相名叫伊藤博文，情愿离了宰相的位置就任驻清大使。其实伊藤博文是要借机图谋我国在朝鲜的权益，伊藤博文既到北京，便同我中堂大臣李鸿章会见几次，把两国间在朝鲜的权益取均沾主义。可惜当时的李鸿章不明察伊藤的狼毒心胸，终于糊涂的答应了。这是以后中日战争的口实，就是所谓《天津条约》是也。其明文约分三条，大意就是说，撤退两国间驻汉京的军队，以后有需再出兵时还得互相照会，两国间共国出兵管理之等语，这不啻承认日本同我共管朝鲜了。住了又几年，朝鲜南部便有了东学党乱的事件发生，到处骚扰，声势猖獗，李王手足失措，就先派了大臣鱼允中去到两满宣抚。其宣抚的文告云：

> 尔众听余告，吾列圣朝之圣训曰：彰明人伦以立法纪，崇尚正学，以导国俗。士农工商各安其业，今五百年矣。夫何世降俗渝趋向各异，妄诞之徒诅咒之术，诬惑一世，贻误我众民骎骎然如醉如死，莫可提醒。况尔等所谓学者，自以为尊天敬地，而尔等之所谓敬与尊者，无非慢天而欺地也。引党啸聚，其意安在，筑石为城，建旗相应，乃敢书之曰倡义，而或文令，或揭榜，煽动人心，尔事虽顽冥，岂不闻宇内大势，朝家安宁，乃敢托辞遂欲媒祸，此非倡义即倡乱也。尔等盘据屯聚，恃众自恣，致使朝家之政，化无所底，命令无所施，往古来今，岂有是理乎。此皆由余一人不能导率尔等安乐，亦系列郡牧守，唆剥困苦，余已将行惩诫贪官污吏，以除民怨，惟余为民父母，其肯视赤子陷于不义而哀矜也。今遣护军鱼允中，为宣抚谕使，代余驰往，故兹布谕，此之谓先教后刑之意也。尔等其胥告解散，而胁从之类皆是良民也。今若擒获巨魁，或密告情形者，随施重赏，若一向不悛，则余有大罚，幡然改图，无至自干。

在这一篇宣谕文上，我们仔细地看来，朝鲜的文化、政令真是和我国没有两样的吧！但是一件，从这宣谕文发出了不久，朝鲜就起了惊天动地的变化。东学党徒受了安抚以后，当时是停顿一时，然不久又重猖獗起来。李王无奈，便派使臣李重忧到我国来借官军。到我国后，便把借兵剿讨乱党的话商请于大臣李鸿章。清政府遂派大将军聂士成带领劲旅进驻朝鲜的牙山与成欢。当时日本借口我国违反《天津条约》第三条，也派了许多的海陆军，进迫朝鲜的边境。我驻汉京的钦差大臣袁世凯见势凶险，就劝其各自撤兵回国，驻汉京的日使大鸟圭介不光是不应，反威逼李王签认其所拟的五条件。李王一见，托辞逡巡耽延，而日使大鸟仍是催逼不休。于是年的七月十日，李王无奈才选出申正熙等三人为审议委员，会议于老人亭。但无什么结果，于二十二日我钦差大臣袁世凯见势不好，就改装避往仁川之平远军舰上。不意朝鲜奸徒赵羲渊等几人反恳请日使大鸟拥兵逼进景福宫，硬要李王承认。迨日兵闯进景福宫，韩廷无奈，只得吞声忍泪的签认了亡国灭种四条件。因此，大鸟就根据四条约中的第三条，要求在牙山的清兵应从速的命他们撤退，清军若不应允的话，应发出个驱逐的声明，才算是履行条约上的义务。李王只得任他摆布，我正义的将士自然是洞悉其阴谋，到了二十七日，我为民族正义而战的忠勇将士就在牙山、成欢抵御了日本的攻袭部队，可惜我海陆各军受了不意的打击，如丰岛冲的海军沉没。牙山、成欢的陆军死国成堆，一败再败的，连辽东土地也被其占据了。这就是伤人所痛心疾首的甲午之战，以后直至如今，不特此耻未雪，而且彼所威临于吾人者，其狠毒万倍于此。吾人愤激今日，回溯曩时，宁毋兴起以雪耻图强乎？

（原载于《侨务月报》第2卷第1期，1935年）

亚洲弱小民族剪影——朝鲜

[韩国]金奎光

关于朝鲜民族生活的知识，在中国我觉得还是非常缺乏，而且很不普遍的。固然，有许多人知道，朝鲜人是穿白衣的，面孔也像中国人一样，说的话是咭里咕噜，说他们自己的话。还有一层，他们的国家是给日本灭亡了，可是现在他们竟狐假虎势，要欺负中国人！不是吗？几年前的万宝山事件和朝鲜境内对华侨的暴动，都不是欺负中国人的实例吗？尤其到现在，他们在华北各地竟替东洋人作了偷运现银和走私的先锋，作了贩卖毒品和侦探的走卒。当然，这些都是不可掩的事实。可见单单这样的理解，显然是不够的，而且是浮浅的。我们是需要究明这些事实的来源，更需要正确的理解朝鲜民族的历史的生活情况。换句话说，从来朝鲜民族的政治、经济、文化各方面的生活情形是怎样？特别在亡国以前和以后，他们的生活起了怎样的变化？关于这些问题，我们必须有正确的认识。

原来，朝鲜是突出于亚洲东部的半岛国家。在西北，以满洲和西伯利亚为境；在东方，隔海而和日本为邻。四季的气候非常适宜。到处有广大的平野，地质肥沃，适于农耕。海岸线很长，舟楫的交通甚便。全国面积有一万四千三百十二方里，总人口约有二千余万人。全人口的百分之八十以上从事农耕，因此农产物最多，在沿海各地，渔业也很发达。木材及矿产亦极丰富。这种自然的条件，对于朝鲜民族的发展，有很大的关系。事实上朝鲜民族能够在这半岛内建立四千余年悠久的民族国家，同时能够防卫周围的强大的异民族的侵略，而过着他们的独自的文化生活，当然与上述自然的条件有密切关系。

可是，朝鲜民族的发祥地却不是这个半岛。据一般史学家的考证，朝鲜民族原是蒙古族的一支派。最初从大陆向南移动，经过满洲荒野，循着白头山脉[①]而移住于现在的朝鲜。就历史的记载说，朝鲜民族最初建国的地方是太白山（即白头山），他们的最初的君主是檀君，这就是他们的老祖宗，奉为神圣的民族神。据说，他是“与尧并立”的，即是和尧舜同一时代的人。朝鲜历史也是从他开头的。

在历史上，朝鲜和中国发生最初的关系，大约是从所谓“箕子封朝鲜”时开始的。但当时的朝鲜民族还没有受到中国的文化影响。到了唐宋时代，他们才能充分的吸收中国的文化。所谓儒释道三教，次第输入朝鲜，遂建立了新罗、高丽时代的灿烂的文化。同时，朝鲜在政治上完全成了中国的附庸。

朝鲜的封建专制王国是在新罗统一后才被完成的。这制度一直继续到十九世纪末开始动摇，至二十世纪初，随亡国而跟着瓦解。本来朝鲜是东方最典型的锁国主义的封建专制国家。贵族、官僚、地主三位一体的统治阶级深深的锁着国门，任意榨取大多数农民大众的血汗，穷奢极侈，尽情欢乐。他们以为，只要三年一次进贡大国的天子，便可以太平无事。他们梦也想不到有所谓帝国主义的怪物，将要拆散他们的安乐窝！

到了十九世纪末，朝鲜所处的国际环境是非常复杂而险恶。当时日本完成所谓“明治维新”，要实行它的征韩计划。旧俄帝国是为着找寻所谓不冻港而向满洲进出，取得旅大要塞，更进而欲并吞朝鲜。中国呢，以老大哥的资格，死抱着朝鲜不放。这样朝鲜便成了中日俄三国争逐之鹿。这种国际关系也在朝鲜政治舞台上充分反映出来。就是有所谓亲中派、亲俄派、亲日派等韩奸政党，互相斗争，而自促灭亡。结果，一八九四年发生中日战争，中国被打败，遂缔结中日《马关条约》，承认朝鲜为独立，使中国离开朝鲜。这样朝鲜内的亲中派政党也跟着瓦解。日本虽打退了中国，但强大的帝俄势力在朝鲜政治舞台上直接和日本对立着。结果又发生了一九〇四年的俄日战争，俄国也被打败，缔结了所谓《朴资茅斯条约》，在这条约中也规定了朝鲜的独立主权。可是从此以后，朝鲜好似现在的“满洲国”一样，成了日本随意烹杀的鹿了。日俄战争后第五年，即一九一〇年八月二十九日，朝鲜的亲日派卖国韩奸们竟把整个的国土和民族献给日本，作为它的殖民地和民族奴隶了！当时全国民众都不愿当亡国奴，起来反抗，在到处发生强烈的暴动和巷战，结果在韩奸卖国贼和日本的共同进攻下，虽被一时的镇压下去，但在此时已经很广泛的种下了朝鲜民族解放运动的种子。

日本夺取朝鲜的统治权后，第一任总督寺内正毅为着镇压民众的叛乱，采

① 今中方所称长白山，下同。——本书编者注

取了极端蛮横的压迫政策。在政治方面，实行有名的宪兵警察制，散布在全国到处的每个宪兵，对于朝鲜人都有生杀予夺之权。在经济方面，采用掠夺主义，把全国的宫室所有、宗教所有、人民的宗室所有等等共有的及所有权不分明的土地、森林及其他财产都没收为总督府所有。此外，对于土著资本加以压迫，而特别助长日本人的资本。在文化方面，首先施行奴隶教育，禁止教朝鲜史及朝鲜语，解散朝鲜人办的学校，妨害朝鲜人受高等教育，剥夺言论、集会、出版、结社等自由。这种要使全国监狱化，而且把朝鲜全体民族当作囚犯看待的政治，就是有名的寺内武断政治。这种政治，不单不能减低民众的反抗情绪，反而更促进全民族同仇敌忾的反日统一战线。一九一九年伟大的“三一”独立运动，便是这种政治的必然的后果。

原来“三一”运动是由于国际的及国内的种种原因促成的东西。第一，大战以后在巴黎开世界和平会议时，美国总统威尔逊提出所谓“基于正义人道的民族自决案”，要给各弱小民族以独立自主的权利，这是刺激了朝鲜民族的独立自存的决心。第二，亡国后经过五年间残酷的游击战争最后败退到满洲的义兵在那里重新建立更强大的武装队伍，同时许多亡命海外的爱国志士组织各种政治团体，在各国作外交活动，而他们的声势日见浩大，刺戟了国内民众的反日情绪。第三，寺内武断政治的结果，不单引起了多数劳苦大众的愤懑，并且民族资本家、地主、贵族及中小资产层的分子都抱着不满，而当时的民族资产阶级看了国际的及国内的比较有利的情势，就抱着领导全体民族而与日抗争的决心。在这三个主要原因之下，就发动了全国一致的伟大的“三一”运动了。这运动是和中国的“五四”运动有着多少同样的意义，但它的行动是比“五四”运动更为广泛而澈底。然而，它终于失败了。失败的主要原因是民族资产阶级的领导力量太薄弱，没有坚强的政治组织，没有组织广大的群众，然而此外还有更主要的原因，就是敌人的力量太大了。

“三一”运动后，寺内总督引咎辞职，斋藤实标榜所谓文化政治，就任第二任总督。他的所谓文化政治自然比寺内的武断政治高明得多。他是首先对于民族资产阶级及地主施行怀柔政策，使他们参加低级的政治的协议机关，同时容许一定限度的言论、出版、结社等自由，而且运用庞大的金融资本，使民族资本隶属化或同化，这种政策的结果，民族资产阶级及地主渐次投到他的怀抱里去了。然而多数劳苦大众是在日鲜资本家及地主的共同压榨下，仍然过着牛马的生活。所谓文化政治，和他们是没有关系的。

“三一”运动失败以后，朝鲜革命运动内部发生了两种倾向，就是民族主义运动和社会主义运动。本来“三一”运动及其以前的各种反日运动，都可以说是民族主义运动，但这些运动都是很漠然的爱国的或复国的运动，可是“三一”运动以后，在一部分民族资产阶级的代表者间发生了关于独立运动的理论斗争，从此便产生了很有体系的理论的民族主义，例如李光洙的民族性改造论、安昌浩的务实力行主义等，都属于此。

社会主义运动是由种种原因而产生的。第一，当时苏联对朝鲜的影响很大，而且曾经参加十月革命的朝鲜青年们都是朝鲜社会主义思想的播种者。第二，日本留学生方面也带来了社会主义的思想。第三，最主要的是朝鲜农业工人的数目急激增加，具备了能够接受社会主义思想的客观条件。由于这三个主要的原因，社会运动便很迅速的发展。一九二四年开民众运动者大会时，火曜会派所领导的团体共有五百余，属于苏尔(即首都之意)青年派的团体共有四百余，其他无所属的团体一并计算起来，超过一千以上。这是朝鲜社会运动的思想斗争时代的现象。

此外，还有值得注意的是“三一”运动失败后继续发生的暗杀破坏运动。有名的义烈团是这运动的代表的团体。他们是小资产阶级的热情分子，有些带着无政府主义的色彩。这运动虽然是近于感情的绝望的行动，但他们的义愤、勇敢、牺牲的精神是值得敬佩的。

可是自从民族资产阶级投降了日本，而大众的社会运动开始广泛的展开以来，所谓民族主义运动及暗杀破坏运动都渐次衰弱下去，到了一九二六—七年中国北伐时期中，受着中国革命运动的影响，在朝鲜也成立了社会运动和民族运动的联合战线，即组织所谓新干会作为朝鲜民族解放运动的总本部，可是不久因种种策略上的分歧遂致分裂，新干会自身亦被解散了。

自从一九二九年世界经济恐慌勃发以后，日本国内也发生社会各方面的不安和动摇。他们为克服这恐慌的危机，遂开始实行法西斯蒂的军事冒险政策，造成了“九一八”事变，占领满蒙，更进一步要实行反苏灭华的所谓大陆政策。这种急激变化的政治局势，对于朝鲜民族的政治、经济、文化各方面的生活，给与了很大的影响。换言之，日本为着准备未来的大战，不得不积极榨取朝鲜民族的最后一滴血，更为着保证战争的胜利，不得不积极肃清后方的“不稳分子”，绞杀一切革命势力。最近在朝鲜有所谓思想警察制度，大凡有着左倾思想的人，都在被捕投狱之列。在这种法西斯蒂的暴压下，无论是民族运动或社会运动，都没有存在的可能。这不单在朝鲜如此，在日本亦复如此。可是在另一方面，这种情势乃是造成了可能组织反法西的人民战线的客观的条件。其实在现在，日本的人民战线已经从理论的过程移到具体化的过程，它对于朝鲜的民族统一战线，无疑的是起指导的作用的。而且日本的人民阵线和朝鲜的民族统一战线，一定有紧密的联系，而和共同的敌人斗争是不待说的。

最后，关于朝鲜民族的前途问题，许多人抱着悲观。已经给日本同化了的民族资本家、地主以及没落的中、小资产阶级分子，他们都以为朝鲜民族是没有前途的，他们看了日本的强大的军备、庞大的金融势力及大规模的产业组织，回头看自己民族的周围，便觉得一无所有，于是乎只有绝望的一途了！可是大多数生产大众是一向抱着乐观的。他们也知道日本势力的空前膨大，但同时知道它的没落时期不远！又朝鲜民族虽极贫弱，但在民族的绝大部分中正在生长着伟大的新兴势力。他们是不单反对英雄的主观主义的独自革命论，同时反对那些主张朝鲜民族的解放只要等到日本革命的取消主义。他们是正确的提出朝鲜革命现阶段的任务，同时把朝鲜革命当作世界革命的一环而理解的。从这里，我们可以看出朝鲜民族的光明的前途。

（原载于《世界知识》第 5 卷第 2 号，1936 年）

苏联、日本与中国

周潜六

一、从广田之“中日防共同盟”原则说起

今年一月廿一日日本广田弘毅外相在贵族院的外交演辞中，陈述日本今年一般的外交政策原则。中间说到对苏联的外交方针时，倒并不怎样值得我们注意，因为他所指出的，是苏联在远东国境陈设战备，足以震撼日苏间和平空气，假使苏联撤退远东国境兵力之一部，则日本未尝不可对苏联维持和平，同时且甚愿调整日苏伪之国境纠纷。但是广田所代表的日本真正对付苏联之态度，是并不表明于以上的外交辞令中，而是隐藏于广田所揭橥的所谓对华三大原则之内。此三大原则为何？从广田的演辞归纳起来，即为：（一）中国绝对放弃“以夷制夷”政策；（二）中国绝对承认满洲伪国事实上之存在；（三）中日两国结成防共同盟。此所谓三大原则，广田在其外交演辞中曾图以栽赃伪证的手段，轻轻说我国已经同意，这一点已经有我国外交部发言人予以否认。我们不必辞赘，这里我们应得特别提出说说的，是广田所提的“中日两国结成防共同盟”这一原则之真的意向所在。

我们非常不明白广田为什么要提出“中日防共同盟”这个原则？假使这里之所谓“共”指的是我国内的赤匪，则我政府竭全力进剿之结果，匪势已成穷途末路，何劳日本为我越俎代庖？且剿匪是属于一个国家的内政问题，旷观古今中外，我们没有在历史上发见过一个国家的内政问题，而竟至于可以与其他国家结成防守同盟！那末，这里之所谓“共”指的是国外的一个国家，或是另外的一种国际势力吗？我们可以坦白的表白，我们绝没有感觉结成此种同盟之必要，同时我们亦绝没有担当此种义务之能力，因此，我国政府亦很坚决而有力的否认了我们曾经同意过这种原则。事实明明白白是如此，而广田及其他外务省发言人始终一再强调此项不着边际之原则，而且架词诬陷我国已经同意

者，那我们可以想象日本外务省当局是必然另有其意向所在。此意向为何？我们以为应从以下两种事实去观察，即是：(一)日本欲自表其为远东的“安定”力量，势惟有以反共为烟幕，在外交上俘虏中国，则结成防共同盟正是一个最好步骤。因为防共的名辞，不仅中国无从反对，即与华有关列强亦将不能提出异议，所谓中国须绝对放弃以夷制夷这个原则，便能很轻松的于这个过程中实现。(二)日本虽明知苏联无对日用武之意，但为便于独吞中国，使列强不致剧烈反对，则日本之公然自居于远东防共卫生带之中坚地位，实是最为有利。因为一则可以遮断中苏之有或种联合(这是日本人的观感)的危险，二则只要日本能威胁中国与其结成防共同盟，即可以钳制列强反对日本侵略中国之口，至于中日防共同盟缔结以后是否一定立时进攻苏联，那是另一问题。

日本这种意向，在“九一八”事变以后可以说是时时刻刻在进行，广田之于一九三六年年头提出“中日共同防共”这一个原则，我们不妨认为是这个大阴谋的小结论。但是从最近之国际形势观察，则广田这个结论不仅不能为我国所难于承认，即国际间的舆论亦一致视为无足重轻，尤以英美对于日本之步步蚕食我国领土为更激起其反对同仇。反共本来是日本侵略中国之一种烟幕，纵使这个烟幕逐渐演进至于实际化，在英美看来，还是日本之一种战略。因为英美认定日本之独吞中国，自认为远东之惟一“安定”力量，其目的并不在仅仅对抗苏联，而是在准备排斥英美在东亚之势力，使西太平洋成为日本之内海。正因为日本的国策是如此，所以在日本反共战争的紧张空气中，其外交地位是转处于孤立的境地，而不能不与西方惟一好战的希特拉“第三帝国”结成同盟。所以很明显的，日本之欲与中国结成所谓“防共同盟”，其惟一的目的，就在迫成中国参加他们的战争集团，以便支配中国今后的整个命运！

二、战争空气中之日苏关系真相

过去日本反共的烟幕，到了最近是已成为较为澄清的局面。过去苏联之步步退让，为的是欲以相当之代价买得可能之暂时和平。中东路之出卖，苏联所以敢冒国际信义之大不韪者，其用意就是在此。但是事态的演化，使苏联买得暂时和平之志愿，在关东军的“刺刀和平”的计划下完全成为幻想。而日本在华北与内蒙之军事侵略，更是实际的在完成其对苏联东境作战之弧形战略。至于日德结成同盟，则又告诉苏联他们是将在苏联的东西国境同时下手。苏联向来知道对日本和平之不能久恃，而近来则愈见其血张脉偾，苏蒙在莫斯科会谈以至于所谓缔结苏蒙密约，我们亦相信苏联对日本的让步，是已将止于外蒙边境。假使日本再逼进外蒙边境一步，则苏联起而迎击，将是毫无犹豫的。

日苏两国间这样的战争心理，是遂形成了最近苏伪与蒙伪边境之种种纠纷，而尤以金厂沟事件与贝尔池附近战争为最严重。金厂沟事件是由伪满变兵投降苏联而起，经伪满所谓外次大桥与苏联总领谈判不得解决，又引起贝尔池附近之蒙伪哨兵战，结果日伪军队进而占领伏拉波多嘎地方。此从战争危机观察，诚然可以旦夕爆发。日苏之正式决战，因为金厂沟与贝尔池事件，比于上次世界大战之塞尔维亚青年的一击，是为更富于引起战争之可能性。

然而吾人所欲检讨日苏关系之中心论点，现在却不在于是否有战争之可能存在，而是在于是否将由苏伪与蒙伪边境的纠纷而立即诉诸战争？就今日双方宣传内容而言，则大有箭在弦上不得不发之势，但就双方心理及准备而言，则大规模战争似尚非其时。日本一切军备计划，在大陆上以对苏为目标，此为世人周知之事实，无待烦言，惟依日本今日之陆空军实力而观，则对苏作战是否有确实把握，尚多疑问。日苏两国感情日趋恶化，即双方当局者亦公言不讳。日本占领我东北以后，苏联事事退让，无非为买得暂时和平。乃日本之进逼计划，愈趋愈急，边境问题，原可从长磋商，而日本必以兵力巡察，引起可以避免之冲突者，显然的不是在试验苏联边境之实力与作战之意志，即是欲在兵备严阵之下强迫苏蒙承认伪满之地位，而与之划定疆界。最近半年以来，我们可以时在日本报纸上发见蒙伪边境冲突事件之记载，而记载方式千篇一律，皆谓为外蒙挑衅，而据莫斯科电传，则事实适与相反，究竟真相如何，我们碍难臆断，惟据苏联所发表之公报，则冲突地点似多在外蒙境内，有时且侵入蒙境二十五公里以内，此说果确，则所谓边境纠纷，性质确是十分严重。塔斯社本月十一日正式声明，谓“日本军阀显然需要一种理由，以辨解现在筹备中之对蒙的更严重之新挑衅”。如此，伏拉波多嘎事件不能不说是日本之一种正当理由，因为据日本所宣传，是此次战役已有苏联飞机两架协同外蒙军队抛掷炸弹之故。

然则，我们便可以此种事实作为日本即将开始对苏联作大规模之战争吗？是又不然，日本是尚有其他作用。据英文《新世界报》的观察，“目下日本之企图在外蒙及苏联边区，引起意外事件，其用意即在移转他人注视其夺取华北之目光。日本各报已让出其篇幅，供军人作种种宣传之用。目下一方面正高呼‘赤色威胁’及中日伪三方有‘联合防赤’之必要，而同时却从事巩固其在华北之地位”。同时苏联政府公报《消息报》亦称：“日本当局欲利用此类挑衅宣传，对外以破坏法苏互助协定在法国国会之批准，因为远东战争的风声，可以恫吓法国的议员，以报效其在欧洲的朋友；对内以恫吓大批的选民，使其选举‘爱国’之军人，以渡过彼等所制造之所谓一九三六年的非常时期。”根据以上两种观察，我们可知日苏两国间之大决战，是当然的尚有多少犹豫徘徊。苏蒙伪边境之纠纷，实际尚是日本对苏联之一种测验。而此种测验，其作用是更在进一步逼迫中国与其缔结反共同盟，完成中日伪三位一体之伟业，以便征苏排英伐美，建立世界的日本大帝国。

三、我们对于日苏战争途上的态度

纵使我们可以暂时认为日苏两国间尚不至于爆发大规模的战争，但是随时有着战争之可能性存在，则已为不可掩之事实。日本是以机关枪旅行队图出入苏蒙国境，以测验对方之战争态度；苏联是集结军队于满洲边境，以阻止日本旅行家曳其机关枪，作苏联之游。是则两国间之战争危机，又有谁能乐观说不是就在明天与后天？我们不想于日苏的火堆中去找出栗子。所以我们对于正在战争途上走着之日苏两大友邦，希望都能悬崖勒马，不要将整个民族国家的命运作为不可必得的胜利之赌注，更不要将整个远东的和平局面强逼其共同走入战争的旋涡。基于以上的立场，使我国的国策不能不全盘立基于继续为和平而努力这一点上。关于此，蒋委员长去年十一月十九日在五全代会第四次大会之对外关系演讲，已作了详尽而剀切之说明，想为任何友邦之所应同情。归纳引述，则为以下三点：

（一）吾民族占全世界人口四分之一，其盛衰兴亡影响于全世界之和平及全人类之福利者，至深且巨。各友邦之贤明政治家，必能见及于此；而我东邻日本，关于东亚之和平与彼两国之福利，亦必关心更切。吾人今日孳孳以求者，不过对本国求自存，对国际求共存而已，岂有他哉。

（二）苟国际演变不斩绝我国家生存，民族复兴之路，吾人应以整个的国家与民族之利害为主要对象，一切枝节问题，当为最大之忍耐；复以不侵犯主权为限度，谋各友邦之政治协调，以互惠平等为原则，谋各友邦之经济合作。

（三）和平未到完全绝望时期，决不放弃和平；牺牲未到最后关头，亦不轻言牺牲。……果能和平有和平之限度，牺牲有牺牲之决心，以抱定最后牺牲之决心，而为和平最大之努力，期达奠定国家复兴民族为目的。

我们从上述的对外原则出发，即不难说明我国对于日苏战争途上的态度。质言之，我们是绝对排斥任何友邦之足以危害我国和平立场与夫足以牵引我国走入战争漩涡之企图。广田所提议之中日结成“防共同盟”之原则，我们所可能意料之危险性即在于此。因此，在我国当然是无考虑之余地。中日关系之需要调整，这是另一问题，但决不能将调整中日关系之前提放在对付其他一个国家上面。中日关系之调整，现在正是时机，但是原则却不是广田所提的三个，而是曾经我国蒋大使与王宠惠二人所提示过之三个，即是(一)须承认平等之立场；(二)在感情上造成中日接近之可能性；(三)须由外交官办理交涉。如果日本不能尊重我国所提示之三项要求，而强欲我国同意于广田之三项原则，则中日关系之调整，恐终成为历史上之名辞。

而且我们更有不能已于言者，远东之不安定是正以日本为其因素，相反，日本欲使远东安定，则日本自无疑的为其决定力量。因此，我们以为日本在远东的霸权，是正应该在后面的一个方向上去求其巩固，更明白言之，日本是应以和平求得远东的霸主地位，而在现在，日本显然是可能的。不幸日本竟反其道而行，坐致国际之孤立，有吉大使于月杪去任之时，曾谓："观察日本风气，凡日方所为皆是，而与日本相反之外国议论，似全部皆以为非。"诚属慨乎言之。且即以日苏问题论，我们自外交形势观察，苏联多助，胜于日本，故日人虽盛陈赤化之危机，以防共为己任，而世界对之别具感想，且十分冷淡，此无他，日本之国际同情，逐年自行毁弃殆尽，而苏联之外交环境，则经李维诺夫之多方努力，大见改进，其地位已迥非日苏战争时代可比。此为世人所公认，但决不能为日本所愿自承者。最近苏蒙伪三角地带之纠纷，日本如不戢止其军事冒险之心理，恐终将为日苏大战之导火线。我们在此危机四伏之环境中，自立即准备善以自处，而毋为任何国家所强奸！

(原载于《苏俄评论》第10卷第2期，1936年)

酝酿中的远东战争

——中国、日本与苏联在远东的关系

段念兹

一、中国的救亡运动

自鸦片战争以后，中国已感受颠危，帝国主义的不平等条约的束缚，爱新觉罗系的封建政治的剥削，摧毁了国民的经济，防害了民族的生存，因之激起太平天国的救亡运动，卒被士大夫阶级的反动消灭。然而中国人群的急欲救亡，已成势所必趋，故义和团的暴起，能在封建躯壳掩护之下发而为反帝运动，这足证明中国民族尚能存在，以其多数人还有抗敌的恶斗性。

自辛亥的改良运动胜利后，封建势力未被肃清，买办气焰渐形抬头，二者胶合的统治，在帝国主义的支持之下，敷衍到了十余年，其间危亡之机，已为多数人所习见，故有"五卅"的上海工人及小知识分子的反帝及十五年珠江流域民众的北伐，这已形成为世界弱小民族救亡运动的一环。

在不抵抗主义开道之下，"九一八"事变的爆发，瞬息失去四省地盘，民众的抗敌怒潮涌遍了全华，罢工罢学罢市，相继破坏公务机关，几成了一九三二年全中国的事。然而民众的抗敌情绪，终于在所谓"维持现状派"的约束之下，渐次又趋向于沉寂冷静和廓清之途，近一二年各地的抗敌团体在外力的压迫之下，被解散得无一幸存，这不能说不是一件短气的事情。

昨年十一月的战区汉奸殷汝耕宣布"独立"，土肥原在幕后的策动，始而居然想夷灭整个的华北，因了全国学生的壮烈的反抗，才肇成了一个适可而止的"冀察政委会"，实际也就是一个变象华北国。

北平市本年三月的学生抬棺游行，这都说明了中国民族的救亡运动在汉奸及帝国主义的高压之下，还能再接再励[厉]的抬起头来与发展前去。这使英美各帝国主义侨华的绅士们都感到一种慑服，像看到一幕悲壮的史剧。

最近，因中华民众抗敌的先声，已经震撼了黄河下游各省，故四月廿日前后，日方竟强制的实行其所谓“中日满共同防共”的原则，开到青岛的战舰达五十余艘，假名登陆游览的陆战队竟达三万余人，同时永见、松室等还正在与宋哲元协商，力谋在京张线、平汉线及正太线，驻入大批日军这对于华北的囊括，已流出了十足的谗涎，华北的代理人如不能满足日本武人的要求，则华北的战机又有一触即发之势。但华北的现当局，宋哲元、韩复榘、阎锡山等军头，正与日渐伸展的“赤区”对立，则华北少数人的投降于天津的日驻屯军，恐又有其必然性。

故在现状中，华北的战机如一发动，则必成为抗敌民众与汉奸及帝国主义联合战线的抗争，这已露出了充分的端倪。

然而，中国民众的抗敌怒潮是不会在任何反动压力之下逆流回来的，这是可以预言的事，因多数人的救亡与少数人的救亡，是站在各异其趋的基点上。

综之，酝酿中的远东的战争，在中国北部民众的救亡运动与日本海陆军阀欲实现其华北国的一组矛盾中，是有其或迟或早的爆发的有定性。

二、日苏战争能爆发吗？

自中东路买卖成交后，日苏的战机似又趋于和缓，然而这只是表征的好转，并不能彻底调整日苏的对立关系，故由昨年下季至本年春间日苏与伪蒙的边境冲突，几无法一一加以严密的统计。日本外务省，由广田到有田，一贯的是换汤不换药，在军阀操纵之下实行其大陆政策，侵华与反俄，但后者的促动，又适足以引起日苏的尖锐冲突，但由林大将至南次郎，甚至于法西斯化的军头，如真崎等，也不致于在西欧反苏战线未先行挺进之前敢于踏上苏联的远东地带的，这是尽人皆知的事。试以广田的提议，一再主张设立边境调察委员会，以谋日苏邦交的妥协及库页岛日苏渔业的争逐，在冈田内阁期间，曾想援用赎中东路的故技，以金钱和条约来缓和这一组斗争。由此可知日阀的大陆政策是不欲马上向北进攻，而需要立刻向南略地的，这又是很明显的趋势。

日德的军事同盟，虽然甚嚣尘上，然而这也只是一种对莫斯科政府的骇诈，要日本此时踏上海参崴或袭入赤塔，就像要德国的立刻闯入乌克兰，或袭入白海，是一样的未免过早的乐观。资本主义各国间的矛盾，依然未见得彻底调整，希特勒能得到法国有产者的谅解或英国绅士的携手，在短时间内能将西欧的不利于德的现状改善，同时能弥补波德间因旦泽问题所引起的裂痕，或许在这种时空中，才能鼓起纳粹们东进的勇气，也跟着才能够刺激起关东军的北向食欲，但以目前的已成事实看来，西欧方面，罗加诺签字国如英、法、比、意，与反罗加诺公约的德国，似未达到一个调整。换言之，法德间的矛盾尚难消除，西欧的现状尚未改善，波德的邦交也未见得日形胶合，则纳粹们的东进野心，似尚在一个敛迹时期，故跟着来的关东军的北渡黑龙江的梦，也只好暂时的冷静的做着。故在现阶段中，日苏战争又像很难提前爆发，这是根据这一问题的空闲联系性的判断。

照这样说，日苏战争似可避免，然而这又实际不然。日帝国主义的内身的崩溃象与其外围的碍难状，已显出了充分的危险因素，内国公债在高桥时期已不能继续再行增加，然而继高桥而起的马场已仰承军部鼻息，又滥行征工商业捐及所得税，同时不遗余力的助长军需工业的繁荣，英领印度及南菲联邦对日货的排斥，美国的工商业主尽量讲求控制菲吕滨市场及对东南太平洋各岛屿的急极设防与夫中国民众购买力的低落，华北的天津一口与华南的潮厦各埠虽然尽量厉行走私，专就华南近日走私的内幕说，已由二百万元资本扩张到三百万元资本，然而天津一埠，四月份的私货已成了过剩之象，大有此策已属下下之忧。据长春四月二十日电说，关东军发表苏联给义军枪械，正考究对策，再日伪军如再度进攻外蒙，则苏方的援蒙已成必然趋势，故日苏战争，并未见得就能避免的。这一个战机的克服，系在中欧与东亚反战民众手中的，如法国的政治会右倾，而与德国国社党妥协，则西欧的反苏战线可望形成，同时中国抗敌民众，如领导者不得其宜，或如近日的趋势，政府反而撤回驻俄大使，万一被骗而“为王前驱”，则日苏战争的爆发又实有其必然性。

故远东的战争，在日苏的矛盾中也自有其爆发性。火药气的腾播，只是时间的问题，而不是有无的疑案。

三、苏蒙协定与远东战争

在本年度的开首，伪蒙与伪苏的突冲，大大小小已多到数十余次，尤以三月廿四日至三月廿六日的几次伪蒙冲突，日伪军的深入外蒙挑衅，已引起了莫斯科的极大忧虑。故在长岭子附近地带，日苏双方戒备异常森严，苏联的驻防军额达五千人，日方的乘隙进攻的武装约远在苏联防守力量之上。同时，日方广田主动的边境调整委员会，中途受关东军的阻扰，只作到伪苏与鲜苏的东部边境的调整，至于伪满与外藏两处的边境，仍未见日方予以调查或划整。这使外蒙、苏联方面深引以为虑，且因了日德军事同盟以反苏为该项盟约的重心，已成了公开的密秘，故苏联为严密的巩固东部的国防计，不得不加强的采取与外蒙提携的方式，以防制东方的侵略国家。同时，库伦当轴，也深感于连年日伪军的威胁和骚扰，急欲与苏方订立一种强固的军事合作条款，以共同打击苏蒙东部的敌人，借以维持东亚的既存秩序，故苏蒙双方于三月二十八日正式宣布订立了一个苏蒙互助协定。

这一个互助协定的告成，据由莫斯科传来的电信说，苏联准备以一百三十万的陆军与外蒙正在训练之本国军队，采取严密的合作，以应付他国军队之侵入外蒙，足证该协定对日本关东军是一个严重的打击，同时也就是对东京好战派的一个警告，或许也可借之缓和远东的日苏战争。

固然，苏蒙协定的本身有其防战的企图，然而事变发展的木身，与夫内含的矛盾的激荡，则又未能过份的乐观。据日本的"二·二六"大政变以后的政局看来，日陆军省的法西斯派已公然的可以左右广田内阁、财阀重臣与政客，啼笑皆非，伴戏而已，几无决定政局动态的可能，故广田内阁完全在军阀卵翼之下，自不能不仰承军部意旨，完我其大陆政策。三月十三日的后几天，接连宣布对华对俄外交，持武力为后盾的原则，寺内陆相入阁之前，就树立了一个扩军六年计划，并预定了二十万万元的国防强化军费，作为代表法西斯化的军阀入阁的条件，这已表明了广田时期与冈田时期的日阁是有其异质处。前者死抱住"中日经济提携"的招牌，急谋与俄蒙妥协，而代表了元老重臣及一般轻工业的利益；后者就代表了少数军阀及局部重工业军火商人的利益，照广田内阁的政策推行下去，不唯行将引起元老重臣的不安，而且可以使幼稚的轻工业更频于破产，同时军需工业的日见景气，更有要求战争的必然形成，如不在远东爆发一次战争，是别无良法冲开这一个僵局的。故在日本的现政权之下，是已孕育就了这一组矛盾的，而且突破这一组矛盾的方式，也比较的只有向中苏两国挑战的一个途径，以西伯利亚及外蒙古的沃壤与黄河流域的天然富源来挽救日帝国的这一个危机，这已是历史昭示得很明白的事。故俄蒙协定的客观的功能，至多只能对战争起威胁或缓和的作用，至于远东的战争因素，是不能靠这个协定一扫而清的，这也是一个可以预言的真理。

虽然反过来说，苏蒙互助协定其本身还含有刺激与冲动战争的副作用，照原理与事实并行论去，据日方的宣传，苏蒙的互助协定告成于三月十三日之前，然在三月十三日以后，至四月二十二日止，日伪军还经过数次以上的袭击外蒙，最显著的例子是四月二日的塔斯电称，"库伦报告——日'满'军及蒙古军，在阿蒂克都伦边防派出所及达姆西克布拉克间冲突，延长至三月三十一日全日及四月一日一部，至四月一日晨始完毕。——蒙古军于四月一日晨，击退累次进攻，企图占领达姆西克布拉克之日'满'军，将彼等逐回边界，复将彼等逐出外蒙境外，使受重大损失，蒙古境内阿蒂克都伦派出所复被蒙古军队占领"。照这样的事实看来，苏蒙互助协定不旦未能制止日伪军的挑战，而且仍旧招来了日伪军的袭击，且东京政府恐中国人与苏联订有类似的密约，反迫中国使缔结防共协定，以表明对友邦的亲善态度，同时，华北民众抗敌气势受到苏蒙互助协定的暗示，更如火如荼的大形活跃起来，日本的华北驻屯军有急极的开入内陆的趋势，以“防共”为口实而实行其占领华北的野心，这都是苏蒙互助协定刺激与冲动起来的副作用。

故综上说来，欲持苏蒙互助协定以扑灭日本军阀在远东放起的战争之火，是一种绝不应存的愚昧的奢望。

四、怎样才能消灭远东的战争?

按照上文列举的几组矛盾的事实说来，日伪与苏蒙的双方政治制度的对立是无法统一的；日帝国主义的大陆政策与中国民众的救亡运动，也是无法统一的；同时，日本的法西斯化的内阁与日本的失业破产的人民阵线，更难望其有彻底统一之术。故远东的战争，不爆发之于日伪与苏蒙的边境，即爆发之于中国北部及沿海一带，或许也会爆发于日帝国主义的内身，这其中都含有事实辩展的必然性。

然则，这一个问题怎样才能消灭远东的战争，又是极应该指出它的答案。

照一般汉奸之流的策士说来，中日的邦交如不彻底调整，或中日满不合力防共，则远东的战争终不免爆发的。再照一般野妓化的政客看来，苏联要不撤退远东的国防军或委弃外蒙的保护权，则远东的战争也终不免要爆发的。这些卖身和亡国的理论，倒果为因，否视了发动远东战争的主角日帝国主义，谁也能看出这是一种误人误己的药方。

又据少数的庸俗学者讲来，远东的现状，只有靠英美的合作才可以维持起来。然而，接着目前的事实判断，大不列颠正疲于东菲及西欧的奔命，已无暇使全力顾及远东的现状，同时罗斯爵士在未去华之前的申言，已够看出英保守党是准备委弃华北以餍足侵略国的。再就美国对远东的政策说来，是一贯的以英国的对策为其决议的基础，很难如毕德门的宣言，“立刻对日宣战”，以美国在太平洋上的军事力量尚不足以控制日本，且大阪的财阀与纽约的业主正眉来眼去，准备以伪满的急待开发的资源，吸取美国机械钢铁的助力，故希望英美合作以维持远东现状的说法，直然是一种自居鱼肉而乞怜于刀俎的死象。

今日的真正足以消灭远东战争的策略唯有这样的三路：

(Ⅰ)中国民族求解放的斗争复活起来，“联合世界上以平等待我之民族”，作成一坚密庞大之反帝战线，肃清在远东实行侵略战的帝国主义，不然，今日割三城，明日弃五城，步着南宋或亡明的故调，退到帕米尔高原去，退到喜马拉山去，不但丧失了自己国族的宗主权，而且有挑拨帝国主义侵略战的不白之冤。

（Ⅱ）苏联巨头勿极度利用矛盾的机会政策，应实践其革命的辩证观，突破客观的矛盾，还得用主观的抗争，不然矛盾是不会自破的。假使一旦各国的法西斯化的政权皆先后联立起来，则苏联的充实内部为进攻外围的策略就要失败，而且苏联共和国的本身也要趋于颠危之途，故苏联的本身也得急极参与世界弱小民族反帝战争，而借以消灭在远东挑战的帝国主义。

（Ⅲ）帝国主义内身的渐次形成的"人民阵线"，应当加速的抗争起来，以收回生产的管理权，借之树立一个新政权，以反对帝国主义的侵略战。

［原载于《中外评论》（南京，1936）第4卷第1期，1936年］

苏联对于日本侵华政策之态度

周潜六

一、日本侵华政策由苏联决定

最近因为苏联远东政策改取攻势，以及西伯利亚迅速工业化之结果，已使日本不能不考虑假使日本与苏联作全面之冲突，则日本的对策条件便应就国际全局之广泛围范而与以检讨。这一种客观形势，最近是暂时影响了日本的大陆政策，并因此强调其所谓“北守南进”主义。此种“北守南进”主义，是遂先致其全力于中国之征服，并使英美为了在中国本部要想与日本公平分赃，则英美可不能不对日本妥协，以旁观日本为进攻苏联而征服整个中国。

日本国内代表此种“北守南进”政策之言论的，我们可以举出板仓进在六月号《日本评论》所发表的《日本大陆》一文。彼于文中特别指出：由于日本大陆政策的发展，反使中国渐趋于统一，此种倾向是对日本大陆政策之一种制约，并且渐次的增加了重要性，因此日本以破坏中国统一为前提的政策，今后是必支付极大之代价。此种极大之代价为何？据板仓进的意思，是日本现在暂时不再提倡东亚门罗主义，如再提倡门罗主义，反示各国以日本有结成以大陆政策为基调的亚洲经济集团的意图，而使其他经济集团得到巩固团结的口实，所以在排斥害及东亚安定的非亚洲国民的政治干涉之外，应开放东亚之经济门户，以确保日本在全世界的机会均等。这样板仓进氏主张日本在中国不要与英美的势力对立，而转给中国利用作为对日抗争之工具的机会，不如在中国的市场上紧密的与英美协调，而使英美在其他地方亦与日本协调较为得计。

日本大陆政策此种微妙的转向，一面是加紧的破坏中国的统一，一面是向英美透示只要英美承认日本为东亚政治之安全势力，则日本对于中国本部的经济利益，便甚愿与英美作分赃之妥协。从日本加紧华北走私、增兵，以至挑拨粤桂军阀反中央之军事行动，固然是重在破坏中国之统一，但亦是在造成既成事实以置于英美之前，使其羡于分赃而不得不对日本屈服。日本此种“北守南进”之完成，一转手间即将是北进南守政策之展开，因为此时中国之民族统一解放运动已经破坏，将再不复为日本大陆政策之制约，而可以放心进攻苏联之东部西伯利亚，大陆政策自达于最后完成之局面，那时再来个“北守南进”，英美在太平洋上自亦只好对日本退避三舍的了。

二、苏联对于华北事件之观感

日本大陆政策的转向，凡是稍明国际情形的人，谁亦知其最终的目的是在于进攻苏联，所以苏联对于日本之对华新政策，即予以巨大之注意，并指出日本对华新政策之目的，首先就在破坏中国之统一。苏联政府机关报《伊士凡斯替》于五月廿一日着文评论日本之对华新政策，谓：

> 日本自二月政变后，内部改组渐臻完备，故现已恢复对华北之高压政策。查日内阁对军阀要求立时行动之不能拒绝，至为明显。盖日当局现已决定将华北驻军增至两师团，同时并拟以驻满新军向察推进。
>
> 宋哲元将军因受日军之压迫，现已再作让步。一，冀察政委会将添聘日顾问，与冀东政府处同样的地位。二，日借口防共，将侵略行为扩充至山西、绥远、山东并占据其地。三，此后日本将实行其新政策，公开不承认中国为一团结之国家，而不以南京为中央政府，仅认为地方政府之一。
>
> 最后日帝国主义并将压迫南京公开承认广田之三原则，以破坏其最后仅存之自主及独立权。

苏联对于日本对华新政策认识既清，因此关于日本在华北之增兵与走私，同样是认为破坏中国统一政策之实践，并且是强化对苏联作战之左翼阵地。苏联共产党机关报《普拉夫达》于五月十八日论及华北增兵事件，谓：

> 日本在华北已作充分准备，并利用国际情势，尤为意大利之合并阿比西尼亚，即将占领华北。日本军队现已开抵天津，正向北平前进。同时日“满”军亦向察哈尔省推移。日本军部正使华北成为重要根据地，不仅攫取中国，且将攫取亚洲大陆之其他部份。

这里所谓“日本军部正使华北成为重要根据地，不仅攫取中国，且将攫取亚洲大陆之其他部份”云云，显然是已指出日本占领华北以后之指标是在于苏联之东部西伯利亚；至于日本在华北的走私，《普拉夫达报》更明指为日本控制中国之新方式，谓：

日本私运货物，不仅是中国对外贸易受一严重打击，且影响其全部之国民经济。海关收入之急剧减少，中国货物被私运日货所排挤，此使中国商店及工厂之倒闭愈益增加。日人走私且大伤英美两国之对华贸易□；而走私运动目下在华北、福建等地，仍在继续活跃发展中。日本目下所事工作，至为明白，即破坏中国全部关税制度，并使中国之市场及财政受日本之支配。此项走私运动，实为日本帝国主义者控制中国斗争的新方式。

日本在华北增兵与走私的结果，是更加助长了华北一·二九反日运动以后之中国民众爱国的情绪，同时亦使日本军部确信基于破坏中国统一运动为前提之政策，进行愈不能缓。关于此，六月五日《普拉夫达报》更犀利的指出：

日本军部之激烈手段，予中国反日运动之增长以巨大影响。反日情绪已广播于华北广大民众之间，造成日本继续侵略之一实际威胁。反抗日本侵略运动已引起东京方面之严重注意。事实上，华北及内蒙古之大部份已在反抗日本当局。

在各重要及军事地点，旧有日本驻军业已扩充，并新增大批驻军。两者均助以大批坦克车、铁甲车，及化学队、航空队。强猛铁拳之集中华北，不仅欲肃清华北战场上各种反日份子(例如二十九军)及外国军队，且将深入黄河流域及内蒙。日本不仅在华北热烈活动，即在华中、华南亦然。

三、苏联对于粤桂“抗日救国”阴谋之揭发

日本对华新政策之实施，诚然在客观上是促进了中国民众之反日运动，不过日本为完成其破坏中国之统一政策，是更加紧的挑拨中国的军阀、政客、官僚以反对中央，实行其“以华制华”之毒计，于是遂有最近粤桂之“抗日救国”运动。此种运动，虽然是揭櫫抗日的名义，但是实际则完全为日本所播弄，冀图对于中国抗日的联合阵线运动予以最后的打击。在抗日的名义之下，是很容易使浅识的人们联想到“联俄”这一件事，然而苏联对于粤桂之所谓抗日救国，究作如何之感想呢？我们请国人，看一看苏联政府机关报《伊士凡斯替》对于此事之批评。该报于六月十一日在《烟幕乎，激怒乎?》一文中谓：

数日前日本报纸大声疾呼，谓宁粤间正准备且已开始战争。日本此种宣传，其目的首先乃为转移中国及世界舆论对于日本增兵华北及在福建活动之注意；另一目的则为努力挑拨国民党统治下之中国国内冲突。日本帝国主义者显已计及此种战争宣传至少能使宁粤现有冲突愈益尖

锐，如竟成功，且能引起彼等增兵设防，甚至直接冲突，引起战争。日本帝国主义者能否成功，目下尚难断言，但彼等对于所欲挑起战争之性质估计错误，此殊显著。日本帝国主义企图利用宁粤对立，以削弱并分割中国，然而中国目下主要趋势，已极明显，即为国民对于日本侵略之愤激日益增长。中国所起危险情势，可于日本帝国主义者之攻击火焰及中国全国民众趋向抗战见之。日本帝国主义者深知，每一侵略行动，均可激起中国之武力抗议；但彼等又知，中国胜利之钥厥在联合作战。彼等主要计算，即为中国如仍分裂，决不能言合力抵抗。多数日本军人以为彼等须在中国民族解放运动团结以御外敌以前，痛击中国。

这里，我们可以看出苏联对于粤桂之假借抗日救国名义以实际执行破坏中国统一运动之任务，是如何的痛恨！然而卑劣的日本宣传家，则偏欲将粤桂的破坏中国统一运动与苏联联在一起，企图使中国浅见的人民从仇恨日本的观点转移为反对苏联的行动。据六月十一日路透社东京电讯，谓：

时事新闻上海通信员今日致电该报称苏联愿供给粤方领袖兵费三千万元，俾对中央政府作战，此种纠纷，势将转成远东全部骚动。盖南京政府苟不采取应付大局之适当办法，中日关系似将受有影响也。日本处此，唯有两途：一对粤方之反日运动，置之不理，则是等于听令全中国反日运动之根本滋长，而不予以遏止；一为巩固蒋介石之地位，则必因以增进英国在华之势力，结果必使日本在华之前进程序作一总退却。

从这个电讯中，我们可以了解日本不仅欲将粤桂“抗日救国”的煽动嫌疑转嫁于苏联，更主要的是在提醒日本军部在粤桂反对中央之军事行动中，应该迅速决定卞庄刺虎的政策，于中国内战的相持局面下整个征服中国。最后我们要郑重说明，苏联是决不至于与闻粤桂之反抗中央的军事反动，苏联由于她自身的利益，是非常热烈的在期待中国统一运动之成功。敌乎，友乎？国人果将凭何种事实以决定欤？

（原载于《苏俄评论》第 10 卷第 6 期，1936 年）

1937—1938年

日本向苏联挑战

厚曾

日本是一个积极侵略国家，抱着无限度的侵略野心，现在虽然对华作战，但他的眼目中却没有丝毫放弃对苏联的视线。日本侵华的目的，不过是想实现征服中国的梦想第一步。贝加尔湖以东的苏联，早就在他大陆政策预定征服之范围。不过他之所以要先打中国，就是因为中国人不肯投降他。打倒中国，他方可以完成自给自足最高度的军备，到那时进攻苏联，当然较易为力，所以现在日本之侵华无宁说是准备对苏作战的导火线。

苏联是一个恳挚需要和平的国家，中东路的让渡就是表现他不愿轻启战端无野企图的明证。然而事实上对方对他一步一步的进逼，也不能不加防范，在日本大举侵略中国的时期，而中苏间却成立了互不侵犯条约，在纯系消极性质之中，无形中增加了特殊积极作用，显然的树立了远东和平重要因素。其事虽属平常，但在狂暴侵略国家的日本观之，却给与他一个非常警告，仝时日本从前一再威胁利诱想驱使中国进攻苏联的迷梦，也化为乌有，日本断不因此而甘心的。近几年来，苏联对日事事退让，关于中日问题，丝毫未曾闻问，更丝毫不曾援助中国共产党如何活动。事实昭然，而日本仍然故意宣传中国赤化了，苏联是如何猛烈地赤化中国，至于中国几年来剿共的成绩，则一笔抹杀，其处心积虑恶意苏联，不难想见。

中苏两国，同是日本军阀眼目中的目的物，要想实现大陆政策，必先征服中国，而苏联军力之强，即使不助中国，亦为他侵略的莫大障碍，何况他的最终目标就在苏联呢。据大阪《每日新闻》评准备应付最恶之时局，末有“今日使用我人之力，应储蓄以备明日之用，所谓力，不仅兵力，而为国家人民全体之力，我人如于今日用尽，而成气息奄奄，困疲不堪，恐将有新之敌人出现……”其“新之敌人”，盖即指苏联而言，当无疑义，如此亦可见日本敌视苏联之一般［斑］。他如打着“防共”的口号，想愚弄世界同情，以遂其侵略计划，除德、意抱有同样欲之野心外，其余各国均洞察其奸，即素采孤立政策的美国罗斯福十月五日之演说，亦不顾一切指斥侵略者之残酷。十月六日，国联大会通过援助中国、斥责暴日之决议案后，而美国国务部亦于同日宣布日为侵略国，且谓日本违反九国公约与非战公约。霹雳一声，虽给日本一个重大的打击，然日本犹毫无顾忌，最近公然与德、义[意]结成强盗行为，冒险向苏联挑战，亦可谓势骑虎背，不得不已。

现在据闻日本数十万陆军在满洲，大部份全驻防长春以北，有作进攻海参崴、滨海省和白库页岛的企图，而苏俄亦驻空陆大军于伪满及各防边近，以防万一，确已紧急万分，有一触即发之势，远东烽火已将蔓延，我们准备着吧，为民族自存为世界和平而奋斗到底。

（原载于《砥柱》第9卷第7—8期，1937年）

朝鲜学者李瑞林氏特访记

——我们的精神决不会被人家奴化

徐朋武

起来！
不愿做奴隶的人们，
把我们的血肉，
筑成我们新的长城！
中华民族，
到了最危险的时候。
每个人都——
发出了最后的吼声：
起来！起来！起来！
我们万众一心，
冒着敌人的炮火
前进！前进！前进！前进！

记者今天写这篇访问记，觉得心痛得很，于是独个儿凭着窗口，远望着千里外的祖国，不知不觉地哼出了这一曲歌来。我希望这悲壮的音浪，能够唤起了尚还在醉生梦死里过着生活的人们；更希望这凄楚的曲调，能够使读者细细地体味一下这次访问记中的谈话！自从满清时代日本并吞了琉球、朝鲜以来，已经过着这么悠久的辰光，在这长长的时期里，可怜的朝鲜民众，他们没有一天不是期待着我们去援助和解放，更没有一天不在想用他们的血肉去建造独立的基础！因为朝鲜的每一个民众，都不愿做残暴者铁蹄下的奴隶！我到日本来后，所见朝鲜人的生活，恐怕读者们难以相信！朝鲜人在日本只有做做苦工，女人们每天背着乳孩，在污秽不堪的垃圾堆里选取破纸和破布。火伞高张的炎暑，风雪连天的严冬，京都的鸭川里，每天有朝鲜人在洗濯他们朝鲜产的绸布，靠着微几的血汗代价，购买粟子充饥。我本想拿他们生活的状况来介绍给读者，可是没有机会去实地访问。此次承朋友介绍，和一位朝鲜的积学之士李瑞林(假名)先生谈话，虽然我们谈话的时间很短，但都是几个重要的问题，从这里，读者们可以推想到一般状况了。

最初，李先生告诉我关于他个人的生活，他说："我到日本来，已足足有十二年的历史，本来在故乡是担任小学教务主任的，一方面有些田地，可以靠农作物过日子，但后来学校里的教务一天困难一天，我从教务主任被调为手工教师，手工非我所长，但假使在当时表示不满，事实上是万万不可能的！学校里自校长起，一大半的同事都是从日本的总督府派下来的人，我们平时能安逸地过一天，已算得上上大吉了！在十二年前的我年纪比较轻，对于民族和国家的观念很是厉害，常常想邀朋集友，找一个机会更生我们的生活！更不愿每天坐视可怜的小孩子们，整天整日地念着日本字母；可是，后来受了一个长者的忠告，他把目前情形详细地分析了一下，把我当时一腔的热血暂时压下，设法免脱了教职，离开故乡，到日本来求些学问。十二年来，每天过着苦生活！日本的生活程度又高，即使蔬菜等普通食用品，也不能和我们内地相比，所以我们同胞每天在田野里拾些人家抛掉的菜叶而已！我想，这并不是件卑鄙的事！"李先生说到这里，使我受到非常大的感动！尤其是"我们同胞"这四个字，是令人何等的触目惊心？忙接上去说："真不错！苦并不是卑鄙，拿苦来维持生活的人是……"李先生很兴奋地说："苦并不只有维持个人生活的意义，是含着极强有力的一种魄力，这种魄力就是我们启示我们用苦来维持我民族整个的生命！即使朝鲜的小资产阶级，我以为也要这样地苦下来！那么，使我们从苦上推想到给苦我们尝的人们，以图他日东山再起，建立我民族自由的光荣的国家！你看着，我们朝鲜的复兴，并非是优游闲散——事实上也决不能优游闲散，而复兴在整个民族的刻苦励志上！我们虽然不能明白地表示出来，但我相信朝鲜同胞都能互相默示着，领会着的！"

记者："刚才说过，府上有田地可以耕种，那么，尊夫人等离开故乡后，田地是暂时出租掉的？近年来农作物方面，收获怎样？""啊！田地吗？那不必说起！被当局划去的划去，剩余下来的，只得以最贱价格出售了。""为什么当局要划民地呢？"李先生对于我的问题，好像抱着无限的感慨，很详细地对我说："虽然是划地，但实际上并非如此。不过当局用种手段来使你不得不转让给日本的移民。讲起日本的移民问题来，那真是一言难尽，近年来日本人口的激增，和了土耳其恰巧东西相映，日本的人口问题是其一大经济的难关！这是谁都知道的。所以，日本政府的向外移民一年积极一年，尤其是对于我握有一千八百万同胞的朝鲜，于政府掩护之下一批批移住过来；本来朝鲜人口的密度，每方里约一千二百人，各自经营业务，安居乐业的，自从日本内地人大批移殖后，土地势必缩小，换句话来说，本来一个人所有的空地，现在该被分于二个人乃至三个人，对于我同胞所遭受的经济上的威胁是绝对的！”他讲到这里，暂时停了停，又紧接着说：“我对于人口问题，虽无研究，但从大体上观察，也可以明白一二。譬如所谓朝鲜的产米增殖计划，无非是改头换面的剥夺民田罢了！因为日本人口的过剩，在另一方面又要拿食粮来维持这许多过剩的人口，可是日本本国产米是很少的，每年从外国输入的，为数总要在四百万石左右，因此他们又转眼到我们的朝鲜来。真痛心我们同胞平时种的米，既已不能进自己的口，还以方法陈旧等口实，来使你不得不让给日本的移民耕种，迫我们漂流异乡，在他们是解决了食粮问题，利用了过剩劳力，而我们即使做了有家归不得的异乡鬼，也有谁能念及我们呢？”

记者：“那么，住在朝鲜的日本居留民，大部份是从事于农业的吗？”“大部份是从事农业的，其他各业都有，最最值得注意的，就是矿业。我们朝鲜的矿产很丰富，自从明治三十九年日本政府颁布了矿业法及砂矿采取法后，便一任日本人自由开采，好像金矿、鳞状黑铅矿、铁矿、石炭矿等，年产可达一千四五百万。”说到这里，他的夫人抱着小孩进来，我们便转变话题，谈到朝鲜的服装上去。朝鲜的装饰，既简单又便利。那短短的袄子，没有纽扣，只缝着两根布带，一穿上去，只要在腋下打个结便好。宽大的裙子，小划子一般的鞋子，式样也来得好看，不像日本女子装束那么地繁复讨厌。日本女人爱穿红的，他们很爱穿绿色的，并且大都是绸布，不论破旧到怎样，所以一望上去十分令人悦目。不过，他们非在不得已时很少拿日本的布来裁缝，都是朝鲜的土产，这一点也是值得我们佩服的！李先生对我说：“我们朝鲜虽然被自认为文明的先进国所压迫，但我们还是保存着我们固有的文化和习俗，我们不愿意去接受所谓先进国的赏赐，所以我们形式上是做了人家的奴隶，但我们的精神决不致被人家奴化！”

最后，我们又谈到国人居住在朝鲜的状况。据李先生说，我国同胞住在朝鲜的以山东人最多，并且除了少数的上流阶级之外，很少携着家眷同去的。他们的生活很苦，有的每天只以包米、馒头、饼子和高粱来充饥。经商的，以织物和杂货商为主，大半是合了股东开店，店员大的商店可有三四十人，近年来因为财界的不景气，所以各种营业都非常萧条。好在国人生活费的低廉和大部分经营绸缎布匹织物等，所受影响还小，不致关店回国。因为居留民大都独身的缘故，所以在朝鲜的教育设施，听说也很简单，学校大都设在领事馆里，普通称为中华国民学校，分普通科和高等科两种。受教育的儿童很少，有的地方，不过二三十名罢了。由我们输入朝鲜的物品，主要的是粟子、落花生、胡麻子、天日盐、麻布和纱布等。李先生是仁川府的人，对于仁川地方的情形，更来得熟悉。他对我说："我很爱小孩子，尤其是你们贵国的小孩在我的家乡，有只华侨、公立两等小学校，我常常到那边去玩。听他们读中国书，觉得他们是最幸福的。像我们的孩子，哪里来这攻读国文的机会呢？"我听了这话，便连想到东北的孩子们和华北教科书的被删改，心中极度的难受，就在闷闷不乐中辞别。

起来吧！不愿做奴隶的人们！把我们的血肉，筑成我们新的长城！把我们的血肉，维持我们伟大的民族精神！

（原载于《礼拜六》第682期，1937年）

东北抗日联军中的朝鲜战士

克辛

东北境内日本武装移民移去的白衣朝鲜人随处都可以看到，他们受着日本帝国主义的麻醉教育，过着牛马不如的悲惨日子。

他们为着挣脱这种亡国奴的命运，时常有“朝鲜独立党”“朝鲜革命党”“朝鲜……”的活动，然而他们没有武器，没有后援，常被日本帝国主义的各种毒辣政策压服下去。

东北抗日联军见到这千百万为争取自由生活而艰苦斗争的朝鲜人众，如果汇合起来，是有很大力量的，因此各军公认“欲增加抗日的力量必须联合朝鲜抗日民众”。于是，在联军的政治行动纲领中便订立了这样一条：“打破民族成见，中鲜抗日民众团结一致。”

为达到中鲜抗日民众加速地团结起来，各军都用同一的方法，一面由政治部负责向士兵大众讲解这新的政治行动纲领——与朝鲜抗日民众联络——的重要和利益，一面散发简单的传单给城市和乡村中的朝鲜人民，并派能操韩语的人潜入城市或乡村去宣传，使他们认清抗日联军唯一使命就是“打倒日本帝国主义，争取天赋的自由生活”，“不做亡国奴的人们携起手来，把残暴的敌人打倒，并不是一件难事”，并特别提出“抗日联军是十分欢迎抗日朝鲜同志加入联军的，同时保证待遇是绝对平等的……”

因此，陆续的有朝鲜民众投入联军了。

东北抗日联军为了优待异国同志，常将优良的枪械子弹分给朝鲜的优良射击手，将服装用品也仅先分配他们，并尽可能的用教育方法使他们切实的明了联军内的政治纲领，使他们觉得联军爱护他们胜过自己的弟兄。

然而，有一部分还不大了解中韩联合意义的士兵，不免尚有“门户之见”，常偷偷地把朝鲜士兵枪支上的优良另[零]件换到自己的枪上，使对方的枪失了效用；把他们的子弹偷走；故意去损坏他们所用的马……（这种情形几乎每一军里都发生着。)他们想用这种方法排除朝鲜同志。

又经过了一个相当时间的教育,才纠正了这种狭隘的错误观念,政治部在加紧"教育"与"宣传"工作(以后当另篇详论)之后,中国士兵已经清楚地了解:朝鲜与中国的公敌是日本帝国主义,大家的命运是一样的,只有紧密地联合起来去攻打共同敌人,才有胜利的把握,朝鲜同志加入了联军,就是联军中的一员,朝鲜士兵的损失就是抗日联军的损失,所以"互相爱护,互相帮助"是联军中每一员战士的天经地义。

从此以后,中国的士兵遇见朝鲜士兵时便远远的伸出手来叫着"同志",他们如同自己的兄弟一样地亲密了!这两个不同国度里的人民,在抗日的总目标下,确实是紧密地携起手来了。

由于参加联军的朝鲜抗日同志的口里慢慢的把这种事实传布出去之后,许多热血的朝鲜同胞争先恐后地投入了联军。男的丢下了他的父母妻子;女的,把能工作的(十四岁以上的)孩子带着,小的抛在家里,或者弃在路旁,丢下水沟、河流,甚至不忍孩子长久地病着,便把他摔到岩石上去碰死,坚决地奔向抗日联军去!谁不爱自己的父母、妻子呢,然在日本帝国主义的铁蹄之下,他们与其眼巴巴地看着自己的亲人被蹂躏、屠杀,无如把他弄死,无牵挂地挺身杀敌了。

东北抗日联军遽然增加了大批英勇坚决的生力军,力量马上显得雄厚起来了。到了民国廿五年五月,抗日联军第二军中竟有半数的战士完全是朝鲜人。

朝鲜同志爱护这个庞大的组织——东北抗日联军,是那么忠诚热烈,对于他们自己的职分更是"热心报效",男的做军官、战斗士、宣传员、交通员、司务、厨师的都有;女的大都负责看护、宣传、侦查及缝纫等等工作。

朝鲜男同志是勇敢的。例如,在第四军第二师中有一位朝鲜同志名叫八盖,初次随队出发,在桦川附近的一个小山上过见敌人,在一次小冲突过后归队点名,居然不见了,大家以为他被牺牲了,于是都在静默哀悼。(联军中对于一个同志的牺牲永远是表示莫大的哀痛的。)正在哀悼的时候,忽见他身荷重物远远地走向队伍来,近前才见他多了三支枪,从死了的敌人手里夺来的!这并不是一件容易的事,日本鬼子每次作战所牺牲的士兵,无论如何总要设法抢回去的,据传他们怕我方把那死人头上削下来,下生不能变人,因此他们因为抢一个尸体而再牺牲两三个士兵是常有的事。在这种情形之下,我们这位八同志为了增加抗日联军的武器,独自冒险伸[深]入敌人的腹地,真是一位可敬的热血战士。

自从这件事情发生之后，每次的战争，联军中都有预先准备好一部分人，专等地方溃退时而抢枪械，时间允许时并剥下他们的衣服，这样一来，战器慢慢的增加了，又有了大批整齐的服装，然而这服装他们并不穿上御寒，比御寒更重要的是，这些服装帮助了他们打了一次大胜仗。（详细情形将在《抗日联军究用何种战斗法去杀敌》一篇中叙述。）

朝鲜女同志是最热心爱护战士的，每到冬季便要担任缝纫工作，赶制棉衣、棉裤、棉袜，以及缝补皮帽、棉鞋。南国的同胞想已听人说过，那里的冬天，口中呼出来的气马上会变成白色的霜，附在胡须或头发上面，锵锵有声。地上铺着白皑皑的积雪，起码总有半尺深，刮起西北风来是要刺骨裂肤的……这样严寒的季节，在没有军饷的抗日联军中，常常会有战士们分不到棉衣或棉裤。去年十一月（旧历十一月已是严寒时节了，）第三军第一师中约有二十战士没有分到棉裤，朝鲜女同志因为了爱护战士并增加战斗的能力起见，而发动“不穿棉裤运动”，把她们自己身上的棉裤脱下来修长一点，送到掮枪的战士们手中，许多战士都流着感激的热泪，接受了女同志们送来的礼品，更增加了他们杀敌的勇气。在精神上，他们是那么愉快，没有民族的界限，团结得和钢铁一样的坚。

由东北抗日联军联合朝鲜抗日民众的经验，很可以使我们确信：“联络敌人的敌人，对于我们是非常有利的。”①

［原载于《战线》（上海）第 2 期，1937 年］

① 附注：东北抗日联军更欲联合日本反对侵占的士兵与民众，但因一般士兵一见日本人（不管是那一阶层的）永远是想剥掉他的皮，抽出他的骨头，吃掉他的肉，那种愤恨的情绪，没有方法压制！直至日本兵亲自送军火给联军的事情传布出来之后（见上海现实出版社《义勇军》三五页），各军政治部才给士兵们一个确切的证据，于是全体士兵们才知道，在日本国度里也有反对他们统治者的民众，所以他们才渐渐的能与日本反战的士兵民众联络了，也许不久的将来会收到显著的效果，我们这样地切望着。

最近苏联的情势与日本

佚名
雄飞 译

一

苏维埃联邦的情势和日本帝国所谓大陆政策有极重大的关系是不消说的。关于它的内政，如世人所周知，可算是“谜的国家”，也可谓“只有宣传，没有新闻”，绝对保持着秘密主义、锁国主义，要知道其国内的真相，非常困难。以下所述，只能窥其半面，不完全之处知所不免，读者谅之！

苏联现今正在遂行第二次五年计划中，今年是第四年。但据四月二十五日莫斯科哈瓦斯社电：“官场宣称苏联工业第二届五年计划，原定本年年底始行完成，兹已于四月一日全部告竣，较之原来期限尚早九个月。”是苏联第二次五年计划已经提早完成了。这次的五年计划的功罪如何？各方面已有种种的议论，不过无论如何，在注视其重点的方面，总显示着一大飞跃；数年来，其国力已经蒸蒸日上，进展无已，这是一般人所承认的。在第一次五年计划时代，专以国防的充实为目的，而注力于重工业，以筑成军备扩张的基础；现在的第二次五年计划，则以重轻工业并行主义进行，它的结果，铁、煤、煤油、机械制造等都显示着非常可惊的活跃。

苏联何以有了这样的飞跃？这是由于把国民生活供诸牺牲，用特殊而独有的强力之统治力，遂行政府所欲为、所筹划的事业的结果。

可是，这种极端政策的结果，不能使诸事都有圆满的发展，好的方面诚然非常的好，而坏的方面也非常的坏，以致发生所谓跛行状态。例如国民生活多有不能饱食的状态。苏联当局有鉴于此，最近已经改变其方法，就于现实思有以改善之。关于最近的政策试举两三个实例：苏俄因为一反人类的天性，不承认个人利益的结果，以致产业的能率比较资本主义诸国非常的低；可是近来着眼于人类通性的利用，视各个人的工作力和作品额来发给工资，采用所谓作品额工资制度了。

又最近禁止公然堕胎、结婚、离婚，向来只要在社会局办好登记手续便可结合或分离的，最近已有相当的困难，尤其是对于离婚课税，限制离婚，对于多产者免税等等已经采取所谓提倡产殖的政策了。

又共产主义向来是否认国内有阶级的。但是因为没有阶级便不能注重规律和节制，所以从前年起先在军队中设定了阶级。

宗教方面，苏联以前是称为“宗教者雅片也”，竭力在图谋扑灭它的。但是，扑灭宗教有违背人类的本性，所以现在这种压迫已经很缓和了。产业方面，在第一次五年计划是重工业偏重主义，至第二次五年计划，轻工业也有了相当的成绩，所以最近国民的生活已经在逐渐改善中，又宪法修正，实质上和外表上都很显示着民主的意味，承认了若干人权，其结果，一般人心大见缓和。

然而拿苏联和他国来比较，国民生活还是很苦，跛行状态依然不免。又共产党内外势力的相争，以及遵守共产主义的一派对于史丹林氏的现实政策之策动等，有格外深刻化的趋势。这由前月的纪诺者夫（G.Zinowjev）[①]事件、拉戴克（Karl Radek）[②]事件而大兴党狱，被告十七人中审问终结判处死刑者十三人的事实，可以证明的。

但苏联的报章杂志等，不承认这事是理论派之争或是势力之争，而认犯人是和日德资本主义国所勾结，企图作卖国的事件，将国民的不平移向国外，鼓吹它们的爱国心。

苏联的报章杂志等并谓犯人在公开裁判时，已经承认日本驻在莫斯科的外交官或军人等相勾结而图谋某事的。报上所谓犯人们都承认自己犯法行为，但无一人述及不利于史丹林的事，这却可以判明苏联方面在演剧哩！

二

以下试一述苏维埃联邦的外交。苏联今日的外交政策，是以日德为目标的反法西斯结团的合纵连横。它视为法西斯蒂可谓不很适当，但是苏联总以日德两国为假想敌国，它的根本方针在于作成反对法西斯的集团是无可疑的。

它公然以日德两国为目标，决不是始于日德防共协议成立以后的，乃实为数年前之事。这里，更有不可不注意的，便是和苏维埃有密切关系的“康音泰隆”之活动。“康音泰隆”自从前年莫斯科大会举行后，俄然一变其战术，只要

---

① 纪诺者夫是苏联劳农政府以前的领袖，一九二七年失败的，生于一八八三年。

② 拉戴克是苏联有名的共产主义者，生于一八八三年。

是反法西斯团体，不拘泥于它以前所保持的方针是怎样，社会党也和它们互相提携，努力在从事所谓人民战线的结成强化。这种运动效果被表现于表面的，是法兰西、西班牙，最近中国也有这种光景(?)。苏联对于西班牙的援助，最初是供给粮食和资金，最近则在遣送多数飞机、战车等兵器和人员。这援助和德意志相同，原来苏俄联邦时常高唱着不干涉他国的内政的——可是援助西班牙，这主张与现实之间便暴露了多大的矛盾。

现在更转眼观察东洋方面，就于苏联和日本的关系试一述之。苏联国力的向上进展，随着军备的扩张，它的态度逐渐强硬起来，这是内外所周知的，尤其日德防共成立以后，苏联和"康音泰隆"向来是称为无关系的，而它便以该协定认做是以苏俄联邦为目标，频频表示反噬的态度。对于煤油、渔业条约和其他通商问题等，也加以不当的压迫。因此，想要酿成日本国内的不满，以图减弱日德协定之实质的效果，这是苏俄联邦对内宣传日德的对苏侵略，煽动国民的反抗心；对外宣传日本是依赖德国使其背后得以安全，而积极的出于西向中国或南向南洋的行动，以挑拨中国和英国的对日恐惧心，而图抗日战线的扩大强化。

三

要之，苏维埃联邦现正巧为利用表里的外交，注其全力于以日德为目标的团体的结成，这是无可疑的，不过苏联今日虽不能说它是在企图对他国战争，但若认苏联是始终保持它的和平政策，则非常危险。保有庞大国土和丰富资源的苏联，在将来国力格外充实的场合，它在国际场里的企图，又何事不可为！这时，苏联和他国的实力尤其武力的悬隔若大，则里面的手段，便是赤化工作的强化，以经济战时招牌，以武力为其后盾，而攻略他国抵抗薄弱的方面，这由俄国的历史和它的国民性来观察，可以推定为当然可能的事。

其次，日本必须大为注意的是，苏俄联邦国力发展的方向正对着东方。现在它的重点指向着远东！

远东苏领的人口，不过是总人口的百分之一，不足二百万。可是去年度为开发而投资的是总投资额的十分之一，达到三十二亿卢布的巨费，西伯利亚铁道至哈尔滨已经改成双轨，迂回贝加尔湖而出于桦太对岸的西伯利亚铁道之平行线的巴姆铁道数年后便可实现，远东各地的大工业也在着着建设中。

我虽不因为苏俄联邦对于外蒙、新疆的政治、军事、经济的势力之浸润很显著，便断定今日远东苏领的开发越过国境而侵略"满"鲜的前提。又在日本帝国切望"满洲国"的健全有急速的发展，企图侵略苏联的事情，固亦梦想所不及。然而东西二大强国的日苏，互相以其充实的国力在其国境上彼此相接触的事实，因为是纵用如何的力量也不能避免的，所以这事实归于好的方面还是归于坏的方面，格外发挥它的重要性。因此，日苏两国对于远东和平的责务也格外加重了。

四

现在更就军备试一述之。

今日苏俄联邦的军备扩张，在世界上无其比，这是研究苏俄联邦者所公认的。试一比较第一次五年计划以前和今日扩张的景况。步兵师由七十增加到九十余师，骑兵师由十二增加到三十师，又总兵力由百万增加到一百八十万了。尤其是战车和飞机的扩张，世界各国无与伦比，战车由二百辆增加到六千辆，飞机由一千二百架增加到五千架，显示了一大飞跃。如将民用机加入计算，约有七千架，驾驶士二万五千人。又随伴飞机的大扩张，它的用法也大改变，例如空输挺进队已成为大规模的行动了。去年在各地举行的大演习，曾经实习用大型飞机，将少则二三千人、多则五千人由空中运输到敌人的后方，由降落伞降落于地面以攻击敌军背后的战术很有成绩。

又远东方面现有的军备，至少有步兵师十六，骑兵师四，飞机与战车各达一千二百，实和日本的全军相匹敌，不！远东保有的兵力犹有过之。

尤其是海参崴方面保有潜水舰七十艘和一旦有事能于数小时飞到日本的重轰炸机数十架，这是于日本国防上有重大关系的。因此，日本海现已不成其为海，在实质上大有将要化为日苏湖之观。最近苏俄联邦对日态度所以渐渐地强化起来的，非无故也。

苏联的军事费因为随伴这军备扩张亦急激地增加起来，三年前还不足十五亿卢布的军事费，今日已经增加到数十倍，本年度达至三百亿卢布，如综合其他的军事关系费，计有二百五十亿卢布以上。

单由纯军事费的二百亿卢布看来，对于总预算的比率达到二成强，这比率骤然视之，好像比日本少些，可是苏维埃联邦的国家经济原来是特殊的，总预算的性质是如同日本的特别会计和其他民间会社的收支都一并算入的，参酌此等事情而考察之，那么，它的军事费比较日本的比率可算是很高的。

再以苏联的日常生活品来说，高于日本十倍，所以就是军事费二百亿，如果把这个改换日本货来计算，也不过是它十分一的二十亿元的光景罢了。至于价格，政府可以随便规定的，所以日用品和军用品等的价格，完全不同。假使把苏联的军备拿到日本来做，那么决不是二十亿元所可成功，至少非需要五六十亿不可。

此外,政府对苏联国民,用国防捐款的名义,半强制的叫它们踊跃捐助收入的一至二成。如此庞大的军备,由我们看来,是完全超过了必要的程度。直接当国防任务的军部,不管国民生活的如何穷困,而努力遂行这样的事业,我对于它们这种意志只有惊异而已!

世间往往有谓苏维埃联邦的军备扩张,是由于日本的满洲进出而来的,殊不知苏联的军备扩张,是始于满洲事变以前三年,就是昭和三年实施的第一次五年计划而发其端的,这是应当记忆着的事。

五

以上是就于内政、外交、军备等作一概括的说明,最后更将个人的感想略述于下。我们观察了苏维埃联邦的现势,再回顾我国(日本)的情况,而最为感觉的,便是我国民精神的紧张和国防力充实的必要。无实力的外交,不過是一种口头禅罢了!现代的国际关系,平时和战时的区别不明了;现在列强争霸的情势,所谓外交战、思想战、经济战、军备扩张战等等广义的战争,已经在开始了。又关于武力战,因为它的规模非常地宏大,需要战斗资源极巨,所以这种现代战争,事前的充分准备最关紧要,视此准备的如何,不待作战便可知胜败之谁属了。

如前所述,苏联的军备比较日本多至六七倍,单是远东方面,也拥有和我全陆军相匹敌的兵力。一旦有事之际,日本帝国不是立时和苏联的全兵力相对抗是不消说的。日本先和其中能送到远东的一半之兵力对抗即可。

又苏军在数字上虽比较的优胜,而其质的方面不免有相当的缺点,以日本军的忠勇和训练的精到,苏军亦不足惧。但是对于现在继续猛进的赤军,我国实有竭力讲求适当地对抗策之必要。日本国民如果充分认识这种非常时局,有甘于牺牲的觉悟,举国一致,共向充实国防力之途迈进,则万一之场合,不独不足忧虑,且可永久确保远东之和平也。

(原载于《空军》第 237 期,1937 年)

苏联怎样研究日本

［日本］直井武夫
俞且寄 译

一、研究日本的态度

一说起外国的研究日本，就想起《古事记》与《日本书纪》、《万叶集》与《古今集》、《竹取物语》与《源氏物语》。通常所想起的是奈良与京都的建筑、美术，如法隆寺、桂离宫各名胜古迹。或联想起“浮世绘”的也有，顶多联想到岛崎藤村或菊池宽的翻译小说，这种种可说是一般的常识。日本虽然已早不是神话之国、梦之国，而仍被人以好奇的眼光作为鉴赏的对象研究，这并非过言。今年菊五郎携“歌舞伎”渡欧，其意在介绍日本传统的艺术精粹，确是很对的事情，可是外国人的认识日本，如若不出“歌舞伎”或“浮世绘”的范围，未免令人失望。至于美国期待日本带艺妓前去，也许由于美国式的剧场心理和轻佻所致，但未免难为情了。观光局或文化事业部的影片，目下仍然固执着摄映富士山与舞妓，在这种事业的性质上，亦许是不得已之举，但倘若为了迎合上面所说的那种外国人对日本的认识，那就不能令人十分感服。代表今日的日本的，另有别的在。

外国之所谓研究日本，其主要的研究对象为过去的日本，而认真研究现在及未来的日本的，要算是苏联与中国吧？这两国的研究日本，质的方面是与其他各国不同的。俄罗斯的研究日本，为彼得大帝在彼得格勒创设东洋语学校以来之事，当然事实上日本文学的古典，在苏联也和在别国一样的，或者比别国更高明地被研究、被翻译。优秀的日本学者，如N.可拉特教授与故斯普逊博士，在别国是不易找到的。可是苏联研究日本的主力，正集中于现在日本的政治与经济。就是研究往昔的日本，亦不外在于理解现实的日本的一种手段而已。他们是不着眼于什么风俗画与什么舞妓的，是集中注意于议会坛上、政客往来、陆海军动静、矿山、工场与交易所等地方。

二、使用材料

其他各国的研究日本，其出发点是对日本的憧憬乃至好奇心，而苏联的出发点是政治的意图，狭义说来是由军事的必需而出发的。故其态度，始终为真实的、拗执的。对于旧的材料，不绝由新的材料来补充它、订正它，由枝叶而根干，相反，又由大纲分化为狭义的专门化。十数年以前的苏联，所发表关于日本的数字与事实，都是毫无根据的、过言其实的、幼稚的东西，然现在颇为正确，甚为密致。这是丰富利用与适当处理日本的直接材料所致的证据。数年前据笔者间接所闻：输入苏联的日本新闻杂志及书籍，年额仅占二万元，而现在是已升到好几倍。目下所采用官厅及民间所发行的统计、年鉴等资料，固不待言，此外如学术协会之报告，有价值的单行本，新闻从中央的二大新闻至地方的三四流的新闻，苟含有关于日本的政治与经济的资料，没有不被利用着。就如《中央公论》《改造》《日本评论》这一般的杂志，不消说，此外如代表着一定倾向的《我观》(现在的《东大陆》)、《维新》，又如《东洋》《社会政策时报》等等，没有不是不付以注意的。

关于日本经济情势的一般，如东京商工会议所的所报、三菱研究所的《本邦财界情势》、《东洋经济新报》、《金钢石》及《经济学者》，都被利用的。还有比较专门问题的，如《工业新闻》《工业日本》，其次如《石油时报》，这种种专门的机关杂志，亦都被利用着。将这一类资料，除了被处理而作为种种的著书、写论文的材料之外，尤其可注目的是将其全部译为俄文，或者抄译一部分，在新闻杂志上发表。例如，最近将去年八月号《中央公论》所载之铃木茂三郎氏的论文《军需工业发展的现阶段》与去年六月号《东大陆》所载之小岛精一氏的《日本军需工业的幼弱性》，全部译成俄文登载于《真理报》上。至于陆军省所发行的小册子，将其全部译出，大概揭载于《太平洋季刊》上吧！

三、最近的著作及论文

苏联研究日本的结果，多数成了单行本或《真理报》《消息报》等政府机关报，专门的各杂志、各种新闻(军事为主)当中的论文。自从满洲事变以来，所发行关于日本的单行本，业已急激增加，目下计数有一百种以上。其中通常作为宣传用的小册子虽然不少，然也有应当注意的，如阿瓦林的《帝国主义与满洲》、汝珂夫编辑论文集《日本》、康斯坦丁·勃波夫的《日本之技术的经济的基础》、温斋古的《日本的康彩因》。

至于杂志方面，瓦尔加所主宰的《太平洋季刊》，每期总满载关于日本的政治经济论文。《太平洋季刊》是瓦尔加所主编的《世界经济与世界政治》(苏联科学学士院经济研究所的机关杂志)的姊妹篇,该刊是由前年才开始发行的。该刊如题名所示专供献研究太平洋问题,故办理着中国、蒙古、“满洲国”、日本及澳大利亚的政治经济各种问题。执笔者从瓦尔加起,网罗着苏联方面远东问题专家,如曾出席去年八月的泛太平洋会议的莫斯娄夫、康脱洛维基、汝珂夫、却伦却夫、温兹华克、哈马达等,故论战是正在扩张着。在数年前以孟却斯德指导报特派员之名义来日的,曾滞留在日本将近一年的夫娄达·阿脱莱女史,亦曾寄与该志长篇的论文《世界市场的日英对立》。试举最近该志关于日本的论文,如《日本之康彩因与军需工业》(温斋古),《日本之燃料资源及重工业诸问题》(巴巴夫),《日本的头脑托拉斯》(汝珂夫),《日本的封建势力问题》(马洛夫),是说明了重要的政治经济各种问题。就像去年三月出版的《太平洋季刊》第七号上,很迅速载着二·二六事件的论文,在卷头除揭载日本的法西军人之阴谋(维欺恩斯基)与日本的军人法西阵营与民主主义阵营(约尔克)之外,不仅揭载首位的海军问题专家依华诺夫的伦敦海军军缩会议与日本之脱退,作为一九三五年日本经济总决算的日本的跛行的景气与恐慌之威胁(罗纯),日本的农民运动(普娄脱纳尔),日本的府县会议员选举(东京通信),还满载着为了满洲的抗日统一战线的争斗、日本的华北工作、在远东的英国(康脱洛维基)等等直接关于日本的论文乃至资料。

尤其在该志尚附有标题为太平洋各种事件的年表(一八九六——九〇五年)的七十页的附录,详细记录着日俄战争前五年间沿太平洋所发生的事情,将项目分为八项,其目如下:一、西欧之主要事件;二、太平洋沿岸诸国之主要事件;三、太平洋的英国;四、太平洋的俄国;五、美国;六、法国与比国;七、日本;八、德国及其他各国。记载顺着年代的各种事件。试观日本项一九〇〇年六月十一日的事情,有北京日本大使馆顾问杉山被杀事件,越二日即六月十三日日本外相对英国驻日大使云:俄国已经派兵二千七百名集中于塘沽,故日本即将遣兵派赴北京云云,六月二十二日——三十日,日本对于萨罗斯培利的质问,答复日本已派遣三千兵士赴中国矣。然萨罗斯培利恐惧俄国对于中国的决定势力起见,故主张日本派遣更加多数的兵力(二万乃至三万),关于该事件并求俄国及德国之谅解。

前述之世界经济与世界政治,除发表定期的日本经济之观测外,在最近该志载着澳大利亚与日本之贸易关系(阿脱娄),远东战争×××日本(却伦却夫),作为远东战场的满洲(夫欧特洛夫)等论文。其他讨论日本问题的杂志,有民族及殖民地问题研究协会的机关杂志《革命东洋》及关于民族及殖民地问题的材料，后者揭载着在岩波日本资本主义发达史讲座中之二三〇。就是《中国问题汇刊》，殖民地各种问题亦可以看到关于日本的论文。国家计划委员会附属的经济研究所，设有世界经济研究部，而将其研究之结果发表于国家计划委员会的机关杂志《计划经济》上。就中其作成之各国经济统计，曾处理了公私的丰富资料，就如美国一项竟涉及十一部门五十七项之多，现正网罗着一九一三年以来一切经济的指标。就是对日本，开头作为事业活动指数的，涉及电力消费、制铁业、纤维工业、外国贸易、劳动、物价、货币、市场等十一部门三十一项，现正举着一九一三年以来之数字。瓦尔加所主宰的世界政治经济研究所，其主要目标从事于目前的景气之观测及预想。国家计划委员会的世界经济研究部兴味很浓，用着全副精神致力于研究涉及长期间各国经济机构的变迁。

四、研究日本的焦点

苏联的新闻对日本所发生的事情，不消说是有着非常的兴趣。关于预算的编成与议会的情形等等，则遂一报道而不怠，如相泽中佐裁判的特殊事件，是载着特别详细的报道。这种新闻暂置不提，现取关于日本的政治经济最近的论文来看，则有在《中国的日英抗争》（李滋·罗斯报告的分析）、《日本的国内争斗》（康脱洛维基）、《南进乎北进乎》（鲍利索夫）、《日本贸易之膨胀》、《日本之化学工业》、《日本之海军力》、《日本之大战准备》、《日本之军事计划》等等。在最近的十二月十日消息报上，载有汝珂夫的广田内阁的末路一文，内容叙述行政机构及外交问题之纠纷。二月事件的翌日廿七日，在揭载于《消息报》上的拉狄克的《支配有秩序的东京》论文之中，荒木、真崎、久原之名固不待言，连野中大尉之文字亦有，其平常研究之周到及情报之迅速确实可惊。去年六月英国驻东京商务官萨·生松的关于日本的经济及商业状态的报告在伦敦发表，而十二月二日的《工业化》（重工业人民委员部机关报）即刻就介绍批判，照这样看来，苏联是正以全力注意着关于日本的资料。就如北海泰晤士、九州日报、福井新闻等的地方新闻之名，时常出现于苏联的刊行物上面，这并没有什么稀奇的地方，原因是在中央所遗漏的重要材料，每每在无意之中会混入这一类新闻中。

综观以上显现于苏联新闻杂志的日本记载，谁亦注意到他们所办理的东西，军事的研究是占大部分，其次是政治经济。然而日本正在观察与研究准战时体制，故日本之政治、财政、经济皆从这种观点上处理着。在苏联关于普通的日俄辞典，虽然还没有发现，我们只要看他们曾编纂完全的《日俄兵语辞典》,就可以推测到一半。这《兵语辞典》为三十二开本,共有七八〇页,关于军事的日本语,几乎全皆网罗,而每一个字上皆各附以俄文之语译。试观"尾"字项,有尾圈、尾击、尾栓、尾橇、尾筒、尾翼取付角、尾部托车,等等。在"变"字项,有变乱、变局、变形地、变后座驻退机、变成器、变漏孔水压驻退机,等等。外行人所不易找到的兵语,悉皆附有俄语。编纂者为曾来日本的有名的日本问题专家汝珂夫,监辑者为日本语学者康拉特教授,这种辞典的编纂与出版,事实上暗示着他们怎样深刻地研究日本之一斑吧!以下关于代表的单行本新闻杂志二三种论文,来具体地检讨苏联研究日本是到了怎样的程度。

五、日本之技术的经济的基础

关于日本的单行本当中最可注目的,要算空斯吞金·巴巴夫的《日本之技术的经济的基础》第一卷吧!该书为十六开本,共二三〇页,包含着多数的地图、图表、统计表。第一卷是日本及其殖民地的动力资源,黑色冶金业并有色冶金业诸问题。第二卷是机械制作业,日本经济的电化及化学化之过程,纤维工业,食料品资源及食料品之需要,交通运输,建筑业及建筑材料工业之诸问题,最后应该论及世界经济的日本地位,可是这书现在尚未出版。此书开头检讨日本经济之骨骼与动脉,然后去研究神经系统、消化系统、筋骨系统。

巴巴夫以为错综在日本之技术的经济的发展与军备之现势之间,前者是不及后者,即"日本政治经济及社会诸问题之综合的连锁之中的最脆弱的一环"。那么日本经济的这种致命处——最脆弱的一环——的分析,在外国研究日本尤其是本来就没有现实的意义,因此说:"基于具体的资料有研究日本经济之技术,经济的基础之分析,原料资源与其地理之分布,这一类资源开发的条件之分析,技术发展的基本方向之指摘,及限于材料之许可的产业上金融上独占并劳动诸问题之必要,更不得不明了世界经济,主要是印度—太平洋一带的日本依存性问题。"著者的企图,已将以上诸问题根据具体的材料而说明了,因此能测出日本帝国主义的强弱两方面的可能性。这可以说是苏联研究日本最代表的态度。

由以上的见地来看,巴巴夫开头是搜集着日本之动力资源、黑色及有色冶金业各种问题的。第一卷内容是由第一章"太平洋沿岸地域之动力资源与日本",第二章"日本的石炭问题",第三章"日本的石油问题",第四章"日本之制铁业与太平洋之铁资源",第五章"日本之有色金属工业与太平洋之原料资源"而成。所谓石油与铁,在我国是燃眉之急的问题,就中著者作为研究前提的日本之技术的经济的发达与军备之折格,膨大军事预算之消化成为问题的今日,不得不感他山之石。本书之价值，虽可想到材料之选择与处理方面，因其全篇充满数字，如欲一一举出，则不胜其烦，故取著者所达到之结论二三观察之。

石炭问题：一旦有事之际，关于充实应显著增大之动力需要之必要的绝对的石炭资源是怎样呢？关于这一点，可以看到日本是没有感觉石炭之不足吧！其重要不在石炭量如何问题，宁可说是采掘上之技术的——组织问题。日本炭矿业之技术，其问题是在是否能急速地顺应增大之需要。就在这一点上日本炭矿业之技术的移退性是不可掩蔽之弱点吧！……至于冶金用的石炭问题，则不然，日本这种石炭供给，不得不俟外国的输入……在日本用于冶金及其他燃料的石炭主要供给地是中国，就中是华北与山东。在华北的英国炭矿公司，几乎是占着独霸的地位。故于战时的日本重工业发达之可能性，因英国之态度如何而被左右的地方不少。

关于石油问题的人造石油工业占去好多页，其结论如下：大部分尚停留在实验之阶段上，而工业的规模是尚未实现，任何石油国策之中，在日本是正在演着最重大之角色，就是在平时之贮油量之增大，同时与太平洋一带石油所有国之一订立协定，借此可获得海外石油资源。努力保证确立本国石油经济之原料的基础，为日本第一之任务……就在平时或在战时石油问题，在日本是最最重大并且最最切要之问题之一。

关于铁的问题，其结论是这样说的：看到分布于太平洋沿岸之铁矿资源的日本发达，当然是指着满洲、中国、英属及荷属殖民地……日本制铣业的强力的发展，须有新的原料地（荷印、满洲、马来半岛）与旧的原料地中国之必要。

六、日本海军

关于军事的著作，如前所述除《兵语辞典》之外有数种单行本，如斯脱娄希尼夫斯基著《日本之空军》（一九三五年），该书共二八〇页，为含有百五十三张之图与表的巨著。现在来述一九三六年三月出版的雪窦著《日本之海军》吧！

该书仅由七十一页，二十六张图与三张表所成之小册，发行所说：“本书之出版目标在叙述造船工业之从业员，所讲的是日本海军状态，就中舰队之构成，造舰计划，人的构成等等。本书之目的在贡献对造船工业普通的从业员，关于苏联的可能敌国之一的日本海军之状态与发达的知识。”这样看来，与其说是军事专门家宁可说是造船技师的著作。可是著者本身在序文中论太平洋上之日美苏的关系，其辞如下：“因了那种关系，则绝对有绵密研究日本海军之构成，其海战技术、其舰队之弱点与优点之必要，且其在远东海面是苏联国防力强化之最重要的前提之一。”从这一点看来，则该书决非仅是技术上之著作。

该书之构成，是由舰队之构成，空军、沿岸防备、人的构成、海军根据地、军需工业、训练七章而成。其中第一章的舰队之构成，占全体之大半，关于战斗舰、巡洋舰、驱逐舰、潜水艇、航空母舰等等各种舰艇的代表，示着侧面图与平面图，并仔细检讨其装备及性能。表中有二个图表，一个是日本海及太平洋之战略图，一个是海军之命令系统。该书不仅是造船技术上的著作，从以上观察自能明了。

苏联开始注意日本之海军，是满洲事变以后的事情，为了对着太平洋上的无条约时代起见，故在海参崴创设了以潜水艇为主力之独立舰队。就是英苏海军协定苏联似主张将远东水面除外，那么日本亦不能不关心远东赤色舰队。在前年七月二十八日《工业化》报上，载有技师诺维滋基的日本的海军力论文。在小小的纸面上叙述着日本舰队之势力、性能、特征及优点，甚至亦述到日本之造船能力、船舶补助法。（以下十一项被削除）每海军关系者曾语著者云：此论文之要旨大概妥当，而立论亦甚坚固，能用妥当的手法仅仅在这小小的纸面上表现出来，并非是容易的事情。

七、日本的头脑托拉斯

开日本政治动向的新的一页，就是内阁审议会及内阁调查局，对之加以详细分折和彻底探究的外国研究家之中，据笔者的寡闻，除苏联以外是没有吧！创设这日本的头脑托拉斯，是在昭和十年五月，可是在同年七月所发行的杂志《世界经济与世界政治》上揭载着汝珂夫的近三十页的长篇论文，很详细论着日本之政情、内阁审议会之创设，对这种日本政界、财界、新闻界等的批评，并有审议会之构成与效用及其他。其所采之材料为东京的各种新闻与杂志。例如，引用四月二十七日中外商业社论关于审议会设置的政府首脑部之声明，四月二十六日《读卖》的对地方官会议的冈田首相之演说，代表军部意见的六月一日《东洋经济新报》的荒木大将与石桥湛山氏之问答，亦将其全部揭载着，代表财界意见的五月八日《读卖》的结城兴银总裁之谈话，代表产业资本家意见的五月九日、十日两日《读卖》所揭载的藤原银次郎氏的论文，就中关于高桥藏相之见解，亦详细地揭载，如东京《朝日》的新年号所感之外，在枢府之说明及其他（《读卖》四月二十六日与五月十一日，都四月三十日）。还有关于十四名审议会委员，每个都列举其姓名与阅历，他看这一班人“那种机关的权威要比政府自身的权威更有数倍的力量”。

汝珂夫所论关于内阁审议会的意义，是非常有兴趣的，因限于篇幅，故只得割爱。

八、苏联的大陆政策观

最后惹起我们兴趣的是对于日本大陆政策的苏联的见解。这事在苏联是付以最大关心的问题。关于此事曾在一九三年四月七日《真理报》上载有M.阿希克的《日本的军事计划》，八月六日载有E.约尔克的《日本的大战准备》，八月十五日A.鲍利索夫的《南进乎？北进乎？》三种论文。现在叙述后面的二种论文吧！在南进乎北进乎上引用着载于经济学者的斋木氏之日本军部意识形态论与八月号《日本评论》的室伏氏之论文，石原海军大佐所著之《现代的国防与产业》，载于东日的石原广一郎氏的论文等等，虽正在暴露着陆海军的对外政策的不一致，同时指摘正在实行的极力求统一之努力。盖“日本之支配阶级知道帝国、陆军及海军当局的紧急任务如其意见不一致发展下去是很危险的”。

约尔克之论文叙述关于近年来的日本军需工业之发展，陆海军备之扩张，满洲及朝鲜的军事设施之增大等等，其次是达到可注目的结论。其辞如下：“日本的一切军备，目标是在北方。然而最近各种事件曾示着如下极重要的事实，即对于北方的准备愈需要大量之经费与原料资源，则对于南方的日本经济的……及政治的进出愈要增强……(以下五行被削除)。”

以上是苏联对日本大陆政策乃至对外政策的认识。其当否又当别论，唯其利用各种资料探测日本动向之努力则不难窥见。表现于这种论文的数字，即使有夸张之点，事实的说明，即使有很错的地方，可是系统的研究当中，未必达不到正当的认识吧？日本所缺少的，就是没有对苏联像这种系统的研究。

贵族院有名的俄罗斯问题专家大藏公望男爵曾说过：在三国干涉以来至日俄战争之前，日本连俄罗斯的每一角落都研究过的。现在看到苏联研究日本的状态不觉有沧桑之感。大藏力说有系统地研究苏联之必要，这种鼓励日本的研究苏联者的话，很是够玩味的。不但是军事，就是外交、通商，如若站在对于对手国的正确认识之上，则不会有正确的政策以及巧妙的动机。

(原载于《日本评论》第10卷第2期，1937年)

铁蹄下之印度和朝鲜及其解放运动

王溯

一

千百种的矛盾、对立和斗争，交织成了血腥的资本帝国主义的世界，其间弱小民族的被敲肤吸髓地备受宰割，实是诸种极端矛盾中的最重要的一端。溯自十八世纪产业革命在英国发轫之后，不久便蔓延到了全欧，致使十六七世纪以来的商业资本主义发生崩溃，而进入于工业资本主义的阶段，浸渐而复入于财政资本主义的阶段了。当一国的经济一进入于工业资本的当儿，便发生了三种显著的现象，那便是资本的集中和生产力的加增，以及后来更发生了的投资的需求；而便使各资本主义者不惜暴露出它穷凶极恶的形态，运用一切威胁利诱、不仁不义的手段在弱肉强吞的基点之上来压榨弱小民族，来完成他殖民之功，来荣繁他建基在弱小民族尸骸上的资本帝国主义的体制。以之到现在为止，美洲人民百分之四十五、亚洲人民百分之九十、非洲人民百分之百都是为帝国主义铁蹄所直接间接践踏下的奴隶，更明白点说，就是现在有十二万万五千万的一个这样巨大数目的人民是在受人的鱼肉，是在过着水深火热的生活哟！至于它的面积，据一九三五年九月二十五日美国《纽约时报》所载威尔逊氏的统计，目前世界五大洲的殖民地面积约如下表：

洲列	面积(单位:方哩)
欧洲	三七一，七七一
非洲	一〇，九九八，五七五
亚洲	五，一八〇，〇七二
美洲	八一三，六三一

续表

洲列	面积(单位:方哩)
大洋洲	二一二,〇六三
总计	一七,五七六,一一二

以上这许多殖民地是分配给下列各帝国主义的。

欧洲各帝国主义

国列	面积(单位:方哩)
英国	七,二八七,九三七
法国	四,六〇六,六三五
英法共管	五,七〇〇
葡萄牙	八〇七,〇六七
荷兰	七八七,九七二
意国	八七六,四一六
西班牙	一五九,一五五
丹麦	三六七,〇〇九
比利时	九二,六〇〇

欧洲以外的帝国主义

国列	面积(单位:方哩)
美国	七一一,六〇九
南非联部	三二二,三九三
澳大利亚	一八一,五四〇
新西兰	一,二六八
日本	五六〇,八一一
总计	一七,五七六,一一二

看了上面被压迫下弱小民族人口的数字和面积的数字,一种强凌弱、寡暴众的不公允、不情理的情形便是不言而喻,同时一种哀号悲泣、血肉迷糊的景象,真也可想像及之了。

对于弱小民族的榨取和殖民地的侵夺,是每一个资本帝国主义者所乐为的。只是世界上的空地究竟是有尽日，以之后起的帝国主义者便无所攫取，而是拼命挣扎希冀造成殖民殖民地的再分割，和将较小的国家压迫成为半殖民地或殖民地。一九一四年起的世界大战，便是这种斗争的流露，而此刻一般帝国主义者竟是在掀动第三次的殖民地再分割战了。

在一九一四年世界大战之始，在帝国主义者的甘言蜜语之下，短视的观察者都以为是弱小民族解放的转机之期了。讵知战后的结果仅得了些民族自决的口惠，而无分毫的实利，只是促进了弱小民族的民族资本主义的相当发展和给予了一种新的刺激是无可讳言的。

所谓物极必反，在深渊下的弱小民族的解放是只是迟早的问题，况复受了战后的新刺激和新觉醒。以之近年来资本帝国主义者的为要挽救他空前的经济恐慌的袭来，而加强了对弱小民族的压迫榨取和侵略，以及为着要解放帝国主义间的矛盾而促发的第三次殖民地再分割战的一种动态是定会引起弱小民族严重的反抗和坚强雄伟地展开他们的解放运动的。

时代的洪钟是在响了，弱小民族神圣的解放运动已是在火光迸发之中汹涌澎湃的爆发着了。只是我觉得这种神圣的抗战，这种停入的运动是万不可以暴易暴地来推翻了资本帝国主义的统治，成立了资本阶级的民族国家，使自己也踏上了帝国主义者的道路，那才对呀！

以下我因为篇幅的关系，未许列举各弱小民族而言之。兹以印度、朝鲜二地为例而申述之。至其所未述者，惟有冀读者之能得一以反三焉。

二

朝鲜位在亚洲的东北部，是一个突出在日本海和黄海中的半岛，北接苏俄的滨海州外，还因鸭绿江与图们江而与我国的东三省相接壤，东临日本海和日本遥遥相望。面积为二二〇，七四〇方粁，人口约二〇，二六二，九五八，并为东方古文明国之一，昔者自汉唐而来，即为我国藩族，第至晚近百十年间我国不振，在屡受各帝国主义者之侵攻而致门户洞开穷相毕露之下，朝鲜便在日帝国主义者的因利乘便，强抢豪夺中被他侵占了。

他侵略的方法，大概是可以归纳为两个步骤：一，唆使朝鲜脱离中国，成为在他潜势力下的一个名义上的独立国；二，将他们从名义独立的地位上推倒，加以并吞。结果他竟是次第的成功了。

当一八七七年（光绪二年）时，在日本蓄意要并吞的挑衅之下，借口朝鲜江华炮台守备兵轰击日舰，而强立《江华条约》，其间要点是承认朝鲜为独立国，开辟商埠两处，和准许日人在朝鲜沿岸自由测量。继后则究因中国与朝鲜间之宗主关系，而由日本的伊藤博文和我国的李鸿章商订条约于天津，成立了一种大为失策的将朝鲜放在中日共同保护地位的《天津条约》。到一八九四，卒以谋之不臧而遭战祸，我国败北，没奈何，订条约于马关，承认朝鲜独立。但是可怜的，他们这种的独立，是在桎梏之下空唱的独立，所以到一九〇四日俄战争之后，日本便一方逼着俄国承认朝鲜是他的保护国；他方是强迫朝鲜结盟，而除监督他的财政外交之外，还派重兵镇驻了。此后更不五年，日本便直接的将他宣告兼并了。

自从日本兼并了朝鲜之后，便将他们全部划分为十三道，上设总督，其权除总理政务之外，又能在他个人认为保持安宁秩序上的必要时得使唤驻韩的海陆各军。每道则设知事一人，上承总督掌理地方行政。至于人民，在中枢名义上是有一个属于人民的咨询机关的，叫中枢院，而实际这中枢院是徒有其形而分毫无能为力的。所以比较确切的说，朝鲜的人民是绝无顾问政治的可能的。经济上到此刻为止，无论农工商各业，都是归入到了日本的大地主和大资本家的手中了。至于民生的状况，更是惨苦至极了。总括的说，朝鲜人民各方面所受到的痛苦，都真已是到忍无可忍的地步了。

朝鲜的解放运动始于一九〇七年，朝鲜王因日人的虐待过甚，而密遣李相卨、李俊、李玮钟三人到海牙和平会去泣求各国主持公道，废除乙丑（一九〇五）年的《日韩合并条约》。其时并详为报告日人虐待韩人的事状，声泪俱下，听者动容。后来为伊藤所闻，乃作制裁与废帝之举，以为惩戒。卒致有一九〇八年义士安重根的刺杀伊藤，人心称快，而各地的解放运动在日帝国主义愈益厉加压迫之下，风起云涌的暴发了。计自一九一〇到一九一三这短短的三年间，先有政府赞政崔益铉和他的学生林乘瓒等的纠合志士召组革命军，举兵各道，不幸事泄，被擒绝食而死。他的门人卢应奎继之起义，亦为所杀。后来又有李麟荣、李载求等，也是深觉得亡国的痛苦，起来传檄四方，高揭反旗，得九千三百多人攻下要邑，直迫韩京，后虽众寡不敌，卒为所败，而革命之基，实由以立。故继之而起者有朴汝城、赵东教等的大败日军于堤川。然亦终未致果，殊堪浩叹。到一九一九欧洲大战告终，各国在巴黎正开和会的时候，朝鲜的人民都以时机难逢，于三月一日起先后在汉城及其他各地作大规模的解放运动。其时即侨居海外的韩国人士，亦都响应。除有大韩民国临时政府之组织成立外，并派代表莅临和会，恳求列国援助。结果为同日本帝国主义出自一丘之貉的英法诸国所把持的巴黎和会，对之当然是置若罔闻，而日本竟运用他暴力的压迫来惨杀拘捕，严刑酷打。计死者凡八九千人，入狱者凡数万人。而这些被杀被拘的人都是义赴从容，高呼韩国独立万岁以至死不绝，致虽败而犹使日帝国主义者表示相当让步，以建朝鲜劳动民众运动之基，而使朝鲜的解放运动转入到另一个新阶段了。

自三一事件后朝鲜的解放运动在行动上似是没有以前的激烈，而实际上他是在日益具体化着。他的反动的潜力，是日益增长着。一九二〇年朝鲜从他血肉的奋斗中产生了三张朝鲜文的日报和“朝鲜劳动共济会”“朝鲜青年联合会”等的组织，做着一种启蒙事业来提高他一般人民对他民族意识的水平。一九二二年，共济会是联络了工会改组成为朝鲜劳动联盟会。青年联合会则中途曾经有一度的分化而蜕化为一九二八年的“朝鲜少年总同盟”，而解放运动便在他们青年、劳工等组织的策动之下推行着。其间最值得注意的几次爆发了的事件，是一九二九年五月五日（少年日）的大示威运动、一九二九年的光州事变和元山劳动者的长期总罢工。一九三〇年新兴煤矿工人发生袭击工厂的事变，以及一九三二年的朝鲜爱国党党员尹奉吉的在上海虹口乘日人因侵略中国所引起的淞沪战形式上的胜利而假他们天长节来开会祝捷的时候抛掷炸弹，炸死日本高级的官员等等，都是多少的壮伟激烈，上感苍天下泣鬼神呀。

此外有一点是特别值得提出的，是日本在最近几年来是如何的苦心孤诣的来挑拨离间我国和朝鲜间的情感来转移他们的注意，引起万宝山事件与仁川、平壤等地的惨杀华侨事件来减低他们反日的情绪。可是我想，觉醒为朝鲜民众想必已能看透他们内中的诈谲了。

综览他们解放运动的全程，可以发觉他们真是如何的屡起屡蹶，一贯的、无日或懈的在奋斗着他们的自由和独立。被惨杀的朝鲜志士是一次比一次多，但是这很显见是并不足灰他们的心，而倒足寒日本人的胆。

三

印度是亚洲西南部喜马拉雅山与印度洋间的一片广大富饶平原的一个古文明国，内中有洋洋的大河，有分布着的崎岖的山脉和锁镇北陲的世界最高的高峰。有丰饶的为印度河、恒河与雅鲁藏布江所组成的两大肥沃的三角洲。可也有荒绝人烟的沙漠地，有最酷热的地带，也有终年积雪不溶的去处。这真多少的显见他们自然组织根本就很复杂，就很繁富了哟！而相应的造成了它在一，八〇八，六七九平方哩的面积上，三五二，八三七，七七八的人口中竟是操着一百七十九种的国语和五百四十四种不同的方言。信奉着佛教、印度教、回教、拜火教、基督教等种种不同的宗教和还保持着严格阶级观念的现象，使英帝国主义者易于挑拨中伤和驾驽了。此刻他内中分为两部，一部叫英领印度；一部名义上还是保存着一种独立的形态，算还是隶属于印度藩王的治下，称为“本地人的国家”(The Native state),而实际上也完全是英国人的殖民地了。

原来在十五六世纪的时候,印度已经是葡萄牙、荷兰、法国等企图侵略下的尤物了,而到最后其胜利竟是落诸英国人的手掌之中,真是为英国自己也初所不料的。英国到一六〇〇年始行设立一种初是纯粹贸易性质的东印度公司,到一七五七年时英人克莱武(Lord Robest Clive)借力排除了法国人在印度的势力,更诡谲的驱逐了荷兰人而独占了印度的一切。一八五七年英人更借镇压叛兵的机会,便一发而逼走了印度的老皇帝,而从此便正式变为英国的属地,受英国直接的统治了。

自从印度被英国兼并之后,大英国王的皇号上更加上了“印度皇帝”的尊号,在内阁之中也是特设了一个印度事务大臣来负行政上的一切责任,隶下有参事会,算是他的辅佐机关。在印度的德里设立了一个印度政府,直辖九大洲和六个小洲而以总督为最高长官,除统治印度政府的一切外,还要统治到印度各部的土司和酋长。总督之外,在形式上还有一个主印度立法的印度国会,但是此刻这种总督的立法权依然是大于印度国会的情形之下,这种国会真倒还是没有的好些。

陆军是英国用来压迫印度的最雄厚的势力,愚民政策是他得意的杰作。对于经济利益上加以种种的剥削原是他们的本质,而使在他们各方面的侵蚀之下的印度农村破产,民不聊生了。

印度如上面已经说过,人种是多少的复杂,语言宗教是多少的纷歧。以之有些人对于外来的统治者为压迫,反不觉得十分的痛苦和羞耻。但是这些作如是想的人在全印度的人口中究竟还是少数,以之早在一八五七年时在一部份先觉的领导之下便已发动了他们民族解放的斗争,到一八八五年时已有印度国民会议的组织。在组织的当初,只是有些缓和的对英政府要求改良的意见的提供而少有革命的意味。一八九六年因有饥荒的关系和一九〇一年因专暴的总督寇仁(Lord Cuzen)对于事务处置失当的缘故,而日益引起一种解放运动的趋于激烈。一直到一九〇五还是继续激进,当其初时,英政府用了高压的手段来希冀镇服之效;讵知事后的结果适得其反,即是愈是高压竟愈能激起猛烈的反抗,于是便改用了种妥协的方策,一时竟收宏效,表面上使运动安顿了不少,可到一九一一年因炸伤英人哈定的暴行而使运动进入了一个新的阶段。

欧战发生原是印度独立运动成功的极好机会,不幸以对帝国主义整体缺乏认识,而卒致被英帝国主义者的甘言蜜语所骗住,在大战期内竟还帮着他们出力，到一九一八大战终止，良机坐过，帝国主义的一切虚伪奸狠的情状纤细悉陈，而便重开了斗争之门。一九一九年四月，便掀起了在甘地领导之下声势绝大的民族革命运动。其间因为英国运用了高压政策酿成了亚姆里柴尔流血的惨剧。是年七月间在孟买印度国民会议的分会中首先提出了甘地的不合作运动的建议。翌年即在加尔各答印度国民会议中将这万分著名的不合作运动的建议通过了，所谓不合作运动具体言之，约有六点：(一)不论立法与行政，都不参与英国的政治；(二)英国法院中的印度法官应即退战；(三)不令印度儿童就学于英国学校；(四)抵制英国货；(五)提取存在英国银行中之存款；(六)以消极抵抗消灭英人在印度之势力。其中最有力的手段是普遍的排斥英货运动，使英国非常着急，而将甘地逮捕。自甘地被捕之后，大规模的不合作运动便陷于惨败之境，于是继之而起的有达司(S. R. Das)的自治党。目的想在以合法的手段参加立法会议，夺取立法机关，以脱却英国的支配。可是这种方策，实际上真是比不合作运动更少成效，无怪他要受到一九二七年时的完全失败了。自从自治党也告失败之后，继起的便是一般青年和工农大众，他们之间约可分为两派，一派是想复兴甘地运动的，一派是倾向于共产国际的。但是因有西门委员团的莅临印度而使他们联结成为一条新的阵线，趋向新的革命方向了。如一九二八年的大罢市、大罢工和在孟买起草宪法等等，都是从采取了新阵线后威力上的流露。一九二九年革命的空气是如潮浪般的高涨着，致有向英政府提呈哀的美敦书，限期要他宣告印度为自治领地的举动。又一年革命运动无疑的是向前进展，而竟是转入到了他的最高潮，原先甘地在是年(一九三〇)二月十五在孟买召开国民会议执行委员会的会议，讨论结果是主张用和平反抗的步骤和方法，预定在三月十一日起开始运动。三月二日，甘地提送第一衷的美敦书于印度总督。到十二日，甘地因他置之不覆而便开始破坏法律，自由采制食盐，全国响应，声势宏大，英政府对之先是一方拘捕甘地，一方是屠杀生灵，结果人民之死于无辜者不知万千，继之英政府复是应用他狡滑的手腕，倡开圆桌会议来缓和印度人民的民气，但是因这种作用而兴的圆桌会议，如何能使印度的人民满意，以之一切的解放运动还是在百拆不挠的精神之下进行着。革命份子是一年年的逮捕，而实际上却是年年的在增加。

印度是英帝国殖民地的中心，是不列颠帝国的基石，但是终究是要脱离了他的掌中而获得独立自主的。

(原载于《政治学报》第7期，1937年)

朝鲜问题之面面观

邹静陶

一、朝鲜亡国的经过

朝鲜的政权从王氏时代转入李氏时代，实质上并没有什么改变，政权仍然操在少数贵族的手中。而皇室之腐败，贵族之荒淫，比之满清更有过之。一般官僚多以作官为利禄之阶，于是各立党派，争取禄位。在李氏时代，有西党与东党之争（西党以沈义谦为领袖，东党以金孝元为首领），各党之下，复分小派，凡有利禄之机可乘，即群起争执，根本无所谓政纲与政见。到了被日本灭亡以后，受天皇之封，这些贵族、官僚犹分某派某派，以争取卖身的代价。而一般人民除纳税供役以外，完全不能过问国事，政治如此，焉得不亡？

日本并吞朝鲜的时候，朝鲜的经济基础完全建筑在农业上。据一九一〇年的统计来看，当时全国人口约一千二百万，其中百分之八十八都是农民。此时日本正当明治维新之后，新兴的资本主义方开始抬头，与这种新兴势力一经接触，朝鲜在经济上自然会完全失掉了自主性，而屈服于附庸的地位。

再从日本并灭朝鲜的过程来看，大致上我们可以分作三个阶段。

（一）撤废中国之单独保护权。时为一八七七年，日本借口江华炮台轰击日本军舰事件，强迫朝鲜订立《江华条约》，允日本通商并驻兵权。事后，李鸿章与伊藤博文在天津签订协议，规定中日两国均得派兵驻屯朝鲜，形式上虽然是把朝鲜当作中日共同的保护国，实际上中国当时正值越南事变之后，何尝有余力来过问朝鲜？所以这种门户开放的结果，无异于撤销了中国的保护权，而置朝鲜于日本单独的保护之下了。

（二）强迫朝鲜独立。清廷对朝鲜未能尽保护的责任，当然使韩人失掉了信心。加以日本拿“自主革政”的悦耳之音来暗中鼓惑，所以韩人竟误认他们为解放束缚的恩主。试看当时李鸿章上清廷的电中所述，即可知“独立自治”

的把戏，并非从今日之“满洲”与“冀东”才开始扮演的，原电云：“日称扶韩自主，不但韩王及群小乐闻，即各国亦多默许。”又云：“察韩人语意渐有携贰，如日队至汉后吓骗，均易着手，我以空口动韩，恐无济，势已未易挽回。”（光绪二十年五月二十一日申刻李致总署电）在重兵胁制之下，这种“独立自治”运动果然成了事实。一八九四年七月二十三日，韩王被迫宣布朝鲜非中国属邦，不再朝贡，因此演成甲午之战。及至中国战败以后，订立《马关条约》，强迫朝鲜正式独立，从此朝鲜就在“独立”的名义之下失去自主之权了。

（三）实行并吞。唆使韩国独立，本是预备并吞的一个先着，惟当时日本慑于俄国的干涉，未便提出合并的计划。等到日俄战争之后，帝俄战败，本可大胆执行，但以朴资茅斯媾和条约的限制，规定日本对于韩国有军事、政治、经济上的特殊权利，还不能名实俱符的完全并吞。到了一九〇九年伊藤博文被朝鲜志士安重根刺死，于是日本并吞韩的计划更加坚决，次年日本驻韩统监寺内正毅与朝鲜卖国大臣李完用缔结合并条约，从此朝鲜完全为日本所有，名实俱归于尽。

这三个步骤，洽如一个螺旋钉的姿式进行，步步深入，卒底于尽。这种政策已经成了日本开拓疆土的传统惯技，国人抚今追昔，难道还不能有所警悟吗？

在未合并以前，当时一般高丽奸与日本勾结，恨不能提早出卖。如李完用、宋秉畯等人的行动，实无异于作卖国交易。所以事成之后，日本竟拿出三千万来“论功行赏”。李完用且因此得封伯爵。

最可玩味的还是当时日本代表小松禄告诉李人植的一番妙论：“日本为一等国，韩国一跃而为一等国之一部分，其臣民一跃而为一等国之臣民，以前由新罗改为高丽，更由高丽改为朝鲜，今则由朝鲜改为日本，步步登高，幸何如之！”这种论调，和现在的“大亚细亚主义”“中日共存共荣”的口号比较起来，有什么分别呢？前者不过是后者具体的初步的应用，后者不过是从前者发展起来的广泛的原则，故在今日更为悦耳，更易迷人。但不知有心人听了这些帝国主义者的催眠歌曲，将作何感想？

二、朝鲜的经济地位

今日朝鲜的经济命脉，几乎完全操在日本资本家手中。日本对于朝鲜的经济掠夺，仍不外采取投资、商品输入与原料榨取的三个方式。兹就三方面的现况来加以叙述。

（一）金融现况。操纵朝鲜金融的机关，惟一的就是朝鲜银行，其股票完全在日本财阀手中，朝鲜人民不能染指。现有本店十六所，支店共七十二所，资本金共二万万五千万元，钞票发行额为一万万五千万。存款约一万万九千三百三十万，放款约二万万四千五百八十万。

(二)工商业现况。关于工商业方面，亦以日本的资本家占支配地位。当日本初并吞朝鲜时(一九一一年)，日本公司有一〇九家，实收资本约五百万元，朝鲜人所经营的公司，有二十七家，资金约三百万。至一九一八年，日本公司增加九十九家，而朝鲜人所经营的公司只增加十二所。日本公司实收资本金增加十二倍，朝鲜公司资金只增加二倍。到了一九二七年，日本公司增至一〇三五所，资本金增至三万万二千万元；而朝鲜公司仅增至二一三所，资本金仅有五百四十万。从这种缓急之差，可以看出资本主义时代的自由贸易，其结果不过是以大吞小、以强蚀弱的反证。而且朝鲜人所经营的公司，十之八九都是贩卖日货的商店，其性质与中国的买办资本一样，不但对于帝国主义没有阻碍，反而是帮助帝国主义执行经济侵略的中间人。近年来经济恐慌的灾难，更由日本资本家转嫁于朝鲜人民，故韩人所经营的企业，大部分无力支持，或实行转让，或勉强争存；而日本人的企业，因有总督府的资助，反而进展不已。此外，铁道、工厂、金融机关、矿山、森林、水产等事业，亦为日本资本家的禁脔，朝鲜人绝不能染指。

朝鲜铁道，官私共有三，五八五公里，每年纯利益约二千万。官办铁路的业务，初由南满铁道会社经营，后由朝鲜总督府直接办理。私有线为日本资本家私人经营，由总督府每年酌与补助金。

朝鲜本来多山，山岳地带的面积约占全国土地的面积百分之七十一。在这样多山的地带中，可是森林并不茂密，因连年日人滥加采伐，所以演成这种结果，于是水灾旱灾逐年而起。近年来朝鲜总督府已实行“刷新林政”，结果划出国有林区，面积共四九五，八六八，五〇〇公亩。名为保护，其实则为占有专卖而已。

朝鲜的水产业，因海岸线甚长，水产物亦特别丰富，占世界第五位，每年产额约值八千余万日金。由日本出资经营，而利用朝鲜渔户的廉价劳动；每年从事于这种劳动的人，约五万五千人左右。此外根据去年的数字来看，金的产额约值日金七百六十余万元，煤的产额达八十万公吨，铁的产额约五十万公吨，铅的产额达一四，〇七八，三一四公斤。这原料有的作了日本最高的币质，有的成了军事工业与重工业的必需品。所以日本得到了朝鲜，不仅资本主义可以转入更高的金融资本的阶段，而且军事上亦可与列强作军备的竞赛，养成他独霸东亚的雄姿了。

（三）朝鲜的农业。朝鲜现有的耕地的面积为二十二万零七百三十三平方公里。人口约二千二百万（内日本人约五十万，中国侨民约九万一千），其中从事于农业的占八〇.一六%（根据一九三三年的统计）。一九三五年米谷的种植面积为一百六十九万公顷，棉花的种植面积为十九万一千公顷，米的产量为三千一百〇二十六万担，棉花产量为二十九万零五千担。因近年耕地面积与产量的增加，日本有许多学者借此大吹法螺，以为这是日本施行"善政"的结果。其实，朝鲜农民的物质幸福，是否也因此增加了呢？我们只要把近几年来土地所有权的变动，以及佃农数量增加的情形来看看，就可以知道农村阶级分化的严重和农民没落与贫困的情形了。

自耕地与佃耕地面积比较（根据朝鲜总督府农务局之报告）

年次	自耕地	佃耕地
1926	49.2%	50.8%
1927	46.6%	53.4%
1928	45.8%	54.2%
1929	44.8%	55.2%
1930	44.4%	55.6%
1931	43.7%	56.3%
1932	43.4%	56.6%

由上面这个表看来，可知七年之间农民的土地逐渐集中到地主手里，反面的证明就是自耕农逐年没落，变为佃农。但这些地主如果属于朝鲜民族，犹有可说，而实际情形却并不如此，请再看下表：

民族所有耕地面积比较表（单位：町）

	地主户数	所有面积	每户平均
韩人	四，一六二	三四〇，九七〇	八一.九二
日人	八七〇	三一六，一〇四	二四九.六八

这里，我们可以知道，从民族观点而言，日本地主已代替了朝鲜地主。在土地集中的过程中，日本地主是占着绝对的优势，因其户数虽较朝鲜地主少了几乎五倍，而其每户所占面积平均要多三倍以上。现在再举一表以为论证，当可更具体的认识其真相。

地主所有耕地面积分组比较表

	三十—五十町	五十——一百町	一百—五百町	五百——一千町	一千町以上
朝鲜地主	一,九二一户	一,四三九户	七六〇户	三二户	一〇户
日本地主	二九〇户	二七〇户	二四六户	二七户	三七户

由此可知小地主以朝鲜人占多数,大地主则日本人占绝对的优势。所谓耕地面积的增加,其增加者乃属于日本地主,朝鲜的农民反而失掉土地,无处投奔。在农业经营上,日本有大规模的公司驻韩主持其事,如东山农场、熊本农场、朝鲜兴业会社等十余所,而东洋拓殖会社不过是其中最大的一个而已。这些公司所经营的土地都在千町以上,采用资本主义的耕作方法,而朝鲜幸存的一些自耕农,只能于极小的经营中度其悲痛的生活。大批的日本人复移殖于朝鲜内地,逼韩人移徙于国外。根据去年的调查,朝鲜人侨居于外国的竟有九十一万人,他们因为失去土地和被挤的结果,不得不逃出来另找生路。因东渡日本,必须有“渡航证明书”,限制极严,所以大部分都逃往我国的东三省和西伯利亚等处。根据一九三三年满铁的调查,朝鲜侨居于辽宁的农民有一四三,六五四人,吉林的五八四,五四〇人,黑龙江的四,六五二人。这些贫农,又大半以日本资本家为背景,从事农业,从而再来挤压我东北的农民。惟生活上彼此都是同样的悲惨啊,这便是殖民地民族的命运。

但是,日本官方眼看着这些农民生活贫困无以为计,却只知道责备他们懒惰,责备他们生产技术不高明。他们为挽救自己的没落的命运起见,只好全家男女老幼终日流汗劳作,可是一到秋收的时候,什么肥料费呀,水利捐呀,银行的利息呀,样样都来了。于是终年劳作而得来的收获,此时几乎全部都得拿出去,到头来还是两手空空。官家要他们多施肥料,他们却施不起,于是银行或官厅就拿出钱来替他们购买(日本肥料公司的出品),但必须以收获物作担保。若遇灾荒之年或施肥不当,则不但一无所得,且必欠下一笔肥料债。据一九三四年的统计,近十七年来,肥料的消费量增加了三十三倍,肥料的价值增加了八十二倍,这又是多么残酷的榨取!

强迫施肥的结果,有时固然可以增加产量,但并不能增加他们的幸福,这便是生产物和生产者分了家的结果。就自耕农说,生产物的增加,就是他们债务的增加,到了秋收以后需钱还债,大家都要出卖农产物,于是市场价格必然降低,再加上“共同贩卖”的制度,更容易为商人操纵,但亦不得不卖,所以大部分农民秋收后就无存粮,只好买价格低廉的杂粮(高粱与小米,来自满洲)吃。然而一到春季,往往连杂粮也吃不到。据一九三〇年的统计,食粮缺乏的户数，占全农百分之四十八.一，共一百二十五万户。据一九三五年的统计，全朝鲜的赤贫农民，有五百八十五万人，占全人口四分之一还多。再据一九三五年的统计来看，朝鲜人每人每年平均米的消费量是四斗五升，日本人每人每年的平均消费量是一石一斗，假使同一九二五年的朝鲜人每人每年平均消费量六斗来比较，可知朝鲜产米愈多，反而吃得起米的人愈少，送给谁去吃了呢？

根据一九三四年十月的统计，就可以知道朝鲜米的输出到日本的实际情形：

年度	向日本输出米量的比较（十月累计，单位：石）	与总生产量之百分比
1930	5,426,476	39.602％
1931	8,409,005	43.842％
1932	7,569,□□□	47.687％
1933	7,972,210	48.773％
1934	9,425,970	50.422％

最奇怪的现象是杂粮的输入也是逐年增加的，一九三五年比一九三三年增加了百分之十一，麦类的输入比一九三三年增加了百分之五十五。现阶段朝鲜农民粮食的缺乏、生计的困难，由此可见一般[斑]。

三、朝鲜的政治机构

日本对于朝鲜，除以上所述的经济侵略外，政治的压迫亦较任何帝国主义的手段来得更为残酷。这倒不是日本统治者的天性如此，而是其自身在帝国主义者中为后起之秀，其基础较为薄弱，不残酷便不能维持其统治。现就其统治机关、政费用途以及治安法令来看，就可以明白日本在朝鲜的政治重心是如何镇压在朝鲜人民的身上。

(一)统治机关。日本在朝鲜设总督一员，总揽军政大权（现任总督为南大将），其办公署称总督府，为统治朝鲜之最高机关。其下设内务局、财务局、殖产局、法务局、学务局、警务局等，以下更设若干官署，由都市以至农村，星罗棋布，以为镇压韩人之用。此外更设有中枢院一所，内中人员七十人，皆为朝鲜之贵族与豪阀。中枢院名义上为韩人发表意见之机关，其实贵族豪阀不过仰承总督的鼻息，唯唯否否，聊供咨询，并无行政实权，当然更不能代表朝鲜人民的意见。

此外，日本为经常镇压韩人计，以两师团的军队常年住在镇海湾、永兴湾等处。其司令官由天皇亲自任命，其职权甚大。总督虽可指挥调遣，但于紧急状态时，司令官亦得便利行事。

（二）财政支出。总督府本“官出由民”的原则，实行向人民大事搜刮，其岁收百分之五十五为土地税、百分之三十五为砂糖税与烟酒税，其余则为所得税、营业税等等。土地税多半由贫农与佃农负担，此外尚有专卖所得之纯利（如高丽参等特产）。

朝鲜的财政支出，计分三项：用于警察及司法机关者均占三分之一，用于铁道及其他建设补助费者约三分之一，其余三分之一则用于其他专门事业与整理公债基金。其中，教育与图书用以提高朝鲜人民之文化程度者，每年所费不过二百余万元，不及总支出百分之一；且其第二项支出中，大部分用以补助日本人所经营的各种事业，他们得到这些补助金，自然可以发展其业务而压倒韩人。

最可注意的，是警察经费特别繁重。一九一〇年并吞朝鲜时，警费支出仅二百五十万元，过了十年，竟增加了九倍，于此可见其对于朝鲜之统治是如何专心竭力。

（三）治安法令。日本对于朝鲜人民之集会结社言论，限制得非常严厉；镇压朝鲜人民的思想与行动的政策，也采取一种特殊的形式。其办法为警察与宪兵互相联络执行职务，称为警宪联合制。对于革命分子，任何机关都可以检举和逮捕，甚至于小学校亦由军警经常监视，以便遇有紧急事变时可以尽他们维持治安的责任。兹将警察犯处罚令与保安法中之重要条文，摘要分举如下。

凡犯左列事项之一者，得拘留或监禁之，并科以罚金：

(1)无故强求会面，且有强制威胁之行为者。

(2)贸然集合多人，向官署请愿或陈情者。

(3)强制加入团体者。

(4)作不稳宣言，或不稳文书、图画、诗歌之揭示，朗读或放吟者。

(5)贸然立近他人之身边或追随者(防韩人行刺)。

以上仅摘取五条，但已足见其法令之森严，在此法令下想要组织团体，实在是一种冒险的行动。

现在再从保安法中摘出重要的三条看一看。

(1)警察得随时限制或禁止或解散群众之集会。

(2)对于政治作不稳之言论或举动，或煽惑他人而妨害治安者，得处以五十以上之笞刑，并作二年以上之监禁。

(3)暂时禁止关于政治之集合或屋内多人之集合。

此外倘若发现油印版之印刷品，不问其内容如何，即援引出版法科以惩罚，因此类印刷器私家不得收藏。不过，朝鲜民众并不以法令之森严与军警之横暴，而停止其民族解放运动。

四、朝鲜的文化生活

健全的文化生活不是凭空而来的，必要有健全的物质环境才能够培养起来。朝鲜在经济上既然成了日本的附庸，政治上又完全受日本的支配，没有丝毫自由的余地，那么文化生活亦必然陷于贫乏可怜的境地。而且统治者利用文化建设的美名，从日常的生活以及思想上来扫除人民的反抗和向上的精神。因此，所谓文化生活反而成了统治者最有力的武器。现在举出重要的几点来谈谈。

（一）教育状况。在教育事业上，朝鲜是很贫弱的，人民的百分之八十以上都是文盲，他们在牛马式的劳苦生活之下，与教育事业距离的很远。虽然日本并吞朝鲜之后亦颁布过教育法令，标榜过普及教育，可是这种教育的基本精神仍然保持着两个要素：第一，使教育成为少数人的专有品；第二，使教育成为消灭朝鲜人的民族意识的工具。

在一九三一年，全朝鲜受过教育的只有五十七万八千三百九十一人，不过全人口总数百分之十九.九。因为生活贫困的原故，许多人家的子弟虽在幼童时期亦不得不终日去劳动，而教育便从此和他们完全绝缘。基本的国民教育多数人既然无力接受，那么能到中学以至大学去读书的更是寥若晨星了。按照总督府所制定的教育法令，朝鲜人应以日本语为国语，而不是他们固有的民族语。在学校里教授日语的时间，每月占六十四小时，朝鲜语仅占二十小时，而且大部分的教师都是日本人，课本亦多半用日文编订，教课时亦多用日语直接讲授，因此，在校儿童只知有日本而忘其祖国。

一九二四年始成立大学一所，然而其中的学生多半是日本人，朝鲜人仅占百分之三十，而且都是朝鲜贵族子弟，培养出来也是为日本效劳的。

在日本东京读书的朝鲜青年，现有一千五百多人，因为环境较朝鲜内地反而自由，所以学生的成就亦比较优越。据文部省调查，其中有一千三百多人都思想左倾，因此警察密探对他们特别注意，凡左倾者皆受严格的监视，并不得回朝鲜本土，大半都流落在中国与苏联。苏联对他们特别爱护，每年从苏联毕业出来的朝鲜学生约二百多人，他们大部分是研究军事的，现在东北义勇军中就潜伏着很多的这样的青年。

（二）宗教生活。朝鲜的宗教本来是很复杂的，其中有佛、道各教，佛教极盛时期，寺院竟达三百余所，现有三十八所。日本并吞朝鲜以后，又输入神道教，各处有牌楼的建立，使朝鲜人民由祖先崇拜转而崇拜天皇。因日本传说是天神所创造的国家，第一位统治日本的天皇就是太阳女神，以后各代相承，都是继此神统而立国。日本利用这种“王权神授”的思想，抬高天皇的权威，使朝鲜人民尊敬天皇，以便于统治。此外更输入基督教，使他们忘去现世的痛苦，据学务局调查，极盛时期有教徒三五五，二八三人。

（三）出版事业。出版事业的情况是很可怜的，现在由日人所出的定期刊物计有五十一种，但由韩人所出的还不到十种。全朝鲜用韩语所印的报纸只有三家，即《东亚日报》《朝鲜日报》《时势新闻》，为一九一九年朝鲜人民用流血斗争所争取来的。但因官方检查太严，人民无力订购，所以报纸的销路也很小。直到现在，朝鲜人民对于艺术、文学还没有什么浓厚的兴趣，他们陷在低级的生多中，生活的情趣也是低级的。

（原载于《现代国际》第1卷第3期，1937年）

做了第八路军的俘虏

[日本]中村敏雄

去年九月二十五日平型关的战斗，我是永远不会忘记的，因为我在该战斗中被八路军所俘了。在国内时，报纸、杂志或友人们都说，假使被中国人虏去，即刻会斫头或挖心，并且把我们的心脏喂狗吃。所以如其被俘，最好还是自杀了。在那难忘的九月二十五日傍晚，我坂垣兵团第二十一联队正在行军中，忽陷入八路军计划的重围。原想利用夜间行动，但因不熟习路径而迷了路，却又遇着八路军的夜袭。于是被包围了。即时虽想杀条血路，脱出重围，但是子弹、手榴弹都在白天里用完了。就只得用刺刀抵抗。不料许多敌人从背后把我抓住，刺刀也被夺去后，两三个八路军的士兵带我离开了战场。话也不通，途中感到极端的不安。同时想到不久就要被杀，不由得父母妻子的面孔都现在眼前。又想到死了后他们怎么办呢？我不觉流泪了。忽而被带到这里，忽而被带到那里，心中真是焦急万状。

大概是第四天罢，无意地看到八路军士兵给我的传单上面写着“对于被俘虏的日军，不许杀掉，并须优待之。对于自动过来者，务须确保其生命之安全。在火线上负伤者，应以阶级友爱医治之，愿归故乡者，还给路费”等语。我看了后心里渐渐地安静起来。后来八路军的士兵对待我很好，简直和亲兄弟一样，虽然言语不通，但我们写着汉字以表达彼此的意志。

八路军是从前的“红军”改编的，是劳动者农民的军队。他们生活无论服装或伙食，上自总司令下至士兵都没有一点的阶级差别，并且他们都愉快地工作着。这使日本士兵的我不得不佩服。

我的弟兄们！远离父母妻子来做侵略战争的牺牲品是为了谁呢？回想一下“满洲事变”罢！死的不尽是我们的弟兄吗？但是我们的家族得到了甚么呢？除了悲哀和负担加重之外？

弟兄们！无产劳农的弟兄们！这悲惨的战争只是为了在国内花天酒地的

资本家、地主、军阀们的呀！反对这为他们流血送命的战争罢！把这战争转变为反军阀、资本家、地主的战争罢！

我虽然朝朝暮暮地怀念着家乡的父母妻子，但是在战争中也没有办法，不过假如不死，我想一定可以回到他们的跟前去的。

我们真感谢八路军他们待遇我比他们自己要好哩。

弟兄们，快使这为资本家、地主、军阀的战争早日结束罢！我在等着弟兄们和八路军握手的日子来到。

（原载于《华美》第1卷第3期，1938年）

日本士兵的反战运动

宋斐如

在日本人民反战运动当中占最重要一环的部分，是日本士兵的反战。日本帝国素来即靠军队开拓资本主义发展的道路，培植资本主义的生长，维持帝国主义的存在。日本帝国主义四五十年来就是全靠侵略战争才得生长、成熟，并维持其不没落。日本帝国主义在甲午战争打败了中国，开拓了资本主义发展的康庄大道；在日俄战争中打败了俄国，使日本的产业资本主义得以完全确立；在欧洲大战中更加乘火劫掠中国，使其产业资本主义得以极速的进展到金融资本主义的阶段。这些都是依靠军队的力量。但是到了现阶段，日本的士兵在世界新潮流激荡之下，已有不少人觉醒了。他们对于侵略战争是厌恶的、反对的。即令作战，也没有以前的勇敢了。在最近日本每一次侵略战争中都有士兵反战的事实点缀其间，这次中日大战爆发以来，日本士兵的反战运动更加澎湃起来。

“九一八”事变当时，即有些日本军人认为日本这种行动为无理的挑战。所以日本强盗占领了东三省，东北义勇军蜂起反抗的时候，一九三五年六月二十三日，即有一个日本士兵把整车军火送与义勇军而自己自杀，成了传闻国外的美谈。“一·二八”上海战争爆发时，也有日本士兵秘密组织团体，鼓动反战。日本有一联队去向不明，终于成了历史上的谜，据说是因为他们反战，被司令官投葬在海中的。日本人民近年来对于服兵役视如畏途，平时就设法逃避，他们应用的方法，常出于普通人意想之外。有些日本小孩因其父母不愿意他们长大当兵，自小学时代即为带上近视眼镜。有些大人因为避免兵役而把手脚弄成残废。有些人为避兵役而花钱入大学，东京野鸡大学的专修大学，听说就是一个著名的“逃兵收容所”。但是日本是实施征兵制的，办法相当严密，逃避不了的人终须被征上前线，所以“召集令”在日本人民畏如毒蛇猛虎。

最近有一个日本俘虏自述他接到召集令当时的情绪，很值得我们玩味。

他说："我是一个工人。我每天虽从事剧烈的劳动，但为了家人的生计，还要作夜工。在永远忘记不了的去年八月二十三日晚上十一点多钟，……有人在敲门。看看是谁，原来是拿着我们最厌恶最可怕的'召集令'的人。看到'召集令'那时的心情，真是笔墨所难形容。这不但我个人如此，凡是接到这种令状的人大都有同样的感觉……"(泽村利胜的自述，载《前线》周刊第六期。)

他们所顾虑的是他们没有生还的希望，及他们死后一家人的生活没有人照料。上了战场的士兵，对于战争更加恐惧。松尾部队的仓冈友市，在札记中有这么一段话："坐在家里的哥哥写信来说：'要勇敢，要不负皇国男儿的本怀，即使打坏了一只手、一条腿也不稀罕。'不稀罕，将来他来养我吗?"高桥部队的后藤熊次郎的日记中，也有这么一段话："说起来好像畏怯，可是眼看着多数的战友变成尸骨回去，实在感慨无量。我以眼泪洗颊，不能自已，没有饭吃，没有水喝，在战地的劳苦，在内地的人真的能知道吗?"高桥部队的坂本的一封未寄出的信中，更露骨地记载着："在急雨般的炮弹中前进，真感到已经不是人世的了，掩藏在恐怖心的后面，我常常耽溺于落寞的悲哀!"(以上数节皆根据田汉集译的《敌兵阵中日记》。)

日本士兵经过这几个月作战的经验，已经不但是怕战争，并且怕中国的英勇战士了。在他们的日记上充满着这样的记载。"……吹着喇叭冲锋，想不到'支那'兵竟有这样的勇敢!""我皇军之苦战，有非言语所可形容，今日之支那，已非昔日之清国奴可比了!"(上引同书。)

日本士兵特别畏惧第八路军及第八路军战区的老百姓。在轰动国际的平型关大战中俘获的日本将士的日记中，有下列几段的记载："红军(指第八路军)使我们头痛。我们只能在白天打仗，但他们却在夜间攻击。在忻县我们一百五十多辆载重汽车被毁，六十个人被杀。这个地方所有的老百姓都攻打我们，甚至连女人都向我们丢手榴弹。(据日军第五师团一个战死的联队长的日记。)还有一个士兵的日记，更是这样写着："中国的兵甚至于受了伤都不肯退，他们等我们到跟前，即用刺刀杀掉我们。虽然他们是我们的敌人，但是他们却实在是伟大的人啊!"(以上皆据二月十一日伦敦《每日新闻报》香港特约通讯。)

日本士兵因为对于战争心怀畏惧，所以上战场以前总是图谋免一死的方法。他们每一士兵身上都带着"千人针"和符咒之类，完全听命于迷信。尤其可笑的，天津有个日本洋行的小主人，在被征上战场的前一天，特地请教中国朋友怎样求饶的方法，中国朋友交给他跪地叫"老爷饶命"的妙法。日本兵畏惧战争甚于自杀。平津一带有许多中国留日本学生，常常遇到老同学跑到他们家里来自杀。最近在华中战场上，也常发见日本士兵自杀的事实。

现在日本的士兵慢慢觉醒起来了，态度也积极化了。他们已渐改其自杀的风气为反抗日本军阀的态度了。最近日本士兵哗变的消息，已渐出现于各报。最轰动的事实，就是藤岛少将旅长在南京被日本军事法庭判罪枪毙，罪名就是反对侵略战争。二月间上海日军第一〇二及一〇三两师团的官佐二人及士兵五百多人忽然被捕入狱，交军事法庭审讯，也是因为图谋哗变。日本一二一师团山内旅团的一营，在上月二十八日上午八时由日本关开抵吴淞登岸的时候，即已全部哗变。日本司令部立刻由江湾关开去二营人，加以镇压，当即发生激烈冲突，双方伤亡很多。又二月初旬，日本第一一一师团由南京开往江北的时候，其中也有一部分因为拒绝开赴前线而连续哗变。

日本士兵渐有深刻的觉悟了。他们相信："如果这次日本打了败仗，那时日本人民可能发生革命，日本大众可以得到解放。"（据《新华日报》所载《日本俘虏访问记》。）《新华日报》的记者还问他们想不想家，他们的答复是："我们并不是不想家，也不是不愿意回家。"但是他们表示愿意留在中国工作，因为中国现在正在做着争人类进步的工作。一个做了第八路军的俘虏，从他的实际经验而写出一篇自述，其中有一段话说得非常透澈："我的弟兄们！远离父母妻子来做侵略战争的牺牲品，是为了谁呢？回想一下满洲事变罢！死的不尽是我们的弟兄吗？但是我们的家族得到了什么呢？除了悲哀和负担加重以外？"他认为，"这悲惨的战争，只是为了在国内花天酒地的资本家、地主及军阀们。"他还竭力主张"反对这为他们流血送命的战争"，主张"把这战争转变为反军阀、资本家、地主的战争"。（中村敏雄的自述，载于《前线》周刊第六期。）

（原载于《日本人民的反战运动》，生活书店，1938年）

张鼓峰轰炸目击记

[苏联]G. Dvoyetski
尹幸 译

敌方的炮击,今天是格外的猖狂了,吾们凭了山陵起伏的隐蔽,各人迅速地进入了自己的掩护阵地,再本能地卧下。炮弹在吾们的头顶上一批一批带着怪叫飞向后面的山坡,间或发出可厌的尖锐的声音。但吾们并没有丝毫的恐惧,更没有受到任何威胁和损害,因为显然地,敌方炮弹爆炸的地位是太离目标了。

吾们将觉到有点儿烦闷,突然轰轰的马达声在高空中透露下来,吾们威武的神鹰在翱翔着,沿着喀山湖的边境,循着正圆形来回地侦察,但它们是谨慎地并未越犯对面满州[洲]边疆底静寂的领空。

兴奋涌上了同伴们的心头,马达声打开了他们的话盒,一位赤色战友把钢盔使劲推放到脑后,高声地用怀疑的口吻问:“或者,那些武士们会鼓起他们仅有的勇气,而准备对吾们实行轰炸吧?”

“他们吗? 没有种的!”迅速而且有力地,几位邻近的同伴不约而同地齐声争着以抗议代替问答。

当大家的谈话正进行到兴高采烈的时候,吾们竟未曾发觉自己空军的飞近,直至它们已在吾们的头顶上呼呼地掠过。

高度的紧张,火一般的希望,杂着壮烈的欢呼声,在每一个角落里透露着。

“来了,来了,它们来了!”

“瞧! 领先的一架,接连着三角式阵形,一架,二架,数不清几架。”

“啊! 这么多!”鼓舞了每一个情不自禁的战友们!

在不满二基罗的前方,陡然飘起了一层黑灰色的浓烟,上冲云霄,隐隐夹着武士们的残骸和大炮的破片。重量炸弹的爆裂,使脚下的山坡也微微地起了颤动。当遥见祖国神勇的空军结队飞回自己的根据地时,地上又起了热烈的欢呼,于是吾们奉命急步向前挺进,再也听不到可厌的尖锐的炮弹爆炸声。

浓烟久久浮聚在蔚蓝的天空而不散，也许武士们的惊魂尚未获得喘息的余暇。自第一批空军完成了它的任务后，接连着第二、第三批也有秩序地跟踵到敌阵中去飞炸。敌人的高射炮向着右侧的高空连珠般狂吼，但神鹰展开了它强有力的双翅，还是自在地低低掠过。吾们默算着在高空飞舞着的敌方的弹火，可惜是那些竟没有一发幸而中的。

似天崩也似地裂，武士们在昏天黑地中过了三十分钟，喀山湖一带的大地——或者说张鼓峰附近的山坡，现在几乎全部笼罩在黑烟构成的浓雾中，地上所有的甚至每一方尺的空隙，也都给翻掀到半空。当几颗炸弹同时并发的时候，吾们的山坡也受到更强烈的震动，炮火自然早静寂了，炮弹也中止了在后面山坡上的肆虐。

"吾深信没有一寸土地是不受到弹火的洗礼了！"正在观察的一位炮兵中尉经验地说，他是站在山凹的瞭望岗上。

重轰炸机一路无阻地安全飞回去了，轻快的驱逐机大概还没有完成它神圣的任务，继续不断地在空中巡视着。

"为什么敌人的空军丝毫不敢出动？"吾莫名其妙地想。

驱逐机久静思动，也许它们认为这该是它们的机会了，疾风扫叶般，一架、二架，逐一地直降下去用机关枪向地面的目的物反复作无情的扫击，于是，最后幸存的武士也被溃灭了。

张鼓峰不免在死神的麾下平静地躺着。[①]

（原载于《礼拜日周报》第1卷第3期，1938年）

① 本文是苏联远东前线部队的一战士所写，这位战士曾参加着当时张鼓峰的战事，原文发表在战壕中刊行的红军刊物。这是从法文"Le Journal De Moscow"所节译。——译者附识

援华反日的国际运动

[苏联]T. Raien
金戈 译

日本侵略者在中国所进行的侵略行为，恰如墨索里尼和希特勒等法西斯蒂在西班牙的干涉一样，惹起了全世界劳动者和前进人类的巨大愤怒，同时在全世界产生了与英勇的四万万中国民众相团结的强大运动。中国民众现正执枪在手为保持自己的民族独立而与日本掠夺者作坚决的斗争。

国际间与中国英勇的民众之团结，一大大地增长了。一切国家的进步份子，知道中国的民众是与西班牙自己的弟兄一样的，不仅在保卫本国的自由和民族独立，而且在保卫世界的和平与自由。

正因为中国民众对于统一抗日民族战线的胜利和成功抱有坚强的意志，正因为英勇的西班牙民众对于征服干涉者的成功抱有坚强的意志，正因为在西班牙和法国人民阵线力量的结合，正因为苏联坚持和平政策——它一贯地援助中华民国与西班牙共和国的自主，不对侵略者作任何的妥协，而努力于保卫全世界的和平、民主与社会主义，所以全世界团结运动的力量与成功，以及对中国民众的援助一天天地增大了。由于社会主义国家坚持和平政策的结果，国际劳动者的团结获到了高度的表现和莫大的权能。

一、在美国的群众运动

在美国援助中国人民的群众运动，几遍于所有的工人组织和与各个自由主义者、平和主义者及与宗教团体有关的各部分人民。

有组织的工人运动具有更积极的和指导的作用。一九三七年十月间，产业职工委员会的全国大会和美国劳动联合会的全国代表大会——这两个组织共有八百余万会员，通过决议案，谴责日本的侵略，号召国际的工人运动来抵制日货。

千百的地方职工会、各城市和各邦的工人组织，以及许多全国职工组织

(全国海员联合会、橡皮工业工人联合会、无线电和电气工业工人联合会等)除了参加抵制日货运动而外,又向美国政府提出要求:对日停止供给军火与原料。他们更要求尊守九国公约和非战公约。他们参加了在日本大使馆门前的示威运动,在西海岸参加了拒运货物前往日本的罢工组织,在纽约、旧金山等城市中参加了许许多多援助中国民众的群众会议与露天大会,旧金山海员联合会当日本政府的代表(善意特使)于去年十月二十日到达美国时,曾组织了广大的示威游行,以表示反对。此次示威曾与警察发生冲突,同时有五百码头工人罢工,拒绝起运日本商船 Taucroto 丸的货物。

为了扩大抵制日货运动,于去年十一月七日在旧金山曾召开职工代表大会。会场中到有各地职工会的大多数代表——有全国产业职工委员会和美国劳动联合会的代表,有美国为争取和平、民主而斗争的大同盟的代表,还有中国民众团体和职工妇女团体的代表,从大会中产生了常务委员会,以群众组织的力量对贩卖日货各商店实施检查。曾通过了大会告各界的宣言,致电外交部与内政部要求禁运军事材料、武器、汽油、屑铁、铅、棉花等物品前往日本。大会表示要为和平纲领而奋斗,要坚决地反抗法西斯侵略者。

去年十一月二十六日至二十八日,在比兹堡举行了"为争取和平、民主而斗争的大会"。在此次大会中到有一千三百二十个代表,他们代表着四百四十万七千个会员的四百零五个职工会和四零一个民众团体。此大会为美国为争取和平、民主而斗争大同盟所召集。大会的工作与决议中心问题为扩大援助中国与西班牙人民问题。大会通过之行动纲领,有下列数点:扩大抵制日货运动,以群众运动力量取缔对于中国政府和西班牙政府购买美货的一切障碍,督促美国政府实施下列原则的对外政策:(一)认定侵略者与被侵略者的区别;(二)对法西斯侵略者施行集体制裁;(三)与侵略者断绝商务关系。美国为争取和平、民主而斗争的大同盟在十一月间为援助中国民众一事,完成了不少的积极工作。

当美舰"巴纳号"与三个商船于十一月十三日在扬子江被炸沉后,在美国各大城市中组织了许多群众示威游行,并在各地日本领事馆门前开示威大会。许多团体的指导者,其中有不少的为和平而奋斗的自由团体,共同发表宣言,要求各民主国家对侵略者施行集体制裁。

在纽约、洛矶山、旧金山等城市中,中国国民党支部、共产党以及其他团体在统一战线原则之下对于中国民众作了许多政治的和物质的援助。住在美国的华侨曾募了五百万元以上的款项汇到中国。他们曾举行了不少的共同示威游行和群众大会。住在美国的无数日本侨民,尤其是日本的工人、农业的工人、靠近太平洋沿岸一带的菜园老板们，曾参加了援助中国的运动。日本海员的前进代表者《海洋新闻》也极力鼓吹同情于中国民众。美国共产党在援助中国的民族统一战线中，尽了极大的作用，在日本海员中有极大的政治影响。这种运动同时与保护西班牙民众的广大工作是有密切联系的。美国共产党在美国各地与一切的团体——不问其立场如何，只要是它能援助中国，如美国为争取和平、民主而斗争的大同盟，中国人民之友等共同组织了许多统一战线委员会，作了许多群众工作：他们举行了多次全国的和地方的广播演讲，在华盛顿、纽约、支加哥等处举行了无数的群众露天大会、示威游行和对日本领事馆的示威。在《工人日报》及其他美国共产党刊物上尽量地扩大宣传。美国共产党在援助中国运动的工作上都得到不少的成就，在工人运动中唤醒了广大的群众，在为和平而奋斗、放弃孤立主义和中立政策运动中，在拥护集体安全和民主势力共同反抗法西斯战争点火者运动中，曾获得了莫大的成就。

与美国共产党政策极端相反的，是抱定反动态度的“社会主义党”的指导者们，他们所持的反动态度是与该党大多数党员的意志相背的。在托洛次基派罗尔曼汤姆士影响之下的还有 *Coshialistcoe* 报，他们把“援助中国运动”代以“反对实施集体安全运动”。他们激烈地宣传反对中国民众的民族抗日战线。他们攻击罗斯福所提出的纲领，认为“制裁”法西斯侵略者是“帝国主义战争”的纲领。同样地，他们要求对远东问题实施中立法，完全站在极端孤立主义者方面的。可是，尽管他们对于援助中国民众运动实行分裂政策，抱着敌视的反对态度，然而援助中国的团结运动终于继续增长着、巩固着。许多宗教的、平和主义的团体，在日本未侵略中国以前完全在中立政策和孤立主义势力影响之下，当中日战争开始后，尤其是当掠夺上海和轰炸中国平民后，便立刻表示赞助美国政府和其他民主国家政府来保卫、来加强国际的和平。

去年十月二十八日，在西特里曾组织了一个反对国际侵略协会。此协会中包括有几十个职工会、基督教青年会、天主教堂、基督教女青年会、西特里教会、美国为争取和平民主斗争的大同盟、中国俱乐部（其中加入了远东工商业界的许多团体）等等团体。此会之组成，影响颇大，其主张是：美国不仅要避免参加战争，而且要利用自己的资源与势力来保卫东方的和世界的和平。此会曾坚决地表示要尊重九国公约，反对实施中立法。此种原则上的规定确与和平阵营攸关，而且尽量地致力于抵制日货工作。

代表着二千二百万信徒的教会联合会曾讨论日本侵略中国问题，表示要遵从九国公约、非战公约，赞助罗斯福主张“谴责”侵略国的宣言。

全国和平大会开会时，到了代表着六千万会员的四十个团体，正式宣言反对对于远东问题施行中立法。大会主张保持一切国际协定，首先要维护九国公约和非战公约，要保持国际协作而反对战争的主动者。去年九月十九日与和平大会同时举行的，还有国联同志会所组织的广播演讲与全国各地的五百个露天大会，尽量地宣传要维护在远东和全世界的和平。

美国青年大会代表着五百万的会员，全国黑人大会代表着一百五十万会员，还有各种妇女俱乐部联合会、妇女团体等皆激烈地为抵制日货、为维护和平、为制裁日德意战争主动者而努力工作着。

援助中国民众的群众运动和美国与日本帝国主义在远东、在南美洲利害冲突的加剧，已开始影响到美国政府的态度。罗斯福总统拒绝对远东实施中立法，这就是极好的证明。还可以证明的是去年十月五日罗斯福在支加哥的讲演。在此次讲演中，罗斯福责备法西斯的侵略，说明以孤立主义中立政策为基础的和平政策不能有结果，认为和平不可分裂，民主列强应当以共同方法对国际违法者和侵略者加以"谴责"。

罗斯福与国务卿赫尔所提出的政策，确有几个基点是实施积极的和平政策所必需的。此种政策的实现能够使战争主动者孤立，且能援助被侵略者。现在的问题，是如何才能使这个政策坚决地成为事实。

美国共产党总书记白劳德耳对于罗斯福在去年十月五日的演讲曾批评到：

> 无论如何我们不能幻想，以为这个政策一经提出，并不怎么重要，问题就算解决了……只有积极地动员群众来赞助这种政策，只有迅速地使抵制日货运动成为强有力的运动，只有用群众会议、代表大会决议，以及一切有组织的群众意见的形式把这种政策表现出来，才能给反动份子以重大的打击。工人阶级和一切民主思想的、爱好和平的民众，应当积极起来，使罗斯福总统所指示的政策能够迅速地成为事实。

这种估计很显明地在白鲁塞耳召开的九国公约会议中证实了。在该次会议中美国代表曾与英国代表联合一致，否决了罗斯福所提示的原则。

正因为在美国人民中有"中立政策"和"孤立主义"的同情者，有被积极活动的赫耳斯泰、摩尔根、鸠朋等的势力与金钱所左右，所以才有"孤立主义"的偏见。

因此，美国民主组织的先进份子、和平的同情者、美国共产党等共同坚决地和这种孤立主义的倾向相斗争，实行抵制日货，采用广泛的其他方法来保卫中国，反抗日本。他们用尽一切所有的力量使一切工人的和自由主义者的团体为了和平、为了援助中国与西班牙的活动成为广大的全国运动。他们要对罗斯福政府表示更大的压力，使政府采用一贯的和平政策，能够对法西斯侵略者加以制裁。他们除了援助中国与西班牙的反侵略运动而外，他们更在人民战线的基础上为了劳动者的社会立法、人民自由与民主权利而奋斗着。采用这种种方法对于援助中国的团结运动达到了高度的发挥：进步与和平的力量，无论在能力上或数量上皆正在发展中，现在美国政府的中立政策在实际上已"让位"于和平的积极政策了。这种和平政策，是美国人民最良好的最进步的传统政策和民主倾向政策。

二、在英国的运动

大不列颠援助中国人民的群众运动，现在已获到了职工会、工党、英国共产党和其他进步团体的党员与会员们热烈地赞助。

在英国的反日侵华情绪的增长何如，只要看职工会、工党、合作社、职工委员会及其他团体的决议案就可以概见一般。这些决议，表示着援助中国人民，加强与中国作团结的宣传运动。

去年十月间，民族劳动委员会发了一篇宣言，要求政府禁止英国人民贩卖军事材料和发放借款与日本，要求政府在日内瓦坚决主张：凡国联会员国应采取同样的处置，号召一切国家共同抵制日货，共同以医药供给中国。当时，南落维尔矿工联合会致电劳动组合大会，提议实施与日本断绝商务关系的国际运动。

在下级团体热烈情绪影响之下，在去年九月间开的劳动组合大会，于十月间在波尔列莫次开的工党代表大会一致通过决议，其内容与民族劳动委员会的宣言相同。职工会与工党所通过的类似的纲领，是扩大运动的推动力。

反日情绪日渐高涨，克莱依德宾克市政府曾通过决议，号召所有的商人与市民起来抵制日货。南乌哀尔矿工执行委员会也曾号召所有的会员采取同样的抵制政策。运输工人联合会的伦敦区委员曾要求联合的执行委员会命令各地码头工人拒绝上货运往日本。开尔其甫、新港和格拉支哥等地的码头工人也曾提出了同样的要求。

这种广大宣传运动的结果，在去年十二月三日，绍兹千布赖的码头工人曾拒绝起运日货，使满载日货的加拿大商船"里契莽德"不能不被迫离港而向来路运回。工人并警告轮船公司，说明他们以后决不上装或起下日货。码头工人们的这种正大行为很多，于十二月七日在格拉支哥的码头工人也曾作过类似的罢工。这些表现动员了整个地工人运动，他们能够引起像十七年以前的

"佐里乔治"商船所引起的同样的广大运动——停止英国干涉苏联运动。

英国国联同志会的理事会曾主张抛弃"不干涉西班牙和制止日本侵略中国的滑稽剧"。该会理事会在路易乔治领导之下为和平与建设而努力,同时罪责日本的侵略,极力援助抵制日货运动。

英国去年九月间曾组织了一个援助中国宣传运动委员会,负责领导一切工作,行动异常积极。著名的各党和群众团体,在此委员会中均派有代表参加。

委员会曾在特拉法两落广场中举行过群众示威大会。该会曾运了三次医药前往中国,而且汇了几万金镑的现金和运了好几吨衣物援助中国。该会并出有专刊 *China Illnstrated*,每期出版十五万份。

英国共产党在推动援助中国民众团结运动中曾做了不少的工作。该党是抵制日货运动和组织拒绝装运军事材料前往日本的发起者。它在争取民主与和平,反对日德意的侵略,以及督促政府采纳适当的对内对外政策的斗争中,它尽力设法,以期达到全体工人的一致。

无论英国工人与民众运动对于援助中国是如何地增长,可是,英政国府所采取的退让政策在事实上是鼓励日本和日本的同盟者德国与意大利的。

这种情势是这样的,"援助中国"的运动虽则不断地增长,可是工党与职工会中的大多数党员与会员还不曾积极地起来奋斗。在工党与职工会中还没有这种热烈的趋势——认为工党执行委员会与劳动组合总委员会应当积极起来执行自己对于中日关系的决议。这种运动现在还是由工人群众及人民大众各自的在那里作,例如英国各码头的码头工人拒绝起卸和装运日货。

这种情势还可以这样解释,英国工人们现在虽对于反动的人物白允与西特林等表示不满,可是直到现在,还不曾造成一种强大的力量来征服这些领袖的崩溃政策,来扶持全国政府的武备政策与对外政策,来领导起大英帝国的统一的工人运动。

在援助中国与西班牙民众运动的发展中,证明只有劳动者在统一行动条件之下才能完成伟大的任务。

三、在法国的运动

法国民众在反抗资本的进攻与战争威胁的奋斗中巩固了和扩大了人民阵线。法国人民自动地援助西班牙,派遣自己最好的青年,前往西班牙援助西班牙民众,他们自己表现了劳动者的国际主义。他们同样很快地了解和估计到必须广大地援助中国人民。

职工运动在劳动总会指挥之下，首先发起抵制日货运动，而以各种形式援助中国。去年十月初，劳动总会曾通过决议案，谴责日本的侵略，号召各界具体地抵制日货，通告所有加入劳动总会的一切团体，“立刻采取一切方法，来执行职工国际的决议案，应当保证取得抵制实效”。劳动协会又曾决议，由各职工会捐出款项以援助中国。

在“援助中国”运动中，各地无数职工会皆展开了积极地行动。去年十月二十二日，马赛码头工人曾拒绝起卸日本商船“Ka-shima Nayr”的货物，使该船不能满载原来的货物离开此港，这含有极大的意义。

中国人民之友会曾参加了职工会动员法国人民广大的阶层于去年十一月三日在巴黎举行援助中国的代表大会。

大会曾致电参加九国公约会议的各国代表，请求他们公布日本的侵略，公布日本封锁中国海岸为不合法，要求他们依据国际公法对侵略者实施经济制裁。大会同时要求法国政府给中国以物资援助：捐赠医药，救济难民，保护在海陆两方面的正常贸易。大会又号召全国抵制日货。毫无疑义地，这次大会团结了大部分的法国人民与许多团体积极地起来援助中国人民。

最近，巴黎五金工人曾举行过一小时的罢工，在罢工中提出了援助中国民众的要求，同时也提出了法国工人为面包与自由而奋斗的要求。在示威大会上，有三万建筑工人也提出了同样的要求。法国北部有三十万有组织的工人，也曾在救济失业与失业保险的争斗中把援助中国与西班牙的运动打在一起。

法国共产党在“援助中国”运动中尽了很大的作用，现在领导着法国工人与人民阵线努力设法使政府取消不许载运军火与军事材料道经安南前往中国的禁令。人民阵线庞大的势力，法国民众与西班牙共和国团结的模范运动，可以证明这个任务是能够完成的。

四、在澳大利亚的运动

在澳大利亚，援助中国运动现已普及于全国，完全在职工会领导之下。奥大利劳动组合大会的执行委员会曾于去年九月通过一决议案：谴责日本侵略者，号召所有的职工会实行抵制日货，拒绝为日本的定货而工作，而且要求政府取消过去与日本所订的商约——允许日本在奥大利西北部稚宾松特产铁区之铁矿开采权。同时，西德里亚、阿得莱地、纽卡斯特里、干比尔等处职工会曾通过决议，抵制一切的日货。西德里亚职工委员会曾发起组织了一个“不许侵犯中国”协会，该会在抵制日货运动中得到了不少的成果。

西里德亚铁工联合会，以及纽卡斯特里铅皮工人联合会曾一致决议：拒绝为载运日货船只进行修理与检验工作。铁路职工联合会,约计四万五千会员,亦曾决议:抵制日货并阻止较运铁苗前往日本。

澳大利亚西部佛里忙特之码头工人,曾拒绝为日本捕鲸船队上供给煤和粮食,使该项船只不能不离开港口,等待由日本本国供给燃料与粮食。

西特里亚、纽卡斯特、鲍惠列耳(克文斯兰北部)、米比伦、阿结莱德、佛里忙特等地的码头工人完全拒绝与来往日本的船只上货及下货。

在西德里亚、亚德来得、米比伦、纽卡斯特等城市中曾举行过示威运动,提出口号:"打倒日本法斯主义!""援助保卫澳大利亚和平事业的中国民众!""拒用任何日货!"

在纽喀斯德,曾有三十六个中国水手拒绝载货物前往伪满,拒绝离开该港。他们获得了澳大利亚工人与职工会的热烈援助,因此迫使政府不能不将中国水手送回祖国——香港。澳大利亚工人们所开展的群众运动,影响到广大的中层阶级也参加了抵制日货运动。在各邦的和平运动委员会和国联同志会曾发表宣言抵制日货,并号召各民主国家经过国联共同反对日本。在比尔斯亚德来得及米比伦的英国教会大主教与各大学教授联名发表宣言赞助抵制日货并反对日本法西斯军阀。

莱央斯联邦政府及工党许多领袖用一切可能来破坏抵制运动,可是他们的这种企图,直到现在并无结果。

澳大利亚的劳动者用尽一切的方法来作"援助中国民众"的运动,极力使此运动成为全国性的广大运动。他们用了许多手段吸收澳大利亚的一切先进份子来参加此种运动,同时他们要根本转变工党领袖们和联邦政策,为了谴责法西斯侵略者与保障国际和平,必需要实施集体安全制与群众斗争。

澳大利亚共产党在援助中国运动的发展中尽了积极地和指导的作用,用了一切的力量来扩大此种运动,使澳大利亚工人运动与全体民众共同行动。只有这个道路,才能使澳大利亚在未来的太平洋战争中避免战争。

五、在其他国家的运动

与中国人民为自由,为国际和平而斗争的国际团结运动在其他国家里也正在发展中。

比利时在援助中国的广大运动中建立了统一战线。不久以前,一切民主的团体——其中有比利时工党、职工会、共产党、自由主义青年团、社会主义联合青年团等,曾举出了一千二百个代表在利叶兹举行代表大会。大会通过了决议:采用许多具体方法在精神上、物质上援助中国民众。

去年十一月二十五日，白鲁塞耳所举行的援助中国群众大会，曾到了好几万的工人。

墨西哥援助中国的广大运动正在发展中。这个运动以“中国人民之友协会”为首，其中加入的有卡尔杰拉斯所领导的民族革命党、墨西哥职工大同盟、墨西哥农民大同盟、共产党、社会主义青年联合团。

加拿大的反日侵略运动和抵制，日货运动已遍于各处。不仅职工团体，而且约克坦翁西卜、布勒摩耳、斯特震福特、慕尼珂等城市和亚尔土耳港等处的市政府曾一致决议，拒用一切日货。阿尔柏地方政府不久以前在立法会议上曾提出请求书，要求加拿大政府禁止输运货物前往日本，“如运货物往日本，便是帮助日本对和平的无辜的中国民众作残酷的进攻，同时对于其他战争的主动者也不应供给任何货物”。

在荷兰、挪威、南非洲、纽锡兰、马来半岛及其他国家内，联工会与其他的进步团体等皆开始了抵制日货的工作，而且普遍地鼓吹援助中国。挪威的海员们反对船只驶往日本，曾进行了十次以上的罢工运动。

在荷属南洋群岛，虽则荷兰政府极力压制反日行动，可是终于在瓜哇、苏门答腊、波罗洲等地组织十几个公开的团体。这些团体在“援助中国，反对战争”口号之下工作着，他们获到了本地居民的热烈援助。这里曾捐募了三百万以上的荷币古耳金汇往中国。去年十二月十二日，第一次运送了一批救护器具以及由十六个人所组成的救护队前往中国。

日本掠夺者对于中国的侵略，以及日本侵略者对菲列宾半岛的直接威胁，致使此岛成为积极援助中国民众的前哨。全国劳动联合会、全国农民联合会、劳动者同盟、社会主义党及其他与人民大同盟——为民主与民族解放的人民阵线运动的中心——有关的各种团结，组织了援助中国的广大运动。曾在马尼剌、赛浦等地举行过国际团结群众大会。马尼剌的华侨团体捐募一百多万的比索斯来援助中国。菲列宾民族大会的主席马鲁耳克维生在许多的公众大会的讲演里表示同情于中国民众。

而且在日本、德意志、意大利等国里，虽则有极度的恐怖，有法西斯蛮野行为下的牺牲，然而劳动者和先进战士们仍旧用了许多方法、许多手段表示与中国和西班牙民众团结一致，表示要推翻法西斯的侵略。

不久以前，在意大利曾逮捕了大批的社会党员、共产党员、共和党员，因为他们曾组织了“反法西斯的统一战线”，在不知名的海盗袭击的轮船上的意大利兵士作了许多次的“暴动”。日本的参加罢工与反战怠工运动一天天地加剧了。最近在柏林曾逮捕了十七个妇女，因为她们捐募金钱援助中国与西班牙民众。在西班牙前线上“拾了”无数的未经爆炸的德国炸弹，这是谁都知道的事实；汉堡的海员罢工、鲁耳区的矿工拒绝为佛郎哥将军的定货而工作——这许多事实，证明法西斯国家的民众和为保卫自由而奋斗的中国民众、西班牙民众是有国际团结运动意义的。

在世界各国的国际团结与援助中国的运动正在发展中。可是，直到现在，所作的一切还不过是第一个步骤。援助中国运动在现阶段中的水平与范围，可以说是广大的有效的国际团结斗争运动的开始，这种运动必须更广大地更迅速地展开来作。

从军事观点来说，日本军阀曾给了中国国民革命军一些重大的打击。这完全是由资本主义民主国家采取“不干涉”政策、“过分期待”政策的结果。日本强盗正如德意海盗一样，直至现在毫无阻碍地从许多民主国家里获到大批的武器与军事材料。他们破坏了一切的国际协订与和平公约，而且侵犯到“列强的势力范围”。

（原载于《中苏文化·抗战特刊》第1卷第9期，1938年）

日本人民反战反法西斗争的现阶段

黄操良

“战争无疑会引起最困难的危机，使人民大众的苦恼尖锐化到不可信的程度，这种战争最反动的特质，一切国家的资产阶级在‘国民的，精神的掩护下，隐蔽它们掠夺的目目之厚颜无耻的欺瞒，这一切作成客观的革命状态的基础，不可避免地在大众之间创出革命的氛围气。”这是伊里奇关于帝国主义对外侵略战争的反动性与社会革命关系的一个最明确的说明。

日本帝国主义侵略中国的这一战争，正带着这种最反动的特质。虽然在战争刚才开始的阶段中，由于日本统治者的政治的欺瞒和蒙蔽，这一战争的特性还可能不被表现得十分地显著和明朗，但如果这一战争的时间日益拖长下去，那么它的最反动的特质便会极清晰地暴露出来，社会革命的主客观条件亦会以最快捷的速度成熟起来。

日本侵略中国的战争已进行一年多了，在这不能算短的时间中，日本人民所受惠到的，不仅不是“生活的改善”，反而将战争的全部负担凶暴地转压到它们的身上。这种痛苦的经验的熬煎，这种死的绝望的威胁，不能不把们心底的怨毒喷发出来，反战反法西的怒火不能不从它们的心头炽烈地燃烧起来，从它们完全地认识了他们这一战争的最反动的特性的醒觉中，使反战反法西运动更广泛地开展开来，使社会革命更加逼近成熟的阶段。

但是，日本人民反战反法西斗争的现状是怎样呢？它过去不能有机地广泛地展开的主要原因在那里呢？以及日本人民现阶段反战反法西统一战线是怎样地形成和发展的呢？它的前途(能否成为社会革命)又将如何呢？下面我们便要详细地来叙述和研讨这些问题。

日本法西斯军阀自全面地侵略中国的战争开始后，虽然用尽了一切的方法和手段，加紧对新闻的限制登载和统制，但从外国通讯社以及流出来的一些零碎的报道里，我们还是可能知道其一般的情形的。一年多来对华战争所付的巨大的代价与消耗，造成了日本财政经济严重的危机和恐慌，迫使日本统治者不得不更加紧对内的横暴的剥削与榨取。无底止的捐税的增高和新税的添设，公债的勒派和兵役的强征，在工厂中工作时间的提高和工资的递减，在农村中租税的加重和牛匹马骡的强征，特别是由于公债和纸币滥发所促成的恶性通货膨胀和物价飞跃的高腾，都首先使日本的劳苦大众受到了最严重的打击与威胁，因此日本劳苦大众在战争开始不久后便表现了它们反战反法西积极的斗争姿态，在其他阶层中就没有表现得这样勇敢和积极，现在分述如下。

（一）日本工农的反战反法西运动。去年九月间京都府宇冶火药库的爆炸、新潟丸新制油所的被焚，十一月间神户海员反对战争的怠工，横滨、新潟、大阪等地各大工厂的工人所举行的联合罢工和反战游行大示威，最近满铁职工因反对侵华实行大规模的罢工运动，本年二月间在日本革命斗争史上含有极大意义的川崎千住的出征士兵的叛变（川崎一带是日本最大的重工业的心脏地，是日本革命劳动者运动的摇篮地。那些被迫出征的士兵，正是似巨手中抓住日本军事法西斯心脏的，有日本工农群众，这件伟大意义的事情定将成为打动日本人民胸膛的警钟。——鹿地亘语）四月廿二日日本工人焚毁沈阳日本飞机制造厂（被毁飞机一百余架）以及泛滥于佐渡、足尾、田秋、御狱、青森等各乡村中的抗租抗税运动和秋田县数千农民因反战所发生的武装暴动。所有这些，都完全证明了日本工农反战反法西斗争的积极和勇敢。

（二）一般国民的反战反法西运动。（甲）青年界。作为青年反战反法西运动中心的便是由大中学生所组织的青年联合会。当八一三前后，它们曾屡次举行罢课以示反对对华作战，在本年二三月间，他们更推派代表赴东京政府当局，提出质问侵华的理由，并要求停止对华战争。（乙）知识界。从西珂和祖石寒田的二篇作品里，清晰地听出了日本著作家反对日本军阀出师中国的声浪。在西珂的《巩固我们的反战力量》的一文中不仅揭穿了日本侵略战争的真面目——“政府始终说我们（日本）的战争是维持东亚的安宁与和平，实际上这次战争正是强盗抢劫的特色，这种政策只有增深日本人民的痛苦，并且适足引起世界上重分殖民地的大战”，而且确切地主张：“我们不能再让它下去了，我们要一致地发动反战运动，来反对这次战争。”同时，在祖石寒田《什么是人民联合战线运动》一文中更有了进一步的积极的重要意义：“战争所带来的一切创痕加在我们身上。我们吁请全国民众，一切职业团体、工会、农会以及一切教会和各种反战机构等共同来构成人民反战联合战线，下面就是我们的要求：（一）立即停止对中国的战争，撤还在中国境内的日本军队，以维持和平，遵重大中华民族的独立自由，并且跟中国人民建立真正的友谊；（二）反对军费增加和军备扩充，拥护裁兵，紧缩军费预算而用它到救济事业上面去；(三)反对'战争是建设的父亲'以及'战争是文化的母亲'这批理论，要求保障人才及出版、结社、言论等自由。"其次，便是大学教授和中小学教授的普遍反战。前者如东京帝国大学教授大内兵卫、有泽广已、胁村义太郎因有反战嫌疑而遭逮捕，后者如本年六月间中小学教授组织联合会向政府请愿要求立即停止对华战争。(丙)薪金阶级、公务人员、军商人、手工业者，亦都随着战争日期的延长而日益表露出反战反法西斯的倾向。"我们的国民大众们：我们的军阀已对友邦重新挑起战争，然而侵略的结果适足增深我们的苦痛，把我们更多的人化做财阀和军阀的'尸灰'。我们为了铲除财阀和军阀的剥削，如要享受自由、平等、和平，我们不得不起来打倒'军阀主义''财阀主义'……起来，我们要求一个革命——打倒黩武主义！"这是最近日本商业联合会给日本全民族的反战宣言，正成为它们反战反法西这一事实的最好证明。

(三)部份的产业资本家间亦有很多倾向于反战的了。例如本年一月间有纤维业工厂代表数百人赴大本营请愿要求立即停止对中国的战争。又如六月间财界举行紧急会时，一致通过坚决反对政府用强力实施统制电汽事业的计划，并发动广大的请愿运动，特别在七三届议会的质问战中，议员川崎氏的质问政府救济在华日侨的办法，鹤见祐辅公开抨击政府的物价政策，小坂的痛斥末次内相认民主主义和自由主义为共产主义根源的谈话。这一切证明了反战反法西的火焰已在部份的财阀间燃烧着了。

除此以外，反战反法西的浪潮还激荡在出征的士兵、留居海外的侨民以及妇女和儿童之间。

从上面的叙述中，我们已经知道日本人民反战反法西的斗争已十分广泛地展开着了，它已如野火一般的蔓延在三岛的每一个角落了。不过这里的问题是：这种范围极其广泛的斗争行动为什么不能成为一个广大群众的革命运动？为什么不能成为一个极其坚强而巨大的力量，把日本军阀侵略和统治的力量予以根本的破坏和摧毁？我们认为它的主要的原因不外是：

(一)力量的涣散。虽然过去反战反法西斗争的洪流，普遍深入到每一个阶层中，但它的最大的缺点，便是这些斗争的力量都是极其散漫的、不能集中的。以组织比较完善的职工会来说，它们亦还没有一个统一的组织(其他就可想而知了)，所以在斗争中，它不能形成一个巨大的力量以及产生如何大的作用。

(二)作为反战反法西中心力量的日本工农群众组织力的薄弱。日本的产业工人虽有六百多万，但仅只有百分之六.九加入工会组织。尤其是日本工人构成的特殊性,更命定了日本工人组织的弱体性。据一般的估计,在日本六百余万产业工人中,女工要占一百五十万,即占全体工人总数的十分之三左右,而且其中百分之三十二都是未满十六岁的女孩。至于农民的组织能力,更其是低得可怜,他们不但没有一个左翼的农民组合,而且有很多比较有组织的农民还都跌在法西斯忠君爱国的反动的影响之下。

(三)日本工农组织和真正代表工农利益的无产政党本身的不健全,成为日本人民反战反法西斗争广泛开展的一个主要的阻力。日本劳动组织不仅是系统的紊乱和各工业部门的工人组织的极不平衡,例如的九百多个工人联盟中,全部只有三十八万工人,海员则有百分之八十加入组织,五金工人有百分之三十二加入组织,陆路运输工人组织起来的总共只有百分之一.五,矿工组织起来的只有百分之二.五,而且是分裂的,缺乏斗争指导能力的,例如日本左派和社会民主派的对立,以及正统派和劳农派的意见相左而不能合作,如过去当为反对战争酝酿工潮的时候,日本劳动总同盟(日本最大的劳动组合)终未能有机地站在领导的地位,到了未经过组织的工人自发的斗争展开以后,它们依旧观望不前,过去这种不知多少没有计划的、没有组织的斗争,结果经过日本统治者的镇压而无声无嗅地瓦解了。当然,统一的左翼党的领导的缺乏,更成为它们斗争力量的微弱的主要原因。作为目前代表日本无产阶级的最大政党的社会大众党,它不仅不能真正代表无产阶级的利益,反而屡次企图对资产阶级图谋妥协,而且目前它的上层已整个地法西斯化,完全和地主、官僚、军阀公开地勾结了起来,过去许多次的事实证明它简直已成为企图出卖工农的反动政党了。至于真正左翼的政党,固然亦有,如日本无产党、劳农协会、全国评议会(形式上已被解散)等,但是它们的力量是很贫弱的。

(四)正因为劳农组织本身的不健全,便利便了资产阶级对它们的攻势——煽惑、收买、离间与破坏,在全国的工厂中,他们散布了他们的鹰犬——被收买了的一部份职工、工头,进行无耻的离间、煽惑、收买、侦察、破坏等工作,同时他们还把严密的警察间谍网密布在各乡村各都市的每一个角落,甚至渗入到每一个工农和一切进步组织的内层,用以破坏工人的组织。他们特别是收买职工会中的一些上层的动摇份子,作为他们对工人攻势的最好利器。有很多在工会里以及在其他的组织里担负着重要责任的工作人员,他们正是忠于资产阶级的走狗——警察和间谍,而且往往披上一件左的外套而在干着侦探与间谍的工作。例如反战文学作者武者小路实笃的出卖,过去之社会主义作家林房雄的摇身一变为日本主义者,以及与小林多喜二成为日本左翼文坛之双璧的德永直的最近的"失节"等,特别如本年二月间日本内务部对人民阵线份子的一次大检举，这次检举的范围包括十八个府县，被捕人数，计和歌山县六名，大分县十一名，歧阜县二名，东京市一〇九名，冈山县二九名，大阪府二二名，京都府四一名，神奈川县十九名，兵库县二一名，爱知县十一名，静冈县二二名，福冈县四三名，据木县十七名，新潟县二〇名，富田县六名，福岛县十三名，秋田县十名，北海道十九名，共达四百余人之多。这些正是最好的事实说明。

是的，在过去日本人民反战反法西斗争的行动中，的确存在着许多的缺陷与错误，但在战争日益延长的进程中，在不断地艰苦斗争的经验与教训中，现在他们不仅已经逐渐在克服和改变中了，而且就组织和工作方面而言，确实有了新的和正确的推进和发展。现阶段日本人民反战反法西斗争的特征完全表现在：

（一）从消极的抵抗到积极的斗争。这里可以举出下面的一个事实来作证明：在日本许多都市和乡村中，现在组织了许多反对强服兵役的团体，在七月间，东京、大阪、和歌山以及神奈川一带，曾举行了一个“全日本国民反对服役”的示威运动。这说明了日本国民已完全醒觉，它们知道，仅是设法逃服兵役以及用消极或自杀来抗议战争是丝毫无用的，只有积极地起来斗争，起来争取。

（二）从力量的分散到集中。日本人民反战反法西统一组织的形成与发展，青年学生方面，有了拥有八百余万会员的青年联合会的统一组织，一般国民方面亦有很多的小组织统一在“国民反战同盟会”下。工人则依工业性质及地域范围成立了各种工会，个别独立的工会又彼此自动合并起来。各地的农民组织，亦渐有从个别独立的农民组已合并成为一个全国农民组织的趋向。特别重要的，便是劳工组织与农民协会统一战线的建立，以及正统派与劳农派过去尖锐的对立因反战反法西斗争目标的一致而订立了共同行动的革命纲领。

（三）反战反法西运动的国际化。日本人民的反战反法西力量，不仅在国内谋得了相当的集中与统一而奠定人民统一战线的基石，并与国际间的反战反法西力量取得了紧密的联系。过去不久“日本全评协议会”和“友爱俱乐部”与美、英、德以及中国的各种反战团体取得了反法西斯行动的联系，最近“日本、朝鲜，台湾反法西斯同盟创立准备委员会”在日本劳工组织积极从事国际人民战线运动的努力下成立了，而且它们目前更努力把这个组织推广扩大到美、英、德、法，以及英国的自由领和太平洋诸小国间。

（四）最后，亦是最值得我们特别注意的，便是日本共产党力量的滋长，无疑会使反战反法西的斗争更走上计划化与组织化的阶段。在日本共产党的内部，过去亦曾有很多派别间的斗争，特别是由于内部组织的不完善，使日本的间谍和警察能比较自由的潜伏在内，作其各种侦察和破坏的工作，但现在已经把这种主要的弱点克服过来了。他们现在特别注意到内部的□奸工作（如最近在东京破获了一个大规模的间谍组织），对于内部派别间的斗争亦作了一次最后的清算，因此他们的内部已经更巩固与健全化了。内部的巩固和健全，自然更增加了对外的斗争力量。在"日本共产党再建委员"的领导之下，他们已经把小组织扩大和普遍到日本全国每一个角落。根据日本《读卖新闻》所登载内务省当局的谈话，据云："现在共产党的秘密小组织既遍布全国，如名古屋、高知县、香川县、秋田县、富山县、静冈县、熊本县、大分县、冲绳县、兵库县等均有发见，其构成份子有工人、农民、船员、小学教员等……"同时不仅复以最巧妙的方法利用一切合法的场面进行活动、如合法的工人组合、农民组合、杂志社、学术研究所、剧团、俱乐部、文学团体、世界语团体等，都成了他们的活动场所，特别是他们利用了世界语运动，建立国际的公开联络（日本内务省七月间的报告）；而且更派了坚强的革命干部渗入到资产阶级的政党、官僚机关、宗教团体、在乡军人以至于警察、间谍等等反动的组织内秘密工作，以扩大其政治活动的影响。过去被政府所逮捕的大批共产党员中，为什么一经调查后，就会发见很多都是国会议员、市府议员以及正在担负着重要职务的公务人员呢？最近"日本青年佛教徒反战协会"的成立，以及东京大批警察的逃职，这些都充分地证明着日本共产党潜势力的庞大和正在飞跃发展着的这一不可否认的事实吗？

综合上述，虽然我们不能武断由于日本人民反战反法西斗争的积极和广泛的发展，在最短的期间内便能扩大为社会革命，但在他们继续不断的努力和艰苦的斗争中，在中国持久抗战所给予他们的推动与援助中，日本社会革命的爆发是有其十分可能的前途的，日本人民终久会和中国人民携起手来对资产阶级和地主的祖国宣战的！

八月廿八日于重庆

（原载于《时事类编·特刊》第22期，1938年）

张鼓峰的战斗

上海编译社 主编
侯飞 译

代序

苏联最高苏维埃主席团顷颁布命令多道，颁授各级勋章奖章与前在卡山湖(张鼓峰)区域保卫国土之大批红军部队及司令士兵。计因指挥得当，作战英勇，得授苏联英雄名号者有司令、政治工作人员、军医及战士等二十六名。因全体官兵完成任务，作战英勇，得授列宁勋章者有步兵第四十师；得授劳动红旗勋章者有步兵第三十二师及波西亚边防部队。因指挥得当，得授劳动红旗勋章者，有军团司令薛登、师政治委员西曼诺夫斯基及旅长莱贾戈夫。

此外，其他司令、行政官员及士兵等得授勋章奖章者共五百人，内包括司令眷属、医院工作人员、商船队人员等多名。

(录塔斯社一九三八年十月念五日莫斯科电)

一、为祖国，为史太林，向前！

沿着山丘，蜿蜒着国境。

日本军阀早就幻想夺取哈桑湖畔的高地。他们在张鼓峰和无名峰巩固之后，便要威胁苏联的波悉特湾和海参崴附近的沿岸地带。

七月里日本人把二十万军队、重炮、高射炮和铁甲车集到国境上去。七月二十九日，日本国境兵队进攻无名峰的苏联国境兵队。

我们一队里只有十一个人，但是十一个人对几百个日本人有一直战到最后的可能。五个战士战死了，其余六个受伤了。另有一队国境兵赶到援助战士，当即冲出去向敌人作刺刀的进攻，日本人被击退，退出国境，尸体遗下。

过了一天，日本的大炮呼号起来了。在炮火的掩护之下，一批批无耻的强盗们向无名峰和张鼓峰进攻。

苏联国境兵用机关枪扫射，用刺刀戮刺，用手榴弹投掷，伤兵拒绝退到战地医院去。

但是国境兵要抵住日军的进攻，为数是太少了。经过了很大的困难，死伤了许多兵，日本人深入苏联境内四公里，开始在山丘上赶紧的巩固。

八月二日，第一军(沿海州的)的部队和强盗作战。命令是这样的：出动去援助国境兵，消灭侵入苏联国境的强盗。

是一个多雾的日子。细小的雨点，在天空一条一条的挂着。日本人在山丘上巩固得很结实了。斜坡上了壕沟，狙击手躲在石块后面，山脚跟前已经布置了铁丝网，用大炮轰击进攻的红军。

“为苏维埃祖国！为伟大的史太林！向前！”冲去进攻山丘的战士们高喊着。

不断的英勇的进攻，继续了四天。八月六日，远东红旗军的纪念日，天空里号叫着飞机，炸弹准确的落下，爆土地，粉碎石块。躲藏着的日本高射炮开始向苏联飞机射击，但是技术熟练的飞行士会逃避敌人的炮弹，找到日本人的炮台，把它们消灭。被炸的大炮轮子飞在天空。

驱逐机跟在轰炸机后面，它们用机关枪扫射日本阵地。

部队竞争第一个拿了红旗跃登张鼓峰的荣誉的锦标。

战斗整日整夜的继续着。

到了早晨，苏联的红旗——已经被敌弹穿透许多洞的，被光荣的进攻的烟所笼罩的红旗，骄矜的飘扬在张鼓峰上。

争夺无名峰的英勇的战斗又继续了好几天。

八月十一日，苏维埃领土上不再剩下一个强盗。敌人已经被炮火的疾风扫荡到我们伟大祖国的域外了。

我们的红军战斗员、指挥员、政治指导员在战斗里表现了英勇精神的，对于祖国无限爱护的，对于布尔雪维克党和伟大史太林的无比忠诚的惊人的模范。

在一次向张鼓峰的进攻中，日本人打死了我们的机关枪手达拉多林，吉列斯京少尉马上去替代他的位子。少尉受了八次伤，但是他还不肯离开战场。

“为史太林同志，向前！”他高喊一声，又领了战士去进攻。

又是一颗子弹，那是第九颗子弹，打中了这位英雄，这一次他倒在他的机关枪旁边了，他已经在失去着知觉，但是还来得及高喊道：

“继续射击！”

一群战士不肯把少尉留下，小心的把他抱在手里，泳过哈桑湖，把他送到战地医院。

“向前！向前！”这个字在每一个战士的嘴上。受伤而死去的战士也用这个字和自己的同志们诀别。

在战斗之前，非党员的战斗员跑到政治指导员的面前说：

“我要做共产党员去作战！”

某部队的一百名战斗员和指挥员在进攻之前，提出请求加入共产青年团的请求书。十八个人要求入党。

共产青年团员躲在树林里举行会议，淋着雨，没有停止。政治局书记小心地在行军囊上摸平着用缭草的笔迹写着请求言语的纸张上的绉纹，每喊一个名字，便有几十个声音齐声的回答道。

昨天在战斗里他已表明是一个真正的爱国家！

这是最好的介绍。

共产党员和共产青年团员在所有战斗里，都是在前面的。

共产党员列夫成果一人被七个日本人包围。他只有一颗手榴弹，一支手枪。列夫成果用一颗手榴弹炸死了两个日本人，于是再用手枪去射击其余五个人，机关枪手格里牙诺夫赶来援助列夫成果对付日本人。

在战死的战士施而曼诺夫同志的背囊里，同志们找到一张纸条：

“我将尽我所有的力量战斗到底，但是我带着我的英勇的机关枪是不退让敌人的。我不退离苏联的国境，日本人在我的机关枪下也逃不了。出众的射手施而曼诺夫留笔。”

对于敌人的攻击，我们光荣的战士们答以飓风似的毁灭的打击。伟大史太林的名字领导苏联兵队作战。

苏联的领土是不可侵犯的。无畏红军的战士们给敌人再一次的证明了。他们是用自己的无比的英勇、自己非常的刚毅、自己枪械的巨雷似的力量来证明的。

二、对准敌人开火

指挥员给飞行队发下战斗任务：

“确定敌人火力据点的所在，消灭它们！”

飞机迅速的飞向高空。穿过了云雾的第一层，向侦察机所指定的方向飞去。到了战斗的地方。

司令机用翅膀摇晃。这是信号：“注意。”驱逐机早已警戒了。可以看见下面清楚的布置着军队、敌人的火力据点和防御工事。目的和任务是显明的，飞机散开着，以便更好的选择目标。

……下面的张鼓峰被大炮、机关枪、手榴弹的响声搅做一团的怒吼着。武士道疯狂的轰击着苏联的阵地，然后冲锋。他们平端着步枪奔跑着，高声的叫喊：Banzai（万岁）！

日本人企图用暴风似的炮火支持他们步兵的压迫。数量上的极大超越，陶醉了强盗。他们向前奔跑着，相信着进攻的胜利。

队长库清果率领飞机去进攻。驱逐机从各种不同的方向、不同的高度，在不同的角落里作战，把整个毁灭的火力都一下子一同向敌人的目标倒下去的时候已经到了。

机关枪灵活的活动着。子弹的疾风打在强盗身上，几排日本人立刻倒下去。还完整的，爬着逃到壕沟里去躲藏，但是即使在壕沟里，空中狙击者的准确以火力也能找到他们。

日本高射炮进行猛烈的射击。几乎就在飞机的附近，喷出爆炸的云雾，但是我们的飞行机屡次不给子弹碰到。队长库清果的飞机也在这些深紫色的爆炸中。他注意的监视着敌弹的爆炸，实然根据一条火带而看见敌人的火力据点，便飞去进攻。

飞机几乎垂直的飞下去，速度每秒钟都增加。飞在耳朵上吹响着……

使武士道还没有来得及想出是怎么一回事，库清果已经从他的机关枪里把密集的炮火像雨点似的撒在他们身上了。日本高射炮失去了效用，不则声了。

库清果的胆大、勇敢、果决激动了其他飞行士。每一个人都竭力学习和指挥员一样无畏、勇敢、冷静、精确的去作战。

大尉葛夫里洛夫同志又消灭敌人的一个高射炮台。于是他的速行的飞机飞过战线，骄矜的飞翔在还被敌人占领着的领土的上空。它被武士道发现，敌人的高射炮立刻向他开射猛烈的炮火。几十颗子弹在空中爆炸，但是这位飞行士用敏捷的机动战略逃出了高射炮的火线，同时探出了敌人的火力据点。

于是勇敢的驱逐机由高空向敌人的炮台进攻，用机关枪扫射，让它们一劳永逸的沉默了。

……摩托的吼声冲破了沉寂。驱逐机一架接着一架的着陆。然后发出谁的清楚的声音：

——指挥同志命令准确的执行了。敌人消灭了。所有飞机都完全好……

三、把袭击者打出去

——苏联远东红旗军第一独立军某部政治指导员陀尔哥夫日记

七月二十九日

今天中队照常操练。接到通知，说是国境上不安，须要准备，集合中队，报告消息。战斗员们大家都预备立刻作战。

饭后，发出值日兵习惯了的信号——休息一小时。似乎，一天要平安的过去了。

上校赖叔杰夫走来。他的样子很严肃，他不失镇静的简短的报告道：

“哈桑湖方面发生战事。日本人占领我们的领土，命令把袭击者由苏联领土里打出去。”

简明的发着号令：

“整队！”

丨二公里的距离，走了两小时。战斗员们都急着要走，但是到达时，战事已经停歇了。退到集合点，大家都非常的兴奋着。在战士们的谈话中，可以听出因为没有参加和敌人作战而觉得遗憾。和战士们进行谈话的，他们怀着极大的贪欲倾听讲述所发生的战事，手紧握着枪械。

中队休息着。二十一时，阿库里尼克的小分队接到一个战斗任务：跟着到张鼓峰上去援助国境兵。决定带着分队去。在出发之前，说明所接到的任务。虽然已经疲乏，但是出动的消息，战士们都兴奋的欢迎。

小分队占据防卫的边线。

七月三十日

早晨下浓雾，五步之外看不见人，这样的早晨在远东是常有的。睡不着，浓雾和静寂使人奋勇与警戒。

日本人利用迷雾向高地开枪，我们对于他们的射击，并没有回答。

雾中的射击，延续了约近三十分钟，然后是静寂。我们的侦察判明，日本人开枪是有挑战的目的——他们企图判明我们的部队分布在什么地方。但是狡计未逞。

白日来接任视事了，迷雾开始消散，前面显明的显出国境线来。我用望远镜，看看防御线以外的情形。

对面的下面，在高地的下脚，有一个小小的村庄倚傍着。再前面，两公里的地方，是图们江。再前面，河那边是铁路。

村庄里一批一批的，一个一个的兵士奔跑着。河对岸显出军队的移动。

兵士们把什么东西都装到车子上。综观一切情形，日本人在准备进攻。

七月三十一日

夜里中队准备迎击敌人。发出手榴弹的爆炸声，日本人进攻了。我们在左翼的哨兵已经向进攻过来的敌人开火。机关枪声也起了，第一排日本人完全消灭了。

信使跑来报告道：

“郝里斯多柳波夫大尉受伤了。”

这个消息还没有来得及传入各队，整个中队便冲出去进攻了。我们用手榴弹向敌人抛掷，用步枪和机枪的弹火扫射过去，日本人遗下一大堆死伤的兵士，狼狈逃走。

吉列斯京大尉领了一批战斗员转到左翼去，占据郝里斯多柳波夫的地位。在我的手下，有一小批战斗员，一架手提机关枪。日本人以为我们有很多人，所以不敢出头，他们加强了炮火，不时有他们断片的谈话传过来。

我命令道：

“向强盗——开火！”

机关枪和步枪的疾风卷到敌人身上。

在战事最激烈的时候，机关枪手波斯特尼柯夫被打死了。

战事继续着，天开始破晓了，地平线上绘画出山岗来。

分队指挥员安得列夫也受伤了。左翼只有几个人支持着。我去检查中队的现状，日本人发现我，射来机关枪。我觉得两腿发烧，坐在石头上，看看——是轻伤。继续指挥作战。

我们的队伍把日本人的压迫抵住了一整天。

八月一日—二日

日本大炮不断以炮火射我们，中队指挥员塞尔基恩果大尉受伤了。牙洛文果大尉代替他。当大炮集中火力在别个方向的时候，我集合了少许战斗员讲述战斗。

傍晚接到进攻的命令：“消灭侵入的日本人，把他们打下高地。”我给战斗员们说明形势和进攻的程序，指出在我们面前的任务。战斗员们同声回答道：

“我们要无情的杀死日本强盗！”

我们和另一个分队合并，以便共同行动。我们的负责任务是一直攻向高地，迎头痛击敌人。

日本人由无名峰的高地向我们开来烈火。在战斗中牙洛文果大尉、青共叶尔马柯夫都受伤了。特别出众而可以做战士模范的，是青共库里村和马卡林果。

八月三日

黎明时，日本人放出生力军来，他们向壕沟开着迅疾的炮火。我们努力开始挖深壕沟，整天相互射击。

八月四日—五日

中队改由我来指挥了。日本大炮轰击了我们的战壕两天，但是没有结果。

代理政治指导员却郎纳夫在这几天中发行了六次战壕里的“战报”，战报上描写参加作战者的伟迹，解释战斗形势。

八月六日

今天是远东红旗军的成立纪念，大家都准备进攻。

吃了早饭，拿来新鲜报纸，举行阅读。我被召唤到司令部里去。队伍的指挥员宣读今日——八月六日十四时进攻的命令，说明进攻的程序。我问明了任务，便去侦察地势。敌人的炮火虽然猛烈，侦察是顺利的进行了。我们的中队是向左翼进攻，确定指定的方向和范围之后，我便回来。

十四点钟占据好出动的姿势。天空咆哮着，飞机出现了。经过空军的毁灭的大轰炸之后，便发出火箭的射击声，这是进攻的信号。中队向张鼓峰狂飙似的冲去。

进行是很艰难的。敌人的大炮和机关枪放射着猛烈的炮火。在山脚下，在山崖的后面，放置着几架日本机关枪。我命令消灭敌人的火力据点。分队长伏洛特尼克、战斗员马卡林果用三次短促的机关枪扫射，便迫使日本机关枪默不作声。

我在这里遇见党政治局书记马斯略克大尉。和他在一块，带着“为史太林同志！向前！”的口号，我们作决定的冲锋，日本人逃跑了。

张鼓峰仍旧是苏联的了。

九月记于哈桑湖（译自《红星报》）

四、“给敌人一番教训”

八月六日接到命令——消灭夺取张鼓峰的敌人，把敌人所有防御工事都从地面上扫荡尽净。

一接到司令部的命令之后，我们的队伍里便鼎沸着工作。飞行士、舵手、无线电报生、射击手——大家都埋头进行飞行的准备工作。计划航程，研究环境，检阅机关枪，挂炸弹，试验无线电机。技师细细诊查飞机的心脏——摩托。战斗员、指挥员、政治工作人员的所有思想、所有力量与所有愿望都放到一个目的上去——给跛扈的日本人教训一番，好好的教训一番。

第一分队飞起，当头的是得过勋章的指挥员奥萨特成果同志。

飞机排着队一批一批的飞到目的地去。空中充满了摩托的怒吼声。到哈桑湖了。

舵手乍依切夫准备轰炸，射手哈巴洛夫和喀沙哥夫侦察天空，左右两面有驱逐机保护我们。舵手的灯光信号闪亮着。他传达道：

“目标近了，向右转！”

然后他又要求向左转，最后，下令道：

“一直向前！”

飞机队给日本高射炮弹的爆炸所包围着。日本人愤怒的射击着，但是都虚发了。他们没有能够并且永久也不会能够阻止我们的空袭。炸弹一个接着一个的落下去。

舵手乍依切夫准确的轰炸，迫使敌人的高射炮台沉默不响了。日本军阀在他们的背上尝试了，并且相信了苏联飞行士的高等技术、苏联空军的强大威力。

敌人是被轰炸得这样的战栗、惶恐和紊乱，非但从我国的领土里逃出去，并且拚命从被轰炸的地方尽可能的逃得远些。

我们的飞机完成了任务，都安然飞回自己的飞机场。

这次战斗变成苏联飞行士技术高明与精神勇敢之不可遗忘的显明的示威。指挥员在实际上表明了个人与自己部下训练的良好。舵手信任的飞向目的，准确的轰炸。大家都工作得灵敏而勇敢，所以很难比拟出良莠来。

五、我们英勇地轰炸

奸恶的日本人侵占苏联神圣的领土。日本的炮台整日整夜的向我军的分布处轰击。关于这个闻所未闻的、无法无天的挑衅的消息，震撼了大家的心。

我们焦急的等候着命令去轰炸。我们每一个人都存着同一的思想：不只是逐退敌人，并且要消灭敌人，要轰炸得使进攻者没有一个都是完好的。

我们——苏联民众的飞行士，非常熟悉自己优等的飞机。一切，连最后一个小螺丝钉都检验过了，大口径的炸弹也都挂好了。机关枪发出乌光。机关枪的子弹带也装好了。人，战斗的机械——都准备好去作战了。我们只等候飞出的命令。这时候我们都焦急的想要立刻飞起，赶快飞到高空，以最大的速度飞到哈桑湖和张鼓峰所在的地方去。

终于，接到命令了。应当轰炸敌人的巢穴，把敌人轰炸得血流成河，以偿付他们的奸恶的阴谋。每个飞行士都向自己的同伴宣誓，要轰炸和射击得“很出众”，使苏联土地成为那些专爱他人领土的人们的坟墓。

速行重轰炸机一架接着一架的飞到天空，取了路线，飞去了。战线在地平线上出现。飞近些，我们便散开了。日本人用高射炮开火射击。

摩托的喧声盖过了那些在我们附近炸裂的炸弹的爆炸声。我们飞向敌人的高射炮台，敌人的炮台布置在山脚下。我看见炮在怎样轰着。我把飞机急剧的直垂下降，一下子把所有的机关枪都密集的向炮台射去，炸弹也落下去。飞到高空，展开飞行。看看下面：成绩并不坏。炸弹把敌人的高射炮炸得飞散了，把子弹箱也炸破了。日本人跑到被破坏的炮台那边去，我又把机关枪的雨露撒给他们。

我们其他的轰炸机也一同工作着。日本的战壕、机关枪巢、炮台都受到我国空军的强大战斗技术的毁灭的打击。猛烈的炸弹把敌人的炮台炸得裂成碎片，机关枪消灭了敌人的活的力量。整个区域遮盖了烟雾。

被毁坏的、被消灭的日本大炮已经默不则声了。

司令部的命令是在严格规定的时间中完成了，飞机集合一块，排成队伍，飞回自己的飞机场去。我们自觉已经履行了我们所爱护的人民所赋予我们的任务，为人民的幸福，每个苏维埃的爱国者，都准备贡献自己的生命，所以我们都骄矜地飞行着。

六、一分钟都没有停止工作

关于日本武士道蠢动的消息，激怒了我队所有战斗员、指挥员和政治工作人员。每一个人都燃烧着要给横行的强盗们一个毁灭的打击的愿望。没有一个战斗员不走到指挥员跟前或是我跟前来问：

“我们什么时候出动？”

在接到出动的战斗命令之前，我们便一中队一中队的分别举行谈话，给战斗员们解释他们应当怎样作战。谈话的人和演说的人，除了用步枪、子弹、机关枪之外，并且用制作战斗传单的纸、铅笔、颜色来做武装，以准备作战。

七月三十一日，在出动去作战之前，我们举行一次共产党员的会议。每一个人都得到了一个具体的任务。党政治局的书记赤列姆诺夫同志和共产青年团的书记毕里莫夫同志再一次的一同检查，是否每一个党员和团员都知道自己的任务了。在指定时间以前，大家都充分准备好，每一个人都站在自己的岗位上。

党的政治工作，在战斗条件之下，当然比起兵营训练的条件来另有一种性质。大家都紧张着，大家都忙着解决战斗任务。同时，每一个党员、每一个团员竭力利用每一个相当空闲的时候，讲述报上的新闻，发行战斗捷报、壁报形的小报。

在战事工作中，青共宣传员里洛瓦赤夫同志、西拉亦夫同志，代理政治指导员龙曲克同志表现特别积极，他们随时给战斗员报告苏联劳动者和外国的友人们是如何惊佩的注视着远东红军的英勇事业。

环境许可的时候，党员和团员便进行宣传鼓动工作。应当去作战！他们以身作则的诱掖战士去作战。团员依万诺夫曾冲锋四次。他受了伤，仍旧留在战士中间，拒绝送往医院，英勇的和同志们继续对敌人战斗着。

这样英勇精神与自我牺牲的例子很多。他们每一个人的事迹，都反映在战报里。战报登载英雄的芳名，描写他们的英勇，叙述战士们怎样利用自己的准备去解决战斗任务。这些布尔雪维克真理的通俗的语句，更加锻炼了战士，号召他们去作新的胜利，感动他们去作新的伟迹。

在那些战斗的日子，党的工作就在战胜日本强盗的地方进行。党团的工作展开在战线上、战壕里。

党员布洛哥非亦夫毕里次基同志在战斗环境中，一分钟都没有停止他们分队里的工作。党员列夫成果在战壕里作谈话会，向战士们讲述人民的领袖列宁与史太林不顾一切监视和危险，在秘密中，在监狱里，在放逐中不倦不怠的进行为劳动者自由与幸福的斗争，结成布尔雪维克党。

由于这些工作的结果，战斗的初起两天，红军战斗员中就有二十五个人请求入党，四十八个请求入团。

在冲锋之前，举行一个短短的集会，战斗员相约竞争拿红旗插在张鼓峰上的优先权。是多么顽强的争取这一个优先权啊。

共产党员列夫成果拿着一颗手榴弹和一支手枪对付七个日本人。一颗手榴弹打死两个日本人。他受了几次伤，还是继续用着一支手枪战斗着。

我也被子弹打伤。但是难道我能把队伍放下吗？在执行战斗任务之后才到战地医院去。现在已经全愈了。被伟大的关心所包围着。也像其他参加战斗的人们一样，我每天都收到礼物、鲜花、祝词。关于波特哥尔纳的同志，曾很久的关心过，他受了三处伤，现在他已经好了，但是他无论如何不肯到疗养院去，他要到队伍里去。

看见这些战士，心花都要怒放了。有这样的人，有这样火焰似的爱国者，任何敌人我们都是不怕的。

远东红旗军的战士永久是准备好的。火药终是干燥的，枪械一直是擦好的，刺刀一直是锐利的。

七、英勇的坦克车手

独立红旗军某部队的坦克车队队长潘吉列夫同志和日军作战时受伤，他写一封信给该队的指挥员和战斗员，叙述一个坦克车手的英勇故事，下面是那封信的内容：

同志们，我要向你们讲述我的坦克车的驾驶员柯尼洛夫同志在和日本人作战时所表现的英勇。他不知道休息，始终驾驶着坦克车。

在我们的进行上，碰着了泽地，柯尼洛夫四下看了一看，选择了一条道路，勇敢的把坦克车驾驶在泽地上。周围都是敌人的子弹在霅霅作响，但是无畏的坦克车手相信的驾驶着车子。在那有着陷入泥泞的危险的地方，我的马车者很妙的驾驶着车子，我们平安的经过了泽地。

敌人的炮弹穿透坦克车的左舷。我受了伤。柯尼洛夫叫道：

“行走部分损坏了！”

我向他命令道：

“走出坦克车，检查行走部分！”

“是！”驾驶员立刻遵命。

在敌人的炮火之下，他注意的检视车子。

我继续开着火。五分钟之后，柯尼洛夫向我报告，说丝毫没有办法。听了驾驶员的报告之后，我让他坐在车顶的塔中，我自己则爬出坦克。我们车中的第三个人赤尔涅可夫斯基同志给我包扎了伤处。我打发他也坐到车子里面去，我自己掩护在坦克的右面，从事侦察和发施命令。柯尼洛夫和赤尔涅可夫斯基开枪扫射着。

一会，射击队的政治指导员跑到我们跟前。

“你受重伤了，”他说，并且向驻扎着他队伍的方面叫道，“救护员，到这里来！把他送到救护处去。”

我好久不同意，但是终于只得服从了，我探悉射击队的任务之后，我便给驾驶员发下相当的命令。

我没有望一望坦克车，爬起来便走了。说起也来可耻，大颗的泪珠，从眼眶里掉出来了。并不是因为受伤的腿和颚痛得利害。不是的，我是一个爱国的坦克车队的指挥员，却在战斗最剧烈的时候，不得已的把自己的坦克车遗下，想起这一点，心便紧缩起来了。

费了很大的力量，说服救护员把我放下，去救助那些受伤更重的人。

躲在障壁的后面，我转过身去。我的坦克的车塔还看见。从车塔里有枪声发出来。我忍不住，稍稍向右挪动，企图回到我车子那边去。但是还没有来得及爬到障壁跟前，警戒员便出现在我的面前了。

我被送到后方。唯一的思想安慰着我：有勇敢的指挥员柯尼洛夫留在坦克车里，他在保持我队的光荣！

八、张鼓峰骄矜地飘着红旗

七月二十九日

夜，大家都睡了。突然传出战斗的警报，我们迅速的集合在指定的地方。弹药，食物，行军所必要的一切，都散发给我们。我们得到的消息是日本人破坏苏联国境。

我领了子弹，得悉了任务，便召集分队的青共组织者，给他们说明情势。我们在乌黑中向国境出发，空气窒息而炎热。

八月一日

今天是我一生的历史的日子，永远不能忘怀的日子。早晨八点钟，我们的部队接到战斗的任务——去占领一处无名高地。

何等的兴奋占有着战士，真无法形容。大家都燃烧着一个愿望——怎样去快些占领高地。执行命令，把敌人从苏联领土里驱逐出去。

“青共同志们！作战准备好没有？”我问。由壕沟的深处，友谊的发出声音“准备好了！”我跟着格里哥里亦夫少尉所指挥的小队，一同去进攻。

“向前！”——命令的声音。

我和格里哥里亦夫一同向前奔跑，整个小队追随在我们后面。红军战斗员米海洛夫、毕洛诺索夫、史吉邦诺夫、格里哥拉新等平端着上着刺刀的步枪，在我们旁边坚决的行进着。

日本人发觉我们的行进，炮火和机关枪火齐开。敌人的子弹打倒了我们几个出众的同志。对于敌人的烈火样的仇恨，使我们冲向前去，增强了我们的力量。前面是河，但是为祖国而去作战的时候，是没有不能克服的难关的！

“向前，为了祖国！”——我们和指挥员同声的叫喊。战士们响应着我们的号召。我们跳下河去。游泳艰难，因为日兵对着我们扫射着。把枪械渡过河去，帮助弱者，大家都上去了。终于，是高地了，发生激战。日本人支持不住我们的压迫，我们用步枪、机关枪打他们，用刺刀戳他们。

八月二日

敌人反攻许多次，但是每一次都遗弃了他们兵士的尸体往回跑。我们一直是在敌人的密集的炮火之下。

我和实习生毕洛诺索夫之间发生有趣的谈话，谈话的环境是非常的。进行着疯狂的射击，大炮炮火已经加强，我们躺在大炮射程的边缘。毕洛诺索夫真是一个好男儿！他突然爬近到我眼前问道：

“政治局在这里举行会议不？我加入共产青年团的请求，你们审查不？”

我看看他的脸，他的脸是这样的美好！他微笑着，等候答覆。

我不能隐藏，他的问题是大大的冲动了我。

“一定，一定审查你的请求，毕洛诺索夫同志。你有资格做一个青共团员。”我向他高叫。

八月五日

早晨我们接到任务：“八月六日占领张鼓峰及其附近地方。”这便是一切了。我们明白，应当怎么办。

在战斗之前，就在壕沟里，召集青共积极份子会议。会议席上讨论我们目前的任务。几个代理政治指导员，如布略特京、巴拉索夫、依里伊、海达伊、我和别的人等都集合在一块了。我们想起电影和书本上所看见过的内战时期的插曲。

“《波罗的海人》《我们来自克隆斯达》等片，你们看见过没有？”我问。

“怎么没有看过呢！”青年政治指导员快乐地回答说。

“那末很好，我让他们回忆往事，你们记得不，布尔雪维克政治委员怎样诱掖群众而去获得胜利？我们大家来模仿我们祖国的贤能的人和英雄罢。”

我们大家互相紧紧的握了握手便分手了，去准备明天的进攻。

八月六日

夜里我们布置着出动的阵势。在短短的会议席上，向战士们宣布任务：消灭敌人，占领高地。须要有组织，有纪律，有勇敢，有刚毅。

“我们决心赴战！”战士们像合唱似的喊着，大家的情绪非常兴奋。

掘壕沟，配武装，检查枪械。

大炮指挥员、青共团员施斯京准备自己的大炮。李崇和台尼索夫少尉两同志检查大家是否已经对于目前的战争准备好了。传令员、政治指导员格伏士杰夫（他在这天英勇的战死了）检查对于进攻是否准备好了。虽然是夜里，但是工作仍旧紧张。眼睛习惯于黑暗了，我们默默地准备。

山崖那里现出太阳的光芒，太阳给我们带来勇敢与兴奋。不知是谁用半音哼着歌曲。

八月六日

在进攻以前十四点钟，我们坐在壕沟里，等候命令。一次又一次检查自己，检查自己对于进攻的准备。

大家的心意都是一个——快些去作战，快些去胜利。胜利将属于我们，对于这一点，我们一秒钟都没有怀疑。我们知道，我们是为幸福而战，是为祖国而战。

我们也明白，没有牺牲的战争是没有的。谁知道，子弹要在目前的战争里把他带走呢？

“波哥列里切夫同志，预备好没有？你把制帽带在身边啊！”分队长高兴的说。

“我预备好了。可是帽子……戴着太热了，”波哥列里切夫慢慢地说。

开始谈话。我们把尖利的字句、突梯的笑话充满在谈话里。我们并且把大家的地址放进特备的匣子里，这是为了如果我们为祖国而战死之后通知家属的。在地址的反面，每一个人都写了一封信，各照自己在作战前的感觉写出来。我写道：

“如果我战死了，那末并不是无益的。为了我们的祖国，我们献上自己的生命。我知道，胜利永久是属于我们的。胜利万岁！一九三六年八月六日。萨守根。”

我们充满着信仰，出动去进攻日本人所防守的高地。

“我们的土地连一分一毫也要肃清敌人的！”一排一排的人都传诵着。

八月六日

十五时开始进攻。远远的听见摩托的吼声，这是苏联飞机飞来了，吼声愈加响起来。愈来愈近……一，二，三，四，十……一下子数不清楚。

铁鸟已经在我们的头上了，红星在翅膀上明朗的闪亮着。飞机的出现，使我们更加兴奋了。我们盯视着天空。

飞机还是飞行着。听见我们的驱逐机向敌人作初次的射击了，轰炸机也出现了，强大的它们像鹰群似的在云雾下面行着。

爆炸，又是一声爆炸，苏联的空军开始工作了。有着日本人在那里的张鼓峰，被一球一球的浓密的黑烟笼罩住了。由于炸弹的炸裂，大地震动着，敌人获得应有的酬报了。

轰炸仍旧继续着，后面又发出新的巨响，坦克车开来了。装甲的陆地军舰，飞速的向斜坡开去，经过我们面前，向前面冲去。发出如雷似的命令声：

“战士们跟了坦克车向前！”

一霎时，大家都站起来了。对准逃窜着的日本人，我们开了机关枪和步枪。和我并排着的是格里哥里亦夫，稍前是李崇。我高喊道：“青共，向前！”

我周围看一看，没有落后的人。青共难道会落后吗？张鼓峰愈加近了。敌人顽强的抵抗着，企图用他们的炮火来阻住我们。我们继续进攻，以散兵线推进。一个凹地……躺在里面，全队都集合了，指挥员在前面。

“跃进向前！”发出新的命令。

利用极小的掩护，带爬带跑的向山顶推进。我始终和战斗指挥员格里哥里亦夫维持着关系。我们并不是第一次一同进攻，现在我们在全队的面前，双手紧握着手枪和手榴弹，我们带着预备插在山顶上的红旗，突然由青共史米尔诺夫的手里落下来。另一个战士拾起了红旗，我们仍旧在猛烈的枪炮之下向前奔跑着。一个小堑壕，全队躺下，我找到了史米尔诺夫。他自行包扎了伤处。我问道：“喂，怎样？能去作战不？”

“当然能够，要去！”

这是我们最后的停歇。无星的黑夜降下了，几个同志受伤了，也有战死的。我们相信胜利的热情，愈加增高起来。

“同志们，最后的进迫！砍断铁丝网！”格里哥里亦夫少尉尽着嗓子叫喊，雄壮的呐喊声传遍斜坡。我们用剪刀、锄头剪截和割裂铁丝网，用枪柄和枪刺消灭铁丝网的柱子，很快的开了通道，冲到张鼓峰的顶峰上去。偶然没有被我们空军的炸弹所命中的一批一批的日本人，我们用枪刺和手榴弹消灭他们，让敌人知道苏联人民的力量！红旗飘扬在高地上了。红旗被子弹和手榴弹的碎片已穿有破洞，但是由我们带着而经过了战斗的它，终于在山上骄矜地飘扬着了，我们战胜了！

整夜射击着。开着大炮、机关枪、步枪，爆裂着手榴弹。我们杀戮着敌人最后的残余，苏维埃土地上肃清了强盗。我们大家互相的祝贺着胜利，丰满的普遍的欢欣。

八月七日

高地是我们的了，但是战事还没有结束。又是黑夜。日本人以为我们睡觉了，不，我们躺在前线，准备一切战斗形势的意外。发生嘁喳的声音，我们的斥候兵叫道："是谁啊？"不则声，这是一帮日本人，利用黑夜，他们竟敢逼近了。有命令声发出：拿枪！我们的机关枪、步枪、手榴弹给敌人发出死亡的声音。

突然我们在侧面的机关枪默不作声了。我和小分队长卡达叶夫一同爬到那里去。卡达叶夫去做机关枪的一号射手，我做第二号。机关枪又开始把铅块倾倒在逼近前来的日本人身上，他们往回跑。许多人中了我们的子弹，躺下了。突然卡达叶夫抓住我的手。

"你怎么啦？"我问。

"我的腿受伤了，萨守根。"他回答道。

我舍不得这小伙子。但是有什么办法呢？把他送到比较安全的地方去。这夜我们抵住了敌人好几次的进攻。他们都被击退了。

八月九日

我们登在张鼓峰山顶上已经是第三天了。日本人受了严厉的教训，不敢爬到我们跟前来了。他们一批一批的个别的活动着。有一批日本人在侧面冲到我们的后方，我们十五个战士在小分队长叶哥洛夫的指挥之下派去消灭敌人，靠得很近，然后开火。叶哥洛夫掷手榴弹，非常准确，每一颗都是中的。我做机关枪的二号射手，突然发生了不幸，机关枪窝里没有水了。把所有水壶里的残余都倒下去，枪火继续着。过了一点钟，敌人便完全消灭了。

我没见到格里哥里亦夫已经三天了，这几天我是一直和别的分队在一块的。格里哥里亦夫是一个很好的很朴实的战斗同志。我们结实的友爱着。稍为安静的时候，我去找格里哥里亦夫。我询问，大家都不则声。我明白：一定发生什么事情了。最后，战士们互相交换着目光，说道：

“今天早晨格里哥里亦夫死了。”

再往下我就不听了。我知道，他一定英勇的战死了，不会是别的的。

有人找我，队长招呼：

“萨守根，任命你做这队伍的政治委员。政治委员毕洛鲁斯基受伤了。”

于是我便担任张鼓峰我们这队伍的政治委员了。今天又是紧张的日子。新的日本部队爬上山来。我们打得很好，很准确，已经打退了好几次的进攻。

敌人消灭了。敌人在国境线之外了！

我在医院里已经住了好几天。我快要出院回到自己战斗的同志那里去了。现在是午夜，伤兵们都睡着。沉静，很关心，国境上这时候怎么样？我们的人，同志，战士，是多么出众呀！

（译自上海俄文《我的杂志》）

九、胜利的钟点

大尉施而成果一面监视着战场，一面问他的坦克车驾驶员道：

“几点钟了？”

“六点钟。”马拉霍夫回答，继续把坦克车向前行驶。

坦克开出去进攻，已经整整一小时了。它们东窜西突，把它们在路上所遇到的一切都在它们的齿轮下面消灭尽净。大尉施而成果看着他的坦克车怎样展动开来消灭敌人。日本大炮还没有来得及开炮，便被打毁了。强盗们看见坦克车便跑……

“在二百米之外，有一尊攻坦克炮。”驾驶员报告指挥员说。

“射击，完全靠近时卷以火焰。敌炮炸毁了。”

“几点钟了？”

“七点。”驾驶员又回答说。

这时，坦克车为之开路的步兵已经快要完全逼近张鼓峰了。

战斗的任务完成了。施而成果预备给信号给侦察处。这时坦克车战抖了一下。“敌弹打中坦克了！”机师在下面喊叫。施而成果跑到他跟前。机师已经死了。施而成果赶快关闭燃料的输送管，但是坦克车已经燃烧起来了。

又是一弹，施而成果也受伤了。几块弹片打在他的脸上，一条红带伸进眼睛里去，一切都觉得是在雾中了。血，血………他下令，坦克车人员离开坦克，把机师的尸体拖出来。

队长依士维柯夫、塔顶射手库拉索夫用手抬了指挥员很快的远离燃烧着的坦克，然后依士维柯夫又跑回去。他投到火里去，把已经烧毁了的枪架和机关枪从车子抢出来，转瞬之间，依士维柯夫已经在树林里掩护，向敌人开火了。

库拉索夫迅速的给指挥员包扎好，但是指挥员施而成果不给他包扎完。他这时虽流着血，但是只想着一件事：步兵走近没有，坦克车是否已给我们的军队肃清了道路？他把库拉索夫派到前面去：

“去看看，步兵向这儿推动否，然后来报告我。”

库拉索夫迅速地跑到小山上，周围看了一看，跑回来，向自己的指挥员报告道：

“我们的坦克车和步兵都向这里来，像整堵的墙壁，道路给他们肃清了。”

依士维柯夫继续向日本狙击者开火。施而成果紧张的注视着前面。眼睛痛，世界还被雾所笼罩着，但是他已经看得渐渐清楚起来了。在玉蜀黍林子里，很近的闪亮着日本狙击者的瞄准器。那狙击者向施而成果瞄准着，愈走愈近。施而成果向日本人开了一手枪，第一枪便把他打死了。

我们的坦克车已经出现了。施而成果看见有几个日本人手拿着瓶子向一辆坦克车挨近。施而成果用手枪打他们，同时依士维柯夫也向他们开枪。日本人一个跟着一个的倒过去，坦克向前推进着。

库拉索夫又跑到指挥员跟前报告。他忍不住欢欣，高声叫道：

“指挥同志，指挥同志，我们的已经在高地上了！”

施而成果试图站起来，但是不能够，炮弹的碎片打在他的腿上。借着库拉索夫的帮助，他总算站起来了。他举起右手来，高喊道：

“为史太林，为世界无产阶级革命，向前！”

高地上也传来同样的呼声。红军们强大的“万岁”声响彻云霄。

依士维柯夫抓了机关枪和还完整着的红色信号旗，跑到山上去。

施而成果在他后面叫道：“一定要把我们的旗子插在张鼓峰上，一定！”

他们已经到了山上。山上展扬着红旗，旁边有许多小红旗。施而成果竭力要在这些小旗中寻找他坦克车的红旗，但是救护员已经带了担架跑到他跟前来了。他不愿意离开这里，他一定要看山峰上所发生的一切事情。他向一个战士道：

“现在几点钟了？”

这是一个最幸福的钟点——胜利的钟点。

十、敌军狼狈溃退

这是在战事的开初，我们的侦察队在苏联领土内发现一批日本人。国境兵把破坏国境者赶走了。过了不多时候，一小队的国境兵和另外一批人数比较众多的日本军队发生冲突。敌人开来手提机关枪的猛烈的弹火，并且由侧面来进攻。日本人受到残酷的报答。我们的机关枪手树叶夫和柯斯京以死亡的弹火迎击敌人，使敌人四散逃走。

敌人开始把自己的大炮行动起来。一颗炸裂的炮弹的碎片，伤了我、树叶夫、小队长赤尔标特果。日本人借大炮和机关枪的掩护又开始进攻。突然我们听见俄文的叫声：

"你们往那里开枪，都是自己人！"

这是穿了日本军装的白俄叫喊的。他们想煽动我们。不成功！在苏联国境兵手里的机关枪、步枪、手榴弹都不断的工作着。一批一批的日本人都被我们消灭了。但是敌人还不就范，日本人用炮火阻住了赶来援救我们的战士。

我决定改守为攻，下令机关枪手开始放射猛烈的弹火，我们冲出去作肉搏战，敌人没有交战便逃跑了。靠近四百的日本士兵和军官被几十个苏联国境兵赶跑了。

夜里战事又更猛烈的燃烧起来。枪弹打伤了我的胸，炮弹的碎片炸伤了我的腿。战士达拉多林给包扎了伤口，我继续指挥作战。我们整夜的抵敌着敌兵的进攻，不单是要作远程的射击，我们顽强的打着敌人。日军的队伍粗野的叫喊着，后退了。受伤的国境兵继续打着敌人，不愿意离开战场。这是一种英勇，也只有史太林所锻炼的人们才能有这样的英勇。

当天空渐渐透露出黎明的时候，日本人又开始射出猛烈的炮火。我的亲近的同伴、共产党员吉列斯京大尉受重伤了。不一会，敌人的子弹又穿过我的手，过了几分钟，又有一颗枪弹打伤了我的头。一夜我受了五次伤，由于炮弹和手榴弹的碎片埋在皮里，身体觉得很痛楚。但是我是一个共产党员，当进行着保卫我祖国、保卫我所爱护的苏联人民的战斗的时候，难道还有什么力量能够止住我们吗？当我们还能够动转的时候，当我们的心还跳着的时候，应当消灭我们人民的敌人。

我向英勇战士们呼喊：

"同志们，无论如何别让日本人上高地！"

"是！"忠于祖国的爱国的战士们都回答说。

战事继续着。任何描写都不能传达出我们战士的英勇来。机关枪手树叶夫受了两处伤，但是仍旧紧咬着牙齿，克服了痛楚，继续扫射着攻过来的敌人。旁边狙击手叶洛夫冷静的、准确的开着步枪。

光荣的机关枪手叶尔莫拉叶夫、威宾、毕斯可夫、齐林可夫，毫不慌张的以惊人的坚忍保卫着自己的祖国。

这夜英勇的战死的有无畏的国境兵达拉多林、共产青年团团员史洛波牛克。而史洛波牛克受了好几处伤，仍继续战斗到底。

我们的援兵开到了，生力军去扑杀敌人，健全的国境兵仍留下来作战。受伤的离开战线去包扎。我们中间的每一个人都真心的惋惜，创伤使他们暂时离开队伍！但是我们也很满意了，因为用我们的准确的弹火、手榴弹、锐利的刺刀已经消灭了不少强盗。

现在我们在医院里，被我们祖国的亲昵所包围着。创伤在痊愈着。我们回到那无畏的无限爱护祖国的战士们曾经在那里像爱护眼珠似的保卫过祖国国境的国境监视所去，为时已经不远了。

（译自《真理报》）

十一、冒着炮火输送给养

这是我营参加作战之后的第三天所发生的事情。需要急速把食物取到最前线来。通达我军布置处的唯一道路，是在敌人机枪与步枪以及大炮密集火力之下的一条河。怎办？我们决定派小分队长马柳柯夫领了一队战士去领取食物。

当马柳柯夫复读命令的时候，在他的声音里可以觉出有些不满。他显然不愿意离开前线而到后方去，虽然仅只是几小时！因为我们一营准备就在这几分钟中进攻。但是命令是命令，他道声歉，把预备送到后方去的伤兵放在担架上，集合了战士们，他便取路前进了。

过了一个半小时，我们开始进攻。在离敌壕十五米突的地方，我们不得不躺下来，因为敌人向我们开了阻止射击。我是多么奇怪，多么愤怒啊！当我回头过去看见离我不远的地方有小分队长马柳柯夫走来的时候。“难道他为了参加进攻，就不执行命令吗？”——我这样想。这时我的目光显然是充分红晕的。马柳柯夫慢慢的走到我跟前。我更加奇怪，当他表示，命令已经执行，食物已经取到，食物已经放在我们的战壕里，并且他还从后方带来了报纸。“真是好汉，”我想，“在一小时半中能够完成这样复杂的任务。”

很快的，我们的炮兵迫使日本的炮火据点沉默了，我们得到几分钟的间歇。现在可以来解决饥饿问题了。当我们分配马柳柯夫及其同志们所拿来的食物的时候，我们发觉这些食物甚至足够分给在我们旁边作战的那分队。使我们更欢喜的是新鲜的报纸。战士们唱读的诵读着报纸。

和战士们谈话，小分队长马柳柯夫讲述他怎么穿过火网到得我们的后方。起初，跟他一同去的一批战士被日本炮兵发现，当即开来猛烈的炮火。于是马柳柯夫便领了他的属下由低地隐匿的向前推进。有些地方须要爬但是安全的道路终于是找到了。他们又沿了这条路，安然的回到前线。

从这天起，马柳柯夫便做我们分队的给养处长了。他不顾猛烈的炮火，他总能够及时给战士们送到食物，并且还来得及参加每次的进攻。在战事结束之后，当有庖厨派给我们的时候，才解除马柳柯夫这个额外的职务。

从这个插话里，必须作出几个结论：在山地，多河渠的地方，在战斗进行的时候，时常运送食物到前线去是很困难的。在这样情形之下，后方的工作人员，借特派的侦察员之助，必须找寻隐蔽的、敌人少能射击到的通达战斗部队的道路。利用这些道路，可以在战斗的时候经常及时的把食物和报纸送到部队里去。

柯列索大记于哈桑湖（译自《红星报》）

十二、站在前线的红旗歌舞班

苏联红军的红旗歌舞班，是专到各处红军部队里去表演歌唱和舞蹈，以慰劳和鼓励红军战士的。该班到远东表演，正值张鼓峰的国境事件，一部分便特别到哈桑湖前线去慰军。下面是由该团旅行日记里摘录下来的两段：

国境上的形势极端紧张，每分钟都有发生日本法西斯蒂新挑衅的可能。

我们的班子在黄昏前达到这里。

我们刚到这里两天，俱乐部还没有来得及建筑。迎接我们的某队政治委员开玩笑的说："同志们，舞台怎么呢？"

但是我们安慰委员道："歌舞班惯于在任何情形之下演出。"

在张鼓峰的山脚跟前，选择了一块小小的广场，排了几捆压平了的干草给低音和高音的歌者做凳子，奏乐的人也是坐在草堆上。舞蹈者的脚下铺了三块木板，以取足声的效果。并且开办了一个发电厂，用电线通了汽车上的电池，和挂在临时舞台上的一根竿子上的二十五支光的灯泡接起来。

于是"大戏院"便形成了。演员和观众都努力的帮助我们，大家都很满意自己的发明。突然，在音乐会最热闹的时候，电灯丝烧断了。但是我们丝毫不受影响，继续的歌唱着。

黑夜来了。山岭上隐约着侦察兵的侧影，有骑兵飞驰着。是一个骑兵中队在我们面前疾逝过去，什么地方有大炮轮子的动转声。

“在河上和山上，军队开向前方。”我们唱。

九月一日黄昏我们来到哈桑湖畔。一小队橡皮汽艇在岸边等候我们。工兵把我们载到对岸的张鼓峰山脚下。

山上传来欢迎的声音。当我们排队走近到山脚的时候，战斗员、指挥员、政治工作人员——哈桑湖英勇战斗的参加者都围住我们。

观众在我们的面前，坐在斜坡上。他们都是全副武装。他们的手里都握着步枪。整个小山都是炮弹的窟窿。不远的地方布置着铁丝网。后面是平静的湖面。张鼓峰上骄傲的飘着一面红旗——伏洛西罗夫工人的礼物。

这时《史太林歌》的歌声以强大得惊人的力量响澈着。

音乐会之后，战斗员和指挥员——张鼓峰的勇士发表演说。他们说：“我们带着史太林的名字去作战，我们带着史太林名字战胜了，还将在一切战斗里胜利。”

哈桑湖战后的参加者随时随地热烈而欢欣的欢迎我们。光荣的飞行士撒下传单，传单上这样写：

“我们能会见你们——我们所敬爱的国防人民委员会的使者，正当我们获得伟大的荣幸去打击破坏国境的敌人的时候，我们真是非常高兴。六月里离开我们的时候，你们曾答应，等祖国命令我们武装的去打击敌人的时候，你们将再和我们同在一起。现在你们履行这个诺言了。我们的朋友、英明的领袖、劳动者的导师、亲爱的史太林万岁！”

我们在哈桑湖给我们祖国的英雄——以空前的伟绩而获得英雄的称誉的英雄们表演。其中有列夫成果队长，他曾领着他的小队抵御日军许多小时；还有哈里羊诺夫队长，他曾几日几夜双手不断放机关枪，消灭日本人。

我们被祖国英勇儿孙的勇敢与刚毅所充满，他们以他们的模范感动我们。我们荣幸的得悉，我们的红旗歌舞班被当作战斗的分队，也列入张鼓峰的作战部队里。

（原载于《张鼓峰的战斗》，杂志社，1938 年）

张鼓峰事件之经过

东序

最近日苏二国因张鼓峰事件曾发生武装冲突，形势极为严重，颇有爆发为大规模战争之势。后因日本态度软化，遂订立停战协定，形势始形缓和。惟停战协定系暂时性质，将来局势如何演变，尚不可知，兹将此次纠纷经过情形略志如后。

张峰鼓之形势

此次日苏发生冲突，系因争夺张鼓峰一地而起。据熟悉张鼓峰形势者言，该地为军事上重要据点。盖张鼓峰所处之地，南渡图们江即为朝鲜境，西为吉林省境，东距苏联保索奇恩湾仅三十公里，该湾为苏联海军重要根据之一，潜水艇舰队多驻该湾，苏日间如有战事，苏自海参崴调集军队进攻朝鲜及东北，必须经过此湾。日必强占张鼓峰者，因其间接可以威胁海参崴，直接可控制此湾之故。张鼓峰南隔图们江车站（即朝鲜重要车站之一），由此铁路可通雄基、罗津、清津三港，雄基、罗津为日在北部朝鲜重要商港。张鼓峰山势甚险峻，可安置重炮，居高临下，图们江车站如囊中物。惟日在图们江一带既有铁路之便，复有公路之利，四通八达，集中兵力与供给粮弹，皆极便利。此次日军所以悍然进攻张鼓峰者，据军事专家观察，盖选择作战最便利之地点，而同时又为军事上所必争之据点，先发制人，是日军此次挑衅行动实具有重大意义，非可以寻常视之也。

事件之发生

依据一八八六年《中俄条约》所规定，此重要军事地之张鼓峰，本为苏联领土。七月十二日，有苏联士兵数十人在张鼓峰地方建筑防御工程。惟日本则认张鼓峰为满洲领土，认苏联之行动系侵略满洲领土之完整，因于十五及十七二日由日本驻莫斯科代办向苏联提出抗议，要求撤退军队，但均为苏联所拒绝。于是日本即乘机大事宣传，想以恫吓手段威胁苏联屈服。据同盟社十七日电称，满洲与朝鲜之日本最高军事指挥希望苏联军队自动撤退，俾可和平解决，否则日本唯有实行以武力恢复常态。同时，日本国内新闻亦发生强硬论调，群以为此事将演成为第二次“芦沟桥”事件。如十九日东京《朝日新闻》称：“苏联侵占‘满洲国’领土一事，如确系苏方有计划之挑衅行动，目的在与日本发生纠纷，则吾人必须立下决心，准备诉诸武力，以应付非常事变，此外则无他途可循。”反动派的建国会更举行示威行动，包围苏联驻日大使馆，并散发传单，要求政府立即“膺惩苏联”。当此形势紧张之时，日方又传出边境发生新事件，如所谓日本二个送信人之失踪，以及日本宪兵之被苏联兵士枪杀与逮捕等等，因此二国间形势更趋严重。

第一次外交谈判

当此形势紧张之际，日本驻苏大使重光葵自欧游途中飞返莫斯科，于二十日与苏外长李维诺夫会见，要求苏联撤退军队，并施行恫吓，惟为李维诺夫所完全拒绝，并予以教诲。重光于会见时首称，苏联外交人民委会十五日已将日使馆要求撤张鼓峰苏联军队之请求予以拒绝，日政府对本问题曾再度根据“满洲国”政府提供之资料加以研究。认为该地确系属于“满洲国”，而满人亦时在该举行宗教仪式。苏联政府过去一再表示努力和平，保持边区现状，因此次现状破坏，苏联应负责任。现日政府不坚持立即实行划分疆界，但要求立即撤退该处苏联军队，借维和平。李维诺夫当提醒重光注意称，关于此案公文，即《珲春条约》及其附图，已交日代办持返。依照该约，边疆限界系沿长济湖（译音）西山脉，十分明显，是图亦有前中国政府代表签字为证。本问题根据此项文件，即足以为证，不必言他，日政府舍此不可争辩之证据不求，而斤斤于与苏联政府无关之无名“满”人意见，自难予以确认。无论如何，长济湖西高地（按即张鼓峰）系苏联领域，无可置辩，苏联巡逻军队前已派往，现在亦仍在该处。苏联领域之内，一切军队调动，自有苏联当局指挥，其他国家不容干涉或提出请求。该区巡逻兵除维护边疆现状以外，无其他目的，与其他国家相较，派兵至他国者自有不同。红军深切认识彼等责任所在而时自警惕，苏联边境向极平静，仅日“满”加以破坏而已，此种责任，应由日“满”负之。苏联军队无论在何处驻屯，绝不干犯外国领土，倘日政府今后能使“满洲国”提出此类资料时，苏联政府亦愿予以考虑，并表示其意见。

重光表示日政府必不以此种答复为满意，彼意认苏联提出之地图并非到处印行者，现必要步骤为恢复边境常态，消除现在该处造成之局势，否则日本逼得必趋于应用武力。重光再提撤兵要求，并抗议苏联军格毙一日宪兵事。李维诺夫遂表示，一富有经验之外交家如重光者，如是忽视确定国家间界疆之两方地图，殊令人惊异。不论该图此时是否印行，但此事并不影响其真实性与可靠性。日政府代表谓他国未印行一切缔结之条约，尤堪怪异，然则是否一切订立之秘密条约，咸属非真实者。论及应用武力，倘日本认为恐吓胁迫依良好外交手段，而为某国可以接受让步，日大使须知此种手段之应用，在莫斯科不能成功。日宪兵被杀，系因其在苏境内，且无任务所致。最后，李氏唤起日使注意，本月十九日，日人多名侵入东京苏联大使馆，散发挑衅传单之事实，该处执行职务警察竟未加以阻止，现为使东京苏使馆及莫斯科日使馆照常安静工作起见，日政府应立即设法惩办犯罪者，并阻止将来类似事件之重演。

日本经此碰壁后，其政府态度即渐形软化。如二十二日外务省发言人称："与莫斯科谈判，须有忍耐性。"同时并拟提出组织二个委员会来解决边界纠纷。二国紧张关系一时颇有缓和之势。

日突向苏进攻

惟至七月二十九日，日本军队突然进攻苏联军队而将张鼓峰一带领土占领，苏军在增援后当即反攻，自此二国间之小规模战争遂形爆发。苏联除以重炮与坦克车攻击进攻之日军外，并出动飞机狂炸日军地阵。日苏二国所发表之军报，均各互相矛盾，苏联曾二次发表公报，谓苏军已完全驱逐日军而恢复张鼓峰失地，但日方则谓张鼓峰仍在日军手中。其实二军争夺极烈，阵地互有进出。惟至八月十一日停战协定成立前，张鼓峰一地似已完全在苏军手中，此不仅于苏联公报中可以觇之，即从路透社前线记者十日自朝鲜雄基所发之电文亦可窥知。该电首叙苏联炮火之猛，与大战时之情况无异。每小时约四百发，长共四英里之日军阵线，均在炮火之威力下，苏军炮火完全为有系统之轰击，描准亦极准确，继谓以图们江为背之日军阵地，颇难坚守。又谓日本虽屡次宣称苏军皆被击退，但各方对于日方是否仍占有张鼓峰山顶，已表示怀疑云。

外交谈判之失败

当二军在前线激战之时，日本驻苏大使重光葵曾二次奉命往见李维诺夫，要求苏联休战，惟均未成功。第一次系在八月四日，首由重光发言，谓日本愿将此次边境争议和平解决，二方战事即予停止，并举行外交谈判。李维诺夫答称：如日政府确具和平解决争议之愿，是则自始即不应以武力袭击苏联哨兵，如日本停止进攻苏境，并召回苏境内日兵，则苏军自无继续采取军事行动之理由，然后日方所提举行外交谈判之建议，始可着手讨论。中俄一八八六年条约所规定之苏联边境，日政府必当予以尊重。日大使答称：渠无意重提边境纠纷，贵委员会所称边境地图，日"满"政府俱未过目，故如欲根据此项地图决定此次纠纷，实属有妨公正；目前之问题，为应如何停止军事行动，恢复纠纷以前之状态。李氏当即要求关于二方边境谈判，应以一八八六年《中俄条约》所附地图为根据，并申述日本不应因占领"满洲国"一事，而有要求变更边境之权，惟在日军留于俄境期间内，苏联政府必决心自由采取必要之行动云。又据中央社巴黎五日电称，重光向李维诺夫提出建议主张：(一)停止敌对行动；(二)日方自互争区域撤退军队，苏联部队亦自该处撤退若干距离，俾该处实际上成为中立区；(三)组织混合委员会，勘定边界。关于此案，此间顷获莫斯科方面最后消息，据称，李维诺夫当时所作答词，在大体上虽可认为肯定的，究其实际，仅就停止敌对行动一层接受，对于其他各点，仍坚持原来立场。质言之，即日军若自非法占据区域撤退，则苏联准备中止军事行动，至张鼓峰争端切实解决之前，苏俄军队应允进驻互争区域与否，迄未加以声明。反之，李维诺夫要求日本提供保证，声明一八八六年《珲春条约》附图所定边界线之不可侵略性，务当予以尊重。此外关于组织混合委员会勘定边界一项建议，李维诺夫虽加接受，但此次委员会应以《珲春条约》所规定之边界线为依归云。

第二次外交谈判于八月七日举行，重光重申前议，要求停战，惟李维诺夫答称，如日军一日留在《珲春条约》规定之苏联边界内，则停战要求，苏联不能同意。重光称：恢复原状为和平之必要条件，惟一办法即为双方军队互撤至若干距离，由二方代表举行外交谈判，谋本案之解决。李氏称：如能恢复七月二十九日以前原状，而并不违反《珲春条约》之规定，则苏联亦愿停止战争云。

日本之屈服

二次外交谈判均未有何结果，前线战事仍继续重行，惟至十日前苏联以重炮、飞机攻击日军结果，已完全夺回张鼓峰一带地方，因此八月十日晚重光会晤李维诺夫时，李氏即答允日本停战要求并提出如下建议：

(一)双方部队应于十一日正午(当地时间)停止军事行动，其在十日午前十时所占有之阵地，仍听其占有之。

(二)组织混合委员会勘定界线，苏联应派出代表二名，日本、满洲各派出代表一名(以前日方要求各派二名)。

（三）双方界线应以中俄二国全权代表前于一八八六年所签订之《珲春条约》与其附图为依据。

重光当即接受第一点与第二点，对于第三点纵云日本与“满洲国”所有之档案迄今尚未向苏联提出者亦可作为依据，但已应允将李氏原案向日政府请示。因此停战协定遂形成立，而紧张一时之日苏冲突又暂时缓和。一向以反赤防共自命之日本军阀，遂不得不屈服于苏联重炮飞机威力之下矣。

（原载于《东方杂志》第35卷第17号，1938年）

朝鲜革命军在东北的抗日阵线

[韩国]李青天

一、沿革

朝鲜民族之在东北抗日运动已有二十余年之历史，考其根源，在韩国国亡前后，朝鲜爱国人士深知中韩两民族有同舟之谊，欲求朝鲜之自由独立，非与中国民族共同奋斗不可，而怀风泉之恸，来投东省者日众，当时东北当局亦深表同情，予以庇护，在柳河、通化、汪清、密山等处开设军事学校，养成干部人材，组织民众并防止日本不遗余力。

及至一九一九年，响应国内之独立宣言，在东北韩侨之抗日运动亦以勃然之势蔚兴：大韩独立团、大韩西路军政署、大韩北路军政署、大韩征日军等机关与团体接踵而起，各自调动部队，在中韩国境及北韩一带开始与日军作战。一九二〇年，两军政署与征日军统一为大韩独立军，由总司令洪范道[图]、前敌司令李青天等指挥，在中俄国境及延吉一带与日军搏战，当时日本借辞镇压韩党，动员三师兵力，侵入辽吉各地，蹂躏中国主权，肆行虐杀韩族，但韩军毫不畏缩，愈益奋励，竟在和志县青山里地方以数千疲敝之众袭杀日军万余人，大获全胜，经此一役，韩军声威大振。一九二三年春，大韩独立党与大韩独立军统一为大韩统义府，拥有七十万在住韩族，颁布国民皆兵制，原有两部队改编为大韩义勇军，由总司令吴东振指挥。

一九二四年，大韩统义府与国内外之数个武装团体统一为大韩正义府，金东三、李青天、玄益哲等继任执行委员长负总责，直辖各部队由总司令李青天指挥。

一九二七年，在吉林纠合国内之革命份子，组织韩革命党，玄益哲任执行委员长，办理党务。将正义府等团体统一为民众自治机关国民府，玄益哲任执行委员长，负该府总责。大韩义勇军、大韩独立军等从前各府所属部队一律归属于党之直辖，改编为朝鲜革命军，由总司令玄益哲指挥，继续对日斗争。一九二八年，在中东线一带有韩国独立党之组织，该党直属下，置有韩国独立军，由总司令李青天指挥，在吉黑一带与日军继续血战。

二、朝鲜革命军之战绩

回顾朝鲜革命军之过去二十余年间之抗战成绩实是沉痛壮烈。概自一九一〇年直到今日，朝鲜革命军在中韩国境及东北各地之对日战斗大小达五千八百余回之多，破坏日军之战斗力与日本帝国主义者当时种种之满蒙侵略政策及行动甚巨，积极防止其对满铁线以外之进出，例如自一九一五年日本强迫中国勒缔二十一条约，于东边道一带，日本暗中施设之所谓领事馆派出所、关东军特务机关派出所、满铁出张所、劝业公司出张所等星罗棋布之侵略机关，以及其商工业、土地、矿山等种种侵略经营，概为朝鲜革命军之铁血所扑灭而净尽。可见该军之对日斗争，其目的虽然在于光复祖国，而其所以排击日本之满蒙侵略与大陆政策，而拥护中国之主权与利益，亦有不可埋没之功绩。

九一八以后，朝鲜革命军之抗战尤极猛烈，举其卓荦可记者如左：

九一八事变发生，东北大好山河为日本强占，于是凡我中国同胞无不激昂愤慨，抗日气氛遍满山野，在此一触即发之际，朝鲜革命军总司令梁世奉、参谋长金学奎等率部二百余名，与中国义勇军王雕轩等部合势，于一九三二年三月十日起于新宾县旺清门，翌日占领永陵街等处，与日伪军激战四五日，斩获甚多。

此次朝鲜革命军之胜利，影响所及造成抗日风气，中国义勇军到处蜂起，旋有辽宁民众自卫军之组织，声势甚大。同年四月，朝鲜革命军四百名由队长赵化善、崔元龙等引率，与自卫军李春润部三千名合并，在新宾县老城附近与日军二千名激战多日，击败敌军，斩获八十余名，虏获亦多。经此二个月之奋战苦斗，朝鲜革命军之名声震动全境。同三月，韩国独立军中队长安海天与中国抗日军冯占海部队合力，进攻阿城县，屡立战功。同五月，朝鲜革命军派代表金学奎与自卫军实行合作，朝鲜革命军为特务队，配置在最前线作战。同六月五日，由总司令唐聚五提议，分置朝鲜革命军特务队于自卫军各路，使之协力作战，同时在通化县江甸子开设朝鲜革命军速成军官学校，训练干部人员八百余名。同月，在新宾县街附近与日伪军大部队对峙，激战月余均由司令梁世奉指挥，夺还县城三次，双方均有相当的死伤。同月，朝鲜革命军崔元龙部队五百名与自卫军五千名合阵，在清源一带与日军八千余名激战十余日，击退敌军，斩杀八百余名，虏获甚多。同月，朝鲜革命军金光玉部队四百名与自卫军六路司令孙秀岩部队合阵，在辑安、临江一带与日伪军五千名对峙，激战三十余回，溃灭敌军。同月，朝鲜革命军文英灿部队与自卫军五路军合阵在桓仁大野河一带与日伪军五千余名对峙，苦战半年始终固守阵地，击退敌军于后方，斩杀一千余名。八月七日，朝鲜革命军赵化善部队三百余名与自卫军八百名在清源马山卫子附近遭遇日军五百名，激战半日击败敌军，敌军死者三十六名，伤者尤多。

同十六日，韩国独立军与联军第三军某部合力，向双城进攻，所经阿城双城等处沿路均为日伪军占据，但我军转战三百余里，有进无退，杀敌无算，势如破竹，至十四日夜攻袭双城，韩军进攻西门，由总司令李青天指挥，杀敌无算。

一九三三年一月，朝鲜革命军吉黑独立队一千名在宾县南天门与中国义勇军冯占海部队合作，由县司令柳东说指挥，进击日军及伪军于险舟部队共万余名，激战四日击退敌军，斩杀二百余名。同日，韩国独立军与救国军第十四混成旅团长柴世荣部队合作，改称为中韩抗日联合军，二月十五日由总司令李青天指挥，在镜泊湖南口迎击日伪军于骑兵二千余予以歼灭。二月，朝鲜革命军吉黑独立队第三中队与延寿民众自卫军四千余名合阵，由特务队长金相浩指挥，固守延寿一带之阵地半年有余，与日伪军大小部队激战数十余回，均有相当斩获。四月十四日，韩独军攻宁安县八道河子，与日伪军大部队激战一日，斩杀四百余名。六月三日，总司令李青天率抗日联合军，进攻东京城，与日伪军一旅激战半日，溃灭敌军，及后我军全部入城，虏获枪弹等物。同十七日，进攻杨木林子，击退日伪军，斩杀百余名，虏获无算。七月三日，进攻绥芬河日军饭壕部队，予以歼灭，缴获迫击炮八门，重轻机关枪百十门，小枪五百八十枝，手榴弹百箱、子弹三百箱、快枪三百枝及其他军用地图、文件、铁甲车、望远镜等无数。

一九三四年五月，朝革军总司令梁世奉派金学奎同志为代表前往关内，向中国各级当局及其他革命机关以求声援。

一九三四年七月，朝革军五百名由总司令梁世奉指挥，在通化快大茂子与日军骑兵百五十名、步兵二百名激战一日，击退敌军，斩杀六十余名，缴获机关枪一门、步枪五十余枝。同月，朝鲜革命军吉黑独立队三百名与中国义勇军宫英武部队联合，由特务队长金相浩指挥，在乌吉密地方与日军一大队及伪军二千名激战一日，斩杀三十余名。八月，在延寿蚂蚁河与日军一中队激战半日，缴获机关枪二门、步枪二百枝及军需品多数。十月二十三日，朝鲜革命军二百名与中国抗日军各派合势，由二路司令崔肯峰指挥，在通北江甸子与日伪军一千余名激战一昼夜，斩杀八十余名，获械无算。十二月，吉黑独立队三百名由特务队长金相浩指挥，在黑龙江木兰县老纸房遭遇日军一中队，激战半日，斩杀四十余名。

一九三五年四月十三日，朝鲜革命军三百名由总司令金活石指挥，在通北岗山岭与日伪军八百名遭遇，激战一日，斩杀七十余名，虏获枪械、马匹、车辆等多数。

十月二十三日，朝鲜革命军百五十名由三路司令崔胄峰指挥，在桓仁县野猪沟遭遇日军三百名，激战多时，杀敌二十余名。

一九三六年四月，朝革军三路司令赵化善部队三百名由通化二道江进攻外芬汹日军八十名，予以歼灭。六月八日，朝革军二百五十名由二路司令崔胄峰指挥，在柳河五凤楼袭击日军一小队，斩杀殆尽。

总之，九一八以后韩军在东北各地特别于东边道一带之对日战斗几乎无日无之，血染山河，尸积原野，以上记录仅其泥爪，但吾人由此可知更悲壮更热烈之战斗将自今日展开，以至于完成朝鲜独立之一日。

三、朝鲜革命军之现状

一九三四年九月十八日，故朝革军总司令梁世奉阵没后由金活石同志继任，继续血战，至一九三五年七月韩独军改编为朝鲜革命军，仍由金活石同志任总司令，将现役各军兵力分为三路，除与日伪军警作殊死战外，并破坏日本帝国主义者之商工农矿交通等一切施设；反对伪组织，防止其发展，剿荡汉奸巢窟，肃清亲日份子，组织民众，唤起革命意识，鼓吹抗日情感，训练民众，武装动员，将受过现役军训之壮丁万余名秘密编成豫备队，散布各地，以便随时调动；另有受过简易军训之壮丁十余万亦可随机调动，并与东北抗日各部队取紧密之联络，恶战苦斗以促进伟大之时机。行见日本帝国主义者之侵略行动必有一日破碎无余，惟因干部人材之不足，枪弹缺乏，资源不给，诸感困难，凡为同志同胞亟应讲究切实办法与以支援！

（原载于《华美》第 1 卷第 34 期，1938 年）

朝鲜革命军事运动之回顾与展望

[韩国]民山

一、绪言

谁都知道，东方的强盗日本帝国主义自从明治维新成功，经过中日、俄日两大战争而获得胜利，迫使中俄两国的势力由朝鲜退出，终将朝鲜做了它的独占殖民地和侵略大陆的战略根据地。于是日本帝国主义的基础始得奠定。

朝鲜被日本并吞的时候，朝鲜是否有过军队？为什么没有发生过正式战争？这个问题，是在叙述本论之前，有加以说明的必要。

敌人在并吞朝鲜的过程中所贯用的政策就是“以韩制韩”不战而胜的巧技，但这个政策的最大成功者，却是世界所共知的伊藤博文。一九〇五年九月，日本便以战胜国的资格，与俄国缔结和约，竟使俄国承认日本在韩国之政治、军事、经济上的特殊权利。于同年十一月，伊藤博文是以日本政府特派大使的资格来韩，一面以武力威胁韩廷，一面利诱和收买李完用等卖国贼，缔所谓保护条约①。于是伊藤自任为韩国统监，除在重要地点分驻重兵外并收买和指使走狗卖国贼，制造许多亲日团体在各地活动。到一九〇七年七月又勒缔七条协约②，同时威逼韩皇以敕命解散军队，收缴枪械，以绝后患此后日人更无所顾忌，为其所欲为，而于一九一〇年八月未经正式战争而完全并吞了朝鲜。

朝鲜军队被解放之先，日人借口节省经费刷新军制业经减少我军额，故当解散时，在汉城的兵额仅一混成旅，官佐士兵共约一万人；在各地方者共八个镇卫大队，官佐士兵共仅四千三百人。朝鲜国防力之所以如此薄弱，军队之所

---

① 保护条约系在一九〇五年，由敌魁伊藤博文与卖国贼李完用所订者，共为五条，朝鲜因此约而完全丧失外交的自由，而日本特设统监府于朝鲜以监视朝鲜政府之一切对外行动。

② 七条协约系于一九〇七年七月十四日，亦由伊藤博文与李完用订立者共为七条，因以日本统监便能干涉朝鲜内之行政。而日本人可得为朝鲜之官吏，但不准聘用其他外国人。

以如此解散者，虽然因于敌人之强压和威迫，但我们自己的责任，尤不可逃避。

（一）朝鲜久为朱子派的儒教文化所熏染，便以消极苟安、尚文偃武为国家社会的习尚，忽视国防政策，致使军事力量如此薄弱。

（二）当时朝鲜未经输入欧美资本主义的近代文明，因而国家意识不普及，政府及人民均不知国防为现代国家命脉。

（三）李朝末年朝鲜之当权者，多系权贵斑门之纨袴，既无整肃内政之能力，又不明国际情势，只在被动的地位，尽受敌人之愚弄，以至唯敌人之命是从。

韩国军队被解散之后，或者饮泣归农，或者悲愤自杀。又有些倡义讨贼，组织义兵——这就是朝鲜义兵的一个来源，也就是朝鲜革命军事运动的开端。朝鲜革命军事运动，自从义兵运动开始一直到现在，一刻也未曾间断，而积极与敌人斗争。

朝鲜革命军事运动可分三个阶段来说明，即自亡国前后以至一九一九年"三一"运动为第一阶段，自"三一"运动至"九一八"事变为第二阶段，自"九一八"事变至现在为第二阶段。

过去三十年来，朝鲜民族的反日武装斗争造成了无数次的轰轰烈烈可歌可泣的史迹，但是因为材料的难于搜集与篇幅的有限，本文只能介绍一个概略。

二、义兵运动

义兵就是现在所说的义勇军或民众游击队，这就是民众本身抗敌自卫的武装组织。兹将其运动分段别项叙述于下。

1.构成要素

朝鲜民族自从一九〇五年给日本强盗勒缔保护条约以后，均感亡国之祸迫于眉睫，纷起揭竿倡义招募义兵，与倭寇开始武装斗争，这就是义兵运动的民众基础。构成要素为儒林学子、乡村农民与被解散的军人。所持武器除一部由被解散的军人带来新式枪械外，大半都是土枪、猎枪以及刀枪等落后的武器。

2.活动地域及其期间

朝鲜义兵是无训练的群众与落后的武器配合起来的，所以不能与武装齐备与训练精良的敌军比较其作战力，但能血肉相博，持久作战，予敌人以重大损失。其作战区域是普遍全国，作战期间亦至八年之久，参战人数不下数十万，作战的次数亦至数千回，这不能不视为朝鲜民族初期革命军事运动悲壮的流血记录。

3.主要的领导人物及其战绩

a.崔益铉。为国家元老儒林泰斗。当保护约成，就与其门人林秉瓒等纠合同志举义招众，活跃于京畿道一带，后被捕至日本对马岛，绝食而死。

b.闵肯镐。为原州镇卫队正校。拒绝解散军队的命令，率领部队，转战于忠州、原州、堤州之间，予日军以重创。

c.李殷赞等诸人。李殷赞首举关东义旗，纠合六千余众，血战四十余次，斩杀敌兵颇众。后联合许荐、李康年、权重植等义旅数万，推李麟荣为大将，驰骋于京畿、江原一带。后与许荐计划攻入京城，一举而破统监府，撤消勒约。遂被禁入狱，不屈而死。李康年为湖西义军首领，当许荐、李殷赞等京城进攻计划失败以后，收拾余众转战江原、庆尚一带，大小数十战，杀敌甚多，终因势孤被敌所俘，不屈而死。

d.池弘允。系江华镇卫队副校，见日人勒散我军就举义旗，击灭日军一中队。及日军攻陷江华，弘允率部下走海西。密谋再举，不幸被敌赏购，从容就义。

e.金秀敏。多力善射，百发百中，自制弹药以用之。率兵二千据长湍，积聚军粮，募负贩为侦探，与敌交绥，屡获胜捷。

f.李镇龙、蔡应彦。起义于黄海道平山，活跃于京义线鸡井及礼成江沿岸各地，迭奏奇功。

g.洪范图。原系咸镜道甲山郡猎户出身，与车允道等举义，转战于甲山、三水、北青等地，迭有斩获。

h.全琫准。是系天道教主崔水云之高足，甲午东学党大革命之领袖。于国亡前后，倡义讨敌，农民子弟从之如云，不数月而达数万之众，声势大振，驰骋于三南（庆尚、全罗、忠清三道）地方，而迭予敌以重创。

以上所记，仅系其荦荦大者，至于成千成万有名无名之民族英雄于此不遑一一叙述。概括言之，义兵运动乃是朝鲜民族精神之表示，其牺牲精神之热烈，尤可令人赞叹。惜因武器之劣等，经济力之单薄，以及民众训练之困难，而终归于失败，岂不痛叹。但义兵运动所予朝鲜民族解放运动之影响，实莫大焉。

三、“三一”运动以后之军事运动

朝鲜民族在国亡前后，不堪受日人之压迫，纷纷往中国东三省移住者甚多，又因日本施行其移民政策而被移住者尤多，故至一九一九年“三一”运动当时，中国东三省之朝鲜侨民已不下七八十万，而与朝鲜接壤之吉林、辽宁二省尤多。朝鲜革命志士及义兵领袖亦多至东三省，组织韩族会等自治团体；创办新兴学校，养成革命干部人材，并施以军事训练；又征集资金，购备武器。经过数年之苦心经营，至于一九一九年，即“三一”暴动发生前一年，朝鲜独立军终于在满洲东三省成立。

但此所谓独立军系泛称名词。组织既不一致，指挥又不统一，正如东北地方初期之义勇军与现在华北一带之游击队一般，此等朝鲜独立军在“三一”运动当时约达五千余人，活动于吉林省延吉道一带及朝鲜国境一带。其主要领袖为洪范图、金佐镇等。

洪范图、金佐镇领导下之朝鲜独立军，在间岛及国境一带时与敌人接触，屡获胜利。尤在青山里一战，便予敌军以重大之挫败。青山里是辽宁和龙县属山地，我金佐镇部队在此被敌包围，当时我军以勇敢敏捷之行动脱围移动，但敌人尚不知我军已走，竟至自相冲击，而我军从后迂回袭击，杀敌千余，获战利品甚多。此即为有名之青山里战役。先是敌人鉴于“三一”运动，朝鲜全民族反日斗争之熟烈，始觉朝鲜民族战斗精神之坚决，故而为斩除将来之后患起见，决以武力解决在东二省之朝鲜独立军，遂于一九二〇年八月派大兵围攻我独立军，沿道奸淫烧杀无所不用其极，但经青山里一战，反受意外之挫折。我军英勇抗战，争取空前胜利，但因寡不敌众，又无后援，遂退入俄境。

李古狂、吴东振、金东三等以辽宁东边道一带为根据地，在统义府（以南满为根据之朝鲜革命军政机关）领导下编练军队六中队（每中队约五六十名），继洪范图、金佐镇等之后而重整旗鼓。后来统义府扩大其范围而改称为正义府（一九二四年），军队又逐渐扩充，与当地侨胞打成一片，散布于国境一带，不断地作游击战。此项军队至“九一八”事变前后归南满朝鲜革命党节制，称为朝鲜革命军。除在南满铁道沿线及国境一带猛烈活动外并时常越入国境，袭击敌军守备队及敌警驻在所，屡立奇功。此外又有韩国独立军以北满为活动中心，在“九一八”事变发生后即与中东路护路军义勇军联结一起，继续英勇抗战。

四、“九一八”事变以后之军事运动

“九一八”以后至现在这一阶段的朝鲜革命军事运动的主要特征是：（一）与中国东北义勇军联成一片，共同抗日。原辽宁东边道一带活动之朝鲜革命军，前后与该地中国义勇军唐聚五、王凤阁、杨靖宇等部协同作战。曾在中东路一带活动之韩国独立军（以李青天为司令，人数约百余，活动期间为“九一八”即后的半年余，现已不存）曾与当时该地义勇军吴义成等部合作，此外还有许多朝鲜武装同志和中国抗日战士合组抗日联军与日寇斗争。(二)质量上亦有发展。“九一八”以前在满之朝鲜武装同志仅有三四百人,但现在已增到一万余人,而其素质及战斗力亦大大提高。(三)战斗地域扩大,战斗方式亦改变。“九一八”以前活动地是仅仅限于韩满国境一带,但“九一八”以后渐渐扩大到东北及其他各地方(即指韩侨居住之他方);以前的战斗是多属于小组之恐怖行动,但现在已能充分的运用游击战术。由以上三个特征我们可以知道这一阶段和前一阶段的军事运动已不相同了,是已丰富且进步了。兹在下面分述这一阶段军事运动的一般情形。

(一)朝鲜革命军之继续苦斗

朝鲜革命军就是前在东北之韩人军政机关正义府军队之后身,是“九一八”以后改称的。当时以梁瑞凤为司令,人数约四五百名。唐聚五任辽宁义勇军总司令的时候,她担任过一种别动队的任务。唐聚五失败以后,曾和当地(指东北边道一带)义勇军王凤阁、邓铁梅、杨靖宇等部取得联络协同抗日,现在以金活石为司令,和抗日联军第一军取密切的合作,继续抗日。

这一军的战斗力是非常的强,不但她的友军都佩服她,而且该地的民众都称赞她。无论那一次的大小战斗,她都给敌人以很大的打击,而她自己却没得到什么损失。(该军之战斗情形多载于朝鲜新闻,现在材料不备不能详述。)因为如此才能在敌人不断的“讨伐”和没有外援的艰苦的环境之下,依靠着该地有限的该地朝鲜同胞的人力物力,还能维持到现在仍和敌人继续血战。

(二)抗日联军中朝鲜战士之英勇战绩

“九一八”事变以后,在满之许多朝鲜革命同志基于中韩两民族之敌人完全相同,又树立朝鲜军队之独立旗帜不容易发展(其原因,一,为维持中韩民族之大团结,不能向扩大的中国民众征发军需;二,韩侨有限,不能扩充部队),遂与中国的抗日战士合创中韩联军形式之抗日联军(初称反日游击队或人民革命军,无论名称如何变更,其本质完全相同)坚持抗日到底。第三军赵尚志部都有最有力有勇敢的朝鲜干部同志。

抗日联军第二军王德泰部的大半是由朝鲜同胞组成的队伍。“九一八”以后,朝鲜革命者少数的反日游击队在吉林间岛及韩满边境袭击日军屡次战胜了敌人,屡次攻入韩境,吸引了千百的朝鲜革命同志参加抗日武装斗争,扩大了这一支队伍,成了抗日联军中最有力的部队。在第二军内,朝鲜队伍已超过三千人。

抗日联军第一军的基础是一九三二年在辽宁盘石县吉昌子由当地民众成立的反日游击队。当时成立的时候有五分之三是朝鲜人，五分之二是中国人。在几年之内由于一个小小的游击队竟扩大到几千人的抗日联军第一军了，随着该军之迅速发展，韩人在该军所占的比例是很快的降落了，但韩人在该军的多半是干部（占全军干部中的半数），多半来直接间接领导着该军而常在该军的最先头，给日寇“讨伐队”以无数次的挫败。

在中东路一带活动之抗日联军第三军长赵尚志在初创该军基础的时候，朝鲜同志也占有半数，该军创造者和该军韩人干部当中许多人在多年间英勇抗日血战中很壮烈的被牺牲了。由这里我们足可以看出我朝鲜民族肯为革命正义而牺牲奋斗的民族精神。

五、过去中苏两国之对我军事援助

中苏两国在地理上与我朝鲜隔河相接，在历史上亦与我关系最深。且中苏两国都是一个新国家，她们都反对侵略、维护正义，素以扶助弱小民族为其国策，所以中苏两国对我之同情和援助是不但出于自身的利害立伤，而且基于人类的同情心。兹在下面略述关于中苏两国对我援助中之军事部分。

（一）中国方面

中国民族领袖蒋介石先生掌黄浦军校（后改为中央军校）以后，收容大批朝鲜革命者，前后继续养成了朝鲜革命军事干部人才共期二百余人之多。（黄埔军校时以四期为最多，中央军校时以十期洛阳分校为最多。）“九一八”事变以后，开办朝鲜革命干部学校前后三期，共养成了军事干部人才有数百人。

这些军事学校毕业之同志，勿论在朝鲜的军事运动、民众运动，或其他政治活动，都表现出最积极最勇敢的精神，不但在过去朝鲜革命史上留下很光荣的战绩，而且在将来对于朝鲜军事上定有很大的贡献。

在朝鲜革命运动中最需要最缺乏的是军事干部人才，但是这些人才非有友邦的援助是不能养成的，所以这个援助比其他援助更其重要。

（二）苏联方面

中国对我之军事援助，在过去因中日外交关系，不能公开供给武装。但苏联是在国际地位上对日关系上和中国略有不同。所以对我之援助形式也稍异。

苏联在国际士官学校内继续养成朝鲜军事干部人才之外，还在远东西伯利亚公开武装朝鲜侨民编成正规军(该地有侨胞约三十万)。据说,这些朝鲜民族军队(名称虽不如此)已有三万之多。我们不可把这个军队看作没有民族革命意识的雇佣兵,这支军队在将来无疑的要参加抗日战争,而战到驱逐日寇出大陆建立朝鲜独立国家为止。我想苏联当局的意思也是如此。

此外还时常给在韩满苏边境一带活动之我武装队伍以种种便利。

六、今后军事运动之展望

自从中国遭受到空前未有的日寇无止境的武装侵略,在蒋介石先生"抗战到底,争取最后胜利"之决心及其领导之下,全国上下团结一致,进行了廿多个月的英勇抗战,已进入到转败为胜的新阶段,相反的,日寇已渐渐步入崩溃之途。这些形势无疑的是对朝鲜民族之解放运动极有利。

朝鲜民族处此生死最后关头,唯有为自由生存而战的一条路可走,而此生存的斗争定是激烈的且必是武装的。因为朝鲜民族由于过去"三一"运动的惨痛经验,在满苏已建立之朝鲜武装队伍之基础、今后中苏两国无限同情与热烈援助等,组织武装暴动和展开游击战争是必然的趋势。以后敌人兵力用尽果能冒险强征朝鲜壮丁(日寇最怕朝鲜民族,故至今尚不敢实施征兵)为他作战,但到相当时期或在最紧要关头,他们一定会掉过枪头杀死恨入骨髓的强盗为民族生存而斗争的。

朝鲜的抗日军事运动,在将来中苏韩三国共同抗日(笔者以为苏日战争是不可避免的)的战略上是中苏两国对日主力战的补助战,而在朝鲜解放运动的意义上是驱逐日寇完成建国的最高手段。

朝鲜革命军事运动之今后发展形势和在国内国际上的意义是大体如上,但这些必以我们始终一致的刻苦奋斗为前提。无论国际的形势如何对我有利,没有自力奋斗是达不到目的的,正如同中国民族坚持艰难的长期抗战一样。此外,我们还需要中苏两国更积极的军事援助,因为打倒日本帝国主义是中苏韩三国之共同任务,而必由于此三国之合成力量才能够打倒。所以今日我们应在驱逐日寇出大陆,永保东亚之和平与福利之同一口号下,加紧中苏韩之伟大团结,为完成此历史使命而共同奋斗。

(原载于《朝鲜民族战线》第2期,1938年;另据《朝鲜义勇军通讯》1939年第20期增补)

日本流亡者在苏联

[日本]平竹传三
简甫 译

在一九三八年初头，各报社会栏上纪载得最热闹的要算是冈田嘉子和杉本良吉两人在北桦太逃越国境的事件。杉本氏是左翼剧坛唯一精通俄语的人，他过去和土方与志氏(也是逃往苏联的日本共产党员——译者注)有过很深的关系。因此，有人说，从他过去参加左翼活动的经历看来，这一次的越境逃入苏联是有计划的行动。但也有人说，他这次的越境行为，主要目的倒不是为了思想问题，而是因为冈田嘉子曾是一位名叫竹内的人的妻子，所以杉木带着她逃到苏联去，是为了解决这恋爱问题。

本文的目的不是要分析冈田、杉木两人的越境事件，不过因此使我联想到过去许多和他们相似的越境入苏的日本共产党员。到今日为止，在苏联的日本共产党员，其中很多是从北桦太逃出国境的，他们的行动虽然不和冈田、杉本两人完全相同，但他们的惯用手法都是从北桦太某一工场的工作中乘机逃走，或者化装为船员从北桦太搭船到海参崴，再从海参崴到莫斯科。

那是一九二七年的事，有一位原名中村善太郎的(约三十岁，新潟县人)，当时在东京正参加左翼运动。大正十三年(一九二四)，他在北海道札幌地方组织政治研究会，一九二七年入北桦太石油公司做工，地点是在苏联领属的萨哈林。于是他从这里逃出公司跑到莫斯科，进东洋劳动大学，毕业后再回到远东来，一九二九年在勘察加渔业区开展赤色运动。现在，他已改名为福田，妻子是俄国人，他和山本悬藏有很亲密的交谊。他现任海参崴海员俱乐部的指导者，为俄国共产党正式党员，占着相当重要的地位。

一九二八年另一个从北桦太逃入苏联的是间幸藏。据说他的笔名叫“山田”和“森”，也是新潟县人。他是一个很强干的、苦斗过来的男子。本来是做铁工，当在北桦太奥哈石油池做工时，便乘机逃到海参崴转入莫斯科，从东洋劳动大学毕业出来，一九三〇年担任渔业工会的宣传部工作，现任海参崴粮食工会的监督，很得苏联党干部的信任。

现在，在莫斯科的日本共产党员最有名的要算是山本悬藏和野坂参贰。山本普通叫“田中”，有时又用俄文名字叫“亚历西”，曾任国际红色工会的日本支部代表。他是茨城县鹿岛群矢田郡村人，今年大概有四十七岁了。他一九二八年五月从上海到莫斯科，曾在海参崴太平洋工会书记局工作，任海员俱乐部日本代表。

野坂生于日本关西地方，原籍为神户市兵库关町一〇六番地，比山本年青，今年约四十三四岁。在第三国际第七次代表大会时，野坂曾用“冈野”的笔名发表过关于远东革命运动的激烈演说。他一九三一年三月入苏联时常到海参崴来指导日本人的党部。在第三国际之内，野坂是被人认作老日本共产党员片山潜（已故）的后继者。他的爱妻名野坂龙，又用“基姆香”的假名，一九三二年五月入东洋劳动大学，一九三三年七月毕业，据说是位勤勉的妇人学者。

此外，由北桦太逃入苏联的日本共产党员还很多很多。例如，抽本势吉、新宫领正、永井二一、小石滨藏、伊藤利三郎、泉政美等都是。他们从东洋劳大毕业之后，大抵都回到北桦太的奥哈和亚历山得罗斯克来做共产党工作，只有泉正美据说还留在莫斯科。抽本氏通常用“明石辰雄”的笔名，身体病弱，是一九三〇年入苏联，现任北桦太港的石油业工会共党地区委员。新宫氏是东京淀桥人，现在奥哈方面任宣传员。永井氏用“克伊夫”的假名，曾在北桦太石油公司、奥哈矿业所做电气工人，入苏后进东洋劳大，一九三三年毕业。小石滨藏是日本北海道人，笔名为“汪平”，伊藤利三郎笔名为“玛贞”，是三重县津市人。

以下说到由美国入苏联的。

佐佐木（原名中西）今年三十六岁，原为日本留美学生，因参加共产党工作，为美国官厅压迫而逃入苏联。一九三二年在东洋劳大毕业后被派到海参崴，以第三国际及红色工会日本代表的资格，担任着颇为重要的工作。

三浦三郎也是从美国入苏联的，现在是海参崴太平洋工会及海员俱乐部负责人，原名健持贞一（?）。他和中西氏一样是受美国政府压迫逃入苏联的，进过列宁共产主义大学，后来被派到海参崴来。

还有一位叫“波来”的，原名不详。他一九三三年在东洋劳大毕业，后来在列宁格勒东亚语言学校担任翻译工作。从美国入苏的还有叫“申明”“汉夏”“里阳科”等人，他们的原名都不明。申明在美国罗士安琪尔州做学生时就因加入美国共产党而入狱，入苏后和波列一样由列宁大学而入东亚语言学校任翻译。

在苏联的日本共产党员之中，直接由日本（北桦太）入苏的要算山本和野坂两人为最有地位，从美国入苏的是以已故的片山潜为元老，颇受第三国际人们的尊敬。曾经有过这样的故事：片山潜当思念及家乡时，曾叫他住在日本的女儿到苏联去和他见面，他的爱女受父亲召唤，不远千里跑到苏联，但片山氏因发觉女儿没有加入共产党，终于拒绝会面。

究竟目前在苏联的日本共产党员有多少人呢？当然，正确的数目无从知道，但最少有五六十人吧。已知道姓名的，在莫斯科约十名，列宁格勒约五名，海参崴约十名，北桦太约五名，哈巴罗夫斯克约二名，此外西伯利亚及中亚细亚共约二三名。在西伯利亚贝加尔湖附近活跃着的有一位叫河合的日本共产党员，今年约四十二三岁，妻子是俄人，名尼娜。河合曾做过大阪急行电车工潮中的领袖，一九二八年由勘察加逃入苏联，从东洋劳大毕业后活跃于渔业工会。

在黑龙江北岸哈巴罗夫斯克市还有中川和山形两人。中川原姓朴，朝鲜人。一九二五年由朝鲜邮船清津丸逃入苏联，从东洋劳大毕业后任海参崴太平洋工会机关杂志《太平洋工会》的编辑，现在属于该工会出版部。

在中亚细亚活跃的有川崎实，日本岛根县人，今年三十四岁，是日本出兵西伯利亚时逃入苏联的。

此外，还有大泽春三、平松、须藤、冢田、安保、吉川、小林、花井关陈等人，都是知名的在苏日共党员。关是个女子，和野坂参贰氏的妻子、女儿同为在苏的日本共党的女党员，可谓“万绿丛中一点红”的佼佼者了。陈为台湾人，日本共产党员出身，是“三·一五事件”后的干部，据说也是直接由日本逃到海参崴入苏联的。

作者和他们丝毫没有什么关系，以上所述，万一写漏了他们中有名的党员，恐也难免吧。

（原载于《集纳》第1卷第8期，1938年）

日本间谍潜探记

[日本]布利秋
平则 译

我(布利秋)的计划怎样到外蒙去是前年夏天的事。

据说自九一八后,日本人绝对不能入境。但是曾有几个日本人听说白俄败将在哈尔哈内地的草原埋有金块,他们就扮作猎人深入那里,结果都被外蒙兵捕获,但后来却全部生还,这件事实使我坚信可以去得。当我在满洲里作入境的准备工作时,幸而遇到一个以前熟识的俄国人,我决计凭他在苏联领事馆中求些便利。我在法国时曾学过些绘画,因此我告诉他我是个画家,现在生活困难,只有靠外蒙沙漠的写生来谋生。他很同情我,很快去代向一个领事馆的青年书记斡旋。但是书记不能保证。后来,我拉了那书记和领事三人同游,也许是为感情所动,入国许可证虽没有,他却答应了写张承认我是画家的个人证明书。

从满洲里到札赉诺尔是坐的火车,那是六月中,下了车,找辆中国破马车向南前进。

到了达赉湖后向西前进,沿途遇着蒙古人所作的路标"鄂博",这是用石和泥堆起来,上面种了树的。波状的丘陵蒙着青草。小路曲折得像鳝鱼,慢慢走着,看见前方聚集着七八个蒙古包,这是罕楚哈。想在这里换马车,但一个马夫都没有。"包"中蒙古人男女四五十聚到马车的四围来。原来蒙古人为了放羊要随着水草,所以人口时有增减,这里是大家族,每"包"住有三对以上夫妇和他们的儿女,所以人口很多。

天晚下来,又见两个"包",想借宿一宵。于是马夫在大声招呼:请把狗拴上!如果不把十几只猛狗拴住,就不能接近那包了。草原的夕阳落得特别快,蒙古人把狗拢聚来,已是天黑了。夜里没有灯,他们是太阳落山就寝,黎明起来。蒙古人所有的羊有时达七八百头。羊是非常重要的,把它们集在中心,外边聚集一圈牛马,外围再聚着猛狗,布下三重的圆阵。夏天的草原,白昼酷热而夜里急速转冷。不知道洗澡为何事的蒙古女人取出干的牛马粪在包外烧着,围着火烧烤了一只小羊给我们充饥。他们是新巴尔虎人,是不拜啦嘛佛的啦嘛教叛徒。我们在粪火边睡下,他们却把毛皮铺在草上,看着星睡,靠星来辨认草原道路的蒙古人,这睡法真有神秘感呢。

北方大陆的天亮时也特别快,吃过了牛奶作的团子,送些谢礼,告别而行。日中到达萨别里钦部落。中国马夫把马车借给我,他回去了,现在由一个康健的蒙古青年赶车,走得稍快。沿途有"鄂博"、羊群、骑马的蒙古女人。溯克鲁伦河而上,在无山的草原上看到三座的山,据说是博克多的佛山。遥见几十个骑马的,是朝山去的,蒙古人见山而思佛,相信越高越得天神佑护。过了第三夜,蒙古马夫不肯再前去了,只得以伪国币五十圆买了一匹马,一人独行。

过了第五夜,到了一处,各处支着帐篷,这是"满洲国"国境警察派出所,那边是外蒙国境了。警察说:那边的梅里根敖拉庙就是暂定的国界了,外蒙兵有时在西方小山上出现。从那里向西是一步也不能过去的。那夜就在这里住下。次日,骑马向南方,向似乎是国界的地方绕路而进。那天一个人影也没见。在卓原上睡了一夜。天亮了,突然两骑马赶来,他们正是外蒙兵。他们的强悍态度使我恐怖,也不问什么,随即把我带着西行。前后各一个外蒙兵,把我夹在中间,也不知往何处去。经五六小时,到了克鲁伦河边。这里的天然道路是由砂土和自然的煤屑形成的,坚固得可以走汽车。不久来到河边一排岩壁的地方,山上支着七八个帐篷。上得山时,二三十人欢呼而来,里面有两个俄国人,他们是指挥这些蒙古兵的班长。他们看了我的文档,说:这是领事馆员个人所写,没有用处,也许还是假的。我只知此地是克鲁伦河沿岸,后来才知是沙喇舒巴台。次日,他们把我的眼蒙上,用马送去后方。大约是向西沿克鲁伦河行走。晚上停的地方有二三十个蒙古包,在这里给我吃了些牛奶团子和茶。这里有四五个俄国人、四五十蒙古人。知道这是克鲁伦即乌尔达,据说夏天有路可通赤塔,冬天结冰后还可走汽车。住了一夜,再蒙上眼。和行李同装一货车,颠了一天。把眼放开时,吃了一惊,这里有炼瓦造的大房子,有电灯,这是车臣汗部的首府。在此拘留了四天,我苦求转送库伦,经允许了,次日搭乘赴库伦的货车而行。

这里离国境四百公里,大库伦则有七百公里,从这里坐汽车十几小时可到库伦。在车臣汗,蒙古包是固定在一地的,有的地方也有瓦房和像兵营的东西,听说有飞机场,却没看见。要开车时又用黑布把眼蒙上,不知走的什么路,但觉车走得快时,急激摇动,也听到水声,似乎是在修理中的有水溜的天然道路。

这时的汽车夫是俄国人，我的眼虽蒙了，嘴却能说话，和他攀谈。途中吃了两回饭，他都把我眼睛放开。午饭时看见右手的河大概是克鲁伦河，有丘陵，岸边有重重断崖；左方是草原，有些砂砾，但是不见沙漠；北方似乎是西伯利亚的连山，古人说蒙古没有树木是不对的，近西伯利亚有很多密林。向西行更近大库伦，道路经过人工修理，货车也能开足马力了，这些道路似乎是新的支线。

库伦有大的炼瓦建筑，电灯通明。这里的拘留所比车臣汗的区署大七八倍，但也大同小异。拘留的第四天提出去审问。官吏一半是俄国人，在言语上很讨便宜。俄国人因为找不出证据，在我的肚带里取出一件重要的东西，以为是证据了，及至展开细看，忽然哈哈大笑，原来那是一长德川时代的春宫。结果，我被当作色情狂的傻画家而释放了。

第三、四天押送车臣汗出境，就暂时拿拘留所当旅馆住下。我要求描写库伦风景，却是不许，照相固然绝对禁止，绘画也不行的。但是有辆空货车，就利用它看看库伦的市街。旧市有蒙古人的固定蒙古包的街市和中国式的街市，很不清洁。往往有中国人，但是俄人国却一个不见。新市街与旧市街间稍有距离，那里道路是新式的，有近代都市风，有瓦斯和水道，在市街区域大概有二千户，这是前年的话，现在也许住宅更增加了，人口看样子大约有六七千。

再乘货车回车臣汗，现在是傻画家了，不再蒙眼睛了。库伦南方见有一座高山，那叫汗山，高约五千二百尺，是外蒙喇嘛教的大灵山，但在共产党统治下，因为宗教是鸦片，□嘛也被禁止了。途中骆驼队满载粮食，饶有画意。路上新立的电杆如林，道路也有改修新设的。也遇到几处烟囱集合的村落，产业计画也可以从各个村落看取其轮廓。各处乡村的蒙古妇女上身穿着蒙古衣服，裙子却是俄国式，这可说是外蒙的新式样。头发剪成俄国式的女子也常常看到。互相敬礼也有用握手的。这些在蒙古礼仪上都是急激的转变。蒙古人虽不是农业的民族，现在各处也看到集体农场了。

归途和去时的道程不同，是向南方走的，有几个蒙古包在烧着，据说那是为了杀灭鼠疫菌。蒙古人一发鼠疫，马上就将衣用具和(包)一起烧掉，他们的怕惧鼠疫较文明人尤甚。车上所见喇嘛庙废墟极多，外蒙著名的拜庙现在也成为禁例之一。一路上天空常见飞机，处处有无线电柱。有时走着很好的重建过的道路，这样地到了车臣汗，由此循原路回到“国”境。回顾外蒙所见，显然的草原的蒙古是已在苏联指导之下，向近代文化迈进了。

（原载于《国防前线外蒙古》，战时读物编译社，1938 年）

朝鲜灭亡之日纪实

陆丹林

"韩中两国，唇齿相承，韩之亡，其中国将亡之先声乎？吾国人懵然不之觉，吾将以死警之。"

这是潘子寅（名宗礼，顺天府通州人）留学日本回国路经仁川港，闻着日本侵灭朝鲜，义愤填胸，投海而死的遗言。当时直隶总督袁世凯曾作文吊唁云："吾子已矣，同胞奈何！诸君勉之，匹夫有责。"又赠挽联云："可怜志士轻生，竟代怒涛撼大海。愿结国民团体，共为砥柱挽狂澜。"

朝鲜的灭亡，系在一九一零年，即夏历庚戌七月十八日，至今只有二十八年，然而世界地图，为之变色，时到今日，中日发生剧烈的战争，寻根探绪，原因固然很多，但是唇亡齿寒，深足为吾们的殷鉴。

宁调元《太一丛话》对于日韩合并之日韩国举行御前会议，曾有详载："庚戌中历七月十八日，为日韩合并开御前会议之日。是日也，韩国内阁总理大臣李完用、赵农相、朴内相、高度相、皇族代表者兴王李载勉、中枢院代表者金议长，以及日本人小宫宫内次官、国分参与官，齐集仁政殿。未几，韩皇随尹侍从高礼式课长出御，李完用趋前奏言："臣观世界之大势，韩国之现状，为韩国国民福利计，莫若奉韩国土地献于日本。数日以来，阁臣慎重处理，敢代奏陛下裁下！"韩皇闭目蹙频半晌方言曰："所奏已明白了，万事凭卿等善为处置。"言罢，泪涔涔下，左右亦为之凄然。然韩国气数，已尽此数分钟矣。"

会议之后，韩皇跟着下了一道诏令，布告四方。这一道诏令，可以说是韩皇最后的诏令，在历史上、地理上都占很重要的位置，今把它录下：

> 朕以菲德，承业艰难。自即位迄今，凡关维新政令，虽未曾不亟图备试，而积弱成痼，疲弊达极，无从挽回。夙夜焦虑善后之策，亦茫无头绪。如任此支离倍甚，则恐致终局不得收拾，莫若托大任于彼，俾由完全之方

法，奏确实之效功。朕于此瞿然而省，恪然而断，兹将韩国统治权让与向来所亲信畏敬之大日本皇帝陛下。外固东洋平和，内保八域民生。惟尔大小臣民，其深察乎国势及时宜，各安其业，勿得烦扰，惟服从日本帝国文明之新政，以享幸福。朕今日之举，惟为拯救尔有众而起，非忘尔等也，尔臣民其体朕意。

同时日本也颁布所谓安民诏书，文云：

朕向以维持东洋平和于永远，保障帝国安全于将来为急务。又有鉴于祸萌常酿于韩国，故曩者令朕之政府与韩政府协约，置韩国于我帝国保护之下，以期杜绝祸源，确保平和。迩来朕之政府锐意改良，韩国政治迄今阅四年有余，虽政治成绩尚有可观，而韩国现行制度未足确保治安，致人心之危疑，充溢乎全国，民不安堵，至此方觉，如欲维持公共之安宁，增进民众之福利，非改革现制，即不能朕与韩皇陛下俱有观于是事体，更觉举韩国归并日本帝国，以副时局之不得已。兹决计将韩国归并日本永远统治，韩皇陛下及其宗室于合并以后亦可享相当之优遇，其民众则可直接立于朕绥抚之下，增造其幸福，产业及交易亦于治平之下，更可期显著之发达。然而东洋平和之基础，由是倍固，则朕之所信而弗疑者也。朕兹特设朝鲜总督，奉朕命统率陆海军并总辖各项政务。百官有司，其体朕意，一切设施，缓急合宜，以期使众庶永赖治平之惠，朕有厚望焉。

《马关条约》缔结之后，三韩的风云一天比一天的紧急，当时有点国际常识的人都知道朝鲜三千里的疆土、五千年的国脉，不是李氏能够保守得住的了。但是当时的韩皇受了日本威逼与怂恿宣布独立，估量是金城汤池般的巩固，子孙帝王万世之业也可确定，于是自加徽号云：

天运肇极敦伦正圣光义明功大德尧峻舜徽禹漠汤敬应命主纪至化神烈巍勋洪业启基宣历干行坤定英毅宏休大皇帝。

皇皇的四十九字徽号，可说是有声有色，怎知过了十余年，由大皇帝降做李太王了。我们把日本册封韩国皇族之诏和他自拟徽号同时来读，这是很有趣味的文字呢。日本册封韩国皇族诏云：

朕为弘天壤无穷之丕基，具国家非常之礼数。兹册立前韩皇帝为王，予号昌德宫李王，嗣后奕世袭此隆封，俾保宗祀。前皇太子及将来世子号王世子。前太皇帝封为太王，号德寿宫李太王。各妃号王妃、太王妃、王世子妃，并待以皇族礼，特加殿下之称。至世家率遵之道，朕应另定机宜，使李家子孙，奕叶依此，永享休祀。兹宣示有众，以昭特典。

“韩亡子房愤，秦帝鲁连耻”，在保护韩国条约成立时，一般忠臣义士见着三千里的疆土沦于异域，二千万的同胞尽为奴隶，五千年的国脉从此中断，目击心伤，初呢是尽言规谏，继着是自杀尸谏，可是聚九州之铁已铸成大错，还能有什么回天的力量呢。但是他们节烈的气概，是充塞着宇宙之间，深入人心里永远的活跃着而没有一点磨灭，如闵泳焕、赵秉世、洪万植、李相哲、金奉学、宗秉璇、李建奭等等是也。今摘录闵泳焕（曾任驻俄、英、法、德、义、奥等国公使）临死时的遗书如下：

告国民遗嘱：呜呼，国耻民辱，乃至于此。嗟我人民，行将剿灭于生存竟存之中。夫要生者必死，期死者得生。泳焕不肖，不能裨补国家，仅以一死，谢我二千万同胞兄弟。苟死而有知，必助诸君于泉下。望我同胞，勿忘国耻，坚忍努力，同心同德，以捍外侮，复我自由独立，则泳焕死犹幸矣。

告友邦驻京公使函：泳焕为国不善，国势民生，奄至于此，今以一死，报我国民。兹进最后誓告于贵公使，请尊重公义与人道，冀告贵政府与人民，援助我民族之独立，死犹荣矣。兹郑重声明者，日本之于韩国，横施不法，非只贵公使所目睹，抑亦天下所共认。请阁下勿轻视我大韩，须认识我民族之竭其英勇，为国奋斗而血战焉。

亡国之音哀而思，真是血泪盈盈的文字，这是一九零五年保护条约之后有点国家观念的已是力尽声嘶的进谏，甚至自杀的尸谏。及至后来日并韩时激于义愤不愿意做异国奴隶而自杀的更是恒河沙数，没有一天中止过。这种举动虽是惨酷，实在也是壮烈啊。

“殷鉴不远”，事隔了廿八年，吾们今日抚时感事，真有无限的感喟呢。

（原载于《朝鲜民族战线》第5—6期合刊，1938年）

西战场上被捕的一个朝鲜汽车夫

英

这是一个朝鲜革命同志在西战场方面对一个被俘获的朝鲜人汽车夫讯问的记录，在此登载以供一般关心朝鲜人参加敌军情形的读者参考。

问：你是什么名字？

答：我是金文洙。

问：你家里还有什么人？

答：只有两亲，没有兄弟姐妹，父母已经年纪很大。

问：你过去在什么地方做什么事？

答：我是博川人，离家乡很久，在大连开十年汽车。

问：你家里生活情形怎样？

答：是很苦，我在大连每月只有数十元收入，按月只能帮助家乡的老父母二十元，以维持他们两位的生活。

问：你这次为什么参加日本军队呢？

答：大连警察署找我五次到警察署去，要我参加军队到前线去，但我每次都拒绝它，最后一次是恐吓我，假如我再要拒绝它，警察署认为我是有不逞鲜人的嫌疑，难免遭受意外的危险，因此不得不答应了。

问：你受过教育吗？

答：小学毕业，因为家庭很困苦，不能再升学。

问：何时到大连？

答：就是十年以前。

问：你何时参加日本军队？

答：去年十一月。

问：你何时被中国军俘获？

答：今年三月底，日子记不清楚。

问：你把参加日军以来的经过告诉我！

答：（他反问我）参加日军以来的经过？（而默默不答）

问：你由何地出发经过何地来山西？

答：我们是经过热河—多伦—大同—太原，而临汾，至蒲县。

问：你来的路线上，有没有遭遇中国军队之袭击？

答：有，不过有几次小袭击。

问：路上有没有日军护路？

答：有，假如没有护路，根本不能通过，铁路也时常被截断，有时候来不及修。

问：你把被中国军俘虏的经过说一说！

答：从临汾出发经过蒲县向大宁进军至午城镇不到几里路地点，遭受山上的猛烈射击，我们的汽车队就停止前进，掩护我们的前进部队抵抗不久就下令退却，因为路不好，而且大家急得慌，前头一部汽车已经受伤开不动而阻路，后面的四十多辆汽车开不过去，已经飞弹如雨，有的伏在汽车底下，有的跑上山顶，有的死在路上，我也是向山上跑的一个，跑到山上在石头底下伏着的时候，一个拿小枪的先跑过来，摇着小枪，喊不杀你们，优待你们，但我不能相信他而想再跑，但在山底下被我后面的汽车碰伤了腿，跑不到几步就倒下坡上让他打死了，但他始终喊不杀你，带我到后方去交给别个了。我心里还充满着被杀的恐怖，押我送到一个地方去，一定杀掉的，我在日军队里时常听说：被俘虏之后押送到后方去就打死。过黄河以前我觉得非常的恐怖、非常的悲痛。过黄河到延川住医院医治我的腿的时候，才知道中国军不杀俘虏，在日军队里时全然不知道，假如已经知道中国军不杀我们，决会这样跑的，由延川来此已经两个多月，很受优待，前几天让我开汽车到西安去，我去西安回来才没有几天了？

问：日本士兵想不想回乡？

答：都想回去，都不愿打，因为士兵都很想回乡，士兵当中有的开玩笑的喊出“再过三个月就能回乡”的口号，那么大家都无言中相信这个口号了，其实等到三个月还不能回乡！

问：日士兵打仗的时候肯打不肯打？

答：他们打仗的时候是拼命的，因为打也死，不打也被中国军俘虏后打死，要不死，打退中国军后也许不会死！

问：你的汽车队，是属于那一个部队？

答：我们是佣人部队，直属于华北驻屯军。

问：一个部队有多少汽车？

答：一个部队，有十二个中队，每个中队有五十辆汽车。

问：那么一个部队有多少汽车？

答：这次日军的汽车队，华北、华南合起来有六万辆。华北的汽车队除我们雇佣部队外还有现役部队。

问：雇佣部队队长是谁？

答：宫本大佐。

问：参加日军的朝鲜人有多少？

答：除了汽车夫外没有，驻太原的一〇六师团、一〇九师团，还有二〇师团。这个二〇师团是原驻朝鲜龙山的，这师团里没有看过一个朝鲜人。还有在蒲县的七七联队也是原驻朝鲜平壤的，但没有看过朝鲜人。听说由朝鲜来的汽车队里面二分一的汽车司机是朝鲜人，我们满洲来的汽车队里也有五分一的朝鲜人，军队里当通译的，现在不用朝鲜人，都用满洲人了。我在大连听说在朝鲜实施志愿兵募集，但没有人参加了。

问：日士兵对中日战争都怎么说？

答：他们都说假如俄国不出兵，日本能打胜！听说日本向中国提出停战协议几次，中国不接受了，日本军官常对士兵说，中国接受停战的条件，我们就能回家。我在太原，要求回家去看父母的时候，一个官长告诉我攻占徐州后就缔结停战协议，劝我停战协议后大家一齐回家！

问：你现在想不想回家？

答：很想回家看父母，因为父母年纪太老，没有我他们两个老的没有办法。假如没有父母这样老，或者有弟兄，我不回去，在这里作独立运动。

问：有人来同你谈过话没有？

答：有的，上一次一位会日语的来过的，这是我第一次和他谈说的内容。

五·廿九，于延安，英

（原载于《朝鲜民族战线》第 5—6 期合刊，1938 年）

前线一带

［苏联］罗果夫
张郁廉 译

一、山东省北部的游击队

山东省北部和河北省东南部的反日游击队的活动，是很自然的发展起来的。

十月中中国的军队撤退到黄河南岸，乐陵县的保安队由北平学生薛经武领导改编成游击队，一些离散的兵士，北平、天津流亡来的学生和本地的农民也参加了这个游击队的组织，山东北部的各县城里也有了游击队。

在日本占领了这个地带后，游击队的活动区域在十月到十一月中还包括十五个县城以上。游击队的人数超过二万七千。

日本在他占领的各县城中配置二百至三百的兵力，如在南皮、新海、盐山、乐陵、庆云、无棣及其他各县中，而以沧州为其根据地，日本兵只敢在白天出城，一到天黑他们就得慌忙的回到围绕高墙的城里。在山东省北部有许多村庄，虽然日本兵没有到过，但也算在被日本占领的地域里。

十月底中央政府派来的游击司令秦一再（音译）先生抵达此处，他很快的将许多散漫的游击队组织好了，薛经武领导的游击队和别的游击队合并在一起，组成了一个公共的司令部，五十余岁的秦一再找到了一个忠实的帮手——廿二岁的薛经武。

差不多每一个村庄里都产生了人数不多的游击队。在这个缺少山林的地方，也不允许你组织人数多的游击队。人数最多的游击队也不过二百人，为了要实现较大的动作计划，几个村庄的游击队联合在一起取一致的举动是常有的事情。

山东北部二万七千游击队员中，约有五千是全副武装，其余的游击队员小组的分散在村庄里训练民众，从事于供给运输工作和检查汉奸等工作。预备军也已训练就绪。

各村庄的居民都处处帮助游击队。游击队感到最困难的是这一区域的贫穷。地处贫瘠的山东北部又遭受了日本占领后的蹂躏，但人民还是尽力予以粮食甚至金钱的帮助。游击队在冲击和进攻敌人的余暇，帮助人民在田地里工作。

十一月十二日游击队袭击蒲台的事件，被全中国的人民传颂。在这个时候，地临黄河的蒲台城中有日兵三百余人。第四个城门——唯一入城的门路，被警卫队严守着。游击队混入城中而不被发现简直是不可能。他们只有用中世纪七国战争中，这些地方的居民所用过的狡计了。

四十个游击队员假装参加结婚礼向县城走去。在轿子里代替新郎和新娘的是机关枪。伴着鼓锣声和纸花的飘扬走到了城门口。日本卫兵走到轿子前想看一看新娘，但一枪给打死了。

蒲台城的中心街道有半公里长，日本兵就沿着这条街驻扎。当这“参加婚礼”的人群出现在大街上的时候才大骚动，巷战起始，击毙日兵约五十人，游击队退出县城的时候，也丢失了六个人。他们的队长齐默凡(音译)在这一战中被打死了。次日，日兵就退出了这县城，直到现在蒲台城中没有日本兵。

十二月四日游击队袭击盐山县城是最大的一次了。城里有日军一营和伪满兵士一部份，共五百余人。夜里两点钟游击队突击队突击盐山城南门，打死了日本守门的警卫兵。步步为营的战争开始了，战争继续了一昼夜，游击队经过了全城：他们从南门入，由北门出。两挺机关枪，二十余支步枪，数箱子弹——这是游击队的胜利品。第二天清晨他们散藏到各村庄里去了。经过这一次的袭击，盐山城里的日本兵增加了两倍以上，现在有日本兵一千五百人。

日军渡河南犯后，山东北部的游击队处在敌人的深后方了。而游击队活动的进展，不但没有消灭，反而增加了。山东北部的、河北南部的七县——盐山、庆云、阳信、乐陵、无棣、商河、德平事实上在反日游击队的手中，没有过一个星期没有山东北部游击队袭击日兵、夺取日军所输送的军用品和粮食的消息。有一部分游击队追随日军渡过了黄河，在日军近后方起始活动——在黄河和胶济铁路之间。

据最近消息，山东省北部有近一百个游击队各处活动。他们隔着日本前线与中国正规军取得了联络。游击队扰乱敌人后方，同时限制敌军活动。

二、中国军队中的勇士们

关于中国勇士的壮烈和勇敢的举动，将有许多歌曲和民歌编成。就是现在也有许多勇士和指挥官的姓名知名于各战场。在战争中渐趋巩固的中国军队中有许多勇士是出自平民。有的时候分辨不出他们来，他们曾在大众群中的英勇成了日常的了。有的时候一个指挥官或一个兵士的勇敢举动惊动了已经惯于英勇的——好像是生来具有的责任——伙伴。英勇的举动在这次战争中成了每人的义务，这是因为这次对日本抢夺者的战争是全中国的民众引导的，为了争取民族的生存而起来的，是民众把他们中间最勇敢最忠于祖国的兄弟们送到前线来的。中国军队的英勇，无疑的证明了中国几个月来的抗战胜过具有坦克车、飞机、枪炮的日本军队。中国的勇士们常常手握手榴弹冲向敌军的坦克车，用刺刀把敌机关枪射击者打出巢。

有一次夜里，在两下店附近，川军一营被敌人围住了，唯一的办法可以解围的，是毁掉敌人的机关枪。一个勇士自动的手拿手榴弹冲向敌人，结果这位勇士、指挥机关枪的敌人和机关枪全被炸毁，这一营人遂得救。离蒙阴不远的一个城里驻有数目不多的中国军队，而日本以雄厚的兵力进攻此城。很清楚的可以知道守此城是不可能了，所以很快的把地雷埋在日军必经的要道上。当敌军走到这条道上的时候，地雷爆炸了，敌军惊慌失措。此时城里的中国军队和居民手持武器一涌而上，将敌军全部歼灭。

游击队冲入被日军强占去的蒙阴城，虽然敌军处在优越地位，但被游击队在很短的时间内几乎杀死了所有的日兵，二百日兵中只剩了二十四个活的。

小蚌埠村之役，中国军队充分表现了他们壮烈的行动和牺牲的精神。在炮火掩护下，日兵三百人乘汽艇渡河，不顾炮火的猛烈，中国一营在赵营长率领之下冲向渡河的敌人反攻。这一营在日军炮火下完全牺牲了。继这一营的是孙文平营长率领的一营。英勇的勇士们已几次的冲到村旁，但总因炮火太剧而退回，在重大的牺牲下这一营的勇士倒底冲过了敌人的炮火线，肉搏开始了。日军的炮火停息了，经过短兵相接，日军被消灭了，剩余的四十个敌兵窜向河的对岸。

次日，日军决定夺回这个村庄。几个日军的炮兵队起始向这一村轰击。日军的坦克车在河边示威演习，抵挡中国援军，日军飞机不断的轰炸这一村庄。四面受攻的孙文平营的勇士们，起始拼命抵抗，以完成留守村中的命令。在十个钟头内打退了日军几次的攻击，日军的损失逐渐增大。但中国勇士们的力量也减消了，援军不能来。那时已疲倦的勇士们跳出战壕，冲向日军。日军的炮火声又停息了，空中的轰炸也停止了。在村边与敌起始肉搏了。日军已三次压倒了剩余的中国勇士们，他们已准备庆祝胜利。这个时候中国的援军一团冲入，完全打退了敌人。

日军的惨无人道在这次战争中表现了:他们不要中国俘虏,被他们捉去的完全枪毙,甚至于受伤的也如此对待。上星期发生了这样一件事:一个中国兵偶然遇到一群正在为机关枪挖洞的日本兵,日兵们把中国兵身上的武器抢去了而活着放他回来。这是一件从来没有过的事情。他回来后,中国战士们都不相信他能从日兵那活着回来。大家起始怀疑他答应给日本做奸细,这位中国战士拿了两个手榴弹向遇着日本兵的地方去了。过了一些时候,他带着可以证明他忠于国家的东西回来了,他背上带着一些炸弹的碎片和两个日军的钢盔。

三、前线一带

火车在中国内地主干的平汉铁路上向北进行,到前线去。前线前的第一个站是郑州,郑州是在平汉、陇海两路交叉点上的大城,现在日本官佐们以全力注视这个地方。这里离前线还远,但到处充满着战争的气息。小站上拥堆着火车头、车身和货车。车身上——是各路的名称,如山的堆着枕木、铁轨和裁下来的桥梁。有许多没有下货来的货车或者是在等待出发。这些都是中国军队退出时,由北边和东边运过来的财富。不应当有任何贵重的东西让侵略者得去!谁知道,或者这些铁轨、枕木将要运到中国的东南或西北各地去建筑新的铁路,以完成长期的民族解放的战争。

前两个星期成渝铁路建筑办事处告诉我,这条铁路到现在还不能通行,纯粹因为由外国买来的路轨无法运到四川来。这些堆积在无人注意的小站上的铁轨,在四川正可以用了,为什么不把这些铁轨运到有其所用的地方呢?但无论如何,敌人没有得着它们。

这里,前线一带已开始春耕工作了。农夫们在平坦的田间已结束了垦地工作。木制的播种机怕丢落一粒种子似的,慢慢的翻着轻松的黄土。路旁,在很整齐的坟堆间一些兵士学习射击机关枪。再远一些,在围绕村庄的土墙外有一队人,大概是新招募来的兵士,也可能是游击队。身穿军装的矮小的队长在点着名。不知什么时候,在这太平地方的风景中出现了一些新的被战壕划分的田地,每一天,这里的居民离开他们的工作,到这些战壕前学习军事。遇到一些军事指导者,他们教导这些居民怎样去挖坦克车陷井,以阻碍前进。

最使人惊奇的是郑州的安静气象。生活照常,火车按着规定时间出发,商业发达。只有在街道上整列经过的队伍和大幅的宣传标语提醒着这是在战时。居民都受着军事训练,从上星期所有铁路职业工会的会员已起始受训了。在城里有很多地方筑好了射击场和防空壕。

军事训练不但在城里实行了，在乡村中也在执行。差不多每一个村庄里都有自卫队。郑州北产生了几个规模很大的游击队。武装义勇军也在组织中，他们在军事中心的领导下。

十月一日第一战区成立了一个特别司令部，专门为指导游击队。司令长官是萧洒先生——有名的黄埔军官学校毕业。司令部管辖六个游击区域。第一区包括辉县、板桥和白川。这里已有几千武装的和准备好好的游击队员。第二个游击区域包括彰德、涉县附近各地。这里武装的也有几千人。邻近的一些区域也是这样。

除了这些已有组织的游击队外，在前线一带和日军两翼已有潜藏着的游击队，他们聚集了一万多个勇士了。他们之中内黄县和彰德北的游击队最强大。军队和在日军后方活动的游击队取得了密切的联系。

各种秘密的会社以及农民和其他的组织，从来就知名于河南省，“红枪会”和“大刀队”的组织是从这里起来的。日本刚一侵入河南境，所有这些秘密的和半秘密的组织联合起来了，手携武器一起起来反抗侵略者。

一月中，一个新的强有力的组织出现了，叫做“同盟会”，它是由许多组织联合而成的，同盟会的分会在每一县里都有了。同盟会的纲领中是这样写着：“同盟会的主要工作是在军事训练和组织民众，使他们能参加战争。欲入会者必得经人介绍。假若发现新会员是汉奸，介绍人被枪决。会员有各种的权利。”

就是被日本占去的河南省最北的几个县，同盟会的分会还是不断的工作着，在日军后方活动，破坏日军的运输，并且捉拿汉奸。同盟会派了一些“敢死队”到日军后方消灭日本侵略者。

有一天晚间我们遇到一群由清化来的青年，清化县位于黄河北岸。痛恨日本军阀的青年们告诉了我们：清化县里组成了义勇军，共一千六百人，有国民军和人民自卫队、红枪会和四百游击队。全县的成年居民都加入了各种反日会和自卫队。

所有的居民都在学习运用武器。第一个六百武装勇士的游击队，在张天领导之下已到邻近的太行山中去了。第二个经张西武训练的八百勇士的游击队现在居留在城中。第三个六百勇士的游击队，在梁队长的指导下现在在杨庙学习射击，准备到山中去。王凤山领导第四个八百勇士的游击队，现在在五金镇（音译），还有一大部分在村中受军事训练，以做将来的游击队员，他们还不停的做着他们自己的工作。他们的教师、学生和军官们不倦的讲解着“民族解放战争”的意义。

不管是河南北部和南部——到处的民众都在准备保卫国家，用自己的所能帮助前线，最爱和平的农民也拿起了武器。河南是中国人民痛恨敌人和爱护保卫自己国土、田地、家庭、孩子和保卫自己独立的最明显的例证。

（原载于《战地》第1卷第5期，1938年）

《外人目睹中之日军暴行》序

[英国]田伯烈

去年十二月间,日军攻陷南京后,对于中国的无辜平民,枪杀奸淫掳掠,无所不为。我以为身为新闻记者,职责有关,曾将所见所闻的日军暴行,拟成电稿,拍发《孟却斯脱导报》(*MANCHESTER GUARDIAN*)。不料,上海日方的电报检查员向当局请示后,认为内容"过于夸张",加以扣留,屡经交涉,都不得要领。于要我决定搜集文件凭据,以证明我所发电稿的真实性,结果我从最可靠各方面获得许多确凿的凭据,同时发觉事态之惨,殊出人意表,因此我才想到这些凭据大有公诸世界的必要。这是我写成本书的原因及其经过。

由上所述,足见本书之成完全是我本人的意思,有几位朋友为我选择整理材料,给我极大的帮助,但本书的出版则由我完全负责。本书内所引录的文件,都是我费了很大的气力向关系人恳商而得的。

还有一点也须预先声明,就是本书的目标决非挑拨对于日本人民的仇视。我有许多日本朋友,非常尊敬他们,假使适宜的话,我很想指出他们的大名。其中有一位是重要的官员,还有一位(半官的),其情操与才智的高超,不易多见。他们都在上海,在人道的事业上,我和他们接触已不止一次,他们在十分艰苦的环境下仍然给我以同情的合作与友谊,我不能不表示诚挚的感谢。同时,我还应该向一位日本某军官表示敬意:去年九月初头,日机轰炸松江附近的难民车,无辜平民惨遭屠杀,当时这一位日本军官曾以私人资格,向我表示遗憾。这些人士实属难能可贵,倍值敬慕,因为像在目前这样非常的时候,万一他们的真情实意被人泄露揭发,就有杀身之祸,并为国人所共弃呵。

本书的目标,扼要言之,在于将日军如何对待中国平民的事实,向全世界公布,力求真确,不存偏见,供读者明白认识战争的狰狞面目,并剥夺战争的虚伪魔力,后者是好大喜功的军阀们所不能忘情的。

在任何战争中,交战国双方固各有不同的宣传方法,但"暴行录"一类的东西，较为读者所信任。本书搜集了许多纪录、报告和文件，其中最重要的，均为绝对可靠的第三者所供给。所有私人信函，除纯属个人事件并仅涉亲友关系者，均照原文抄录，以存其真。为便利及安全起见，所有发信人及其他原作者的姓名大多略去。附录之四内的正式文件，则引录全文。所有信函及文件的原本或副本，均经亲自审阅，妥为保存，所有照片影片及其它物证，也都可覆查。

敬以本书贡献给全世界为集体安全的前途与战争恐怖的消除而奋斗的人士，并且向帮助我完成本书的朋友们表示谢意！

一九三八年三月二十三日田伯烈于上海

[原载于《外人目睹中之日军暴行》，(汉口)国民出版社，1938 年]

外人目睹中之日军暴行（节选）

[英国]田伯烈 编著
杨明 译

第一章　南京的活地狱

中国全面抗日战争爆发后，在八月、九月、十月间从上海附近和苏州无锡等处以及在十一月、十二月间从杭州、镇江、芜湖、南京等处逃亡的难民，不下一千八百万人。上海公共租界、法租界的中外人上，纷纷设立难民收容所，救济无家可归无路可奔的男女老幼。上海各收容所里的难民，最多时曾达四十五万人。

在华中战区内，死伤的中国士兵至少有三十万人，平民的死伤数目恐怕也不相上下。四乡人烟绝迹，满目荒凉，日军则长驱直入，欲囊括中国所有的财富，并消灭正在撤退中的中国军队，然而他们却大失所望。中国军队是撤退了，但几个月之内又重行组织起来。中国的财富，最主要者是能够刻苦耐劳的人民，日军愈前进，就愈把中国的老百姓赶入内地，中国民族资本家所有少数的工厂，也经过了日军的猛烈轰炸而同归于尽，所以日军可说是一无所得。

成千成万的难民，为死亡所威胁，为黑暗所包围，他们的一线曙光，只是希望能够达到一个外国人管理的安全区域。去年十一月间，上海饶神父曾在南市设立难民区，容纳二十五万人，这是一个不可掩饰的功绩。

也是在十一月间，南京若干热心公益的人士，曾经一度讨论是否可能在南京设立同样性质的难民区，对是否可避免空军的轰炸，也曾经过热烈的辩论，一时未获结果。可是日军愈迫近南京，这一个问题也就愈见其急切，终于成立了一个委员会，筹备难民区的进行事宜，希望能够获得中日双方的承认与尊重，这委员会产生了南京难民区国际委员会，其主席为德商雷伯（John D. H. Rabe，委员会详细名单见附录之四），与国际红十字会南京委员会密切合作（详细名单见附录之四）。

这些二十余位公正勇敢的人士，实在值得称道。所有南京的居民以及各国侨民均已纷纷设法逃避，他们却不顾各该国使馆的劝告，仍愿居留危城。后来发生的种种事态，其性质之严重，固非他们当初意料所及，可是他们都是富有经验学识的人士，对于自身所处地位的危险，当然早就洞察无余，他们的勇敢、大公无私、热诚以及不辞赴汤蹈火来拯救难民的决心与精神，将永为本书的读者所敬佩。

南京难民区的面积及其位置，详见第三页附图。难民区国际委员会致日本当局及其它机关的许多信函，择要载入附录之四。日本当局从未有过书面答复，只在口头上偶尔表示不负责任的承认而已。

一九三七年十二月十三日，即在日军冲破了上海方面中国防线的一个月以后，日军攻入南京——中国的首都。这不失为近代战史上的一个伟绩。可是，日军在占领区域内的暴行，却把这伟绩打下一个极大的折扣。当日军进攻南京的时候，日机曾散布传单，宣称“日军将尽力保护良善的人民，使他们能够安居乐业”。十二月十日，日军总司令松井石根大将在劝唐生智将军不战而退的传单中也这样说：“日军对于抗日份子虽然苛酷无情，但对于非武装的平民与不怀敌意的中国军队，则采取宽宏和善的态度。”日本军队对于自己的诺言，究竟履行到什么程度，下面的事实可以显示出来。这是南京一位最受尊敬、最有声望、态度极为公正的外侨于十二月二十五日写给上海友人的一封信，把日军占领南京后几天内的情形加以扼要而明白的叙述：

“南京的日本军队已经失去了声誉。日本军队本有极好的机会获取中国人民和外侨的尊敬，这机会也给他们抛弃了。中国政府和中国军队撤离南京时，秩序确多紊乱，日本一向夸耀它是有秩序、有组织的国家，所以当日军攻入南京时，曾有许多人表示宽慰，并以为战争的紧张和空炸的危险，可暂告结束。中国军队从南京撤退时，实际上大部份的市区并未受严重的损毁，可是其紊乱情状已造成一种恐怖空气，现在这种恐怖也可解除了。”

“但在日军进城后的两天之内，整个的希望是幻灭了，连继不断的屠杀，大规模的经常的劫掠，侵扰私宅，侮辱妇女，一切都失去了控制。外侨目睹街道上堆满了平民的尸体。在南京中区，几乎每两条横街间必有一具尸体。其中一大部份是十三日午后及晚上日军入城时或被枪杀，或被刺死的。任何人如因恐惧兴奋而奔跑，任何人在黄昏以后如为巡逻日军所执，都有就地枪杀的可能。这暴行实在是无可辩解的。在难民区，在其它地方，都是如此。若干外人和有地位的华人曾目睹这些暴行，有些刺刀的伤痕，非常残酷，简直是野蛮人的举动。”

“未及退出的中国士兵，都已抛弃了枪械，有的则已卸去了制服，但日军大事搜捕，捆绑在一起而加以枪杀。据我们所知，除了行将就戮的散兵和暂充夫役的华人外，日本军队里面没有中国士兵的俘虏。日军曾强迫华警从难民区的一个宅子里，拉出四百个难民，每五十个人排成一个行列，来福枪和机关枪手押着前进，他们的命运不言而喻。”

“日军进城后，对于重要市区就进行有计划的破坏工作，大小店铺，无一幸免，且由日本军官从旁指示。日本士兵最需要的是食物，但如有其它好东西，自然也弃之可惜，大批赃物，日本兵自己拿不动，就强拉夫役背负。全城所有私人住宅，不论是被占领的或未经占领的，大的或小的，中国人的或外侨的，都蒙日军光顾，劫掠一空。下面的几件事情，尤其无耻：第一，日军搜劫收容所及其它避难处中的难民；第二，日军抢掠鼓楼医院职员的钱和表，以及看护妇宿舍中的物件（这些完全是美国人的财产，挂着美国旗，并贴着美国大使馆的告示）；第三，日军夺取汽车及其它财产，并先撕毁其国徽。”

“强奸和侮辱妇女的事情，已经听得很多，但我们尚无暇调查。不过，下面的几件事情，已足证明局势严重的一斑。我们一位外国朋友，昨天看见日本兵闯入邻近的一家，抢去了四个姑娘。还有几位外国人看见一个新到军官的寓所中有八个年轻的女子，而他住的地方却是无人之境。”

“恐怖的程度，实在不是笔墨所能形容。日本假惺惺的长官们大言不惭地说，他们对华作战的目标，是为了打倒中国政府，拯救中国民众，真不能不令人作三日呕呵！”

“当然，南京日军种种恐怖残酷的行为，并不足以代表日本帝国的伟大成就，日本有许多负责的政治家、军人和公民。他们为日本自身的利益打算，应该毫不犹豫地设法补救在中国已大为堕落的地位。有少数士兵和长官确能严守纪律，顾全日本皇军和帝国的声誉，但日军的整个行动则是一个悲惨的打击。”

南京另一个外侨向上海友人报告下面的事实，他差不多是终身旅居中国的。除略去关于私人事件的部份外，其余均照原函：

“我向你们叙述一个万分不愉快的事情，你们看了以后，也许要倒胃口，这是一个充满了罪恶和恐怖的故事，简直难于令人相信，一群匪徒毫无怜悯地蹂躏着爱好和平的、和善的、守法的人民，即使只有几个人看到这封信，我也觉得这故事有加以叙述的必要，否则我的良心无论如何不能安宁。只有几个人知道这故事，我便是其中的一个。这还只是故事中的一小部份，什么时候才能结束，我自己也不能断定。我希望它就可以结束，但我恐怕在中国的其它地方，还会继续发生同样的事情。我相信这是在现代史上破天荒的残暴纪录。”

“现在是圣诞前夕了，我的故事就从十二月十日讲起罢。在这两星期中，我们经历了极大的变化。中国军队是失败了，撤退了，日本军队攻入南京。十二月十日那一天，南京依然美丽如昔，还是秩序井然。今天，劫后的南京，满目荒芜，一片焦土，到处是破坏的痕迹。南京陷入澈底的无政府状态，足足有十天，宛如人间地狱。我的生命并未遭遇真正的危险，但假使看到了兽性勃发或狂醉的日本兵从强奸女人的地方走出，那就决不是一件安全的事情；假使日本兵以刺刀或手枪相威胁，要你让他横行，你会也感到不知所措。日军曾通告各国侨民离开南京，最讨厌留在这里的外国人。他们不欢迎旁观者。可是，我们还要留在这里，我们看到日军劫掠最可怜的穷人，连一个铜子和一条棉被都不准保存（现在正是严冬），连黄包车夫的车子也无法幸免；我们看到日军从难民区里拖出成百成千已经解除武装的中国兵去枪杀，或当作练习刺戳的东西，还可以听到清晰的枪声；我们看到大批妇女跪在面前，惊惶万状，悲伤哭泣，恳求我们援助，使脱离虎口；我们看到日军侮辱我们的国旗，抢劫我们的住宅；我们看到自己所爱好的城市以及服务的机关，为日军有计划地纵火焚毁。这是我有生以来第一次所看到的活地狱。”

“我们自问：这现象要什么时候才结束呢？日本官方每天向我们确切表示，事态立刻就将好转，他们决尽力设法，但结果适得其反，事态一天坏似一天。据说又有百万日军要开到南京来了，他们是不是也要掳掠、屠杀和强奸呢？实际上可供掳掠的东西已经很少，整个城市已经是空无所有了。在上星期中，日军先把各商店各仓库里的存货装满了一卡车一卡车搬运出去，然后将房屋付之一炬。我们知道把我们所有的存粮来供给二十万难民，只能够再维持三星期，存煤仅足供给十天，不得不深切焦虑。而且即使有三个月的存粮，三个月后吃什么呢？房屋是毁坏了，住到那里去呢？在目前恶劣万分的环境下，疾病与疫疠一定不久就会发生，难民决不能长此生存下去。”

“我们每天向日使馆去抗议，去呼吁，并且提出日军暴行的详确报告。使馆人员还保持着表面上的礼貌，实则他们毫无权力。胜利的皇军应有酬劳，那些酬劳就是随意掳掠、屠杀和强奸，以不可想像的野蛮残酷的暴行，加诸他们公告世界专诚来亲善的中国人民。日军在南京的暴行，毫无疑问的是现代史上最黑暗的一页。”

“过去十天内的事情，要一一加以叙述，未免说来话长。而且，当这些事实的真相为世人所明了时，可惜已经不是‘新闻’，而是‘旧闻’。日本竭力向国外宣传南京已恢复了秩序与安宁，南京的居民摇旗欢呼，迎接仁慈的皇军。可是我却要从我的日记上，摘录在这期间所发生的几件比较重要事情，至少我的朋友们会感到兴趣，并且借此可以留下一个永久的纪念。”

“信内所叙述的事情，也许会超过信上所注明发出的日期，因为我预料这封信一时不能发出的。日本方面的检查是很严密的。在南京陷落前，乘了倒霉的巴奈号炮舰和美孚公司的汽船，离开南京的美国使馆人员、其它各国使馆人员以及若干外国商人，本来希望一星期内就可以重返南京，如今他们（指未被日机炸死或未受伤的人而言）却还在上游鹄候。他们离开上游，恐怕还要两星期才有可能。我们离开南京，则更遥遥无期。我们事实上是日军的俘虏。”

“我在前次信中已经提及，南京难民区国际委员会曾向中日双方进行交涉，要求承认难民区的中立地位，不驻扎军队，不设立军事机关，不加轰炸，使留在南京的二十万居民，在最危急的时候，可以获得躲避的处所。因为，据我们看来，中国军队在上海附近所表现的抵抗力量，现在已被击破，他们的战斗精神也已大受挫折。中国军队不能长期抵挡日方大炮、飞机和唐克车的优越火力，加以日军在杭州湾登陆成功，进攻中国军队的侧翼及后方。所以南京的陷落已不可避免。”

“十二月一日，南京市长马超俊把难民区的行政责任交给我们，同时交给我们四百五十名警察、三万担米、一万担面粉、一些盐，并允许拨助十万块钱，我们不久确就取到了八万元。首都卫戍司令唐生智将军也推诚合作，肃清难民区中的军事设备，军队纪律严明，秩序很好，直到十二日日军进城以前还是如此。偶而也有抢掠的事情，但限于少数的食物。外国人的财产，尤加注意保全。十日之前，我们还有自来水，十一日之前，我们还有电灯，直到日军进城那一天，电话始告中断。日军轰炸似乎也不以难民区为目标，所以那时的南京还相当安全，和现在的情形比较起来，真不胜有天堂地狱之感。固然，我们也有若干困难，米堆储城外，车夫要到子弹横飞的地方去装米，不是儿戏的事情，一个车夫给弹片击伤一目，有两辆卡车曾为军队扣留。不过比较以后所遭遇的困难，那就毫不足道了。”

“十二月十日，难民潮涌而至，所有金陵女子文理学院、陆军大学及其它学校，都已挤满了难民。我们不得不把收容所扩展到最高法院、法学院、华侨招待所等处，打开大门，派人照管。紫金山前日军指示炮火目标的气球，隐约可见。重炮不断轰击南门，炮弹纷纷落在城内。第二天早上，难民区的南端落了几个炮弹，在福昌饭店附近死了约四十人。我们的稽查员德商上海保险公司的代表史波林君(Eduard Sperling)住在福昌饭店内，受了微伤。美国炮舰巴奈号溯江而上，我们放弃了乘舰离开南京的最后权利。”

“我们二十七人留在南京，包括美侨十八人、德侨五人、英侨一人、奥侨一人和俄侨两人。巴奈号炮舰上、美孚和亚细亚火油公司的汽艇上，以及其它船只上，载了一批外侨驶向长江上游，他们都盼望能够早回南京。可是当他们重返南京时，已经是面目全非了！”

“十二月那一天是星期日，我在难民区中的公事桌上埋头工作，我们的总办公处设在前外交部长张群的公寓内，很舒适，而且有南京最考究的防空壕。”

“过去两天内，飞机不断在我们的头上翱翔，炮火也异常猛烈，墙坍垣倒，城南的损害，实异常惨重。中国军队的死伤数目虽不得而知，但一定是很大的。日本也承认占领南京之役，牺牲了四千人。”

“中国军队在十二日午后已经开始总退却，他们纷纷从南门退入城内，许多士兵穿越难民区，但并无越轨行动，唐生智将军曾请求我们向日方接洽暂时的休战，史波林君允许前往试探，但已经太迟了。唐氏当晚走出南京，全城顿时陷入混乱。去下关和江边的路上，情形狼狈异常，堆满了中国军队所抛弃的来福枪、子弹、皮带、军装、汽车、卡车，等等。无数的车辆燃烧着，一片可怕的大火场。通下关和江边的城门已经关闭，恐怖万分的士兵纷纷用绳子、绑腿布、皮带和皮条，吊上城墙，许多人是跌死了。而最为凄惨的景象则在江边。如痴如狂的士兵，挤上江边的民船，因为载重太多，民船是倾覆了、沉没了，许多人是这样溺毙了。许多人想用木筏渡江，但也遇遭同样的命运。许多人倒是逃出险境了，但一两天以后，他们也许又遭遇日机的轰炸。”

“有三连士兵在长官指挥之下，越过离南京以上三哩的三汊河，迎击前进的大队日军。可是，因为人数相差过巨，他们差不多全被歼灭，能够生还的似乎只有一人，而这个人恰巧是我的朋友的兄弟。第二天早上，他来看我，面述经过，他和另一个军官想泅过三汊河渡江，后者溺毙了。在黎明以前，他偷偷地攀墙入城。”

“南京愉快的、和平的、有秩序的以及进步的局面，就这样暂告结束了。日军已经控制南京，恐怖、毁灭和死亡随之而来。日军第一次侵入难民区是十三日上午十一时，我和两个委员去招待他们，他们似乎初无恶意。可是几分钟之后，他们就杀死了因惊骇而奔跑的二十个难民。凡遇见日军而奔跑者，一概枪杀，这似乎已经成为日军的定律”。

“不及逃出的士兵都避到难民区来，要求保护。我们忙着解除他们的武装，表示他们缴械后可以保全生命。抱歉得很，我们失信了。不久他们有的被日军枪杀了,有的被戳死了,他们与其束手待毙,不如拼命到底呵!”

“炮火尚未全息,不过落到难民区的炮弹很少。我们的院子里落下若干弹片;鼓楼医院的威尔逊(Roberto Wilson)医生在手术室里,险为弹片所击;一个炮弹穿过金陵大学的新宿舍,但并无死伤。南京最漂亮的建筑物交通部大厦,连同富丽的礼堂,已经起火了,但是否中弹起火,或为中国军队退却时放火焚烧,则不得而知了。”

“十四日,日军潮水一般涌入城内,唐克车、炮队、步兵、卡车,络绎不绝。恐怖的时代随着开始,而且恐怖的严重性一天比一天增加起来。他们征服了中国的首都,征服了蒋介石政府的所在地,他们是胜利者,应该为所欲为。日本飞机曾散发传单,宣称日军是中国人唯一的真朋友,日军将保护善良的中国人,于是日军随意奸淫、掳掠和杀戮,以表示他们的诚意。日军从我们的收容所拉去许多难民,最初我们以为是充夫役的,但他们一去就无音讯,恐怕永远不会重返的了。一个日本军官带着随从,在我的办公室整整花了一个钟头,研究‘六千名解除了武装的中国兵’到底在什么地方。日本兵接连四次到我们这里来,想偷我们的汽车,在别处我们的确有三辆给他们偷去了。桑纳牧师(Habrt L. Sone)离开他的房屋不到五分钟,日本兵就把他屋上的美国旗扯去,扔在地上,敲碎窗门,驾车逸去。他们又想偷我们的卡车,结果也给他们偷去两辆。因此我们以后便派了两个美国人驾驶汽车,为难民运输米和煤,他们对付日本偷儿的经验,可以写成很有趣的故事。日本兵还强抢鼓楼医院女看护的手表和自来水笔。”

“纽约泰晤士报记者都亭(F. Tllrman Durdin)那一天动身赴沪,但到了句容就被迫折回南京。芝加哥报记者史蒂尔(Archibald S. Steele)从江边回来报告,许多日本驱逐舰已开到南京,一个日本军官告诉他巴奈号炮舰沉没的消息,他没有说起其它船只被击沉的消息。巴奈号上的朋友们曾竭力劝我们乘舰回去,临行时还留下许多绳子,备我们悬城而出,现在巴奈号遇炸,我们却尚平安无事,想起来不免滑稽。”

“国际委员会主席雷伯和秘书史密斯(Lewis C. C. Smythe)两君。访问日军司令部,欲见负责长官,请求阻止难再容忍的骚扰行动,但长官尚未进城,须等到明天。但这个访问无论如何是徒劳无益的。”

“星期三,我回去视察我的住宅,已门户洞开,因为有一个日本海军的参谋人员等候着,所以我无暇细看,我便拜托另外一个在那里值勤的下级军官代为照顾。海军军官对于巴奈号惨案表示深切的遗憾,但也不知其详。他说留在南京的外侨如欲赴沪,海军方面很愿派舰送去,并愿代发纯属私人事件的无线电。我交给他一个很简短的电稿:上海青年会全国协会威尔白(Wilbur),南京外侨均平安,望转告各方。同时我告诉他,除了两个新闻记者外,其余都欲留在南京,他们似乎有点失望。”

“我驾着汽车送他回舰,但半路上就给一个陆军军官阻止,他说那边还在扑灭少数中国军队,因有危险,故平民不准过去。我们停止的地方恰在军政部前,目睹日军正在枪杀已被解除武装的中国兵和许多无辜的平民,不准我过去,原来是为了这原因。于是关口不得不走回濑田舰。但那一天下午我仍设法到下关。我是和路透社的斯密士(Smith)和史蒂尔两君同行的,他们去乘日本的驱逐舰赴沪。一路之上,尸骸累累,当时的情景,真是惊心触目,难于描写,使我永不能忘。”

“到了下关码头,纽约泰晤士报记者都亭和派拉蒙影片公司摄影师孟根(Arthur Menken)两君,已经先到,他们也往上海去。码头上,我遇见日使馆的三等秘书冈村。他刚从上海来,讲起巴奈号惨案的详细情形。我请他同车进城,在城门口又被阻止,守兵坚决不许我进诚。凡是外国人一概不准入内,虽然我出城未久,也碍难通融。冈村代为解释,仍不得要领。冈村乃先行进城,向司令部给我设法了一张特别通行证。我足足等了一个半钟头,城门口臭味扑鼻,野狗咬着尸骸。”

“晚上我们开会的时候,日军把附近一个收容所中的难民一千三百人全数拖去,我们知道他们之间有许多当过兵的人,可是雷伯当天下午已得到日本军官的允准,不再伤害他们的性命。但现在他们的命运却是谁都能预料的了,用绳子缚着,每一百人缩做一团,戴帽子的,帽子都给他们抓下来,扔在地上,押向刑场前进,可是绝无呜咽的声音。我们目睹当时的情景,心里真痛楚极了。那四个广东孩子从家乡跋涉而来,参加抗战,直到昨天向我缴械,还露出很不愿意的神情,他们也上在其内吗?还有一个来自北方高大健壮的下级军官,他最后感到幻灭时所投射的目光,至今还使我不安。他也在其内吗?我不应该说日本人可以保证他们的生命呵!我们本来相信日军当局会履行诺言,会恢复秩序,不料日军的野蛮残暴行为,竟超出了现代文明人的想像之外,而更坏的日子犹未到来。”

“十六日,运输难民的粮食大成问题,日本兵还是要偷我们的汽车卡车,我到美国大使馆向二等秘书亚纪逊(George Archeson)商借汽车,交给密尔士牧师(W. P. Mills)去装取难民急需的米和煤。我们这样大规模收容的难民,三只煮米的大灶,都是需要大量的米和煤。我们现在已有二十五个收容所,收容所的难民每处最少二百人,最多一万二千人。金陵大学全部收容了约三万人。

金陵女子文理学院收容的妇孺，从三千激增至九千，连甬道都挤满了难民。我们本来打算给每人占十六方呎的地位，实则挤得远不及此。我们曾竭力保护妇孺的安全，金陵女子文理学院的魏琳女士(Minnie Vautrin)、陈夫人，金陵大学的德威南夫人(Paul Dewitt Twinem)，热心任事，勇气可佩。"

"十六日早晨，我们开始听到强奸妇女的事情。据我们所知，有一百个妇女被日军劫去，其中七个是从金陵大学图书馆劫去的，在家里被强奸的妇女更不知其数。许多妇女徘徊街道，寻觅安全之所。中午，金陵大学的李格斯(Charles Riggs)走来报告，所有法学院和最高法院内的难民全被劫去，还有五十名警察，也遭遇同样的运命。李格斯抗议无效，反受日兵侮辱，并为日本军官所击。日本遍体搜查，抢劫难民所有的一切财物。下午四时我们开会的时候，听到扫射难民的枪声，这是非常恐怖的一天。"

"我赴布克教授(J. Lossing Buck)处晚餐，乘便回去视察我的住宅。两面美国旗还飘扬着，门上贴的大使馆布告也依然存在，可是门户已经洞开，进去一看，凌乱万状，所有箱橱抽屉，均被打开，搁楼上尤其扰得不成样子。被褥、衣服和食物，多不翼而飞。王正廷博士赠我的麻栗树屏风架，雕刻精美，也失踪了。"

"美联社记者麦唐纳(C. Yates Mcdaniel)午后乘船赴沪，我又托他带一封信，我希望你们能够收到。"

第二章　劫掠·屠杀·奸淫

关于十六日以后的事情，他在日记上记述如下：

"十二月十七日，星期一。劫掠、屠杀和奸淫的事情是增无减。昨日白天和夜间，被强奸的妇女至少有一千人。一个可怜的女人竟被强奸了三十七次，一个兽兵在强奸时，因为五个月的婴儿哭声不断，便把他活活闷死，反抗的惩罚就是刺刀。医院里挤满了受害者。我们唯一的外科医生威尔逊忙得无暇休息。日军不但要抢珍贵的东西，连黄包车、牛、猪和驴也不甘放弃。日军向我们的厨房和米店捣乱，我们不得不把米店收歇。"

"黄昏后我送裴志博士(M. S. BATES)到金陵大学，麦加伦牧师(JAMES MCGALLUM)到鼓楼医院，密尔士牧师和史密斯到金陵女子文理学院，因为我们是要分班轮流值夜的。我们在金陵女子文理学院门口，就给日军搜索队所阻止。日军以刺刀相向，迫我们下车，满身搜索有无武器，掷去我们的帽子，电炬照耀着我们的眼睛，并查究我们的通行证以及夜行的目标。魏特琳女士、德威南夫人和陈夫人立在我们的对面，二十多个妇女跪在地上。那下级官口操蹩脚法语，坚持校内藏着中国兵。我说除了五十个仆人和少数职员外，没有其他男人。但他不相信，并谓如查出超过该数，将予以枪决。他教我们一律离去。魏特琳女士反对，便给他硬拖到汽车上，忽然他又改变主张，女的可以留下，男的必须走开。我们要求留下一个男人，但他不加允许。我们先后被扣留一小时余才恢复自由。第二天，我们知道那一批强盗抢去了十二个姑娘。”

“十二月十八日，星期六。早餐时，李格斯报告住在他家的两个女人昨晚被强奸，其中一个是青年会某秘书的表姊妹。威尔逊报告一个五岁的女孩子送到医院，她给日本兵刺了五刀，有一刀刺在小腹上，一个男人的身上有十八处刺刀的伤痕，一个女人的面部和腿部也给刺了十七刀。午后，有四五百个恐怖过度的妇女拥入我们的办公处，要求保护，就在露天过夜。”

“十二月十九日，星期日。完全陷入无政府状态。日本兵放火、燃烧甚烈，据说还有几处也要烧。许多地方的美国旗均被撕毁。挂在美国学堂上的国旗，竟给他们扔在地上践踏，并警告看屋的人，若敢再挂上去，就要他的命。连日本大使馆贴在外侨财产上的布告，也受到侮辱。一天之内，日本兵闯入若干外侨的住宅，竟达五次到十次之多，住宅内的难民被搜劫，妇女则被强奸。一些人是很残忍地被杀死了，毫无原因。难民区中的清洁队队员七人，六人被杀，一人负伤逃回。黄昏后，我们派了两个人冲到鼓楼医院代理院长白雷特博士(RICHARI F. BRADY)的家里，驱逐四个又想强奸的暴徒，并将所有的妇女都移到金陵大学。史波林一天到晚忙着驱逐暴徒。我又赶往美国大使馆三等秘书金庚斯(DOUGLAS JENKINS)的住宅，国旗依然飘扬，但两个仆人都给杀死了，尸体一在汽车间，一在床铺下，都留着残酷的痕迹。室内凌乱不堪。街道上尸体甚多，全是平民。红卍字会想掩埋尸体，苦无卡车和棺材，卡车给偷去了，棺材被劈成片片，大放焰火，红卍字会的掩埋工人也给赶走。”

“我又偕史密斯君去访问日本大使馆，又提出五十五种暴行的证据，并告田中参赞和驻京总领福井，今天的情形是愈趋恶劣了。他们确切表示将‘尽力设法’，局势不久可望‘好转’，但事情很明白，他们无法控制军人，军官也无法控制士兵。据说有十七个宪兵已经到达南京，将协助恢复秩序。十七个宪兵控制五万军队，岂非笑话？平心而论，我们却很欢喜日使馆里的几位老先生，他们也许真已尽了他们的力量，可是他们反要我设法商借车子和一个机匠，我们倒又觉得好笑。我们有许多辆车子，早给日本兵偷去了，我很想请他们去向日本军人商量。但我终于领他们到美国大使馆，借了三辆车子(其中一辆是大使的)，并派去一个俄国机匠。”

“十二月二十日，星期一。暴行继续不已。全城大火蔓延。午后五时，我偕史密斯君乘车出外，城内最重要的商业区太平路一带，烈焰冲天。向南行，我们看见日本兵在店铺内放火，更向南行，我们看见日本兵忙着把东西装入军用卡车。青年会已起火，尚未波及附近的房屋，起火的时候显然不久。我们无心细观，匆匆前进。夜间我从窗口眺望，十四处的火舌向天空飞腾。"

"我们拟就致上海美国总领事的一个文稿，请求立即派遣代表团来京，刻不容缓，并恳日本大使馆设法由海军无线电发出。不用说，这电报永不会发出的。"

"十二月二十一日，星期二。午后两时半，我们十四人访问田中参赞，面呈由二十二个外侨具名的抗议书(参看附录之四)，要求终止纵火骚扰的不幸事态，他又满口允许。雷伯住宅的对面已经起火，他很为忧虑。他的花园里还有难民四百余人。吃的问题，愈趋严重，金陵大学内若干难民因饥饿而骚动，煤不久也要用完了，李格斯还在向各处搜寻。日军把城内所有的米和煤一律加以封存。今天日本兵爬墙到我们院子里来，想乘我们出去的时候偷我们的车辆，另有一次他们几乎真把桑纳的卡车偷去了。德国大使馆的罗森博士(ROSEN)乘蜜蜂号英舰到下关，但不准上岸，写了一封信托田中参赞转雷伯，询问德侨财产的情形。雷伯这样回答：五十余所德侨住宅，未经抢劫的只有两所，未被'征发'的只有大使和罗森博士的汽车。"

"十二月二十二日，星期三。清晨五时，射击队又开始工作，我们听到清晰的枪声，在一百响以上。夜间，日本兵又两次闯入院内，以刺刀威胁门警，冲破大门，值班的日本宪兵不加干涉。日本的宪兵代表却来告诉我们，一月一日就可以恢复秩序了。他们还向我们商借汽车和卡车。我偕史波林君走过离办公处很近的一个池塘，看见五十个平民的尸体，反缚着手，其中一个被削去半个脑袋，恐怕他们是牺牲于军刀的罢！回来早餐时，路上又遇见一个酒醉的日本兵以刺刀感胁着一个青年会作家的父亲，他的老太太简直恐怕欲狂，我们不得不替他解围。我们到家后还未坐定，又赶往金陵大学建筑师季君(C. T. GEE)和鼓楼医院院长邓尼尔博士(J. W. DANIELS)的住宅，日本兵正想强奸那里的女人，那些勇敢的日本兵竟越过铁丝网逃走，我们觉得又好笑又好气。"

"裴志和李格斯两君也在早餐未毕前就赶往金陵大学蚕桑系校址去驱逐日本兵，其中有几个是喝醉了的。我回办公处后，又接到史波林和德商礼和洋行代表克鲁治(CHRISTIAN KROEGER)两君的紧急报告：一个酒醉的日本兵用刺刀威胁他们，生命危险。侥幸得很，田中参赞偕一日军高级将官同时到达。那将官打了醉兵几个嘴巴，嘴巴之外，大概不会再有其它惩罚。我们从未听到整饬纪律的事情。长官对不守纪律的士兵，往往是很客气地劝他下次不再如此。黄昏我和李格斯君步行回家,日本兵强奸了李格斯住宅内五十四岁的老妇。让妇女给日军蹂躏,固然于心不忍,可是我们也不能整天不离开她们呵。”

“下关电灯厂的工程师吴君向我们讲起一件非常耐人寻味的事情:该厂共有五十四个职工,都勇于服务,直到南京失陷前的最后一天才停止工作,避入英商(在江边)和记洋行。日军借口该厂属于国营(其实是民营的),便把其中四十三人拖出枪决。日方每天派人到我的办公处来骚扰,要找寻那些职工去恢复电力的供给。我听得吴君的消息后,可以这样告诉日方,他们的军人已经把该厂的大多数职工杀死了,我至少会觉得舒服一点。”

“十二月二十三日,星期四。桑纳君今天受到日军的虐待,他到南京神学院斯密士博士(Stanley Smith)的寓所里去,一个日本军官和几个兵正在撕去美国国旗和日使馆的布告。他们强欲难民迁去,说要在那里设立一个登记难民的机关。桑纳君当时的处境一定非常痛苦,因为他终于被迫签具凭据,允许日军借用这房屋两星期。可是桑纳君决不是容易屈服的人,他向大使馆提出抗议,终于又把日本兵赶出。”

“农村师资训练学校收容所内的难民,又有七十人被拖出枪毙。毫无纪律,日本兵对于中国平民可以随手乱抓,任何人的手上只要发现硬茧,就可以指为当兵的证明,必死无疑。黄包车夫、木匠和其他工人,常被捕去。”

“中午,办公处来了一个人,头部是烧焦了,眼睛和耳朵是割去了,鼻子只剩下一半,惨不忍睹。我送他到医院,几小时后他死了。事情的经过是这样的:日军把几百个人缚在一起,灌浇汽油,用火烧炙。他也是其中的一个,但他缚在外挡,所以汽油仅掠过他的头部。不久,医院里收到同样的病人,被炙的伤势更重。自然,他也死了。日军似乎曾先用机关枪扫射,但也有人得免于死。第一人没有子弹的创痕,第二人就有。我住在鼓楼的对面,看见另一个死人的头部和臂膀受着同样的火伤,睡在马路的转角。他在未死以前显然挣扎了那么远的一段路。真是令人不能相信的兽行。”

“十二月二十四日,星期五。据美国大使馆华人某君(略去姓告)报告,所有住在使馆内的中国职员以及他们的亲属,昨夜统遭日军搜劫,巴克斯登君办公室的大门给刺刀戳破,日军偷去院子里的三辆汽车,今天早晨又偷去两辆,其中一辆是孟根君的,昨天我曾允许借给田中参赞,因此我把这一件事情告诉他。”

“今天开始办理登记了。日军当局认为难民区还藏有中国兵二万人,他们定欲肃清这些‘恶鬼’。我向他们表示,剩留下来的中国兵,恐不到一百人了。

但无论如何，许多无辜的难民，须还要受难，他们都觉得恐惧不安。中国人组织的自治委员会，经田中参赞的出面邀请，昨天成立了，或者可以帮一点忙，可是奸细也已开始活动。难民区中就捉获了一个，难民群起加以痛殴，我救了他出来，锁在我们办公处的地下室，旋交给中国警察。中国警察怎样处置他呢？据我猜想，也许是绞死他，但我叮嘱他们要特别留神。”

“今天日军不断来骚扰，又有几个清洁队队员失踪。金陵大学看门的警察也给捕去，他们还是想偷我们的卡车。他们封了我们的一个煤栈，但李格斯君努力交涉的结果，煤栈仍得开放。”

“耶稣圣诞夕。克鲁治、史波林和德利谟博士(C. S. TRIMMER)三人来偕我们共餐，炸牛排、甜番薯，滋味俱佳。雷伯不敢离开他的住宅，因为日本兵每天有许多次爬墙而入。他们既爬墙而入，他便教他们爬墙而出，不许他们走大门，他们如果违抗，他就向他们挥动他的国社党臂带，并指示他的国社党最高勋章，问他们是否明白那勋章的意义。这方法屡试屡验，有意想不到的效力。晚上，他走来，送每人一本精致的皮装西门子日记簿。威尔按钢琴，大家唱圣诞歌。”

“耶稣圣诞日。天气好极了，环境似乎也略略好转，街上行人渐众，有许多临时的货摊。我们邀请魏特琳女士、鼓楼医院鲍育女士(GRACE BAUER)和金陵大学生物学系教员吴女士(BLANCE WU)、白路莱(CHARLES BROMLEY)夫妇的养女吴女士(PEARL BROMLEY WU)等午餐。我们正围坐共尝烤鹅的鲜味时，却接到了三个紧急报告，于是我们不得不赶往金陵大学教授方恩博士(WM. H. FENN)的住宅、中国教职员宿舍和蚕桑系校舍三处去驱逐日本兵。”

“今天日本兵扯下了农村师资训练学校的美国旗，昨今两夜，七个日本兵盘踞圣经师资训练学校并强奸妇女。贴近我们的办公处，三个日兵强奸了一个十二岁的女孩，一个十三岁的小姑娘也遭强奸，待我们发觉，已嫌太迟。刺伤的人仍然很多，据威尔逊医师报告，南京失陷后，向医院求治的共二百四十人，其中四分之三都是日军暴行的结果。”

“金陵大学内登记的手续开始了，日方扬言如果中国兵能够出来自首，将罚做夫役，可以保全生命。约一百四十人真出来自首了，他们却全给捆载而去。其中有两三个人受伤后佯装已死，伺机逃脱，到医院来求治。据他们说，一群给机关枪扫射，一群则为日军刺刀演习的靶子。常常有人在刽子手行刑后只受了一两处不足致命的创伤，他们睡了一整天，身上覆着伙伴们的尸体，夜间设法潜逃，或赶医院，或往朋友的家中。我们遇见这样的情形，已经很多。

日本兵做事未免太嫌轻率呵!”

“十二月二十七日,星期一。日军占领南京,今天已入第三个星期了。日清汽船会社从上海开到一艘轮船。该公司代表四人来访,谓长江不久可望正式恢复通航。随该船同来的,有许多日本妇人观光全城。她们向若干儿童散发糖果,似乎很觉得意,并为日本的惊人胜利而欣喜,自然她们对于真正的事实一无所知,不过,据我猜想,恐怕全世界也是一无所知。”

“士兵仍然毫无纪律,军部和使馆间没有合作。军队方面甚至拒绝承认使馆所发动主持的自治委员会,对自治委员会的委员故意加以蔑视。据军队方面表示,中国人是被征服的人民,不应妄希恩惠。骚扰和暴行的事件一天比一天增加起来,而我们所未听到的或看见的,更不知□多多少少。”

“以下是今天所接到报告中的几件事情:约两星期前日军捉去一个十三岁的男孩子,因为他的工作做得不满意,日军用铁棍打他以后,再用刺刀戳他。昨夜一个日本军官和两个小兵乘车闯进金陵大学,当场强奸了三个妇女,并带去一个。日本兵闯入圣经师资训练学校许多次,搜劫难民,并强奸了二十个妇女。鼓楼医院的夜班管理员给日军捕去,鲍育女士抗议无效,放火的行为仍未终止。今天,南城有两个基督教教会学校焚毁,德商起士林糖果店(KIESSLING AND BADER'S)也起火燃烧。日使馆的警察长高谷却来向我们表示,今后将保护所有外侨的房屋,并偕史波林君去视察德侨的财产。在我们个人看来,他口头上的支票是很难十足兑现的。南京外侨所有的财产,差不多统遭日本军队的掳掠,日军再要向外侨提出什么要求,似乎是大可不必了。连外侨的汽车也为他们所窃取。我几乎忘记了一件事情,昨天我曾偕史密斯君去访问难民区外的英国大使馆。十一辆汽车和两部卡车,均由日本兵不告而取了,所有仆人侥幸倒还平安无事。几乎每一条街口可以看到弃而不用的汽车、电池及其它东西,往往凌乱颠翻,不加爱惜。”

“今天却有一件愉快的事情,日清公司轮船带来邝富灼博士的一封信,由日使馆转交给我,这是过去三四个星期内我们许多人中间所接到的第一封信。邝君询问我们进行救济工作是否需要现款,并主张将各方响应国际扶轮会代我们发出的呼吁而慷慨捐助的款,划出一部分。这十足是邝君的态度!我们确实需要钱,需要很多的钱,我每一次想到不久需要钱的时候,就有一个暗影掠过头,哪里可以弄到钱呢?”

“十二月二十八日,星期二。天气恶劣,先下微雨,继降大雪,这是我们一向所恐惧着的。草棚里可怜的难民,其境遇将更感悲惨,因为大多数的草棚不能避雨,有些简直等于狗窠,遍地泥泞,竟难插足。不过这许多日来的天气,迄甚良好，总算还是幸事。”

“我今天共观察几处收容所。大多数很拥挤，当然内部也不能怎样干净。收容所的干事和助理员，都是义务性质，工作非常美满，维持难民的秩序，注意难民的膳食，对措置其它事务，也相当整洁。但这些收容所到底要维持多少时候呢？即使有一部份难民的房屋尚未被毁，他们要到什么时候才能够回去呢？秩序要到什么时候才能恢复呢？”

“我今天第一次走到学校去，离开我的住宅不远。内部已颠江倒海，不成样子。物理实验室里的仪器，全部是故意损坏的，运动场上有死牛一头，野狗已吃去了一半。大门上的大使馆布告也不见了。”

“十二月二十九日，星期三。天气较好，登记继续进行，但毫无效率，难民不知道何时登记，何处登记。日军又捕去认为是中国兵的难民。女人和老人向我们跪拜哭泣，恳求我们设法找寻她们的丈夫和他们的儿子。有几次我们的努力是成功的，但日本军人非常讨厌我们的任何干涉。关于下关方面的情形，据中国红十字会的代表告诉我们，江边的难民约尚有两万。我们在日军进城前交给他们的米粮即将告罄，他们痛苦不堪，要求也到难民区来。可是难民区已经太嫌拥挤了，事实上日军不会允许到难民区来，也不会允许我们去设法援助。他们只好暂时忍受一切。”

“各国使馆门前终于有日本卫兵出现了。为什么不在两星期前出现呢？我们的住宅还是无人保护；有几处收容所的卫兵，与其说帮我们的忙，倒不如说给我们麻烦。他们要暖的火，要吃的东西，要取睡的床，还向难民要别的东西。”

“十二月三十日，星期四。我召集了某教会机关的十八个仆人，付给他们的薪水，到下月十五日为止，叫他们另想别法。这真是一件困难的事情，其中几人已服务多年，很善良忠实。我和 W 君希望待秩序恢复后，或可利用旧校舍做些小规模的事情。可是，我们中间留在南京的人太少，鉴于目前南京的物质环境，要建立起一个新的集团并非易事。W 君是设计住宅的优秀助理委员，C 君是收容所的优秀管理员，我们的仆人也都各尽其能，各称其职。”

“午后我访问日本大使馆，使馆人员忙着向约六十个中国人（多数是难民区收容所的干事）训示怎样庆祝新年。不能再用青天白日旗，一律改用五色旗，教他们去做一千面五色旗和一千面日本旗，难民在一千人以上的收容所应派代表二十人，较小的收容所则派十人；元旦日午后一点钟，鼓楼上应悬五色旗。据说预定的节目，有‘恰当’的演说和音乐，自然摇旗欢迎新政府的民众，届时将被摄入镜头。城内的火焰依然未熄，十二三岁小姑娘被强奸或强抢的事情，又连续发生了三件。史波林驱逐办公处附近房屋内的日本兵，忙个不停。日本兵又大举捉人，在金大蚕桑系校舍内四周布置哨兵线。”

“十二月三十一日，星期五。比较安静的一天。晚间没有暴行的报告，这是日军占领南京后的第一天。日方忙着准备庆祝新年，放假两天。我们反而担忧，因为将有更多的日本兵狂醉。我们叮嘱难民不要出门。晚餐后，雷伯请我们全体到他家里，燃起圣诞树。我们每人都收到一份贺年片，贺年片上刻着黑圈红十字的难民区徽章，并由我们二十二人全体签字。他讲起在南非洲时若干冒险的故事以娱来宾。墙上挂着几种庄严伟大的纪念品。”

“大除夕了，不禁想起家庭，想起亲爱的家人，谁都不惜以任何代价换取一封家信。日本使馆人员告诉我们，恢复通航还要几个星期，所以我们显然仍须忍耐若干时。他们并谓至少在一个月以后，留在南京的任何外侨才能赴沪，事实上，我们在这里都已做了俘虏。”

“再继续叙述这个故事，继续叙述新年以后所发生的恐怖行为，似已无甚意义。今天是一月十一日了。情形虽大见改善，每天却仍有暴行，而且有几件的性质是非常可恶。美国大使馆代表三人，六日抵达南京，九日英德两使馆也各有代表三人同来，我们因此觉得情形还更可改善。不过我昨夜驾车出外时，还看到四处火警，并目睹日本兵正在另一家店铺内动手放火。从十二月十九日迄今，日本兵几乎没有一天不放火。前天，克鲁治君曾设法溜出东门，回来告诉我们，他所经过约二十哩的区域内，庐舍均已焚毁，阒无人迹，连家畜也看不见。”

“我们可以用无线电和外界接触了，这是一大快事；上星期日，我就把各人的住宅接好电线，现在我们是有电火了。我们的办公处在几天之前就有电火，但因为恐怕只许日本人有电火，所以我们并不张扬。我们看到上海日文报纸，还有两份东京日日新闻，报上说早在十二月二十八日，商店已纷纷开门，营业已恢复常态，日军协助外侨救济可怜的难民，城内中国匪徒已被肃清，南京已恢复安宁。要是当前的现实不是那样悲惨的话，我们都不禁要捧腹大笑！”

“以上的叙述并非出于仇恨的情绪。我知道战争是残酷的，尤其是一个民族想征服另一个民族的侵略战争。据我从这一次战争的经验和一九三二年淞沪战争的经验看来，缺乏基督教精神的日本军队，如今已成为一种野蛮的破坏的力量，目前不仅威胁着东方，将来也许会威胁到西方，所以全世界应该明了事实的真相。至于如何措置这个局势，我不想多说，还是让贤明的人士去考虑吧。”

“自然，我也不应该忽略光明的一面。中外友人都表现出惊人的服务精神，我们在共同工作中发生很密切的友谊。对于我们已做的或想做的事情，难民每一次都向我们表示感激，我们常常为之振奋。我们所遭遇的损失和困难，跟他们所受的痛苦比较起来，似乎轻微不足道了。三位德侨委员也引起我们的敬佩和感戴，他们确是一座坚固的堡垒，没有他们，我不知道怎样能够渡过难关呵！”

“将来怎样呢？最近的将来固毫无光明可言，但中国人除其它许多美德外，具有忍受苦难的伟大力量。而且，公理与正义必获最后胜利。总之，我个人永久愿与中国人共患难！”

第七章　空袭与死亡

在这一次日本进攻中国的侵略战争中，牺牲于轰炸下的平民，其情形之惨，数量之大，打破了历史的记录。日本飞机于八月十五日首次由台湾渡海袭击南京，从此以后，中国所有重要的城市，除在辽远的省份外，几乎都受到空袭的威胁。一九三七年七八月间日本空军在华北的活动，比较八月十五日以后□华南各城市被轰炸的情形，简直是“小巫见大巫”，微不足道了。一九三七年十一月三日美商上海英文《大美晚报》刊载下列日本官方通讯社同盟社的东京电，足见空袭范围的扩大。

> 十一月二日同盟社东京电　据海军省发言人今日宣称，自十月二十五日至二十七日，我海军飞机共八百五十架，参加轰炸上海战场华军阵地及后方，该发言人并谓共掷炸弹二五二六枚，计重一六四吨，故华方损失奇重……

据十月十五日英文《大阪每日新闻》载称自八月十五日首次轰炸南京迄今两月内，日机共袭击二十处以上具有“军事价值”的城市，列表如下（十月十三日为止）：

> 山东省　韩庄、枣庄、兖州、济宁。
>
> 江苏省　南京、浦口、上海、句容、无锡、江阴、苏州、昆山、嘉定、太仓、松江、宿州、扬州、南通、海州、连云、淮阴、南翔。
>
> 浙江省　杭州、宁波、海宁、笕桥、嘉兴、诸暨、金华、衢县、绍兴。
>
> 福建省　厦门、龙溪、建瓯。
>
> 广东省　广州、石龙、虎门、惠阳、英德、曲江、乐昌、安阳、潮汕、汕头、黄埔。

安徽省　芜湖、广德、安庆、滁县、蚌埠、寿阳。

江西省　南昌、上饶、余江、清江、九江。

湖北省　汉口、武昌、汉阳、孝感。

湖南省　株洲。

上海《密勒士评论周报》主笔鲍威尔(J. B. Powell)对于日本方面的军事行动,向作大胆的直接的观察,他在十一月三十日该刊上发表评论如下:

"该报所举出的六十多个城市,其中真有军事价值的很少,要是把上海附近曾遭日机袭击的十多个村镇也列入表内的话,现在被轰炸的城市恐怕又已增加一倍了。十月二十四日下午,记者看见二十多架飞机,其中十架是双引擎的单翼机,每架携炸弹六枚,从事轰炸苏州河北一带农田菜园间大多数只有一两家人家的小村舍。据一位目睹轰炸的外国人说,从早晨到中午,日机十八架轮流轰炸,约掷炸弹两百枚,大多数是巨型的,超过二百磅。午后投掷的炸弹,恐怕也在一百五十枚以上。在这样一个狭小的地带,竟落下炸弹约三百五十枚。今天真是日本飞行员野外掷弹的演习日,要是为了公开表演以娱来宾的话,他们也许还可以做出各种姿势,一队一队的飞机,三架、四架不等,从很高的天空急降而下,向村舍投掷巨型的炸弹。这些村舍是用竹头和泥土构成的,屋顶覆瓦,每宅的代价不过美金四五十元。幸而这些乡下人已经躲避,对于躲避的艺术已经相当纯熟。不过,平民还是有受伤的,往往是年老的女人走向租界或被送到租界里来。苏州河某处,几个乡下人把五个日机轰炸下的牺牲者埋葬在一个炸弹窟窿中。"

"我们看了沪西庇亚士路卢别根路转角处的弹穴,就可以知道日本炸弹的威力。沪西的轰炸是有若干军事意义的,因为中国军队在苏州河岸的那一转角处,有沙袋堡一座,附近并构筑战壕。那一带落下了六颗炸弹,弹穴的直径约自十二呎到十八呎,深度约自六呎到八呎。可是,转角处的沙袋堡屹然无恙,圮坍的壕沟也立即修复,也无人受伤。沿苏州河的村舍,在以前几次轰炸中,损害甚重,如今大多数却已成为空屋,只留下几个老人。不过许多农民和园丁仍刻苦耐劳,照常耕种,即使炸弹落下的地方相隔仅几百码,也不肯放弃工作。这些农民和园丁的坚持工作,使上海不至发生饥饿的恐慌,上海的市民,不论是中国人或外国人,应该如何感谢他们呵。每天清晨,挑着菜担的乡下人,在沿租界的马路上,鱼贯而行,络绎不绝,这可以表明中国儿女们刻苦耐劳的真实情形。"

"上海报纸上刊载关于死亡和破坏的各种新闻的大标题,概括地说出了每一次惨剧的内容，而这已是司空见惯，不足为奇了。试举一例，日机轰炸松江，死二百人，伤四百人……防空壕中四十人同归于尽……”

“中国军队于十月二十八日（星期三）午后退出闸北，又给予日本飞行员以屠杀平民的好机会。从闸北退出的中国军队，于晚间通过苏州河的梵皇渡铁桥，故未遭日机轰炸。第二天早晨，成千成万的平民，大多是妇孺，拥塞道旁，争欲通过单轨的铁桥。像这样一个屠杀的机会，实在是太动人了。日机一架不断飞近桥面，扫射恐怖的难民。有一次，飞行员扫射的结果，难民死伤各十二人，其中有妇孺数人，僵卧桥面。沿租界的马路上，多处发生同样的惨剧。”

关于滥行屠杀平民一点，日方军事和外交发言人曾屡次加以否认，表示日机轰炸完全是为了军事上的目标，并且宣称由于“华方之虚伪宣传”，所有关于日本空军活动的报告，都“言过其实”。这些声明可能加以接受吗？日机轰炸平民真是军事行动下偶然的事件吗？

我们不能明确答覆下面的问题，但以下所引报纸和目击的材料，足使读者自己获得结论。

上海及其近郊不久就为日方空袭的锐势所侵及了。一九三七年八月二十八日，日机轰炸沪杭路的上海南站，那时南站挤满了逃往内地的难民。八月二十九日的上海英商《字林西报》刊载新闻如下：

“日机昨天袭击人口稠密的南市，向车站一带投掷炸弹，上海平民的死亡数字又大见增加。据最审慎的估计，死伤达二百人以上，其中大部份是难民。这数字尚不完全，因南市各医院当局以及英法两租界当局昨夜仍在进行调查。”

“约午后一时四十五分，日机十二架盘旋于南站一带上空，至少投掷炸弹八枚，当场爆炸。”

“南站站内拥塞难民千人以上，大多数为妇孺，故死伤尤惨。其它着弹爆炸之处，计有距南站北面两条马路的国货路、三观堂街及陆家浜一带。”

“车站附近共落炸弹四枚。日机离去后浓烟冲天，月台上和轨道上，焦黑的模糊的尸体狼藉不堪。”

…………

在轰炸平民以后，日本的轰炸机或随行的战斗机，往往再用机关枪扫射，差不多每一次都是如此。上海的居民曾目睹许多次像这样的袭击。那时上海所有英文报纸的读者信箱栏内，全是目睹惨状的外侨所提出的抗议和报告。美国亚洲舰队司令耶纳尔将军（Harry E. Yamell）对于此种层出不穷的暴行，曾予以严厉的斥责。十一月十二日，耶纳尔将军在上海英国皇家空军协会的宴席上发表演说，十一月十三日的《字林西报》刊载其内容如下：

“在此次战争中，上海及其附近所遭遇的破坏，其范围之广，情形之惨，使我大为痛心。我不知道人类要到什么时候才能领悟飞机的正当用途，战争和其它活动一样，也是有必须加以遵守的规律的。交战国双方恣意破坏平民的生命财产，使上海附近的平民陷入绝境，此情此景，实令人不忍卒睹……战争的规律必须加以尊重，不分皂白的轰炸，必须竭力避免……对于平民的财产滥施破坏，并无多大意义。现在各国应该急起直追，了解飞机除了作为毁灭一切的利器外，还有更大更多的用途……”

松江是一个安静的城市，约有人口十万，水陆交通都很便利，离上海仅三十哩，是一个半工业区。像松江这种中等的城市，不知有□□少少次遭遇日机的轰炸。一九三七年九月九日，《字林西报》刊载日机轰炸松江站难民车的新闻如下：

“昨天午后十二时二十分，从上海开往嘉兴的难民车在松江站遭遇日机的轰炸，客车五辆全毁，死三百人，其中大部份是妇孺，受伤者更多，没有一个中国兵。上海难民又逢一次浩劫。”

…………

“上海市市长俞鸿钧接到轰炸报告后痛加申斥，称为‘日军完全漠视人类同情，在后方屠杀中国平民之又一新证据’。俞市长并谓，在松江惨遭轰炸的列车之所载旅客，都是从战区逃往内地的难民，这是不可争辩的事实。列车既系开往嘉兴，无论如何不能认为向上海输送增援部队，所以日机袭击，实出于故意，绝对不能强词夺理，邀人宽宥。”

以上各节叙述日机袭击村镇及小城市的实况，并不完全或充分，整个说来，其性质虽然非常残酷糜烂，但和轰炸南京、广州、汉口等大都市的事件比较起来，也许不及后者那样动人。这些大都市的轰炸，曾经占据全世界报纸的重要地位。自一九三七年八月十五日起，到一九三七年十二月十三日即日军确实占领中国首都时为止，南京不断在空袭的威胁下。十二月十八日东京路透社发出下列电讯：“据此间军部今日发表公报称，自战事爆发迄南京陷落，日海军飞机先后飞往南京五十次，轰炸中国之密集部队及军事设施，并掷炸弹一百六十吨。公报并称参加轰炸南京之飞机，在八百架以上。”十月二日出版的上海《密勒士评论周报》概述一星期内日机轰炸南京的情形，其内容几□系根据路透社的南京消息，原文摘录如下：

“英美法三国虽向日本提出抗议，日方显然置之不顾，日机二十九架又于九月二十五日上午猛烈轰炸中国的首都。城南一带是南京最热闹、人口最稠密的区域，尤为日机所注意……”

“日机第二次袭击南京时，中央通讯社总社办公处全部被毁，职员五人受伤颇重。事后，中央通讯社即着手布置一切，现在仍照常工作。该社在土街口，离银行区甚近，共落炸弹三枚。那一带人烟稠密，没有重要的军事建筑，中央通讯社为文化机关之一，日方蓄意加以破坏。以消灭中国最大的新闻机关……”

“九月二十五日南京空袭的结果，平民死伤达六百人。自上午九时半迄下午四时半，日机先后五次侵入南京上空，共掷炸弹约五百枚。午后的两次空袭，以中央医院和卫生署为目标，共落炸弹十五枚，但无一中的。有一个弹穴的深度达二十呎，直径达四十五呎。医生的宿舍为爆炸的巨力所震倒，厨房间被毁，手术间略有损害。”

“据中央社称，日机轰炸中央医院，决非出于误认目标，因屋顶上漆有大红十字符号及中央医院四字。”

“九月二十五日日机轰炸南京时，有一颗炸弹落到高门楼法国领事馆的院子内。九月二十七日，则有五颗炸弹落在下关，和停泊三汊河的法国炮舰仅隔二百公尺。”

“在这以前，日本的空军曾于九月二十二日两次袭击南京。第一次飞机五十架，空袭的时间自上午十点三十五分到中午，第二次飞机十五架，时间甚短促。”

“在三百处以上的地点，包括城南市区和新住宅区（美、意、德各国使馆以及全体外侨住宅，都集中于此），每天平均要落下两三颗炸弹。据路透社报告，第二次空袭时，下关难民收容所中弹，死者至少在百人以上，事后前往视察，残骸遍地，芦席棚火焰熊熊，直冲云霄……”

“不到一小时，又来日机十架，这一次是东北方飞来的，抵达浦口上空时，即列成圆形，以潜水式轮流掷弹，轰炸津浦铁路，后向东北方飞去。据法国领事馆消息，九月二十五日，曾有五百磅重的炸弹四枚，落在该领事馆附近，相距不到一百码。以各国使馆或领事馆而言，这要算是最危险的一次了……”

广州是华南的上海，在广东南部珠江三角洲的顶点，平时有人口一百万到一百五十万。一九三七年九月二十三日，广州遭遇猛烈的空袭，九月二十四日上海《字林西报》刊载路透社的报告如下：

“路透社访员今日赴被轰炸的地点巡视一周，东山附近的贫民住宅区，几全为炸弹所粉碎。”

“有几处尸体横陈，宛如捕蝇纸上的苍蝇，断肢残骸，狼藉不堪。几百个妇女悲伤饮泪，匍匐于废墟中，寻觅亲人的余骨。成千的难民更徬徨街道，沮丧惊悸，昨今两天的恐怖，使他们的神经大为错乱。”

“准确的统计犹需几天或几星期始能完成，据本社估量，死伤不下数千人。”

“今天空袭的损害程度，超过上海南站的惨剧。”

“这一次轰炸的结果，政府官舍或军事机关皆安全无恙，故此间外人观察家对于日机轰炸的目标究竟何在一点，都有莫明其妙之感。”

“日机所掷炸弹，多数落在茅房鳞次栉比的贫民区，住宅和居民化为肉酱。”

“坐在门口的一个老太婆被炸死以后，仍兀坐不动。”

“一个面色可怕的上流人，掀起一条席子，攒着粉碎的肉体对本社访员说：这就是我的女人！”

“东山附近的一个小学校全部焚毁，因值假期，校内学生甚少，未酿惨剧。”

“居民喘息未定，今晨日机又两次袭击广州。第一次在拂晓四时，日机一架共掷五弹。该机来去之际，曾低飞沙面尤其是英国桥的上空。”

“第二次在八点半，有重轰炸机十架及战斗机若干架，天空密布着空战的活动，格斗，轰炸，高射炮弹的爆裂，在澄碧明朗的晴空，蔚为奇观……”

据主持广州东郊某医院的美国教会医生贝志博士(F. E. Bates)在广州外侨助华正义委员会所刊行的小册子中宣称：九月二十二日下午，日机二十二架在住宅区掷炸弹六枚，死者约三百人，以妇孺居多数。事后，贝志驾卡车驰往出事地点，救护受伤者和将死者。

他说：“九月二十二日，我们在轰炸后的二十分钟就赶到出事地点。警报尚未解除，损害显然非常重大，因为所有禁止通行的街道，军警都允许我们自由通过。爆炸的烟硝尚未消散，路上堆满了碎木头、破玻璃、砖石、泥块以及各种建筑材料。到达出事地点时，四周的警军招呼并指示我们往躺着受伤者的地方去。”

“人类中最可怜最苦恼的受难者，听说救护队已到，便从废墟的每一个角落和每一个洞穴走来。在不久以前，这些废墟还是他们的安乐的家庭呵。受难者的惨状是不难想像的，有的面部淌流鲜血，爬行于废墟之下，高声呼唤埋葬在残栋颓垣中的亲人。”

“一个八十多岁的老妇人，捧着流血的头，叫我立刻去救救她的儿女和孙儿女。许多孩子半呆半痴，找寻无处可以找寻的母亲。一个人从楼板地板和墙壁横成的小窟窿中钻出，手里抱着十岁左右的小娘姑，头部脸部受创甚重。他恳求我们先送他到医院。他的母亲、女人和两个小孩，都葬身屋内。他似乎非常恐惧。他怕将要失去这唯一的活女儿。”

“这故事是讲不完的，我们在搬装受伤平民的几分钟内，就看到多少惊心怵目的景象。到场的有六家医院，我们不过是其中之一。耳朵里充满呜咽和呻吟，有的因失去了家人而痛哭。有的虽未失去家人，却失去了他们的一切。出了医院之后，他们住到哪里去呢？怎样解决吃的问题呢？”

“这些人间世的苦恼，说既说不完，写也写不尽。这许多受难者所住的地方，既不接近军营、兵工厂、重要的铁路，也不接近任何防御工事。这是广州闹市的一角，侵略者的眼睛对于人类的生命竟毫无怜悯。在侵略者看来，这仅是残酷无情的破坏行为和恐怖行为的一种程序而已。”

一九三七年十月三十日出版的上海《密勒士评论周报》刊载十一月十二日的广州通讯，对于日机在华南各种活动，概括叙述如下：

“广州各村镇、渔船和商船、铁路和工厂、广州设防的和不设防的市区，如今都成为日本轰炸机的目标……那些被袭击的人们，对于自己的生命简直无法保护，究已死伤多人，不能确实知道。据最审慎的估计，广州及其近郊牺牲于轰炸下的，至少有八百人，都是平民，其中有妇孺若干人。他们牺牲的地点，大多数离开高射炮很远。”

“日机除轰炸住宅区，使平民多人死伤外，还想摧毁中山大学和中山纪念堂，中山大学内有许多新建的华丽巨厦，价值数百万元。日机曾加以轰炸，附近落下几颗炸弹，均未中的。”

“迄九月十一日为止，广州共经历空袭五十六次，此刻飞机又在记者的头上翱翔了。换一句话说，在过去一月内，广州每天平均要有两次空袭。”

武昌、汉口、汉阳三镇是一个重要的工业中心，向有“东方芝加哥”之称。武汉三镇在扬子江中游，离上海约七百哩，平均人口在百万左右。

一九三七年九月二十六日，上海《字林西报》刊载路透社九月二十五日的汉口电如下：

“昨日下午□间惨遭轰炸后，当晚日机又来掷弹，死亡愈多，破坏愈甚。第二次袭击的时间甚为短促，仅十分钟，但造成的局面却相当恐怖。”

“所有的中国医生、助手和护士，均因政府当局的唤召，全体动员，中国红十字会和普爱医院的积极从事救护工作，减少了受难者的若干痛苦。”

“因为电力不足，许多手术都在灯光之下进行，对伤势沉重的人，不得不暂用吗啡，以减轻他们的剧痛”。

“据今晨所见，在一宽约二百呎、广约一百五十呎的地面，共落三弹，已完全变成屠宰场。救护工作仍在进行，从瓦砾堆中搜寻尸体。”

“武圣庙一带原为汉口的贫民区，昨天第一次空袭竟使该区变成积尸所，本社记者前往视察时，目睹最骇人的惨景。”

“该区街道宽仅六呎，鸽棚似的矮屋，鳞次栉比，已完全倾圮，居民路人，同归于尽，残骸遍地，已被救护队堆置一处。尤其骇人的，偶见一臂一腿，微颤于砖石重压之下，非用适当工具，无法加以移动。”

“本社记者街头伫立十分钟，目睹抬送过去的受伤平民在一百二十人以上，有的还凄惨呼号，有的已全无生气。担架者搬运死孩的情景，更属不忍卒视。已死的和将死的混在一起，受伤者的创口还冒着鲜血，一丝不挂。”

“儿童死亡的数量似乎很大，也许是因为轰炸时他们都躲在家里，小孩的尸体超过成年人的尸体。”

“警察、学生和自告奋勇者都在最艰苦的环境下热心工作，救护受伤者，搬移尸体。深夜，许多学生显已非常疲乏，但还是不肯放弃可怕的工作。

“吴国桢市长以及其他官员均亲自到场指挥监督，以免混乱。”

“由于电力的不足、医生和救护工人的缺少，虽然救护者已各尽其力，整个救护工作仍颇受阻碍。”

“武圣庙一带共有居民约一万人。轰炸时，几哩内没有一个中国兵。日机的目标也许是兵工厂，但兵工厂至少相隔四哩。”

“附近一个女子学校内的学生，完全陷于歇斯的里亚的状态，东奔西窜，残酷的景象使她们震骇，使她们发狂。”

“在汉口以外，武昌和汉阳也同时遭殃。一颗炸弹击中汉阳的一个难民收容所，死难民六十人，伤多人。”

“凡是炸弹落下来的地方，均起火燃烧，深夜依然火焰熊熊。”

“轰炸汉口的飞机共九架，有两颗炸弹落在江中，离英国炮舰亚斐斯号仅两百码。”

“昨日被轰炸的武圣庙一带，今天再遭轰炸，这汉口的平民区是更为凄惨了。”

“许多憔悴的无家可归的受难者，踯躅街头，疲乏过度的救护人员，仍在挖掘活人和死人，有的遍体残毁，生不如死。”

“本社记者曾遇到一个十岁的男孩，肩负着母亲血淋淋的尸体，他很恭敬的把尸体放在医院看门人脚边，恳求设法埋葬，然后再去寻觅失踪的兄弟和姊妹。”

“本社记者又看见内屋有三个男孩，兀坐不动，都已没有生气了，其中一人紧抱着死孩。还有一家，一个房间里堆满了尸体，另一个房间里，一个女人仍在煮饭，漠不关心。”

“据中国方面消息，昨天空袭后，中国战斗机曾在离汉口四十公里处击落日轰炸机一架。”

“日机来袭时，约在二千呎的高空，外国观察家□□对于武圣庙一带人烟稠密的情形以及并无任何军事目标两点，日机不应该一无所睹。”

“大众恐惧日机来袭，整天仰视天空。”

［原载于《外人目睹中之日军暴行》，（汉口）国民出版社，1938 年］

苏联的炮兵打败小日本

明光

大家总还记得吧！这还不过几个月以前的事。有一次，日本鬼子派了大批人马去攻打苏联的张鼓峰，结果没有几天的工夫，却被苏联红军的炮兵轰跑了。

苏联的炮兵真能干！武器既好，打仗的方法又妙。在向敌人进攻时，苏联的炮兵有很多的方法，他能够轰坏敌人埋藏的地雷，轰平战地上的深壕和宽沟，打光敌人的炮队，让坦克车和步兵能很舒服的冲上前去。等到自己的坦克车部队和步兵离开自己几千公尺时，就要跟着开上去。利用"火垒"的方法，一忽儿左一忽右的移动，让敌人的视线完全模糊起来。这样，他不但能够掩护坦克车部队和步兵的前进，并且还能保护快要迫近敌人阵地的自己队伍。

不仅是这样，苏联炮兵还有极巧妙的方法，他能破坏敌人的交通，破坏敌人的后方，阻止敌人的补充部队开上来帮忙。

在防御敌人攻击时，苏联炮兵更有把握，他最重要的就是和自己的"空中侦察队"联络好，因为"空中侦察队"能告诉他敌人进攻的方向和距离。当他知道了敌人在准备进攻了，就先用"远距离的轰击"对准敌人的要害猛轰，把敌人的进路完全拦住。如果这个工作不成，敌人的队伍很快地要冲上来了。那时，苏联的炮兵会"神不知鬼不觉"的抄到敌人的背后，先把敌人的后路切断，然后再前后夹攻，使敌人进攻的部队一个不剩地统统死光！

（原载于《中苏文化·前线增刊》第1期，1938年）

抗战中来华的英国新兴作家

马耳

中国这次抗战，是中国民众的一件极神圣、极庄严的事业。它是为了中华全民族的解放，为了世界的和平。日本法西如果征服了中国，那意义不仅是奴役中国民众，而是威胁世界的安全。在这意义上，全世界正义感的人士都直接或间接地为我们作支援。尤其是艺术家们，他们是毫不吝惜他们的精力来援助我们。现在有斯沫特莱(Agnes Smedley)女士，来为我们前方的游击队们奔走募捐；有忽忽从西班牙赶来的伊万洒(Zofrslveus)先生等，为我们摄取战地影片，把我们民族英勇斗争的史实告诉给全世界的大众；有许多外国医师离了甜蜜的家庭到中国的火线上来，作救护我们国土的工作。最近又有英国诗人奥登(W.H.Auden)和小说家伊粟伊特(C.Isherwood)到汉口来了。他们是要为中国写史诗的。

奥登和伊粟伍特的出现，那是一九三零年的事；他们是以新的姿态，乘着经济恐慌的怒潮而出现于英国文坛的。

一九一七年欧洲大战以后，一直到一九二九年止，是欧洲文化界一个困惑的时期。骑士美人的作风，是早已没有。初期工商业的繁荣，被战争所粉碎。对于新的社会缺乏信心的人，便无形陷入困惑中去了。战争过后，一般的作家，除了写唏嘘太息的故事以外，敏感的青人便只有陶醉于放任的情感中，作超现实的冥想了。比如在法国流行的踏踏派就是很好的例子。然而英国和别国又稍为不同。她是一个拥有广大殖民地市场的老工业国家；她始终是小康的，固然战后的英国是没有再产生迭更斯和萨克利那样的作家，但像初期亚拉贡那样的人是不会有的。然而“不正视现实”这个特点是共通的。许多作家不是专门讲究文字本身的技巧，便是高超地藏在艺术之宫里面。

然而，世界是在不断地变动的。一九二九年以后的英国跟以前的又有些不同了。这是一个转换期间。苏联的新工业成功和别国的大批失业，使许多艺术家们不得不走出沙龙，平心静气地来看看街头的景象。正在这时候，英国一批新的青年艺术家出来了。他们是健康的写实主义者、这个时代的预言家。在这一群年青人中，奥登和伊粟伍先生的地位是非常重要的。

奥登是牛津大学的毕业生，是属于所谓"牛津派"这一个诗人群的。他的第一部诗集叫做《诗篇》，一九三〇年出版的。里面包含廿多首诗，两年后他出了第二部诗集《演说者》。这两部诗集都是收集著作者所写的一些短诗。然而它们出版后，立即引起了极大的注意，这是因为这两部诗的作风和内容和以前的一些东西全不同的缘故。

在他的诗里面，一般地所谓 Sentlmental 的成分是很少的。前几十年人们所惯唱的"明月""青春"和恋爱一类的故事，完全没有了。相反地，在他的诗里面，是辛辣的讽刺，而这讽刺是积极的。

他讨厌旧的政治机构、旧的社会制度和旧的经济组织。他反对侵略主义者的法西斯蒂。对于这些东西，他毫不客气地剥下皮来，给大家看一个清楚。然而他不尽是一个纯客观的、果戈里式的画家，而是一个积极的、主观的预言者。在每一篇作品内面，他是以象征的手法指示出这个社会的动向的。

一九三三年，他出版了第三部诗剧《死的舞踏》。这是一部长篇的讽刺诗。在这部长诗内，他坦白地表示出他的爱情，毫不客气地嘲笑他所讨厌的东西——近代的政府体制。他讽刺地说，这些东西是要死去了：这道理是很简单的。因为旧的东西已是无能力再断续下去。它已经腐朽、衰弱了，那些粗野的东西将是新的主人，这是历史也是进化律所决定的。

一九三六年他发表了他的第四部诗集《不相识者》，也是一部带有象征意味的讽刺诗。一九三七年出版《冰岛来函》，这是一部游记。除此以外，他还和伊粟伍特合著了三部剧本。

讽刺在英国文学里面并不是一个很生疏的名字。在乔叟的叙事诗康特口利故事里面，就有不少讽刺的描述。以后十八世纪流行的新古典主义者如奈登和泼布差不多都是以讽刺作他们作品的特色的。在拜伦的诗里面，讽刺的成分也不少。然而，除讽刺而外，还带有积极的、健康的新宇宙观，则恐怕是要以奥登这一批青年人始了。

在诗的技巧方面，奥登可说是革命的。英国人对于一切都很讲究，写诗必要诗的字眼，格律也必得整齐一致。奥登则不然，在他的长诗里，是找不出通篇一律的形式。他是主观地采取不同的诗式来适合于他所要表现的意义。而他所用的字也不是什么诗字，而是"口语"。

伊粟伍特是一个小说家，同时也是一个戏剧作者。有许多书，他是和奥登合作的。他是剑桥大学出身，英国新兴青年小说作家群中之最杰出者。

他到现在只一共写了四部小说。第一部叫做《回忆》，一九三二年出版。这是一本欧战的"回忆录"，故事是以一个英国家庭为中心，叙述这个家庭如何地因了大战的影响而变得非常凄惨。第二部小说是一九三六年出版的，叫做《诺利先生换车》，这是写作者滞在柏林时的经历。故事是以希特纳上台前后为中心，叙述德国的社会战后情景、国社党的活动及其他政党的斗争。第三部叫做《沙利·包尔》，也是写希特纳上台前后在柏林的故事。第四部《狮子和阴影》，是写作者和奥登两人的故事，一部自传性质的小说。这部书将于今年出版。

伊粟伍特跟同时代的一般老作家不同，他并不在文字本身上下大工夫。他的文体简洁而朴素，有许多地方和海敏卫差不多，但是他没有海敏卫那么地冲激。他是一个沉静的写实家。在每一篇小说里，他很注意地集中研究一群人物的性格、时代所对于他们的影响，或一个家庭和它在这社会中的发展。从这一群人或家庭中，他画出一个时代的图书、一个时代的动向。而这个画的本身，是像万花筒似的，有种种不同的颜色。所以国社党的人读到了，也觉得非常有趣的。

他跟奥登已合作地写了三部剧本：《皮下的狗》，一九三五年出版，是一个讽刺近代欧洲的歌剧，在欧洲已经上演过好几次。第二部是《F.6 的爱逊特》，一九三六年版，是一部悲剧，讽刺作新闻宣传的那些新闻记者，在英国也上演过好几次。第三部是《国境上》，将在今年秋季出版。

奥登和伊粟伍特两人同时是一个英国近代新剧运动的推进者。他们提倡"集体剧场"运动。他们反对旧的、着重形式的剧作。他们提倡富于讽刺性的、象征的、歌剧形式的剧本：用一种战斗、活泼的形式，来表现这一种新的力量的诞生。他们以为剧本是应该为大家所能歌诵的。奥登的歌剧《死的舞踏》便说明了这一点。

奥登和伊粟伍特这一群年轻的人，在古老的英国文坛上出现并不是偶然的。他们这一群人的产生，指示出一个新兴英国文学的潮流。现在世界是一天一天地缩小了，文艺的工作不仅是限于一个国家，同时也变得国际性起来。中华全民族抗战发生，他就忽忽地从西班牙转到中国来。他们来时，英国许多青年作家抱着极大的期望，送他们首途。他们要看中国英勇的抗战。中国民众为世界和平而战的伟大斗争。他们将要写一部厚书给欧洲人看，那是纪载我们这次神圣的抗战的。

他们回国后，要出一个杂志，叫做《新作品》，专载世界各国民主作家的作品，有一期是“中国专号”。中国的作家们，不是应该帮忙他们的么？他们期待有好的作品登载呢。

[原载于《抗战文艺》(三日刊)第1卷第4号，1938年]

鹿地亘欢迎会上

佚名

(本报特定)昨天,十一团体欢迎日本反战作家鹿地亘先生夫妇。

各方参加欢迎的人有二百多,吴市长、陈铭枢先生、郭沫若厅长、田汉处长、沈钧儒先生、邓颖超女士等党政各界领袖以及司沫特莱等外报记者都莅临了。

会场布置得简单而庄严。在正中的墙上贴着“中国十一团体欢迎日本反战作家鹿地亘先生暨池田幸子女士茶会”两行大字。在左边墙上贴着一句斗大字的标语:“携起手来,为了摧毁我们共同的敌人而奋斗!”右边墙上则张着一幅彩色图画:紧握着的中日两国民众的铁拳把日本的法西斯军阀打倒在地下。在图底下还录有孙师毅先生的一首诗。

满场的掌声把鹿地夫妇迎上了宾位。水银灯蓦地放出了刺人的光芒,开末拉纷纷出动了起来。

主席孙师毅先生宣布开会,朗诵了他题在画上的那首诗作为开会词。带着抑扬的韵律宣念出了:“今天只有一杯茶,欢迎和我们站在一条战线的作家。两大民族紧密地携起手,给日本的法西统治以迎头痛打。看它还敢在中国杀人如麻?! 看日本国内的人民以牙还牙! 川崎、大坂[阪]、新潟的反战声一片,革命的罡风卷谢了遍地樱花! 今天这一杯茶,要共祝‘白日’东升,看‘日章’西下! 要保证一个自由和平的日本和一个为立解放的中华!”

接着由主持这次欢迎会的各团体的代表依次致词。国际反侵略运动大会中国分会的代表邓飞黄先生说:“我们抗战是反对日本军阀不是反对日本人民,所以日本人民反对他们军阀的侵略的即是我们的朋友,鹿地先生和池田女士就是我们这样的友人。我们这一次抗战的胜利就是东亚民族解放的胜利,希望两大民族携手共同奋斗!”

接着,中国国民外交协会由钟可托先生代表致了简单的演说词。

以后就是郭沫若先生的演说，大意说：我们欢迎鹿地先生和池田女士，不仅因为他们是日本反战作家，而且因为他们是人类的斗士。日本有许多作家都作了军阀的喇叭，像林房雄之类。和林房雄这些人比起来，鹿地先生是多么值得我们钦佩！

在分析日本工业崩溃现状之后，声调如狂飙突起地说："我们在一年半载以后，一定可以把日本帝国主义打倒，那时我们的鹿地先生就可以安然回东京去！"

继起演说的有中华海员工会王寄一、全国青年记者学会范长江、中山学社邓公玄，以及郁达夫、田汉、郑用之几位先生，并由田先生代表全体举杯向鹿地夫妇敬酒，祝他们健康。

连在续不断的热烈掌声中，鹿地先生起立致答词，由胡风先生译成中文，彭乐善先生译成英文。是一篇正义的呼声，每一字每一句都打进了听众的心里。

鹿地辞毕，沈钧儒先生起来说："鹿地先生的演说我们听了觉得异常兴奋。"

最后，在《义勇军进行曲》的宏亮歌声中结束了这有着历史意义的欢迎会。

（原载于《新华日报》1938年4月2日）

日反战作家鹿地亘谈日人反战潮之高涨

佚名

(汉口航讯)日本反侵略作家鹿地亘偕夫人池田辛[幸]子抵汉后,备受各界欢迎。记者卅日往访鹿氏,探询日本国内反战情形,据谈:

关于敝国(即日本)人民反战情形,贵国人士均极关切,故自本人到达汉口后,各方人士均纷纷相询。惟自九一八后,本人流浪在外,对于国内实际反战情形,已不十分熟悉。但有一事可断言者,即日本人民根本不赞成军阀之侵略,并且日本人民亦决不以贵国人民为仇敌。关于此点,从历史方面可寻出种种有力之根据。

当中国发动革命,于民十五年革命军北上时,全日本国民对此大陆上之革命高潮,均极热烈关怀。但暴军阀之态度,却与此相反。正当革命军北上时,日军阀即在济南以武力干涉。而日本人民方面则发动一对华不干涉之组织,俾协助中国革命成功,此可证明日本人民对中国亲善之真正态度。旋此组织扩大为一反帝国主义同盟会之分会,尚忆其中有一标语为“拥护中国革命”,自然日本军阀对此举,曾竭力加以压迫制止之。

迨一九三零年后,日本法西斯主义益为高涨,嗣对东四省与上海实行之侵略。深恐人民知而反对,乃竭力掩饰,结果造成九一八之事件。当时一般人民极不愿作战,同时且均向政府呼吁撤回侵略行动。

自一九三四至一九三七年八月间,国内人民与法西斯所酿成之纠纷情形,本人因常旅行在外,无能得悉详情。但确知军阀在极端压迫民众,设法遮断人民耳目与外界之接触。一般军阀何以采取此种步骤,其原因不外中日人民间确具有良好友谊。查军阀此种政策,可称为各个击破策略,而此种策略今竟用之于各方面。最近日军阀竭力宣传贵国各党各派发生内哄,其目的亦在各个击破,以期分化统一力量。本人以为欲击破此策略,一方面贵国固须精诚团结,一方面中日人民亦宜切实携手,向暴军阀一致进攻,最后必底于成。

近日欣闻贵国抗战已有转机，想敝国内人民必乐闻称颂。最近本人八阅月来之流浪生活中，无一日不关心国内消息，无一日不在等待良好音讯。今年二月间曾得一佳音，即在三崎已发生一出兵哗变案，其意义甚为重大。川崎一带乃日本重工业之心脏部分，该地人民在历史上迭有解放民族之运动。故此次哗变，确为全日本之警钟。本人预料继此案后必有反响，果然不久在日本北方一带，神户、大坂[阪]及其他各地屡屡发生兵变事件。

由以上情形观之，相信日本人民反战运动转机已至，短期内必有惊人发展。遭受重大压迫之日本人民其反战运动，犹如大海中之冰山，一般人们见者，仅为浮诸水面之一部，实则礴砖之原动力却藏诸下层。最后本人绝对相信贵我两国人民终有一日必将日军阀征服云。（三月卅一日）

[原载于《申报》（香港）1938年4月3日]

渝妇慰会周年会上绿川英子的忠告

羽

【重庆特约航讯】妇女慰劳会重庆分会成立，转瞬已经一周年了。她们为了检讨过去的工作，吸收新的会员，发动更多的运动，特于十二月四日假座观音岩张家花园巴蜀小学大礼堂，举行一个盛大的纪念会。

记者为着观光大会的情形，刚过中午的时候，便向观音岩前进。是日薄薄的阳光，驱散了寒意，观音岩的高坡上，流动着大量的人群。进入巴蜀小学的时光，高松与芭蕉绿意迎人，赴会的人群不约而同地脸上□出微笑。

妇慰会渝分会在过去一年中，它对于慰劳自卫抗战将士的工作，无疑的已尽可能的尽了它的力量。对于前线战士的物质上的供给、精神上的慰勉，也有相当的成绩。这可以证明中国妇女在抗战建国的过程中是一支强大的军队，而且应该是一个有决定性的力量。

慰劳会所施行的工作，顾名思义，当然是以“慰劳”为主体。不过，假如我们希望“慰劳”工作能做得更有力量、更普遍、更广泛，希望智识妇女特别应该注意两件事：一是广泛地发动妇女来参加抗战工作，二是把教育一般姊妹的责任担负起来。

午后二时，开会的时间到了。与会的群众鱼贯进入礼堂，礼堂正中排着委员长及其夫人宋美龄女士的玉照。蒋夫人的头深深地低着，显然在为前线士兵缝制衣物。慰劳分会悬出这像来，无疑的是叫妇女们效法她的为国努力。礼堂左角满挂着该会一年来的种种统计表和工作分区图。

是日主席是由该会负责人李兰女士担任，并报告开会意义。除了说明为了检讨和发展工作之外，还有欢迎慰劳总会、妇女生活指导委员会来渝的意义。其后趁了这各界妇女会集的机会，特介绍日本反战、反侵略的两位女勇士——绿川英子和户田歌子。

说到绿川英子的来历，记者不妨向大众介绍一下。她原是日本奈良高等师范的学生，而其家世也可称为“名门”，但以其与日本的侵略思想不兼容之故便中途退学，一面参加社会活动，一面学习世界语，后来大概因为学习世界语的机缘，遂与我国青年刘仁君相识而结婚，旋由日本到中国。

在武汉未退守之前，汉口广播电台上有一位女性，每日用清晰的日语向着世界广播中国的神圣抗战，这女性便是绿川英子了。

是日除了主席宣布开会意义外，接着是中央党部、行营政训处、抗日后援会、宪兵第三团、慰劳总会、战时儿童会、妇女抗战建国协会等代表相继致词。他们都认为至现阶段为止，妇女的发动工作还太不够。因为做工作的还只是极少数的知识妇女，而大量的城市中的家庭妇女、各农村的农村妇女们都还没有发动起来，所以妇女的力量还不能尽情发挥，因而抗战的工作也还做得不够。大家一致地希望今后不单把全中国的妇女一齐发动起来，而且要唤起全世界妇女的注意，因为日人在他的侵略行为中，最残酷的、最羞辱的莫过于对待妇女了。

演说至此，热血在群众的血管中急流着，同时我们的友人绿川英子步上讲坛了。她穿了中国的服装，短发，完全和我们中国妇女一样。她以诚恳的口吻告诉我们说，中国有广大的土地和无穷的富源，要持久抗战是决无问题的。其次，她接着说：“然而我们若不努力，是不行的。我由上海到广州，看见许多上流的妇女，穿了外国的衣料，用着外国的化妆品，过着骄奢的生活，对于抗战不惟不过问，反而把国家极应节省的金钱毫无用处流到外国去。当时我对中国的抗战前途很担心。一位外国女记者也对我说：‘中国有着这样的女国民，还望胜利么？’可是，我由桂林经贵州而来到重庆，看见农村妇女和其他的劳动妇女自早至晚地工作着，这对于中国抗战前途有无穷的帮助。我们今后一方面要严厉地去纠正上流妇女们的生活姿态，一方面要去把下层妇女组织起来……”轰雷似的掌声，掩没了她下面的客气话。

[原载于《申报》(香港)1938 年 12 月 17 日]

战争一年后的日本军队

[苏联]莱霍夫
佚名 译

日本军阀老早并且不断地准备了对华进攻，自满洲被占以后的数年间，所有日本帝国主义正式和非正式代言人的言论，都归结在下列一点：应号召对于“非常时”的准备。这里“非常时”一概念中所包含的意义是非常广泛的。

战争的准备，是扩张到各方面，军队改组并用近代技术重新武装过了。军队中空军和摩托机械化部队的数量也多了，日本在满洲的军队，年复一年地增加起来。许多公正的外国“观察者”，都亲眼看到日本军队在那里试验新的军事技术并加以应用。新组织的日本部队，在满洲广场上努力“工作”。他们轰炸村庄并压迫农民的进攻，借此“训练”自己，所有日本二重编制的师团都依次到过满洲里。

日本军队为准备“大战”，已在近年来重新检查自己的基本编制。他们随着新武器和新战略方法的应用而变革。同时，日本的统治者又将一切的东西附属于战争，一切工业要合于战争轨道并适应将来战争的需要。

到一九三七年，日本军阀认为对华战争已完全准备好了。

现在战争已经过了一年。我们可以来作若干的结论，来看看日本军这种自信到底有几分真理?

这里我们应当计算到的，便是在抗日战争的第一期中奋斗的，乃是根本上装备甚差而训练又不好的中国军队。中国的后方，直到现在还不能自行制造武器，供给军队的需要，这种情形使日本军队得到许多他和较强和较有准备之敌人作战时所不能得到的优点。

战争之第一年，首先暴露了日本军事工业基础的薄弱，日本军事各企业的生产力，不能完成因战争所引起之大部分的军事定货。在本年开始时，日本基本的军事企业不能完成之定货极多，计那时需要的定货须在一年内始能制造出来，可是战争的每日需要又不断地产生出对于军事工业之各种新要求。

日本当局现设法将那些从事“国防”工作的中小企业加以扩充。目前日本所实行的经济总动员法案，便是要使日本政府有全权来处理日本工业，使之为战争服务，近来其他工业部门的企业都已改作军事生产之用。然而，这还是不能满足全部的军事需要。

日本政府中人现在视国外购买武器为一出路。日本对这方面已在大大地进行着。中国杂志中曾刊载从日本夺来之战利品，这些战利品证明现在日本的步兵除用自己的机关枪和步枪外，还用外国的武器，其中以由德国来者为主。外国报纸也曾登日本向德国及意大利购买飞机。

日本的军队至今还是完全由日本岛上的人民构成的。日本只要一想到大陆战争，便在他们面前提出了军队运输动员及集中到战场上等等的问题。日本司令官不能同时动员所有应派到前线之部队。如果他们要这样做，则日本岛上的各区域都要变成密集的军营了。

另一个困难，便是大量军队须由海上运输，日本不论在一九〇四——一九〇五年或在现在的战争中，他由自己的铁路及海口运兵到大陆，通常是不能同时运输四师团至五师团。日本参谋部看到了这种困难，故曾于平时利用有利的时间，预先将军队运到大陆如满洲和朝鲜及华北等处去。

在一九三七年中，日本渐移至满洲、朝鲜及华北等处的军队，已占全部日本平时军队百分之四十。这些军队的主力都在满洲及朝鲜，其在华北者为一混成旅团，约有人数一万名左右。

当一九三七年七月战争开始时，日本司令部曾将满洲及朝鲜附近的部队增援华北的旅团，然而他还不够确定战胜中国在华北的军队，于是开始将日本本国已动员之部队送往前线。一个师团运往后，再运往一个师团。日本政府将好几百只的商轮都拿来转运军队及军需品，将日本次要的航线都停止下来。

军队转运的困难，使日本第一期的军事行动大受阻碍。只是到了九月中，即在战事开始两个月之后，日本才有可能在华北开始大规模的行动。

现在战争的经验完全证明日本如在比目前更大的大陆战争中将遇到无比重大的困难。不要忘记他在大海中运输军队是有被攻击的危险。

日本军队在平时的编制为三十八万人。现在日本军队的人数，已达到五十万人了。在一九〇四——一九〇五年的战争中，日本号召入伍者一百一十万人，占当时日本男子人数百分四又六。目下日本男子人数为三千四百七十万人，这些人数之百分之四又六等于一百六十万人，这里我们是以为日本军队增到这个程度，不至使他们国民经济大受震动的。然而现在的日本军队，差不多已达到这个程度，自然日本是能动员至六七百万人，但这必不可避免地会使经济破产，并引起国内政治的纷扰。

现在日本欲将自己殖民地如朝鲜及台湾的人民召往参加作战，借以解决兵源问题。武装被压迫的殖民地人民，对于日本帝国主义，实为一条相当危险的出路。难怪日本对这一点非常谨慎，他规定了这些人民入伍的标准，并对入伍兵加以详细的检查，在入伍之后，他们便以小集团分散到各部队中去。

另外一个补充军队的办法，便是用满洲的、内蒙古以及占领区中亲日分子所组织的部队来防守后方，可是实际情形告诉日本，这种补充的办法没有多大希望：他们部队之大部分，时常是会投中国人方面去的。

现在战争的范围，比日本以前所经过各个战争都要大些。现在战争使日本军阀的自信，遇到许多意料不到的事情。

日本军队现在也如他的以前掠夺者一样，沿用通常殖民地侵伐的方法。他的行动，只是沿着基本的交通线而不曾更加深入，获得几个主要政治和经济的中心便罢。在以前的殖民地侵伐中，掠夺者的军队是和没有组织的和无力的朝鲜军队作战，所以，这种通常的方法可以达到目的。掠夺者由此能够用少数的力量和坚决的行动征服他所占领的区域。但在这次战争中是不能够得到这种结果了。

中国人民集合在统一的民族战线中，坚决地保持自己的土地和独立，掠夺者在这战争中再用旧的方法便要显得不够和错误了。不管掠夺者已取得大城市，侵占广大的区域，但都不能使占领区域人民屈服下来。

战争逐渐扫除了日本军官对中国军队的轻视，不断地失败使日本军队对中国军队采取另一态度。日本最近的行为足已证明，自信的日本军官不得不慎重地计算相互力量和战斗的环境了。

日本的军阀以前习于和中国一部军人相勾结，来并吞中国伟大的人民。但现在不同了。在最初几个月中，中国军队的勇敢——这一次不是某个军人的军队，而是民众的武装力量——在上海几次战斗中都表明他们能够和掠夺者相斗。中国军队是建立在全体人民的意志上，他们都欲将侵略者从本国驱逐出去。而八路军及上海的游击队，以及台儿庄的中国军队，都把自己歼灭日人的能力表现了出来。

掠夺者没有考虑到此次反对中国有何特点。他们只有在战争过程中才开始理解对抗要求独立的中国人民比对抗那些爱钱的军人，是全不同的。这些军人，可以收买、恐吓和使之屈膝。至于人民大众不能收买、恐吓，也不能使之屈膝。

日本统治者现对此苦痛的真理，已公开说出来了。日本报纸在此次战争一周年纪念日之前，都发表一些有名活动家讨论战争之结果与前途的论文。大阪《每日》曾登载了本庄繁关于这个问题的一篇文章，这位将军写道：

> 徐州的占领是有重大意义，并可削弱中国，然而日本没有占领的中国地方是非常之大。中国政府不管内部有何分歧，都能得到有力和积极的帮助。若以为国民政府有迅速崩溃的可能，那是非常错误。中日的经济结构和我们各方面密切相关的情形不同，所以战争对于经济的影响并不如对于我们影响之大。中国是不需要如我们那样的总动员的。
>
> 当所有的人都明白此点之后，便知我们不能从表面来估计战争的前途。我们是必须加强人民对于长期战争的准备。这是我们在战争一周年前所应尖锐感觉到的。

这类话和日本军阀在战争初期中夸大的言论，是何等的不相同啊？（七月六日《真理报》）

（原载于《杂志》第2卷第2号，1938年）

中国战场上日本“色当”战略的历史根源

[苏联]列维茨基

佚名 译

本文作者列维茨基将军是苏联远东红军的旅团长，一九〇五至一九二一年间列氏曾参与战役多次，对军事颇多研究。这里介绍的是论此次日本在华作战的战略问题的文章，内容极为精彩。按：所谓“色当战略”，系军事学上之名词，色当本法国的地名。普法战争时，普国大将毛奇用集中兵力之包围与歼灭之战略，大败法军于色当，使十二万众尽数歼灭，拿破仑也被擒获，普军由是长驱入巴黎，遂订城下之盟。自是之后，德国军人遂认毛奇色当战役中的战术为制胜之唯一战略，色当于是遂认为近代军事学上的名称。此次日军在华作战，也屡袭用此种战术，故特介绍此文，以供研究，文中颇多费解之处，也特加注释，原文如下：

中国战争舞台上的战斗行动绝了许多足以显示双方战术特征的材料。日本军事当局采用包围式的作战法，希望三个月的期限内消灭对方的实力，胜利地结束战争，可是结果是完全失败了。这种失败正是表明着中国武装力量的发展已经到了一个极其重要的阶段。去年九月，急切想在北战场上重演“色当”(Sedan)战略的日本人，第一次采用了两面夹攻的战略，但是中国军事当局能够解脱了这种夹攻，中国军事当局的这种初步活动便已经表现出，中国军队及其指挥者的军事技术大大的提高了。中国军队的指挥者在参加战争的当初是并没有预定的作战计划的，他们完全依照四周的条件作出发点，并且根据满洲、高丽北部和河北省北部战场上的历史经验而活动的。

在新式武器方面的压倒的优势给了日军若干胜利。但是，这胜利仅仅表现在日军化了大量的血肉而争夺到的领土上，中国军队的实力并没有被消灭。这使得战争的未来结果对于侵略者成了极大问题。

日本侵入中国疆域的横行无疑的是因为日本军阀对于自己在二十世纪初叶的战役中所得的作战胜利发生了谬误见解的缘故，日本在一八九四年中日之战，和一九〇四年同帝俄作战时所用的陈旧的德国战术。

日本将军们所不曾了解的一八六六年普奥战争和一八七〇年至一八七一年普法战争的经验，在这六十七年以来一向是统治着日本的作战学说。日本人不了解德意志统一战争中所发生的新式战术是十九世纪后半叶初期的经济大进步的结果。一八六六年在格尼黑列池城下的包围式的战术，是从战争的新的物质因素（来福枪、铁道和电报）中诞生出来的，是出于普鲁士军事当局的意料之外的。老毛奇（Generae Helmuth vo vwnmoltke）①并没有梦想过包围式的战术。这是连德意志最有名的军事学权威史梨芬都不否认的。② 同样，革命前夜的崩溃中的法兰西军队在色当的被包围是德国军队在前战场上的大移动所造成的。德军的此种作战方式正与马克·马贡的集中军队于一个地方而不肯移动的战略完全相反。正是这种形势，才把法兰西军队陷入两面夹攻和两面包抄的情势中。这是出于毛奇的意料之外的，因为在色当战役之前毛奇已经失去了军队的操纵权了。

以日本军事参赞的资格参加过普鲁士军队的大山岩（日俄战争时日军的总司令），对于色当战役的效果大为赞赏。后来，大山回到日本担任陆军大臣的官职，于是他便在日本司令官之间拼命宣传“色当”的观念。一八八四年，当日军努力准备侵略战争时，又聘请了柏林军事学院教授墨克格尔到东京去做日军的教师和组织者，以便按照德国的模范改造陆军。

墨克格尔带着德国的迂腐学说从事工作。他给日本陆军的各部队编了许多操典和教令。在东京军事学院立定了脚的墨克格尔，便在日本陆军的领导份子中教授德国的作战学说，但是，这一派学说在世界大战中毕竟丢脸地失败了。

德国战略家的色当战役的结局所产生的精华——以两面包抄和歼灭敌人为目标的陆战集中攻击，被日本军事当局接受了。在一八九四到一八九五年的中日战争中他们便第一次应用了这战略。在平壤战役中③，日本战事当局共有二万七千人，一开始就利用两面包抄的战术，结果是演了一次小规模的“色当”战役。中国军队约有一万五千人，在左将军总指挥下集中于平壤附近。④日军以几队兵士从正面与侧面去包围中国军队。李鸿章的正规军配置在日军

① 普法战争时毛奇年已七旬，故称老毛奇。

② 史梨芬是毛奇的承继人，企图以毛奇的战略在世界大战中取得胜利，死于一九一三年，临终时尚大叫“加强我的右翼”。

③ 平壤，朝鲜北部第一都会，大同江右岸。

④ 奉军总指挥左宝贵。

正面进攻的大道上，显出坚强的抵抗，这才使得六千个中国兵士能够突破包围，向北面冲出。但是，另外的九千中国兵都是刚刚征募来的失业工人、苦力和乞丐等，他们对中国统治上层之仇视并不比对日军的仇视差一些，结果他们都做了日军的俘虏。

日本将军们把平壤战役，就看作是“色当”战役的重演。指挥这次作战的山县将军，甚至被人称为“日本的毛奇”。因为色当战役中的包围式的战术被几个德国的狭义爱国主义的历史家算作是老毛奇发明的战术的。日本军人不会了解他们在平壤胜利的原因，不了解那些成为他们对手的新征来的中国兵士是反映着中国人民所仇恨的腐败的满清皇朝的内部的深刻矛盾。未受训练的而且只有原始武装的中国兵对于被压迫者的胜利原是不感到兴趣的，他们之所以当兵，只是为了逃脱饥饿与失业的灾难，并不愿意为了无关自身利益的战争而牺牲自己。

日本将军们缺乏独立的作战思想，他们只会把自己在平壤战役中得来的便宜的胜利，完全归功于“日本毛奇”的包抄天才，而不会估计整个环境所起的作用。包抄战术被日本作战派奉为金科玉律了，“色当”战略被日本将军们捧为取得胜利的不可动摇的作战原则了。

随着第一次的很容易的胜利，又获得了一九〇〇年的更容易的胜利。在一九〇〇年时半封建的君主专制政体的中国处于政治的和经济的总崩溃中。这一次日军与其它许多帝国主义列强共同镇压了未得广大的被压迫农民大众所拥护的义和团暴动。

到日俄战争开始的时候，德国参谋总长史梨芬的以神话似的卡内之战①(Caw ne)与色当之战的经验为根据的作战原则已经根深蒂固地盘踞在日本将军们的头脑中了。史梨芬的战略——“卡内”是企图在欧洲占统治地位的蒸蒸日上的德帝国主义的反映。德国的统治派畏惧“长期”战争，因为当时德国正处于东西两方面的威胁下，长期战争对于它是很冒险的。依据史梨芬的信念，只有采取包围与歼灭的坚决作战，才能保证战争的迅速结束，才能给德帝国主义以胜利。“卡内”与“色当”变成军事学的代名词了，它包含着两面夹攻，包围而加以歼灭的概念。

一九〇四年，日本用这种战略同俄国打仗，但是，在整个日俄战争中，“色

① “卡内”，意大利地名。纪元前二百一十六年罗马人以九万大军进攻迦太基人，迦太基大将(Hannibal)用从侧面袭击并包围敌军而加以歼灭之的战略对付罗马大军。卡内一战，罗马军一败涂地，于是卡内使成为战术的名称了。

当”战略没有成功。虽则落后的俄皇陆战指挥所模仿的著名的拿破仑“集中战略”是很便利于日军的包围战的。腐败的沙俄将军的作战是很被动的，然而总于没有使日军包围成功，虽则日军也曾费过好大心血，不过总不能使日本战事当局不把包抄战略作为自己的作战技术中的最大成功，因为在奉天会战的时候，日本军事当局曾用重大的牺牲在三十三万俄军中捉了三万俘虏。

日俄战争后，日本将军们报酬了墨克格尔的功劳：给他建立一座纪念碑，碑上雕刻了日德国旗的交叉图。

一九三七年，日军进攻中国的时候，还是把中国军队同过去他们在高丽、满洲和直隶战场上所遇到的中国军队作同等估价。日本军人谬误地理解了十九世纪和二十世纪之交的两次对华武装冲突的经验，因此使他们以为用小小的兵力在短期内就可以很容易地获得胜利的。日本的疲乏的财政状况、劳动居民的贫穷与广大人民大众方面的援助的不可靠，都要求着对四万万人口的中国的战争能够很快地结束。战争一开始，日军就想依照“色当”式的作风，在北战场用大包围战略歼灭中国军队的主力。但是从战争的头几天起便使日军认清：在他们面前站着是另外一种中国军队了，这是有严格纪律，接受了现代军事技术而抱着民族解放战争思想的中国军队。中国军队得到人民的多方援助，而一般人民是都抱负着粉碎万恶敌人的希望的。同时，中国的将军们也不像过去满清的恭顺奴仆的将军了。

九月间，日军初次企图包围集结自己的主力于平汉铁道上的中国军队的两翼。日本报纸已经在大吹其“色当”战略，企图兴奋日本排外爱国主义者的情绪。但是，胜利显然还是太早。包围战略不得发展，而且被中国军事当局所打消了。中国军队利用局部的反攻或淹没许多地域的方法冲破了日本部队的包围。中国军事当局很会把自己的军队从包围的威胁下调出来，而与敌人对峙在广大的战场上，因之日本的“色当”战略又吃瘪了。

过去战争历史的经验迷惑了日军的心窍，他们不会估计许多现实情况以便对于整个环境作正确分析。把间谍的技术发展到了最高阶段的他们，却不会从那些付了高贵代价而获得的情报材料中得出一个关于中国军队情形的正确结论。他们不去检讨近数年来中国社会变动的本质。他们虽则已经有过“一·二八”战役的经验，然而还没有注意到辛亥年革命后中国军队的进步与坚固。结果，预料的“色当”战略的理想没有实现。包围与歼灭中国军队的目的没有达到。

北战场上的顽强的抵抗与更顽强的保卫大上海，不用说对于日军都是出乎意外的事情。过去的经验发生了另外一种结果。在一八九四年，日军在十一月二十日的夜里才开始用大炮轰击旅顺口，而两天之后他们就进了旅顺要塞。一九〇〇年日军和其他武装干涉的同盟者(庚子八国联军之役)也是这么迅速地占领了大沽口。然而现今在上海近郊，日军竟须要三个月的长期斗争才能占领这一个大城！而且事前周密地布置好的“色当”战略在这里显得劳而无功的：中国军队有秩序地放弃了上海，只留下几千名健儿在上海街头上做了牺牲的斗争。

日本军人没有能够实现德国式的短期战争，正如世界大战中德国不得成功一样，未来的前途已经不免要同日益强大的中国作“长期战争”了。日本军国主义者采用了疯狂的煽动方法，企图用力提高国内的情绪。他们须要财政与经济富源的总动员。日本人已经着手在中国积蓄大批的人力与给养品。他们在满洲和高丽的铁道上，禁止一切非军用品的运输。大批的军队被调运到中国战场上去。在中国军队顽强抵抗之下，占领广大领土的胜利迫使日军付了惨重牺牲代价。而且，希望断然击破中国军队的一切包围战的尝试是完全破产了。

去年九月，在北战场的第 次“色当”战略(竭尽全力计划过的)失败之后，又在马厂和保定的几次小“色当”战略失败之后到十月与十一月里，日军又企图包围太原的中国军队了。一支军队从西面包围中国军队，另一支由东边包围。但是在这儿又没有达到目的。上海方面的一切包围战显然也同样是没有结果的。十一月初，日军开始由南北两面同时并进来包围上海，且威胁到上海保卫者的后方。但是，由于嘉兴方面中国军队的反攻，日军的包围又是被突破了。中国军队退到了第二道防线后，声势浩大的日军又企图再来包围常熟、苏州方面的中国军，而同时企图夹攻坚守在无锡、嘉兴线上的中国军队。但结果同样是劳而无功的。在南京，日军大规模的包围战也丢脸地失败了。日军包围南京的计划是被中国军队反攻左翼日军的英雄行动所打消了。

盲目地被接受而且机械地被移殖到了另一个历史时代的环境中来的“色当”战略，在中国战场上的战争中都不曾给日军胜利。在许多天的顽强斗争中，中国兵士巧妙地突破了日军的包围战术，又使日本侵略者失去了许多胜利的“桂冠”。据许多著作家推测，以为日军在上海的发动只是为了要分散北战场上的中国军队的力量。在我们看来，这种推测是错误的。日本作战学说的“精神”不是这样的。大批军队在上海方面登陆，无疑的是事前预先布置好的计划。日本军人幻想着大规模的“卡内”战役：使北战场与中战场的军队相连接。假如达不到消灭中国军队实力的目的，那么至少也要使平汉铁路沿线以及该路以东直到沿海一带地盘从中国割裂开来。

日军持着新式武器的优势，以巨大牺牲侵入中国内地，而且挤开了自己的敌人。但是中国军队的实力依然保存着，而且在顽强的斗争中锻炼了自己。同时，中国人民的大规模的游击战争开始获得拿破仑时代西班牙格韦里斯的不屈不挠的性质，迫着日军要分出大部实力来保护自己的交通线并与民众的游击运动作战。

中国战争的前途如何，要看中国军事指挥的主动性如何而定。在那种态度过分谨慎而且多疑寡断的敌手面前，日本军人的行动是胆大到厚颜的程度了。但是，由于日本将军之固执于战术的公式主义及其创造力的缺乏(这在日俄战争的经验中就可以看出来的)，只要中国战事当局能够表示出他的主动性和决心，往往就可以使他们放弃了预先计划好的作战任务。

世界大战中，史梨芬的"卡内"战略没有能够挽救德帝国主义的失败。在中国战争舞台上试用色当战略的失败对于经济贫乏的法西斯蒂日本是非常危险的。

[原载于《中国画报》(上海，1938)第2卷第1期，1938年]

国家出版基金项目
NATIONAL PUBLICATION FOUNDATION
国家社科基金重大项目结项成果
“十四五”国家重点出版物出版规划项目

二十世纪东亚抗日叙事文献整理与研究丛书

丛书主编——牛林杰

史料编·纪实卷 Ⅱ

分卷主编——韩晓

山东大学出版社
SHANDONG UNIVERSITY PRESS
·济南·

图书在版编目(CIP)数据

二十世纪东亚抗日叙事文献整理与研究丛书. 史料编. 纪实卷. Ⅱ / 牛林杰主编 ; 韩晓分卷主编. -- 济南 : 山东大学出版社，2025. 8. -- ISBN 978-7-5607-9016-9

Ⅰ. K152

中国国家版本馆 CIP 数据核字第 2025JS1735 号

策划编辑　张铭芳
责任编辑　楚洋洋
文案编辑　董　偲
封面设计　卡古鸟设计

二十世纪东亚抗日叙事文献整理与研究丛书·史料编·纪实卷Ⅱ
ERSHI SHIJI DONGYA KANGRI XUSHI WENXIAN ZHENGLI YU YANJIU CONGSHU·SHILIAOBIAN·JISHIJUAN Ⅱ

出版发行　山东大学出版社
社　　址　山东省济南市山大南路 20 号
邮政编码　250100
发行热线　(0531)88363008
经　　销　新华书店
印　　刷　山东新华印务有限公司
规　　格　720 毫米×1000 毫米　1/16
　　　　　81.25 印张　1454 千字
版　　次　2025 年 8 月第 1 版
印　　次　2025 年 8 月第 1 次印刷
定　　价　450.00 元(纪实卷全 3 卷)

目录

1939年

1940年

1939年

一个反正过来的翻译官

水草

正当“加强争取敌伪军工作”的口号深入在三分区每个角落的时候，正当驻涿县的伪军二千余脱离了日寇的压迫回到祖国怀抱里来。胜利的消息兴奋了三分区全体人员的第二天，三分区司令部恰巧也举行了一个盛大的欢迎反正过来的朝鲜朋友大会——一位不愿当奴隶的朝鲜兄弟，从曲阳敌军部队里逃出来的“翻译官”。

广大的会场容纳着严整的阵容。

在直属队千百个武装同志和蜂拥着的群众底尊敬的掌声里，挂着微笑的雄魁黄副司令员开始在台上讲话了。老百姓们一阵波动，短小的人撑起足尖来伸着颈子，为了要望得更熟悉些，对这位英挺的司令员。

宏亮底声音：“同志们，大家都还知道吧，在五十年以前，日本帝国主义首先强暴地把朝鲜夺了去；从此，朝鲜的人民就过着惨痛的生活，做了几十年的亡国奴！……日本法西斯强盗是全世界弱小民族的公敌！中国抗战以来，我们知道有很多朝鲜人民就被日本军阀压迫着来作战，但是另一方面，朝鲜国内的劳苦大众，也就展开了剧烈的革命运动，他们和中国一样要求独立，要求在日本鬼子的铁蹄下解放出来！今天就有一位从曲阳△△敌军部队里反正过来的朝鲜朋友，到这里来。我们表示欢迎他！”

欣喜和好奇的情绪交织着整个会场，一阵巨雷似的口号，流露不可抑制的民族友爱。“欢迎朝鲜兄弟共同抗日！”“中韩两国民族携手起来，共同打倒日本法西斯蒂！”

全场突然沉寂，群众连呼吸都屏住了一下，所有的目光都注视着台上那个光着头、穿黄呢裤的矮个子，在深深地行鞠躬礼。

“我是朝鲜人，叫赵东麟。在日本军队里当翻译官。今天受到贵革命军的欢迎，是无上光荣的。”他说着不很纯熟的东北话，语句有些口吃。

“……日本人的宣抚班欺骗中国老百姓，说日本皇军是来救中国的，哼！他们到处杀人放火，就是野兽。他们是侵略政策，要灭亡中国！他是我们的公敌！……所以中韩两国兄弟要联合起来打倒日本帝国主义！”他过去向敌军官习惯地行的九十度三鞠躬，如今是一种反正的最敬礼了。

为了要了解他这次反正过来的经过情形，记者乃利用了在观看冲锋剧社游艺表演的余暇，和这朝鲜朋友作了一次简单的谈话。

去年七月间，他在北平编入了敌华北驻屯军寺内部队，首先到天津桑木师团当翻译，八月中又被派至保定新米联队，在敌人暴力的统治下做工作。后来调到石井大队当翻译官，这次就是从△△石井大队长木谷中队里逃出来的。

“敌人在曲阳占领了县城、党城、口南三个据点后都驻守的兵力仅仅是一个石井大队（即一营）。除了△△因大队部所在有三百右左敌兵外，其他数处都只一个中队，这种空虚的配备说明了敌人兵力不足的严重性！同时，由于敌人对我们军区瓦解伪军工作像燎原的火花一样的害怕，所以在这区域里他们也就不敢征调伪军了。”

说到敌兵厌战情形，他说：“思家怕死已是每个日本兵士普遍心理了。战争愈久，感到愈无出路，这种心理也愈加深。为了防范和遏止反战浪潮会似火山般的暴发，日本军阀也就更加紧对兵士的欺骗教育，把武士道的毒素尽量向他们部下灌输。每天早晨七时半，敌军官必定领导着队伍，面向东方，高呼麻醉的口号：‘忠节天皇陛下是皇军的天职’‘皇军忠勇信义’‘军人绝对服从’‘皇军是全球最强盛的军队’（大意如此）。凡是不喊口号的就是不尊敬‘天皇’，被发觉了，轻则罚苦工，重则判军刑。”

“敌军，表面上似乎也装做有‘神武的军纪’，是建筑在欺骗虚伪的基础上底一种假面具。假如某中队的兵士有违反命令或做了错误的事件，兵士间互相隐瞒，不使上级知道；当他们的中队长在这种情况下秘密地知获了那事件，为了掩饰自己的面子和成绩，同样的他决不愿让它公开，也隐瞒着更高的上级，否则事件暴发，中队长就受到军纪处罚——‘成绩低落’，认为军人最不体面的丑绩！”

“对八路和游击队，敌军官都感到非常头痛而讨厌。他们说，从前满洲的中国军队（系指△△△的军队）一下子就征散没有了。现在的‘红军’（敌这样称八路军的部队等）是消灭不了的！今天到东，明天到西，这边儿来袭击，那边儿来骚扰，简直认为没有‘方策’。敌士兵处在给我们经常夜袭而战败的状态下，已种下了生根底恐惧八路军和游击队的心理。”

“我在日军中，尽看的那些惨无人道的行为，气愤得很，我对不住良心。有次，我对第二排兵士说：‘日本只占一条线，中国占着一大片！’被军官知道了，说我思想不良，没有忠心，把我监视过几天。最近，村庄好老百姓的几头牲口被日军抢来，好老百姓请我想法，写了个字条叫日兵放还他们，后来宣抚班去报告军官……那个中队长就大怒起来，秘密计议要杀死我！……我平常见八路军写的标语，什么欢迎反正啦，优待啦，我想自己是被压迫的朝鲜人，应该和中国同胞联合起来，就决定从强盗的虎口里逃出来。”谈到这里，他圆圆的脸上露着惭涩的苦笑。

“就在二十一日早晨，我一下子跑出来，拚了命跑进几十里远的山沟里去……”内心的欣愉底反映，他在为着自己底新生而庆幸！

大会在一段精彩柔美的舞蹈后结束！

“同志们，我们的敌伪工作不是白做的！是有它的收获的。以后，我们要做得更好，更注意，更加强地去做！”在归途上，记者默念着黄副司令员在讲话时最后的这段指示。

（原载于《抗敌报》1939 年 2 月 19 日）

在火线上的朝鲜义勇队

北鸥

朝鲜的革命同志，为了帮助我国抗战和他争取他们自己民族的独立和自由，在“朝鲜民族战线联盟”的旗帜之下，去年双十节在汉口组织成立了朝鲜义勇队。

朝鲜义勇队实践的第一步就踏上中国的火线上了。记者由×县向浙河的火线上前进，在炮声机关枪声不断地响着的时候，却巧遇到了朝鲜义勇队第二区队长李益星同志，正在分不清方向的时候，这位外国朋友在火线上却成了领路的人了。在这一带火线上活跃的朝鲜义勇队第二区队的同志只有一分队，共二十六位同志，他们是属于“朝鲜青年前卫同盟”的同志。这二十几位外国的战士，全体都是在日本帝国主义铁蹄下压迫多年的同志，都是受过军事训练、有军事技术和健全体格的同志，所以在火线上仅仅三个月的工作，都收到了巨大的成果。

一、一万粒子弹

朝鲜义勇队不只是在火线上工作着，而是在火线最前线的战壕里；不只是在战壕，而更伸展到距离敌人仅仅有一百米远的伪装阵地。

有一次朝鲜义勇队的同志，冒着敌人的炮火，在伪装的阵地，挂起用二丈多长的白布，上面大字写着日文：“到我们的战线来，打倒共同的敌人日本军阀！”在距离敌人仅仅一百米远的伪装阵地挂起这一条长布标语，敌人是能不用望远镜清楚地看到的。这每一个字刺着日本士兵的心灵，也怒恼了日本军阀。这长布标语在晨曦之前，在伪阵地挂起，天将黎明，对面机关枪响起。对这长布条，敌人的机关枪直从早晨扫射到黄昏。这一个标语被打烂了。计算这一天敌人为这条布标语至少消耗了一万粒子弹。

一条日文的布标语，在伪阵地上消耗了敌人一万倍以上的代价。

二、口号战

黄昏时候，火线上，枪声沉寂了。敌人阵地喊起广西的白话：

“广西的弟兄们不要打吧！”

我们的阵地跟着也怒吼起来：

“中日士兵联合起来！我们的敌人是日本军阀！交枪不杀，优待俘虏！”

同时唱着日语的反战歌：“听！听！日本的弟兄！到处都唱着的反战的歌声，我们共同反对侵略的战争，不要打，不要为军阀牺牲！日本的弟兄，猛醒吧！反对军阀，反对战争，在长期被军阀压迫的日本弟兄，起来反对侵略战争！”

这歌声，这喊声，是朝鲜义勇队工作的成果。他们在火线上，在士兵忙于作战，忙于做工事之中，或者以团为单位，或者以营为单位，或者以连为单位，在三月的短短期间已经教会五千以上的官兵会喊日语口号，会写日文标语，会做简单日语对话，会说步哨口语。朝鲜义勇队的同志不但不断地在火线教着士兵，最近更将士兵中日语成绩较好的组织成口号队、标语队，使他们喊日语口号，写日文标语，更教其他的同志写标语、喊口号。

三、活捉俘虏

朝鲜义勇队在火线上的工作总是环绕着士兵的。他们给士兵讲日本帝国主义压迫朝鲜的实况、朝鲜亡国后的痛苦、日本帝国主义侵略战争本身含有的危机、中国抗战必胜的原因，已为优待俘虏的问题开过几次座谈会。

自然，经过朝鲜义勇队几次扩大座谈会之后，全体士兵的意见已经一致，他们一致感到迅速争取抗战胜利、优待俘虏是极重要的工作。所以朝鲜义勇队在这座谈会之后，在火线上扩大地做活捉俘虏运动。

××游击区，在朝鲜义勇队做过扩大活捉俘虏运动之后，曾有一个侦探到附近的小河捉了敌人警戒兵，不巧的很，在将捉到之后被敌巡查发觉，结果不曾捉到。最近在最前线上，曾有两个敌兵赤手向我军阵地跑来，不幸的很，被我监视兵看到，两枪把两个俘虏打死了。

四.武装宣传

朝鲜义勇队的工作由火线上，更伸展到敌人的心脏。在敌人的后方，朝鲜义勇队常常派同志去发传单，去写标语，因为他们感到在敌人后方的争取敌人、瓦解敌人的工作比在火线上是更重要的。

在敌人后方的对敌宣传工作，他们采用武装宣传。他们一方面武装起来自己防御敌人的追击，一方面却又要在敌人统制之下的地域做公开的争取敌人工作，公开地宣传民众的工作。

最后，朝鲜义勇队的同志在马鞍山和李家寨张贴日文标语的时候，忽然发现敌人散兵进袭，曾和当地老百姓共同和敌兵做四十分钟激烈战争才突围出危。又有一次在余家店街头，朝鲜义勇队向当地民众做抗敌演讲，有一百多敌兵进袭，朝鲜义勇队同志当即指挥当地游击队一百多人，和同数目的敌兵作战，共战五六小时，始将敌兵击退。

三月四日记于重庆

（原载于《新华日报》1939 年 3 月 13 日）

在张鼓峰参加保卫祖国战争的红军

远东红军集体
大洪 译

这些作品都是从苏联远东前线的 N 部队的报章《保卫祖国》中蒐集来的。这张报是在战壕中发行的，当时日帝国主义正企图指染喀山湖一带的苏联领土，因此在烽火连天的环境下从事编辑与印刷这张报章，更增高了它的珍贵性。作者往往匆匆地涂就一篇或一段杂感后，即遄往应战，有时便在他的岗位上光荣的殉职了。在敌对行为状态下发行的数期中，直接参加作战勇士的心绪活跃于纸上，可于下文中见其一般。

边境与湖中间领土的距离很为狭窄，在机枪密集射击之下，英勇的红军士兵丝毫不畏缩，沿着喀山湖边岸向敌人所占领的高地挺进着。是在浓雾及大雨滂沱下，远东的红军逼近了张鼓峰，给予敌人一个致命的打击。

在战壕中刊印的《保卫祖国》就是对我们叙述这些勇敢战士每天在阵地中的战绩与日常生活的一张稀有的报章，它生动描画出战争中一切的插曲及苏联空军与坦克车队在前线活跃状态，它更述及不能通过的炮火网，以及红军步兵的果敢精神。这报同时也告诉我们：即使在敌人射击之下，党员与少共的活动从未懈弛，政治教育在战中进行，也得到令人宽慰的成效。该报并报导红军士兵及指挥员的妻子在前线亲为士兵治伤，及士兵与附近居民水乳般感情等等的消息。

保卫祖国是面镜子，它忠实的反映出远东前线建立丰功之英勇战士的姿态。红军的威力在与敌人血战及在其战士英勇精神中得到了充分的证明。

现在我们让这些小品文的作者——远东前线的战士——说话吧！

苏联神鹰队的雄姿：轰炸机在张鼓峰上出现了！

我们借着丘陵的掩护而卧下，炮弹在各人头上呼啸地掠过，敌军的炮弹在后山坡爆裂，发出令人厌恶的尖锐声响。但我们毫不畏惧，炮弹爆裂的地位太高，我们的步兵没有受到任何的损失。

骤然马达声高冲入云霄，我们的神鹰在高空中飞翔，在苏联领土中循着图形侦察着，但从没有侵犯在那边静寂的满洲边疆的领土中。

地下，兴奋的战士交换着各人的假设。

“也许那班武士会振起他们仅有的勇气而准备向我们施行轰炸吧，”一位赤色战士高声的询问着，他们的钢盔被推放在颈窝里。

“他们是没有种的。”几个人不约而同的齐声抗议着。

当我正在进行兴高采烈的谈话，一队苏联空军已在我们头上飞过，我们惊异没有发觉本国空军的飞近。

欢呼声在每一角落里都蠕动着。

——它们来了——

瞧，领导的一架后面是三角形，一架、二架……

——啊！这样多，欢腾着情不自禁的战士们。

在三四方里前，徒然卷起一□浓烟，直升云霄，夹着大炮的碎片与武士的残肢。可怕炸弹的炸裂使脚下的丘陵也震动起来。当瞥见祖国空军安全地飞回空军根据地时，地上又起了一阵欢呼声。我们急步行进着，再也受不到在两步前爆炸的炮弹的威胁。浓烟依然浮在天空，武士们的惊魂尚未得到喘息机会，自第一队空军完成任务后，第二、第三队也接踵至敌人阵地中飞炸。神鹰展开它强有力的双翼，低低地掠过，敌人的高射炮向着右侧高空狂嗥，我们默数着飘舞在高空的袅袅炮火，约在二十发以上，没有一发能中的。当每个炸弹爆发的时候，山坡震动得比先前更厉害了。前面的大地都被黑烟所笼罩着，地上所有的一切也都被掀翻至半空。炮火渐渐地静寂了，炮弹也中止在山坡上肆虐了。

——我深信没有一处地方是不受到炮火光顾的，正在观察的一个炮兵中尉站在瞭望岗上这样地说着。

重轰炸机是安全无阻地一路飞回，驱逐机不在空中巡视，日本的空军丝毫不敢出动。

驱逐机静极思动，它们逐一地用机枪向下扫射，日兵纷纷作鸟兽散…………

重炮的怒吼

奥尔喀维克队长消灭了日人的炮兵阵地与两联队敌兵。

八月九日，吾军炮兵在门头孤山（译音）炮击了日军炮兵阵地一处并歼灭了两联队的敌兵。请看奥尔喀维克队长怎样领导部队去完成这幸运的战斗。奥同志为了尽他观察的职务计，挑选了一□有利的位置，研究日炮兵的战术。他瞥见敌炮兵阵地是布置在两个山坡间的山谷内。日兵先将重炮升至相当高度，各炮即齐发，射击后，即用□力迅速地将炮推回。奥同志成竹在胸，当重睹敌人故态复萌时，乃用沉着的语气命令道："某某角度，瞄准，射击！"敌炮兵阵地在我炮火怒吼声中尽被摧毁。经过相当时刻后，他命向正在渡河的日军射击，滚滚的河水便成为他们长眠之地。在奥同志领导下的一队是处在最前线的一部，在战斗进行到白热化的时候，党与青共的组织也在高度地发展着。青共会员是非常活跃，而且都在火线下举行精密地审察请求加入青共的志愿书，忽然炮兵队长有命令各回原处，于是各人奔回自己的岗位上向敌人瞄准，予以致命的射击。发射了几阵排炮后，我们依旧去进行会议。

边境卫戍队士兵泰拉吐灵之死

渡着防御敌人袭击的长夜，戍卒泰拉吐灵在岗位上守候在他的机枪旁边。他是一位青共，国家忠实的儿子，随时准备打击敌人的战士。当蠢猪们涉足苏境的时候，泰同志即实行断然的射击。没一发子弹是浪费的，在山坡上堆满着贪食禁果而丧生的法西匪徒的尸体，但匪徒愈迫愈近，果敢的枪手不幸中了枪伤，愤怒与怨恨在他心中燃烧着，他决定不离开战场，他有充分的自信力，他对他的同志喊道："你瞧，我先射击敌人双腿，然后再射击他们的头部。"他证实他的豪语，附近敌军死尸累累，但敌人还不愿停止他们的冲锋，泰同志先向袭击者的膝部射去，匪徒为避免机枪的威胁计，侧身前进，但头却受到无情子弹的光顾，惟歼灭了一大批人。敌人照备了机枪，投掷了许多手榴弹重复使他受创而昏厥了几分钟。但不甘屈膝的心，立即使他振作起来，他集中所有力量，来控制机枪向敌人扫射。大批的匪徒又出现在他的眼□前，他向敌人呼喊道："我快死了，是的，但在未死之前，当将你们这班丑类消灭。"他浴身在自己的血泊中，虽然周身是创伤，他还最后一次向敌人扫射，但终于在两个手榴弹下倾倒了。手榴弹爆裂了，他与机枪同被掷到另一地方。在弥留时，这个伟大民族的伟大的子孙大声疾呼道："完了，这一些法西强把我杀死了！"他还要说几句话，但时间已不允他这样做，我们知道他所要说的一切：战斗吧，向法西匪徒战斗至最后胜利为止，用你们的全力来保卫祖国。

一个大无畏的队长

共产主义者列倾国为第一队队长，领导一部份队伍向张鼓峰袭击。他受创三次，但不顾满身的鲜血，依然向前挺进着。他们瑰玮的模范，比任何演词都有力，指示着我们三次随着英勇的队长往回驰突敌阵，三次用突击队粉碎了不断增援的敌人之防线。在第三次，队长不发一语，静静地站起，突然冲向敌阵，一切的战士如同一个人一样，紧随着他。

“我们争呼着斯达林的名字去冲锋杀敌”

在深夜，我们发觉在高处的草丛中有轻微的足声。日本匪徒来侵犯我们神圣的领土，向国境内爬行着。泰列金队长用严肃的口吻命我们上刺刀向这些蠕动的爬虫刺去。泰队长第一次用足能团结一切士兵的口号来进行战斗：“为了斯达林同志，冲呀！”队伍像铁流般的直下。“万岁！”红军的呼声是顶有力的。这次是一场恶战，是一种阶级间的战争。支队队长支却洛夫与一个日本军官在实行肉搏，日人用手枪来威胁他，但支同志仍能保持他一贯的镇静，用力向敌人击去。团结一切士兵的口号：“为了斯达林同志，冲呀！”成为我们的箴言与胜利的旗帜。

一个红军士兵的信

机枪手契马诺夫在争夺张鼓峰英勇地殉职了。同志们在他的行军囊中搜出他最后的遗札：“我战到至最后一息，誓不向敌人屈膝，敌人来犯时，当飨之以机枪。我现驻在苏境，当不让匪徒逸脱我的机枪射程之外。枪手契马诺夫启。”——后页注明着他母亲的地址。

党在战斗中的工作

单位党的组织发展了重大的工作。该单位的政治委员为莱倍台夫同志。红军指挥员与士兵紧密地团结在党的周围。在四天中，竟登记了六十张入党请求书，这些请求者类多杰出之辈。

党在前线的活动

抵达火线后，我们决定不使党的活动与政治工作松弛。当每次战斗稍行沉寂时，我们便乘机举行各种小规模的政治集会。我们都能按期收到各项报章，我们组织读报队谈话与政治测验，单位虽远在前线但仍能透切的了解具然的情势。每一个指挥员与战斗员都知道落在他们肩上的责任，政治教育的努力，党员对非党员的影响，使各项战斗任务顺利地完成。红军士兵的抵抗是英勇无比的，爱国心理油然活跃在每个士兵的心扉，无数请求入党或加入青共的志愿书，在战场上如雪片般的飞来。

听到炮火的怒吼声，全队都为共产主义者了

第一队队长哥洛比领导部下在黑夜中向前行进。他们的任务是驱逐占领张鼓峰上的寇军。路基是拆毁了，但人绝无怨言地在上疾进着。到达了作为冲锋起点的地方，政治教官别布衣同志扼要地叙述一段简短的政治报告。在报告事毕后，队长特莱可夫即声请入党，他写道："我要去战斗，要像布尔什维克及党员般地去战斗。"其他十位战士亦随着声请入党，十四位请求加入青共。当日军射出第一发炮弹时，全队已全加入党或青共了。

扬威在战场上的坦克车

"宁愿作战死在苏境，不愿为日人俘虏。"

在接到冲锋命令后，坦克车队在敌人炮轰下出动了，炮弹不能射□坦克车，坦克车很有把握地围绕着张鼓峰作战。队长所驾驶的坦克车在前引导着，一切的平射炮都集中火力向这车辆齐发。油槽中弹燃烧起来，车辆不能行驶了，其余仍继续前冲，队长由政委莱倍台夫所替代。要越过弹痕累累的地面，并不是一件易事，但我们的灵活的驾驶员巧妙地克服这困难。当时的射击手是非常激烈的为着掩避起见，齐向山谷中藏匿。我们所驾驶的坦克车受到一个炮弹的袭击，我便受伤了，政委也受重伤。驾驶员加山契克替我们包扎伤口，但莱倍台夫的创口太大了，血仍向外流出。包扎完毕后，加山契克即实行炮轰，我也用伤手来搬运炮弹。政委流血过多，情况相当危急，他要跃出车辆，但当他小启炮门时，即遭机枪密集的扫射。他便命令将所有的炮弹射完然后往后撤退，再将车辆炸毁勿使敌人获得。我帮助他走出坦克车，他说："宁愿作战死在苏土，不作敌人俘虏。"他在血泊中爬行着。敌人不断向该车射击，一发炮弹又击中该车，使其失去战斗效用，我们便决定离开坦克车，我刚伸出左手，一颗敌弹便将它洞穿，但我们的援兵也赶到了。

坦克车驾驶员的巧计

坦克车冲断了铁丝的障碍物，离开敌兵只有几十公尺了。驾驶员基史莱夫用他坚定的手驾驶车辆。车长哥资聂索夫同志炮轰着敌阵，坦克车驶近充塞着敌军的长战壕。哥同志富于区别这类匪徒的经验。手榴弹从战壕中掷出，但毫无效用，坦克依然无恙。哥同志嚷道："坦克车逼近战壕。"我即开始以机枪来飨敌军。敌军也是鬼计多端，当我们向右方扫射时，左方即以手榴弹向我们袭击，我们便慢慢地佯向右方有所动作，回顾左方敌人又抬头，乃急转向左扫射，毙敌无算，敌人于是不敢再伸首探望，坦克车乃得纵横如意地扫射。

我们目睹有几十日兵在战壕中被格毙，心中有说不出的愉快，其余都抱首四窜，但很少能漏网的。

前线与后方

前线之集体农场之农民与农女曾致书《保卫祖国》编辑部，内称：

> 执行捍卫国土之红军将领士兵及政治工作人员均鉴，诸君浴血前线，执戈卫国，劳苦功高，敢情诸君接受敝人等热烈的布尔什维克敬礼。
>
> 我们当亦以加倍完成集体农场之任务来自勉，我们当以十倍布尔什维克之警惕性来澄清红军之后方，勿使任何德日法西代理人潜入。
>
> 最后敬请笑纳我们仅有的礼物。（后为签名）

附同这封信送来的为该农民等赠送于红军的三车菜与二百基罗的蜜。

青共对前线的协助

在战争爆发时，波西埃区的青共组织即参加战事工作。青共团员及非党青年群众都被急调增援后方，并辅助红军。青共分部曾派遣了十五个宣传员去负责进行军队中的政治谈话。

青共与非党青年群众积极的负起运输军需，装卸机枪弹囊及队伍中急需物品的工作。该处的青共组织首先便号召慰劳受伤将士。地方的青共组织成为一个堆栈，同时更组织了替受伤将士缝制□鞋的工场。青年妇女照顾着受伤者，其中有许多人日夜不息地在管理着。一队成年的妇女照专料理医院洗衣事宜。

对祖国伟大的眷恋

战斗是终止了，日寇已被驱逐出苏境外，日帝国主义向苏联进攻的迷梦是粉碎了。苏指示全世界一条唯一与有效防卫侵略国进攻的方法，这条道路不是向敌人屈膝求和，而是坚决的抵抗，"予打击者以打击"。这就是张鼓峰事件国际的意义！

远东前线红军英勇的战绩鼓励了在反抗干涉者的西班牙共和国的战士与抵御日军的中国战士。

同时，红军对犯境的侵略者予以一个迅雷不及掩耳的打击也是一切遭受法西侵略威胁的民主国家所应熟悉的一个最切实的教训。

（原载于《中苏文化·抗战特刊》第 3 卷第 7 期，1939 年）

“神明的子孙”在中国（节选）

——一个日本情报员的自述

［意大利］樊思伯
邵宗汉 译

我是中国人了

我从一九一六年起就在远东做情报工作，因此认识了中国的许多文武官员。其中大名鼎鼎的一位是东三省巡阅使张作霖将军，他知道我干的玩意儿，曾有几次教我把留俄中国人的实在情形随时相告，并且教我供给其它重要消息。他屡次向我表示，要是我决定久居远东的话，他很希望我能够替他工作。他提出的待遇是非常动人的。那时，大战刚刚结束，欧洲的情形十分黯淡，我仔细考虑一下，决定接受他的好意，于是从一九二〇年九月二十四日起，我便成为张作霖将军麾下的一个情报员了。

张氏嘱咐我，除了黑龙江督军吴俊升将军外，不能够使第二个人知道我是替他工作的。吴氏是张氏的心腹，一切都向吴氏接洽请示，但我必须令人相信，我仍然执行着本国或协约国的命令（大战期间，我为协约国的情报机关服务，曾在“满洲”、蒙古、西伯利亚等处工作）。

在沈阳，我很少有和张氏见面的机会，如果必须和他见面，时间一定是在黑夜，我穿了中国衣服，戴了黑色眼镜，帽缘遮着眼角，跟随最亲信的副官同去。

我在张作霖将军那里服务，匆匆有八个年头。张氏确是一个重信义富勇气的人物，对于忠实的部下，张氏不愧为一个出色的领袖；对于触犯错误滥用职权的左右，非常严峻；对于叛徒和奸细，更丝毫不肯假借。

那许多年间，我有时在俄国，有时在蒙古，有时在朝鲜，有时在中国，以不同的姓名和护照出现，进行我的工作。

我的任务是相当繁复的：搜集政治上的消息，注视各国情报员的活动，追索土匪、军火和毒品的私运商人、白俄妇女的贩子，并严防苏联和日本方面的活动。

为便利工作起见，我往往在不同的地方担任不同的职业。譬如说，在蒙古的时候，我俨然是一个开发金矿或煤矿的大企业家；一九二一年三月七日到俄国去的时候，我的名义是中国政治调查团（研究如何恢复俄国与东三省的铁路交通和商业）的秘书；一九二二年在满洲里的时候，我是一家中俄报纸的编辑；以后在库伦的时候，我的身份则为几家报纸的通讯员。

一九二三年二月，我奉命回到沈阳，调查走私军火的事情，那时私运的规模已经相当骇人。

我把最初两个月的光阴，花费在山海关、秦皇岛和京奉路沿线。我的努力并非徒劳无功。三月二日，我破题儿第一次没收了私运的来福枪五百枝。那些来福枪是意大利制造的，在离山海关九里的地方给我破获。三月二十二日，我又没收了来福枪一千枝。四月十二日，我的部下也在北戴河附近没收了意大利的自动手枪二百枝。四月二十七日，我更在内地破获私运的来福枪二千枝。那些军火统统是运到关外去供给土匪的。要提高生活的水准，要促进关外的繁荣，必须先恢复治安和秩序。因此军火的不断私运，显然使张作霖将军一天比一天感觉到麻烦。

我的活动当然不能够隐瞒中国社会和有关系的列强，不久我便成为各方面注意的人物了。七月七日我在天津的时候，意大利总领事卡勃莱利（Gabrielli）教我去看他。

我不得不去拜访本国的总领事。见面之后，他就问我在天津干了些什么事情。我说，我是到天津玩玩的。

“别胡说八道！我懂得你想在天津搅什么鬼。可是，我现在警告你，不管中国政府当局怎样命令你，你是意大利人，还在我的掌握之中，如果你再跟我捣乱，我老实不客气要逮捕你，驱逐回国。滚出去，没有别的话！”

我早就疑心华北私运军火的事有几个外国领事在暗中撑腰，所以我受着本国总领事的恐吓，毫不惊奇。可是，我必须履行自身的责任，不管违犯中国法律者是谁，我决定忠于职守。

那一个夏季，我除了没收来福枪、手枪等几千枝外，还破获吗啡、海洛因二百公斤，鸦片一千五百公斤。

十一月十四日，我获得日本官方的同意和中国主人方面的帮助，搜查停留天津的日本轮船，抄出意大利制造的来福枪四千枝。那些来福枪是装往广东的。第二天，意租界捕房的总巡在报上发表正式声明，称“在日本轮船上被中国当局所抄出的军火，虽系意大利制造，但并非天津意海军库房中的存货”。这声明是很有趣的。

十一月十八日，意租界捕房内的某君来看我。他是我很要好的朋友，他显出非常不安的神气对我说道：

“樊思伯君，我现在要干一种心里不愿意干的事情。卡勃莱利总领事吩咐我来向你传达驱逐出境的命令，必须立刻执行。半小时之内，你必须赶到火车站，乘十点四十五分钟的火车离津赴沪。不准和任何人见面，也不准和任何人通电话，你只能告诉你的太太，说有紧急使命，必须立刻动身到上海。可是不能够说出被驱逐的事情。如果你要和任何人接洽，我就只好把你扣留起来押解到火车站。这是上面的命令，我派人在花园里等待着。我知道我现在干的事情，对你是非常不公平的。可是，我不得不执行上面的命令。我希望你不要违抗逮捕，不要使这一件事成为公开的丑闻。如果你能够‘一言为定’，我就带了护送队上火车去等候你。”

我仔细一想，只好接受他的办法，向可怜的朋友点点头，然后告诉我的女人，说有要紧的公事，必须立刻赴沪。半小时以后，我便被禁在一辆客车里面，护送的有四个水兵和可怜的朋友。此君目前还留居中国，他可以证明这一件事情。

十一月十九日，我们一行六人抵达上海，他们立刻把我送到意大利兵舰卡拉勃利亚(Calabria)号的密室中。

侥幸得很，卡拉勃利亚号兵舰的舰长是一位真正的意大利人，他马上唤我出去，询问原因。我把经过的情形一一相告，他写了一封信派人送给上海总领事罗慕西(De Rossi)，表示不能够允许任何人利用意大利皇家的海军，以行使非法的手段，要求于下午四时交到证明我犯罪的正式文件，否则将恢复我的自由。总领事迄无文件送去，过了五分钟，我离开兵舰，又是自由人了。

两天以后，副领事佛拉杰洛(Ferrajolo)向公共租界和法租界当局分别要求逮捕樊思伯，据说他是卡拉勃利亚号兵舰上擅自弃职的水兵。

公共租界捕房的总巡，为人非常严正，他接到了逮捕状后，就去访问意国总领事，他这样表示：如果逮捕状上的像片确是代表他们所欲逮捕的樊思伯，这毫不费力，立刻就可以照办，因为樊思伯那时正在总巡的家里。可是，领事馆方面必须取消逮捕状上“擅自弃职的水兵”等字样。因为据他知道，樊思伯侨居中国已经有十五年了。如果要逮捕的是另外一个水兵，那么逮捕状上误贴像片，必须掉换一张。

中国政府也向意大利公使提出抗议，但后者表示樊思伯既是意大利人，中国政府实在没有干预的理由。

这一件事情成为上海报纸上公开讨论的问题。天津总领事始终不肯取消驱逐回国的命令。最后，我和警务当局商量之下，决定向领事馆自首。在正式开庭的时候，我询问主审的副领事佛拉杰洛，我到底犯了什么罪。他回答不出，含混其辞，似乎承认不无错误，我又恢复了自由。

几天以后，我又应召赴领事馆，据他们告诉我，本国的公使希望我离开中国，一切旅费由他们担负，并允许另外赠我五千块钱。我坚决拒绝这种可耻的交易。

一九二四年四月九日那一天，我经过邓脱路的时候，暴徒刺伤我的胸部，逃逸无踪。中国当局要求逮捕曾经当过水兵的意大利人塔布利（Tamburi），认为他是暗杀的主使人。可是，意大利官方竟加以拒绝，甚至不愿加以调查。另一意大利人曾有两次谋害我的生命，均未成功，他的同党——三个白俄和一个印度人虽受哈尔滨中国法院和英国领事法庭的严厉惩罚，意大利当局却始终未加询问。此君目前还在上海。

我不久回到哈尔滨。不料本国的当局对我仇视，使我无法维持诚实的生活，我于是决定改变国籍。

我是中国人了。我的保人是朱庆澜将军，东省特别区警察局长温应星和中东铁路路警处处长鄂双全。做了中国人，我就可以向所有匪徒挑战，不受任何人的阻碍了。

又有一次暗杀的企图，请看下面一条新闻：

> （一月十二日哈尔滨特讯）关于上月企图暗杀本埠大西洋影戏院总经理兼股东之樊思伯一案，从犯印人布幸（Burr Singh）业已就逮，且已引渡上海英国当局，唯主犯意大利人康多维洛斯（G. Condoveros）仍无被逮消息。按：暗杀计划系于去年十二月二十日发觉，发觉后，印人即以同谋嫌疑就逮，英国领事乃要求引渡。此间对于康多维洛斯迄未被捕，依然逍遥于哈尔滨一点深觉奇异，传说纷纭。樊思伯旅华多年，与东三省情报机关密切联系，对取缔共产党与私贩军火者之活动，贡献殊大。故此次阴谋，恐与彼之工作不无关系也。

向白俄妇女的贩子挑战

流氓、匪徒、私运商人、白俄妇女的贩子，一切恶势力都向我挑战，好像我向他们挑战一样。

我注意的第二个目标是白俄妇女的贩子。

从俄国逃亡出来的白俄,百分之九十侨居东北,其中十分之九赤贫如洗。好像老鹰一样,白俄妇女的贩子纷纷赶往沈阳、哈尔滨等处,挑选最漂亮的青年妇女,据说是把她们从饥寒交迫的绝境中送到比较温暖的地方去。我做特务和警务工作,接触的罪恶集团不知其数,但势力最大、组织最好、最有钱和最顽强的,首推白俄妇女的贩子。我曾经破获许多贩卖妇女的机关,都因法官受有贿赂,糊涂了事,犯人依然逍遥法外。

和十年以前一样,沙皇时代的一个贵族目前还是白俄妇女的事实上的暴君。他先后被捕二十三次,都有非常确凿的证据,却被释放了二十三次,保证金有时竟达二万元或二万五千元。

情形非常糟糕,中国当局后来觉得没有办法,非眼开眼闭,假作痴聋,就只好采取非法的手段去对付他们。许多外国的"冒险家"也以领事裁判权为护身符,经营这一种罪恶的买卖。

两个瑞典人横行东北,已有一二年。一天,他们领着六个华贵的姑娘上哈尔滨火车站,另外派人护送她们到天津去,她们的职业据说是"女管家"。我的伙计把两个瑞典人当场捉获,因为经过法律手续必然毫无结果,便把他们拖出火车站,吊上铁路附近的电杆木活活缢死。

一九二六年,一位衣冠端整的法国人下榻哈尔滨的"摩登饭店"(Hotel Moderne),占据两个设备最佳的房间,举止甚为阔绰。第二天,他在当地各报大登广告,招聘女打字员,年龄须在十八岁到二十二岁之间,待遇优良。我吩咐几个助手去监视他的行动。二十四小时以内,果然有二十多个少女前往报名应征,他发给每一个投考的姑娘二十块钱,全部录取。

我亲自到"摩登饭店"去访问他,他已准备动身了。我对他说,我有两个女儿,急欲找寻适当的职业,但在领她们去应征之前,我先要确实明白这职业是否高尚可靠,是否有相当收入。法国人看我一眼,问我是否知道他的来历,他说:"我是上海法租界公董局的秘书,我是来替公董局招聘缩记员的。"实则他并非法国人,而是保加利亚人,和上海法租界当局毫无关系。

"可是,我的女儿不懂法文。"

"不要紧,上海法租界现在已有两万多俄国人,所以懂俄文的人更有用处。"

我觉得反攻的机会已到,便对他说:"好极了。你的话正是我要知道的。请你看一看我的名片。如果你不坐今晚九点钟的火车离开哈尔滨,当心你的性命。老实告诉你,这里是不允许人肉的贩子猖狂的"。

法国人连夜离开哈尔滨，一个女打字员也没有带去。

日本人占领了东三省后，扑灭买卖白俄妇女的活动立告停止。我也开始替日方工作，我亲眼看见我的上司受贿赂，准许开设妓寮和人肉的“征集中心”以供输出。

有一个晚上，我的伙计在齐齐哈尔火车站，听到一辆货车中传出凄惨的叫声，打开车门一看，里面原来藏着一个白俄妇人，名罗森宝(Ida Rosenberg)，和十一个中国少女，都不满十六岁，两个可怜的小姑娘已经冻死。白俄妇人只出了几块钱，向她们的父母购买到手，准备送往天津。我吩咐结束她的性命。当夜狱吏就把那恶魔缢死。这一件事情发生于日军占领齐齐哈尔的最初几天内。

张作霖将军之死

从一九二零年九月二十四日起，我就在东北最好的统治者——张作霖将军的麾下，以拙劣的武器，为维持法律与秩序而进行猛烈艰苦的斗争。

张氏生于一八七六年，他的故乡是奉天省的海城县。他的青年时代充满传奇式的故事。据说有一次他闯进县衙门，痛骂县官欺凌穷人，当场审问，判决死刑，并且立即执行，然后迈步出外，衙门里的上上下下都目瞪口呆。

日俄战争时，他投效日军，扰乱俄军的交通线。他的功绩是很大的。在战时结束后，日方向北京政府代他请求特赦，并且委任他做奉天省的督军。他从此飞黄腾达，青云直上，东三省也走上发展的大道。一九二二年，他初次离开“满洲”，参加关内的战争，却为吴佩孚将军的军队所击败，乃退出关外，宣布东三省的独立。

张氏是一个高明的行政官，却也是一个无情的独裁者。他没有受过教育，也无所谓教养。可是，他具有惊人的智慧和记忆力，足以弥补这缺陷。东三省农民的生活，比较关内若干省份和朝鲜农民的生活更为愉快，这不得不归功于张氏。东三省本来只有一百万左右的人口，其中土著仅占半数，在他逝世的时候，东三省的人口已经超过三千万了。每年有成千上万的中国人，甚至有许多日本人和朝鲜人，到东三省去开辟新地，作久居的计划。

张氏性情暴烈，可以引用下面的一件事情做例证。东三省的银行家以罪恶昭彰的手段操纵货币，张氏邀请比较主要的九人到沈阳举行会议，当场向他们发表简洁扼要、直截爽快的演讲。他说：

> 你们操纵东三省的货币，毁坏农民和商人的幸福和利益，发了大财，

这一点我明白，你们也必然同样明白。我过去曾经警告你们，要你们负责，你们却当做耳边风。现在我正式告诉你们：你们是银行家的重要份子，你们对于这一种投机操纵的事情，要是不能够加以阻止，这是你们的才力不堪胜任；要是可能加以阻止而不愿加以阻止，这是你们共同舞弊。这两种罪状都应该处死。

五分钟后，张氏的庭院里就滚着九颗人头。

许多年来，张氏屡次利用日本人以实现自己的企图。一九二五年十一月二十五日，郭松龄将军发出通电，要求张氏下野，他的军队也纷纷向沈阳推进。张氏的部下大有措手不及之感。

到了一九二六年六月十八日，郭松龄将军的军队距沈阳很近。但张氏并非毫不准备，他争取了这一个时间，一方面说服日本人，加强南满铁路沿线的防御力量，宣布郭军不能开入离铁路线二十里的区域内。这就是说，郭军不能占领沈阳。另一方面，他改编军队，给予新的配备，把一个师团的日本兵换上中国军队的制服。几天以后，他就下令反攻，获得完全的胜利。郭松龄将军夫妇双双被擒，立刻就刑。

一九二六年，张氏受了日本人的怂恿，进据北京，坐镇两年。在这个时候，国民革命军扫荡全国，势如破竹，达到了济南近郊。控制胶济铁路的日本军队阻止北伐军的进展。张氏看见风势不佳，急欲回到关外。当时实际负责东三省要公的吴俊升将军也敦请张氏回去。

可是，日本驻华公使却于一九二八年五月十九日警告张氏不要出关。这也许就是张氏于五月二十六日决定迅速离开北京的直接原因。

张作霖将军的东京情报员史温哈（Swineheart）探得日方企图在中途暗杀张氏的消息，曾于五月三十一日郑重通知张氏不要乘坐火车。张氏不信，以为是谣言，却把这一件事情告诉日本驻屯军的志贺大佐。志贺大佐笑容满面，并向张氏表示，为证明谣言的无稽起见，他将一路伴随张氏，同往沈阳。六月二日午夜，火车离开北京，我也同车而去，不过到天津我就下车，进行调查某项事件。

六月四日，日军当局通知吴俊升将军，赴沈阳之南二十公里的车站去迎接张氏，吴氏当与若干高级官员前往，登车拜谒张氏，同返沈阳。一路之上，志贺大佐确乎始终与张氏同居一室。可是，在火车到达沈阳前的十分钟，志贺大佐忽然起立，据说要到隔壁的房间里去取军刀和军帽。实则他走到最后一节的客车内。因此几分钟后，当路轨交叉处爆炸的时候，他的地位相当安全。张氏和吴氏所坐的一节车，当场炸裂，吴氏和他的同僚十七人当场炸毙。张氏身受重伤，几小时后呼吸最后一口气。

这一次暗杀系出于日本人的预谋，这是无可怀疑的。日方把爆炸物安置于岔道的底下，保护那一段铁路的本来是中国兵，几天以前就由日本兵换防。

张氏逝世后，张学良将军承袭父荫，统治东三省。他对于国民政府更具同情，往往采取直接反抗日本的政策。杨宇霆将军屡加劝告，始终无效。这样加速了日本以武力侵占东北的决心和行动。

呻吟于淫威下

在“满洲国”政府内做事的中国人大多数是受了日本方面的胁迫，不得不继续服务。这是整个计划的一部份。日本人可以向全世界和国际联盟表示：“满洲国”的成立是出于“满洲”人民的自决，是革命的产物，而和他们无关，他们也不能负责。

十五万日本军队、一万八千日本宪兵和四千日本秘密警察，在保护“满洲国”人民，扑灭中国国民党、共产党和土匪的借口下，长期驻守东北。

日本人控制整个行政机构，掌握全权，也是为了保护“满洲国”人民。在名义上，他们是“顾问”。“满洲国”内这样的顾问不下十万人。每一个部份，每一个办公室，甚至每一个公务人员，都有一个或几个“顾问”。他们管理一切，支配一切，颐指气使。随心所欲。

这些“顾问”到底是什么东西呢？

在日本军队占领“满洲”后，阿猫阿狗的日本人，只要能讲一点蹩脚的中国话或俄国话，都摇身一变，成为“顾问”。他们全是犯罪的恶棍、骗子、“冒险家”、私贩、毒贩、妓院的老板，几乎没有例外。这一类恶棍占东北日本人的百分之九十五，他们受着日本法律和领事裁判权的保护，逍遥于中国法律的圈外。过去中国当局为避免发生“意外事件”起见，令警务人员眼开眼闭，不加干预，因此日本人是格外肆无忌惮了。

这些宝贝荣任了“满洲国”政府的顾问。

昨天他们还是社会的渣滓，为人人所蔑视，为人人所憎厌，今天他们突然做了各行政机关的首脑，小人得志，大权在握，对于被统治的中国人与俄国人，当然极尽欺凌残酷的能事。要是你不先买通了他们，你就不能够移动到任何地方。要是他们能够控制空气的话，他们也许已向每一个人征收呼吸税。哈尔滨警察局的“顾问”上任几天，就命令逮捕殷实的中国人和俄国人，教他们出重价保释。法院里判决是非曲直的，也是这些“顾问”。所以，富人打官司必占上风，穷人们则常常败诉。

这里我来介绍一个典型的日本“顾问”，使读者对于“满洲国”的“顾问”统治更有恰当的了解。

中村·康斯坦丁·伊凡诺维支(Konstantin Ivanovich Nakamura)是一个日本人，从名字上看来，他已经皈依俄国的正教。但日本人终于还是日本人，他在东三省和朝鲜各处住了二十多年，原业剃头司傅，在哈尔滨近郊纳哈洛夫卡(Nahalovka)地方开设一家理发店，那是罪恶的大本营。不过，中村对于剃刀和剪刀并没有什么兴趣，他的理发店仅属空门面，真正的营业是贩卖吗啡、海洛因和雅片。此外，他还是一家妓院的老板。

中国官方为息事宁人起见，对于贩卖毒品和妇女的日本人一律加以宽容。可是，如果那些亡命之徒太不守范围，中国官方也就不得不采取行动，以敷衍面子。因此，中村和哈尔滨警察局发生了三次关系。

第一次是在一九二三年。中村和俄妇姘居，俄妇是孤孀，有十一岁的一个女儿。几个月后，中村强奸那小姑娘，俄妇报告警察局，警察局逮捕中村，引渡到日本领事馆。日本领事认为他并未犯罪，因为据日本法律，他“购买”了母亲，同时也就“购买”了女儿，换一句话，女儿也变成了他的私产。

第二次是在一九二六年，有一个白俄到他的店里去理发，受了药物的麻醉，身上五百块钱被劫一空。他一觉醒来，发现巨款已不翼而飞，奔去报告警察局。和以往一样，中村又被引渡到日本领事馆。据领事宣称，白俄实在是喝醉了酒，并没有上迷药的事情，中村又恢复了自由。

第三次是在一九二八年。中村又因豢养十二岁幼女泄欲的兽行被捕，又经无罪开释。

关于这些事实，我个人可以提供证据。

如今中村是哈尔滨日本宪兵的总顾问，是白俄侨民局的总顾问，是白俄学校的监督，是佛拉德米尔大学(Vladimir University)的名誉副校长，是哈尔滨唯一的红人。

“满洲”人民的痛苦，正方兴未艾。成千累万的亡命之徒从日本侵入“满洲”，宛如一群一群的吸血鬼。他们是最卑劣无耻的恶棍，一部份也许是蒙天皇大赦出狱的囚犯，他们亵渎上帝，蹂躏人类和毁坏自然的各种罪行，非笔墨言语所能形容。“满洲”各主要城市没有安全的时间，也没有安全的空间。日本浪人白天拷打并劫掠中国商人，日本警察袖手旁观，毫不阻止。白种妇女到处遭遇危险，日本人常常剥光了她们的衣服加以污辱。日本人尽量散播着恐怖。

我举出下面的一个例子。

一九三二年二月二十七日，S. K.夫人偕十六岁的女儿同行于……

会见土肥原

一九三二年二月十四日，日军中尉一人和曹长一人突然光临我的住宅。他们口操英语，对我说，他们的长官土肥原大佐（现在已经是土肥原中将了）要和我谈话。中尉向我三鞠躬，那神气非常奇怪，我懂得这意思，名义上虽是邀请，实际上是命令，但我还不能完全确定。

“请回报土肥原大佐，我吃过了饭就去拜请他。”

中尉又鞠躬两三次，发出一种急促的并表示尊敬的呼吁声，他说：“大佐请先生立刻就去。外面有车子等着，我侍候先生同行。”

这确是命令，我的猜测一点也不错。

我披上外褂，戴了帽子，和他们同行。

五分钟后，到达日军司令部，我被请直入土肥原大佐的机密办公室。

我知道土肥原大佐已经有许多年了。第一次我和他见面是在蒙古。他给我的印象还不坏：圆圆的脸孔，稀疏的黑髭，短而健壮的身躯。他对我常常表示许多礼貌。外国新闻记者将土肥原大佐称为“东方的劳仑斯”。我却不无怀疑，因为据我所见，要是他的姐妹不做某皇子的宠妾，恐怕许多事情都没有成功的希望。

和以前一样，他仍是含笑相迎，至于是否含着幽默的意思，那就不得而知了，握手，请坐，然后他操俄语说道：

“我喜欢讲俄国话，在绝对必要的时候我才用英语，正如我讨厌英国人和美国人一样。”

他静默片刻，注视着我。

“樊思伯君，我们是相熟的，是不是？还记得上一次我们在什么地方见面的吗？”

“我记得是在天津。”

“不错，你的记忆力很好，据说你聪明非常，无论什么事情，用不着家人向你解释两遍。现在我们言归正传。过去日本军事当局曾经数次请你脱离中国方面的关系，替我们工作，你都拒绝。可是，如今情形已经不同，从现在起，你要为日本人服务。这不是请求，这是我的吩咐。我知道，要是你肯努力的话，你能够做很多的事情，而且做得很好。可是，如果你做的事很少，而且做得不好，这就是表示你不愿努力。”说到这里，他故意放慢调子：“我对于不怀好意的人，倘查有实据，就把他枪毙，这是我的脾气。”

他回复了平常的语气，继续说下去：“樊思伯君，现在是战争的时期，宣战或不宣战，都是没有分别的。你如果企图逃避，我们将视为擅离职守，擅离职守要处死刑。你是有家眷的。全家大小五人要越过‘满洲’和蒙古大草原，那不是件容易的事情，你一定懂得我的意思。所以，我劝你振作精神，努力干去，不致后悔。”

土肥原大佐的态度如此傲慢，使我十分惊骇。我当时向他表示，我多少有一点积蓄，买了一两家戏院的股票，可以维持生活，并无为日本情报机关工作的特殊兴趣。要是他不采取那种咄咄迫人的态度，要是他提出了某项动人的条件，我也许可能加以考虑。

他怒目相视，声色俱厉。

“樊思伯君，我不是恳求你，我是命令你的呵。我以为这一点不必多谈。”

“明晨十一时，你到我的办公室来，我领你去见‘满洲’的日本特务机关长，你和日本人混熟，并更能了解日本人以后，你就会相信日本人实在比中国人优秀一千倍，比美国人或任何民族优秀许多倍。欧洲人能够替日本人工作，当表示骄傲，你应该步步小心，不要忘记了你的朋友——史温哈君的事情。他是溺死的，你还记得吗？”

史温哈是美国人，为张作霖将军服务，日本人把他杀死以后掷入海中。

日本怎样统治“满洲国”

第二天上午十一时，我遵约前往。传令兵入内报告后，土肥原大佐就走出办公室，向我招呼同行。我们穿过花园，走进毗连的一座华厦。

那一座华厦本来是波兰人卡佛尔斯基（Kavalsky）的私产。日本人把它强占，打通隔离的墙垣，布置了一个花园。

我们从左门而入，直到一个大办公室，内有五个日本人，土肥原大佐和其中一人用日语交谈，从者鞠躬而入帷幔重重的密室。他立刻又走了出来，请我们两人进去。

在宽敞的办公室一角，约四十五岁的日本人坐在其大无比的写字台旁，普通服装，相貌堂堂，眼睛闪着非常聪明的光芒。

我在他的手下工作，从未发觉他的姓名，从未发觉他究竟是什么人。我也从未在任何活动方面，任何宴会上或任何人的家中看见过他。有一架飞机随时供他使用，以便利他的神秘的旅行。不论在办公室内或在办公室外，如果向他提出任何问题，等于和自己的生命要儿戏。如果以为没有人会监视自己的行动，或以为没有人会向他报告自己的行动，结果是必死无疑。我有一次向他表示，犹太人并非全是坏人，几乎当场给他枪杀。

不过，这一次我和他见面的时候，他确乎表现出温文和善的绅士态度，也相当尊重对方的人格。他讲的英语，带着美国口音，非常流利。

土肥原大佐先用日语和他交谈，后用英语对我说道：

“樊思伯君，这一位先生就是你的上司，从现在起，你必须忘记了我的面孔，忘记了我的一切，以后我们如果仍有见面的机会，不管在什么地方，你必须表示毫不相识。祝你前途无量。再会。”鞠躬而出。

室内只剩上司和我两人，他注视着我。

“请坐，”他说。

他的英语几乎是十全十美，在日本人中间是罕有的事情；我相信他一定在美国住了许多年。他给我的印象很为生动，他的一言一语，我差不多都能够明白记取。

“樊思伯君，我不必再问你的底细。从一九一二年你到中国的时候起，直到现在为止，你的一举一动，我这里全有报告。在中国本部，在‘满洲’，在蒙古，在西伯利亚，在俄国，日本的特务员到处跟随着你；日本的军人，尤其是田中大佐和寺内大将，都非常钦佩你。所以，我们的军事当局不以为你是反日的。有人甚至相信你是亲日的。无论如何，我希望我们能够相互了解。你将感觉到和我们工作是一种愉快。如果土肥原大佐对你说的话有什么不悦耳的地方，请一笑置之。因为外国人称他‘东方的劳仑斯’，所以他爱在人家的面前摆出威风凛凛的神气，表示自己的伟大。他在我手下工作了许多年，我敢说他决不能媲美劳仑斯。自然，我们不能否认有许多事情他做得很好。可是也有许多事情他做得很坏，简直令人不敢相信那是大佐所干的事情。举一个例子，你以为炸死张作霖将军是得意的杰作吗？”

我不知道怎样回答才好。我常常听说日本军人间存在摩擦和嫉妒，我总以为那些谣言是反宣传的产物。不料我第一天和他们接触后，就不得不承认那些谣言都是事实；我的长官公然承认日本的参谋部授命暗杀张作霖将军，并明示执行暗杀的是土肥原大佐。

我颇为震骇，他不发一言。

他继续说道：“我这样对你讲，我懂得你会感到惊奇。现在日本人要使全世界和国际联盟相信，‘满洲’的独立是推翻旧统治的革命行动的结果，日本人只做‘满洲国’政府的顾问，可是，事实却完全相反。你知道得太多了，我不必欺骗你。而且，今后我们要共同工作，我对你必须坦白相处，使你熟悉我们的情形。你的才干和经验，我完全明白，你住在'满洲'已有二十年，对于当地人民的风俗习惯、人情世故，都有深刻的了解。如果我也讲日本代表向国际联盟所陈述的那一套，恐怕你会哈哈大笑。"

他看一看表，对我说道："现在将近十二点钟，吃饭的时候已到，午后二时请你再来。我给你一个工作纲领，我们须完成一个伟大的任务。再会。"

下午见面后，他向我大讲历史和外国人的伦理学。

他说："英国人真值得佩服。他们把地球上将近一半的面积并入不列颠帝国的版图，他们常常能够使被征服的国家偿付征服的血帐。印度一直向侵略者还债，南非也是如此，美国受英国统治的时候也供养征服者的军队。法国人对付殖民地的本领也不弱，独立后的美国也采取了同样的方法。古巴和菲律滨虽从西班牙的统治下解放出来，但迄今仍偿付着解放的代价。我们日本人很穷，没有力量担负因占领'满洲'所招致的消耗牺牲，一切必须由'满洲'的中国人来承担。这是我们的主要任务。"

"不过，困难很多，并且相当严重。我们用什么方法使他们出钱，同时不致引起其他人民和国际联盟的反感呢？如果我们已经公开宣布正式占领'满洲'，事情便容易办理，谁也不能说什么话。可是为了自身的利益，我们已经向全世界正式宣布，'满洲国'是'满洲人'革命的产物，日本人只站在'顾问'的地位。因此，我们固然必须使'满洲人'出钱，但事情必须做得非常巧妙，使第三者无从指摘我们强迫他们出钱，或收受任何经费。"

"在战争中，只问目的，不择手段。我们在沈阳和其它占领城市内所惯用的方法，将在哈尔滨或北满其它城市内一一推行。"

"第一，我们以专利权秘密给予信实可靠的私人；第二，我们以间接的方式，强迫殷富的中国人和俄国人，尤其是殷富的犹太人，让出一部份的财产。这需要非常灵敏的手腕，使他们永远不知道日本人在幕后操纵。"

"主要的专利事业有下面几项：各种货物一律称为日本的军用品，在中东路(该时管理权还属于苏联)上负责运输；开设烟馆；贩卖毒品；种植罂粟；贩卖日妓；开设赌窟……"

"获得专利权的人，必须报效苛重的捐款，他们都受着我们的保护。到'满洲'来的每一个日本军官，都想在两三年以内能够搜括了五万到十万的现款，满载而返。我们必须监视他们，尤其是宪兵长官，因为我们从'满洲人'身上榨取的钱，应该涓滴归公，不应该给军官侵吞中饱呵！"

"他们用种种可能的方法捞钱，要加以阻止，确乎不是一件容易的事情，宪兵长官尤其不容易对付，日本宪兵的名誉最坏。长官为人人所轻视，谁也不会和他们接触，甚至一般军官也抱‘敬而远之’的态度，退避三舍。在朝鲜和南满，这些宪兵长官控制了整个的司法界，对于人民握着生杀的大权。宪兵长官告退时，银行里往往有十万圆到二十万圆的存款，一个普通的军官却只能够顾到温饱。我们不能得罪这些宪兵长官，因为他们都属于少壮军人派。他们要使天皇恢复一切政治军事的大权。这是最有势力的一派。他们横行不法，肆无忌惮。若干大臣和将领曾企图反对他们，结果牺牲了自己的性命。我们和他们周旋，必须十分小心。我们决不能直接打击他们，必须打击他们的党羽，把他们孤立起来。”

他的话如此坦白，使我惊骇不已。他燃着卷烟，吸了几口，仰视窗外的天空，旋又抛去烟头，继续说道：

“几天以内，将有五十个左右著名的中国土匪从沈阳到哈尔滨来招集党徒，我们在北满需要一千五百个土匪，随时可以执行我们的命令。我们必须在哈尔滨找到二十个左右壮健的白俄，可能胜任各种工作。他们必须擅长于白刃和手枪的使用，必须懂得怎样‘守口如瓶’。此外，我们还需要一打左右的老扒手，知道怎样去应付上流人。”

“土匪有很多的用处。某种大规模的行动，往往少不了他们的协助。譬如说，我们最初必须完成的任务是破坏哈尔滨到海参崴的一段铁路，并完全阻碍它的交通。苏联把所有的商品和大量的黄豆都运到海参崴，这对于大连是不利的。我们必须命令土匪破坏那一段铁路，要破坏了一处又一处，使俄国人不得不放弃那一段铁路，把货物经过我们的铁路运到大连。其它在苏联管辖下的铁路，也要时常加以破坏，有时为了掩人耳目起见，应该破坏我们自己的铁路。此外，我们的土匪还可以完成下面许多较有价值的任务：在苏联的边境制造事件，绑架富户，使家属重价取赎；袭击村庄，待日军赶到，即迅速逃逸，这样可以收买人心；向日军佯袭，日军即引为讨伐的借口，强迫境内的居民撤退，日本人乘机移殖……”

“扒手有什么用处呢？他们将向‘满洲’的外国人，尤其是临时游历的外国人施展绝技，偷窃他们的文件和信函。你知道，搜查外国人是很困难的事情，如果要加以搜查，他们总是竭力反抗。可是，如果白俄扒手偷窃了他们的日记簿或行李，他们就不能埋怨日本人了，是不是？”

“在哈尔滨、齐齐哈尔、海拉尔以及北满其它城市，有许多白俄侨民团体。据说这些团体的性质，大多数是反苏联的。樊思伯君，许多年来，你是东北秘密警察的高级长官，你懂得‘满洲’各种民族的语言习惯，你应该十分明了白俄侨民各方面的情形和白俄侨民团体的真相。所以我请你详细报告每一个团体的性质、范围、纲领和活动，并附开主要负责人的略历。”

“凡对日不是真心亲善的团体，我想加以取缔。此外，我们还有一个讨厌的问题，那就是所谓有教养的白俄问题。他们占着相当的地位和势力，妨碍我们的计划。那些沙皇时代的元帅、将校、教授和贵族，全是混蛋。我们只需要俄国人的名字来掩护我们的活动。我们不需要思想家，不需要过分聪明的人才。我们所需要的是怀着野心和虚荣心的白俄，他们居于若干团体的领导地位后，会觉得沾沾自喜。你必须从白俄团体中挑选这种人物。他们的特征是有贪欲而缺乏爱国心。请你准备好名单交给我。”

新主人的训示

他滔滔讲述着日本政策的轮廓，我随时札录应该进行的各种工作。

他继续说道：“当这些白俄团体实行改组，每一个团体都由我们派员主持后，我们将设法使它们在北满各处成立分会。在每一个区域内，我们将委任一个能讲俄语的日本人做总管理和总顾问，一切事情必须先获得他的准许。这些改组后的团体对于侵害红俄，尤其是在铁路线附近的红俄，是极有用处的。”

“我们每天可以向苏联人民和其他外侨挑起新事件。我们所欲触犯或逮捕的任何苏联人民，不管是否共产党员，事前驻‘满’日军事特务机关的第二部会提供各种资料。干这事情，我们需要各种文件，同时我们也需要毫不犹豫的人物。你应该牢牢记取，布尔什维克宛如野兽，必须用野蛮的手段对待。”

“我永不露脸。除非绝对是关于日本内部的事情，我也从不预闻。你将做我和外界的居间人，这是你的主要任务，我将直接向你发出命令，除了我以外，你不接受第二个人的命令。我给第三者的命令，也要由你传达。俄国人和欧洲人都不准走入我的办公室，也不和我当面接触。只有三个人是例外，这三个人我已相知多年，可以信任。只有你能够直接走入我的办公室，无须通报。我给你这一种特权，并非因为信任你，而是因为你已经改入中国籍，我可以随时把你枪毙。此外，我们还把你的家属做担保品，看你是否忠于职守。”

训话的时间很长，我留神恭听，并随时札录要点，不管“满洲”的特务机关长说什么或怎么说，我始终保持着泰然自若的态度。可是，当我格外了解所负责任的严重性质和必须进行的讨厌工作时，我便觉得怀着一种强烈的欲望，想把他闷死。我确信从现在起，我将永远不能逃出他的掌握，所以他敢说得这样坦白。他以冷酷和深思熟虑的心情，策划着如何使成千累万的无辜人民投入苦痛和灾难的绝境。但我完全明白，表示反抗是毫无用处的，甚至牺牲了我的生命和家属也是枉然。日本的侵略势力仍然将向着预定的路线前进。所以我神色不变，镇静如常，一直听到最后。

他继续说道："还有一件事情，哈尔滨是一个五方杂处的地方，各国侨民很多，像美国人、英国人、法国人、意国人等，还享受领事裁判权的庇护，他们或为苏联的间谍，或为英国和美国的间谍，我们必须注意他们的行动。美国人和英国人更要加以经常的监视。他们相信他们的国家在远东有特别的权利。日本每一次有所策动，他们总想提出干涉的愚蠢理由。我们日本人并不承认这种权利，美国有美国的门罗主义，我们有我们的门罗主义，整个远东是我们的势力范围，必须由我们管辖。现在的朝鲜、'满洲'、蒙古和不久以后的中国、西伯利亚甚至伊尔库次克，将形成大日本帝国，由我们至高无上的天皇统治。只有我们的天皇可以称为神明，因为他是天照大御神的后裔，日本人全是神明的子孙，而且地球上只有日本人是神明的子孙，因此他们从来不愿和其它民族混杂。我们的文化是圣洁的，日本的一切都是圣洁的。我们不希望已经征服的或将要被征服的民族，享受我们的文化。他们只有趋于消灭。朝鲜人将给各种罪恶所吞噬，中国人将给雅片和其它毒物所牺牲，俄国人将给烈酒所摧毁。他们都要消灭。只有天照大御神的子孙才配做大日本帝国的人民。神明把重大的使命降到我们的身上，这不过是第一个阶段。第二个阶段要征服印度和太平洋各岛，西伯利亚和乌拉尔区域也包括在内。这些话你不要觉得好笑。神明决不撒谎。日本必然成为地球上最伟大的帝国！"

"全世界人士不要为了我们的内部斗争、政治暗杀和经济问题而受骗上当。这些事态并非腐败的表征，却是爱国主义的表征。有时我如果吩咐你注意想发横财的日本军官，你也不要误会了我的意思。他们捞钱并不犯罪，因为他们的钱是向注定要消灭的劣等民族索取的，而且他们的钱最后都归到公家。我们的责任在于如何使他们的钱能够更为迅速而直接地归到公家。日本法官拒绝强迫日本人偿还欠款、房租或其它债务，外国人往往觉得奇怪。他们实在未能了解日本哲学的原理。日本法官知道自己是神明的子孙，怎样能够强迫另一神明的子孙向野蛮民族的子孙偿还债务呢？在日本人看来，这种事情是不可思议的！"

"サゥテスヵ？"（"可不是吗？"）我讲日本话。

"不要讲日本话，你就是懂得日本话，也不要讲。我感觉到这是一种侮辱。我们日本人不欢喜听外国人讲日本话。这是亵渎神圣的。日本话是天皇的语言，是天照大御神的语言，只有神明的子孙才配讲。每逢听到外国人讲日本话的时候，我心里很想把他勒杀，我们还是讲英文。这是谈论讨厌或尴尬问题的普通语言。我骂人的时候，也常常欢喜讲英文。"

“我几乎忘记了另外一件事情。‘满洲’的苏联侨民在四万人以上，其中二万二千人左右服务于中东铁路，其余或经营小商业，或在各工厂中工作。他们大多数是共产党员，从事宣传活动。他们的存在既然违悖日本的政策，所以我们必须利用各种可能的办法去困扰他们。我们不能表示慈悲的心肠，不能表示软弱的态度，与其放任一个宣传家自由自在，不如惩罚一千个无辜的嫌疑者，我们必须遵守这原则。苏联倘拒绝出让中东路的权益，日本人将用武力攫取，并把每一个可恶的蛮汉驱逐出境！对于不能够加以驱逐的那些家伙，我们将使他们的生活感到痛苦万分，无法继续居留，宁愿出境。我们不能够给他们片刻的安静、片刻的和平。”

“白俄对付红俄，可以采取任何适当的手段，完全自由，不受拘束。每天搜查红俄的住宅，把必要的家具随意抛掷，不断的凌辱侵害，将使他们走投无路，不得不离开‘满洲’。”

“除了这些红俄外，北满还有七万左右犹太人，我们对付犹太人，感到更大的困难，因为他们的原籍虽然都是俄国，许多人已经归化它国，有的入了英国籍，有的入了美国籍，有的入了法国籍，有的入了土耳其籍，有的入了意大利籍，有的入了德国籍，有的入了波兰籍。‘满洲’大多数的外国公司，都是他们出面的。无论何处，你看到一面外国旗，你就可以确定那里藏着犹太人。自然，我们对于他们，尤其是那些归化它国后已经享受领事裁判权的犹太人，不能直接地或公开地加以袭击。但我们可以利用间接的方法，使他们感到困难，比如说要是为了领事裁判权的关系不能加以侵害，我们却可能惩罚想和他们做生意的人。我们得利用某种借口，逮捕和外国公司来往的俄国人或中国人，强迫他们断绝交易。不久，俄国人和中国人就会明白，和外国公司来往是一件危险的事情。”

“我给你这一番训示，和我给北满重要日本特务人员的训示是一样的。只有我能够向你发号施令，你也只向我一人负责。不要使你的助手知道或怀疑你是替我工作的或我是你的上司。你的重要助手也是如此，绝对不能说出谁是他们的上司或接受谁的命令。我们特务机关的组织，决不能像一个链，换一句话，不能够从这一个环发现那一个环。我们特务机关的组织应该像点的连续，虽协同工作，却并无直接的联系。这样，即使敌方捉获了一个人，仍无法找到其他许多人。”

“我看见你札录笔记。这是不良的习惯，日记簿很容易遗失，或被人偷窃。最好还是靠你的脑子。听说你的记忆力不坏。这是你的一个长处。现在你去吧，明天开始工作。”

“对不起，你提及我的伙计、我的重要助手，请问他们到底是谁，并且在什么地方呢？”

“不必担心，到适当的时候，你就会知道的。我现在还不能够告诉你‘何时’‘何地’。第一件事情，你给我准备关于白俄侨民团体的报告。”他和我握手而别。

路上，我觉得如在梦中。他的话使我晕眩惊骇，不知所措。一切似乎完全不可思议，而最不可思议的，他竟向我说出了许多闻所未闻的事情。我曾经听到许多关于日本人在朝鲜的暴行，以前从不相信，现在却不得不承认都是事实了。四个月来，“满洲”的恐怖统治，也可以同样看待。以前，我总觉得日本人崇尚侠义，高贵大方，现在知道这只是一种幻想，已经烟消云散，化为乌有了。我已经面对着可怕的现实，狼已经卸去羊皮，假面具已经揭开，显露出日本人的真相：野蛮、残酷和无情。日本民族完全没有道德，对于他人的苦难，漠然、无动于衷；日本民族屠杀和消灭了几百万人的生命，一点没有追悔的表示。而他们还妄自尊大，称为“神明的子孙”！

我和许多中国人一样，被迫替日本人工作，做他们的帮凶。我的内心燃烧着反抗的火焰。我曾想加入中国的义勇军，他们以拙劣的武器和敌人相周旋，宁死不愿屈服。可是，我想起了我的女人和孩子，沸腾的情绪就平静下来，我又恢复了理智。如果我一任情感的冲动，我的家属怎样呢？勇敢的女人、可爱的儿女、年老的岳母，在那些野蛮人的淫威之下怎样生活呢？我必须暂时忍耐，等候适当的机会，我想这样的日子一定会来，并且不久就会来的。如果当时我知道摆脱樊笼的日子将遥遥无期，我也许会决定采取极端的办法。我等候离开“满洲”的机会，几乎有五个年头。我虽然目睹一切恐怖和侮辱，但因为怀着恢复自由的希望，终于耐心忍受。

“满洲”的娼妓

日本的女人终身过着奴隶的生活，她是专为侍奉男人而出世的：侍奉父亲，侍奉丈夫，侍奉儿子，侍奉工厂的主人或妓院的嫖客。女训的第一课就是“男尊女卑”。

由于这一种自大的观念，日本的男人把女人看做一个奴隶、一架机器。而且这一种观念是很普遍的，不论贫富，不论职位高低，不论平民和贵族，都是一样的。受过西洋教育的日本丈夫，在外国人面前，对他们的女人也许会表示若干礼貌，可是，这与其说是出于真正的尊敬，不如说是为了敷衍面子。日本贵族的太太，常常要先向男仆鞠躬，她虽然知道她的地位高、他的地位低，可是

“男尊女卑”不能打破。

不管是属于那一个阶级的日本丈夫，决不会把自己的女人看做一个对手、一个伙伴或一个知己，即使她的才能学识胜过丈夫十倍也是如此。

我在哈尔滨的时候，隔壁住了一对年轻的日本夫妇，男的叫棚上，女的叫绢枝，棚上是“满洲国”财政部的顾问（在“满洲国”做事的日本人全称顾问，不称雇员）。他又小又瘦，毫无思想学识，英文也很蹩脚。绢枝却是海军上将的女儿，大学毕业，对英法德三国文字的造诣很深，能弹钢琴，能绘画，能打高尔夫球和网球。一句话，她是高尚风雅、多才多艺的女人，而且相貌也很漂亮。

可是棚上待她很冷淡，简直不当她是什么东西，对她从不低身和气。她不雇用仆人，所有煮饭、洗衣、清洁等一切家务全由她一人操作，从早晨忙到晚上，博取丈夫的欢心。棚上从办公室回家后，她要替他脱皮鞋、洗脚、找拖鞋，接着开饭，他一人独吃，她却奔来奔去，恭候服侍。他吃饱以后，她才在桌子的一角坐下，拘谨地吃着残羹冷饭。

棚上每晚要到咖啡店或别的地方去和艺妓厮混，到深夜两三点钟才回来，他的女人已疲倦欲睡，仍不得不起身迎接，因为照日本的风俗，女人在男主人没有回家以前是不能够安眠的。

绢枝虽然在各方面要胜过丈夫十倍，但这有什么用处呢？棚上是男人，男人不是“尊如天”吗？绢枝是女人，女人不是“卑如地”吗？

奥康乐教授（Oconroy）在日本各大学任教多年。他娶了一个贵族出身的日本太太，因此熟谙日本的语言和风俗。在他的名著《日本之威胁》（*The Menace of Japan*）一书中，关于日本的妇女问题，他这样写道：

“法律上对妻子必须忠于丈夫一点，规定得非常严峻，犯罪的女人毫无宽容的余地。男性却完全不受法律的拘束。”

“如果日本女子还是在原始时代，幼稚无知，这一种不道德状态的存在，也许没有什么关系。可是，我已经说过，日本女子根本上要比较一般的男性聪明，她的优美高雅，正不下于西方的女子，在日本，女性的卑劣感却使她不敢向男性反抗。日本男子生来就粗蛮如牛，这真是日本女子的悲剧。”

“日本男子的个人主义，不论在逻辑方面或理知方面，都无所谓止境。他可以把艺妓或姑娘领到家里，吩咐女人招待‘佳宾’。他甚至可以吩咐女人替自己和情妇预备枕席被褥，并在旁侍候。他甚至还会吩咐女人热一瓶黄酒，送到面前，以刺激性欲。”

“不服从丈夫就可以成为离婚的条件。虽然离婚的时候丈夫往往给妻子三行字的休书，但丈夫有权命令妻子出走，断绝夫妻关系。这对于女子实在是最大的耻辱。”

“我曾经看见一个新婚的不久的女子，在房门外听候丈夫的唤呼，那一次的情景，我永远不会忘记。她还只有十六岁。结婚刚满一星期，她的丈夫就带回一个妓女，吩咐她收拾床铺，在门外侍候。我看见她跪在草席上，身体前前后后地摇摆着，两手握紧着拳头，每一次向前摇摆时，头部向地板猛击三次，她似乎要冲去脑子里的想念。热泪盈眶、流满两颊，她咬着嘴唇，忍住眼泪，口边滴下鲜血。她拉起衣裳的一角，忿忿然扭成一团，于是塞到发颤的口边，闷住了愤怒和苦痛的惨声……我这个不速之客，显然使她的丈夫深感不快。因此，有半年多不敢去拜访他。奇怪得很，我再去拜访他的时候，又遇到同样的事情。可是，这一次她却平静地阅读报纸了，她看见了我，向我鞠躬敬礼，微笑表示欢迎……她已经懂得服从是她的天职了。”

早稻田大学的北川教授曾于一九三四年六月间在《日本时报》上发表了一篇文章，其中有这样几句话：“一个日本女子或小孩在男子的威势之前，尚无法反抗，非大和族的妇孺，其命运必更为可怕，不难想象。年轻的朝鲜女子和台湾女子，自然要陷入绝对可怜的境地了。”

台湾人反抗日本的主要原因，就是因为日本警察拐骗年轻的台湾女子和侵吞她们的工资。如果任何台湾女子拒绝日本警察的榨取，后者会假造罪状，加以拘禁，或迫她缴纳罚金，使甘心服从。

在朝鲜，有日本人开设的所谓女性合伙公司，专门经营“人肉”买卖。这里对于妓女的训练，极尽残酷。姑娘倘没有新客人，就要挨打或通宵不准睡眠。姑娘欠了妓院老板的钱，等于是永远不能挣脱的枷锁。妓院老板售给姑娘的衣服，往往比原价高四倍到十倍，而且一套衣服要轮流售给许多姑娘。朝鲜的公娼制度，也是日本人介绍的，日本人使朝鲜女子过着奴隶的生活。

一九三二年四月的第一个星期内，淫业专利公司从日本输送到“满洲”的日本姑娘不下数千人，分发给妓院、茶馆、咖啡店、酒排间、跳舞场和日本菜馆。在日本人看来，贩卖妇女并非不名誉或不光荣的事情，把日本姑娘输送到“满洲”，当然一点也没有羞耻的意味。

恰恰相反，日本人认为这是一种营业，和其它营业并无区别。日本的大企业公司和银行还投下了巨大的资本。

哈尔滨的淫业专利公司设在杜戈佛耶街(Torgovaya Street)，办公室占十一个房间，有主任一个、副主任一人、秘书一人和雇员约二十人。

办公室是可以自由出入的，没有种族或国籍的限制。上门的主顾可以需要一百个姑娘，也可以只需要一个姑娘，可以预定高等妓院“御待合”的姑娘，或下流妓院“三等料理室”的姑娘，也可以预定咖啡店和酒排间的艺妓。

该公司的门口，由宪兵驻守保护。主顾进门后，由一位衣履整洁的秘书导入半西式的精美房间。主顾当说明来意，需要几个姑娘，营业的性质怎样，然后又被导入一个大房间，翻阅花名簿，里面黏着姑娘的照片和她们的“略历”：是否处女，高或矮，肥或瘦，教育程度，能否唱歌、跳舞，等等。选定以后，双方开始讨论身价及合同期限，随着签订合同，主顾先付百分之二十五的身价。

十五天或二十天以后，主顾接到银行的通知，谓姑娘已经到埠，即可付款“交货”。主顾就向银行付款，向该公司呈验收据，当由该公司派员陪往日本旅馆，姑娘正在那里静待“交货”。

从此以后，那些姑娘便成为主顾的财产——绝对的和无可争辩的财产，他可以随心所欲榨取她们。

合同的期限大多数是五年。满期以后，姑娘往往回去出嫁，替天皇生育孩子。那些姑娘常常这样说：“再过十八个月，我的合同就满期了，我要回到家乡去和未婚夫结婚。”

那些不幸的姑娘，不受法律的保护。他们的命运完全捏在妓院老板或茶馆老板的掌握中。所谓茶馆只是妓院的别称。

姑娘潜逃是常有的事情，警察奉命追捕，宛如对付逃犯一样；捉获以后，交给老板，受着最严厉的私刑，使不敢再有出走的念头。

哈尔滨的妓院，老板确乎擅长宣传，凡逢新到一批姑娘时，就把她们打扮起来，盛装艳服，坐着漂亮的汽车，招摇过市，标明地址，做一次活动广告。

乌龟和老鸨的残忍，在东方是尽人皆知的。他们把姑娘看做奴隶，看做人肉，只配受凌辱和虐待，只配受鞭策和伤害。

关于输送日本妓女到“满洲”的事情，《日本星期纪事报》有一次曾经加以剀切的批评，它说：“这一件事情决不能增加中国人对于日本的尊敬心，如果仅从这一点着想，那末，日本也许会尽可能地设法避免或禁止。可是，日本当局毫不介意到这一点，而日本的新兴企业家也懂得移殖男人不及移殖女人那样能够赚钱。”

日本宪兵精明非常，从来不曾失去“混水摸鱼”的机会。他们在烟赌嫖三个领域内不久就十分活跃。妓院、俱乐部和茶馆到处开设，如雨后春笋，却并未获得淫业专利公司的准许。该公司负责人向日军最高当局控诉，日军最高当局则移交哈尔滨当局办理。

我的助手开始报告日本宪兵长官破坏专利权。我的上司也承认存在着严重的问题，他不知道怎样办才好。如果他封闭那些场合，宪兵长官会起来反抗。他也不愿和声势煊赫的宪兵队站在公然对立的地位。

考虑了几天以后，他教我吩咐老阴[①]的部下袭击不属于专利公司的俱乐部、茶馆和烟窟，劫掠任何值钱的东西，要是老板想反抗，索性把他们枪杀。

我和老阴商量之下，决定先向一家俱乐部动手，据我们知道，它是受宪兵队管辖的，有四十个日本姑娘，赌博、雅片和毒物，色色俱全。

老阴吩咐二十个伙计去袭击那一家俱乐部，劫掠一空后放火焚毁，可是几个宪兵事前已经在附近驻守，强盗还没有动手，就受着机关枪的扫射，二死七伤，其余只好抱头鼠窜。

老阴大为愤怒，发誓要替他的手下复仇。两夜以后，大批强盗就袭击受宪兵队保护的两家烟窟和一家赌场，枪杀了三个朝鲜人，痛殴烟鬼和赌徒，劫掠所有值钱的东西。隔了一晚，他们又袭击一家俱乐部，枪杀了两个想反抗的烟鬼和两个朝鲜老板。

对于老阴的挑战，宪兵队也立即采用报复的手段。三天以后，宪兵队进行搜查属于各专利公司的妓院、赌场和烟窟，并拘捕了五十个左右的客人，说他们是共产党。各专利公司感觉到局势的严重，表示惊惶。像这样的事态，自然不能让它继续存在，必须谋取解决的方法。

于是，各专利公司的负责人和宪兵队的长官举行会议，谈判和平妥协的途径，结果双方同意，宪兵队可以设立五家妓院、五家烟窟、一家赌场和一家毒物店。一九三六年，仅哈尔滨一处就有一百七十二家妓院、五十六家烟窟和一百九十四家毒物店。在黑龙江和吉林两省，共有五百五十家正式妓院和七万个日本姑娘。

李顿调查团[②]

我是于五月一日回到哈尔滨的。不满十天功夫，李顿调查团就要抵达哈尔滨了。

在一星期以前，各警务机关已经接到命令，搜捕欲向李顿调查团有所呈诉的嫌疑人物。

日本警务机关的系统，很难使人相信或明了“满洲”有下面这许多机关：

---

① 被雇佣的一个土匪首领，又叫王谦基、林炳基。——本书编者注

② “满洲国”成立后，国际联盟组织了以英国人李顿为首的调查团。李顿调查团于 1932 年 3 月 14 日抵上海，27 日到南京。4 月 9 日抵北平，与张学良等晤谈。4 月 19 日离平赴东北调查，20 日到沈阳。5 月 3 日到长春，5 日会见溥仪，9 日抵哈尔滨。6 月 28 日由北平赴日本，7 月 20 日再抵北平。9 月 22 日将报告书送国联。——本书编者注

一、日本特务机关，机关长由东京委任，仅向东京负责。

二、日本宪兵队，受日本军事当局的节制。

三、“满洲国”的宪兵队，受“满洲国”军事当局的节制。

四、“满洲国”警察，由“满洲国”内政部管辖。

五、首都警察，由市政府当局管辖。

六、日本领事馆警察，向日本领事馆负责。

七、刑事警察，由市政府当局管辖，但不受首都警察的节制。

八、“满洲国”特务机关，由“满洲国”军政部管辖。

九、铁路警察，由路局管辖。

这些警察机关个别活动，彼此没有联系。它们不仅不合作互助，反而时常牵制冲突。它们中间的憎恨、妒嫉和仇视，令人难信。事实上，每一个警务人员的主要任务，就是要侦察其它警务机关人员的行动，并加以攻击。这一个警务机关认为某人危险而可疑，加以逮捕，那一个警务机关却称他是模范的公民和绅士。这是常有的事情。举出一个例子。卡佛尔斯基本来是大富翁，日本军事当局掠夺了他的财产，他因为不能够偿还债务，便宣布破产。“满洲国”警察和首都警察都为他辩护，说他诚实可靠，毫无可疑的地方。宪兵队和特务机关却坚称他是一个流氓，可能触犯任何罪恶。这一种矛盾的证据，常常在法庭上惹起笑声。

逮捕“嫌疑”人物的命令，对于哈尔滨各警务机关的工作人员实在是一笔最好的交易。

天一黑，各警务机关的工作人员便狼奔豕突，四面出去逮捕富户，勒索巨款，然后恢复他们的自由。最苦痛的是，他们被宪兵队方面敲榨以后，认为可以平安无事，却又给其它警务机关所逮捕，受第二次的勒索。若干有钱的中国人竟被逮捕五六次，因为已筋疲力尽，不堪再经敲榨，便锒铛入狱。

据日本当局的命令，所有被拘的“嫌疑”人物，要到李顿调查团离开“满洲”以后才能释放。他们都给囚禁在地下室中，跟窃贼、强盗、吸毒鬼等魑魅魍魉混合在一起，有许多人在李顿调查团离开“满洲”的三四十天以后才恢复自由。

在李顿调查团抵达“满洲”的一个月以前，日本方面就命令许多中国人和俄国人成立委员会，准备向国际联盟的代表呈递说帖。不用说，那些说帖都是出于日本人的手笔，中国人和俄国人只须签字具名而已。不用说，那些说帖对于“满洲国”的光荣的现在和未来，表示着无限的赞美与热忱。

关于欢迎委员会的组织，确是费了一番心思。他们训练全体委员，怎样待人接物，怎样措置自己。所有委员须默记要说的话和说话时候的神气。他们不能够多说一句话，也不能够少说一句话，他们不能够流露出足以招致怀疑的任何表情，否则他们就不能够保全生命。

李顿调查团是到“满洲”来调查真实的事态的，日本人于是竭力掩盖事实，用各种方法欺瞒团员。

哈尔滨的摩登饭店——调查团重要团员下塌的地方，陷入被围困的状态。日籍和俄籍的特务人员，占据贴近团员卧室的房间，佯为普通的旅客。三个暗探充任职员，其他暗探则充茶役和侍者。三个日本姑娘充任卧室的女仆。所有餐室、书报室和会客室都安插了许多暗探，其它像大光明饭店和新世界饭店等，也有同样的布置。

此外，凡日本人认为若干团员或许要去光顾的大商店、菜馆和戏院，也派遣暗探充任职员、招待、侍役等。

被捕的“嫌疑”人物，共计一千三百六十一个中国人、俄国人和朝鲜人，以及九个日本人，都送到松花江对岸松柏镇（译音）的集中营，离哈尔滨只有六公里。为预防团员访问监狱起见，日本把各监狱中的政治犯、苏联人民和能讲英语或法语的犯人一律移往集中营。

各医院也采取同样的步骤，把所有可疑的病人都搬到日本医院去。

一切布置就绪后，日方还要假造民众的热忱，向调查团表示，他们都是拥戴“满洲国”的。

在日方督促之下，赶制大批的“满洲国”小旗和溥仪相片，小旗的成本每面三分，相片的成本每幅二分。可是，他们却向民众每样取费一元，而且是强迫的，所有哈尔滨的居民，沿铁路线的中国人、俄国人和朝鲜人，都须购买一套。推销队包括一个中国人、一个俄国人、两个宪宾和一个收款的日本人。推销队挨户兜售，并向居民威协，倘不购买一套在门窗张贴，表示欢迎调查团，全家将遭逮捕。如果贫民当场拿不出两块钱，限于十五天以内，向警察局缴款。

我的上司宛如失去了头的苍蝇，一面发出许多命令，一面又发出许多相反的命令；一面逮捕若干“嫌疑”人物，一面又释放了他们。他真觉得坐立不安，恐怕随时会发生对他非常不利的某种行动。

五月四日，我应召去见上司，走进办公室，就知道他正在大发脾气。一见面，他向我怒声诟斥道：

“你什么都不懂得，除了我告诉你的事情外，你什么都不知道。我真不明白，张作霖将军贪图你的究竟是些什么东西。我真不明白，他为什么要雇用你、提拔你，给你很多的钱。如果我做了张作霖将军，第一天我就请你滚蛋，一分钟也不要再看你。你是不中用的家伙，毫无用处的家伙！”

我回答道:“你既然觉得我毫无用处,干什么不叫我滚蛋呢?我从未向你要求工作。只要你让我自由,我决不会有所埋怨。”

“不许说话!你别忘记了我是特务机关长。我爱说什么就说什么,你却没有答覆的权利。现在,我问你。你知道张凤亭(译音)和莫文瀚(译音)这两个人吗?”

这两个人我是知道的。张凤亭是大财主,是哈尔滨汇兑业委员会的主席,是二十多家银行、钱庄的老板或经理;莫文瀚是同发隆(译音)百货公司的主人,也很有钱。

上司对我说道:“这两个人现在正起草请愿书,教其他富商共同具名,他们想秘密递给李顿调查团。几小时以前,一个日本特务员向我报告,据他所知,请愿书的内容对于‘满洲国’是不利的。我现在给你正式的命令,不管用什么手段,务必要拿到签字的一份请愿书。我们如果拿到了这请愿书,就可以开军事法庭来审问他们,把叛国罪加到他们身上。换一句话,我们就可以没收他们的财产。他们的财产不下一万万元,对于日本军队有很大的帮助。这一件事情我完全托付给你,监视他们的行踪,监视他们的住宅,监视去访问他们的每一个外国人。我想,他们大概将利用外国人传递请愿书。”

“这不成问题,我们可以把他们完全监视起来。不过,我手下的伙计已经一天要工作二十四小时,抽调不出人员来做这事情。”

他答道:“我也想到这一层,我已经决定,我们不妨利用老阴的弟兄来监视这些有钱的中国人。宪兵队发给每人一张卡片,委任他们做临时的特别侦探。反正是一样的,他们仍受老阴的指挥,老阴仍听你的吩咐。”

“你以为我们可能信托他们吗?他们是强盗,一旦给予权力,不免会乘机横行不法。此外,他们衣服破旧,也不很适配。”

“我已经布置好了。发给老阴五百套‘满洲国’军队的制服,便解决了这一个问题。至于那些强盗会不会干别的勾当,对我全无关系。我关心的只有一件事情,就是凡未经我们同意的人,一律不准接近调查团的任何团员。”

大大小小的一切事情,都布置妥善。三天以后,凡有钱的中国人,每家派了四五个穿了军服的特别侦探,称为特别荣誉卫队。其余特别侦探则在附近巡逻,尾随那些访问富户的客人。

老阴的弟兄们并没有滥施权力,他们忠于职守,表现出良好的纪律。他们不仅严格约束自己,没有任何可以非难的行动,许多人在李顿调查团离开“满洲”以后,不愿重操旧业,而欲永久替警务机关工作。

一九三二年五月九日下午四时,国际联盟派遣的李顿调查团终于抵达哈尔滨。那一天中午的时候，火车站和各街道密布着“满洲国”的中国警察和俄国警察。在平时，哈尔滨街道上熙来攘往的，全是日本警察和日本兵，那一天是完全不见了。因为参谋部已经下过命令，街道上不许发现日本制服，使李顿调查团相信，“满洲国”的创立，确是出于民众自发的意志，并非出于日本人的扶植。

于是，日本宪兵和陆军士兵都改换了“满洲国”军队的制服。

依照日本军事当局的命令，各省市当局和“满洲国”军事当局均须随同欢迎委员会，赴火车站欢迎调查团。

火车到了，李顿勋爵首先下车，其它团员鱼贯而下，经过欢迎的仪式后，向出口的正门走去，突然有一个穿了“满洲国”警察制服并属于日本宪兵的朝鲜人走上前去，想向调查团的团员呈递请愿书。刚走了三步，他就给也穿了“满洲国”警察制服的日本兵抓住，拉到队伍的后面去。

我的上司吩咐要亲自审问那位可怜的热血的朝鲜人。

他叫金贵(译音)，充任日本宪兵队的侦探已经七年，但他憎恨日本人的心理随着服务的时期而增长。他相信国际联盟调查团的权力非常伟大，可能使饱受压迫苦痛的祖国——朝鲜，重复独立。他在请愿书中表示，日本人统治“满洲”还不过数月，日本人统治朝鲜却有许多年头，国际联盟为什么这样关切“满洲”的自由而漠视朝鲜的解放呢？

晚上九点钟左右，调查团诸公正在“觥筹交错”的时候，金贵却受到最残酷的毒刑。

我的上司觉得金贵一定还有同党，所以要亲自审问。

金贵真不愧为英雄。他始终不承认有同党，上司先让他自由招供。他老老实实说，他以为这是帮助祖国的一个机会，信是他自己写的，想递给调查团的团员，别人毫无关系。

特务机关长因为一无所得，立即抛弃伪善的面具，变成野兽，吩咐严刑拷打。他们剥去金贵手上和脚上的指甲，把他的臂膀向外硬折，用火酒灯灼烧他的脚跟，最后我的上司用写字的钢笔挖出他的左眼珠。金贵却始终反复讲着这几句话：“我没有同党，信是我自己写的，我要国际联盟驱逐朝鲜的日本人”。

两小时以后，他们把半死半活、奄奄一息的金贵拖到墓地的附近，一颗子弹打穿脑袋，了结他的一生。

每一个团员有四个侦探“保护”。他们轮流监视团员的一切活动，记录团员的一切行动，譬如说团员和谁谈话，谁和团员谈话，或谁欲访问团员。

关于这种异乎寻常的表现，日本方面曾向调查团解释理由：因为共产党和争取“满洲”独立的中国“志士”，不仅要袭击调查团的团员，并且要暗杀调查团的中国代表，所以不得不采取预防的步骤。

这理由毫无事实上的根据，对调查团一点也没有什么影响。调查团能够到“满洲”来目睹真相，共产党欢迎不暇，何必反对？“满洲”根本没有主张脱离中国而独立的中国人，所谓中国“志士”是完全不存在的。日本方面监视并侦探调查团的行动，只有一种目标，就是使调查团和外界隔绝。如果说为了预防暗杀，那末，只有预防日本方面的暗杀。

一切准备都是徒劳无功，枉费心血。做监察侦察工作的许多中国人、俄国人和朝鲜人都反对“满洲国”的计划，竭力帮助调查团搜集材料，寻求事实。他们布置秘密会议和谈话，设法传递书面的文件。

李顿调查团报告书的“满洲人民之舆情”一章内，曾有如下的陈述：

“本团的主要任务之一，是要确实明了‘满洲’人民对于‘新国家’的态度。不过，获取这种证据就相当困难。日本方面表示，因为调查团有受到土匪、朝鲜人和共产党袭击的危险，更因为调查团有一个中国代表参加，他的不利的批评也许会激怒了拥护‘新国家’的分子，所以他们不得不采取特殊的步骤，来保护我们。当然，在混乱不定的环境中，危险自所难免。但这种特殊的保护方法，其作用显然在于排斥人证。许多中国人不敢和我们的办事人员见面。据我们知道，凡未得官方允许，任何人不准访问调查团。因此举行谈话，往往十分困难，且须十分秘密。许多人告诉我们，就在十分秘密的情况之下举行谈话，危险性还是很大的”。

“环境虽然困难，我们除与‘满洲国’官吏、日本领事和军事长官举行公开谈话外，仍能设法与若干商人、银行家、教师、医生：警察等举行秘密谈话。此外，我们还收到一千五百件以上的意见书，有的面交，有的邮寄。”

“我们曾接见许多团体机关的代表团，他们也往往留下一份说帖。这些代表团大多数是日本官方或‘满洲国’官方介绍的，所以我们很有理由相信，他们的说帖于事前已经获得日方的许可。事实上，呈递说帖的代表于事后往往向我们表示，说帖都是日本人写的，并不能表示他们的真正的感想。说帖的内容有一个特点，就是对于日本人参加建立‘满洲国’一点，既不表示正面的意见，也不表示反面的意见，仅呈述过去中国政府的腐败黑暗，对于‘新国家’的前途则怀着无限的希望和信心。”

“小商人、农民、工人和学生的意见书，报告着自己的感想和经历。本团在六月间回到北平后，把这些意见书交给一个专家加以翻译、分析和归纳。结果，一千五百件以上的意见书，除了两件以外，都疾首痛恨‘满洲国政府’和日本人。这似乎是民意之真诚的和自发的表现。”

“在‘满洲国政府’做事的高级官吏，也有各种的原因。许多是张作霖时代的人物，他们或被利诱，或被威胁。有几个官吏在适当的机会，曾经坦白诚恳告诉本团，他们的做官是出于强迫的，一切权力都握在日本人手中，他们始终是忠于祖国的，他们在日本人面前向本团发表的谈话并非出于本意，不能够信以为真。”

“银行家和大商人也敌视‘满洲国’。他们讨厌日本人。他们为自己的生命财产担忧，时常这样表示：‘我们不愿做亡国奴，像朝鲜人一样。’职业阶级如教师、医生等，也反对‘满洲国’。他们被监视着，威胁着。干预教育，关闭大学和一部分中小学，以及修改教科书等，更增加了他们的敌意。大家憎恨对于出版物和邮件的检查、言论的钳制和关内报纸的禁止输入‘满洲国’。学生和青年人对于‘满洲国’，抨击得尤为利害。”

“在名义上，‘满洲国政府’和‘地方政府’的各级首领全是中国人。日本人则居于‘顾问’的地位。可是，这些‘顾问’不仅可能提供具体的建议，并且实际上也可能控制和指挥各级政府。”

“我们把公开谈话、秘密谈话、信件和意见书中的一切证据，加以审慎的研究后，获得这样一个结论，就是中国人并不拥护‘满洲国政府’，认为它不过是日本人的工具而已。”

李顿调查团在哈尔滨逗留了十四天，没有知道五个中国人和两个俄国人因为想递送抗议的信件，而给日本人逮捕枪杀。

李顿调查团也没有知道，因为在摩登饭店附近行走而给日本人逮捕的，有一百五十个中国人、五十个俄国人。

家长受着拘禁的威胁，不得不吩咐他们的孩子出去参加游行，摇旗呐喊。

“满洲国政府”的每一个公务人员，每一个店员，每一个工人，每一个能够起立的中国人或俄国人，都被迫购买“满洲国”国旗，参加游行，大声疾呼：“满洲国”万岁！

赞美、奖励、惩罚

李顿调查团动身的第二天，上司召见我。这一次，他似乎兴致很高，精神快，握手请坐以后，开始向我说道：“我们现在终于可以喘息了！调查团团员——那些老而不死的傻瓜，已经动身了。他们向国际联盟报告些什么呢？听他们的便，他们爱报告什么就报告什么，反正我们日本人不把这一件事情放在心上。国际联盟承认‘满洲国’固所欢迎，否则我们也可以不承认国际联盟。

半斤八两，以牙还牙，我们已经用武力征服‘满洲’，国际联盟尽管劳叨，我们不会把‘满洲’放弃。各国对于‘满洲’问题，干么要这样大惊小怪，不怕麻烦呢？他们全是笨伯？我们占领中国，占领西伯利亚，占领菲律滨，占领印度支那，他们又将如何呢？他们瞧罢，日本还有惊人的举动，很有意思的惊人的举动，使俄国、美国、法国、荷兰和我们的老相好——英国，都感到惊奇。国际联盟的工作将越来越多，我们占领这一国，它要派调查团，我们占领那一国，它又要派调查团，一定会应接不暇！”

停止片刻，微露笑容，显然对于自己的口才感到满意，态度相应持重，然后继续说道：

“在李顿调查团逗留哈尔滨的期间，你的工作甚为满意，一切都照我预定的计划进行，所以我感激你，同时也应该祝贺你。有时我对你讲讨厌的不愉快的事情，你可以不必理睬，我的性格是神经质的，要有什么事情出了岔儿，我会向第一个见面的人大发脾气。几天以前，我说话太鲁莽，希望你不要怀恨在心，我确乎神经过敏，应该向你道歉。”

“我正在准备关于李顿调查团的报告，不久就要送到东京去。我在报告中将特别提出你的优越成绩和审慎谨严。我希望在最近的将来，我们可以完全信任你。无论如何，我并不有所怀疑。你是意大利人，对于伟大而高贵的日本民族，当然要觉得同情和仰慕。”

“你和中国民族到底有什么共同之点呢？一句话，中国人到底是什么东西呢？他们是一钱不值的。除了做我们的奴隶外，他们是永远一钱不值的。我劝你还是改入‘满洲国’籍，这样你对中国可以完全断绝关系。你的意见怎样？”

我回答道：“让我考虑一下。你知道，一个人改换国籍不像电影院变更节目那样容易。他在决定这一种步骤以前，必须再三认真考虑。将来日本当局如能完全信任我，不把我看做一个抵押品，我和家庭商量以后也许可以接受你的劝告。”

…………

［原载于《“神明的子孙”在中国》，（重庆）国民出版社，1939 年］

粤海游击队是怎样作战的

［苏联］卡尔曼
铁弦 译

日本的军队登陆以后，守卫广九铁路的中国部队陷入了敌人雄厚兵力的包围中。这支部队并没束手待毙，就在敌人占领的地带里举起了游击战的旗帜。

和正规军完全失掉联络、和中华民国的领土隔绝了的这支部队与日本军队作了激烈的斗争。在他们那块很小的活动区域里——北至惠阳、石塘间的公路，西至广九铁路，南至太平湾——剩下了温旅长率领着的三千个中国的战士。参加了这个英勇的斗争的一个人讲给了我们这一段史实。

沿海地带的自然环境并不适宜于游击战争。那里没有可以当做天然隐蔽的繁茂森林。有一点帮助了他们，就是所有的士兵们在发动游击战之前在这个地方住了一年多并且精细地考查了自己的区域，而温旅长自己又是这个地方生的——他认识每一条乡间小路并且他在他的同乡（农民们）间有很大的声望和信誉。这些农民在作战中帮很大的忙。在游击战这个期间，旅的主要核心由当地的农民补充了两千个新的战士。老百姓供给游击队食粮、衣服、一切必需品。只是弹药供给问题是严重的。这个问题只有用战斗方式去解决，也就是从敌人那里夺取子弹、机枪弹带、手榴弹、枪支和防毒面具。

日军只占领了公路线上的城市，那些乡村和小的市镇还都在游击队的手里。游击队不仅仅牵制日军在前方的一部份力量，并且还给敌人以猛烈的打击。

民众和军队的密切联系从日军登陆和战事开展那天起便建立起来了。十月是收割的月。在这些天大多数的老百姓都离开了自己的村庄，留下的人们不能去收稻谷——日本飞机整天在空中飞。人力感觉不够，士兵们便来帮助农民。一半士兵去袭击日军，另外的一半士兵和官长去割稻。在紧连着敌人防地的田野上，他们在夜里收割了稻谷。当日军向前推进了的时候，他们连一个穗子也没找到——整个的庄稼都收割了。

在继续的斗争中间，这种亲密的合作一天一天地坚固起来。农民们有组织地侦察敌人的配备，举发汉奸，收藏游击队的狙击兵，进行破坏工作。日军的主要战术——巩固占领地区的交通线。游击队向增城、惠阳间的公路进行了主要的袭击。

当地的老百姓告诉游击队说，日军在公路上的一个小镇里集结了四百人的守备队，带着六门炮。晚上，在黑夜降临之前，他们突然地袭击了日本的守备队。日军没预料到这个袭击，慌忙地布置了防御并且把他们自己所有的机关枪都使用起来。游击队把弹药装进土□自造的炮里，在四百公尺之外还击了几发。日军把浓厚的白烟当个了毒气，赶忙戴起防毒面具来。在烟雾的掩蔽之下，游击队进入了突击战，展开了激烈的白刃战。日军忍受不了便开始退却了。游击队夺来的六架日本机关枪马上便应用起来，紧跟着便向抱头鼠窜的"武士们"射击。好几十个日本兵被打死了，四门日本炮被击毁了。在这场勇敢而凶猛的袭击之间，游击队还获得了很多的军火和被服。

在塘头(译音)日军开始组织所谓"地方治安维持会"。因为这个"维持会"的成立，日军在城里筹备了一个庆祝会。在"庆祝"的最热闹中间，城坛外面响起了枪声。游击队紧紧地包围了这个城便开了火。为了避免与敌人的优胜力量公开作战的大的牺牲，游击队只做了武装示威便向田野中四散了。他们扰乱了日军的庆祝节，并且使侵略者知道，"治安维持"在中国是一件非常复杂而麻烦的事。

日军时常感受着食粮的困难，他们便想法由塘头派出一些小队到乡下去搜索食粮。在一个乡村里，三十个游击队员布下了埋伏。日军在未进村庄之前放了几枪。埋伏着的游击队并未回答。当日军抢劫了牲畜往回走的时候，他们包围了日军并且向日军开了火。在这场战役中，死了十二个日本兵和一〇五师团的一个小队长。

日军对于每个诸如此类的失败都残酷地报复。"惩罚队"来到，焚烧几个村庄，枪毙几十个人。未死于这种"惩罚"的人们便投向游击队去。游击队在自己的斗争里运用一切的方法和手段，尽量地使用智谋和巧计，以便给敌人一个致命的打击，攻其不备。

例如十一月十九日早晨，游击队得到了一消息，有八辆载着食粮和汽油的卡车从塘头开往惠阳。白天去袭击在严密保护之下的敌人运输，这就是说或者遭受失败或者是以大的牺牲达到成功。下午两点钟的时候，这批卡车和守卫队开到了田地的旁边，在田地里有几十个"女子"挖地。忽然间，这群"女子"

用步枪和机关枪向卡车队开了火。游击队顾不得由自己的身上脱下裙子和头巾便向卡车冲过去，只有两辆卡车逃脱了，其余的六辆和车上的日本兵一齐被消灭了。在这场战斗中，指挥这支游击队的王排长英勇地阵亡了。

日军指挥部采取了澈底消灭游击队活动的决定。当粤南阵线开始沉寂的时候，一万多的日军在炮兵、空军和坦克的协助之下，从惠阳、平湖、塘头向游击队进攻。游击队所占领的区域被敌人的雄厚兵力包围在铁环之中。

激烈的战斗进行了两昼夜，在这场战斗里日军企图完全消灭游击队的势力，但是游击队极力要突破这个重围。在这场战役中，五百个游击战士牺牲了。日军的损失也不小。在作战中，游击队捉到了一〇五师团的一个少尉。

十一月二十五日夜间，游击队冲破了敌人的阵线便突了围，日军消灭游击队的计划失败了。

直到今天，游击队在这个区域里还在作战。成千成百的新战士——农民们站到了他们的行列里，来保卫祖国的土地。

（原载于《反攻》第7卷第5期，1939年）

蓬蓬勃勃的日本反战运动

方绥

在武汉陷落之后,敌国内的反战运动有着蓬蓬勃勃的发展。

为了明白敌国反战运动之发展,我们必先明白它的发展的原因。

首先是侵华战争使全国人民尤其是劳苦大众的生活日益贫困化。东京日日新闻竟不能不公开承认由于通货膨胀的结果(根据敌国官方发表,截至去年底止已发出银行券及国库纸币达三十亿二千四百九十六万八千元,实际上尚不止此数——笔者),工业生产有了很大的萎缩。以消费品的生产指数来说,去年底为一〇五,到去年九月即降低五八六(这个指数是包括富有家庭及学生等的消费在内的,如果单以工农的消费而言,则这个指数必更低落——笔者)。这样,便招致日用必需品价格的突飞昂贵,假定战前的价格为一百,则今年一月食料品已增至一一八.六,燃料及灯火已增至一三〇.三,服饰用品已增至一三一.二,总平均为一二三.二(此统计亦系根据敌政府发表的调查,实际上比此数还要更高——笔者)。反之,劳动者的工资则不断削灭。物价提高而工资降低,他们的生活是可想而知了。这还是在业的工人。如果我们去注视一百五十万的失业工人、三百万的半失业工人及其眷属,则更可明白日本人民的反战运动,是完全有其客观的基础的。

其次是负伤的归国的敌兵之宣传。这些伤兵眼看自己家庭的破产,自身之残废,而又受着中国之宣传及优待俘虏的事实,使过去军部对他的武断宣传归于无用,因而更勇于对其乡里亲朋,作反战的煽动。尤其是当他们因残废而饱受失业困苦的时候,对天皇、军阀和财阀的憎恨更要来得厉害。他们的反战的工作,就更加积极了,像这样同情他们、信服他们的人就一天比一天的加多。

复次,应该着重的指出:敌国反战运动的新发展,日本共产党的宣传鼓动和领导起了很大的作用。日共不止一次的在国内公开散发宣言文件,号召全日本人民团结反战,对日本法西斯强盗的侵略战争给予了无情的揭露和严厉的攻击，与一切反战的人民、自由主义的大学教授、前进的青年知识分子建立了反战的统一战线，在各地密组反战的团体，成立工农商学反战大同盟，特别是领导着工人阶级进行政治罢工与一切日常的经济斗争。

在这种情形之下，日本最近的反战运动便蓬勃起来。

先以劳资及农民地主的纠纷来说，根据敌国发表的消息，单去年上半年罢工案件共有五九三起，参加者凡三万五千余人，如果连经济的纠纷列入，则有一千四百五十五起之多，参加的工人达十八万人以上，造成日本工人运动史上的新纪录。其中除一百二十次之结果稍得资方略加工资而外，其余均遭受镇压，更引起工人的愤激，故当去年神户码头工人罢工时，竟演成流血惨案。凶恶之军警向手无寸铁的工人及同情参加的神户市民开枪扫射，死者数十，受伤更众。这些罢工直接上虽为要求增加工资或减少工作时间，改良待遇，但间接上均反对侵华战争。在好些罢工当中，都能在厂内及街上发现“要求立即停止对华作战”的标语。横滨、新泻[潟]、大阪等地曾发生过反战工人的联合示威。

同样，单单去年上半年，农民与地主的冲突也有二九九起。他们不但反对地主的农奴性的剥削，政府的横征暴敛；他们更极端反对军阀的无休止的征兵，直接影响和反对侵华的战争。今年二月十七日敌国下关东南部町与大坪因征兵发生激烈暴动，乡民聚众到处放火，计被毁房屋三百余户，后经大批军警弹压，始告平息。

日本无产阶级反对战争的行动还不止此，他们曾将极有军事价值的新泻[潟]近郊的丸新制油所、久米留储油池纵火烧毁。他们曾把对重轻工业关系极大的福岗煤矿与台北煤坑密行爆炸，使资本家损害极巨，军事上影响匪鲜。

其在文化界自由主义的大学教授与左倾知识份子的被捕检举，几无日无之。东京、京都、九州、大阪、北海道各帝大及中央大学，截至去年底止，共缺教授三百三十余人，敌政府滥捕滥检的情形可以想见。今春帝大经济部教授河合荣治郎及土方征久被迫辞职后，惹起千数百学生的罢课风潮，曾激动日本全国，该经济部亦旋即奉令停办，但此举仍不能遏止其他各部学生之反战浪潮，校舍僻静地方随时有反战标语发现，甚至有人在讲堂桌上用小刀挖刻“自灭”等等警语，每晨在黑板上亦辄发现反战的激烈标语与小型传单。军部对此等不稳分子深感不安，故日前又突派大批宪警前往早稻田及明治等大学严厉检查，结果搜出反战宣传文件致三卡车之多，当场逮捕教授九名，学生四十名，株连者为数更大。事后，较为左倾之大中学生陆续失踪，均系被秘密绑捕，横遭拷问。

最近，更值得我们大书特书的是大阪军火库的炸毁，仅军火一项的损失即约值二万万元，烧毁房屋达千栋，有三万七千余人无家可归。当敌陆军省次官山胁前赴肇事地点慰问时，反遭受被难者的包围辱骂，群情愤激。事后调查结果，确系反战分子之反战实际行动，而且主犯竟是火药库的职员川崎义（炮兵少尉）及增本八平（炮兵准尉），军部已将他们逮捕，在大阪中宫区执行枪决。其他放火事件亦时常发生，如三月十九日大阪棉花会社被焚，同日木浦朝鲜清津均起火，损失三百万，又东京焚毁工厂十余家，损失达五千余万。三月廿三日午后，东京再起大火，毁屋百余，毙人数千。

其在上海三月廿四晚午夜，黄浦江滨的日本邮船会社栈房又突然起火，正当火势冲天之际，白渡桥北之寇领事馆亦告火警，延烧翌日旁午尚未全熄，损失在百万以上。

这种行动，证明日本的反战运动是采取一种新的锐利的方式了。

至于町尻少将窃去陆军省重要文件，亦轰动一时。据讯被窃去的一部为对苏作战计划，一部为对英美□战计划，由反战会长小林秘售某国，町尻少将与女明星田中已被处死，小林则逃居美国。这里又证明了反战的行动已经不限于人民大众，而且见□敌寇军阀的阵营，造成了日本法西强盗的内顾之忧、腹心之患。

所有这些反战的行动，完全不是偶然的感情冲动的一时之愤，而是有计划的此呼彼应的浪潮，使军部警察穷于应付，而且吸收了广泛的群众参加行动。

随着中国抗战的坚持下去，敌寇的困难加增，对民众的压迫日厉，敌国的反战浪潮，一定更要汹涌地澎湃起来。

（原载于《新华日报》1939 年 4 月 20 日）

“三一”运动以后朝鲜革命运动的新发展

[韩国]金奎光

“三一”运动在朝鲜革命运动发展过程中好像是一个分水岭，以前和以后的运动，不论在形式上或内容上，都有着截然的分别。

“三一”运动以前的朝鲜革命运动，不论是义兵运动也好，暗杀破坏运动也好，其他革命的结社也好，都带着浓厚的封建的色彩。首先，当时全运动的主要指导精神是漠然的忠君爱国主义和抽象的正义公理主义。这里不需要什么深奥的革命理论，不需要对敌人和自己的力量作什么科学的估计，不需要去分析什么国际形势，不需要去树立什么政纲政策！只要你知道，凡人都要忠君爱国的，倭敌夺我君权，亡我国家，屠戮我民族，这是不正义、非公理的，所以我们非起来反抗倭敌不可。这可以说是当时的全部革命理论。至于革命的组织方面，固然没有现代的革命政党，也没有革命的大众团体，只有爱国的义人志士们志同而道合时便则组织某种革命团体在各处各自以为政，以形成运动界的封建割据形态。当然在当时也不无明达之士致力于现代的进步的革命运动，但这是绝无仅有的事情。

“三一”运动以后的朝鲜革命运动是不论在运动的内容或形式上，遂行了突变的飞跃的发展。首先在运动界发生了所谓理论斗争，大家都要认识清楚，日本为什么并吞朝鲜？怎样压迫朝鲜民族？我们为什么要革命？怎样才能打倒日本强盗等等的问题。在这种论争中逐渐清算从来漠然的忠君爱国主义以形成思想界的净化和统一。同时，产生了现代的革命政纲和政策以作为运动的指导方针。在组织方面也发生各种形态的现代的革命政党，同时有种种革命的大众团体。

“三一”运动不仅是朝鲜民族对日本帝国主义的革命，同时是朝鲜革命运动对它自身的革命。换言之，它不仅改变对象，同时改变自身。很显然地，“三一”运动是把从来的封建的革命运动形态改革为现代的革命运动形态。

"三一"运动以后朝鲜革命运动很显然的循着两种方向演进发展的，而且这是新的发展。

第一个方向便是民族主义或民主主义的运动。朝鲜革命在性质上原是反日本帝国主义的民族革命，但所谓民族主义这一革命的意识形态是在"三一"运动以后才被形成的。朝鲜的民族主义虽然并没有像中国的三民主义一样形成了理论的体系，但在一般的思想形态上说，民族独立、民族平等、民族自决、民主自治、反对侵略主义、反对强权主义甚至反对阶级斗争等思想，已经成为少数朝鲜民族资产阶级及广大的中小市民层的一种政治理想，同时就是朝鲜革命运动的一种指导精神。

第二个方向是社会主义或共产主义的运动。朝鲜原是一个典型的封建的农业国家，在亡国后十年间，由于日本资本主义的急激侵袭而形成半封建的殖民地。在这种强制的资本主义化过程中，在日本资本的直接支配下，很快地建立近代的产业都市，同时很快地发生近代的无产阶级。在另一方面，苏联社会主义革命的成功和日本及其他各国社会运动的突飞猛进便直接或间接地影响于朝鲜革命运动，由于这些条件，所谓共产主义或社会主义运动便很迅速地生长和发展。

要之，"三一"运动以后朝鲜革命运动的崭新的特征，便是民族运动和社会运动的对立的发展。

"三一"运动失败后，民族主义运动的中心是由于上海临时政府的成立从国内移到海外来了！这种中心的移动，主要的是由敌人对于民族运动的暴恶的弹压，但次要的原因是"三一"运动的发动主持者"独立团本部"自身的组织及它的大众的组织很是微弱，在组织上无力抵御敌人的压力。这样移动的结果，在海外虽然以临时政府为中心的种种活动轰烈了一时，吸引了世界人士们的注意，但这已经成为没有大众基础的运动。当然在当时满洲的各革命自治团体及美洲侨民的革命团体等都积极支持临时政府，可是还只是限于海外的侨民群众，而国内的广大的革命群众和独立运动指导部的关系便日益松懈和隔离起来，于是在国内的民族运动从激烈的革命行动，逐渐转向于稳健的反封建的新文化运动方面来。许多"三一"运动的指导者，如崔南善、宋镇禹、李光洙等，都放弃了积极的革命行动而致力于合法的新文化运动。他们以天道教，基督教及佛教等宗教为背景，出版新闻及杂志，介绍及传播民主主义的文化，反对封建礼教，提倡知识万能，励行新生活。这就是当时国内民族主义运动的形态。

新兴的社会主义运动是刚刚相反。它的指导中心是由海外移到国内的。

第三国际成立后不久，海外的朝鲜共产主义者组织了高丽共产党，但这是没有众[群]众基础有头无尾的东西。事实上这是社会运动初期的一种思想团体。这个党因内部的派争而终于解体，但这种以海外为中心的社会主义的活动中心移到国内的大众中来。最初在国内产生了“无产者同盟”、劳动共济会等思想团体，以这些团体为中心而急速地进行大众的组织活动。四五年内，即一九三四年在京城召集民众运动者大会时，全国社会运动团体已达一□□□了，由此可以看到当时朝鲜社会运动飞速发展的情形了。在这样广大的群众基础上产生了“朝鲜共产党”。在它的指导下，整理全国民众运动的组织，即组织了“全国劳动总同盟”、“全国青年总同盟”、“全国农民总同盟”、全国妇女联合体“槿友会”等，这样表现着朝鲜新兴社会运动的高度蓬勃！

到了一九二六—七年中国的北伐革命时代，朝鲜革命运动上发生了划时期的转变。这就是从来对立发展的民族运动和社会运动组织了反日联合战线。就是说，民族主义者和共产主义者联合而组织单一政党“新干会”。这是一方面由于当时第三国际的东方政策的影响，但当时中国的国共两党合作，实行国民革命的政治情势，对于朝鲜革命运动起了极大的推动作用。当时“新干会”是国内的联合战线，会员有三万余人，全国有一百五十个支部指导着全国的革命大众。一九二九年光州学生运动，也是“新干会”所领导的。在国外，运动了“大独立党促成会”，以促进各革命团体的统一团结。这样，朝鲜革命运动推进到更高的一个阶段了！

可是革命运动的进一步的发展，必然招来敌人的进一步的压迫。当“九一八”事变前后日本帝国主义者正在准备和运动对中国侵略战争的时候，他们为着肃清后方的革命势力，实行了疯狂的弹压政策。于是许多大众的革命团体一个个地被解散，共产党及其他秘密政治结社都在敌人的密侦之下一个个地被破坏，“新干会”也压迫而自行解体了。这样，“九一八”事变是朝鲜革命运动上招致了暴风雨般的反动的弹压。

“九一八”事变后，日本帝国主义对朝鲜革命运动的这种弹压，逼迫着朝鲜革命运动采取了新的战略方针。这就是把从来的合法的、公开的、和平的斗争方针转变为非合法的、秘密的、暴力的斗争方针。从此以后，一直到现在为止，朝鲜国内的运动是在秘密的指导下，采取了罢工、抗租、罢课、暴动等战斗行动。例如咸兴暴动，永兴、端川等暴动，都是大规模的工人及农民暴动。这种大众的暴动，一直继续地发展到现在。

但是这里，必须指出的是“九一八”以后由于“新干会”的解体，社会运动和民族运动又是分家了！社会运动方面是采取了极端秘密活动的方针，组织反帝同盟，赤色工会及农会，赤色读书会等秘密团体，特别建立“共产党再建委员会”以指导各种革命组织及活动，但是民族运动方面是不能够这种有组织的秘密活动的方针，仍然要作公开活动了！但在日本总督政治已经法西斯化的现在，公开的积极的革命活动固然不可能，即使像从来一样的民主主义的新文化运动也不能公开的合法的进行。于是乎国内民族运动便陷于极端的危机了，即一般革命性较强的民族主义者在日本法西斯的氛围中只有消极的“不谈政治”的一□□□□□□，至于许多革命性较弱的民族主义者就要动摇，甚至是投降替敌人来做欺骗民众的工作。当然投机的社会主义份子也有许多投降分子的，所谓时中会，大同民友会之类的团体，便是投降分子替敌人来欺骗民众的韩奸集团。这里面“三一”运动时当过民族代表的人们，甚至当过社会运动指导者的人们也参加在内呢！但是在朝鲜，广大的中小资产阶级乃至农民的大多数，还是朝鲜民族主义运动的大众基础。他们是决不会跟着少数指导分子的投降而投降，相反地，他们抱藏着伟大的公命力量，将执行朝鲜民族革命的主要任务是没有疑问题。

反过来看，海外朝鲜革命运动自从一九二七年中国北伐革命以后，尤其在九一八以后民族主义运动得到中国国民党的帮助，遂行更进一步的发展！韩国临时政府的活动虽因种种条件而陷于萎微不振的状态，但在另一方面韩国国民党、朝鲜革命党的成立和发展，许多革命干部的养成，都表现着海外民族运动的发展。

至于海外的社会主义运动，自从一九二七年以来，由于环境的关系，不仅不能发展，反而陷于衰退状态。特别在一九二九年至三〇年，朝鲜共产主义者的满洲暴动失败以后，许多主要干部都被牺牲以陷于极度的衰退状态了，可是“九一八”事变后，重新建立在满洲的武装队而和中国的义勇军联合起来，建立东北的抗日游击根据地，在这一方面朝鲜共产主义重又获得了活动的机会和地盘。

中国抗战发生以后，朝鲜革命运动也自然有新的变化和发展。特别主要是中国民族抗日统一战线政策便马上影响到朝鲜革命运动上面，首先在的国关内的各革命团体发起组织“朝鲜民族战线联盟”，一方面推进全朝中民族反日统一战线的运动，另一方面积极促成中韩两民族的抗日联合战线。最近已经在中国最高当局的指导和援助〖下〗，组织了朝鲜义勇队，分派到各战区前去与中国兄弟们一块与敌血战，换言之，海外朝鲜革命运动的主要政治路线就是要建立全民族反日统一战线，同时要建立中韩两民族的抗日联盟。

总而言之，“三一”以后的朝鲜革命运动，不仅有量方面的发展，同时有质方面的飞跃发展。这种发展到了中国抗日战争的今日，已经接近于获得最后胜利的阶段了。不是吗？中国抗战的胜利，不是朝鲜革命运动的胜利吗？我们正在向着摆在眼前的胜利之光勇往迈进着！

（原载于《朝鲜义勇队通讯》第5期，1939年）

“三一”运动小史

［韩国］星淑

现在我们亡命在海外的朝鲜革命者直接参加中国的抗战，与敌血战的时候，迎到了“三一”运动第二十周年纪念日，这个大流血革命的纪念，格外使得我们奋发革命的精神，提高抗战的情绪。在这个纪念中，我们重新回顾一下“三一”运动的斗争经过，自然是很必要的，但在这儿要详细叙述这运动的全部经过，是不可能的事情，所以只好作为一小史来写，但这又谈不上什么历史，而只是一种小小的回顾而已。

我想，先讲“三一”运动的基本原因和直接动机，而后说到它的实际斗争经过。

“三一”运动的最基本的原因，可以从以下两方面去观察。

第一，亡国后十年间日本对朝鲜的政治屠杀，经济掠夺，文化封锁等等野蛮政策，迫使朝鲜民族走到了既亡国而又灭族的境地。于是已经被解除武装的朝鲜民族，个个都在含愤积怨。他们只能在胸膛里怀着澈骨的民族的仇恨，在口腔里念着“是日曷丧，余及汝偕［皆］亡”之咒语。这就是“三一”运动以前的一般朝鲜民间的情形。

第二，朝鲜革命运动经过了义兵的武装斗争失败后，许多爱国志士们亡命海外，在先进诸国中吸收新的民主主义的思潮，重新整顿革命阵营。例如在中国、苏联、美洲各地，获得各友邦的爱护和支持建立各种革命团体，相互取得联络，特别透过宗教团体及留学生的关系，和国内的指导者们建立密〖切联系〗。

其次，“三一”运动的直接的动机，也可分为以下两方面来加以观察。

第一，欧洲大战告终后，即一九一九年在巴黎开世界和平大会，当时美国大总统威尔逊氏在这大会提出“基于正义人道的民族自决案”，而对于参战各国的殖民地民族给予了自立独立的机会。于是全世界弱小民族的解放运动风起云涌。这是给朝鲜民族以很深刻的刺激与推动。

第二，朝鲜民族的国父光武皇帝，也正在这个时候，为敌人所毒鸩而薨逝了！噩耗传来，全国人民莫不动悼至切！光武皇帝是在亡国前因反抗日本而被迫禅位，亡国后虽被幽禁在深宫中，但始终反抗日本，爱护革命志士，因而敌人对他不能放心，竟加以毒害。这是全国人民所深知的事情。他们得此噩耗，更加以亡国之痛，反日复仇的革命情绪高涨到快要爆发的程度了！

以上的“三一”运动的基本原因和直接的动机，很自然而巧妙地汇合起来，掀起了一九一九年的“三一”大革命运动。

“三一”运动的发动主持的团体，是独立总本部。这是网罗朝鲜国内各界爱国志士及领导人物，并联络海外各革命团体，于一九一八年十月在朝鲜京城秘密组织成立。当时主动的人为崔南善、玄相允、宋镇禹、崔麟等，他们秘密和天道教首领孙秉熙、权东镇、吴世昌，耶稣教首领李昇熏、朴熙道、咸台永，佛教首领韩龙云、白龙城等协商，使他们加入总本部，公推孙秉熙为领袖，准备发动大规模的反日革命运动。当时留日学生团及本国各地学生团都受总本部的指导，天道教、基督教、佛教等宗教信徒们亦在总本部。

第二年，即一九一九年一月二十二日，光武皇帝因蒙敌人之毒害而暴崩，全国反日情绪顿形沸腾，大有一触即发之势。同时有美国大统领的“民族自决”的主张。这个国际的政治潮流，更加猛烈地刺激正在沸腾着的朝鲜民族的革命怒潮。于是独立团总本部决定以三月一日为最适当的举事日期了。因为三月五日为举行光武皇帝葬仪之日，所以这时期是全国民众不远千里来到京城参加国父葬仪的时候，同时是全国的反日情绪最紧张高潮的时候。于是密令全国团员在三月一日下午二日[时]在各地举行反日大示威。当时所规定的口号，只有一个“朝鲜独立万岁！”此外有《独立宣言书》及《独立新闻》、朝鲜国旗等，这些都早已准备好了！大家都在等候着，焦急地等候着三月一日的到来！

三月一日！这个被压迫的朝鲜喊出反抗的怒吼的日子，这个神圣七檀君子孙对侵略者宣布正义之战的日子，果然是到来了！这是“天气清朗，惠风和畅”的一个春天！在京城巴咕达花园里，充满着一切复兴再生的春的气运！这个花园便是打开“三一”大革命运动的火盖的场所。

下午二时，各学校的学生一队一队地像潮水般的向花园门口冲将进来，以八角亭为中心而整齐地、严肃地排列起来，刚才幽静而浓艳的花园，顿然成为万头攒动的人海了！在紧张、严肃的空气中，从八角亭上的一位青年领袖的口里，一句句地飘出了朗读独立宣言书的斩钉截铁似的声音来！呵！这不是朝鲜民族复兴五生的吼声吗！这不是宣布正义之战的布告吗！读完宣言书的瞬间，异口同声地高呼着“朝鲜独立万岁！”举起了千万个有力的拳头，飘扬着千万个眩目的国旗，一队一队地像洪水般地冲出花园门口来了。在这时候，敌人还不晓得这是什么一回事，所以在队伍向街道冲出来的时候，宪警们只是干涉而已，而不能作决定的弹压。于是队伍已经和数十万市民，汇合成革命的怒潮狂澜，在京城每一条街道上充满着反日的血潮！“朝鲜独立万岁！”的声音响澈云霄了！于是敌人的宪兵出来弹压，结果徒手群众在到处和敌宪发生了流血斗争，到处发生了暴动。这样揭开了“三一”大革命的序幕！

我们的民族代表孙秉熙等三十三人，在这一天集会在太和馆，宣布独立宣言，并庆祝独立，同时通知敌总督府，告以今日举事之旨，敌人即派宪警，以汽车载代表诸人以去。我代表三十三人，身先群众而投入敌狱了！

在同日同时，全国各主要都市及乡镇都发动了同样热烈的反日示威和运动。他们都以徒手向敌人的刀枪搏斗，发生了无数的死伤者和被捕者。

从此以后，三千里江山每个角落里，继续地发生反日革命运动，凡是穿白衣说朝鲜话的人，可以说没有一个不参加这个神圣的革命战斗！这种战斗，一直继续到八个月之久！我们看了以下的统计表，便可以知重这一运动是何等热烈和悲壮，又何等扩大和深入了！

自一九一九年三月一日至同年五月末三日个［各］月间各地反日示威暴动状况调查总计表

一、示威府郡数	二一一
二、示威次数	一五四二
三、参加示威人数	二〇二三〇九八
四、死亡人数	七五〇九
五、被伤者数	一五九六一
六、被捕入狱数	四六九四八
七、被烧教堂数	四七
八、被烧学校数	二
九、被烧民家数	七一五

这统计还只基〖于〗三个月间的统计，在三个月后还继续了五个月的示威暴动。若把前后八个月的示威暴动的状况统计起来，其数目字更是惊人的了。

独立团本部在“三一”举事以前，早已遣代表到巴黎世界和平会议，要求讨论朝鲜独立问题，同时派多数干部到海外各地，和各地的各革命团体共策进行独立运动。“三一”运动爆发后，独立团本部的多数干部先后被捕，而在国内无法活动下去了。于是在海外的独立运动领袖，如李承晚、安昌浩、李东宁、李始荣、李东辉诸人会集于上海，组织韩国临时政府，以继续独立团本部的事业。特别在满洲的各革命自治团体及武装队伍，美洲各地韩侨的各革命团体，却接受韩国临时政府的指导，形成了全海外运动的统一团结。

"三一"运动经过了八个月的徒手血战，终于失败了！但这是表面的失败，是预期着将来的最后成功的失败。这运动所以失败的原因，自然是很多，有人说，没有强力的现代的革命政党的组织；或者说，没有严密的大众组织；甚至说，当时指导者没有革命的坚决性。但我认为最主要的失败原因，还是敌人在国际及国内的力量太大，而国际上并没有一个用实力帮助我们的国家。朝鲜民族尽管有拼死抗敌的决心和行动，但手无寸铁，只有鲜血可流而已！当时那一个国家肯拿出武器来帮助我们呢？□□□，我们主观的革命条件是相当成熟了的，但国际的客观环境还不利于我们独立运动的成功。这就是"三一"运动的大概经过情形。

现在是中国四万万五千万民族对我们的敌人拼死抗战的时候了。苏联乃至全世界民主国家却和法西斯日本尖锐地对立着。日本自己也已走上□□壤的途上了。"三一"运动假使在这个时候发生，那一定是成功的，是的，现在我们要发动更加轰烈而更大规模的第二次"三一"运动！

（原载于《朝鲜义勇队通讯》第5期，1939年）

“三一”纪念在桂林

刘金镛

在微雨中，我们这一群匆忙地赶进城去布置会场。街上已布满了红绿各色的醒目标语，十字街头也张贴着大幅的壁报，这是其他的同志在昨天下午已经预先贴好了的。为了准备这伟大的“三一”运动二十周年纪念大会，我们每一个人的心兴奋而紧张，忘记了一切的疲劳，认真地赶做着各种工作。我们到了乐群社大礼堂，首先将大幅的“中韩两民族联合起来”的壁画挂在最醒目的地方。那一个朝鲜的□英八卦国旗在□总理遗像下和党国旗的中间，更发出了异样的光辉。“‘三一’运动第二十周年纪念大会”的横幅布帜是方才赶做好的，也高高地悬在礼台前面。墙壁四周挂了许多红色标语，正象征着先烈的鲜血。

时间到了下午两点多钟，各方面的来宾陆续的到了。我们预先准备了一封信，里面有中韩联合起来的大幅木刻画，纪念“三一”的特刊，还有一张公演《朝鲜女儿》的招待券，算是我们一点小小的赠品。到了三点钟主席宣布开会，悲壮的朝鲜革命歌唱完以后，对“三一”运动死难先烈及中国抗战阵亡将士默念一分钟。主席申岳先生(代理队长)致开会词，他说：“二十年前的今天，朝鲜民族反抗日寇，喊出了朝鲜独立万岁的吼声……我们中国神圣的抗战，正是朝鲜独立解放的机会，不久的将来一定会发生第二个‘三一’，第三个‘三一’……一直到把日本帝国主义打倒的那一天，朝鲜民族绝不会屈服！”政治组长金奎光报告“三一”运动的经过：“朝鲜民族十年亡国的痛苦，种下了每一个人复仇的心理，……一九一九年巴黎议会，美总统威尔逊提倡民族自决的主张也打动了朝鲜人的心弦。……又值朝鲜人最爱戴的光武帝被日寇毒弑，一时民情激愤达于极点，于是才爆发了伟大的‘三一革命运动’。”他又说：“我曾亲身参加了一个伟大的革命运动。二十年前三月一日下午二时，各学校的学生一队一队的像潮水般的向花园口冲进来，以八角亭为中心严肃的排列起来，幽静浓艳的花园顿然成了万头攒动的人海。在紧张严肃的空气中，从八角亭一位青年领袖的口号，一句一句的飘出了独立宣言的朗读声。读完了宣言书的瞬间，群众异口同声的喊出了‘朝鲜独立万岁’的呼声，举起了千万个有力的拳头，飘扬着千万个眩目的八卦旗，像洪水般的冲出花园门口来。……连当日本走狗的警察听到了这伟大的呼声，也抛弃了他那可耻的武装，坚决的参加到群众的行列里来了。由日寇主持的女学校里的女生，她们受到阻止不能参加示威，她们痛哭流涕……这一运动很快地由汉城就传遍了全国，一直续续到八个月之久……”在一阵掌声之后又有来宾训词，西南行营政治部代表黄秘书长他说：“日本帝国主义是中韩两民族共同的敌人，只有两民族内外夹攻才能加速日寇的灭亡……”日本反战作家鹿地先生也兴奋的讲了很多的话，大意说“过去东亚的历史是黑暗的丑恶的，……在这儿有中国人、朝鲜人、日本人，我们宣誓要打倒法西斯来创造历史的新页……”最后，在悲壮的朝鲜革命歌声和中国抗战胜利万岁、朝鲜独立万岁的口号声中散会了。

雨虽然还是断断续续的下着，可是新华戏院门前人还是那样的拥挤。《阿里郎》《朝鲜的女儿》在他们都是新鲜的名字。在千百双满含热情的眼光下，《阿里郎》出演了，他那如泣如诉的歌声，使得群众情绪也起了很大的共鸣。朝鲜人应当生活在朝鲜美丽的大地上，为什么他要走向那悲惨的阿里郎山冈呢！接着李斗山先生一段激昂的演说：“我们要粹碎日寇！……中韩两民族联合起来！我们朝鲜革命同志已经参加了中国的抗战。……”群众的掌声像雷一般的怒吼。《朝鲜的女儿》开演了，他演到悲哀的地方，我亲眼看到许多的人也在流泪！演到兴奋的地方，群众又报以热烈的掌声。最后当汉奸的叔叔和日本军阀被革命青年捕捉的一刹[刹]那，群众高呼打死汉奸！打呀！打呀……时间到了深夜，雨是下着。每一个人的血在急流着，怀着一颗兴奋而愉快的心离开了戏院，外面的风虽然有点冷，但是我们的周身是火热的。我们这一群又朝着东方将黎明的天边携着手的回来了！

三月二日

（原载于《朝鲜义勇队通讯》第6期，1939年）

朝鲜义勇队的新发展

李婴如

朝鲜义勇队自从在武汉竖起了光辉的旗帜——中韩民族联合起来，打倒日本帝国主义，分派到南北各战区去进行瓦解敌军工作与民众宣传运动等政治工作以来，以至于今日，才有五个多月。这期间，我们的队员同志们的澈底的自我牺牲与忠实的执行朝鲜义勇队在中国抗战中所负的任务，结果在前方能得到民众的深刻的同情与热烈的欢迎，同时获得中国抗战军事当局的赞许与积极援助。最近在××战区的义勇队一半同志组织朝鲜义勇队游击队，即赴敌人的后方，进出于敌军的占领区域作游击战，更一层扩大了朝鲜义勇队今后的斗争地区，而正踏上了朝鲜义勇队与敌浴血战斗，神出鬼没短刀直入的击破敌人的一切军事企图与政治阴谋等等长存的第一步了。

这当然是在这五个月当中不断奋斗与牺牲的光荣成就。同时，是朝鲜义勇队在中国抗战中能发扬朝鲜民族固有的勇烈战斗精神与实际战斗能力，予敌人以决定的打击而促进中国抗战的胜利之重要素之一。因之，这次朝鲜义勇队的组织游击队，不但在朝鲜义勇队自体的发展方面有新的重大意义，而且在中韩两民族具体的联合抗日战斗的力量上也进一步扩大了，加强了。

这种光荣的新发展决不是偶然的，也不是自然而来的。大家都知道，朝鲜义勇队当初的目的是在组织朝鲜义勇军直接参加中国抗战与敌奋战，但人数之不足，终于编为义勇队。这是一种不拿枪的队伍，是政治宣传工作的队伍。然而，现在呢？更少数的一半之半之数目已组织游击队而武装出战了。其理由在那里？这种光荣成就的最大因素有下列三点。

第一，朝鲜义勇队是革命的队伍。朝鲜义勇队大多数同志是在过去朝鲜革命斗争中占主要地位的革命的知识分子与学生青年，尤其在反日本帝国主义的大众斗争当中，学生青年担负过重要任务。这样，朝鲜义勇队同志们在反抗凶暴惨恶的日本帝国主义殖民地政策与榨取政策的激烈斗争中，勿论在其学校里，在其群群里，不断的发挥过坚强的革命性。在朝鲜本国内，在满洲平原，过去反日斗争中与工农大众的反日斗争联系在一起尽过一部分最勇敢的先锋的任务。他们现在自己组织革命的队伍参加中国抗战。所以这种革命的斗争性、先锋作用与积极性充满着他们每个同志的意识里，忠实的、勇敢的执行他们在中国抗战之中所负的任务，也就是朝鲜民族在中国抗战中应尽的责任。

第二，朝鲜义勇队能得到中国人民大众的深刻的同情与热烈的欢迎。我们为争取中韩两民族的自由与独立，打倒日本帝国主义，这工作已随着中国抗战的进步前途更呈光明了。但我们要进到这个光明，中间必须经过一般艰难的路径。我们在这抗战中应负起模范作用与先锋作用的积极性的工作。尤其这一次中国抗战是在大多数民众组织尚未完善，经济落后与军备不充足的诸种困难环境之下进行的。为要瓦解敌军，对敌宣传固然重要，但民众的政治工作更为要紧。

因为民众是我们抗战的原动力，民众的团结就是我们的伟大力量的巩固与生长，并且中韩两民族要建立真实的永远的友谊关系必须在广泛的人民大众的深刻认识之下才有成立的可能性。因之，朝鲜义勇队在前方彻头彻尾为民众服务努力牺牲，同时使他们彻底认识中国抗战与中韩两民族解放革命战争的历史的重大意义，提高他们的战斗意识与胜利信心，结果朝鲜义勇队在前方受到一般人民大众的深刻的同情与热烈的爱护。这就是朝鲜义勇队已其有了游击战争中所依靠的坚决的磐石——民众的基础了。这是最宝贵的一点。

第三，朝鲜义勇队的政治工作的实际成果能得到中国抗战军事上级机关的赞许与信任并予以积极的援助，俾得发展朝鲜义勇队在其对敌宣传或在其民众政治工作方面，俱已表现出非常的模范性与积极性。朝鲜义勇队在革命队伍的□□的规律之下，一切工作进行得非常敏捷且有独创深入之处，因此在前方常受友军的欢迎，甚至△△[①]师政治部竟以朝鲜义勇队的服务精神与工作方式为模范，策励部下改善工作。所以，△△军司令部为增强游击区域的政治上军事进攻起见，组织在△△战区的朝鲜义勇队一半的同志为游击队到沦陷区域去了。

我们最初料想朝鲜义勇队因为对于工作的未练与民情的不熟，未免战战兢兢，尤其在中国的沦陷区域里独立的打游击战是更觉困难，但是热血的烘炉里化困难犹如溶铁一般，坚决的实践中阻碍迎刃而解。现在第二期抗战当中，

① 原文如此。——本书编者注

这一支新出的鲜[朝]鲜义勇队游击队伍就是表示着政治进攻的先锋，这种先锋作用能促进敌人的反战运动与更进一步的酝酿人民的反战运动，因这两种反战运动的结果可以瓦解敌军，可以促成我军反攻的全面胜利。

那末，朝鲜义勇队游击队的这种先锋作用的斗争目标是那几点呢？

第一，破坏敌军的军事设施与政治阴谋的汉奸伪组织。朝鲜义勇队游击队要以神出鬼没短刀直入的行动，袭击敌人，牵制敌人，避彼之实，就彼之虚，遇到小股的敌人、前哨或无耻的汉奸或夜营休息的敌军等，给以迅雷不及掩耳的打击，把他们消灭。随时随地注意敌军的运输交通，截击他们的辎重，断绝他们部队的给养、接济、军火等。时时袭击敌军的政治机关及汉奸的伪组织，刻刻扰乱他们。只有这样不断的袭击敌人，用种种的方法打击敌人，才能使朝鲜义勇队游击队健全起来！记着，“最善的防御就是进攻”。

第二，进出于敌军的阵地实行对敌宣传促进敌军的瓦解。现在敌人占住重要交通线与城市据点，惧虑中国游击队的进袭，二三层的重围城门虚张声势。我们游击队假装为农民老百姓能进出于敌军的阵地，实行奇袭、扰乱，同时散布反战反法西传单标语，弛懈日本兵士的战斗情□，助长厌战反战的气运。这时最紧要者就是正确估计日本兵士的心理状态与日本社会的症结——法西军阀与人民间之反感，就实行“攻心”的目的。

第三，争取在敌军内部服务的朝鲜同胞。朝鲜人民强迫被征入伍或被日敌之欺骗所蒙敞，在敌军内部有不少朝鲜同胞服务。尤其日敌在这一四七次议会中决议朝鲜人征兵制——每三千人抽征四百名壮丁为义务兵而取消志愿兵制。这是因为日敌在侵华战争中兵力伤亡过大，一面准备第二次世界大战补充其兵力之不足。三千人抽征四百名，其人口比率为百分之一三.三。如此高的征兵率在其他各国所绝无而罕见者，朝鲜的壮丁青年悉数被征为日本帝国主义的侵略战争中当炮灰之危了。现在日敌多用朝鲜人兵士于华北、广东与海南岛方面的战场，其目的为送朝鲜人于地涯海角的绝域里，使他们断绝回归之心，死心塌地的做日敌之炮灰，与素称强悍的两广人民拼命，其计之毒可知了。这个事实特别警惕我们，而我大声疾呼于同志的面前“义勇队同志们！我们失去自己民众，给敌人利用，这是我们的罪责所在！苟为朝鲜民族解放而斗争，必先争取我们的民众，祖国同胞吧！”我们的游击队将纵驰于敌军占领区域，必须特别致力于争取祖国同胞做为我们的广大力量吧！

第四，在沦陷区域积极进行民众运动，敌人与无耻汉奸组织伪政权广泛的做欺骗性的宣传，取得民众的信任，以便进行它的军事进攻与政治阴谋。我们的游击队应对于这些欺骗宣传暴露他的阴谋，揭示种种的奸淫、虐杀、掠夺等等的敌人暴行的事实，提醒一般人民的抗战情□，同时组织他们为朝鲜义勇队游击队的后盾，尤其揭露日敌挑拨中韩两民族联合的种种毒计，使中国人民大众广泛的认识朝鲜民族对于中国抗战的共同奋斗的事实。

朝鲜义勇队是跟着斗争的实践而一步一步发展起来了，但我觉得惟一的缺陷就是义勇队的量的限制性，结果不能充分发挥伟大的力量。这种量的限制是依我们的奋斗力可以最容易解决的。这种量上的发展就是我们民族的质的力量的强大，那就是给日本帝国主义的夺颈勒死的锁链。同志们，今后在同志获得方面也大家同时努力吧！朝鲜义勇队在中国抗战中应尽模范性、先锋作用和积极性。这是朝鲜民族的意志，而同志们，忠实的完成这一意志吧！

（原载于《朝鲜义勇队通讯》第 7 期，1939 年）

俘虏牧本君访问经过

[韩国]志成

二月二十一日早晨，在岳阳附近山谷独立房屋里，被我们六十余岁的老太婆抓来一个敌兵。他是今年二十八岁的活泼者[着]又和蔼的农村青年，叫牧本贵夫，福井县坂井郡大石村中庄人，家里还有五十九岁的老母和没有人耕种的一块水田和两块旱田。他在十岁时死别了他的父亲，在母亲底下教养成长的，同时是一个没有亲戚没有兄弟的独子。他十七岁的时候，在该县私立三年制农业学校毕业，一直来到中国以前帮助母耕田。去年十一月间被征发当补充兵"开到中国来"。

二月二十日晚上，与五十余士兵一齐轻装离开岳阳，不知去的是何处？只跟着分队长走。走的是山路，爬了五六个山岭。又是深，又是黑，他一个忽而从他的队伍落伍了。不清方面[向]和山路，又不能作声，独自挣扎找一条路，连看重像命一样的枪刀也掉在山谷里。但竟没有找到道路而东方显出微明，带了一阵早晨的冷风，耐不住饥寒的士兵，恰巧在山脚下有一座房屋，就下山冲进屋里，以手势表示要饭，要水，烤火。他说那时候什么感想都没有，只要充饿，御寒后即逃走。那里只有一位六十余岁的老太太，很亲切地给他做饭吃了，不料刚吃完饭的时候，突然出现五六个中国壮丁，把他抓起来了。原来在那偏僻的山谷里，这六旬的老太太也为着民族解放而奋斗着。

他是去年十一月一日，在福井县，第六次被征编入了坂州郡的屯营里(屯营是流动训练所)，敌军现在征发补充兵，不问其为独子与否，更不问其家庭经海[济]状况，只要身体好，而又不是大官、财阀的子弟，都编入补充兵。原来在屯营里的训练是定为一个月，但这次训练不到半个月，即不能不调到前线作战了。十一月十五日离开家乡的时候，编入了第××师团，在敦贺乘船往上海开了。

和老母别离，那一个母亲没有爱子之心，正像有一位参战的朋友写来信样,“慈母的爱是如山高,如水深”。这是离别老母的一种感想,老母望着不知何时才能归来的儿子,还清[请]他保重身体,这时他的心要碎了。但环境不许表示丝毫不平,又奈何?记者问他既然不愿出战,何以不逃走呢?他答:如能逃走没有关系的话,到现在已经逃走了不知多少人。

十一月底到上海,继乘船至南京,再往武昌,在武昌起步行一天行军五十余里,走了六天,十二月底才到了岳阳。在岳阳直到被捕时为止,只受训而未曾参加作战。

生他们的活[①],人了屯营,每天上半五时起床,夜九时入睡,每天受十时基本军训,如立正稍息等动作,因为他们从未受过军训。除了上操以外,没有“精神训练”,又没有“政治讨论会”,每日发下包香烟和一些酒,在行军的时候,每天上午起来,就烧吃两顿饭,午饭吃冷的,晚上到了某水[地]方,就烧晚饭吃。行军时最感觉困难的是沿路没有看见一个人,没有好的吃,又没有柴和青菜。但幸亏有许多地方还有满田的青菜可以随便拔,还有门板、稻草、板凳,他们行军时所带的粮食是二日分米二升。如果我们退出时能把青菜都拔掉,彻底烧掉房屋,那么敌人连行军也极困难了。

这些新兵是完全与老兵隔阂的,同时与同样新兵隔阂起来。到了岳阳后的生活是每天上午八时起床,点名,吃饭。从前在敌军队内严厉执行的,早上洗面后向天皇三拜,当吃饭时,“感谢天皇的恩德”到今日这个也不做了。饭后略为休息,就上勤务和上操,十一时下操,休息半小时,十二时吃午饭,饭后休息一小时又就勤务就上操,四时许洗澡,晚饭后多半谈天,话题多是女人问题。也有的写家信,但大家都很想接到回信,为此都甚感苦闷,当写信严禁军事消息,这样敌人到今日,无法在后方从容训练新兵就不到半个月开到阵后直地方补充训练,每星期日上午点名多就放暇,但不许外出,故多半是睡觉,也不大做运动。

每个月有一次“演艺会”,完全由士兵组织,吃酒,唱流行歌(小调)或跳舞,他们打鼓,打锣来玩,在这种会里,大队长不在固不用说,即中队长也很少见。一个部队或一个人的真正的精神在这种比较自由的随便会场上容易表现出来的。在侵略者的军队里根本不会有为革命而高唱的救亡歌,也不会有热烈的演说,正像在他们的演艺会里所表现的那样,只有浪漫和颓败。

在他们的队伍里,没有索线,又没有人报告关于军事、政治、战事等情形,故他离开故乡到现在根本不知道他们国内的情形和全般战争情形,军部只要

① 系“他们的生活”之误。——本书编者注

求士兵服从上部的命令，而不许有第二句话，大家在心里都有一种厌战的苦心，但是互相不能说出来，他说一个最感苦闷的是“盲目的动作”。

大队长、中队长平常在屋子里不大出来，不知做什么。他的分队长是一个老兵，曾参加瑞昌的战争，他是新兵的唯一的指导者。与新兵共同生活，在闲时常谈起参战当中痛苦的经验。这最痛苦的经验是夜间行军中几天不吃饭打仗，这都是中国焦土抗战和游击队给与敌人的最大的痛苦。

他们在岳阳过了元旦，那一天早上起放暇，但也不许出卫门一步，出战第一次吃到了年糕和饼干等。他问中国有无年糕？他表示很想吃，我就给他吃了。

在他的里村，有三千人口，至去年十一月为止已被补充而参战的有百余名。每家都要拿出国防献金，他们家里也拿出了不少。工钱是过去一元二角的，现在降到六角七角，物价涨得很大，平均涨了百分之三十以上。铁、棉花涨得最大，全般农村是[实]在痛苦，在一般言论界也不许随便发表关于政治、经济方面的东西，战争已继续了将近二年，不知何时才能结束，对于战争都抱着怀疑的态度。苦闷是现在日本军民一般的心里，他很希望战争早些结束，回家去看看老母。

当我说这次的战争不但是解放中华民族和朝鲜民族的革命战争，而且〖是〗解放日本人民，建立日本人民的新日本的战争。日本侵略中国是少数财阀军阀自私自利的战争，牺牲日本人民生命财产的亡国的战争，现在有不少的日本朋友参加我们的抗战，和我们一齐共同努力，希望他明白我们抗战的意思，来一齐为建立新东亚而努力……。他答“是的”。“军阀”的他伸出手来，要〖和〗我握手，表示了他们心里的话。

三月二日于长沙

（原载于《朝鲜义勇队通讯》第 7 期，1939 年）

一群小斗士的集会

刘金镛

三月二十四日，朝鲜义勇队招待桂林市各儿童团体茶会。这是国际友人向中国小斗士们伸出来的热烈的友情的巨手，久待友情滋润的中国小朋友，那能放过这个难得的机会呢？时间到了下午七点钟的时候，东灵街一号的小木楼上已经充满了活泼可爱的小朋友们。他们谈笑着……小楼里空气好像要沸腾了！

大家心声的片断

主席李达同志开始讲话了，是那样的迅速，全场的空气马上寂静下来，几十双天真的目光集中在李同志的脸上。"各位来宾，各位小朋友！今天我们这个茶会谈不上招待，也没有什么东西吃……各位小朋友都是中国抗战中的斗士，对工作一定有许多宝贵的经验介绍〖给〗我们。同时在四川我们义勇队也成立了'三一少年团'，他们是刚发出来的嫩芽，一切都是幼稚的，希望各位小朋友，对他们不客气的加以指教并给以友情的援助……同时对各位来宾的出席指导表示谢意。"一阵热烈的掌声后，名记者秋江先生带着愉快的面容站起来了。他说："我在报上，看到了朝鲜义勇队招待桂市各儿童团体茶会的消息。我想一定有很好的糖果吃，所以我特意的赶着吃来了。"一阵笑声后他又继续着说："……中国自抗战以来，敌人对待我们的儿童特别残酷……因为他们发挥了伟大的力量……我们还要继续努力，和朝鲜的儿童携起手来打倒共同的敌人——日本军阀！"又是一阵热烈的掌声。

在一般大朋友们讲了话以后，小朋友们又喊出了悲壮的呼声："在过去，一般人忽略了儿童的力量，于是对我们儿童不重视！可是我们儿童救亡工作团体现在已经普遍了全国，而且他们有了很好的工作成绩……已经打破了他们对儿童轻视的心理。我们今后更要拿工作的事实来答复他们！"这是一位新旅的小朋友说的。儿童教育团的一位小朋友说："日本鬼子是失去了人性的东西！我们中国的大人和朝鲜的大人，中国的儿童和朝鲜的儿童，要携起手来向日寇进攻，直到我们恢复了独立自由的那一天！"褚济群小朋友用清脆的语调说："……有人说我在演《阿里郎》歌剧的时候，很像朝鲜的小女孩子。在这儿就是缺少一个朝鲜的小女孩子，我不妨补了这一角的缺陷，反正中国和朝鲜是一家，我们的对像是一个日本鬼子！"

兴奋的歌声

稍嫌呆滞的讲话结束了，紧接着小朋友们唱出了兴奋的歌声。首先是新旅的合唱《壮丁上前线》："东洋强盗野心狂，奸淫妇女抢钱粮！……我们是坚强的壮丁！满身有紫色的光芒！我们要打东洋，保我们的妻子，保我们的爷娘……杀尽强盗回家乡！"坚强而有力，好像他们真成了叱咤风云的战士！"我提议秋江先生唱小调！""我不会唱。""哼哼两句就可以！"群众喊出了最低的要求，结果秋江先生果然哼哼了两句才算了事。工作团的两位小朋友合唱山歌："哥去当兵，你放心我在家里把田耘。""打退了鬼子我才与你结亲！"……两小无猜，可谓谈情不忘救国！"起来吧！祖国的孩子们……我们不愿做牛马，我们要战斗……到胜利属于我们的时候……"一位新旅的小朋友又喊出了孩子的悲壮呼声。"全场里边面孔最黑的一个人，让他唱歌！"褚济群小朋友提了这样的一个议！于是大家的目光向周围扫射了一周，最后集中在文学作家舒群先生的脸上。"我实在不会唱！""不行！"群众简短的威胁又加上要求性的掌声。"我是不会唱！"这一场风波，直到金炜女士答应代唱才算解了围。最后儿童工作团合唱《大刀进行曲》："大刀向鬼子们的头上砍去……冲呵！大刀向鬼子们的头上砍去！"才结束了这一幕。

一封奇怪的信

在痛快淋漓的歌声中，人们接到了一封奇怪的信。金炜女士发宣言了："按着次序拆看！其中的命令任何人也得服从。"群情慌慌，究不知所云何事？第一位小朋友首先拆看了，里边有这样一个命令："你向大家大哭一场。""我现在正快乐，怎样能哭呢？"必须假想一个人死了，"呵！你死的好苦啊！哽哽……"群众的笑声掩没了哭声！"你到鼻子最大的人的面前摇着他的鼻子唱歌！"在笑声里王同志声辩说："我的鼻子并不大！""就是你没有话说。"王同志只好在群众的胁迫下一尝摇鼻的滋味！"你到穿黑衣服的人面前让她作口技。"不幸的是王同志又穿了一身黑衣服！"你给个子最大的人擦鼻涕。"有人说秋江先生的个子最大。“我们必须比比。”说着秋江先生真的走到王同志面前一较高低。那知王同志竟高人半头，只得接受人家的好意。可巧执行任务的又是好事的李海鸣，不料用力过猛，王同志鼻破血出！这一下可真笑痛了人们的肚皮，可是也实在苦了王君！“你检查穿漂亮西服的人的口袋。”这一下论到□扬先生的身上，执行任务的是周咸堂先生。结果情书一封、平绢一方，最后客客气气又置归原处，并点头示意，到底还是他们客气！“让穿黄衣服的人做鬼脸！”周世敏同志一见风声不佳赶忙逃走！秋江先生也蹲了下去。然而十手所指，十目所视，人焉瘦哉！结果秋江先生站了起来打算马口糊口，可是因为小朋友认真非常反到做了两次！呵，人们的肚皮笑痛了，为了这一封奇怪的信！

散会前的吼声

主席说：“时间不早，全体合唱《义勇军进行曲》散会。”一位小朋友接着说：“《义勇军进行曲》里边的中华民族到了最危险的时候，应当改为中韩民族到了最危险的时候。”于是群众起了吼声：“起来！不愿做奴隶的人们，把我们的血肉筑成我们新的长城！中韩民族到了最危险的时候……我们万众一心，冒着敌人的炮火前进，前进，前进，进！”这吼声刚一结尾，一位小朋友迅速的站在了凳子上，他举起了钢铁般有力的小拳头，高呼着“中华民族联合起来打倒日本帝国主义！”“中华民国抗战胜利万岁，朝鲜独立万岁，万岁！万万岁！”跟着群众也喊出了更大的吼〖声〗！他□望着小楼的顶子，好像已经看到了明日的曙光，这伟大的吼声随着也冲出了这间小木楼，每一个小斗士在国际友情的滋润下，都带走了一颗紧张、兴奋、愉快的心！

三月二十五日于桂林

（原载于《朝鲜义勇队通讯》第8期，1939年）

半年来的朝鲜义勇队

文治

在成立恰正半年的今日，朝鲜义勇队具体的工作，已随了时间的转进与地区的扩大，一天天步上他们成立最初那时的预定的境地了。

本来，朝鲜义勇队这一支国际的友军，因受了人数的限制，和他们与朝鲜国内的同胞消息被敌阻隔，不能互相呼应着奋斗的种种关系，目前一时的工作力量与范围，在本质上很是有限。虽能求之过高，不过，我们要明白：朝鲜义勇队这一次参加中国抗战，为的决不在仅仅一点技术的精陋，以及力量多寡的问题。假使技术上的精陋，以及力量的多寡等问题占有一二成重要因素的话，那么其余七八成就得归诸朝鲜民族的革命精神，及中韩两民族团结合作的亲爱精诚了。因为不论目前人数的多寡怎样，力量的大小怎样，他们终究是这次反日帝国主义的神圣抗战中一个单位的力量，他们是久被暴敌铁蹄践踏下的朝鲜整个民族第一次最具体的反抗行动，亦是近世纪来中韩两民族第一次最切实的合作现象。我相信在朝鲜国内，当听闻了“朝鲜义勇队”这个名称的时候，他们二千三百万的国民一定会齐声呼着“这是我们抗日复国的先锋”，而暗中流露了他们必然是这一支先锋队后面的“大队人马”。中国的同胞对于“朝鲜义勇队”，也都以最亲爱的朝鲜民族友军相视。因此“朝鲜义勇队”这一旗帜的本身，已足能给敌人很大的打击，同时博得全世界人士的注意与同情！

何况，在过去半年来义勇队实际的工作方面，也已尽了他们的所长，得到许多意义深长的结果。除了在后方以及前方的后方，他们做了很多的文化工作外，尤其是重要的就是他们在最前线进行对敌宣传及感化敌兵的任务。据第二区队最初的报告，他们在第五战区××之线，当战事稍寂的时候，曾将写好了日文标语的横阔白布张挂在战壕之前，因为敌人看了不愿意，立刻就拿机关枪扫射，以致这白布张挂不久就遍体是痕而破碎了。敌人为什么看了不高兴，而这样狼[狠]命的加以破坏？这决不是厌恶标语词句的本身或其制者，相反的，正因为敌人的苦闷已被第三者道破了，有些恼羞成怒，有苦难说的情景，所以要这样扫射，略略发泄发泄，但他们心头苦闷的真实性，当被第三者提醒以后，恐怕就连他们自己也难以掩饰了吧！其次，在前线敌人之俘虏以及降兵，已有好几个交由义勇队管教。因为在俘敌看来，朝鲜同志是中日战争中的第三者，所以由义勇队队员给他们说明中国抗战神圣和日本军阀的暴戾残忍，欺民自欺，就格外容易入耳。结果，敌俘与义勇队接触不到几天，就已间接的真正的了解了中国国民的伟大性，自愿的开始参加种种反法西斯日阀的工作。当他们参加当地的民众大会时，目睹中国人民的抗战情绪，以及宽待被迫来华作战的日本军民的情形，他们内心的感激与觉悟，实在是深刻的。再次，最近从第九战区工作同志方面，又传来了一个颇饶趣味的游击捷报，那就是三月二四日晨，该战区我们某师某中队的战士与义勇队的同志在××一带设伏袭击敌人，打毁了敌人三辆坦克车，同时并有汽车数辆着火。胜利的经过，已详见本通讯第八期所转载该师“二一日报”的一则，其中“适敌车起火时，朝鲜义勇队同志皆鼓掌大笑，高呼日语口号”的一段，却最有趣而最有意义。在敌人最慌张之当时，传来了掌声笑音，他们会有怎样感觉？继之，更来了全盘很清楚的说明（日语口号），指点了他们今后应步的正确路线，这在他们的心理上又会起怎样的反应？不用说，这许多都足足正面或反面的增强敌人厌战意识的。以上所举，虽都是零星的战绩，但确是义勇队具体的工作，步入预定境地的开始。至此，我不禁想起了在重庆朝鲜各革命党正在进行空前未有的有力的大团结，配合着朝鲜义勇队“军事”上的进展，朝鲜各革命党团“政治”上的统一，是应该而必然达成的——至少大家都如此企望。

（原载于《朝鲜义勇队通讯》第 9 期，1939 年）

和平村通讯

石正

一

我们从长沙出发，第四天到了芷江。沿路因为客货拥挤的原故，买票须按照登记的顺序，所以有许多旅客买不到票，甚至有等了好几周的。所幸我们由各站站长好意的照顾，途中也没有虚费了多少时日，只有在沅陵中州车站时，因为情形过于乱杂不能会见站长，以致整个一天不能前进。

我们到了芷江的时候，还以为收容所是在这里，但是下了车以后访问宋、罗二同志的结果，才知道收容所是在辰溪，而且在前几天已经迁到贵州镇远去了。我们对这个出乎意料之外的事实，不能说没有一点失望，但是事实上不容许踌躇，所以就准备明天向镇远前进。

前几天罗同志因为收容所职员们路过芷江的机会，会见了收容所所长。所长对他说："他希望朝鲜的革命者们，对朝鲜俘虏中富有革命性的青年，要多多注意。"同时，罗同志说："一见所长就知道他是一个很有热情和很有革命精神的人。"我们听了罗同志的这些话，对工作的前途觉得有无限的希望。罗同志还说："朝鲜俘虏中有一对夫妇，而且还带着一个小孩。"这个纯洁的孩子，一出世就做了亡国奴，而且又做了俘虏，我想到这一切，心中有说不出的刺痛！很希望能够早一大到收容所里去访问，对这个可怜的孩子给他一点安慰。

芷江到镇远因为没有直到的通车，我们不得不在湘黔交界的晃县换车。但是在晃县积滞的旅客太多了！站长对我们也是爱莫能助，不能给我们以特殊的便利。我们在此地等了不到五天，在第五天的时候恰巧有一个机会顺便乘上了军用货车到了镇远。

二

我们到达镇远的时候，直值黑夜，所以第二天早晨才到收容所去访问。收容所是在临时借用的女子小学校里。卫兵带着我们的名片，刚一走进去，所长已经出现在门外了，和我们很热烈的握着手。我们到了所长的屋子里，又意外的碰到了一位朝鲜同志。他就是玄以平同志，他是自从在辰溪起就帮助所长管理关于朝鲜俘虏的事情和翻译朝鲜文件的工作的。好久没见的同志，忽然在这里遇到了，而且在工作上又增加了一个同事，这该是多么高兴的一件事。

所长是，比我们在芷江听到罗同志的话所想像的，还要热情的一位革命同志。他虽然年青但是他的学识和能干正在表现着。他对我们的来非常欢迎，对俘虏们过去和现在的情形很热心告诉我们。他说："因为收容所自从辰溪迁移以来，地址问题不能解决，一切也陷于困难状态中不能整顿。关于你们的事情，在地址问题本解以前也不得不稍等一等。"我们问他，地址问题何时可以解决？他说："最少须两周以后才能解。"在路上我们已经送掉了许多时间，现在又得牺牲两周以上的长时间，这是我们很觉痛苦的事情，但是这也不得已的情形。在我们看起来住址的问题暂时也不能解决，因为收容所临时借居的小学校，房屋非常的狭小。在这狭小的房子里，除了俘虏和卫兵的宿舍以外，连职员办公的地方也没有了。

虽然因为设备不能整顿，短期间我们的工作还不能展开，但是从所长欣快的态度上看起来，以后对于我们的工作方面一定能给我们许多方便和帮助。

转回旅馆的时候，我们看到穿着朝鲜服的妇女和男子们混杂的站在那里。在许多俘虏中，我们虽然还不知道那一部分是朝鲜的同胞，可是在他们特殊的服色上，我们是可以分辨出来的。俘虏中有八个朝鲜妇女的事实，我们早已知道了，然而当我们一看到他们的时候，内心里边就感觉到异常的悲哀！

回到旅馆的从玄同志那里听到了关于俘虏们生活的内容和种种的事实，同时我也问了许多事情：现在收容所里大约有一百三十五个俘虏。其中有三十一个朝鲜人，还有一个白俄和五六个东北人，可是这所有的东北人，完全是哑子，原因是失去了人性的日本军阀给他们打了药针！我又问到玄同志："在芷江听到罗同志说俘虏中有一个朝鲜小孩，现在怎样了？"他说："那个小孩已经在常德因病死了！"呵！可怜的孩子！我的眼泪几乎没有掉下来！

从玄同志的口里，我们还知道了俘虏中的朝鲜人和日本人中间，个人或集体时常发生冲突。这样冲突的原因主要的是因为日本人对朝朝[鲜]人轻视，惹起了朝鲜人的愤慨。

玄同志又和我们说:朝鲜俘虏们,最近所长要求开“三一”纪念会。关于这件事情我探询了所长和玄同志的意见,勿论所长许可的方针怎样,但这件事情在对日本俘虏们差别的待遇的口实之下一定会引起不平的呼声,所以关于纪念的方法正在考虑中。我以为纪念的方式,在全体管理上不发生困难问题的前提下,到“三一”这一天,集合所有的朝鲜人把“三一”运动的精神和意义的要领,对他们说一说也就可以了。

第二日起,我们可以随时出入该所了。所长及职员们的谈话,都亲切的令人起敬,职员们还称赞着朝鲜俘虏的身体端庄,爱清洁,多勤诚,并很守纪律。我们决定在三月一日正式与全体朝鲜同胞作初次会谈,并打算准备一些茶点,举行一个简单的茶会,不然亦希望能有个人商洽的机会,我们提出这个计划与所长商议,他马上应允了。此时距三一尚有四五日,我便利用这个时间,继续着与十几个朝鲜俘虏作个别谈话,因为没有适当的场所,只好冒着烦燥,在一所职员事务室中举行。或者在狭小的庭院中,一面徘徊,一面讲[谈]话。三十一个朝鲜俘虏中,除去女人和三四个中年人外,都是青年,因此他们的谈话都是爽快而率直的,我每与他们谈话时,总禁不住心酸与落泪,这不仅是我对年轻的他们现在所处的环境发生悲哀的同情心,尤其是他们说到自身经历时,流露出许多亡国奴朝鲜民族可怜的情状!这样的数日谈话中,我对他们全部的成分和被俘虏的经过,有了一个初步的概念。

三

三十一个朝鲜俘虏中,有十一个是朝鲜釜山某日商小汽船上的雇用船夫,他们都是朝鲜南海中以海产著名的济州岛人,他们服役的那只汽船,是在朝鲜西南沿海一带来往运载货物的。此次自朝鲜仁川运货到大连,在大连又受某日商嘱托,要载四千余袋面粉,送到天津去,因航途中遇到了漂风,船便被漂到山东境某一海岸,在那里他们与船同时被俘了。其余十二人,都是津浦或平汉沿线各都市中经商的商人而先后被俘的。八个女子中,一半是上述商人的家眷,另一半都是卖身谋生的可怜女性。船夫中有一个十九岁的少年,被俘时只有十七岁,他那规矩的行动与勤诚的问学心,博到了全所职员的爱护,虽然他连初等教育还未受过,但他所学到的都很精澈,我和这个少年谈话的时候,受到了很大的感动,他以天真的姿态和单调的口调,说着他的经历,不仅很可矜夸,而且他说到小汽船的航程和漂泊经过时,精密和正确的描述着气象和时间,好像西洋小说中破船日记内的情景。

“三一”那一天,所长为了欢迎我们,特别宰了一个猪,集合起全村村民,于中午举行了一个盛大的宴会。下午我们又集合全体朝鲜同胞，举行“三一”纪念的茶会，前天晚上我已告诉他们说每人都准备了一下自己想说的话，但我此时除了痛哭之外，再也想不到适当的话说！我尽情的抑制我悲哀情绪的冲动，才仅说了几句慰问的话。

“三一”纪念词和亡国的历史，都由他们自己报告，内容相当丰富，他们当中有许多悲痛的演说，妇女中也有报告她们感想的。他们都是在很久以前就苦心准备着报告词，但因为到了熄灯时间，至有许多人不能发表自己想说的话。为了遵守所内规则，只得闭会了。

为了更深刻的审查各个人经历和环境，第二日我们开始了更具体的个别谈话，时间允许的时候，愿将他们的经历尽量的介绍给同志们，因为在这些材料中，可以更深刻的明了朝鲜民族现在的社会情形，这里先把全月星和宋福得二人的经历，介绍如下：

全月星，二十三岁，江原道人，是一个性格纯真、体格端庄的青年，在他的左右颚上，突出两个鸡卵一样的瘤子，瘤子的外皮是红色，我想大概不是先天生的？问过之后，才知道他入所后，才生出而渐渐长成的。现在有时那里痛的励害时，喉咙干燥，说话要费很大的力气。我于是便阻止他多说话，但他很兴奋的很愿意将他的经历告诉我。

他生在江原道一个偏僻的乡村中，十岁便失去了父亲！更悲痛的，次年又丧了母亲！他仅有一个哥哥，而早在父母去世之前，便与世长别了！父亲在世时虽是一个贫农，尚能维持生计，父亲死后，他的母亲到别人家去做乳妈，母亲死后，他便失去了依托，到一个亲戚家中放牛度生，但他的亲戚很虐待他！十二岁，他便离开了那里到咸宁[镜]北道的会宁去找他的外祖母家，他讨着饭，徒步走着继续了数月乞食露宿的生活，结果才找到了他的外祖母家。他的外家也是一个极贫寒的家庭，在远隔会宁的舞山一个小村里过恳荒的生活，在他十四岁的时候，他想依托在贫困的外家做客，倒不如到会宁地方为其他人家雇用，能够自活来的方便。于是他就离开了外家，到十九岁止在会宁地方过劳动生活，也有时做人家的店员，在那个时候仅只读了点国文。以后他到了间岛的对面图门[们]江做铁路劳工，同时延吉也做过旅馆下人，在安图[东]也做过店员……等流浪生活廿一岁在铁岭做铁路工人的时候，恰巧要修北平热何[河]间的铁路，募集劳工。他也是被募去的一个，在古北口做了两个月的工。在最初被募时讲定了每天工资一元五角钱，但是到了古北口，每天仅止给点饭吃，工资一点也不给，劳工们若是要求的话，那些工事场的事务员们就说：“工事未完毕前，假如发给你们工资，有你们浪费或者逃走的顾虑。等工事完毕后马上就发给你们。”二个月以后工事完成了，可是一个铜板也没发给，就把劳工们解散了！

他在古北口，没有办法之中，经过了十一天的徒步，到了北平。在北平因为新来的人很多，事情很不容易找，有人说你到离北平十五里的南苑去看怎样，第二天他就到了南苑。他在南苑当了朝鲜人的厨子，两月后又有人说石家庄生意很好，你不如到那边去，所以他又到了石家庄。他在那里一个朝鲜人的惠阳旅馆里当茶房，在这旅馆里住着的一个朝鲜客人，看到他忠实可靠，非常喜欢他，于是把他带到武安自己照相馆里当雇员。但是他不能讲日本话，所以又出来了，因为这个照相馆的对象是〖日〗本军人和日本妓女，不懂日本话当然不行。他出来以后又到附近一个朝鲜人的旅馆里当茶房。不久有一天这个旅馆里的一个妓女对他说：“像你这样年青又漂亮的人，在这里做这种下贱工作殊为可惜，你做做其他有希望的买卖看怎样。”她这样说着，就拿出一百元来给他，他虽推辞，可是她援助的意思很坚决，于是他便以借用的形式接受了。他以这一百元做资本，在附近开了一个小饭铺。因为武安是个小城市，这地的大小饭店所用的材料须完全到邯郸去买，武安邯郸坐洋车一天可以往返。在去年阴历四月初十早晨，他单身坐洋车到邯郸去买牛肉，半路上被中国游击队捉住了！当时被误认成日本人，因为他中国话和文字都不懂，和日本人是无法分辨的。被捉以后，他想一定会被杀罢？一生的劳苦生活，就这样死去！连父母的坟墓也不能再看一遍！他想到了这一切，心里非常难过。可是结果反受到优待。而且因为热心学习汉文，现在简单容易的书籍也可以看了。

四

宋福德，年龄三八，原籍平北义州。

他那一副壮大的体格和古朴的态度，一看就知道他是一个纯真的农民。我首先问他在朝鲜时候的生活状况。他是义州邑附近农村里的自作兼小作农人。在他小时虽然有一年的时间，在汉文学校里读过书。可是因为家境贫寒的关系，以后再也不能继续了。他从小一直到三十多岁，就帮着父母做农田工作。在这个期间他结了婚，而且也有了子女。虽是父子二人对农田是尽了所有的力量，但是家庭状况还是不见起色。因此他屡次想着改换职业，可是结果还是接受了维持现状的一条路。因为他自己谈得好了，“一字不识除农事而外，一点其他的才能也没有。除做农事而外，还有其他的办法吗？”但是最后，他还是被迫着丢下了农事，离开了可爱的故乡，踏上流亡的道路。因为他的父亲渐渐地喜欢喝酒了，所有的农债无法偿还，自己仅有的农田也丧失了。

从那个时间起，他到了鸭绿江上流的某地方的一个营林厂里做短工。他每天无休止的劳动，所有的收入仅止刚够维持自己的一饱，对家庭生活是不能顾及的。因此他又回到了故乡，正在为找求一个事情而徘徊的时候，中日战争已经爆发了。故乡的亲友中，和自己一样无法维持生活的人们，不知从那里听来的消息，说到中国华北去，在日本军部的保护下可以生活，于是拿着卖了仅有家产的一点钱到中国华北去了。他的内弟也是其中的一个。他虽然也有这个意思，但是自己没有一点钱，再一说又没有一点知识，同时又没有一点经验，所以自己没有这个自信，不敢跟着他们去。可是在故乡彷徨了几个月，还是找不到事情。在无办法的当中，也只得走这条路了。恰巧他的一个同乡友人在天津附近的塘沽经营商业，于是就找他去了。但是一贫如洗的他，虽然找到了友人，还是没有什么出路。

于是在这个友人那里借到一点旅费，他又到他内弟所在的地方——平汉线石家庄过去人名关——去。他到了的时候，他的内弟在不久前才开设了一家小饭店，一切的设备还是没有完善。他除了帮助做饭招待客人以外，还要修理房屋产。在这个小饭店里，还有四个朝鲜妓女，在她们被俘的时候，被打死了一个，三个一同和他做了俘虏，现在还住在收容所里，她们四个人都是他内弟从石家庄买来的，期约三年，身价五百元。

他到人名关第十天的时候，他内弟到石家庄买东西去正不在家，恰巧这一天晚上，他正在睡梦中被枪声振醒了。他起来以后，到一个姓吕的那里间，有什么事情吗？姓吕的说没有什么特别的事情，你回去睡罢。于是他真的回来睡了。刚躺下不多的工夫，忽然有人敲门，接着好像有人进来的声音，他正说起来看去，中国的武装游击队已经进来了，他就被俘了。以后经过许多的苦楚，辗转到了正规军的手中，才解送到武汉。

（原载于《朝鲜义勇队通讯》第7—10期，1939年）

朝鲜义勇队在桂林

［韩国］王继贤

说起来是去年了，通车尚未久的湘桂路载着成千成万的“陌生人”走到西南抗战重心所在的桂林来，这里而夹杂着老年人、中年人、少年人，以至尚在襁褓中的婴儿，有都市标准的摩登女郎，也有乡村模范的农间村妇，有精知博学的高才硕士，也有目不识丁的睁眼盲人，既是来自不同的地方，也操着不同的口音，穿着不同的衣服，象征着不同的职业，但是我们忽略的，却是这一批“陌生人”同一不愿做亡国奴的意志，同一为国复仇的毅力，同一为争取最后胜利而奋斗的信念和同一为保卫世界和平而牺牲的决心，在这群有着绝大不同的而又绝对相同的人们中间，谁又料想到尚操杂来了更大不同与更大相同的异国人呢？在十二月的《广西日报》上发表着一篇应人注意的采访消息一标题是《访问中国之友——朝鲜义勇队》，在广西的桂林朝鲜义勇队这是第一次“出头露面”了。

迎接着胜利的一九三九年，朝鲜义勇队的一部份同志们于各种困难的环境下，在桂林开展了许多工作，因为朝鲜义勇队的同志们深知道在中国全面抗战的大时代里，只有参加中国抗战，帮助中国抗战，争取中国抗战的胜利，才是争取朝鲜独立的唯一捷径，因为这次中日战争质实上早已离开了中日两国的单纯国际战争的范畴，而显然的已成为全世界爱好和平正义人士对于日寇黩武军阀的膺惩，同时也是东方被压迫民族对于东方唯一强盗倭帝国主义实行的总攻击、总决战，而在这里面中国是站在极先锋的地位并保有决定的作用的。

一月初间，满布街头的标语和壁报，吸引着来往的行人，当他们止住了脚步在详细打量这从未看过的“特殊壁报”和警惕的标语时，他们的面孔会立刻传达出心情的表露：是愉快，是安慰，是兴奋，是感动。“中韩两民族联合起来打倒日本帝国主义”这付动人的标语，使每个人的心坎涌现出在同一敌人压迫下的“兄弟之邦”的兄弟友情是如何亲密，“我们不该有一付空洞的标语，也不该只有几张鲜艳的漫画，我们需要由空洞而具体，由理论而实践，我们应该建立中韩民族统一战线使我们真正的友人都走到我们的战线来”，这已是跟着一段宣传工作而来的一种呼声了。

本队陈国斌队长，在应中华职业教育社请于时事讲座席上说：“中国抗战胜利就是朝鲜的革命成功。”这句话把现时抗战期中中韩的关系是揭露无余了。义勇队的同志们追随着队长的指示，把参加中国抗战，□做目前工作唯一的鹄的而努力不懈的奋斗着，这使中韩民族的联合更表现了现实的具体意义。

实际上，由于上面所说中国的抗战是带有特殊的国际意义的性质，所以朝鲜义勇队参加中国抗战是更表现了这种特性，为了把这种特性传播给世界爱好和平正义的人士，在一月八日朝鲜义勇队招待了法名记者李蒙夫妇和美名记者宝丁。

乐群社的西餐厅集结着许多异国友人，除了被招待的李蒙夫妇和宝丁先生外，尚有日本反侵略作家鹿地亘，以外中国人士、台湾青年、朝鲜青年都包括在里，而使得这个会成了一个带有丰富之国际意味，而实际上已变成了国际爱好正义和平人士的联欢会，李蒙先生说：“我们在这里有中国、朝鲜、台湾的朋友，也有美国的朋友，更有日本的朋友，我自己是法国人，我们在一起足以代表国际性的集会，我们在这里的朋友都是革命的力量，这种力量的团结足以打倒日本法西斯主义者，在座的这一席桌子，正是表现正义和平的力量团结一致的象征。”

是的，日本法西斯主义者已不仅是中国的仇敌而已，是朝鲜、台湾、美国、法国和全世界爱好和平人士的共同仇敌了，我们要打倒这个仇敌，也须团结我们的力量，特别是中韩两大民族的力量，宝丁先生说：“我对中韩台联合战线表示无限的同意。”在这里我们当向宝丁先生致无限地谢意，但我们在现在认为只是同意尚显然不足，我们仍希望宝丁先生能运用他带有无限“魔力”的笔杆作更有效的宣传、鼓吹，给我们以更大的帮助。

为了与桂林各界民众团体、机关保持经常的连系，我们从二月开始参加了桂市的各种集会，并且借这个机会来与各界先进讨论中韩一切问题，在这里桂林各界人士给予我们大真的帮助，是我们不能不感谢的。

伟大“三一”二十周年纪念的降临，使义勇队同志们仍感到莫大的兴奋，实际上同志们早已在准备迎接这个伟大的纪念日了，回溯朝鲜自一九一〇年被倭帝国主义者并吞之后，由于日帝国主义非人性的惨暴，朝鲜革命是屡仆屡起，但起初的革命运动仍带有浓厚的封建色彩，运动的主要精神是忠君爱国主义和抽象的主义，没有深奥的革命理论，没有敌我力量的估计，没有国际情势的分析，也没有革命政党的组织，更没有革命的大众团体，所以对于革命之影响至为微薄，但是到了一九一九年“三一”运动，汉城的朝鲜独立运动，已能明了理论的斗争，产出了现代革命政纲和政策，做革命运动的指导方针，在组织方面也发生各种形态的革命政党，同时革命大众的团体也日益展开，予日帝国主义者以严重打击，使侵略者惕然于朝鲜民族之不可侮，使全世界人士知道朝鲜民族并没有灭亡，所以“三一”运动是朝鲜整个独立革命运动的爆发，同时也树立了朝鲜复国的基石，朝鲜义勇队的同志对于这个空前伟大的纪念日的到来，早准备以“誓为殉难先烈复仇”“完成先烈未竟遗志”“驱逐日寇出朝鲜”来纪念它了。在桂林的朝鲜义勇队同志们，事先热烈筹备，于是日开纪念大会，举行响应“伤兵之友”运动公演，发刊义勇队通讯“三一”二十周年纪念特刊等。

轰轰烈烈的“三一”二十周年纪念日真的到来了，乐群社的大礼堂举行了空前的纪念大会，中国的友人们都赶来参加，日本反侵略作家鹿地亘先生也来出席这个胜会，他们对于朝鲜的革命问题提供了很多宝贵意见，会场的情绪由严肃而紧张而活泼，中韩的人士们在手携手的讨论许多当前中韩的迫切重要问题，这里没有隔阂，没有猜疑，大家是患难的朋友，也是血泊里的兄弟，经过了这个纪念会，已准备以更大的速度向着共同征途迈进，以求得中韩两民族共同的解放。

《朝鲜的女儿》公演早哄动了桂林市，由三月一日至三月三日，每晚的新华戏院都挤满了观众，将开演时台上和台下的情绪已成了自然状态的交流，每当剧情紧张之处，台下欢呼怒吼之声振动全场，中韩相互的同情心已进至互助阶段了。

伟大的“三一”虽是过去了，但深刻在每个朝鲜同志脑海中的印痕是永远不会消灭的。

我们为了与在桂各儿童团体联络感情，交互报告工作状况并取得联系起见，在三月二十四日特于本队办公厅举行招待桂市各儿童团体茶会，事实上由战争中证明了孩子们的力量是不灭于大人们的，在席上孩子们都争先发言，他们都在呼号“不仅中韩大人们要团结起来，而且孩子们也要携起手来一致打倒日本鬼子”，小朋友们是深切了解日寇对孩子们的野蛮与惨暴，他们希望与朝鲜小朋友见面，联合打日本鬼子，可惜的是朝鲜的孩子们没有参加了。

朝鲜义勇队的壁报是以一个特殊队伍的资格出现着，它的任务自是为着桂林民众服务，但他的内容还不够充实，他的篇幅还不能满足读者的期望，所以我们为了弥补这些缺点，在四月十二举行了一个招待桂林艺术界的茶会，这一方面是联络情感外，同时也是为了改进本队壁报的缺点，在这方面，是得到各方面不少的帮助和指导，经过了这一次会，本队壁报是有着不少的进步，这表现在篇幅的增大，内容比较充实和配合的比较适当。这吸引了较前更多的读者，得到读者的更大爱护。

为了在桂林做些比较长久的纪念和服些更大的务，本队在桂林开始制了许多特大标语，这标语是拿生动的、警惕的语句写成的，所以引起了桂林人们的相当注意，刺激着每个人的心灵，而最醒且最有意义的还算是安置在桂林广西省政府门前和车站一侧的特大木牌标语了，这里一个是“东方被压迫民族联合起来”，一个是“拥护东方革命领袖□□蒋委员长抗战到底”，来住的行人是无意间能清楚的看到。

广西省内存在着的民族，不仅有着汉、回、满，而且尚存着不少抗战中的新力量——苗、瑶，为了了解瑶民的生活，本队特遣了两位同志前往视察，随着这种视察，也做了不少宣传工作，瑶民由此对于朝鲜民族和在抗战中的作用，是得到初步的了解的。

血的五月来到了，这个月中是含蓄了血腥、眼泪，我们怎样来纪念这拿鲜血写成之“五月历史”呢？我们要在这时勉励中国同胞不要悲哀，不要失望，现在这个大时代是雪耻图强的唯一机会，所以在五月首先印发了《告中国工人书》《告中国青年书》《告中国受伤将士书》，在这三种文告里面（文载本期）指出中国二十一个月抗战已奠定了胜利的基础，只要坚持抗战到底，胜利的曙光即招展在目前了。

以外为了扩大宣传，本队将组织宣传队参加青年运动周作宣传工作，这又是实践工作的又一表现。

义勇队在桂林的同志们不仅对外做些工作，而且对自身也是不忽略的，为了建全自身，首先建立了规律的生活，过去的散漫无定生活是见不到了，以外举行周会、座谈会，也是同志们锻炼自己的唯一工具，对工作的成绩不夸张，也不掩张，同志们皆准备以更大的努力来开展更大的工作。

半年的期间我们总是收到了些成果的，但不可讳言的，还存在着许多缺点，桂林各界的人士们，对我们所收到的这些成果，是有着不可磨灭的功绩，我们还希望桂林以及其他各地的人士们，对于我们的缺点给予明确的纠正。

一九三九年五月三日写于桂林

（原载于《朝鲜义勇队通讯》第 11 期，1939 年）

女同志们在受训

[韩国]杨民山

一所西式的洋房耸立在阴郁而高耸着的树丛中，在那里到处都开满了各种诱人的花朵，只有鸟儿在那花草中飞着叫着，在那里听不到汽车声，也闻不到煤气味，而所看见的好像一幅风景图——重庆、扬子江、山、塔、村落、树丛。假若你要来到这里，一定会使你有一种美感，也许会使你忘掉战争的残酷。

这就是为了培养出伟大的革命力量而在受着训练的女同志们所住所学的地方，她们在这儿整天的忙着，学着，工作着，但她们并不觉得劳苦，只知道快乐，这都表现于她们的脸色和歌声中，这种快乐是人生不可缺少的滋养品，也就是她们走向光明前途的原动力。

这个训练班是为了养成妇女的干部人材而创办的，学员共有十一名，年龄都是二十多岁，个个都健康、活泼而有为，她们都是旅渝朝鲜妇女会的基本会员。负该班训练责任的有三位训练委员，一位是主任，一位担任生活指导，一位担任工作指导。训练期间是两个月。

这个训练班开办时难免有种种困难发生，但其中最大的困难是小孩子问题，因为学员多半是孩子的母亲，如不能解决小孩子的问题就不能受训，于是他们雇几个老妈子把这群小孩交给她们看护，并且由年纪大的妇女中请一位性情温和、经验丰富的保姆来指导和监督老妈，但是喂乳仍由孩子自己的母亲来喂，喂乳时间是编时间表规定好了的，睡觉也是由孩子自己的母亲来带着睡，所以这个制度可以算作半托儿所。

这个训练班在四月九日开学。开学典礼的那一天，在渝的多数革命同志都来参加了，屋子虽小而又没有什么布置，但室内非常整齐严肃，首先由班主任王志延同志致了简单的开会词，他说："今天你们已经由家庭中跑出来踏进实际工作的园地了。……我们现在勿论在前方或后方，义勇队的工作或本党的工作，都需要你们来参加，前方的工作先不提，只说后方工作吧，假如你们能够代替此地的男同志工作，那么男同志上前线或外地去工作的人数就可以增加了。……在过去的朝鲜革命女性都是挂牌露名的，很少见真正的革命实践家，你们受训以后希望不要作挂名出风头的人，而要做能干的工作者。”继由金若山同志致了训词，他说：“今天在这儿开办妇女训练班算是新纪元，在全朝鲜也是罕有的举动。……革命如没有占着人口半数的妇女来参加，革命胜利是完全不可能的，组织妇女、动员妇女是你们特殊的任务，你们要负担起这伟大的任务。……过去的革命同志都忽视了妇女在革命运动中的伟大力量和作用，现在本党的同志也很多犯着同样的错误，这种错误观念正需要你们自己努力奋斗来改变过来！……从此以后你们不但积极地参加一般的各种工作，还要为完成你们妇女特殊任务而努力。”其次由金白渊、尹虬云、崔友江等革命先进和妇女会代表讲了很多勉励的话，最后由学生代表致了答词，表示她们坚决依照其训词而努力。

这个训练班的教育原则是真正的“知行合一”。上午是学科，下午是工作。学科有党的组织、政治常识、国际现势、朝鲜历史、战时工作、妇女问题、图书、唱歌。工作有作文翻译、编辑助理、幼稚生教育、壁报练习、铅字工作。工作是分组来做的，每两个星期更换一次。

她们每天六时起床，晚九时就寝。早晨有三十分钟的体操，晚上有各种集会或是自修，每个星期规定有三次会，一个是小组会，一个是座谈会，一个是音乐会或娱乐会，都是由学员自己主持的，她们在这些集会上报告着，批评着，讨论着，鼓励着，歌唱着，欢乐着，她们通过这些集会而更加团结、更加互助。

她们勿论对于学科、工作、集会都非常感觉趣味，并且很能守纪律，她们都说：“这种生活真有意义呀！怎么以前的一天是那样长，现在的一天是这样短！”

她们都奋发起来了，每天都在发展着，如照这样一直继续下去，她们都能成为有用的革命干部人材，我很希望她们不要再做平常的一个女人——一个男人的贤妻，一个小孩子的良母。

四月廿一日于重庆

（原载于《朝鲜义勇队通讯》第 11 期，1939 年）

第二期抗战中朝鲜义勇队与对敌宣传

[韩国]李达

一般救亡团体的工作范围和内容,各各都是差不多,朝鲜义勇队也不能例外。但朝鲜义勇队的一切工作项目中,自以为比较重要的,便是对敌宣传。对敌宣传是无论在任何性质的战争中都不失为一种瓦解敌军的最好方法,而作战双方都需要运用这一种宣传方法,以达到瓦解敌军的目的。

在目前,中日战争中被侵略的中国固然要实行对敌宣传,但侵略的日本强盗也要实行对"敌"宣传。不过双方的宣传内容和效果是大有分别的,而且是相反的。

对敌宣传要获得最大的效果,则这宣传必须含有正义公理的政治内容。不然,不但得不到什么效果,反而却有大害。中国的抗战是为国家民族生存的自卫起而应战,是反侵略的,也可说是为了拥护世界的和平与正义。中国要实行对敌宣传,当然是义正词严,能够获得很大的效果。

正因为如此,抗战开始后,中国当局早已注意到对敌宣传的重要,特别设置了对敌宣传工作的机关。在积极实行着。朝鲜义勇队直接参加中国抗战以来,他们对于这对敌宣传的艰巨任务,为了朝鲜民族的解放,为了中国的友谊,是义不容辞的,他们所以自愿负起这种艰巨的工作,是因为:第一,比较了解日本士兵的一切生活习性和内心的反应;第二,有曾与敌人直接斗争过的悠长历史和无数量丰富的鲜血;第三,对于日文日语较为熟练;第四,因立场的特殊所给予日本士兵的刺激和影响较大。所以可以说朝鲜义勇队与对敌宣传是有着密切的关系,尤其在中国抗战转入了第二期,敌国内部加深不安和在中国的敌人军队哗变的普遍化的今日,对敌宣传是更重要,并且敌军中参加了有不少的朝鲜籍士兵。但朝鲜人终是朝鲜人,他们决不会忘却日寇三十年来对朝鲜人非人性的压迫,所以朝鲜义勇队的宣传特别注重于朝鲜籍士兵方面,使他们掉转他们的枪口向着万恶的日本法西斯军阀进击。

第二期抗战中朝鲜义勇队应更加强其对敌宣传工作：1.在前线继续对敌军士兵宣传。2.在前线继续教授中国官兵日文以增加对敌宣传工作人员。3.进入敌军后方，对被占领区里的日本民众和朝鲜人宣传。4.在后方仍积极从事训练日本俘虏工作，在可能范围内创办俘虏学校等。我们在对敌宣传工作上，有不能忽略上面的任何一项。我已经晓得前线的同志们正在很忠实地执行着对敌宣传职务。在这里希望前线同志们更加努力以博得最大的效果，更希望中国友军和广大的中国同胞们和朝鲜义勇队同志更亲密的联络，以发挥出更大的力量。

（原载于《朝鲜义勇队通讯》第12期，1939年）

活跃在一、五两战区的朝鲜义勇队

刘金镛

说起来已经是去年十月间的事了，在武汉危急的风浪中，朝鲜义勇队第二区队的同志们英勇的踏上了征途，他们的目的地是第五战区。可是当他们刚走到花园（平汉路一车站）的时候，侵略者的魔手已遮断了平汉路。同时因为广州失守武汉撤退，前方情况不明，只得跟随了我们撤退的军队往西走，可巧不久第五战区长官司令部，也到了××，他们才算不期而遇的找到了归宿，于是很快的就展开了活跃的第一期救亡工作。他们凭借了熟练的技术——书、画——到处写画着朝鲜义勇队的漫画和标语、壁报。他们利用纯熟的日文日语，向敌人作反宣传和训练日本俘虏。这一期工作的时间虽然很短，可是他们已经得到了相当的效果和宝贵的经验。跟着我们的抗战转入了新阶段的第二期，他们为了配合这一新的情况，他们的工作也有了新的决定和新的发展。

给与士兵的慰安。他们在第一期工作的过程中，看到了中国英勇的士兵浴血抗战，无论在饥寒交迫的时候，或者受了光荣的创伤的时候，他们尽管千辛万苦，可是从没有发出过一句怨言，这种伟大的精神实在太令人感动了！他们为了给这些英勇的战士们一点安慰，于是发起组织劳军团来推动这一工作，这种友邦友情的义举，马上得到了我们各界各救亡团体热烈的同情与援助。有属于八个救亡团体的团员，四十二个人来参加这一组织，同时还得到了各界许多的慰劳品。他们为了慎重从事，使这一工作能够得到更大的效果起见，还把团员们集合起来练习了一个星期的时间，才向战地——随县一带出发。特别是日本俘虏伊藤进也自动的参加了这一工作，更增加了不少的异彩。

这个慰劳团从二月三日起，在一个多月的工作当中，除了给予英勇的士兵以精神的物质的安慰以外，还随时随地对他们说明“优待俘虏”和“争取俘虏”的意义，同时更因为俘虏伊藤同志也到处在做反日本法西斯军阀的演说，使士兵得到了实例的教育，对这一意义更加深刻的了解了。当伊藤演说完了以后，士兵们真实的自动的喊出了雄壮的"打倒日本法西斯军阀""优待俘虏"的日语口号。伊藤也受了这种热烈的欢迎的感动,对工作的态度更加坚决了。这可以说是实行训练俘虏和士兵教育打成一片的方法所收到的良好结果。

扩大加强对敌宣传的工具。抗战转入了第二期,我们整个的策略也有了变动,"宣传重于作战"也是我们重要策略之一,为了扩大强化这一工作,他们策动把第五战区各团各营优秀的班长和上兵挑选出来,组织了日文口号队和标语队加以训练,使得他们能够直接参加这一工作,同时并能够担负起教育其他士兵的责任。还有在××的干训团和在××司令部的长官,以及宪兵营等团体,他们也自动组织了日文讲习班来学习锻炼这一技能,便加普遍和扩大了我们的对敌宣传工作。

到敌人后方去活动。他们根据了第一期工作的经验,证明了到敌人后方去工作不但十分的重要,而且具备了充分的可能的条件。于是他们印刷了许多日文传单和标语,携带着这大批的精神炸弹,到敌人的后方去活动。他们经常的进出于从随县应城和信阳一带,到处散布这些精神的炸弹。在工作的当中,也时常的遇到敌人的袭击,有一次队员王克强同志在界河新店,参加了我军和敌人八百多名的遭遇战,顽强的日寇前后有五次猛烈的冲锋,可是都被我们英勇的弟兄们凭借了有利的地形和优势的火力击溃了。丑恶的蝗军竟丢下了三百多具武士道的结晶——尸体。这也可以说是工作的一点副收获。

阵地上的演说战。在第一期工作当中,他们感觉到在战壕里仅止用口号战来宣传还不够深刻,于是又加上了演说战的新武器。在三月十三日晚上,队员胡维伯同志就假装日本东京出身的俘虏加藤进,出现在与敌人距离最近(八十公尺)的随县鱼家岗阵线上,他以加藤的□格这样说:"我们这次对中国的战争,在日本国内是这样宣传,说是为了东亚和平的圣战。但是像这样用飞机大炮来残杀中国和平的民众,侵占中国的土地,无论如何是达不到目的的。不但不能达到目的,而且日本再继续这个侵略战争一定会亡国。"胡同志还给他举出了许多的实例和统计数字来详细的说明。丑恶的敌人也自知理屈词穷,不能作任何答辩。但是像这样大的播音机声,清晰的送到了他们的耳边,究竟也不能以装聋作哑来掩饰过去。所以在第二天晚上的时候,听着好像一个日本军官的人厚着脸皮,强词夺理的出来答复了。他说:"日本是为了东亚永久的和平,来打倒和平的破坏者中国共产党和蒋××政权,所以举行圣战。"我们的胡同志义正词严的予以反诘:"果真日军是为了东亚永久的和平,来打倒中国共产党和蒋××政权,那么为什么日本国内自身的共产党和法西斯政权还没有打倒就跑到中国来举行圣战呢?以致使日本数十万的大好青年做了无谓的牺牲，这是为了和平么?”这位厚脸皮的日本军官，自知理曲不能再辩论了，于是老羞成怒的显出了军阀的狞恶真面，用无耻的口吻对我们漫骂起来了。在第三天的时候，我们的金铁远和朴、茂两同志也奉命加入了战团，准备更大的战争。大胆的日寇竟先向我们挑衅，坐名要加藤进出马，我们的胡同志马上抖擞精神，跃马拧枪神勇的出现在了阵前，和敌人展开了激烈舌战。朴、茂两同志也不甘示弱，也分由两翼冲了上去，他们全副精神以千军万马崩山倒海之势向敌人进攻，本来理曲的日寇，那能招架的住，所以就大败亏输抱头鼠窜而逃的消声敛迹了。以致在第四夜的时候，日寇只好挂免战牌，但是我们的同志还是毫不放松，紧紧包围向他们进攻。日寇在没有办法的当中，最后真的撒野了，集中炮火向我们的同志射击。当我们胡同志低下身子去避弹的时候，不知怎的一个日本善良的士兵竟摸到了他的战壕里，他对我们的胡同志不但不加伤害，并且还劝他要赶快离开那个地方，因为那个地方太危险了，这种敌人的友情，不能不算是抗战中稀有的一段佳话。

热烈的友情。他们在战区工作的同志，到处得到中国民众伟大的爱护与热烈的同情，这种伟大的友情更加滋长了他们杀敌的决心，更增加了他们战斗的勇气。有一次金铁远同志因为脚上生了疮到教会医院里去诊治，但是当他到了的时候，已经过了诊断的时间，于是只好坐在那里休息休息再往回走，可是有一个西人妇女医师，偶然看到了他证章上的“朝鲜义勇队”的英文字，她对金同志非常崇敬，她非常的受感动，破格的特别给他治疗！这种伟大的友情实在太可宝贵了。还有一次，金景云同志深入到敌人后方去工作，有一天晚上他宿在了随县的一个礼拜堂里，他因为了行军便利的关系，只带了一条军毯，局促的睡在地板上，在那宽大的房间里边，有好些女人在暗暗的打量他，看着他这样狼狈的样子，都以为他大概是难民或者是英勇的士兵吧？在这颇有寒意的漫漫长夜，他将怎样困苦的度过呢？不禁同情心发，给他盖上了很厚的棉被。我们的金景云同志睡的很舒服，一直到太阳很高的时候了才醒来，“哎！奇怪！谁给我盖上的棉被呢？这太使人感谢了!”但是又能向谁表示谢意呢？人们已经不见了，房子已经成了空房！只好把棉被垒好放正，默默的对那个热情的主人公表示感谢，含着温暖愈[愉]快的心情，离开了那个地方。

黄河北岸工作的发展。他们在第一战区工作的同志们，除了文正一和吴民星两同志在长官司令部工作以外，高峰起、白正、李世荣等同志他们已经到了黄河北岸，在××军工作。最近有一个受日寇逼迫而来的朝鲜的俘虏交给了他们，在很短的时间里，已经顺利的做完了训练工作。因为朝鲜的同胞们在国内已经受尽了日寇的压迫，千辛万苦被逼迫着离开了可爱的故乡，他们还不知道仇人是谁吗？一旦知道了祖国的救星朝鲜义勇队，他真是不知高兴到怎样才好，他比我们的同志更积极更热烈，为了争取更多受苦受难的朝鲜同胞到我们的阵线里来，他冒着很大的危险和李世荣同志又到敌人的根据地新乡附近去了。我相信他们一定会和大批的祖国同胞回到我们阵线里来。还有在间岛大成学校毕业的两位朝鲜同胞，他们不知在那里得到了朝鲜义勇队的消息，不顾生死的通过了中国的阵地到了洛阳，请求参加朝鲜义勇队。是的，这是祖国复兴的时候了，朝鲜的同胞们还用迟疑吗？朝鲜义勇队已经高高的举起了复兴祖国的旗帜！怒吼吧祖国的同胞们，敌人已经快要进入坟墓了！用我们伟大的力量让他快一点躺下，这个人类和平的刽子手是死有余辜的！

已经打下了胜利的基础。朝鲜义勇队的年龄虽然还是那样幼小，可是他已经在抗战的大时代里很快的长成起来了，他给了中国民众以友情的滋润，他给了日寇以无情的打击，这一切的一切已经奠定了将来胜利的基础。尤其是一、五两战区诸同志的活动，他们更接近了祖国的土地，再进一步就可以看到祖国美丽的河山了！同志们，努力吧！阔别了三十年的祖国的大好河山，在不久的将来我们又可以回到她的怀抱里了！

（原载于《朝鲜义勇队通讯》第 13 期，1939 年）

游击干训班受训记

[韩国]世光

中国第二期抗战中，××游击干部训练班是培养游击中坚干部的唯一的训练机关。在二十三个月的血的抗战当中，中国得到了许多宝贵的教训。其中最重要的，即必须要积极的发展敌后的游击战，以与正面的正规战互相配合而实行前后夹攻，组织沦陷区内之广大民众以破坏敌人的所谓长期建设，并重新建立我方政治经济机构，使敌人难拔泥脚，而尽量消耗敌人的人力、财力，以打破敌人速战速决的迷梦。只有这样才能打破敌人点和线之障壁，争取内线中之外线，而达成长期抗战的战略。是以在目前抗战中，当然最需要多量健全的游击干部。该班就是为解决这个重大问题的时代产物。我虽然是处在敌人铁蹄下的异国青年，但是因为我们是同一战线上的战友，而且在现在或将来的事业上同样的很需要这种智识和技能，尤其是在我们所担任的对敌宣传工作的进行上，须与全国各地游击部队取得更密切的联系，故我在得到了当局的允许后，也就参加了这个有划时代意义的训练。我觉得该班在训练内容和抗战情绪上，是第二期抗战中最进步的一个教育机关。有许多地方值得我们借镜的，所以很简单的把它介绍出来，以供同志们的参考。

一、生活方面

该班生活中完全实行“亲爱精诚”的教育宗旨。由各战地浴血抗战归来的战友们更是和蔼可亲，而且充满了英勇的抗战情绪。全班上下犹如兄弟一样的融洽，令人感觉到好像到了和蔼的家庭一样的慰安。我们在×主任伟大的领导和×，×副主任及×教育长的严正、和蔼、澈底的教训下，不论官员都是在紧张、热烈、和蔼的空气中埋头苦干的研炼着杀敌的技术。尤其×教育长和×副教育长，可说是现代模范的革命军人、模范的教育家、出众的雄辩家，他们在讲堂上或与学员们接触时，其态度和言语上决没有上下的表示，都似兄弟、朋友一般，以青年的热情和亲爱的态度来相接，因此全班的官员间自然而然的造成了一种美风。衣食住行各方面都是一样的生活，原系第×师师长兼×××军副军长的×总队长也是同样的穿短裤、胶鞋。该班学员都是由前方和敌后方游击区里调来的，有副旅长、团营长、参谋或办击司令、队长等等，因是彼此都以抗战工作同志的态度相处，互相尊重人格，互相热烈的讨论实际问题。我们第×队，即由两个男学员区队和一个女学员区队而编成的。在抗战过程中中国的妇女有着惊人的伟大进步，这种进步只有在这样共同生活中才能得到正确的认识。她们在生活或工作中比任何部分还要积极紧张，在各种的讨论会席上比男同学还要热烈的发言和讨论。在每期的壁报上她们稿件的数量和内容，比男同学还要多而且丰富。在每次演戏时大多半是女同学来包办。其他像跑步，爬山，射击等都不落于男同学之后。我们就看这一点便可知道在抗战过程中，一切潜势力的进步是如何的迅速，全面抗战力量是如何的日益巩固或扩张。还有该班的教官中好几位教官，是由第八路军来的新进干部。他们不但在教授上得到全班官员的敬佩，而且在言论生活以及相处的态度上都得到了全班的爱载[戴]。在班里随时可以看到许多国共两党更密切合作的事实表现。他们不但对主义和领袖真诚的信仰和拥护，而且更热烈的共同研讨抗战建国的实际问题，有时互相开玩笑似的谈到过去内战时的故事，常常引起全场的大笑。

为了调剂干燥的生活，提高兴趣起见，每周至少开一次同乐会，有时聘请各地戏剧团来参加或演放映电影，田汉先生的平剧团也曾来班演戏，受了很热烈的欢迎。此外，除每周在山顶的广场上开纪念周外，还时常开自我批评会、小组讨论会、时事座谈会等来严密检讨自己，互相砥砺，以提高革命意识与战斗的情绪，与××庄严的景物相映，造成一种生动活泼的气氛。

二、训练方面

该班的教育采用自动教育的方式。由全国各战区所集合的抗日将领们，都带来了二十余月浴血抗战中所得到的许多宝贵经验，而在这里互相尽量的交换探讨着，并吸收多量的知识和技能，以更加巩固和充实抗战的力量，这是多么伟大的事啊！所以全班的将领们都自动的去学习和研究，不需形式的监督或管理，一般的纪律亦是如此，都是自觉的纪律，而且由各队官员所组成的纪律委员会来处置纪律上的一般问题，决没有过去一般军队所惯用的那样强迫纪律的影子。

学术方面的课程，除了很简单而紧要的军事、政治知识外，大部注重在游击战方面的学术课和现阶段抗战中的军事政治问题，而特别注重于精神教育。勿论学术课都采用自动研究的方式，决没有呆板的灌注式，并且教育精神多注重于吃苦耐劳、埋头苦干的方面，所以班里一切设备和服装、伙食等都是合乎简单、朴素和游击行动的要求。时常因空袭的顾虑与打扰，每次天晴时必须到野外讲堂上去上课，在雄伟的又×绿林里，一面与敌机斗争着研练杀敌的技术，这是多么雄壮、愉快的事啊！野外演习都以上面规定的原则为基准，而由同学们来编订“想定”，侦察地形，指挥演习。其次，该班特别注重于民运工作方面，把××全镇的保甲分配给各队作民运工作的试验，每逢星期日全班的同学都到各保各甲去〖从事〗宣传、组织、训练等工作。以每甲为单位，按男女老幼的分别组成了老年、青年、妇女、儿童自卫等各队。这样不仅能使后方抗战力量巩固、坚强，而且能完全达到军民打成一片的目的。毕业前民众大检阅时全镇的男女老少全体集合在一□，举行了国民抗战公约宣誓典礼，那时的现象真好像是军民成为一个家庭了。同学与一般民众们笑的笑，谈的谈，同学们抱着民众的孩子，民众们靠着同学们的肩膀，嘻嘻哈哈的过了一天。尤其×教育长离班时一般民众惜别的情绪，犹如失去了父母似的哀伤。

三、一个异国战友

在膨湃着抗战怒潮的××铁血将领的队伍里，我这个异国战友受了很热烈的爱护与欢迎。我到达××受训地点后，首先拜谒×教育长。他诚恳热烈的向我表示了欢迎之意。一般同学们听到我是外国同学，都带着奇异而亲爱的神气，围着我提出许多问题来谈笑。第三天×教育长和×总队长向全体同学们很热情的介绍了我，当时全场的同学们欢迎的掌声如雷震耳，使我内心受到极深刻的感动。

此后我就奉到×教育长的指示，把朝鲜简单的历史和被日寇压榨的惨况以及朝鲜革命运动的过去与现今的情形等问题，向全体官员同志们作了一次报告，备受全场同志们狂热的欢迎和关心。事后又把这些问题写成长文登载到《突击》之上，同时其他方面我也尽量的利用各种机会（刊物、壁报、集会等）把朝鲜问题和中朝联合问题向亲爱的战友们介绍。他们看到了朝鲜的文字和听到了各种朝鲜的消息后，总很奇异似的问我许多朝鲜情形。我站在战友立场上，很诚恳给他们解答，有时我们研究许多现实的问题，在毕业同乐会席上我唱出了朝鲜歌曲，而博得全场极大的欢迎。×副主任和×教育长常说：现在的中国抗战不但是为中华民族的独立、生存，而且是为朝鲜民族及其他各弱小民族的自由解放。他还常对同学们说：你们有机会时与那位朝鲜同志多多的交换政治意见好了！于是全体同学们对我毫无对异国人的机械的态度，而都以亲爱、诚恳、热烈的友情相互接融。他们异口同声的说：我们便是真正的同生死、共患难的友军，我们是自古以来唇齿相辅的兄弟之邦，我们共同合力来消灭日本帝国主义，争取民族的独立、自由、幸福，并建立东亚真正、永久的和平。

四、第二期抗战的钢筋

针对着第二期抗战的需要而由革命钢炉中锻炼出来的这一批英勇的游击将领们，毕业后片刻都不犹豫的已经向各战区的敌人后方出马了。相别时都以惜别、坚决、自信的伟容，握着铁链般的手，相说着临别的赠言：我们永久保持联系，我们在上海、北平、沈阳再会，若是我牺牲，请你替我报仇和完成任务，最后祝大家健康，为抗战努力……。这批精练的抗战斗士分布到全国各战区的敌后，一定会筑成许许多多坚固的堡垒，攻击敌人的后背，把敌人埋葬在中国大地上；一定能扫荡了傀儡，破坏敌人的经济机构，打破他以华制华长期建设的迷梦。敌人后方的民众正渴望着这批工程师的到来，他们把民众铁链般的组织起来，不久会筑成敌后新的长城。敌人正站在死路上呻吟。战士们前进吧！让我们紧握着手前进，踏上我们自由，幸福的乐园！

一九三九、六、一于桂林

（原载于《朝鲜义勇队通讯》第 14 期，1939 年）

活跃在火线上的朝鲜义勇队

[韩国]李斗山

客观的事物在我们的头脑里反映而产生我们的思想和认识，这思想和认识推动我们的实践而不断地进步，不断地发展着。

卅余年来之被蹂躏和压迫的事实，迫使我们朝鲜的有志先辈洒下了不少的鲜血；民族的生存自由受到威胁，竟使朝鲜的义男义女曝露了不少的尸骸。

这种悲壮的牺牲，可泣可歌的奋斗的事实，这种不屈不挠的精神，不断的继续迈进，种下了无数的革命种子，发展了伟大底革命阵营，而做成朝鲜革命的巩固的基础。

看呵！刺激朝鲜青年底心脏血，使沸腾着万丈的高潮是什么？这正是象征着生命的火焰，青春的热！

看呵！照耀朝鲜儿女前途，像那初升旭日，发射光芒的原动力是什么？这正是表现革命的精神，义勇的气魄，为要求生的欲望而擎起自由的炬火。

朝鲜义勇队正在血肉横飞底沙场中揭起中韩民族解放的旗帜而冲杀倭鬼，前进！前进！

这就是朝鲜革命的一把火炬，又是朝鲜青年的集体血块的结晶。

他们的中间，有不少的天才学者、大学生、中学生以及军事家……

这里民族的阵营里，如果有诗人参加，我想他一定像 Palamas 一样的坚决地高喊着：

“我对于祖国并没有什么可说的贡献，但是我不能做一个只是我自己的诗人！我是我的时代和民族的诗人！而凡我所保有在我的内心的，不能和外面的世界分离。”

他们都是忍耐着一切痛苦的勇士；都是为了生命而战斗，为了中国而战斗，为了朝鲜而战斗，为了正义而战斗。

朝鲜义勇队是说明着“朝鲜是永远的生动着”，并且一方面又解释“中国抗战是神圣的”。

在东方被日本军阀压迫之下的各弱小民族，目前最急切需要的前提，无论谁都知道要联合战线共谋解放的途径，才是各民族整个根本的办法。中国发出最后的吼声，而表现在这次空前的民族解放运动上面。这不只促成中国国内统一的成功，同时与中国密切关系的民族也趁着机会正常地发展她革命的怒潮，不单单在言论精神上随地发现共同要求的表示，也得有军事行动的激烈的实践，朝鲜义勇队的产生就是最明显的一个实例。

“朝鲜义勇队是国际纵队的先锋！”

“东方被压迫民族联合起来！”

“中韩两民族联合起来，打倒日本帝国主义！”

这些醒目的标语不只在朝鲜义勇队工作的地方看得到，琳琅满目，更相信含蕴在每个抗敌的战士底脑海里的中韩的国旗时时在飘忽。

的确，现阶段底战争，不是单纯的中日两国的问题，实际上还是被日本压迫的各弱小民族摆脱锁链的总决斗，中国抗战标帜之下不只有不愿做亡国奴的全国民众，朝台各民族也已经卷进了抗战的漩涡，跟中国前方将士配合一道战线，这些所抱的使命都是民族独立，而惟一的对象也就是共同敌人——日阀，大家彼此民族间既然有共同的使命，应该再加紧联合这条民族战线，更要以民族间的根本利害为据点，消弭彼此间一切界限的观念，幸而结成不可分性的民族阵线。

朝鲜义勇队正在中国抗战阵营里实践这不可分性的中韩两民族联合阵线底理论，而示给全世界爱好和平人士的面前。据最近第一区队在某地袭击一敌营的时候有这样一段的报告：“对敌要做到有效果的宣传。在实际情况，不得不和袭击队部做同一的行动，实际的战斗是我们一定要做的，不然的话，不但良心不许可，并且对任务上似不尽责。团长顾虑到有万一的危险而阻止我们参加，但经我们拒绝他的善意之后，当晚就潜行到大沙坪敌人的战壕旁边，耳朵里可以听到敌人说话的时候，大家就同声地喊着：‘日本兄弟！我们是朝鲜义勇队。你们为少数军阀而牺牲，死的价值等于一条狗命。若果到我们这里来，还享受着优待呢！’喊号的呼声传播到四方，冲破静寂的山野，跟着敌人内部骚动起来，就以机关枪向我们方向射击过来，我们也立刻开枪应战，一面射击一面喊着口号。还把对敌宣传单□在敌阵附近，散布了很多。”这是在火线上活□的实际报告。

义勇队里一位李同志在某地附近敌人警戒线地的杨家屋，在枪弹如雨之下，不顾一切，负着一位中国伤兵，冒险的冲过离那里三百八十米的战线地来，这勇敢的精神博得许多兵士们特别兴奋。又李某同志，看见了一位中国兵士被敌弹重伤，血山创口流出不止[①]，趁即撕裂他的恤衫做绷带，虽在炮烟之中，镇静如常，而与几位同志听[砍]树截枝做一临时担架，泰然负带其伤兵，交给卫生所救治，这种尽职的精神，使给我们后方人感佩。

我们依据前后报告，知道朝鲜义勇队进出前方火线，参加实地战斗以来之战绩大有可观，如袭击敌营，歼灭敌方哨兵和便衣队，断绝电线电杆，破坏交通，焚毁敌方弹药库等等之成绩，洋洋大观。

朝鲜同志目前甘冒矢石，挎白刃，置一切牺牲于不顾者，一方面固然以本身民族解放为前提，他方面看法的确又是助予中国，直接给日寇严重打击的一支部队，与列强援助中国所用"同情"的名词更有天渊之别。这样看来，中国抗战与朝鲜革命显然有不可分割性——就是为了两民族间的利害一致的不可分割。中国最后胜利和朝鲜实现独立的时机迟速，还专靠我们大家抗战精神和合作力量来决定，所以在联合中韩两邦革命力量之途径上，我们首先涤除"官样文章"而不着边际的形式，摒弃一切表面上说得冠冕堂皇的漂亮话，敷衍了事的滑头辈。

我们以革命精神来披沥肝胆，须以血诚坚握提携，巩固我们两邦武装的力量，加速那光荣胜利日子的早临。

（原载于《朝鲜义勇队通讯》第 15 期，1939 年）

---

① 原文如此。——本书编者注

为“保卫祖国，解放台湾”而斗争

——台湾义勇队略记

张一之

一

要知道台湾义勇队，得先知道一点台湾独立革命党的情形，因为前者之组织就是后者所发起的原故。

台湾独立革命党，是李友邦氏领导下奋斗了将近二十年的一个党，民国十三年在广州成立以后，一直在困难中工作着，在日本帝国主义者的大压力之下，牺牲了不少的工作同志，但新的力量也不断的成长着。在摧残中生长起来的台湾独立革命党，将无疑地永远是日本帝国主义的绊脚石。中国神圣的抗战开始以后，党以另一个崭新的姿态出现于战争中，重新决定他的革命策略，而且向党员指出了两个工作方向：第一，是号召台胞参加祖国抗日战争；第二，是潜至台湾本部发动各种暴动。

作为实践号召台胞参加抗战一口号的工作，就是发起组织台湾义勇队。

二

这组织台湾义勇队的主张，自被台湾独立革命党提出来以后，深得留华台胞的护拥，闽浙粤各地台胞都纷纷来函响应，表示极愿参加！台湾留华同胞大抵集中在这几省以内，主要原因自然是地理接近的关系！而在这三省之中，尤以福建为最，在战前据政府统计已有一万多人。因此，党便派人到福建去，调查统计，结果测知一般台胞皆富有抗日情绪及工作经验，便决定组织台湾义勇队，开始与闽浙各省当局接头，这是组织义勇队的初步工作。然而这初步就奠定了以后筹组工作开展的基础，因为这时就由各方面接获不少的鼓励与援助，这中间要特别提出的是朝鲜义勇队所给予的大量的精神、物质双方的援助，使得工作能够很快就开展起来。经过了很久的努力，现在队员已一批一批地陆续集中浙江，一方面做着实际工作，一方面接受各种训练，此时正向政府请示中。大概不久，这支继朝鲜义勇队而起的台湾义勇队就会活跃在祖国对倭神圣抗战的各战场上了。

三

日本帝国主义者统治台湾四十多年，用那帝国主义者所特有的武装和警察，使台湾人生活于极高度的压力之下，但台湾人在异族的压迫厉害之时，越更英勇地和压迫者斗争，也越忘不了祖国。所以祖国抗战一开始，在台湾就不断地发生各种暴动，而组织台湾义勇队的主张一拿出，请求参加的台湾人就纷至沓来，这情形使得筹备者们不能不用分期编队的办法，即暂时限定参加人数，而定期依次登记。现在是先从编组第一支队起，拟第一支队训练完毕分往各战区工作后，又再继续成立第二支队、第三支队等。此刻在浙方训练中的第一支队，一方面就从事着好些实际工作，他们参加政府所倡导的宣传运动，参加献金运动，他们招待日台俘虏作广大的宣传，他们替政府从事军事生产，替伤病兵义务治疗……因此深得各方赞许，好些游击部队和×战区司令部都纷纷函请他们前往工作。

这中间不应忽略的，还有一群不愿做日本帝国主义者的奴隶的小台胞，他们还小得很，可是铁的受压迫的事实已教育了他们，他们知道要怎样去奋斗才有个人的出路、民族的出路，他们也组织了一个台湾少年团，和大台胞一起作着各种有利于抗战的工作。

四

台湾义勇队，不消说，是一个政治意味重于军事意味的队伍，它的工作也因之是政治工作重于军事工作。

一方面配合着台湾人所具备的特点（如熟习日本士兵心理，善操日语日文等），一方面适应着祖国第二期抗战的特殊需要，义勇队将以瓦解敌军工作作为主要工作，将以被日本军阀诱迫来华的韩台民众作为主要工作对象。这工作是艰苦的。然而，被日本帝国主义压迫着，在日本军阀铁蹄下生活着，在困难环境中艰苦地斗争过，现在艰苦的斗争着，而且将来还要坚苦的继续斗争下去的台湾人，是不怕坚苦的。

他们每人都深信不疑，祖国抗战最后必定胜利，台湾革命最后必定胜利，他们抱着坚决的心，要“保卫祖国，解放台湾”，在东南各省，你会在各地听到那台湾人的雄壮歌声，他们跳跃的唱着一首《台湾义勇队队歌》道：

我们是抗日的义勇军，
是台湾民众解放的先锋队，
要把日鬼驱出祖国，
要把他在台湾的镣锁打碎！
为正义抗战，保卫祖国，
解放台湾，
把日本帝国主义整个摧毁，
整个摧毁；
我们是抗日的义勇军，
是台湾民众解放的先锋队。

（原载于《朝鲜义勇队通讯》第 15 期，1939 年）

三十年来的朝鲜民族解放运动

[韩国]李达

朝鲜民族问题，在世界弱小民族问题中比较占着重要的地位。尤其是在中日战争当中，朝鲜民族问题更引起世界人士深切的注意。笔者因时间匆忙和参考材料缺乏的缘故，无从具体论述，仅就管见所及书为概论以飨读者。

初期反日斗争

自从朝鲜变为日本帝国主义的殖民地以后，日本帝国主义以残酷的手段制压朝鲜民族为独立自由而奋斗的民族解放运动。但此仆彼起，其运动依然激烈的继续进行。

日本侵略朝鲜的野心渐次露骨化，当其侵略魔手伸到朝鲜的时候，朝鲜的许许多多先进份子立刻团结起来驱逐日本的侵略势力。他们组织了大韩独立协会，发动广泛的民众反日运动。安重根义士在哈尔滨东站刺杀伊藤博文，李在明义士刺杀卖国贼李完用及背叛信义的美国人须知芬的遇刺事件，都是在这时候发生的；而全国的志士及学者组织义兵，在全国各地和日军做着激烈的斗争，也就是在这个时候。可是这种斗争经过日本帝国主义的残酷的屠杀，终于暂时被镇压下去了，而不断崛起的各地义军仍不顾牺牲的继续奋战，一直奋斗到亡国后七八年之久，但终于遭受日军的大举进逼而退到北部国境方面，后来在东北重新建立了朝鲜民族解放运动的军事根据地。

“三一” 运动

自亡国后十年，即一九一九年三月一日，爆发了全国的大革命运动，这运动在朝鲜民族解放运动史上是有着划时期的意义。

由于“三一”运动，朝鲜民族解放运动才奠定了民众的基础。“三一”运动的动机，是响应当时美国大总统威尔逊的“民族自决”的口号而促成朝鲜的独立运动。“三一”运动的指导层为各界领袖和知识分子，其前卫分子就是青年学生。这个运动最初发端于朝鲜京城，不到一月便扩大到全国各地了。就参加范围来说，不问那个党那个派，也不管男女老少，朝鲜民族差不多没有一个不参加这个革命运动的。这种全民族总崛起的大示威运动，一经爆发遂转变为激烈的暴力的直接行动，而全国各地的民众遂和日本宪兵冲突起来，杀死日本宪兵，捣毁各官衙焚烧其文件，于是成千成万的朝鲜男女老少在日本军队的刀枪下被屠杀，千百万的民众经过残酷的拷问后囚禁于牢狱，各地的村落亦被日本军队所烧劫。但这个运动并不因此而丝毫衰退，反而愈益扩大和强化起来了，在各地频发的手枪事件及炸弹事件，破坏重要机关和杀死日本官吏等都是最有力的证据。不仅如此，而且组织了无数的秘密革命团体，徐图再举。在国境方面，小部队的武装队伍对日实行攻击战，袭击日本官署及杀死日本官吏，煽动民众，这种运动不但限于国内，而且在二百万朝鲜民族移住着的东三省也进行了直接军事行动。一方面创办士官学校，养成革命军事人材，另一方面编成独立军，时时进行袭击国境方面的日本警备军，就中最值得特写的是青山里战役。日本帝国主义者调动数万正规军到东北各地进攻朝鲜农民，奸淫朝鲜妇女，烧毁朝鲜人房屋等，其残忍无道的行为无所不至，正在这个时候，在延吉青山里，日本军队却被朝鲜独立军所包围，日本军一联队全被歼灭了。这是有名的青山里战役。

当许许多多的朝鲜革命先进集中到上海，在这里组织了大韩民国临时政府，一方面进行指挥国内运动，一方面策动国际的发展，那时候临时政府，曾派代表到巴黎和会要求参加会议，但卒因英美恐惧开罪日本而竟遭拒绝列席。

适应着国外的活动，朝鲜国内的反日运动显现了特殊紧张，这表现在老革命家姜宇奎要炸毙新任倭总督斋藤实的事件，姜宇奎所投的炸弹虽未命中这个骄傲自满的侵略魁首，但这实在予日本统治者以一个痛快的警告。

“六十”运动

一九二六年六月十日，在朝鲜国内又爆发了大革命。这个日子适值朝鲜最后皇帝隆熙的出殡日，因此全国各地的人士集中到京城参加国殡行列，乘着这个机会，最初由青年学生所发动的反日示威运动终于扩大到全国各地。这是继承“三一”运动的精神而发动的大规模的朝鲜民族反日斗争。日本帝国主义者对这运动的高压手段是残酷和野蛮到极点，不过在牺牲方面和“三一”运动比较起来是较为轻微的，这并不是斗争不激烈所致，更不是日本帝国主〖义〗的高压手段所松懈，是因为由于“三一”运动的教训实行计划的组织的斗争之故。

革命运动的新发展

经过了“三一”运动以后，辈出了无数新兴的革命指导者，他们的认识和主张是很正确的，朝鲜民解运动的路线并不在于威尔逊所主张的“民族自决”，是在于根本打倒日本帝国主〖义〗以完成朝鲜的独立。他们对民众号召的方法，组织非妥协的革命斗争。他们所采取的国际连系方式是和全世界被压迫民族及人民革命的联系。在这里朝鲜的革命运动遂有了飞跃的发展，于是全国各地雨后春笋似的组织起各种团体来了。农民有农民组合，工人有工人组织，青年有青年同盟，学生、妇女、少年都有自己的团体，到了一九二五年，为着实行全国的统一斗争而建立全国农民总同盟、全国工人总同盟、全国青年总同盟和其他衡平全国总联盟——朝鲜一种特殊阶级的集团。到一九二八年，在国内创立了新干会，新干会是包括了各党各派的统一组织，全国各地设有一百五十余支会，妇女的统一团体槿友会也是在这个时候创设的。至于海外，则当时东北的策进会和上海的大独立党促成会，都是和国内的新干会有姊妹关系的统一组织。

朝鲜民族革命运动的这样膨胀，必然引起日本统治者的憎恶，遂加以极严酷的弹压，到了“九一八”对华侵略战争发动前后，在各地严令解散革命团体，并逮捕了无数的朝鲜革命指导者。

光州学生事件

光州学生事件是一九二九年爆发的朝鲜学生反日大规模的青年大众的反日斗争。这一运动爆发的动机是在朝鲜光州朝鲜学生和日本学生之间发生冲突，这冲突竟引起了民族的敌忾心而扩大到全国的大众斗争的范围了。这运动的主要口号是“反对奴隶教育，□废韩日学生的差别待遇”。这个斗争继续到三个月之久，已参加的学生数达十五万人，被捕入狱者达五百人了。

自光州学生事件以后，日本统治者对于朝鲜革命运动的压迫更加厉害，一切表面的活动都成为不可能。于是一切反日革命运动不得不以极秘密的形态——地下运动来进行。

尹奉吉事件

提到尹奉吉义士，自然的又想起已牺牲的许多烈士，自从朝鲜民族解放运动发生以来直到现在，为朝鲜革命而牺牲的烈士究竟有多少，实难枚举，其中尹义[奉]吉在革命史上所遗下的史迹更为光辉。正是“一·二八”事变发生后日寇得意洋洋的举行天长节纪念会的时候，尹奉吉的炸弹事件爆发了，这使得日寇受了不可形容的惊恐，同时朝鲜国内外革命运动也受了这事件的刺激而显出了澎湃的高潮，尹奉吉他的英勇的□义，不能不说是有着绝大的斗争意义。

东北朝鲜义勇军

东北，朝鲜二百万同胞移住在那里，同时也是朝鲜革命运动的军事根据地。“九一八”后由于日本帝国主义的实行武装扫荡政策，而朝鲜独立运动不能不遭受很大的打击，然而在种种打击中苏生过来的武装队伍到现在无论是质和量方面都有相当的发展，已奠定牢不可破的朝鲜革命武装基础。现在在中韩联合抗日反满的口号下，朝鲜的武装队伍和中国义勇军联合起来实行反日游击战。东北义勇军最英勇、最有功绩的东北抗日联军第四军中，朝鲜同胞却占多数，这样只能在实践革命斗争中才能巩固中韩两民族的联合战线。

朝鲜民族战线联盟

自从“九一八”以后，国内朝鲜革命运动阵容内提出了一个“建立统一战线”的口号，这是各党各派的共同要求，这无疑的是为了适应客观情势和内部条件所提起的。因此不管那个党那个派，都在这个口号下活动，经过了相当长时间的努力，终于建立了朝鲜民族战线联盟。朝鲜民族战线联盟是以朝鲜民族革命党、朝鲜革命者联盟、朝鲜民族解放同盟、朝鲜青年前卫同盟所组成的。以上四个团体以外，还有一个韩国光复战线，它虽然和朝鲜民族战线联盟还没有发生直接关系，可是整个统一工作现在已经到了完成的前夕。所以我们所渴望着的统一运动，只是时间上迟早问题而已。朝鲜民族战线联盟的当面工作，可分两方面看，一方面要完成关内朝鲜革命运动统一和策动全民族的反日统一运动，另一方面是组织武装队伍直接参加中国抗战。朝鲜义勇队就是由于这个要求而产生的。

朝鲜义勇队

日本帝国主义是中韩两民族的共同敌人，我们要想独立自由解放，只有粉碎这侵略的日本帝国主义才能实现，而粉碎这恶魔的唯一方法，就是予以打击，以牙还牙，以血还血。中国自抗战以来已经予打击者以打击了。朝鲜的革命者为了加强东亚的反侵略力量，彻底消灭日寇，早日获得两民族共同的自由解放，而在中国最高当局和朝鲜民族战线联盟的领导之下，便组织了朝鲜义勇队。

朝鲜义勇队的年纪虽然还是那样幼小(二十七年十月十日成立),她的力量虽然还是不够坚强,可是她自负的使命是异常重大。朝鲜义勇队踏上战场已经有半年了,在和日寇直接的斗争中已获得了一些战斗经验和成绩,在这样与中国战友生死与共的奋战中,才能建立坚强的中韩两民族的联合战线。

朝鲜革命运动在日本统治者的高压之下,已经苦斗了三十年之久才奠定了不能动摇的基础,而它现正在和中国抗战配合着。

(原载于《朝鲜义勇队通讯》第18期,1939年)

军校六分校一日

刘金镛

由于我们义勇队留在后方的人员太少，每一工作之来都是全体动员来从事，有时还要许多中国同志来帮忙。这一次到军校六分校工作，当然也不能例外，虽然在一星期以前已经得到了军校李同志的通知，但是由于人员缺乏，什么准备道具、排演、练习歌咏……忙的不亦乐乎！而且由于寇口的两袭桂林，闹的人心慌慌，天刚一亮，扶老携幼，担担携箱，纷向城厢山洞附近踊进，准备避难。尤其在水东门那条浮桥上，从早到晚老是有一条人流向东奔进，很少有人往西去！我们因为住在郊外，虽然也略受虚惊(住所附近落三弹)，但究竟□山洞还近一点，比较沉的住气。然而由于这种紧张空气及躲惊报的关系，我们的排演不得不改在晚间举行，时间及精力方面当然受相当的影响。尤其时间又是这样的匆促，短短三两天的准备就必须出发工作，在我们想当然难有满意的成绩，好在我们上演的反攻二幕剧及《阿里郎》歌剧都是从前曾经出演过一次的，演员虽略有更动但大部还相当熟习，所以也就不顾一切的抱着最大的勇气前去献丑了。

××日下午一时余，我们冒着东来的人流赶向城内去，因为军校通知我们的李同志，已和我们约定好了，下午二时派汽车至水东门内相候，我必须在两点钟以前到城内。在西来的路上，我们差不多成了仅有的行人，不但东来的人对我们有些惊奇，就是我们自己也担心怕来惊报，在路上首先映入眼□的敌机施虐的残迹，十余只做浮桥用的船只被炸碎了，破烂的木片还零乱的漂浮在水面。过了浮桥，那条相当繁华的水东门外的街道，已经完全被烧光！所剩下的只是颓垣破壁了！桂东路及十字街头的纯商业区，也被炸的一踏糊涂，断了的电杆电线，倒塌的商店，弄的那条马路也崎岖难行了！真是满目创痍，不忍卒睹！因为我们到的时间还早一点，就利用这个空暇，忍着心头的愤恨作了一次简短的巡礼。对这些被难的灾胞，从衷心里寄以无限的同情，对残暴的倭寇，只有更坚决的把他消灭来为同胞复仇……

两点钟汽车准时开到，忙着把道具搬了上去，又稍等了一会，中山泰德君也到了，我们三十多个人便一齐挤上去，向目的地前进了。汽车走在桂东路那段马路上，还有颠播。街上行人很稀少，昔日车水马龙的大商店现在真是门可罗雀了，听说到晚间，人还是一样的拥挤，这也可以说是应付环境的一种妙方，敌来我走，敌走我来，长期和他纠缠，不影响正当工作，敌人必定是会被困倒的。中南路那一段还比较好一点，商店还很完整，只是顾客也不多了，车在桂南路停下，李同志买上许多水果点心来让我们吃，这真有些难为情，无功而受赏，怎令人安心呢？但李同志一再的谦让，我们盛情难却，也只有领受了！一面走着一面吃，车出南门已到了郊外，空气为之一新，两傍将黄熟的秋稻笑脸迎人，静穆的乡村点缀在山冈树林之间，三五农樵也正忙于田畴，这地方太使人留恋了！康同志发现奇迹似的说："呀！稻子已快成熟了啊！"王同志带着赞美的口吻说："乡间太好了，将来我一定要搬到乡间来住。"……是的，农村太可爱了！尤其"我们抗战的力量，是孕育在广大的□村"的，这更增了她的价值，多少抗战必需的物资是在她怀抱里滋长，无限的抗战健儿也由她身上抽调，就是许多抗战中坚的将士，也在她怀中锻炼，我们就要见面的六分校同志们，不就是其中的一群么？车行约半小时，已到了××村六分校门口，这所学校是建筑在××山附近的，他的校舍是带了充分军事性质的，建筑的很疏散，就是敌机来施虐也不会有多大的损失；何况周围的山边布满了天然的防空洞，不旋踵即可躲入，人力根本不会遭到损失，充其量也不过炸倒些房屋而已！李同志告诉我们，有警报时他们全体同志五分钟以内即可进入防空洞！这样迅速的动作，敌人就是再残暴也是没有办法的！在城市中的同胞也要学学他们的动作，免的寇机再逞凶时遭受无谓的牺牲，在校本部的门口附近敌机也曾轰炸过这块美丽的大地，累累的弹痕还遗留在地面，一个木制标语被炸毁了一部，这是敌机施虐的最大效果。

下车后我们被导入新建的俱乐部新生舍，其余道具等完全由军校同志们负责搬运到临时剧台，俱乐部内贴满了标语，欢迎为正义而战的朝鲜弟兄，欢迎反对侵略战争的日本弟兄……几位武装同志满面笑容和蔼的招待我们，茶水、点心、西瓜……一再的送到面前，犹如招待贵宾一般的客气，使得我们倒有些不安，我们是站在一条战线上共同打倒日本法西斯军阀的弟兄，用不到这样的客气，我们的联合是非常自然的事，"同志们请不要客气！我们随便一点好了"，我们的同志们这样回答盛情招待的诸君，五分钟过后同志们散开了，有的在和招待的同志亲密的闲谈，有的在玩乐器，有的在打乒乓球……丝毫没有拘束，好像到了自己的家庭！其乐也融融！看看日已衔山，担任布置舞台的同志首先匆忙的去了，所余同志虽然寂静了一点，但还是尽情的玩乐着，直到黄昏后丰盛的晚餐搬上来了才停止。军校的同志们待我们真是太客气了，准备了这样丰厚的晚餐，还再三的说："没有什么吃的，没有什么吃的！"

晚饭后，临时舞台前面的广场上已挤满武装的同志们，他们安详的坐着，都是一样的姿式，整齐、美观、严肃！有的在出神的看说明书，有的小声谈论，舞台的附近，还有许多××村的村民，妇女、儿童、壮丁、老人应有尽有。他们杂沓的疏坐在最前面，当我们每一个同志经过时，他们就窃窃私语："这个是朝鲜人吧？""那个是日本人吧？"本来这一次到这里来的同志当中，中国同志也有，朝鲜、日本同志也有，但我们皮肤的颜色是一样的，身体也没有什么显著的分别，也无怪乎他们分辨不清了。何况日本法西斯军阀疯狂的侵略，迫使得我们又有相当的隔膜，现在虽然在反法西斯的□线上我们是站在了一起，但这次的见面恐怕还是第一次。初次相会当然是免不了有一种异样的感觉，我们的同志也都是万分兴奋的步入后台，在未开幕前，化装、布景、设置灯光……忙的不可开交，可是内心里充满了愉快！

七时左右开幕了，在庄严伟大的中国国歌声后，军校政治部主任倪先生首先用清朗热情的语调说："我们这次的游艺会，不要把他当作一个普通救亡团体的工作来看待，他是有着不同的重大意义的……朝鲜和日本的弟兄，是和日本法西斯军阀斗争的过来人，一定有很多宝贵的经验供我们作参考……"李斗山先生代表朝鲜义〖勇〗队向军校各同志致答词："……蒙贵校各同志盛情的招待我们，首先代表义勇队向诸君致谢……无论我们朝鲜及中国或日本善良的人民大众，都是受日本法西斯军阀压迫的，我们只有更亲密的携起手来和他决斗争，才能粉碎被压迫的枷锁……"如雷鸣似的掌声从整齐的行列中发出，但迅速的又沉下去了！所谓"动则如山崩地陷，静则如处女"，形容军旅动作的言词，在这里又看到了事实的表现！日本反战弟兄中山泰德君在热烈欢迎的掌声中出现在台前，他激昂的说了不短的一段话，由军委会政治部的康同志担任翻译，台下观众显得异常紧张而兴奋，他说："……我目睹日本法西斯军阀，骄奢淫佚，涂毒中国爱好和平的民众，压迫朝鲜民众，残酷地榨取日本人民，驱使数十万大好青年，到中国战场上来当炮灰，真是人神共愤！他的狗命决不会怎样延长，只要我们更坚强的奋斗下去，胜利的明朝是就要到来的……"他的话刚一结尾，台下的掌声比方才更宏大更热烈的振荡着，这掌声也正表明了中国的弟兄们是怎样的期待着日本觉悟的弟兄们的来归！中山泰德君演说完毕后就先乘汽车回去了，同志们还遗留着依恋的目光！

演说结束后马上就是游艺节目，全体合唱的战地歌及白头山[①]，金华同志的朝鲜舞，金炜、赵少卿同志的独唱等相继和大家见面，获得了不少掌声。《阿里郎》是一个悲壮的歌□，朝鲜被迫流浪的同胞越过阿里郎山岗就离开了美丽的故国，永没有再回来的希望！所以他们每一个流亡者登在阿里郎山岗上，就对故国显出了无限的依恋！朝鲜人应当生活在朝鲜美丽的大地上，他们为什么流浪，为什么逃亡？……当他悲哀的歌声清淅的送进听众的耳鼓时，在他们面部表情上可以看出有悲哀有愤恨，数千如钢似铁的目光中，好像在表明这侵略的魔手是就将要在他们手里砍断的！最后“反攻”两幕剧，剧情是根据朝鲜义勇队和中国军民对倭寇血战事实中的一段写的，可以说是血腥的记录，伟大战争场面的再现！正如该剧说明书中所说：“这里面充满了中韩两民族的弟兄们血的光荣的战绩！”在演出第一幕中，演到那个趾高气扬的日本浪人说：“……你们朝鲜人还想对我们皇军反抗啊！”在台下前面的一个乡村儿童当场天真的加以质问：“你是日本人，怎么讲我们中国话呢？”及至此日人被打倒，在前面的这些儿童也欢呼的声音最大，由此亦可看出中国儿童的抗敌情绪是如何高涨。第二幕，在反攻敌人紧张阶段中，他们急切之下不能破坏铁丝网，中国游击队及义勇队队员争相要参加决死队前去工作，其中最令人感奋的是那个已转变的傻汉奸也争着要去，受尽流浪苦难的老人也坚决的要参加，他对游击队长说：“队长！让我去吧！我年纪老了，死了是不要紧的！”这是何等的慷慨而有力，无怪满场观众皆报以敬爱的热烈的掌声了。结果他们这个局部的反攻是胜利了！是在中国同志、朝鲜同志、反战的日本弟兄共同合作下得到的胜利！他们在战地的一角，真的已望到了“胜利的明朝”。

午夜二时左右，这个有着国际意义的盛会才在军校同志们雄壮的校歌声中闭幕。××村的村民首先欢跃的走出校门，军校的同志们静肃、整齐、有次序的排成一条长龙似的行列，转回宿营地。他们的面部都有着愉快满意的笑容。一部分同志还留下帮助我们收拾道具，整理完毕后我们又到俱乐部休息了一刻，看看时间已太晚了，就急忙赶到上车的地点等候汽车到来，倪政治部主任再三的说：“你们太辛苦了，同学们对这一次演戏都很满意。”李同志和几位政治部的同志也热情的欢送我们。

送回中山泰德君的汽车回来了，我们二十几个人又爬了上去，在幽美的月

---

① 今中方所称长白山，下同。——本书编者注

光下往回赶，将黄熟的稻田很快的遗落在视线后边，也看不清她的笑脸了！幽静美丽的乡村，当我们汽车经过去，不断的发出几声犬吠，城内也悄悄的没有繁杂的声音，大概夜间一时拥挤的人群也入睡了！下车后，经过桂东路水东门浮桥时，看到寇机施虐下的残骸在月光下更显得凄惨了！破碎的船片还是无力的漂在水面！这血仇是要我们用血战来索还的！

八月警报声中于桂林山洞中

（原载于《朝鲜义勇队通讯》第22期，1939年）

战斗在前线及敌后的朝鲜义勇队

王亚平

他们活跃在湘北、鄂南

自武汉退守后，朝鲜义勇队××位勇于宣传长于政治工作的健儿，都在九站区政治部领导下开赴前线作英勇艰苦的宣传工作。为了适应客观环境及二期抗战政治工作的需要，他们把队员分组成“阵地宣传队”及“游击宣传队”，前者以稳扎稳打的姿态，在战壕里，在阵地上利用“相持”“冲锋”时的种种机会，配合我英勇将士开展对敌宣传及一般宣传工作，后者则深入敌后及广大民间，趁种种机会及隙缘作突击式的宣传工作。他们活跃的地带是通城、岳阳、九岭左右和洞庭湖的四围，在湘北鄂南的敌军，人人脑海里都印上朝鲜义勇队的名字：“五百元奖金一颗朝鲜义勇队员的人头。”这就证明着朝鲜义勇队的工作是怎样的发生了作用与影响，特别在敌军方面厌战及战潮的高涨，他们是尽了鼓动的任务。在二期抗战第三年的开始，我们应当而且需要对于这支艰苦奋斗出没杀场为中韩独立而战斗的友军之工作来一个分析与介绍，使我同胞明了他们在前线敌后是如何地展开着伟大的工作与英勇的行为，使国际友人明了东亚的弱小民族和抗战的中国携着手与日寇作着殊死的斗争。

出奇制胜的工作战术

宣传工作像作战一样，没有好的战术与战略就不能取胜，尤其作对敌宣传工作更须有配合抗战进程的战略与战术，才能击溃敌人。在这个伟大的课题下，朝鲜义勇队的同志是达到了他们的光荣任务的。因为他们每个人都烂熟日文日语，并能了解敌国情况及敌军心理。“知己知彼，百战百胜。”他们的工作方针对敌军的弱点，能从敌兵心理上去制订对策，研究宣传战术。再加上他们敌忾同仇的反日热情与英勇果决的行动，才创造了他们新宣传作风，获得了工作的最高记录。

1.人形之战。通城一带敌人，因其兵力不足分配，时刻在我军及游击队的袭击与控制之下，为了掩饰他兵力的空虚，诱惑我游击队作无代价的袭击，敌人常在阵地附近及警戒线各要点配置稻草假兵，远望去活似放哨的敌兵。某日我守阵地兵士在方家止敌警戒线上发现穿军服的伪装草人四具，据报后朝鲜义勇队游击宣传第二队同志，会同一班武装弟兄，就秘密的潜行至该地，将草人偷偷拖回，而改变其形状，一个装作大肚子，上书日本军部暴力派，其余三个则装成中国人、日本人、朝鲜人，每人手持竹刀一把，再秘密的将四草人送至原处，将“大肚子”放在其中间，余三个以竹刀向他作刺杀状。第二天午前十时再派人前往该地察看时，敌人将大肚子所书之“日本军部暴力派”字样贴去后改书为“蒋××”，朝鲜义勇队队员也就立即将三字涂去改书为“日本军阀之末路”，并在附近散发日文传单数百张，第三天再去看时传单已不见，而草人都焚毁了。

2.纸飞机散传单。为了达到散发传单的目的，他们想出一个绝妙的方法，以风筝放送传单。当即由同志们扎缚长五尺、宽四尺长风筝一个，在我杨台尖左右翼地试放，这里距敌军阵地五百余公尺，递送目的地为锡山及通城。当时正值顺风，许多武装同志都欢跃惊奇，像试验新飞机样的仰看他的成功。风筝引绳长约三百公尺，在风筝距引绳约五公尺的地方拴上一尺长的一条绳子，尾上悬上二百张小传单的大小纸包数个，在细绳纸包交结处绑一根香火，一切装配完备后，对向目的地散兵线试放，但见风筝摇摇升空，大家手舞足蹈地叫着，望着待到引绳放完然后拴在树上，等候成果，约摸四十分左右，见传单纷纷飞下，在空中乱舞辗转向敌方落去。在场官兵莫不欢舞惊叹，过两天根据我军侦探报告，知道那些传单都在通城南门一带了。以后他们还运用了几次这种宣传方法。

3.一根火柴换来无数子弹。为得与敌兵直接说话，争取其厌战投诚或呐喊口号，鼓励他们投诚，某天夜十时余，他们一部分队员会同一班武装弟兄，向何家大屋敌军阵地进发，十一时左右达到目的地，以三名一组分成五组散开，碰碰放一排枪，敌即仓皇还击，十分钟后枪声停止了，队员们就出来用日语喊话，敌军没答话，也没有打枪，据说有几次敌方曾出来答话，问他们，“你们为什么为谁作战呢?”他们小声答:“我们也没有办法呀。”朝鲜义勇队队员很明白如果有敌军官在傍监视，敌兵是不敢答话的，这夜大概也是这种情形。于是他们停止喊话，各组散开，点以洋火，火光在黑夜里一亮，敌方立即以机枪集中射击，等他们离开了那里很远了，敌人的枪声还没有停止。

4.传单旗子与石头传单。阵地宣传队为利用我敌相持的时候展开宣传工作，就用二尺长一尺半宽白纸上书各种日文标语做成二十面旗子，在黎明之前他们派机警队员十数人潜伏到敌人阵地前，约百八十公尺小土岗上将廿面旗子三尺远一间隔插在那里。天明了，敌人发觉后就以密集的枪火对准旗子射击，队员们在旁边看着乐的好笑。他们常将大白布标语偷偷竖立在敌人视线以内的高地，去换取鬼子胡乱射出的子弹。他们还利用石子输送传单，是在下东港，此地是敌我侦探及哨兵时有冲突的地方。他们冒着生死大险进到距敌二百公尺以内的地方，匍匐地扒上山坡，把备好的许多石头传单，以五张或十张传单拴在石头上，用投手榴弹方式，投进敌阵地，一忽儿敌人发现了，就以机枪射击，他们伏在石头后面，等敌人停止射击的时候，他就向敌军喊出下面的话："不要打，你们打出来的子弹，都是军部暴力派在你们父母兄弟姊妹身上榨出来的血肉。""日本的弟兄们！日夜盼望你们的父母和妻子，现在正在呼喊着你们回去！"

这些话着实刺激着远离乡国久困战壕的日本士兵呀！此外，他们还利用河流浮传单或把传单悬在树上以及敌人所有可能经过的地方。"穷极生智""在工作中增加经验""在斗争中争取战术"使得朝鲜义勇队有了实践前项理论的机会与才能。而这些宣传战术，已往目前都正产着最好的效果，华中敌军厌战反战思想的蔓延，这功劳的大部不能不归诸这些艰难战斗的国际友人。

以战斗作宣传

朝鲜义勇队在工作的斗争中发现了一个原理，就是"宣传即战斗"。也就是说，艰巨刻苦的宣传工作含有战斗性的，唯有能战斗的人才能创造宣传的最高效果。一个朝鲜义勇队负责人曾告诉过我，"宣传与战斗是分不开的呀"，这意思与我们所提倡的"宣传重于战斗"更有着真理的现实性的。因此他们才能冲破于千辛万苦冒着凶恶的炮火出生入死的用战斗行动建立并开创他们的宣传工作。三个月来，他们参加通城之战、岑山汪家之役、万家坪之役、北港之袭击以及赛公桥的血战。在每次战役中，他们都表现了英勇果敢的行为。他们同我们的武装弟兄一起爬山，一起过河，一起进退，他们忘记了是朝鲜人，彼此的心和心、血和血都溶在一起了。他们和我们眼前只有一个敌人——日本帝国主义。他们也曾冲锋，喊杀摔手榴弹，摇机枪，绕入敌后，扰乱敌军，他们永远站在第一线。有时我兄弟们不幸牺牲，他们就立刻执起死者的武器杀敌；有时我兄弟们受了伤，他们立刻给他们救护到后方，血水浸染着他们的衣裳，背负着受伤的战士越过山岭，涉过溪流，行过崎岖的小路，汗水和血浸透了衣背，他们从来没有倦疲，没有叫苦，他们沉默的微笑地，执行他们伟大的任务与艰苦的工作。他们比谁都明白中韩的敌人只有一个——日本强盗。他们更明白要得中韩革命成功，首先要打倒我们共同敌人。特别在通城、赛公桥两次战役中显示出他们“以战斗作宣传”的勇迈行为。

冲进铁丝网散发传单——为了侦察敌情，便于我军进击，于某日上午九时朝义阵宣二队崔同志会同某连边排长，化装土民，先到赛公桥侦察敌情及地形。因为他们行的是小路，又扮做打柴的农民，自然不被敌人注意。他们爬过几带山岗，从荆棘乱草中达到目的地，而侦察并绘制简单的地形略图后，即退转某地等候我军到来。果然我部队于午后八时余到达湘鄂交接地法拗，这儿是我游击队根据地，大家会齐后吃过一点茶，由游击将士十五名作向导，在暮色苍茫中衔枚进发。每个战士心中怀着新鲜渴望，期待在奇袭中获得惊人战果。向导们同朝鲜义勇队同志走在前面，迤逦着前进，脚步声擦着小草茂长的山径，像在奏着出征曲。一小时已到达赛公桥北端石岑山，即行整顿阵容照预定计划，先行猛袭石，岑山，敌不及备，火光乱闪，枪声格格，半小时的猛烈战斗，我军已攻占石岑山，即乘胜向赛公桥敌营房包围进攻。这时朝鲜义勇队会同决死队一班趁敌人以全力对石岑山主力的当儿，迅速地潜入敌方铁丝网内行猛烈攻击，并散发传单，小标语，但见纸片与弹花齐飞，呐喊、爆炸声震动山隈。当战斗至剧烈时，我重机枪手忽行伤倒，不能动作，遂由朝鲜义勇队阵宣二队崔成章同志代替行其任务，经几度冲杀后，敌势已颓，双方停止火力。阵宣队同志救护受伤同志，一面开始喊话，经十分钟后，敌方（大概一军官）起而骂道：“喔！说什么东西。混蛋！”

朝鲜义勇队同志已知道敌兵已听到他们的喊话，心里十分痛快，傍边的武装同志都说：“哈哈，有办法有办法。”因为攻击的任务已达，趁着黎明曙光，奉命退出该地。当红霞漫过山村时，他们已达到松林内歇下，当地村民争送茶饭慰劳，朝鲜义勇队同志当即召集村民，实行演说，虽然他们说话不如中国人流利，弄得满头大汗，仍然热诚的进行宣传，因为村民都知道他们是朝鲜人，被感动的很多，一位七十余岁的老太婆听了演说后，颠摇着白发很动容的说：“你们也帮我们打日本鬼子，我们一定能胜仗。”

粉粹敌碉堡在火网中演说——那是光荣伟大的五月四日，朝鲜义勇队游击宣传第二队自动的参加某营的通城、锡山的战斗。虽然营长两三次劝他们不要去，有危险，不但不能遏止他们的决心，反而提高了他们战斗的情绪。是日午后，他们随军到达杨家岭，我军布署第一线为决死队，第二线为奋勇队，第三线为攻击队，朝鲜义勇队同志都参加了第二线。经一夜的努力，第一线决死队于五日黎明前已秘密通过敌步哨线冲至杨家楼，我将敌排哨全部消灭即向碉堡实行猛攻，第二线奋勇队也紧随着第一线参加攻击，朝鲜义勇队同志冒敌人的弹雨火烟，帮同我战士扫荡敌排哨并焚毁敌排哨房屋帐棚及阵地弹药库，敌苍慌退入阵地，我决死队奋勇队以迅速行动进攻该阵地，敌不支退入碉堡内。在这进攻战斗中，朝鲜义勇队同志始终执行着协同战斗的任务，他们射出的子弹与投出的手榴弹都给敌人以莫大的压力，并继续帮同我军开始破坏碉堡外围五道铁丝网，虽十分坚固，但经过两小时的苦斗，终于突破了，冒着难以抗拒的火网向锡山最高峰仰攻，连长受伤了。官兵前仆后继，朝鲜义勇队同志浴着血弹救护我受伤将士，并执枪作战。而且趁双方火力稍息我军待援反攻的时候，正值我军占在一死角地带，敌火力难以发挥，朝鲜义勇队同志就站起来，在火烟弹声中，对敌大声喊话并轮流演说，经过半小时，敌方无人答话，各同志才随了我们的队伍，退回原阵地。至于那位受伤的连长，在战斗激烈的当儿就被朝鲜义勇队同志抢救出来，背负了十几里路，送回部队了。

除去集体的参加战斗行动外，个别同志自动参加战斗，深入敌后作侦察工作的故事更是述不胜述。所以他们战斗的宣传行动，不但工作上获得优越效果，在军民大众之间更发挥了很大的影响，这影响很足以鼓励民气与提高士兵的战斗情绪。“一个宣传者同时是一个战斗者”这口号他们用行动完成了。

教育军民大众并向军民大众学习

“宣传就是教育”“部队家庭化”，朝鲜义勇队同志特别能理解这训示的含义与真理，他们更懂得中国军民大众文化水准太低，部队中生活太干苦、呆板，尤其没有娱乐和文化食粮，所以计划以种种方法实行上面理论。在部队中他们发起了“座谈会”“恳亲会”“娱乐会”“喊话会”“简易日语训练班”等；在民间他们创办了“妇女”“儿童”“难民”等临时或短期学校，并展开救护伤兵难民慰劳文字艺术访问等一般宣传工作。他们没有一刻休闲，快乐地勇敢地乐观的把自己投进工作里，深入军民大众的中间，用笔用口，用行动去帮助他们、教育他们，他们真的做到了在工作中生活，在生活中学习，工作与生活打成一片。他们和士兵民众生活在一起，工作在一起，娱乐在一起，军民大众的娱乐，就是他们的快乐；军民大众的痛苦，就是他们的痛苦。军民拿他们当做良友，他们把军民当做弟兄姊妹。这样的情况下，他们自然了解大众的生活与心理，他们工作方针与方法，就是根据这样认识订定的、实施的，所以他们的工作才能被军民所接受、所欢迎的。不用说他们的经济条件是很艰苦的，但他们竟能把自己仅有的节省下来的一点生活费买些花生、糖果、慰劳品、药品，给老百姓诊病，和武装同志开座谈、恳亲会，有时印些文化食粮给军民大众读阅。他们不但是军民大众的朋友，而且是他们的保姆。

1.慰劳的慰劳。有一次某师长见朝鲜义勇队同志工作努力屡次参加战斗，侦察敌情，为了慰劳他们的辛苦并奖励他们的功绩，就犒赏他们几十元，他们欢跃地接受了，但并没有自己享受，在大家共同商讨决议之下，又凑了一点钱，合起来买了一些手巾、肥皂及食品，亲自去慰劳那些受伤的战士。毛巾上印着红字"为了正义和平而流血的战士"，战士们感动的流泪，官长们更钦敬他们这种伟大的同情与义勇的精神，一传十，十传百，洞庭湖畔的我军及老百姓都晓得这一段故事，大大的激励了官兵，还振奋了民心。许多老百姓都说："外国人还慰劳我们的将士，我们老百姓更应该去慰劳呀。"于是村民发起募捐"红薯干"（按：系湘鄂民间的唯一土物，是把红薯切成薄片用油炸成者，吃起来很合口）"草鞋""斗笠"等争先恐后的慰劳我伤兵及守土将士。"我军要合作"——这种歌词是用朝鲜义勇队同志的工作与行动来完成了。

2.救济难民。有时因为战略的突然撤退，我民众来不及逃避，或沦陷区不堪敌伪宰割的同胞都变成了无家可住、无饭充饥、无衣御寒、流亡号叫的难民。朝鲜义勇队同志见到这些被人驱迫者[着]不能生活的同胞，特别同情与愤恨，本来朝鲜多直觉、勇敢，多热情，重友谊，他们又是尝够了看多了日本强盗加于他们祖国同胞说不尽的污辱与痛苦，如今又看到中国的流亡之群，所以同情心格外浓重，他们迎接他们，帮助他们，用尽一切方法安慰他们替他们负行囊，诊疾病，抱小孩，找住处，募捐饭食，还歌咏，演说，训练组织他们，这种极爱与同情是笔墨能写出来的么？有一次一个刚自前方归来的朝鲜义勇队同志很凄然地对我说："看到那些受难的老百姓，就像看到自己的父母姊妹被敌人惨杀一样的痛恨！""我们没有力量救济，真感到无限的惭愧和难受！"他们把救济难民当成了自己的责任，自己的任务。

3.教育军民。他们除用"恳亲会""座谈会""军民俱乐部"等方式去教育军民外，还先后在我军及游击队根据地成立"大家民众学校""喊话队""简易日语训练班"，自编课本，自印教材，利用战斗的余暇教育军民。民众毕业后，多半直间接参加战时工作，喊话队队员人人能呼日文口号，每到阵地前即趁机呼喊，简易日语训练班的学生都能认识日文字母并能涂写日文标语"宣传即教育""理论与实践"。他们是以铁的事实证明给我们了，"政治重于军事""政治是部队的灵魂"，朝鲜义勇队同志是在艰苦的试验着了，而且他们的试验是随了我们的抗战在改进在发展着。

总之，朝鲜义勇队不但是我们同情的国际友军，还是我们抗战中艰苦勇迈的政治工作者。他们以战斗的生活实践着战斗的工作，在战线敌后给我军民以良好的影响，给敌伪以重大的威胁。他们〖的〗血永远为我们的抗战与自身的解放而沸腾着，他们的力永远为我们的抗战与祖国的独立而壮大着，他们的工作与精神继续不断的开展着发挥着广大的影响。“从理论到斗争”“从斗争到实践”他们以艰苦卓绝的信心与行动，来助长中国抗战，期图实现中韩共同的目标——赶走强暴的日本强盗，实现东亚弱小民族的真正的解放。他们的同志日渐增多着，队伍日渐增大着，在九站区政治部领导、栽培、爱护下，他们必然地日渐增大，工作必然的能有更好地展开。

最近听他们又奉命开赴××线一带工作，是则××线的阵前及××河畔将有他们英勇的姿态出现。“瓦解敌伪军”“以纸弹击溃敌人”，这是第二期抗战前方部队政治工作者的重要课题，朝鲜义勇队的同志在已[以]往、目前都是抓紧了这个课题而战斗着的。抗战第三年的开始，敌人正运用其政治手腕，冀图挽回其军略的失败，而达成“以战养战”的阴谋。因此我政治同志的任务比当前更艰巨，首先必须在前线及敌后展开我政治斗争。不用说在斗争的实践里，朝鲜义勇队将是我们最良好的助手，最有力的援军。我们应当处处给他们以工作上的便利，以经济上的援助，使他们能更高度的发挥其工作的效果。最近听说台湾义勇队也将成立，还有许多觉悟的日本俘虏同志也将参加阵地宣传工作，这儿证明着中国的抗战是伟大的、是革命的，是主持正义与维护世界和平的，东亚的弱小民族与日本被压迫的人民大众将一齐站在中国抗战的旗帜下，对我们的敌人作英勇的艰苦的斗争。这斗争是一定要继续到最后胜利粉碎东亚强盗——日本军阀而止。

一九三九・八・二〇　长沙

（原载于《朝鲜义勇队通讯》第 25—27 期合刊，1939 年）

一年来的对敌宣传工作

——贡献一点对敌宣传的经验

[韩国]李贞浩

朝鲜义勇队的参加中国火线,已有一年了。

这是血的一年,奋斗的一年,怒吼、咆哮的一年!英勇的朝鲜义勇队的同志们,在弥天的炮火的烟雾中壮严地喊着“冲啊!杀啊!”“中韩两民族联合起来,扼住敌人的喉咙,打断奴隶的枷锁呀!”他们不仅是在喊着,而且在进行着壮烈的敏活的实践斗争。他们曾潜入敌人的队群,宣传革命的福音。他们亦曾深入敌人后方,组织并发动中国的老百姓。他们更曾冲入敌人的阵地和营房,歼灭暴敌唱着凯歌归来。凡是他们足迹所到的地方,风声鹤唳,使敌人手忙脚乱,狐逃鼠窜。相反的,中国的士兵及民众,却无不热烈的欢迎这批国际的友军,甚至于用生命来保护他们。这充分的表示正义与不正义之间是水火不相容的。

过去一年间的对敌宣传工作,是整个朝鲜义勇队的主要工作之一。在这一年间之“正义的呼声”中,已引起了国内外人士的特别注意。在本队成立一周年纪念的今天,愿把我们一年来在前方对敌宣传工作的实践中所得到的几点经验提出来,以供友邦人士的参考。

(一)与中国士兵打成一片是对敌宣传工作的主要步骤之一

当一个异邦人士头一次到火线工作的时候,最感困难的便是与中国士兵如何接近的问题。在过去,前线的一般士兵对政治工作人员的印象太模糊了,在这种环境之下,朝鲜义勇队的同志们初次亦难免不受这个影响,工作上感觉到非常辣手。可是,朝鲜义勇队的同志们竟很快的克服了这个困难。他们一方面与部队的官佐在情谊上、工作上取得密切的联系,同时与士兵时时接近,并提出生活士兵化的口号,以企切实的与士兵打成一片。他们与士兵生活在一起，替士兵解决困难问题，帮忙士兵工作（如担枪，掘战壕等），且常常按照情形，轮流举行以班为单位的小规模同乐会。在火线上，士兵简直完全没有娱乐的机会，所以同乐会这类东西在前线是非常需要的。然而在紧张的火线上，绝不能举行大规模的同乐会，而只能以班为单位来轮流实施（经费一元即可，买些香烟、花生、瓜子，有时煮点稀饭亦可以），朝鲜义勇队的同志们就利用这个机会，来教育士兵，如唱歌、话剧都是富于革命情绪的，并且常常以热诚的态度讲些时事、抗战故事给他们听。这样，士兵对于朝鲜义勇队的态度，渐渐转变，继而认为“可以亲近”了。

奠定了这个基础以后，朝鲜义勇队在对敌宣传工作上便处处发挥了很大的力量，以“身先士卒”的精神，冒着敌人的炮火，为革命而英勇的奋斗，例如本年三月下旬，朝鲜义勇队第一区队在第九战区会同友军×师×营×连×第三中队在石城湾北设伏袭击敌人，而破坏敌人的唐克车两辆，汽车八辆等战役，及在五月间第一区队游击宣传第二队陈汉中、关键、李东浩等诸同志的协同友军攻击锡山，焚毁敌人的营房及弹药库，并获到许多战利品，而后在阵地上，更救出了一位受伤的友军连长等等，在在都证明了朝鲜义勇队同志的以身率教，以身示范，爱护友军的至诚。友军看到朝鲜义勇队同志们的英勇精神和行动后，非常兴奋与钦佩。

朝鲜义勇队同志们在这种血的实战之下，得到了友军的爱护和信任，奠定了工作的基础，既如上述，在对敌宣传工作上得到了不少的方便，一年来的工作经验，使我们确信，凡是阵地政治工作人员，最少要注意到下列几点：

甲、清算官僚习气，对士兵要诚恳，生活要士兵化，用种种的方法，时时与士兵接近，但接近的次数不能过多，以免扰乱士兵的休养时间和安静的精神。

乙、遍设同乐会，在娱乐当中加强士兵的精神教育，战斗时政工人员严禁擅自离开士兵，违则以临阵潜逃论罪，政工人员须要协同士兵参加作战，更须身先士卒，以身作则，为士兵的表率，并要敏活的捉住机会施行政治训练，鼓励和兴奋士兵的战斗攻击精神。

（二）唤起当地民众的同情和协助，打到伪组织的后方去，展开对敌的宣传，此为政工人员工作的主要步骤之二

对敌宣传工作，除友军的协助外，还极需要民众和两面派的协助，因为打听情报、散布传单等，在在都要他们帮忙，可是这却对于人地生疏的朝鲜义勇队的同志们是个很艰难的工作，但他们却亦打破了这个困难。

他们首先去联络保甲长，并创办民众学校（朝鲜义勇队在湘创设四个民

校)，组织军民联欢会来教育民众及其子弟，组织民众，对民众宣传，使其知道军民合作的重要，同时趁着机会按户造访，从最平凡的日常琐事谈到抗战情势及中韩两民族联合抗战的意义讲给他们听，并在民众方面遇有困难的时候，在可能范围内亦尽力给予解决。这样，朝鲜义勇队同志们便很快的在民众的爱护支持之下，发动乡民参加对敌宣传工作。许多的乡民便自动地携带传单潜入沦陷区域，代为散布，同时还能够搜集重要情报回来，甚至儿童们也愿英勇的参加协助这个工作。

与友军和民众取得密接的联系以后，打通两面派的路线，却不是很难的事情。

(三)对敌宣传必须和部队战斗配合

部队战斗和对敌宣传，必须要相配合。过去一年间，朝鲜义勇队的对敌阵地宣传可说是常常附属于部队参加战斗的，因此有时不免有失去“千载一时”的良好机会。例如，当朝鲜义勇队第一区队第二阵地宣传队参加××师××团××营的北港附近赛公桥作战，而在午夜包围了敌兵的时候，敌人的悲运就在瞬间，这时朝鲜义勇队的同志们便用流利的日语高呼喊话：“揭起白旗，倒荷枪枝，到我们这里来啊！——我们保证你们的生命绝对安全……我们是朝鲜义勇队。”并详细的告诉他们投降的具体方法，不久敌人就中止了射击，高揭白旗表示投降，看到白旗的友军连长，士兵及朝鲜义勇队员无不欢慰，一致高喊：

“赶快来啊……赶快来啊！”

可是，当时在后面高地的友军掩护部队，却继续不断地对准他们猛烈射击，致使我们功败垂成。不久旭日东升，营长便怕敌人的援军到来，急令全军退却！这时连长愤慨异常，要求营长再看情形，可是营长不准，命令到底是命令，无可奈何，就不得不自动退出了赛公桥。后来据赛公桥乡民的报告，才知道当时敌兵在白布上大书“投降”两字，而要求乡民代以传达我方，但乡民懦怯而互相推诿，结果没有人敢送，不久我方退却，而敌人援军到了，敌人的愿望终归水泡了。

后来营长听到这个情报后，便捶胸顿足地说：“可惜！可惜!!”

所以，对敌宣传和部队战斗是须要统一的，掷着手榴弹，不断射击，反而喊着敌人来投降，这是天下最矛盾的事情。因此喊话的时候便要停止射击，射击的时候就不要喊话，两者要分开，亦就是要求工作配合统一。

（四）对于标语、传单的几个注意点

（A）标语

1.凡到每一个地方，须要写贴多量的中日文标语，不管在最前线对峙的阵地、警戒线或乡村。

2.但标语必须要有具体的内容，文法上不可有半点错误。

3.标语不好写在正在对峙中的乡村民房壁上，因为一旦被敌占领后，这个民房便遭受敌人烧却。

4.标语的样式与内容愈多愈好。

5.在阵地，最有效果的大张标语，插在敌阵正面，使得敌人易见易解，同时可以制多量的标语旗帜，插在敌阵前面，亦有相当效果。

6.标语亦可写在树上，以资耐久，同时要时时利用敌人的迷信，在庙宇内或佛像的身边写起标语，也是很好的办法，因为这些地方所写的标语，敌军迷信都不敢撤坏。

（B）传单

1.传单的标题和主要内容，要用大号字印刷（或写），醒目易看。

2.传单可利用纸的两面，例如正面写揭穿敌人大陆政策的迷梦，速战速决的失败及敌国内反战运动的涌起等等（要举出具体的事实），反面就写投降的方法及优待详情。

3.传单要用多量不同色纸（不能用白纸），同时在日文文法上不能有丝毫错误。因为色纸之使用容易引起敌人的注意，同时也可以避免敌人射击的目标。文法上也不能有错误，因为敌人一发现文法上的错误时，只当它开玩笑，得不到效果。

4.在阵地上，最好用小形传单（和小名片一样大），战斗前先把各样传单配好，战斗时即散布在敌人的交通路，敌人的兵营、工事或装入敌人的尸体衣袋内。

5.传单的散布除利用民众、便衣队、士兵散布外，尚可利用风筝。在风筝上缚起相当分量的传单，利用风向对准敌阵放去，到相当距离即把线放掉，使风筝落在敌阵或其附近，亦得到相当效果。

（五）其他方法

除上列几项注意点外，我们还可以利用下列两个办法来对敌宣传。

一、个人通讯方法。在阵地，我们可以利用伪组织的两面派探知一部敌军官兵的名字，而写信交给两面派想法子去传达，也很有效果的。

二、利用张良古计。我们可以在双方战斗中止的时候，可利用种种的机会，最好在晚上，当幽美的月亮照着大地的时候，一面喊出喊话，同时唱起敌国内最流行的哀曲，如恋歌、思乡歌等，来引起敌兵的“怀乡病”，激起厌战情绪，也是很有效的方法。

上列几种对敌宣传的方法及其注意点，是一年来朝鲜义勇队同志对敌宣传工作中所得到的一些经验中之一二，我们相信宣传不亚于武力的战斗，只有以宣传的力量抓住敌人的内心，以武力来克服敌人的顽抗——这两个东西互相配合之下，才能完成神圣抗战的使命。

（原载于《朝鲜义勇队通讯》第25—27期合刊，1939年）

火线上的辩论会

——朝鲜义勇队对敌工作的惊人演出

任重

一

朝鲜义勇队是国际纵队的急先锋，在南北战场上曾以最英勇的姿态毫不疲倦的与敌人斗争过，每一个朝鲜义勇队的战士，是最忠实于中国抗战的，因为中国抗战的胜利，也就是东方被压迫民族的胜利，中华民族求得解放，也就是所有东方被压迫民族的解放，所以他们前仆后继的投向中国的锋火里，他们为着东方被压迫民族的革命而工作着。

在中国军队里的对敌工作，显然是未能开展。但中国军队里是有对敌工作的，并且这项工作在今日已取得了一点成绩，特别是在湘鄂一带，活跃于火线上的朝鲜义勇队，他们最努力于这一工作，因为他们对于工作的内容与进行都有经验，他们不但在技术上都很熟练，并且能根据对敌工作的客观条件来争取敌军，他们看准敌人的弱点，以正义来揭穿敌人的一切阴谋。

二

随县一带前线的左翼——渔家岗，是离敌人只有一百公尺左右的地点，这儿是朝鲜义勇队第×区队服务的地区，自从去年开始施行对敌宣传工作以来，在这数月之中，工作很能开展，但为着“工作更要扩大其范围，并且更要深入起见，应该采用特有效果的方式，才能达到其目的”，在这样坚决的信念之下，英勇的朝鲜义勇队决定冒着一切危险，利用离敌人较近的阵地上去对敌军口头演讲。

这差不多是抗战以来从未有的一个新的方式，成为对敌工作的惊人演出，是朝鲜义勇队对中国抗战的新贡献和新胜利！

黑夜——离敌人太近了，不能于白天在阵地上活动，因此利用夜间实施：

一群朝鲜义勇队战士，由××××团团长领导之下，在自己的阵地上选择一个假阵地，把适当的地形构筑了一个简单的散兵壕，准备对敌讲演的一位，就安全地坐在里面。因为这是夜间，机关枪射击的危害可以避免，同时，夜静的空气，在一百公尺以外，仍能听得明晰的声音，约有一小时的停留，在我阵地的发音起来了：

“日本弟兄，被压迫的同胞们，我是东京市趋曲区‘加藤进’！”演讲者高声地介绍着自己，并接着说明关于自己到中国以后的感想：

“三个月以前我在马坪被捕，我在中国军队里没有受到苦痛，中国军队给我以优待，中国军队并不是野蛮的军队”，“可是我想到三个月以前的生活，我完全明白三个月之前是受到军阀的欺骗，三个月之前是法西斯军阀魔手下的牺牲者，现在我站在你们很近的地方，但我已是一个十分自由幸运的人了，今天我反对日本帝国主义的侵略战争，我看到中国的抗战是为了真正的东亚和平，在坚持不懈的抗战过程中，中国已有着光明的前途！”

响亮的声音，激荡于黑暗的空气中，每一句声音刺戟到一百公尺以外的敌兵，细听没有什么动静，于是接着又说：“一般人都说，如果战争胜利了，中国被征服了，日本国民的生计就可以改善了，日俄战争的时候，不是同样的说给国民听过吗？但是，那一次战争总没有把国民生活改善过，相反的，军阀财阀愈来愈多，国民的生活愈弄愈苦……！”

一百公尺以外嘈杂起来了，隐隐地有着长官的呼喝声，宁静时的空气忽然打破！步枪，机关枪，掷弹筒，继续不停的放射了二十分钟，敌方又隐藏去它的动作。

这是第一夜的结束：根据实际的情况来判断，敌方已听到讲话的声音约有四十分钟，这有力量的演讲，已足够刺激敌兵了，他们为怕长官的压迫，只能以射击来表示一点意思。讲演后的一片哗声，与官长的呼喝声，就可以证明日本士兵是怎样的反应了。

三

第二天的白昼，战场上没有一些声音，散兵壕和障碍物边都飘散着对敌宣传的传单，时或从战壕里伸出一二只日本弟兄的手，拉着飘散的传单，躲到战壕里去，但一点动作都没有。

从清晨到昏黑，百里以内未曾发出一次枪声，昨夜的“唇枪手”又爬进另一个地区，它开始继续着昨夜未完的讲话：

“关于日本军阀对中国开始侵略战争以来，日本的劳苦大众就被迫来华作战，繁重经济负担，都压在日本人民身上，剥夺了日本人民妻子团聚的快乐！是万恶的日本军阀……”约三十分钟的时间，敌方还是没有任何答复，正在此时失望而想回来的时候，敌方忽传来一种轻微的声音。这声音轻微得几乎听不清楚。

“你们的话听不清楚。请说得大声一点！”

这样就好像敌军官的一个人用很清楚的日语说：

“我们日本军打你们的理由，是因为你们支那共产党和蒋政权，都是破坏东亚和平者，故我们为了真正的东亚和平非要扑灭蒋政权和支那共产党不可，若是你们不愿意被我们日本军扑灭，就要投降过来，不来就我们是彻底地干！”

就此开始双方的舌战了。

“刚才你说因为蒋政权与支那共产党是破坏东亚和平，所以日本打中国，可是你应该想一想，在‘九一八’满洲事变后直接、间接或政治上、经济上、军事上对中国挑战的是不是日本帝国主义？同时，现在破坏东亚和平的，就是日本帝国主义，你又说‘支那共产党是破坏东亚和平者，同时蒋政权亦是如此’，那末现在在日本国内的共产党亦不知其数，为什么不能肃清日本国内的共产党而要扑灭中国共产党呢？”

“同时，中国政府有压迫日本人民没有？我知道你是因为日本帝国主义和日本军阀的走狗，所以不能看见此种事实，而且我所讲的话，并不是对你讲的，而是给那里的日本士兵兄弟听的！”

战壕里鼓起一阵掌声，接着敌阵里就起了一片蛮骂：“消灭支那兵！消灭蒋政权！”

“我们日本国内没有共产党，共产党是中国的土匪！”

第二夜在这样的情势下渡过去，火线上还是听不到枪声。

四

第三夜，天还没有昏黑，舌战者就在战壕里等着了，紫灰色降下了大地，战壕里就以如左的内容开口了：

“日本弟兄们！日本军阀对中国开始侵略战争以来，中国四万万五千万人民已经结成钢铁似的团结，中国各省行政机构都统一于中央政府之下，坚决抗战，大后方建设事业的推进，新的力量与新的进步不时增加，中国在战争中一天天长大起来，而日本则一天削弱一天。”

“不但如此，日本帝国主义开始侵略中国以后，朝鲜……都参加了中国的抗战，都为东亚被压迫民族的解放而努力，至于全世界上民主国家及爱好和平的人士，莫不同情并援助，苏联是和平的支柱，英、美、法是和平的拥护者，全世界除了德、意法西斯助长日本之外，日本军阀就在孤乏之中……”

敌人听到包含以上所述内容的话以后，开始乱骂了几分钟后，在敌方发生了一条闪光，同时敌人的步枪掷弹筒等，以猛烈的火力向讲述者所在地集中射击约三十分钟，我方也就以猛烈的火力还击敌人。

正当炮火激烈一大混乱之际，一位中国的弟兄由战壕上滚过去，他忘却他自己的生命，因为他要去安慰“唇枪手”的朝鲜同志。

五

这样毫无结果的苦战了三天，朝鲜义勇队决定加派两位生力军，共三位同志分别到散兵壕去，三人轻轻地进入了阵地由三面去攻击敌人，先由中央的一位开口：

“昨夜你们要打死我，但我还没有死！”

“你们知道不知道？你们连着打的子弹是拿什么制造的？那就是拿你们的父母、兄弟、妻子的血和汗做成的……”

很奇怪，一百米以外嘈杂声又起来了，阵前对骂的也不止一人，内中除蛮横的官长之外，还有四五个士兵说话的声音。

因此，在左翼的同志亦同时开口说：

“日本兄弟们！赶快掉转枪口，拿你们的子弹打日本法西斯军阀！”

敌阵上探出一柄指挥刀，一位浓眉黑须的官长开口说：

“你不要讲！东京的加藤进出来！”

双方的演说又激烈起来，我方左右翼同时反攻：

“你给我滚出去，让日本弟兄们讲话！”

“万恶的日本军阀！你不能代表日本弟兄来讲话！”

敌阵上的日本士兵嘈杂不休，隐约地夹着一二声呼喝的声音，日方官长一面维持着秩序，一面继续的争辩：

“不要侮辱皇军的名誉！”

“日本人当被俘就该自杀，而不要靠敌人作卖国贼行为！”

“走狗！卖国贼——东京加藤进的败类！”

我方左右翼协同中锋向敌出击：

“杀掉凭借天皇的名义欺骗日本民众而侵略中国的日本军阀！”

“打倒日本帝国主义！”

“反对侵略战争！”

唇枪如乱珠箭般的放射出去，每一句日本士兵所要讲的话，差不多都讲了出来！

“你们被迫而来，为什么为军阀作无味牺牲！”

“军阀剥夺了你们妻子团聚的快乐，你们家属生活将如何维持！”

敌阵上静寂了一回，日本士兵的哗声又起来，但日官长仍在尽力镇压，结果，阵地上除了一点火药味之外，战士们静静地安息了。

六

四天以来的辩论会，至此告一段落，随县一带的敌人，作战时都提不出精神，唇枪舌战的结果，至少给敌军士兵相当的刺激，这次对敌的辩论中，多半以日本士兵为对象的，因此虽然敌方的反映只有日军官的蛮骂，但是我们可以理解日本士兵所处的地位是在日本军阀压迫之下，不敢采取积极的行动，不过在日本军队里面潜伏的反战情绪是屡次由日本俘虏的说话中所见到的。

□四天的舌战，是给他们以一种刺激，使他们明了日本军阀的欺骗手段，同时引起他们对军阀的反抗心，而成为将要发动反战运动的一种潜伏力量。

日本士兵不能明了中日战争的真正意义，日本军部的宣传是完全不能超出欺瞒□武力压制等范围的。

但这一次站在日本士兵立场上讲的话，给日本士兵以真实的证明，“中国方面优待俘虏”，“日本在国际上陷于孤立之中……”至少限度敌人完全听到我们的说话。这一些的工作，是也有相当的意义与效果的。

朝鲜义勇队在对敌工作上已尽了很大的力量，这一次在火线上对敌争论的胜利，创造了空前的光辉的纪录，我□希望在每一个军队都有对敌宣传工作，并且群众来保障这工作的开展，对敌工作不单是防御战，它应当是攻击战！不单是技术的工作，它应当是革命性的政治工作！中国要东方被压迫民族联合起来，同时更要在正义上争取日本的民众、日本的被压迫者的一致，打倒日寇军阀！

（原载于《朝鲜义勇队通讯》第25—27期合刊，1939年）

日寇侵略战争中的朝鲜

《朝鲜义勇队通讯》编辑室

一、敌人的新阴谋“内鲜一致”的政治

自中日战争开始后，朝鲜总督府标榜出“内鲜一致”的政治，它在这个标榜下究竟做些什么呢？

1.发表新教育令。这是朝鲜总督在去年十一月发表的，并且称此新教育令是“内鲜一致”政治的顶点，朝鲜空前的恩政。那么它的内容如何呢？就是把普通的学校、高等普通学校改称为小学校、中学校，将朝鲜语课程缩小乃至撤废，而加上朝拜“神社”一项。这显然可以看出新教育令的主眼，原来是在“内鲜一致”的“一致”精神，是毁灭朝鲜民族的更进一步。

2.实施志愿兵，青年团，青年训练所，警防团等新制度。这亦是去年日寇在朝鲜开始志愿兵制时，为了贯澈“内鲜一致”的政治精神而发布的，为继续贯澈这个精神，今年度又增募一倍志愿兵，并在各地设置青年团，青年训练所，警防团等组织，实施大规模的壮丁军事训练。最近总督府又发表在明年度内增设七百个青年训练所，训练出三万六千个青年，还计划将来在朝鲜征发一百万大兵，供其侵略之用。

此外，日本又如此来贯澈“内鲜一致”的精□，将朝鲜文的“鲜人”，“요보”改为日文的“センシンン”，“ヨボ”，“半岛人”改称为“半岛同胞”，还说这是“内鲜一致”政治下的新待遇，这样的“恩政”没有给朝鲜人一点自由和权利，给予的只是同日本国内“一致”的“战时总动员法案”，恭拜神社，及更加强了过去各种奴隶的律法。但朝鲜人决不以全民族生命的代价去换取“半岛同胞”的新绰号，只是要争取民族的自由与独立。

二、怎样欺骗志愿兵

1.忠灵塔。去年被日阀送来中国的朝鲜志愿兵，差不多全死在山西战场了。但是敌人却仅将其中几个上等兵李仁锡、曹凤焕、卢发永的战死及闵丙翼的负伤消息发表出来，并称其为万古烈士，在朝鲜及日本国内大加表赞：建造宏壮的忠灵塔，在各地放映他们生前英雄事迹的电影，在各展览会张悬他们的肖像，遂在全国募捐巨量金钱，抚恤遗族。然而三尺孩堤[提]都会晓得他如此行动，无非欲诱惑朝鲜民众，为其侵略战争做炮灰而已。

2.聚餐会。今年七月中旬朝鲜第二期志愿兵训练完毕，要出发来中国之前，日陆军大臣在东京亲自召见，出以欺骗的抚慰，继又举行丰美的聚餐会，并每人发给若干钱，倭寇这样狡猾奸毒的手段，真是无可类比了。

三、日本依赖朝鲜

1.惊人的劳动力。自日本侵略中国的战争开始后，国内壮丁大部□去了，因此朝鲜劳动者在日本骤增至八十万之谱，这是如何大的数目，而在日本工业、农业危机紧迫的现在，八十万劳动者该占如何重要的地位。还不止此，今年内又有八万五千自朝鲜送到日本，如此人数愈增加，对日本帝国主义的支柱作用愈大，而朝鲜革命的潜势力亦愈见雄厚了。

2.物质榨取的一例。中日开战后，日寇便开始大规模的榨取朝鲜物质，兹仅举一小例便可以看出日寇的侵略战争，在经济上是如何依赖朝鲜的维持。他在朝鲜京畿道借国防义捐为名，强制征发各种物质，计现金一百九十八万九千余元(至去年底止)，飞机十四架，高射炮十门，重机枪四十五架，轻机枪三十九架之多，如果以全国来统计，再加上各种税金，劳动赋役，其他物质的征发，强制贮金等等，其数目之大当不难想见。

四、强制榨取的新方式

1.米谷组合和强制贮金。自总动员法案施行后，农民已不能任意买卖其自己劳动得来的生产品，必须在官厅米谷组合下共同贩卖，其价格亦得由官厅随时任意定之，并且在支付价金的时候，还要扣下一部所谓义务贮金。

2.五年植棉计划与一匙白米运动。日寇为了满足其军需品的获得，弥补其战争后棉花市场的损失，乃在朝鲜宣布五年棉植计划，限定每家都要以三分之一耕田种植棉花，至于朝鲜民众的食粮问题，他是全然不顾。又其向朝鲜民众无耻的宣传，每人每餐要献出一匙□米，说是“报答皇国”。现在已在许多地方强制推行着。

3.没有见过的苛税。用上边那种种方法勒索朝鲜民众，还嫌不够，又要环弄税金的新花样，现在在朝鲜买一个金戒指，要交七元税金，一个留声机要交五元，养一只狗在乡村税金是二角，城市一元五角，一匹牛三元，屠税五角，买一双皮鞋交税三角，房屋一律从新纳税，甚至劳动者少的可怜的之一点工资，应要扣下一部做为报答皇国的税金。

4.繁重的资金。日寇在朝鲜还组织各种会团，如青年救国会，妇女救国会，少年服务团等等，务将全朝鲜民众都网罗在内，而从中榨取会员的会费金，并且为了不断的榨取，乃将会团的名字不断的改变，日寇如此压榨弱小民族，总是要榨出最后的一滴血来方才会罢休的吧！

（原载于《朝鲜义勇队通讯》第28期，1939年）

新同志上前线

［韩国］继贤

我们朝鲜义勇队才过了其成立一周年的当儿，又有一批新进壮士三十余人参加到这队伍里来，一致典［兴］奋的上前线去。队本部于十月十九日晚开一欢送会，热烈的欢送他们，这是意味深长的一回事呵。

欢送会在亲爱和谐的空气中开始了，主席申岳同志热烈的致着开会词："今天诸位同志要与前线去了，这不仅是诸同志的光荣，也是本队的光荣，更是全朝鲜民族的光荣。""敌人过去奴化我们的工具，今天更成了我们攻击敌人的武器，大家到前线去，运用敌人过去教给我们的流利日语，去唤醒被法西斯军阀欺骗来华的日本士兵，用我们同胞的热情去招抚在敌人驱策下的朝鲜民众，前进吧！只有争取了朝鲜的独立和自由，我们才有真正共同的幸福。"的确，他们是有这觉悟的，处在敌人铁蹄下三十余年的生活，使他们清楚的认识了敌人的狰狞面貌，他们过去的生活经验告诉着，朝鲜的新生与日本法西斯野蛮的统治是不能两立的，今日已是颠激日本法西斯政权的最好时机，四万万五千万的中国广大人民做了他们有力的支援，但事实上仍需要三千万朝鲜民族都能像他们今天一样的厥起，同样也需要日本民众的加速觉醒，他们今天到前线去正准备声嘶力竭苦口婆心去呼喊："日韩的民众们！不要再糊涂下去吧！我们再不要迷恋日本军阀骗人的口号，要求得自救，便要掉转枪口向着日本军阀！"

队长金若山同志走上了讲台，他恳切地道出了他的希望，他更指出了今后奋斗的途径："诸同志到前线去是为了唤醒被敌人驱使来华的日本民众和朝鲜同胞，但这工作是坚苦的，不是一蹴能成功的，这需要耐心的解释、苦口的劝说，不要遇到失败而恢心，更不要遇到胜利便骄矜。"这些指示是被他们一一接受了。

参加欢送会的同志们被主席一一邀到了讲台，他们都在兴奋地陈述着他们的感想和希望。

最后，新同志们的代表——吕同志登台，一个硕壮的体格，黑里套红的面孔，颔下点辍着不少的黑疵，他给初见者的印象是诚朴、勤劳、坚毅、勇敢，显然是一个革命军人的典型，又像扛过枪杆的卫士，无论如何，他今天已是站在了民族解放的大纛下做了一位前卫了。

他开口就说："今天我们上前线是我们的职份，我们千百万同胞还呻吟在敌人铁蹄下，他们要待谁去唤醒？他们更待何人去救？我们决不敢以为自己得到了解放而一时忘却他们，我们要呼唤，使那千百万的人们随我们一同来，为人类共同解放事业而奋斗。"这该是如何动人的语句，我们被感动的几乎流下泪来。

他们出发了，这里复有鞭炮声，也复有音乐声，但那几十颗快要炸裂的心却在宏流交汇着。

桂林南站的月台被这批战士和欢迎的人们挤满了，车站附近的住民们竟不邀而同的来送行，民众们虽以奇异的目光换射着新战士们，但他们都正理解到，这是我们真实的战友。

熙熙攘攘的人们在做着最后的依恋，火车的汽笛声却在无情的摧着战士们起程，车轮转动了，跟着歌声也在响了。

"白头山矗立天间，东海黄海环绕着的半岛。
为了生存自由的三千万民众们！
热血沸腾又在回漩，
在一个旗帜下，
团结起我们钢铁般的力量，
前进吧！前进吧！
粉碎我们恶魔般的仇敌，
我们要站在三千万大众的前面，
我们是勇敢迈进着的先锋。"

歌声由近而远，由抑扬而低微，最后的告别却只能看见远远的招手，互相默祷着来日的光明。(完)

(原载于《朝鲜义勇队通讯》第28期，1939年)

第二年的开始

[韩国]金若山

我们朝鲜义勇队于去年十月十日在汉口成立之后，旋即在汉口退守的前三日离开汉口，向第一、五、九各战区分别出发，参加了各战区前后方政治工作，到现在已是整整一年。盖朝鲜民族这样的协助中国作战，远在明朝受满清侵略的时候曾有过一次，及至近几十年来，朝鲜同志固然有过个别协助中国，如国民军北伐时代就有三百余名参加那次革命运动，但是没有打起全朝鲜民族的旗帜。在中国方面来说，抗战二年余来，以整个民族立场来参加中国抗战的，至目前亦还只有朝鲜民族一个，所以这是中韩两民族历史上一个新的运动，同时奠定了两民族友谊的坚固基础。

正因为我们义勇队有了这种特殊意义，而在第二年工作开始的今天，觉得迫切的需要检讨过去一年中的工作。

去年义勇队成立的时候，我们喊出：(一)拿我们行动粉碎敌人灭亡中国、离间中韩民族的阴谋。(二)争取为日本帝国主义所驱逐而来到中国的朝鲜同胞和日本军民。(三)发动东方各民族反日力量参加中国抗战，我们引以为这是给于在华朝鲜革命同志的任务，把它当作朝鲜民族的解放工作。

敌人向来对付中国与朝鲜的政策，是造出各种卑劣无耻的谣言，分化各民族的统一，离间两民族的团结。一九三〇年的万宝山惨案，那完全是敌人一手造出来的阴谋和悲剧，此次战争开始后，敌兵假冒朝鲜籍军人的例子，真是不胜枚举，如在鄂北被捕的荒木即称朝鲜人金春根，皖南被捕的伊藤勇亦自称朝鲜人，并且到处向中国民众做欺骗宣传，说日本军队中有长胡子的却是朝鲜人，他们专去杀人放火，真正的日本军队是不杀害中国老百姓的。不但是这样，更有趣的，敌人说朝鲜义勇队不是朝鲜人组织的，是中国政府为欺骗朝鲜人和日本人起见而由中国人组织起来的(在湘北)。真的，敌人是无孔不入的，但是事实终于胜过雄辩，邪说永远要在真理下屈膝的。敌人的阴谋既归失败，便来想法破坏我们义勇队，到处做逆宣传，消灭我们，甚至派侦探及用悬赏的方法想捕捉我们义勇队队员。的确，敌人的阴谋相当厉害，但有没有效果呢？有没有抓到我们的同志呢？没有的，那简直是不可能，因为我们同志英勇的斗争业已博得中国政府和民众的爱护，中韩两民族亲切的友谊革命的联盟，使敌人束手无策。凡是我们同志所到的地方，民众们无不热烈的爱护，被捕的日本弟兄亦有要求参加我们义勇队的。

对敌宣传是有效的。在湘北通城附近×××地方，我们同志在距敌人一百公尺的近处，高呼日语口号并向之演讲，遂把这些日兵说服了，二百多敌兵感动的扔掉枪杆，从战壕里跳出来举出投降的白旗。这些事实证明敌人大炮飞机虽然厉害，但凭我们进步的革命意识、牺牲精神及高超的技术，不费一兵一卒的连敌兵亦可以争取过来，无疑的战争越继续下去这个可能性便会愈大。还有一次，在鄂北我们的胡维伯同志，在距敌八十米达地方向日兵演讲，敌人方面亦来了一个演讲，这样的火线上辩论会曾继续到四个晚上，终于弄得敌人穷态毕露，老羞成怒的狂乱射击起来。在这次辩论会中，有一个大阪每日新闻社的特派员×××在场，他曾把这次经过发表在《大阪每日》，但没有说朝鲜义勇队而说是中国人。无论怎样，这些事实都加强了对敌宣传工作。

同志间的友情与共患难的行动，都巩固了两民族的友谊，民族中间的友谊亦好像个人间的关系一样，愈在艰难危险的环境民[里]愈显现的清楚，我们同志勇敢的参加决死队、便衣队，在敌人铁丝网里和中国弟兄共同协力的与敌人搏斗的时候，我们觉得两民族是只有一个敌人，只有一条共同的命运。

第×连的黄班长负了伤，李万英同志抱着“宁愿自己死在枪林弹雨中，而不忍看着受伤的同志因不得救活活的至死”的决心，遂奋不顾身的救起黄班长，陈汉中、关键、李东浩等同志亦从最前线抢救出柳连长，背着穿过敌人埋伏的树林，越过十余里的山坡送到安全地带，当他们衣服被柳连长的血渗透了的时候，他们确深深的感到无上的光荣，这是我们义勇队的精神，是朝鲜革命传统的牺牲精神。我们相信唯有这样的行动才能更巩固中韩两民族的友谊，同时我们一年来的奋斗，创立了百折不挠的新作风，奠定了坚固的团结基础，那是敌人任何阴谋都破坏不了的。

朝鲜同胞和台湾日本的弟兄们亦都积极的向应我们的工作，远隔在美国的一万多侨胞，听到朝鲜义勇队的成立，即刻组织了朝鲜义勇队后援会和中国抗战后援会，协助该地中国人士示威，推动不买仇货运动并募捐金钱药品送到中国来。在义勇队成立周年的那天，他们做大规模的游行并包围日领事馆。在华台湾、日本的志士，亦为我们的发展尽了很大的努力，现在他们都在准备组织像我们一样的义勇队来参加中国的抗战。东方各民族的反日力量已在蓬勃的滋长着，在逐渐的紧紧的联结着，才能促使敌人加速度的灭亡！

在另一方面，一年来的实际斗争促进了在华朝鲜革命者理论的统一，在过去没有实际的大规模斗争的时候，在华的革命阵营内难免有些空洞的理论与超现实的幻想，这些现象都阻碍了革命运动的统一和发展。可是现在不同了，客观环境的变化，对于我们的统一固然有很大的影响，然而更实际的，离开现实的要求□凭主观的意想的不正确理论，在实际斗争中呈现出动摇姿态，甚至不能立足。所以说一年来的战斗确已教育了海外朝鲜同志，提高了理论水平，培养了精练的干部，清算了过去的纷岐现象而促成有力的团结，照这个事实来讲，海外的朝鲜革命运动在朝鲜义勇队的旗帜下愈来愈要坚固了。

英勇斗争的一年是过去了，我们曾完成□部份任务，这是由于中国政府当局和民众给予我们切实的帮助和指导，和基于我们同志受过高深的军事政治教育，饱有战斗生活经验和能够刻苦耐劳所致。

在此第二年开始的时候，我们必须要重新占定新的环境和新的工作对象。

帝国主义的第二次大战终于不久之前暴发了，可是这已和第一次大战的情形不同，除了帝国主义者双方的对垒外，弱小民族的革命力量已发展到不能轻视的地步，同时还存在着巨大的反帝的和平势力，因为这个新条件的存在，在这次战争发展延续的过程中，弱小民族的解放运动当能更大的发展，而且能够得到成功。

中国抗战逐渐转入胜利的阶段，日本国内及台湾反日运动的展开，印度反战运动新姿态的屹立，都在预示着新的光明的东方的到来。

在这个时候，我们东北义勇军在崔莹将军领导下，曾渡过图们江把敌人的三轮部队整个的歼灭，还有东北抗日联军中的朝鲜革命同志和沿海洲的朝鲜军队，都在进行着争取祖国解放的斗争。

日本统治者怕他国内的革命运动，更怕朝鲜民族的解放运动，于是想出来新的阴谋，他们认为如果民族的界线存在的话，便不能消灭朝鲜民族的解放运动，乃一面唱出“内鲜一致”“日鲜汉满蒙同种”等口号，一面假惺惺的派学者到北海岛、朝鲜、蒙古等地去研究古人的骨相，以为之证明。日本统治者既然给朝鲜人新的待遇——同种，便要求担负新的任务，而加以夸大的宣传，要在朝鲜征二百万大兵派到中国来服役，并将朝鲜农民有计划的从国内驱出。自从亡国以来，这样离开祖国的朝鲜农民在东北华北已有二百余万，在苏联沿海洲的亦有三十万以上，他们多是为生活逼迫而出来的，都是为渴求自由的新天地和祖国的解放而出来的。在今天亦许为了个人的生活还在过着牛马的生活，可是他们很可能在明天变成追击敌人的先锋，这我们可以拿最近的事实来说明的。在华北各地被游击队捕来的所谓“朝鲜俘虏”，他们并不是替日本军队做事的，乃是为生活的逼迫同其他大多数侨胞一样的来到中国的，现在他们已经兴奋的参加了我们义勇队，并且请缨杀敌的上火线去了。他们每个人都已深刻的知道了日本帝国主义给朝鲜民族的一切灾难，亦明白了谁使他们到华北来，这一切透骨浸身的仇恨激起他们沸腾万丈的怒潮，不自禁的喊出“我们要杀敌去！”“上前线是我们最光荣的事”，出发的时候还高呼着“朝鲜独立万岁，以奋斗牺牲的精神报答祖国，中韩民族团结起来！”这委实太令人兴奋了。这般从心底涌出来的愤怒和诚真的热情，的确是表现了久过着奴隶生活的朝鲜民族的心境，而使我们确信可以发起在华北、东北的侨胞，走上民族先锋的道路。然而我们亦必要警惕的，敌人并没有死心，新阴谋在不断的演着，奸滑的手段愈发来的毒辣，所以我们的新任务更其艰难更其重大，我们必须努力下列诸点，来达成我们今后的目的。

（一）建立统一理论，巩固团结。在过去一年来的斗争中，虽然严重的打击了超现实的空想和固执于前时代的固执倾向，使革命理论得以正常的发展，但无可讳言的，还有不澈底的地方待我们今后来清算。盖没有统一的理论，就不会有钢铁般的团结，更不可能发挥出胜敌的力量，所以为要完成我们的重大任务，就必须每个同志奋发精神，继续过去一年来的斗争，努力于革命理论之统一和巩固团结。

（二）扩大量的发展。恰好在第二年开始的时候，有从“和平村”解放出来的三十一个新同志，参加到我们队伍里，这是值得我们庆贺的，但这还觉得太不够，要完成目前的工作，没有更大量的生力军就不能有更大的胜利，因此我们除了努力目前工作外，更要向北方及朝鲜群众发展，争取敌人统治下的同胞，扩大我们军力。照目前情形来说，中国各军政机关都需要我们同志去服务，我们都还不能做到，何况要展开工作，勿论如何量的发展都占着重要的地位呢！

（三）提高政治文化技术水准。没有高度的政治文化水准，便没有高超的技术，没有高超的科学技术，就很难能胜过当前的敌人，而高度的政治文化水准和高超的技术是相补助成不能分开的。在第一年的对敌宣传工作中，胡维伯同志在鄂北前线与敌四晚的“辩论会”上，把敌人弄得啼笑皆非，确非容易的事情，那不仅仅要日文好，而且更要高度的政治意识、正确的革命理论、灵敏的头脑与沉着的态度。在湘北朱革同志沉着应变的说服了敌人，这都是在对敌宣传中的新纪录。但自问我们还不能够每个人都达到这样程度，在此第二年开始，我们要求每个人努力上前，最好每个同志、每个干部都能独当一面工作。

（四）发扬广大朝鲜义勇队的精神。义勇队成立之初，一切工作都待自头做起，因之在主观客观各方面遭遇到许多困难，但是队本部及前线同志，都能不畏艰难，实干硬干，始得奠定了今日的基础，尤其是李万英等同志，冒枪林弹雨的大险，奋不顾身的抢救中国同志，而亦只有用这样的牺牲精神，才能加强中韩的友情，巩固中韩的联合，争取自民族的解放。希望我们同志都要本着这种大无畏的精神，展开我们第二年的工作。

（五）巩固中韩两族之团结，继续与台湾、日本的反日力量取得密切联络。台湾是日本南进政策中的根据地，朝鲜是日本侵略大陆的桥梁，在反日立场上都是很重要的，所以今天我们与台湾弟兄们取得密切联系，进而帮助他们成立台湾义勇队是迫切需要的。而日本的革命力量是决定日本革命的重要因素，所以与日本在华革命同志联络更为必要。不仅如此，我们还要促进印度、安南、缅田、菲律宾等的积极援助中国抗战，东方弱小民族的命运是有连带关系的，假使中国抗战不能得到胜利，这些都很可能变成朝鲜第二，于是在反日战争中，东方被压民族需要团结起来。唯有巩固的联合才加快敌人的灭亡，这是要我们以实际行动来打先锋的。

总云，在第二年开始的今天的国际情势和朝鲜革命环境告诉我们，必须要统一我们革命理论，加强团结，提高政治文化技术水准，向北方发展争取朝鲜同胞，加强瓦解敌人工作，发动东方弱小民族的反日力量，巩固东方被压民族之联合而继续发扬我们的革命精神。

当中国抗战胜利把敌人驱逐过鸭绿江时，我们的任务是继续把敌人驱到釜山的对岸，而将我们的国旗高高飘扬在济洲岛的海边。

（原载于《朝鲜义勇队通讯》第 28 期，1939 年）

重返长沙

[韩国]尹为和

去年十一月十三日长沙大火后，在“瓦砾上建设新长沙”的号召下，千百个热血青年在那废墟的城市内展开了热烈的救亡工作，一时长沙的气象异样的活跃、生动、蓬勃，三两月内便迅速的恢复了大火前的繁荣。而在这些救亡工作队伍中，朝鲜义勇队便是其中坚强的一个。

那时这一群健斗的异国战友，散布在长沙市郊一带坚苦的工作着，他们的标语贴满了城镇乡村的墙壁，他们的讲演响澈在民众们的心底，他们曾冒着寒雪跑到二十里外去贴壁报——“耳朵”，他们还参加救济赈灾等等工作，他们终日不休的奔忙着，从未感到过疲倦。有一位李同志曾对我说：“我们努力建设长沙，亦就是在争取朝鲜解放。”这是如何正确伟大的见解！怪不得长沙一带的老百姓对他们那样好，每每诚挚热烈的招待他们，这全不是偶然的事呀！

其后，他们离开了长沙，转战于湘北前线，在平江，在通城，在幕阜山内，在新墙河畔，到处都建立了赫赫的奇功。九月初他们回到浏阳，又热烈的参加义卖与演剧等工作，但能获得优美成果。因此，该地的三民主义青年团还特别发起盛大的欢迎会来招待他们。

这次湘北大战，我们打了个大大的胜仗。然而战后的长沙，无疑的有许多事情急待救亡工作者去处理，当然酷爱工作的朝鲜义勇队同志们，绝不肯让这样好的机会白白错过，于是他们便暂时放下对敌宣传工作，喊出了“重返长沙”的口号。

这次去的是他们全体中的一部份——十二人，由一位叶分队长领队，十月三日出发五日到达长沙近郊的黄花市，在这里他们暂留下足步，一面做些壁上标语与街头讲演的民众宣传工作，一面派人到长沙城内去探听消息，八日接获派去的李同志的报告，知道长沙急需他们去工作，他们遂于九日向长沙市进发，然而因为我们为了打击敌人的进攻，澈底地实施了“空室清野”的战术，所以那时在城内除了××师的戒严部队外，一切党政军新闻各机关早已迁出，老百姓更是找不到一个。因此他们不得已又被阻止，驻扎在城外三里处的一个乡村内，这个时候他们便与××师政治部取得密切的联络，作为开展工作的准备。

捷报雪片般的飞来，敌人已退缩在岳阳城内，不敢再露他们的鼠头，随着长沙便于十一日解除了戒严令。朝鲜义勇队的战友们，这时真如鱼儿入水一般的快活，便最先奔入他们已告别了半年的长沙。然而再会的长沙已是另外的一种面目，与前次大火后更是不同，它大概的情形可以从义勇队那位李同志对我说的一段话中想到：

“当我们在长沙郊外已感到静寂的骇人，长沙市空已断绝了缕缕的炊烟，而除了半天一次更能加重沉寂的喇叭声外，平时熙熙攘攘的嘈杂声亦再不能听到。当我们走进东门时，心中更挂上一个不能解答的问号，街道依稀整齐的排列着，新建的房舍亦并不像前次大火后的狼籍，但是却不能看到一个人影。在另一方面又使我们兴起无限的赞叹：中国的确在战争的磨练中，各方面都在突飞猛进着，即如此次长沙撤退竟能做得如此澈底，就是敌人再增来百万大兵，那又怕他不吃败仗呢！”

戒严令撤除后，民众们络续的到城内来探听消息。朝鲜义勇队同志们便抓住了这个机会，匹马单枪的开始了对民众宣传工作，他们将预先准备好的四十多种约二千张红黄白绿各色的标语，遍贴在城内大街与码头车站，招引着许许多多市民，如“回家来”“开铺子来！”等类语句，无一不是针对民众心理而发的，正如他们所希望，这工作获得很大的效果，民众们不旋踵的回到了长沙来！

随着市民的增多，他们又开始了壁报工作，这工作是分为两组进行的，一组在东门车站，一组在南门码头。当市民们重见到这久别的故友——“耳朵”壁报时，大家都争先恐后的来看它，并且熙攘着“朝鲜弟兄们又来了”。一时这唯一供给精神食粮的壁报前，便汇成了人海。这壁报的内容大部是报导战争的消息，但这消息在那时是很难得到的，起初他们是派人去慰问伤兵而从各部队伤兵口中得来的零碎消息汇集而成的。后来在工作中认识了一位邮政代办所的吴所长，大部消息都由那里供给，壁报内容乃得以更加充实起来。当“湘北大捷”的大字标题正式在“耳朵”上与民众见面时，民众们简直欢欣的发狂，人人露出不可抑止的笑脸，而整个长沙市亦在奔腾跳跃了。

此外他们还分了三个街头讲演组到处流动宣传，虽然他们喉咙发了沙哑，仍然鼓出最后的力量向民众们传播福音。这样的工作着，他们一直奔忙了四天，十五日九政第一政工大队回到了长沙，他们才把工作交给了第一政工大队的同志们。

朝鲜义勇队的战友们确是工作太热心了，自从他们参加中国抗战以来，随时都表现出特异的坚毅英勇的精神，就是比我们自己亦是有过之而无不及，两次在长沙的工作已是有力的铁证，亦许大家会疑问他们为什么如此呢？那我可以引用义勇队那位李同志的话来答复："我们努力建设长沙，亦就是在争取朝鲜解放。"

（原载于《朝鲜义勇队通讯》第 29 期，1939 年）

朝鲜义勇队在湘北前线活跃

范式之

在“中国抗战胜利就是朝鲜革命成功”（义勇队队长金若山语）这个大指标下，青年的朝鲜革命斗士们自己组织了朝鲜义勇队直接参加到中国正义的神圣的抗战行列里来，已是将近一个年头了。

由于某种机关，朝鲜义勇队在过去——目前还是继续着——其所担负的主要任务，暂限于对×人方面作瓦解×军的宣传工作，所以他们除分为××区队，分别配合在若干战区我军前线外，并以一部深入×后。因之就地域来说，他们又分成“阵地宣传队”和“游击宣传队”。

无论是阵地宣传队或游击宣传队，总之只要是对×宣传摆在他们面前最困难最痛苦的问题，就是因为科学的宣传器材的全部缺乏，他们若不进出于肉搏战的危险地带，往往是无法达成他们的任务的。所以他们实际上的困难和危险性，往往较之直接的战斗员尤有过之。但是为了洗刷奴属在×铁蹄下三十年来的耻辱，为了争取二千三百万朝鲜民族的自由解放，他们终于毫不迟疑地面对着一切困难，克服着一切困难，深入×军阵地开始，同时也还在继续着瓦解×军的宣传工作。

（一）参加通城攻击战

上月三十日，湘北方面的朝鲜义勇队拒绝了某师长劝阻，参加我军某团通城的攻击战。当日黄昏时分，各部队开始向通城分进，午夜全部到达胡家坳，在此地休息一小时，团长授以攻击任务后即再开始前进。越过了无数起伏不平的山谷，匍匐通过了二里以上的开阔地方，到了距通城五里，宽三百公尺、深三公尺的陆溪河畔，河的那一边是铁柱港，再过去是通城，这里都是×驻营所在地。

团长下令，“敌前渡河”，水没到胸部，弟兄们全部武装，向×方奋勇泳进，在万籁俱寂的深夜里发出了“花啦花啦”的水声，这个声响惊觉了×寇的警戒兵。先是信号枪响了，紧接机关枪弹炮弹集中着向河面射来，弟兄们机警地立即把身子潜入水中，仅露出鼻孔在水面。这样目标减小了，虽仍不免有一部份弟兄在这里作了壮烈的牺牲，但渡河的目的终于在大家抱着必死决心下完成了。

团长营长站在第一线指挥部队，散开义勇队同志配合在各连中间，他们也都是那么沉着、坚毅和果敢。

铁柱港的×人有五百多，工事筑来很坚强，有三道铁丝网，有碉堡机关枪阵地，还有五六门山炮。我们的弟兄，完全在开阔地带攻击前进，是处在绝对不利的形势中，但是弟兄们有×无我的坚毅的攻击精神，终于粉碎了一切困难。尤其是义勇队的同志们，他们一面指挥着一部损折了连排班长的队伍，攻击前进；一面高喊着日语口号；一面更带着经过印刷搬运等重重困难下比子弹还要珍贵的传单标语，俾便觅取适当的地点和时间，去散发他们的精神，鼓舞了并且激动了每个战士们的心。

铁柱港终于被我们攻克了，×寇于遗尸二百余具、炮一、机枪四、步枪三十四及其他文件大批后，“勇敢地退却”了，我们直跟进至通城北城郊里许高地扎营。

第二日，×增援部队不断增加，×坦克车及装甲车冲至公路上威胁我之侧背，我们为了攻击的任务业已达成，等到义勇队同志把所带来标语传单二千四百张全部张贴散发完竣后，才一面袭击一面向我们的原阵地引退。

在归途中，义勇队同志又忙着轮流背负负伤的弟兄，弟兄们的鲜血染遍了他们的衣服，由他们的衣服渗透而和他们的肌肉凝贴在一起，但他们丝毫不感到一点污秽和疲劳，相反的，他们反感到荣幸和兴奋。他们异口同声地说：“我们能够背负为争取被压迫民族的解放而负伤的斗士，是怎样一件光荣的事啊！”

由于他们这种真诚热情和苦干的精神，激动了我们所有将士，以致忘去了三天来不眠不食的疲劳。大家心坎里都默念着：“我们才是真正同生死共患难的兄弟之邦！”

（二）赛公桥日兵开小差

本月四日，在晨光曦微中，义勇队同志崔成章，先到通城西南约十里的赛公桥探视了一下×情和地形后，当日黄昏时分，就随同部队及另一部义勇队同志，先迂回至赛公桥北端，将石岭山占领，然后分三路向赛公桥×营攻击。赛公桥的×寇就以全力向石岭山还击。这时我另一部义勇队同志金河梅等，会同决死队一排，自南而潜入铁丝网内袭×之后，散发传单标语，并喊日语口号："日本士兵诸君，不要打，你们打出来的子弹都是军部暴力派在你们父母兄弟姊妹身上榨出来的血和肉！""日本的弟兄们，军部暴力派占领了北平，夺取了南京，然而流血的士兵得到的是什么？""日本的弟兄们，你们的父母和妻子正斜倚门扉，遥望着天边的落日，盼望着你们回去呢！"

这样喊了约二十分钟，猛听得×军官一名用日语高喊着："你说什么东西，混蛋！"他的语气虽然带些愤怒，但出乎意料的，当他说完了这句话的时候，他的头就垂下去了。

六、七、八三日，我每日派小部队往袭，并以五张传单做成一包系在石头上，以投手榴弹方式投进×阵地，这样共投了四十个，也就是二百张。九日×以不堪我之肆扰，战斗意志全部消失，乃自动放弃赛公桥。我于当夜开入该地，发现×住宿房屋及前后园中，我义勇队散发传单，满地皆是。又在吴家祠堂西南壁下有坟墓二处，一为曹长田谷六治，一为伍长前田左。据当地老百姓说，六日那天，我军袭击时，×水野中队长受重伤，死×官二，曹伍长各一，死兵十四，伤七。另一个老百姓更这样说："×临开走前一天晚上，有五个×兵突然到我家里，强迫要我拿出五套中装便服，我家总共只有四套，都给了他们。但是他们一定还要一套，我说没有。最后他们竟拿出手枪来吓我，并强迫我把身上那套脱下。我在无可奈何之际，只得依从。那知等我把衣服脱下来后，五个×兵也就各自把自己军服脱下，连同背囊皮包，都用火来烧了，换上我的衣服走了，这使我直到现在也想不透是何道理。"

这时义勇队的同志都不约而同的笑起来了，其中刘晚华同志用着极通俗的术语告诉那百老百姓说："这就是所谓'开小差'。"

（三）阵地上唇枪舌战

游击队活捉到一个俘虏加藤进，解到司令部来后，询明了他的一切。第二天，义勇队同志胡维伯即以加藤的资格出现在距×八十公尺的阵地上。

"我们这次对中国作战，在日本国内是这样宣传，说是为了东亚和平的胜战，但是像这样用飞机大炮来残杀中国和平的民众，侵占中国土地，无论如何是达不到目的的。不但不能达到目的，相反的，假如这个侵略战争再这样无定期继续下去，到头来日本终将走到总崩溃的途上去。"胡同志还举出了许多实例和许多统计数字，说明日本国力一天天的削弱，国际环境日趋恶化，中国新生力量一天天在成长。讲完了，并委婉地呼着口号，唱着下面的日语反战歌：

“我们共同反对侵略战争，不要打，不要为军阀牺牲！日本的弟兄，猛醒吧！反对军阀，反对战争，在长期被军阀压迫下的日本弟兄，起来反对侵略战争！”

那天天气特别好，阵地上没有一点战事，广漠的原野上显得比死去还要寂静。陈同志的演说辞、口号和反战歌，恰又在“寂寂人静后一钩新月天如水”的黄昏时分送到×阵地，这使×寇尤论如何，不能装聋作哑的。所以在第二天晚上，就有一个日本军官出来答话：

“日本是为了东亚永久的和平来打倒和平的破坏者中国共产党，所以举行圣战。”我们的胡同志知道有了反应，就接下去反驳着：

“果真日军是为了东亚和平来打倒中国共产党，为什么日本国内自身的共产党和法西斯政权还未打倒就跑到中国来举行战争？致使日本近百万的青年做了至不幸的‘无言的凯旋’，这是为了和平吗！”×军官自知理屈，至此竟暴露出军阀的本来面目，开始漫骂起来。

第三天，我们为加强声势加派金铁远、朴茂两同志参加舌战，大胆的×寇，竟指名要加藤出马，胡同志就从容不迫来到阵前，金朴两同志不甘示弱，也分由左右两翼出现，为胡同志遥作声援。

这一晚，展开了空前未有的唇枪舌战，日军中几个助辩者相继被我们说得垂下头去，默默无言了。担任主辩的×军官看到形势不对，也就悄悄地拉着其他×寇的袖衣进入工事去了。

第四夜，×寇挂了免战牌，未敢应战。第五夜还是销声敛迹，我们义勇队同志还是丝毫不放松，依然出现在×阵前轮流做着说服工作。直到月影西沉，×寇乘我无备，突用机枪向我往复扫射起来，胡、金、朴三同志急忙把头低下去的时候，猛然发现一个×兵已摸到他们的跟前，用着很恳挚的语气，劝告义勇队同志：“从速离开这个地方吧，这个地方对你们实在太危险了！”

原来义勇队同志的一番话，早已激动了每个×兵的心，×军官因恐军心有变，竟自己要走到重机枪阵地内用机枪打死他们。正在那危急一刹那，被另外三个×兵发觉，其中两个就赶上去把机柄接过来，有意把偏差角度拨大些，将机枪摇射起来，另外一个则悄悄地摸到阵地前面通知义勇队同志，义勇队同志因此得免于难。

对于这种“×人的友情”，他们敬谨地接受了。他们带了参战一年来从未有的这样温暖愉快的心情，踏着月步离开了阵地。（七月三十一日）

［原载于《大公报》（香港）1939 年 8 月 1 日］

朝鲜伙伴在前线

爱静

——和中国士兵已亲密的携起手来！

——我们最后的胜利就是他们的复兴！

狄[敌]人在湘北遭了空前的打击之后，除了鼠头鼠脑的埋藏在“墓式”的堡垒里，震震惊惊的死守着几个据点，不时再盲目的放上几响大炮助助那吓破了的狗胆之外，其他一切都安静下来。因此在××的街头上，你可以看到三三五五的从火线回来的壮士，多数都是我们自己的同胞，但当中也有他国的志士——在中国作战的朝鲜义勇队的队员。

在一个偶然的场合里，很幸运的认识了一个朝鲜义勇队员——那是在一个没有月亮的晚上，在一间瓦平房的里面，点着几根白腊，火光一闪一动，有点儿诗意，更带着几分神秘，小时候在这种情况之下，总喜欢叫别人讲聊斋志，听来特别有味，今天又似过了一次儿时的生活，但所听到的并不是聊斋，却是比聊斋更有意义的故事——朝鲜伙伴在前线作战的情形。

“静”，我的朋友豪君这样指着靠窗口的一位长毛家伙，说他是一位朝鲜的义勇队队员，亲身参加了这次湘北的会战，前天才因事回到这儿来……那家伙两目炯炯的，带着满脸笑容，不等我请他已“自来熟”的开口了。

“爱静君，我不想和你谈关于我个人和这朝鲜义勇队的过去，详细情形你可以问豪君，他和我是多年的老朋友，一切他都十分明白。其实你也总可以想像得出，一群失去了祖国保护的人儿，不平等，没有自由，受尽了杀害，一切都是那样的悲惨，为了不愿意做奴隶，为了恢复祖国——廿年来飘泊在异乡，生活在敌人特务队的‘漏洞’中，”他有点儿凄凉，像要哭泣，但忽然他又奋起了——“然而自从参加中国的全面抗战以来，我们的黑暗，已经透露出一线的曙光，祖国的山河恢复有期——该就在中国胜利的明天吧！”

“朝鲜义勇队在前线和中国士兵一样的勇敢作战，”他低下头去，抚摩他身上挂着的那块闪闪有光的银质奖牌，嘴边显出一丝儿得意的微笑，他是在回忆着几件光荣的伟绩——

“某次我和几个同志参加了通城和锡山的攻击战，那是一场很猛烈的攻击，”他从袋里拿出一封在草纸上写着的信交给我看。

“这信是一位柳连长在病中寄来的，我们几个参加的同志都在柳连长指挥下从事作战。柳连长真勇敢极了，他总是站在任何人的前面，你晓得枪子是没有眼的，柳连长终于在前线受了重伤，那时正是战争进行得最猛烈的时候，火药气充满了整个的战场，子弹像雨一样的从敌人阵地打来，但我们仍奋勇的把柳连长抢回后方。”

那信是这样写着：

汉中、东浩、静、健各位英勇的同志：

我已经很安全的到达长沙了，住在湘雅医院里，我的躯体虽睡在这里，可是我的心却留在前线，我系念着前方的战事，同时我也怀念着你们的一切，你们近来工作是进行得更好了罢？

我时常回忆着那次的攻击战——当我挂彩之后，你们奋不顾身地，把我从炮火中背回来，那时我心中是多么兴奋，多么感激呀！你们这种英勇的行为，不单表示爱护我个人，而是爱护整个的中国，更大点说，你们是爱护人类，爱护公理和正义！

我希望我的伤口能很快的痊愈，再回到前线去杀敌，那样才不辜负你们的一番好意。

我时常记起独立革命党主席李友邦先生说过的一句话“××强盗总要有末路的，那末路就在中国、朝鲜、……和××爱好正义的人士的手里”。

今天这些人士已热烈的携起手来，大家在同一目标之下向前迈进，你们不见敌人正一步步的走向崩毁之路吗？在前线的攻势是消失了，占领区里的“扫荡场”是被我们的游击队“反扫荡了”，国内的反战情绪高涨，经济破产，国外孤立……只要我不折不挠的长期抗战下去，敌人的总崩毁是必然的。你们对于这一点当然和我具有同样的信心。

在我们这次抗战过程中，我们已经知道这次狄[敌]人的野心——他们不只是占领我们的土地，他还要吞并整个的中华，甚至于要消灭世界上一切弱小的民族！因此，我们这次的抗战的性质，表面虽然是为我们中华民族的生存，其实也是为了整个全世界弱小民族的解放，为了人类的正义和公理，为了人类的永久和平，打倒法西斯的军阀！

同志们！我们都是遭受着同样命运的兄弟，我们也同样有着光明的前途，愿我们更亲密的携起手来，为了中韩及全世界弱小民族的独立和自由奋斗到底！

前天，我在阵中日报上看见你们的工作动态，并且将你们救我的事实也载了出来，引起我无限的感慨和兴奋。

据医生告诉我，我的伤势并不十分严重，不久就可以收口了，我希望很快的能再和你们一块儿站在火线杀敌。

（这信是由我口述，由湘南伤兵管理处负伤将士服务团何群同志代书）

第××师×××团×营第八连连长柳运瑞谨启

他又继续说下去：

“我们在火线上，不但和中国的士兵握了手，并且和前方的农民们也发生了很好的联系，这种联系是通过一种媒介——民众学校——而后得来的。

从我们得到的经验上看来，要求胜利有把握，非得军民合作不可。这次湘北的大捷，虽有许多的要素在，但人民的协助是不可轻视的一个因子，这是谁都不能否认的。

我们依照××路团长的训示，在大家村和彭家虾先后手创了两所民众学校，校址距前线只有四里路，学生有五六十名，大部分年纪都在八岁到十三岁左右，他们全是当地农人的子弟。

我们深深明白，每个做父母的人都喜欢别人爱护他的子女的，大凡爱护他们子女的人，无有不受他们父母的欢迎和爱戴，所以我们对这些中国天真的儿童都是非常的爱护，好像爱护我们自己的子女一样。

我们在那极少数的生活费里抽出一部分来做这民众学校的经费——给他们油印‘抗战课本’与抗战歌曲，买笔买纸，有时为了增加他们的兴趣和努力起见，也买些儿好吃的给他们，这样一来，不但这些子女的父母对我们表示好感，就是附近的老百姓也同样的对我们倍加赞扬。当我们作着家庭访问或是路上相值时，他们总是笑容满面的招待我们，询问前线打得怎样了，当我军胜利消息传入他们的耳鼓时，他们竟围着我们雀跃起来。

他们不但单纯的在意思上表示对我们的好感，他们简直把我们看得像家人一样，不时的送些土产、豆、辣椒、蔬菜等来吃，天冷了送些柴火来，有时我们有人小病了，你可以在我们的驻扎的茅屋前面看到三三二二[两两]的老百姓来安慰我们。真的，我们常会因感激而流出泪来。

从这件事实使我们更了解了两件事情：

（一）‘爱人者人恒爱之’这句话是得到了更有力的证明，敌人要别人‘不要排×’‘要亲善’，但是他却无恶不作，野心地想亡人的国家，灭人的种族，结果别人为了生存，只有抵抗。

（二）从这些微小的地方，可以充分的反映出中国老百姓的诚实、淳朴、和平、礼让，可亲爱的优秀性与中国民族的不可灭亡性，这种结论也并不是我在中国朋友面前才这样说的，这是一个事实，不许任何人否认的。”

被乌云暂时遮蔽了的日光，这时逐渐的探露出来，静若有所感似的抬起头来，呆望着那蒙蒙的月色，默然不发一言，屋子里忽然沉静下来，我和我的朋友也不约而同的走近窗口来欣赏这大自然的晚景。

“同志！这景色颇能象征我们抗战的前途——暂时被几块乌云所遮蔽，是不会影响这月色的光明的，光明的东西，毕竟是光明的呀！

同志！我们继续努力罢！你们不见那光明已经透露出来了吗？全部的光明仅是时间的问题了，我们期待总有一天会来到呀！”

（原载于《新知半月刊》第3卷第3期，1939年）

朝鲜同胞怒吼了！

王克道

由莲江口到鹤立岗这一段铁路线，我坐在火车上底时候，就不断地看见电线杆子上，贴着很多抗日会所制底标语。等我到达了鹤立岗之后，才知道抗日会底宣传小册子和传单布满了这座小小的荒城。这个地方显出了是日本帝国主义统治最弱的一环。全城除了“满洲国”军队一团外，只有三十几个倭兵。

我在这座小城里停留了一天。在次日底中午，有我家里底旧佃户，现在已成了本地方底数一数二的大地主王老四送来了马，接我到阿里达河东岸，我家里底“地窝铺”去住几天。我正想要到这个地方去，因为有一位在M城的朝鲜同学金君也住在这里。

我家里底“地窝铺”——农庄——还是前十五年到过的。那是一个酷寒的严冬，白皑皑的雪，撒遍了大地和山崖，老松枒和柏藜棵上都挂满了苍髯似的雪淞。我坐在一张单马的“爬力”上，于晨霜晶莹、白雾溟蒙中，驰骋在冰溜溜的大路上。初升火红的太阳，像是迎接着我前进。——这是多么一个愉快的回忆哟！那时故乡是我底，黄金似的童年也是我底！

我骑在这匹乌兔色瞎了一只眼睛的老马身上，环顾着四野在冥想。太阳蒸发起来的地气，像高空底浮云沉落到地面上。风热刺刺地带来了刺鼻的野花底芬芳，使我打了个喷嚏，马也摇着头打了个喷嚏。

在阡陌连绵的田垄里，农民都冒着烈炎，弓着腰在劳作着。老牛哭丧着脸，流着口沫，一颠一顿地拖着犁耙前进着。农民是诚实的哟！老牛也是诚实的哟！这些孤陋寡闻的农民们，把生命寄托在这死静的大自然里，他们任凭自然律支配着。他们太信服自然了，不知道人为力量底伟大。在敌人底屠刀没有放到他们底脖颈上底时候，和还没有夺去他个人“立锥”的那块土地底时候，他们只是死板板地生活着，死板板地劳作着。

阿里达河底河流，还是那样激湍地在淌着——像十五年前一样。那些河边用“棒槌”捣衣裳的高颧骨大眼睛的鞑靼种底姑娘们，还是那么悠扬带有伤感气味地唱着土语小调——也是像十五年前一样。……她们在快乐吗？还是悲伤？为国家？还是为情人？这是什么时候了？潜伏在自然里底姑娘们！挣扎罢！陶醉在自然里，和陶醉在物质中，在这个时代——伟大动荡的时代，同样是堕落呵！我想滚下鞍鞯，悄悄地把这些应当说的话，伏在她们底耳边告诉她们。因为她们都具有粗大健壮的身体，炯炯发光的眼睛——这都是时代战士底象征呀！

我按着大车辙迹，提缰把马引进了河道里。马被凛冽的清泉吸引住了，驻住四蹄去饮水，好像很甜蜜似的。我在马身上回顾那些岸边的天真姑娘们，都在集视我这陌生的游人，时时发出笑声来。她们在讽刺我，还是在欢迎我？我感到了局促，我用力地把马磕了一镫，马急促地渡过了河道，一气跑出了二里多路。

我坐在垄头上，吃了两个随身带来的烧饼，从送饭的婆婆手里，要了一碗饭水来喝。马在树底下，一口一口地啃着青草。我留恋自然，我更喜爱质朴的农民。我看他们底锄头，很艺术地很有修养地落在垄上，把莠草从秀苗丛中剔铲下来。这个时候，农夫并不显得粗野，他们像一个富有修养的雕刻家，很熟练很正确地在运用他们的“刻刀”——锄头。……我被农村底“魔力”吸引住了，忘却了远有三十里的路程，而太阳已经西下了。

我又跳上了马，鞭子不能不一下一下接连地加在它的后臀上，使它加速赶路，能在黄昏以前，达到我的目的地——乐亭窝铺。

夜幕沉下来了，星稀落地在闪烁着。狺狺的犬吠，遥遥地传来。路旁底树影，时时使我怀疑像衔枚疾走的尖兵。在频箠下底老马，已经尽其所能了，背流着汗，汗水透过了鞯，浸湿了我的裤管。我坐在马背上，在混黑中摸索着。老马突然加快了脚步，原来已到了它主人家的后墙。

王老四的二儿子，正在碉楼上瞭望着，不知是担心我还是担心他们的老马。这一个地主的家庭，人口比十五年前增多了，生活也很阔绰。王老四虽然只有四十多岁，因为他有四个儿子，还有钱，所以他自称“老了”，娶了两个姨太太，躲在上房里，过“老太爷”底享福生活了。他底几个“霸家虎”似的儿子们，在兢兢业业地每天为争夺保甲长的地位而“斗智”，为了抢卖土地而“斗殴”，为了女人而“打官司”。他们因为地方荒僻，所以“皇军”底“威严”，他们还没有充分地领略过，他们这是浑浑噩噩地过着生活。他们不知道恶运轮到他们身上，只是时间问题。

我在王老四底家里住了四天。因为我过去是他底“地主”，他很殷勤地招待我。每餐吃饭，他还要亲身来陪我，表示他底“客气”。他和他那些沉湎在财色里面的儿子们，有时还要发出一二问题来。他们也关心“关里发兵了没有”，“张学良真挠种，能不能再带着兵打回来”。我很详细地解释给他们听，我说：“东北固然是中国底，可也是东北人自己底，我们当然希望‘关内发兵’，可是不能单靠别人，为什么自己不起来干呢?!”他们底回答，都是漠不关心，都悲观地在说：“我们不齐心呀，干不过日本鬼子呀!”我如果给他们提出方法，他们又顽固地否定了。我问到他们本身对“满洲国”感想和将来如何打算的问题，他们底良心话是“溥仪是牌位，什么他妈的‘满洲国’，还不是‘鬼子’在骗人”。至于将来是“过一天算一天罢”！他们不很同情义勇军，因为有一次义勇军把他们护送拉粮“护勇”底枪给缴去了；另外有一封信带给王老四，希望他能时常接济一点子弹，不然的话，还要扣他们底大车和马匹。所以我提到“义勇军”三个字，他们父子都有些蹙眉头，有些恨又有些怕的样子。……他们这一群，在我底面前暴露了堕落、懦弱、卑鄙和自私。

在一个晨光熹微的黎明，趁着清晨的凉爽，我又往南方五十里的吉祥屯骑着马进发了。

早晨，农村虽然被工作催醒了，但仍然显得很寂静。早晨走起路来，特别觉得快，一个多钟头，我就赶到了吉祥屯。

在一块稻地中间用茅草搭成的“马□子”里，我找到了金君。他打扮得像个老农夫，面部底肌肉更坚实了，像是工作很繁劳的样子。我握紧了他的手，我赞羡他能把个人底生活，溶化在大众中，工作一定有出人意料之外的成就。他扯着我底胳膊，蹲在一棵大树底下，告诉我说：

“你来的正好，我忙不开了。此地有二百多户种稻田的朝鲜农民，现在正酝酿着一个大的斗争!”他把嘴咧开，笑了一笑，两支眼睛锐利地射着光。

金君见了我以后，我以为他一定要问我很多内地的消息。可是他顾不了这许多，劈头就是这几句话。我想这一定是一件很急迫的斗争。

“你可以略较详细地对我说一说吗?”我说。

“原因是这样，前半个月在鹤立岗城外有一对朝鲜夫妇以种菜园子过生活。妻子生得很漂亮。一天，有六个‘皇军’到城外来玩，他们看见了这女子底美丽，当天夜里就来了三个人，一下闯进房里，把丈夫的嘴用破布塞上，捆了起来，丢在地下，他们便轮流地把女子奸了一个通宿。……女子身体还好，幸而没有死，丈夫自认倒霉，以为还是苟安下去罢！没有声张。可是，第二天夜里，又来了两个‘皇军’，把丈夫如法捆绑堵嘴之后，又将女人轮奸了一宿。临走还把乳头给咬去了一个。……女人遭受了两次蹂躏，再加乳头受伤，卧在炕上，只剩奄奄一息了。……丈夫充满了愤恨与悲伤，可是，如何发泄他的愤恨呢？悲伤，只有悲伤而已。……那知，野兽一样的‘皇军’，第三天夜里又来了二个。丈夫吓得藏在外屋里，这二个野兽不顾女子的痛苦，又在发泄他们的兽欲了。……在女子的凄惨的呻吟声中，激起了丈夫的报复怒火，摸了一把镰刀，闯进屋来，就把一个正在狂为的野兽乱杀死了；女子也在丈夫于浑黑狂砍里死去了。……其外的一个‘皇军’跳出屋去，狂吹警笛，终于丈夫在倭兵武力押解下被捕了。……昨天我们得到了消息：明天这个朝鲜同胞要在鹤立岗的郊外‘活埋’处死；并且，这个埋人的坑还须这个处死的同胞自己挖□！……”

“人类竟有这种横暴、残忍的事吗？！”我大叫了一声。

“以上我所说的，是我们想发动这一次斗争的原因。……前天，我们又得到了一个消息，说是‘日本在乡军人武装移民团’已经到了佳木斯，快要到此地来，我们这些稻田都在没收之列……”

“你打算怎样领导这一个斗争呢？”

“我们不能等待宰割呵！昨天我们这吉祥屯五百多个朝鲜同胞开了一个大会，大家决定选出二百壮丁组织游击队，老头子和中年女人组织运输队，老太婆则送进山里去照看小孩子。……他们推我做指挥，我答应了。……打算今天夜里向鹤立岗城进发，明天去劫法场，并缴日本兵底枪……”金抱有十二分把握地说。

“可是，赤手夺枪是不是要有大的牺牲？”我很持重地问。

“有，有……我们还有着五十多支自卫枪呢！”金瞇着眼睛伏在我的耳朵上说。

夜来了！

淡淡的月亮，也被乌云遮了。可是我们前进的同伴都挺着胸脯，大踏步在黑暗中往前迈进，好像面前现出了光明。这一群是一百八十个，内中有五个女同志，是自告奋勇地来参加的。其余的二十个壮丁，带了十支枪，给指定护送妇孺往西山去了。

我帮助金把队伍编制了以后，我看见每一个人都很整齐严肃地听着指挥。我很奇怪地问金：

“他们都当过军人？”

“没有当过军人，可是受过军人训练！”金微笑着答应我。

“在什么地方？”我很惊奇地问。

“什么地方？稻田里，树林子里，高粱地里，遍处都是操场……”金用手指点着这些地方，回说。

我默然，我想“这才是时代斗士底精神”。

我们这个队伍，除了四十几支手枪和步枪之外，其余的武器就是匕手、镰刀、长镖，还有二尺长的木棒。在配备上，这是多么羸弱的队伍！可是他们有一条共同的心和拼死的精神，他们都是被逼迫得暴跳了！他们没有接受谁底命令，他们是为了争个人底生存，争取个人自由的生活，他们毫不犹疑地自觉地走上了战场！——在这种环境逼迫下，他们也只有壮烈地去赴死，在这万死中才能躲开日本帝国主义惨无人道地屠杀、奸淫和侮辱！也只有在这万死中才能求出一条生路来！

沿着阿里达河，我们拨着深蒿，往前搜索着前进。马不骑，只好牵在手上。“小咬”有时候攒进了眼睛里，可是没有工夫去揩它，给泪水冲出眶去罢。静静的夜里，水声潺潺地流着，发出了清澈的流音。队伍里，有时发出一二口哨来，像是指挥步伐底节奏——进，进，前进呵！

这一群毫无声响地前进着，黑的太空，黑的大地，更显得寂静了。他们彼此间都保持着缄默，好像把所要吐出来的语言，都被愤怒鲠在喉咙里。愤怒底火把他们底热血烧得更加沸腾了！愤怒做了他们前进底原动力，血轮做了他们前进底“马达”，他们觉得周遭都是漆黑一团，只有在勇猛的前进中才能寻找出一线曙光来。

鸡叫了，在地平线上露出一条灰白缝来。

我们在离鹤立岗城三里远的杨树林中休息了。

金和我挑选出二十个带手枪的弟兄来，分做了四个小组，任务是负责缴“法场”卫兵底械。其余都在树林里等候，一听枪声发出就往法场进攻，接应这四个小组归队。

金领导着这四个小组，在缴械底时候负总指挥底责任。我因为还有别的任务到矿山去，所以只负秘密参谋责任。

这群斗士们，有的在练习射击姿势，有的在树荫下休息。一夜行军底疲劳他们毫不觉得，毫无倦容，一个个都很健旺地在静待伟大斗争底到来。

金掏出了表，一看，是十点了。侦探回来报告说，那个被处死刑的朝鲜同胞，已被用大车拉到街上“游街示众”了，再有半个钟头，就会拉到离这座杨树林一里远近底城郊，活埋了。

金马上停止了对我底谈话，收敛了常挂在面上底笑容。他底眼睛突然大起来，用着从来我没有听见过的沉重声音说：

“同志们！我现在要执行你们所付给我的指挥官底职权了。我现在要下命令！违者军法从事！”

金现在使人畏，更使人敬。

“命令！五分钟内用饭完毕！”

每个人都集中了精神，取出了腰间带来的饼，喝着河里提出的水。五分钟后我同金出发往“法场”去，四个小组走到我俩底头前。出发前金很痛慨地说：

“同志们！我们这次斗争可说是我们底生死关头！我们要用勇敢、不怕死、谨密和强毅的精神来争取这一斗争的胜利！……我们朝鲜民族被日本帝国主义压迫宰割数十年了！我们这一群不甘受这种亡国奴底痛苦，千辛万苦地逃到了祖国来；不料强暴的日本帝国主义又武装把东北占领了！……东北底同胞也和我们沦到了一样的命运。……我们这群弃家丢室逃到东北想要苟活，可是日本帝国主义底刺刀又追到了东北！……我们仍然逃不掉残杀，逃不掉奸淫。……我们苟活不下去了！我们只有用死求得一线生机！……朝鲜同胞们！我们要和中国被压迫的同胞们联合起来，武装打倒日本帝国主义！”

风愁惨地吹着，卷起了尘沙把太阳遮住了。

一辆大车，两匹瘦马挽着，远远地走来。车厢里面立着一个白“招子”，上面写着“自己活埋杀害皇军罪犯朴大海”，“招子”下面绑着一个穿白和尚领衣服的人。苍白的脸显得很忠实，头发结了一个小结子扎在头顶心上。有十四五个倭兵伴送着，有的把枪管当了枪柄抗在肩上，有的枪口朝着地提在手里；队伍也没有排成行列，散漫地在谈笑着。“皇军”底“纪律”呢？他们太骄傲了！他们胜利后的骄傲松懈了自己。

“囚车”底前后，围满了看热闹的男女。有一个倭兵枪口对着那个将要处死的朝鲜同胞底上额，笑着对看热闹的人们说：

“这个的枪子，他要的，没有！”接着，阴恶的狂笑起来。

这意思是说：这位朝鲜同胞不值得用子弹枪毙，只能自己活埋自己。

挽车底两只老马，低着头，慢腾腾地往前拖着，它们像是为这个不幸的朝鲜同胞多延长一点这弥留间的生命。

金随在我底背后，他那双眼睛像是溅出了愤怒的火星，手时时在摸他腰间底手枪。他沉思着，眼睛死盯在那些疯魔似的倭军身上。“他是否在找寻射击底目标？”我在想。

坐在“囚车”上底“罪人”低着头，像是失去了知觉。他对生命失望了！在一个人被死亡袭击底时候，该是如何地痛苦哟！“不要再延长他底痛苦了罢！这两匹老马！”我默祷着。

下了黄土坡，到了，这最后底地方到了！——这儿是这个可怜朝鲜同胞底坟墓——不，是真正“杀人犯”的这群倭兵们底坟墓！

这些将死的强盗们在他们存在世界上底前五分钟，还要做尽他们底罪恶！两个倭兵嘻笑着将“罪人”从车上拉下来，把绑的绳子给解脱了，交过来一把锹，勒令他在倭兵用刺刀划定在地面上底范围内去挖坑，以备葬埋自己。

刺刀指在脊背上的朝鲜同胞用力地把锹插在地下，汗从两颊上流了下来。可是当他想把锹从土里拔出来的时候，他昏厥了，坐在地下。……

一个站在旁边底倭兵正举起刺刀要刺下的时候，“拍！”的一声响了！这声音震破了这惨绝人寰的痛心现象。……

“噼啪！噼啪！啪！啪！”

…………

金发出了第一枪之后，我们一同隐在一座蒿草生满了的荒坟后面，金露出了半截身子，从腰间取出了一支小红旗指挥着。……

人声鼎沸了，向四外逃散着。无准备的倭兵们，有的枪还没有卸下肩头，有的拿起枪想要抵抗，但是找不到射击底目标。他们有的拼命地想窜逃，有的很拙笨地像他们演习的时候一样地做出射击瞄准的姿势。……十分钟内，在四个小组所组成底火网正确地射击下，十几个黄色尸体都纷纷地躺在地下了。……

看“杀人”热闹的人们都逃散了。这个“杀人场”倒做了我们底“刑场”。……

杨树林里底队伍听到枪声赶上来了。他们狂烈地呼着口号，把那位从死里拖出来的朝鲜同胞驮到马身上，大家都亲爱地围护着他。这位朝鲜同胞左肩上受了枪伤，血浸透了他底汗衫，可是他那张灰白的脸上，没有痛苦，现出了微笑，因为他是自由了！

“不自由，无宁死！”

城里底集合号响了！这是敌人集合准备追击底号声。

“缴械！整队渡河往元宝山去的大路进发！”金喝出了口令。

在匕首和小刀子辉晃下，“皇军”身上底子弹盒和枪械都补充给□群队伍了。……中间还发出了一二枪声来，那大概是给予还在留恋这罪恶世界的“皇军”底特加的赏赐吧！

我为了工作，不能不离开这一群英勇可爱的队伍。他们都含着胜利的微笑，欢跃地跳上了马身。……金把住了我底手，微笑着说：

“七天后，我们在××山再见！”

“祝你们队伍底强健！”

我绕到了城北底高处，瞭望着这群斗士底行列。……在他们渡河时溅起来的水花还可以清白地看得很真切。……他们继续地奔向那碧绿的大原野里，渐渐地，渐渐地与林木混合了，失却了他们底影子。

在一个钟头后，我走到了城里，街道上在检查行人。……一队“满洲国”军队，后面还跟着十几个哭丧着脸的倭兵。他们有机关枪，还有小钢炮、辎重车……那整齐的军装、步伐……他们往何处去呢？……敌人吗？早已轻轻地逸去了！

朝鲜同胞在怒吼了！

以后，金高丽这个绰号，和松花江底江水一样地流传着。有松花江底水流到的地方，“金高丽”这三个字都能震动每个人底心！虽然我最近在上海接得消息，金同志是为国牺牲了！

［原载于《从伪满归来》，（重庆）独立出版社，1939 年］

日本俘虏在博爱村

李兰

一、第一支香烟

茂密的柏树林隐蔽着一座三重堂的乡间大厦，它的高朗的石柱门正面着一个大的荷花池，四周重叠起伏的山岗做了它的天生屏障，使在日渐繁荣的公路旁的它好似位在深山幽谷一般。

在开始燥热起来的初夏的一天，这高朗的石柱门内，人们从破晓便又开始忙动着，继续昨晚未竟的工作。整担的碗和菜由场上挑了回来，接着草席、蒲扇、木鞋、面盆等日常用品都买回了。随着时间的前进，人们的准备工作也告完成。静洁庭院的葡萄架下的长棹上摆满了一盘一盘的点心和成听的香烟，墙壁上闪耀着红红绿绿的标语，要不是这些标语吐露了秘密，谁也猜不透这儿准备欢迎的是些什么人。

在一阵汽车的呜呜声后，柏树林夹道上立即起了脚步声与人语声，不久荷池边出现了不少几乎一律腰间吊着毛巾的服装不整、形容憔悴的人，他们后面紧随着十来个武装宪兵。

"欢迎拥护世界和平的日本弟兄！""欢迎维持东亚和平的日本弟兄！""我们的敌人不是日本人，而是日帝国主义者军阀。""中国的抗战是光荣的！"当这些标语一条一条映入来者群的眼廉时，望着他们面部的表情由沉重渐转轻快，及至他们走到葡萄架下的茶点席前对着那些满面笑容掬诚相待的主人们时，他们脸上更放出了欢笑的花，同时不自觉地将头垂到了一百度以下，久久始抬了起来。

当第一支香烟在他们嘴上吐出了急促的烟圈时，俘虏中的一个禁不住叹息了：

"啊！七八个月以来，我们没尝着这种好味道了，真正不错，感谢，感谢，从心底里感谢!”

接着众俘虏与主人间更热闹地杂谈起来,慢慢地他们的言谈与神情都流露出了他们对中国政府伟大宽厚精神的惊奇与感佩。回想他们自己在沦陷区域对待中国俘虏和人民的那种难以形容的残酷,他们背上不觉沁出了惭愧的冷汗。尤其受着目前这种上宾的款待,见着为他们预备的平安而舒适的住所,更使他们对自身过去的兽行和日本军部关于中国政府的欺骗宣传感觉忿懑。

二、开始了新的生活

虽然是俘虏收容所,但为了显示我们三民主义国家的特点以及我政府宽大为怀的素质,自所长、管理员、训练员以迄伙夫杂役,对俘虏莫不以平等人相待,关于他们的感导以默移暗化为主,务期彼等自动地心服地觉悟过来,明白他们的作战是替日帝国主义者军阀作牺牲品,而我中国乃是逼不得已的自卫战。

基于这种原则,在身(剃头、洗浴、更衣、诊察)心(精神训话)双方受了两日的整理后,处于环境幽静的博爱村的日本鬼子——那些曾经杀戮过我们的同胞,轰炸过我们的城市的恶魔化的日本人——遂开始了他们有生以来未曾梦想过的新生活。

a.自治会

经过几番的商讨与研究,博爱村自治会的原则与大纲拟出了。恰在众俘虏到来的两周后的一个热而晴的天,他们依章程票选了五名干事和一名干事长。这五名干事各司一组的职务,计分:1.清洁 2.体育 3.炊事 4.日课 5.壁报五组。在选举的次日,他们开了热烈的村民大会,午饭时吃了他们自己清晨就“嘿呀嘿”地打的“御团子”,晚会时,在茶点外,为村长的所长又散给他们每人两支香烟,结束了这兴奋的一天。此后,博爱村众村员的生活遂更进一步踏上了一定的轨道。

b.角力

“本团以奖励体育为目的,养成运动精神(Sportsmanship)为本分。”

这是博爱村力士部规约草案之一。原来博爱村体育组除晨间早操,午后野球游泳外,还有角力比赛——日本的相扑。在准备举行开土俵仪式的前几天,村民们在固定的日课外一面忙着运沙填土俵场(相扑场),一面又忙着练习相扑,真是日无暇晷。

到了举行开土俵礼的那一天,清晨七时土俵场便已准备妥当。土俵场上扎的竹架，以及其上绑的一束一束的干稻草和那随风飘扬的黄纸片，实在一见就知是纯日本式。等到九时正式开会，只见一群光着下体的人鱼贯着进了土俵场，这使挤着来看热闹的七十岁的房东老太婆骇得急忙钻进门里去了，她嘴里一面连声喊着：

“这是做什么，这些人全不穿裤子？真不要脸。”

其实，谁也不曾裸体，那些没系相扑带（日本人角力时，用以遮蔽下体的布带）的人也都穿着“猿股”（短裤）的，不过更比平时提高些。这群人在土俵场上举行了一定的仪式后便开始了相扑竞赛。

裸着的一对一对的弯脚杆使起劲来更显得弯了。有技巧的只轻轻抱住对方的一只腿，使劲一端或一拉，便听着沙上发出“喳”的一阵肉声，宣告对方已应手倒地；但笨拙的却是敌我共落沙场，滚成泥狗，还不得下台。赛毕，优胜者由所长赏给香烟以作鼓励。

c.甘党会

日本糖食点心店的林立以及其出品的多种多样，正足以说明日本人在味的选择上是甘党多于咸党。普通稍温饱的人户，家家对“御果子”（糖果点心）的购和食是不会间断的，有的女学校的大姑娘，竟在伙食费中扣出一笔钱来每周聚食“御果子”一次。博爱村的村民在安居下来，尤其是他们自己办理自己的伙食后，这种想吃甜食的过去的习惯与嗜好，竟像俄[饿]虫在他们腹内发作了似的，使他们呻吟了起来。

只要村民们的要求是合理的，所方无不给以大量的考虑。对于村民甜食的要求，贤明的所长即刻答应了，他私人每月津贴村民十元作两次甜食的费用，于是便产生了甘党会。

每逢甘党会的佳期，众村民总现得特别兴奋，大清早就能听着打糯米粑或磨米粉的声音，但吃的时间大都在晚上，有时并伴有他们最心爱的酒。这时只见他们吃得眉飞色舞，谈得有声有色，对上下古今无不论及。兴致到了浓郁时，还载歌载舞，什么日本的流行歌呀、浪花节呀，样样都有，一直闹到就寝铃响了，方各自寻着梦路归去。

d.壁报

虽然“赤日炎炎似火烧，公子王孙把扇摇”，但博爱村庭院里的凉棚下，仍有人在那儿悠悠地抄着原稿，图书室里也有人在凝笔构思。不拘天气如何酷热，博爱村的壁报总是按期出的。

在实行默移暗化的训导法使俘虏自动地心服地转变过来的过程中，博爱村的壁报是尽了相当的任务的，它在另一方面还作了村民心境的寒暑表。创刊号上，高射炮手就这么道着他的新生活：

“在一片新绿的包围中，凸现出一间古色悠然的家，这便是我们的博爱村。我们自落入所谓黑暗的俘虏生活以来，日日与彷徨于生死之间的烦闷与苦痛作战，现在是已爬过了最后关头，成了博爱村的村员，进入了新的生活。在此，我们上有亲如父母的慈悲的所长与管理人，下有团结巩固的我们的同胞博爱村的村员，我们上下一致像肉亲的父母兄弟似的，在亲睦、交谊与互助之下和平地过着日子。

回顾我们为了东洋永远的和平号呼，驰赴国难以来转战奋斗于各地之身已入于悲痛的俘虏境遇，但现在却踏进了此博爱村的新生活，又能为正义与真正的东洋和平而号呼奋斗的我们，是何等奇特的命运的变化呀！不，此乃上天命吾人为真正东洋和平之先驱的征兆。解决现在乱麻似的中日关系，并致东亚于永久和平的责任已课于我亚洲民族的两肩。”

博爱村壁报，每期除短评、国内外新闻外，软性的文字也不少，例如《战场杂成的回顾》《军中日记》《忆昔日》等都是好文章，而杂感随笔更是琅玽满目，美不胜收，单看它们的标题就够使人神往，如《扬子江的登陆》《忆苏州》《苦婆娑》《田舍的宿屋》等，更加以诗和每期连载的引的人长篇小说。[①] 这些优美的文字插以有意义的漫画，对于众村民的感情的陶溶是有无尽的好处的。

e.研究会与座谈会

博爱村的研究会是有定期的，座谈会是不定期的，换一句话说，研究会是对一定的题目和范围作有次序的研讨，座谈会则多由杂谈中吸取精华，大都依照外面来访者的要求而临时召开，内容多倾向于询明村民过去作战的经过以及现在的生活情形，同时村民亦常借此机会了解我国的风俗人情。

如说壁报只以窥见俘虏心境与意图，那末研究会与座谈会更能看出他们的好恶与认识。在座谈会上，他们表现了对三民主义抱有极大的兴趣与崇仰，同时并显示了他们在日本帝国主义政府之下是如何地受压迫与蒙蔽。他们不明白中国何以要打倒帝国主义，进一步说，他们连日本的军阀财阀在中国的那样数不清的兽行竟一点不知不懂。他们直到现在完全是被蒙在鼓里过活。现在在中国作俘虏，反成为他们“拨云雾而见青天”的时候了，所以他们自己写道：

“一味信着军部的欺骗宣传，以为中国是该膺惩的，以为到了中国人手里

① 原文如此。——本书编者注

绝无生活，谁知这沦为俘虏的不幸倒成了我们平生的大幸事。”

f.抗战歌声

多树的山地里夜幕盖下来的时候四周现得特别黑越，好像到处都是鬼影瞳瞳，遇着括[刮]晚风的日子，树叶的沙沙声更显得凄其。但博爱村的晚夜却是例外，天一黑尽，那高朗的石柱里就传出了洪亮的歌声，最初几日是“大刀向鬼子们的头上斫去”，慢慢地《义勇军进行曲》《长城谣》《流亡曲》等抗战歌夜夜引得四周农户与公路上的行人驻足倾听，或不自觉地遥遥加入了他们的合唱。

众村民对《大刀进行曲》有特别的爱好，这是因他们在最初被俘拘于军队中时就听熟了这一曲调，大概我们的英勇将士对此曲有偏爱罢，日本俘虏也爱上了它的简明和爽朗。其他的歌曲，村民一经习得，平时嘴上也就时常哼唱着。

我国的英勇抗战是具有不朽性的，同样由抗战而产生的抗战歌曲，它也将永远在人们(不拘敌人或外宾)的嘴上心上，响着印着我中华民族在人类史上争生存争自由独立的伟大与光荣。

三、光明的前途

博爱村决不是无形的监狱，正如本年九月九日它曾解放了三十余名朝鲜俘虏加入朝鲜义勇队一样，如若日本俘虏能彻底觉悟，真心转变，他们的前途是灿烂的。现在我国政府以及俘虏收容所的主管机关——军政部——正在为他们设计建立一生产工厂，使俘虏在生计上亦能自谋独立。同时他们中间的觉悟分子，亦有成立日本人民反战同盟的大计划。

四、忘不了的敌人残酷

博爱村的确是和平的、博爱的，但有时在那和平的晚风悠悠中间或可听着一两声幽咽泣，不久这泣声渐转为恸情的号啕，最后号啕又成了一种歇斯底里的似哭非哭的悲鸣了。

这悲鸣者是谁呢？是日本俘虏遭了屈待吗？动了乡愁吗？全不是。那是我们自己的同胞的哀声呀！

万恶的日帝国主义者在积极进行侵略我国的恶战中，除驱使朝鲜人、台湾人及白俄作其走狗工具外还进而逼使我沦陷区域的同胞为其效劳。为了不信任我热血的同胞会真心效忠于彼，更确切地说，为了十足发挥其兽性，它用残酷的手段毁坏了这些不幸同胞的说话能力，使他们全成了残废的哑者。

这些最不幸的人们，不但生理上成了残废，而在精神上也已成废人。由他们平日的行动看来，他们的神志很不清晰，有几个情形恶劣的几近于白痴。望着敌人造成的这些白痴，联想到他们的父母妻子以及他们自己的被毁灭了的一生，我们对于敌人的残酷与兽行，怎样也不能饶恕，不能忘却。实在的，此仇不复，何以为人？

（原载于《时事类编》特刊第43期，1939年）

欢送俘虏加入朝鲜义勇队记

述周

（本报特写）千重万叠的山峦，静静地耸立在晴朗的天空里，深绿色的树林中蜿蜒着××公路，它悄悄地爬过山头，缠着山腰也绕过了山脚。战争的灾难气象在这里是找不到的，只有一块块停车场上停着的汽车，从它披满了尘土的外衣上，还看得出为着神圣抗战而风尘仆仆的痕迹。

第×俘虏收容所选择了这恬静优美的环境，停着公路建筑了俘虏们的新村，博爱村就是其中之一。

博爱村的虏俘们终日蹲躅在清水池边绿荫树下，俯视优游的鱼，倾听着呖呖的鸟语，大自然给养育了他们的酷爱自由解放的意志。十五个月每星期五个钟头"政治研究"的教育给他们点起走上解放的导火线，今天解放的烽火燃烧起来了！三十一位朝鲜青年俘虏，经过十五个月的薰陶，在今天宣布和他们过去"敌人"携手，来和驱迫他们残杀自己兄弟的"主人"宣战了！他们高呼，"今天的血，必定要洒向日本帝国主义的头上"，要"打倒日本帝国主义"！

为了庆贺他们的更生，为了庆贺我们抗战的队伍里增加了新的生力军，同时更为了庆贺他们英勇的走向了自己解放的斗争大道，今天由各收容所当局和各俘虏团体联合举行了解放俘虏参加朝鲜义勇队欢送大会。

踏进博爱村的院子，从迎头挂着的中日韩三国文字的横幅标语上，看到他们坚决的誓言："屈辱的历史，在今天完结；最后的战争，要贯澈到底！"满壁贴着的标语，正是把眩耀的火炬，是泪与血的结晶，是光明荣誉的号召。"为着正义而突破苦难的壁垒！""为人类幸福、世界和平而参加反侵略战争！""为着朝鲜的自由独立奋斗到底！""中韩两国兄弟联合起来打倒日本帝国主义！"三十一位曾经做过俘虏的韩国男女青年，今天为了人类正义而掉转枪头，站在世界公敌的面前发出惊人的怒吼了！今天，他们脱下了俘虏的制服，换上全新的草绿色军衣，戴上青天白日徽的军帽。光荣的高傲的受着入伍前的检阅，受着中日韩三国人民无限的同情和鼓励。

大会在雄壮的音乐声中启幕以后，全场视[是]一直被紧张热烈的气氛包围着。每位代表的演讲都受到日韩俘虏们的热烈鼓掌，在这里人类的友爱已经得到了充分的发挥，种族民族的歧视是完全被粉碎了的，正如新亚村俘虏代表所说："人类以民族的大小强弱而受到不平等的待遇是毫无理由的，但世界上却颇有违反这种真理的人，因此而造成战争和虐杀，这种人，我们要打倒他！"今天三十一位韩国男女青年已经实践了这个誓言，这是给他们——俘虏——如何的兴奋啊！我们听一听植木三郎的话罢："我希望在最近的将来，我们也能和你们一样，在消灭我们的共同敌人！我们同甘共苦已经十几个月，今后我们更应携起手来。共同战斗！在临别的时候，我们感谢并且羡慕你们能够先我们而去和共同的敌人作战！"这是泪是血也是火啊！这是如何亲切诚挚的爱啊！韩国的战士们！从今以后，你们当会更明白，一向压迫你们，屠杀你们的不是日本人民的弟兄，而是日本的统治者！日本数千万被统治者压迫的人民，正准备举起千万只拳头策应你们，给共同的敌人的背后一击！

临到他们的代表致答词的时候，他简直兴奋得说不出话来了，他直接了当的吼了起来："今天，我们要出发了，向着新的光明的道路，那就是求得自己民族解放，世界和平幸福的，打倒日本帝国主义的道路出发了！"全场以热烈的鼓掌来响应他，特别是参加大会的俘虏们的悠久的热狂的掌声，将鼓励了三十一位战士永远前进。

昨天，
我们手上仍带着手铐，
但我们的眼睛却张开，
我们的心慢慢的生产着，
爱自由的蔑视生命的心！

今天，
我们的心身武装起来了，
挺着我们的胸膛；
使正义的旗帜飘荡在晴空，
我们高唱着战歌走向真理之路！

走吧！全亚洲的人民将谛听着你们，唱着你们自己的光荣的觉悟之歌，走进解放的阵营里去！如你们的队长金若山所说："中国的抗战，和我们的抗战一样，在世界帝国主义开始了火并的今天，我们的敌人已经精疲力弱的今天，我们要和中国英勇抗战的军队一起，打回自己的老家去！”

“屈辱的历史，在今天完结，最后的战争要贯澈到底！”

…………

（原载于《新华日报》1939年9月10日）

苏联红军收复张鼓峰的英勇战斗

[苏联]施特恩
曾涌泉 译

今天，一九三九年八月六日，全苏联底民众与它底工农红军都在庆祝哈桑湖胜利的第一周年纪念。

哈桑湖边会战底历史已成为苏联人民一种活的传奇故事了。这次战斗是从一九三八年七月二十九日起到八月十一日止，共为十三天。八月六日红军进行了总攻击，于是日本侵略者就从苏联净地上清除出去了。苏联最高苏维埃主席团下令定这胜利日为第一独立红旗集团军底纪念日。全体工农红军都欣然欢迎政府底这一决定，它与父母兄弟姊妹和全国人民一块共□这个纪念日。

大家都知道日本军阀在哈桑湖地区，在一月半多的期间内，大肆准备大规模的武装挑衅。自七月二十九日到八月五日，日军以超越红军许多倍数的兵力来猛攻苏联几个边防军，这些边防军即到后来也只不过得到第一集团军第四十师底前卫底协助而已。

把派去消灭本日冒险者的红军部队集中于哈桑湖地区的工作，在八月五日基本上已告完成。八月六日这些红军部队就给予日军致命的突击，打溃了他们，恢复了国界。从八月七日到十一日四天之内，日军大增援兵，进行了约二十次猛烈的反攻，企图再占苏联的张鼓峰。但日军所有一切这些反攻，都遭受了极大的损害而为红军所击退了。在这几天之内，红军各部队都只限于仅仅进行积极的防御而已，因为收回张鼓峰的任务既已完成，而新来的命令又不许越过国界。张鼓峰事件底略史就是如此。

我于此文中只想简单说明八月六日——决战的一日作战底情形。七月卅一日，日军两个加强的营突然强占了张鼓峰和无名峰这一地区，当时那里只有边防军一排，可是这一排人竟以无限的英勇与两营日军顽强血战。然而众寡悬殊，终不能长久扼守孤立阵地。日军既占这两山峰，于是就从事坚固工事的建筑，广泛地建筑了重重绵延的战壕网。这些战壕都有掩蔽部和枪眼，并以许多的交通壕贯通之，在山坡之迂回面筑有防空洞，一切工事前面都密布铁丝网障碍。精密组织大炮、迫击炮、机关枪、步枪各种火力底配系，使一切进路都受着重重火力的射击。在山上驻有强大的日军，在近后方和纵深里又有大量的预备队，此外还有大批的炮兵和装甲火车。

红军要去收复的就是这样巩固的阵地，但是按照一切现代的军队（红军也在内）底典范令，要进攻有巩固工事的敌人，应具有以下各种条件：

（一）进攻者底步兵和制压武器要三倍于防御者底力量。

（二）主攻底地区和时间对于敌人绝对秘密，攻击应是突然的。

（三）应探得巩固地带底薄弱翼侧而向它进攻，应尽量用迂回机动去占领而不应从正面去。

（四）进攻巩固地带的准备工作应很周到，很仔细，应有充分的时间。

但是红军直接参加清除日本冒险者只有两个步兵师——第四十师和第三十二师，而且两师都是平时的编制，而日军方面亦约有步兵两师和大批其他兵种底部队——炮队、机关枪队、坦克队、工兵队、高射炮和高射机关枪队等等。此外在张鼓峰事件底前夜，日军各团都用特选的士兵与军官加以补充，成为战时的编制，在日军战斗队形之第一线上是步兵第十九师和一些独立机关枪队及炮队。

总结来说，日军底步兵较红军底数量要多得很多，而且又是经过选择的基干步兵。按炮兵□数量，双方大约相等，而在坦克和飞机方面，红军就要占优势。虽然一般地讲来红军是有很多东西可用去准备进攻的，但是红军这次没有把应有的东西完全□出来，它基本的突击力量还是步兵。

要想隐蔽红军突击底地点和方向是完全不可能的，红军底军事行动只能限于哈桑湖、张鼓峰、无名峰这一地区之内。红军底军事□动□受地区的限制，所以它在这种非常的情形之下，就不得不向日军开始武装挑衅的地方去实行突击，即是的日军已经占据的山头，已经准备好抵抗红军来进攻的地方去进行突击。

日军一占张鼓峰和无名峰，它就居高临下，可以看见红军所在地底全区和到这□的一切道路。它能数清红军底大炮和坦克底数量，甚至差不多深人数也可以看得□，红军要□实行迂回或其任何□动都是完全不可能□。张鼓峰正面有哈桑湖为天险，当然无路可通。只有在湖与国界之间才有两条狭隘□路可以进行冲锋，即是直冲日军阵地底正面，那里日军已筑下了最坚固的工事。此外红军又□有多□时间，因为苏联人民和政府都要求立即赶走日军。

八月五日红军才开到，八月六日就要实施冲锋而歼灭敌人。

八月□日下午参加冲锋部队底指挥员与政治委员被□到前面去亲自侦察地形和敌底人配比。虽然侦察地形和冲锋□准备工作都是在敌人不断的火力之下进行的，但是进行得非常正确。在进攻中各基本兵种——步兵、炮兵、坦克、空军——底共同动作底配合，对于运输和后□工作底计算——这些都是最复杂的工作，但是这样复杂的工作在八月六日晨就完结了。

在帝国主义大战时，类似这样的一个攻击战需要研究和准备几个星期之久，甚至在许多情形下还要更多的时间才行。曾有许多有名的战例：在攻击巩固阵地前，所进行的炮火准备延长到几昼夜之久，仅在一个狭隘地区上消耗炮弹到几十万、几百万之多。然而在八月六日的攻击计划中，炮火和空军准备才规定为两小时。不管攻击条件如何困难，但总指挥和各兵种都完全相信红军底胜利。

这种信心建筑在什么基础上呢？

第一，建筑在空军和炮兵短促猛烈的突击威力上。冲锋前这两兵种两小时的动作，就要制压着日军底防御，就要使它底最近预备队受着损害，就要把这些预备队□巩固地带上的部队完全截开，就要在收复张鼓峰必需的时间内，使在张鼓峰上的日军完全孤立，使日军底炮兵不能开火。

第二，建筑在整个战斗期间内，一切基本兵种密切□协同动作和相互的帮助组织工作上。

第三，建筑在步兵、坦克同时的突破。

最后，最主要地，建筑在一切参战者——自指挥员、政治委员起，直到战士、机枪射手、飞机师、坦克师、炮兵、工兵，运员、讲炊事员、政治工作人员、技师、医生□后方勤务的工作人员之争取胜利的最高热忱和不屈不挠的意志上。

对敌仇恨的怒火，对祖国、对党、对斯大林无限志诚的火焰，燃烧着一切作战者底心灵，鼓动着他们底奋斗。

在这几天中，党的工作和政治工作空前大为发展。每个共产党员都是只有向前，都在战斗中以身作则，而青年团战士和非党的战士又都在战斗中与共产党员大比其赛。

炮兵和空军底准备原定十二点钟开始，步兵和坦克底总冲锋原定十四点钟开始。一切指定参加冲锋□部队都接到了命令：要同时前进，在炮兵和空军进行轰炸时，各归队尽可能接近敌人阵地。但是这天上午在飞机场地区内云雾四布，细雨霏霏，因此飞机不能飞行——它要在十五时方能行动，于是冲锋改在十七点钟进行。在十七点之前这几点钟内，已集中了的步兵就在日军猛烈火力之下，躺在冲锋出发阵地上，然他们的热忱一点也不降低。他们每人都亲自看见红色空军所进行的英勇工作，红色炮兵所发射的准确火力。苏联技术底这种显明威力更高度地燃起战斗员们底热忱，许多战斗员都在狂喜之中，不禁从地上跳起，大为红色空军和炮兵鼓掌叫好。

正在十七点钟时，方在最后一队飞机猛炸张鼓峰后，于是一切战士高呼“为祖国”“为斯大林”而与坦克一块冲上山去了。每步一战，每地一冲，经过顽强肉搏之后，终究收复了苏联底失地——张鼓峰。一切兵种底行动都不仅纯熟巧妙，而且英勇无畏，一切人们都以布尔塞维克的精神完成了自己的神圣天职，但应特别指出第四十师和三十二师底步兵战士底英勇，他们实是苏联基本兵种——步兵底光荣代表。他们在一切制压武器协助之下，解决了最后的战局，他们在八月六日夜把苏联的红旗插在张鼓峰底顶上。

（译自八月六日的苏联《红星报》）

（原载于《八路军军政杂志》第 10 期，1939 年）

现代的蒙古女英雄

——两位女王支持着蒙古人的抗战

C. Y. W. Meng
青子 译

抵抗日本侵略的神圣的战争——如中国人所称的——中国几乎已经打了三年,曾经产生出许多中国的贞德(Joan of Arc)。这类女子举例来说,如西藏的刘曼卿小姐和西南的二十万苗民代表高玉柱小姐。可是最著称的,关于她们以勇敢的战绩和为神灵包围着她们的个性的,当推内蒙的两位女王:奇俊峰和巴云英。

著者遇见这两位女士是在她们最近拜访重庆时,这一次认识,使著者深信她们已表现出中国女子的行为,她们的忠诚增强了著者对于中国隐藏着的内质的信心。

她们是以善战著称的,即使在冬天酷寒的气候掠过北方平原时,蒙古人在这两位女子的领导下,是站在中国收回失地的复兴斗争的最前线上。中国政府的口号是“收复失地先从东北开始”,而内蒙人在他们起伏的原野上抵抗日本侵入的标语是“打到鸭绿江”。

用诚意来对待她自己的人民,这是奇俊峰女王的坚定的特性。她向著者承认,一部分蒙古人因胁于不可抵抗的压力,已归附敌营了。“他们老是在找脱逃的机会。敌人已使尽了武力和诡计来威逼利诱我们去归附他,他们采用以华制华的政策,可是我们蒙古人永远是坚决地拒绝那些诱惑。继着南京伪组织的成立,敌人向我们施用出更重的压力,可是我们较过去更显得倔强。”她说。

最孚众望的

二十六岁的奇女王在目前中国是最孚众望的蒙古人。她是全部蒙古史中第一个女的札萨克(旗长);她也是蒙古人中第一个女的军队指挥官;她是女界中首先领导她的骑兵抵抗日军的一位；她是绥远蒙古自治委员会中唯一的女会员，并且还兼任了委员会的建设委员副主席。

奇女王是西旗的代理札萨克，这一旗是和乌拉特旗同样地著名，位置在绥远的西部，拥有一万五千方公里的面积和六千左右的人口。西旗的行政议院是成吉思汗次弟的遗留物，该旗的第一个札萨克是成吉思汗次弟的十九世嫡系子孙，他听从了满洲顺治皇帝在一六四八年订定了旗规。

奇女王生于一九一五年，她的父亲是宁夏阿拉善额鲁特旗的一个前进的蒙古人，他在满清末年因有革命思想而被逐出旗外。奇是由她的寄母诺丕顿夫人抚领大的，她们住在五原——宁夏西部中蒙商业中心地——南二十公里的西山。

诺丕顿夫人是阿拉善额鲁特旗达王的姑母，同时她的丈夫是札麦特旗康王的亲戚，所以奇王女是达王和康王的表姊妹。一个蒙古人而姓中国姓氏奇的，是表示他或她是一个贵族——成吉思汗的后裔。

当女王在九岁时，她随了寄母回到北平。在那里，她由一个中国的旧学名宿教她阅读和写作中文，她也曾游过满清皇帝的宫殿，她的寄母是旧王族的亲戚。

因为她的聪明和学者气质，她获得了蒙古天才女子的名望，她被许多求婚者追求着。在诺丕顿夫人的命令下，她终于在一九三四年和西旗札萨克奇王成了婚。奇王是四十一岁，而王后只有二十岁。

叛党的阴谋

奇王在一九三六年患肺痨病死了。依照蒙古人的习惯，在君王死后三个月中全旗人民必须对这丧礼非常重视。接着，另一个问题便注意起来了。一部分叛徒拒绝把奇王的死耗公布，他们计划推戴王族中另一个人来继任札萨克，由于一班忠心的部下的拥护，女王把这案子向绥远蒙古自治委员会申诉。当局判令这承继问题须待奇女王腹中的胎儿生下后才可决定，倘如是男孩，一切便没有事了；假如不是，再推选另一位承继这王位。当奇女王在一九三七年四月果然生了个男孩，那些叛徒们便完全消声匿迹起来了。

日人勾结了伪蒙军向盟旗的领域推进，远在一九三七年，女王和她的母亲及儿子困处在西山的城堡中，实际上已成为囚犯了。

忠心的女王不愿过这种囚禁和镇压的生活，她派遣了几个密使到中国政府去乞援。这是注定的，她能够从城堡中逃出，同时中国军队又派兵护送她到中国人所管辖的区域内。

这计划被日本的间谍所发觉了，一九三八年二月二十日，伪蒙军一队开入城堡，要带奇和她的家族到包头去。

以极大的勇气和诚心的表露，奇向伪蒙军说明对于一个年轻的寡妇，同了一个老妪和一个婴孩在黑夜里行走是很不方便的。况且，这城堡已被蒙古军队包围的很周密，她绝没有一点脱逃的机会，所以她提议明天一准随他们到包头去。

挫败了敌人

年轻的女王集合了她的忠心的仆人和部下，告诉他们她决定要在夜间冲出哨兵线，她除掉带了札萨克的印章外，所有个人的物件全都抛弃了。她承领少数部下，携了她的稚子，扶持着她的老母，离弃了她的城堡，开始西往先前由她的代表和中国军队所约会的地点。

他们没有走得多远，这一小队亡命者被蒙古的哨兵所发觉，立刻向他们追击。归途是被截断了，于是她率领了她的士兵们奋勇抵抗。他们抄了一条隐蔽的小路，因此逃亡是得逞了。在五天潜行和提防蒙古军队的搜捕之下，他们终于抵达了华方。

她立刻向政府报告她的实况，获得了六千元的赏金，于是她下令召集她的部下，便有她这一旗内的三百名饶勇的骑兵来报效她。战时政府便称她“西旗军指挥官”，一九三八年九月，中央政府任命她为“西旗的代理札萨克”。

她的骑兵现在分为两队，完全驻扎在绥远西线，发动流动战和担任中国正规军的响导。她的许多战功是建在和日军在西山嘴一战上，当一小队的蒙古兵和华军取得了联络，曾击退过日军一纵队千余人和五十多辆坦克车。他们也曾以流动部队在一九三九年至一九四〇年的冬季进攻包头和防卫绥远西线。奇女王已参与过许多次战役了。

巴云英女王

东旗的巴云英女王是这两位非凡的蒙古女子中的第二位，该旗和乌拉特后旗同样地著名。她非特是一个母亲，一个军人，又是一个执政者。她除掉注意抚领她九岁的儿子外，她现在是事实上的札萨克，并且还兼任东旗的军事指挥官。的确，这两个头衔是她的儿子——世袭的亲王——徒负的虚名。

东旗位于黄河以北的绥远西部，她有十二万方公里左右的面积和五千左右的人口。它控制着绥、宁、青、新四省之间的大道，这片沃野是很适于耕种和畜牧的。

巴云英女士生于一九〇三年土默特旗。她在一家七个孩子中居最幼，姊妹行有四个。她的家在包头——平绥路西面终点——西北二十公里的一个很小的村落，她的父亲是东旗的协理大臣。

当她在一九二三年二十岁时，她和东旗十八岁的札萨克结婚。王上在世时，他相信只有在健全的教育制度下才能训练出优良的军队，足以阻止日本人在蒙古的野心。当设在百灵庙的蒙古自治议会在德王的统制下变成了日人秘密活动的机关时，这年轻的札萨克发动了一种绥远盟旗退出委员会的运动。这个要求由于全体绥远旗长一致赞成而允准了，接着绥远自治委员会便在一九三六年成立。这年王上因从山西太原回来，当他的车子在雁门关口驰过一削壁时遭到了覆车之祸，他负伤甚重，回到堡中不久便死了。

当日人在一九三七年十月侵入绥远中部时，巴女王靠了一班忠心的部下的帮助，带了她的儿子逃了出来，于是女王召集她的兵士，立刻聚起了二百多人。她以一小队骑兵，在乌拉岭中抵敌住第八师伪蒙军，坚守了七个月阵地。由于和华军密切合作，她在对日作战上获得了好多次的胜利。

她的军队除获得经常的饷银外，政府对这种功绩，在一九三八年又赐予她四千五百元赏金。幼王由国府军事会议在一九三八年委为东旗军事指挥官，同时巴云英被任为蒙古区实在的司令。

除指挥军队外，巴女王又担任了监旗政府的建设任务。她在六时便起身，八时进晨点，规定在十至十二两小时中处理旗中的政务，从十二时至下午二时略事休息，三时起和她的属员们随便谈论，四时进正餐，晚上六至八两小时是费在教育幼王身上。（译自一九四〇年六月二十九日 The China Weekly Review）

（原载于《中国妇女》第 1 卷第 9 期，1939 年）

英国文化界的援华运动

王礼锡

当我离开英国的时候，在一个文艺界朋友送别的会上，我念过一首诗，其中有两句，似乎是“当他们听到我们最后胜利时，要知道其中有你们的份！”

后来我把这首诗寄给诗人华尔纳女士(Sylvia Lownsend Warner)，他回信说：“我为它溅洒了骄傲的热泪。”我的确不是轻易地把漂亮话来作应酬，几年来，在英国文化界所受到的同情，在我临别的时候，的确“溅洒了骄傲的热泪”，在华尔纳读我的诗的时候，所感到的一样。

我所受到的同情，不是个人的，是一种高贵的对中国民族的同情，对以千万人的血肉来保卫正义者的同情。这种同情是全人类的一种内在的联锁，人类的光辉的文化的基础之基础。

最不可忘记的是左书会(Left Book Club)的努力。左书会在文化领袖高兰士(Victor Collancz)、名教授拉斯基(Grofessor Harold Laski)、马克思理论领袖司徒热极(John Strashchy)领导之下，两年来对于援助西班牙援助中国的运动成了一个极伟大的力量。

左书会所出版的书，每月有“每月选读书”一册(Choicl of the month)、附加书一册(Edditional)、补助书一册(Supplementary)、教育书一册(Educational)。每种书必须经过三位领导者的审查，而每月选读书是每一个会员所必买的。会员的人数，现在已达到三万之多。这就是说每一本书出版的几天内，就可达到三万读者的手里。其影响是像风一样的。

关于中国的书籍，大约有五六种。司议(Edgar Snow)的《红星照中国(*Red Star Over China*)》是已经倾动了一切说英语的国家。此外已出及将出的有描写日本残暴的丁泼来(Timperley)的《战争的意义(*What War Means*)》，某记者的《日本侦探(*Japanese Agency*)》，斯沫特莱女士(Agnes Smedley)《中国反攻(*China Fights Back*)》及我所写的《今日之中国(*China*

To—ban)》。英国援华热情之能继续高涨，不能不说是由于这许多书籍的陆续出版，在英国民众中继续打着玛琲针。

左书会不但把书去教育民众，还以会议去教育他们，他们所出的书都是与实际问题有关系的。两年以来选读书及各种附带的书中，有关于德、意、中国、捷克、西班牙的叙述及分析以及防空问题、性的问题，人民阵线等等题材。每书一出，讨论会遍于全国。其讨论方式或由当地读书会中推出一人作报告，然后加以讨论；或由总会请作者或对此问题有特别研究者作旅行讲演。关于中国问题，林咸让和我曾被邀作过一个全英的旅行讲演。

欧洲人过去对于中国的认识，实在太不够——不但不够，而且是错误。他们的认识是从好莱坞的电影上得来的。吃老鼠、抽大烟、小脚、辫子、下毒药、十[土]匪、脏，这些观念的组合就是中国。对中国有好感的人，对中国是另一种观念：罗盘针、印刷术等等之发明者，雕玉鼻烟壶，不大可了解的山水画，五色相宜的绣花或扣丝。总之，他们不以为中国是垃圾堆就是古董铺①。

所以抗战初起时，在某一个外城，主席介绍一位中国讲演者是“一个受过教育的中国人”(Educael Chinese)，这已经是备极其推崇之能事了。

自左书会把中国和中国人正确地介绍了以后，他们居然能够真正了解中国，在半个月的旅行讲演中，我以一个中国国民的资格，到处受到极热烈的欢迎，并且有机会答复非常有意义的许多问题。他们不是隔岸观火的态度来了解中国，而是像一个中国人来看中国问题一样，当做切身问题来讨论。

不但讨论，而且立即有行动表现。不待言，几乎每一个会都有督促政府援华的决议。有的在讲演之后，即刻建立一个援华的经常的委员会。有的即刻号召募捐，即席募得两三百镑的，不是罕有的事。

左书会用这种种方法，唤起了英国对中国普遍的同情，又进一步以这浩大的同情为基础来扩张组织，把这种同情从会员扩张到非会员。大约在一九三八年秋季，左书会订定一种扩大征求会员方式，即介绍人得要求书店的会员买第一册书的钱捐给中国。这样的自动援华的工作，是我们自己以百万镑的代价所买不来的。

自然，我们费了代价，我们费了百万血肉的代价买来这高贵的同情。我们要珍重这高贵的同情，和他们紧紧的联系起来，更有效地推动这反对暴日的国际力量。

为了援助中国，左书会的月刊在一九三八年初还出版了中国专号，详论中

① 系“他们以为中国不是垃圾堆就是古董铺”之误。——本书编者注

国的抗战必胜和援华的方法。不仅左书会出过专号,《左翼评论》(*Left Review*)也出过专号,政治、文学、艺术都有专篇介绍;《劳动月刊》(*Labour Monthly*)以十月革命纪念及中国反日战争出一专号;在日报中,《每日电讯》(*Daily Telegrakh*)亦出过一次很厚的附刊。

我可以说,如果我们有了更好的联系,很多的刊物都可为中国出附刊。《新政治家》(*Newstatesman and Nation*)的编者马丁先生(Kinsley Martin)在我离开英国的时候对我说:"如果有几篇好文章的话,我们也可以出一个中国专号。"《新政治家》是一个很有权威的政治刊物,当英国诗人奥登(W. H. auden)及伊殊坞(Caristophen Isherwood)在华所写的通信,就是在《新政治家》登载。

重于中国的文学作品译成英文在英国各刊物登载的也很不少。《新政治家》登载过中国的译诗,《左翼评论》登载过中国的译诗和木刻,《生活与文学》(*Life and Letters*)常常登载中国诗与小说的译作,生活与文学社还出版过现代中国小说集 *Living China*。此外还有很多刊物登过成乐意登载中国的作品的,如 *London Mercury Query* 等。

中国的抗战是为了保障世界的和平,中国的抗战文学也应该译成世界一切语言以丰富世界文字的内容,使全世界上人们的心弦都由于中国抗战文学的鼓动而共鸣。这是何等广大的一块田地,供我们耕耘啊!

(原载于《抗战文艺》第3卷第8期,1939年)

倭寇向我蒙古进犯

王觉源

远在一个多月以前，若干的外国报纸，根据日本方面的宣传，遍传日本与我蒙古在满蒙边境发生冲突的消息。吾人虽信蒙倭冲突或蒙古抗日之终不可免，其时犹以为敌之宣传系另有作用，而未敢相信果有如此的遽促。直至本月二十六日塔斯社公布暴日侵略蒙古的真相，哈瓦斯路透两社亦有莫斯科关于蒙倭冲突专电的记载，再证以二十七日以上各社之消息，不仅说明日本侵略蒙古发生空战冲突之确实，且已述及双方冲突的结果，日伪的空军已遭受严重的打击。就形势上来观察，现在双方犹在严重的状态中，国际的视线也都集中于苏倭问题之如何发展。冲突发生的动机是很明显的，在敌人方面是要贯彻他的侵略主张，以完成大陆政策；在我们方面是要实现全民抗战的决心，以求整个民族之生存独立。因之这种冲突发生，既不是偶然的，也毫不足为怪。事实上今后的蒙古同胞，在暴日侵略之下，也恐无安枕之日了！除非坚决的对日抗战，除非配合中原同胞来全面抗战，是不能彻底打破暴日满蒙政策的迷梦。

日本传统的世界政策，近年之所急欲实现者，则有下列三途：第一，日本在亚细亚大陆培植势力，欲掌握东亚之霸权，自北至南，以驱逐英、俄二国之势力；第二，日本占领满洲，将蒙古西藏之民族土地混为一体，而掌握其主权，此恰与君士坦丁之加里富成为回教徒之精神的中心点，罗马法王为全加德利克教徒之主相同；第三，日本将自加姆的克至新嘉坡间东亚之海上变为日本海，收太平洋之主权，以实际支配东洋。在这三途之中，尤以田中奏折“征服中国必先征服满蒙”的政策，成为日本世界政策的重心。日本为谋此政策的实现，先决问题便非收得西进大陆的实际权利不可，否则将不能与俄、美争执，与英、法、荷抗衡。

“九一八”事变的发生，便是日本推行这种政策的开端，一举而占领满洲，再进而华北以侵略华中华南。目前满洲虽已在日本统制之下，但他对海洋的发展，已遇了英、法、美列强的阻挠，而华中、华南的抗战，更给他以严重打击，使日本陷于狼狈不堪的境地，不仅再无施展侵略伎俩之可能，本身且日趋于崩溃。日寇侵略政策既不得逞于华中、华南，复受列强海上的限制，转过目标于中国之西北，专心致志于“满蒙政策”，自是必然之事。这理由也很简单，第一，侵略蒙古原是他世界政策的中心途径；第二，蒙古与伪满地域相连，军事行动比较方便；第三，蒙古地大物博，足以供给日本侵略之资源；第四，蒙古可以作为俄倭战争的缓冲，日本攻苏的军事根据地。具备以上几种理由，故日本认为侵略蒙古是绝对有利的。蒙古同胞果能认清日本的世界政策，认清日本在海洋和对我战争之失利，转变征服满蒙的阴谋，那蒙古之要被日本压迫，是决无幸免的，而蒙古之奋起抗日，自然是必要而且是非“抗”不可的。

进而言之，日本与蒙古的冲突是有历史性的。不必追求久远，自“九一八”事变发生以后，即有这种的事实存在，所以蒙倭的冲突也不止从今日才开始。日本过去企图侵略蒙古的方策，一为利用伪组织的“兴安省”在日本关东军指挥之下，积极向外蒙袭击，不断地发生境界冲突；二则在满蒙边境树立反苏集团，企图由张北直达库伦而与伪兴安省之势力汇合，而成为取得蒙古之夹攻形势。由这种进攻的方策，以企图完成一元化统制满蒙的政策，因之过去蒙伪边境的纠纷层出不穷。但现在的情形，便不如前者之简单了。以前蒙倭的冲突，不过只在划界不明的地点哨兵或局部的冲突而已；此次日本则深入蒙古的境内，发生多量飞机的空战。以前不过在一地偶然而发生；此次则在一地冲突达一月余之久。这完全证明此次的冲突决不是偶然的，而是日本特为布置的局阵，姑勿论其演变如何，此次即令不致扩大，将来日本必然是更大张旗鼓的来进攻，蒙古为将来计，目前也只有“战”，只有坚决的“抗战”，才能获得再生之路。

中国对日抗战，不惟是求当前民族的生存独立，亦中日旧帐总结算之时，所有中日的世仇国耻，都要在这次抗战中来洗清。现在之谈中日交涉几成中国之国耻者，类多始于甲午中日之战而不咎其既往。其实中日之仇怨，已发端于七百余年以前，而构成于蒙古同胞的直系祖先，此固中国历史之污迹，尤为我蒙古同胞莫大的耻辱。远在西历一二七六年(元至元十一年)之时，元世祖屡欲通日本而不得，始有屡次用兵征讨之举，至一二八一年，更发兵十余万征日本，结果不仅被日本打得大败，且将蒙古同胞所组成的军队奴杀迨尽。据《元史·日本传》所载：“一……七日，日本人来战，尽死，余二三万为其掳去。九日，至八角岛，尽杀蒙古、高丽、汉人，谓新附军伪唐人，不杀而奴之，阊辈是也。盖行省官议事不相下，故皆弃军归，久之，莫青与吴万五亦逃还，十万之众，得还者三人。”元世祖蒙此奇耻大辱，随后议再出师，适因用兵于安南，亦未能竟其雪耻之□。这种血债，染渍于中华光荣的历史，乃流传而至于今日。一个光荣伟大的民族，历史上是不容许有污点存在的，勾践不忘会稽之耻，曹沫不忘三败之辱，近之德意志更惓惓不忘欧战失败之仇，蒙古同胞其能忘乃父乃祖之仇乎？今者，已往之世仇未雪，日本复踏入蒙古同胞发祥祖宗坟墓之地，是可忍孰不可忍。四十余年来——甲午战以后——之国耻当雪，七百余年之世仇当报，如此才能恢复中华民族之光荣，也才不愧为成吉思可汗的子孙。

全面抗战的意义，即人无分男女，地无分南北，凡为中华民族的国民，即有负担对日抗战的责任。蒙古同胞系构成中华民族之一部份，参加抗战救国，自尔责不可卸。自“七七”全面抗战发动以来，关于“外蒙取消独立，出兵参加抗战”之说时有所闻，其实并没有事实表现以慰全国同胞的热烈希望，甚至被一般人所诟病，谓“全面抗战，凡中华民族之国民，岂容有徘徊观望者”。但我们始终相信，蒙古之参加抗战，原则上是决无问题，只是时间上的关系。现在日本侵入蒙古，正是蒙古同胞答复诟病者之时，也正是蒙古“雪耻”“复仇”的机会到了。蒙古之存亡与整个民族之存亡，是有整体连系的绝对性，即退一万步而言，至少亦有唇亡齿寒的关切。要突破这种大时代的狂澜，也只有“民族团结”“全民抗战”这种至高无上的武器才行。

据现在一部份人的观察，有谓：蒙倭的冲突，不过是日苏关系、张高[鼓]峰事件的再演。有的说：这是日本另有作用，日本想配合轴心国家的行动，占领蒙古以威胁西伯利亚铁路，作苏倭战争的准备。两者的说法，其实都是片面的，不敢认为正确。张高[鼓]峰事件是发生于日苏边境，地理上、动机上与中国抗战都无很大关系；现在蒙倭的冲突，是发生于我国土蒙古境内的贝尔湖，与中国整个抗战的形势息息相关，是“侵略中国□先征服满蒙”政策的实现，其动机性质与意义和张高[鼓]峰一件都绝不相同。照后者说法，把蒙倭冲突完全视作俄倭的问题，日本替轴心国家作呼应而忽略日本侵华是实、防共是虚的外交策略，乃至亲蒙倭冲突，苏联是主动，蒙古是被动的一样。我们承认，自抗战以来国际各友邦对我都有不少的物质和精神上的帮助。蒙倭冲突，苏联对于蒙古之援助是绝对有的，但如认为苏之援蒙即为苏倭问题，那便错误了。苏倭之争，只能发生于苏倭两国之境内，倘发生于中国领土与中华民族无论某一部分的冲突，自然是中国抗战的行动。故蒙倭冲突其不能与张高[鼓]峰事件同一观察及非苏倭的直接问题已很显明。无论现在与将来的情势如何，蒙倭冲突将来是绝不可免的，蒙古与其将来受威胁，究不如目前图一个彻底解决，而解决的方法便是“全面抗战”，解决的日期便是“全面抗战胜利之日”。这是我们所不应忽□蒙古同胞尤应有澈底地了解的。

综而言之，目前日本已展开了侵蒙的序幕，蒙古同胞为着本身利害，为着祖先的世仇国耻，为着整个民族之生存独立，只有在中央统一指挥之下来实行“全面抗战”，为目前与将来都无有善于此者。

［原载于《民意》（汉口）第81期，1939年］

为祖国奋斗的朝鲜义勇队

秋江

在机警的日本侦探逮捕之下秘密活动了卅余年的朝鲜革命青年，在中国抗日战争中取得了实际革命行动的机会，公开的活跃在中国军队里，直接参加中华民族的斗争，间接打下了朝鲜民族解放运动的基础。

朝鲜义勇队十月十日在汉口成立，随着中国军事移动到了桂林。队长陈国斌(Kam Yak San)先生今年四十一岁了，一九一九年朝鲜的三月运动和破坏朝鲜总督府的义烈团都是他的策动。他在一九二五年毕业于广东黄埔军校，参加北伐以后，对国内从事宣传与组织革命运动，破坏日本的工厂、交通及军事设施。十年的破坏工作经验，不过是一个革命的初步基础。他现在率领了朝鲜义勇队参加中国的抗日战争，一方面还兼任朝鲜五个革命团体组织成的"朝鲜民族联盟"的秘书长。

义勇队的组合份子，主要的是朝鲜青年，但是很出奇的有二三十位日本朋友，二十几位中国朋友参加在他们队伍里。

现在他们已组织了四个区队，两个区队早已分发到第一、五、九三个战区里去工作，二、四两队快要出发了，因为武汉、广州给日本拿去，交通被隔断，有许多同志不能集合起来，他们计划在中国每一个战区的部队里都派同志去参加中国的抗战，帮助中国军队对敌作宣传工作。在战场上，中国士兵因为不懂日本话，错过了许多日本兄弟转变的机会。他们幼年时候在日本教育中长大，日本的生活习惯语言都很清楚，由他们来做瓦解日本军队战争情绪的政治工作，是非常相宜的。

现在他们在前线上已经做的工作，夜里走上火线去散发日文传单，写日文标语。在总司令部做日本俘虏的翻译，翻译战场上夺获来的日军文件，为要充分发挥宣传效力，买了许多的播音机，在火线上用日语向日军方面放送，根本动摇日本弟兄的战斗情绪。因为人数太少，现在的工作只着重于宣传，至于将来的目的是要直接加入中国军队里作战。他们中多数受了中国中央军校的严格的军事教育，而年龄则平均都是二十四五岁左右的知识青年。他们宣传工作的真正目的，要向日军后方去施行政治分化。

日本方面要移朝鲜民族七十万到华北，四十万到华南去种地，这些都是朴实的农民，不像在北平、天津给日本特务机关利用的卖白面的高丽无赖，义勇队同志就准备到这些地区去宣传组织朝鲜同胞。日本军阀把朝鲜民族送到中国来，企图使朝鲜总督统治下的朝鲜可以太平无事，然而事实上是增加了在中国境内的朝鲜革命运动的力量。

根据他们的情报，在海参崴沿海一带有二百万朝鲜民族先锋队，另外有四万高丽义勇军参加了中国东北的抗日联军。朝鲜义勇队坚决把握住这千载难得的机会，联合着华北华南和朝鲜国内的同胞，等候中国反攻的一天，他们预备打先锋，只要中国有反攻的一天，朝鲜总督南次郎比喻高丽义勇军的“满洲癌”恐怕要成为日本军阀的致命伤。

朝鲜义勇队受中国军事委员会政治部领导，经济上有些帮助，生活待遇平等，每人每月二十元。但是，在前线上的同志还是穿着单衣，他们把被单来画漫画宣传，把棉絮换纸来写壁报，留在桂林工作的韩志成先生，他告诉记者，最近接到他们在平江前线工作同志的来信，信上有几段报告他们的生活情形：

“……因为我们的纪律好，有些军队找不到老百姓，但我们却有老百姓卖东西给我们吃。”

“……啊！现在的苦是朝鲜民族革命过程中共同的命运。……”

“中国的伤兵最近因为药品缺乏，常常没有人换药，但是一大批一大批的军队还是不顾死伤开上前线去。中华民族真伟大啊！”

队长陈国斌先生对记者谈过他参加中国抗战的革命理论，他说：

“……一个不同的民族参加另外一个民族的解放战争……朝鲜民族的希望是站在被压迫的弱小民族的立场上，唤起东方的弱小民族共同起来反抗日本法西斯的侵略，在中华民族解放的革命战争中求得自己的自由。”

[原载于《国民公论》(汉口)第1卷第5—6期合刊，1939年]

朝鲜反日运动的澎湃

China Weekly Review

杨之欣 译

自从日本发动征服中国的行动以来，关于朝鲜半岛的消息便杳无所闻。在这个包有八五〇〇〇方哩土地，二三〇〇〇〇〇〇人民的地域上，现在是发生些什么事情呢？除掉被统制的日本报纸和盟同社对台湾偶而发表一点零碎消息，对“满洲国”散布很多的兴奋宣传外，关于朝鲜的情形是简直完全沉寂了。

朝鲜情形的不稳，是可以由现已停刊的日本《上海日报》于去年十二月一日所载的一篇论文中表现出来。那篇论文是报告日本的“同化”朝鲜的运动，这运动的目的是在“铲除彼此间种族偏见的障碍”。据该报称，这种运动是很有进展的，朝鲜人民将来要被日本称为“本国同胞”并视为属于“自己的血统”。自从一九一〇年(中日战争后的十五年)日本吞并朝鲜后，朝鲜人民便为日本所奴役和压迫，而日本帝国主义现在突然对他们仁爱起来，其义意是不言可喻了。因为日本帝国之崩溃与否的关键，完全是在朝鲜和其他殖民地的身上。

该文又称，奖励日鲜同化运动是由朝鲜总督南大将首先提倡的，而为前相近卫所支持。当近卫兼任外务省大臣时，曾令各驻外使领设法实现同化朝鲜的计划，朝鲜总督府曾派其外事课长松泽达夫到东京与外务省当局磋商具体的实施办法。

再据该报所载，外务省得到谅解后，便令其在国外的官吏拟定各种特殊计划去打破一部分日本人对于朝鲜的岐视的感觉，当时日本驻上海总领事曾派朝鲜居民团体代表团回到朝鲜去调查国情。

据日本方面的消息，当该代表团于去年年底返沪时，“异口同音地报告‘一种忠服日本主权的精神，现在已普及到朝鲜的各角落了’”。

近年来在上海的朝鲜人是受尽了该地日本当局的猎捕和虐待，这是证明他们国内同胞所受日本待遇的写照。许多的鲜朝人卜居于法租界，以为这样可以保障自己的生命而避免日本的逮捕。法国当局虽然有一种保护该地受政治压迫的居民的不成文法，然而从未实行。租界当局固然不与日本帝国主义的猎犬们积极合作，但是却让日本领馆的警察自由检查法租界的朝鲜居民，并且让他们自由地把鲜朝居民押送到朝鲜审问。这种审问简直就是等于死刑或者较死刑更甚，这已成为惯例了。有许多的朝鲜人甚至连朝鲜独立运动都没参加活动过，他们唯一的罪过，就是仇恨日本的压迫。现在在法租界里恐怕已找不到一个朝鲜人了。例如，以前在震飞路的几家朝鲜商店，现在已完全不见了。

关于日本在上海猎捕朝鲜人的一个很好的例子，是去年九月间日本领馆警察在英国统治下的公共租界内逮捕了一位年已四旬的朝鲜人，名叫朴仁国（Bok Jin Ko），他是一九一八——一九二一年间朝鲜独立运动的领袖。虽然从未审问过，但已宣判死刑。朴先生由朝鲜逃出后，便亡命于安南，卜居河内。因与法国当局发生不睦（显系是受了日本的唆使），朴先生在那里不能再住下去，便携眷来到上海。到上海后，马上就被日本以十七年前的杀人案而捕送朝鲜。按日本的法律，死刑有效时期为三十年。自从被捕后，朴先生便永无消息了。

根据以上所述的种种事实，我们对于在日本统治下的上海朝鲜居留民会会长李国年 Li Ko-nei 的报告的研究是件很有趣的事。李国年曾于以上所说的代表团同时到朝鲜“考查状况”。据李国年说，他“对于朝鲜的坚强的‘国内阵线’是有极深刻的印象”，并且他是“很快乐地知道朝鲜人对于日本民族的精神是很快地领悟了”。

在同时，松泽达夫也被派到华中去“视察日本占领区域内朝鲜人的活动情形”。据日本《上海日报》，松泽达夫曾宣称“自一九三二年满洲事变发生后，朝鲜人在感情上起了一个很大的变化。现在的中日战争，更燃起了朝鲜人的爱国心。朝鲜人民态度改变之快，以‘突然’二字都不足以形容的”。

所有以上所述日本的宣传，其目的是要隐蔽朝鲜的真实情况以及朝鲜人民——包括在上海以及中国其他各部的朝鲜流亡者——对日本的真正的感情。日本是要使世界相信：朝鲜人民业已突然地爱了他的残暴的统治者，现在并希望把自己的命运化为与日本帝国同一的命运，但是宣传还是不够。因为朝鲜人的心中对于日本仍然含有仇恨和怒火，所以日本便不得不用“铲除彼此间种族偏见的〔的〕障碍”（这点障碍是使朝鲜种族居于下贱的地位）的方法来对朝鲜种族的自尊心作几许让步。

据十一月二十九日重庆《大公报》所载的消息:为证明他们对于日本压迫者的爱情起见,现有一百余名朝鲜人自动组织一个朝鲜军队与中国兵士共同向日本战斗。该军队在中国双十节那天在汉口正式宣布成立,并发表宣言尽忠中国。该军队是受(Kim yat—san)金逸山指挥,他是一个四十一岁的老革命家,现任朝鲜民族革命党与朝鲜民族阵线同盟会的总书记,朝鲜民族阵线同盟会是包括四个老的朝鲜革命组织。

我们相信这个朝鲜军队能吸收许多他们的同胞到他们旗帜之下向日本斗争。参加了中国方面,共同对付日本,他们相信一定能实现解脱日本统治而独立的希望。最近朝鲜人民党曾对中国人民发表宣言,主张两大民族团结起来共同与日本斗争。兹摘录其宣言如下:

"朝鲜被日本战胜后,现在已经有二十九年之久了。在这二十九年之中,二千三百万的朝鲜人民在日本的内部扩展的原则下,是被迫过着牛马的生活,我们朝鲜人民所受的痛苦和压迫实在是不可想象的。凡是不堪再忍受日本压迫的人们,都迁移到中国的东三省与中国的弟兄们去共尝甘苦。"

"自从这次中日战争发生后,日本的军人是得着了很重大的教训。朝鲜人民党的同志们全都起来为这二十九年的悲痛而报仇,并且为正义、和平、祖国而斗争。只是因为缺乏实力,还没能作大规模的反抗。但是,反日的行动从没有一天停止过。"

"中国与朝鲜是有历史上的关系的。在过去二十年中,两国是同受着日本的侵略。朝鲜虽然不幸被敌人战败,但是她的反抗精神是与中国没有分别的。朝鲜人民深深相信,中国抗战胜利后,所有的弱小民族,都将得到利益,得到解放而恢复自由平等的国家。从现在起,中鲜的同志们必须更坚忍地来应付这个危机,并且须同心戳力去争取最后的胜利。凡吾朝鲜人民党党员都将忠实地追随蒋委员长的领导,与中国弟兄们共同为正义、和平而粉碎日寇,并恢复朝鲜的国家。"

现在朝鲜究竟发生什么事情呢?在日本严密的检查制度下,一切的消息都不能传到外界,然而因为朝鲜的北部与苏联的沿海滨省相毗连,有许多的消息可以从苏联方面传达出来。这些消息说明了朝鲜绝不如日本宣传家所说的那样平安。远在九一八事变发生之前,大批的朝鲜义勇军时时活跃于间岛的边界地带,日本是不断的作它的"扫荡"工作。

在苏联的远东方面,现有二十万的朝鲜人民,仍然保持着他们自己的语言,并且发展他们自己的文化,但是一越过这个边界,他们的语言和文化便都受着日本统治者的压迫。中国人民所经受过的恐怖与残暴,现在是整个朝鲜居民的命运。因为朝鲜已是日本的殖民地的掠夺品，所以朝鲜民众都变成乞丐与奴隶的地位了，这种情形乃是所有殖民地奴隶的命运。现在朝鲜人虽被日本看作"同胞"，但是对于他们的统治者却从未发生一点的好感。只有一般容易受日本宣传欺骗的人们，才能听信那些反面的宣传。

（原载于《时与潮》第 3 卷第 2 期，1939 年）

正义的交响

雷石榆

记不清楚是一月某一天，大概是我离晋南的十多天之前，传说已久而现在方刚送来的一个日本青年的下级军官和两个廿七八岁以上的朝鲜人，因为说他们都是投降我方的，就大大打动我的心，我就连忙跑到某连部去看他们了。

一会儿，刘连长叫一个士兵带同一个青年到房间来，开初我的视线费了很大的力量在围拢过来的灰蓝军服的身缝间找寻，待连长指示站在我前面的那位青年的时候，我窃笑自己识别的能力。其实仅是一支如萤的蜡烛冲淡着的薄暗的房子里，加之这青年也穿着同样的军服，而且也佩着蒋委员长肖像，在一瞬间是不容易辨别他是日本人的。

"你是日本人吗?"

应着我这一问，他就高兴地连忙举手敬礼，我请他坐下近傍的那条木凳上，更表现出他道谢时日本人的客套习惯。"听说你是叛逃到我方来的，我们对于你这种正义的行动很感激，究竟你是怎么样逃出来呢? 请告诉那经过。"

这时我看到他圆圆的红红的脸上飞着兴奋的光彩，他天真地滔滔地说了。

"我是属于北支派遣军山冈兵团××部队××队第二小队的队长。我是昭和十三年(民廿七年)四月二十五日从日本内地出发的，五月二日在大沽登陆以来，转战过石家庄、太原、汾阳……在日本军阀的压迫下尝过了七个月的战场的痛苦生活。我在这次战争的体验中，渐渐觉察日本军阀的残酷、野蛮，理解中国抗战的正当。早在从内地出发时已感到许多青年被欺骗，被征发送出国境去了。我来了中国七个月，在那期间，因被日本军阀严酷的压迫，我就这样思考起来:我们并不是为日本国家而战争，我们干着的都是为日本军阀而战争。这样就判然大悟了。好，要是这样，自己虽是日本人，但为了和平，在什么地方战斗是一样的。日本并不是为和平而战，这是为着侵略中国而战的。这样的观念并深刻在我的脑里了，于是我就下了决心:好，逃吧，到中国方面去！这样我就常常探索脱身的机会了。到底机会被我探索到了，十二月一日午前四时，乘步哨交替之际，自己谨慎着不被步哨瞥见地从防线逃出，向山岭那边——沁县的方向——跑去，在那当中……”他就动手动脚的形容着，紧张地接续说下去。

“奔野涉水地跑呀跑的，在途中，卜卜的枪声响得可怕，从右岸的繁荫处狙击过来了。被日本的子弹打中可吃得消吗？这样一想，就加快了步伐。一面想道：如果就在这里饮弹而死，可不能完成自己的任务，必要快点跑到中国军队那边去才好。”

“在途中，见到四个中国村落，但我不敢走近那些村落，如果被村民看见，后面又有日本军追来，可不是玩的。于是一心把握住方向，这样就一径儿来到山下的一个很小的村落，在这里抓住一个村民，对他说‘带我到中国的军队那边去！’于是从这儿一径的往山中跑，看看那儿又有一个很小的村落，走进那村落时，吹响嘘嘘的叫叫子声。这样的时候，中国军队出现了，到了这步田地，我才安心，开始谈话了，恰好在那军队之中有能够说日本话的人，他给我翻译了：‘我对各位并不是看作敌人，我虽然是日本人，但我的心却不同，我和中国兵是朋友的，我们此后不是结成亲爱的同志，打倒日本帝国主义吗？’旋即就紧紧的握手，向各方面寒暄，大受感激了。我虽是一个人，虽是万分之一，但作为中华民国的一人而干下去，是无上光荣的。”

他又客气地说，他虽是廿三岁的青年人，没有何等学问，但愿在阁下等的指导下努力学习，为中华民族，也是为日本民众谋解放，献身这个斗争。

跟着他就反复地要求我设法给他一些能够做的工作，我用适当的话安慰他，他微笑着的一颗金牙的光焰闪耀在悠然的香烟的雾层里。

我和这位小队长金森进交谈了一个段落，就向另一个房间去看那两位朝鲜人，一位是叫做李哲镐，另一位身材略矮而眼睛却很圆大的是叫做廉昇国。他们都会说些中国话，但及不上日本话的流利，于是就用日本话谈了，但差不多都是姓李的代表说话，他的态度很沉着而且很有礼貌，特别是那种有学问修养的语调使我很感兴味，而且他们的语学天才也叫人佩服，他还能说普通的英语和俄语呢。

据他们说来，是曾在朝鲜参加过农民组合的革命运动的，但因为日本帝国主义残暴的压迫，不容易开展工作，后潜入满洲找革命的团体，因许久找不着秘密的线索，旋又到了河北，感到中国英勇的抗战便是朝鲜民族解放的先声，他们就立志参加中国的战线，献身伟大的工作。而且看了报载在中国成立了“朝鲜民族革命战线联盟”，就探求路线去参加，但因战线迅速地蔓□和激烈地战斗着，对于中国内地的形势又不熟识，好久找不到线索，但在生活困迫下，就在平汉线某处做起小贩来混过日子了。后来中国游击队在平汉线大加活跃起来，有一天，他们刚出去做生意回来，碰见了游击队，便乘这个机会投身过来，后被送到八路军某部去，在那里工作了几个月，因为便于他们的工作环境，最近介绍他们参加“朝盟”去云。

因为我还有别的事情，没有作详细的长谈。

翌日午前，我打算再和他们交谈，但因为转移的关系，他们三人一同于九时左右被护送过河去了。

不久，我也到第×战区司令部来了，我在这里又看到他们。他们高兴地紧握我的手，那时金森进正写着感想文。

两三天之后，他们把感想之类的文章送来，金森写了三篇之多，其中有的是属于军事的，现在只把一篇富于热情和有深长意味的短文介绍给读者诸君看看吧。

“现在的战争是日本军部等和资本家等为了做伟人，为了发财而蛮干的。毕竟日本政府是‘欺诈’的国了。我们打倒这暴戾的日本帝国主义是我们的任务，为了中国，为了中日民众，为了解放被压迫民族，正是我们现在的战争。那无非是断乎的打倒日本军阀、财阀、资本家等，直至最后的最后。如果日本说要十年战，中国则要廿年战，总之要长期抗战，无论战到那步田地，要断然崛强，坚持这种决心而迈进。这中华民国的四亿五千万人口，要‘一心团结’战下去。最后的胜利在中国是很显然的，日本国是不过中国的一个省份那么大，日本的武士道啦，日本魂啦，现已变质于暴戾的侵略了。这样的国是没有理由胜利的，日本的速决速战早已‘呵欠’了。”

“看看日本士兵们也很明白，每天的话题都是如此：这次战争已经一年以上了，这战争还要干或不干呢？就从心底讨厌起来了。又每次接读父母妻子从国内的来信，那心就飞驰向祖国去了。在军队中也有很多士兵理解这次战争，日本最深刻地陷于痛苦战显然的。我们战到日本帝国主义终止了残喘，是中华民国人民怀抱着的共同目标。”

“我们对于战争，直至最后，即使被大石挡住，被苦难缠住，也毫无惧怕地向目标前进，那条路是生死关头之道。不管多大牺牲而战下去，中国，我们的前途是光明的。我作为聪明的研究者之一人，我觉醒到正当地充分活跃。”

“最后，表示由心底深深感谢中华民国诸位的亲切。我能和诸位一同工作，是我无上的本分、无上的希望。”

贤明的读书诸君：我知道诸位也同样关心看那两位朝鲜兄弟的，那么介绍他们用日文写的“陈情书”给大家看看吧：

“不错，我们两人〖依〗所谓〖被〗俘虏而来了的动机察之，或则依某种客观的看法，也可说是俘虏吧。但作为我们的信念，决看不出一点俘虏的根据。为什么呢？因为自己欲望为世间万人追求的真理抱着人类的良心这点看来，是精神的无限之真实，不能有所虚伪之故。就以民主国家的三民主义的中华民国来说，目下在正义的抗战中，如现实立证的，对被压迫民族乃至善良的日本一般人民，也毫无敌意，何况对三十年间以来在那强盗日本帝国主义铁蹄下被蹂躏着的我们朝鲜民族？因此，我们不必要在此赘述了。从历史的考察可得到批判：本来中韩两民族实以连带的协同体筑起基础。由于从那年间以来，受日本帝国主义的侵略榨取，反映两民族渐增的努力，防御自然生长地形成的障害，无疑义地感到共同的责任的意义了。因此之故，我们朝鲜民族既已依各自的决心，在各自的领域，实践着长期间以来的斗争的历史，是谁也不能否认的吧。今日我们朝鲜民族斗争上之最重要而且共通的问题，是怎样使我们斗争在坚固的共同步调下前进，又为了怎样支持现在的中国伟大的抗战，怎样打倒日本法西斯，向着这个目的：为获得四亿五千万人口的中华民族的自由解放，同时获得的二千万人口朝鲜民族之解放，而发展扩大广泛而且强力的联合战线。便是碰着这样的问题。”

“且说我们两人也竭其棉力，通过过去、现在，诚心诚意，忠实地采求从朝鲜内地而至今日的革命路程而迈进过来，的确是事实。对于这样些微的个人的经历我们也无需再赘述了，既已在八路军经过八个多月的工作已很好的证明，又由八路军介绍来此的经过原因，又抵此后，日前审讯之际对审讯官陈述的感想和觉悟，现在更没有变易的理由。但愿我们两人在诸位贤明的领导之下，早日承受好好的处置。先作这样的陈情。”

读者诸君看完了，我相信大家很感动，的确是应该很感动的，因为这种正义的交响透彻到我们心灵的深处，但我们更要用最大的努力，加强这次伟大抗战的自身的力量，争取敌方的战友和被压迫的民族兄弟，联合打倒人类的恶魔，才有感动以上的意义。

一九三九、二、十一

（原载于《抗战文艺》第3卷第11期，1939年）

朝鲜义勇队在中国

[韩国]金若山

当此抗战期中光荣的双十节，谨述朝鲜义勇队之成立和参加抗战的经过，以代献词。

在中国英勇的抗战队伍里，有朝鲜义勇队的参加。这义勇队不是从朝鲜内地派到中国的，也不是由中国当局所招募而来的，其实由亡命在中国的朝鲜革命青年，因着朝鲜革命进行上底特殊环境而在中国自动组成的。

那么，这种特殊的环境是什么？日本帝国主义对朝鲜的殖民地政策，其残酷暴虐的手段，较英美对印度和菲律宾等地所采的政策不同。它把武力专制的高压政策来禁止一切朝鲜人的集会结社的自由，不但如此，甚至对消极的改良运动也在严禁之列。

朝鲜革命运动在这高压武力政策之下，为着朝鲜革命而起来的武装队伍，现在不能在国内产生和组织出来的。改良运动，如"国货运动"或"产业奖励"等等，也很难公开推行，只能在秘密里进行着"地下运动"，而准备将来的大蹶起。这就是在朝鲜革命运动进行上的一个特殊底环境。

在这特殊环境之下的朝鲜民族的被压迫情形，因篇幅所限，未能在这里详述，只将中国"九一八事变"以后的朝鲜革命青年被日敌所驱逐情形写出，而使人揣测其一般。稍有革命意识的朝鲜青年，若果有一次被敌逮捕或拘禁，或有一次某种嫌疑而随时被敌监视者，绝不能在朝鲜大地上站得住，一定被追逐流亡，而没有地方可以栖身的。留在中国各地的朝鲜青年，大多数都因这种压迫，而逃脱那些铁网，亡命潜来者，言之悲愤交膺，不可抑制的。因逃避不及，或因泄机，而被捕投狱者，现在有一万六千余的"政治犯"；又自中国抗战以后，日本帝国主义者拿出"思想保护观察法"的法宝，不问其有"罪"或无"罪"，擅加逮捕，被敌拘禁者，竟有六千四百余人之多。

在这种情形之下，被迫亡命到华的朝鲜革命青年，在中国东北、中部和南方各地，为着革命而沐雨栉风的日夜奔走，进行其工作，无间断于一日，是中外所咸知的事实。此等朝鲜革命青年早在抗战以前，在中国民族领袖——蒋委员长对朝鲜民族深切同情之下，在南京设立一“朝鲜革命干部学校”，围聚一堂，受了军事政治和各种技术的训练，该校办到了第三期，培养出许多革命的人材，抗战开始后，也在中国中央军官学校及特别训练班等处受训出来了。这一批数百余名的朝鲜革命青年，乘这千古一时的中国全面抗战时机，决然的自动组织朝鲜义勇队，直接参加这伟大的抗日战争，正在积极奋斗之中。

上面所说的就是朝鲜义勇队在中国产生的主因。朝鲜革命之基本武装队伍，因这种环境，必须在海外建立，而进入朝鲜国内的。在中国抗战前，中国东北的韩侨已有一百万多；抗战后，被迫移住中国各地的又有数十万人。这庞大的朝鲜民众，是我们革命发展上之一支动力，也是朝鲜义勇队在中国发展的根据。

在此实际的基础上，朝鲜义勇队在这中华民族伟大的抗日战争当中，能够担负起一部神圣的任务，也可以建立朝鲜革命的武装力量。朝鲜义勇队不在内地产生，而在海外建立，虽说是非正当的一种畸形的演进，但这具体的事实，是与中韩两民族革命不可分离的一部实际关联，也就是中韩两民族联合起来打倒共同敌人的一个史实。

中国抗战是东方被压迫民族解放的先声，也是冲破日本帝国主义壁垒的主力。我们朝鲜革命者趁这时机，勇敢的冲进，争取光荣的胜利，而奠定东方真正的和平，这是我们朝鲜义勇队的任务，也是铁一般的精神！

[原载于《中国青年》(重庆)第1卷第4期，1939年]

朝鲜民族反日革命总力量问题

[韩国]金奎光

一

中国的抗日战争正在猛烈进行的时候,同样遭受日本帝国主义的掠夺和压迫的朝鲜民族,起来和中国建立抗日战斗联盟是非常重要,而且是必要的事情。正因为如此,自从抗战以来,许多中韩人士都很深切地注意这个问题,同时热烈地期望着这个被压迫民族的联合阵线能够早日实现出来。

可是在这儿我们必须知道,所谓联合阵线决不是什么空洞的作为政治号召的口号,而是要实践、要斗争的一种战争联盟。没有实践和斗争的联合战线是不会存在,而且不应该存在。相反地,只有在实践和斗争中,才能够巩固和扩大联合战线。因为是这样,所以当我们要建立两民族的联合战线的时候,首先正确地估计对方的战斗力量是很必要的。

朝鲜民族的革命力量到底有多少呢?这原是很值得研究和讨论的问题。朝鲜民族自从亡国以来三十年间,在日本帝国主义的无限制的压迫和榨取下,无论物质生活或精神生活,都遭受极度的蹂躏和破产。这样的民族还有多少力量能够抵抗日本呢?对于这个问题,各个人都不免有“见仁见智”之感。但我觉得对这问题,固然不应该估计太高,同时不应该估计太低,我们需要有一个正确的估计。

不过我们要晓得,所谓革命力量并不是拿数字来可以表现的东西。它不但有物质的因素,而且有精神的因素。它不但有表面的力量,同时有潜在的力量。它不是静止的死板的,而是生动的发展的。它不是单纯的孤立的,而是复杂的关联的。我们要估计这样一种力量自然是不容易的,但也不是完全不可能的事。我们不妨从以下两方面去观察朝鲜民族的反日力量,即第一从历史的反日斗争方面去观察,第二从现实的生活方面去观察。

二

首先，我们用历史的眼光去考察朝鲜民族的反日斗争的时候，就可以知道这个斗争自亡国到现在三十年间不仅没有一时一刻停止过，而且是在继续猛烈的发展下去。换言之，朝鲜民族的反日战斗力量不但没有丝毫减弱，反而更加继续地增大和发展。许多不明了朝鲜革命运动的实际情形的人，只看到日本统治力量的不断增强和朝鲜民族生活的日益破产，就认为朝鲜民族反日力量也因之在不断地减弱下去，但这是表面的、浮浅的看法。实际的情形是适与此相反，正因为日本统治力的增强和民族生活的破产，所以朝鲜民族为生存而奋斗的力量便不得不更加强固起来。关于这问题，我们可以从以下三方面去观察它的历史的发展倾向。

第一是军事战争方面。朝鲜民族的反日武装斗争在过去三十年间不但没有停止，反而更加发展和扩大。亡国前后在国内发动的义兵斗争继续到八年之久，最后由武器的不精良和给养的无办法，终于败退。可是退到鸭绿江边境时，仍然重新建立起朝鲜革命军事根据地，继续不断地和敌人作战，直到现在没有停止。特别到“九一八”事变以后，得到中国义勇军的响应和合作，朝鲜革命军事斗争的力量便急激地强大起来。现在在东北抗日联军中的朝鲜人队伍及其他武装部队已有数万之众，此外在苏联远东红军中也有两个朝鲜人师团，又在中国关内及苏联方面还有正在不断培养出来的许多军事干部人材，这些都是朝鲜革命运动的基本军事力量。这种力量在今后由于中国抗战的进展和苏日对立的尖锐化，一定能够得中苏两国的积极援助，而建力[立]强有力的朝鲜革命军。

第二是政治斗争方面。朝鲜民族的反日政治斗争也同军事斗争一样，不论形式上或内容上都有不断的进步和发展。大家都晓得，一九一九年“三一”大革命是朝鲜独立运动飞跃发展的时期。在“三一”以前，许多爱国志士们亡命海外，有的吁请列强援助，有的号召国人起来反抗，又有的暗杀敌酋以快人心。可是他们的政治意见极不一致，或主张军事救国，或主张外交救国，又或主张民族的自力更生。这种以少数志士们为中心的初期运动，自然不能够建立起统一的理论和统一的革命集团。

但是在“三一”大革命运动以后，朝鲜革命运动遂行三个主要的发展。第一，把从来以志士为中心的运动移到大众中间来。特别由于新兴社会主义运动的发展，工农大众及青年学生的反帝反封建的斗争日益扩大，而把运动的基础安放在广大的大众斗争上面。第二，积极展开革命运动的理论斗争，彻底清算从来漠然的忠君爱国主义，以及一切不正确的革命理论。第三，不论在社会运动，或民族运动方面，把从来分散的，自然发生的，以及宗派主义的革命围[团]体，不断地予以淘汰或取消，开始建立现代的革命政党。

“三一”以后，朝鲜革命运动的主要特征就是社会主义运动和民族主义运动的对立的发展。由于朝鲜产业工人的急速增加，国际社会主义运动也随着突飞猛进，一九二四年在京城召集全国民众运动大会时，全国社会运动团体总数已超过一千。其后又在朝鲜共产党指导下成立的全国劳动总同盟，全国农民总同盟，全国青年总同盟等，所属人员总数达二十余万人。这些团体在“九一八”事变后虽被解散，但他们的组织的活动仍然存在着。全国到处不断发生的罢工、抗租、罢课等斗争，可以说都是由社会主义者所指导发动的。这运动在朝鲜革命运动中已占着主要的地位是不待言的。

至于民族主义运动，在国内虽然没有像社会主义运动那样表示出积极的行动来，但它所保持的潜伏着的反日革命力量却是很大的。朝鲜民族主义运动的大部分，以宗教的活动表示出来，这是很值得注目之点，例如“三一”大革命可以说完全以宗教为中心而指导发动的。不仅当时的民族代表三十三人中宗教信者占绝对多数，而且在参加示威暴动的大众中，大多数为宗教信徒。到现在还相当保持着反日性的宗教有天道教、基督教、佛教及儒教等，这些宗教都拥有数十万的教徒，还有青年会、学校及教会主义的社会事业机关等，在吸收广大的青年学生。这些宗教信徒在平时生活上，自然是很消极的非革命的行为，可是一到反日革命高潮到来的时候，他们都可以动员起来参加斗争，而且可以发生伟大的力量。

民族主义运动的大众基础在于宗教方面是有原因的。因为在朝鲜一切集会、结社等自由全被剥削，民族运动团体更不能公开存在，而宗教团体，在一般认为是消极的不发生作用的活动，所以可以存在，所以许多有志人士都参加宗教团体，借着宗教的掩护而进行民族革命的事业，故安昌浩先生所领导的兴士团及青年修养同盟也正是借着基督教的掩护而活动。

民族主义运动在海外有着很强固的基础。在“九一八”以前，满洲的正义府、统义府、参议府等都是民族运动的大本营，与在美洲的国民会、同志会等都是有相当历史的民族主义集团。最近数年前，由五个团体成立的朝鲜民族革命党和韩国国民党，是在中国活动的民族革命团体。这些团体无疑地是民族运动的前卫。

这里特别值得指出的是，一九二六—七年中国的国共合作时代，在朝鲜也成立了民族革命运动和社会主义运动的协同战线团体“新韩会”，会员共有三万余人，全国有一百五十余支部。一九二九年，以光州学生事件为契机而爆发的全国学生反日大示威运动，可以说完全由新韩会领导的。这团体因种种原因，遂于一九三一年至于解体。可是这三万余的反日积极分子在种种形式的社会组织里面仍然在推进反日运动，尤其其后产生的秘密团体"反帝国主义同盟"替代了新韩会的任务。

最后，一九三七年中国对日的民族革命战争爆发以后，朝鲜民族的反日政治斗争也踏进了一个新的阶段。这个新阶段的主要任务，就是一方面要建立全民族的反日统一战线，另一方面要建立中韩两民族的抗日联合战线。为了执行这个历史的任务，在海外首先成立了朝鲜民族战线联盟。我们坚决相信，在这次中日战争中，一定能够发动全体性的民族反日大革命斗争，以争取民族的解放。

第三是大众斗争方面。朝鲜民族的历次的大众反日斗争是比任何殖民地民族的反抗帝国主义运动更为激烈，更为广泛，而且这种斗争，在质和力量方面，都有继续的发展。在亡国数年间，只有全国义兵的武装斗争，而一般民众的反日示威及暴动还没有爆发，可是到了一九一九年三月一日发动了空前轰烈的全民族的大示威和大暴动。主持这运动的民族代表三十三人，本来的计划是动员几个中心都市的青年学生举行反日示威，单单提出"朝鲜独立万岁！"这一个口号，并规定和平示威的办法。但是这运动从发动的那天起，就马上发展，成为全民族的大示威，又所谓和平办法变成了大众的徒手暴动。这种示威和暴动在全国每个乡村中都是猛烈的进行，一直继续到八个月之久。全国被动员的民众达二百万人，被牺牲者达四万余人，特别值得指出的是，平时被看作亲日派走狗的官吏、警察及宪兵补助员等也自行脱掉敌人的服装，参加示威。

一九二九年发动的全国学生反日总罢课总示威运动也是充分发挥了朝鲜民族的团结力和战斗力的伟大。这原是以光州地方的朝鲜学生和日本学生间小小的冲突为契机而爆发的，但这冲突发展起来，就成为全国学生的反日政治斗争。它的中心口号是"反对奴隶养成教育政策""反对韩日学生不平等待遇"等。全国公私立学校的朝鲜学生实行总罢课，同时热烈地举行反日示威，参加学生超过十五万人，就是连小学生也都起来加入这个运动。

一九二六年发动的"平"运动，也是大规模的民众反日示威，可是在军警的武装弹压之下，没有发展成为全国规模的运动，不过这运动的发动，是有它的特征的。此外，还有无数次的工人及农民的罢工抗租等斗争和暴动，在这里应当把它列举出来，一一加以说明，但因篇幅关系，不得不割爱，只好等待别的机会再说。

总括一句说，在如上所说的大众斗争中，我们可以看出朝鲜民族不仅没有被日本人同化，相反地，对日同仇敌忾的情绪是一天天地高涨起来。同时可以看出，他们潜有伟大的反日革命的力量，有不可克服的民族意识，更有伟大的民族的团结力和战斗精神。

三

朝鲜民族的反日革命力量，不仅要从他们的历史的斗争上面去观察，而且要从他们的现实的生活关系上面去观察。

朝鲜民族所以能够发挥像上述那样伟大的反日战斗力量，主要的是由于他们的现实的生活关系有以推动、有以迫成的，换言之，他们的现实的生活关系是对于他们的反日斗争有着决定的作用。

大家都晓得，朝鲜原是封建的农业国家。自从亡国以来，在日本帝国主义侵略资本的猛烈侵袭下，强制地走上了资本主义化过程，而且这样就形成了半封建的社会形态。在这个国家里，有日益增大的现代工人阶级，有日趋没落的大中小资产阶级，又有无限制被剥削的广大的农民大众，这些阶级在日本资本的压迫和榨取下，保持着强烈的反日革命性。此外还有所谓民族资产阶级的“民族地主”，也同样遭受日本的压迫，不仅没有发达的前途，反而更走上没落的过程。据最近统计，全国资本的八八％，全国耕地面积的六〇％及其他主要产业机关，都为日本人的公私所有。因此便可以看出朝鲜民族资本家及地主的可悲的命运，他们也为着生存，非走上反日这一条路不可。

在这儿我们把朝鲜民族各社会阶级的现实的生活关系加以分析和研究，可以估计出他们可能发动的反日革命力量。

首先，在这些社会阶级中，反日情绪最高而战斗力最强的便是工人阶级。在日本帝国主义的朝鲜工业化运动中，朝鲜工业日益发达，而这些工厂都是日本人的公私资本开办的，在这种情势下工人阶级便急激地增加起来。据敌方的统计，全国工人总数已超过二百万人，他们的大多数都是破产的农民，他们在乡村中受到日本的地主及高利贷的无限制的剥削而至于破产的。可是跑到都市进工厂做工，同样也遭受到日本资本主义的绝对的压榨。他们的每天平均工资四角乃至五角，工作时间超过十小时乃至十二小时。不但没有罢工、示威的权利，而且没有集会、结社的自由，拿着鞭子的监工可以随时对工人加以欧打，加以刑罚。他们好像牛马一样，有服从和驱使，而不得反抗。可是他们决不是日本人的奴隶，而是有着四千余年悠久历史的民族，只要有反抗的机会和办法，便马上起来反抗。在过去历次的反日斗争中，他们都起来参加，尤其随着社会主义运动的发展，工人的罢工及怠工运动在各处不断地爆发，而且这种斗争是更加有组织有计划的进行着。

“九一八”事变以后，日本帝国主义者为准备对华侵略战争起见，更残酷地榨取朝鲜工人阶级的最后一滴血。他们首先强迫解散全国工人总同盟，绝对禁止一切罢工及怠工等行动，以便加速他们的所谓国防工业的效率。在这种压迫条件下，他们更加引起全民族的同仇敌忾的情绪。我们相信，在目前伟大的中国民族解放战争中，朝鲜二百万工人大众一定能够发动最有力的反日革命战争，以执行他的朝鲜革命的任务。

其次，广大的农民大众也保持着强大的反日革命力量。朝鲜原是以农立国的国家，农民占全人口的百分之八十。在朝鲜变态的资本主义化过程中，农村破产格外积极地漫延。在日本帝国主义的继续掠夺和收买政策下，全国土地的三分之二已归为日本人所有。他们为着更多的榨取农民大众，在农业方面仍旧采用封建的超经济的榨取方法，例如地租、高利贷、赋役及其他苛捐杂志等没有一个不是封建的剥削方式。朝鲜农民在遭受日本人的苛敛诛求而在饥饿线上彷徨的时候，一方面深深地追忆亡国以前安居乐业的往时生活，另一方面对于日本强盗的无理掠夺，引起无限的愤怒。他们早已明白，为争取他们的生存，也只有走上反日独立的一途了！因此朝鲜农民在过去的种种运动中很热烈地参加，特别在“三一”大革命中，可以说全国农民都被动员，积极参加到这反日示威的大运动。其后随着农村破产的日益加深，在各地不断地发生农民大众的抗租、抗捐等斗争。据敌人统计，全国农民抗租斗争每年平均有三百余件之多。这就是朝鲜农民的惨苦生活和白热斗争的表现。

“九一八”事变以后，日本法西斯强盗们一手举起“建设满洲天国”的招牌，欺骗和诱惑农民，另一手拿着刀枪，威胁和驱逐农民，使他们到满洲荒野去开拓荒地，同时作为侵华的后备队；另一方面把日本的“过剩”人口移到朝鲜来，作“鹊巢鸠居”的勾当。日本强盗的这种政策，在过去数十年间可以说是得到相当的效果。现在在朝鲜的日本移住民已达六十万人，在满洲的朝鲜侨民已经超过百万。可是在另一方面，朝鲜农民移到满洲来的结果，更加增强了在满洲的朝鲜独立军队的大众的基础，而且更加提高了他们的反日情绪。

本来朝鲜农民是有着光荣的历史的革命传统。一八九三年发动的所谓东学党暴动，就是农民大众反抗李朝专制压迫的大革命运动，在亡国时的全国义兵运动也是农民大众的武装抗日斗争。又如上述，“三一”大革命的基本队伍也就是农民。他们有执拗的民族意识和顽强的反日感情，在每次反日斗争中发挥出最强大的革命力量。无疑地他们是和工人阶级一块，成为展开全民族抗日战争的最基本的战斗队伍。

再其次，朝鲜的中小资产阶级，即小规模的商工业者、小地主及其他小市民等，也在日本资本的压榨下，日益走上没落的途程。他们在欧战时期的普遍景气时代，曾经抱着一攫千金的雄心，而在日本资本的大量流动中，企图建筑向前发达的基础，可是这种雄心终于变成迷梦。在日本经济的周期恐慌中，特别在一九二九年以后的慢性恐慌期中，由于日本资本向殖民地民族开始了空前侵夺，许多小规模的产业及商业机关都纷纷倒闭。今日的所谓中小资产者，到明日就会变成无产者了。他们只有在资本集中的法则下，好像牵入屠场的羔羊一样，成为无力抗争的牺牲品。

可是我们必须知道，在这一社会阶层中，包含着许多聪明的知识分子，例如教授、新闻记者、作家、医生、牧师、青年学生等。这一批人们不仅形成了朝鲜民族文化的一种力量，而且不论在过去和现在，〖在〗朝鲜民族解放运动中起着非常重大的作用。他们在目前的中日战争中，很清楚的认识这是朝鲜民族争取解放的唯一机会，而要站到中国这边来，共同打倒日本帝国主义，是没有疑问的。

最后，民族资产阶级及民族地主，虽则他们的力量是很微弱，又虽则他们还在梦想着在日本资本的卵翼下打开一条新的出路，但同时他们仍然并没有完全放弃打退日本资本而独霸朝鲜的雄心。在过去的欧战景气时代，他们也曾有过光荣的发达，企图和日本资本对抗一下。一九一九年“三一”大革命，无疑地是朝鲜民族资产阶级所领导的反日运动，所谓民族代表三十三人其实是他们的代表者。可是这一运动失败以后，他们便一蹶不起了，在日本资本的重重压迫下，他们不得不踏进继续破产和没落的过程，然而这不是说他们已经完全失去了反日独立的精神，相反地，他们在这种破产和没落过程中更加深刻地认识到自己的出路，除了民族的独立外更没有第二条可走的路了。在这一点上我们深信在目前展开全民族的抗日战争运动中，他们一定能够参加进来，而且能够执行他们所负起的历史的使命。

四

朝鲜民族到底有多少反日力量这个问题，自然不是容易解答的。我在上面所解释的，未必就是完全正确，不过在大体上说，关于朝鲜民族在过去发动过的以及在今后可能发动的反日力量，都有相当的分析和估计。我提出这个问题的用意，端在使中国人士们注意和研究这问题，更进而正确地认识朝鲜民族革命问题，而在目前中韩两民族抗日联合战线结成过程中得到认识上的帮助。

原来关于这个问题的估计，中韩人士的看法固有所相异，即使在朝鲜人也未必就能完全一致。有的人是把工农大众的生命性作过高的评价，而对于民族资产阶级的革命性评价得太低；又有的人则与此相反。我认为站在抗日战争的立场上说，过左或过右的评价都不正确的。我是始终相信，“在打倒日本帝国主义，建立真正的民主共和国”这一目的下，只除了亲日派韩奸外，全体民族不论是属于什么阶级或什么党派的人，都要起来参加反日革命斗争，是没有丝毫疑问的。

（原载于《战地》第 11 期，1939 年）

朝鲜义勇队的诞生

[韩国]李达

在日本强盗以海陆空军联合的强大兵力，向武汉积极进犯的时候，武汉便成了那时中国抗战的重心，抗战的氛围气极度的高涨。就在这个时候，我们朝鲜民族战线联盟领导下，聚在武汉的数百个不愿做奴隶的朝鲜革命者，为了与中国弟兄们携手打倒共同的敌人，便拟定组织朝鲜义勇队来直接参力中国的抗战，经过三个月的筹备，终于在十月十号这一天，把这面正义的旗子，高高的举出来了。

朝鲜义勇队的成立，其直接任务在参加中国抗战。它为什么要参加中国抗战呢？这在本队成立的宣言上，早已明白的指出："……正因为中国的革命没有完成，所以日本帝国主义对朝鲜民族的压榨便愈加厉害，正因为朝鲜民族没有得到解放，所以日本帝国主义的对华侵略便愈益凶暴。"同时本队队长在告本队前线同志书内更有明快的说明，大意是：朝鲜民族澈底的解放，必在日本帝国主义总崩溃之后，而中国抗战便是促使日本帝国主义总崩溃的主力军，所以我们直接参加中国抗战，与在朝鲜国内进行群众斗争是有同等意义的。（见《朝鲜义勇队通讯》十五期）

本队成立以来，至今天已整整一个年头了，在这短短一年的奋斗当中，我们曾竭尽棉薄，做了点些微的工作：在×，×，×，战区工作的同志们，曾经出生入死的活跃在阵地的最前线，高呼"攻心"的日语口号及散发瓦解敌军的纸弹，而引起了日兵重大的反响。最近为了配合抗战新阶段的新情势，又组织了阵地与敌后宣传队，务期对敌宣传工作能够深入。此外如教授士兵□语喊话，翻译日文文件，收录日语广播，以及教育训练战地民众等，无不全力以赴。在后方的同志们，在人力十分不够的条件下，亦曾参加过许多次献金、公演、义卖、训练俘虏及对国际宣传工作。然而我们虽曾获得一点成绩，但去预期尚远，这是在今天纪念成立的时候必当反省与策励今后更加努力的一点。

其次，在这一年的中间，国际与抗战的局势有了一个很大的转变：抗战至目前止，已得到了初步胜利，并奠定了整个胜利的基础。虽然侵略者的野心未死，新的阴谋仍在积极的推行，但只是徒见其心劳日拙。在我们继续的刻苦奋斗下，它定会相继续被粉碎的。至国际局势，以九月三日爆发的欧战为转机，有了一个整的变化，反侵略势力逐渐抬头，并且继续的演变下去，一定会成为世界斗争的主导潮流。东方的反日斗争，本来是执行着反侵略的先驱任务。在今日有利的情势下，我们要本着“世界和平不可分割”的原则，准备以更大的努力，致命的打击敌人，来迎接新的胜利的局势的到来。

那末，我们纪念今天应当努力的目标是什么呢？

（一）加强本身力量，与中国弟兄共同准备反攻敌人，争取抗战的最后胜利。“最后胜利属于我们”这种是说明一种可能，而欲使这个可能变为实现，在现阶段说来就是要加强本身力量，在将来与中国弟兄共同实施坚强的反攻。所以，加强本身力量就成为当前的急务。加强本身力量是意味着质与量两方面的，在质的方面，我们应当加强每个份子的知识与技能，以增高工作效率；在量的方面，我们要吸收在后方（少数）战区以及敌人后方所有朝鲜同胞，共同在义勇队的旗子下面奋斗。

（二）达成朝鲜革命基本部队的任务。一个民族争求解放并进而达成建国的任务，是必须靠着自身的坚强力量的。将来中国抗战胜利后，朝鲜的客观情势固然极端有利，但是原来驻在朝鲜的日军，或由中国败退下去的日军，仍必要朝鲜本身力量去驱逐或消灭的。假使朝鲜本身没有这个力量，便不能够澈底的解放自己。所以我们要在参加中国抗战的过程当中积极锻炼自己，使之成为一枝有坚强的实力的队伍，以完成将来万世不朽之伟大的使命。

（原载于《抗战新闻》第2卷第1—2期合刊，1939年）

活跃在火线上的朝鲜义勇队

梁纯夫

在未记述"朝义"(鲜[朝]鲜义勇队简称,下仿此)在前线的工作情形以前,先在这里把这支友邦队伍的政治背景及其成立经过追述一下,想是必要的。

二十年前(一九一九),朝鲜国内曾爆发过一次全民性的"一二一"革命,革命的结果是失败了,但这一行动的出现不是完全没有效果的,经过这一次革命后,朝鲜民众全体不但从奴性的地位澈底觉醒过来,他们并且感觉到苟且偷安终久不是办法,只有斗争,只有摆脱日本帝国主义的统治,人民才能过真正的和平的生活,民族的生命才得延续下去。从此革命潮流澎湃汹涌,革命团体纷纷成立。二十年来,活动于国内外的朝鲜革命集团主要的有:"朝鲜国民党",标榜民族主义;"民族革命党",包罗一切阶层的自由思想者;"朝鲜革命青年前卫同盟",这是比较前进的革命青年集团。"九一八"事变以后,朝鲜革命集团受到中国国内"民族统一战线"呼声的影响,也自动的在他们自己之间团结起来,形成了两个大集团:(一)"光复战线",包含朝鲜国民党、大韩独立党及朝鲜革命党三团体,而以国民党为主干;〖(二)〗"民族战线联盟",包含朝鲜解放同盟、民族革命党及朝鲜革命者联盟等,民族革命党居于领导的地位。

一九三四年,朝鲜革命领袖金九先生接受蒋总裁的献议,在中央军校洛阳分校设办朝鲜革命干部训练班,招收从东北及国内各地来的朝鲜青年加以军事及政治训练,九个月训练期满后,其中十七人复加入军校军官班受严格的军事训练。"七七"事变后,中央军校特别训练班又特为朝鲜革命青年开设一班,容纳九十多人。这些从军校出来的朝鲜青年,后来便在武汉组织了一个朝鲜青军战时服务团。从去年(一九三七)三月起至九月止,在武汉一带从事协助我国抗战及鼓吹中韩民族携手共同打倒日本帝国主义的工作,并与朝鲜革命青年前卫同盟一同加入"民族战线联盟",为军委会政治部及中央党部所注意,即与"民族战线联盟"协商将其改编为今日的"朝鲜义勇队",由政治部派代表三人，“民族战线联盟”每单位各派代表一人组织“朝鲜义勇队指导委员会”，下分二区队，每区队约六十人。第一区队的份子为民族革命党党员，派往第九战区工作；第二区队的份子为朝鲜革命青年前卫同盟会员，分派在第一及第五战区工作。

武汉撤退的前夕，朝鲜义勇队第二区队二十六位同志从汉口来到了花圆的陈家店，后来随军转进至襄樊，在这里，除了五六人留在长官部担任审问及教育俘虏，翻译敌人文件及收译敌人广播新闻等工作外，其余的二十一人由长官部及战区政治部派往随县前线××军担任对敌宣传工作。

在前线，他们第一期的工作方式是：(一)跟士兵开座谈会，讨论优待俘虏，对敌宣传，中韩两民族携手共同打倒日本帝国主义等问题。(二)在火线附近村庄书贴中日文标语。(三)每团派一人至三人教士兵喊日语口号及写日文标语，两个月后，××军有五千人能够喊简单的日语口号，五百人能够写日文标语，二百人能够与敌兵作简单的对语。

在从前，敌兵常在战壕里用广西话向我们的守兵挑拨引绣[诱]：“广西老乡，你们不要打罢，我们武器好啊！我们共同打倒国民党，打倒共产党罢！”之类，我们的守兵听了，除掉气愤乱骂之外，没有别的办法，我士兵经过朝义队同志这次的训练后，现在已经能够用“我们的敌人是日本军阀，不是日本弟兄，我们共同打倒日本军阀罢”等日语回答他们了。

第一期工作结束后，他们还很谦虚的自己感觉到不满意，第二期工作开始，他们便采用更新奇更直接的方式去引诱敌人。

首先他们用大幅白布写日本标语，竖定于距敌人阵地八十公尺的伪阵地上，敌人指挥官看见，恐怕敌兵受感动，引起变乱，即命用重机关枪射毁，每幅布约消耗敌人子弹六七百发。

更进一步，他们派一位同志站在战壕外距离敌人阵地一百公尺的地方向敌兵演讲日本军阀压榨民众欺骗民众，驱使他们离开家庭到这里来牺牲，以及日本国内危机等情形，劝敌兵反战，共同打倒日本军阀。第一晚讲了四十分钟，战壕里的敌兵静听着，没有答话。第二天晚上朝义的同志再到那里演讲时，有一个敌军士(班长)出来回话，解释他们来这里打仗的理由：第一，为着东亚的永久和平；第二，为着消灭共产党。朝义同志根据这两点再加以驳斥。第三晚演讲时敌人方面出来一军官，仍旧伸述上晚那军士所说的两个理由，并骂朝义同志为“日奸”。到了第四晚，朝义队派出了五个同志，分站在相距五六十公尺的地方演讲，敌人出来三个军官，说了几句话后，便集中各类的武器(轻重机关枪、小钢炮、迫击炮、步枪、手溜弹等)，齐向他们认为是“日奸”的一个演讲者射击，朝义的同志马上退下预备好的地穴。同时我们这方面本已提防敌人要趁这情绪激动对来冲阵，也集中一切武器向敌人还击。经过四十分钟的对射，一切又静止下来，当这时候，我们的英雄立刻再上去教训敌兵一番，叫他们以后不可再这样随便浪费，用全国民众血汗所铸成的弹药，敌人无话可说，默默地退了回去，一场喜剧便告结束。我们应该敬佩朝义同志的勇敢，感谢朝义同志的热诚。“义”“勇”两个字，朝鲜义勇队的同志可以说已经很切实很光荣地做到了。我们拥护覃军长的说话：“等我们打倒鸭绿江边，我们可以拨十万支枪，给你们去光复朝鲜。”

朝鲜义勇队不但在前线，在后方也常给我们的民众及救亡团体很大的刺激和鼓励，他们生活简单，做事认真，态度谦和，行动敏捷，热情而守纪律。他们的标语及壁报，形式美观，内容充实，常被一般救亡团体取作模范。

（原载于《中原月刊》第1期，1939年）

和平村记（节选）

——俘虏收容所访问记

[日本]鹿地亘
邢桐华　冯乃超 译

五、丘邦雄的事

我即刻和了HS君一起到CC兵团司令部里去看了。这里一向作了从各地移送收容所的俘虏们的临时停留所，设备是因陋就简的。武昌的大暑天，蒸人的热气之中，中国旧式没有地板的木造建筑，倒也容易过。然而，宪兵把其中一室的格子门的锁可察地打开，为要打招呼踏进去一步时，一种刺鼻的恶臭使我不由自主地却步了。头有些晕了，渗在饱和了酸汗和污秽的恶臭的沉重热气之中，令人呼吸困难的腐臭□罩了全房间。注意看时，乌黑的苍蝇群在里头飞舞，一刻像黑豆一样点点地落下，开始爬动了。大约有三十人吧，像野兽一般困惫极了的人群，在地面席子上铺的被褥上东倒西卧，有的坐着，有时拍的一声打着傍若无人地爬着或者盯人嘴唇和耳朵上的苍蝇，阴郁的视线送到门口来了。用绷带裹着头，吊着手腕的负伤者也有。绷带上染着灰水一般的汗的颜色，也有青黑血脓已干的痕迹。

“哦，各位辛苦了！”一刻间，感动的叫唤从我的胸膛里冲出来了。他们莫明其妙地望着我。

“暂时忍耐一下吧！就要到舒适的地方去的。请放心吧！”

他们都好像为奇异之感所袭，茫然起来，然而，一律行礼表示了谢意。我觉得这才看见了配称为“人”的。SH君用温和的日本话说：

“谷川君在么？那儿是谷川君？”

那时我才觉到我的脚几乎踏在一个死骸的脚上，吃了一惊。一个俘虏凑近了他的枕头傍边，“谷川！喂，谷川！……有人来看你！”

“谷川君？哦！受伤了呢！你是谷川君么？啊，鹿地先生来了！”

以为是死骸的，是个重伤者。低声地噢着，动了动眼睛。

“鹿地先生？那里？……谷川……谷川……是我！”

是秋虫一般的断断续续的细声。他无益地焦燥着想要抬起头来，苦痛般地恳求：“那一位……扶我一下！”我止住了同伴们，走近了枕边。

“是谷川君吗？负伤很重啊！哦，请放心吧。”

“先生！……哦！多谢了。……你是鹿地先生……渴望着……渴望着……哦，终于……”

干枯的没有眼神的眼里，涌出了眼泪。

“先生！……啊，我……不晓得怎么说好……您看得出来的……我快乐……快乐得，快乐得……先生……”

合起掌来虔拜了。与其说是虔拜，实在是由于身心焦闷，以致用苦痛的气息断断续续地叫唤，而委身听凭狂喜的激烈发作之安排的结果。我也不由地眼皮发热了，但我要负伤者安静，慌忙制止住了。我怕会因为这种极端的兴奋，衰弱极了的身体的生命力眼前就要熄灭的。然而，他并不听话。诉说到了这边四天之间怎样不断地向当局请求会面，后来完全失望死心了。毕竟，“会到佛爷了”，“光明的世界来了”，以及其他所有最高级的感叹词都喊了出来。这还不够，就好像追赶早已消失了的事物一般，拖长声音呼喊着“先——生！”在周围惊呆了的俘虏们的眼里，我有些耐不住，难为情起来了。这并不是丘。也许是用过同样笔名的年轻的同盟员么？我细心地察看他瘦损的修长的脸骨，洞一般陷进去的无光的眼，干枯了的蛙一般的肚皮，像根木棍一般的腿。很久以前，在东京帝大医学部的解剖室里看见过这样的死体。与其说是生物，实在已经等于一个物体，赤褐色的皮肤像纸一样包着骨头而萎缩，一群苍蝇像扁虱一样紧粘着想要钻进眼和鼻子里头，用了执拗的残忍舐着，负伤者也无追赶的能力，听凭它们钻爬，时时闭住眼睛，防御苍蝇的攻击。我晓得苍蝇特别多的理由了，那是因为伤处的触鼻的腐臭使我的脸不自禁地离开了负伤者。

“请安静一些！够了……你就是丘君吗？”

我问了问能否把负伤者搬到外面去。幸而，他是依旧躺在担架上铺的被褥上的，宪兵们搬着，即刻移到对面透风的大房间里，把他放在一个台上了。

他底故乡是静冈县城，属于××部队○○汽车队，在山西的MM地方，大约被游击队全灭了。因为感情的飞跃，他说话时常把要点脱落，当时的情形，是和大伴所讲的状态大体相似的。只是他激烈地憎恨军部和部队长，不断地加以咒骂。汽车队的前头，有防弹装备的汽车领导。部队长非常野蛮，对于部下是蛮不讲理，可是一遇到袭击，不要说责任，就自己一个人跳上装甲汽车逃去，把拉住叫“带了去吧！”的重伤者踢下来，砰地一声把门关了。说是去取联络，把全灭的部队和负伤者都一概抛掉。“畜生！我恨他们！恨到骨头里，永远不能忘！不应该先让受伤的逃掉么？”我很容易地直感到拉住部队长的腿的伤兵，一定就是他自己。不单这样，使我逐渐扫兴的是在这个青年人的叙述里，只有个人的感情和意识强烈地在动着。

“先生，请听着：这是我一生的请求。”

“什么事！”

“我想复仇。死也不会忘记这仇恨。我要和帝国主义斗争！只是我底身体不会久了，这我是晓得的。……啊！要是我能够会到爸爸和妈妈啊！……这个仇恨……畜生！……我什么都给它暴露出来。……他们是多么卑怯，残酷的一群东西们啊！……请你，先生，把纸和笔给我。”

他说他愿意写反战小说，并且为了使我相信他的文学能力，他述说他从小孩子的时候，怎样就喜欢文学比吃饭还利害，因为文学需要活的体验，自己现在是怎样有了自信，而怎样他愿意在全世界之前，暴露“布尔乔亚”和“上官”是何等的混蛋。好，我去给你要纸笔，但是你第一先得养伤——这样一说：

“多谢，多谢。啊，我……只要把我的小说留下也情愿。……再，那——……对不住，作好之后，请你允许送到你那里。……请把它译成……English或是German都好……请先生翻译出来也好……”

我失望了。他简直像一个骄矜的中学生，故意用力把English和German两个英文字念得特别响。

“你是那个学校出身的呢？”

“惭愧得很，……中学毕业以后……高等学校中途退学……”

“高等学校的什么科？”

“文科。”

“文科的什么？……”

他现出局促的样子，惶惑了，说高等学校的学制，以下不再分科。改问他选的什么外国语，答说是国语。说到这里，长期在日本留学的SH君看穿了这位假文士，很不愉快似地把头掉向傍边去。我问他几时加入到作家同盟的。

“啊……是什么时候？记不清楚了……”

“我是一九三四年春天入狱的，以后的事情不大清楚呢。……”“那么说，是昭和几年呢？……啊，是的！是的！正是那个时候以后参加的。”

我几乎苦笑了。作家同盟是在我入狱直前解散的，那时已经没有了。

假文士好像有些不安起来了，直着眼睛瞧我的脸，在想什么办法。

“你晓得《战旗》那个杂志么？”

“晓得一点。”

“啊，晓得么？那是我们编辑的。为了这，受到了许多苛酷的压迫！关在看守所里进去过的，很残酷地照拷问！啊，看，用铅笔这样子夹在手指之间……”

我终于笑了。我知道法斯蒂警察们杀人的拷问，十年前，我也是一般劳动者，农民没有不知道的《战旗》的“编辑”委员之一。

我站起来了。

“是的么？那么，赶快恢复健康！还要请你组织国际纵队的汽车队呢。”

SH君说现在正是运动时间，别的俘虏都好像在外边，去不去看看。负伤者也说愿意到外边去，宪兵们抬着，跟着我们出去了。太阳已经偏西，在江上吹来的微风之中，一群俘虏们已经体操倦了，在草地上自由自在地纳凉。我觉得对他们害羞。一个俘虏看见我们走来，说：“怎么样，给我们讲一些有趣的话？”“请讲吧！”“来一个吧！”几个口音和着说。我听来都好像带着嘲弄的口气，郁积着的不快一时把我战败了。

“好，来了！我讲。”我骤然蹲在了他们前头。“第一，先说我的事。我是一个日本人。……”

人们都好像惊惶了。我讲了一番从来没有过的煽动演说，俘虏们都逐渐被吸引过来，围成了一个圆圈，宪兵在外边围成了一堵墙。我们的反战作家呢？脸上表示异常的满足，在担架上仰望着天空。

和他们分别了，归途上我们一句话也没说。一同去吃晚饭去，我终于和SH君吵起来了。

“我对于俘虏工作，没有希望。”

用了因为生病变得神经质的兴奋的声音，SH君说了。

“你那里有讲这样话的权利！工作不是刚开始么？”

“……那是理想的！你的话不过是感伤主义吧了！……”我冒火了。

“好！你不干得了。干连希望都没有的工作，简直是工作的冒渎！”

SH君忧郁地把头低下了。一刻，用很低的声音说：“我的乱说使你生气，请多原谅！”我没有回答。说实话，我把自己无法排遣的郁愤对着这位善良、生病的朋友发了，心中是异常难过的。

活见鬼！第二天在SN日报上我又碰到了丘邦雄，是山西L先生的报告寄稿。读着L先生的文章，我不禁恍然大悟是怎么一回事。原来，先生在和俘虏谈话的时候，把自己和“日文文坛的关系和地位”说出来了。当然，我和L先生不认识，也不晓得他的“关系和地位”。然而，我突然想到了那个谷川如此大胆的原故，或者是因为这种“关系和地位”的。

六、欢迎会上(其一)

等到和平村的管理员到来，我们大家出发时候已经近两点了。“准备弄得太迟了。”S君说。

“鹿地先生老早已经在催促要走了，哈哈哈。”廖君望着我笑了，于是S君装着有点为难的笑容，将他巨大的身体和孩子似的扭动。

在下着雾一般细雨。在小船上，我们看见了贴在废城墙上的“欢迎……先生”的大字。

“这可很了不起啊!”廖君非常高兴地笑了。

刘君没有回答，伏着眼微笑。到岸边，Z所长已经走下来了，扯着我的手，将我引到了会客室。

“真是不敢当哪!”

“啊……了不起的欢迎吧。”所长大摇大摆地笑起来了。“等一等，就请您看。因为离城太远了，简慢得很，可是今天都是大家亲手作的菜呢！晚饭后，还要开游艺会。”

帮忙游艺会的青年戏剧队的男男女女被领到屋里来，逐一介绍过。不久，晚餐的准备开始了。并着几张粗简的白木桌子的长桌周围，摆了二十几把椅子，村民厚意的菜肴一盘一盘地端了来。来宾的戏剧队员，职员，我们，都就了坐。本来全员都想一起会餐的，但是因为坐位的关系，一般村民在楼下食堂里，只自治委员会的委员参加了我们一桌。

“喂喂，不要客气吧，老先生!”

Y管理员的声音，在门外边听见了。

“嘻！嘻嘻嘻……”

矮身材、长着连鬓胡须的老头儿，被Y先生推着肩膀，用手摸着自己顶上的光头，笑着进来了。两手挺直，用立正的姿势先向所长敬礼。

“啊，老先生！来来……”所长很愉快地，“我来介绍，这是自治会长的冲田先生，是漂流在山东洋面，被捉来的船的船长。”

老船长就像领文凭的小学生似的，慎重地，令人可亲地笑着，走进来敬礼。

“我叫冲田。这次您太辛苦了。”

穿着背心、像村夫子似的重朴的老人，躬着身体、揉着手进来了，这就是昨天听说过的朝鲜人医生严龙斋，恭敬地低了头，所长介绍了。

严先生是东京帝大M博士的门下。这里虽然也有医务局，但一切都由这位先生和另外一位军医秋田先生照顾的。

“我们大家看到了您，就好像看见了光明一般。请费心多加指导。”他用干枯的殷勤的低声这样说。秋田进来了。

这位秋田军医，廖先生和我在汉口曾经会到过的，和十几个别的俘虏一同由新乡送了来，其中因为有好几个负伤者，我们为他们送了一些药品。他是一个老于世故、通晓事理的人，但是总觉着带着一些俗气，低着眼角，笑法就像作生意的人。

“前次多蒙照料，”他弯着腰致意，“全托您的福，都好了。大家在感谢着您呢。”

“啊……那时候的各位，都在这里么？”

“是的。……真是太感谢您了。”

骨格粗壮，目光谨严，鼻下蓄着短髭，小心谨慎地敬礼的，是另一只漂流船的船长桑田。

军队式地，张大眼睛注目，挺直地作三十度鞠躬的是叫作三船的步兵曹长。新闻上曾经哄动过的堀田少尉也在内，样子就像一位静默的中学校先生。其他委员们都到齐了。

所长站起来致词，一同都站立着为我们几个人干杯，欢迎宴开始了。

“冲田老先生，今天不要客气，请喝一杯吧。”

所长看见达磨胡须的老头儿把两手放在膝盖上，拘谨得像个小学生一般，便向他招呼了。“这位老先生，人太好了。对了，大家给他起了一个什么绰号？……”

“佛爷。是这样吧？”Y先生接过来说，“老是寿星人儿的脸，笑嘻嘻地，所以都叫他作佛爷。”

“嘻，嘻，嘻？要是佛爷就得时常敬点神酒啊。”

老头儿搁下酒杯，很甜蜜地鼓着舌头，大家都笑了。

“老先生，酒量很不错啊。”

“那能比得上您。有一次，您连着喝了五大杯呢！”

Y先生像被人抽了后脚似的，摸着头，一个人笑倒了。

很大的碗里，满盛着切得很厚的鱼生，端了来，我吃惊了。

“不要紧么？这个？”

“不要紧。”秋田军医很有自信地说，“这种鱼，肉上没有寄生虫的。”

“大家都想吃鱼生呢，所以请教秋田军医官调查了一下鱼的种类。这里常常吃的。”所长说明了。

“唔。真想不到在这里吃鱼生。日本菜,早已经忘了。”

沾着放进姜末和葱花的酱油一吃,非常之好。

“好吃!好吃!……到中国以来头一次哟!”

“好吃的话,请多用一些。哈哈哈,……日本菜也很好吃啊。热酱汤的滋味真是叫人想呢。刚回国的时候,常常想到东京的公寓哟。”

“还有,腌菜……腌的萝卜……对了,叫做‘泽庵’。……日本的酒也很好哪。……没有办法,将就一点喝烧酒吧……怎么样,诸位,不要客气。”

委员们跟着Y先生的劝诱,举起了杯来。

“真不错。……一点一点地喝,味道也满好。”达磨老头儿像是重温过去的回忆似地说了。年青人给他添上了一句:“还有,伯母在旁斟酒呢……”大家都哈哈地笑了。

“……怎么样,索性都在这里娶个太太生活吧。要的话,我来介绍。三船君曾说过要我介绍哩。”

三船被Y先生喊出了自己的名字,难为情地抬起头来,来宾的笑脸都集中在他身上了。他简直像别的念头被人打断了一般,忽然收敛起严肃的表情,笑起来了。

“那不是说着玩的,……当真地拜托您啊。”

“当然是说笑话呀。……桑田先生怎么样?你不喜欢中国女人么?”桑田只是俯着谨慎的眼,轻轻地笑了笑,“鹿地先生,桑田先生真是太不幸了,刚娶了新娘子的第二天就出帆遭难了。”

“哦!……那太不幸了!”桑田向我瞟了一眼,保持着脸上的微笑,但仍然不失那种谨严的态度。Y先生逐渐地雄辩起来了。

“悲剧多着呢,战争真不是好玩的,全是帝国主义的罪恶……太作孽了。我很同情桑田君,但是我尤其同情新娘子。这种事情数起来不知道有多少哩。就是我们这边,也数不清的。骨肉离散了,把爱人失掉了。……”

“可不是么。”秋田低声地说。很寂寞地点了点头。

“喂,诸君……!鹿地先生,叫我们留学生来看,东京的人们真是令人想念,大家都那么亲切。公寓的老板娘,以及我们时常见面的人们……都是好人啊。那些人来打仗,是绝对想不到的。……噢……我写了一部这样的戏……这样的悲剧呢。……”

“是啊!你务必请鹿地先生批评一下。Y先生写了一本叫《牵牛织女……》的戏剧,很有自信,我觉得还不错。等会儿,请替他看一看。”

“哦……那已经发表过么?”

“没有。”Y 先生搔搔头。然而,在他的“请先生指教”这句郑重的话里,可以看出他很大的自信。

洋灯点起,笑声流着,几瓶酒已经喝光了。廖先生脸已经通红,把杯子覆下,说不能再喝了。Y 先生是越喝得红,便越加兴高采烈。来宾的演剧队员,简直被忘记了似的,一声不响地小心翼翼地在听,小心翼翼地在笑。有时对于委员□的话,互相交换着欲知其详的眼光。在这些视线之中,浮现着每个自治委员的拘谨的表情,简直就像陪着视察专员们吃饭的村下士绅一样,目光不敢傍视。虽然有时被 Y 先生引得发笑,但笑的里面总隐藏不了一抹或种的哀愁。夜色渐浓,窗外的江水,在黑暗之中静默着。

一刻,三船站起来,小声地对所长说了几句话,于是委员中年青的,一个一个地站起来了。所长代他们说明:“是因为要帮忙游艺会的准备,不能奉陪。”他们便向大家轻轻地行了礼,陆续离开房间。

我们点起纸烟,走到了窗边。楼下好像正在准备中,搬道具的声音,喊人的声音,可以隔着墙听到。

“今晚上得要很晚了。”廖先生说。

“有什么关系?晚了就睡在这里。”

“好极了,没有关系!”没想到所长听到了我们的谈话,走了过来,“就留在这儿好了,睡在我的房间。忙什么呢?被褥也有。……他们都好像很凄凉似的……”

“Z 先生,我代表同胞们向您深深致谢。”

“那里话。”所长明朗地笑了,“我们也是一样的。……在贵国,也蒙帮忙过的。”

Y 先生也来了,脸孔被酒烧得通红,但和先前完全变了一个人,讲话变得沉静多了。我们把村民们远离故乡和家庭的悲哀作了话题。Y 先生说这种悲哀达到了极点,心情便暴噪起来,成为绝望的粗暴。……所谓“皇军兽军”里面的病态的悲哀,自己是很清楚的。……是战争必然发生的一种罪恶啊。嫉妒和其他各种各样的卑劣感情都抬起头来,互相纠缠,互相搅乱,这个和平村的内面生活,也不断地发生各种复杂的风波的。

“犯手淫的人也很不少。……是的,是手淫啊。因此,把健康坏了的人也有,我也忠告过他们……性的问题是最麻烦不过的。这里,把女人住在另一个屋里。所以,夫妇也得暂时别居。”

“这似乎是很难受的。有时早晨见面的时候,丈夫走到妻的傍边说几句话，这本来是很普通的事情，但这会闹出麻烦来的。有时候……居然有独身村民很愤激地跑来对我说：‘太不像话了！那些家伙那样混在一起！’”

我们不觉张大了眼睛，所长也笑了。

“所以，我对夫妇的人们说：‘这里房子太窄，再忍耐两三月吧。搬到新的地方去了后，分别给你们一个小房间。……’”

“也有迁移的计划么？”

“打从前就想着的，目下在准备中。因为您可以看到，人数一增加，就不能再收容了。现在也觉得有点勉强。……新的地方，总可使大家稍为满足一些……此外，还在计划着事业。想盖工厂！”

“那太好了！”

“大家都在要求着工作作。无所是事地玩着，大概感到无聊了。作点事，精神也会要健康起来的，并且，多少给他们一点工钱。我的意思这些钱不要叫他们浪费，积蓄起来，回国的时候总有点帮助。”

“当零用钱化[花]，也可以的。自己能有自由化用的钱，是件快乐事呢。”

我听着所长谈话之间，意识着一种洋洋的前途展开在眼前，生产也开始起来。一个新的生活共同体，在战争之中产生出来。战争既是以侵略的法西主义之毁灭为目标的长期战争，我们的事业当然也不容许是一种暂时敷衍的东西。根已经在种下了，现在是要健全地培育嫩芽。法西主义者们除了筑起遮蔽眼睛的尸山以外，曾经产生了什么东西么？然而，在这却有建设，有新世界的诞生。在我们战斗过程上日益建设起来的新的东方民族关系的基础建筑中，将来总有一日可以看见这个新的生活共同体，变成一个牢固的础石，紧密地联结着的。

我虽然一面被这种想象所抓住，但心的另一角隅却有一种排遣不了的寂寞。这好像因奇异的命运，与彼此已经是相见不相识的兄弟重逢，而看着他们平安过活情况时所引起的安心似的寂寞。

私想借江风来凉凉发热的脸孔，悄悄地走出房间。走廊上没有一个人。油灯在会议室的桌上幽暗地亮着。走到楼梯口时，我吓了一跳，不由自主地站住了。因为在离不了两步幽暗走廊的傍边，闪烁着人的眼睛。

“鹿地先生！”这是压低的、发音清楚的声音。我使劲地睨视了那黑暗。

“我是三船。”

“哦！”

“我一直守候着和先生谈话的机会。叫您吃惊……真对不起。”

三船锐敏地往四围一瞥，看不见有人的样子。他走近一步。

"唐突得很,我……我……觉得很理〖解〗您的苦衷。因此,……我愿意把什么话都讲出来,供您作参考。"

"唔!"

"您方便的时候,请赐一个机会。给人晓得了,不大方便的。我——明白地对您说:我虽然决不是所谓'赤党'。……但是我绝对反对现在的军部法西主义。像您所讲的一般,这个样子下去,日本是走不通的。光这样说,我想您当然是不会相信的,……但是……我……从暗地里可以帮助您的工作。"

"多谢!多谢!"我的心脏一时汹涌起来了,"得到您这样的同志,我非常之高兴。"

"是……请相信我!我恐怕有负您的重望。我愿意效劳,即使只是您的手杖那大的用场。只有我的诚意。……请您放心。不过,我得向您说:在他人面前,请您千万不要光对我表示特别的态度。您也许不晓得的,这班人中间的空气对您不大好的。"

"说我是国贼吧?"我笑了。

"那请您不用介意,只不过是一种悲鸣而已。那么……,请给我一个机会。"

"好吧!我一定照办。"

"再,还有……"他反复地这样的请求。"在人们面前也许有对不住您的地方。……千万请您了解我的真意,那么——!"

有上楼的脚步声。三船很快地行注目礼,像没有发生过什么事似地,装作有事走进事务室里去了。上楼来的是秋田军医和两个助手,他问:"S先生在屋么?"他们是为了夜晚病人的医治,上来调药的。

我下楼,走出屋外。漫步走上石堤,向着暗黑的江中撒了一次尿。终归头一个胜利到手了!法西斯蒂走狗们——你们的脚跟崩溃了!浩然张开的我的胸膛,凉爽的夜气飒然流进来了。

七、欢迎会(其二)

那晚上,我们还是没有宿在和平村里。

然而,直到过了十一点钟,我想也没有想到会这样的。当廖先生和我商量这事的瞬间,我觉得自己嘴唇的颜色好像忽然变了。当然,这种情势是可能的。

"管他呢!让我们住在这里得了!"

"是的么?……但是,不要给所里添麻烦才好。"

廖先生在为难的时候总是那样的，好像自己挨了批评，腼腼地笑了。

我这时候心里觉得悲痛。看墙上好了！我们是来参加欢迎会的啊！房子各处的板壁上，杂在以前的招贴之中，不是贴着“欢迎……先生！”“欢迎刘先生！”“欢迎廖先生！”“正义的斗士！”“……人民的指导者！”以及其他各种漂亮颜色的招贴？不管这次欢迎的实际怎么样，现在要退却不是不应当的么？

但是廖先生无论如何不肯答应我的。

“等别的机会不好么？实在所长也很担心的。因为万一发生了什么事，是他们的责任啊。”

原来是这种原故的——村民之间好像有不稳的气色。虽然没有抓住什么确实的证据，但是一种充满杀气的情势总可以感觉到。这种气色，我并不是丝毫不知道。不，我早在游艺会开始后就相当明确知道了这种暗流。经过是这样的。会餐之后不久，报告说已经准备好了，我们由所长陪着走到下面的礼堂里，宽敞的礼堂里，白天排着的板櫈都一律搬到了四边，前面和两傍挂起了巨大的油灯，照出了恰如乡村戏棚一般的热闹。地上□满了草席子，村民们已经各自坐下了。

几付生着胡须和被酒烧得微红的脸，微暗地在动着。一看，后面沿着墙边整然排满了教师领着的当地中学生。他们为的要听日本“反战作家”的讲演，特来参观的。在左侧板凳上，来宾也已经在等候了。——这时候，大家都一齐拍手来迎接我们的出现。村民的一角却只发出了几声稀疏的掌声，寂然静默着。

好极了！……我禁不住脸上自然浮起来的微笑。昨天那样的胆怯已没有了，战斗是从今开始啊。

所长站上了讲坛。

所长一句一句地用清楚明了的语调，来介绍了和平村的指导精神。……我们大家都是一样的村民，是兄弟，是姊妹。假如村民之中有一个不幸的人，或者有一个生病，作兄弟的我们多么难过，多么焦心啊。幸而，靠各位村民的努力和诸位先生的指导，和平村的经营也一天天地改良了。……今天能够蒙……先生来参观我们的经营，加以指导，是我们全村民无上的欢喜的。……

我细心在村民的脸上注视着所长的话对于他们的影响，大家都严肃地集中着不动的视线，肃然无声，情景是连最坏的捣乱份子也没有乘隙的余地。我感觉到了真诚的人格之力。只有真诚能够获得的信赖，清楚地表现在每个人的表情上。

接着是村民代表的致词。

朝鲜人医生姓严的，走到了台前，把两手放在膝盖上恭恭敬敬的行礼。先向我们，的[然]后向所长和来宾。用了干枯的声音，对于自己这一群不幸的战争牺牲者，能够过着这样和平的生活，表示感谢。说在这样环境之中，偶然会到了东方永远和平的战士，对于我们就如同暗夜的光明。掌声起来了。然而，仍然是只有村民的一角，好像不理睬一般，沉默无声。

冲田到台前来了，仍然是笑嘻嘻的佛颜，老头儿小学生的样子。他赞美所长宽厚的人格，用了单纯的语句，表示了对于我们的欢迎。

三船离开了行列，走到前面去的时候，我不由地紧张起来。我瞪着眼注视着他，严格地弯三十度腰的注目礼，走到了村民们的前面。

“我是……自从本所开设以来，……”好容易地开始说了。语调是一句一句地切断的。“就是，自从去年十一月以来在这里起居的一个人。中间，已经十个月了。几乎和外界没有接触，战争的发展，祖国的命运也无从知道。……自然，中间也有快乐的事情，也有难过的事情……有时候，”逡巡起来了，他想要说什么呢？终于下了决心，用了拉紧的声音喊，“有时候，也受过……一个日本军人所不能忍受的侮辱。……侮辱。

像这样……无所事事地过着日子，今天想不到，……在敌国里，看到了一个和我们境遇完全不同的同胞来欢迎，我们实在是……实在是感慨无量。……最后对于到任以来几个月间，为了我们的生活锐意努力，几乎把过去的悲哀一扫而光的现任所长和现任管理员诸位，衷心地表示感谢。”

三船的样子好像是想要说的话充满胸膛似的，但恰像被什么钳住了口似的，迸发的喊声时时急促地被塞住，没有成为了话语。我看见了眼里所看不见的斗争，切身地感到了斗争的苦闷。

我走到了坛上，后方和两傍涌起了沸腾的掌声。这掌声就好像从三方把死一般静默着的村民一角吞没一般，拉长着声音响着。

“诸位同胞！亲爱的邻国诸位兄弟！我们……日本人，我欢喜地接受本和平村的盛大欢迎。我们今天站在两民族的悲惨战斗之中。然而，这悲惨的战争能否转变为光辉的战争，是全凭了我们的决心如何的。假如这次的战争只成为民族与民族间的斗争，那会是一种悲惨，表明两民族的败北和死灭吧。不只是中国……同胞诸君。表明日本人民的永远的不幸、牺牲吧。然而……我们能够把战争引导到光辉的路上的。凭了这个胜利的确信，我高兴地来接受诸君的欢迎。”

会场静默得一声不响。这是紧张呢，还是抹杀呢？我不管一切地继续往下说。这次的战争对于日本国民有什么意义，只要看七年来准备期的日本就可以明白了。国家的生产和国民的全部生活都作了战争投机的赌本。重工业,其实就是军需工业的偏重,因此产生国民生活的破灭。为了什么,卑劣的政治阴谋和靠武器的暴力的暗云,每天威胁着国民呢?准备过程的本身不就是战争么?这战争就是我们对于把国民和国家供作冒险赌博的国民和国家底敌人的战争。……那么,现在他们正在押亡国的孤注一掷,使我们和中国的民族拼杀起来,岂不是我们正陷入了可恨的国民死敌的术中了么?而且……拿生命作赌的战争的结果,只是更大规模的战争……死和灭亡。

"然而,诸君!我们要胜利的!例如,眼前这里就有和平村。在悲惨的战争之中,我们创造着两民族和平的生活。这是光辉,是胜利之兆。那么,诸君在这里虚度岁月呢,还是参加胜利的创造呢,这不是全凭诸君的意志和努力么?在这种意思上,我们用满胸欢喜来参加这伟大创造之一端的——本和平村快乐的晚会。"

掌声起来了,只是村民的一角仍然是静默无声。从另一角落,送来激烈的掌声,我感觉到了其中严龙斋和崔青年等一心一意注视着的视线。在他们的傍边,发现了白俄托米诺夫。我不由地涌起了苦笑。可怜的家伙!他正要鼓掌,但半中腰不好意思地看看周围,和我的视线一接触,他那象一般的细眼,荒张地转动,露出惶惑神情。他既不理解,也不想理解,只想在这边或那边找朋友,奴隶一般地等待着。……放心好了!你和我的中间是不会有斗争的。

游艺开始了。讲台和桌子被拿掉,显出了舞台来。

游艺一直演到夜深。

然而,出演者几乎全体都是我们战争的局外者。

这家伙倒煞像流氓!……两个朝鲜船员醉鬼似的斜带着帽子,好像唱双簧的小丑一样,嘻笑着登台了。一个人是大哥,另一个是傻瓜的兄弟,他被大哥按着头,"看官有礼了!"的教他行礼。然后,各朝着一角方向不同的天花板,唱起了卑俗的歌谣。"再来一个……《可爱的呀》"扮大哥的说白之后,又用了破锣似的嗓子唱起来。有时这大哥忽然放低声音,表演《可爱的呀》的身段。

"好!好!"从池座的观客里喊起怪声的倒好了。大家都哈哈地笑了。两人时而相碰,时而打滚,时而那扮大哥的用脚踢倒,小丑的弟弟从舞台上逃走了,又被哥哥拉了出来,抓着领子向观众行礼。

其次是女人们,三个朝鲜人的妓女登台了,鼓起了很热烈的掌声。

"喂!唱个女高音!"

"再摆一点架子!"

正面的观众都高兴了。她们整整齐齐地在舞台上站成一排,好像意识到了男人们的视线，处女一般地把眼伏下。突然，左手边上站着的一个血色不好、小身材的女人引起了我的注意。我看见她用手掩着害羞地将要笑出来的唇端，又急忙把手放下，恢复了初次登台的老实表情。开始唱了。这是她们过去长期间唱惯了的俗气的煽情歌和悲哀歌。然而，她们在唱着的表情里没有悲哀，也没有欢喜，只是好像专心一意的在尽义务的神气。突然，这样的感想涌起来。她们除了尽义务之外，曾经有过什么感想吗？过去不也是这样顺从的表情，那个样子一直唱到现在么？……掌声令人知道了歌唱已经完毕。

“再来一个《我快乐呢》。”

从池座喊出铜锣声音的要求，掌声擘拍地起来催促。女人们互相望了一下，急快地整个掉过头去，遮起脸来，嘻嘻嘻地笑倒了。一会儿，小身材的女人奋起了勇气，恢复了那副老实的面孔，无言地催促其他二人。仍然是轻轻地互相颔首，合起调子来，开始唱《我快乐呢》。可怜的女人们！……我听着这个卑俗的酒席间的小调，一面想到她们因为生活关系，早就浸透身心的从顺的举止。这种举止就好像表示着对于男人任何残酷可耻的要求，都从来不许拒绝的习惯的隶从一样。小身材的女人时时唱走了调子要笑起来，红着脸又振作一下，使劲地唱到末尾。

池座中间，自治会委员们像戏院表的小贩一样，走着分发放在一块宽木板上的敬客的香烟和糖果。我们的座位是在池座的左手，好像包厢似的，特别预备有椅子和桌子。茶和点心来了。

“日本人方面干么没有人上台呢！”

“日本人真是没有社交性的民族啊！”

我这样敷衍了廖先生的疑问，但是说实话，我老早就注意到这件事了。各种的游艺都进行了。城里来串演的盲音乐家 U 先生的独唱，是非常令人感动的。

“啊，这个歌真好！我非常喜欢。”

然而，我的好朋友廖先生对于音乐是全不关心的。

“是的么？……是什么歌呢？”

“你不晓得么？”

我在桌子上写了《长城谣》给他看。

“噢！你很知道中国的歌呢！”

所长的眼发光了。

“我头一次听到这歌的时候，流过泪的。这是民族悲哀历史的一切，都含在里面的旋律。”

这时，会场像湖水一般静寂，我注意地听着深刻悲哀的歌调，歌中的光景就好像一个一个地浮在了眼前。贯穿着巍巍的山陵，浸满了奴隶血的千古城壁，异族的侵入，在骡马的背上驼着贫乏的家财，抛弃凄凉家乡的老人、妇女、孩子们，一家迟蹰的脚步，好像画面一般，映入我的眼里。是何等奇异的运命啊！我又想到了池座里面的听众。那里正在眼前，跨着胡马，越过城壁来的现代侵入者们，——和我是不折不扣的血肉同胞啊！——他们也在为这歌而感动，低垂着头，入神地听。歌唱完了，颈子唱得通红的音乐家被友人牵着手退出舞台的时候，满面胡子的山怪们，脱不掉偏狭外壳的忧郁脸孔之群，也都热情地在他背后鼓掌。

青年戏剧男女们的合唱，是很神气的。他们被"再来一个"的呼号催促着，一支又一支地勇壮地唱着抗战歌曲。指挥者全身就好像指挥棒一样，用尽了力量，打着拍子。

"啊！这种歌不行呀！"

我吃了一惊，看着池座里的人们，小声向廖先生往意。

"您说什么？"

"这种歌不能唱！年青人应该有点政治感觉才行！"

打倒东洋！打倒鬼子们！……他们非常勇壮地唱着。跟着来回摆动的指挥棒，摆着头，全身一挺一挺地摇动着。

"啊，哈哈哈……是的么？……啊哈哈……这有点子……不对呢。"

"你想想看！说打倒德国，我们能够理解么？如果说打倒国社党，打倒希特拉，我们即刻就明日。这种地方，太不像话了！"

廖先生搔了搔头，又像自己挨了申斥一般，一边笑着，脸变得通红。

果然不出所料，带着嘲弄的笑声，自动的掌声起来了。听到鬼子们，打倒……时，偷偷地搔着头苦笑的村民也有。我们和所长谈到应该把宣传队切实地加以政治的训练，主持人是应该亲自参加歌曲的选择的。

"哦！这一回可真好看啊！"所长高兴地拍着手，促起我们的注意。"这位先生可真有一手！"一看，托米诺夫式打扮成卖艺的，用跑步的姿势登台了，观众是非常欢迎的。托米诺夫把两拳插在腰里，轻轻地踏着脚，绕了舞台一周站住了，用了不伦不类的中国话——

"每天，每天，运动，好！每天，运动，好！"倒立起来，翻筋斗，跳绳。……果然，耍得很好。一个所员拿了直径二尺余的竹环子贴在纸的圆盘来，把它举得和眼一般高，他改正了一下纸盘的位置，退到舞台后面去了。猛力地跑来，跳过去了！像鱼一般，直线□在空中游过。穿过纸去的托米诺夫的身子，打了一个回旋，轻轻地站在对面，会场被称赞所沸腾了。

“好!!! ……再来一回!”

他又跳了一次，幕落了，即刻幕又揭开来。托米诺夫撑着手，站着，就好像充满自给[信]的卖艺人一样，摆着头向四面献殷勤。其次是跳舞，这是我们在上海苏联电影里常见的一种斯拉夫民族特有的农民气味活泼跳跃的跳舞。老实得没有自觉的可怜虫，真是“零落他乡要起猴子来”的家伙。我看着他那善良的卑屈的表情，觉得这个人非常可怜。我问所长：

“这位先生能说日本话么?”

“不能，只知道几个日本单字。”

“英国话呢?”

“英国话和中国话都是一样的程度，在上海学会的一点而已。”

“这样说。没有人能和他谈话啦。”

“是的，这里可惜没有懂俄文的。如果有俄文书的话也好。”

在掌声之中，他回到池座里了，他的笑脸就好像走江湖的卖艺人一样卑屈、可怜。日本人还是不参加游艺项目，池座里分成了几组坐着，有的在默默地吸烟，有的在胡乱拍手，——样子就好像说：你们这群亡国奴很可爱。……蔑视着出演者们。

我想到池座里这群人们中间去看看。看见秋田军医眯着眼向我微笑，我就乘机过去了。

“怎么样? 我看你总有一手的。”

“啊……”他缩缩脖子，细着眼，搔了搔头。“说实话，刚才不是不想卖一下力气的。……嘻嘻嘻……可惜没有吃点酒，胆子壮不起来。老了，不中用了。”

“那里话。喝一杯就精神的话，那能算老呢。”

回头往后边一看：朝鲜的女人们就好像看酬神戏的村姑似的，规规矩矩地把手放在膝盖上坐着。

“我在汉口会到过你吧?”

我向其中还记得的，给人觉得有点儿像兔儿脸孔的女人打招呼。

“是的。”

“你手上的伤已经好了吧?”

“是的。……多谢您了。”

用局促的日本话道谢，行了礼。规规矩矩地合着的手腕上，绷带还没有解去，是机关枪弹的贯穿伤，约一个月前，在平汉线的SK地方，驻屯守备队被中国军队夜袭，和秋田等一同被捕那晚上受伤的。秋田曾经说明过当时的情景——一切都好像您做梦似的，连惊慌的时间都没有，被闯进家里来的中国兵击倒，等还过气来的时候，已经被捆绑起来，外边响着激烈的机关枪声。

“真是多谢了，……在汉口的时候，太费□的心了。实在多托了您的福……”

秋田又来道谢了。原来，我访问他们的时候，正当他们刚从前方送来，一个连一个地捆着的细麻绳还没有从手腕上解下。恐怕受了法西斯蒂军阀说中国杀害俘虏的逆宣传，想到自己究竟要受怎样的处置，他们的心境完全暗黑了。

在临时宿舍铺草的地板上，有的把满脸胡子的脸深深地埋在军装大衣的衣领里，有的把军帽拉到眼眉底下，像押赴刑场的死囚一样，可怜而又阴郁地沉默着。一边，重伤者整个的一条腿上和整个的头上都缠好了绷带，肿得快要瞎的眼从绷带缝里望出来，在那里躺着。我看到屋子的紧里头，朝鲜的营妓们也还是用绳捆着，就好像投到太阳光底下的几匹地鼠一样，身子都凑到一起，在发抖。女人们的眼是何等的可怜啊！简直就不像人的样子的。那不是兵士们一般的绝望和死的觉悟，也不是悲哀，也不是苦痛和憎恶。“呀！受伤了呢！”我打招呼的时候，这个兔儿样脸孔的女人也不答话，不动地瞪着白眼，就好像陷进罗网的野兽，望着走近身边来的人一般可怜。我们使他们安心，给他们药品，对于他们的印象之深也是当然的。

我站起，把桌子上的点心盘和香烟拿过来。

“谢谢。”秋田取过了烟。我劝女人们吃点心，女人们必恭必敬地道谢，但是不想拿。“不要客气吧。”秋田军医说着，每个人给她们的手上放了一块。

“那时候受伤的，现在几乎完全好了。我在这里一下就被抬成了委员老爷呢。嘻嘻嘻。”

军医的笑颜上，已经看不出在汉口那时候萎缩表情的痕迹。

“病人方面，很忙吧？”

“没有多少病人。只有两个人很危险。……实在都太任性了，真叫人为难呢。因为这里总比当兵的时候舒服多啦。此外，……还有离开故国的寂寞，格外令人使然的。……有时候，基至觉得有些对不起所长的地方。”

“所长是个好人。”

“是的。”他深思地把头点了一点。“还那样年青。真是一位干才。……经费不足的时候，自己掏腰包购买高价的药品。……把工作完全看作自己的事一样作的，这一层大家都晓得啊。……那位先生……听说是日本士官学校毕业的。”

所长正绕到池座的右手，和我们对面的一边，不断地劝诱着日本人们参加游艺。“不要客气呀！怎么回事呢！……”他的话声，我们这边都听到了。听见了笑声，谁也不肯出来。“你来吧!”……有的这样说向别人身上推托。空了的舞台上，突然那两个朝鲜人的船员又胡闹着登场了。

“那么，……不要空了场，让我们两人再来一个吧。”

秋田苦笑了。那时候，我注意到那个躬腰的傲慢家伙把身体凑到我们这边来，他总是那付故示亲密的态度，向我要了一根烟，很香甜地吸着，一面把嗓子提高使大家都听到，讲起这样的话。

“怎样说，总是不同的。……那些家伙和日本人，该得说是民族性根本不同吧……我已经从各方面静静地观察好久了。无论什么时候，……总能胡闹的玩，也许这才算是幸福，……不过，说起来，只是令人‘可怜’罢了。日本人无论如何也作不出来的。……同这种人站在一起，讲什么平等，讲什么东洋和平。”

我想这可麻烦了，他的笑脸里含着敌意。他在挑战。

“那说起来，是理想啊。理想自然也好的……但是，无论怎么说，理想终归是理想。哈，哈。”

“那么?”

“归根结蒂。……就是，日本人也只有日本人应走的路……我以为等到真意被理解为止，只有不顾一切地硬干下去。说到别个民族的幸福……究竟什么是幸福，这各有各的想法啊。大乘的说法是这样吧，……欲活之必先杀之……”

“你这样想么?”

他的笑脸就好像过到反攻的时候一样，不自然地把眼睛楞着了。

“啊……我是这样想的。要平等……秩序……就不能维持了。”

“我不这样想的。说到日本人的美点，我也很知道，到底是日本人的原故啊。但是，日本人的缺点，我也知道的。到国外一看，你就明白了。……日本人对于渺小的自己，未免看得太不清楚了。……诚然，日本能够有今日的地位，也有很堂皇的理由，所谓国民性的原故吧。……然而，现在靠国民性高枕无忧的时期过去了。现在走到一个境界，不能不冲破日本从前所到达的界限了。”

“因此，所以才打起仗来的吧?”

他嘲弄地用眼瞟了瞟周围的人们。然而，秋田好像不愿意参加这种谈话一样，把眼不动地伏下了。

“战争就是向来称为‘日本’这个东西的延长，并不是界限的问题。界限没有打破，才因此路不通产生腐化，这腐化变成战争。高度发达了的民族，她的腐化，不光把自己，连周围的民族也都拖到不幸里面。……就是说，我们现在所需要的是更高级的民族矜夸。”

我以[一]直感知到，这个人决不是普通的兵士。他一定把自己的身分隐藏了。他的态度里，含着一种策略，他苦笑着，斜着脸朝向天花板，尖起嘴来喷烟……瞧着吧！我得把你的皮揭开来看！

可是，那时被所长劝诱的一团里，一个人决然地站了起来，我们便自然停战了。在胡闹的鼓励笑声和掌声中，小身材的圆胖圆胖的男人，按着同伴们的肩上，挤到前面来了。客气着不到台上去，直截地面向着观众站住了。瞧着喊他“到台上去！”的同伴的那边，自己一个人嘻嘻地笑着。扁平的圆大脸孔上，下垂的细眼和滑稽的小鼻，薄薄的△字形的嘴唇，简直就像戏画一般不老实的脸。他们那一团态度，就好像自己们的生活另有一个独立的世界一样，互相望着在笑。

“这人是谁？”

“叫做上岛的，听说是海军航空队的机器师。”躬腰的回答。

上岛先来个说白。

“唱只无聊的歌，给各位助兴。”

嘿嘿地笑，这声音我听来是轻薄的用像是从后唇尖出来的浮薄声音，开始唱了。简直是不能入耳的猥亵的改作歌，像急口令似地一口气把它唱完，急忙抱着头嘿嘿地笑着，逃进同伴们中间去了。大家哄然笑起来，掌声雷鸣了，果然不错，这也是“民族的矜夸”么？……我很感觉到不快，离开了座位。

所长过来，“现在就要演Y先生的戏了。”殷勤地说着。我在幕还未开的时间，顺便走到舞台后面打个转。

然而，知道了不稳形势的巅末是这样的。我又暗地里遇到了三船，周围没有一个人。

“先生。……方才对不住，请您多原谅。”三船急忙地道起歉来。

“什么事？”

“……S先生叫我来致欢迎辞。……可是自己也不知道讲了一些什么。我想不讲的，大家都在监视着，也有人嗾使我不要讲，……也许讲了些令您不快的话，……”

“我晓得的。”我不由地微笑了。“请不要介意。我知道你很为难的。”

“自然，我知道您晓得的。但是，我们真是觉得过意不去。您特意来到这个地方……啊，就请您多忍耐一些吧！……”

“晓得的。我们的工作无论什么都需要忍耐啊。”

“那自然应该这样。……不过,我总怕会使您不好过。……当然,游艺这种事是不成问题的,但是一部分的家伙们在存心破坏。实在,我们也想演个无聊戏凑凑热闹,……头都这样剃光,化起妆来了……”他苦笑着,把剃得青青的头给我看,“你们在干么?他们这么说,态度有点像威吓……真想同他们干一下子的,……”

“哦!因此,才没有日本人出演啊。”

“真是对不住。……我担心着您已经注意到了,您正在讲话的时候,有人离开了座位到寝室里去。走到寝室里,对同伴的人们说:听国贼的演说,倒不如睡它一觉!所长进来,大发雷廷,事情糟透了。真对不起所长。”

“哼!……我来了,反而把和平搅乱了。”

“没有的话。非常欢喜的人也有。……不过,也请您自己注意一下才好。”

“怎样说?”

“啊,没有什么。请您不用担心。……我也在监视着的。只是一部分什么也不懂的家伙吧了,都是些没有胆量的家伙,不会有什么大不了的。……只是背后还有煽动的人……这家伙,我也晓得。……可是,今天晚上已经太晚了,您回去的时候,太麻烦吧。……”

“我预备宿在这里。”

“啊!宿在这里么?”

三船张大了眼睛,不动地望着我。

“不好在这儿过夜么?”

“啊,不……”他用忽然打定主意的口调,静静地继续说:“可以的。……不要紧的!就在这儿过夜吧。”

“那天,明天想方法和你面谈。”

我和三船分手回头到了会场里。这样一来,不快的心情无论如何不容易完全去掉了。他说到有煽动者的时候,我的脑海里即刻浮起了那个躬腰的人来。啊,一五一十我都好像清楚了。……

舞台上《牵牛织女……》已经开幕了。时间是七月七日,地方是东京,中国留学生的Y先生和崔姓朝鲜青年去着西装剪发的日本老婆,两人演出了非常肉麻的场面。崔去[姓]的女角,扮得很不错,不像男人扮的,简直就像一个下流咖啡店的女招待。“多半他老先生是这样干过的吧。”

Y先生那么长久执拗地在台上享受着恋爱,几乎使我想同廖先生讲起笑话来。正厢的观众,喀喀的笑声和叫好的掌声起来了。这样一来,Y先生便愈发起劲执拗地恋爱了。我心里想，这要闹到几时呢？这时候，池座里已经不耐烦的人们悄悄地站起来，走出去了，也有一面失笑着，走进寝室里去的。一会儿，场面变为一对情人离别的愁叹场面，这也是要哭一个整夜般的执拗来演着。

我注意到自己背后，不知几时站好了武装的宪兵。果然不错，……这大概是所长的措置。一□我想起了三船的话。我在肚里苦笑着，眼睛没有离开了舞台。

舞台上，被恋爱和悲哀苦恼得摇晃欲倒的Y先生，拥抱着崔站起来，指着天空："啊啊，我的春子。看见了么？那个星星？……今天晚上是七七呵。那个牵牛星和织女星，啊啊！……那是我和春子啊！"深深地叹了一口气，哭起来了。闭幕的时候，池座里的三分之一已经走光了。Y先生走下舞台来，这样客气的说：

"给文学家的您看到，实在是惭愧得很。"

廖先生和我争执起来了。时钟已经过了十一点半了。

"有一个叫伊藤的人，绕到您的背后去了。所长即刻叫了宪兵来警卫的。"

"但是，我们现在走了，不更叫他们觉得奇怪么？"

所长来了。廖先生为难地搔起头来。"我正同鹿地先生谈到方才的话呢。……"所长没有听完，便大点起头来，样子好像以为话已经讲好了。刘先生也来了。这样，我便失去了再固执自己主张的勇气。

"不要介意。……我们用持久战来对付吧。"所长好像安慰着我说。

一会儿，我们走到满天阴云笼罩着的乌黑的河岸上。

八、那夜里

说不定我们把遭遇的事情估价得过分夸大了，也许因为我对于以自己作中心而掀起的波纹过分的着迷了。加上，也许我对于所长和廖先生给这个无足轻重的我所施的关心和爱情，太过于忘形了。

回到常德的旅馆里听着刘先生和廖先生闲谈当天的印象时，我忽然为这种会觉得羞愧了。

时时早过了上午一点钟。警备司令部派来的少年勤务兵从瞌睡醒过来，搓着眼睛来倒茶。我们吩咐他去睡，打发开去。

"原来是真的事情啊。……日本军用东北人先把舌头剪掉……"刘先生惊讶不过似地沉着声音说。

"可不是吗……没有看到实物以前，我还是不怎样相信报上登载的消息……"

是的！这样凄惨的事实，我们却亲眼看见了，千真万确的看见了。然而，我却只着迷于我和同胞间的斗争！为什么我竟忘了叙述那些悲惨的事情？……恐怕就因为那事实荒唐到难以置信的地步。

在村民里面，有三个没有舌头的东北人参加了游艺会的表演。这是够人们称奇的！一位多艺的年轻所员在领导他们表演。一个高身材、失神的好好先生似的哑子，拿着没有弦的三弦似的竹竿子；一个耸肩低头，眼睛阴惨的哑子，拿着没有音孔的笛；还一个矮个子敲着侧板，领导表演的所员代替着他们三个人的口，唱演称为"鼓书"的故事。多么悲惨无表情的脸孔！并排坐在长椅上的三个"展览品"的惨淡样子，实在使人黯然。就是迫着人们不能不承认为"展览品"的这种人道的耻辱，才使人们掩闭了眼睛。

拿侧板的哑子，专心一意摇着板子侧侧作声，吹笛的哑子向无孔的笛呼呼地吹着无音色的气息，玩三弦的哑子蹦蹦地敲着青竹的筒，常常露出失神的脸孔，忘了运动敲打的手，茫然往四面八方眺望。人家拍他肩脖，叫他"用劲儿！"时才忽然惊觉，重弹无声的弦。

所员的"鼓书"可算升堂入室的，大意是叙述，加以哀泣和愁诉，三个哑子不幸的命运，并为将来世界幸福的来临，对于我们的出现表示欢迎，是即席偶成的作品。所员模仿的笛与三弦的声音，滑稽的举止，加上三个哑子麻木的表情，以一种难以言语形容的稀奇古怪，表出可怜的谐谑，引人发笑，我自己也不由自主地笑着，同时心里又觉得非常难受。

悲惨也是有限度的。这桩事与其说是悲惨，毋宁说是最高的耻辱！这是活下去这桩事自身的耻辱，大家都是人类这件事的耻辱！

"干么会变成这个样子的呢？"

"那可难说。……因为都不认识字，查问也无法查起，虽然用种种手势传话，但也不大清楚。"

"心里究竟怎样在想呢？"

所长侧着头，脸孔变成阴暗。一刻间，又像不幸儿女的父亲一样，寂寞地笑出来。

"那可难说……。但是他们也有时候笑的，人是善良不过的，什么话都能顺从的分辨。不过有时碰到什么悲伤起来，就像小孩一样，奇声怪调地大哭大喊的。"

我好像从掩着脸孔的手指间隙窥视的心情，望着舞台上面。知耻吧！法西斯主义者匪徒！有人性的国民如果知道了你们的罪恶！……

然而，日本国民是无从知道的，也许谁也不相信这件事的。法西斯匪徒们对于使这些奇怪的牺牲者无法传达自己的意志这件事，会想出种种掩饰的遁词的。

然而，只有这一点是无法掩饰的。就是在法西斯军队里面，有了三个可怕的牺牲者出现到公众的面前。

这些不幸的人们是没有语言的。然而，却雄辩地说明着……帝国主义的军队是什么？在殖民地里的帝国主义是什么？……从我看来，这就是所谓“王道乐土”的东北之可怖而奇怪的内面，在光天化日中暴露出来一样。

刘先生和廖先生在谈论明天以后的日程。从看过的情态看来，觉得有稍些变更程序的必要。

“鹿地先生，刚和刘先生商量过，先从个别谈话开始，您觉得怎样？现在的情形，演讲和座谈会难免不受捣乱份子的破坏。”

“好吧。……不过单只个别谈话，还是会引起一般的疑惑的，和开会的方式同时进行吧。……”

上床的时候已经二点多钟了。周遭是万籁无声。

……被割去舌头的人们。王道乐士[土]。……我忽然想到……法西斯主义统治下禁止动舌头的人民，两者之间究竟有多少的差别？

我被难以支持的疲劳所压倒，深深的熟睡了。

九、伊藤和夫的故事

“究竟单独叫……叫我一个人来，是什么意思？”

伊藤情绪激昂着。对这个突然而来的攻击，廖先生的脸孔早红了。

我心里涌起暗笑，胜券已经在我们手里。筋骨粗大、孩子样率直的大汉子，在我和廖先生前面的桌子傍边，身体前倾正襟危坐着，伏着眼睛，但呼吸却像牛一样粗暴地喘着。廖先生将要辩解，却给我抢过去，我对伊藤加以宽慰。

“并不是特别喊你一个人来的。因为许多人在一起见面，心境总不能相通。……我们想接触你们真正的心境。……对于政府的也好，对我个人的也好，如果什么希望，也想打算尽可能的效劳……”

“那末，别的人也一定传见的么？”

“不消说！”

“是这样的话那就好了。老实说，这么样单叫一个来是不大方便的，因为大家都用猜疑的眼光来看啊。那末，和我一块儿来的，还有两个朋友，也给他们见一见吧。”

“好的，尽量多见些人。”

伊藤像是稍为安心了。稍停——便斩钉截铁地说。

“那末，打开天窗说亮话。我是这样的人，娼妇似的丢枪花，不合我的脾气。……我不客气的说吧，我是不高兴你的。”

这样说时，他抬起脸，以愤恨睁圆的眼睛射击了我。廖先生给愣着笑容收敛了。堤堰一破，便没有方法防泛了，他开始了洪水似的责骂。

“不仅只是我，大家都这么想。如果你真的为国家着想，干么不回到国里活动？靠敌国的帮助，……被人看作卑怯也没有办法的。干么还要……我实在替你可惜。”

折田也曾经诘问过——为什么不回到国内去干？

“你如果真正有为同胞着想的热情，如果有的话。……那你得受警察的追逐。捉着了，或者坐牢，碰不巧，说不定要送命。那管它呢！明治建国以来，为国民流血的烈士，都是这样的。……那些人们的事，我多少也知道一点儿，对于那美丽的精神，我是钦佩的。都是在国民里面干了的。……你如果这么做了，即使牺牲掉，但国民的血液中会留存你的精神的。国民对于你……”

我深深颔首，不觉举起手来——

“让我把话都讲完吧。”他激烈地拦着我，用冲袭过来的语气压伏我。“对于我，你的名字并不是这次初听到。从杂志或报纸……也看过也知道你的文章和大名。见解自当别论——那不是对现在的我说话的时候，我以男子汉的资格，一直对你们的态度抱有好感。然而，这回的事，我大失所望了。谁不这么想，只是贪生怕死罢了。那在你自然有话可说。但是，给人家这么想，那有什么办法呢？我也失望了，——鹿地这可完蛋了。靠敌国——中国的帮助，干革命，……你也许不知道，大家在背后都这样说话。坦白的说吧，这是我的脾气，……我今天虽然落在敌人手中，没有自由的日子，……但背后却有祖国。鹿地倒是可怜虫，现在当然受中国的欢迎，得意忘形了，……这只是战争时候的事，谁能担保将来不发生变化。……到那时候便是失掉祖国的可怜虫了，——大家都在怜悯你。话说回头，如果是男子汉，你应该走的路自然也有的。……但是，生米已煮成熟饭，我们也不想说什么了——”

一口气吐出来，他把眼睛离开了我，就像说要讲的话都讲完了的样子，高傲地缄默着。我热心地看着那灌满了跃跃欲动地将要胀破的单纯的热情而隆隆坟起的肩，把自己的思想死紧抱住似地深深交叉在胸上的粗手腕，和怒气腾腾、胡子久未修理的粗而圆的孩子脸。

“对了！谢谢！”我又一次深深的颔首。伊藤看也不看。廖先生屏着气息打量着我们。“那末，这回听我说吧。”

仍然叉着手腕，他把眼光落在桌上“有话便说吧”似地等待着，当我说到我开始并没有逃走，说我逃跑是他的误解，其实我是没有办法回国的时候，他抬起半信半疑的脸孔，看着我。

“我高兴你坦胸露腹的说法。可是，那是你的误解。我连船票都预定好了。

这不是谎话，看当时的日本报纸就知道的。我预定在战争蔓延到上海以前回东京一趟。但是，料不到情势迫切得这么快，汉口来了二千多侨民。因为先要把他们送还本国，我的船票便移到后头，这时八月十三日到了。住在戒严令下的上海，我们的命运早就有数的。我决心了……时已至此走的路只有一条。

还有，日本的新闻记者们，后来造我的谣，说中国的同志夺去我的自由，把我迫上飞机，运到南京去，说尽管这样说，可是他们那时候没有理由不知道我在什么地方的。特务机关和领事馆的侦探，在租界里追寻我的踪迹，千钧一发的事情，何止一次或二次。”

“如果死得一个钱也不值，自然得爱惜生命。然而，……如果我真正贪生怕死的话，你以为我往后八个月间还能够出生入死地从火线下攒出来么。和这比较，监狱也太平凡了。”

伊藤像没有打中目标的猎师一样茫然自失了，然后逐步地专心一意听着我的冒险故事。四个整月在上海，四周都在狙击我们的生命，我们辗转地在这里面逃走。受着激昂市民的“捉拿东洋人”和团团打转的侦探两方面的夹击，连亲近的朋友也都怕我们留在身边。那些报痞子还宣传我被人夺去“自由意志”被中国政府送到南京去。

“可怜的家伙，如果南京政府在那时候向我伸手……那我们不至那样狼狈了。哈哈哈。”

廖先生也笑出来了。连伊藤也惊愕自失了。……对了。法西斯主义者们记着吧。为反对他们的亡国政策、黑暗政治、侵略战争，我们的“自由意志”是用不着什么强迫不强迫的！相反的，我却因为自己甘冒斧钺的“自由意志”不能传到中国政府，怎样地不断焦灼和悲愁啊！

在上海我一直继续着向中国伸手。然而，火线与其他各种各样的困难，把我和南京隔断，我没有看见所谓“南京的飞机”，反而只看见每天继续破坏上海的“日本的飞机”。任何的线索都没有。最后不能不从陷于包围的上海，毫无希望地流落到香港了。

在香港，我的“自由意志”也不容易走得通，焦燥又继续了四个月，陷入悲哀的绝望里面了。最后我决心了——还是这样一天捱一天是浪费的。看着民主国家那种犹疑不决，一步又一步地让步，我想等到我们落在那些家伙的手里为止，再也不会有新环境的展开。“那末，我们被杀以前，战斗吧！公然的干下去吧！”我对池田说了。那时候，我的确是准备死的。从上海和东京派来的侦探网，已经紧紧地在我们的周围逼迫着。

“经过是这样的。到中国里去的希望，老实说已经失掉了。”

“那时候才开始——公然用我们自己的名字写文章，也没有想倚靠谁的意思。我可以毫不含糊的说，从那时候起，正像你所希望一样，准备送命的。……然而，一个月后，当我们濒于危险的瞬间，出乎意料之外，我们的意志居然达到中国方面了，……当然是‘自然意志’。哈哈哈，也没有被谁强迫过啊。我们是兴高采烈地参加中国抗战的。”

谈到当时的事情时，说来有点不好意思，我依然常常觉得胸部发热。至于伊藤呢，早已把交叉的手腕松下了，手肘撑在桌子上，两手抱着头，往前倾着，粗横的肩垂下来，完全被打败了，把手慢吞吞放下来，难为情地开始玩弄眼前的碗。

“呀，抽根香烟吧！”

他啊的说一声，柔顺地要了一根。廖先生也像安了心似地笑起来了。

“报纸是惯造谣生事的。”

“不，在战场那能看得见报纸。……只是我这样想错罢了。”

伊藤俯向着，浮出和平的微笑，搔了头。

“你是海军吧。”

“是的，是陆战队。”

“那末，是在江湾十分苦战过的啦。”

“利害是相当的利害，但那时的运气还算好。后来足部带了彩，……要死早可以死掉的，……现在想起来，真遗憾。”

“冤枉死是没有必要的。我呢，就是被你们憎恶也要活下去。哈哈哈。”

伊藤也笑了。

“那因为您是有信仰的关系。”

“那末，你的信仰是怎样的呢？”

伊藤没有答腔。

“我结局是为信仰而爱惜生命。……你对于战争有什么意见？”

稍为想了以后，他抬起脸孔。

“这点请你不要问。……我这么想。心里有的姑作别论。我以为男子汉大丈夫一旦负起任务就得把它贯澈到底。到战争完结为止，我不打算说什么话。不论是非曲直，放弃负起的责任，半中腰改变态度的人，就不像个男子汉。那自然有人说自己给帝国主义欺骗了，或者说作了战争的牺牲了，这儿还不是有这种人。干么不回去再说呢，……诉苦诉冤我是瞧不起的。那我还不是因为眼睛睁着的原故，五花八门的事情也看过，脑筋里也有想着的事情。现在什么也不谈，……但回国以后，应该说的话自得要说。如果要干的话，那时候就他妈的大胆干一下。”

“明白了！那末，听我说，这次的事情，即使想法彼此不同，却是我们国家与国民的一件大事。大乘的看法，知道错误的一瞬间，就立刻改变态度，这不更像男子汉么！……不过既然这样决心不说话，那也好的。”伊藤同意地点头。“我想说的只有下面两点。作为参考，请听我说吧。”

我，第一点，指摘日本人一向缺乏国民训练这事情。换句话说，就是缺少国民的自觉。我这样说时，他表示诧异的样子，好像在反问——那末，为什么在中日、日俄之役能打胜了呢，今日的强国地位又怎样得来的呢？……这当然不错。可是，如果是这种自觉，有时候更落伍的民族也会有的。直接了当的说，发生了这么严重的国家大事，可是国民对此应该怎样办，不是没有自己独立的意见么？即使有也不敢说。以国民的资格竟没有有责任的意见，或者不敢明白说出自己的责任，这种人怎样叫他们完成国民的责任呢？因为这样，才有一部分阴谋家就愚弄庄严的国家。……要爆发这大的战争，究竟曾有一言两语和国民商量过没有？……国民对这不是不觉得诧异，就是无可奈何地听天由命。

在这儿，我遇到许多同胞，差不多异口同声的说：“我们这些在下面作事的，不懂得政治的事情。”他们的样子简直把政治和国家看成只有在上者，不然，就是非国民谈的事情一样。这是“军人不得参与政治”（明治天皇的勅语）的好漫画，但野心家们倒在“参与政治”呢。不单只这样，并且拖着不“参与”的国民的鼻子在团团打转呢。

我毫不客气的说了。因为我看穿如果不赞成的话，他一定要反拨。伊藤什么也不能说了，不时地颔首了。

第二——我指出这决不只是国民的责任。看历史就明白。为什么说“仰朕为首，赖汝曹为股肱”（明治天皇的勅语）呢，因为这对于落伍的民族，在对外的非常时期，使民族形成为统一国家是有用处的。可是，跟着国家的发展，自己没有头的“股肱”，开始变成国家和民族发展的障碍了。“你刚谈到为宪政流过血的烈士的事。你还说过表示尊敬。那末，究竟他们对于谁战斗了呢？为什么而战斗了呢？”我看见伊藤的脸孔阴暗起来，这样说了。伊藤俯向着，又点头。

可是，烈士们为宪政而流的血，只结了半熟的果，他们悲惨的英雄行为，没有获得整个国民的反响。到现在，被人知道的还是很少，是什么道理呢？国民只是“股肱”，而不是自觉的国民的原故啊。因为国民一向就没有机会去理解什么是真正的自觉的原故啊。他们赶不上从未开化的封建国家以可怕的飞跃而发展过来的历史。这样的国家不论表面怎样的堂皇，其实有它危险的弱点。“股肱”被一部分的“头”所自由驱使，往往会产生偏向的。不知道国家临着怎样的悬崖，反转来甘心作“股肱”，帮忙把国家运到危地去。

“这次不能不想了。我并不在作社会主义的宣传。……可是，这次日本人也应该对于国民的自觉张大眼睛。请看吧——不论政友会或民政党，给暴力派弄得一声也不能响了。是什么道理？那是日本宪政的弱点啊。那都不是政党，只是政客的集团罢了。那些家伙利用国民在政治上的落伍，就在议会上要价还价的胡来。和国民接触，只有在贿选的时候，正因为是那样的政客的宪政，因此一经暴力的威吓，就连影子也没有了。……本来所谓政党，是意见相同的国民的党派。有多数的党员，而代表国民各部分的党，在国民里面根深蒂固的党，然后施行宪政，就不会被小数国民的叛徒所压伏的。如果是这样，政党自身也不致腐化了。”

“唔，大致差不多是这个样儿。”他心平气和地同意了。于是在记忆里面搜索着，零零碎碎地这样说。“呀，……从前招呼过我的前辈中，也有做了议员的，亲戚里面也有参加选举运动的，……向来的政党，就是那么一回事。我从中学出来，闲着无可的时俟，也曾被拖出来过，……不过，因为在那辰光不懂得什么人情世故，不久就讨厌起来，撒手不干了。以后就专心练柔道去了，……”

“噢！……练了多久啦？”

“那谈不上，……不过练到了五段。也曾经参加过御前比赛呢。”

我重新细心地打量那堂皇的体格。那像肉体威力的结晶一样，被隆隆坟起的筋肉包裹着。最后我对他说了一个希望。

“暂时我对各位希望的，……就是刚才所说的国民训练。我不说大家应有一种意见，那一时是办不到的，可是各人都应该养成以诚实见解互相谈论的习惯。如果大家都以为拿批评眼光对国家便是国民的不道德，而互相监视，——都是这样的‘股肱’，那就要永远受阴谋家或政客的摆布。国民被自由地操纵，因而互相孤立，变成无力了。国民该得养成‘参与政治’的自信，并且还得养成一种责任观念，能够服从自己所参加过的国民的决议。以暴力捣乱的家伙，……那种人，不要对他们太大意啊。和平村的风气，……也希望能够从这些地方开始。”

"啊。"伊藤这样说，真心地点了头，在我们之间流着平稳的空气。然后，他开始零零碎碎谈着故乡的回忆。大的、孩子似的胡子脸，浮着温柔的微笑。

十、上岛音吉的事

"这回叫谁呢？"管理员S先生问了。

"请再拉几个顽固的先生来吧。"

"您觉得伊藤怎样呢？"

"人很不错啊……老老实实的——"

"骂你的时候，火气可不小呢。"廖先生笑起来了。

下午刘先生是预定演讲的。演讲之前，我打算挑选顽固的逐一谈一遍。

"那末，叫上岛来吧？"

"好的。"

不久，上岛被带进来了。一眼看过去的瞬间原来是这样的宝贝，我大失所望了。先生不愿打扰似地退出房间以后，被留下来的上岛惶恐失措了，简直像闯了祸被带到派出所来的野孩子一模一样，颜色苍白，失去光泽，嘴唇干燥，没有血色。

天啊！唱淫歌的就是这个宝贝吗，我觉得可笑起来了。这样的家伙多着呢。胡闹一顿，引起人家发笑，自己就像作了豪杰的样子。

"请坐。"

究竟听见了没有呢？他茫然地站着，样子就像感化院的儿童走进不良的朋友以外的社会来，习惯上表情便变成石头一样。

"请坐，不要客气——"

上岛这才说一声是。可是，他还惶惑着究竟把眼睛向着那儿好，大模大样地从牙齿间吸进深的呼吸。一直等到廖先生指着椅子，才勉强坐下。我心里面忍不住潮涌起侮蔑的心情。——这家伙是反动分子吗！所谓法西斯主义者的海军航空队勇士就是这个模样吗！……好像说，不是这样，威严便保持不住似的，他频繁地从牙齿间反复吞吐着深呼息，要表示他并不害怕地摇着身体，横撑着两肘，下颚仰朝着天花板，似乎在数天花板的花纹，不停地把眼睛溜向别处。

脸孔给人的印象是万分单薄，并且是平扁的。面庞是傻子常有的下部肿胖的面颊。眼角下垂作一字形的哭丧眼，也因为恐怖变成毫无色泽，常常好像想看可怕的东西似地，一邪一邪地偷看着。可怜的小鼻子仍然在脸孔广大面积上开着玩笑，薄嘴唇简直是人形纸鸢[1]所画的一模一样。这副尊容，怎么样也威严不起来的。——仔细一看，那放在桌子边沿的手指在颤颤地发抖。

“呀，不要太拘束了。怎么样，抽根香烟——”

他向着天花板回答一声是，继续吞吐得深呼吸。

“怎么样，这儿的生活过惯了么？”

这一来，这个混蛋便开了怪里怪气的动作。他把人形纸鸢似的头上部左摇右摆起来，好比不懂得我说的话有什么意思似的态度。

“如果有什么不方便，……可以不客气的说啊。”

还是摇摆着头。真是莫明其妙的家伙！……难道在寻找“不方便”的事儿么？我完全失掉讲话的兴趣了。说也要没有用场的。不去管他，等到周围的空气发生变化时，总得倒到那一边的。从经验不足的管理员诸君看来，这家伙便成反动派。自然也不能说他不是反动派，可是我以前好像也碰到过这种豪杰。是的，确实碰到过，是在东京的警察拘留所。

那就是叫做“小流氓”的家伙。——老爷，给点小差事做做，……然后从后面卷起袍子，拼命地用抹布去揩厕所，要点残羹剩饭，或者警士赏根香烟，便因那伟大的特权而骄傲的家伙。对软弱的，便拿暴力来显他的威风，但把检事当作神一样的敬畏着。……哼，这家伙也挂着没出息的小喽啰的尊容。目前，我好比是立场完全不同的检事。他虽然拼命在玩着一眼便看破了把戏，但是，如果我大喝一声，便一定要跳起来的，这么想来，差不多要笑出来了。

“干么啦！冷么？”

“啊！……不——”

“是么，可是颜色很不好看呢。……保重身体，忍耐到战争完结吧。你究竟对于这次战争怎样的想？”

依然是个幌脑的小玩意儿，我询问他，以一个日本国民的资格，对于国家大事当然总有点什么意见。还是摇摆着头，廖先生笑着催促他，这才有气无力地用吹嘴唇的颤栗声音开始这样说。

“先生的话，……总觉得道理太深了，……我们没有办法懂啊。……”

“我说过什么难懂的话么？”

“大，大家……都这样说啊。……太难懂了，……因为我们当兵的……多半只念完小学的。像先生那样念完大学的人讲话……”

“可是，你不是飞机的机器师么？……也只念完小学么！”

---

① 日本纸鸢之一种，作缩头缩脑滑稽样儿的人形，脸孔哭丧着，有点儿像汪精卫的漫画像。

“不过……还是太难懂啊。”

我卒之因为生气而笑出来了。这家伙这样的说法，完全是从煽动家那儿领教来的。

“好啊。以后用容易懂的话再谈吧。——辛苦你啦，回去吧。”

我按捺着想饱以老拳的冲动，把他赶回去了。大概，这样的人儿就是法西斯主义者诸君的好地盘。

“天晓得！这家伙——”

恨透了，我打着舌头，喃喃地说。

“你的话难道还不好懂么——”廖先生打起哈哈来。

“强硬派方面谈了这多也算了吧。再叫一面姓木下的——”

木下是叫来了，这只是一生吃着兵粮连汗也是军队气味的石头似的乡下人。

十一、在病室

在刘先生演讲国际情势的时候，早说是病重的病人，九州轮的船员海江田已经断了气。正在听讲的村民们，屏着呼吸，送别那由同伴陪着从病室抬出去的尸体。医务员忙碌地工作着，所长的脸孔是悲痛的。

演讲完时已是黄昏，那是阴天下的江水现出无光照片似的钝光的黄昏。

我们预定带三船到城里去。打算先一步告退的时候，被委托带三船出去的S先生到楼上来了。

“所长觉得非常痛心。就任以后，村民没有死亡过的事，……来得这么巧，刚好在您们驾临的时候碰着！”

“那有什么办法呢。横竖捉来的多半是负重伤的，或者是病倒了的。”

“抱歉得很。所长说很对不起您。今天决定派人去替死者订做墓碑。”

“请放心吧。……那是无可奈何的。”

我抑压着感动，宽慰了S先生。也许是我的神经过敏，总觉得所里面的安宁被扰乱了。在异乡死朋友，这似乎在寂寞生活中引起很大的刺激。

“那末，——我们先走一步了。正好有口实——这么说虽然不大好……用订做墓碑的名义把三船带出来吧。”

S先生用平素的羞赧口调回答说遵命，可是还有什么事情的样子，在踌躇着。

“还有，那位……谷川君什么时候会他一下呢？他很想见见先生……每次看到我总在用含泪的声音催促着。”

是的。把谷川忘记了！……老实说，并不是忘记了。我从欢迎会那晚以来，常常听到他托人带来的口信。可是，和他见面不愉快，使我一次又一次地拖延下去了。

“他的病怎样呢?”

“呀，……总是十分气馁的样子……简直像小孩一样。给我会一下吧，先生没有道理不见我的，一定是大家从中捣鬼，立刻连床一起把我搬出去，……他说这样的话。忽然又变个样子，叹起气来——为什么先生不来呢，啊，真是绝望了，他悲鸣起来了。”

我苦笑了。廖先生作出奇怪的笑颜，询问是不是那位冒牌文人。然后向表示诧异的刘先生说明，“所谓《冈邦雄报》上没有看到么?”

“那末，稍为看他一下吧。”

只我和S先生下病室去了。

病室里面五张床之中，只有角隅的一张，露出稻草垫子，空着。说是快要退院的三个病人，都用背向着那空床，把被窝拉上盖到颚部，显出十分寂寞的样子。谷川就是进门的第二张床，一眼便看得出来。仰向着的脸孔简直是骸骨，比从前见面时似乎更加灰黑、更加瘦削了。那眼睛从深陷的洞中，茫然望着天花板——不，并不是在望着，只是毫无光彩，沉浊地朝着天花板张开而已。简直不能相信地在呼吸着。在薄的盖被下面，隆起瘦骨嶙嶙的线，就像把竹竿插了进去一样，……这些，在板壁四面包围不大透光的房间里面清洁的药味中，漂荡着幽暗的凄凉的情调。

我先向三个病人打招呼。对于意想不到的来客，他们慌忙地要爬起来回礼。劝他们不要动的时候，那个在门口叫作笠置的病人，点头说声“是”，并回礼地说:“已经好了，好多了。……谢谢。”我逐一问候他们的健康状态。一个是伤风，笠置和另外一个是过饱的下痢。疾病使他们变成驯良。——我不由地被感动了。……也许因为生病和煽动我们隔开了的原故。

“谷川君睡着么?”S先生问笠置。

他“呀”的说一声，从床上举起身体，向傍边的床窥探时，我觉得身体僵直的谷川像死鱼似的眼睛微微地转动。谷川从睡眠醒过来了。忽然——喊起S先生，是记忆里还留存着的可怕的喃喃语声。

“S先生么?……鹿地先生呢?……对不起啊，刚才迷迷糊糊困了一下……”

“觉得怎么样?谷川君。稍为好一点儿吧?”

“似乎好一点，……啊，S先生……鹿地……”

我靠牢到走进他的视野里。

“怎么样，谷川君？”

“啊！……先生！鹿地先生！”

真是可怜儿的样子。高兴得发疯了！可是，脸孔的皮肤连表情的弹力都失去了，好像和他接二连三喃喃吐出的秋虫一般的感动声音作对，使他的话都变成虚伪似地。也许是我不愉快的先入感，使我的脾气弄坏了。第一句话触到耳膜的瞬间，我早就因为知道免不了要在一幕呆戏中充个配角的羞惭而心寒了。担心的事情果然开始了，是过度夸张的道白——“先生——生——生！等煞了！等煞了！……啊……不是做梦么？……我以为再也不会来了，……因此哭过了……先生，我哭过了……我快完了……伤心起来，常常……张大喉咙……喊‘先生——’啊……那没有传到汉口……先生的耳朵里么？……”

“S先生！S先生！……拜托您。请您下命令，给我搬开。……叫两三个人，……看有什么房间……把我搬出去……”

我弄得目呆口哑了。果然不错，这位气息奄奄的骸骨先生，独断独行地开始“特别会晤”的准备了。我按捺着涌将起来的苦笑。

“不要动的好。就在这儿得啦。……横竖我还有十天左右的逗留。以后慢慢谈吧。”

“不过！”他忽然露出不安的面孔，“不过，什么时候再有机会，……不，我等不了！等不了哟，先生！……请做点好事……今天做点好事……”

“有什么话不客气地说吧。”

“不过，在这儿，……请先生听的话……唔，大家都在听着——”

蠢东西！我勃然生气，环视四周。笠置和别的病人都不痛快地伏着眼睛。

“难道有什么秘密么！别人听不得的话，我也不要听啊。”

可怜的家伙，多少有点沮丧的样子，但立刻又振作起来。

“那末，对不起……先生……请把耳朵……靠近一点……”

“说吧，这充分的听得到。”

这个蠢才要把我拉到枕头傍边，咬着耳朵说话。可是，给我激烈地推开后才算心死了。眼睛带着恨意。

“那末！”他游移不决地开口了，“先生……我已经不行了。……我是知道的……答应您的事什么也没有做到……先生，您生我的气么？……”

“少说些废话吧，打起精神来养病好了。”

“可是……准没有错儿……，军医先生虽然说些哄我安心的话，……因此，想向先生恳求一件事……”

“什么事？”

“很对不起，……但一定要还您的。……在石家庄我有位亲戚，……信可以寄得到的……向他说，一定寄来的，……想求您借，借几个钱……三十块钱的光景……”

“借钱干么用啊？不是没有用的地方么？”

“不，……无论如何……呀，请您看看。”

多么可怜见的声音啊！简直和上海的叫化子一模一样。他卷起衬衣袖子，伸出家洋手杖似的半分不自由的手腕，作出更凄凉的声音，“先生，弄到这个样儿……这个样儿……衰弱了啊。……呀，请您看看。……给我多少买点营养的东西，……或者药品之类？”

“药品不是有现成的么？”

“荣养打针……？或者什么的……如果有三十块钱光景，先生……”

“喂，这些东西，现在没有了——随便什么地方。”

“不，听说有的。到城里去就有的。先生，请您看看我吧，……恐怕不会长久了……。”

再也忍耐不住了。我心平气和地，可是毫不含糊地给他说明白——“不仅只是你一个人。同别人一样设身处地想想看。人家都在吃苦啊！不消说价昂的药品买不到，许多灾民连住的房子也没有，饿着肚皮。看看两国的几百万人民吧，不是毫无救援地在被杀戮着么？”这样讲下去，我觉得悲愤填胸了。可怜的家伙，像你这种人是不配出来参加战争的！……不仅是你一个人，我们和其他一切的人，为救出无数的牺牲者不知尝了多少的悲哀和慨叹！……可是，法西斯主义者们的飞机怎么样呢？不管是医药库，或伤兵医院，全都不客气，连普通的医药也常常缺乏。虽然如此，但大家都默默地流血，在战斗着。他们没有半句不平的话，慷慨赴义，为的是保卫民族，打倒人类的仇敌。

我想起了到这儿来不久以前，访问阳新前线时在那往返的公路上所见激战后惊心动魄的情景。几十英里之间，全是步行伤病兵络绎不绝的行列。——用绷带卷着头的；吊着手，撑着拐杖的；用松叶杖代替沁血的脚，一步一步慢走的；拖着病马的缰，蹒跚地走着，回到后方根据地的疟疾病人，脸孔是憔悴的菜色的。有的被火药烧灼，眼睛要瞎似的腐烂，没有可换的纱布也是继续走到后方病院。倒在路傍，休息起来，又走起去。我想起了这个连叹气也没有的，忍耐力之强使人惊异的，人世上难以看得到的受难的形象。

是的！那些是英雄啊！……身受伟大艰苦的英雄啊！多么值得感动的人类牺牲的精神啊！值得我们以至世界人类贡献最高的感谢和献身的勇士，可不正是他们么！然而——和那个比较起来，我们献给他们的力量，哦……是多么可怜的小啊!

有过这么一回事,我们走到一个倒在路傍的病兵那边去。

"怎么啦?你打那儿来的?"他回答说"九江来的"。——呀,大概走了三星期了吧。没有东西吃的日子不止一天了。是染了疟疾,回到病院去的,当然药品没有拿到手。在路旁继续着倒下来就睡,爬起来就走。我和朋友连忙跑回车上去,拿出带来的面包和药品给了他。那瞬间——哦,我将终身不忘那士兵的脸孔。他茫然自失了,双手捧着礼物,像棒一样屹立着。

"快点养好身体,再努力去打吧。"

我的朋友拍拍他的肩膀给以鼓励,病兵这才醒过来,扬溢的感情使他仅仅能够用简短的话作回答。

"一定干的!一定再干的!"

我在车上流着流不尽的眼泪,哭了。我们在肩膀上担负着担负不了的那多的债务。

"无论如何不行么?……那末,有五块钱光景也好的……先生……"

混蛋!还是那一套!——真是无法理喻的家伙!不是身受着这儿能够办得到的治疗么?所长还因此挖出自己私人的腰包哩。要知道是在这样的时期——即使日本国内的同胞,大多数人也都快要饿得干瘪了。

"五块钱干么用啊?"

"这儿什么也没有。……您看看,衬衫,可不是这个样儿……这个样儿破破烂烂的,……香烟还不是,每天只给三根。"

"香烟戒掉了它吧,对身体没有好处。衬衫的话,如果冷给你买来。"

又是叹气,心还没有死。……"啊,真想见见妈妈呀,……爸爸和妈妈一定哭着我吧,……先生,横竖已经没有希望了,起码把我送回本国在妈妈跟前死去不好么?……"我不禁叹了一口气。这时他忽然又想起"五块钱"——"只有五块钱就够了呀,……先生并不稀罕这几个钱的……"

——要有用场一百块钱也得给你,可是,现在旅费以外一个子儿也没有。

"究竟先生放着多少钱在身上呢?"

他的执拗竟使我和S先生都苦笑起来了。

"听别人说,先生的口袋里经常放着三千块或五千块哩。"

"喂,喂,别造谣了。这么说走路也不敢大意了。"

笠置和其他的病人也居然笑起来了。这家伙还继续着他的胡言乱语,——"吃的东西噎不下喉啊。对于病人虽然煮得有稀饭……可是,送到口里去便咕噜咕噜地……从这儿咕噜咕噜地……"

他用奇怪的声音和手势，形容稀饭从口角再泼出来的样子。"——如果先生现在没有钱，向S先生也好，所长也好借来吧。以您的信用，谁也没有理由不肯借的。买点什么吃得来的……。"

如果对方不是重病人，我也许把他打得气也透不过来。S先生看不过去，说道："秋田军医先生不说过什么也不好吃么?"

"不。——如果是鸡蛋糕那样的东西是可以的。……大概是可以的，先生。"

"好。那末，明天给你买鸡蛋糕和衬衫来。"

"能有五块钱多好呢……"

"讨厌！说过就够了。"

我不觉声色俱厉起来了。病人惶恐起来发出可怜的声音说道："是的。"我对其他的病兵应酬了几句话，便逃跑似地走出了房子。

十二、三船的话

船靠着城外渡船码头，我们沿着江堤的石级走上去。

"喂，碰到了啊。"

廖先生提起了我的注意，大声呼唤S先生。魁伟的S先生立刻就在走动着的军服之群中停下来。带着一个宪兵。前面有一个穿着茶褐色雨衣悠闲自在地走路的男子也住了脚，回过头来了，那就是三船，大概向所长借了雨衣穿出来的。我赶上了三船。

"真感谢您了。"

"大家没有疑心吧?"

"那绝没有问题。"

他很有把握地说了。

开步走的时候，他立刻像兄弟似地把身体靠近了我，用低沉而注意周密的语调，单刀直入的说话了，他的态度虽然沉着，但无论如何总觉得他费了很大的劲儿来宁镇那要干起来的感情。精干而口齿伶俐的话，含着表露决心力量的语气。——使我想起所长的意见"三船么，那不错。是有本领的。人也十分坚定的。如果您有那样的计划，带他出去也不要紧的"。

确实是坚定的家伙，我立刻就这样直感了。走着熙来攘往，行人拥挤，凹凸不平的石板路上到达卫兵站着岗的城门时，重要的话我大概都听完了。他谈了自己的经历、决心以至今后的准备等等。他并且细心筹划到如果自己有了工作，就要顾虑到故乡的双亲和老婆，免得他们受欺凌起见，打算变更姓名等等。——我们走进城里，占据北京菜馆子的一室。

"你能够喝酒吧！"

"稍些喝点儿。"

"那好，痛快的喝一顿吧！"

廖先生露出既高兴也慷慨的笑颜。S先生还是平素那样拘谨的态度。刘先生因为不懂得日本语，眼角刻着深直的微笑，一声不响地抚爱着，同时观察着这一团的快乐风景。我把在路上从三船听来的他的决心摘要介绍出来，廖先生当翻译，刘先生牢牢注视着三船，点头了。

"喂，干杯！"

我们举杯了。一口气喝光了。

"这酒真好喝……很像日本酒啊。"

"这叫花雕，是浙江省绍兴那地方有名的酒，在那儿生了女孩儿就用雕花的瓮酿酒，把瓮密封起来，等到那女孩儿出嫁的时候才打开封口。这故事不是很有趣么！你也讨个这样的姑娘，准备把骨头埋在这儿的土地里好啦。"

"当然，既然要干起来，也这么想哩。"

三船很庄重地说了。

我们谈到十点钟过了，话没有尽头。

我对那夜里的印象是这样的。——的确这个人是足以信赖的。……我得到了许多关于和平村内部的知识。村民们心里的奥妙好像了如指掌了。他说，在那儿没有什么胸有成竹的人，——一句话说来，是因为什么信念也没有的原故。

"拆田怎么样呢？"

"您知道他么？……是的，他似乎很坚定的。也可以说只有他一个人吧，不过他到这儿来的日子很浅，我还不十分清楚，您如果相信他的话，我可接近他看看。我也想找个能够谈得心事来的朋友，曾经尝试和他接近过……不过他是不大爱开口的，差不多不吐露自己的意见的。"

"可不是么。他是这样脾气的人。在汉口，我们曾经招呼了他三个月。……过几天给你介绍吧。首先，第一步，和他那样的人同心合力，把和平村内部给我好好的作番工作吧。"

"好的。不过如果您对这家伙希望过高，就怕要失望呢。"

他的意见是这样的。"——村民们的心绪是极其动摇不定的。一点儿也不把它表露出来的，只有这位寡默的航空军曹。……说是对法西斯主义有信仰么，这样的人一个也没有。悲壮起来常常夸大口的家伙，其实也不过是悲鸣而已。总之，说不上有什么确定的信念，全是感情用事的，心境是黑暗的。因此，不断地爆发歇斯德里。软弱的家伙又是一个样儿，拼命拍当局和管理员的马屁。于是伊藤、上岛和木下之流，对别人的一言一语、一举一动都感觉烦恼，而掀起麻烦的问题。——那是悲鸣呵。不要放在心里得了。——我常常这样说，劝人宽怀。……也向您说过的。心眼儿都是轻浮的，……嘴里是开口先生，闭口先生的，心里只想人家请他喝一杯，把你喝个精光就拉倒。"

"是么。部就让他们喝个精光吧。哈哈哈。"

"然后，言归正传——说真心话，其实都想回国去。将来总可以回去的，不过多少有点儿担心罢了。大家都谈论这个题目。——真的能够回去么？——可不是么，日俄战争也不过一年半就完结了。现在已经过了一年半了啊。怎么说，也该得完结了。……"

"因此，您第一天的演说非常生了效，因此整个儿的动摇起来。怎么也逃不了是长期的战争，……这样的话真是晴天霹雳。大家都悲观透了，……差不多要自暴自弃的样儿。"

"一直没有听过这样的话么？"

"听到过的，可是根本就不愿意相信啊。"

"那末，以后拼命给他们再多讲些么。好让他们理解，把他们赶到最后觉悟的田地。"

…………

"那儿有什么强硬派？只是不懂事，虚张声势吧了。……比如说中岛吧，据说他先前是经营小镇市的工厂或什么的……"原来就是市镇有志者的老板。做法西斯主义者的走狗，只请他喝一杯，就要他两脚朝天竖倒立也肯来的家伙。"那宝贝从您那儿回来的时候，……那真是意气轩昂——听了些什么话么？……哼，还用得着猜么。起革命！亡国家！就是那么一套，……听他说话的乡下人们都发出感叹说道，怪不得叫做国贼啦。"

又是哄堂的笑声。那家伙也是个非常老手的喜剧戏子。我逐一举出名字来征求他的意见。

木下是石川县的贫农……不错，看那脸孔就知道……因为千辛万苦才升到下士，脑筋变得硬嘣嘣的了。不见得会煽动人的，不管他得了。

伊藤的气质本来很不错，不过是个小孩子似的感伤家，容易被人煽动。"今天虽说把你佩服得五体投地，但如果给什么人驳得哑口无言，明天就得变个样儿。"……也许是不错的。看他的人总有点儿外县地主的儿子那种派头的地方。说不定有时候，把炸弹搬到东京的中心里也干得出来的。……

躬腰人，这家伙是个大骗子，据说姓冢原。是不是真姓，只有天晓得。被捕经过的自身，就是稀奇古怪的。听说当时就穿着中国兵的服装，一个人深深潜入火线的后面，因此被捕的。……他的履历，三船也没有办法抓得住。好吧！来个长期的决战吧。挺直你的胸脯吧。……

“满口花言巧语的家伙也不能相信的，因为那也是悲鸣啊。……您和谷川是怎么样的关系呢？”

“什么关系也没有的，这家伙是荒谬绝伦的蠢货。不过因为他受了重伤……要说什么就该他说什么吧了。”

“我推想对了。”三船一个人有所感觉地点头了。“不过，——这对于不知底细的人，影响不怎么好啊。国际纵队——那样的事，您说过没有呢？”

“哦，那事情么——”我不觉露出苦笑，把经过说明了。“难道大家把他的话当真的听么？”

“不，大家都隐隐约约感觉到的。……您来以前，因为不晓得是什么一回事，总猜想也许有点儿什么特别的情形，……他自从武昌见到了您以后，据说常这么讲话。我和鹿地先生是有很深的关系的。只消我说一句话，你们的性命就保不住啊！……”

“真是荒谬绝论的家伙！”

尽管是我们，也得面面相觑了。并且听说还讲了这样的话。……从此以后，一向的长官都不是长官了。要尊重我啊，我负有重大使命的。……对于医务员也拿那样话恐吓他们。如果别人一天医治两次，我没有三次是不答应的，因为这点特权我是有的。起先的时候，一块儿来的同伴都当真的有点儿害怕。不过，过了不久大家也不把他当作一回事了。那样的宝贝居然也是鹿地的部下的话，……最后竟变成我本身的信用问题了。

“国际纵队这样的东西真是有的么？……在前线的时候，没有听说过呢……”

“那是有的。因为战争是这种性质的战争，世界的援助——同志的援助要集中到中国来的。还不是西班牙那样的东西，——但基础已经打牢了。”

“是么！那才痛快哩！……曾经有过这样的事，那家伙来了不久，我正招呼病室，他说要叫S先生来。我和S先生到他那儿去了，那派头大极了。‘——叫全部人员到我这儿集合！……’集合来干么呢？……我想这家伙发疯了。‘……要开始组织国际纵队的汽车队啊。我必得向大家宣布一下。……国际纵队是什么啊？究竟那个指挥呢？……鹿地先生是总指挥，我还有所长和S先生是队长。……那末大家做些什么事儿呢？……运搬武器还有各种各样的事。那就是义勇军么?'——我愣着了——喂,喂,那样的事儿少说些□妙。要闹出大难子的啊!幸亏听见的是我和S先生还不要紧……我拿这样的话来恐吓他,但以后还是每天不断地催促着。"

S先生也觉得太可笑,忍不住把话插进来了。

"实在麻烦透了。一看见我,就是那一套话。反对他吧,对他的病没有好处。……我只得这样安慰他:好吧,就组织汽车队吧,不过队长生着病,倒有点不好办。等你好了再说吧。现在不要胡思乱想专心养病吧。"

"可不是么。费了不知多大的劲儿来哄他。一方面有这样的人听他这样说便杀气腾腾的。……蠢东西!那家伙因为发热说胡话!那能当真听他的!……后来谷川自己不久也慢慢冷下来,汽车队的事儿,什么也不谈了,以后忽然变得无精打彩了,说要见鹿地先生。带我到汉口去,如果拜托先生,便可以回到国里去的。啊,想见见妈妈呀,他开始说这种伤心话了。"

"那真对不起。"我搔搔头。廖先生热闹地笑倒了。"可是,今天却向我借钱哩。"

"不错啊,大家开了他的玩笑的。您虽则来了并没有看他。……喂,怎么样?这回要了什么礼物没有?……见了面,借他一百块钱怎么样?……大家都这样怂恿了他。借不到的话,那太没有面子了。"

我不能不楞着了。——厚脸皮的家伙,简直不知道羞耻是什么回事。就拿这件事说吧,不正好是这次战争的真相么?……大家都笑了,我抱着头想着这样的事。——果然是颓废了。作战的只是武器吧了。……失掉了战争道德性的军队就是这样的东西啊。

——给他们以真正的道德,使他们发见什么叫做"人"。……是那样困难的事情么?但是,我们一向究竟作了些什么事啊?

"怎么样。……作算是批评S先生他们,毫不客气地……关于现在的和平村的方针发表点意见好不好?"

三船看了我。当给酒熏得微红的眼睑上浮着的微笑收敛起来的时候,他用斩钉截铁的口气说道:"好的。"S先生和廖先生把膝盖移向前,注视着他的脸孔。话尽管这么说,但一时也说不出口。他好像整理思想似地暂时俯伏了眼睛,不久便抬起头来,用深思远虑的口气说道:

"说起来……现在好得多了。"

"怎么说呢?"

"就是说……本来S先生也很知道的……三个月以前,我对于前任所长和管理员,一直是反抗着的。后来所的方面,把我弄得没有办法,几几乎要调到别的收容所去的。……我声明一句，我不是因为赞成法西斯主义才这样的。……大概我自己也过分神经质了。……可是，总觉得受不了。不是拍马屁，我现在是这样想的。可以这么说，因为现任的所长，和平村里才放出光明。大家的心情都是这样的，都变得非常的心平气和了。”

“究竟什么事儿，会使人那样的受不了呢？”

“那是……”他闭口了，后来像呕吐一样，只说道，“该得说是官僚作法吧。”

“比如说——”

“说起来。……比如说……不管什么总爱强勉别人接受的作法。对日本人的心境，些少也没有理解。比如对我们施行中国的军队训练，要我们诵读总理遗嘱，要求我们信仰三民主义，……诸如此类的事情就是了。现在说呢，那样的事儿，也不特别觉得什么了，……要诵读么，诵读也不要紧的。不过老实说句话，……那是中国人的事儿……对日本人呢，就勉强了。极端地说吧，当时的我……把自己……把自己……看成像三民主义的奴隶哩。”

哦！三船这样明确的说后，注视着S先生们的脸孔，S先生和廖先生都显然露着将要说出“这是胡说八道”那种不安的脸色。问题就在这儿！我不觉用力深深的点头了。……问题就是这个啊！是重大的问题啊！这就是叫作民族问题的。……我明白告诉了因胡疑而皱眉，把脸孔朝向着我的S先生们说，三船的意见是对的。换句话说，是这样的，三船是日本人。他反对法西斯主义，他说要援助中国的抗战。可是——可是，他始终是个日本人。

这是重要的事情。我也是无条件地援助中国的革命和抗战的。我赞成中华民族的解放与前进，在三民主义的路上完成起来。因此，我们为理解中国，做中国的朋友，不能不理解三民主义。可是，各位也不应该忘怀的，就是日本的革命有它自己的指导精神这件事。各位如要把我们日本人民当作朋友，就得理解这个精神是什么。日本之社会的和历史的环境，和中国的根本不同。比如说，各位是以“民族”来和帝国主义的蹂躏与迫害一直斗争过来。然而，我们是以在帝国主义下的“人民”和它继续苦斗的。作为“民族革命”的旗帜而产生的三民主义，不能适用于日本的“人民革命”，不是自明的道理么？

我记忆着一位中国朋友曾经这样演讲过——三民主义是救世界救东亚的唯一主义……我是能够一笑听过去的。为什么呢，因为那证明了我的朋友对于他的祖国的革命是怎样热情的原故。不过稍些热情过度了，他差不多忘了“民族”。

三民主义——那是在中华民族的历史和现实里面生着根的精神。然而，印度的革命，却也有印度民族的血统的。德国，意大利，日本，这些国家都有各自历史和现实的条件。当然，作为“革命”的共通精神不消说是有的，但同时各该人民和民族，也有只有他们自己才能切实认为“自己的事”的条件。相互充分理解那个不同之点，互相援助，才能够把各民族间的没有欺骗的尊敬和友情结合起来。

“S先生，这点非常的重要啊。物质上的待遇之类还是其次的问题。……也有人说，在俘虏里面有的信仰了三民主义，也有喜欢登载这种事情的报纸。然而，我一点儿也不相信那些人的诚意。如果借三船君的用语来说，那是悲鸣啊。得要悲鸣起来的话，人早已经是奴隶了。因为这是屈服于自己不甘心的事情的原故。没有变成奴隶的期间，无论到什么时候也得反抗的。……我们应该好好地辨别悲鸣和衷心的呼喊啊。”

“是的，”三船用镇静的态度，坚定地颔首了。“单就我个人说，现在看来那只是小节罢了。打倒法西斯主义才是重大的……不过从不懂事的家伙看来，只有民族的问题才发生本能的影响。”

这是真料的家伙！他的话里面没有虚伪，我们应该注意它的。如果要唤醒日本士兵真的正义感，就应该打动日本“人民”真的心。我们的启蒙事业的成败利钝，也只看这一点做得怎样。如果看不见这一点，士兵们就要落在法西斯主义者欺骗的“民族”的罗网中。因为在士兵们自己的血液中，有“民族”在生活着。这个“民族”要起作用的，相互间的民族友情才是宝贵的。不要相信失去“民族矜持”的奴隶。这些人从前一定是甘心替法西斯主义摇旗呐喊的狐群狗党，曾经追逐“暴支膺懲”的屁股，胡天胡地闹过一翻，是没有疑问的。什么时候又叛变呢，那完全不能担保。

像三船这样的人是真料货。只有像他那样，才是我们的朋友，侵略者的敌人。我答应了三船，一定给他想办法。夜深了，我们干了杯，离开椅子站起来了。

十三、村民的形形色色

第二天，我们从早晨又开始分头作个别的传见。

传见的结果大致是这样的——在他们之间逐渐现出变化。他们开始这样期待了，什么时候才轮到喊自己呢。也有人通过管理员的S先生请求一定要见见面。我们根据三船的话，知道他们之间因同路到此地。年龄、兵种、同乡的各种关系，自然而然地形成互相亲近的几组，也知道其中的中心人物是什么人，那一天就从这些小团体传见他们代表的人物。

大田良太是胆怯而善良的三十出头的大阪人。据他说，以前是绵丝工厂的工头，故乡有两个老人和老婆，学校教育只念完了小学。

有兄弟么？……只自己一个人。……家族伤心吧？……这一问使他茫然红着脸孔说，自己已经不能回到故乡去，就想在这儿找埋骨的地方，如果想做点儿事情有没有办法。

“那就看你的决心。不过，你怎样想起要作什么事呢？”

“只要给我指导，什么事儿也做。打算用功，可是……这儿没有用功的机会。听您谈话，才觉得自己是个蠢货……什么也不懂得……实在说，想在政治问题方面……也多少求点儿学问。”

这真是诚心诚意的声音，甚至使人觉得他的样儿被自己的话所感动似的。当他咬着“政治问题方面”的字眼时，确也多少有点儿不大好意思的样子。

——好的。给你想个什么用功的方法吧。不过，目前最好的方法，还是大家诚恳地互相谈论。趁我们在这儿的时候，就从这样的事儿开始进行吧。……“是。”他依然红着脸点动了头。恣情于感伤，像天真的女孩儿似的，骄恣在浅薄的感伤里。他难以为情地这么说——

“家里早就……以为我死掉了吧。……我索性也就这样想，……这样的决心是有的。单就我个人说……单就我个人说……”

“唔。不过我这么想。像你这样明白的人，不单是你个人，是应该给全部的同伴帮忙寻找新生涯的。并且，这才是你自己新的起程啊。”

他于是立刻表示同意，依然含着羞点动了头，像女人似的多情多感的人儿，也许是独生子的原故吧，把一个时候的感伤当真看作自己的本心，……往后也许因别的感伤而流眼泪。……看起来他的感伤里面好像有点儿甚至于是谄媚的东西。

崛田——陆军骑兵少尉。在欢迎会的宴席上曾经碰到过的，不过结果没有交谈的机会。报纸上他曾经被喧传过，我从那时候起，便期待着他了。他是自治会的委员，北海道帝国大学出身，在名古屋当青年学校的教官，服务于第十三师团骑兵队的粮秣运输工作。因为性情良善而且是唯一的知识阶级出身军官，所以受着管理员们特别的重视。

“请坐——”我给他推送椅子。他谨慎地行礼了。的确是个教书匠的样儿，年纪将近四十的光景。平静地坐下，便拿出了手帕说道：“对不起，因为伤了风。”伏着眼睛，静默无声地揩着鼻水的动作，真惹人怜悯。鼻子下，那教书匠证章的胡子沾湿了。

“早就想见见面的，因为在报纸上知道了你的事情。”

听到突如其来的话，惶恐起来了似地，他微笑了。不动地等待着。什么话也不肯先自开口的。也不像有所戒备的样子，大概是从他性格上的羞怯而来的。不论什么事儿，与其陈述无足轻重的意见，倒不如隐藏在自己胸里的作法。结果，只有我向他攀谈，对于这种君子典型，讲话是困难极了。

“听说你曾经写过《告日本士兵书》咧。”

他羞涩地把两手直放在膝盖上，苦笑着。

“我还没有拜读的机会，……对于这次战争，不消说总有些高见吧……”

我从汉口的新闻，曾经看到他发表过绝不同情于左派，论政党毋宁是赞成民政党内的进步派，对于战争自始便表示反对的话。——我等待着回答。然而，他只惶惑地摩着头皮而已。

“我因为离开本国相当长久，详细的事情都不大晓得。想听您谈谈各种各样的事。在这次战争中政党活动的内幕是怎样的呢？”

“怎么说呢。……因为对政治方面简直没有留意过……”

“您不是说过赞成民政党的立场么？”

“不……政治的事儿。那……”

“哦……那末误会了，……不过，在青年学校的训育里，和社会有关的事儿总有吧。”

他窘了似地露出微笑。伏着眼睛，坐立不安的样子。一会儿，勉强应付着难问题，搔着头皮这么说。

“怎么说呢……对于会的方面，……因为从来没有感到过兴趣——”

混账东西！是个十足的中学教员，简直在校长面前恭听训辞的气味。被捕的时候，大概是滔滔的说了一番“民政党进步派”的。不过，在“革命的先驱者”之前，把无足轻重的意见藏起来，说穿了就是想小心谨慎地保卫自己的态度。劝诱他“有什么说什么吧”，可是依然只是羞笑而已。

结果把我迫得像呕吐似地说出这样的话了。我对于日本知识阶级的家伙，非常的不满意，他们太过懦弱了。尽管这样，却把懦弱误会成聪明，做出谦虚似的、冷笑似的、懂事的脸孔，归根结蒂还只是懦弱吧了。

“像我这种老实得可怜的人，特别觉得是这样的。再胆大点多好呢。他们不是社会的思想先锋队么！听我这样说，那些家伙一定要失笑的。——不过，如果真正意识到他们的任务，那就一定不能够装出聪明人的脸孔了。然而，近来这些家伙毕竟还是露出原形，毫不知耻地抢天哭地了。”

这是相当失礼的批评。可是他依然还是那老套。只是小心谨慎，伏着眼睛，恭领“训话”而已。既不说声“正是这样”，也不像要说“随你胡说”。我失掉嘟噜的勇气了。

“可是——”我忽然觉得奇怪，这么问起来了。

“您是坐着机器脚踏车逃到这边来的么?”

“不,……实在说,是走错了方向……”

“天啊!是么!”我不禁愕然失笑了。“原来是这样么,那实在是……哈哈哈哈哈。”

不管怎么说,我觉得把他写成因反战目的坐着机器脚踏车积极来投诚的汉口新闻记者诸君,是蛮不错的诙谐家。

桑田和夫——轮船臼杵丸船长。

他因为给死掉的船员同伴海江田守夜,整夜没有睡觉,托同伴来传话,虽然很失礼,如果方便的话,请移到后头。

“现在正好在睡着。”S先生照例是恭恭敬敬的说。

“让他好好的睡吧。”

“是。……桑田打昨天起不知写些什么。据说是要呈给你的。还没有写好……像是很长的。”

S先生好人斯斯地把话续完了。

可是,一会儿桑田本人却出现了。大概是醒过来后,知道了自己被传见的。把高大的身体搬进一步,两只煞像船员的粗大的长手正确地按着裤子的折缝敬礼了。

“太累了吧。……不必忙着一定要这时候来的……”

他微笑着点动了头。那男性的大的美眼睛也许因为疲劳的原故,今天充满红丝。端正的脸孔,但是肌肤却像被捕的野鸟的羽毛,粗燥地失去光泽。寒暄后坐到椅子上,身子向前湾着,粗大的手并放在膝盖上。

“海江田君虽然没有见面的缘分,但你的伤心我深表同情。”

他低垂了头这么说,“……因为是一块儿共同甘苦到了这儿来的……”他用悲伤的微笑打断了自己的话。细心注视船长的样儿,不由人不引起悲哀虔敬的心情。

“想向你报告的事儿……真是千头万绪……但是嘴吧太笨了……总难说得清爽。打算把脑筋整理一下,写出来后……再请你指教。”

“那末,慢慢拜读吧。”

他一声不响,满意似地颔首了。我们没有多讲话。这不是因为他向我筑起了一堵墙的原故。从他的态度可以这么判断的,不仅只这样,他好像还寄托着希望似的。那是很明显的,只是这个在惊涛骇浪过惯的老粗,找不到表现的语言吧了。——我自己呢,也觉得难于措词,他是多么拘谨地在表示“敬意”呵!……聪明的眼睛,态度慎重,请他抽烟卷,也只道谢而已。

我试问了他遇难的经过。他浮出寂寞的笑容，说出这样的事情——是出了门司港第二天的事，船是预定向天津航行的，在玄海滩遇到暴风雨，因为船小立刻失掉自由，经过了几天，漂流到山东省一处僻静的海岸。

“不消说是提心吊胆心的。究竟是正在打仗的时候，……可是没有喝的水……难道——粮食也缺少了，难道那样偏僻的海边也会有战争意识不行？……于是决心上岸了。可是，就这个样儿……突然被捕了。”

“给民众么？”

“不，给军队。”

“上岸立刻么？”

“是的。简直连半点儿工夫也没有。一时总以为免不掉被杀的……不过心里还有这一着，既不是战斗人员，如果把事情弄明白的话，……这么想着，就老老实实地等待了。可是——什么变化也没有。不久，便决定了把我们运到内地去。据说好像误会了，把我们看成海军似的。……”

说完了话的船长，把眼睛静静地伏下，有如说“这是命运啊”似的。似乎还想说些什么，但忽然转了念头，才把口闭起来的样子。

我对于他这个模样很表同情。老实说谁也要“误会”的。是开天津的船。是一九三八年十月的天津啊。并且现在还有无数的民船，不都变成法西斯主义者的御用船么？——然而，我怎样也不能够露骨地说出使他丧气的话。

“真是天来的灾难，但是……事情弄明白总得有办法的。”

是么？……我的话难道不只是安慰而已么？……可是，船长似乎单只同情也受感动地颔首了。

“当然，我们知道在这儿的生活是有保障的。……中国政府对我们的态度，也只有感谢。……不过，虽说只消等事情弄明白以后，可是总不见有下文。”

“是么？”我想了，还是要给他相当程度的觉悟才行，“是的么，这真值得同情。不过，说实话，作算不是海军的人也是没有办法的。这不单纯是嫌疑的问题。对于在交战当中国家间的处置，您想来是清楚的。”

“可是，并没有宣战的布告啊。”

“换句话说，是事变么，事变就是性质最坏的侵略战争的别名啊，哈哈哈……”

船长连忙地点动了头，不由自主地被勾引着，羞愧地笑了。

“照那些家伙的说法，只是自私自利、自欺欺人的把戏罢了，上了当，要吃大亏的。……因为事实上，日本军部这种作法比之宣布战争的合法战争，更是残酷的战争。并且，说穿了它吧，现在在打仗的不只是军人啊。”

我呢，在眼前浮动着法西斯蒂军部的所谓“后力”的胡闹光景。脑筋里涌现着被日本法西斯蒂军部像对付蚁豕似地践踏、杀戮、掠夺、凌辱的中国四万万非战斗人员。

我举出实例来说明为什么这次战争一直连山东的穷乡僻地也受到痛澈骨髓的影响。拿着大炮和鱼雷的大海盗，不管三七二十一地蛮干，连渔船也免不了遭殃。掠夺船只，渔民被带走，渔民甚至于出海面打鱼也害怕了。渔村里面就这个样儿，连当天的饭也要到威胁。——他们自然是无辜受累的。战争实在把毫无关系的双方人民拖到深仇大恨里面去了。是可怕的不幸啊。这才是不布告“宣战”的所谓“事变”的真相。

“他们嘴巴上谈的国际公法，无非是军火输出输入的方便问题。您一定学过战时国际法的，……是那个商船学校毕业的呢？”

“是鹿儿岛。”

“哦，鹿儿岛么！在天保山的近处吧！……我也是在鹿儿岛念过书，那儿很熟悉的。我是第七高等学校。”

“是七高出身的么！”

他的眼睛亮晶晶地张开了，是多么亲爱的表情啊！简直就是“他乡遇故知”了。“好的。总之，我多尽可能查明白你们的事儿。要好好地保重身体，等着那个时候吧。什么也比不上注意健康来得要紧，心里不要忧郁，给大家打点儿气。”

他伏着眼睛，深深颔首，作为感谢的表示。我们长久地互谈着悠远过去的回忆。

两天以后，我收到桑田利夫的信。秀劲的笔迹，标题上写着“欢迎鹿地先生的祝辞”。在大的美浓纸大小的中国纸纸面上，用表示着他的性格那样严谨的蝇头小楷填得满满的，是古板的文章。但是，可以看得出是用尽全副精神来写的。这样写着：“鄙人是遇难船臼杵丸的船长，因先生传见的人数有限，深愿将鄙人的意见当作遇难船船员十九名（内一名死亡）全体的意见，加以垂察。”

他对于和平村的心情和他们自己的姿态，这儿都写得很明白。我想抄录其中的一部分来介绍给读者诸君。虽然没有得到作者的许可，但是既然是“祝词”，发表出来也不会碍事的。先是“祝词”的部分——这样开头的。

“自收容于本所以来，……常常听闻关于先生的风传。……一向对于作为正义战士、和平使者的先生的人格表示敬意。”从这看来，他不像是日本“从前的同志”或上岛那样，喊我作“国贼”的人。“此次不图远道跋涉，下垂慰问，并蒙关注我辈日常生活及精神痛苦，真使我辈感激无涯。……鄙人是遇难船臼杵丸的船长桑田利夫。”然后声明“拟以毫无忌惮，率直，诚意的态度来开陈意见。言词中或有开罪中国政府之处，然而，本来出自自己坚强的信念，故无后悔之事”。以下转入和平村生活的报告。

“……一九三八年二月二十三日本所创立以来，我辈便在此消磨每日的光阴。七月初旬，有所长及管理员的更选。新任所长到所以来，全所事无大小，均经革新。其结果，面目全新，殆无疵瑕可指的程度。衣食住的改善自不待论，在经济困苦的今日，如遇医药不足，所长竟以私财济用，其努力程度，可想而知了。前任所长，禁绝吸烟。现在则不分彼此，均受分配。”

“再从精神方面言之，则制定有组织的功课表，自职员以至宪兵全体动员，倾注热诚于教育工作。每月一次举行同乐会，以安慰我辈常易感到寂寞的心情。……此仅属我辈生活一端的报告。愿先生以此推察其他各事。”

“所长及管理员毕业于日本最高学府，学识方面自不待说，在人格上，我辈亦多所薰陶。也许是人格的表现，在所长的面前，不期而然似身受拘束，我辈总有不能抬头正视的心情。如果普通中国人来访今日的常德和平村，在所内巡视一周，与我辈共同起居数日，或将疑所长为亲日派也未可知。变成血腥战场的今日中国，谁能知道居然有此团结数种民族的如此和平村呢?”

这是和平村村民的话，证实我所观察的地方。反映在没有偏见而善良的同胞眼中，和平村就是这个样子的。

然后，他谈遇难的经过，陈述“我辈因不幸命运而来访此地”的感慨，接着申诉他所杞忧的“或有开罪中国政府之处”的“共同意见”。

“我辈……因不可拒抗之力……漂流于山东省××县××海岸。虽明知是战时，但以为一偏远寒村，……为补充食品而登陆，遂为中国军队所俘。……此次，不图受此处置，想系误认为海军人员，而被收容者。但其后经过调查，中国政府似亦认为普通船员。据四月××日日本××新闻，得知外务省正在交涉求我辈释放。我辈一日千秋引颈企望，但竟无任何音讯。现在已知无望，此念已消了。”

“然而，细思之，究竟中国政府何以将我辈无足轻重的船员直视同军人而作俘虏呢？无人对此‘?’加以解决。身为俘虏，已历一年又一个月了。”

“光州丸船员海江田君病死，臼杵丸船员吴文生君吐血，病肺。余亦因武昌在c·c兵团两个月不见阳光的生活，健康亦今非昔比。健康者将日渐减少。我辈生活本以浩瀚大洋为对象，新鲜空气任情呼吸，过惯自由奔放的生活，而一旦困此境遇，其局促自属倍甚于他人。”

“我辈确信和平之日必能被送归国，但中国政府既声明为长期抗战，又像先生所说抗争将延至三年五年，如此则临归国时候，我辈人数将成几人，彼时我辈心境又将如何。如系军人尚能以名誉战死来处理，可是……现在总觉万事有数，自可达观，但中国政府如能在战争期中加以放还……如能从中国政府的正义、和平、贵重的人类爱之观点，容纳我辈的希望，将卖来何种结果呢？……我辈将由一埠至一埠，尽轮船所能到达之地，向世界传达中日事变中此一逸话，……现在我辈因中国政府的厚意，已能如此生活，申诉不足，未免放肆，但此次得接先生为我辈指导，激励于先生之言，谨代表全体船员，开陈所感。……”

末尾写着“一九三八年十月十八日”的日子和签名。念完了，我如释重担地呼出深沉的叹气。

可怜的船长哟！值得同情的人哟！……然而他们的悲鸣是多么自私哟！值得同情的船员们哟！现代的苏武们哟！可是，中国政府对你们的话，不会抱什么“恶感”的。你们把申诉的方向弄错了，而船长话里面残留着强硬的偏见与浅见，不禁使我微笑，比如“亲日派”云云就是了。他们含糊地把对日本人怀着好意的人理解为“亲日派”。“亲日派”是什么？是对日本人怀着好意的人么？不，那是从前甘心屈服在日本帝国主义恐吓下半殖民地时代的腐败官僚之谓。不幸的同胞如果落在他们手里，那能有什么“和平村”呢！使和平村诞生的，是现在革命的中国啊。在这儿，今天已经没有那些被帝国主义吓得心惊胆震的昏官站脚的余地。只有能够对日本国民倾注真正爱情的，才是真正为争取民族独立和帝国主义作决死战的中国！

还有，他在这篇文章里面，依然用着“日支事变”这样的字眼。正因为这样，才能够对于交战的对手方期待着“外务省正在交涉将我辈放还”这是用不着考虑的事情。那些家伙不是声明过“不认蒋政权为对手”么？可是，只要自己方便却又得“认为对手”。不错，宣战是没有布告过。喊作事变也无所为的。向“不认为对手”的对手，“由外务省交涉放还”，自然也是好的。不过，中国倒没有扬言“不认为对手”的必要。现在，倒是遵循日本帝国主义者的愿望，决不会再理会那帝国主义的政策的。

他说“虽明知是战时”，而究其所以向交战国提出这样的要求，却只是因为“明知是事变”而已。对于他的“？”，已有明白的解释。不过他不想看吧了。想想看，流入交战阵势配备里面的敌国人，即令不是军人，是否应该随便放走呢？法西斯主义统治下的船长们，这个程度的常识当然应该有的。不过细想起来，即说没有，似乎也不能归罪他们。法西斯主义者凭自己的方便随时都能够忘掉国际间的道义和信约的。他们在商船学校即使没有听过什么国际法,也用不着大惊小怪的。

不幸的船长哟！海洋的汉子们……我热心试想有什么方法解救他们。我不能制止吐出叹息。要早一点儿救出他们,还是只有澈底打击侵略者以外,没有第二个办法。还有是和平村的建设,不断地把它建设为更好的东西,使他们自己放弃可怜的“自我欺骗”的希望,参加前程光明的新东洋基础之建设。值得同情的船长哟！我依然除了无慈悲地作这样主张外,没有第二条路。

然而,我忽然想起,要把和平村建设为更高的东西,应该用什么方法。三船曾经陈述过他的意见。桑田则认为“殆无瑕疵可指”。的确是这样的。经营得很好。可是,为什么村民自己还不能到达充分理解其意义呢。桑田的信里面也可以看得出没有理解的地方,当然那应该说是理解的端倪,但从我看来,桑田的信里面,还有可虑的一节。那就是谈到所长人格时,他陈述在所长面前便自觉身受拘束似的,“不敢抬头正视的心情”这件事。……我收到那封信的晚上,在旅馆里和廖先生谈论这样的事。

“这可失败啦。……简直把人捧到天上去似的祝词啊。”

“是么？哈哈哈哈……”

“你不这样想么？说起来,好像一开头便有这样气味。”

“可不是么。这措辞里面的确有祝词似的形式。”

我这位随和而善良的朋友,似乎把我的话听错了。

“我说的是欢迎会以来的事儿。我们和他们之间划出了鸿沟,总有点儿没有办法跳过去的样子。先以为是我们自己太古板的原故,……想起来,也不像。似乎和平村里有一种形式,而我们在那个形式当中挣扎着的样子。”

“您,……鹿地先生,对和平村的作风有意见么?”

“有的。今儿倒像确实抓住了似的。一句话说来,……有点儿太道德了。极端说吧,就是极乐世界呵。”

“那是什么意思呢?”

“看桑田的信就很清楚的。所长似乎在闪着眩目的后光的样子。连我们也得闪着后光,这回的事儿就失败了。是佛与众生的关系呵,和平村的建设就得全交佛爷去了。千辛万苦的建设事业,那能够不让他们自己干呢。可是,要使全体村民积极协力干的话,就只有打破两者之间的形式的界限。村民也吧,是要使他们形成更加平民的……不是来世的而是现世的村民关系的。”

“哗哈……哈……。”廖先生看上了这种形容,照例又打哈哈了。一会儿,变成严肃的样子:“可不是么。是有点子官僚主义的气味哩。”

十四、晒太阳

窗外太阳在照着。是黄金似的秋天。对岸的草原在无风的阳光中恬静地躺着。

"怎么样？在您们日程里，加上大家出去郊游一项？"

吃过午饭走到窗户傍边，所长忽然说出这样的话。往下看，江边石堤上，朝鲜的妇女们，一堆男村民，躬着背在浴着反射的太阳光波。我把深深吸进去的烟卷的烟，吐向澄澈的大气。

"真不错啊。有点儿使我觉得对不起在打仗的人们似的。"

"那儿，有时候忘掉了战争也是必要的。哈……哈……"

年轻的所长明朗地笑着，然后以庄重的样子这么说——不是说笑话，自己常常当真这么想。真想把村民的战争记忆洗刷干净。杀人的记忆、负伤、呻吟声音、烧毁的废墟、饥饿、尸骸、女人、小孩……"哎哟！"所长皱着脸孔，像是要赶开眼前的幻影，摇动了手。

"我觉得这是最要紧的事，因为老留着阴惨记忆的时候，心里就不会有和平的。"

廖先生甚以为然地表示佩服。我也深为颔首。"和平村里大放光明"，三船的这句话，忽然又浮现在我脑筋里。……是个年轻的青年人。志向蛮堂皇的。可是，我呢，依然想起秋田的感叹，说"还这么年纪轻轻的"。我始终是佩服他的，然而，每逢佩服他的时候，总痛感着他和我之间有着大的距离。我想——我和他之间，在为人的情感上，差异是多么大啊。他说想从村民洗刷掉战争的记忆。而我呢，只有一个念头，把他们拖出来和我作战。因此，碰到这种美丽的思想，反转来因觉得受了意外的惊奇所刺激而感叹。正因为这个原故——自然是因为这个原故，我的突击情感往往扑空而感着焦灼。

爱聊天的Y先生，向所长大表同意，煞像深思远虑地歪着头，可是慢慢地把谈话拖到自己喜欢的话题上面去了。

"……想来是这样的，不，确实是这样的。随你怎样说，把生活弄安定，总是第一着。要这样吗，一点儿……女人的味儿是必要的。因为这会散出家庭的气分啊。我常是这么想的，……讨过媳妇儿就好的。像三船，他当真在想女人哩。那有什么，只消去找，要多少就有多少啊。"

大家都笑起来了。Y先生滔滔不绝地说下去。

是十足晴朗的天气。如果人们都像这个样儿坦开胸膛的话！如果像苍空那样——而大家能够互相跳进去的话！我这么一想，忽然就给这样的欲望所驱使了，我要跳到石堤那儿的人们里面，想任情地和他们谈笑。——是的。个人的会见已经够了。初期的目的已经达到的话，那是用不着再继续下去的一种形式。

这时候S先生跑来，用老套的殷勤的微笑这么说。

“先生。各种各样的人在请求和您见见面。怎样发落呢？一位朝鲜女子，叫作胡赫的。现在……”

“啊……”我有点儿狼狈，搔着头皮，笑出来了，“真不敢当。愈来愈像巡按使了。”然后和廖先生你看我我看你了。

“喂，老兄，个人的会见该得结果了吧。”

“那末，打算怎样呢？”

“怎样么，……见完了朝鲜人和托美诺夫就算了吧。别的人就请所里想个机会，尽可能让大家会到一块儿谈话吧。”

“还有，”S先生好像差事还没完的样子，酥痒地微笑着，把折有叠的很小的纸头递给我，“这是托我转给您看的……是朝鲜姓李的——”

打开看，那是三张有衔的纸写满蝇头小字的信。我折起来放进口袋里，答应慢慢看了后再写回信。

“花样多极了……哔哈哈哈哈……”廖先生说不出多么快乐似地，是胸里没有一丝夹杂的笑法。

“那末，见不见呢？”S先生说，“还多着哩。一位叫作八田的日本青年……”

“八田？”

“是的。说是有些什么希望，一定想见见面。”

“好的。——那末，回头会见吧。”

是怎么回事啊！居然变成这个样儿！——正义的战士，东洋的先觉者，还有欢迎会，到末尾是向巡按使的陈情。虽然不是预想不到的事，我可降伏了。

我到是惶惑不安，而所长反转来觉得好玩——不如说快乐似的。是多么善良的人儿啊！我忽然涌起对不起他的心情。因为那时候我想起老早以前的一个经验，是十二年前的事。我曾经去援助过日本新泻[潟]县某次农民大斗争。那时候，我还是东京帝国大学的学生。有一天，我停留的那村落，有一位六十多岁的老协会支会长——是个火热的激情人——用生黄瓜和烧酒款待我的时候，忽然这样说：“先生，您回到东京去，给咱寄一幅相片吧。”“要我的相片干么用呢？”“干么用么？——拿来拜啊。供在佛坛上。您们这么辛苦真是何苦来由的。家里是有钱的哥儿，并且还念了许多的书，……要给咱们穷措大拼命的干——咱对这个心肠感谢啊。眼泪都流出来了。……先生，请您一定答应这个心愿，咱得把它和亲鸾菩萨供在一起。早晚咱要磕头的。”——这可糟糕了。我不是这种人。要是这样来，我得完蛋了！……

我偷偷溜出房间，下了楼梯，跳出幽暗的门口，是冒然眩目的太阳。大气自身明朗地跳耀，接受着宪兵吃了惊的直立不动的敬礼，我一步一步靠拢江边的石堤。晒着太阳的人们，注意到我了，也有站着点头的人；也有知道不是同伴，即露出局促脸孔的人；也有装着若无其事的样子的人——眼睛瞧不见的，宁静被搅乱的心的波纹，向着温暖的阳光扩散开去。

“好天气啊。让我加进来好不好——”

我毫不客气，拿亲热的话敲打他们。周章狼狈的脸孔之群——可是，也有“请，请——”“天气真好——”这样回礼的人。忽然，其中一个人站起来，把自己坐着的大石头，“唔”的一声抱起来，搬到我的脚下。

“啊！随便得了！不要费心！”

“不要紧。请坐啊。”

这么说着，元气十足地退下的，就是欢迎会席上胡闹过的船员，扮那大哥的。把位置让了给我，自己便立刻走到坐在对过那个弟弟那边。

“喂，这家伙！向那边再让点儿。不要尽是旁若无人的，哼，婊子养的！”简直在舞台上一模一样。推转着故意装聋卖哑的弟弟的头，挤开一半地位，亲密地并排坐下了。谁也没有笑，也有露出难以为情的眼光垂下头的人，变成不自然的“晒太阳”了。那位大哥被这种氛围气弄得突然失去元气了。两肘放在膝盖上，双手撑着面颚，拘谨起来了。天呵！这个样儿，我又变成他们的老厌物了！一定是“后光”闪耀着的原故，我有点儿气馁了。可是——干吧！用不着半途而废的。我抽烟卷，把罐子递给他们。

“请抽烟卷，来一根怎样？”

可是没有一个想拿的。不好意思慌忙点头致意的人也有，该得一步前进了——我站起来，一人一根分给他们。他们都惶恐地接过去了。从石头浮起屁股，必恭必敬地道谢的人也有。划着了洋火挨次送过去，都怯生生地，可是香甜地吸着。把烟向空里呼出，离开坐着的地方，逃到水边的人也有。其中也有打算后来慢慢再吸，用纸头包起来塞在口袋里，另掏出吸过的半截烟头来就火的。

一会儿，在我前边的一个长脸孔的瘦个子，有着寒村地眨眼脾气的青年，拿手擦着粘在眼睫毛上的眼屎，悠闲地这么说。

“这儿的风景真好——”

"真不错!"这是谈话的开始。"你知道这条河究竟流到那儿去么?"

"不。……是的。大概是扬子江吧?这点儿方向,总可以猜得到——"

"瞎说八道。"傍边一个寡默的青年,头也不抬起,低声表示反对了。"这么大的支流,那有呢!扬子江远靠在南边哩——"

我笑出来了。

"洞庭湖这个湖的名称总听到过吧?——是流进这个有名的湖里面去的。"

"噢!"长脸孔的青年脸孔愣着了,也有些人在你看我我看你的。一会儿,那寡默样儿的先生依然用自言自语的调子低声说了,"真有点儿像假话。这个样子——四百米突宽总得有啊——"

是浩荡的褐色浊水。不像在动着,在青空下泛着,流着。不见一个人,什么杂音都没有,是澄彻静寂的中午。

"像假话么?这么说——那像假的话多极了。在东京我有一个朋友,是个写旧诗的诗人,说起来,自然是了不起的知识分子,有一次给我——在上海的我来了一封信,说在天津他有一位朋友,有空的话,请常常去谈谈。哈哈哈……怎么样?从地图上看,是有三寸五寸的样子。什么大陆政策,大概就是这种看法。"

我偷偷看了大家的样子,谁也没有答腔,也有表示不高兴的。瘦个子的青年伏着眼睛,这种话有点像逆耳的样子,我改变了话题的方向。

"跟这条河下去,离这儿不远的地方,有一个叫做桃源的村子。……意思就是桃的源本,像是神仙故事里面要出来的名字——"

"哦!是桃源境么!"那个瘦个子的青年惊奇的口气这样说。"怪极了。那样的地方,——当真有的么?……这么说,那样的事情是常常有的。碰到无意中记着的地名,像是从前在学校时候军学的名字。原来就是这样的地方么——"

"看到了,觉得大失所望吧。"一个坐在最远、微笑着、有点儿佻皮的家伙,拿这样的话取笑了。

"不,——老兄,那倒有点儿旧地重游的味儿。原来是这样的地方么——"

"可不是么。听到桃源两个字,总有点儿飘飘若仙的味儿。……话说回来,那儿多桃树,到了春天,两岸开遍桃花。并且——现在常常还有仙人从天下凡。"

"哦!"

“是仙人下凡啊。久米仙人[1]之类哕。一点儿不错，是出美人的有名地方咧。”

哈……哈……恰像猜中了谜一样，大家都笑了。有些人好像说这回倒怪有趣的，眼睛亮起来了。

瘦个子的青年用狼狈的笑颜凝视着我。周遭的人们，无意中开始注意我们的谈话了。

“你们不是坐船经过那儿来的么?”

“不，坐卡车来的。”

“从武昌么?”

“是的。坐火车到长沙，然后——坐卡车。”青年人像回想的样儿，用感叹的声音这样说，“汽车路真不错咧，这倒使我吃惊。真是了不起啊！这么内部的地方，能够有那样的路……简直是意想不到的事儿。”

“这样好么？比之柏油路怎样?”

“要比柏油路好吧。因为软的关系，不致滑呢。……开车去玩倒蛮不错，一百英里……还可以快的。”

“陪着桃源的美人儿么?”

哈哈哈啊……他们高兴地笑出来了。“好极了。”那位寡默的人，托着两腮，开玩笑地说了。长脸孔的青年，被人取笑得认真起来了，脸色好比要说人家是一本正经的说话啊。

“不，是老实话。山西的山里头，那真是使人啼笑皆非哩。那儿说不上什么路。在凹凸不平的石头路上，究竟是被汽车搬呢，还是搬汽车——曾经慨叹过的，中国还没有修什么路呢。……然而，到了这儿来，却是这样的路啊，使人睁圆眼睛呢。”

“呵，你也是山西帮么？是汽车队么?”

“是。”

“真是了不起的大旅行啊，由此经西到南，岂不是大陆漫游么！如果是平时，老兄——那还得了，是了不起的旅行家了。”

“差点儿要迷进蒙古里去了。”

鼬鼠样儿，坐在远处的玩皮家伙，故意捣鬼的笑出来了。

“到蒙古去看看倒不错，因为也有人到那儿去的，德王那家伙要欢迎呢。

---

① 久米仙人是日本传说中的神仙，因视尘界美女的足胫而起欲念，失去神通，从天上跌下来，恰像给高射炮击中的重轰炸机一样。

在那儿，有这样的传说。”

“说是居停主人会拿老婆出来款待客人的。……那有什么，自己却客客气气跑到天幕外面去呢。要去的话得要带礼物。丝绸的零头啦，茶末啦之类，交换银狐的头等货，还得受款待回去哩。怎样，不错吧。”

“不错啊。”“蒙古的女人可有点儿……”“别奢望啦。”十分热闹起来了。

我笑出来继续这么说了。

“以前呢，据说山西的商人用这一手讨了许多便宜。可是，现在呢，却是日本的议员老爷和县议会议员的慰问团了。名义是慰问皇军，带着护卫去干呢。有些家伙跑到包头去，亮着贪婪的眼睛，偷偷作茶末交易的勾当，真是言正名顺哩。你们千辛万苦拼命干的时候，那些家伙大占便宜，还受着款待呢。”

笑声又消了。是阴暗的脸孔。寡默的家伙撑着两腮，装着没有听到的样子，像是碰到要害似的。我毫不客气往下说去。

“你们听到过‘埃奴’的这种话没有。是老早的事儿，我们还是小学生的时代。开了博览会，带来了‘埃奴’了。学校把我们带去，目的是利用他来说明熊节日和各色各样的风俗。话里面说到日本商人和‘埃奴’人买卖鲑鱼时候计数的方法是这样的。开始！拿一条。一，二，……九，十。完结！又拿一条，十条就变成十二条。这个样儿‘埃奴’便亡掉了。那个到博览会来的‘埃奴’[①]，今天想起来，大概心里面以为只有自己一个人才是文明的朋友，才把自家人这个样儿开玩笑的。”

有的喀啦喀啦地笑，可是也有露出沉痛脸孔的。曾经有过某种经验的人，是容易触景生情地使痛心的记忆苏醒的。在他们经过的世界里面不见得没有看见过那种“埃奴文明人”——忘掉了“民族”之徒的。……忽然，我注意到上岛也在那儿，不知什么时候，偷偷挤进来了，一本假正经的样儿，我心里要笑出来了。偶然视线相碰，他便不好意思地把眼睛伏下。今天我说的话像是不那么“难懂”了。那时候，在他傍边，有一位伸出兴致淋漓的脸孔，喀啦喀啦笑着，久未修过胡子的灰黑先生，把膝头移前来，随声附和了。

虽然肮脏，但霉毒的话还继续下去。愈是在所谓未开化人之间，这种恶病愈是蔓延得利害。蒙古和非洲都是一样的。……这可危险啊——哄的一声笑声涌起来了。我忽然想起了描写内战时代边境军队插话的伊万诺夫的小说。父母被杀，没有奶吃的婴儿落在驻屯军的士兵手里。为要给婴儿找奶妈，兵士们突然闯进山民的天幕里。男人们哗的悲鸣起来逃掉了，女人立刻朝天仰卧

---

① “埃奴”即倭奴，日本原有土著民族。

等待着。……他妈的，今儿咱们不是禽兽啦，这么说，士兵们都笑起来了……

"不过，笑不得别人啊。皇军还不是一样的。更糟糕的话也有呢。这是从济南战争回来的士兵的话。他们闯进了民家，据那士兵后来这么说，——那样须眉毕露，四脚朝天躺着的话，真有点儿吓得不敢动手。……"

哗哈哈哈……地笑出来的，是灰黑的先生。上岛也差不多笑出来，可是勉强按捺着。也有些人似乎不大好意思因这样的事笑出来的样子，把眼睛伏下去。眨着湿眼的青年，像是反驳我的话，这么说。

"我曾经在札幌呆过。'埃奴'女人是喜欢内地男子的。一样的受欢迎啊。到内部去，村长之类款待得真是无微不至，据说非常想要内地男人做女婿咧。"

"当真么？"鼬鼠似的青年说。

"当真的。很受温柔体贴哩。不过霉毒可流行得很厉害。"

"是什么道理呢？"

"还得说么。乱七八糟的家伙混进去了啊。"

我点动了头。他像是求我的赞成似的伸出脸孔，睁圆眼睛，目光仓遽地动着。

"那可不是么。都是些把十条变成十二条家伙啊。没有和这种文明人往来以前，那会有那样悲惨的事儿呢。不然的话，'埃奴'老早已经是斩草除根了的。"

是的——那个面目灰黑的先生像要这么说地颔首了。——我心头的话给你说出来了，他这样全盘同意的样儿。我继续说下去，"说起来可怜得很。弱小民族因此发怒时，便胀起青筋嚷着膺惩了。想想看——骗子在说要膺惩人哩。"

"那有时候是难免的。……不过另方面说，女的方面不也有不是的地方么？"

"为什么呢？"

"就是说，因为反宣传和恐怖的先入观念，女的方面不也有引人这么做的地方么？……曾经有过这样的事儿，在山西碰到的事儿。在一个村子里，一家卖烟卷的铺子有个姑娘，正好是车子出发的时候，探探口袋没有烟卷，回转身来到那铺子去。横竖买么，得从姑娘手里买吧——可是，到了那儿，人不见了。这么一来，心里倒放不下。跑到屋子里去，里面也找过了，那儿也找不着。忽然见到大的缸，随便瞄了一下，咳，天晓得，姑娘正在那里头浑身发抖咧。"

"老兄也浑身发抖了么？"

哄的一声都笑翻了。瘦脸青年把眼睫毛眨得更加利害，红着脸否认了。

“不，正好是赶着出发的时候啊。那有闲工夫那个——呢！”

可是，同伴没有停止发笑。“不见得吧，一定发抖了的！”结果他也被勾引得哈哈哈地笑起来，“那，老兄，碰到奇妙的举动就算释迦菩萨也免不了发抖呢。说老实话，出发以后在车里面，心里总丢不开那女人。……所以说么，女人也多少有点儿不是啊。”

“作贼的也会有这么说的家伙，怪你家里门户不小心啊。我这儿有一部分你们战死了的战友的日记。有个家伙老老实实写在日记上……某月某日，解决了姑娘，起先心里蛮不舒服，第三次以后便好了……”

有人扬起淫荡的笑声，一看，原来就是灰黑脸的先生，像是希望多讲下去似地，把松弛的颚往前突出。寡默的人老早就悻悻地沉默着，瘦个子青年狼狈着。

这是真的，日记就在这儿，各色各样的事实也在这儿，用不着把眼睛岔开的。我不想责备那些不幸的士兵。然而，他们——法西斯蒂的御用新闻记者，如果照例说是国贼鹿地的反宣传广播的话，我可以拿出战死者日记的一端做证据，他们能够在光天化日露面么，能够的话，试试看吧。举个例子，有这样的，这是非常新近的东西。

“×月×日，雨。因为昨天的工作未完，今天也得到远处村落去砍竹。因村民仍在，全数杀掉。鄙人杀五名。三十岁光景的汉子，一枪死不掉，打了第二枪，面颚裂开，有如窥视马口一样。有状似产后二三日的主妇，年约二十一岁。半开玩笑地 Kan Kan。（村民二十五名）”这觉得怎么样。括号里面是杀了的人数。“Kan Kan”这个粗鄙术语，不客气的说，就掀开那个来看看的意思。还嫌不够么？希望的话，花样多着哩。让大家尽量“Kan Kan”侵略战争的野兽的局部吧。把垃圾桶那么多、自然是非凡的现代日本战争文学，一下工夫要变成尴尬不堪似的、了不起的作品。——可是现在这不是本题。我只把上述日记最后的一节，请大家看看。大概那是法西斯军队受了中国军队的袭击，遗弃着出丑的尸体而溃退那前一天的记录。

“（昭和十三年十二月三十一日）（昙）哭也吧，笑也吧，总之今年只有今天一天了。昨晚也想到出征以来的事，和战友们交谈，实在是感慨无量。××伍长以下四个人，不管天气那么坏，出来挖贝类，下午以后因为雪珠沙沙地落下，虽是他人的事，也担心着寒。午后二时到大队本部拿酒保用品。据说虽到九江采买，因为物品不足，不能尽量买到。……举行×××××以下的慰灵祭。看到白布裹着的小箱子，不知不觉眼睛热起来。内地拿这箱子的人，不知心情如何？我们的命运不久也得变成小箱子回去，亦未可知，今晚像有敌军来袭那样可怕的味儿。十二时十分前记。”

这个兵这样死掉了。他先一天所悲伤的命运果然来了。这个样子，法西斯蒂们侵略战争野兽的局部供人“Kan Kan”了。法西斯蒂军部将把他当作皇军之花送进靖国神社里面去！用不着岔开眼睛的。我不想责备那些不幸的士兵。我能不感触日记中一字一字沁出来的他们毫无希望的悲痛么？没有希望的悲痛。我能不理解从那激出来的野兽的粗暴么？军部就利用这个，因为如果抑压的话，难免没有“别的”爆发。士兵死了。法西斯蒂军部把他翻弄了。哦，不知多少悲哀的灵魂在靖国神社里面被愚弄哟！法西斯主义者们，如果在光天化日中举起头来的勇气的话，就试试看吧！

曾经，这是在汉口的事儿。一位法国记者向我这么说。

“您知道的，这个战争是可怕地 Brutal（残酷的）。不论在欧洲或美洲，都想像不到的，是可怕的事情。您怎样想，原因究竟是什么呢？”

老实说，我对这个问话，心里并不舒服。因为听起来，像是说东方人是可怕地残酷的样子。……我没有用蹩脚的外国话来辩解的勇气。大概即使辩解，这位西洋的绅士是不会谅解这无言的悲哀像会野兽地暴燥起来的心理的。他看得出来的，也许不是法西斯蒂统治下的“人”，而是可怕的“东方人”吧。他不会知道绝望的“人”，会把自己和他人都当作“野兽”来看，那种自虐的心情吧。于是，我还是摆出公式“发言人”似的脸孔说，“这次战争不是日本国民的意志，残虐也是被嗾使的……”那位善良的法国同志急忙摇动了手，“啊，知道了！知道了！”……

是美丽的太阳。远景的塔和枯树像做梦似地浮着。在各自的石头上，乌龟似地晒着背壳的人群。

“那样的事也会的。”一会儿眨着湿眼的青年，承认了我的话。“不过战斗部队方面，那样的事儿倒没有听见过。驻屯地方面是怎样的情形，不得而知。……那不是军队以外的人么？比如是军属或者宣抚班之类。……”

“是打战死的士兵日记里面出来的啊。”

“噢！”他露出忧挹的脸孔。然后忽然失去元气，总觉得疑念未消似地，低声地说。“到这儿来了以来，常常听到那样的话。那也许偶然会有的。不过，士兵，普通连单独外出都没有自由的。”

“可不是么。不过，……我现在一点儿也并不是责备啊。”

大家都缄默着。

“啊，请——给一根。”有人向我这边伸手。一看，原来是躬腰人。是什么时候来的呢。连石头也搬来了，在边上坐着。他从烟卷罐里抽出一根，回到自己席上，借同伴的烟头，响出啵啵的声音吸起来。忽然向空中打出烟圈，舒服地深深吸气。

“各色各样的事情是有的。”他眼睛瞧向天空，用瞧不起人的口气，自言自语地这么说。“不论那边或这边。嘛，不去管它好些。——”

用没有笑意的眼睛向我一溜，喀啦喀啦地空笑了。

（原载于《救亡日报》1939年1月20日—4月15日）

活跃前线的朝鲜义勇队

秋江

勇敢的×后宣传队

为求祖国独立解放的朝鲜义勇队，他们勇敢地在中国阵地上配合着中国军队，冒险地去×人方面作瓦解×军的宣传工作，因此他们组织了两分队——“游击宣传队”和“阵地宣传队”，游击宣传队和阵地宣传队跟中国游击队到很远的×人后方去，其余的留在湘南东北部平江通城一带宣传。不久以前，报纸登载过他们与×人作战的消息，实在情形是这样的。

通城附近，到×阵中贴标语，花村的×人以公路为中心，布置有三道铁丝网。义勇军的游击队的分队长朱革同志，率领着三个朝鲜青年在二月三十一日上午九时身上带着印好的日文标语，还有驳壳枪，冒着生命的危险，通过三道铁丝网把带去的标语贴好，同时还用红土写了些向中国民众宣传的标语，退出的时候×人发现了，公路右边的高地上用机关枪扫射。他们匍匐而行，上了高地，机关枪仍旧在怒吼。他们就在高地上用日语向×人宣传，十分钟以后，枪声停止了，瓦解×人的工作完全成功，战斗情绪在声音中嘶哑了。前方四百米达处，有三个日本便衣兵奔跑过来包围，他们用驳壳枪打了三枪，打死了一个，××××××××××××××××××××，虽然危险，他们也情不自禁热烈地鼓起掌来。

在回来，中国军队里的邵连长杀了一只猪慰劳他们，在战地猪是最高贵的食物了。邵连长说，当了十三年的连长，初次见到政治员如此勇敢深入×军阵地去宣传。

在战壕里开同乐会

三月十八日星期六晚上，阵地宣传队长崔成章同志买了四角钱的花生、三包香烟，共一元钱的东西，领着三个同志，在江桥右边山坡的战壕里去开同乐会，慰劳中国官兵。三十个人挤在战壕里，两枝蜡烛，照耀着他们愉快而紧张的脸。虽然他们只有几个花生，而情景则是难以形容的，开会前一尊重机关枪、两挺轻机关枪架在阵地上打了五分钟，作为开会仪式。

二十六个中国弟兄，都是经过战斗伤愈后重上战场的勇士，中韩民族感情流在一起，兴奋得忘记了他们是置身严肃的战地上，引吭高歌起来，×炮打过来了，枪声紧密在百米达内，便衣队的电筒闪射着，一个中国弟兄爬出战壕探视毫不惊慌地说："不要紧，×人不敢上来，上来也不要紧！"

会结束了，他们上了高山，用日语向×人讲演了卅分钟。

三个日本兵开小差

平江中国军队警戒处尖山下的××村，一小队的×军在那里住宿，阵地宣传队在三月二十三日晚上十一时去包围他们，驳壳枪打了一阵，他们防范×人还击，散开伏在地上喊日语口号。一千多张的反战宣传的日文标语，散发在村的周围，中国士兵也帮助着，经过三十分钟，无伤亡的胜利归来。

第二天去侦探，×人退走，死尸有二十几具，墙上贴着的标语，×人扯走一了，一个老百姓说："三个日本兵到他家里去，把皮鞋背囊丢了呢。军服脱下来烧了，他们换上了他的衣服走了。"

因为地区广大，适用于都市秘密宣传的狭窄的标语条在前方不通用了，他们探入×人后方去宣传的义勇队，自己刻木板随身携带，无需后方供给材料，就地解决。在他们的宣传工作中感到需要的是"扩音机"。

［原载于《星岛周报》（香港）第 2 期，1939 年］

1940年

接敌行军记

［韩国］民山
［韩国］继贤 译

我们朝鲜义勇队第一区队的同志们在衡阳分成了两部份，其中半数的同志开往华北，余半数的同志则和新参加本队的同志们混编，以第三区队的名义，派一分队往南宁方面工作，余下的大部份同志，由金世日同志率领来江西工作。

在十一月三十日和十二月一日两天，我们来江西的同志们曾开会热烈的欢送派往华北参加××军的张××等×个同志和派往南宁方面去的叶××等×个同志，在十二月三日的早晨，我们在即将离别的朴区队长和其他同志热情的欢送之下告别了衡阳，当我们离衡的刹那，朴区队的面孔上显出了依依离别的样子，同时又涌现着欣慰的表情，他祝我们胜利的前去，他也在期待着我们胜利的归来，和朴区队长同来欢送我们的同志们忽然喊起来说："你们走，都有人欢送，我们走又有谁欢送呢？"我们当中的一位同志立刻高答着："你们等总队长若山同志来欢送吧！"

我们一行××人离开了衡阳，立踏上了征途，向着我们预定目标——南昌方面行进，我们向南昌方面行进就是向着敌人接近，这是一个相当远而又相当艰苦的路程啊！

由衡阳乘火车到渌口，由渌口即改为步行，在南昌失守前，由株洲经南昌至金华，火车汽车都可以直通，现在铁路公路皆已破坏，但这却是阻止敌人前进的最好方法，也是中国军历次作战获得的抵御敌人前进的宝贵经验。

我们在渌口宿一夜，次日即向目的地——分宜出发，每个同志都背着一个在衡阳特制的黄色背包，以外的公物和宣传品则由三个挑夫分担，当我们排着队伍在渌口大街上走的时候，中国军人和民众都向我们投着奇异的目光，"他们的背包是特别的呀！他们是朝鲜义勇队"，他们在低声的在互语着。当日我们走了四十五里，第二天又走了四十五里，遂到达醴陵，新同志过去没有跑过路，连走了两天脚上即生起疱来，我们决定在醴陵留住一天，一方面是休息一下，同时也要做些宣传工作，在醴陵的西大街上，制了很多关于中韩两民族连合的大字标语，新同志们也乘暇学些中国语。

由醴陵到萍乡两日即到达，这两县中间，正是湖南江西的分界，这些地方，多是从山峻岭，层峰叠峦，是极复杂的山岳地带，沿途山青水秀，风景极佳，物产也很丰饶，同志们见到这美丽的景色，都说像是到了朝鲜一样，不自主的堕入追忆却可爱的故国伟大河山的幻境里。

到了萍乡后，三民主义青年团首先对我们表示了欢迎，接着萍乡县政府和各机关代表也都前来访问，并开盛大欢迎会来欢迎我们。在那里，由于报纸的报导，在我们去萍乡以前，当地的机关人员以及民众们都已熟悉了朝鲜义勇队的名字，他们对朝鲜革命抱着无限的关心和同情，并且垂问我们很多事情，我们在欢迎会席上向他们报告了很多他们渴望知道的朝鲜革命运动，本队工作概况以及敌寇的阴谋和弱点。在当天的晚上，三民主义青年团和我们全体同志又开了一个在中韩民族联合抗日上有深长意义的同乐会。

离开萍乡，继续前进，经三日，到宣[宜]春，计自渌口步行迄今已有一周之久，每天行程在四十五里左右，每日夜宿的地方以及稻草等是由乡公所代为筹备，这正如战地的民众为军队服务一样，他们的殷勤实使我们无限的感谢和惭愧，我们的同志，在每天晚上，有的读书，有的写日记，有的学中国语，谁也不肯松过一分钟时间，管理伙食的同志，虽在极端疲劳下，也是不肯牺牲了学习的。由宜春到分宜的路上，纵流着一条小河，我们遂改乘小舟代步，二日之间，疲劳完全恢复。

自离衡阳迄今已整十天，我们每天过着上述的那样生活，今天到达了目的地，遂立赴××集团军司令部报到，在那里恰有我们的同志王××任高级参谋，他和我们大多数同志是有着师生之谊的，因此他对我们最为明了，他给我们以热烈的欢迎，对我们同志们是亲切的关怀着，对我们也贡献了很多关于工作方面〖的〗宝贵意见，××集团军总司令对我们给予很大的鼓励，他对我们朝鲜人有着特别好的印象，因此他对我们抱着很大的期待，在纪念周的当中，他特别把我们介绍给成千的军民，使他们向我们致敬礼，表示着欢迎，以外我们还得到该集团军劳动妇女服务团的热烈欢迎，这个妇女服务团是在中国有名妇女胡兰畦女士领导之下的，在上海会战时，她们已开始参加了抗战工作，到现在是有了两年多的光荣历史，她们虽是女子，但她们的体格、精神，以及工作都不在男子以下，团员的一部份女同志在过去游击干训班和金世日同志是同学，因此她们对我们特别亲切。以外，我们还受了集团军政治队和××军官训

练班的欢迎，我们每逢受着这样的欢迎和招待时，愈感我们所负责任的重大，

在××集团军司令部，以一星期时间办完了应办的手续，在十一日，遂再向接近敌人的方向前进，目标是奉新方面××军部，离司令部后六日间走了三百里路，遂到达第二目的□，在途中见到很多俘虏和战利品，由俘虏简单谈话中得知敌军厌战情绪已趋普遍化，敌国内人民生活已日趋贫穷化。我们在途中也见到曾一度被敌人占领过的地方的惨状，大部份房屋早成焦土，余下的几栋房已无门窗，且墙壁上多已穿洞，原来门窗已被敌人拿去烧饭吃了，墙上的洞则是敌人为警戒而挖的，烟卷头(是日本式，带有小烟嘴的)和小锅灶到处皆是，以外荒地里已添了不少的新冢，有的白骨还露在外边，这都是残酷的敌人留下的遗迹，敌人只知用残暴的手段对付中国民众，不知它的命运已掌握在这些民众的手里了。

我们到军部距离敌人不过三十多里，枪炮的声音已清晰可闻，但这里却有着不少的民众归来了，凄凉的街心上已添了不少行人，使这个地方又长出了繁华的生机，原来中国军已在胜利的追奔逐北呢!

到达军部的第二天，一二分队即分到××师和××师报到，当日晚间即接该师电话，谓一分队的一部份同志已协同袭敌部队参战了。

“我由重庆起坐了三个钟头的飞机，十二个钟头的火车，五个钟头的轮船，又走了两大陆路，才到了此地，但还没有走出中国一隅。如果在欧洲，我恐怕早已超越了数个国家——中国真是太伟大了”，这是视察长沙大捷的一个外国记者所说的，看完了这话再回忆我们行过的路程，不禁呼一句:“中国伟大了。”

(原载于《朝鲜义勇队通讯》第 32 期，1940 年)

活跃在平汉路上的第二区队

［韩国］文正一
［韩国］为和 译

十二月十四日的下午，朝鲜义勇队第二区队奉命协助新×军××团去破坏敌人交通，并作对敌宣传。将要出发的时候，我们都武装齐备地集合在□块旷场□宣誓，这是一个悲壮的场面，三十年来澈天的仇恨冲动着每一个同志的心，都极其愤慨的在喘息着呼吸，咆哮着吼声。

出发了。约莫是午后八时左右，我们同第××团的友军，在平汉路汲县至汤阴间五十里的横线上出现了。在那里我们看到一个被敌人强制来看护铁路的沦陷区中国同胞，他是以一夜一角五分钱被强迫雇来做这他所不愿做的工作的。我们安慰他，告诉他我们是抗日的队伍后，便开始了我们的工作，同志们迅速地将准备好的各种对敌宣传品，一齐散布在这横五十华里的区域内，又忙着协同友军破坏铁路与电线。这时，敌人已经察觉我们来袭，一面用探照灯在原野上火蛇般地往返探照，而机关枪、掷弹筒夹杂着轰隆的炮声，亦雨雷般地胡乱射来，然而敌人却始终没有敢出它的壕穴一步。

我们同友军沉着的继续工作，并且发动附近村民向后方搬运破坏的物品，大约九点钟左右，在敌人枪炮密雨般的射击下，“咚……”，自高桥村至汲县北五十里的铁道同时爆破了，一时土翻尘扬，声震天地。这时我们的脸上都浮上胜利的微笑，敌人的枪炮又能奈我们何？当时针正指在十二点钟，尘雾尚在飞扬，火药味尚在旷野上弥漫的时候，我们后方突然冲起数十道火光。啊！这是我们归队的信号！好像中国三国时代诸葛亮火攻曹操的故事一样，我们兴奋愉快的全部安然归来。

第二天（十五日）的早晨，我们又到沦陷区各村巡视，并召集中国民众讲话，对于朝鲜人民亡国后的痛苦，中国抗战的前途，军民合作，中国卖国贼汪逆精卫、朝鲜卖国贼李完用等问题，都作简单的说明。上午十时敌人侦察机在铁路沿线及山岳地带上空往返侦察，“噗啦叭啦”的声音只是象征着日寇没落命运的无力，而另一方面却更增强了中国民众的敌忾情绪。

下午三时半，我们侦察庙口方面的敌情，和×营的十七名中国同志一同出发，走到前面约六百公尺的×村时，由警戒哨的报告知道敌人来袭，我们便迅速地占领小高地上的阵地，严阵以待，至敌人接近时，我们便开始猛烈射击。敌进攻部队受到意外的袭击，张惶失措地狼狈退去。接着从对面的敌阵地上，掷弹筒、机关枪一齐射来，我们亦还击，激战四十分钟，因夜的到临，黑暗笼罩了原野，双方才渐渐停止了射击。这次战斗，我们仅以百二十余发的子弹，竟消耗了敌人炮弹二十余发，掷弹筒十五六发，机枪二千余发。

下午七时，我们同第××团全体同志再向铁路线出发，九时左右到达。看时，我们昨天留在那里的各种宣传品，一张也看不到了——已经珍藏在敌兵的身边了！

夜间是我们朝鲜义勇队和友军活动的天地。我们熟练地将带来的各种宣传品散布在这五十里长的铁道在线，和昨日一样的协同友军破坏铁路与电线，这次还有百余名沦陷区的中国同胞参加，他们亦都是那样的勇敢，好像身经百战的战士一样。至次日上午三时我们完成工作后，在敌人的枪声炮声与铁路爆炸声交织的雄壮的节奏中，轻快的踏上归途。此次除破坏铁路十九处外，并获得电线五十余斤。

狂风厉雷般出现于平汉路上的朝鲜义勇队第二区队全体同志，在友军××团全体同志热烈的欢迎下，一面在努力研讨杀敌的技术，并准备随时随地去袭击敌人——理论与武力的。为了中朝两民族真正的独立自由，我们愿献出全部力量与生命。不久将来，相信这支正义队伍——朝鲜义勇队的旗帜，将辉煌地飘扬在全华正义的战场上。

（原载于《朝鲜义勇队通讯》第 32 期，1940 年）

朝鲜义勇队在南路战线

[韩国]叶鸿德

自去年一月初旬，日本侵略者突然在海南岛登陆，引起了南太平洋上的紧张局面以来，继续在北海登陆，进犯南宁，造成了中国南部战场的新形势。十二月八日，我们朝鲜义勇队一个分队参加桂林行营政治部南路前线工作队，负对敌宣传的一部份责任，由湘北战区转入桂南昆仑关一带战线，展开了新局面的工作。

在柳州工作

十二月八日，自桂林出发当日到达柳州后，南路前线工作队实时展开了“保卫西南扩大军人服务运动”。我们分队的任务，虽与其余各团体不同，然在驻柳期间，决与积极协同工作。笔者负该工作队内部教养总责任，张同志负该工作队生活委员会一部责任。我们在中韩两民族联合工作总原则下，直接参加了该工作队内外一切工作。日常生活及一般工作情形，非常紧张。这工作队，由抗宣一队、放影四队、新安旅行团西南工作队和我们朝鲜义勇队一个分队联合组成的。新安旅行团小朋友的工作精神，是值得特别可敬可爱的，他们在日常生活和工作上的积极性、进步性及活泼性，对一般青年男女及各地儿童界，给予了无限的鼓励和模范，将于建设新中国的伟大过程中及中国革命的儿童动运中发挥伟大的力量。第二天，柳州各界救亡青年三民主义青年团，青年俱乐部等百余名，召开了盛大的欢迎会，并且讨论目前青年在抗战工作中，紧急的任务和具体的办法。

谒见白将军

十二月十四日，我们因为工作任务的不同，暂脱离了南路前线工作队，由柳州出发，经过北泗，十五日到达迁江，再由这个荒凉无人的县城，跑了十几里路，到了××村，行营前方办事处。即时晋谒白崇禧将军，白将军先给我们亲切的握手，脸上浮着微笑，热情地欢迎了我们，对我们的工作做了恺切的指示，白将军非常兴奋赞扬我们的工作精神，我们报告白将军，要求发给可能的一切对敌宣传工具，并解决交通问题和工作地带。于是白将军亲自借给我们两架私用播音机，给予了我们高度技术化的工作器具。在我们工作上，给予了特殊的方便。他对我们的工作，是抱有莫大期望的，并指定我们到机械化部队的第×军阵地去工作。

昆仑关参战

我们在白将军和行营政治部梁主任的领导下，十二月十八日，由迁江出发当日到达宾阳。十九日到谭雕村第五军军部，复转赴军长前方指挥部之南天，会见军部黄参谋长和蒋副官处长。下午上山到军长作战指挥所高大领，谒杜军长，面呈行营公函，并陈述我们工作队所拟之对敌宣传工作计划。军长在指挥作战百忙中非常兴奋地接受我们对工作上一切计划和意见，他把当面战况和敌我作战的各种情势，给我们做了详细的介绍。昆仑关的战争已入极激烈的决定关头，并于我甚为有利。我第五军由十二日十八日起，大举向昆仑关一带之敌人开始反攻，虽然敌人顽强抵抗，但我军全体将士在坚决英勇的奋斗下，终于十二月三十一日下午三时完全克复昆仑关。残敌向南宁方向败退，非常狼狈，战胜之我军遂续向南宁扫荡挺进。在昆仑关一带之敌人，计有两个加强联队，是广岛第五师团，板垣部队。在其素质上观之，系日本军队中最精锐者之一，成分完全是日本人。当面的敌人企图以最大限度的时间，支持昆仑关一带良好据点，以掩护南宁以南以西各路主力军之军事进攻。这一次昆仑关之大胜利，不仅是对于敌人军事进攻给予了致命之打击，而在揭破其政治分化的阴谋上尤含有更重大的意义。至于我们对敌宣传工作，随着军事上之优势，亦有同等的优点与便利。

对敌宣传战

十二月廿五日，这是我们播音工作的第五天，二百师三天的连攻于今天成功了界首阵地的争夺战。界首是距昆仑关前三千公尺，是敌人的前进阵地，是争夺昆仑关极重要的支撑点。今天上午战败的残寇，已向后退一千公尺。我们看这个千载一时的机会，遂在下午五时立由军部出发到二百师师部，探询详细情况，情况明了后，即在重炮、山炮、坦克炮、机关枪联合火网之下，携带一架播音机，在下午七时半奔赴目的地界首阵地第一线。在阵地前斜面架好播音机(喇叭),我们在岭线这一面掩体内,手里拿着发声器,利用射击声的间断,开始用日语向敌讲话。这个播音机,可以传播到两千公尺以上,如在夜间,可以达到三千公尺以上,以发言人的位置为中心,半径三千公尺之大半圈内,都可以很明晰地听到。不过它唯一的缺点是机器复杂而笨重,要搬运需要六个人才行,每天充实电力需要五加伦[仑]汽油,这在物资缺乏的前线,是一个严重的困难,但由于我们所在地是机械化部队阵地,所以它又是最适当的工具。我们先以中国话向我们前线抗战将士,简单的做一个自我介绍,使他们不致发生误会。这时全线我军一律停止射击,细听我们的讲话。只有由敌方时打时停地向我无目标的乱射。中语讲演完了后,就开始日语讲演,一二分钟后,敌人的射击亦就全部停止了,似乎对我们说的话,都是愿意听、愿意做的,这人类最残酷最横蛮的屠杀场,突然转变为正义的革命学堂了。我们讲的内容:"日本的弟兄!即时反对无意义的侵略战争!救你们的父母兄弟姊妹!救你们的劳苦人民!中国的人民并不是你们的敌人!人民与人民握着手吧!从侵略主义的手里将日本国民救出来……"又说:"日本的弟兄!你们已经被包围住了!四塘、五塘、六塘、七塘、八塘都被中国军队占领了!你们已经没有了后路!你们的粮食弹药都没有法子来补充了!赶快过来吧!我们等你们过来的!中国的弟兄们欢迎你们过来的!不要怕!不要作无谓的死啊……"这一战场沉默到成为"和平的领域",因为夜暗,看不见对面,"今晚好好地想一想!我说的话,你们都听得到了吧!明天再会吧!你最忠实的朋友,敬礼!"在最后说这一句,时间已经很久,下午十一时半,讲演完毕下了山。

向敌人贺年

一个月来的昆仑关血战,今天完全结束。下午三时,第×军完全克复了昆仑关。残敌败退异常狼狈,向九塘撤退。下午六时,由××师师部大球岭,跑了十几里路,到了××师四四二高地阵地。这是昆仑关的西南支撑点,距昆仑关五里路。昨天这个高地是敌人的预备阵地,今天却变为我军前进的第一线阵地了。八时到达该地,还是以前那样开始播音工作。今晚双方都没有战事,只能听得远近稀有的枪声。这里距敌人只有二百公尺,尤其是今天有月光,特别亮,使战壕里的战士益感兴奋。今晚对日本的弟兄,特别提出了明日是元旦,说道:"明天是元旦,是你们参战以来第三年的元旦。杀场里的元旦,多么地枯燥啊,为什么应该欢喜的时候不能欢喜呢?再回头看一看那光亮的月亮!可爱的你们的家乡,父母兄弟,那可爱不可忘记的你们的妻子姊妹都在那里!在你们家里,这种过节日子来得愈多,在那里像今天这种痛苦来得愈利害！……”在这种月夜寂漠的时候，令人容易感动，容易伤亿[忆]。再加几曲口琴，由播音机喇叭口，发送出来的高清的口琴音波，特别动人。突然敌方有一只军用犬，发狂地吠起来了，这是一件奇怪的现象，最后我们又唱了几首日本流行歌，我们同将来的友人，隔一条战壕，相慰相欢了一次。十二点多钟结束工作，返回师部。

小西胜之进

十二月二十五日，参谋处有一个急报，说有两个日本俘虏到了军部，我们即时由山洞里下来，热狂兴奋地飞进参谋处一间较为黑暗的房子。可惜一个俘虏，受伤过重，到了军部后不久死亡了。还有一个也是在右手和腰部受重伤，但无生命危险。这俘虏穿黄单军服，全身是血，我们进去一看，他就笑起来了。黑脸光头，态度很客气，身体轻快的行动和直燥的态度，发露着鬼子的丑态，名字叫“小西胜之进”，二十四岁，日本岛根县人，广岛第五师团第二十一联队第一大队一等机关枪手。他是在二十四日晚上在昆仑关亚岭六〇〇高地被俘。当时在他中队里的战斗员，只剩十二个人，连大队长、中队长等指挥官都被杀光，粮食弹药都用尽，两天没有吃过饭。最后的一天二十四日晚上，全中队残留的几个人，将全中队的轻重机关枪和其他武器集中在六〇〇高地工事一角里，准备以必死的决心，抵抗到最后一刻钟的。战斗渐入激烈，全线受我们重炮弹、迫击炮弹联合集中射击，防线内的人员、武器、马匹等之牺牲，惨不忍睹。刹那手榴弹乱飞，四面“杀声”震天地。结果残余共七个人，同时被俘。然而有五个顽强抗命，无法活捕，当场枪杀，填在战壕里，只有两个顺服被俘来的。他听我们说日本话，感慨无穷，落泪如雨。经过我们长时间的安慰，他的恐怖心里[理]始安顿起来，他是小学毕业生，家务农业，很穷。参加侵略战争两年，由东北大连，经过青岛、台儿庄、南京、武汉、广州、海南道[岛]，在北海登陆以后，再进犯南宁而过来的。经过很多激战，杀了无数的中国人民。不过最近他们部队内一般的士兵，都是同他同期招役。战期无终，战地的生活，一天一天地降低，而想家厌战的情绪每一个人都有的。这是日本帝国主义内部矛盾尖锐深刻化的实证。表示他们军队一般官兵毫无战意，致战斗力日益减低。这表示在他们一般痛苦人民和士兵内，可能建立反帝反侵略的友军。小西君亦很恳诚地希望为了反侵略、反军阀而奋斗。这样我们从敌人侵略阵营里，争取了一位真实的朋友！

（原载于《朝鲜义勇队通讯》第 32 期，1940 年）

两个朝鲜兄弟

林火

小屋里挤满着围观的人，床上安详的坐着两位穿灰白色土布裤的异国兄弟。古铜色的脸孔上，花边似的镶了一圈稀疏的胡须。是异国风霜侵蚀呢，还是多年亡国惨痛的创伤呢？——他们静静的坐着，不说一句话。

他们的名字是李锡龙、张今守。

从辽远的朝鲜半岛来到中国大陆，他们的路该是长的而且艰苦的吧。

今年春天五月几时，当他们乘火车经过“满洲”来到中国腹地时，驻石家庄的一位他们的同胞，姓李的饭馆，便成了他们暂时的“家”。在那里，他们结识了好多的中国友人，也惊喜的秘密听到关于×路军的种种传说。

他们原籍是朝鲜庆尚北道迎日郡，张今守三十一岁，在朝鲜时，他是乡村的农业指导，二十三岁的李锡龙是乡村产业组合的书记。他们本来从小就相识的，而且一起受过六年小学教育，所以这次他们同道亡命中国，并不是偶然的事。

“怎么想到会跑到中国来呢？”

“啊，太君（官长）日本人，大大的压迫啊！”

自一九一〇年朝鲜正式被日寇吞并后，那里便开始了人类历史上最黑的日子。七七事变后，日本军阀跨在中国大陆上的泥脚愈陷愈深，它所加在它一等殖民地——朝鲜人民身上的负担也愈来愈重。

据说，日本军阀在朝鲜所征的苛捐杂税，竟有一二百种之多！不论士农工商、三教九流、五行八作，不管婚丧嫁娶、生老病死，……总之，有这末一种人，便有这末一种税，有这末一种事或物，便有这末一种捐。普通牛税、马税，已经够惊人的了，在朝鲜则不但有所谓猪税、狗税、猫税，鸡子也有税，每十只一年纳一块钱，十只以上的依此类推。住房子有所谓家屋税，山里的森林，有所谓林野税，……一切凡百苛捐杂税之外，更有所谓三税所得税，抽税的方法是按照家资多少而分成三种等级，每年分作两季，抽以重金。

狡滑的日本军阀一方面用苛捐杂税吸干朝鲜人民大众的骨髓，同时更利用毒化政策来企图慢性的毒死他们，使之不自觉地走上死灭的道路。

但矛盾的是，随着政治的经济的压迫与榨取的加紧，当着整个朝鲜境内通货膨胀，物价高贵，朝鲜人民大众求生不能，求死不得的时候，他们便开始学会了反抗。日本军阀“以鲜制鲜”的办法便是拚命的征兵。

“朝鲜也有‘皇协军’呢。”李锡龙愤慨地说。

“朝鲜不是也有共产党、大众党……吗？”

“有的，有的，多多有的。”二个人几乎是同时答道，连连的点头，微笑。

显然的，吃过热汤面条之后，他们的原气是大大的恢复了。方才刚进门时嘴里还在不断喊着“一带一带的”（痛也），一面指着翻过十几里路大山的腿。现在却是头部冒着腾腾的热气，古铜色面孔上泛着水汪汪的红光！人是精神得多了。当话题转到朝鲜共产党时，他们便把两手背到身后去，做起被缚的姿式，一面开步走，意思是说有的被捕，有的亡命国外去了。这时我才发现，他们原有着活泼天真的性格啊！

对于×路军，他们的意见是简单的，也是实际的，“×路军能打胜仗，优待异国兄弟！”

围观者之中，忽然有人问起他们参加队伍的意见来。张今守欣然地提起笔来写了下面的几行，字迹相当优美而秀丽。

“朝鲜亡国二十九年，诸般青年，通通的独立主义。现在中日战争，我们朝鲜老百姓，拥护蒋委员长抗日到底。东洋和平，朝鲜独立。”

这里，我是一字未改的照样儿抄下来的。这简直是一篇宣言，一个行动的纲领啊！……

夜里，阴沉的天气更加冷起来了，不知谁拿出自己的棉大衣来给他们俩穿上，这时来观望的人是越发增多了。李锡龙和张今守逐一的点头微笑，似曾相识似的，并连连的说：“请坐，请坐！”

灯影摇摇里，敌军科长×同志拣出几本日文小说送给他们，其中的一本是小林多喜二的名著《蟹工船》。当他们正渴慕地翻着书时，突然窗外有人唱起歌来。于是放下书，贪婪的倾听着，像不胜其感慨的样子。

窗外的歌声停止了，为了满足大家的要求，他们便合唱了一支朝鲜歌！

“现在我们朝鲜同胞的共同敌人，是凶狠的日本帝国主义！

它通通的压迫我们，我们要求独立！”

这歌的末尾两句，是重复清唱的，声音高亢而激昂，这的确是朝鲜人民大众的歌声。现在，在此中国大陆的×路军中，使我第一次幸福的听到了。

（原载于《新华日报》1940 年 2 月 29 日）

转战鄂北的一支国际队伍

东明

一、朝鲜人和日本人

××个朝鲜青年和×个日本反战弟兄组成了朝鲜义勇队第二支队第×分队。朝鲜青年多是中国抗战以前从日寇压迫统治的国土里逃亡到中国来的，他们都是在平、津、上海等地读书，或做反日工作的革命青年，年纪差不多都是廿七八岁，身体很健壮又活泼。他们没有家又没有亲戚，所有的只是他们的革命团体和亲切的同志们。他们没有什么别的心头，所有的只是打日本，解放祖国的决心。抗战前为了躲避敌人的侦探和刺客，不能公开的活动却在频繁的移动和不安的恐怖中过着地下生活，而于今随着中国民族全面的反日抗战的巨浪，堂堂地高举起朝鲜民族革命的独立旗帜，参加了中国的抗战在火线上英勇与敌人斗争。他们在江南、湘北、赣北、桂南、豫北、晋南等地的朝鲜义勇队其他支队的分队一样，也在鄂北、汉水、江边、大洪山岭、随县及京、钟一带留下了历史上光辉灿烂的战迹。

昨天还是侵略中国、屠杀朝鲜人的日兵，今天却已成了反对侵略、反对日本帝国主义的朝鲜和中国最有力的朋友。大竹松井及伊藤君是被中国军队捕获来的日本青年，现在和朝鲜义勇队队员共同生活，共同工作，又和中国士兵手拉着手在阵地炮火之下，为着正义、和平而向敌人呐喊。他们是很忠实的不怕一切困难和危险，高兴在打日本军阀的这一支国际队伍里，站在中国抗战的最前哨岗位从事于唤起敌兵，反战，瓦解敌军的工作，在李司令长官领导之下，为东方永久和平幸福的新基础而战斗。

二、生活片断

朝鲜人、日本人和中国人共同生活，开会起来，每次要讲韩日中三种语言，游戏起来，各民族穿起不同的服装，但是他们都抱着一条心：打倒日本军阀，建立新东方。日本弟兄现在已学会了些中国话，也高兴讲中国话，他们最为得意的是会唱三只朝鲜歌和四只中国歌，不管发音怎样不正确，却是很高兴的唱这些歌曲，在这里没有什么民族间的隔膜，大闹，大笑，自然的融和在一起。

他们和司令长官，军长师长一起谈政治谈军事，又和士兵生活在一起，中国士兵说：他们是上下都能打通的人。

战斗化、集团化、集中化、学习化、计划化、规律化、艺术化是他们生活七大规律，整个生活是遵照这七大规律的基本精神，没有一个人肯违反全体的决议，也没有一个为个人打算，在战斗中，行军中，休息的时候都争取学习，他们十二个人两个月内在行军战斗的余假，读过了四千二百余页书，还写了二万字的文章。

有一次雪中行军百余里，因为那里是战地的关系，老百姓完全撤退，没有地方找食物，松井和高君因为太饿了，不能行走，相继倒地，但有什么办法呢！只有继续前进走到一家只有一碗饭，十二个人便把它分吃了，后来又走到一家破烂不堪的民家时，太阳已下山，真是千里旷野日暮途穷而一无人影之光景，老百姓连一扇门板一捆稻草也不留，澈底的施行了空舍清野的政策。衣服又湿，天气又寒冷，但他们没有一个觉得失望或痛苦，他们跑出去砍树枝烧火，彻夜开工作讨论会议，又唱歌朗诵诗等，拿集体战斗化的精神克服了这些困难。七大规律生活是他们的精神粮食，每星期举行生活检讨会议的时候，每次开工作讨论会议的时候，都拿这基本精神做批判自己批判他人的准绳。

他们的生活没有忧愁，没有沉滞，在工作中休息中便充满着蓬蓬勃勃的朝气，在这大时代中培养新时代的作风！

三、舌战在乌龟山

他们在鄂北各地到处做[讲]日语，散布对敌宣传标语传单，瓦解敌军鼓动军民抗战情绪等的工作，更有意思的是乌龟山的舌战。乌龟山距××西北三十华里，前一个月盘据在这里的敌第十三师团山本旅团遭到中国英勇将士的猛烈的反攻而已经撤退了，喧闹的枪声也已不响了，只有啸啸的北风，浸腰深的雪盖着炮弹毁灭了的弹痕。参加第某师第某团第某营的朝义队胡君与日本反战弟兄伊藤君，在部队掩护之下挺进到距敌只有二百米突的唐家湾，向敌人进行反战革命的演讲，那时就是雪后的傍晚，冰冷的空气刺骨的浸透着，他们不管一切，卧到雪地上开始讲话："喂！日本弟兄！那里有没新泻[潟]县新发田人（十三师团山本旅因系新发田人之关系），你们的可怜的弟兄在上次长岭激战中牺牲了二千多人，你们的上官把你们的弟兄的尸体遗弃了一百五十余具，这是怎样悲惨的事情呀！我们把它好好埋葬在长岭山麓，并树立碑了，如果你们要来看也请你去看。可怜的士兵，可怜他们的父母妻子，如果你们回到故国，告诉他们的父母妻子，他们睡在中国的旷野上。日本弟兄们！想想看，你们为什么，为了谁死在这凄凉的原野上。是真的为了你的国家吗？否，决不是的。你们想：看战争三年来的日本国内情形就会知道，这个战争会使日本亡国的，请你们把枪口对准欺骗你们牺牲你们掠夺你们幸福的军阀财阀吧！”

他们说着流利的日语，一句一句向敌人宣告了日本军阀的罪恶和中国抗战的正义及光明的前途。敌人起初丝毫也没有反应，讲了差不多十分钟的时候，敌方面有人喊：“喂，听不清，请声音放大些，……请讲慢些！”他们便兴奋的直管要跳起来，向敌人继续演讲了一小时，最后敌人讲了：“今天晚上风的关系听不清，明天再会……”敌人在这几句话里确实表示着欢迎我方的讲话，并且这样客气的态度是去年所未有的亲爱的现象，也就是日寇日趋死灭的表现。中国战场上的这一支国际队伍将是爆炸敌人心脏的一粒巨大的子弹。

（原载于《朝鲜义勇队通讯》第 34 期，1940 年）

目前环境与朝鲜义勇队今后工作方向

[韩国]韩志成

朝鲜义勇队的产生，负着两个特殊的使命：一、直接参加中国抗战，以促进中国抗战的早日胜利；二、以战斗行为和革命的实践来号召并发动朝鲜民族更积极的进行独立解放运动。因此我们每个特殊阶段的工作，都依据着中国抗战的战略与中国关内朝鲜革命者的革命策略的。

一、目前的环境

1.敌人的战略

战略上说，自从中国退出武汉之后，中日战争真正进入了最严重的阶段，敌人没有力量征服中国，军事上表现无能。在中国方面，全面的反攻还得要经过相当长期的相持阶段，于是战争的重心在广大的沦陷区域的面的争取。在敌人方面，问题在怎样将点线的占领扩大到面的占领，怎样完全消化全部的占领区来任意利用中国的人力物力做进一步的侵略，因此敌人为了面的占领拨军事上运用百分之八十以上兵力分配在沦陷区域进行着“扫荡战”，政治上积极树立伪中央政权，设法巩固各地的伪政权，用一切挑拨离间的方法，破坏中国民族的团结，分化抗战的力量，企图实现以华制华的阴谋。其次，在经济方面，敌人财政涸渴，无法应付中国的长期抗战，于是企图开发中国天然的资源做灭亡中国民族的经济的后盾。敌人现已设置“华北开发”“华中振兴”两“国策公司”，直接投资六万万元，而附属于这两个公司的尚有十余公司，所运用的资金也达三十余万元，企图以大规模的经济侵略，达成以战养战的目的。今年三月卅日日寇正式组织汪逆傀儡汉奸政府，并派日本前内阁总理阿部为“统监”，这是日寇对华政治上进一步的灭亡中国民族的更阴险的毒计。总之，敌人现在以政治进攻为主，以军事经济为副，进行大规模的侵略。

2.敌人对于朝鲜人的政策

(1)实行大量的移民。敌人要想在广大占领区域内做面的争取,要想完全消化占领地,仅仅靠伪组织汉奸是不可能的,还要移殖大量的生人与朝鲜人做经济、政治、文化侵略的工具,可以说目前施行的大量的移民政策是敌人完成面的占领的主要策略。如日寇吞并朝鲜以后,就移殖大量的日人到朝鲜来,先占领几个重要都市的政治、经济、文化支配权,再由都市做为根据逐渐占领广大的乡村。日寇在朝鲜利用他们在政治经济上、法律上优越地位,很迅速的掠夺了朝鲜人的土地财产,三十年来已经强占去了土地的百分之八十五、资本的百分之九十五以上,而把一半以上的朝鲜人驱逐在死亡的饥饿线上,又把他们用"战时景气"等口号驱逐到中国来做侵略的工具。日寇在朝鲜得到了这种经验,目前在中国便进行大规模的移民于京、沪、平、津、武汉等地及各大城市,日人与朝鲜人的数目平均达当地总人口的百分之五乃至十。日人在人数方面虽然占少数,但操纵着经济政治上的权利,而朝鲜人则为日人侵略的先驱工作,如在东北,日寇大量移朝鲜人至东北,等到朝鲜人相当开垦之后,就由日人强占已开垦好的耕地。这里很明显的看到日本帝国主义的侵略政策中,殖民政策却是占重要的部份。因此日寇自战争开始以来,便积极的进行移民工作。根据某方情报,东北现有的朝鲜人已达一百二十余万人,在平津一带十余万人,石家庄三万余人,新乡八千,太原七千余人,青岛、济南各有一万余人,仅仅在华北已有二十余万人,敌人计划将移殖七十万人。再从被移来的朝鲜人的成分来说,大约可分三类:一、生活困苦被迫来华的农民劳动者,这是占最多数,其中包括大批苦力、铁路工人、随军苦力;二、流浪青年,被战时景气的号召出来的知识青年,多做冒险事业或无定职业而彷徨着;三、少数营不正当的生意的如军妓、贩买毒品等等,从这个成份来看,很可能转变这些移民成为反日的先锋。

(2)巩固侵略阵营。日寇对沦陷区域内朝鲜人用两种方法来管束,以求巩固侵略阵营:(一)凡是朝鲜人所有的地方,普通的设置侨民会或居留民会,利用流氓或亲日派主持会务,专事调查来往的人以巩固他们的后方;(二)用秘密的方法,利用叛变的革命者,外表上使他们完全站在反日的立场,吸收当地的有革命性的青年,图谋转变思想,有时候发表似是而非的理论迷惑青年,或从中探知革命工作,暗中破坏革命,这种秘密组织已在平津上海等地成立起来,正在进行着反动的工作。

3.敌伪内部的对立与矛盾

(1)战争的延长必然使日本国内的矛盾更加尖锐化,人民与士兵的反战运动日趋炽烈起来，今年在中国各战区所表现的敌兵的厌战情形，是比去年更觉得显然，而且将随着中国的长期抗战更会高涨的。

(2)中日民族的对立。这种民族的对立在沦陷区域里表现得很深刻。自侵略战争以来，敌人用最野蛮的惨无人道的手段，虐杀中国无辜民众，掀起了全中国民族的敌忾心，就在伪组织工作的汉奸，也在内心抱着仇恨。因为汉奸本来多是流氓土匪出身，没有政治理想，只为的是保命发财的，敌人曾想利用这批人对于民众施以恐怖手段，使民众屈服，但目前对华正进行政治进攻，收拾民心的时候，自然要限制汉奸土匪的行动，改编土匪军为正规伪军，于是常发生汉奸与日军之严重对立。

(3)日本统治者与朝鲜民族的对立。朝鲜是日寇任意征用人力物力的殖民地，必然的随着战争的继续而增强殖民地民族的负担与牺牲，而终局造成不能挽救的革命战争。敌人对移民虽然用直接的方法管理统制，可是这对立的基本因素是仍旧潜伏着的，同时这个因素在没有革除之前，反日运动是不断地进行的。在这反日的过程中，自然的又要和中国的游击队携手并进，如同在东北抗日联军这样的队伍。

4.我们一年来的工作经验与效果

在战地及敌后方施行对敌宣传的经验与教训告诉我们，对敌宣传是有效的，只要我们的方法得当，便可以使得敌兵大规模的厌战。我们在广大的区域里，最勇敢的参加抗日工作，便可鼓舞中国军民的抗战情绪，以朝鲜民族独立的旗帜参加中国抗战，这对于中国军民以及敌后朝鲜人的号召发动作用是很大的。再就以上工作的效果来说，中国民众尤其是战地的军民热烈地爱护着我们，在工作过的地方军民要求我们千万不要离开他们未工作的地方，纷纷的要求我们和他们一齐工作，而最值得宝贵的效果是敌后方如武汉、平津、京沪、平汉路及同蒲路一带的朝鲜人都知道朝鲜义勇队，知道朝鲜义勇队是为朝鲜的解放，由朝鲜革命者组织起来，参加中国抗战的朝鲜民族独立部队，于是他们表示欢迎，拥护朝鲜义勇队，据敌后某方来人说：常听见朝鲜的青年说，啊！怎样能和朝鲜义勇队取得连络？同时有的已经投到我们的阵营里来了，在美国的朝鲜同胞在芝加哥、洛杉矶及纽约等地自动组织朝鲜义勇队后援会，精神上物质上积极的援助我们，他们现在出版刊物，屡次举行了大规模的反日示威运动和领导抵制仇货运动，又为中国募捐协助抗战。

总之，我们经过一年半的参战，已不像当时成立那样的孤单的地位，相反，与广大的中国军队及民众坚固的联结起来了。同时更给朝鲜群众以深刻的冲动，今后我们在这些群众的拥护和维持的基础上，将要配合着中国抗战战略，更加英勇的开展今后工作。

二、今后工作方向

今后的工作方向是针对着敌人的战略，粉碎敌人对我的政治进攻，积极的展开对敌人的政治进攻，抓着敌国内部的矛盾，瓦解敌军争取朝鲜群众，以瓦解日寇侵略阵营，这是中国目前战略上的任务，也就是关内朝鲜革命者当前的主要工作。

那末将怎样达成这战略上的任务呢？

1.集中力量。过去的工作可以说是散布在各战区的，因此扩大了工作的影响，可是在另一方面，因为太分散，也未能收到集体工作应有的效果，要想给敌人以更大的打击，更大规模的号召，朝鲜群众必须要选择适当的地点[地点以(一)朝鲜群众(移民)多的地方；(二)朝鲜志愿兵被征来作战的地方；(三)游击队发展的地方]集中力量，做进一步战时的准备。

2.发展敌后方工作。粉碎敌人面的占领政策，破坏"以韩制华"之毒计，急需发展到敌后方争取朝鲜群众的工作，而沦陷区内朝鲜人已经有一部份拥护支持朝义队，并希望我们能够深入朝鲜群众里。这从客观的需要来说，又从中韩抗日的战略上说，发展敌后方工作是刻不容缓了，所以朝义队的发展与否，也要看这部工作的进展程度。可是这种工作必须要有几个条件：第一，要有自身的团结，在敌人统治之下，最艰难的环境中进行冒险的工作，非有坚定明确的认识与铁般的团结，才可以发展这个工作的。第二，要与中国方面切实的联络。敌后方是比前线政治上军事上都复杂，这种复杂的关系，往往阻碍我们工作的开展，甚至于使工作停留在不合于战略所要求的阶段。这便使得我们抗战上少发挥一部份力量，不利于战略的胜利的，我们至诚的盼望着，在一切为了抗战胜利的原则之下给我们于工作上以最大的援助，同时我们本身也要随时随地为着朝鲜民族的独立队伍的表现而努力，这样才能克复这个困难。第三，需要政治警觉性与工作技术。发展敌后之工作，只有机会是不够的，本身要有做这工作的技术。

3.建立朝鲜革命军。当中国抗战逐渐转入胜利的阶段的时候，敌人正在最后挣扎的时候，朝鲜革命军的出现于中国战场，更可以鼓舞中国民族的抗敌情绪，也更可以大规模的号召敌后方的朝鲜群众，给与敌人以致命的打击。因此建立革命军是中国整个抗战形势上和本队更高的发展上，目前最重要的工作。至于革命军的建立是一个很艰难的工作，要集中力量，展开敌后方工作，夺取敌人的武器武装自己,争取朝鲜群众。要由自身的斗争来建立革命军,要流更多的血,克服更多的困难,这样才能成为光荣而巩固的朝鲜革命军。但这部工作的发展的限度和速度,还要看中国和朝鲜两民族的联合的程度而定。

今后的工作,不仅仅靠主观的希望,也依据着客观的需要,并基于工作的实现性,我们的面前摆着只有一条路,就是集中力量,团结精神,在发展敌后方的工作与敌人斗争争取朝鲜群众工作中,建立革命军,争取外界的援助。

(原载于《朝鲜义勇队通讯》第 34 期,1940 年)

活跃在鄂北前线的朝鲜义勇队

唐铁克

“朝鲜义勇队”——这光辉的名字，是在中国千百万群众的心头上温暖着的。

富于大陆气候的鄂北，这几天因为春的来临，似乎活泼了一些。田野树枝都披上了绿色的衣裳，河流里的水也显得清澈一些。一个愉快明朗的早晨，和暖的春风带来了廿一位反侵略战士，在这条随枣线上，去年他们曾做了将近一年的工作，参加了无数次光荣的战斗！随枣大会战，鄂北大捷，冬季出击，今天他们是旧地重临，一切都似乎很熟悉，似同在他们自己的家乡一样。

首先来访我们的，是他们的分队长陈东明同志和一位女同志——金炜，一个女诗人，一个优秀的朗诵手和演员，我们大家热烈的握手，被压迫民族间的深挚的友情交溶在我们无言的兴奋中。我们开始交谈，奇怪的是他们所讲的普通话比我们讲的还高明，在这些国际友人前面，我们这一群中国人感到说不出的惭愧，同时也佩服他们的语言天才。

他们告诉我们朝鲜义勇队的发起、组织，以及他们队员在各个战区的工作情形和最近的动态。我们注意的倾听着他们的报告。这些工作情形如果是由我们自己国家的战士们的口中吐出，那我们只是兴奋，而现在是从一个异国的青年战士口中讲出，我们变成了惊奇和不相信自己的耳朵，接着他们和我们讨论工作并要我们去看他们。

明天，政治部的几个同志一起去他们队部。天哪！他们睡得比我们士兵还坏！在低陋的泥屋里，高梁杆[秆]辅[铺]在地上当床铺，破烂的军毯横在上面，瓷的饭碗和漱口杯用绳吊在墙壁上，洗脸巾很多是破了，但还是整齐地结成一排，屋里没有一个办公桌，也没有一张椅子，据说烧饭都是自己动手的（后方享乐的人们请看看吧，朝鲜的朋友为了参加我们的抗战，在生活上忍受这样的痛苦，作何感想)，在队部门外，反侵略的战士们一堆一堆地坐在泥坟上读书和讨论，附近的老百姓开始都以为又是一群男男女女的宣传队，后来才知道是弄错了，原来是日本人，一天到晚好好地从不杀人(这里曾沦陷过两个星期)。

在廿一位反侵略的战士中，还有四位日本弟兄和姊妹，他们的名字是大竹、松井和井村月雄及芳子两姊妹。更大的惊奇和兴奋中，在陈队长热情的介绍中，我们会见了他们。大竹，去年在这条战线上俘虏过来的日本炮兵，是一个有趣的家伙，不会讲中国话硬要学着讲，莫名其妙的发音常常使我们开堂大笑，我们对他过去不想问得太多，只知道他因为喝酒，喝醉了被我们在豫鄂敌后执行游击战的新×军抓了，送到司令长官部，后来在朝鲜义勇队的指挥和训练下，渐渐了解到日本帝国主义的罪恶，才决心参加反战工作，这次是他受训期满后的第一次上前线，上中国的前线和中国的士兵一道向日本法西斯野狗作战。他是一个小丑式的人民艺术家，会做鬼脸，会唱歌，会跳舞，会做戏，会做双簧、独脚戏、滑稽戏，会讲笑话，会喝酒，但人倒很忠实。松井，关于他，我们谈到很少。井村月雄，那个姊妹，已经是廿七岁的中年妇人，很能讲话，靠着翻译，她告诉我们："在日本帝国主义压迫下的二十余年生活中是吃尽了人间的痛苦，今天能够有这个自由身体在贵国招抚下，在朝鲜义勇队的指导下，来做反对日本帝国主义的工作，心里感到有说不出的愉快，相信贵国抗战一定可以得到胜利，而我们一定能得到自由与解放!"这些话今天从一个中年的日本妇人口中说出来是可以使日本帝国主义感到极大的气愤的，对"东亚新秩序"是一个讽刺，汪精卫、张精卫、李精卫及一切投降妥协份子是不愿听的，但这些话终于说出来了，却又是事实。井村芳子姑娘只有十八岁，日本的家庭教育把她训练成了一个可怜的小羔羊，不敢讲话，不敢坐，不敢看人，不敢大声笑，因此我们和她谈的很少。她们俩姊妹听说是由前线俘虏送来司令长官部训练的，只有一个很短的时候她们便能出来工作了，这里也可说明日本妇女所受压迫愈厉害反抗也愈猛烈。

由政治部发起，总队部及特务营官兵共同开了一个小规模的欢迎会，会前我们先有一个座谈会，他们的支队长李益星同志向我们介绍了他们队产生的经过及历史：

"朝鲜义勇队的组织是前年武汉在朝鲜几个革命组织的联合领导下，在中国政府的赞助下成立起来的，开始想作成一个武装组织，后来因种种原因未能成功，只能将它作为一个从事对敌宣传工作的团体，内部组织分总队、支队、分队，全队同志分配在各个战区工作——华北、豫鄂湘赣、苏鲁各地都有我们同志的脚印……我们相信日本帝国主义的崩溃期不远了，中国的抗战一定可以得到胜利，而我们朝鲜民众也要在此次战争中来粉碎四十年来日本帝国主义者所加于我们身上的锁链！”热烈的掌声结束了这位异国同志的报告，那个幼小的芳子姑娘在为人不注意的角落里抽咽着，她的哭是基于一种什么样的感情呢？

欢迎会在广场上开始了，特务营的兄弟们今天带着神话似的心里来参加这个会，很难使我们相信日本朝鲜人会帮助我们一起去打日本的，但现在他们亲眼看到了。在唱过洙沙、麦新两同志临时合作起的欢迎歌以及我们长官及士兵代表致欢迎词后，李支队长那个热情的嘴巴又启动了：

“谢谢各位对我们热烈的欢迎！……我觉得保证中国抗战之所以能得到胜利，在我个人从过去一年多工作经验中看来有三点：(一)官兵一致；(二)军民合作；(三)能争取敌军。这些在敌人方面是没有的。中国只要能够按照这三点加以继续努力，最后胜利是没有问题。中国一定要胜利！伟大的中华民族一定能得到解放！”士兵的血沸腾起来了！

大竹和井村也都有演讲。为了增加大会的兴趣有余兴节目，一开始是朝鲜义勇队的歌咏，有《我们战斗在大时代》及《阿里郎》的朝鲜歌合唱，日本朋友合唱《反战进行曲》及《月光下的战壕》两曲，凄凉、悲哀、思念、愤怒，这些异国的歌声啊！打动了每个在场同志的心弦！其次是日本朋友大竹《提泥鳅》的独脚哑戏，他的化装、熟练的动作以及脸上肌肉的颤动，把我们的肚皮都笑痛了，但他自己没有笑。金炜女同志朗诵光未然作的《黄河大合唱》，清脆流利的国语，富有表情的声调，快速度的节奏，象征了黄河之水天上来的雄伟，给予人们保卫中华先要保卫华北的确信。我们方面由特务营歌咏队唱了《军民合作》《打回东北去》《到敌人后方去》《太行山上》博得他们很热烈的掌声，尤其是《打回东北去》使他们感到更兴奋，因为他们中间曾听人说中国国内流行着一种“恢复卢沟桥以前状态即可停战”的汉奸谬论。特务营弟兄表演了国术，又来了四个军歌大合唱《救国军歌》《抗敌先锋歌》《牺牲已到最后关头》《大刀进行曲》。此外，麦新同志独唱了一个《抗战满江红》，他们独唱了一个朝鲜民谣《落花岩》，全体大合唱在《义勇军进行曲》的歌声中大家欢愉的离了会场。

在未开到最前线做对敌宣传工作之前，在此地他们准备做一点民工众工作和军队政训工作(是中国的民众和军队的！)。工作大概有这么多：写对敌宣传的日文标语、普通中文标语、中文壁报、开军民联欢大会、演中国话剧、唱中国歌曲、教士兵喊日文口号、上政治课、教唱歌。他们队内生活有经常的自我教育和工作检讨。

末了，让我抄录朋友们题在朝鲜义勇队的签名簿上的献词以作本文的结束："我们用坚持抗战、坚持团结、坚持进步，来回答你们的好意！"

（原载于《朝鲜义勇队通讯》第 35 期，1940 年）

对敌宣传在锦河

[韩国]杨民山

锦河是由湘赣边境发源经过万载、上高、高安等县而流入赣江的一条河流，这个河流的下游——高邮市到市入街的一段——就是敌我对峙的阵线。我们在南岸，敌人在北岸，这样地隔河交火已一年多了，敌人始终未得过河一步。

我们朝鲜义勇队第三区队同志奉命由××军转到守备锦河的××军来，于×月九日正式加入了这条河的火线，开始了我们对敌人的宣传工作。这是做对敌宣传最好的工作地带。我们和敌人隔河相距不过一百米左右，加之又没有激烈的战斗，所以工作是很好做的。我们共分成了四个单位配置在最前线，为工作便利计，通常在连，有的同志住在河边的村庄，有的同志住在河堤的掩蔽部里。敌人的炮弹时常落在我们的附近。

我们做工作通常利用夜晚。一到夜晚，在静的阵地上到处泛着我们的喊声，夜晚是我们开仗的时候。我们使用的武器很简单，只是几个洋铁制的喇叭筒。

我们在最初两三天对敌人讲话，并没有得到很好的反响，有的以机枪和掷弹而向我们射击，有的连一点答应都没有。但我们很耐心很诚恳地接着讲了几天之后，他们渐渐对我们有好感而接受我们的宣传了。我们要求他们停止射击，他们就停止；我们讲完以后要求他们放两枪表示“听到”，他们就放两枪；而我们叫他照一照手电筒，他们就照。

二月二十三日上午，第四工作队的刘同志同第二连连长和机枪连连长到高邮市对岸去喊话，刘同志要求敌兵出壕讲话并保证不打枪，结果果然有敌兵二名先露身壕边约二十米达处，但忽然背后有喊声（想系班长），他们就很惊慌地跑去了，接受过我们宣传的敌兵已经把我们信任到这个程度了。

×月十三日晚，第一工作队的李同志在喻家渡宣传，李同志先唱了一曲

《东京姑娘》(日本流行歌),敌士兵们听到了太高兴了,大家拍掌叫"好"叫再唱一个,李同志应了他们要求再唱了一个《思起故乡》,唱完了接着说:"你们究竟为了谁在凄惨的阵地里过着这样寂寞痛苦的生活呢?现在正是春天,你们国内的军阀、财阀们带着太太孩子饱赏樱花的美景,可是你们的妻子们都在樱树下流泪呀!"他们听见了这话表现出很伤心地说:"你不要讲那些话了。"李同志接着说:"你们要过和平的幸福的生活,惟有反战回国改造国家……"他们很兴奋地喊"对了!对了!",对了是以中国话讲的,他们好像刚学会这句话。

×月十七日晚上——月亮普照大地的这一天晚上,第二工作队的文同志、朴同志约三营副营长、第八连连长王指导员一同到金家岭对岸去喊话,在喊时我们以最诚恳的话表示绝不开枪并希望他们出战壕和我们谈话,他们完全放心了,竟出来二十几个人站在我们的对面。那里的一个问我们:"你们是日本人吗?"文同志答着说:"我本人虽不是日本人,但我们这里有不少的日本同志,他们是为了反对侵略战争而过来的……你们不需要和平吗?不愿意回家乡吗?你们如撤退出中国领土,和平即可实现,要不然这个战争是不会结束的,仗已经打了三年了,你们还不觉得讨厌吗?"其中一个敌兵说:"觉得讨厌,但命令是要服从的呀。"正在这个时候,一个敌军官把他们的话拦住了,并把他们带回到掩蔽部里去了。这些事实是可以证明敌兵厌战的情绪如何地普遍和深刻,还有几件事实充分表现出敌兵对我们的特别的同情。例如,放枪向着天空,放炮取下信管使之不爆炸,他们讲话时告诉我们"官长来了不要讲话"等。

因为我们对敌人宣传有着这样好的反响,所以一般中国弟兄们觉得很稀奇,我们一到河堤,他们就争先地喊:"文队长,林同志!这里有敌人,请你们快到这里来!"我们如应着他们的要求,他们就特别的高兴。

我们除了在阵地口头宣传之外,时常参加夜袭部队,接近敌铁丝网,把各种样的传单散布在铁丝网里。

我们最大的目的——使敌兵反战,使敌兵投降的目的虽未达到,但我们确确实实在敌兵的心里种下了革命的种子,我们确信我们所种下的这种子一定会成长起来的。

(原载于《朝鲜义勇队通讯》第35期,1940年)

两个民族一个敌人

——朝鲜独立运动二十一周年纪念大会

佚名

昨天是朝鲜“三一”独立运动的第二十一周年纪念日，旅居在重庆的朝鲜各革命团体在南岸宋家花园联合举行了一个纪念会。他们不会忘记一九三九年三月一日这个日子，为了争取朝鲜民族的自由独立，全朝鲜燃起了炽烈斗争的火炬，然而在敌人野蛮的屠杀的政策下，这个运动被镇压下去了。他们更不会忘记这个日子，他们遭受了死亡、受伤、逮捕与鞭挞，教堂、学校、民房被烧毁了，孩子失去了爹娘，他们被逐出家乡。亡国奴的滋味是不堪忍受的，日本帝国主义要他们屈服，要他们永世不得翻身，然而朝鲜民族是不会驯从的，如今他们抚摸着身上的伤、痛，他们将永远顽强地与日寇搏斗下去，直到建立起独立自由幸福的新朝鲜为止！

纪念会是在屋子外面举行的，走廊当做了主席台，张挂着朝鲜人热爱□祖国国旗。会场上孩子特别多，他们坐在台前的几排小凳上，安详地聆听着父兄们的讲话。这些孩子们的父亲母亲大多数都参加了朝鲜义勇队，在中国战地与日本帝国主义作战，有的孩子已经失去了爸或妈，然而他们似乎都不懂得悲哀，愤怒的种子在他们小心田里开出愤怒的花来。用朝鲜文写的标语“和中国抗战配合起来，打倒日本帝国主义”“继承三一精神，完成韩国独立运动”等等，叫到会的中国人感到亲切的兄弟之情，也□□着他们自己。三个朝鲜妇女会会员唱的“三一”革命歌做了开会的序曲，那悲壮而激昂的歌声中，隐藏着亡国之痛，同样也隐藏着反抗的火种。

因为到会的除了少数的中国人以外，多数是朝鲜人，所以他□用了自己的语言进行仪式。主席尹虬云老先生旅居中国快三十年了，他一直在为光复祖国而努力。今天，他以庄严的致词来勉励他的后辈们：“让我们为先烈的革命而静默……这个纪念会有着它特别的意义，我们必须继承‘三一’革命的精神来打倒日本帝国主义!"金白渊先生报告"三一"运动的历史意义,大意是"三一"运动是朝鲜革命的一个转变点,在这以前,朝鲜革命的对象是反对国内腐败的统治者,"三一"革命加上了反对日本帝国主义,而在□以后,朝鲜的民族革命是变成全世界被压迫的弱小民族争取独立解放的一环了。韩国三一少年团小朋友金键赫举起小拳头,喊出了他心里的愤怒,他说:"廿一年前我们的祖父祖母们和日本帝国主义斗争,我们不忘记,我们要继承他们的精神,朝鲜民族要团结统一起来,打倒日本帝国主义!……中国抗战三年了,他们愈打愈强,而日寇却愈打愈没有用,现在日寇的泥足愈陷愈深,这正是朝鲜民族求解放的好机会,我希望自己赶快长大,好跟着哥哥姐姐打日本去!"

在会场上,他们热烈通过了下面的决议:

一、本大会确认全民族反日统一战线的结成和巩固为现阶段朝鲜革命的唯一战略任务,而为完成全民族各阶层各党派统一团结而积极努力。

二、本大会确认海外革命集团的统一团结,是以全民族反日统一战线的主要部分而给赋予我们海外革命运动者的重要任务,而为赶速实现中国关内、东北、苏联沿海州、北美及布哇各地侨胞革命集团的统一团结而积极努力。

三、本大会确认反日反侵略势力的国际团结与行动统一为反日政略的重要部分,而为争取全世界一切反日反侵略势力的强固结合,尤其为建立中我两民族的坚强的抗日联合战线而积极努力。

四、本大会谨向为自民族的生存自由与全人类的正义和平进行神圣抗战的中国民族伟大领袖蒋介石先生,各抗日领袖、抗日政党暨前方将士致函表示热烈的敬意与慰问。

五、本大会谨向为祖国的光复与人类的正义,跟伟大的中国抗日将士们在各战线共同奋斗的我们朝鲜武装部队及政工人员致函表示热烈的慰问。

最后在高呼纪念"三一",更建立中韩民族□合战线,打倒日本帝国主义,东方被压迫民族解放万岁等声中散会。

朝鲜义勇队如今正在中国各战场活跃着,三一少年团也利用了他们课余时间为中国抗战宣传而努力。我们相信这股潜伏着的力量是伟大的,我们热切希望着他们内部更加团结统一和巩固起来,我们敬祝着朝鲜民族战线联盟和光复运动团体联合会的合作早日成功。现在把大会致中国领袖暨前方将士函和致各战线朝鲜武装部队各政工人员函录后。

(一)致中国抗战领袖暨前方将士函

中华民国国民政府主席林、伟大的中国民族东方被压迫民族解放导师蒋委员长赐鉴，前方各将领、毛泽东先生勋鉴，各抗日政党暨前方将士公鉴：亲爱的中国抗日领袖、抗日政党以及前方壮士们，你们以全民族的空前的铁的团结，在伟大领袖蒋介石先生领导下，为中国的生存自由与为人类的正义和平进行神圣的抗日战争，本大会谨代表二千三百万朝鲜民族，致崇高的敬意与热烈的慰问。因为中国抗战的胜利就是朝鲜民族解放运动的胜利，也就是人类正义的胜利的缘故。我们今天在中国抗战行都举行朝鲜独立运动第二十一周年纪念典礼，深信中□抗战的决定胜利与朝鲜民族解放运动的成功惟有全东方被压迫民族尤其是中韩两民族的团结奋斗才有保障。历史注定中韩两族在同一战□里为同一的目的奋斗，我们中韩两民族从今日起应当更密切地手挽着手，向联合抗日的惟一光明前途行进，谨致民族革命最高敬礼！

（二）致各战线朝鲜武装部队各政工人员函

关内朝鲜义勇队、韩国青年战地工作队、东北朝鲜革命军、东北抗日联军中朝鲜人部队以及敌前后各政工人员公鉴：亲爱的同胞们，你们的一部份同志同胞今天在中国抗战行都重庆举行“三一”运动第二十一周年纪念典礼，首先向为祖国的光复与人类的正义在各战线独立地或和中华儿女协同地进行血的斗争的你们致最热烈的慰问，你们是朝鲜的优秀儿女，同时是全世界进步人类的光荣的战士，凡是爱好和平拥护自由的国际朋友都很热烈地在关怀你们支持你们，你们的胜利正在眼前，自由幸福的新朝鲜快要到来，你们一定会更加努力，战胜日本法西斯强盗，完成我们朝鲜民族的解放！谨致民族解放敬礼！

（原载于《新华日报》1940 年 3 月 2 日）

日寇统治朝鲜民族的新花样

——评日寇的两个怪法令

[韩国]杨民山

据最近朝鲜国内的朝鲜文报纸，日寇在朝鲜先后发表了两个怪法令：一个是“改姓，创姓，设氏令”，一个是“豫防拘禁制令”。依敌政府解释，根据前一个法令，朝鲜人在今后，可以在法律承认下，得将朝鲜姓名改换或创造为日本式的姓名；根据后一个法令，朝鲜人在今后，不问有无现行事实，如被认为思想不稳，可以无期间地拘禁于监狱。“改姓，创姓，设氏令”的目的是要消灭朝鲜人的民族意识，而“预防拘禁制令”的目的是要防止朝鲜人的革命运动。敌人在这个法令上，再一次暴露了它的无耻与野蛮。

日寇早就感觉到，朝鲜民族是它的心腹之患。所以，它向来在一方面采取恐怖政策来极度压制朝鲜民族的革命运动；另一方面它又实行同化政策，要根本消灭朝鲜民族的民族意识。日寇自从并吞朝鲜到现在，一天也没有放弃过这个政策。不论它的花样如何更换，它实际的内容丝毫也没有改变。就是说：这政策的目的，是使朝鲜人永远驮伏于奴隶地位，以便加紧剥削并为它使役。

日寇并吞朝鲜后十年——一九一〇年“合并”日到一九一九年三一运动——日寇对朝鲜的统治政策，是恐怖重于同化。这就是寺内的“武断政治”。这个时期宪兵统治一切，任意侮辱、摧残、逮捕、屠杀。三一运动后至九一八事变止——一九一九年到一九三一年——这一时期的政策是同化重于恐怖。这就是斋藤的“文化政治”。这个时期它取消了宪兵政治，并准许了朝鲜人在言论、出版、结社、集会上的微小的自由。“九一八”到现在，这一时期的统治政策是恐怖与同化并重。九一八事变后，日寇颁布实施所谓“思想犯保护观察法”（限制“思想犯”的居住、通信及一切行动的法令），监视大批革命者，并诱降大批民族败类组织各种反动团体（如时中会、大同民友会等），宣传“日本的德政”和大亚细亚主义。

自从日寇发动全面的侵华战争后(七七事变),朝鲜就变为它在华作战的唯一“兵站基地”了,因此日寇认为巩固朝鲜统治是绝对重要的事。所以它一方面增加了警察名额,组织了严密的密探网,防止朝鲜革命;另一方面提出了“内鲜一致”(内为内地,指日本)的口号,想利用朝鲜民族为它战争服务。

“内鲜一致”的口号提出之后,日寇令其内地人称朝鲜人改称为“半岛人”,又把普通学校及高等普通学校改名为小学校及中学校,以表示“一视同一”。(过去朝鲜教育是被认为特殊“奴化教育”,故采用普通学校和高等普通学校这个名称。)它并组织精神总动员联盟,到处设置道场(公共集会所及“国旗”揭扬台),强迫朝鲜人民举行“宫城遥拜”(向日本皇宫鞠躬),朗诵“国民誓辞”,以表示同样地“皇国臣民”看待。日寇的所谓“内鲜一致”“一视同仁”,给朝鲜民族的并不是政治上教育上的平等(日本人所享受的那民主权利“当然是骗人的”和义务教育都没有),而是各种战争负担上的平等。朝鲜民族决不会被日寇的花言巧语所欺骗,也不会被它的恐怖所屈服。它们自始至终坚强的反抗回答了那野蛮骗人的政策。

由此,可以断言:日寇最近所发表的“改姓创姓令”,不会得到丝毫的成绩。朝鲜人民的大多数,一般地还带有封建思想——是儒家意识——宗族和尊祖的观念很强,所以改换姓名,认为家门之耻,大不孝,简直不是人。这个法令只引起了朝鲜人民的嘲笑,而愈暴露了日寇的愚钝,同时再一次表现了日寇想同化朝鲜民族的又一番苦心。

又可以断言:日寇发表的另一个“预防拘留制令”,也不会有效果。它这个法令,可以训练朝鲜革命者的秘密技术,增加朝鲜人民对它的仇恨,而再一次暴露了日寇之惧怕朝鲜革命的真相。

朝鲜民族有四千年的文化,有固有的文字、语言、风俗、习惯,有三十年来的反日斗争,有英勇的战斗精神,要它们变成日本人,要它们不反抗,这是绝对不可能的。所以日寇勿论来什么花样,都会徒劳无功。

(原载于《朝鲜义勇队通讯》第35期,1940年)

朝鲜义勇队与朝鲜革命军

杰夫

一

中国抗战是外求民族独立，内求建立一个崭新的三民主义共和国，同时也是反侵略的为了世界和平的正义战争。所以，在国际间不孤立而是多援的。抗战已满三年，事实已证明，这是勿庸再置疑的了。

无论敌人怎样的宣传，要建立什么“秩序”，而由于它疯狂的侵略行为，屠杀中国无辜的妇孺。同情的呼声，正义的援手，“抵制日货”“禁运军火”，各国报纸上连篇累牍的记载，却都是对中国的同情，对中国的声援。而对于所谓“东亚新秩序”“东亚门罗主义”，一些狂妄的叫嚣，却到处遇见“抗议”与讥讽。

三年来，国际友人予我们的援助，是罄竹难尽的，而直接参加作战的团体，则有前年来华的“印度救护队”，最近组织的“台湾义勇队”和已有二年多工作历史的“朝鲜义勇队”。

二

朝鲜义勇队的产生，于中国抗战实有其伟大的意义。

首先，就中韩文化及历史来讲，中韩可称兄弟之邦，民族间向来是很融洽的。朝鲜民族虽遭亡国之祸，而其民族精神则浩然长存。日寇的政策，欲毁其固有文化，消灭其民族意识，于中韩两族间尤尽其挑拨离间之能事，而于中国抗日战争爆发后，在华朝鲜同志组织朝鲜义勇队参加中国抗战，恰好给敌人一个有力的答复，中韩两族正在亲密的携手，准备粉碎共同的敌人——日本帝国主义者。中韩两族间的感情，却在无限地增厚。

其次，就中国抗战来讲，朝鲜义勇队的组织，实是多一国际劲旅，目前战争，政治重于军事，宣传重于作战。对敌宣传与争取瓦解敌伪的工作，的确重要。顽强的敌人是最难歼灭的；而军心动摇的队伍，是不灭会自歼的。在这一方面，朝鲜义勇队的英勇同志们已贡献了不可磨灭的力量，写下了很多光荣的战绩。

再次，就朝鲜革命来讲，中国抗战的利益，与朝鲜谋独立解放的利益是完全一致的。日本帝国主义崩溃得愈迅速，愈彻底，对她的殖民地愈有利益，被压迫民族的独立运动愈容易发动，愈容易成功。这是极浅鲜的道理。所以说，朝鲜义勇队的存在，实有其伟大的意义。这样的友军，我们希望它有很大的发展，随着抗战的进展更强大起来。

三

朝鲜义勇队的扩大与发展，惟一的途径就是变成一个武装队伍。最近该队已有组织革命军的决定，我们希望这一决定能早日实现。它的意义尤为重大。

（一）对于朝鲜革命

第一，可以增强革命的实力。过去的历史告诉我们，殖民地的独立解放运动，要没有武力，真不啻与虎谋皮，印度甘地的不合作运动，几十年来，并未收到什么效果，到现在印度还没有挣脱掉奴隶的命运。唯有扩展武力，展开武力斗争，才是最正确的出路。

第二，可借以扩大革命力量。即有了武力基础，革命力量很快地成长起来，更可以吸收游离的星散的革命力量，汇成一个总的力量，还可以与东北的朝鲜义勇军相呼应。

第三，可以增加国内外革命的影响。有了武装队伍，首先，在中日战场上歼灭敌人，培植武装斗争干部，积蓄战斗经验，将来可成为独立运动的主力军，成为革命成功的有力保障。

第四，争取与团结广大朝鲜革命群众。独立运动即有武力为后盾，可以增强朝鲜同胞的革命信念，因而更可以争取广大革命群众参加革命军与团结他们在革命军的周围。

第五，各革命团体可以更坚强地团结在一起。朝鲜的独立解放运动，团结奋斗的意义比什么都重要。革命军的成立，可以说已是各革命团体团结的更进一步的表现。这一团结，在实际斗争中当然可以更发展，更巩固的。

（二）对于中国抗战

第一，朝鲜义勇队的扩大为朝鲜革命军，无疑义的增强了中国抗战的力量，同时恰好适合于中国准备反攻实力与抗战的进展。新生力量的成长，与友军的增多与强大，于中国抗战都是有益的。

第二，由于朝鲜同志的武装参战，显然的，对中国抗战的援助更加增强，因而中韩两民族间的团结也可随之而更加增强。毫无疑问的，中韩两族只有更亲密的携手，击溃共同的敌人——日本法西斯强盗，才是中韩两民族的真正出路。

一九四〇，七，十

（原载于《朝鲜义勇队通讯》第36期，1940年）

朝鲜义勇队与中国抗战

宋斐如

日本帝国主义者时常夸言：朝鲜是日本帝国主义实行大陆政策的总兵站。这并不是说朝鲜帮助日本侵略中国，而是说日本帝国主义者利用朝鲜，压迫朝鲜民众，乃至残杀朝鲜良民，来实行其侵略中国的政策，换言之，朝鲜实在作了日本帝国主义侵略中国的第二个牺牲者——其第一个牺牲者是台湾。

朝鲜这个日本帝国主义大陆政策总兵站，对于中国的存亡是有莫大的关系。日本强盗对于这个总兵站的利用完成到什么程度，也就是日本大陆政策可以遂行到什么程度的指标。以前日本强盗是利用朝鲜的市场和资源培植长大了自身，使它有遂行其大陆政策的力量，现在更利用朝鲜作桥梁，想把西部日本和中国大陆联成一片，以巩固其在大陆的基础——朝鲜的作用更加增大了。

然而，从另一方面考察，朝鲜民众的抗日力量也与日而俱长，他们在日本帝国主义的大陆政策上，是一种强大的阻力，当朝鲜民众抗日意志一日存在，则日本大陆政策的基础不能稳定。朝鲜民众的抗日力量现在扩充到三个主要的方面。其一，是朝鲜半岛内大无畏的精神与前仆后继的流血；其二，是朝鲜革命军在我东四省的生长（详见《战时日本》第一卷第二、三期合刊《朝鲜革命军在东北的抗日阵线》）；其三，是那在我抗战中产生的伟大的朝鲜义勇队（详参考金若山及朴孝三在战时日本研究会座谈会上的讲演）。

朝鲜义勇队的成立是朝鲜抗日力量高一层发展的表现，已和中国抗日阵线联成一片。朝义队成立恰已两周年，他们在金若山先生，在华革命志士领导之下，为中国抗战尽了如何伟大的任务，立了如何灿烂的战功，用不着我来赞扬，事实具在，有口皆碑，我们只为朝义队祷祝而已。

日寇三年来已把我们大部分领土占成它的后方，已把华南占为移植台湾人民的土地，而把华北占为移植朝鲜人民的土地。日寇更毒狠，欲以我们的朋友为侵害我们的急先锋，中韩台的交错问题更加复杂化了。于此，朝鲜和台湾两地的抗日力量更加重要了。我们要实行反攻，首先要使韩台两地附逆的愚民反正。这种神怪而又伟大的任务，很自然落在韩台两地革命民众的肩上。我们即令站在我们民族抗战的立场上，我们也应当竭力培植帮助这反攻伟大力量之一的朝鲜义勇队，何况国父的遗教指示我们：要联络世界被压迫民族共同奋斗。特写一点意见为朝鲜义勇队成立二周年纪念庆祝。

（原载于《朝鲜义勇队通讯》第 38 期，1940 年）

中日人民携起手来，渝各界欢迎日本反战同志

衡

昨天下午三时，重庆各界在新川大戏院举行欢迎在华日本人民反战同盟西南支部巡回工作团大会，到各机关、各团体、各界代表来宾等二千余人，会场四周缀着不少中日文写的标语“战斗的和平使节，欢迎日本反战同志！”“中日两国人民团结起来，打倒日本帝国主义！”“中国的敌人不是被压迫的日本民众，而是暴戾的日本军部！”今天这个欢迎会是有着特别重大意义的，因为被欢迎的不是我们自己的同胞，也不是我们的那些在前线奋勇杀敌的弟兄，而是那些掉转了枪尖朝向他们的军阀，和我们为着一个共同目标而奋斗的日本朋友！是的，正如反侵略运动中国分会常务理事郭沫若主席致词中所说的，今天我们是在欢迎着真正值得我们欢迎的朋友！廿六个日本朋友（有两个是日本姊妹），他们过去也许曾经受过军阀的欺骗，他们过去也许曾经屠杀了我们的弟兄，但是如今，他们是和我们站在一条战线上的亲密的战友了。从这里我们可以得出一条真理来，公理和正义是永不泯灭的，中国抗战是正义的战争，日本人民不是我们的敌人，而这二十几个日本反战同志将是日本国内千千万万反对战争、反对军阀的先锋队。这以后，我们相信：一定有更多，更广大的日本反战同志来参加我们的抗战队伍的！

当二十六位日本反战同志走进会场的时候，为一种崇高的心情驱使着，会场的人都站立起来欢迎着值得我们欢迎的友人！

主席郭沫若先生，致词说：“今天我们欢迎日本在华人民反战同盟西南支部巡回工作团的朋友们，这些朋友们曾经超越了战线和死线来参加我们的阵营，他们的正义，他们的勇气，他们的革命精神是值得我们佩服和欢迎的。日本人民反战同盟西南支部的工作同志们都很努力，在昆仑关、宾阳之役他们都亲身到前线去作对敌宣传工作，造成了我国对敌宣传的最高记录！在宾阳，有三个日本反战同志阵亡了，他们那样以生命献给工作的精神是应该受我们的

欢迎的。巡回工作团这次经柳州、贵阳而来重庆，他们参加我们的抗战阵营就好像给我们添了五十万大兵，他们给了敌人最大的打击，给了我们后方民众最大的鼓励。因此我们要欢迎他们，我们的敌人是日本强盗军部而不是日本人民，我们希望日本国民中多多产生反战同志，帮助中华民族解放，同时也就促进了日本民族的解放！我们希望在最短期间内打到鸭绿江边，打回南京去！也希望日本反战朋友们打回东京去！”国民党中宣部潘副部长说：“和平是要两国人民的努力而得来的，而不是日本国内的军阀与中国的汉奸所喊的‘和平’！”因此，他希望中华民族的儿女们与日本反战同志们举起手来，共同奋斗，才能共唱胜利之歌！潘副部长讲完后，主席临时提议，全体肃立为死难三烈士点川藏二、大山邦男及松山速夫静默三分钟致哀。

日本人民反战革命同盟会总会代表鹿地亘先生站起来讲话，他为受到了如此盛大欢迎而感激得甚致流泪，他说：“我们有一个共同的目的，需要大家一起来奋斗，因为中国的英勇抗战增加了我们的勇气，因为中国的英勇抗战使得日本帝国主义已经走进了崩溃的阶段，也因为中国人民的英勇抗战，使得日本人民反帝的怒潮不断增涨！日本人民反战革命同盟两年来所做的工作稍有成绩，由俘虏口中所述，知日本军队里面受了很大的影响，如今日本人民在向帝国主义开始肉搏了，我们的工作所以有这样的成绩，主要的是因为靠着中国的英勇抗战，靠着中国领袖政府和各方面的帮助，……远东局势紧急，我们要以血来回答，让我们大家团结起来一致奋斗！”反战同盟总会另一代表成仓进致词，指出日本帝国主义是两国的共同敌人，为了中华民族解放，为了东亚的和平，一定要打倒它！“我们的血在沸腾，我们要在沸腾中团结起来大家努力，因为帝国主义阵营正在崩溃了。”

反战同盟会桂林分会代表板[坂]本秀夫说：“三年来中国的英勇抗战，日本在国际地位上的孤立，日本人民的反战，使得日本如风前之烛，快要熄灭了，中国胜利的日子，也就是日本人民解放的时候！”日本反战女同志前野慕子说她自己是爱好和平的，因此憎恶、反对破坏和平的人，“为着日本侵略中国，中日两国妇女受了重大牺牲，我们只有把恶势力从东亚从世界驱逐出去，才能得着幸福！”她热切地盼望中国姐妹们和她携手工作。国民党重庆市党部代表、卫戍司令部代表相继致词后，全体日本朋友起来唱了个日本歌，接着闻[放]映电影，至六时散会。

（原载于《新华日报》1940年5月13日）

我们是患难兄弟

——国民外交协会欢迎日本反战同志座谈会

风展

在华日本人民反战同盟西南支部巡回工作团来到重庆，给了战时首都以兴奋和愉快。继各界在新川大戏院的盛大欢迎会之后，昨日下午二时，国民外交协会又假社交会堂举行了一次大规模座谈会。理论是行动的指针，一方面表示欢迎，一方面也趁此来研究一些问题，帮助我们去勇敢地实践。虽然后来因为时间关系来不及进行讨论，但几位先生的明确诚恳的谈话，带给人们以无限的亲切之感。只要听那热烈的掌声和看看鼓掌的时候那微带点儿憨态的表情，我们可以知道那些字句是怎样地打动了人们的心，或者换句话说，正好是怎样说出了人们心底深处的话语吧。

欢迎日本人？这事情总不能不叫一般的市民们感到一点模糊的惊奇。说是模糊也者，因为他们也模糊的懂得一点的原故。社交会堂的门口挤满了人，他们伸长着脖子，要窥探一些秘密，会场里也同样挤得满满的。当这些穿着中国制的草绿色布军服的异国的同志们在鹿地亘先生率领之下进来的时候，全场一致起立，用长时间的鼓掌欢迎了他们。欢迎你，患难的兄弟们！让我们要这样叫吧，正像反战同盟总部的代表成仓进先生在他的演说的第一句就说的“各位亲爱的中国同志，我想这样叫”。啊，我们患难的兄弟呀！

主席吕超先生介绍了我们的贵宾之后，首先说明开会的意义。他说日本军阀是战争的祸首，只知道为自己打算，牺牲人民的利益，而日本的人民也大家都知道这个，军阀们的结果必极悲惨，是毫无疑义的。我们为正义自由而战，为维护人道而战，得到全世界广大的同情，日本的反战弟兄也和我们站在一起。我们特向反战的同志表示敬佩，并且希望所有日本国内的许许多多的优秀的明达的人士大家起来，我们共同努力，打倒人类和平的罪魁。

邵大使是全场瞩目的人物，当这个铄铄的和善的老人家走进会场的时候，人们就曾送给他以敬爱的掌声。现在他又微笑着在掌声中站起来说话了。

假定是那样……

他首先从国民外交协会的立场说起:“日本有一部分人受军阀的命令,受帝国主义者的指使,做着欺骗的宣传和可耻的所谓□民外交活动。然而那个和我们今日的立场,丝毫没有相同之点。汉奸们为虎作伥,帮同侵略者进行卑劣的欺骗,更是下流到极点的。”

“我们希望中国打胜仗,”他说,“这也和日本帝国主义者们希望完全不同的。为什么呢?因为我们的信念完全两样,我们有高尚的目的。我们不是要欺压他们,我们不是要他们做我们的奴隶。我们不是对日本有仇恨,也不是要欺骗人家来帮我们打胜仗,去灭亡他们。我们是为了保护正义和人道。假若说,”在这里他特别着重地顿了一顿:“中国也是怀了帝国主义的野心而作战,也是为了要压迫谁,要奴役谁,那么我一定不参加这种战争!”立刻一阵怒潮似的掌声截断了他的话,他等了一下才又接下去:“同样,假若是那种为了帮助侵略去进行欺骗的外交协会,我也一定不参加,而另一方面,我一定要参加反战运动!”(大鼓掌)

“以德报德,以仇报仇”

接着他就提到近来他常常说的□句老话。我们反对日本帝国主义者,我们给打击者打击,而且要消灭他们!而对于日本的反战同志,我们却当作自己的兄弟一样看待。我们希望他们也建立一个平等自由的国家,也成为一个永远爱好和平的民族。

同样,反战同志们的毅力是值得钦佩的。这里他打了一个比喻:“假定今天有一个作儿子的杀了父亲,或者一作父亲的杀了儿子,这是不伦,有违我们习惯的道德,但大义可以灭亲,所以王克敏的女儿可以反对他的父亲,可以和他脱离父女关系,而且假若有杀他的机会,她可以杀掉他!”(鼓掌)“假定我有一个汉奸儿子,我也可以杀掉他!不是我要仇恨他,而是以仇报怨,他自己有应得的罪!”(大鼓掌)

最后他说到抗战以来我们各方面的进步,在国民外交方面我们已经完全认清了明[朋]友和敌人。我们并不仇外,在抵抗日本帝国主义者的战争中我们认识了也交结了真正的朋友。从前有不懂事的人喊“杀到东京去”“踏平三岛”等口号,现在大多数的人都知道那错误了。我们希望建立一个平等、自由、幸福的新中国,也希望建立一个平等、自由、幸福的新日本。

感谢中国

接着是鹿地亘先生说话，他已是我们多年熟悉的老朋友了。他首先向中国表示深深的感谢。“为什么呢?”他说，“我有两个理由：一个是中国的坚决抗战使日本人民能够团结起来，这是使日本军阀最苦恼的事情。(鼓掌)中国的长期抗战使日本人民产生无限的勇气和愉快，使在中国广大的战场上被迫作战的日本士兵中产生了无数的反战的勇士。(鼓掌)第二是要感谢中国对于日本人民的了解和帮助，使两大民族能够携起手来，融洽地共同工作，这工作现在已经现实化了。”

我们不是“汪精卫”

他继续说，他听了邵大使的演说十分感动，他用颤抖的声音说：“假定在普通人看起来，我们是不是‘汉奸’呢？(鼓掌)不是，我以为绝对的不是！因为中日的立场完全不同！(鼓掌)日本帝国主义者是牺牲了自己人民的利益，吮吸了人民的膏血而肥大起来的，而中国却恰恰相反，是为了反对侵略，反对帝国主义者。汪精卫为帝国主义者做奴隶，为侵略者服务，而我们却是一方面是自己反对帝国主义者的，同时和反对帝国主义者的中国联系在一起。所以，我们不是奴隶，也不是‘汉奸’！”(鼓掌)

日本在碎裂中

“现在日本国内渐渐地一天天明显地分裂成两派、两条路，各走各的方向！一方面是帝国主义者、侵略者，另一方面是反帝国主义者、反侵略者，而中国是全国团结的，万众一心的反对帝国主义者，因此我们反战者和中国有联系在一起的根据。”

“现在日本军民的反战浪潮是一天天地高涨起来了，我们可以举几件事实来做一个证明。我们的工作团在桂南工作的时候，从南宁和广东前线送来两个俘虏。他们说日本军队大家都知道中国军队中有日本人工作，这事实给了他们莫大的刺激和动摇。(鼓掌)这是工作团的同志化装到俘虏收容所中去探听出来的，可以证明他们都愿意加入到我们的阵营里面来。我们将继续努力，相信总能有一点儿力量，做一点儿帮助。”(鼓掌)

最后，还是让我们中国人谢谢这位亲切的友人吧。他说他非常恳切地希望中国继续坚持团结抗战，胜利是一定的。为了中国自己，也为了帮助他们，我们一定要这样做，我们的可敬的朋友！为了自己的生存，也为了人类的正义！

接着是西南支部代表坂本秀夫先生说话，他说他们的工作可以分做两点：第一是扩大日军的反战运动，第二是做正义的国民外交，他们十分地感谢中国给他们的帮助。陈铭枢先生也简单地说了他的感想，他觉得非常高兴，在前线的血肉搏斗中我们却这样融洽地共聚一堂。说是不奇怪吗？有一点。说是奇怪吗？也不。我们都心安理得，因为这是合乎真理的。此外，还有同盟总部代表成仓进先生、王副部长、王芃生先生也都说了话。散会的时候已是四点多钟了，门外还是挤满了那么些人。是的，我们大家都关心这件事情。不是属于那一个人，也不是属于中日那一方面，公理正义永远是一个，永远是一个整体。

（原载于《新华日报》1940年5月18日）

抗战三年来朝鲜人民的反日斗争

马义

一、朝鲜民族是不可征服的

“中国抗战的胜利，无疑的是促进朝鲜革命运动的成功，同样的，朝鲜革命运动的发展，也可以促成中国抗战的胜利。”——朝鲜民族革命党金若山先生语。

三十年来铁的事实证明朝鲜民族是不可征服的，朝鲜人民从他们亡国的那一天起，没有停止过一天的斗争，伟大的“三一”“六十”“光州学生事件”，都是用千千万万人民的血，写下了一页又一页光辉的战绩。

一再的失败没有使他们气馁，相反的，在苦难中在斗争中，使他们锻炼得更坚强了。

愤怒的火，在每个朝鲜人民的内心潜流着，随时准备向他们的敌人喷射，随时在准备打断这三十年来的奴隶的镣铐！

朝鲜人民清楚地知道，中国抗战促成了朝鲜革命有利的条件是不错的，然而朝鲜人民决不是等待着中国抗战胜利的来临，而是用他们实际的行动和力量，参加中国抗战，帮助中国抗战。同时在中国抗战的过程中，整理自己的力量，准备自己的力量，以澈底推翻日寇在朝鲜的统治，建立独立自由的新朝鲜。

朝鲜的民族解放运动，正在日益巩固着，发展着，扩大着，他们在配合中国人民的斗争中，正准备在鸭绿江外，在朝鲜半岛举行日本帝国主义最后的葬礼，把日本强盗一直葬送到东洋大海去！

二、中国抗战后日寇在朝鲜的统治

朝鲜总督南次郎于今年四月二十三日，在朝鲜首都京城全鲜十二道道知事会议上讲到：“半岛（朝鲜）的使命，是完成帝国跃进大陆的兵站基地任务，要达到这个任务，必须要培养人的资源，并发展广大新的国防产业。”这就是说，日本帝国主义把朝鲜当作为进攻大陆的桥梁，随着日本帝国主义侵略战争的延长，日寇必然要加紧驱策朝鲜的人力和利用朝鲜的物资，来为日寇的侵略战争而牺牲。

三十年来，朝鲜人民过着水深火热的生活，日本帝国主义用着最残酷的中世纪的榨取方式剥削朝鲜人民。特别是中国抗战后，日寇在朝鲜进行有计划的搜刮，在“战时统制”的名义下，朝鲜仅存一息的土著资本被一命呜呼了，在所谓“节省物资”“节约消费”的借口下，朝鲜人民被迫束紧裤带，每餐要献出一匙白米“报答皇国”，朝鲜人民自己每天只能吃两顿稀饭。在所谓“内鲜一体”的荒唐无耻的宣传下，组织“朝鲜精神动员同盟”，策动各种伪组织(如爱国班、勤劳报国队、青年训练所等)，进行欺骗宣传。最近更公布了两道荒□而滑稽的怪法令：一道是强迫朝鲜人民把原来的朝鲜姓名，一律改成日本式的什么马二郎、马三郎；另一道是强迫朝鲜人民跟日本人混婚。所有以上这些阴谋，都无非是梦想澈底消灭朝鲜人民的民族意识，作日寇的万世忠顺奴隶。同时另一方面，日寇更在朝鲜实行所谓“志愿兵制度”，诱惑和威胁朝鲜人民给日寇当炮灰。从中国抗战开始后，成千成万的朝鲜有为青年和革命者，被拘禁捕送到“集中营”去了(朝鲜的集中营即“思想保护观察所”)。

朝鲜人民清楚的看到三十年来日寇统治朝鲜的“政绩”：百分之八十五的朝鲜土地集中在日寇手里，全朝鲜的重要产业资本，日寇占总平均的百分之九十九。然而朝鲜农民的生产物百分之七十以上都给日寇掠夺去了，每户农民平均要负债到一百二十日元，这是一幅如何残酷的对照啊！

三、为朝鲜革命力量的统一团结而斗争

正如中国一样，因为有了各党各派的团结，才能坚持了三年的抗战，才能保证最后胜利。朝鲜人民也明白这个唯一的真理，他们一直为着朝鲜革命力量的统一团结而努力着！

早在一九二七年二月，那时正当“三一”运动失败以后，正当中国的北伐时代，朝鲜各革命政党、爱国志士感觉到团结的重要，已经建立了“新干会”的统一战线组织。该会在全国拥有一百五十余支会，三万多会员。在“新干会”的领导下爆发了轰轰烈烈的光州学生运动。

中国抗战以后，首由朝鲜民族革命党，民族解放同盟，革命者同盟于一九三七年十一月成立朝鲜民族战线联盟(以后青年前卫同盟亦参加)。同时韩国人民党、韩国独立党、朝鲜革命党三团体，亦在金九先生领导下成立了“韩国光

复运动团体联合会”（今年六月间该三党已经合并，成立朝鲜独立党）。一九三九年，曾由民族战线领袖金若山先生与光复战线金九先生发出了一封联名的公开信，阐明两位对现阶段朝鲜革命的政治主张及目前海外朝鲜革命运动团结统一问题的共同意见，使朝鲜民族解放运动进入一新阶段。

三年来光辉的战绩，是朝鲜人民统一团结的成果，今后朝鲜人民，将继续爱护团结，巩固团结，坚持团结，只有朝鲜人民铁的团结是一支不可战胜的力量。

四、转战于中国战场上的朝鲜义勇队

两年前，一九三八年十月十日，在汉口诞生了一支朝鲜革命的队伍——朝鲜义勇队，他是朝鲜民族解放的先锋队，同时也是中国抗战中国际纵队的先锋队之一。

正如该队宣言中所揭示的：“今日成立的朝鲜义勇队的任务是非常重大的，我们要唤起不愿做殖民地奴隶的千百万朝鲜同胞，在朝鲜义勇队这面旗帜下集合起来。”两年来，他们英勇和中国弟兄携着手奔驰在中国各个战场上，发挥了巨大的力量，跟日本强盗清算这三十年来的一笔偌大的血债。

该队过去的工作，主要的着重于对敌宣传工作，由于他们皆能操流利的日语，对日本社会、生活、风俗、习惯、军队士兵情形都相当了解，因此他们在对敌宣传上有着很大的贡献！

他们进出于敌军阵地，进行瓦解敌军，在敌人阵地散发传单，在敌后遍贴标语，在火线上对敌士兵喊话：“喂！日本反战的朋友，过来！”

他们向被迫应征入伍的朝鲜人民揭破日寇的欺骗，争取在敌军内部服务的朝鲜同胞。

他们积极进行侵占区的民众运动，用日寇统治朝鲜的实例来教育中国民众。

他们散布在各个部队，帮助各个部队建立敌军工作，进行对俘虏的教育。

该队队员有 X 百人，总队长为金若山氏——一位朝鲜革命的老战士，民族革命党领袖，朝鲜义勇队的最初组织者。副队长为朴孝三、金学武二氏。总队部以下，计分三个支队，先后转战于湘北、赣北、鄂北、桂南、华北各个战线上。他们用艰苦的奋斗精神、优良的政治作风获得了最大的战果，获得了各该战区军政当局最荣誉的奖励。

两年来朝鲜义勇队的斗争，他的政治影响扩大了。在前方，敌人一听到朝鲜义勇队就发慌，立刻进行对朝鲜义勇队的反宣传。在侵占区，无数的朝鲜人

民秘密打听朝鲜义勇队的消息，希望参加到朝鲜义勇队来。

朝鲜义勇队现在正在继续发展和壮大中，他们今后正准备从分散的工作区域转变为集中的，把工作重心放在敌后，争取敌后方的朝鲜群众，建立武装部队，从斗争中锻炼自己，为扩大朝鲜义勇队，为朝鲜革命军而斗争！

抗战三年中活动于中国战场上的朝鲜革命队伍，除朝鲜义勇队外，尚有以下各团体：

流动宣传队：曾在桂林、老河口公演《朝鲜的女儿》。现仍在前方工作。

三一少年团：去年一月间在重庆成立，团员二十余人，多为朝鲜革命者的子女。

妇女服务团：近已解散。

朝鲜旅渝妇女会：即前"南京朝鲜妇人会"的后身，去年一月间改组成立，她们已经与中国妇女团体取得密切联系，曾经参加了重庆市妇女界的献金运动，慰劳中国将士及朝鲜义勇队，创办短期训练班等。

此外，在北美，有"北美韩侨援华会""朝鲜义勇队后援会"等，他们经常的进行抵制敌货运动和募款援助中国抗战及朝鲜义勇队。

五、如火如荼的朝鲜国内革命运动

朝鲜人民的反日斗争，有着光荣的历史传统。在死亡线上挣扎的朝鲜工农大众，他们认识到，只有斗争才是他们唯一的出路。

他们反对日本帝国主义的野蛮统治，反对日本强盗残酷的压榨，反对日寇的奴化教育，反对日寇在朝鲜征兵的阴谋，反对一切朝鲜民族内部的奸细，推翻日本帝国主义在朝鲜的统治。

从一九二九年到一九三二年间，农民暴动的次数竟达一万三千九百四十三次之多，工人暴动达五百七十七次，参加者十余万人，有名的元山总罢工，釜山纺织会社工人的总罢工，以及平壤十二个工厂的联合总罢工，都是在这时期爆发的。

中国抗战后，一方面刺激了朝鲜人民，兴奋了朝鲜人民，使他们展开更猛烈的斗争。同时，由于日寇统治的加紧，环境比较更困难了。然而这一股革命洪流，是日寇永远无法抑止的。

在朝鲜的秘密革命团体"反帝同盟""赤色工农会""赤色读书会"的领导下，团聚了广大的国内革命群众，他们曾经英勇的领导了咸兴、永兴、端川的大暴动。一九三八年三月，在平壤及开城发生了三千余民众的反战暴动，十月二十四日至二十七日汉城附近的民众与敌人战斗了三天三夜。在一九三八年一月十六日，多狮岛的朝鲜工友，更把敌人尚未竣工的军港整个破坏了。同年一月十七日，全州的朝鲜农民把敌人地方官的公馆一个个烧毁了。

虽然在敌人严密的封锁与统制下我们不易反应朝鲜人民斗争全面的活动，然而我们即从在朝鲜出版的《东亚日报》中，尚不时察寻出一鳞半爪的消息。

十月三日：威[咸]安"骚扰治安"事件，十七名判处徒刑。

十月七日："赤色劳动同盟"再建事件，十五名判处徒刑。

十月十二日：京城工业社二百余女工罢工。

十月二十二日：破获某种不稳团体，被捕学生六名。

十月三十日：佃农八十余人暴动。

十一月二日：全州道主佃纠纷达千余件。

——以上均见一九三九年朝鲜《东亚日报》

今年二月二十五日，咸兴之敌兵工厂又经内部的朝鲜工人付之一炬，敌人损失达二百五十万日元。

以上这一连串的事实都说明着，朝鲜的工农大众一直以先锋的姿态站在民族解放斗争的最前线，他们向朝鲜人民指示了胜利的旗帜、光明的前途！

六、在战斗中壮大起来的东北朝鲜革命军

在东北的朝鲜移民达一百五十万，有些是敌人被迫移住的，有些是为生活所迫而流亡的，更有些是过去的朝鲜革命志士，因挫败而暂时退避到东北以图再举的。

他们对敌人有高度的仇恨，有过跟敌人长期斗争的经验，他们始终坚持在东北斗争着，不断的整理武装队伍，散布在南满铁路及国境一带活动，他们热烈的成立了中韩抗日联军(即东北抗日联军的一部份)。随着东北抗日武装力量的发展，他们争取了广大的朝鲜青年参加抗战，团聚了广大的中韩两国的人民在一条战线上并肩作战。

在抗日联军中也有朝鲜人，他们曾经攻入朝鲜境内，给敌人以重创。该军内朝鲜人达五千以上，李红光将军就是一位优秀的年青的朝鲜革命干部。据一九三八年的估计，在东北的朝鲜革命军达二万以上。

活动于辽东一带的抗日联军，他们时常渡过鸭绿江去袭击朝鲜国境的日军。前年五月，他们曾一度分三路，围辑安，进攻满浦镇(朝鲜境内要镇)，敌军异常恐慌。去年十二月一日，朝鲜抗日军崔贤将军部袭击汪清，敌人重轰炸机均出动，大举"扫荡"一再被粉碎。从朝鲜国内报纸上，也不时可以看到："侵入朝鲜国境的革命军,正与警备队激战中。”——一九三九年八月《京城日报》。

在东北的朝鲜革命军,从战斗中一天天壮大起来了,他们从敌人手中夺获武器武装了自己,从斗争中创造了坚强的巩固的抗日根据地。

苏联始终是朝鲜人民最好的朋友,朝鲜革命最有力的援助者。东北朝鲜革命的发展,是与伟大的苏联友谊不可分离的。在苏联国际士官学校里,不断的培养着朝鲜革命干部,为朝鲜革命事业而奋斗。

七、朝鲜人民向胜利之途迈进

固然,我们并不否认朝鲜人民革命斗争的发展,在今天还存在着一些困难,特别是跟一个狡滑的阴险的日本帝国主义作斗争,特别是在今天敌人野蛮的高压政策下,特别是敌人用一切阴谋进攻革命队伍时,在今天,极少数的民族败类(如崔南善辈)向敌人投降了,向困难投降了。只有最忠实于国家民族的最坚决勇敢的最能代表大众利益的革命者,才能不怕困难和战胜一切困难!

朝鲜民族解放的历史任务,今天正由着这一代的民族战士担负着。

朝鲜人民从斗争中已经掌握了正确的革命路线,运用了灵活的战略策略,跟敌人斗争,已经锻炼了无数最优秀坚强的干部,团结了千千万万革命群众,建立了有力的革命武装,接受了人类最先进的革命理论。只因为如此,他们才能够不断的打击敌人,战胜敌人,向胜利之途迈进!

朝鲜人民是不可征服的,因为他们有巩固的团结,坚强的意志。

(原载于《新华日报》1940 年 7 月 6 日)

三百辆汽车的死灭

[日本]秋山龙一

沈起予 译

本文是“在华日本太民反战同盟准备会”会员秋山君去年八月在山西东南部战斗的追忆，这次的战斗对于秋山君是最后的一次，在一个“草上朝露”犹湿的八月的早晨，秋山君永远脱离了日本法西军人的命令系统了，一只无情的铁锁□下而恢复了自由，他现在和我们站在一起，开始了最初的有意义的战斗。七七以后，我们读过许多日本人的战地报告或“血战记”一类的文字，在那些所谓“国策文章”里，充满了无耻的说谎和无知的叫嚣，但是在生死分歧站上获得了真正觉醒的秋山君的这几页记录，是一贯地流荡着真挚的感情，我们愿意将它介绍给中国的读者。（临渡附识）

一

一九三八年八月二日，这一天对于我是永远忘不了的日子。

正如平常一样，这一日天气晴朗，太阳升到山顶时，其势实不可当。到晚上，夜露降下，便一冷如秋，但日中的酷热，使光着头的人在日光中站立五分钟也会眩倒，我们日本人对于这种大陆性气候，实在毫无办法，虽说这时已渐习惯，但仍是受不了。

我一方面与酷热作斗，一方面又要努力战胜向我袭来的睡魔。这种情形，并非我一人如此，全体士兵因数日来每晚遭受敌人的夜袭，大家都是睡眠不足。有时，枪弹“乒”的一声由我们头上飞过，但这对于我们的昏沉沉的头脑并不引起任何感觉。

不久，敌人的机关枪开始一齐射来，应着这种枪声，山上友军的警戒兵也动手大举扫射起来。约十分钟之久，双方的枪声始告停止。这时，我忽然想起，非给山上担任警戒的战友送朝饭不可，于是就与剩下的三个队员一同用饭锅烧起饭来。

我们是××汽车部队，约三百余辆汽车，蜿蜒成一长蛇，停止在山西省沁水县的某地。这是两侧被城壁样的山所包围着的山谷。道路原是很好的，不过现在经风和水的破坏，好些处所已不能通行，加以由敌人的破坏所来的妨害，使我们汽车队的通行更成万难。以快速为夸耀的近代武器，竟只能继续着一日不到数里的行军，由此可以想像那道路之坏了。

这时日本军队企图着进攻西安。我们××汽车队担任后方的重大使命，于去年七月十日由新乡出发，途中因道路恶劣与□遭敌人的袭击，好容易才达到这儿，离目的地的临汾，还只差最后一口气。士气仍很旺盛，我们虽非直接战斗部队，但这二十余日的战斗，已使我们胆壮起来。我们也与步兵一样，带着全副武器与弹药。除睡眠不足外，我们目中无敌，心中很是悠然自信。在没有子弹打过来时，我们又感觉颇为寂寞。不久，饭锅的饭好了，我们三人便送到战友的所在地。这时，我们的战友满脸乌黑，只有牙齿同眼睛闪着白光，很欢乐地接着了饭。归途中，由山的斜面降下时，遭到了敌人的猛烈射击，我们狼狈地跑了下来。

午前九时，传来了全部车辆出动的命令。我们这一中队虽是位置在最后，但前面的车辆部[都]已出动，我只得将正在吃着的饭盖好，赶急跳上了司机台。

不一会儿，汽车的机关"呜呜"地响了起来，排气管冒出恶臭的黑烟，出发时的慌乱的紧张空气支配了全体人员。我们这边的车辆既已出动，敌人由山上便忘命地扫射过来。子弹雨点似的飞着，我这是真有这种实感，可是，虽有这么多的子弹扫射，仍旧不曾打中，这并不是敌人的射击技术不熟，实际上是轻机关枪在一千公尺以上的距离时，很难射中目的物。我们凭了过去的经验，很明白这一点，所以都满不在乎地继续开着车。约摸进行了十分钟，先头的车辆停下了。

好像一刻绝不会有开动的模样。"我们乘机吃饭罢！"不知谁这末一说，我们便赶快以汽车为掩蔽物，打开了饭盒。在弹雨中吃饭，原是怎样也不能安心的，但因肚里饿的括括叫，也只好将饭囫囵送下喉，顷刻间饭盒就空了。"妈妈的，你吃得真叫快！"这是我旁边的战友的声音。我也顾不了许多，一气跳上司机台，点燃香烟，深深地吸了一口。

"前进！"先头的车辆传来了这个命令。我遂机械地握着运转器，使力地踏了发动机，我的车刚开到道路右侧只有两三栋民房的一个冷静的地方时，在我感觉到头上有一种飕飕的奇特声响飞过的瞬间，前三四辆汽车的近旁突然轰的一下，一种吓人的破裂的声音，将直到现在的轻机关枪的响声都遮盖住了。我刚来得及使劲将踏板踏住，只差一点儿没碰着前一辆车的后部。人虽是正在开着车，但却像梦游者一样，不知自己的神经竟是沉睡状态。其他的战友们，也因连日的睡眠不足及食后的温饱而被睡魔袭着了，老远传来的一阵急煞车的声音，只有使我苦笑。但这时第二次的迫击炮弹的炸裂声（我到这时才明白刚才的一声爆音是迫击炮弹），才使我的神经清醒过来。敌人正在用迫击炮扫射以阻止我们前进。我们真狼狈极了。前天也曾为这迫击炮所苦，已牺牲过三辆汽车，所以大家的神经都很紧张。“注意！有危险，赶快离开汽车避难！”小队长这么一声叫喊，我遂无意识地跳下了司机台，钻进一家民房，而恰在这时，又是轰的一声响来，连地都震动了。

“这回完了！”我心里想——实际上，我也是这么感觉，遂紧紧爬在地上躺着。

一分钟过去了，两分钟，三分钟，我一些儿也不敢动，因为接二连三的炮弹的爆炸声由我头上响过，使我气都不敢出。

不久，炮弹声渐远，四周的烟也渐散，好容易抬起头来将室内打谅了一回，发见了那儿还蹲着满面发青的战友五六人，我的心这才稍安。“唯，都没有受伤吧？”我不知不觉地喊出了这句话。“谁都是好好的，只是都吓落了胆！”人们这么回答我。这时一位满脸胡子的战友向四周一望，突的大叫起来，“哎呀，出事了！”随着他的视线望去，“啊！”我也大叫起来，——同时无意识地向外飞跑。原来是我的爱车完了：车上堆积的东西全在冒烟，司机台也乱七八糟地破坏得不成样儿了。我只有呆然自失。“唯，赶快灭火呀！”战友的这句话提醒了我，我才飞奔上车，忘命似的手里抓着什么就扔什么，这时枪声也好，炮声也好，它们在我耳上全引不起一丝儿恐怖感觉，除了为爱车设法的意识外，旁的一无所感。

后来，靠了战友们的帮助，好容易将车上的火扑熄了。我朝前面一望，发见了在那儿遭受着同样命运的无数辆的汽车，我这才十分感觉事态的严重。

这中间，轻机关枪、迫击炮都不断地向我们头上射来，好几个战友都吞着悲惨的泪，死了。队伍已陷入非常混乱的状态，莫明其妙的命令传了许多，但我却毫无持枪应战的勇气，我的头脑已为我那破坏无遗的爱车占满了。

自国内出发这一年多以来，无论何时，我都是与这辆福特车共同行动的。在离开故国时，在船中，在长途的火车旅行中，加以在河北原野泥泞中行车的苦难中，在零下二三十度的山西省北部的冰天雪地的难行军中，我都与我这爱车一同美满地战斗过来。在苦难时，在休战的快乐时，在无论何时，我与我这爱车未尝离过。在中队中，我曾争夺过头二名的功绩的名誉，但内面也有我的熬心血与小心谨慎存在。我就像慈爱很深的母亲对待自己的孩儿一样，爱护过我这辆汽车。

这次的行军，因为道路很坏，而又是长距离的难行军，分队长曾劝我换一辆新车，但我没答应。为此，我曾几夜未得安眠，将时间化在修理我的爱车上。当然，我自己也晓得新车在一切点上都比旧车能率强，而自己也可以少费气力。但我像要失去爱儿的母亲一样，对此爱车，决难舍弃。假使这仅是物质的汽车也有灵魂的话，我相信它在这次难行军中一定会干得很好的。我是抱着这种偏见看待着我的汽车，而它也毫无故障地和我共同工作到现在。这时，我望着我爱车的惨景，就像战友死了似的伤悲起来。我的头目昏热，终至大粒的泪珠沿着我的面颊流下。子弹、大炮都不足使我恐怖，我只呆然兀立在我的爱车之傍。

突然，在附近机关枪的激烈的声中，一声呐喊，掉头一望，敌人已经下到对面的半山来了。这时友军的机关枪也吐出了火舌。我遂无意识地握紧枪杆，对准敌人放射。我好容易此时才有作战之意，但这并非由于怕，而是直到现刻的一种幻想使我完全脱离了战斗意识。我狠命地射击着，直到我身上的子弹全用射光。这时敌人的数量逐渐增多，友军已陷入苦战之境。我旁边的战友一个一个地倒毙下去，我也只有吞着悲惨的泪。我这才明白敌人的兵力是不可侮的，同时一种不安之感像电光似的掠过了我的脑海。

“中队应速放弃车辆，占领右手的高地。”中队长下了这么一道命令，我遂放弃了抵抗线，飞奔入中队本部的房屋中去了。

由后面，战友们一个两个地逐渐溃退下来。中队长和其他的中队干部似已全部登山，一个人影也没见着。我与剩下的战友们，领着新发的弹药，飞奔似的向着山的斜面跑去。这中间，敌人的射击从未间断。

时间逐渐过去，不觉已至午后二时，西斜的太阳闪闪地照着山的斜面。我慢慢爬至山中腰，以大石掩蔽着身体，一面掉头向后望了望。这时，敌人已近迫到我们最后的抵抗地，一队人已爬上我们的汽车实行夺取他们的战利品。有几辆汽车燃起可怖的黑烟，四周成了一面的烟的海。我由这烟海的一丝缝儿中透视过去，看见了我的爱车的悲惨姿影。啊，这是最后了！我心爱的福特车，再会罢！我自己今后亦不知如何，我的前途是黑暗的。直到现在，我们已尽了我们最大的努力。今后或生或死，只有听诸运命之神。我一人这么自语着，又开始向着山上爬去。

遥远地由那边的山坡上传来了汽油缸的破炸声，与机关枪的响声相混。

其后，只见那像玩具似的直摆至这山脚为止的三百余辆汽车，一动不动地停着，有数十处冒出了黑烟与红火。“啊，已经无办法了！”一瞬间，我看出了黑暗的死的面影，发出了这绝望的悲鸣。唯一的希望，只有占领山顶。我一面扶助着受伤的战友，一面忘命地向前走。山比想到的更高，而且可以蔽身的大树一株也没有，因为这只是岩石与尺来高的杂木疏生的煞风景的荒山。所以我们每走一步就成敌人的目标，机关枪向我们一齐射来。很侥幸的，我到此刻还未受伤，连自己也感觉不可思议。

一时，对面山上敌人那边传来了高吭的喇叭声，只见一团敌兵已降至山的中腰，他们映入我的眼廉，简直像蚂蚁一样。枪弹由四面八方像煎豆一样集中山顶扫射，散开来的我们这一部队的战友，在各处作着死战。这时，敌人的兵力不知有多少万人，总之，我们已被敌人的部队完全包围着了。我们遂分散着向下跑，但中队长、小队长、分队长已不知逃到那儿去了。我们最后的突击完全失败，占领山顶的事更不可能了。

大半的战友均已战死，我与两三个同伴沿着山的凹地向下逃。“我们已经战败，前途只有一死了。”数小时前，谁都不曾想到我们会陷入这样悲惨的运命，但现在事实已经证明这是无可否定的。我完全绝望了。死的恐怖捉住了我，我一面努力排遣着这个念头，一面朝与我的背脊等高的杂草中钻。这时，旁的战友的姿影一个也没见着了。

不知走了多少远，当我感觉脚下的地面摇幌起来的一瞬间，我的身体已发出了很大的声音颠落到地底去了。“完了！”我这么想着，同时感着我的身体不知何处被坚固的东西打了似的，随后便失却了意识。

二

又不知过了多少时间，我感觉喉头渴不可耐，意识也逐渐恢复过来了。第一件响近我耳骨的东西，是“沙沙”的水流声。我遂发狂似的爬至水边，用两手捧了几把，不，几十把水喝了（这条河水的甘美，我到现在还忘不了）。我的意识这才完全恢复了过来，对于自己，直到现在的经过，以及现在所陷入的景况也明白了。四面的山上，仍有断续的枪声。我勉强撑起我的痛楚的身体，向四周观察。我所在的地方，是与我们停放汽车的道路相距数丈的一个山谷，下面有一条河水在流，谷间丛生的树木遮住了我的头，所以毫无被敌人发见的危险。由透过树叶的隙间能射进来的鲜红的阳光，我知道日已近暮了。

突然，有了人的谈话声，这是几个敌兵由我前面一丈多远的地方通过。一瞬间，我本能地将身体蹲下，但侥幸没被人发见。可是，此后道路上又有了多数敌兵的叫声，近处枪声又起，我这才明白身已陷入敌兵重围的最中，绝望与恐怖之感透过了我的全身。我想，“我就会这么死去了”，但不可思议的，我一点也不悲哀，这想是由于极度疲乏与心劳而忘却了瞬间的感情罢。

“真是愚笨。死吗？要死吗？能够活着，我还是要活下去哩。”这种思想在我头脑中不断地起浮着。我对于生既起了这种热望，同时留在故国的妻子与残年的老母的面影，也如幻象似的浮现在我眼前了。但这种念头在我脑中没停留多久，只不过数秒钟而已，我唯一的想念，就是要如何突破敌人的重围。我手里紧握起落在身旁的枪，慢慢向着河的上流前进。这时，日已全暮，由林隙间透下的十二三的夜月，明朗地照着我的脚下。因为河中石子很滑，我遂脱了靴走。我全身的神经都集于眼和耳上，自己心脏的搏动声，我听得清清楚楚。到了夜晚，敌人对于防范脱走者的警戒更是特别严密，与枪声一齐发出的一连串的响声，那是机关枪的威胁射击。我想我这脱走的计划，十有八九终归失败的。但我抱着能走多远就走多远的决心，仍然向前行进着。

约摸走了半里路时，我发见那儿有一瀑布，那纯白的水流像布似的挂在那儿，水音发得相当大。我用手攀住了由它侧边耸出的岩石，很费气力地撑起了上半身时，傍边的杂草中突然钻出了一个黑东西。我吓着了，本能地抽出了刺刀。对方也惊着了，大家屏息了数秒钟。最后，还是我大着胆高声叱道：“是谁呀？”“哦，难道是友军吗？”过一会儿，对方这样回答。“你是那一中队？”“我吗？我是三十八——”“什么？三十八——”我反射地这样喊着，一面飞跑过去，就着月光细看他的面孔。真的，一点不差，他是我那一中队的战友，只是不同小队，我很认识他的。

“你是怎样到了这种地步的？”我问着他，我们两人将本身的危险都忘掉了，暂时在那儿谈着战友们的事和焚烧着的车辆的事，突然他仿佛感着危险似的，将我一把拖到他的藏身处，在那儿我们两人商量着今后的行动。结果我赞成他的提议，决定乘此暗夜突破敌人的包围线，在未得着友军的援救前，暂寻一安全的藏身所。

枪声与机关枪声通夜未歇。从白昼就燃起的汽车上的火焰向前传播着，火势逐渐扩大，现在成了一条巨大的火带，蜿蜒到一二里长，黑烟与猛炎遮蔽了天空，汽油箱爆炸的声音巨炮似的不时响着，这汽油着火时，便又有一条庞大的火柱升起，那种情况实在吓人。依我的幻想，这就像罗马的市街燃烧起来了一样，要是给暴君尼罗王看了的话，他不知将如何惊奇而会做一首杰作的即兴诗来感动世人呢。但我既非尼罗，亦非诗人，我只感觉悲惨，颤栗，热泪留下了我的双颊。

"啊,一切全都完了!"我内心起了一种冲动,我也想一同跳入火中,将一切的苦恼,寂寞,全给烧了。明天我作怎样才好,我受谁的命令才好呢……心神过于疲倦,神经成了麻痹状态,结果,我的眼前是梦亦是现实,我全分不清了。

三

次日,我们两人醒来时,太阳已经晒着头了。连日来的疲乏,使我们将身体的危险都忘却了,一意只想睡。但一醒,难堪的饥饿又向我们袭来。"真是见鬼,难道这点饥饿都不能忍受吗?"我虽这么责骂着自己,但为了饥饿,我们还是冒着险,到处寻找充饥的果实。我们找着了五六个小桃子,很欢喜地送进嘴,但因太酸,只吃了一半。这时,敌军的搜索仍未停止,而我们期待到今日友军的到来,仍无踪影。失望与落胆,使我们两人丧尽了气力,我们除了眼睛正在闪着光外,一切动作都不可能。

不久,我们觉得援军绝不会来到这儿,而继续这么三四日不饮不食,那么只有饿死一途了。这一夜,我们遂变更计划,决定逃出此地。午夜十二时过后,我们爬出了树林。最初的计划,本要沿着公路走,但这么一来,不啻自己投入敌人警戒线的袋中,遂绕着右面的山,由后面迂回而出。这时公路上横地直地躺满了已烧过的汽车的乌黑的残骸,那一种恶臭布满了四周,就在现在,那种惨景亦还映现于我眼前。

我们虽极力想走快,但脚却一点不听话,每走十步二十步,我们便疲惫不堪。途中饿极了,只有摘下路旁的生玉蜀黍充饥,而山巅上的步哨,又不时向着道边开枪。这种时候,我们两人只有蹲在树的阴影处,动也不敢动。还没走上半里路时,天已大亮了,这一天,我们便藏在半山腰的草木丛生处,连一滴润喉的水也没有,只有那几个青中带绿的生玉蜀黍作了我们唯一的命粮。这一夜,我们又是十二时过后才出发,可是身体已日渐衰弱,走起路来颠颠跌跌,爬山坡时竟像狼样的喘着气。

当我们突破山顶线时,被敌军的步哨发觉了,不断地向我们开着枪,我们两人遂发狂似的飞奔着,饥饿疲乏全忘却了,这时更意外地生了新的力量。这边那边的山上,枪声并起,对我们的包围阵愈来愈窄。我们两人凭着过去的经验,仍只有蹲在树下。

天亮了。我们悄悄地向四周一望,才知道那是靠近有五六间民房的一个山坡附近,几个敌兵的谈话声与犬吠声把我们困惑着了。我们是在不知不觉中选错了方向,踏入危险地域了!终久,敌兵开始大事搜索。我们已无处可逃了,只有静静地蹲在树林里,将一切交诸天命。

他们之中的一队人，慢慢走近了我们的躲藏处。他们对于繁生的从林和洞穴，一些也没放松。绝对要命的恐怖攫住了我俩，我们握着枪杆的手都在滴汗。生与死，只在几分间的转换而已。我下了决心，要是被敌人发现了，我便飞奔出去，与敌人决斗而死。突然，敌兵中的一人喊了一声。就在这一瞬间，敌兵发现了我战友的藏身所。我可怜的战友由树下钻出，便向前逃。众人紧追在他后面，枪声不断地响着。蹲在离他约有两三丈远的我，目睹着这一切，只有颤栗。不久，敌兵与战友的姿影都消逝于远方，他终久是逃脱了，抑或被杀了，我不得而知。

失去了战友的我，被一种似愤怒似寂寞的孤独感包围着。在绝望中，我唯一的路，只有信赖神的保护。到此时，饥饿已不使我感觉痛苦了。日暮，林鸟归巢时，鸟的鸣声使我痛感自己没生羽翼。

四

美丽的明亮的圆月，将天空照成一片银色，唧唧的虫声四起，这是引人起诗兴的夜呀！但我却满怀悲哀，对此伟大的自然的神秘，一点不感兴趣。不久，月沉山阴，我决心抛却悲思，再向着山坡一步一步迈进。可是，我的脚重得像铅块一样，身子也颠颠簸簸地一步一幌，只有紧张的心神支持着我的肉体。

当我走至山坡处时，很侥幸的，敌兵的步哨好像不在。那儿正是山的中腰，道路宽得刚够汽车通行，其上有一石门，已用坚石封闭。我们部队的先头军便是在这儿焚毁的。路旁黑越越的躺着有五六具尸体，不知是友是敌，烧焦了的物体的一种说不出的恶臭刺着鼻子。我一时呆立在那边，耽入□况的想像中了。

清醒过来时，我又开步向前走。此后道路逐渐平坦，一条长蛇似的弯弯曲曲绕着山麓，我走着渐不吃力，步伐也踏大了。约摸走了二三千公尺时，突然“是谁呀?”，黑暗中有人这样问。

我又踏进了敌人的步哨线。“完了!”我这么想着回头就跑。几个人的脚步声，由后面追来了。我知道沿着大路跑是不利之，便即刻滑入右边的山谷。上面虽是骚攘万分，但仍无追来的模样，我这才定了定神，但一看，天已开始发白了。我所在的谷间，除大石块外，毫无蔽身之物。我抱着失望与落胆，便率性再往下面滑去。

天亮了。草上的朝露使我由腰至脚好像刚由河里上来似的，不断地滴着水，脚冷得像冰一样。我向前望，在一稍高处，一个哨兵正在巡视，上边的大路上，又起了敌兵的脚步声，我虽想着业已完了，但仍鼓着勇气向前走。这儿正是两条水汇合的地方，上面建有两三间民房。我极细心地努力逃过哨兵的视线，沿着河的本流向下走。可是没走到五六百公尺时，便走不通了。正在河上，配置有一哨兵，真是一匹蚂蚁都难爬过去。万事休矣！我正像前面遇狼后面遭虎似的，陷入敌人重重的包围中了。我在绝望中，极想投身入河。啊！我直到现在的苦心全成泡影。现在只有一死了！我是日本军人，我要不使中国军队笑话，勇敢地死去。可是一个人到了这种场合，却又很难自杀了(这恐怕不是我个人如此吧)。这中间，敌人逐渐包围拢来，毫无蔽身之物的我马上就被发见了。

一队敌兵下到河边，他们的刺刀在阳光中闪烁着，像燃烧着似的映入了我的眼廉。相距二十公尺了，我一下握紧我的刺刀，奋起如已死去的身体，我发狂般的与敌兵交手了。叫唤与怒鸣，和肉体与肉体的相击声混成了一片，这是一个抱了必死的决心的物体的发狂。我记得，我打退了三个敌兵，后来我的头由后面被一物强烈地打来，我便一下丧失了意识，一切全不明白了。

不知过了多少时间，我的意识逐渐恢复，一个队长似的敌兵走近我身边，与我谈话，但我因不懂，只有默不作声。接着，一个炊事兵样的人端来一碗东西劝我吃，我勉强吃了一点，又抽着他们给我的香烟，这才心神稍定，明白了他们是对我说不会杀害我的。可是对于他们一点也不侮辱我的事，我感觉非常不可思议，而又不敢相信，因为这时支配我的头脑的，尽只是在国内时所听着的，敌人的一切非人道和虐杀的话。听说被敌人捉住了，并不马上被杀，而是割着鼻子，割着耳朵，慢慢地痛死去。

将近日暮时，几个敌兵引我向西方漫步，我们攀登着一小丘，一种大陆特有的似在燃烧的夕阳，将我们的影光长长地拖在地上。当我看见一个对于人类的斗争漠然不知，悠悠然地走在牛后的老农的背影时，我的内心突起了欲跪下祈祷的冲动。(写于“在华日本人民反战同盟准备会”。)

(原载于《时事类编》特刊第46期，1940年)

中国抗战中的朝鲜义勇队

[韩国]尹为和

一、揭起正义旗子

假使你遇到朝鲜义勇队的同志们，随便找出一个来问："你们为什么参加中国抗战呢？"他会很自然地答复你："中国抗战胜利朝鲜才能解放呀！"

的确，朝鲜义勇队的正义旗子就是在这种信念下揭起来的。

在七七事变前，中国关内便有许多朝鲜革命志士在活动。他们曾参加中国革命军的北伐及各种反日运动，但是因为种种关系，他的活动始终是在秘密进行。自中国全面战争展开后，他们认为朝鲜革命的时机到了，便先后集会于南京汉口商讨对策。在汉口参加商讨的共有四个革命团体：即朝鲜民族革命党、朝鲜青年前卫同盟、朝鲜民族解放同盟、朝鲜革命者联盟。结果，决定先组织一个朝鲜义勇队直接到中国战场上工作，于是在他们共同策划与中国政府的谅解帮助下，朝鲜义勇队于前年（一九三八）十月十日在汉口诞生了。

这个团体一共有×百人，在这×百个朝鲜友人中，有革命家，有学者，有军人，有学生，有妇女，有儿童；最近又加入三十一个新同志，其中大部分是船员与商人。像这样包罗各种人的集团，亦正象征着一个民族革命特质！

他们中大多数是青年，这些青年十分之八九都受过充分的军事政治训练，平均知识程度在高中以上。他们被编为×个区队，散布在南北各战场上工作。最初，曾活跃在湘北鄂北的最前线，现在又转战于桂南、赣中及豫北一带敌后及火线上，努力对敌宣传工作。他们每个人不仅说得一口流畅的日本话，并且还很熟悉敌国生活习惯及士兵心理，所以这一工作对他们是很适合的。

队长金若山（陈国斌）是一个数十年如一日不屈不挠的革命家，现在兼朝鲜民族革命党的领袖与朝鲜民族战线联盟的总秘书，过去在东北领导义烈团与日寇斗争，屡建奇功，所以在东北三百万的朝鲜侨民中，没有一个不晓得金元凤(这金元凤是金若山在东北时代的名字)这名字的。

二、在战斗中对敌宣传

对敌宣传的对象是敌军士兵,所以做这个工作第一必定要经常地接触敌军。怎样才能经常接触敌军呢?只有在经常战斗中才能经常接触敌军。战斗与对敌宣传不能分开,所以说“战斗即宣传”。这个真理是朝鲜义勇队在实际工作中发现的,这是对敌宣传高阶段的发展。这种新的作风决不是无条件得来的,而是在他们澈底的民族仇恨,坚强的胜利信念,高度的政治水平及英勇的牺牲精神等条件下产生的。

他们将每区队分为×个分队,×个阵地宣传队,×个游击宣传队。阵地宣传队是随同火线上的部队,在第一线阵地战壕内做对敌宣传工作。游击宣传队则配合敌后的部队与游击队做游击宣传,他们与作战士兵一样背着自己的行囊与对敌宣传品和印刷工具,经常的随着部队出生入死在敌前及敌后工作。战斗、宣传、行军占去他们整个生活,但他们从没有感到一点疲倦与痛苦。在每一次大小战斗中,他们都与□中士兵立在一起。他们经常参加夜袭,亦常常自告奋勇冒险到敌营附近去侦探敌情。他们曾在深夜对敌人作动人的演讲,亦曾爬到敌人铁网下去散传单和喊口号。他们的正义呼声终于燃起了敌兵强烈厌战情绪。去年夏天驻北港敌宣拥班班长广木,曾两次命令该地伪维持会发出布告,谓:“活捉朝鲜义勇队队员一人赏一千元,击毙一人五百元。”这证明敌人对于他们的嫉恨。

下面是他们参加许多战斗中的两个例。

1.赛公桥的血战。赛公桥是距通城十五里一个重要的□据点,去夏我某军某部奉命攻击该地日军时,朝鲜义勇队阵地宣传“第二”队崔成章等数位同志亦勇敢的参加了。在渐渐接近敌人的时候,我攻击部队暂时停止前进,准备派人先去侦察敌人阵地,而崔同志首先表示要去。他同一个排长潜到敌人附近,详细观察后乃转来报告,于是大队开始攻击。正在战斗猛烈的时候,忽然我军一机枪手受了伤,崔同志又很快地跪上去代替。战斗了数个钟头,敌人便被我们包围了。正是对敌宣传的好机会,朝鲜义勇队诸同志便开始了日语喊话。他们的话果然感动了敌人,后来据该地居民说,他们已准备举出白旗,但是由于我们士兵未能配合,仍在不断的射击,使敌兵无法投降了。这亦可以说是个很好的教训。

2.锡山攻击战。也是在去夏,朝鲜义勇队游击宣传“第二”队协同我某部军攻击锡山的敌人。他们中陈汉中、李东浩、关键三位同最前面的柳连,在夜静的山道上向前摸索。那时锡山敌兵排哨睡了，所以当我、柳连冲进第五道铁丝网触中地雷时，敌兵方从梦中惊醒。随着激战开始了，我军很快的消灭了敌人的排哨，但因为没有重兵器，不能消灭碉堡内的敌人，成了相持局面。这又一个宣传的好机会，朝鲜义勇队三个同志喊出了长篇演说，在夜静无声中每一字一句都清楚的打击着敌士兵心弦，约莫一个多钟头，便听到碉堡内隐隐有议论声，继之是一个军官的骂声。

天渐渐亮了，我们攻击部队为了避免天明后在劣势地形中的损失，决定退下来。这时敌兵便又开始猛烈射击，并且出来追击，忽然柳连长右腿中一手榴弹破片，倒在地上。正在这千钧一发的时候，朝鲜义勇队三个同志很快的跑上去背起柳连长就跑。正在跑时，从左侧忽有一敌兵袭来，他们三个一个背着柳连长，两个对付那个敌兵，把那敌兵打死。回去时，他们除背来了柳连长，还拖回一个敌兵的死尸。为这事他们曾受到军委会与该地长官的嘉奖。

三、宣传的战术

1.火线上的辩论会。这是在鄂北随县渔家岗前线的一个故事。一天晚上第×区队的胡维伯同志，装做一个日本俘掳东京加藤进到最前线的战壕内工作。战壕距敌阵地不过百公尺左右，乘着夜静敌人机枪亦无法射击的时候，胡同志便开始喊出了："我是东京加藤进，三个月前在马坪被俘的，现在仍然在自由的生活着。我们军阀说这次对中国战争是圣战，那么为什么用飞机大炮杀害无辜的中国民众呢？军阀在上次的俄战争时不就说战胜后国民生活就可改善了吗？但是现在却更加苦了！"因为太近太清晰与太恳切了，敌人不能再不出声了，于是一个好像军官的语调在狡辩了："我们打中国的理由，是要消灭×政权与共产党呀！""那么为什么不先消灭了我们国内的共产党再来呢！"敌人无话可答，便老羞成怒的乱射起来。第二夜胡同志又至原处演说，并且增加金铁远与朴茂在左右翼喊出演词。敌阵内于是起了一阵嘈杂声，接着一个敌人□说："不要你讲，叫东京加藤进出来。"就这样舌剑唇枪的持续争辩了四个晚上。从喊口号进到与敌□谈论，这是你们工作的进步。这件事，鄂北士兵民众一时转为佳话。

2.纸飞机散传单。当战事沉寂而且风顺的时候，他们找到一个距敌较近的掩蔽部后，将纸做的风筝继以数百公尺的长绳，再在风筝的尾端用尺余长的细绳缚上数个小纸包。每个小纸包大概有十余张小传单，在细绳上再缚上一根火香，然后将风筝放起。但见这纸飞机迎空升起，随风飘向敌阵地上空。相当时间后，火香烧断了细绳，于是数包纸弹飘摇而下，两军都唱了起来。此法曾用过多次，起初敌兵尚用炮弹机枪弹相迎，后来亦就不声不响了。

此外，朝鲜义勇队亦常常将传单包起吊在村民的屋檐上与路边的树上，以引诱敌人看，或者在距离最近的阵地上树起大幅白布标语，刺激敌人心目。这些方法都收到了很好的效果。这类新战术他们仍在不断的发展创造中。

3.月下高歌。这种方法在古代是曾见到的，不过在近代武器发明后，这种方法便不易使用。然而朝鲜义勇队的同志们，凭着他们高度的敌忾心，与勇敢的牺牲精神，曾在湘战场上不断的实行。他们于最容易挑起敌兵思乡情绪之月圆之夜唱，接近敌人的战壕内唱起悠扬而凄楚的思乡曲，如日本流行悲哀的小调，朝鲜民歌《阿里朗》等，歌调哀伤，词□缠绵，最能打动敌人心弦。

四、宝贵的经验

敌兵反战运动一天天的发展着，要推进它的发展，对敌宣传工作便愈见重要。朝鲜义勇队在过去一年零四个月的工作中，获得了许多宝贵的经验。

1.争取士兵的协同工作。部队士兵与敌兵接触机会最多且广，对敌宣传工作者如能得到士兵的帮助，工作上便可以得到很大的方便。朝鲜义勇队同志们就做到了这一点。当他们到敌人附近散传单时，士兵们都情愿为□护。每每士兵去侦探敌情时，亦自动的问要宣传品去散发。这是他们对敌宣传工作第一步准备工作。

他们怎样做到这个工作的呢？是这样的：他们在“生活士兵化”“行动士兵化”两个口号之下，与士兵打成一片。他们虽然每个人每月只有二十元生活费，仍常常拿出剩余的钱来与士兵开茶话会、同乐会和讨论会，向士兵讲解各种重要问题，就这样渐渐与士兵融合在一起了。尤其是在战斗时从不退缩，这是他们最得士兵□仰的一点。但是这些工作要能进行，必须先得到官长的谅解与信任，这点是千万不能忽视的。

2.争取民众的帮助。这个工作比前者更见重要，因为民众与敌兵接触的机会更多，而且是在非战斗状态下接触的，所以更易达到目的。这个工作亦是颇费力的，他们称之谓对敌宣传第二步工作。

他们利用种种方法和机会接近民众，首先，他们与该地联长、主任、保甲长取得联系，然后常常到农村中去唱歌、演戏、开游艺会等，并趁机向老百姓讲解各种问题，使老百姓了解抗战含义与对敌宣传的重要。他们常常做军民合作的桥梁，帮助老百姓解除痛苦，使军民关系合理化。此外，他们办的民众小学亦是沟通老百姓感情的重要方法。

3.训练大批干部，散布在战场的每一个角落中去工作。训练这样干部有两个方法:一个是在后方选择知识青年,给以相当程度的训练。一个是就部队中挑选优秀的下级干部与士兵,施以相当程度的各种宣传技术训练,训练程度要以□单独作普通宣传工作为标准,过去他们在鄂北曾实施这一工作,收到很好成绩。

4.集中工作。即□数十个工作人员为一组,集中某一区域内工作。在该区域内这些人员可以分散在各部队中工作,但相互间必须取得密切联系与互相帮助,并须有统一的指挥。在该区域内工作相当时间后,再移到另一个区域工作。这是一个突击的方式。

5.游击宣传重有阵地宣传。如果能配合游击队,或以民众掩护进行工作,则不仅工作上是处于主动地位,同时有许多非战斗状态的机会。在这种情形下,敌人不但没有在激战时那种敌忾心,而且常常燃起思乡之火,如能于此时趁熟打下,当然容易奏效。

此外如宣传品内容与形式的时时变化,工作方式之艺术化,都是他们工作的经验。

五、打到敌后去

朝鲜义勇队在第一年中虽然曾参加了许多部门的工作,如在前方教育民众,翻译敌人文件,在后方演戏,义卖,训练俘虏等,但中心工作只有一个,即对敌宣传。自从第二年开始的时候,他们又决定双管齐下:一面在领地上与敌后继续并加强对敌宣传工作;一面派一部份得力队员深入沦陷区,尤其华北一带去工作。原来在西南×战场上的第×与第×两区队,除大部份仍守着原来的岗位,已有一部深入华北××地区,而过去在鄂北工作的×区队,则全部向豫北敌后移动了。在新年元旦日,他们便协同新×军第××□向□乡至汤阴间的敌人“献礼”,破坏铁路十九处,得电线五十余斤及其他战利品甚多,满载而归。

向敌后发展是有很重要的意义的。原来朝鲜义勇队的使命是参加中国抗战,唤起朝鲜民族革命运动,由中国的解放以达到朝鲜民族革命的解放,所以它不能老□停步在国际纵队这一阶段,而必须向着建立朝鲜民族革命军的目标发展。

自从战争开始以来,毒辣的日阀便驱来了大批朝民到我国来,至目前止,仅华北一带就有十余万之谱。在这些朝鲜人中,除了极少数的朝鲜浪人外,绝大多数是被驱来或被生活逼迫而来的劳苦大众与小商人。他们久已受着日本帝国主义的惨酷压迫,亦早想能脱离那种牛马不如的奴隶生活。朝鲜义勇队向敌后发展这是要争取这部份水深火热中的朝鲜人民，而把他们组织起来武装起来成为朝鲜革命的劲旅。而最先派去的一部队员，就是要在华北朝鲜民众中建立一个基础组织，进一步再建立一个斗争的根据地。

此外，在东北还有两百万侨民，那里已有朝鲜义勇军与东北联军合同抗日。如果朝鲜义勇队能够实现在华北的计划，他们可以进一步与东北朝鲜民众武装势力取得密切联络，那是朝鲜革命与中国抗战配合的新阶段。

［原载于《国民公论》(汉口)第3卷第5期，1940年］

现代日本兵的气质

［日本］岸本胜

李兰 译

作者岸本胜君是日俘觉悟份子最有希望者中间的一个。他是民二十七年八月在河南新乡附近巡察中，被我国游击队俘获的。他还年轻，现在只二十六岁，平日纯静少言，虽然外表看来很像一个活泼好动的青年。空闲的时间，总见他在工作室里，不是阅读，便是写作。这篇文章，是他二个月的辛苦结晶，虽算不了什么杰作，但以实业学校农业科毕业，而又非职业作家的岸本君，这是值得推荐的，而这也是我英勇抗战的成迹之一，因据岸本君的自述，在中国作俘虏，简直属于住了一个优秀的大学。

——译者

日本资本主义的历史，与西欧诸国比较起来，为时极暂，其发展的经路，非常急剧，因此成了新资本主义国家的日本是被许多矛盾苦恼着。其解决的方法，势难逃出帝国主义最露骨的侵略战争。

资本主义国家的日本，其国内是有着大量的劳动者与农民群的。在平时，这班人的血汗是被榨取着，在战争中，又要提供大部份的壮丁。在这次中日战争中，他们所表现的行动与心理如何呢？

平时日本陆军常备兵的实数，尚不足三十万，因此它这次的大编成，大部份不得不靠召集在乡军人。在日本军队中占主要因素的召集兵与现役兵，他们在这次战争中的动向又如何呢？

召集兵的场合

这儿是朔风怒吼，河水皆冰的黄河沿岸。这些全是在一面与气候的激寒作苦斗，一面受着中国游击队不时袭击的恶战中讨生活的最前线的部队。

分队的士兵室内，暖炉里的火熊熊地燃着。早饭以后被小队长唤去归来的渡边一等兵，不知怎的非常兴奋，他走近自己床边，一把抓起饭盒就向外跑，并乱暴地将门"通"的一声带上了，直到现在专心写信的现役兵与正在热闹地玩着纸牌的预备兵等，都被渡边一等兵的这种乱暴的关门声惊到了。

"哦，干吗？渡边这家伙在发脾气哩。"大家全吃惊地彼此对望着。本来渡边一等兵，除嗜酒外，是一个不言不语最温和的人。"大概是被唤至小队长室去受过申斥罢。昨天讨伐游击队时落了伍，已被中队长严重责骂过，所以在责任上小队长今晨也要对他加以告诫了。"大家正在这样杂谈，忽然"缝"的一声，门又大大地被打开了。众人的视线一齐集中到门口，那儿正出现了一手提着饭盒，饭盒里的高粱酒像波澜似的荡漾着的渡边一等兵。他坐上床，将酒倾在杯里，便咕噜咕噜地饮起来。他的两眼像有什么在燃烧似的闪着光。

渡边的这种反常状态，使得他的好友吉川上等兵耽心地走近他身边，并安慰般的将手搭在他肩上说道："唯，战友，究竟怎样了？""哦，是吉川老友吗？"他一面抬起他那被强烈的酒烧得通红的脸，一面说："啊，厌烦了，我什么都厌烦了。""唯，渡边，你是受了小队长的责骂吗？那个家伙是长官呀。骂人就是他的事。要是被他骂过一回两回就发怒而自暴自弃，那是不对的。唯，战友！"

宛如一一刻下了生活战线上的苦恼似的渡边一等兵的额头上的皱纹，马上起了收缩。"嗯，我是挨了小队长的骂，但决不会因这一件事发怒。在战争中落了伍，便算犯法吗？我年轻时太过于辛苦，得下了神经痛的病，直到现在不曾断根。我今年三十九岁了，做事总还赶得上那些年轻的家伙，但远道的行军，却敌不过那班年轻的现役。我并非有意由前线落伍，只因神经痛呀。为此，已两次三番地被骂过。战友，这还不是全部的原因。"

是酒势上来了吧，这时渡边一等兵一反平日缄默的习惯，瞪着两眼一气讲出了下面的故事。

原来渡边一等兵是日本中部地方一寒村的铁匠。虽名为铁匠，但所作的，只是锄头镰刀一类的农具，生活非常贫苦。

身为一妻一子三女之家的唯一生产者的家主，在这次战争中被召集了去参战，这实在是令人为难的事。官吏与公司职员出征后，其家属可得其薪俸百分之若干为生活费。农人出征后，某附近邻人可为彼代作田间劳动。可是家主为唯一生产者的手艺人与商人，情形就困难了。但彼辈仍属望于政府的后方后援与出征军人家属救济等命令，雄赳赳地上了征程。

这种后备兵之中，虽也有不弱于年轻的现役兵能背负背囊、杂囊、水筒、铁铲、防毒面具、弹药、手榴弹、发烟筒、伪装等极重的全副武装而仍精神抖擞的，但现代的军队教育，已决非昔日可比，因此彼辈所表现的成绩不良亦非无因。

在社会方面，有了种种复杂关系，在家族方面又有许多的负累，而大半是具有家主之尊的他们，很不易略守严峻的规则，加以作指挥的小队长与分队长是他们远远的后辈，命令一下，实有许多不便处。

在这一望百里，极目所至尽是旷漠的平原，朝夕见着未见惯的风景，听着未听惯的语言中讨生活，已有四月之久。在这段长时间中，因了壮烈的敌前渡河，凄惨至极的夜袭战，游击队的扫荡，住民的宣抚工作，以及强迫行军等，日子过得十分匆忙，毫无思家的除[余]裕。可是在无情的凄凉的冬之夕暮，以及因拂面欲裂的狂风卷起尘砂蔽空的月明之夜，一人冒着寒气立于步哨岗上，故乡之事，当然会浮映于彼辈脑里。自己这时身上紧裹着温软的防寒服，可是留于故乡的妻室儿女在这寒空之下情形如何呢？父走后，不会挨饿罢，不会受冻罢？有子女而常是这么想着的父亲，不知有多少万人。

正如他们所挂虑的，被依为一家之杖与顶天柱的丈夫渡边出征后，他家中的凄凉苦境是可以想像出的。既无遗产的乡间铁匠之妻，拖着四个子女的一介弱女，既不能承继夫业，收入之道遂绝，生活竟至日暮途穷之境。

最初，后方后援会与村人等尚携带少数的银钱慰问渡边一家，并在各神社为渡边一等兵祈祷武运久长，借表慰劳之意。但五分钟热度一过，人们便忘了。战争延长到了现在，慰问彼等的人竟至绝迹。可幸的是，渡边一等兵的有志气的妻菊子，英勇地白日出外帮佣，晚间归家照料孩子，处理家务，并作分内的应酬，日夜辛劳着，务使处在异乡献身祖国的丈夫渡边一等兵无后顾之忧。

这件事，不知何时已上达圣听，渡边一等兵的妻菊子遂被表彰为对军国有功的“大和抚子”者之一，而她的充满血泪的努力也成了优美的插话，被载于杂志《战友》上了。渡边一等兵今晨被小队长唤去，除了为昨天的事受过申斥外，队长并将载有他妻的记事的杂志指给他道：

“唯，渡边，你把这好好读一读。你对于你的老婆不会感觉羞耻吗？你的老婆为使你能安心在前方工作，家事毫不给你挂心。这是多好的心情呀！你对于这种心情不觉惭愧吗？”渡边被小队长这样痛骂了一顿。

“啊，吉川上等兵，我并不是发脾气。这是什么表彰呢？被表彰为孝子，而他所孝顺的，并不是他的父母。真见鬼！他们拒绝拿出出征将士家属的给养费，而却提倡什么美谈佳话。我们对于中国人没有丝毫仇恨，就只为了‘为国’‘为国’这句话而这般吃苦。用‘美谈’来使人吃苦，有什么表彰！以牺牲为最高的名誉，连我们的妻子都束缚起来了。吉川！你说是不是？有钱的人在占领地，大发其财，而我们夫妇都要牺牲掉，真是铁面皮！任他怎么干罢，我已经厌倦了。”

“唯，渡边，我明白，我明白了。你安静点，大声是不行的，被小队长听着，又麻烦了。”

握着酒杯的渡边一等兵的手，微微发抖。他用他那因劳动而青筋鼓涨的右拳擦着脸。吉川上等兵并看见他那因强烈的酒而充血的瞳仁中灼灼闪光。为了自己的战友，他说出了以下安慰的话：

“啊，渡边，你和我在家是街邻，现役又是一同完毕的。而在这次我以为不会打起来的战争中，你我又在一路。你的苦恼，我是十分了解的。可是俗语说‘有强权，无公理’，对上官有什么可说的！只要大家将来能平安无事地转去就好了。”吉川上等兵这么说着，便将自己作第二次补充兵由国内出发时所勃发的事件告诉了渡边。

在同时下的召集令状中，得甲状者，立即开赴战地，得乙状者，在国内作补充队。吉川上等兵所得的是乙状，所以在渡边开来中国时他仍在日本。当时，他以为这次战争也会与以前满洲事变一样，毫未介意。那知战局竟以急剧的速率由中国北部，扩展至中国中部了。日日大量增加着的战死者与负伤者群，非但使陆军医院充满了身裹白衣不能行动的人，而新建的临时伤兵所亦不敷应用。因大陆政策而牺牲了的无言的凯旋者们的白木遗骨箱，每日不断地出现于车站和船码头。国民为了欢送出征者与出迎遗骨，悲悲喜喜地不胜其忙。

终久，出动的命令临到补充队了。期限离出发仅有三日。这消息给与他们的父母妻子的打击，比他们本身更大。这班人遂不远三十里四十里地赶至兵营，谋最后的面会。其中既有停止学业跑来见父的活泼的小学生，也有因夫走天涯特来商量家事的商人之妻，也有休业一日跑来勉励自己的儿子的父亲，更有来作最后惜别的母亲。

这些人黑山似的挤在兵营门外，他们是来送他们的亲人到几百里几千里外生死难卜的异乡去。亲与子，子与亲，妻与夫，兄与弟，弟与兄，来作最后的惜别，这是人情之常。可是补充队的队长因恐别离的悲哀会引起士气沮丧，遂严然拒绝这种面会。

对于军事上一切行动一向默认的日本民众，今天异样了，因为这是难期生还的最后的别离。虽已被拒绝，而这般男女老幼各色各样的人仍凳在兵营的栏栅上向营内窥视，以狂人般的眼目搜着自己的亲人。

“我们是来会面的，为什么不许呢？我们要会呀！”含恨的群众终于发出了这样的吼声。

暮霭已低浮于地面，而会面者群仍未散去。目睹这种情形的补充队队长遂命令副官作强迫的解散。不久联队副官以乘马的姿影，出现于群众前了。

他高声叫着会面不可能，命令大家解散。可是会面者群宛如未听着似的，仍继续吼着："我们要会呀！"

被激怒了的副官，将他的马朝群众中冲去，一面用马鞭向四周乱抽着。人们放着悲声四散了，一方面因了这种横暴，一方面因了未与自己的亲人见面的悲愤，辛酸的泪滴下了他们的两颊。这时，夜幕已渐罩下，可怜的会面者慢慢地三三五五消逝于远方了。无力的他们，在军部强大的武力前只有屈服。

虽然会面者群的姿影已被暮霭吞逝了去，但远远望着这种情形的营内的出征兵，他们心中因愤怒而起的激情却不能消。他们并不是不能在大事前忍住自己的小小私情，而是由平日的不满，实难抑制今日的激愤，到了出发那一天的清晨，这时众补充兵好像大家商量了似的，将应归还的毡毯全用刺刀划破，而装着无事地于其上盖上一床好的，他们就这么发泄了他们的郁情。这件事到出发前，尚未被发觉。

由营门到车站的沿道上，高呼着"万岁"的纯朴的民众嗓子已快喊哑，街上望不尽的人头之波与旗帜之波不断地翻腾着，简直像大祭日似的热闹。而走在其间扛着白布包里的新枪的出征者群，更以他们的军靴在铺道上踏出洪亮的响声，扬着对割破毯子的事件宛然不知的脸色，昂然向前行进。

在另一方面，前日遭了拒绝会面的那些可怜的村人们，今日也心平气和地由这一车站赶到那一车站，以期看一看自己的亲人——父亲、丈夫、兄弟、儿子与朋友。

出征者已安抵大阪市，明晨即须乘御用船出发了。今宵，今宵是能享受祖国情调的最后一夜。辉眼的霓红灯光，合着吸引人的爵士音乐之音的轻快的踏步，荡漾着众歌女的脂粉香的□有斋门横街，其间有作小姐打扮的街头天使不时出没□歌舞剧院，以及专为某种目的而设的廉价旅馆，拥有这一切的工业都市的大阪，对于出征兵的最后的惜别，是绝好的欢乐地。而且全部以召集兵编成的补充兵，对于这世界上的一切游乐全是具有经验的人，他们等待外出的令下以追求最后的享乐，早已急如热锅上的蚂蚁。

不幸得很，□补充队在出发前划破毡毯的事件终于被发觉，□告于输送指挥官山田□□之前了。山田大发雷霆，下令众士兵除公事外一律禁止外出，并令值日官伊藤中尉严厉看管，补充兵得到禁止外出的命令时，他们对于长官的愤恨又喷发起来。

一律禁止外出吗？前天他们为拒绝我们的家族的会面还动过武，有什么禁止□□□晨□乘船出发了。不管，我们要外出！横竖我们是消耗品，性命难保的，就这么着，许多人便不管输送指挥官的命令，大胆地出了营门。

不久，繁华而热闹至极的军国工业都市大阪的享乐街之夜安静下来的一时到了，突然在补充兵临时宿舍的民房里有了人员一齐点呼的非常召集令。大胆外出者之中有数人迟到了，这几个人马上被拖至值日将校伊藤中尉之前受了严重的惩罚。

“你们绝对没有自由，只有以死来捐效军国的义务！”伊藤中尉在补充兵之前这样责骂地雷鸣着。持有所谓“为国家”的强大背景的这一阶层，是强有力的。他们借了这种强力以通过一切的障碍，而一般国民也为了国家的美名忍受着这种强力。

“你们作军人的为天皇陛下献身的光荣的时候到来了。好的。你们要当心，要好好地行动！”补充兵全将头低下了。带着满足的微笑看着这种情形的值日将校伊藤中尉，下了解散令后，便高响着军刀与军靴扬长而去。两名传令兵尾随着，中尉刚走至自己宿舍附近的横街转角处，不意中前面黑暗处一把雪亮的刺刀闪着光，数名暴徒向伊藤中尉这方扑来了。

“谁呀？”充满气力的一声怒吼震破了四周的寂静。在部队中素以精干顽强知名而又自认为勇士的伊藤中尉，终于未得拔刀应战的余裕，立地作了此祭。

两名传令兵飞奔回部告急，于□由步□□部队□由部队至宪兵队，大事搜索。加害者马上就擒，依然是要出征的中尉的部下，使夸耀于全世界的皇军蒙上污点的这一事件，当然只有秘密处理。

“唯，渡边一等兵，其后如何，不用说，你也想像得出罢。”说至此，吉川上等兵一口饮尽了杯里的酒，接着又说道：“无论他们怎样压制，也只有招来自己的毁灭。现在是有强权，无公理，没有办法。所谓战争，只是职业军人与资本家发财而我们牺牲罢了。所以我们顶好是爱惜自己的身体，将来能生还就好了。唯，战友，你说是吧？”

可是，这时渡边一等兵背靠着墙，头低垂着，依然一言不发。过了好一会，他才慢慢抬起头来，眼中燃烧着对于某种不可解之物的严重抗议。为什么我们非如此牺牲不可呢？究竟战争对于我们有什么好处？他们嘴微动着似乎要说出什么，但终无适当的言辞流泄出来。

小学尚未毕业的他，如要解答这一疑问，实在太难。旁边，现役兵仍在埋头写信，邻室里传来了流行的麻雀牌的噪音。

现役兵的场合

时间是在事变发生的翌年早春二月初旬，正当扫荡黄河以北的山西与河北之时。地点是素负××军基部队之名的×路军所活跃的地带。与开战当时不同的现在，中国军队方面几完全放弃以大部队与日军决雌雄的愚策，而集中重点于游击战。可是当时，日军尚不十分相信这一点，因为部队中尚流传着如下的谣言：

“我们若据此城而与日军作战，你们城内的民众将会被杀戮，房屋被焚烧，财产被掠夺。因此我们不战而撤退，这对于此城的民众是非常有利的。为此，你们必须拿出银钱来提供我们。”中国军队就这么由城中征发多数的金钱而撤退了。

这一天我们的部队不战而占领了一城，一如平日一样，我们在城门口，各道路要塞，部队本部，以及士兵的宿舍前，均配置有严重警戒的步哨。很侥幸，这一夜没有夜袭，我们在安眠中度到了天明。起得最早的值日炊事兵一面揉着眼，一面走进了庭院。不知怎的，庭院中散满了白色的纸片，炊事兵拾起一看，那知是赫然写着“告日本下级官兵书”的传单，炊事兵正看时，后面渐次围上了不少的士兵，大家都抱着看恐怖物似的好奇心耽读着，传单中也确有使得军心动摇的语句，大家遂预想着这是危险事物而将传单抛弃了。

这时军队中的通信，是极严格的。由战地寄往国内的信，总要经过两次三次的检阅，由国内寄给战地士兵的小包，也非拆开一一检查不可。这是恐怕士兵将战地的实况报告国内，吐露了战争的残酷与其中的罪恶，致引起一般国民的动摇与反抗。从前满洲事变时，国内曾有某团体借与前线士兵的通信，而以秘密文书引起了军心的动摇。

众士兵正议论纷纭时，分队长来了。“你们闹什么？”“啊哈！”他由士兵手中夺过传单，一气读完，便拿着向中队本部飞奔了去，众人全呆然了。不一会，刺耳的早晨点呼的喇叭声震破了寒空的寂静。

各小队照例地作过报告后，中队长扫了全体人员一眼，高声吼道：“想你们早已知道，今晨本部队各宿舍内均被人撒有不相干的传单，我是相信你们的，你们不会受人的诱骗。凡没有收尽的传单，你们都要烧掉……”

“唯，据中队长所说的话，不仅是我们宿舍里有传单，各分队的宿舍都被散有传单哩！”点呼毕，各回分队时，战友们小声地这种互相谈讲。“在这样严重的戒备中，也被干出来！”对于这种勇敢与机敏，人们很是感服。

此后，又过了两月。那是[时]干枯了的杨柳早已转青，沙漠似的平原已被葱绿的小麦覆盖起来了，当这小麦黄了的五月，正是徐州攻略战的最中。我们的对手中国军队，比我们多至数倍，到处展开了激烈的恶战。

最忘不了的，是在开封附近的战斗。那时，我们被五倍之多的敌人包围了八日，所带的食粮已罄，弹药□快□完竭，而为我们最前线步兵的最大助手的野炮的弹药，为数也不多了，以无线电与师团本部的连络也不能畅然进行。最后，部队长决意以白刃战开一条血路，下令午后一时开始进攻。

炮的吼声在步枪与机关枪的乱射中交错地向着，四周成了硝烟世界。空中，飞机也参战了；地上，战车迈进着，激烈的立体战开始了，凄惨的杀戮继续了数小时之久。这时“报告小队长，第一分队轻机关枪起了故障”的连络兵的震破嗓子的嘶叫这样喊来。小队长立即跃出战壕，向弹雨中奔去。

可是轻机关枪并无故障，而是机关枪手大冢上等兵被射穿头部倒地了。他傍边的弹药手急忙将他拖入战壕，但大冢上等兵早已气绝，军服的上衣给血染遍了。这时小队长发令道：“速急交代机关枪手，继续射击！留下一人在此收集大冢的遗留品。因在激战中不能火葬，只将头发剪下好了。”

“报告队长，大冢刚剃头不久，无法剪下头发。”

“那么，拔牙好了。”

虽然小队长已下令，但大冢上等兵的弹药手无法拔下大冢的前牙，不得已，只好在他的背囊与图囊中搜索遗留品。

小队长翻动着已搜出的现金、印鉴、日记簿，照片与信件，一面不放心似的问道：“再没有旁的了吗?”突然，那束信件中落出了一张纸片，正是从前的那张“告日本下级官兵书”的传单。目睹这种情形的小队长愕然了，他那惊异的脸上现出好像被谋叛了似的寂寞之感。他立地将传单撕成碎片，并用军靴在地上踏了又踏。

大冢上等兵是二年兵的现役中之翘翘者。他何以会那么珍重地将那张传单夹于信件中呢？只是因了唯一的好奇心吗？谁也不知道，除了已死的大冢上等兵。

现役！现役是日本陆军的代表。他们在国内，在杂志与军事电影新闻上看着，在旷漠的战场上军□当先，堂堂的进军的场面，以及在炮烟弹雨中挺身突进的勇敢的先辈的姿影时，常是无理由地衷心感激，而满身热血沸腾。不久，又受着合于严格的军队铸型的教育，因此，他们对于战争的里面毫无思考的余裕，他们的理想也是由这种生活与教育中产生出来的。这次中日战争中，现役是最勇而善战的。他们作侦察敌情的侦探，在弹雨中作传令，参加爆破城壁或破坏铁条网等敢死队的工作，一如他们所被教以及在电影新闻中所见的他们的先辈一样勇战着，结果他们之中的大多数全面昙花似的消逝于战场上了。

可是，当战斗告一段落进入警备状态时，现役兵的精神也依次弛缓下来了。同时，他们也不能不受到退伍后长久在各地度过不规则的生活来的召集兵的恶影响。具有岛国精神的日本人，最易怀念故乡。为了麻痹士兵的这种乡愁，直到前线均设有享乐机关。但现役兵为了进级关系，或因在先辈召集兵之前的不便，他们纵令游乐或在酒吧间饮酒，也不得不特别谨慎。

在中国作战的军队，有时可以得着由国内送来前线的慰问袋，赠送者北自北海道，南至九州，有爱国、国防两妇人会会员，一般家庭妇女，女学生，百货店的女店员，工厂的女工，花花絮絮的歌女、舞女、妓女等千差万别的人们，其中也有资产阶级的小姐。可是这班人决非因体察士兵的辛苦而致慰问，她们与士兵毫无关系，因为她们的亲友中就无作士兵而牺牲的人。

对于一切的游戏与享乐已厌倦了的这般有闲阶级的小姐，是要求强烈的刺激的。这次中日战争的军事电影新闻，对于她们的倦怠了的生活，是绝好的带刺激性的慰安品。因为战争的残酷与悲惨，绝非她们那一无牺牲的阶级所能了解的。

“在零下数十度，妾等所想象不出的中国北部的尘砂之中，或在朔风刺身的扬子江的边岸为国奋战的士兵先生！妾等之能每日度着平安的生活，皆先生之赐也。妾等实不知如何表述妾等衷心之感谢。妾等身为女性，不能持枪上阵，实属憾事。现国内实行精神总动员，妾等每日必赴帝国剧场宝冢歌舞剧场拜观英勇之军事电影新闻，在令人战栗的炮火之下活跃的将士之姿，实有言说不出的可爱。妾等实深向往。现国内因节约物资，实行不打领带不穿袜，而极力奖励着下驮（日本木屐）。关此，曾发生极有趣之事件。”

“妾等之学校为符合政府节约主旨，特实行废止穿袜。但青年女性不着袜，实有关风纪，因又废止之，皮革为军用重要品，为节约之起见，国民实行不着皮鞋。众女友遂群以着美丽下驮与高价毡鞋相竞。结果，所费更不赀，因又废止之。实为滑稽至极。”

“现校内众女友每相遇，必大谈特谈战争。先生如有暇，务祈将战死之消息通知妾等，实为不胜企盼荣幸之至。”

以上，便是她们的来信。曾经历过社会上种种困难的召集兵，对于这种来信，总只一笑置之。“说些什么鬼话，战争是可爱的！见鬼，袜子既没废止，皮鞋也没废止，究竟那儿在节约呢？资产者会精神总动员吗？会节约吗？没有的事。”

可是，现役兵对于年轻异性的来信，却起了极大的憧憬。他们仿佛是他们只身在作战似的，将战场的情形不厌其详地全部描写出来回信了。有时，又接着由国内来的她们的信。

“蒙在多忙中惠赐大扎[札]，诚不胜感慰。妾能想见先生活跃于山间河上之英姿矣。遥想先生羁留于异乡战地，定时感种种不便，如先生需要国内之用品，祈慨然示妾，妾当遵命速为奉上，是乃妾在后方应尽之义务也。

妾之小弟，时以索阅先生之玉照与妾纠缠不清，妾实无法应付。如先生在战地摄有玉影，务祈赐下一枚，以解妾围。”

她们就这么用书信索得前线战士的相片，贴满相簿，以慰藉她们的厌倦的生活。□士兵们却又继续写信了，最初仅只为战地消息的通信，渐渐却软化为情书了。

现役兵也如召集兵一样，纵令不出外游乐，不进酒吧饮酒，而对于每日拭擦枪械与烧饭而来的愁闷，总要想法消除。借了战时邮件免费的机会，他们一空便坐下写情书。出入于杀伐之境的他们，慢慢地情操便起了恶化，只顾求一时的享乐了，于是纯朴的农村青年，认真的青年学生子，谨严的商人，全充满了颓废□分，昔日固有的道德已消灭尽净。

一，一五于博爱村

（原载于《时事类编》特刊第51—52期，1940年）

朝鲜民族解放运动

赵天问

一、三十年来的血斗

日本帝国主义为了朝鲜问题，曾经对外作战二次，第一次在一八九四年——一八九五中日之战，接着是一九〇四——一九〇五日俄之战。这两个战役，日本都选中了她的便宜的对手：与满清政府接战之后，又与帝俄交绥。因此她收获了满意的战果，从而更加奠定了她向中国大陆迈步深入的基础。一九一〇年朝鲜正式宣布为日本的殖民地以后，于是日本于这时执了远东的牛耳，同时日本与中国及苏联尖锐的对立，也从这里开了端。

从地理的观点看，朝鲜是亚东的一个半岛，面积二十二万一千公里，她的北部紧吻着南满的吉林和辽宁，东北和苏联的远东区接壤，西面是黄海，而东边则是日本海，这一点，是日本通过亚洲大陆的桥，同时也造成过去中日俄的三角关系，但朝鲜那条辽长的海岸线，毕竟使日本的舰队得到更多的优异。

日本的朝鲜驻屯军和她们的贪婪的商人，在这一大片良田沃野的地面上，收获了二千二百八十九万朝鲜臣民所提供给她的农作物、米和贵重的药材。三十年以来，她给朝鲜的农村造成一个悲惨的局面：朝鲜土地八〇％转入日本人手中，离开田地的朝鲜农民二百五十万，二百万人流亡满洲，五十万人在东京，还是挣扎在朝鲜农村中的朝鲜农民，现在都做了日本高利贷者的俘虏。

日本不容许朝鲜人经营资本五千元以上的公司，她迫令所有朝鲜的资产者脱离工商业的岗位，但日本却吸收了朝鲜民间的资财，敷设铁路和交通工具，使她便于倾销日货，以及从朝鲜剥夺了丰富的资源。

日本为要遏止朝鲜民族的革命高潮，经常在朝鲜驻屯了三个师团的兵力，同时布置一个完密的宪兵警察网，但这个制度，〖被〗在一九一九年三月一日爆发的朝鲜民族解放斗争所推翻，朝鲜人民在这次血斗中，迫令日本帝国主义把宪兵警察改为司法警察，以罚金制代替苔[笞]刑，取消公司法，准许职业和社会团体组织集会，道、府、郡的机构内设立朝鲜人民协议机关。

但“三一”大革命并没有把日本的统治切实的改变，日本对朝鲜民族的让步，是由硬化到软化，从表面至内层。朝鲜民族革命者都明白这次革命的成功，主要是奠定了坚强的革命的基础。

威尔逊在巴黎和会中提出民族自决的口号，这口号曾经感召了无数朝鲜革命党人的心，他们在上海组织朝鲜临时政府，派代表要求参加巴黎和会而被拒绝。

“三一”大革命以后，朝鲜民族解放争斗进入了一个新的阶段，农民组织农民组织会，工人组织工会，青年组织青年同盟。一九二五年，为了强调全朝鲜的统一斗争，出现了全国农民总同盟，全国工人总同盟和全国青年总同盟。这个崭新而有力的革命阵容，继续着对日本帝国主义执拗的斗争。

一九二八年中国国民党和共产党联合北伐，这个新的政治影响，促使朝鲜革命党人转变了他们的路线，在国外朝鲜的各党各派建立了大独立党，在朝鲜本部树立民族的统一政党——新干会。

从“九一八”到“一二八”，这阶段是朝鲜革命运动的低潮，日本正在准备对中国东北和东南采取更大规模的侵略，因而加紧了对殖民地革命势力的扫荡。但朝鲜革命党为了响应一九三二年九月十八日的沪战，联合朝鲜义烈团、朝鲜革命党、韩国独立党、新韩独立党、大韩独立党而组织对日战线统一同盟，一九三五又产生了各党归并的朝鲜民族革命党，此外还有朝鲜无政府主义者领导的朝鲜革命者同盟，社会主义者领导的民族解放同盟。

在这三十年来，朝鲜的民族和朝鲜的革命党人，无休止地执行坚决的反日斗争，但可惜它们都失败在各党各派大团结之前。

二、朝鲜民族战线联盟和东亚弱小民族抗日联盟

进步的朝鲜革命党人，是不会否认他们过去的失败的。法国的人民阵线，西班牙的人民阵线，目前中国的民族统一战线，这种新型的政治阵容，对于朝鲜革命运动是给予一个讽刺和一个鼓动。自中国各党各派联合抗日收获了伟大的战果以后，朝鲜各阶层的革命党人便不得不考虑他们自身路线的问题了。中国的胜利，是基于中国各阶层的团结，中国今后能够完全战胜日本帝国主义，关键也在这种。这一点，朝鲜的人民是知道得很清楚的。

朝鲜各阶层的代表者接受了法国、西班牙和中国的教训，他们号召了各党各派组织朝鲜民族战线联盟。在朝鲜本部和中国战场开始了更犀锐的反日斗

争，这新的姿态完全是弱小民族尤其殖民地人民大众解放革命过程中的必然趋势，而这趋势将唤起朝鲜民族新的斗争生涯。

但最重要的一点，是朝鲜与东亚弱小民族中国……的反帝反日联盟。

大概任何一个朝鲜人民都会感觉到朝鲜的民族革命是世界民族革命的一个脆弱的环，他们的自身的力量只是动力的一部份，别一部份是外力，朝鲜革命主要寄托在两个前提，一个是中国击败日本，一个是苏联击败日本，但是朝鲜的敌人——日本的革命势力的发展，也能够给予朝鲜很大的助力。

朝鲜与中国有着二千年来的关系，从历史上，从地理上中国必须在收复东北、华北、内蒙这些失地以后又援助朝鲜的独立，在领土上才能确实有了保障。无疑的，中国在完全击败日本帝国主义之后，如果是提出和平条约的话，那么对于朝鲜和台湾实行民族自决的问题，当异常坚决的要求。所以目前汪精卫的卖国阴谋，不但中国人民大众应该反对，朝鲜和台湾的人民更应该反对。

由于中国的反日战争带来了朝鲜、台湾的解放曙光，朝鲜、台湾人民对中国抗战的希望是非常殷切的，同时因了中国的敌人是日本军阀，所以进步的日本民众，对于英勇的中国，也是同情和爱戴。朝鲜人民对中日战争的认识是："现在的中国抗战是促成日本帝国主义总崩溃的主力战，将来的日本革命是这个总溃的终幕，我们朝鲜民族解放斗争也是促进这个总崩溃的有力因素。"

关于建立真正东亚和平，这是中国人民大众和日本、朝鲜、台湾人民大众的一致要求。

"颠覆战争挑战者的本身基础，防止和结束人类灾害发展，这种重大工作是我们日本人民的任务，努力去完成这种工作，更是我们日本人民的光荣。"——日本人民在华反战同盟宣言

"日本将来仍有出路的，可是他的出路就在中国、朝鲜、台湾和爱好和平正义的日本人士的手里。"——台湾独立革命党

从这里，从在中国战场上的朝鲜的，日本的，台湾的革命党人的言论和他们的工作里，我们看出了一张东亚弱小民族反日联盟的美丽的远景。

三、日本、苏联和朝鲜

苏联不能容许日本武力占领满洲，同时更不能容许日本以朝鲜为进攻北桦太及西伯利亚平原。在苏联境内有五十万的朝鲜民族，受着社会主义的苏联优遇。苏联为了援助朝鲜民族的解放运动，特别训练了三个师团的朝鲜军，这支成长中的朝鲜新军，对于将来的武装争夺，将起了重要的作用。

假如日本再沿中东路向北伸展，她给予苏联的威胁是不堪设想的。日本

与苏联的冲突，是从朝鲜问题下的根源，日俄战争也是为了这个，但现在这对立情形是跟着时间和空间而比从前严重了，因为日本扒了朝鲜之后，更爬入苏联远东区的堂奥。苏联目下的政策有两个前提：一个是强调苏联边防的地位，另一个是援助弱小民族解放运动。可惜这二点，都与侵略者的日本抵触，日本迟早要进攻苏联，这是必然的，同时日本要防止朝鲜的革命也是必然的。苏联要摧毁中国东北部的日本势力，他必然要援助朝鲜从日本帝国主义的魔掌中解放出来。

假如中国抗战获得最后胜利，而仍然不能使朝鲜完全独立，则日本退出满洲之后，必将加强殖民地朝鲜的地位，因而如果可能的话，她便要选择时机开始对苏联作战。但如果日本保持了她的现状，至少还没有被驱出东北，然而苏联对日本采取了内线摧毁，强调朝鲜革命力量，以至借朝鲜的手来打击日本，这与进攻满洲是有同样意义的。

苏联社会主义的建设，给予朝鲜民族的感召是非常重大的，朝鲜的革命运动，受了十月革命的影响，他们不能容忍日本帝国主义者的铁蹄在自己胸膛残踏，朝鲜的反日血火迟早将在苏联友好的援助和自身革命力量成长之下喷射出来。

在现阶段，苏联已在波罗的海获得了安全的保障，苏芬和平之后，苏联在芬兰手里拿到卡累利亚、汉科岛，因此更奠定了她西部的地位。那么今后苏联将怎样呢？自然她将移转目光到远东来了，自然她将对日本采取攻势，这在某种意义上说，她无疑的是给朝鲜独立运动的一个助力。

从地理条件说，朝鲜的民族革命比台湾的独立运动优异十倍，因为她能够充分得到外援，苏联从没有忘记援助朝鲜，她收容了为日本所不容的朝鲜亡命青年，她训练他们，给这些朝鲜革命党徒以武装，过去是这样，将来还是这样。日俄战争是以日本侵占朝鲜而起的，将来的日苏战争，苏联也将联合朝鲜民族驱逐日本于朝鲜境外为止。

四、活跃在中国战场上的朝鲜民族革命运动

朝鲜的革命党人和流亡在中国的朝鲜人民，他们从没有忘记自由与正义，经过三十年来的斗争过程，使他们成为钢铁，使革命运动的基础建立在钢铁身上。

流亡在东北的朝鲜人民有二百万，他们受着革命的意识所薰染，顽固而执拗。在东北展开大规模游击战的义勇军，更有数万武装的朝鲜青年，他们在冰天雪地中，对日本帝国主义作有效的摧毁。这支武装的朝鲜民族革命的精锐

部队，他们是联合着中国的义勇军合组东北抗日联军。联军的第四军是义勇军中战斗力最强的一支铁军，但这中间朝鲜青年占了绝大多数。

在朝鲜民族战线联盟领导下的另一支朝鲜革命军，是与日本义勇队、台湾义勇队同为援助中国作战的国际纵队的一个支队——朝鲜义勇队。它受朝鲜老革命家金若山的指挥。他们的队员都是流亡在华中华南的朝鲜革命青年。为了援助中国抗日，争取朝鲜的独立解放，在一九三八十月十日于武汉成立这个组织。

朝鲜义勇队的任务是政治工作——对敌工作，瓦解敌军工作，在随枣前线，湘北，桂南，华北……几个大会战中，他们与敌人在沙场见面，由此建立了伟大战绩。目前日、韩、台的国际纵队正在形成中，朝鲜义勇队就是这个反日本军阀的国际纵队的一个巨环。

还有在中国的朝鲜儿童组织了朝鲜少年团、妇女组织妇女会。

朝鲜义勇队成立宣言有一段写着："今日成立朝鲜义勇队的任务非常重大，我们要唤起不愿做殖民地奴隶的千百万朝鲜人民，在朝鲜义勇队的这面旗帜下集合起来，更联合在日本法西军阀压迫下的一切人民，打倒我们真正的敌人日本法西军阀，以完成东亚真正永久的和平！"他们的口号是："中、韩、台联合起来，打倒日本帝国主义！"

总之，朝鲜的民族解放运动的野火，正在全世界弱小民族解放运动中烧燃起来，日本帝国主义在东亚数万万人民大众之前及全世界的正义公理之前发着寒战！朝鲜人民三十年来的地下生活，现在他们在大时代里翻了身。

(特)一九四〇年四月

（原载于《改进》第3卷第2—3期合刊，1940年）

朝鲜义勇队第二年的工作方向

[韩国]李达

一

朝鲜义勇队参加中国抗战已经一年多了，这短短一年的奋斗当中，他们做了点些微的工作，而已引起了各界深切的注意，加强了中韩两民族的团结。

中韩两民族是在两国历史上、地理上、文化上都有着不可分离的密切关系，尤其在政治上的关系更密切。因为在共同抗日的意味上，中华民族和朝鲜民族是二位一体，中国抗战与朝鲜革命，也是一件事的两面，所以朝鲜义勇队参加中国抗战，是有着与他们直接参加祖国革命斗争同样主要的意义。

二

朝鲜义勇队在火线上担负了对敌宣传，是在他们整个工作中最主要的一部份。对敌宣传无论任何性质的战争中都不失为一种瓦解敌军的好方法，而作战双方都需要运用这种宣传方法，以达到瓦解敌人的目的，在目前中日战争中，被侵略的中国固然要实行对敌宣传，但侵略的日寇也居然执行着“对敌”宣传，不过双方的宣传内容和效果是大有分别，而且是相反的。对敌宣传要获得最大的效果，这宣传必须含有正义公理的政治内容，不然，得不到效果，反而却有大害。中国抗战是反侵略的、正义的、进步的，因此中国要实行对敌宣传，当然义正词严，能够获得很大的效果。朝鲜义勇队所以负起这艰苦对敌的宣传工作，是因为，第一，了解敌人的一切生活习惯和内心的反应；第二，曾有与敌人奋斗过的经验与优越的宣传技术；第三，有对于日文日语较为熟练和较高的政治意识；第四，由于立场的特殊所给予敌士兵的刺激和影响较大，等等。所以有朝鲜义勇队来担负对敌宣传工作，可以说是适宜的。

过去一年间，朝鲜义勇队的同志们，在南北战场上，以英勇的姿态毫不疲倦的斗争过。他们为执行自己所负的工作,勇敢的驰骋于枪林弹雨中。他们曾在阵地的最前线和敌人的后方,向敌士兵宣传革命的福音,成组织和发动友国的人民,他们更曾冲入敌人的阵地和营房歼灭暴敌,或救出友军的负伤者,凡是他们足迹所到的地方,使敌人手忙脚乱,狐逃鼠窜。相反的,友国的人民和士兵,却无不热烈的欢迎他们,保护他们。这充分的说明了正义和不正义不能两立,更说明了中韩两民族弟兄般的友谊与钢铁般的团结。

(原载于《精忠导报》第 1 卷第 4 期,1940 年)

朝鲜义勇队

[韩国]韩志成

我们组织朝鲜义勇队参加中国抗战，是因为日本帝国主义对于朝鲜民族所实施的政策是要想把它整个的永久的消灭。敌人现在政治上、经济文化上、民族上主张“内鲜一致”“日本和朝鲜民族之单一化”，就是要想把朝鲜民族化成日本民族，于是朝鲜民族目前遭遇到空前的危机。在这里我们格外感觉到中国抗战与朝鲜独立解放运动是分不开的，中国抗战胜利的一天，就是朝鲜民族能有机会独立的一天。所以我们今天参加中国抗战，完全为着打倒共同的敌人，也就是为着自己的事业。

朝鲜义勇队自从一九三八年十月十日成立以来已经有一年半了，在这一年半来我们的工作特别着重于对敌宣传，本人愿意乘这个机会把对敌宣传工作情形报告许多关心朝鲜义勇队，研究对敌宣传工作的同志，以作参考，并希望给我们指导。因为中国抗战是为着正义和平，为着全中国民族的自由和幸福的。相反的，日本军阀的进攻中国，违反日本人民的利益，破坏人类的幸福和文化的侵略行动，所以日本军阀是始终用种种欺骗的方法来蒙蔽真理和事实，要日本人民永远的做奴隶与牺牲品。例如在日本所摄日军夺取太原的电影片里，日军进攻太原城时，成千累万的中国老百姓手执着太阳旗迎接皇军。这个新闻片的内容是假的，完全并无其事据。一个俘虏讲，他是参加太原进攻战斗的，当时日军死伤三千余人，老百姓都已经逃光，连水也喝不到，可知那张影片全是假的。可是日本军阀言论统治下的民众，听到的只是皇军“如何伟大”“皇军多么为中国民众”“迎欢”等。这样，久而久之，日本民众也以为“皇军”的使命是不错的，侵略中国也是应该的。我们的目的，是要把日本军阀怎样欺骗人民，日军侵略战事的前途如何黯淡，中国为什么抗战，为什么中国正在向胜利的途迈进等等，告诉日本士兵和日本帝国主义统治下的人民，使得他们知道日本军阀的野心，他们为着自己的幸福，应该起来反对侵略战争，消灭日本军阀。

为了到达这个目的，我们曾经参加第一、第三、第四、第五、第九各战区之工作，有时候参加最前线的出击部队，有时候深入敌后方，唤起敌兵的反战工作。去年四月间我们参加湘北锡山攻击战与赛公桥的血战，同志们跟中国士兵一样参加决死队，冲进敌之铁丝网里喊口号，杀敌、散传单、写标语。当我军近攻赛公桥的时候，我们的敌对宣传队占据离敌不过二百米突地方，向敌人演讲，唤起他们反战，费了很大的努力，终于把敌人说服了。当二百余敌人摇着白旗表示投降，从战壕里跑出来的时候，我们的同志们〖兴〗奋得跳起来，挥着枪押着帽子高声大喊，简直欢喜得像疯狂了的一样，在这里真正的表示了中日战争的进步的一个剧的场面。还有一次我们曾经利用风筝来做对敌宣传，风筝是几张传单做的，当我们放的时候敌人用机关枪向风筝扫射，消耗了许多子弹，终不能把它打下了。去年的五月间，我们在鄂北随县，以浙河为中间向对河的敌人演讲，和敌人实行辩论，曾继续到四个晚上，敌人没有办法就老羞成怒的先向我们开枪。去年底我们参加桂南的昆仑关战斗，今年二月内我们参加鄂北京山钟祥的攻击战时，当时我们向敌人演讲，敌人的表示就不像过去那样听到我们的话就开枪，相反地他们都很客气，不但不开枪，还说“因为风的关系听不清，请把声音放大些，请慢慢讲！明天再见！”等等。今年二月二十五日，在南昌附近进攻高邮，当我们向敌人讲话的时候，敌人很静听我们的话，我们向他们讲：“如果接受我们的意见，请向天放两枪！”敌人听到了话就放了两枪，我们再讲：“如果诚意的接受我们的话，请你们过来！”这时二十多敌人向我军方面走来约有二十余米，突被有人喊回去了，那里敌多全部自动撤退了，因此我们不费一粒子弹就收复了高邮。

我们但是做宣传还是直接抗[参]加战斗。去年十二月间，敌后方平汉路工作之同志领导民众破坏了平汉铁路××地址××者五十华里，又截断电线等。今年三月间，在浙江富杭一带工作之同志领导民众破坏敌交通线并袭击敌零星部队，击毙数名，捕获多名。这一年半来的工作情形，要想在很短的一篇幅内详细报告出来，这是不可能的。总之，根据我们小小的经验，可以讲“对敌宣传是有效的”“我们可以把敌人反正过来”“可以唤起敌人作一个反战的部队来进攻日本军阀”。

我们的工作是始终在敌人的炮火下进行的，我们以我们的热情与革命的意识武装我们的头脑，指导我们的行动，所以我们是到处被当地的军民受欢迎的，因为有了我们的同志参加工作，他们不但在技术上得到一些帮助，同时另一个民族参加中国抗战的政治意义上，可以鼓舞中国军民的。但在另一方面讲，如果我们的工作有些成绩，这多是由于中国军政长官的指导援助与一般民众的爱护所致的。

我们在一年半的工作结果，自引为安慰的是不仅是因为中国军民的爱护与援助，而更是广大的朝鲜群众拥护我们，在美国的朝鲜侨胞在纽约、芝加哥、洛衫矶等地自动的组织朝鲜义勇队后援会，物质上、精神上援助我们。他们最近又出刊《义勇报》报道义勇队活动情形，发扬宏大朝鲜义勇队参加中国抗战的意义，他们热烈的拥护义勇队，为着朝鲜队的发展，为着中国抗战的胜利，为着朝鲜的独立解放而援助支持我们。其次，最近在敌人后方出刊了朝鲜革命同志的秘密刊物，他们诚心的拥护朝鲜义勇队，为我们做吸收干部争取革命群众，发展敌后方之工作。今年一月间从武汉来的朝鲜人讲他们在武汉的时候已经知道朝鲜义勇队，朝鲜的青年们常讲："如果没有家累就要到朝鲜义勇队里去。"在平津一带，敌人为离间朝鲜义勇队与朝鲜同胞起见，用种种的卑劣的手段，他们还用悬赏方法要抓我们。

尽管敌人的手段是毒辣，以种种的方法要消灭我们，可是历史是向自己所铺的光明大路迈进，跟着发展的原则而前进的。我们义勇队的前途也真像中国抗战的前途一样有光明，有希望，我们也是抱着胜利的决心，不怕一切的困难和牺牲前进的。

目前在我们的面前摆着一部巨大的工作，就是争取敌后的朝鲜群众，粉碎敌人的阴谋。根据我们的调查，在平津一带有十万以上朝鲜人，石家庄有三万人，太原有七千人，新乡有八千人，青岛、济南各有一万人，目前仅仅在华北有二十万人，而其中多数是富有冒险性的青年，经济上没有办法的苦力，如在石家庄四千人左右是铁路工人，二千人是青年流浪知识分子。敌人计划将继续移民七十万人，还有为敌人被迫而参战的所谓朝鲜人志愿兵，也有一千人，今年底为止还可以增加到三千人，而争取这些人是目前我们重要的工作。我们根据过去的经验，教后方朝鲜民众热烈拥护我们的情形看来，我们很可能将把这些人都争取过来做冲击敌人的先锋，正值敌人的阴谋以战养战，要想从"点""线"的占领发展成面的区域的时候，争取日本军阀统治下的朝鲜民众，瓦解敌伪军，粉碎汉奸组织，是引为目前最重要的工作。

深入敌后方唤起敌兵反战，争取朝鲜群众是目前我们正在进行的工作，同时我们将应当大量的去做的工作，在这部工作上希望中国当局给我们多多指导和援助，使得我们的工作更有利的展开，多给敌人打击。现在我们正在计划建立战斗的武装革命军来担任一方面的战斗任务而给敌人以严重的打击，大量的号召朝鲜民众，并借此激鼓中国军民，更希望这个军队将成为朝鲜独立解放的有力的革命军。最后还希望在这朝中两个民族生死的关头，由我们友谊的合作与互相的援助上建立起两大民族的永远的和平和幸福。

（原载于《时事半月刊》第3卷第18期，1940年）

幕阜山中游击

——火线上的朝鲜义勇队之一

刘金镛

一、民众爱护下的游击队

出发时在山脚下，我们和第一游击宣传队同志握别，同志们用依恋的眼光互相望着，两脚好像有千钧之重似的，一步两步的慢慢移动，直到连背影也看不见了才放开脚步走。呵！朝鲜的健儿们！不要依恋了，你们是将来新朝鲜的创造者、勇敢的革命前哨，英勇的路踏上征途吧！我们血战的时机到了！

路上这些山村的秩序，出乎意料之外的，还是和平时一样沉静，很多的民众小学还是照常上课，当我们到了幕阜山腹地的时候，在上塔市买了许多应用的物品，站在山腰回头望望，大小山峰一目了然，真令人心旷神怡！但到了山顶则浓雾蔽天，咫尺不辨东西，伸手不见五指，军服也被湿透了，真是奇迹。在六千公尺的高岭上，竟有一个独立家屋，而且有许多人猬集在它的四周，听说是在此地成立了一个"场"(市集)。在约四千公尺的山下面，有一个大的村庄，形势险要，军队戒备森严，一望而知为游击队根据地，走近去还可以看到便衣荷枪放哨的壮丁，据农民们说，距此地三十里即有敌人，但他们最多也不敢离开公路五里路，像这样高山峻岭的地方，他们更不敢来了。

在中途第一夜入睡的时候，也不知哪一个敲门，至人给他开了，惊异中于他们谈话之间，我们晓得敲门的就是一个游击队员，他说："距此约三十里路处，有敌人的运输车一辆停留在那里，昨天晚上我们四十多名队员去袭击，因为地形没有侦察好，结果没有达到目的，让它逃走了，但是打死了两个鬼子！"

第二天还是行军，过了一山又一山，走了一岭又一岭，终日是在山的怀抱中，走疲倦了的时候，就坐在路旁岩石上休息，有时同志们互相幽默的谈笑两句，或是很悠闲的吸吸香烟，一身疲倦就忘到九霄云外了，但是看到那高可插天的山峰、深不可测的山谷和那满山遍野葱绿和爱[蔼]的松林，又不禁想起山水秀丽的故乡！她是正在敌人铁蹄下呻吟着，备受残暴的蹂躏！但中国这块美丽大地的千山万峰，却成了埋葬敌人的坟墓，歼灭敌人的最好场所，敌人的大炮坦克车，一切机械的杀人利器，到了她的怀抱就“寸步难行”，毫无用武之地了。

仅仅用了×日的行军，即已到达目的地，敌人已被我们游击队赶回，全部向公路附近窜去，现在敌人不断的在公路线上耀武扬威，因为他还没有遇到敌人，于是煞有介事似的，十几辆装甲车来来往往穿梭般的来回兜风！但说起来敌人他实在可笑也可怜，每于装甲车未通过之先，必先派大批工兵，细密检查有无地雷或手榴弹以后才敢通过，而且有事无事的向四周闲打几枪，装甲车前面无论何时都装置着重机关枪，就是发现一张标语，也要乱打一阵，看起来好像在表示他的军火充足，其实这正可以窥见其狼狈情形。

在我们达目的地的那一天，附近村落的人民，约有三百多名，燃放着“劈拍……”的爆竹，带着猪，带着酒，来欢迎我们这一支游击军。旗干[杆]上写着“欢迎爱护老百姓的×支队长”“民众的救星×支队长”“军民武装起来协同收复失地”等口号，他们红健的面孔上，充满了愉快的笑容。我们把带来的宣传品每人散发给他们一份，他们都觉得非常惊异，认字的在出神的看，不识字的谨慎的折好放在口袋里，大概是预备回去请教于别人。失了依归保护的敌人后方的民众们，真的切切实实的感到了祖国的需要与可爱，他们准备把一切贡献给祖国，只要能求得祖国的解放与自由，任何牺牲他们都甘愿接受。

几天以后，在敌人阵地上，为了给我们游队侦察敌情的一个农民，不幸被敌人发觉，周身受了无数的刀伤才九死一生的逃了回来，血流的很多，简直成了一个血人！我们见了老大不忍，赶快把我们自己带去的常备药全部拿出来给他治疗，最后还用绷带给他包扎好，他感激的流泪了！但这眼泪不是弱者之泪，而是要对敌复仇的血泪！

二、到游击区去

我们这一行，背着背包、军毯、外套、枪……离开了宿营地，向游击区前进。为了避免敌人大部队的袭击，我军所走的完全是幕阜山中的荒僻小路，队伍在窄狭的路上一条长蛇似的蜿蜒前进，我们在后方望着他们英勇的背影，真有一种异样兴奋的感触，所谓“把我们的血肉筑成我们新的长城”，成了这[他]们伟大行列的写照！不是吗，他们正向敌人后方迈进，随时随地就要以血肉抵御敌人狂暴的侵略，要以鲜血索回数十年来的血债！

游击队的同志们，虽然他们穿的衣服是不整齐的，但他们的抗战情绪、杀敌决心却是异常的整齐！当我们爬到廿余里的最高峰的时候，大家的情绪也好像高涨到了最高峰，队长和游击区联络员站在峰顶，用手一一指出通城方面的敌情，大家有力的目光随着队长的手指扫射过去，看样子好像马上就要把敌人消灭似的！稍事休息后，同志们坚决而兴奋的向敌人后方挺进了。不顾流汗的，一气走下了十五里路，道路两旁有许多友军向东北方面的敌人警戒，第二个山领[岭]的廿五里路中，每个村落里也都住有军队，而且警戒也同样的森严。

及至爬到第二个山岭，看到比方才经过的还要高：在山半腰一层层的水田中，农民还是和平时一样的照常耕作，这些众多的中国农民和广大的土地，就是中国抗战胜利最有力的保证。因为敌人无论如何克服不了这样大的潜伏力量，只要我们能够发挥这个伟大的力量，敌人除了滚回三岛以外实别无他途！

在夕阳衔山时，我们全体到达麦市，首先映入我们眼帘的是那个用红土写的标语——“我们参加游击队去”，那是朝鲜义勇队制的，“我们的同志，谁已经先到此地来了呢？”……不但这一个，在麦市街道宣传队的同志写的，因为他们到××游击区去是要经过此地的。在这样荒避的山市，能够看到我们“朝鲜义勇队”名字，真是异常的高兴！

三、游击区的民众

麦市与敌人相距也不过十几里路，但是农民们还是照常工作，丝毫没有惊慌的样子，真是难能可贵，同时中国民族的伟大性，于此亦可概见一二了。更令人兴奋的是，负伤的将士们由农民担架着走向病院，而□多数还携带着他们从敌人手里夺回来的战利品——三八式步枪、钢盔、文件等。

由××师政治部办的民众小学，人数异常拥挤，我们的同志每天也担任几点钟的课，和那些小朋友们处的非常亲密，好像自己的亲兄弟一样，有时我们向[问]小朋友们：“你们知道我们是哪国人？”他们马上乖巧的回答：“我们知道你们是朝鲜义勇队。”“那么朝鲜义勇队，为什么要到火线上来？”“要和我们的军队一齐杀死日本鬼子到此地来的。”有一次，我们买了许多糖果、花生和这些天真的小友们开同乐会，他们真是高兴极了，有说有笑，空气非常活泼，但主席李同志才说了一句“小朋友们！”，他们马上拍着六七十双有力的小手表示欢迎。“我们在火线上同中国的小朋友们开这个同乐会感觉得非常兴奋！我们直接看到你们在这样安心工作，我们很敬佩你们的精神。今天我们趁此机会向你们约束一个工作，就是我们在平江的时候，自一个小朋友告诉我们，在安徽方面的小朋友们都为着国家和民族而努力奋斗，他们在敌人站[占]领区域内侦探敌情，来向我们游击队报告，所以我们游击队天天杀很多的日本鬼子！小朋友们！这样工作多么光荣啊，我们现在距敌人也不过十几里路，假如万一这个地方若被日本鬼子侵占了，你们也要学安徽小朋友的样子，帮助我们游击队……”这些可爱的小朋友们，一面吃糖果一面鼓掌。在他们当中，一个小朋友自动的站起来说：“今天朝鲜义勇队的先生们，给我们讲了意义很重大的话，我们非常的感动，而且我们胸堂里的热血也沸腾起来了，我们个人都应该深刻的记着安徽小朋友的奋斗的事实，时时准备为国家民族效力。”这样有力的话句出自小朋友的口中真是太令人兴奋了！又有一个小朋友，他很有自信的站起来说：“我的家本来是住在通城做生意的，日本鬼子强占通城的时候，我的爸爸被日本鬼子杀死了！这野蛮的行为你们知道不知道？”全体小朋友有力的高喊“知道！”“那么我们也可以和安徽的小朋友一样做么？”“可以做！”“今天回家去，一定要对妈妈和姐姐说，朝鲜义勇队先生们所告诉我们的安徽小朋友的事情！”

有一天我们在上搭市附近工作的时候，碰到了一个七八十岁的老太婆，她问我们：“你们是朝鲜义勇队吗？辛苦了！辛苦！请坐下吃茶吧！”又有一次我们到崇阳县属的一个不知名的村庄去工作，村中的房子大部分被烧了，到处是颓垣败壁，情形非常凄惨！老百姓看到我们来了，显出很害怕的样子，一点也不敢和我们接近，于是我们大声对他们讲：“我们是中国军队，你们不要怕！”他们才安心的，渐渐的和我们用土语谈话：“先生！你们是好人！”而且还烧了茶来让我们喝。于是我们就利用这个机会，和他们长谈：“这房子是谁给你们烧的？”一个老婆呼吸很促迫着回答：“日本鬼子给我们烧的！从前这些畜类占了这个村子，临逃跑的时候才给我们烧掉了！”她显得很悲愤，大概她的房屋这一定烧了——我们告诉他们：“日本鬼子是杀人放火不讲理的强盗！无论在什么地方，他们都是奸淫烧杀无所不为！中国的老百姓，只有联合起来，帮助军队游击队，把日本鬼子赶出中国去，大家才能够安居乐业！”“你们知道吗？我们是朝鲜义勇队，朝鲜人！是来帮助中国抗战的。”他们也或许是听不懂我们的话，说我们是朝鲜人他们不晓得，于是我们又追加上一句“我是高丽国人”。一个老年人这才明白了！他说：“是的！高丽人！高丽出人参。”我们又告诉他们：“中国和朝鲜是兄弟之邦，是朋友，我们也是受日本鬼子压迫的，所以才来帮助中国抗战！”经过这个简短的谈话，我们变得很亲密了，方才那种惧怕的样子一点没有了，他很亲切的对我们说：“先生吃茶。”而且还拿了洗脸水来让我们洗染满了石灰的手，最后还拿出红薯稀饭来诚恳地让我们吃！我们一面愉快的吃着，一面和他们谈许多有关抗战的事情，他们听的很入神，很受感动，及至我们回队时，许多农民围绕着我们，“先生，你们不要离开这里！我们怕日本鬼子再来！”有的连眼泪都落下来了！

四、我们在游击区

我们自从到×部游击区以来，工作进行甚为顺利，在一般官长弟兄们及农民们的脑海里已留下了深刻的印众[象]。全体同志，除去夜间几个钟头的睡眠以外，全部是工作的时间，而且我们的生活是有规则而紧张的，虽然敌人的炮弹不断的在我们营房附近爆炸，但每人的工作和自修还是照常进行，因为敌人的枪炮声，我们已经听惯了。我们每天五点半起床，六时至七时和游击队的弟兄们共同上早操和劳作唱歌，早饭后我们全体有一个工作会议，决定今天应做的工作及工作的全体计划和分配每个同志的工作，有的去写标语贴传单，有的化装深入敌人后方去侦察地形敌情，有的到民众家里去做家庭访问，有的教儿童抗战歌曲，有的跟出击部队去作对敌宣传工作，还有的出去访问当地的行政机关，商讨工作如何展开及协同等问题的。总之没有一个没有工作，都是很紧张的在找工作做。

我们金队长上次到前线来训示我们两点——“工作组织化”“技术精熟化”，我们的工作就是本着这个意旨做的，而且当天的工作一定要当天做完，在晚间还要开来详加检讨。

游击区的生活，精神上虽相当痛快，但终日奔忙，身体上却感到极度的疲劳，所以我们在每星期三、四晚上就买些点心来开同乐会，游击中的官长及弟兄们，我们也请他们来参加，会场大半都是在被敌人破坏了的家屋里边，大家坐在微弱的灯光下，吃、唱、谈，真是别具一种风味。尤其是游击队的老弟兄们高谈阔论的在叙述他们过去杀敌的经验，虽他们是用半土半官的话句来说，但是我们也很注意的听他们那宝贵的经验。因此我们的工作虽然繁苦，衣食住各方面的物质条件虽贫乏，但是我们能在精神方面却找到了相当满足的方法。可惜自去岁敌人侵入此地以来，极尽欺骗、宣传、麻醉的能事，使少数无知民众变成了没有国家的民族观念，惟利是从的两面派，在敌我相持地带××村落间的民众，他们好像站在了战争漩涡以外，以英国“张伯伦式”的外交手腕来应付两方面。譬如我们游击队收复某某村落的时候，全体民众就总动员来欢迎招待我们，并且自动的告诉我们敌人的情形，或比我们优势的敌军向我袭击时，他们也偷偷的来告诉我们。反之，若敌人攻入某村落时，农民们也同样用对付我们的一切手段来对付敌人。这的确是一种严重的现象，由此可知我们对民众的工作是做的如何不够，留在后方的大批青年，不要一天价空喊到前线去，到敌人后方去，到乡间去等好听的口号了！在严重的抗战现阶段，不是空喊的时候，要多做一点实际工作才好！不是吗？前线民众的所以随风倒没有坚决的立场，不就是我们没有尽到责任的明证吗？

我们每于随同游击部队出发做宣传工作的时候，自己要一枝步枪、两个手榴弹，还要携带对敌宣传品等必需物品，环境许可还要写壁报及对敌宣传标语，有时又要选择一个较高的地点去施行对敌喊话，而且我们游击队的住址又必须常常变换，因为敌人若晓得了我们的住址就要用炮火轰击。所以我们每日总是在游动中，所谓游击队也者，真是名符其实的名称。因此我们的工作必须迅速秘密才能够做，每至一地，即召集小规模的军民联欢会，开会的时间要短而内容要充实，次数要多，才能够达到迅速普遍的目的。有一天我们在×村开军民联欢会的时候，民众们给拿来了许多点心吃，一个七十八岁的老人家，他很兴奋的说："你们知道高丽国吗？高丽国已经亡啦！就是被日本鬼子占去的！他们这几位同志，是高丽国的朋友，辛辛苦苦跑到这样远的中国来参加抗战，我们自己不抗战还行吗？明天就把我的儿子、孙子送到游击队去，同他们去打日本鬼子！"

五、战场是我们的学校

四月×日，黎明时，黄同志忽然惊慌的喊："同志们！快起来！"同志们还正在甜蜜梦乡，被他惊醒了，睡眼朦朦的穿衣服，此时在东边的山头上向[响]着紧密的枪声！"打打……"敌机关枪两挺集中向我军射击！我军的右翼班轻机关枪步枪，也正向敌人抵抗了，我们一面打枪一面喊日语："日本的弟兄们，你们的枪不要向着中国的弟兄们打！""把枪向着你们真正的敌人日本军阀打！""我们是朝鲜义勇队，丢了枪到我们这里来，我们是欢迎的！"

敌人退走了，我们也回到原来的地方，情形真是凄惨已极，民众的房子被烧了，耕牛被牵了去，没有逃出来的妇女、壮丁，也被杀的杀，奸淫的奸淫，敌人所过之处，都成了一片荒凉的焦土！民众们真是极度恐慌，已成了"杯弓蛇影""风声鹤唳"的状态，群向我军阵地后方避难！我们看着心里非常难过！只好用"不要紧！不要跑！鬼子不敢到这里来！"的话安慰他们！一个年老的老太婆，呼吸紧促的坐在地上。"天哪！我再也走不动了。""先生这怎样办？没有饭吃！"听了这话我们心里更加难过！把我们口袋仅有的几元钱完全给了她！

我们正在转回宿营地的路上，突然"轰——""轰——"，敌人的大炮向我们打来了！炮弹在我们前后左右，爆炸了二十六发，但是我们未损毫发，还是照常的活着！而且在这样炮弹中，我们倒得了宝贵的经验！这经验是在任何学校也得不到的！钢铁般的革命志士，只有在这样危险的场所才能够锻炼出来，战场是我们的学校！

六、工作中击退敌人便衣队

四月一日（雨），我们带领五名弟兄到敌人步哨线黄家山下面，一面张贴传单，一面用红土写制壁上标语，正在工作的当中忽然遇到了敌人便衣队十五名的袭击！我们马上用手枪，弟兄们用步枪还击，激烈的对战了约十分钟，十五名日寇便抱头鼠窜而逃了！我们工作要紧，所以也未加穷追，还是继续工作，工作完毕后又到花埠桥材[村]贴了许多标语才回来。

七、传单标语两万张

这两万张传单标语，完全是散布在了敌人警戒线以内，敌人因为兵力不足，到晚来大部分集合在一个地方不敢外出，白天才敢到比较远的地方去。所以我们就利用晚间到敌人阵地去散布，甚至于有时摸到敌人炮兵阵地及机关枪掩体里去，这样到了白天敌人一定可以看到的。

八、工作中不幸遭敌暗算

四月七日午前九时，我们又带着一部分弟兄出来工作，至午后日落西山时才转回连部，不幸在回转的路上，一位弟兄误踏到敌人埋藏的地雷，结果弟兄一名当场毙命，二名重伤！真是没有想到，早晨出来的时候，还是健壮活泼的弟兄，转瞬间成了血肉模糊的尸体！头盖骨上打了一个大洞，脑汁和鲜血一齐涌出，真是悲惨极了！而且这死和重伤的弟兄当中，一个常常出来和我们一块贴传单标语的，是非常忠实的一个弟兄。四月一日在黄家山下面，我们和敌人作战的时候，他勇敢的将敌人击退了。其余的弟兄，也是和我们感情很好的，每逢我们工作回来的时候，对这些忠实可爱的弟兄们，一定要请他们吃米粉和面条，或者喝一点酒，但是到了晚上他们买了红薯答谢似的还来和我们一同吃。这些可爱的弟兄们，一日竟一死两伤，在我们真是感到双重的悲伤！现在眼看着他们被敌人杀害，此地连绷带也没有，一点救急的工作也不能做，这使我们更加心急了！恰巧这时李大成同志带来了急需的药品和绷带，我们很快的给他包扎好了，但是还没有担架，于是我们临时又权作脚夫，把他们担送到山下面五里远的营部附设的卫生所，我们几个人肩膀都压痛了！第二天我们到卫生所去看他们，生命已经很危险，恐怕没有多大希望了！这使我们更感到异常悲痛！

九、切断电杆线埋藏炮弹

三月三[二]十四日晚十时，我们全副武装携带着宣传品，随同第三中队出去工作。这附近游击队特别多，仅止通城、崇阳、通山三县，农民自动的组织游击队就有三万多名乃至四万名。

我们首先到了距公路约四五华里的石屋铺，遇到了此地的联保主任兼自卫游击队中队长陈国华君，我们前几天就见过了，现在已经成了熟识的朋友，见面后当然更加亲热。他是仅有二十三岁的一个热血青年。他告诉我们："今天敌人将他的母亲捉去了，临行时并声言必须以他自身与母亲交换，否则将以残酷手段对付老母！"他含着眼泪愤激的表示："母亲年岁老了，死了也好！无论如何我是不投降的！我还要保存有用的身躯，为母亲复仇，为千千万万的同胞雪恨！"我们听了他的话也非常受感动，我们紧紧的握着这位爱国青年的手，他也同样的紧握着我们这群朝鲜革命青年的手！在我们互相交流的眼光中显出了共同复仇的光芒。

现在蔡家屯石城湾已无敌人踪迹，由本地游击队员十名任向导向敌人搜索前进。在阴沉的深夜，星月无光在无边的寂静中，只有弟兄们轻微的"刷刷……"的脚步声，所谓空谷足音者，正是此情此景的一个写照。此地距石城湾二里，崇阳城二十五里，荻州湾十里，桂口市十里，和敌人一步步接近了，随时有遭遇的可能。大家紧张的小心翼翼的向敌人接近，手握着已装了实弹的枪把，千百条有力的目光在找寻他们的目的物。这一副伟大的夜袭图，假如有画家把他画出来，是该怎样的能够打动人们的心弦啊。

在紧张的空气中，我们全部到达公路线，勇敢的弟兄们在公路上依三角式埋藏迫击炮弹，我们在埋藏地点左右×里附近，散布了一千多张对敌传单，砍电杆、剪电线的工作，我们也尽了不少的力。除此而外，我们还有一个特殊的工作，就是在拔出电杆后的窟窿里边，埋上手榴弹，将雷管线用电线缚在砍断了的电杆上，这样一来敌人第二天假如来查的话，他一定要动这些电杆电线，一动就会爆发，鬼子不知不觉的就丧失了性命！古人有云："大祸从天降。"现在鬼子这种死法，可以称为"奇祸由地出"。由事实的证明用这种方法来对付鬼子，真是能够收到奇效！每一个手榴弹最低限度也要炸死一个鬼子！现在我的在工作中就好像看到了鬼子最后的惨号，所以虽然在流汗也感觉得特别有趣！在短短的四十分钟中就工作完毕了。其实若再迟延一些时间，也确实是有危险，因为敌人一知电信不通，马上就用自动车来巡查，我们也许会受到袭击，袭人者反为人袭，这是顶不合算的事情！我们为了避免危险，也必须很快的工作，所以很急促的就完工了。在回来的时候，把电杆电线烧掉一部，遗留一部其余的和瓷碟一齐带回来了。

十、夜袭大沙坪敌营

对敌宣传若能够发生效果，非和袭击部队共同行动不可，一面战斗一面宣传，才是最好的办法，若避免实际战斗，是不会有怎样大的效力，为了达成我们对敌宣传的任务，逃避战争，我们良心上也不允许，所以每一次战斗我们都是积极的要求参加，但有时也会遇到主管官善意的阻止。今天也是一样，团长为了顾虑我们的安全，不让我们参加这次夜袭，但经我们坚决的要求后，结果还是和他们一同去了。

夜行军约三十里到达岗家村，岗家村距我们的目的地大沙坪还有十里路，与大沙坪隔江相望约四五十公尺处，就是敌人的营房，我们于此地稍事休息后，即向敌人潜行接近，一直到敌人营房附近敌人还没有发觉。营房里边的唱歌声、谈笑声，可以听的非常真切，我们全体埋伏好了以后，首先由我们向敌人开始喊话："日本弟兄们！日本弟兄们！我们是朝鲜义勇队。你们不要为少数军阀作无谓牺牲！到我们这边来，是受优待的！"

在这深夜里，我们的喊话声振动了周围的山谷，各处发出了强大的回声。全体弟兄们虽然没有办法和我们一同喊，但他们的紧张是可以料得到的。敌人听到喊话声以后暂时静肃了，不久内部起了一阵骚动，马上就对我们无目标的乱打起机关枪来了。我们不得已，当即起而应战！激烈的对战了约三十分钟。我们也一面射击一面喊话，同时将带来的传单也完全散布在附近了。我们常这样想，怎样才能够捉到几个鬼子呢？还有被打死的鬼子们的枪，怎样才能够带回来呢？但攻入敌人营房太困难了！因为他们有坚固的防御工事，我们又缺少重武器，仅凭几枝机关枪，真没有办法达到目的！鬼子又拼命的守住他的巢穴不敢出来，就是将他打死了，还是不能得到他的枪枝，至于活捉，也非攻破他的巢穴不可，但这对我们牺牲就太大了，与游击战的目的是不合的，所以上官就下令转进了。

游击队的生活，晚上是不能睡眠的，一夜饿着肚子四五十里路的行军，是很普通的事，而且住所还要每天移动，所以游击队每天都是在游动当中。

今天夜里，陈同志正在山坡上走的时候，不知怎样一不留意，一下子跌到水洞里去了。"卜通，卜通……"周身都湿了！营长过来，亲切的把自己的军毯给他围上。这使得我们都有一种异样的感觉！啊！此地是中国湖北崇阳，而且是在深夜，中国同志脱下自己的衣服来给陈同志，和营长一样对我们这样亲切！这真太使人感谢了。

十一、李万荣冒险救战友

我军警戒阵地和敌人的警戒阵地，相距仅有四百公尺左右，喊话声可以模糊的听到，敌我的行动用肉眼也可以互相看的清楚(仅限于阵地上)。我方阵地较敌人阵地高，对我们是很有利的，于四月十六日午前十一时，我们利用地形地物作掩蔽，带着十名弟兄，爬到阵地前面三百公尺附近的红山，对着红山约三十公尺处有一个小村庄——杨家屋，我们将弟兄们配置到红山上几名，其余几名配置到杨家屋周围，准备开始工作。杨家屋完全是一个空的村庄，一个人影也看不到，奇怪的很，忽然在屋子后边跑出两条狗来，看到我们以后，马上向敌人阵地跑回，我们想一定是敌人的军用犬，但若用手枪射击又恐怕让敌人听到，不得已眼看着让它跑回去了。这真是不吉之兆，但事已如此，也没有办法了！只得冒险工作下去。写标语贴传单工作了还不到五分钟，敌方枪声响了！手榴弹如雨似的投掷过来，打的房倒屋塌，往后边一看，约有四十名鬼子向我们射击，前进不能后退也不容易！我们只好以松树房屋作掩蔽，用手枪拼死抵抗。敌人的机关枪子弹嗖嗖的落到我们附近，真是到了九死一生的地步！多幸此时我军机关枪阵地开始向敌人侧射(为了顾虑万一，预先埋伏以作掩护)，才减少了我们的威胁。李万荣同志就利用这个机会，鼓起勇气很快的离开了破碎的房屋，跑到红山顶，恰巧碰到了一个右眼受伤了的弟兄，李同志不顾一切，背着他往回跑，不知怎的一下子又由断崖上跌了下来，在枪林弹雨下呻吟了好久，才慢慢的平安而回。当他们二人回到我军阵地时，长官士兵异口同声的说："我们想你们二人一定没有希望了！"四个月以来，这是敌我最激烈的一次战斗。

全体官兵听到了今天猛烈战斗的消息，尤其对李同志冒险救回受伤的弟兄，特别表示庆贺，李营长马上将消息报告给了鲁团长，鲁团长特别到此地来看他，一见面"李同志！李同志！"紧紧的握着他的手，显的异常高兴！集合全团官兵将李同志自幼参加东北义勇军战斗的事实介绍给大家，晚上还请他一同吃饭。

十二、敌人对喊话的回答

十七日，对敌施行喊话时，敌人阵地里发出了简单的回答！□敌："朝鲜人么?"我："是的！"敌："我们也讨厌这个战争！"除此简单的回答而外，再喊什么话也不回答了。

十三、深夜袭敌阵

三月二十七日深夜时，我军向白霓桥（敌人约千名）、浮溪桥（敌兵约二百五十名）、下细布（敌兵约百名）三地敌人同时施行夜袭。我们同志也分为三部，分别参加三方面的部队，每人手枪一枝、手榴弹两个，还带着宣传品，浆糊桶，刷子等应用物品，随同队伍进入敌人铁丝网以内工作。在最初，敌我才一接触，火力非常激烈，敌人也在营房内凭借工事拼死抵抗，这种伟大的战斗场面，我们差不多还是第一次遇到，所以都有些不沉着，心房不住的跳动。但经过不多时候，也就平静了。我们的步兵，猛烈的围攻敌人的营房，工兵紧张的忙着破坏桥梁、外围的铁丝网以及电杆电线等。勇敢的马一新同志，衣服被铁丝网挂破了，手也受了伤，鲜血不住的流，可惜我们没有急救药品，以致后来马同志经过许多苦楚才治好了。至于这一次我们的工作，因为分散的关系，人数太少，不够分配，比较困难，但由于其他同志连指导员及弟兄们自动的帮助，结果也圆满的达成了任务。我们把传单捆在石头上，一齐向敌人阵地投去，在松树墙壁及岩石上，也用浆糊贴了许多。我们在工作时，必须完全用卧倒的姿势，稍一疏忽，也许就有生命的危险。

十四、港口村的民众工作

到了港口，和四十几位男女青年相遇了。他们在武汉上海曾经做过救亡工作的。有一天，由于她们的介绍，集合港口村民百余人，我们开了一次民众大会，把敌人杀人放火的残暴对他们讲了一会（现在港口村房屋，已被敌人全部烧光了）。继而又把世界地图挂出来，指给他们看，那个地方是朝鲜，并且对他们说："这就是我们的国家，三十多年前被日本帝国主义灭亡以后，老百姓在敌人铁蹄之下，有被残杀的，有饿死的，活着的也在过着牛马似的生活，简直无法忍受。我们为了打倒日本帝国主义，争取我们的独立和自由，解除老百姓的痛苦，所以才流亡到中国来，组织了朝鲜义勇队到这个地方来和日本鬼子打仗。"我们并且告诉他们许多亡国后的惨苦情形，他们听了非常的感动，确实感觉到了祖国的可爱与需要。我们于是把中国地图挂出来，详细的说明中国抗战必胜建国必成的条件。他们的情绪显得非常紧张，百余双有力的目光出神的集中在讲话人的嘴巴上，棕红色的面孔随着演讲显出种种不同的表情，粗壮的拳头也握得紧紧的，好像就要向敌人扑过去似的。最后一位舒同志，又接着以我们的情形为材料，激昂的演说了半小时，农民的情绪真是高到了极点。他们高举着钢铁似的拳头，喊出了"中韩两民族联合起来！""打倒日本帝国主义!”的雄壮的呼声。最令人感动的是一位七十多岁的老人,他站起来说:“你们知道高丽国吗?高丽国已经亡啦!就是被日本鬼子拿去了!他们几位是高丽国的朋友,到咱们中国来参加抗战的,你们知道吗?高丽国的朋友,辛辛苦苦远远的跑到这里来参加中国的抗战,我们不抗战还行吗?”

(原载于《日本评论》第11卷第4—5期,1940年)

活跃锦河前线的朝鲜义勇队×区队

——他们的喇叭筒唤醒了不少“皇军”

风展

这是在江西北部，赣江的一条小小的支流，地图上提到它的时候，说是“自高安以下，亦通舟楫”。也就是在这一带，我们和敌人从去年三月到今年五月，夹江对峙了相近一整年。

朝鲜义勇队第×区队是在奉新前线过了旧历的年节，才带着他们的标语传单和喇叭筒到这儿来的。那时候，在奉新，他们就开始和那些侵略者们开了一个小小的严肃的玩笑。他们曾经跟随着深入敌后去破坏敌人交通线的工兵队散发了四万张传单，写了几百条标语，同时也在火线上拿起喇叭筒来，叫道：

“兄弟们，过年了，应该是团圆的时候，但是你们在这儿拼命为得谁呢？而且，想想看，你们的家……。”

来到锦江，他们就索性把喇叭筒也放下了。这条小河窄的地方只有七十多米，最宽的地方也不过刚百多米达，不仅说话不用喇叭筒可以听得清清楚楚，就是那马鞍声和咳声，也清脆地□过水面，听得见的。

“沉默是最高的轻蔑。”不记得是那一位哲人说过这样的话，然而可怜的“皇军”士兵们的沉默却是由于轻蔑以外的原因，因为慢慢地在工作的较多的日子之后，朝鲜义勇队的队员们向他们提出问题来，问他们听不听见他们的话，要是听得见，请他们放两抢。

“拍，拍。”是的，他们听见了。

像陌生的青年男女们经过第一次的交接，他们慢慢地就熟悉起来。在义勇队唱歌的时候，他们高声叫好，喊他们再来一个，而且问道：

“你们是不是日本人?”

“你们那里有日本人没有?”

过了年，很快地，醉人的樱花时节来到了。成丛的淡红的、白色的花朵竞争着展开他们的欣欣的笑脸。带着毯子，带着酒，和着亲爱的人儿一道，他们曾经在那数不清的花丛下消磨了多少狂欢的夜晚啊。但是所有这些，都写在回忆的账上。现在对着异国的潺潺的江水，还要对着那不可知的死！

"兄弟们，"但是朝鲜的志士们都要来挑动他们的创痛的记忆，"想想资本家和大军阀们，他们正带着美丽的女人，在醉人的樱花树下，而且你还记得你的她妈[吗]，你和她的许许多多的夜……"

"难过的啊，"无助的悲哀的声调传过来，"请你们不要谈这些，请你们唱唱歌。"

他们常常给他们唱日本的小调，他们也常常招呼他们：

"停一停，我们的官长来了。"

而在他们许久沉默的时候，日本人也便叫起来："啊——说呀。"

家乡是可爱的。在异国的战线上，这些操着家乡语言的奇怪的敌人很快地成了亲密的朋友。在一个朦胧的月色的晚上，他们有五个人答应了朝鲜队员们的呼唤，从隐蔽物里跑出来，但即刻也许是他们的长官来了，他们又忽地跑回去。

从这次以后他们的感情又有了新的发展。不久，就成立起小规模的停战协定来，他们规定五个人以下双方互不射击，可以自由□在河岸上眺望，散散步。

说日本没有信誉是指的那些统治阶级的滑头们，其实那也不仅是日本的统治者们而已。日本的士兵坚守他们的约束，也坚信着朝鲜队员们的诺言。朝鲜队员以后便继续要求他们出阵来对谈，在京岗岭的敌炮兵阵地，也是在月色底下，有一次出来二十多个，排成一个整齐的行列。

反战的情绪原来是地下的根，只要春风一吹青草便蓬勃地生长起来，有一次我们袭击锦口北岸敌阵地的高邮市小镇，敌人没有什么抵抗便退却走了。在遗弃下来的皮带、衣服等等之中，同时发现一封信，用日本文写道："我们不抵抗。"

敌人发射过来的炮弹许多的没有爆炸，因为信管取下来了。这绝对不是偶然的没有意识的举动，而且有一次敌人自己的阵地上发现了如雨的炮弹，但是所有我们的部队都没有发射，那末这炮弹是那儿来的呢？

除宣传鼓动之外，他们也在中国的军队中做教授简单日语的工作。在湘北某一次包围了一股敌人，并且消灭了他们的大多数，有一个敌军在死战之后还拼命的向山上逃。

"多马来！"一个中国兵喊道，这意思是"停住"，他刚刚学会了这一句，而这一句马上就收了效，因为那日本兵果然就停住了。

自然，我们也知道，另一方面，在敌人军中也有许多朝鲜人，据调查他们大概都是做翻译、开车子之类的工作。但在前线有一部分中国老百姓中却存在着这样一个观念：长胡子朝鲜人专门做坏事，比日本人还要凶。这正是日本人的卑劣的诡计，横行在鄂赣一带的一支三百多人的长胡子队伍正就是完全的日本人，而且都是些所谓精锐的特务。其实这也不是新法门，远在一九三六年，意大利的法西军就穿了德尔西亚地方的军服到西班牙去。

朝鲜人中个别的坏的份子是有的，我们不否认这个，战争以前，我们常看见某些朝鲜人把自己身受的压迫再照样的加在中国人们的头上，然而我们知道唆使和欺骗麻醉他们的人是谁，并且也丝毫无碍于中韩两大民族的友好和共同战斗。正像朝鲜队员中有一位说的，他曾经是一个俘虏："我到现在才知道我是朝鲜人，才知道朝鲜应该求得解放。"这就是战争的教训。战争带给我们以苦难，也将带给我们以觉悟幸福和自由。

（原载于《新华日报》1940年9月25日）

韩国健儿

任秀棠

这次我们在赣北的战场会见了韩国的健儿们，朝鲜义勇队第三队同志，他们都很直爽、热忱、勇敢，活跃在赣北战场、士兵的群里、敌人的后方，给敌人无尽的打击，穿着士兵服装，说着流利的中国话，在火线上对敌宣传，参加作战，直接射击敌人。他们的工作收了很大的效果，他们已成为中国抗战中的一支有力的生力军，火线上的官兵对他们都有一种不可磨灭的好感。

我们看到友邦的战友，这样努力于中国抗战，心里感觉到兴奋极了，我们和他们在一起，一点没有把他们当异国人看待。

他们在某某军工作了半年多，已成为半个主人了，所以他们站在主人的立场上招待我们聚餐，在那简单的聚会中，可是意义重大了。进了他们的大门，就有一种不同的风味，那破而旧的屋子，被他们布置得艺术而美丽，四方的桌子上，用橘子排成五个大字（欢迎女将军），由此可见他们的人才不是平凡的，有许多许多小的花样，我们不但做不出，连写也不能表达完的。吃了他们亲手做的朝鲜菜，和我们并没有什么两样，特点是甜就是甜，辣就辣，平时他们打惯游击，他们在请客吃饭的时候，也新开始游击战了。

他们有几个同志在战壕里，听到我们去的消息，想送我们一点有代价的礼物，到敌人那里去摸，他们想动作快点，把礼物早点摸过来，也许他们为了动作快太明显，给敌人发现目标，被包围了一小时，这礼物转送到我们的手里，是多么的宝贵和伟大啊！这东西是我们乡村中很平常的土产，可是在那时圆圆的柚子，好像似是敌人的脑袋，我们每个人□一个伟大啊！他们的精神是那样的饱满，工作的热沉，学习是紧张的。

他们是朝鲜革命的先锋队，是朝鲜被压迫民众的救星，复兴朝鲜的责任都在他们的身上，他们富于革命经验，一切都值得我们。在无形中我们受了他们的鼓励，我们每个同志都有这样的想法，友邦的战友直接间接的努力我们的抗战，我们的本身该加紧工作，努力本身来实现两国早日独立自由，早日把我们两个国家一个敌人打倒。

（原载于《战地三年》，劳动妇女战地服务团，1940 年）

韩国热血青年朴东云智救五个中国武装同志

佚名

据韩国国民党驻陕特派员二月二日西安电称，韩国热血青年朴东云君，今年二十五岁，义州人，能操普通中语。一年前，被迫为倭军翻译官，派赴中国山西省临汾宪兵队□州分队服务。然朴君素抱热烈的爱国心，不甘为敌作伥，每欲潜逃，苦无机会。偶至昨年末，有中国英勇的青年志士五人，不幸为敌所俘。敌本拟于本年一月六日加害于该勇士等，而朴君之革命意识本甚强烈，对于敌我之界限，认识特别清楚，且朴君早已明白今日之中韩革命同志，无非为打倒共同敌人——日本强盗，而站在同一战线上之同盟军。因此，君不忍见其战友惨死于敌人枪剑之下，乃悲愤交集，慎密思维，亟谋救出该五战士于火坑。适值新年一月四日，该分队队员以下多数官兵出外赴宴，饮酒游荡，警戒稍□，队中残兵，亦酩酊大醉。朴君窃息良机不可逸，以机警巧妙之手段，释该五勇士后，即同换倭宪兵服装，潜取机要文件数百种，详细军用地图数十张及手枪六支，并得军马三匹。三人骑马，三人随其后，突出队门，步哨欲阻之。然朴君泰然自若，毫不畏缩，厉声叱之曰："今因紧急情报，须待急往调查，尔辈亦应加紧警备，毋稍松懈。"该哨兵以平日朴君奉公惟谨，不敢复语，目送之去。出城门亦然。迨辗转安然脱出敌警戒线后，手枪及军马悉予该五勇士，嘱其归还本队。己则携地图及文件，一月末始抵西安，备受各界热烈欢迎，现在某军事机关中。闻朴君在西安韩人寓，初见太极国旗，乃抚而吻之曰，此为我有生以来第一次拜见者，一时亡国惨恨，涌上心头，言罢，放声大哭。在傍之多数同胞，见此严肃沉痛之情形，亦不禁热泪滂沱。在此瞬间，最热烈亲切之同胞爱及追慕祖国荣华之爱国心，充满一室，无限刺激了青年勇士杀敌之壮志。当此倭敌陷入中国长期抗战之泥沼中，欲减少内在矛盾，□除危机，一则以荒谬之说，专事麻醉韩人精神，一则强迫韩人为志愿兵向中国战友开火。韩人迫于威力，敢怒而不敢言。如吾人再进一步揭破敌人之虚伪宣传，并□中韩必须共同奋斗争取解放之意义，具体指出而宣传之，则在日本帝国主义压迫下之武装与非武装韩人之欣然归我反日阵营者，必不可胜数，岂止今日之朴东云君一人而已哉。

（原载于《韩民》第1卷第1期，1940年）

现阶段的苏联与日本

李执中

距今三年以前，著者对于苏日国交的将来，曾作下述的观察。

盖日苏战争之晓，日本必然的出现军人法系政治，而将大产业收归国有，没有地主土地分给农民，可防杜苏联以阶级意识从事煽动，已故军事评论家平田普策于"一九三六年战略论"已隐约言之。……是故限于与广田内阁同性质的内阁掌持政权，基于其社会的使命，当不致发动日苏战争，转使"日本精神向内爆发"。(拙著《日本外交》页四一八——四一九。)

虽于最近五年来，日苏两军在伪满边境的冲突，叠见频发，尤以前年七八月间的张鼓峰事件，去年六七月间的诺蒙坎事件，震撼世界的听闻，不乏有以日苏关系会进入真正的大战，然而结果日阀卒向苏联屈膝，成立了两次停战协定。

一九四零年的日苏两国，是不是会继张鼓峰、诺蒙坎两事件之后而出现类似的乃至更大的战争状态？假令出现这样的状态，会不会有第三次停战协定的出现？这一问题，不仅是臆测的问题，且亦关系我国的切身利害。

透视苏日国交的行成，必须了解两国间错综复杂的关系，析言之：(一)在社会思想上，日本的"万世一系"的皇室，如美浓部教授的法治中心思想，尚被目为洪水猛兽，而有"国体明征"一流的宗法社会理论广事宣扬。苏联则为无产阶级专政，澈头澈尾为反宗法社会的，虽因三个五年计划，被人目为"一国社会主义"的建设，然马列主义，究以全世界无产阶级的解散，为其革命的最后归宿。(二)在政治意识上，日本自一九〇四、五年的日俄战争后，即怀制霸东亚的妄想，三十余年来的国防观念，实出发于这类的侵略野心，苏联则揭橥援助被压迫民族的独立自主，其反侵略反帝国主义战争的旗帜异常鲜明。(三)在经济权益上，苏联正在积极发展国内实业，严厉防杜其权益的外溢，日本则仍冀于苏联领内从事经济的掠取。因此，在日方报纸和刊物，关于日苏问题的讨论常提出日苏两国于经济上急待解决之悬案，如北库页岛之煤油、煤炭、采矿权，沿海州之木材采伐权，苏领北洋之渔业权等。他们（日人）宣称，欲维持远东和平，必须调整日苏关系，而调整日苏关系的前提，经济上首在于解决悬案。上述三者，据日方指摘，尤以北洋渔业问题是日苏国交上的症结，为多年纷争的种子。他们认为谈到日苏两国间的外交，就会联想到渔业交涉，因而自认日本之对苏外交，一时颇有不外是“鱼外交”之感，由是可知日本渔业资本家对本问题之何等重视。所谓北洋渔业，即是在滨海省鄂霍次克及堪察加沿岸等地方苏联领海内所有的日人渔业权，日本渔业资本家及其代言人常鼓吹“这是日俄战争之际，日本牺牲了几万同胞的血和肉换来的国家国民的权益”。然而实际的情况，确如当时苏联外交委员长李维诺夫对驻苏日大使东乡所言：“日本一谈到渔业问题，立即抬出国家的国民的权益来主张，其实这仅止于渔业公司的利害关系，一般国民又何尝关心？”

日本和苏联无论在社会思想上、政治意识上与经济权益上均具矛盾对立的因素，日苏关系久已入于拟战状态，而近五年来两军在边境的冲突，以及前年的张鼓峰冲突、去年的诺蒙坎事件，亦可谓序幕的进入实战状态。

际苏日两军在诺蒙坎搏斗前后，哈瓦斯社莫斯科电讯：日本在“伪满国”军事准备情形，顷由远东红军机关报《红旗报》予以揭发。略谓伪满国已成为进攻苏联之根据地。以空军而论，至本年（一九三九年）初间止，日本即在该处集中军用飞机五百余架、运输机约百架，共造有飞机场一百四十余处，能供飞机二千架乃至二千五百架之用，并在哈拉哈河西北面博和与宝俊（译音）二处建造飞机场，这对于苏联滨海省足以构成直接威胁。主要空军根据地有二：一、在新场（译音）共有钢骨水泥之飞机库二十所，每所能容飞机二十架；二、在哈尔滨共有飞机库十五所，一部分设于地下。以陆军而论，伪满国军队约有步兵九万员名，由日本军官一万员指挥，闻关东军司令部正拟改编此外受日本指挥之白俄军队，计有一万五千员名。又以交通线而论，日本积极建设铁路公路，而以接让苏联各处地方为尤甚。综自一九三二年起到一九三八年止，共筑成铁路五千公里，西达热河隆化，东抵吉林省牡丹场以迄密山等地。军略公路则共筑成一万七千公里，主要公路广达八公尺至十二公尺，重炮与坦克车均可行驶其上云。除去年七月二十日哈瓦斯电讯如上所纪外，而日本军集中在东三省者共有十五师团，又集中在华北者亦十五师团，此八十万兵力，不能谓其对苏联和外蒙不构成直接威胁。

苏联方面以伪满国成为进攻苏联之根据地具如上述，日方评论家亦认苏联业完成其对日作战的装备。据东京《中央公论》去年十月号刊登伊藤正德的论述：苏联在远东的二大军区，是以堡垒出击战基地的伯力和野战攻势挺点的海兰泡为中心，其背面的常备军，各有十七万人，此外于满蒙更有第三军管区十五万人，合计是集有五十万人的大军，这是本年八年八月上旬的数字，在九月末，或许会达六十万员名之多。本年初已推定约有一千八百架飞机的空军，到了夏初，在远东区的苏联空军至少已备有二千三百架，战车亦已突破二千辆，斯太林所努力的对二强国各别作战的装备，似乎业已完成。

苏联与伪满国境长达四千五百基罗，而伪满与外蒙国境亦有七百基罗，从实质方面说来，不啻日苏国境有逾五千基罗之延长，而且互具对峙意识，互有这样的作战准备，则日苏大战固不能谓其无一触即发之可能。然自去年九月二十八日日本驻苏联大使东乡与苏联外委长莫洛托夫在莫斯科成立关于诺蒙坎事件的停战协议以后，于两国间即有将签订互不侵犯条约的传说。此事虽至今无法证实，然渔业交涉，日方获得一年为期的临时妥协，日苏商务协定，据传东乡与莫洛托夫交换意见之结果，对其基本原则，业已“意见一致”（见去年十一月二十日合众社莫斯科电讯）。其后所谓满蒙划界委员会由赤塔移于哈尔滨会议时，遂告破裂，两国关系的“调整”因而停顿，然日苏国交似不若去年此时之紧张，则亦不可否认。

原来在日本国内，早有“日苏不可战”的论调，这并不是其国内国民某一个人的主观意见，而实反映其统治阶层稳健派的整个主张。这一派人的意见，可以概见于下列数语：“误了日本对华政策的，即是自称所谓中国通，现在不应听从那些自命为专家的苏联通，再遗误日本的对苏国是。……如果对于苏联实力一味作过低评价，假防共之名，陷日本于最大困难的境地，这不能不说是有利英美的政策。”上述议论，自然属彼邦“既成势力”一环的代言人。然而所谓“革新势力”的阵营，迩近亦有联苏的主张。曾由“既成势力”（即拥护议会政治）走向“革新阵营”（即倡导法西斯主义）的中野正刚，于去年十一月二十五日东洋经济新报社发起的座谈会主张：

> 三国军事同盟问题，已使平沼内阁瓦解了。现在应该与苏联签订互不侵犯协定以杜绝其对中国的援助，但是政治财政的上层，害怕因此而遭受美国的干涉。其实假令日苏两国发生战争，美国也不会援助日本。日本是有对抗美国的手段的。在欧洲，如果英国失败了，美国是要撒手的。在中国的英国军队撤退之后，中国是可以逐渐亲日的。现在如果把对华问题暂时的撇开，而与苏联谅解，对于英美自无所用其怖惧了。最愚蠢的，无有如日本对签订日苏互不侵犯条约还在踌躇。日本应该使苏联并

支持其向印度进攻。苏联对于日本，虽然是危险的东西，但是日本也可乘此稍得准备的机会，所以说欧战是日本的活路，日本应该善于利用时机。

中野正刚上述议论，也并不是中野个人的意见，这是反映日本经济的没有出路。正如美国远东问题专家拉飞的分析："不管日本在中国的命运如何，日本仍然需要世界市场的。而此世界市场之大部分，操之于英美两大国家，对于日本好几种重要原料的供给，都须整个的仰赖英美，然尽英美对日让步的限度内，殆没有什么东西能令这种情势出现个基本的转变。"故日本如不获得重要原料供给地，取得国外市场以及统治国外市场的工具，即无法克服经济危机，保持其帝国主义国家的生存，日本之不能不向南进而与英美构敌，实具有这决定的因素。日本假想有与英美兵戎相见之一日，其西北邻境绝对须要安定，基于这样的假定，中野正刚的议论，不能谓其在国内不起作用，而日苏互不侵犯条约的签订，不能谓其绝无可能。

至于苏联方面，其领袖史太林氏于去春在联共第十八届全国代表大会的演说，关于苏联外交政策，提示了下述四原则：

一、苏联坚持和平政策，加强与一切国家的商业关系；

二、与领土接壤的一切国家维持和平亲睦；

三、援助为争取独立自主而抗战的国家；

四、准备以双倍的打击，回答企图破坏苏联边疆安全之战争挑拨者。

从诺蒙坎事件看来，完全实证苏联对日阀企图破坏苏联边疆安全，向其有互助关系的外蒙挑衅，业已给予双倍的打击，日阀得到极大教训，深知苏联不惟有抵御外侮的决心，且具有击破任何外交侵略之实力，遂不得不向苏联再度屈膝。然苏联之一再与日阀成立停战协定，则于史氏所提示的第二原则可为之说明。苏联既愿与领土接壤的一切国家维持和平亲睦，则于日苏互不侵犯条约苟有这一时机的到来，苏联当不致拒不签订。

假令出现日苏不侵犯条约，苏联会不会散弃史氏所提示的第三原则？我们的答案是否定的，即是苏联决不会散弃其第三原则而出卖被侵略民族，相反的，苏联会更加强援助为争取独立自主而抗战的国家。日阀即令一时的中止进攻苏联，这是他们基于各个击破的战略需要。中野正刚毫不踌躇的承认苏联对于日本是危险的东西，他的主张和苏联妥协，析言之：

一、在离间美苏即世界海陆军两大强国对远东问题的合作；

二、嗾使苏联向印度进攻，冀惹起英苏战争，借收渔人之利；

三、"日本乘此得着准备的机会"，从这一句话看来，不啻自供日本的对苏联妥协，不外日本在进攻苏联准备期中的缓兵计。

贤明的苏联当局对于上述三点分析，应已洞若观火。我国对日之坚持持久抗战，固为争取我民族国家的生存，然不断的消耗原以苏联为主要想定敌之日本实力，对于苏联，不能不认是极有利的事件。苏联而坐视日阀将驻防伪满的兵力开入中国内部作战，则所遗苏联的后患，将有甚于现在深受其害的中国。所以苏联必须牵制侵略军力，加强对华援助，不仅站在援助被侵略民族的立场，亦可看作保卫苏联的手段。

我们是自力抗战，并不依赖外援，虽然我们对于国际局势任何可能的演变，均应注视不怠，可是我们对苏联与任何国家成立互不侵犯条约，我们并不疾视。苏联尝宣称决不夺取他国一尺一寸之土地，可知苏联绝非侵略国家，则其签订这类的不侵略协定，是在冀避免帝国主义国家反苏联策动的侵略。“己所不欲，勿施于人”这是我民族个人应事接物的处世箴言，亦即我国家建国施政的政治道德。我国正受日阀的侵略，其穷凶极恶，莫可以语言罄书，今我友邦果能以协定免于久在拟战状态的敌人的侵略，难道我们还加以疾恶么？不过在军阀劫持下的日本，是没有什么国际信义的。也许因为一时的便宜签订说不侵犯人家的条约，然而它随时可把其条约撕破而不稍顾忌。所以苏联应有贤明的采择：与其遗祸将来，订立不可信赖的条约，不若当机立断，肩负膺惩国际强盗的责任。欧战爆发以后，美国有左右世界局势的力量，复具保卫和平与秩序的决心。自九一八事变迄今，日阀不顾外交信义，撕毁国际条约，美国对远东的门户开放政策根本被破坏，其在太平洋属地感至大威胁，因时机未熟，故隐忍以待，然迩近美国对远东事件，态度显趋积极，如废止美日商约，如成立对华贷款，可作实例的说明。美苏对远东问题，利害既极一致，对世界政治，亦应握手言欢，苟我人两大友邦能于此时具共同的见解，有联合的行动，不惟足以制止日阀的侵略，绥靖远东变局，抑且可以挽救第二次大战的浩劫，回复世界和平。吾人期待贤明的美苏两大国领袖，有此英毅的行动，成为全球人类的福音。

一九四零年三月十九日由宜万西上于民朴轮中

（原载于《中央周刊》第2卷第38期，1940年）

三年和中国在一起

——日本工农的反战斗争

[日本]青山和夫
木波 译

一、日本共产党的再建和大众组织的扩大

一九三三年日本共产党的崩坏,直接地由于党内小资产阶级分子对于党在一九三二年纲领反天皇制斗争下的布尔雪维克化感到恐怖。首先背叛阶级,以挑拨手段(如私刑事件和抢劫银行事件,又如组织反对打倒天皇制的全协刷新派和日本共产党劳工派等等)破坏内部的一致;在大众团体方面,由于组织的彻底大众化,职场(工场和农村)组织的扩大和反对街头性的斗争的展开,于是旧普罗列塔利亚科学研究所的干部完全背叛和脱离了。继之而作家同盟的干部为了向小布尔乔亚文化团体倒退,歪曲社会主义的写实主义的理论,主张依存改造社以及其他布尔乔亚出版社,完全放弃了组织斗争。作家同盟对于一九三三年七月党的紧急召集和各大众团体的书记长会议,都拒绝出席,并公然拒绝党的指导。作家同盟更私下用掉全国工农为响应小林多喜二全集出版所缴纳的款项六千元,阴谋以这为破坏党信用的手段。客观地看来,以九一八事变为契机的党的布尔雪维克化,使从来差不多占指导部全部的小资产阶级分子没落了,使利用左翼地位勾结布尔乔亚而将大众运动停顿在合法运动范围内的浮动知识分子没落了。

在一九三六年全国众议院议员总选举时建立起来的人民战线,遍及北海道、秋田、东京、大阪、兵库及其他各地,因此在那一次的选举中,无产党各派在议会的议席增多了。同时,在反对二二六法西斯蒂白色恐怖的各种斗争中,以东京和大阪为中心的各组织结合起来,在重建日本共产党的目标下,日本共产党准备会和大众政治经济研究所两基本组织成立,反法西的合法政党劳农协议会(以救济三陆震灾的各团体的延长为母体)——后日的日本无产党——也

结成了，这些基本组织都是以各地大众团体的自发的政治结合为直接基础而被重建起来，这较之过去以一二知识分子为中心的重建运动，是具有其显著的特征的。

在基础组织方面，特别是在××、××、××等中心区的模范的集中组织成立了，指导势力增大了，而××、××、××的组织也有了进展；在文化斗争方面，形式和内容都完全打破原来的小布尔乔亚干部的影响，原来的文化指导部差不多没有例外地全体依存寄生于布尔乔亚出版社，或堕落到把自己藏在小布尔乔亚文化集团（人民文库、文学评论、文学入门等）的小壳内，以过去的文名安慰自己，他们都从大众斗争脱落下来。正当这时候新的大众杂志 *Zudon* 五万册在东京地区文化运动者们自主的经营之下被分布开来，大众的地方综合杂志也在东京、大阪、名古屋等地发行了。至于小规模的刊物，仅在一个地方就达十数种之多。最特殊的部分是对于科学技术的专门研究，自中日战争开始以来，这种研究如何地帮助了我们的斗争，是超过预想的。对于思辩哲学化的唯物论研究会的斗争，对于陷入历史经验主义的“历史科学”“经济评论”和后期资本主义发达史讲座派的在内外两面的斗争，都通过中央和地方组织而展开来。当这些文化集团一旦遭遇大众的抗议和斗争时，人民文库就演了自动地请警视厅逮捕的把戏，而相川、坂本领导下的后期讲座派甚至伪造共产主义学院事件。

最成功的全国斗争是全国儿童作文现实生活化的运动，附带在这一运动中的言语运动也被促进，这个运动的动员不下四〇万人，就连良心的布尔乔亚作家山本有三都投进了这一运动。这些都是在一切斗争综合化和大众团体组织化的展开下进行的，不像过去那样，仅由一二指导者来推动运动。

二、对于侵华阴谋的斗争

一九三六年十月，基础团体向准备会和研究所正式提出事前破坏日本法西侵略中国的提案和强化组织的提案，这些提案都通过了。同时基础团体对日本无产党展开由内部扩大强化统一战线的斗争和克服宗派主义的斗争，对社大党和日本劳动组合总同盟的正义派展开劳工健康保险的共同斗争，但当时除去准备会和研究所的一部分外，大半都固执着观望情势的骑墙见解，使决议的执行耽搁下来，因而于一九三六年十二月十日和日本无产党中的一部分一齐被检举了。

三、以西安事变为期而开始了的积极斗争

一九三六年十二月基础团体决定了再组织和西安事件的对策：

一、认为正在增长中的日本法西势力还要继续一个相当长的时期。

二、认中国的统一战线必然成立而日本帝国主义的侵略也迫在眉睫。

三、决定在非合法指导下改组大众组织并在反战斗争中从事党的再建。

当时日本无产党的地方组织，在名古屋方面的正向法西主义转向，左翼骑墙主义的现实暴露仅是时间的问题，而社大党分制为法西、社民、正义三派的危机也日见增大。总同盟和日本劳动组合联合会部分地合并起来，各地方的县联合会在反社大反本部的意识下，成了半独立状态。基础团体虽努力动员日本无产党、日本劳动组合全国评议会、社大党和总同盟的一部以及××、×××等地方组织，进行反对侵略中国的斗争，但结果和预期相反，于是基础团体决意和中国联络，共同进行在事前破坏侵略中国的斗争。

四、反对侵略的工作

如果由日本国内和中国的基本组织连络，是要产生相当的牺牲的，而且实际上这件事被证明了不可能。因此一九三七年三月，基本组织在获得了中国的非公式的政治保证后，派遣组织里的一个工作员渡华，在上海着手准备对于侵略行动的事前破坏，一九三七年五月开始了和中国在一起直接反抗侵略的工作。在那时候，自中国的知识分子始，差不多都不研究日本法西的实体，我们虽在中国报纸上加以暴露，但仍未发生什么反应，这可以说是忘掉日本侵略行动的急迫。近卫内阁成立时中国各报馆所发表的社论，正是那种乐观主义的好例，我们当时断定近卫内阁的成立是实行侵略的内阁的出现，并以如下的通知送达中国的一部：

一、日本对华侵略的日期，如果世界情势没有变化，则以七月为最危险，侵略行动必先在中国的平原地方开始，预想中的侵略期间为两年，其后须视中国如何抵抗与帝国主义战争如何勃发而定。

二、在中国的谅解下，在上海设立日本共产党反战局。

但是通知中的第二项——设置反战局的提案，由于中国大多数乐观主义的横行，由于日本共产党准备会领导下的一九三七年春全国大罢工遂行后的财政困难和生活费缺乏，不曾如预期的那样进展。这次事变中我们的斗争之所以落后，实以这为主要原因。在这里敢于这样说一句。日本共产党既毫无国际斗争的经验，又适逢帝国主义者弹压破坏的以后，在这些困难条件下，要

在国内领导提高工资的罢工，在国外和中国共同展开破坏侵略行动的斗争，自然是不能充分遂行的，同时还有使工作不能充分遂行的直接障碍，那就是，第一，以上海为中心的日本托派（由斋藤逸二指挥）还有与日本托派联络的中国托派以及浮动左翼分子的活动。第二，当时中国人的相当浓厚的反共观。这是要在这里重说一遍的。日本帝国主义的反共政策之为物，不过是灭亡中国的口实，使中国人自己灭亡中国的口实。至于日本殖民地各革命团体之主张以及策动反共的，那不成其为革命团体，其本质是殖民地社会的反动团体，是在实际上帮助日本帝国主义的侵略的。就是在今天，日本共产党仍领导着朝鲜大众的启蒙运动和组织的大部分，在台湾也分散地建立着基础。采取反共主义的日本殖民地伪革命团体，频频捏造台湾阿里山大暴动说，但这些浮动团体在台湾和其他各地，决未具有革命组织的基础，它的根源完全出自日本的特务机关。

一九三七年五月我们本想在事前破坏日本侵略的阴谋，但由于帝国主义者反共口实的传播，反而阻碍我们的工作，终于不能展开破坏阴谋的斗争，这个经验正是我们要注意的，我们应当认清日本帝国主义反共口实的欺骗性。

五、七七以后的对华援助

由于上述原因，在战争开始以前就应该实现的反战工作员的渡华成为不可能，而战争开始以后，内地组织之一部，因负责连络的中国人之失策而被捕。在中国成立国际组织既困难，而反战的活动又在停滞中，因此我们不得不采取直接援助中国政府的形态。战争开始以后，得到中国政府的许可，由上海移到南京，当日本军在吴淞上陆之际，我们和中国共同工作，在日军中散布传单。我们和中国的共同工作始终是在经过协议而作共同决定的原则下进行着，在徐州武汉会战期间我们的中心工作是：

一、检讨战争实况，认日本帝国主义军备力在徐州战役已经使用到最高最精部分，同时根据这一认识展开种种具体工作。

二、当时人数渐增的日鲜台人组织起来了。

一九三八年十月朝鲜义勇队成立了。作为义勇队的援助团体日鲜台人的反法西联合也成立了。后来义勇队形式的援华工作日渐一般化，日鲜台人反法西联合遂告解散，另方面台湾义勇队及其他类似的团体逐一成立，到了一九四〇年日本人反战同盟（俘虏）也成立了。

武汉战以后，我们的工作的中心目标是：

一、检讨和追寻日本支配阶级统治力的破绽，事前破坏“强力内阁”的成立。

二、检讨帝国主义战争的具体形态，着手应付这一战争的准备。

“帝国主义国家间的危机已迫在目前，其战争的经过将是由一国对一国渐次变为数国对数国的长期战。”（根据一九三九年四月的议事录）一九三九年九月廿四各团体开会决定对欧战勃发后的政治变化的态度，即“我们决以明确的手段对付战争挑发者接连制造战争而将世界各国卷进战乱的阴谋。我们认苏联对波政策是杜绝反动政策再出现的有效手段，而支持苏联指导者斯大林的成功”（根据议事录），同时完成了殖民地团体在将来必将反动反共化的充分准备。

然而就是在今天，我们仍不得不承认援华团体中有一部分利用中国对日本情况尤其革命运动的了解的不够，而停滞在不明了的政治目标和不彻底的政治口号上。

六、日本共产党及属于党的大众组织之现状

在斗争展开中被牺牲的大众组织有：

一、从事大规模反战斗争的关东地区基本组织。

二、以渡华反战工作为目的的组织。

三、日本无产党、全评、日本农民组合、全国水平社之一部。

四、群马县农民组织之一部，在群马县发行一万五千份半非合法杂志《地方文化》的同人们。

五、以静冈、名古屋为中心的旧战无组织（战斗的无神论者同盟）。

六、东京文化运动者之一部。

在斗争中扩大了的大众组织有：

西部日本基本地区。

虽部分地斗争着而现况不明的有：

一、东北地区基本组织。

二、关东地方劳工组织。

三、关东地区大众团体。

四、九州岛、中国、中部、东北地方。

五、第三联队、“满洲”及海军中之兵士委员会。

六、在鲜代表。

七、农业组织及学校组织。

由于海员组合的再一次的合并，日本农民联盟稻村派的加入东方会，日劳系的脱离总同盟，正义派（以神奈川及大阪的劳工组织为基础）的被社大党开

除党籍,交通劳工组合总联盟的斗争主义的复归,农民组合各派的提出土地改革论(该派从来仅主张改革佃农制度)等事实,凡和日本劳工运动有过关系的有经验的人,一定不难知道一九三九年后半日本共产党势力的增大和斗争的进展,由去年下半期直到现在大工厂怠工的次数激增,如东京市内电车从业员的怠工,福井县小纺织业者三千名与县当局的对立,若松小船主组合对门司海军要求提高工资,兵库市内电车驾驶员的津贴费请愿和歌山皮革工人一千名的要求紧急救济,广岛各工厂废业失业的问题化,福冈日本制铁公司八幡工场劳工(约七万人)的要求提高工资和歌山的南海、海草、有田各地的铁工组合的罢工,高知造纸工人男女一千人的要求提高工资百分之二十,名古屋交通工人及被牺牲产业的工人的要求提高工资等等。凡此都是一九三九年十一月一个月间西部日本的劳工的斗争。到了本年三月,怠工次数激增,据说工人的要求差不多都是增加工资,而在大阪,总同盟的某支部公然散布日本共产党的传单。

七、在战区的斗争

到今天为止,虽时常传说日本兵士的反战斗争,但并没有人正确地说明过斗争的经过。一般的反战传单,一部分是我们在国外印刷发行的,一部分是中国游击工作的产物。中国时常期待日本兵士的个人投降或者不能通过组织而作反战宣传,这些都是危险的。朝鲜义勇队曾以集团的日本军队的反战、败战为目标,而于一九三九六月煽动二百名兵士在北港反战,这一工作固然成功,但在号召和吸收大多数兵士的工作上则失败了。足见不经过组织的反战宣传,是没有什么效果的。

自战争勃发以来,我们以日本共产党的立场在中国的战线上,代中国散布宣传品,但那口号和内容是属于日本的革命组织的。一部分中国人和援华人士不认识我们工作的特殊性,直到今天还模仿我们的口号和内容,这是错误的。特别是武汉时代,曾制造过多种多样杂乱的传单。武汉战后,以南方战场为中心散布“中国真正建设东亚新秩序”“中国真正为了东亚共同体斗争”等传单,这是重大错误。以华南为中心而作那样的宣传,是对于日本侵略的客观的通敌行为。一九三七年七月,我们由于日军前线部队配置的变更,预断日军将侵入华南,并将这一预断传达给责任方面,提议正式开始转化日军的华南侵略为日本内阁纷争的共同工作,但这一共同工作并未实行而观望下去,这是一件憾事。湖北、长沙附近两会战的中国的胜利并非偶然,朝鲜义勇队前后数月的战线工作的效果是不能忽略的。

武汉战后中国抗战达到相峙阶段，在战线的对敌宣传应立在中国民族解放的立场，我们从前所提出的那些口号已经不适用了。

在战线有主张以“新感伤主义”对日本兵士宣传的，这一见解固然表现出中国在宣传上的进步，但仅以感伤主义为中心作宣传，是极不充分的。列宁曾指出政治的宣传和煽动的重要性，而且留下一册专门的书给我们(《煽动与宣传》)，政治的煽动和宣传是在于使大众大多数人的眼集中于我们认为必要的一点，在我们的组织斗争中夺取他们。至于那一点是必要的，那须由作战和战斗性质来决定，那须是以集中对方的眼并争取对方参加为目的。我们在徐州战以后曾劝中国以日本兵士反战厌战的手册的材料写宣传品，我们希望中国由自己的立场，提出自己的口号。中国目前不应偏重感伤主义的宣传，而应始终积极地以广泛地反帝的民族解放和澈底抗战来号召。如果不作这样的号召，仅感伤地指出军阀压迫下大众的社会苦，那将陷进败北主义。

在中国有人认为提出“打倒天皇制”的口号是错误，殊不知在日本革命的立场上，以“打倒天皇制”为斗争目标，是党和工农大众的最低的政治纲领。现虽有与国际的投机主义者结合不以这个最低纲领为目标而仅提出打倒官僚政府的纲领的团体，但这种团体随着斗争的激化将被淘汰的。

一九三九年，在上海一小部分日本人的反战组织虽然成立，但因某国态度变化的影响而被破坏了。

日本共产党准备会领导下的新文化运动的某地方组织者小林□则同志于一九三九年三月移至上海工作，一方面展开了内地和战区间的组织活动，一方面发行各种反战小册子如《日本宣言》等，不幸于本年四月被捕，并被解送军法会议。我们在这里，谨对战争勃发以来为反战斗争而牺牲了的各同志致革命的敬礼。

八、附记

我们在过去的三年里，虽力量不充分，但是尽了全力的，斗争更将激化，渐次向着新阶移行，今后更努力的斗争和斗争路线的正确愈成为必要的。过去的援华工作，一言以蔽之，不过是援助中国政府的亡命性的援华工作。我们必须和中国民族大众站在一起澈底抗战，展开对伪政权的斗争，随伴着移行中的新阶段，努力于政治的前进。如果停滞在亡命援华工作上，即使形式上增大，但并不能解消其固定化的性质。倘认这种亡命性援华工作是日本革命以及日本殖民地大众解放的主力，那就错了。亡命性援华工作并不能因中国统一战线所具的特殊性而被正当化，我们更不能因亡命性援华工作而反使日本革命和日本殖民地大众解放的目标暧昧不明或后退。

如果没有日本工农阶级的前卫——日本共产党，日本革命和日本殖民地大众的解放是不可能的。如果有人主张日本在天皇制的存续下，在工农阶级的继续被压迫下可以爆发革命和反战，那正是日本帝国主义的走狗，是日本帝国主义者中的一个反动派而已。这种立场和汉奸汪兆铭是一样的。

我们当面的主题，不待言，是在于不使亡命性援华工作固定化，而需要更大的政治进步，只有这样才能预约日本革命的进展和中国民族解放战的澈底与胜利。

我们无论遭遇什么困难，无论作什么牺牲，都要为斗争而前进。我们在这里再一次誓约：为了日本工农阶级和日本共产党的名誉，决以铁的意志，进行布尔雪维克斗争。

中国民族解放战争澈底遂行万岁！

日本革命万岁！

苏联社会主义和平政策的成功万岁！

（原载于《中苏文化·抗战三周年纪念特刊》，1940年）

敌军官日记

［日本］井桂少尉

［韩国］安炳武 译

敌第五师团第二十一联队井桂少尉之日记，此人死于十二月二十日。

十二月三日　一时半到达四塘，实施了二小时的大休息，煮了朝中两餐饭，四时又出发。七塘附近的公路到处已被破坏，并且埋下了不少的地电，真危险极了。……在这次攻击的时候，十六时二十分钟，仓谷中尉受了伤，福岛一等兵也受伤，但生命好像不至于危险。

六日……十九时奉联队部命令，决定为掩护而向大寺墟出发，二十时到本部接洽详细事项。后喝了中国酒，本想安眠一下的，但真不容易入眠。

七日　直至夜半也不能入睡，因怎样想睡也不能睡，直至四时半起床的时候为止，一刻也没有睡到。五时半集合……十五时到达那马墟，从此为了走公路，……至大花决定宿营。因物资丰富，相信对于宿营很适合的，但附近部落民众好像对我们有敌意，我们应该要有最严重的警戒。……

九日　九时出发唐报地，至那阵墟补充了罐头。十六时到达大塘墟，在此地听到各种情报，真使人痛心。希望情况能好转成和我的想像一样，真使人不愉快。

决定在大塘墟宿营……可是，情况转变成恶化的也有。

十日　平田小队七时半出发，情况更其恶化了。真痛心，对于神的祈祷在苦时的神经也是一种必要的事……十七时联队部来命令归还南宁……，平田小队已归还了。

十一日　七时由大塘墟向南宁出发，七时半在大塘墟方面前进时听到枪声，十一时到达那阵墟，十一中队与九中队在同地方警备，十一时半在唐报墟方面闻到枪炮声……

十二日　七时半出发，一路向南宁上归途……

十三日　九时起实施防御阵地的侦察，……下午命山下军曹实施障碍物的设置。

十四日　九时半起在浦头设置障碍物，到下午还未能完成！

十五日　正午完成了浦头的铁丝网。

下午做了向马岭移动的准备，可是并没有移动。

十六日　一起床就开始准备移动。……因为坟墓又多，失倾斜的地方也多，移动上感觉到困难。

十七日　构筑了障碍物。从十一时起，中村阁下巡视阵地，正午至中队会食。下午继续设置障碍物。

十八日　实施了加强阵地的作业。……十二时半岳木部队在九塘附近陷于苦战状态，三木部队即刻准备赴援，……十七时出发向九塘前进。

在九塘，第五中队接到命令夺回四二之八的阵地，到达现地后即时预备与第八小队共同的开始攻击。二十二时三十分开始行动，途中因有友军的铁丝网，不容易前进。

途中因 ria/42 的射击，第五中队受到相当的损失。

十九日　零时二十分冲入阵地，冲得真是毫无意识的冲了进去。……(敌人)(指我军，以下同——译者)则用捷克式轻机枪来应战，……不久敌人用手榴弹应战，并且来逆袭，而给我们(指敌人——译者)相当的损失，后来又实施了第二回的冲锋。这次……进出到阵地的前端，而确实的占领保障了。

这回弄出了负伤者十八名，战死者五名。

天一明，敌人就用炮兵射击我们的阵地，又给我们一些损失。……敌人的炮兵猛烈得使我们的攻击不如意了。十六时飞机来到。至夜间，第一大队虽企图夜袭左边的高地，但也未能如意而了事。

(原载于《建军半月刊》第 11 期，1940 年)

战斗中的朝鲜义勇队

马义

朝鲜义勇队的建立

中国人民和朝鲜人民在历史上有过最亲密的友谊，朝鲜亡国以后，中国人民深切的同情我们朝鲜兄弟的遭遇。同时，每当中国人民掀起一幕革命巨潮的时候，朝鲜人民也是一样以深厚的热情期待着我们和直接参加中国的革命。过去中国北伐大革命时代是这样，今天当中国民族的抗日战争中，朝鲜民族的命运，更与中国民族的血肉密切的联系着，中韩民族为着打倒一个共同敌人，争取共同的解放，已经更加团结，站在一条战线上。

朝鲜人民深知，中国抗战造成了朝鲜革命发展有利条件，必须抓紧这个有利条件充分利用，领导和推动整个朝鲜革命运动前进。

朝鲜人民深知，没有朝鲜民族内部千百倍的团结，没有整个的组织和领导，是不能集中力量，更有力的去打击敌人的。

朝鲜人民深知，没有朝鲜人民强有力的武装，没有千千万万的朝鲜革命队伍跟日寇进行艰苦的战斗，是不能取得朝鲜革命的胜利的。

因此，当中国抗战开始以后，□内各朝鲜革命团体随即热烈的展开了统一运动，并提出建立朝鲜义勇队的战斗号召。一九三七年十一月，朝鲜民族革命党、朝鲜青年前卫同盟、民族解放同盟、革命者联盟等四团体结成朝鲜民族战线联盟，旋即于次年十月十日成立朝鲜义勇队于武汉，并推民族革命党领袖金若山先生为队长。

朝鲜义勇队的成立，正是当保卫大武汉的紧急关头，无疑的，他给中国抗战的军民以很大的政治鼓励。

朝鲜义勇队用战斗的姿态挺立在中国人民前面，挺进在中国战场上，他一诞生就肩担着双重革命任务，参加中国抗战和推动朝鲜革命运动，因此他一方面是转战于中国战场的国际纵队，同时又是朝鲜民族解放的先锋队。

朝鲜义勇队的光荣战绩

朝鲜义勇队的成立迄今，已经两年的历史了，这两年中他们已经积蓄了许多宝贵的工作经验——对敌宣传工作的经验、战斗的经验，创造了许多光辉的战绩。

两年来朝鲜义勇队的工作中，一直是以对敌宣传为主，战斗任务次之，他们的部队散布在各个战场上。

在火线，他们向日本士兵呼喊着：

“日本兄弟们，你们是为谁打仗呢？”

“不要开枪吧，你们打出来的子弹，都是日本军阀资本家在你们父母、兄弟、姐妹身上榨出来的血肉！”

“你们远离故乡到中国来打仗，你们的父母妻子天天在盼望你们回去！”

“……”

他们用许多动人的口号，一句句打动着敌人的心腕，告诉他们，只有掉转枪杆，跟中国人民站在一道，才是解放自己唯一的出路。

“我们在最初两三天对敌人喊话，并没有得到很大的反响，有时敌人用机关枪和掷弹向我们射击，有时连一点反应都没有，但我们很耐心很诚恳的讲了几天之后，他们渐渐对我们有好感而接受我们的宣传了。我们要求他们停止射击，他们就停止，我们讲完以后要求他们放两枪表示听到，他们就放两枪……”（引自《朝鲜义勇队队员工作通讯》）

是的，这些革命种子在敌军内部散播着，已经一天天在发芽和滋长了。

他们用各种活泼的方式，把传单散发到敌军内部，千万张纸弹，直向敌人心脏射去！他们的标语一直写到敌军驻屯的附近，有时敌军官见到了要咆哮起来！“妈的！这又是那些朝鲜人干的吗？”

做对敌宣传工作，不接近敌人到最近距离是不行的，有时需要自己直接参加战斗，实行武装宣传，一面战斗，一面宣传，把宣传与战斗密切配合起来。

“到敌人步哨线黄家山下面，一面张贴标语，一面用红土写壁上标语，正在工作当中，忽然遇到敌人的袭击，我们马上用手枪，弟兄用步枪还击，激烈的战斗了约十余分钟，敌人终于抱头鼠窜而逃了……”（引自《朝鲜义勇队队员工作通讯》）

这告诉我们，他们在工作中随时可能接触到敌人，随时要准备迎击敌人、击退敌人，有时他们随着攻击兵团，一手持着武器，一手持着宣传品，冲锋陷阵，有时他们随着游击部队挺进敌后。

在战区，在部队，在敌后，他们到处创办了“简易日语训练班”，训练大批的对敌宣传人材，创办了“短期民众学校”，用朝鲜亡国的例子，教育中国人民，激发中国人民的抗敌情绪。同时他们并发动了“座谈会”“军民俱乐部”“喊话队”各种组织，出版了许多中韩文的刊物，他们没有一刻休息，愉快地紧张地投在工作的怀抱里，投在中国抗战的熔炉里。

朝鲜义勇队这个光荣的名字，已经是战地的中国军民所亲热熟悉的名字，同时他已经成为敌人所愤懑所惊悚的名字了。

向敌后进军

朝鲜义勇队对于今天的工作成绩，并不感到自满，反之，他正针对着自己的缺点，进行严格的斗争，在斗争中发展和壮大。

敌人今天在其占领区正进行大规模的移民政策，据统计，被敌人强迫往华北的朝鲜人已达二万左右，传敌人将继续移朝鲜人七十万来华，利用移民政策以帮助推进其面的占领，企图利用“以韩制华”的阴谋，以离间中韩民族的团结。

摆在在华朝鲜革命者面前的紧急任务，便是打击敌人的阴谋，粉碎敌人的阴谋，争取地区广大的朝鲜移民参加革命，向敌区的朝鲜人指出日本帝国主义的欺骗阴谋，发动和组织广大的朝鲜移民进行敌后的反日斗争。

摆在朝鲜义勇队面前的紧急任务，便是深入敌后，团结广大的朝鲜群众，武装广大的朝鲜群众，把朝鲜义勇队扩大为朝鲜义勇军，从朝鲜民族解放的先锋队变成为朝鲜群众的革命队伍。

因此，在华朝鲜革命者的工作重心是在敌后，必须用千百倍的努力艰苦的斗争，从敌人手中把敌区的朝鲜群众夺过来。

朝鲜义勇队目前已提出“开展敌后工作”“扩大朝鲜义勇队为朝鲜义勇军”的口号，这是完全正确的。我们相信，中国人民将一定继续的赞助朝鲜义勇队工作的开展，同时也相信，朝鲜义勇队将一定能够在中国战场上发挥更大的力量，以完成中国抗战胜利和朝鲜革命成功的两大光荣任务。

（原载于《国讯》第 253—254 期合刊，1940 年）

中韩青年联欢会

火花

四总队外面墙壁上一方丈左右的大壁报告诉了我们，这群富于热情与热血的儿女，将在“今天下午举行中韩青年联欢会”的消息。

下午只见操场上有不少穿着淡绿色军服的同志，搬来布景道具和丰富的糖果点心向大礼堂里运送，一个个脸上露出紧张热烈的微笑。

壁上的时钟敲了六下。

礼堂前半桌上排满了点心，椅上坐满了中国长官，后半密层层的挤满了整齐的队伍——中国的青年。

“韩国青年代表致词。”站在台上的司仪呼出后，在关闭着的幕中间走出一位矮小精悍的同志——这便是韩国青年战地工作队的罗队长。满堂的空气已在热烈的掌声中激荡着，人们的心也开始兴奋地跳跃。台上发出了粗壮的声：“我们满心要想多与诸位在一起生活，多学习更多的革命的理论与技术，但是时间不允许我们这样。以后我们是要去敌人后方了，将来一定有机会与诸位见面，一定有机会与诸位在一块儿工作，在一块儿和我们中韩共同的敌人——日本帝国主义——作决死的斗争的。我们希望中国在最短期内能得到自由胜利，同时我们希望韩国也能够得到自由解放的机会，能与中国永远并存于世界……”

在掌声如雷的中间，本团副教育长蒋坚忍先生登台致词：“一两个星期的时间，不能给韩国青年同志得到多少益处，极度表示抱歉……但韩国青年如此努力为中国努力战斗，我们感到无限感谢！”

讲话的声音在逐渐宏亮起来：

“由韩国青年如此热心协助的精神，可以证明韩国是一定可以得到自由独立的，由韩国青年如此坚强苦干的事实，可以证明韩国是一定可以得到自由独立，……由之可以证明韩国是一定会得到自由独立的。”每一句的尾音上，附着一串无上热烈的掌声。

台上的声音随着屋内的热度增高着，声音几乎有点嘶哑了："……只有中韩两国的青年联合起来，才能消灭中韩两国共同的敌人日本帝国主义。只有中韩两国的青年联合起来，才能使中韩两国得到自由独立。中国如果有一天得到自由独立，一定也会帮助韩国来争取自由独立的。我们的总理曾经嘱咐我们，一定要扶助弱小民族联合起来，才能打倒万恶的帝国主义，才能保障世界的和平，最后敬祝韩国青年努力前进。"

千百双手掌，已鼓得发热……千百双眼睛，已充满了革命的热泪。

一位韩国青年，流亡在中国多年的音乐师，在台前解释了一遍歌曲的来历之后，放出了几段惨切沉痛的歌声。在我的眼帘上映着，一个美丽的东方女郎，向西望着中原广野。她正凝视着遍地盛开的杏花，惦忆着她为民族斗争而北渡鸭绿江一去不回的情人。同情的泪，已经不由自主涌列[满]了眼眶里。

话剧开始了，《韩国一勇士》是他们根据他们的队员朴东云同志杀敌反正的事实编成的。朴同志是一个有为的青年志士，为了要获得反正的机会而暂时投身为日军翻译官。在翻译官的任内，他千方百计的援助中国俘虏，终于他杀死敌人，盗取大批文件，冒险犯难来归。剧中主角由他自已扮演，实人实事，剧本的富于现实性与刺激性，在没有演出以前，就在人们的想象中了。

幕随着哨音拉开后，台上一个充当日军翻译官的韩国革命青年，沉浸在机警的深思中。台后一片凄惨的嘶叫和坚强反抗的吼声，那是被关在战区日本机关里的中国游击队队员。

起先一个俘虏拖进来，审问时，那个矮脚的日本军官厉声盘问的丑恶态度，和这位表面帮日本工作实地拯救中国游击队的翻译官内心的苦痛表现，与中国英勇战士宁死不屈精神，使我们的心灵被刺激得坐立不安起来。

"哗啦哆哆"，日本军阀一个重压力的命令，可怜的日本狗唯命是从地把一个游击队长牛马似的鞭策着拉出来。他拖着粗长的铁铐，以倔强英勇的姿态，不得不叫血腥毒辣的苦刑加到他的身上。当他被绑在长凳上躺着，那条狗提出水壶，不顾死活地跨在他肚子上，恨[狠]命向他口鼻灌着。等他回不过气来而仍然不屈服的时候，又被拉起来，使用更进一步的酷辣的刑罚。

这位韩国青年翻译官，在游击队长身边轻声的暗示，希望他不再受这种肉体上的摧残，但是他又不愿中国游击队的消息泄漏给这些强盗。他手足无措，有话说不出的苦楚，已到忍无可忍的地步，观众愤恨的情绪将到达焦点了。

"啊哆哗哗"，矮脚军阀几度狂怒痛叱后，那些小兵搬出了鲜红的火盆和烧红的烙铁。

图书在版编目(CIP)数据

二十世纪东亚抗日叙事文献整理与研究丛书. 史料编. 纪实卷. Ⅲ / 牛林杰主编 ; 韩晓分卷主编. -- 济南 : 山东大学出版社, 2025. 8. -- ISBN 978-7-5607-9016-9

Ⅰ. K152

中国国家版本馆 CIP 数据核字第 2025WU0223 号

策划编辑 张铭芳
责任编辑 楚洋洋
封面设计 卡古鸟设计

二十世纪东亚抗日叙事文献整理与研究丛书·史料编·纪实卷Ⅲ
ERSHI SHIJI DONGYA KANGRI XUSHI WENXIAN ZHENGLI YU YANJIU CONGSHU · SHILIAOBIAN · JISHIJUAN Ⅲ

出版发行 山东大学出版社
社　　址 山东省济南市山大南路 20 号
邮政编码 250100
发行热线 (0531)88363008
经　　销 新华书店
印　　刷 山东新华印务有限公司
规　　格 720 毫米×1000 毫米 1/16
　　　　 81.25 印张 1454 千字
版　　次 2025 年 8 月第 1 版
印　　次 2025 年 8 月第 1 次印刷
定　　价 450.00 元(纪实卷全 3 卷)

国家出版基金项目
NATIONAL PUBLICATION FOUNDATION

国家社科基金重大项目结项成果
“十四五”国家重点出版物出版规划项目

二十世纪东亚抗日叙事文献整理与研究丛书

丛书主编——牛林杰

史料编·纪实卷 III

分卷主编——韩晓

山东大学出版社
SHANDONG UNIVERSITY PRESS
·济南·

观众在台下禁不住狂叫，几乎要冲上台去拼掉他。当他将烙铁一握在手，我们的英雄高呼着："老实告诉你，中华的儿女是不怕你这一套的。随你把我怎样，你总是得不到一点消息的！"

矮脚日本军阀不等听完一手撕开他胸口的衣服，杀气冲天，一烙铁烫在他胸口上，这位英雄"哗呀"一声，台下愤恨得暴跳起来。这位翻译官这时对日本军阀的仇恨心与对中国战士的同情心，像两把热火一样烧着他的心灵，狂烈的爆炸了。他蓦地里抽出刺刀，敏捷而又坚决地插入日本军阀的胸膛，给了观众一个惊愕而痛快的惊叫。日本军阀倒在地上死了，进来保护他的爪牙也被枪毙了，然后他把游击队长的铁铐除去，绳子割断，被摧残过的中国英雄慢慢苏醒过来。他重新获得了自由，看见了新的生命的曙光。他紧抱着那个韩国青年，感动得流着泪，喊出了这样的话：

"今天我才知道中华民国真正的朋友是韩国青年！"

热血沸腾在每个人将要爆炸的血管里，由心灵深处的感动而发出了嗡嗡的谈论声与赞美声，满布在屋子里，直到第二幕开始。

片刻后，台上铜鼓一响，合着口溜，细音波及在耳膜上别有滋味。台中一位异国少女，白上衣，飘着一条粉红色几乎拖地的长裙。轻微的、幽静的动作，表现着东方女子唯有的优美姿态和独有的高尚德性。舞毕，观众的情绪渐被引入恬静轻松的境域，室内空气转入缓和温暖。

最后是一个独幕剧，叫《国境之夜》，描写在中韩边境上韩国革命军常常潜回本国从事革命斗争的事迹，热烈紧张不亚于前一剧。过剧完后时间已入深夜，全堂同志带着兴奋与快慰整队回营，每个人脑海里深深地印着英勇的韩国革命青年的雄姿。

（原载于《韩国青年》第 1 卷第 1 期，1940 年）

目录

1941—1943年

1944—1945年

1945年以后

1941—1943年

朝鲜民族与反侵略

[韩国]金若山

反抗侵略争取独立自由，是今天全世界每个被压迫民族及先进人士的共同责任；同样，我们朝鲜民族为了反抗日寇的统治，反对日本帝国主义的奴役、压迫、榨取、剥削，为了打破殖民地的锁链，争取朝鲜民族的独立解放，我们千百万的民族战士，曾经光荣地流过他们最后的一滴血。

在日寇魔掌最初伸进朝鲜土地的时候，在朝鲜初期的民族解放运动中，我们曾经有过轰轰烈烈的义军运动，民众纷纷揭竿而起，执干戈以卫国家，大军数十万，与日寇搏斗至八年之久。在“三一”运动中，广大的朝鲜农民、工人、智识分子曾经高举战斗的旗帜，展开雄壮的队列。高呼“朝鲜独立万岁!”“三一”运动以后，朝鲜人民前仆后继，英勇奋斗，各种民族解放团体如朝鲜劳动共济会、朝鲜青年联合会、朝鲜劳农总同盟、京城女子青年会、女性同友会等蜂拥而起，并进而统一组织成“新干会”“槿友会”，仅“新干会”当时即拥有会员三万，一百五十余支部，领导了当时伟大的“六十运动”“光州学生运动”“元山总罢工”釜山纺织会社工人的总罢工以及平壤十二个工厂的联合总罢工等，民族解放的巨潮，汹涌澎湃，虽日寇残酷镇压，亦终属徒然。

中国抗战以后，朝鲜人民更能精诚团结，发动革命力量，打击敌人后方，仅在一九三九年间，就发生过全罗农民一千余次的抗租事件；甲山火油农民因准备发动暴动而被捕五百余人；京城工业社二百余女工罢工；成安法守寺的反战暴动；多狮岛的朝鲜工人将日寇尚未竣工的军港整个破坏；全州农民烧毁敌人地方长官的公馆；学生艺术讲座会检举事件；东北朝鲜革命军在金日成、崔莹将军的领导下更数次挺进国境，与敌军战斗……这一切都告诉我们，朝鲜人民无论在怎样困难的环境下，他们始终坚持着艰苦的斗争。

在中国战场上，我们更看到：朝鲜青年参加南口、上海等地的战役；参加各战场的战地服务工作；敌后秘密工作中朝鲜干部的牺牲；参加空军飞杭州、上海炸敌；特别是朝鲜义勇队的成立，加强了中韩民族团结，鼓励了中国军民，使朝鲜革命运动进入更高的阶段。

今天我们的任务，是承继朝鲜革命的光荣传统，发扬朝鲜民族反侵略的精神，继续加紧团聚我们的力量，扩大朝鲜义勇队，团结一切中国关内的朝鲜革命者，把朝鲜国内、东北、关内的革命运动联系起来，把朝鲜的革命运动与世界的反侵略斗争联系起来。

我们朝鲜民族这三十年被日寇蹂躏最深，同时我们反抗侵略者的意志也最坚决，我们将更加努力，和各友邦及各国人民，为世界的永久和平而努力！

（原载于《新华日报》1941年1月23日）

朝鲜义勇队是怎样建立和战斗着的?

马义

诞生在大武汉会战中

朝鲜义勇队这一个光荣的番号,在我们是已经非常熟悉了,无论在前线,在后方,在敌后,千千万万中国同胞传诵着我们朝鲜战友英勇的故事。是的,他们以一种国际友人的姿态出现在中国战场上,他们是我们抗战中的患难兄弟,亲密的和我们携着手共同奋斗,这是如何的令人兴奋,令人感动啊!

朝鲜自亡国以后,朝鲜人民为了反抗日本帝国主义的野蛮统治,曾经用他们的血和肉,进行这无数次的英勇斗争,写下了一页页光荣的史诗,虽然日寇残酷的镇压,使他们一再的遭受挫折,然而伟大的朝鲜民族的意志,像□一样的坚强!

在这三十年的斗争中,我们看到前仆后继的义军运动,我们看到轰轰烈烈的三一革命,我们看到转战在白山黑水间的东北朝鲜革命军,而在两年半前——一九三八年,在中华民国诞生的日子——十月十日,在中华民国的诞生地——武汉,在激烈的保卫大武汉的会战中,中国抗战中伟大的国际纵队——朝鲜义勇队诞生了,朝鲜义勇队战斗的旗帜招展在中国战场上。

朝鲜义勇队成立之初,旋即喊出"一、动员所有在华朝鲜革命力量,参加中国抗战。二、争取日本广大的军民,发动东方各弱小民族,共同打倒日本军阀。三、推进朝鲜革命运动,争取朝鲜民族的自由解放"三大口号。这就是说,朝鲜义勇队他负有参加中国抗战、推动朝鲜革命的两重任务。无疑的,朝鲜义勇队的成立其意义是异常重大的,他不仅直接加强了中国抗战的力量,加强了中韩民族的团结,而且在朝鲜革命的历史上进入了一个划时代的新阶段。

朝鲜义勇队做些什么？

朝鲜义勇队是由朝鲜在华的革命者在中国当局的援助下所自动组织起来的，是在关内朝鲜各党派团结的基础上建立起来的，该队队长金若山氏是一位为朝鲜民族解放事业艰苦奋斗二十余年的老战士，朝鲜革命优秀的领导者。该队队员亦多半毕业于中国黄埔军校、中央军校，政治素质极为优秀。

两年半来，朝鲜义勇队的工作中一直是以对敌宣传为主，战斗任务次之，他们的部队散布在各个战场上，先后转战于南北六个战区，十三个省份，历尽艰苦，英勇奋斗，不畏牺牲，不惧困难。第九战区政治部倪主任曾经这样说："朝鲜义勇队是我们模范的政治工作队。"

该队自成立之日起，即根据最高当局所指示的任务，并根据各战区的具体情形，协同各该战区政治部，布置工作，加紧瓦解敌军，争取敌军，配合中国部队的战斗。

他们在火线上组成了阵地宣传队、游击宣传队，冒着敌人炽烈的炮火，穿过敌人的铁丝网，去散发传单，作鼓动敌人反战的演讲。他们用许多动人的口号，一句句打动着敌人的心坎，告诉他们，只有掉转枪杆，跟中国人民站在一道，才是解放自己唯一的出路。

"日本弟兄们，你们是为谁打仗呢？"

"不要打中国弟兄，我们共同的敌人是日本帝国主义。"

"……"

朝鲜义勇队队员每天这样不断的耐心的向日本士兵解释着，说服着。

他们协助着中国军队政治部对敌工作的建立，创办了许多简易日语训练班，训练了大批中国对敌工作的干部，帮助部队教育俘虏（有些朝鲜、日本俘虏经过他们的教育后已经自动参加该队），搜集敌情材料，并出版各种中韩文刊物。他们在部队中与士兵同甘苦，共患难，生活完全打成一片，并经常召集士兵开同乐会、座谈会，因此朝鲜义勇队在部队中成了最活跃的政治工作者。

战地的老百姓争颂着他们战斗的故事，"朝鲜朋友也帮咱们打鬼子，可真了不起！"他们狂热的欢迎朝鲜义勇队，男男女女都围拢来争看我们的国际友人，有一次一个七十多岁年老的婆婆远道赶来用红薯慰劳该队。特别是湘北、赣北一带的老百姓，已经跟朝鲜义勇队做了老朋友了。该队在战地与民众的关系异常融洽，他们常召开军民联欢大会，成立军民聚乐部，办识字班，他们用朝鲜亡国的例子，教育中国人民，激发中国人民的抗敌情绪。

朝鲜义勇队在前线不仅做政治工作，而且从不放松一次实际的战斗。做对敌宣传工作，不接近敌人到最近距离是不行的，有时需要自己直接参加战斗，实行武装宣传，一面战斗，一面宣传，把宣传与战斗密切配合起来。他们曾经参加了湘北会战，曾经参加了桂南昆仑关的争夺战，曾经参加了通城、通山、崇阳、大沙坪、白敌桥、铁丝岗、锡山、羊楼司、滑水塘、奉新、安义、新建、横田街、西山等地的激烈战斗。在这些战斗中，朝鲜义勇队的同志曾因为营长的阵亡而暂时代理营长指挥继续战斗，曾经在敌人密集的射击下夺回我们一位负伤的连长……在每次战斗中，他们都表现了英勇果敢的行为，他们同我们的武装弟兄一起爬山，一起过河，一起进退，彼此心和心、血和血都溶在一起，分不出谁是中国战士流的血，谁是朝鲜战士流的血。

朝鲜义勇队在斗争中，政治影响一天天扩大了。在前方，敌人一听到朝鲜义勇队就发慌，立刻进行对朝鲜义勇队的反宣传，比方敌人的宣抚班对老百姓说："朝鲜义勇队是假的，实际上并没有朝鲜人在内。"敌人在平津更组织了一个伪朝鲜义勇队，以及制造其他许多无耻的谣言，挑拨中韩民族的感情。鄂赣的敌军更订出了"五千元奖金购一颗朝鲜义勇队队员的人头"。在敌区，无数的朝鲜人民秘密打听朝鲜义勇队的消息，希望参加到朝鲜义勇队来。

几个小故事

这里举出些具体事实，虽然□仅是一些片断的战斗场面，然而他可以告诉我们，朝鲜义勇队在工作中怎样创造了许多鲜□有趣的工作方式，由我们朝鲜朋友向日本士兵所散播的革命种子，是在怎样发芽和滋长着。

1.纸飞机散传单

当朝鲜义勇队在鄂南地区工作的时候，有一次他们扎了一个巨型的风筝，尾上悬了三百多张传张，在绳子交叉的地位绑了一根一定时间就燃到绳子的香火，借着一阵从南方吹来的风，向着锡山、通城那方放起来，风筝慢慢的缩小了，在蔚蓝的天空中，半个钟头以后，空中闪铄着白色的纸片，那是绑传单的绳子被火烧断以后传单落下来。在我们阵地里扬起了爽朗的笑容，而在敌人的上空，却爆炸着孤寂可笑的枪声。

2.听到没有？

在江西锦河南岸，我军与北岸敌人相隔仅百米左右，一到夜晚，在静静的锦河上，到处泛着我们正义的呼声。

朝鲜义勇队第三支队的队员带着几个洋铁片制的喇叭筒，每天在这一带向敌人进行喊话，开始时敌人故意放枪扰乱，但经过一个时期后，就慢慢做起

“朋友”来了，而且建立了很好的友谊。有一次他们要求敌人如果听到的话，□他放两声枪。

“嘣！嘣！”是的，他们已经听到了。

3.明天再会

在一个大雪后严寒的下午，朝鲜义勇队队员偕着日本反战同志伊藤进，冒着刺骨的北风，进入了乌龟山麓(鄂西)□一线阵地，他们首先发动了攻势：“喂！日本弟兄们，你们那里有没有新泻[潟]县新发田人(山本旅团大部是该地人)，上次长岭激战你们牺牲了两千多个弟兄，有一百五十多个尸体被你们上官遗弃了，这是多么可怜呀！现在我们已经完全埋葬好了，你们回去之后，向他们父母妻儿说一声，他们在我们的保护下安然的长眠了。”沉痛的语句被北风传播着，讲了约十分钟，敌方便有人喊：“喂！听不清，声音大些，讲慢些。”他们很兴奋的讲了一个钟点，最后敌人亲热的招呼了一声：“明天再会……常常来谈。”

4.二十多个

三月十七日，初春的夜深还孕着很浓的寒意，月亮苍白而凄凉。朝鲜义勇队的队员在锦河的金家岭一带战壕向敌人喊话，开首我们非常诚挚的表示，希望他们出来谈话，保证绝不打枪，竟出乎意料地出来了二十几个日本士兵，有一个向这边问：“你们也是日本人吗？”朝鲜义勇队的同志回答他：“我虽不是日本人，但我们这里有不少的日本同志，他们是为了反对侵略战争而过来的。……”

朝鲜义勇队所用的这些方法——散传单、写标语、广播、喊口号、演讲，是他们在前线之最有效的战斗方式，在他们宣传所能达到的地区，日本士兵往往毫无斗志，亲切的故乡的声音，正义的规劝，使他们苦痛的心更难过了。这些时敌军指挥部的命令会不澈底执行，炮兵会将取去了炸药的炮弹向我们射击，而把枪向空中射击却是更平常的事情。

队员的生活

该队现计有队员×百余人，总部队以下，计分三个支队及一个独立分队，现大部队员均集中于××一带。

他们过着最艰苦的生活，每个队员一个月只有三十四元的生活费，吃饭还不够。在前方的同志，差不多每天只能吃包谷和小米，调上一点盐水。他们自己打柴，自己烧饭，有时为了经济发生困难，会整天饿肚子。在严寒的冬天，他们很多同志还是没有棉衣穿，没有被盖。我看过他们一次步行在漫长的旅途上，挨着饿，受着冷，从来没有一句怨言。

“刻苦”“勇敢”“勤勉”“互助”，这是他们一贯保持着的优良传统，物质生活虽然艰苦，而他们在精神上是兴奋的，愉快地紧张地投在工作的怀抱里，投在中国抗战的熔炉里。

在战斗及工作中，他们的学习还是不断的紧张的进行着，以加强每个队员的政治水平和工作的能力。每当工作之暇，不是见他们上课，就是召开学术座谈会，主要的课程是朝鲜历史、社会问题、哲学、革命技术、敌情研究、对敌宣传、游击战术等。

在组织方面，坚决执行了少数服从多数、下级服从上级、个人服从团体的原则，建立了革命的政治纪律、自我批判的制度，克服了各种个人主义的散漫倾向，发扬了民主集中制的精神，全队的队员生活完全打成一片，精神完全一致，亲密的团结得像一个人一样。

向敌后，向武装化发展

朝鲜义勇队是朝鲜民族解放的先锋队，是朝鲜海外革命运动最有力的队伍之一，他今天已积蓄了许多宝贵的斗争经验，他对于今天的工作成绩，并不感到自满。反之，他正针对着自己的缺点，进行严格的斗争，在斗争中发展和壮大。

在去年十月间，该队曾召集过一次扩大干部会议，检讨过去的工作，吸收过去的经验，并根据新的战略形势确定任务，布置工作。大会一致认为必须“使我们的工作有一个整个的转变，进到更高的阶段，从单纯的对敌宣传的任务，进到□□的作战的任务；从单纯的战地工作，使我们的工作重心向敌后发展，深入敌后，争取朝鲜群众”。这两大任务，是本队今后工作的基本方向。

敌人今天在其占领区正进行大规模的移民政策，据统计，被敌人强迫移进□北的朝鲜人已达二十万人左右，传敌人会继续移朝鲜人七十万来华。目前在中国的全部朝鲜人，包括东北各省及北方南方中部各省在内，已经有一百五十万人左右。敌人企图利用移民政策以帮助推进其面的占领，企图利用“以韩制华”的阴谋，以离间中韩民族的团结，这手段是异常毒辣的。

“敌后是朝鲜义勇队的生命源泉，今后义勇队能否扩充、强大，工作能否展开，‘革命细菌’能否侵入敌人腹中，全要看我们在敌后工作展开的程度来决定。”（引自《朝鲜义勇队》三十二期）为了打击敌人的阴谋，争取敌区广大的朝鲜移民参加革命，向敌区的朝鲜人指出日本帝国主义的欺骗阴谋，发动和组织广大的朝鲜移民进行敌后的反日斗争，朝鲜义勇队今天要求向敌后发展，向武装化的道路发展，是唯一正确的道路。

该队队长金若山先生曾经说过：“我们全朝鲜的人民，将展开全面的革命斗争，迎接中国总进攻的胜利，把日本强盗赶出中国，赶出朝鲜去！”

（原载于《敌情月刊》创刊号，1941 年）

从朝鲜到晋察冀(节选)

[朝鲜]郑文珠

庄严伟丽的“六一”抗大三周年纪念过去了,在六月下旬的一个晚上开了“行军动员大会”。中共中央决定,抗大迁移到前线去的伟大事业在我们的面前展开了。“到前线去”的标语,强烈的冲击着我们的心弦,全体学员,都因为到前线去而喜跃着,我的心里充满着“到前线去”的热情:想像着积累实际的经验,同时又因将受着抗战的活生生的教育而欢欣,到前线工作较任何地方都具备着通过抗战促进朝鲜革命运动的客观条件,这是使我踊跃的事。本来体质脆弱的我,要考虑到长期徒步跋涉这个问题的,但政治的愿望使我要到前线去。

我们忙于行军准备,加紧跑步爬山这些军事操练。为了指挥行军,程队长来了,我们的队伍开始更加军事化。

在中共的领导与八路军直接领导之下到前线去,在中共的正确政治领导下。参加抗战本是我们的宿望,现在正是得到这种指导的开始,同时更使我们踊跃的是——这次的行动有可能踏上促进朝鲜革命的客观条件,“到东北去”的道路,这即是说,参加抗战是朝鲜民族完成自己的革命的国际任务,同时又完成了本民族的特殊任务,这也是东方弱小民族为完成其革命任务的当前的政治任务。我们先到朝鲜的近邻东北,在敌人后方促进朝鲜的民族革命的爆发,以消灭敌人的侵略战争。我们到前线去是负着为东方被压迫的民族解放与建立世界和平而奋斗的两重革命任务的。除了四大队的同乡奉校部的命令留延安学习外,其余的同乡多半都到前方去。

七月十日午前一时,我们背着背包、米袋、挂包、水壶、草帽,到厨房集合。因为兴奋的缘故,饭也不想吃。四点钟到飞机场集合落着微微的小雨,出发时间延迟了一点,在五大队的教课的B领着荣儿也到一团的队伍里来了,罗副校长紧张而严肃的在前面领导着我们。我们接受着各机关的热烈而庄严的欢送，踏上了前线去的旅程。我们的五连——女生连，是在团部后面的，昨夜从四团来延安的同乡们，热烈的欢送着我们，大家约会着，再会吧，在前线！

我们怀着远大的抱负出发了，长蛇阵似的队列是向前挺进了，每隔十里休息一次，到离延安三十里的拐茅，接受了这次因病不能去的××的信，与蒙此地医院工作的方医生的送别。

当天的宿营地是四十里铺，设营队已先来，将房子找好了，先来的同志将开水也烧好了。喝了水，一会儿吃过饭就睡觉了。荣儿随着爸爸在团部生活。

刚出发后，行军的速度是相当慢的，但以后综合一切经验，就有了行军的妙法，一天走五六十里以上的路，也感不到脚痛。同时，也应用了二万五千里的长征的经验。所以在行军的任何方面都是秩序井然的，特别是鼓动行军的情绪的文化娱乐工作是特别开生面。相互激励的方式也相当有趣味，整个队伍也踊跃着活泼的雄壮的歌声。

第二天早晨三点钟起床，吃过饭就出发，晦暗的月牙挂在西山顶上，星光在空中耀眼，道路也看不见，我们一个挨一个的前进，今天仍然是在无休止的歌声中前进着。

朝雾过去了，看见了穿着红色大衣夹在团部大人队列中行走的荣儿。

陕北的山野是粗野而荒凉的，但这山野随着生产运动而改变其面目了。到甘谷驿住在天主堂的教堂内，晚上开军民联欢会，荣儿用中、朝、日三国的语言唱着歌。

第三天的行军是很有趣味的，美丽的天然景色给我们无限的慰问：层崖绝壁的山谷中间，雪白的匹帘似的瀑布洒落在圆大的盘石上，这种自然的旋律，鼓舞着我们的情绪，清净的溪水，洗刷了战士们的疲倦。在弯曲的叉[岔]路上插着标语，旁写着“向后看”。只顾瞻望前面景色的我们，一回头，看见瀑布的泡沫落在狭窄的石道上，缀成一条连续不断的水流，感到如入古代绘画，我们踏着磐石铺的小道，唱着幽扬的歌声，向着自然美前进，真是如入仙境。

到延川，听说三团同志们已过去了，K 给我们说着三团同志们的情形，一日的休息在快乐中过去了。荣儿也来我这里玩。

到达黄河边的将家沟的一段行程，全是山路，各连的文娱工作更加活跃了起来，特别是宣传队的工作很有效果，在最高的山顶上开化装舞蹈会，给了我们无限的慰问。从一出发就在爬山的我们，都想到有些累了，但一听到黄河的咆哮又高兴起来。

在将家沟住了九天，荣儿因受暑累病了，热度很高，我请了三天假到团部去看他。等荣儿好了回队，看见 K 被蝎子螫的很痛苦，幸好依着老百姓的土法子治好了。这个地方蝎子很多，每天有四五个人以上，总被它螫了。

我们在这里开始了政治、时事讨论会，同学们的政治认识提高了，又养成学习的习惯，使人更感觉到抗大教育方针的伟大。

二十三日，接到了背进的命令，这是因为改变了路线的缘故，但为了预防引起同学间的不了解，解释工作是相当活跃。第二天出发时没有一个人出怨言，这种比前进更难的退却的行军，大家没有一点流言蜚语，并且部队情绪依然很高。这种领导的艺术是值得学习的。

出发时苏团长热烈的演词，将我们激励了，我们都是自愿的，自觉的服从上级命令的。这一天行军，因下雨的缘故是相当苦的，路上看用朝鲜语写的标语，知道是三团同乡们写的。

离开延川，我们就向东北方向前进，敌人的阻碍，在革命前就像朝雾一样。敌人无论如何都不能妨碍我们，我们勇敢的向着目的地前进。

将家湾，这小山谷间的静寞的村落，我们在这里住了六天，一面又读着书开着讨论会。三团的L君来访问我们，知道一些同乡们的消息。这里的老百姓很好，特别对我们这一连女同志，八路军的特色是爱护民众，保证民众的利益，他有优良的民运工作，所到之处都得到广大民众之欢迎。我们青年队的"民众工作团"对民众进行很多的工作，他们用熟练的宣传方法，提高了民众的政治觉悟。

八月一日，国际反战纪念日，我们用柳叶伪装的队伍又踏上了前进的道路，全世界无产阶级与被压迫民族纪念着这个日子，在莫斯科的红场上沸腾着反战勇士的怒吼，在朝鲜的工厂里、监狱里也纪念着"八一"!

三号晚上到绥德龙泉村，正轮到我们第一班放哨，今晚的站岗是相当严格的。抗战两年来，一些顽固份子不仅仅不知道统一战线的意义，而且仇视着坚持抗战的共产党与抗战的主力八路军，到处制造磨擦。这次他们又怕抗大迁移前方增强抗战力量，因而百般妨害着我们的行动，在暗中制造磨擦。对他们这种在客观上对抗战犯了罪恶的反动行为，是要有适当的防卫的。深夜的月影映着哨兵持枪的英姿，"站住""口令!"吼声震荡在静寂的森严的空间里。

在高子湾休息三天，忙着渡黄河的准备：以排为单位开行军检讨会，准备干粮，青年队工作的积极化，会餐，使我们的生活充满了快乐，但又使我难过的，李指导员病了，暂时离开了我们去休息，想着他，我们就抽暇去看他。

到黄河边的吕字坪，又接到"轻装"的命令，我们惋惜而又决心的把书丢掉了。在×日以轻轻的行装——伪装着的绿叶的行装，我们乘木船渡过黄河，当船渡到黄色的激流中时，船身几乎要沉没的样子，使我想到幼时常听的乘着鱼背到海上龙宫中去的神话。

渡过黄河就是山西境内，在敌人直接威胁下的山西，是比陕西更显着有抗战的气氛。

到达赤壁岭的那一天，一心赏玩着满山遍野的野草闲花，心情很舒展，晚上一点钟，就做了早饭，但还没有睡两个钟头，就接到紧急退却命令，这因为敌人的进攻接近的缘故，退到上塞村等敌人被××旅打退了再来赤壁岭。

在上塞村住了八天，一面还在准备着通过封锁线，一面还仍然学习着政治军事课程。这一带的老百姓是很好的。

八月廿九日，朝鲜国耻纪念日，我们又踏上了向敌人封锁面的行军，越过了离敌人十多里的大山，到高庄沟时，我的足部破了两三处，在向敌人背腹进军中，逢迎了亡国廿九年的“八二九”。我们是感想多端的：来年的“八二九”又在何处呢？怎么来迎接它呢？想到这些事，就更加严重的感到对三千万朝鲜民族解放的革命责任，我默默的向着东方的天空宣着誓。

发了一天烧，感到很苦，第二天就被送到收容队去。这是一天高山的行程，远远的听到敌人的炮声。敌人就栖居在山谷间的村落里，我们就悄悄的一声也不咳嗽的走了一天。

病弱的我对这天的行程并不觉得苦，就从这一天起，八路军的掩护战斗部队来保护我们了。

入敌人封锁面的第四天（九月十日）晚一点钟就起床，移到前十里的一个村子内，吃山芋蛋煮的饭，下午四时就上一个山穿一个山的回环的征路。我们的四面八方都是敌人，不要说谈话，就是咳嗽也要禁止的。“保证我们的安全”“注意又加注意。”我们轻轻的提着脚步，通过村落，到距离太原只四十里的××，休息了两个钟头，又继续前进，连续十几个钟头行军是相当难熬的，但大家的一行一动都顺从着上级的命令，散漫现象是不见的了。

荣儿因入封锁线后不能相互往来的原故，没到我跟前来过，听说过汾河时他骑的驴子沦到泥里头去了，我正惦记着掉下水来了没有，恰好这时候他过来了，见了我就哭泣着走出来，在这个紧急关头看到了他，真是说不出的滋味。

九月二日午前八时到××。

大家将疲倦的身体横到岩石上，就深沉地睡着了。吃过早饭，依临时的组织，我们五连的同志们分配到各连去，我因为荣儿的原故，分配到团部来了。

午后三时出发，我与荣儿在一起了，天真的荣儿有我在一起行军非常高兴。他骑在驴子上，我与B一前一后保护着他。八路军的战斗部队又派遣来了，开始了一刻也不休止的急行军。

夕阳西下，黑色的帐幕隐蔽了宇宙。我们在平坦的山上行进着，我们走在全团的最后，和骡马在一齐走，就是怎样小心，骡马总是容易骚动，但是早已有了准备，防止了他们的叫唤。远远的瞭望见电灯闪烁的地方，那就是太原市，大家的神经都紧张了。

我们将荣儿从驴子上放下来。我提着他拼命的向前走，发气的荣儿比心脏衰弱的更能走动，他牵着我的手，向人与牲口的空隙间穿进。我们所经过的村子连狗叫的声息都没有，有的村子老百姓还烧好水给我们喝，这可见八路军民运工作的一般。

临近铁道时荣儿又骑上了驴子。

森严的敌人的封锁线，被中共的"抗大"所切断了。为了歼灭抗大，敌人伏着数千军队，当他等待着，警戒着的时候，抗大却从别的道路无事的通过去了。以马列主义武装了的八路军战士们的科学的头脑，将敌人战败了。我们没有很多的武器，以知略战胜了敌人。站在同蒲路旁激励我们急速通过的苏团长的声音，如同胜利的凯歌。越过了封锁线不远，当休息数分钟的时候，我们面孔上漾起了胜利的微笑。五里以外的敌人追击着我们，我们则攀登上了太行山脉。

第二天鲜红的太阳照着太行山，我们仍继续前进着，会心的吟着《太行山上》的歌，山上的太阳如像在庆祝胜利了的我们。敌人以封锁线歼灭我们的计划既已成泡影，又派遣大批的飞机来侦察我们，三番五次地飞旋在太行山顶，但他没有发现伪装的我们。

过后，敌人又出动在前面袭击我们，但一一皆归失败了，这一晚就在一个距敌人八里远的村子内休息。

第二天，暴雨倾谷。队伍仍向前进。这一天的行军比往常更加困难，毫无停止的急行在流水淋滑的山上，脚步也站不稳，人们在山上大跳其"滑步舞蹈"。

九月五日到达晋察冀边区，被核桃柿与枣树修饰着的××，清净的洁水镶着他的边缘，真是使人醒目的所在。

晋察冀边区随着抗战产生的时代产物，他又在敌人的不断扫荡下壮大与巩固了。他是敌人心脏上的炸弹，他是抗战反攻阶段有决定的重要战略意义的，他是澈底实行三民主义的、真正的统一战线的先进地区。

经过平山向灵寿前进。行军三月，跋涉二千五百里，已经过了三个省分了。河北民众更好，有高度的革命热忱与政治觉悟。到灵寿××村有二分校汇合，分校的同学们热烈的欢迎着我们。所到处老百姓也热烈的欢迎我们，这更兴奋了我们革命的热情。

晋察冀边区革命的精神从各方面都表现着，同时也表现着八路军和二分校同志与群众的关系是非常好的。

由于敌人的扫荡，今年的水灾，老百姓的生活是相当的苦的，但他们仍然和军队一起分担着保卫边区的担子。这也证明中共群众工作的普遍化，政治训练的深刻化。我们到水谷村以后，群众给与我们精神的物质的援助，这是料想不到的热烈。

他们所过的组织生活实在使我们惊叹，白天为生活忙碌，三更半夜里又过着会议生活。妇女也参加各种活动。这里的妇女在实际上是已解放了的，边区行政组织内已有一百多女职员，这不但在中国在东亚也是初破纪录的事，他们为了生活和男子一样的劳动着，另一方面又热烈的参加了各种抗战工作，工作不但未离生产，而且是一致的。民族解放与妇女解放也是一致的。抗战与妇女解放是相提并论的，这也在事实中证明了。

我们敬佩他们如烈火一样的革命热忱与艰苦奋斗精神，他们给与我无限的家庭式的温情与爱护。边区的老百姓，边区的妇女，你们是边区的轴轮，抗战的伟大力量啊！在觉醒了的边区群众基础上，八路军扩大了，抗战的力量也发挥广大了。

十六日开总分校的联欢大会，我们又接受了诚挚热烈的欢迎。他们不惜一切的为我们准备了许多东西。他们组织化的、军人化的雄姿，朝气勃勃。

“九一八”纪念大会过后，第二天我们又向北洪城进行。

在××开了盛大的军民联欢大会。这里，八路军与老百姓热烈的欢迎，给予我们深刻的印象。

在这里，正值我母亲三周年的死忌的日子。

“使自己成一个革命家！”至死也忠实于革命的妈妈的遗嘱，是永远的活生生的印在我心叶上的教训！

在北洪城过了三礼拜的生活是最有兴味的。因病留在兴原的一部份同学都跟着后面的梯队过来了。我们终结了二千五百里的征程，得到了充分的休息。在“整军”的口号下面，我们的生活军事化、组织化了。散漫的自由主义，小资产阶级的观念与习惯，都在“整军”的口号下清算与克服了，行军锻炼了我们的身心，“整军”又清洗了遗留着的残余。

离开延安平安的到达目的地，高唱胜利的凯歌，这全赖中共的建立在马列主义的基础上的正确政治路线与贤明智略的领导艺术，与英勇果敢的八路军和广大群众的拥护的结果。同时坚强的组织、严格的纪律也是这次胜利条件；

"刻苦耐劳"这中心的口号,也是促成这长征胜利的原动力。

这次的长征使理论实际化了、个人集体化了,活生生的实践经验是改造人格的锻治场、测量自己的测量器。

我们以活跃的精神,在长征的经验教训的基础上学习与迈进,生活里充满了希望快乐。××日又接上级的命令,我们与二分校对调,还没出行唐境就与二分校的同志们交遇了。在路上又遇见了八路军的名将贺龙将军,能听到他的训话,真是料想不到的光荣事。

回到牛庄,三团的同乡们都出来迎接我们,为了参加中国的伟大的抗战,为了中华民族的解放,为了朝鲜民族的解放,我们在华北集合了! 我们的前面辉煌着革命成功的曙光。

迈着活泼的步子到达寨头村,村边站着检阅队伍的罗副校长的英姿。我们如嫁妇到故乡,见到亲人一样的感到快乐与满足。快乐的从他旁边通过,他也含着满足与胜利的快乐的微笑祝贺我们的成功。

我们将要向着光明与胜利前进,我们等待着实现中华民族解放!

东方被压迫民族的解放!

全世界无产阶级的解放!

同志们,勇敢的前进呀!

最后胜利是我们的!

(原载于《抗大文艺作品选辑》第1期,1941年)

历史上中韩两民族革命运动之三个共同的策略

梁乙真

今年五月九日，在我们国内的韩国志士，为了加强复国运动曾组织韩国独立党，最近该党的武力——韩国光复军，亦告成立了。中韩两民族在历史、地理、文化过去已有了悠久而深长渊源，现在该党的同志又不辞劳瘁，奔走于南北各战场帮助我们中国抗战，更促进了中韩两民族间进一步的了解。兹乘韩国光复军成立之始，特撰这篇文字，以告该党同志，并祝韩国光复运动的成功。

这好像是成了一个定例似的，在世界民族史上每当一个强的民族侵入弱的民族之后，他们所用的统治政策不外两种：一是强力，一是同化。前者可说是威胁，想将被征服的民族蜷伏于自己的胯下，再不敢生反抗的企图；后者可说是利诱，想要被征服的民族祛除其不合作的态度，使其死心塌地的投诚。但是这两种方法，都不易生效力。强力固不易，同化也很难。我们知道一个民族要同化一个民族，至少总要几百年的工夫，还得被征服的民族永抛弃了抵抗主义。德国曾用种种方法同化亚尔萨斯、罗林的法国人，但终于同化不了。从前俄国和德国想同化波兰人，但也终不能得到什么效果。犹太人的祖国灭亡至今已有二千七百多年了，但分布在世界每个角落的犹太人民，还时时呐喊着回归故乡的运动。

美国柯蕾(Cooley)教授尝谓："一个健全的个性有裨于社会，与一个健全的民族性有益于国际社会一样。"这话是很对的。民族运动其实就是民族发挥其整个民族性，努力奋斗、自求多福的一种运动。中国和朝鲜是东方的古国，它们有悠久源远的历史，复有发达很古的文明；则这两个民族当然有它整个的民族精神，也有从民族精神表现出来的民族运动。

中国不用多说了，单就朝鲜自从一九一〇年倭寇在"日韩合并"的名义下占据了之后，残杀、利诱，无所不用其极，于是久处于泥犁地狱下的韩人，为着

"自求多福",神圣的民族革命运动便如潮涌山崩一样的爆发了。由一九一九年的"三一"运动(亦称万岁事件),一九二六年的"六十"运动,一九二九年十月三十日爆发的"光卅[州]事变",于民族运动。①

这还是远在十六年之前,我在上海曾会见了刺杀伊藤博文的朝鲜壮士安重根的弟弟定根。我问他对于朝鲜独立运动前途的感想,他说:"独立运动就是我们的终身事业,要直到朝鲜从日本帝国主义者手中解放出来为止!"从前美人汉廷顿(Huntington)游历朝鲜时,与朝鲜革命党人聚谈,曾询以"你们为何继续不断的奋斗"? 革命党人答以"这是与鸡司晨一般的无理可言"! 所以历史上一个民族统治一个民族是暂时的,不一定什么时候被压迫的民族就会怒吼起来,颠覆了异族统治的政府。但是用什么策略去颠覆异族统治的政权?这虽然是多方面的,但就它的经过之历程约而言之,却不外乎三端:一、武力的反抗;二、秘密的结合;三、文字的鼓吹。

一

我们深深的相信,当一个民族、一个国家,给异族侵略着的时候、给异族践踏着的时候,给异族杀死了人民、掠去了财产、占去了土地的时候,甚且给异族紧紧握住喉咙连一些声息都透不过来的紧急垂危的时候,则这个民族,只有武装地揭起了反抗的旗帜用血和肉去向异族复仇。反之,你如果不这样做,还梦想着和平,跪在敌人的面前乞求善意的垂怜,那简直是梦想,是"与虎谋皮"。像最近法国贝当政府之乞怜于希特勒就是一个最好的教训。所以被压迫民族唯一的出路就是向敌人进攻,去摧毁他的统治政权,消灭他的武装力量,逼得它非把狞笑的面孔改变成焦头烂额不可。我们翻开世界的弱小民族运动史看看,这种血和肉的例子是多得很。如一九一二年台湾罗福星的独立运动,一九一七年安南梁玉狷在阮泰的武装暴动,一九三〇年白沙瓦(Peshaway)及印度西北境五千武装民众的叛变,一九二一年埃及柴鲁尔(Zaghlul)在开罗的大示威运动,一九二五年叙里亚革命军之驱逐苏以得(Suwideh)的法侨,一九二三年摩洛哥里夫民族举起神圣的新日旗在英勇而有智谋的领袖阿伯台尔克林(Abdelkrim)将军领导之下坚苦的反抗西班牙的统治。这都是世界弱小民族革命史上最惨烈最伟大的民族运动。

朝鲜反抗日本帝国主义的民族运动之第一声是受了威尔逊"民族自决"(Self-determination)的激动,在一九一九年三月一日爆发了有名的在朝鲜革

① 原文如此。——本书编者注

命运动史上占着确定地位的“三一事件”。这天三十三位朝鲜民族的前驱者集合在汉城的塔洞公园，朗读独立宣言，挥舞太极八卦旗，群众一个个忿激地高呼“韩国独立万岁”！从这一天起，朝鲜到处都激起了民众示威运动的狂流，从青年学生到老人儿童，没有一个不高喊狂呼这一个口号。

自然这一个没有革命的纲领也没有坚强之组织的民族运动，徒然属望于威尔逊式的民族自决的原则，诉于日本政府、朝鲜总督以及各国政府，想用“正义”与“公道”的号呼，去求得朝鲜“独立”的这一个企图，是极容易地被日本军队的子弹、骑兵与巡警的马蹄冲散镇压下去的。但是朝鲜民族由于这次的热情惨局产生出来的民族醒觉运动，是绝不随着日本军队的枪声而消灭了的。相反的，他们醒觉与反抗的运动则愈大深入。以后“六十”运动、“光州事变”，以至一九四〇年韩国独立党成立后的复国运动。

总裁在告全国青年书中说：“青年为革命之先锋队，为国家之新生命，举凡社会之进化、政治之改革，莫不有赖于青年之策动以为其主力。”这意思用于过去中国和朝鲜的几次革命运动，更足以显示了它的确切性。在朝鲜所谓“三一万岁事件”发生后，被日本逮捕的两万“反叛份子”中有百分之十三是未满十岁的儿童，百分之三十七是未满二十岁的少年。这两万人中有半数是少年男女，亦即这个运动主要的策动者，这是多么可惊的奇迹！

在我们的几次民族运动史上，青年们更多表现了英勇的姿态。在宋朝，当女真民族的铁蹄踏遍了黄河以北的时候，以“八字军”著名的青年民族战士王彦率领着一群骠悍英勇的农村青年与金人大小百余战，成为金人南侵的一大威胁，致使金兵情愿死去而不敢向王彦军进攻。易州的刘里忙是一位刚才十八岁的农村青年，他在故乡的山地集合了好几千人，与金兵作殊死的决斗。明朝末年，满洲族的魔手伸到了长江以南的时候，一般富有民族意识的青年志士和有气节的老百姓都揭起了反抗的大旗：像松江的陈子龙、夏完淳，江阴的阎应元、陈明遇，绩溪的江天一，徽州的吴应箕，上虞的张煌言，东莞的张家玉……他们拿一个小小的城池，与清兵抵抗好几个月，到后来虽然战败了，却没有一个人肯去投降的。尤其松江的夏完淳，自从十五岁参加抗战建国的神圣工作，他被清兵捕杀的时候才十七岁，那一种慷慨悲歌、壮烈就义的一幕，真使我们太感动了。

设若再翻开我们的党史看看，就可以知道活跃于新世纪初这个民族革命洪涛中大多数的革命先烈都是热情蓬勃的青年。唐才常死时三十四岁，钟明光死时三十五岁，徐锡麟死时三十五岁，秋瑾死时三十三岁，马宗汉死时二十四岁，熊成基死时二十三岁，陈天华死时三十一岁，吴樾北上谋炸五大臣时不过二十三岁，邹容因苏报之案而瘐死狱中时方仅二十一岁。尤其参加广州三月二十九日这一次大革命，更多是热血的青年：李晚就义时三十八岁，李炳辉二十余岁，罗仲霍三十岁，陈更新二十二岁，林觉民二十五岁，方声洞二十六岁，林文二十五岁。他们虽然年纪尚青，但都是在完成了他们最光荣的责任之后而始长眠的。

这使我们会马上就联想到朝鲜革命史上最壮烈、最快人意的两位青年民族英雄——安重根和尹奉吉。这两位朝鲜的青年志士，一个是在韩亡的初年而放出来的哈尔滨刺敌的枪声，实足以震起韩人同仇敌忾的情绪和革命奋斗的勇气。朝鲜革命自此以后便发生了许多有组织、有计划的伟大的民族解放运动。一个是当着和“正走在革命之途上的朝鲜”有唇齿相依关系的中国遭受日寇武力侵略的时候而来给敌人一个惊心动魄的打击，既足以唤起韩国的人民，又足以鼓励中华的儿女。这和中国的夏完淳、黄花岗死难的诸烈士，都是中韩两民族运动史上的奇葩！

二

在民族革命运动之历史的过程中，“武力反抗”固然是最直接而有效的策略，但一个民族革命运动的成功是非常艰辛的大业，是非经过千回百折、艰苦卓绝的奋斗不为功。所以“武力反抗”在革命的策略上有时而穷，为的保持继续不绝的革命，于是“潜踪密谋，结合同志”。一方面健全革命的组织，一方面侦讯敌人的阴谋。所以这“秘密结合”的策略，在民族革命运动过程中是一种极重要的工作。尤其在这科学发达的新世纪，政治和军事上我敌攻防的法门亦愈趋而愈奇特的时代。所以，凡一事业当策动之际，它的秘密性之保持亦愈重要，兵争与政争获胜的要诀就是全在于乘敌之不意，运用非常的手段出奇制胜，达到革命所预期的目的。

这好像成了一个定例似的。历史上每一次革命运动的发生，无不由秘密结合而起，而革命运动的能够成功与否，亦多视这个秘密结合的内部组织健全或松懈而决定其前途。在中国秘密社会史上，如因平黄巾而崛起的刘备、关羽、张飞三人之结义桃园约为兄弟，宋徽宗时宋江、卢俊义合徒众三十六人于梁山泊忠义堂的故事。这各种的组织，不但在当时发生极大的力量，而其所用的一切仪式，也为中国后世民间秘密结社的师法。

不过在宋明以前之民间秘密结社，志在打倒统治者，对内的政治作用较大，团结性亦比较松懈。宋明两朝的末季一切民间会社的目的不仅在推翻统治者，尤要驱逐统治者出境，自身脱离异族统治的锁链，这是夺取政权与保护民族作用的合一，而且“民族革命”在团体中占着主要领导的地位。如元朝初年的月泉吟社和汐社以及末季的白莲教，明朝末年大江南北的社局和清朝初年的三合会、哥老会、天理会，兴中会以后的太平天国及义和团运动，都是以驱逐异族、光复汉族为主要的工作。明之灭元，清末革命运动的成功，得力于此种社团之力甚多。于此可知道秘密结社与民族革命运动关系的重要了。

在朝鲜民族复兴运动中，它的爱国志士不甘久屈于异族宰割之下，而起来组织秘密团体，借以掩护其活动的亦复不少。像李相卨的“声鸣社”，宗旨是“声彼之罪，鸣我之冤”。宋觉先的“望笑台”，时常聚集志士，望阙痛哭一顿，借以激发人民的爱国情绪(这与宋谢翱的登台恸哭是一样的)。又像姜奎宇的“老人同盟团”，安昌浩的“兴士团”和“韩国独立党”，都是民族运动的政治组织。又像金相玉的“秘密社”，金佐镇的“光复团”，崔养玉的“共鸣社”，奇山涛的“暗杀团”，都是暗杀敌奸的机关。又像姜奎宇的“东光学校”，许蔿的“藏书斋”，安重根的“三男学校”，都是借着教育作掩护以实行其革命的工作。又像“劳动共济社”(后改为朝鲜劳动联盟)，是朝鲜工人的革命组织；“朝鲜少年总同盟”，是朝鲜青年的革命集团。又像吕运亨、金澈等所组织的“朝鲜青年党”，金九所领导的“韩人爱国团”，以及上海的“新韩青年党”“居留民团”“爱国妇人会”“红十字会”“武官学校”“仁成学校”，都是韩人在国外从事于革命活动的团体。此外散在各地而为人所不知的秘密组织，那更不必说了。

这好像是每一个做民族革命领导的工作者之同感，他们知道民族革命意识的培养和情绪的激发，社会上少数的智识份子的倡导，固然关系很大，但一时却不能深入社会之下层而收全面战争的效果。要想结合大量的群众而极易见诸实际行动，摧毁异族统治的命脉，还是要靠着知识分子所领导之下的广大群众。所以不独中国和朝鲜的革命是要靠广大的群众，就是世界每一个民族复兴运动的过程中也都是这样。例如十九世纪意大利民族复兴运动和统一运动时代之烧炭党(Carbonari)、自由瓦工党(Eree-Massen)及马志尼所组织的青年意大利党(Young-ltaly)都是代表意大利民意来发动这种运动的秘密组织。波兰毕苏斯基(Tosph Pilsvdski)为了发动波兰的独立，组织了“波兰社会党”。捷克的建国英雄马沙力克(T. G. Masaryk)为的鼓吹波兰的独立，组织了有名的“潜行组织”(Seoret Act Aotionorganization)，并想出最巧妙而秘密的通讯方法。爱尔兰民族革命领袖范勒拉(Eamonde Valera)组织有“爱尔兰新芬党”。台湾革命领袖余清芳欲借神道设教号召台民起来反抗日寇而密组“大明慈悲国”。犹太的正式复国运动，是基于“万国西庸主义者协会”及魏之曼(Dr. Weizman)所领导的“犹太人协会”与“世界犹太民族主义者组织”。此外犹太人还有一种秘密组织叫(Free Maonry),被反犹太主义者夸张与造谣为一种非常可怕的东西,实在也不过是犹太民族一种过高的理想罢了。

总之,“秘密组织”在民族革命运动的过程中是占着重要的价值,有时其所收获得到的意外战果,反大于“武力的反抗”。所以从事民族革命运动的领导者,不管是在那一种的环境条件之下,常常肯付出绝大的代价而从事于秘密组织的活动。现在中韩两民族正在与日本军阀血战,已到了民族大决斗的时候,这些潜伏于各地的秘密结社的会众将又燃起炽烈的民族意识,为国家尽忠、为民族尽孝,这是必然的结果。尤其中韩两国有志的青年不仅仅在摇旗呐喊而已,更盼以有计划有组织的行动跑向敌人的后方,或潜入敌人的心脏(朝鲜内地)来做秘密组织的活动。在民族大义之下、国家危难之际,一切国民自动起来共赴急难,这就是国家不亡、民族不灭的绝对保障。

三

我们就上述的例证看来,“秘密组织”在民族革命运动之过程中是发生了伟大的效力;但为要使这个运动普遍的扩大,同时给予敌人以精神上致命的打击,则更有待于“文字的鼓吹”。真的,一个“纸弹”和一粒子弹是有着同样的效力;有时一个“纸弹”打到敌人的身上,其效力还大于一粒子弹。所以有人说,第一次欧战后捷克共和国的成立是全凭了民族运动的领导者马沙力克的“三寸不烂之舌和一枝钢笔”。波兰在欧战后因了英雄毕苏斯基的努力,新的波兰国家总算跑上了新兴国家建设的平坦大道,但对于这新的波兰独立国家的构成,正如我们之不能忘记英雄毕苏斯基一样,我们也不能忘记什朗斯基(Zeromski)和卡士普劳威什(Kasprowich)这一流的民族文学家,精神上独立国家的创造者,伟大的民族文学家。

文学是时代精神的结晶,文学家是时代的共鸣者、前驱者。离开了时代,失去了时代重心的作品,就不成其为伟大的作品,就不成其为伟大的文学家。文学家不幸而生在一个非常的大时代,饱受异族征服压迫的痛苦,又幸而占[站]在风雨飘摇的大时代之前。时代意识在昭告他们,要他们喊出勇敢的豪壮的反抗之声,至少也要替一般被压迫的民众声诉其难以忍受之苦。这个伟大的悲剧时代不许他们做着流连风月以涂饰为工,以造辞镂句为能,专重外形的作品,而忘却了作品内涵的生命,忘却了作家声诉时代、负担时代的大责任。像给南下牧马之蒙古游牧民族威胁着渡过黄河流域的南宋时代之汉民族,他们过惯了承平时代的北宋社会,忽然被一种外族所劫持而变换了他们的政治与生活的常态,这是多令人惊心怵目!许多慷慨悲歌之士,目睹“上国衣冠,沦于异族”，不由的激发其马革裹尸恢复神州的壮志。像岳飞、辛弃疾、陆游、文天祥……诸大诗人的作品，我们只觉得燃烧着爱国的热情，是和时代共鸣而背负着时代前驱的作家。不久蒙古的铁蹄已踏到临安，逼得小朝廷跑到海角，宋室的社稷也就在这鼙鼓声中宣告终结。所以这时期作家的作品，就都渲染上铜驼荆棘、故宫禾黍之悲与不共戴天之民族的仇恨。“纵遇圣明过尧舜，毕竟不是真父母；千语万语只一语，还我大宋旧疆土。”这是宋遗民郑思肖用文字来鼓吹“民族仇恨”的意识，唤起被压迫民族之沉痛的血债，所以有元一代所发生的民族革命就往往以“反元复宋”为号召，直至朱元璋出来终于颠覆了异族的统治政府。

十七世纪的汉民族和满民族接触，在武功方面是完全失败了，清朝是胜国了！这时的民族挣扎舍了学术思想，基〖本〗找不到再好的利器。顾炎武、黄宗羲、王夫之、吕留良便是应时而起的一群，而且都是民族思想运动的代表者。他们都想把“反清复明”思想用文字的力量灌注到民间，作转移风气砥柱中流的人物。

自此经过了一百五十年后，太平天国革命的斗争又在中华民族史上留一重大的纪念。这一次民族革命的开幕，其原因一方面由于清初三合、哥老等秘密组织之潜势力的扩大；一方面又是受了清初几位民族大师顾、黄、王、吕文字鼓吹的影响。洪秀全诗云：“擒缚妖魔投地网，摧残奸宄入天罗。”李秀成诗云：“匹夫自有兴亡责，肯把功名付水流。”石达开诗云：“吾志未酬人亦苦，东南到处有啼痕。”他们底“责”和“志”是什么？就是复兴宗社，驱逐异族之志。他们心目中的“妖魔”“奸宄”是谁？就是统治汉人的满洲民族。

我们再看看近代革命史上最壮烈的黄花岗殉国七十二烈士的文字：

黄克强（兴）吊刘道一诗云：“我未吞胡恢汉业，君先悬首看吴荒！”陈铸三（更新）诗云：“头颅拍拍羞无价，三十当前好自为！”罗仲霍（坚）诗云：“百年气焰悲胡虏，万古精忠痛鄂王。”赵伯先（声）诗云：“大好头颅拼一掷，太空追攫国民魂。”林奎诗云：“男儿斩得单于首，便不封侯也自豪！”这都是充满了灭此朝食、光复河山之凌云的壮气，负担时代之前驱的作家。

在朝鲜民族文学史上克尽了声诉时代的作家亦复不少，像金海山的“从今别却荣山路，化作啼鹃带血归”，朴烈的“佳节原非穷者友，请君终夜照心肝”，黄铉的“秋镫掩卷坏千古，难作人间识字人”，金祉燮渡海谋刺日本天皇时赋绝命诗云：“此行已决平生志，不问关门要问津。”金道贤于革命失败之后赴观鱼台投海死时，有“青白千丈水，足吾一身藏”之句。读了这些诗都令人生无限的感慨！我们如果拿它和文天祥的“人生自古谁无死，留取丹心照汗青”，于谦的

"粉骨碎身都[浑]不怕,要留青白在人间"相比,这又有什么差别呢?

这还是比较近于消极抵抗一类作家的吐嘱。我们就近时朝鲜文坛上许多青年作家在文学上所表现的那种反抗的姿态与精神看看。例如,赵重滚以侨居东京之朝鲜青年参加"十一月七日"的示威游行而被捕的事件为题材的《示威》,金斗镕的十五幕剧《朝鲜》(一九二八年曾在东京上演)同长篇小说《春》,权焕的《血》。辛石然的《火焰》,都是以朝鲜斗士生活为题材的作品。这无疑的是反映着朝鲜民族觉醒之后要求独立的决心。

记得十多年前在上海读书的时候,同学中有一位安姓的女生,他平时保持着沉默寡言的态度,举动落拓而大方,同学们对于她都有着很深刻的印象。一天,学校中开纪念会,并排演侯曜所作的剧本《山河泪》;这个剧本是描写英勇的朝鲜青年所领导之大规模抗日的故事。我们这位姓安的女同学,看到剧的中间,敌人的惨暴和英勇青年的牺牲时,就在会场呜呜咽咽地抱头大笑[哭]起来。事后才知道,她就是刺杀伊藤博文的朝鲜义士安重根的女儿。这虽是一件小小的故事,亦足见中韩两民族之革命已有着共同的对象了。

二十世纪是民族生存竞争的时代,在这时代里我们可以发现两种现象:第一是民族内部的密切团结;第二是民族外部的剧烈斗争。这两种现象结合起来,就成为民族相互间的生存竞争。在这民族生存竞争之下,各民族为了对外争取最后的胜利,获得自求多福的决心,不得不加紧民族自身的团结而形成一个有力量的地位,以便从事于斗争与发展。现在我们是在保卫民族生存的抗战时代,在文学一方面,所需要策励我们民族发扬我们民族的文学,是冲锋肉搏横刀跃马的慷慨健者之声。伟大的在文艺阵营里的革命青年们!你们是国家的命脉,你们是民族的前锋,无疑的你们会迸发出澎湃的热情,运用你们的铁腕,写出雄壮的战歌、悲愤的呐喊,做成功伟大的血泪图画,成为策励我们民族发扬我们民族之浑厚而强勒的感动力。这"感动力"将使我们失地收复,民族复兴!

四

我在上面所提出的中韩两民族革命运动之三个共同的策略:第一,武力的反抗;第二,秘密的结合;第三,文字的鼓吹(实则就是军事、政治、文化的总动员)。更为的证明这个运动之历史的意义,曾将中韩两民族史上对外抗战之际的种种史实举出来作为"鉴往知来"之资。俗话说的好,"前车之覆,后车之鉴"。历史的事实,件件都是后人的借鉴,古今环境虽然不同,古今事例虽然不一致,但我们只要仔细检讨,加以灵活的运用,这些历史教训与痛苦之经验都可作为当前行动的参证。我们深深地相信：我们过去曾用这三个策略战胜压迫我们的敌人。则我们更深切的相信：今后在我们军事领袖同一指挥的军令之下灵活地运用这三个策略，定可消灭我们共同的敌人——倭寇，完成中韩两大民族之神圣的革命运动。

（原载于《黄埔季刊》第3卷第1期，1941年）

朝鲜妇女生活与妇女运动

马义

她们在残酷的压榨下

日本帝国主义自占领朝鲜以来，其最初榨取方式为重农政策，主要的希望借朝鲜殖民地供给他的原料和农产品。但自九一八以后，由于日寇侵略战争的加紧，国内主要工业部门都在进行疯狂的军火生产，一部份日本轻工业资本家积极向朝鲜发展，使日寇对朝鲜的榨取方式稍有改变，改为农工并重政策。由于朝鲜有丰富的资源和廉值的劳动力，不可否认的，这几年来日寇在朝鲜的轻重工业，确实是有相当的发展了。

在这样的情形下，日本的各个产业部门，广泛地吸收了大批的朝鲜劳动者，许多轻工业部门，妇女也被普遍地吸收了。一九二六年全朝鲜的女工，不过一万七千人，但在一九三六年已增至三万四千余人，即增加二倍。

日本帝国主义的野蛮是举世闻名的，同样日本帝国主义对于朝鲜工人的压榨也是最残酷不过的，特别是对于朝鲜女工，其压迫之深重，手段之毒辣，待遇之菲薄，更非我们所能想像。请看一九三五年日本统计机关（朝鲜总督府）所发来的朝鲜女工工资统计数字吧：

成年女工，每日最低工资十钱（一角），每日普通工资四十六钱（四角六分）。幼年女工，每日最低工资六钱（六分）。而且绝大多数的工厂每日的工作时间都在十二小时以上，比较日本国内任何工厂的工人都多，而她们的工资只有日本男工的三分之一，只有日本女工的二分之一，差不多无法维持她们最低生活。在日寇大规模的侵华战争发动以后，朝鲜各日本工厂的时间更加延长（普通多达十四小时左右），加之百物高涨，工场的设备日益恶劣，可怜的朝鲜女工们，饮食既缺少营养，厂屋内的空气又混浊不堪，而且还得在极强度的劳动速度下工作，以致她们的健康一天天的被侵蚀，更被厂方严加管束，不得任意和外界往来。结果不是牺牲了生命，就是因为劳动力减低而被开除出去。

朝鲜妇女除上述的工厂女工外，还有一部份从事教师、医生、店员、电话接线生、公共汽车售票员的各种职业妇女，数约四万余人，她们同样的因为民族的压迫和封建势力的障碍，而受到各种不平的待遇。

在农乡中，由于日本帝国主义积极进行土地兼并政策，广大的朝鲜农民被迫离开了故乡，向四处流浪。有些在农村中苟延的，不得不在日寇的高利贷、地相、苛捐杂税的重重榨压下呻着吟。农村的妇女，除了家事以外，还得负担农田耕作，从事家庭副业，□资糊口。然而，我们还不时可以听到，朝鲜农民，尤其是妇女和儿童，因为吃树皮草根而中毒的消息。

数年前日寇将留住朝鲜的日本妇女，组织了一个为政府所御用的所谓“国防妇人会”，它的任务除了进行欺骗宣传以外，并调查朝鲜妇女所藏的金饰，以便乘机帮日本强盗搜括，美其名曰“国防献金”。

封建和蒙昧的囚笼

几千年传统的封建锁链，把朝鲜妇女紧紧的束缚着，所有“贤妻良母”“男尊女卑”“女有七去之恶”“女不言外”的一群封建魔鬼包围着她们，使她们没有一切求知的自由、受教育的自由。在日本帝国主义占领朝鲜后，这种封建的蒙昧政策，更为日本帝国主义所变本加厉了。

因此，日寇对朝鲜女子受教育的机会限制极严，对于女子教育，极力摧残。禁止男女同□，压迫各个私办的女校停闭，结果使朝鲜的就学女生日益减少，在全朝鲜一千零二十一万妇女中，受过教育的只占百分之一二，而且绝大部份都是在小学中即因无力升学而辍学了。较高级的妇女学校，只有一所专门学校，所谓“专门学校”的主要课程，即家政、烹饪、养儿法、缝纫等等。至于大学，那就根本没有妇女所问津的机会了。

妇女自杀之风曾经在朝鲜一度的盛行，一些缺乏政治觉悟的姊妹们，她们在那样悲惨的境遇中，她们只有自杀作为她们唯一的反抗的手段，自一九三二年至一九三六年五年间，朝鲜妇女自杀者达九百五十三人。然而，渐渐她们明白了自杀不是办法，她们挺直了腰杆，走她们自己所应该走的路——跟敌人做斗争。

民族解放的征程上

一九一九年的“三一”革命运动，是朝鲜民族解放斗争史上最光荣的一页，他领导着千百万的朝鲜人民，高举独立自由的旗帜进行斗争。这一般革命浪潮，同样也吸收了成千成万的妇女。在“三一”运动爆发的这一天，京城的全体女学生，成群结队的参加大示威运动，前仆后继，英勇抗争。随着“三一”运动的蓬勃开展，妇女参加革命运动普遍全国，各地产生了爱国妇女会、女子决死队等妇女组织，积极进行劝募宣传工作。“三一”运动的结果虽然在日寇的血腥镇压下暂时遭受挫折，然而它的历史意义极其重大，他教育和锻炼了广大的革命群众，特别是他使朝鲜妇女第一次走向政治，踏上民族解放之路，展开了朝鲜妇女解放思想的启蒙运动。

“三一”运动以后，朝鲜人民温习了过去的斗争经验，接受了先进的革命思想，革命斗争益趋猛烈。同时，更由于日寇在朝鲜积极的榨取政策，朝鲜人民一天天走向赤贫化，朝鲜无产者群急速的成长起来。因此，“三一”以后朝鲜民族解放斗争的主要领导力量，已经从智识份子移到工人手上来。许多革命团体如劳动总同盟、农民总同盟、青年妇女总同盟均先后成立，使朝鲜革命运动走上了一个崭新的阶段。这时期，全国妇女运动的最高领端[导]机构“朝鲜女性槿友会”也成立了。

“槿友会”是朝鲜妇女界反日民族统一战线的组织，他网罗了全国各地的妇女团体，拥有广大的妇女群众，吸收了各阶层的妇女，一九二九年十一月三日爆发的光州学生运动，在“槿友会”的号召下，全国的女学生及广大的工农妇女都被动员起来参加斗争。有名的元山工人总罢工，釜山纺织公司的总罢工及平壤十二个工厂的联合总罢工。所有这些斗争，女工都特别活跃。

“九一八”以后，朝鲜的各种团体多被强迫解散，“槿友会”亦在其列，这种迫使朝鲜的革命斗争，不得不转入地下活动，深入工农群众中。一九三二年曾发生济州岛的海女暴动，反抗日寇的残忍压迫，把敌人的警察署捣毁了。

一直到今天，朝鲜妇女和所有的男人一样，她们(和他们)没有在日本强盗野蛮的统治面前低头，屈服，她们(和他们)始终顽强的坚持在斗争。一九三八年，京都汉城在敌人的高压下，有过二百余女工举行的激烈的示威游行。同时，在平壤、开城、京城及其他许多次大规模的反战暴动中，我们相信，一定有不少的女革命志士英勇的参加了这些斗争，和光荣的为着革命事业流尽了最后一滴血。

在东北抗日联军里，许许多多的朝鲜女儿们，她们已经都是身经百战的游击健儿，参加各种军政工作，和中国的战友们携手共同杀敌。

在朝鲜义勇队里，也活跃着许许多多的女战士，她们在战地向敌人喊话，进行瓦解敌军。她们能吃苦，能打仗，跟所有男战士没有两样。

朝鲜在华的女革命者，曾经组织过妇女战地服务团，以后因敌解散。现在在重庆还有“旅渝朝鲜妇女会”，领导人为林哲爱女士(朝鲜义勇队队长金若山先生的夫人)。该会曾进行各种宣传慰劳工作，一度相当活跃。

现阶段的朝鲜妇女运动的任务，她正配合着整个朝鲜革命运动的战略方针而活动，首先积极帮助中国抗战，同时从斗争中积极团聚和发展自己的力量，准备展开全面的革命斗争，配合中国总反攻的胜利，把日寇赶出中国赶出朝鲜去。

朝鲜民族是有无限的光明前途的，因为他们有这样许多优秀的女儿们。

［原载于《妇女生活》(上海，1935)第9卷第6期，1941年］

战时朝鲜人民的生活

——一个朝鲜士兵的谈片

郁文

“朝鲜是一个神秘的地方，将科学镜愈放大时，愈可发现无穷的资源。”敌人喜不自禁的这样说。在侵略中国，并吞东亚的“国策线”下，朝鲜被目为支撑它们对外侵略的“兵站基地”。从一个新自敌军中反正过来的朝鲜士兵口中，给我们带来了一幅朝鲜人民暗无天日的生活的悲惨图影。

掠夺土地粮食

“日韩合并”后卅余年来，朝鲜总督府从人民手中掠去了九百万町土地（每町有百亩），特别由于去年三南的大旱灾，多少农民无法谋生，被迫流浪出国，或被迫运至内地（日本）从事工业的劳役，于是千万町良田又被攫入到总督府财阀们手中去，至今全韩百分之八十五的土地已均为日本人占有。

依小块土地为生的农民，自下种开始，里公所（村公所）便对他们进行着精密的统计：每家农民种植了些什么，多大面积，多少数目和产量的估计。秋收后官方强迫以低价将所有对每人预计的农产物悉数收买进行屯集，交不到预计数目的农民是要受到加倍的处罚的。

苛捐杂税，闻所未闻

日寇向朝鲜人民征收苛捐杂税，其名目之繁多，实不胜枚举。现在举几个例子：因为金属是军用原料，带有金属性质之农具和饭锅等均须纳税。村民门前悬挂之门牌时常更换，每次每家缴费三元。最奇特者，当局借口公共卫生，规定一切牲口出入街道，肛门后须挂一装盒，以便乘[盛]留粪屎，这些装盒由官厅盖印，售与农民，每个七元，每年更换数次。其他养猪、养鸡、水井、烟囱等等，皆在征税之列。真是所谓“无物不税，无地不捐”。

妇女的非人生活

农村妇女为生活所迫，不得不转到城市走进工厂，每天十二小时的工作时间，只换得几十钱的工资（每十钱一毛），终日在饥饿线上挣扎。不忍离开家乡的农妇，过去多从事织布，但自中日战争以来，官方禁止织布，并强迫各家以稻草打制草绳，织成袋子，以充军用。朝鲜妇女不准穿用棉制布匹，一律改用脆得不堪的人造丝布。

朝鲜妇女的金饰品，也都被勒令交出，日本的警宪，静待于金店门前，然后追随着雇客，将所有金饰品收去，即使妇女典当或卖出的金饰品，也要将一切票据交出。

在日寇一贯的奴化阴谋下，朝鲜多少妇女曾经厌世自杀，或为生活所迫堕落为娼妓。朝鲜半岛已成为了千万妇女的监狱。

武力的镇压与经济的掠取

两个步兵师团，三个宪兵大队与守备于乡村的大批警察，密布于整个半岛。在乡村中，警察握有最高权力。此外，警察对人民的敲诈掠取不下于官厅的捐税。朝鲜警察的薪金只及日本警察的一半，他们成为日警的走卒，在他们中间，民族仇恨也正在增长着。乡村的青年们被迫加入“救火队”，名为防火，实则防止人民的革命运动。朝鲜人民连购置一支猎枪的自由都没有的。

在经济的掠夺方面，日人的金融组合、水利组合的高利贷等的垄断盘剥，操纵了整个朝鲜人民的命脉。当日本初并朝鲜之时，日本在朝鲜仅有一百廿五个会社，三千九百万资本，至一九三七年，会社增至五千五百二十二个，资金已达十八亿元，将占全朝鲜组合资金百分之九十五。日本所需米谷，每年须仰给于朝鲜约一千万石，特别自中日战争爆发后，“内地”人力缺少，加以连年歉收，敌人乃发表连年增产计划，加强了对朝鲜粮产的统制。此外关于金属，敌人规定每个朝鲜儿童每月须检缴钢铁三斤，并拟定了一个“五年计划”，在今后朝鲜生产出七千五百万吨的金属品以供军用。

大批移民与恶毒的挑拨

多少朝鲜居民被生活所逼和受敌人的欺骗宣传，因此大批移往东北。“九一八”后东北朝鲜侨民已由八九十万增至一百五十余万。在抗战四年后的今天，只在华北区域，敌人便已移来鲜人三十余万，据说敌人还准备在华北移民至七十万人。在晋东南长治县附近的一个村落，已全为韩人所屯居。韩民的财产时常有被“皇军”假“反战”或“不忠于皇国”罪名完全没收，致许多韩人破家荡产，被逼贩卖鸦片，开设妓馆，或流为乞丐。最后敌人又从中煽动韩人向中国同胞横行作恶，以加深中韩民族间的仇恨。

中韩携手，光复故土

但是朝鲜人民已觉醒起来。数十年来，他们以鲜血头颅争取独立自由的斗争未曾间断。朝鲜义勇队奋勇参加我国抗战，转战于五个战区也已有二年了。华北朝鲜青年为了加紧团结，光复祖国大业，成立了联合会。多少在敌人奴役下的朝鲜青年，冒死逃出战区，参加这一支协同中国抗战的战斗组织。在东北白山黑水间，朝鲜边界上，朝鲜健儿也早已扬起反日义旗，血战多年。朝鲜三千万人民正在坚苦奋斗，和抗战的中国人民携手打倒日寇和光复故土。

（原载于《新华日报》1941年8月18日）

朝鲜情势与朝鲜革命运动

[韩国]金若山

三十年来在日本帝国主义铁蹄蹂躏下的朝鲜，究竟是怎样了？这在与日本法西强盗进行艰苦抗战的中国同胞们，所需要认识的一个问题。但在此处，因篇幅有限且时间迫促，不能详细叙述，仅扼要的举出几个重要的问题谈一谈。

一、日寇的侵略政策和朝鲜的被并

日本自从明治维新成功，变成了近代资本主义国家，便走上大陆侵略之路，首先强迫朝鲜开放门户，倾销商品，敷设铁路，掠夺主权，勾结韩奸卖国贼，用种种毒辣的阴谋，侵害朝朝[鲜]的主权，干涉朝鲜的内政等，无所不用其极，那时朝鲜久在固守锁国政策之下，经过了中日、俄日两大战争之后，国家大权为勾结日寇的韩奸所专揽，因此国家的利益与外交权，逐渐让给日寇，最后连自己的军队也被迫解散。这样，朝鲜完全为日本帝国主义俎上之肉，一切任其所为，终于一九一〇年八月为日寇所并吞。

朝鲜在这亡国的过程中，也曾有过轰轰烈烈的反抗斗争，这斗争是由民间发动起来，以劣势的武器和缺乏训练的群众，与日军两师团的正规军作游击战，持斗到七八年才终于被镇压下去，这就是在朝鲜民族解放史上初期的义兵运动。

二、日本帝国主义在朝鲜的暴政

朝鲜总督府是日本帝国主义统治朝鲜的最高机关，总督是一个野蛮的军阀，一切法令，任免各级官吏，都由这总督一手裁决，朝鲜民众丝毫无发表意见的权利与机会，只有服从的义务，如果不服从它的统治，或有一点异议，就会被捕入狱。

朝鲜的警察制度，在过去总督府初期时代，是设置于日本驻屯军宪兵司令部，在全国各处分设宪兵分队及分驻所而执行警察的任务。可是到一九一九年三月，朝鲜民族大革命运动爆发以后，废止了这种宪兵警察制度而施行司法警察制。在全国各市镇村落均设置警察署，由总督府直接管辖。这警察的数目达二万名以上，大部分是由过去的宪兵改装的。此外，还有数万的日本在乡军人，执行间接警察任务，更有无数的秘密警察，分布在全国的每个角落。

除了总督府及其管辖的全国地方官衙和警察机关外，还有三个师团朝鲜驻屯军。在这直接指挥下，更有数万在乡军人团，这是由日本移民编成的。这许多部队便是压迫朝鲜民族的武装力量，这种专制的统治机构，完全剥夺了朝鲜民族的一切自由，同时运用这种机构任意榨取朝鲜人民。

三、日本帝国主义在朝鲜的经济政策

朝鲜的经济还没有蜕脱封建经济时代，就为日本资本主义侵略势力所压倒。日本帝国主义施行于朝鲜的经济政策，乃是完全拒绝朝鲜工业的发展，而采取偏重农业的政策。究其目的所在，即为保护当时基础尚甚薄弱的日本工业，并防止在朝鲜发生对日本工业的竞争者，以确保日本商品在朝鲜的独占势力，向日本供给低廉的食料品及农业原料品。

朝鲜总督府为着禁止朝鲜民族的一切工商业等企业，特制定“社会令”，以禁止朝鲜人设置资本五千元以上的公司。同时，日本资本家为着在朝鲜经营资本主义的农业，组织了巨大的金融企业收买土地，开拓荒地，垄断农民经济，推行高利贷金，并发动日本国内的多数农民移住于朝鲜。

日本对朝鲜的农业政策，是把朝鲜民族经济根本予以破坏，进而把朝鲜民族唯一生存源泉的土地掠夺殆尽，而使朝鲜的农民完全陷于农奴和牛马的生活，终于使他们流离异域。

朝鲜被并后，广大的国有地，数千年来农民所共同耕种的共有地，以及一切所有权不分明的土地等等，全国广大的土地都归总督府所占有。另一方面，由于日本的金融资本课入农村及日本商品的侵入，而农村的副业及自作自给的农村经济即被完全破坏。又由于总督府实施烟酒盐等生活必需品的专卖，农民对水利组合的过重负担，土地税、所得税、户税、家产税、地方税、道路税等等苛捐杂税，农家的收支年年不能相抵，而这不足额，只得以土地为抵押，借入日本金融高利贷来填补，结果这些土地便为日本人地主所有。日本帝国主义者运用了这种残暴的方法，夺取朝鲜的土地，据一九二七年统计，朝鲜全国土地百分之八十已归日本人所有，失去了土地而流离异域的朝鲜农民，已不下二

百五十万人。

日本帝国主义对朝鲜农业之资本主义的扩张政策，是透过朝鲜民族的经济破产而成功了。朝鲜的产米量，在二十年之中增加了约六百万石，日本资产主义的廉价供给食粮的目的，由此得到了满意的解决。但是朝鲜人的米的消费量，反而逐渐减少下去，这就是朝鲜民族生活逐渐低落的证明。就是说，一九一二年度，朝鲜人一人每年米消费量平均为七斗七升四合（日本斗）；但至一九二七年减至五斗二升四合；又至一九三二年则更减至四斗一升一合。反之，在同一期间，日本人一人每年平均米消费量，在一九一二年为一石五升八合，在一九二七年为一石九升五合，在一九三二年为一石九升五合。由此可知朝鲜农产物的增加，决不是表示朝鲜农民财富的增长，却反证明朝鲜农民之急速度的贫穷化与饥饿的深刻化。

一九三一年以后，日本帝国主义因为对朝鲜的农业偏重政策发生矛盾，而且日本资本主义发达上发生新的必要，于是对于朝鲜经济政策不能不加以若干修改。

到了这时候，日本重工业的发达已经到了全产业的支配地位，高度集中的过剩的过剩金融资本得不到适当的利润场所，在中国及其他海外市场上，帝国主义者互相间的商品销售竞争愈为猛烈而需要减低生产费，在这种情形下，朝鲜便成为日本过剩金融资本确保利润的适合的工业企业场所。在朝鲜经营原料品，开采工业半制品工业以及纺织工业等，是非常有利的，因为第一，可以节省原料品的运输费；第二，可以利用低廉朝鲜地价及无尽藏的水力电气的动力；第三，可以利用低廉的朝鲜人的劳动力，所以日本工业，便开始大量出现于朝鲜半岛。在此期间，他对于朝鲜民族资本的影响，是值得我们注意的，兹试举一九三五年统计，日本人与朝鲜人的投资比例如下：

朝鲜内工业资金总额

总股本金一九四，二二二，七一七元

已缴金一一七，八一三，二二五元

朝鲜人经营工业资金（公司数三三二）

总股金一九，四二二，四一〇元（总资金百分之十）

已缴金八，七三五，五八五元（总资金百分之六）

日本人经营工业资金（公司数六八七）

总股金一七四，八〇〇，三七〇元（总资金百分之八十九）

已缴金一三一，三〇二，八〇七元（总资金百分之九十三）

由此可知，朝鲜人在工业上的势力，实微乎其微，再加上在朝鲜总督府直接所经营的各个重要商业部门，朝鲜的工业差不多可以说是完全在日本资本的独占势力下，而三井和三菱两大财阀尤占支配的地位。现在试举两财阀在朝鲜工业上的势力如下：

三井系：纺织业（纱厂）	朝鲜纺织公司
洋灰业	小野田洋灰厂
制纸业	王子制纸公司
三菱系：化学工业	朝鲜窒素公司
谷产工业	日本谷产公司
制铁业	兼二浦制铁公司

总之，朝鲜民族在经济上完全失去了独立的地位，大多数陷于经济破产的农民，只得在黑暗的日本人工厂中成为工钱的奴隶而备受日本资本家的宰割。朝鲜工人的生活是极度悲惨的，他们每日做十三四小时的苦工，而所得的工资仅仅不过四五毛钱。

四、日本帝国〖主〗义在朝鲜的教育政策

日本帝国主义并吞朝鲜的唯一目标，是在榨取朝鲜民众，所以他对朝鲜民族所施的教育目的，不是在提高朝鲜民族的文化水准和培养朝鲜人中政治文化技术的人才。相反，日本帝国主义□图利用奴化教育来麻痹朝鲜民族的民族意识，养成它们便于驱使的奴才。

在朝鲜不论公私立学校，一律禁止用朝鲜语教授，而须用日本语教授，并以日语强称为“国语”。在小学及中学，均以日语为主要科目，绝对禁□朝鲜历史的教授。并为严密实施其奴隶教育计，严格限制非日本人为全朝鲜官立及公私立学校的校长，教员的大部分亦多由日本人担任。

朝鲜人受教育的机会，被降至最少的限度，依据一九三六年《东亚日报》所发表，一九三五年全朝鲜学龄儿童的就学率不过为百分之二五.八，女子就学率仅为百分之九.一。再举一地方的实例言之，江原道一个地方学龄儿童共有二十万，而其收容机关只有一百七十五个小学，这些小学校的儿童收容限度只有四万名，那拟就学儿童只有百分之十六，而其百分之七十四的儿童不能不为之失学。

总督府在朝鲜设置农工医法等四个专门学校和一个大学，但此等高级学

校对朝鲜学生特别规定种种苛刻的入学条件，例如□纳巨额的学费，须有相当的财产，须有可靠的身分保证，须有严密的思想调查，又在入学试验上也有韩日学生不平等的待遇等，因此入学生大部分为日本学生，朝鲜学生仅占极少数。

本来在朝鲜亡国时，除了旧式书塾外，近代式学校数达一千六百七十七校，学生数亦达七万一千七百六十三名。可是于亡国十年，即于一九二二年，此等学校的大半数已被解散或封闭，残存者不过八百四十九校，其学生数也不过三万九千二百四十七名。直至今日，所谓民间学校几乎全部被日寇绞杀了。

五、初期的朝鲜民族解放运动

自从日本帝国主义侵略朝鲜，朝鲜便有了反抗运动，朝鲜民族的许多革命志士，对日本帝国主义的种种阴谋早已揭穿了，纷纷起来主张全民族一致团结，驱逐日本帝国主义。可是当时腐化怯懦的朝鲜政府只梦想依靠外来势力，而不知振作国力及发动民族的总力量以对付外敌，但至俄日战争，日本战胜之后即着手整个宰割朝鲜，至此朝鲜人民于悲愤之下开始了猛烈的反抗斗争。首先，大韩独立协会产生于汉城，发动了广泛的民众运动，抗拒日本的侵略；义士安重根刺杀日本的伊藤博文即在此时；卖国贼李完用的被刺事件，也在此时发生；各地方的志士及儒林揭竿起义，招募农民大众及收编被解散的军队，组织数十万的义军，与日寇进行激烈的战斗，继续到八年之久，终于退到中国的东北，利用有利地形条件，重新建立军事根据地，以期徐图再举。

在此次抗日运动中，所牺牲的义军及敌军伤亡，据敌方政府所发表的统计如下：

年数	义军死伤数	敌军死伤数
一九〇六	二二七	八
一九〇七	五，二五八	一八四
一九〇八	一四，六九八	四九〇
一九〇九	三，一三八	一一〇
一九一〇	二二一	二〇
一九一一	一三〇	一二
共计	二三，六八四	八二六

六、“三一”独立运动

一九一九年三月一日，爆发了伟大的大革命运动，这是在朝鲜民族解放斗争历史上最值得纪念的，当时欧战经过了五年的大屠杀，全世界人类才由血潮腥风中觉起来，开始喊出自由平等的口号，帝国主义强盗内部的勤劳大众掀起社会革命的怒潮，全世界殖民地，揭起独立自由的旗帜：俄国民众推翻了沙皇的专制政治，建立社会主义的国家；军国主义的德奥也从一败涂地的悲惨环境中，爆发了政治革命；波兰、捷克等已建立起新的国家；印度、爱尔兰、菲列宾等纷纷运动独立；中国的革命也正在发展中；同时，美国大总统威尔逊也提出“民族自决”的口号。在这样全世界的革命怒潮中，朝鲜民族解放运动也发动起来了。这运动的指导者为各界著名的领袖及知识阶级，其前卫分子是青年学生。不到一月，即从首都（汉城）扩大到全国各地，掀起全民族的革命，兹列举“三一”运动的统计数字如下：

举行示威运动的地方数	二一一地方
示威运动的回数	一，五四二回
参加运动的人数	二，〇二三，〇九八人
死亡者	七，五〇九人
被捕囚禁者	一五，九六一人
被烧毁的教堂	四七处
被烧毁的学校	二处
被烧毁的民房	七一五栋

七、“三一”以后的朝鲜革命斗争

“三一”运动虽然暂时遭受挫折，但这运动给予朝鲜的教训是很宝贵的，由于这个教训，朝鲜民族的自觉与革命意识是愈益坚强起来了，由初期的示威运动而进入有组织的游击战运动；由孤立的革命运动，而变成全世界被压迫民族及人民革命的一部分。

“三一”运动以后，全国的农民组织农民组合，工人组织工会，青年们组织青年同盟，学生及妇女也组织妇女及学生团体。这样到了一九二五年，全国农民总同盟、劳动总同盟、青年总同盟等三个系统整然的大众斗争团体，成立于朝鲜中心的汉城，这三个团体拥有十余万的同盟员，而形成了反日斗争的主力。到一九二八年，又发动了在海外的各党派共同参加的大独立党运动，在国内创立了全民族的统一组织“新干会”。

一九二九年爆发了光州学生事件，展开了全朝鲜学生反日大示威运动，这是在“三一”运动以后，最大规模的青年大众反日斗争，参加示威斗争的学生数达十五万人，被捕入狱者达五百人。

光州学生事件后，日本帝国主义者对于民众运动的压迫更加厉害，一切公开的活动都不可能，尤其到了“九一八”事变以后，日本法西强盗为着准备大规模的对华侵略战争，为着确保后方“兵站基地”(朝鲜)的治安，把整个朝鲜放在极度严密的军事统制之下，采取军事法西斯政策，统治全朝鲜民族的生活，于是一切反日革命运动也不能不以极秘密的方式来进行。

八、“九一八”后朝鲜革命运动的发展

日本法西强盗所造成的“九一八”事变，给予东亚大陆上的民族运动以一个历史的转变，在朝鲜的民族解放运动上也有很大的变化，从来且为朝鲜独立运动根据地的满洲，一旦变为日本法西强盗的统治区域，使满洲的朝鲜革命运动受到很大的影响。

日本法西强盗在朝鲜，一面极端压迫一切朝鲜民族的活动，一面引诱一部动摇不定的投机分子，组织无耻的亲日团体“大同民友会”“协和会”等，从事欺骗朝鲜民众。日寇的手段虽然极度野蛮和残暴，然而朝鲜人民不仅不会屈服，而且更猛烈的斗争正不断的开展着。从“九一八”至“七七”这六年间，在朝鲜被捕的爱国分子达二万二千四百余人。单只一九三七年一年内，抗租运动发生了三一七九九次，而主要的是为了反对日本地主的。朝鲜北道□山地方的农民，因为有私通东北义勇军的嫌疑被捕的一九三八年内共五百余人。金罗南道的抗租运动，一九三八年也发生了一一七〇起。在京都汉城的高压统治下，有二百余女工竟举行了激烈的罢工游行。同时连基督教徒也集合了三百余人，举行为祖国痛哭的运动。这些都表示了朝鲜人民在极度高压暴虐统治下的英勇姿态。

在东北的朝鲜革命阵营内部，清算了从来的机会主义和分裂的现象，而在共同目标之下一致团结起来，与中国义勇军亲密合作，组织东北抗日联军，坚持东北游击战，配合中国抗战。

在中国关内的朝鲜革命团体，也都深刻的感觉到统一团结的必要，首先有五个团体统一而组织了朝鲜民族革命党，中国抗战开始后，朝鲜民族革命党与其他两团体联合结成朝鲜民族战线联盟并于两年前在武汉成立朝鲜义勇队，

团结朝鲜革命青年参加中国抗战，建立复国武装部队，两年来在中国各个战场上，努力对敌宣传，瓦解敌军，已获得不少成绩，今后本队将努力深入敌后，为争取广大的朝鲜群众而斗争。

朝鲜革命运动依靠着全朝鲜人民亲密的团结，坚苦的斗争，我们相信，我们的前途是无限光明的。

（原载于《时代精神》第 3 卷第 6 期，1941 年）

朝鲜民族解放史话

——为迎接东方各民族反法西斯代表大会而作

李林

朝鲜之遭受日本帝国主义的侵略，开始于十九世纪末叶。那时候，朝鲜一方面本身还在死守着封建的锁国主义，他方面又面临着非常复杂而险恶的国际环境。东邻的日本正好经过"明治维新"，急图实现"征韩论"；帝俄为着寻求所谓不冻港而向满洲扩张，取得旅顺大连之后，更想进一步吞并朝鲜；满清政府呢，却以"上国"的资格，视朝鲜为藩属。一八九四年中日甲午战争，中国失败，缔结《马关条约》，承认朝鲜"独立"。一九〇四年日俄战争中，日本打败了俄国，订《朴资茅斯条约》，规定朝鲜为日本的"保护国"。从此以后，朝鲜成了日寇任意烹杀的羔羊。一九一〇年八月廿九日，日本更利用朝鲜的亲日派卖国韩奸李完用辈，公开实行所谓"日韩合邦"，朝鲜便正式沦为日本的殖民地了！

可是，当时广大的朝鲜民众并不愿意当亡国奴，纷纷起来反抗，全国各地普遍发生强烈的暴动和巷战。崔益铉、洪范图、李殷赞等相率领导"义兵"，艰苦抗战，予敌重创。一九〇九年安重根在合尔滨射杀伊藤博文，一九一〇年李在明狙击卖国贼李完用等等，都是朝鲜爱国志士誓不屈服的表现。虽因日寇的极端弹压，韩奸的助桀为虐和革命运动本身缺乏组织，未能获得较大的成功，但是就在此时已经播下了朝鲜民族解放斗争的种子。

日本在正式灭亡朝鲜之后，其首任总督寺内正毅厉行"武断政治"（全国各处普遍布置宪兵警察，每个宪兵或警察对朝鲜人民却操有生杀予夺之权，故又名"宪兵警察制"），使整个朝鲜民族更进入悲惨的绝境。无论是贵族、地主、资本家、劳苦大众和小资产阶级，都怀着不共戴天的民族仇恨。这时正值第一次世界大战告终，巴黎和会开幕，美总统威尔逊以"民族自决"为号召，以及苏联十月革命的胜利，都刺激了朝鲜民族的抗日运动。在亡国后，经过了五年艰苦斗争的游击队伍，最后败退到满洲，在那里重新集合，继续奋斗。许多亡命海外的爱国志士组织各种政治团体，在各国作外交活动，也同样激动了国内民众的反日情绪。当时朝鲜的民族资产阶级与知识份子看见国际国内的情势都比较有利，就抱定领导全民族抗日的决心。一九一九年三月一日，在汉城选出民族代表三十三人，揭起朝鲜独立的大旗，并举行大规模的示威运动，不到一月，这运动普遍到全国各地，与日本军警发生冲突。无论男女老幼都一致奋起与敌人作肉搏战，坚持了八个多月，即就三月至五月的三个月计算，被牺牲的有七千五百人，被伤的有一万六千多人，被捕入狱的有四万六千多人，示威次数达一千五百四十二回之多，五月以后的数目更不止此。

这个运动不但普遍和深入到全国各阶层和民众中间，并且更扩大到国外，主要是东北和上海。当时朝鲜人民因不堪日寇压迫而移住中国东三省者(一部份是被迫移民而来)不下七八十万人，先由“义兵”领袖金佐镇、洪范图等组织“韩族会”，并创办学校，培养革命干部。金佐镇等为响应朝鲜国内“三一”运动，曾率领五千余武装在国境内实行游击战争，屡获胜利，后因日军大举围剿，寡不敌众，始行退出。上海方面有李始荣、安昌浩、金九等组织“韩国临时政府”，一面指导国内革命，一面主持国际外交，曾派代表参加巴黎和平会议。

伟大的“三一”运动虽然终予在日本帝国主义的刀枪下惨遭失败，但，毫无疑义的，“三一”运动在朝鲜民族解放斗争史上又写下了光辉的一页。

“三一”运动之后，在一部份民族资产阶级代表者中，发生了关于独立运动的理论斗争，从此便产生了有体系的理论的民族主义，如李光洙的“民族性改造论”，安昌浩的“务实力行主义”等，都属于此。

同时，由于苏联十月革命的胜利与日本及其他国家内社会主义运动发展的影响，以及最主要的是由于朝鲜产业工人的数目急剧增加，朝鲜的工人运动开始以有组织的姿态出现于政治舞台上。一九二○年一月，朴重华、金明植等首先发起组织“朝鲜劳动互济会”。同年冬以朴一秉等廿三人为领导把原有的一百卅三个青年团体联合起来，组成“朝鲜青年联合会”。在这两个团体的影响和领导之下，曾经爆发了釜山罢工运动。一九二二年一月，尹德炳等发起组织“朝鲜无产同志会”，此后社会主义的团体异常繁多。为求集中力量，乃于一九二四年四月十七日把国□各劳动团体统一起来，组成“朝鲜劳农总同盟”，加盟团体共一百九十二个，盟员数达一二五○○○人，而青年团体也同时统一成为“朝鲜青年总同盟”。妇女运动方面，初期有“京城女子青年同盟”“女子解放同盟”等，后来统一于“槿友会”。

民族主义的运动迅速的发展着，在国内，由崔南善、李光洙等以天道教、基督教、佛教等为背景，而致力于合法运动；在海外，活动则以“韩国临时政府”为中心，与满洲的“正义府”、美洲的“同志会”等互相配合。

当然，由于朝鲜民族解放运动内部派别之分歧，内部互相对立摩擦的现象，在所难免。但是从实际斗争的经验教训中，大家逐渐认识到加紧团结的必要，首先有“朝鲜青年总同盟”严格批判过去的错误，并公决“与革命的民族运动者提携起来，作成协同阵线”的议案。这决议对于推进朝鲜各党派之团结，起了很大的作用。

一九二六年六月十日，正是朝鲜最末一代皇帝（隆熙）出殡的日子，朝鲜的革命者便趁此时机，掀起了壮烈的“六十”全民族解放运动。在这个运动中，成千成万的朝鲜人民流血牺牲，虽结果由于日本帝国主义拼命的弹压而终归失败了，但对于朝鲜民族运动与社会运动的统一，却有重大的贡献。在这次初步的协同血战中，由于朝鲜各革命党派深刻地感觉到加强协作的必要，由于中国第一次国共合作的影响，于是，一九二七年二月便正式创立了朝鲜第一个统的革命团体“新干会”，拥有一百五十多个支会和三万多会员。

一九二九年十月，光州女子学校的朝鲜女生朴奇玉被日本男生侮辱，引起日韩学生大冲突。日本警察逮捕朝鲜学生，更激励全朝鲜学生的义愤。于是，全韩学生在“新干会”帮助之下举行示威游行，宣布总罢课，高唱革命歌，高呼“独立万岁”“撤废奴隶教育”“打倒日本帝国主义”等口号，与宪兵警察肉搏格斗，并有一部份民众群起响应，实行罢工罢市。这一运动一直继续到次年一月十五日，京城各校学生又作第二次的示威运动，日本强盗所有的军警、便衣队、大刀队、骑兵队全数出动，大肆屠杀，运动才告平息。总计这一运动普遍全国各地，参加学生十五万多，而被屠杀的约千余人，被捕的有五万多。

此外，在同一时期内，海外韩侨反日运动仍以上海的“临时政府”为中心而开展着。在上海有金白渊（现任“朝鲜民族革命党”中常委）主持的“公立仁成学校”，在南京有安昌浩主持的“东明学院”，在北平有金若山（又名“陈国斌”，黄埔军校三期毕业生，现任国民政府军事委员会政治部设计委员兼“朝鲜义勇队”总队长）主持的“革命青年干部学校”，有计划地进行培养革命干部的工作。可惜因日寇干涉与战争的关系，这些学校都先后被迫停办。军事方面，仍有金东三、李古狂等维据辽宁东边道一带艰苦奋斗，数百朝鲜革命青年在黄埔军校毕业之后，英勇参加中国北伐战争，也获得了无上的荣誉。

“九一八”事变前后，日本帝国主义为了消灭其所认为“心腹大患”的朝鲜革命运动，使其进行对华的侵略战争时减少“后顾之忧”，便在朝鲜境内加紧其血腥统治，于一九三一年五月先后将“新干会”“朝鲜劳动总同盟”“朝鲜青年总同盟”“槿友会”等革命团体解散。但是，朝鲜人民的反抗仍旧有增无已，仅一九三五年一月至十月，农民暴动的数目就达几千次，而咸兴、永兴、端川的大暴动尤其著名。朝鲜国内革命运动的日趋深刻化，引起日本帝国主义更进一步的压迫。一九三六年十二月，日寇在朝鲜公布所谓《思想犯保护观察法》，并利用一批“转向”的民族叛贼，组织所谓“时中会”“大同民友会”等韩奸团体，专事破坏民族解放运动，将朝鲜国内主要的革命干部几乎一网打尽，这是朝鲜革命空前苦难的时期。

在海外的朝鲜革命者，特别是“一二八”淞沪抗战以后，工作更形活跃。各团体派遣大批青年到中国各学校修业，并设置革命干部学校，加紧培养干部人材，例如“义烈团”之在南京附近创办革命青年干部学校，“韩国独立党”之派送多数青年入广州国立中山大学及航空学校，“韩人爱国团”之派遣青年干部入中央军校洛阳分校学习等。此外，原有存留在满洲的一部份朝鲜“义兵”，便与中国的抗日义勇军汇合起来，建立东北抗日联军，有名的李红光将军就是朝鲜优秀的革命者。一九三二年四月二十九日，韩国义士尹奉吉趁这天日军在上海虹口公园举行所谓“天长节”的时候，投弹炸死日寇“一二八”作战最高指挥官白川大将。（敌现任驻美大使野村吉三郎也在这次同时被炸坏一只眼，现任驻英大使重光葵被炸掉一条腿。）这种个人的暗杀手段，虽非打倒日本帝国主义的根本方法，然而朝鲜革命者视死如归、不屈不挠的精神，曾经震动了全世界。一九三五年六月，海外朝鲜革命团体在南京举行代表大会，结果“朝鲜革命党”“朝鲜义烈团”“韩国独立党”“新韩独立党”“大韩独立团”等五团体一致主张，共同创立“朝鲜民族革命党”，推金若山氏为总书记，产生了朝鲜海外革命团体的统一组织。

“七七”事变以来，虽在日寇严重封锁消息的情况下，我们却仍旧不断看见朝鲜民众艰苦斗争的事实：一九三八年三月在平壤和开城发生的三千多群众的武装起义，十月二十四日至二十七日汉城附近的民众壮烈反战运动，一九三九年一月十六日鸭绿江下流多狮岛的朝鲜工人破坏敌人尚未竣工的军港，次日全州的朝鲜农民焚毁敌地方长官的公馆。

同时，伟大中华民族的团结抗战，更促进了朝鲜各海外革命团体的猛省，使他们也更加紧密地团结起来。一九三七年十一月二十日，“朝鲜民族革命党”、“朝鲜民族解放同盟”（社会主义团体）和“朝鲜革命者同盟”（无政府主义团体）共同组织“朝鲜民族战线联盟”。这团体主要的任务是：（一）推进朝鲜国内外的全民族统一战线；（二）发动海外各党青年直接或间接参加中国抗战。一九三八年十月十日，在中国政府协助之下，正式于武汉成立了“朝鲜义勇队”，直接参加中国抗战工作。

目前，以金九为首的“韩国临时政府”，正在我战时首都的重庆策划着朝鲜革命的大计，以金若山为首的“朝鲜义勇队”，驰骋在我国各战区的火线上，进行敌军工作，累奏奇功；而广大的参加八路军工作的朝鲜青年，也团结在“华北朝鲜青年联合会”的周围，深入敌后，与敌人作殊死的斗争，成为朝鲜民族光荣的标帜。

综观整个朝鲜民族解放斗争史，真是一幅悲壮的图画！虽然在发展过程中曾不免使人感觉朝鲜革命者的意见太纷歧，组织太零散而为之深致惋惜，但是，由于三十多年来的经验教训，使他们已经痛切地体认到过去的缺点，而开始把握着民族统一战线的正确方向。他们有高度的革命热情与决心，有伟大的抗战中国作战友，有东方各民族的团结一致作后盾，有全世界反法西斯运动作声援，我们相信朝鲜民族独立解放必将日益展开而获得最后胜利。

（原载于《解放日报》1941 年 10 月 16—17 日）

中国抗日战场上的朝鲜义勇队

[韩国]韩志成

亡国三十余年的朝鲜民族，于中国抗战的第二年即中华民国二十七年的中国国庆节，在汉口正式成立朝鲜义勇队，参加英勇壮烈的抗日战争，如今已有整整三年了。朝鲜义勇队是朝鲜民族的革命队伍，是出现在中国抗日战场上的一枝国际纵队。

原来朝鲜和中国是兄弟之邦，在历史上、地理上、文化上以及种族上都是关系深厚，而今天又同样受着同一敌人——日本□□的侵略和蹂躏，所以今日朝鲜和中国诚如蒋委员长为朝鲜义勇队成立第二周年纪念赐题“手足相卫”一样有着同生死共存亡的关系。

说到朝鲜义勇队的产生，它有长久的历史背景和现实条件的，自从朝鲜亡国之后，中国大陆便成了朝鲜革命者的亡命地，还也造成了朝鲜民族解放运动的海外根据地。当我们朝鲜人国亡家破的时候，不愿作顺民的志士们，有的以自杀去拒绝日本的统治，但另一些人就组织了“义兵”对日进行游击战争。这样义兵的战斗，自从缔结“保护维持”的一九〇七年起，先后继续了八年。因为敌人力量优越，朝鲜革命志士遂不得不向中国退却，退到东北、平津、沪宁以及当时中国革命策源地的广东，他们在白山黑水之间经过长期的艰苦斗争，现已建立了朝鲜革命军，和中国抗日弟兄并肩作战。亡命到关内的在抗战之前，以平津、沪宁及广东作为根据，在中国政府和人民的同情与援助之下，一面培养了千百个军事政治以及革命技术的干部，以准备建立朝鲜民族的革命的武装队伍(现在朝鲜义勇队的十分之七以上人员是黄埔或中央军校毕业的)。以这些新干部为基础，大大推动了朝鲜内部革命的工作，例如在国内无数次的有组织的暴动罢课以及工农运动，□□□□□□□□□□□□□□□□，一九二二年在上海新关码头袭击侵华□首田中义一事件，“九一八”当年在长春谋刺统监佐藤事件，以及“一二八”当年四月二十九日尹奉吉炸死白川大将、河端民团长等侵华匪徒的所谓虹口炸弹事件，都是朝鲜海外运动的光荣战绩，这些都是今日朝鲜义勇队的胎儿。

中国对日的全面作战，给与亡命在关内的朝鲜革命者以极大的兴奋，我们就研究了将怎样不失机会光复祖国，我们的同志的答复，是异口同声的要直接参加中国抗战，大家一致的认定争取中国抗战的胜利，就是促成朝鲜独立的最好方法。于是在华朝鲜革命者不分男女，不分党派，集中在朝鲜民族战线联盟的旗帜之下，得到蒋委员长的赞许，就成立了朝鲜义勇队，共戴朝鲜革命领袖金若山先生为队长，在金总队长领导之下参加了抗战。

当朝鲜义勇队成立的时候，我们喊出了三个口号：一、发动在华所有朝鲜革命同志及同胞积极参加或支持中国抗战；二、建立朝鲜民族的武装部队以武力消灭敌人，争取祖国的独立和自由；三、争取敌军民，瓦解敌军，发动东方被压迫民族支持和参加中国抗战。这三个口号就是我们的工作目标，是我们行动的指针。

三年来，我们在中国最高统帅蒋委员长领导之下，参加了湘北、豫北、赣北、桂南、浙西、鲁南、大洪山、中条山、鄂北、冀东以及晋东南、晋南北十三省和六个战区的工作，举其主要成绩，则一九三九年二月鄂北隋[随]县浙河畔之“对敌演讲”，这四日之“舌战”创造了中国对敌宣传上新的纪录。同年三月湘北我军攻击锡山时，参加了决死队，破坏敌之堡垒，曾毁坦克车九辆，在枪林弹雨中抢救出中国刘连长等，并借此以极度的刺激，激发了中国湘北军民的狂热的爱国牺牲之情绪。同年四月参加湘北赛公桥战役，距敌二百米突之处，“对敌喊话”使二百余敌军抛弃武装，举起白旗，表示投降。同年十二月参加鄂北会战，发动民众进行澈底的清野空舍政策，同月参加桂南昆仑关之后，一九四〇年一月在鄂北应城等地领导地方游击队与敌战斗，二月在中条山参加第十一次反扫荡战。二月在隋[随]县长岭乌留山之“舌战”给敌人以永难忘却的深刻印象，同月在杭州及萧山之役，领导民团与敌血战，生擒敌人，并在杭州城内做了惊人的破坏工作，同月在赣北奉新以对敌宣传之方法使敌不战而退。同年五月参加鄂北会战，同月在江西锦河畔之对敌宣传。同年八月在鄂北庙儿坡距敌六七十米突处演反战歌剧。同年十二月在豫北配合△军第△团破坏敌之邮电网。一九四一年一月参加大洪山之役，一月在豫北汲县破坏敌之铁路五十华里。

三年来，我们在前线及后方散发了五十万张以上的对敌宣传传单、四十万张以上的标语、十万部小册子，训练了二百多个俘虏，培养了五万以上的中国对敌宣传干部，响应献机及难童救济公演朝鲜剧，捐了二万元以上。

三年来，我们接近了千百万中国军民，我们在前线和士兵一同过战壕生活。作战时参加冲锋或决死队以鼓励士气，访问沦陷区民众，慰问伤兵，以提高他们的抗战情绪。如今回顾三年来的生活，真是不平凡的一幕。我们站在亡国民族的立场，以所有的诚心、热情和期望来安慰和鼓舞中国抗日军民，不惜任何的牺牲，忍受一切的痛苦，在极度恶劣的物质条件下，甚至于冬季冰天雪地，衣单食少，常有一天只有一餐的山芋，还是很高兴的很热情的进行着抗战的任务。因为我们深切的自觉的知道，我们是亡国的人民，一切待我们来开辟和建设，一切都要我们的牺牲来争取。我们深切的感觉着精神上的愉快和光明的未来，因为今天已经有四万万五千万的中华民族的抗日战友，还有了全界反侵略的民主国家的友邦，我们朝鲜革命不再是孤军奋斗了！

三年来，在中国的抗日战场上留下了无数的可歌可泣的悲壮的故事，这种故事将会对中苏两民族的团结构成崇高圣洁的桥梁。

无可讳言的，我们现有的力量还很小，还不够成为强大有力的战斗队伍，但是我们是生长中的朝鲜革命力量，在中国抗战胜利过程中，有中国支持的朝鲜革命队伍。正是因为这个缘故，敌人是很怕我们的存在，甚至于比最勇猛善战的十个师团还可怕，这因为我们是朝鲜民族的革命组织。我们不但自己在直接战斗，更主要的是我们能引发日本腹内的炸弹——朝鲜革命，使日本帝国主义的命运濒于危亡，因此日本帝国主义者乃用种种无耻卑劣的阴谋和毒计来破坏我们，要想分化朝鲜义勇队和朝鲜人民的结合，要想离间朝鲜和中国两民族的联合，他们已经用巨大的金钱和动员上千的奸细流氓匪徒来进行着这可耻的毒计，但我们早已准备着和敌人作任何一个形式的斗争。在另一方面，朝鲜义勇队的存在，给朝鲜的民族以不可计量的巨大兴奋。首先，在美国的朝鲜同胞自动组织了朝鲜义勇队后援会，动员旅美所有韩胞给义勇队以精神和物质上的积极援助，以期望完成光复祖国的任务。在朝鲜国内方面，盛传朝鲜义勇队为蒋委员长领导下参加抗战的三万个朝鲜革命武装队伍，甚至于把几个干部和我们的工作都神秘化起来了，由此他们更得到了民族的自信，知道了光明的前途，而热烈的盼望着朝鲜义勇队赶快越过鸭绿江，打进二千三百万人民的怀抱里来！

今天当中华民族进行最艰苦的抗战的时候，当全世界反法西斯国家和人民深密的团结起来和法西斯强盗作你死我活的战斗的时候，朝鲜义勇队正走上它第四年的战斗行程，摆在朝鲜革命者面前的神圣任务，应当是全力发动朝鲜革命，完成独立来援助中国抗战，贡献于世界和平。因此我们已经把大部分主力挺进了北中国敌后朝鲜同胞较多的地带，一步一步挺进东北和朝鲜，准备夺取敌人的武装来进行对敌战斗，从战斗中来建立我们朝鲜民族自己的武装，以不断战斗的事实来号召全朝鲜的同胞，起来作全面反日的斗争，最低限度要动摇日寇在朝鲜的基础来策应中国抗战。有四千余年长久历史和文化的朝鲜民族，今天已到了永远沉沦或再生的最严重的阶段，不许我们仅仅停留在政治的宣传或部分的战斗，必须进一步全副武装起来，以武力和战斗的胜利来达到民族的独立和自由。我们所有同志，已经在独立至上、民族至上、军事第一、胜利第一的口号之下，铁般的团结起来，对朝鲜民族及友邦履行着神圣的任务。

朝鲜有二千三百万人民，在华有一百五十万的朝鲜同胞，而且绝大多数是在敌人统治之下，敌人正利用着朝鲜人来补充侵略的工具，于是这里摆着严重的事实，是这二千三百万国内的同胞和一百五十万在华的同胞，如何能挣脱敌人的掌握，不为敌人利用而转到抗日的阵线和敌人拼命。这不能任其自然的发展，亦决不能以笼统的爱国心或过高的自我估计来抹煞过去的经验和目前的事实。我们必须艰苦的战斗与政治争取，使他们和我们站在一条线上。我们朝鲜革命的斗争如果迅速展开，对于中国抗战无疑地是一个非常有利的条件，相反地，如果朝鲜革命失败了，对于中国抗战至少增加更多的困难。因此，朝鲜革命不仅是朝鲜革命者自己的问题，而且是中国抗日有绝对关系的问题，也就是全世界反法西斯国家和人民共同的问题。当然我们是朝鲜的革命者，决不推诿我们自己的责任，我们有坚决果敢的意志和牺牲的决心来担负起建立自己武装，争取战斗的胜利，来发动全朝鲜的革命。我们深切的知道，必须完成这个任务，才能对得起抗日的中华民族，对得起全世界反侵略反法西斯的国家和人民，才能对得起我们的祖先和万代子孙。

我们是亡了国的，被日本□□剥削得干干净净的人民，我们是没有自由的民族，今天我们已经更有组织、更有计划地以血和肉来与具有现代化统治力量的强敌作斗争，我们有决心，同时有信心能救起朝鲜民族的命运。我们已在展开我们新的战斗部署，我们需要巨大力量的支持，我们切望国内和海外的中国朋友和友邦人士，能给我们不断的精神和物质上的指导与援助。

[原载于《大公报》(香港)1941年10月22—23日]

韩国的愤怒

——青山里喋血实记

[韩国]李范奭

题记

卅二年了，仇恨如一支剑，插在每一个韩国人的心上。

——这是光明与黑暗相争斗的卅二年，这是正义与罪恶相混杀的卅二年，这是奴隶与主人相肉搏的卅二年，这是自由与枷锁相挣扎的卅二年！

我们没有了祖国，没有了家乡，没有了大同江，没有了金刚山，没有了朴渊瀑布与露梁津的碧绿杨柳——我们所有的只是镣铐与死亡，腐烂与沉沦。

争自由的奴隶们，被赶出那美丽的半岛，被放逐到东三省，被放逐到西北利亚与阿美利加，在陌生的眼睛与语言里，建设起沙上糖塔式的窠巢，用从日本刺刀枷锁下苟全的拳与舌呼喊：

“我们要回去呵……我们要回去呵……我们要再回到那美丽的‘槿花之园’[①]，那到处是圣洁泉水与溪流的祖国，那到处开遍血红杜鹃花的祖国！我们要再吻一吻祖国的芳香的淡红色土地，那怕只吻一次……只吻一次……”

这呼声说明一个悲剧：没有刀的美丽花园，就没有永久站在墙内的老主人！

这呼声说明一个事实：一个人灭亡太容易，一个死人复活却需要奇迹！

然而，我们这群被命运注定要灭亡的奴隶，现在却企图毁灭坟墓，砸碎棺材，拖出死人，用基督医治盲者式的自信来创造奇迹！

“你必须复活！你必须再生！因为你是无辜的！”

人能从平地建起宫殿，人也能从废墟里建起自由之国。这就是为什么卅二年来，千千万万人民如蛾追光，不断扑入革命火焰，宁让火焰活生生烧死自

① 槿花为韩国国花。

己而不稍反顾。

可悲悯的，我们千千万万志士用头颅与血泪写成的历史，并没有受到世人应有的正视。直到人类文明呈空前激荡而临绝续之交的今天，竟还有许多人忽视韩国革命对东亚的影响与贡献，依旧闭着眼想像：韩国人是衔着一根长旱烟管，静静坐在树荫下喝茶，不然就是贩鸦片，卖白面……

可悲悯的，人们闭着眼想像：韩国也有一半个英雄志士，一两个专门喊口号贴标语的救亡团体，然而，分开来每个人全是拿破仑、俾斯麦，合起来这一民族却等于零——韩国人从不懂得集体行动，军队与民众，政治与团结。

为答复这些人的怀疑与误解，在世人普遍介绍过安重根（刺死伊藤）、李奉昌（刺日本天皇）、尹奉吉（虹口炸毙白川等）等诸先烈后，我特来追叙"青山里"喋血经过。这一喋血，不仅是韩国抗倭战史上最光荣的一页，也是东方被侵略者抗倭战史上的第一页。不了解这一页，则对于韩国一切革命，均无从估价。

今年阴历"九月十日"，是青山里大战廿周年纪念日，回忆当日血淋淋的一幕，不禁感怀万端。清夜静思，青山里惊天动地的喊杀声似犹在耳畔。然参加此役的同志，或已当时阵亡，或于后此战役中殉难，幸而未死于敌人炮火，仍继续呼喊于宇宙间者，亦辗转流离，星散四方，迄今连络中断，音讯不通，人间痛事，宁过于此。最令我难过的是：当时"北路军政"署总裁徐一先生早已仙逝，而总司令金佐镇将军亦不幸于后七年遭遇毒手，被刺殒命，保存这一战役史料的责任，乃不得不由我肩负，执笔□作此文时，我的眼睛怎能不潮湿？

入关以后，在关内各省漂流近十年，少年的梦想依旧只是梦想，而今祖国土地上依然充满异族足迹，"总督府"依然屹立于京城，李完用辈三天所断送的河山，经后人卅余年的奋斗，尚未能光复，为国者亦思有以警惕了。

韩国光复军总司令部去秋成立后，由于中国当局及各界人士的伟大同情，军事委员会最近已颁布明令，正式承认光复军之合法地位，并寄予光复祖国暨协助中国抗战的任务。正式作战，为期实匪遥远，为了向光复军诸同志指出先烈所曾走过的血路，而鼓舞他们的勇气与信心，为了使青山里战役的伟大史迹与忠魂不致随荒烟蔓草俱没，这一小册子的编写，似已刻不容缓，尤以坊间韩国历史书籍对此一战役，甚多颠倒史实之处。忠实的记叙当时战况，俾对将来韩国信史有所裨补，实属相当必要。

最后，我呼吁：阅过这一小册的先生们，请对韩国革命及韩国光复军予以最大援助！救中国，即救民主；救韩国，即救世界永久和平！

李范奭记于重庆　一九四一、十一月

一、大战序幕

一九一〇年八月二十九日，是一个血与泪的日子。从这一日起，大韩三千万人民永别了祖国，永别了主权，永别了一切幸福与自由，被打入无底的奴隶深渊。一张合并条约，轻轻断送了四千五百年光辉历史，断送了二十五万方里的大好河山。

日寇占有了韩国百分之九十八的土地，掌握了百分之九十五的资本。

在奴役韩国的各机关中，主管部门日人占百分之九十，中下级部门日人占百分之七十。

没有言论，没有出版，没有集会，没有结社。

无限制无休止的屠杀、囚禁、鞭挞、虐待、蹂躏、掳掠、霸占、欺凌，如是凡三千余日。被侮辱被损害的奴隶们终于反抗了。自一九三九年三月一日起，革命如一千座、一万座火山，在全国各地纷纷爆发，炸裂着天崩地塌的吼声。革命如一把漫天漫地的野火，从一座城市烧到另一座城市，从一个乡镇烧到另一个乡镇，这火燃烧起九年来的复仇巨焰，这火凝结了三千万奴隶的心。千千万万人冲出家园，高呼着“韩国独立万岁”。千千万万人勇敢的交出生命，倒卧在血泊中。

全朝鲜半岛是疯狂了。

统治者用大炮、机关枪抵抗革命。

临时政府于是在上海成立。在它领导下，东北武装革命运动开始了。

暴敌空前无比的颤抖着！在国境线加强警戒网，五十米达一个岗警。

警戒网绞不死革命与复仇。一九二〇年，东北韩国独立军武装部队数达三万，民众组织日渐坚固，打击日寇的力量是一天天的在茁生、成长、壮大。

东京恐怖了！军阀们狠狠咬牙下决心：“讨伐东北独立军！”

这正是日寇出兵西北利亚之际，置重兵于海参崴一带，与驻韩国罗南之敌相呼应，易于南北夹击，如发动攻势，实处于极有利的形势。东京的贪馋眼睛一向是凝视着充满大豆高粱、森林煤矿的满洲大陆，现在举起“攻击韩国独立军”的辉煌大纛旗，正好让天皇军队开入肥沃的东北，以遂其比地狱还黑暗的侵略阴谋。

这阴谋是有铁证的。

同年七月，中国辽宁安国县地方保卫团、绿林豪杰及一部分爱国青年，受韩国独立运动的刺激，不甘敌寇欺凌，特联合组织仁义军，沉痛宣誓：反抗暴日压迫东北！同月上旬会同韩国志士十余人攻入晖春日领馆，击毙顽抗的日警三十余人，从仓库中搜出敌人侵略阴谋的铁□——大批军火。

日寇向中国提出最严重交涉：要索日警流血的价钱。

八月底：开始武装自由行动，两路进攻韩国独立军。一路调十九师团，由西北利亚经张鼓峰附近南下，一路调二十一师团，由韩国罗南渡图们江北上，所有延边道一带敌武装警察，亦全体参加。敌人的企图是进攻青山里，捕捉集中于此地的韩国独立军的主力（即北路军政署的主力），而予以澈底歼灭！

先是，韩国独立军在东北的主力，分西路军政署与北路军政署。前者由李青天将军指挥，活动于辽宁省，后者由金佐镇将军领导，奋斗于吉林省。（青山里战役由后者直接发动。）其根据地在吉林汪清县西大坡沟里的大森林中。这森林浩瀚无际，莽莽苍苍的绵延数千里，是伟大长白山森林的尾部，是大自然的奇迹。一千代人死去了，它却还活着，它超过人类全部的年龄。它的躯体也庞大得可怖——东达西伯利亚，南至图们江畔，西迄密山县北的虎林、饶河。

第一次欧战后，捷克与斯拉夫两族挣脱了奥匈帝国的镣铐，联合建立起独立自由的民主国。消息传来，在俄国参加第一次欧战的捷克籍官兵乃集体归国。这一支捷克军经过西伯利亚时，在奥匈帝国铁蹄下做奴隶的痛苦回忆，使他们油然同情韩国独立运动，遂以海参崴军械库出售给北路军政署。这买卖成交于大森林中，借着暗夜与浓密树木的掩护，那一大批一大批报仇雪耻的利器由森林的另一部分被运到我们手里。

于是我们有了充足的军火：小炮、重机关枪、日式及俄式的步枪、手榴弹，更有最能向敌人索讨命债的八十万发子弹。

我们成立了培养干部的"士官练成所"，有学生六百余人！都是受过高深教育的韩国优秀青年。我们有两个步兵大队，官兵约一千五百名左右。我们组训了东北韩侨，他们无条件的表示拥护，并予以一切援助与接济，他们不断举行着大规模的义捐，充作我们的活动经费。

我们的复仇力量日益壮大！敌寇也日益重视与仇视。东京军阀们的残酷视线，终于辐凑在吉林汪清县西大坡，突然压迫东北当局，要借中国弟兄们的血肉与子弹来射杀我们，消灭我们。

当时四分五裂的中国，无法拒绝敌寇的要求。

东北最高当局乃组织讨伐军，在混成旅旅长孟富德氏统率下向我们进军。孟氏佯装攻击姿态，以敷衍狡猾如狐、离缠如蛇的敌寇，暗地却劝他们离开吉林境，以免中韩弟兄自相残杀，而减少中国对日外交的困难。

我们了解当时中国处境困难，决离开吉林境，转入长白山内，稍加扩充，俟部队实力更加强大后，再以脱兔般的敏捷与机动，潜渡图们江，经过纵贯祖国半岛的脊柱似的狼林山脉，深入祖国内地，以风驰电掣的迅速，以雷霆万钧之巨力，向敌寇作一次最惨酷最悲壮的袭击。或是用我们全体的死亡，从睡梦中唤醒千千万万不愿做奴隶的同胞，或是予敌寇以最无情的打击，向他们索取无穷无尽的血与命，以略洗雪十年亡国的奇耻大辱。

这样，我们离开原根据地，向大韩民族的历史圣地——巍巍长白山前进，在行军至青山里时，遭遇敌人，展开青山里大战。

血债终究是要用血来偿还的，现在是讨债的时候了。

二、遭遇

这正是阴历七月下旬，北地初秋已开始托出一片萧索景象。关外秋风是异样的轻而飘忽，吹到人脸上有一种鹅毛□感觉。这秋风从不知名的远方飞来，飞过山，飞过河流，飞过森林，飞到我们身□，预示出悲凉的秋天要来了，一个与秋天一样悲凉的战争也要来了。是的，战争我们早已等待着。我们现在就用着“战备行军”，随时准备用子弹还击从四周射来的敌弹，随时准备战斗。我们知道：战争并不是个美丽的名词，它是一头喝血的野兽，抢劫着千千万万人的血汁，咬断了千千万万人的生命，它确是惨苦的，残酷的。然而，当一个民族的生死权操在另一个民族的手上，在每一秒钟，在每一寸土地上，都有被囚禁、被拷打、被杀戮的悲运时，这个民族为了保障天赋的生命，只有反身相扑，作最后挣扎，而张臂欢迎战争，不管战争将要索讨怎样多的殷血与白骨。

我们浩浩荡荡在黄土大道上行着军，大部分是步兵，小部分是乘马步兵，队列的尾巴是一百八十辆辎重大车。这大车套着四匹雄骏的满洲马，庄严的行进着，发出震撼山林的响声，殷殷如雷鸣，道上卷起烟尘如黄湛湛的雾。

爬过一重山又一重山，翻过一层岭又一层岭，越过一条河又一条河，走完一里路又一里路。——每一次宿营，我们都驻扎在韩侨的村子里。

在天宝山，有着日本资本家开采的银铜矿，有着猎狗似的守备队。一个流泻着苍白月光的夜晚，我们的浩浩荡荡队列由山脚下经过时，全矿的□人抖颤了。守备队森严的戒备着，整整一通夜，全矿的人没能合眼，但我们并没有浪费子弹来宰这些无能的狗子们。

赭黄色的木叶从树上脱落下来，漫山漫野的铺着，秋天的气息是越来越深了。

在一场与土匪的□□中，我们度了中秋节日。匪军全体溃灭。

经过一个多月的跋涉，我们进入吉林和龙县青山里沟口。青山里亦名三道沟，在它的外围有两条大道，一条向南通图们江，江那边就是祖国的茂山郡，在它的西边是忠信场与孟家庄，都是中国人的区域。在那广大的青山里里面，韩侨则是所有庄子的主人。青山里是万山崇岭中的一段大山沟，长八十余里，宽度最狭四五里，最宽达八九里。青山里西北面森林较少，越往东南，林木越多，都是青森森的阔叶林与针叶林，到处崛生着二三十丈高的松柏树、柞树、桦树，树叶密札札的荫度遮蔽天日，像一重又一重的黑暗之门，堵死了一切光明。在阴暗而潮湿的树下，一年又一年的死叶□树上落下来，累积到一二尺深的厚度，人走在上面，就像踏在没有弹簧的沙发上，又像踏在软松松的海砂上，随时似要深陷下去，而沉沦到无底的深渊。在青山里，到处都是大大小小的山沟，到处都是游击战场，在这些地带，是适于一个亡国人民向侵略者讨血债的。

讨血债的最后时刻终于到了。

阴历九月午七日下四时左右，一个凄冷而萧条的日子，我们正向青山里沟口行进，突然发现：在广大无垠的旷野那边，一条蛇样的队列正在蜿蜒曲折的流动着。

敌人！

在一刹那间，我们的血液冻结了，但旋即如滚水样沸腾着，急速地流着。

敌军是由诸兵种混成的大□队，在向忠信场前进，整个队伍是龙样的骄傲而凶狠，龙的尾巴沉没在直冲向天际的滚滚烟砂里。

敌人也发见我们！

敌我之间只隔十华里。

复仇如一把烈火，登时在我们血管里狂烧起来。我们的面前只有两个血腥的红字：

“战斗！”

三、准备

必须占取有利地形！

我们迅即命令前卫火速占领松林坪北方高地，决定：如果敌人进犯，发动黄昏战，我必在有利态势下予敌以严厉打击！接着，主力立刻以急行军飞转入青山里沟口，抵松林坪时，已近黄昏。当地同胞向我们热烈张开臂，照顾，慰问……

到忠信场附近监视敌人的便衣队，给予如下报告：敌由步、骑、炮、工联合而成，约有一混成旅团兵力，在一万人左右，驻驿忠信场，似因不明我军情况，暂无进攻企图。其前哨部队正在忠信场南七里之孟家庄附近布置警戒。

我们以敌人未即进攻为万幸。当晚军事佥议议决：利用松林坪高地前的

"平坦开阔地"予敌以打击固属痛快,然终不免被敌人优势兵力重重包围,必须向沟内深入,俾运用更有利之地形,而予敌以更大打击。

夜二时,开始行动。带走了松林坪的大部韩侨,只留下老夫老妇,要他们转告敌人:我军惫不堪,兵无斗志,武器穷陋,军力单薄,实不堪一击——必须使敌人轻视我们!

我们派出许多熟谙地形的猎夫,到二道沟与茂山大道两路搜索敌情。

这正是九月九日黎明前三小时,我们向白云坪前进。黎明前的黑暗吞食了一切。森林是逐渐浓密,山沟是一步步转窄。夜风如凉水样,不断浇在我们身上,秋夜是寒峭而凄清。

接到报告:后卫已不断发见敌人骑兵侦探。

午前十时,抵目的地,一面构筑抵抗线,一面派"军官侦探"侦查地形。

午后猎夫侦探报告:二道沟之敌向凤尾沟迂回,由茂山对面米店渡口渡江之敌一支队,亦正向盖家庄前进,敌图三面包围三道沟(即青山里)一举歼灭我军。

"军官侦探"报告:向沟内前进十余华里,有"林空"一座,纵长五六里,横宽二里余,中有一溪流纵贯,两侧为陡直险峻的高山。"林空"三面为最茂密的森林所包围,这森林茂密得连一个"单独兵"也不能自由行动。

我们立刻准备干粮,区分军队:以训练程度较低之步兵三分之二及非战斗人员(徒手的军属)组成第一梯队,由金佐镇将军直接指挥,远离战场,以免无谓牺牲。同时以"士官"[①]毕业生为基干,配以步兵三分之一,加以迫击炮、机枪队,组成第二梯队,由我指挥,准备抵抗跟踪之敌。

黄昏,第二梯队到达"林空"附近,夜间露营于白云坪南面"林缘"[②]内,布置了"战斗准备前哨"。

我们准备迎接战争!

四、从暗夜到黎明

敌人从松林坪韩侨口中得悉我军毫无战志,不堪一击,乃以骑兵二十五联队之一部为先头长驱直入,大胆前进,未受抵抗,一举而进占白云坪。

敌人相信:逐渐缩小包围圈,勿捉釜底游鱼,必可元[完]全歼灭我们!

白茫茫的月夜摇颤着白茫茫的光辉,山与树都沉入银灰色的夜雾里。这

---

① 北路军政署士官练成所简称"士官",该所系由我主持。

② 森林边端谓之"林缘"。

是弓弦般紧张之夜，空气似已冻结成一片浮冰，冷森森的重压着一切。

敌我前哨不断接触，发生小规模战斗，枪弹断断续续的划过夜天，是冷硬的金属声音。

我们正在宿营，准备次日不可免的战斗，这是第一次大规模作战，每一个人的情绪是异样紧张而好奇，充满了神秘的愉悦，如等待豪华婚礼中的新娘似的在等待战争。是的，如在初夜张臂拥抱新娘似地，我们将张臂拥抱“战争”。

我的“士官”学生们，虽如豹子样勇敢、钢铁样坚决，却是鸽子般无辜而纯洁，麋鹿般天真而热烈。经过一下午的急行军，他们稍稍显得疲倦，但就要来的战斗，却使他们说不出的兴奋。夜是深沉了，他们只穿着极单薄的军衣，躺在一座座天然的洼坑里，让厚厚的落叶埋葬了全身。“露营火”如一大朵一大朵的红花，盛开在他们旁边，随轻微的夜风而颤动。树叶的温暖与火的热度使他们感到无边的温柔，这温柔溶化了他们全灵魂，使他们的情感变得特别悲壮而又缠绵，一种原始的浪漫与幻想如和风在甜蜜的抚摸他们……

当我走过去时，他们立刻像羔羊环绕母羊似的，偎傍着我。

“老师，老师，看看我的粗胳膊，宽肩膀！我一定会杀死几个鬼子吧！”

“老师，老师，你多坐一会，让我们多亲热亲热，明天以后，谁知道世界会成什么样子呢！”

“老师，老师，你不要走，只要你在身边，我们说不出的就有无限勇气！只要你在，天塌下来我们都不怕！”

“老师，老师，明天开火，我们不要活的，不要俘虏，让每一个鬼子都死在我们的枪刺下，你不反对吧？”

“老师，老师，明天我们一定要好好射击，只要在你的指挥下，我们将会更勇敢的战斗的！”

“老师，老师，明天如果你看见我后退，你用手枪打死我……”

“老师，老师，我若战死了，我没有遗嘱，有机会请你托人捎封信给我妈，说他的儿子是勇敢的战死了，没有辜负她的抚养……”

“老师，老师，听，那前哨枪声是多么悲壮啊！这枪声似乎在召唤我们去哪……”

“老师，老师，夜干吗这样黑暗，黎明什么时候才来呢？……”

“老师，老师……”

听着这些充满孩子气的无辜声音，我完全给激情占领了。看不见的神秘泪水在我心里暗暗流，我的心子有点痛，然而我不能让自己的感情完全横溢出来，我竭力压抑自己，而温和的安慰他们，要他们别太兴奋：“热情对于勇敢是必要的，但战斗却需要冷静！”我要他们好好安息，养足力气，明天好和敌人厮杀……

但他们哪里就能安息呢？

弥漫着生命与精力的年青的泉水，哪里就能停止流泻呢？

一个有着清秀面孔的十七岁的年青学生池龙浩，讲述着结婚才三天就逃出来的故事。生命如暗夜中无限明亮热烈的火光，在热烈的诱引他，召唤他，他冲出来了。但今夜是这样美丽的月夜呵，是生死战斗的黎明前最后一夜呵，他不禁偶然忆念起那如醉如狂的洞房花烛夜……

“在家乡里，我是被称做美男子的。”他有点羞涩的说，接着天真的对我道，“老师，老师，明天我如果战死了，他今后再嫁不到像我这样好看的男人吧！唉，她真是很喜欢我哪……”

对着这样年青的鸽子，说些什么才好呢？

一种不知名的伤感如闪电样，突然闪过我的血液。

然而，这“时空”不需要感伤。

我只能毫无儿女气的和他们谈笑着，用“将来”使他们忘记“现在”，再用“现在”抹杀“过去”。一个革命者是不该有甜蜜回忆的，他会走过来的那一段长路应该是一环又一环的痛苦所结成的鞭子，在不断鞭挞他，折磨他，使他更勇敢更粗壮起来。

夜愈益深沉，在露营火与树叶的温暖中，疲倦逐渐膨胀起来，年青人逐渐合上眼，睡着了。

我不能睡。

每一次的前哨报告都在我心里激起新的波动。

露营火神秘的跳跃着，如一个顽童的猩红影子，这火忽大忽小，忽强忽弱，显示出光明的程度也不是绝对性的，但它的温暖却像好心友人的永生友谊，无限的亲切，而接近我们久已被人世冬天冻僵了的灵魂。干枯的树叶放射出森林的芳香，这芳香与火的温暖相溶合，在努力冲淡秋夜的凄冷与孤寂。

透过无边的夜暗，我努力向“林空”那一方向看去，但什么也看不见，除了一大簇一大簇的黑影。我幻想着“林空”这个神秘地域。

几千年发育滋长成的茂密森林，不知何时起，从不知名的远方传来了空气的震荡，震荡越传越大，与偶然冲过来的风相磨擦，相冲突，逐渐产生了高热。于是千年森林突然自焚，蔓延成漫山漫野的大火，这是人类脑子所不能想像的罗曼缔克的火灾。这是森林的惊心动魄的集体自杀，又庄严，又恐怖，又伟大，又疯狂，却又极度残忍。这火不分日夜的狂烧着，不别地域的狂烧着，不拘阴晴的狂烧着……直到一个偶然的幸运，使它暂获得一个悲惨的结局：几十里单纯而荒凉的平坦地！在这地域里，所有树木全被烧个精光，连一根草丝也不剩下，——只剩下人类听赠给它的名字："林空！"

现在，一部分人类为了生存，必须借用若干年前森林集体自杀所产生的"林空"来向另一部分人类战斗，而在作变相的相互自杀了。

夜是更深了。明月早已从西天沉落。

李桢，金佐镇将军的四十六岁的老秘书，一个极沉默的高个子，望着失去月亮的黑暗天空，坐在熊熊的"露营火"傍边，低吟着他才作成的五绝：

"木落山容静，

天高月影肥。

……"

走过一簇又一簇的"露营火"，火旁边埋葬在树叶堆里的年青战士们，都出出睡着。一个个睡得那样甜，那样酣熟，那掠着火光的红色彩影的脸上，是说不出的安静、斯文，描画出一片无涯际的幸福。我的视线，在一张又一张的年青脸上游动着，是充满了父爱的无限温柔的游动，游动，我的视线不忍离开这些脸，我的睫毛潮湿了……

我的眼睛来回旅行于这些年青的脸上不知有多少次了，夜的黑色帷幕终于完全坠下，黎明的乳白色的天幕轻悄悄悬起……

五、白云坪之战

九月十日晨五时，配属于第二梯队的步兵队，随第一梯队从八百米远的距离还入"四方顶子"(山名)下"谷地"，充作预备队。其余士官生利用"林空"配备如下：右地区一连由李敏华(已殁)指挥，左地区一连由韩根源指挥，正面地区二连，由金勋(已殁)指挥右连，李教成(已殁)指挥左连。我则在正面地区指挥全局。

我们的埋伏阵地，占领在包围"林空"的林缘内山腹上，利用各种天然的最巩固的防御工事。——几十人合抱的"倒木"前面，堆积着山岩崩裂时颓落下来的砂石，再覆被着厚如毡毯的青苔，形成最好的天然"掩体"……

奇袭开始前，为了不被敌人先发见，好以暴风疾雨的迅捷，予敌以出其不意的打击起见，我给弟兄们的注意如下：1.卸下所有背囊，都存在阵地后的预备队里，以减轻各兵负担。2.进入阵地时须充分伪装。3.每人预备二百发子弹，堆在自己前面，以免临时从身上抽取而影响射击速度。4.射击开始前，任何人绝对不得吸烟、谈话、妄动，以免被敌发见。5.射击开始，须以我的枪声为备，未听见我的枪声前，任何人不得擅自射击……

我给予弟兄们以血的教训词如下：

“青山里山脉是长白山的主脉，是我们祖先的发祥地，千千万万只祖先的眼睛正在注视我们，千千万万只子孙的眼睛正在注视我们，如果我们血管里的“檀君”[①]血液还没有僵冷，我们就要以最坚决的牺牲与勇敢来打击敌人，为三千万大韩人民复仇……当我们勇敢战斗时，在天的千百代的祖灵将会默佑我们！”

战斗临近了。

弟兄们全部披挂着松柏树枝扎成的伪装，他们卧倒下来时，全身几乎整个埋陷到厚厚的树叶丛堆里，在密扎扎黯□□的森林荫蔽下，这样巧妙的伪装，可以逃避任何一只最机敏最锐利的眼睛。

茶褐色的魔鬼[②]终于来了。

八时左右，敌“前卫”部队一千余人遵循山中仅有的一条羊肠“隘路”，向必经之地的“林空”前进，队列纵长七百余米远，他们昂然行进，悠然啃着“携带干粮”（大块饼干），做梦也未梦到——就在他们左右与前面的秘密林丛里，六百多枝仇恨的枪口，已瞄准他们的胸膛。

敌人“斥候”在侦察我们的踪迹远近。他们不断探下身子，从地下捡起马粪，慢慢摸着它的温度。马粪如果还温暖，证明我们离此很近，马粪如僵冷，则我们已走得很远了——然而，我们在三四小时以前就到达这里的呵！

敌人“前卫”先头的率领者，是一个小胡子“前卫司令”。从树叶罅隙里滤过来的朝阳光，射在这小胡子肩章的四条金杠上，射在金杠中间的一朵金星上，随着走动时两肩的左右摇摆，闪耀出一片辉煌璀璨的光芒，说明他是少佐，他戴着鹿皮手套，左手握着战刀的刀把，右手拿着望远镜，挺起傲慢的胸部，很机警的走着。

我的日本“三八式骑枪”的枪口，很镇静的对准这个小胡子的心脏。这时我正跪在一棵古老的大柏树后面，枪身紧贴着树身，树根前微微露出枪口。

追随着那傲慢的小胡子，敌人的前卫部队，如一条草黄色的细长溪流，蜿蜒流动着，终于这溪流的最后一滴也流入“林空”，敌人全部都在我们重叠十字网的最严密的封锁中！

一个“敌探”向前行进，找着马粪，离我只有十几步了，他突然弯下身子，摸

---

① “檀君”系韩国民最远古之祖先。

② “茶褐色”为日军军服之颜色。

着一块马粪的温度……

我的浑身血液猛然炽热起来，一千种仇恨燃烧着我，鞭挞着我，我几乎是发魔的瞄准那个小胡子的心脏。在枪的“准星”上，载负着十几年来的愤怒与耻辱，载负着我这一生的希望与绝望……

“砰!”

小胡子倒了。

一阵狂风暴雨似地枪弹炮弹突然从“林空”四周扫射过来，这是铁风铁雨，这是比千万只虎豹吼叫还恐怖的铁的吼声。

六百多枝步枪，六挺重机关枪，两尊迫击炮——我们的所有火力，骤然在一刹那间全部压在敌人身上。枪弹如闪电，如流星雨，飞过“林空”，舞过“林空”，密密梭织成一片最无情的铁十字纵横交叉的火网。炮弹如火山溶岩，如爆散崩石，擂着“林空”，捶着“林空”，震撼着森林与山谷。敌人如风卷残叶似地纷纷跌在地上，一个个的倒下去，尸体一层又一层的堆高，鲜血四溅，涂满了四周松林，一片又一片的青青针叶全变成血红枫叶，一座又一座的青青森林全变成血红枫林。

奴隶与耻辱!

铁与血!

(偿还血债! 偿还血债!)

我们疯狂的扫射着，狂疯的吼着“万岁”，枪炮声与“万岁”声交汇成一片仇恨交响曲!

敌人跌倒了! 敌人跌倒了! 一个又一个的跌倒了! 一个又一个的跌倒了! 一个又一个! 一个又一个! 一个又一个! 一个又一个! ……

在闪电式的奇袭下，他们来不及想一想就跌倒了，他们来不及取下枪杆就跌倒了，他们来不及装子弹就跌倒了，他们来不及扭转枪机就跌倒了，他们来不及瞄准就跌倒了，他们在作“卧射”姿势而永远的不起来了。

这样不到半小时，敌人被歼灭大半。残敌企图顽抗，盲目还射，但不知道射死他们的子弹从何处来，不知道杀死自己的敌人在何处，他们只能向四周森林里乱射，毫无目标的发射。

“林空”里的尸体逐渐堆高，堆高，堆成一座小山丘……

一个上士腿打断了，他爬到尸体的小山丘上，代理已死的队长，坐着狂喊：“儿坎久——□□，□凯啊希!”(“机关枪队前进!”)

这是勇敢的声音，但这位勇士旋即得到铁的酬报，滚倒在尸堆上，加高了尸堆的厚度!

一个敌兵用尸堆作枪垛，疯兽似地乱射着，但这只疯兽旋即由我们的枪靶变成自己同伴的枪垛，也倒在血泊里。

步枪仍在吼，机枪仍在吼，迫击炮仍在吼……

血的“林空”！红色的“林空”！

一个半小时后，敌人前卫全部被消灭！

我们欢呼着“万岁！”从四周森林里冲出来，迅速收拾战利品。所有机枪都被打碎了，只剩下一挺重机关枪，步枪大部分也被打碎，完整的都被我们背在背上。

奇袭结束，但战斗并未结束，胜利也并未结束。

不到一小时，敌人的本队已“展开”，为了参加战斗，到达“林空”附近，约八九千人。

前卫的全部覆灭使他们再不敢盲然踏入“林空”。

然而前卫“全军覆没”的耻辱必须洗雪，“皇军”今后必须继续受日本国民崇拜！

战斗重新开始。

敌人以一线一中队兵力的密集横队分成数线，开始梯队冲锋，压迫我们放弃现阵地。敌炮与机枪向我们射击，突然增加猛烈的程度。

敌“号”急促吼着——达达达达达达……

“突击！”

敌军由沟口方向怒潮样卷来，枪炮声如一阵暴风雨卷来。

一片尖锐的呐喊声，似欲撕裂心灵与魂魄。

仗着巧妙的伪装与掩蔽，居高临下，以及最有利的地形，我们依旧以迫击炮、机枪、步枪编结成重叠交叉的铁十字火网，我们依旧还给敌人以子弹的暴风雨。

敌人炮火的压力太大。姜渭，我的一个矮矮学生，离开敌弹落下如雨的原阵地，拖着枪退避到“火线”后面的一个坑洞里。

“姜渭前进！”我愤怒的狂吼着。

“……”

“姜渭前进！！”

“……”

“姜渭前进！！”

“……”

我的手枪立刻瞄准他的头部。

他大吃一惊，豹子样向前冲去，无视了身边的弹雨。

敌“号”响了！呐喊声响了！怒潮来了！暴风雨来了！

用铁十字火回答怒潮！用暴风雨回答暴风雨！

敌“号”又响了！呐喊声又响了！怒潮又来了！暴风雨又来了！

再用铁十字火回答怒潮！再用暴风雨回答暴风雨！

消灭了一线又一线！

一线又一线的密集横队倒在我们的阵地前！

经过间歇性的三次怒潮与暴风雨后，敌人停止梯队冲锋，只以重炮扰着掩蔽我们的森林。

“皇军”的敌人在那里？“皇军”敌人的真正阵地在那里？“皇军”敌人的主力在那里？

不知道！不知道！不知道！

然而一排又一排的“皇军”却在“林空”附近倒下了，倒下了，永远倒下了。

“皇军”的光荣原是千万枝辉煌的烛焰，但现在是被我们的枪弹暴风雨打熄了！太阳旗上的“太阳”没有了光彩！全日本岛的灿烂樱花也没有了颜色！日本海的彼岸有两千多美丽的少妇在嘤嘤哭泣。……

不甘休！不甘休！不甘休！

拿出所有力量！拿出所有力量！拿出所有力量！

所有在“林空”附近的“皇军”一起来！一起来！一起来！

八九千人孤注一掷，无限制的延翼运动，由两侧实行大包围，稳扎稳打，步步为营，向“林空”附近缩小包围圈，进攻檀君子孙。

恶斗第三次开始！

我们无畏的抵抗。

激战！

正在恶战中，传令来了！金佐镇将军命令要旨如下：

一、由凤尾沟迂回之敌，约于一小时后似可到达，我退路有被切断之危险。本军拟即向二道沟方向撤退。

二、第二梯队应仍在原阵地抵抗，掩护第一梯队脱离战场后，相继撤退。

三、第二梯队限今夜二时前须抵达甲山村（离现战场约一百六十华里），余率第一梯队当在该地等候。

这正是上午十一时半左右。

消灭战于是变为掩护战。

不久接到连络军士报告：第一梯队已离开三道沟。

我们的掩护任务完成，开始撤退，只留下西地区韩根源连作为掩护。

以最大限度的急行军，退入摩天岭。这岭上下八十里，巍巍峨峨直耸入云天，岭内看不见一只飞禽。登上岭巅后，韩根源连完成任务，从九死一生中大部分生还，急急赶来。

我们是胜利的撤退了。

然而敌炮仍在惊天动地的吼着，一炮比一炮紧。

我们已全部离开战场，撤入山林中了，敌炮为什么这样浓密的射击？

炮声越来越紧，越来越紧，越来越紧……

经过缜密的推究，我们终于极肯定的判断：敌炮是在射击从凤尾沟迂回过来的敌人。沟前敌人既以为我们在前面，沟后敌复断定我们在前面，我们巧妙的从两面夹攻中退出后，敌人不察（我们的服装与敌人完全相同），乃互轰一阵。

事后调查，这判断是正确的：自中午起至黄昏止，敌人自相屠杀，死伤约六七百人。

"多行不义必自毙。"

白云坪一役的战果是敌人死伤二千二百余人，我们的死伤不到二十人，其中除三人伤重不治外，其余均被医愈。

这是亡韩抗倭史上第一场胜仗，也是最大的一场胜仗。

六、向甲山村途中

饥寒与疲倦统治一切！

一上午恶战，一昼夜未进滴水，在满山秋风里，我们拖起疲惫身子，以急行军向甲山村转进。

临时砍伐下树干，一对对牢缚着绳索，罩上军毯，就是"急造担架"。这些担架上躺着重伤弟兄，夹在队列里行进。轻伤的骑着马，或徒步行走。没有一个人沮丧了勇气，没有一个人落伍。

饥渴如一只不可见的魔手，扼住每一个人的喉管，越挣扎，这只手越扼得紧。没有一种力量可以移去这只手，没有一种智慧可以移去这只手，在极端痛苦中，为了减轻这只手的扼力，我们终于效法野兽，在经过的山野里遍寻粮食。

"野葡萄！"不知谁在路边山脊上发现了，惊喜的叫着。

立刻，这些紫黑色的小球球便成为我们这群野兽吞噬的对象。我们一面走，一面从路边俘虏着一□□野葡萄，成串的投在嘴里，味道和家葡萄一样的甜，只微微的有点酸，在我们，却是无上的仙品了。这小球球漫山漫野的丛生着，取之无尽，用之不竭，遗憾的是它只能解渴，却不能填饱空虚的肚子。更由于这甜液汁的刺戟，饥饿是更无情的剥蚀我们了。

关外深秋凝结着近寒带特有的冷厉，秋风钢刀样四下乱刺着。割裂的疼痛直钻入我们骨髓，山里没有路，足迹能踏到的都是路。“倒木”与砂石到处堆集，山坡是一层比一层险峻，穿过丛林时，浓密的树枝挡住去路，得用斧子斩断才能通行。我们前进，是不断与山斗争，与大森林斗争，与饥饿斗争，与寒冷斗争，与疲倦斗争……

夜迈着黑暗的步子，惨然来了，带来更多的寒冷。大月亮从山背后爬出来，带来明亮的银辉。月光用苍凉的手指抚摸着山川与草木，抚摸着这支饥寒交迫的队列。在冷冷月光的照耀下，山野是愈显得凄清而愁惨。

月夜是忧郁而美丽。

在忧郁而美丽的月光下我们渡着一道又一道的小河流，这些河流像人体筋络似地，杂乱的交叉在山谷里，最宽有十二三米远，急促的流泻着，在月光下闪跃着寒冷的光辉。渡河时，秋的月夜，分外显得冷峭。河水最浅达膝头，最深时直淹到胸部，冰冷的河水透过单薄的军衣，剑样的刺着我们的肌肤，河底尽是光滑的石块，在脚下轻悠悠浮动，增加我们跋涉时的困难，但我们终于把这些河流甩在后面，全身是水湫湫的，冷而湿的单衣裹着冷而湿的身子……！

越过了崇山峻岭与河流，转到漫长而平坦的路上，队伍由散乱的行列复归到一字长蛇形，绝对的整齐与绝对的划一。

这整齐的铁的队列前进着。

突然，一个弟兄离开队伍，为极度的饥饿所驱使，向道旁田地跑去。

由未收获的菜地里，他急急摘了一只萝卜，又飞跑回来。

他馋涎欲滴的举起萝卜，正要向嘴里送去，一个声音突然响了：

“放下来！……你这种行动，是全军的耻辱！每一个战友都被饥饿所煎迫，但只有你一个人离开队伍，单独离队抢食，全体的纪律，全被你一个人自私自利的心理破坏了！……”

我把无情的话语向他抛去，他的头低下去了，那又红又粗大的萝卜，从他的手里滑落到地上。

队伍继续前进，再没有一个人擅自离开。

寒冷、饥饿、疲倦、荆棘，唬虎不了我们。白云坪的空前胜利如一株火树，温暖了每一条被冻的寒冷身子，燃烧起每一个人的愉悦的信心。这信心是一柄剑，斩断了一切困难与痛苦。

十四小时的急行军，跋踄了一百六十里。

夜二时四十分，抵达甲山村。

两个梯队相遇。

凯歌而归，等待中的一切焦灼与忧虑全消失了。

拥抱与欢呼！眼泪与笑！喊叫与哭泣！战友与战友的爱！胜利与希望！

这是疯狂的一夜！

七、泉水坪之战

一昼夜的极度疲倦、饥饿、冷冻，在突然接触了室内的温暖，狼吞虎咽下滚烫的大黄米饭后，许多弟兄们是被热气醺醉，滚在地上，倒在炕上，暖溶溶的热气不断蒸腾、酵发、膨胀——一个被各种肉体痛苦撕裂得粉碎的人，在它的比天鹅绒还温暖的抚摸中，极度的甜蜜与安适使他不禁失去感觉而完全麻痹了。

弟兄们需要休息！

弟兄们实在需要休息！

然而村民向我们报告：敌骑兵一百二十余骑，昨黄昏时来到泉水坪，现正在那边宿营。

金佐镇将军、参谋长罗中昭和我会商今后作战计划，决定定拂晓攻击泉水坪的敌人。

限四时半以前完成攻击准备！

才睡了一小时的弟兄们，必须起来。

四时半开始行动。

二道沟三面是高山，中有一条大道，经过马鹿沟顶子的鞍部，直通渔郎村。泉水坪是韩侨的村落，位于大道附近，共有三个“集团家屋”，敌骑现正宿营在里面。泉水坪北面，一条不知名的河流汩汩流着，河水纵贯于二道沟，河面宽约五米远，两崖昂然挺立，有半丈多高。

全体出动，第二梯队在前，第一梯队在后。

抵达沟口的一家“独立房屋”，得到报告：敌确住泉水坪，分住于三个“集团家屋”内。敌人判断我们尚在一百六十里以外，认为敌情很松，故大胆集中于一地，而警戒极疏忽，只以几个骑哨，来回在四周巡视。

我用衣服包扎电筒，向地面照射，果然发现很多装有新蹄铁的蹄踪，犹若戳盖了印记——这证明我们所得报告的正确！

决定“攻击部署”如下：命令金勋连沿北山脚前进，以极秘密迅速之行动，先占领马鹿沟顶子鞍部，以截断敌人退路。命李敏华连占领泉水坪南方高地。我则率领韩根源与李教成二连，由泉水坪北面河流中前进，利用河南崖之遮蔽，先头到达泉水坪东部，准备向右转换方向，实行正面攻击。

朝晨的严寒冻结了一切，到处都是银皑皑的白霜，八月雪溶化后的关外天气，是钻心的寒冷凛冽，空气里似乎充满了蔷薇刺，无情的扎着皮肤。

五时许，东方初明，李敏华及金勋各连均穿过无比的严寒，先到达指定地点。

攻击开始！

我率两连弟兄，利用高大河崖遮蔽，从深可及腹的寒冷河流中前进，先头到达村的东端。从河流里，拔出湿淋淋冷冰冰的身子，爬上河崖，遇着冷气，立刻结成透明的薄冰，一个个全变成银人，为敌方骑哨发见，当即鸣枪，跟着枪声，我们疯狂的冲过去。一刹那间，我们所有重火器都集中向村东“烧锅”[①]内射击，目标是“烧锅”内敌人所有的“空马”。

敌人从睡梦中惊醒，大叫着“考列瓦希麻达！”（“这可糟了！”）、“铁几秀一达！”（“敌袭啊！”），如一群惊鸦，慌乱逃散，且逃且顽抗。

我第一个冲入中央“集团家屋”最前面的一家屋子里。我的近视眼镜接触屋内水蒸气，即刻冻成一片模糊，一片苍茫，辨不清人与物。我顾不了许多，只盲目用战刀向门口逃出来的敌人乱砍，几颗子弹“砰”的从我身边穿过去……

来不及冲进屋的弟兄们，便向逃出来的敌人乱射、乱砍、乱打……

混战当中，我从屋里跑出来，冲到一座猪圈旁边，举着俄式“七星子”手枪，向逃出来的两个已跳上马的敌骑连射七枪，手冻僵了，没法瞄准，全未打中。两匹敌骑飞也似的冲来，我来不及重装子弹，敌骑已冲到面前，从马上高举战刀，恶狠狠砍下来，我猴子般急搭住猪圈木桩，猛然向后跌倒，马的飞驰力加人力，那战刀如削面包似地，直斩断三根木桩。

敌骑冲过去了！

从地上爬起来，我用仇恨的眼睛，钉送着那砍我的仇人……

一个敌骑突然中弹落马。

另一骑仍向前冲去，飞驰着逃走，跳过一个又一个的死尸与死马……

“砰砰砰砰……”几十颗子弹比马更快的追着他。

飞冲不到四百米远，马的主人终于跌下来。

血从弹洞里潺潺流出，马仍然孤独的跑着，但一颗流弹旋即以[便]使它躺下来！

我站在路旁，终于重装上子弹，射向另一冲过来的敌骑，他像行李卷样滚

---

① “烧锅”为东北民间之酿酒房。

下马来，我跑过去，只一按，就跳上栗色毛的阿拉伯种骏马，马跑不几步，弟兄们误认为敌骑，子弹狂射过来，马的腹部中一弹，我急跳下来……

混战继续。

我们的迫击炮与军机关枪疯狂射击着，“主射目标”还是乱跑乱跳的敌“空马”。

敌人事先无防，损失所有“空马”后，毫无能为力，只有四散逃命。向东逃到马鹿沟时，金勋连早架好机枪步枪恭候，拐折回来向村南窜走，又遭遇李敏华连的猛烈袭击。“皇军”走头无路，狼狈如丧家之狗。

一个“皇军”为要快跑而减轻负担，连一枝“四四式”的短短骑枪也扔下了，跑不几步，又抛掉军帽，接着连天皇陛下御赐光荣军装外套也丢掉，野狗样逃跑着，但这只野狗终于被子弹打倒，滚在地上。

岛田中队长拍着马逃走，飞来一枪打中马前腿，他皮球样滚下来。

突然，流星赶月似地，一匹敌骑飞驰过去，马上人霍的跳下，把马鞭急掷过去，岛田立刻电光样闪上马，头紧贴着马鬃，身子几乎是整个俯在马上，拼命用“拍车”①蹴着马肚……

“砰砰砰！”

岛田挣扎了一下，终于跌下马，浑身尽是血。

我追击着四个敌兵，他们逃到村中藏白薯的地窖里，我高呼：

“考罗萨奈伊卡拉，久卧斯铁铁，歹铁考伊！”(我不杀你，丢下枪出来！)

回答的只是一阵疯狂的子弹，从我四周飞过去，我急闪开，一个被公认做棒球名投手的×同志，这时却从五十步外投来一颗手榴弹，是那样准确——地窖里的白薯立刻溅满鲜血，变成一片红薯。

战斗告一段落。

多惨的战场啊！到处都躺着死尸与死马，伤兵与伤马。“皇军”的黄呢制服铺满沟里、山坡、路边、河沿、村周、屋旁，把冰霜遍地的白色泉水坪化成一片惊心触目的苍黄荒原。水壶、弹药盒、枪枝、马鞍、鞍囊、旅囊、军毡……遗弃满地，填塞了人行大道。死尸浴着血，血的猩红与衣的橙黄强烈的映照在血红的旭日光里，是怎样残酷的美丽！死马横七竖八躺着，这些“无言的□士”们，先还努力的挣扎，勉强捞起阿拉伯种洋马特有的长脖颈，作出最后的悲惨而绝望的姿态，施用出最后的残□精力，企图支撑起身子，离开地面。待这点精力如残灯最后一滴膏油般煎熬殆尽时，它们挣扎着扬起的长子，终于颓然跌下来，

① “拍车”即靴上踢马刺。

石头样跌倒地上，残血染红了黑色的棕色的毛鬃，接着浑身逐渐僵硬，不再有一个细胞动弹。受伤而尚未立刻断气的马，则在痛苦中苟延残喘，隔几十秒钟发出一声近似长叹的呻吟，蕴蓄着无穷的怨气与悲哀，足以撕裂旁观者的神经……

马不是我们的敌人！

流着泪水，我用手枪射击在呻吟的伤马的脑袋——为它们缩短了受苦的时间。

这一战，自岛田以下的敌骑兵一中队一百二十名官兵，除四名逃走外，其余全被歼灭。我们的弟兄死二名，伤十七名。

我们俘获两匹马、若干"四四式"骑枪、战刀、望远镜、电话机以及其他物品。弟兄们很多都穿上"皇军"漂亮外套，我的右大腿受了轻微的"擦过枪伤"，却有了岛田中队长的十二倍望远镜。

我们从鞍囊里取出敌人的"携带干粮"及牛肉罐头，慌忙中无法开罐头，顾不得干粮上的马血与人血，便大嚼充饥。

从岛田马鞍囊的矿藏里，我们发掘出最辉煌最宝贵的金苗，那是岛田刚写成的报告书，连封口上的胶水还未干。这个应向加纳联队长报告的文件，却报告了我们意外获得的新敌情："敌九十师团司令部驻于渔郎村，岛田中队长开来泉水坪系担任二道沟警戒。"

读完报告，顿时忘了饥渴，也顾不得"扫除战场"，急忙把干粮罐头塞在身上，一口气向马鹿沟高地"快跑！！"

战术铁则："遭遇战之胜利，在先于敌人占取中间地区之有利地形。"

我们必须立刻占领马鹿沟高地。

谢谢岛田中队长阁下的报告，他把我们全军从被敌包围歼灭的危险中救出来。

这正是十一日晨七时半。

八、马鹿沟之战

泉水坪战斗告终。

几个逃脱的敌骑驰回司令部。

渔郎村方向的敌炮响了，很零乱。

敌人在进攻！

必须缩小正面！

必须集中力量！

必须“确实掌握”！

命韩根源连火速增援金勋连！

命李敏华连移占泉水坪北方高地！

命全部预备队向马鹿沟北方高地急进！

敌以全师团兵力猛扑！

敌人施用出全部轻重炮，向泉水坪疯狂射击，想牵制我军，掩护主力攻击前进。敌兵怒潮似的向马鹿沟鞍部狂涌上来。

奋勇抵抗！

机枪连连长崔仁□亲自猛射，一箱子弹一百五十发一气□□□。

□□

再攻！

继续猛扑！

继续抵抗！

两万人与二千人之比！

山上人占有一切优越地形，山上人有着钢样的坚固勇敢。

所有徒手人员都来，都来，都来，投手榴弹！投手榴弹！投手榴弹！

炮弹激荡起空气，冲跑了金佐镇的军帽，他光着头指挥战斗。

我的战刀被弹片打断，我满鼻满口尽是血。

野雉被打得漫山漫地乱飞，飞不高，终于完全殉葬，彩色翅膀浴着红红鲜血。

我们的战马全被打死，躺在血泊里。

一个弟兄奋勇战斗，身中十九弹才倒下去。

愤怒燃烧着姓田的，他焦灼的站射、坐射、卧射、跪射，整个疯狂，□□□□□□□□，□手杀死廿几个敌人。

铁血扑灭狂焰！铁血顿挫攻势！

敌人从正面攻不上山头，乃以成千成百的骑兵，向我们腹背迂回，企图大包围，□□我们的退路。

必须解除敌大迂回所给予的威胁！

我们旋即离开第一座山头，撤至第二座山头，重新抵抗！

敌骑再向侧背大迂回。

激战！

我们再撤至第三座山头继续抵抗。

这样，敌骑不断大迂回，我们不断由一座山头撤至另一座山头。

鏖战由上午继续到下午。

饥饿！

没功夫吃！

村里女同胞冒着弹雨上山，把围裙里包裹着的饭团，一团又一团的□到战士嘴里，如慈母喂饲婴孩……

伟大的亲饲！

用流血酬谢！

由一座山头向另一座山头转移时，□□□□□□□□□，过度疲惫，不能快跑，我被落在了后面，独自在山□上慢慢走着，离山头新阵地还有二十几米达。

十几个敌人冲上来，狂喊：

“啊伊支卧，支卡马艾罗！！！ 啊伊支卧，支卡马艾罗！”（活捉那家伙！ 活捉那家伙！）

前面就是自己阵地，我很想快跑，但两腿如千钧，如无知觉的木柱，毫不听话。我的精神已经被肉体战败，只有横下心把一切交给命运之神！

我匍倒在地上，握紧枪把，准备作最后一次血的赌博，用一条命换一条以上的命。

敌人眼看要追上来了。

山上弟兄们一面狂射，一面狂唤：

“快跑呀！ 快跑呀！”

“这怎么办呢！ 这怎么办呢！……”

“快向敌人射呀！ 快向敌人射呀！……”

突然，如受伤的箭猪似地，金润从山上冲下来，一把抓住我□□，拖行李般的飞拖过去。

就在最短促的十几秒内，我被拖出死亡线。

弟兄们猛烈射击，敌人终于溃退，遗弃下两具死尸。

在激战当中，夜又迈着急促的步子来了。夜是悲惨的，无限的悲惨……

大月亮黯然出现，浑黄月光渗和着猩红战火与灰惨惨的烟。

夜与月光带来无限悲哀，也加重战士们的无限疲倦。几昼夜没睡觉的金佐镇将军，由于指挥时过度辛劳，现在竟在我旁边齁齁酣睡了。

月光照着他过度失眠的苍白面孔，我不忍叫醒他。敌人的攻击现在似乎稍弱了。

然而，敌人还是继续不断前进，压迫，威胁逐渐增大，我们所处地位也越来越处于不利。

金在月光中醒来了，我们商量很久，为保存实力起见，决定撤退。

留下金勋连与韩根源连为后卫，归金勋指挥，掩护主力向老头沟方向撤退。

后卫战悲壮开始！

掩护者以超人英勇向敌人射击，枪上护木被高热烧焦发枯，烫焦了弟兄们的手指，但没有一个迟缓射击。

配属于后卫的机枪连连长崔仁杰，这个生长于西伯利亚而面孔似非洲人的战士，是疯狂了。射击手死伤殆半，他亲自担任射击。驮载机枪的马匹被炮弹打死，他毅然用麻绳把自己捆绑在机枪架上，准备与枪共存亡。

在激战当中，死守隘路口一座山头的一排四十八个弟兄全数阵亡，倒在月光中。

金勋，这魁梧汉子，两眼怒如火球，用钢铁的命令鞭挞每一个弟兄，用无情的决断指挥所有战士。

炮弹与枪弹雨点般急打下来，两个弟兄终于胆怯了，自动离开火线，挪退，挪退，挪退……

“砰！砰！砰！”子弹愤怒的从金勋枪口冲出来。

两个懦夫滚倒在地上。

金勋依旧用铁的吼声指挥着。

主力撤退当中，步兵队姜化麟连之一排，排长失踪，训练程度较低的全排弟兄失去指挥官，迷羊样被遗弃在另一座山头，被遗弃在孤立地带，被遗弃在敌人主力包围圈内。

必须钻过敌包围线的空隙，传令这一排撤至金勋连阵地。

“谁任传令？”

这是一百人中必须死九十九人的任务！

“我去！”

有着两撇小胡子的金弘烈，挺着胸站起来。

一刹那间，这小胡子已向山下冲去。

专用一架重机关枪掩护着小胡子。

敌弹暴雨样向这小胡子射来。

“砰！砰！砰！砰！……砰！砰！砰！……达达达达达达……卜卜卜卜……”

数不尽的子弹从小胡子身边飞过，十几颗子弹擦着他的皮肤，他突然跌倒，从山坡上直滚下去，滚下去，滚到山下，又滚过敌人包围线，滚过敌人火网，蓦地，人熊样起来，向另一座山头飞跑。

又是一阵弹雨……

他又翻了个跟斗，乱滚。弹雨才过，他又飞跑。弹雨再来，再滚倒，再匍匐，向前爬，蛇行，滚……

他浑身尽是摔伤，尽是血点子……

然而，终于达成任务，保全了这一排大部分的勇敢生命。

金尚河，一个天真的孩子，勇敢得热狂了。子弹射过他的脸孔，他的左颊裂成两半，下颚被打碎，他毫不介意，脱光上身所有衣服，赤膊战斗，向敌人猛投手榴弹，后卫撤退时，金勋命令他退，死不退，仍投手榴弹，投完身边的，抢过阵亡□友的再投，投……

月亮黯然西沉，黎明前三小时的昏暗抹黑一切，山、川、草、木全昏暗了。在浓厚的自然黑暗的掩护下，我们脱离了战场。

这一战，敌人共伤亡官兵一千人左右（死加纳联队长一名），我军死伤一百余人。

半小时后，掩护战结束。

撤退时，从黑幽幽森林与山野的那一边，泉水坪升腾起血红火光，粗大的火柱直冲入夜天，染红了整个黑暗天空，如一尊最可怖的红色魔鬼，张着红牙，舞着红爪，似欲吞噬一切。这万丈狂焰不断腾□着，跳跃着，猛扑着，所有同胞的生命、家室、财产，都毁灭了。从黑暗中，看见这一片魔火，我们内心充满愤怒与痛苦，不自觉的深深忏悔，向被难同胞们表示无限歉疚！！

原谅我们吧！亲爱的同胞们！！！

一切为了祖国！

九、血的插曲

在每一个战争里，都穿插着一些神秘的动人的小故事，正如一□大交响乐里必有一些美丽的插曲。这些小故事与插曲的结构是简单的，然而却洋溢着无限的欢乐或悲哀，给听者以一种奇异的颤栗。

同样，青山里战争交响曲以外，也奏着短的插曲，下面所摄录的是四支血的插曲。

A.姓田的

步兵队姓田的，瘦身材长脸孔的老实汉子，九月七日行军将出发时，与最要好的一个杨姓同乡打哈哈，举起子弹未上膛的步枪，瞄准姓杨的脑袋，开玩笑道：

“如果你是日本鬼子，我就……”他假装正经的扳了扳引线。

“砰！”

枪管突然冒出一颗完全出于意外的子弹。

姓杨的立刻倒在地上，子弹由脑袋进去，从臀部穿出来。

这幕杂奇的悲剧骇呆了姓田的，他痛苦的检验着弹膛，原来真是一粒被他记忆所忘的子弹……

囚禁。

审问。

纯粹误杀！

青山里战役前夕，金佐镇将军释放了他，对他低低道：

“谁杀了杨同志？……不是你！……是日本鬼子！……你这条生命是再生的，你得好好干，为你的杨老乡报仇！……”

在青山里战役里，姓田的表现出近于病态的勇敢，他把自己整个遗忘了，正如遗忘了那粒能杀死自己好朋友的残□子弹。

但他终于没有死！

B.只差一点

向白云坪推进时，“军官侦探”李章奎派赴忠信场附近搜索敌情，被敌逮捕，两个敌骑押着他，解向敌人阵营。中途，押他的那个敌骑解大便，把囚绳与自己的马交给同伴，径自到路边“办公”，这时天色昏黄，沉沉的暮色掩盖了一切。那一个敌骑，背着李章奎，在马上的与路边蹲着的叽叽咕咕的闲谈，似乎忘记了马下人的存在。

在昏黄中，李章奎瞥见脚下有一块巨石，乃缓缓探下身子，用被绑缚的双手擒起巨石，突以石头的锐锋，猛刺马肚，那马遭此一击，飞驰而去，马上人毫未戒备，握着另一条马缰与囚绳的手只一松，马与囚犯都逃了。李章奎跳到附近一条河里，凫水过去，逃到村中。

两个敌骑好容易找到逃马，再折回原地，囚犯已毫无踪影！（人并像马那样简单。）

到村中大事搜索，遍无痕迹，终于他们肯定的判断，逃犯一定是躲在大草垛里。

村中到处是草垛，高高的，厚厚的，一个人躲在里面，如同一枚针落在乱草里，需靠特殊的运气与能耐才能寻得。

两个敌骑检查一座又一座的草垛，用长长马刀尽力向草垛肚子戳过去，希望能触到人的肉体。

李章奎正藏在草垛中。

他听见马蹄声逐渐由远而近，马刀戳草声隐约可闻，乃更深的钻入草垛肚子里层，心在“卜卜”跳。

致命的最后时刻终于来了。

两个倭脚鬼一面在马上交谈，诧异着逃犯的行踪，一面极审慎戒惧的拍马过来，停在这座决定一条生命存亡的大草垛面前。

“这草垛好大啊……说不定要跑出来，戳吧！用力戳吧！……”

垛中人屏住呼吸，把两手两足尽量叉开，心子似乎就在嘴里猛烈蹦跳……

一马刀又一马刀的戳过来，渐渐的戳到草垛肚腹了。

浓暗的夜色吞没一切，只听见马刀“嚓，嚓，嚓……”的声音。

一马刀从垛中人右臂膀上表皮层擦过去。

一马刀从垛中人右臂膀下表皮层擦过去。

一马刀从垛中人右胁下刺过去。

马刀从垛中人裤裆中刺过去。

马刀从左脚跟旁边刺过去。

马刀从左胁下刺过去。

……

戳过数十次后，没有结果，敌骑又跑开了，继续戳另外草□。戳遍数十座草垛，毫无收获，两个倭脚鬼拍马离开村子，到别处搜索去了。

李章奎溜出草垛，逃回到本队，检查了全身，他摸摸脑袋里幽默而又大有深意的笑道：

“喝，胳膊上、腰身上、表皮给擦破了，就差那薄薄的一层啊！吭，我身上尽是凡士林‘防锈油’，马刀上所有的‘防锈油’都给我一个人吃光了呢！吭，至少挨了十几刀，可就只差一点，只差那薄薄一层啊！”

C.灵魂

参谋长罗中昭，由于二十年前在韩清国境冲突的一个战斗里击溃了清军，他的勇敢的名字传遍图门[们]江畔，现在已达到五十八岁的高龄。他是倭个子，三角眼，秃头，几根红胡子，脸上充满了木刻画似地皱纹，人们从未见他流过一滴眼泪，或露出一次笑容，他有着比冰还凉的性格，他放弃了温饱与家庭幸福，跳入峻急漩涡里似的，投入我们这支寒冷饥饿中成长的军队。白云坪战役时，他应同金佐镇将军率领第一梯队先行撤退……

白云坪战斗展开后，敌人前卫部队全部被消灭于“林空”，敌本队乃倾巢来犯，施行最凶猛的扑击。我的一个学生，姜渭，他为避开猛烈的□火，偷偷向后退到一个坑洞里。

我大喊三声："姜渭前进！"

没有回应。

我愤怒的举起枪，向他瞄准——

一只抖颤的大手按住我举枪的手。

我转过头——

"啊！你……罗老先生，你怎不跟金先生撤退啊——，炮火旺的这样凶，不是玩的，你老人家何苦呢……"

他摇了摇苍老的头，突然，满面通红，愤怒的道：

"不，我要陪你，我要陪你，我要亲看仇敌在韩国人面前一个个倒下去，倒下去……"

D.膛臂

步兵队下士韩某，四十三岁，素以曾为旧韩国时代"上等兵"而自豪，弟兄们给他起了个绰号"韩上等"，这"韩上等"勇敢善战，不辱没"旧韩国士兵"的光荣。

马鹿沟战斗告终，我们全体向老头沟撤退。

"韩上等"正杀得起劲，未随队退，夜半月落，黑暗中迷失连络，独自盘旋于森林中，夜暗消失，黎明蹒跚来，雾烟罩覆一切，森林里到处是灰茫茫的雾。荷着枪孤独的逡巡于雾中……

突然，人马声远远的袅过来，这声音越来越大，越来越大，夹着日本话的粗浊声……

"砰砰砰砰……"

他向人马声传来的方向狂射着，狂射着……

追击我们的敌军，猝闻此枪声，疑我主力部队即在目前，白云坪"林空"那一幕血景浮在他们的脑海里，惶恐之余，乃将队列展开，慢慢搜索前进……

这"韩上等"终于失踪了，但迟缓了敌人追击我们的速度。

E.不可侮辱

在青山里战斗里，十八岁的姜的腿上中了一弹，轻伤，中年的车的肋骨被打断了，重伤，两人藏在倒木沟韩侨村中，在姜的表兄家养伤，两星期后伤口渐愈，生命渐从黑暗面转到光明面。

这时敌人正在东北展开大规模的屠杀运动，他们要用徒手韩人的血，来代独立军战士们偿还皇军的血。

这屠杀运动是惨酷而普遍的，毫无抵抗，死在枪刺下的吉辽两省韩侨达三万余人。

这屠杀运动，终于开展于姜与车隐蔽的倒木沟村中。

带着手枪与战刀的敌军，首先踢开姜的屋门。

门开了。

两个尸首躺在炕上。

死者头颈下粗大刀口里，继续不断涌出鲜血，证明是方死未久。

死者身旁躺着一柄溅满血迹的剃刀，证明自刎而死。

死者腿上与腰旁，有着尚未完口的弹伤，证明是韩国独立军军人。

全体日本军官庄严的垂下头。

予以最深的敬意！

予以最隆重的葬仪！

不许侮辱死者的家属！

不许屠杀倒木沟村子任一人！

十、胜利

在激战两昼夜后，青山里血战告终。

综计此一战中，敌人共动员两师团，所有延边道上日警，约九万余人。我们加上非战斗员，约二千八百余人，平均韩国独立军一人战“皇军”廿人。

敌人伤亡官兵三千三百余人（加纳联队长被击死），我们死六十余人，伤九十余人，失踪二百余人（失踪者大部分旋即归队），平均韩国独立军一条命换“皇军”廿条命。

这是世界战史上稀有的战果，也只有在东北无边森林、无边山巅的特殊地形下才能产生的战果。

为什么能胜？

因为我们有十年亡国的奇耻大辱！

因为我们有最优秀的士兵青年学生！

因为我们有最高度的旺盛攻击精神！

因为当地民众热烈协助我们！

因为我们单衣草鞋行动敏捷！

因为我们熟谙地形！

因为我们的战斗意志比敌人坚决！

因为我们的指挥能力比敌人强！
因为敌人处在被动地位！
因为敌人冬装厚大衣皮鞋笨于山地战！
因为民众不做帮凶！

十一、终结

全日本报纸整版刊载着青山里战役的新闻："……我军(日军)死加纳队长一名，大队长二名，中队长五名，小队长九名，下士以下兵死亡九百余名……"

一个著名文学博士，还发表了一篇论文《金佐镇是何样的人?》。

皇军在青山里被侮辱了，在进攻毫无抵抗的徒手韩侨时却胜利了。战争终结，敌军在辽吉两省，展开大屠杀运动，杀死韩国农民三万余人。

血债绵绵无尽期……

青山里林木山峦而今依旧，只在堆过一千多具死尸的"林空"附近，空留下一座寂寞的冷冷的"招魂碑"，黄昏夕阳光，一年又一年的抚摸着碑上黯然字迹：

大正九年十月①大日本军讨伐不逞鲜人之役战殁之英灵……

(原载于《韩国的愤怒》，西安光复社，1941年)

① 此处十月系西历，正文中九月系阴历。

日本统治下的朝鲜

［美国］H. T. 诺布尔
徐君藩 译

作者在本文里欲指明过去十年间朝鲜政府与行政的趋向。这些趋向有一部份能加以具体的叙述，但另有一部关系精神者甚于政治机构的本身，因而不易作根据的解释。现时关于朝鲜的行政的任何研究，均遭遇到大障碍，因为令人惬意的证据多不存在，各种官方的报告不幸又多模糊不清。由于正在增长中的排外心理和间谍的恐惧，随意的口头询问又不能采用。作者虽曾逗留朝鲜多年，特别研究过朝鲜的历史，结交过许多朝鲜朋友，但是对于各种政府机关的正确性质及其任务，自认还不十分靠得住。虽有一些难捉摸的规则存在，可是随时随地的各种变化和势力和人事的变动，使我们对于这些规则不易利用且不能叙述出来帮助我们了解某些固定的局面。如果只要叙述朝鲜政府的理论上机构，是相当容易的事。不过此种叙述不能正确，因为实际与理论相去不啻天渊。以下论述，一部份根据书面证据，一部分是过去十年间在朝鲜随时举行的无数次的探询谈话的结果。为顾虑谈话的人在朝鲜的安全，此处不能把他们的姓名宣布出来。

朝鲜政府的历史，自一九一〇年归并日本以来，可分为三个时期：武治时期，终于一九一九年的革命和合法的行政的改革。自一九一九年至一九三六年为文治时期，此时总督努力扩张朝鲜人民的政权。第三个时期自一九三六年开始，行政精神逐渐军事化是其特色，虽然法律或政治组织均无根本改变。

本文所述，限过去十年间的朝鲜政府自第二期末至第三个即现在的时期。

过去的十年间，朝鲜的地方政府虽经多次改变，但是整个的政府组织没有什么大差异，一九一九年的重大的改变，当时以文治代武治，仍保持着无多大改变。扼要述之，朝鲜政府的组织如下：

总督一人，由日皇指派，自一九三六年起即由陆军大将南次郎充任，总督系经由帝国内阁对天皇负责。按照理论，此种职务须由非军人担任，但是理论自理论，从未见诸施行。总督具有最高行政长官的平常的权利，必要时并有召集军队帮助之权，朝鲜一切委任的官职实际上都操在他手内。他有巨大的权力，但不能干预审判官的任期。诸如知事、市尹、街庄长、警官、财政人员以及总督府中所有的行政及设计人员等，都是他指派的，仅副总督是由东京政府派的。日本的法律即作为朝鲜的法律，此外总督尚有发布命令之权，凡有违犯他的命令者，判一年以下监禁或二百日圆以下罚款，总督尚有废止下级官员所定行政规程之权。由此可见朝鲜总督统治朝鲜人民的权力，比日本任何官员治理本国一部或全部人民之权为大，他所握的权力因为须向日皇及首相负责受到限制。依照规定，日本议会开会时，总督必须出席，因此种关系，超越政府的舆论可视为对他的一种限制。总督既拥有如是巨大的权力，则统治朝鲜方式的转移大部取决于在职总督之主见，与行政程序的变革无关。

照理论说，有一咨询机关襄助总督，称为评议会，内有议员六十四人，顾问三人，均朝鲜人，以副总督（日人）为议长，议员由总督就朝鲜贵族及资本家中选定之。过去十年间，资本家所占百分比迅速增加。总督不时请他们发表关于公益事业的意见，如婚姻法的修订，农村状况的改进之类。他们只限于总督有所咨询时才提供意见，并且只限于指定的问题，而总督并不一定要接受他们的劝告。总督请他们对于严重的问题提供意见，实为记载上所未有。例如一九一九年是朝鲜革命的一年，他们被邀请提供意见的却是关于坟地及火葬场规程的修订问题。

朝鲜计分十三道，各设知事一人，由总督推荐，日皇任命之。知事在其道内有一般行政并颁布条例之权，惟总督有最后否定权。知事属朝鲜人者，虽不居多数，惟为数亦不少。道为行政的较大单位，其功能与权力的叙述可先从较小的行政单位入手。

一九一九年革命之后，地方政府组织颇有修改，试行近于地方自治的办法。一九三一年四月一日所作的较小但较有意义变革，一直保留到现在。

从前的市尹有自由处理市的一切事务之权，虽然须受能够任免他的知事及总督的管制。在从前，市亦设有咨询机关，称为市参议会，其规模与该市人口成正比例，议员人数最少者十二人，最多者三十人，这些议员系由每年纳税金五日圆的市民选出。此种咨询机关虽然存在，而市尹自兼议长，他可以随意接纳或拒绝任何劝告。制度经过一番改订之后，此项市参议会变成具有行政权的机关，由议员中选出副议长一人，在市尹未能出席时为主席。选举权的限制仍无改变，议员任期为四年。

市的财政主要收入为地租、世业与公产、国税的附加税（土地、所得、营业、交易等税)及地方税(房屋、车辆、特别所得税等)。一九三七年每家向市政府所纳税平均日人二八.九〇圆,朝鲜人五.一六圆,由此可见两种人民间贫富的悬殊,教育经费用于日人者多于朝鲜人,由此亦可得到一种合理的辩解。

一九三一年新制施行之后,街与庄改称为“yu”和“men”,后者较小,从前有“特别庄”与“普通庄”之分。街与庄迄今仍设有街长和庄长,另设协议会,街庄长及议员从前均由知事指派。在新制之下,他们仍由知事指派,惟议员改由民选,凡能付五日圆地方税的人民(虽然在特殊环境之下减少至一日圆)均有选举权。议员的任期为四年。市参议会在新制之下,成为行政机关,而街庄协议会仍保持其咨询的性质。市尹多系日人充任,由朝鲜人充任者只有五处,凡市尹为日人者,必以朝鲜人副之,反之亦然。街庄长除极少数的例外,均系朝鲜人。

虽说市和市参议会,在其原有的非强迫的参议权之外,现在又得到行政权,但此种行政权是不如美国市参议会那样广泛。市尹仍经由总督为日本政府的代表人,他的行政权实际上并无改变。警察的权力在任何情形之下实际上都比市参议会甚至他的上司市尹或知事为大,此事留待以后讨论。市参议会最大的权力,显然只在于协同市尹决定本市税收的分配与支付,法规的执行却不在其权力范围之内。

市、街、庄都算是道行政机构的下级机关,虽然多是自治性质的。道的行政最高长官为知事,道参议会为其咨询机关。道参议会产生于一九三三年五月,议员三分之一由知事指定,三分之二由市、街、庄议员选出,其规模由人口而异,议员人数最少者二十人,最多者五十人。一九三三年五月,全朝鲜举行道参议会普选,在选出的议员四二二人中,日人占一二五人,鲜人占二九七人;在指定的议员中,日人占八三人,鲜人占五六人。如果全数议员均由公开选举,虽则选举权受纳税的限制,鲜人所占席数比例一定更高。因为此种机关不具有立法或行政的功能,纯为咨询而设,所以此事实不关重要。如果将来这些参议会获得与日本省议会同样的权力,朝鲜议员占多数将有重大的意义,但此民主化统制的扩张,似乎不会在日本新体制之下实现的。

这些改变不是划时代的,不过表示一种扩张地方政府的民众基础的谨慎而保守的企图。道参议会中民选鲜人议员人数压倒日人,这种事实指明在鲜人对日本的效忠还有疑问期内,把权力集中于派定的官员手内确定必要的。

知事、市尹及其他行政长官的自主权,均比表面上所见到者为小。例如地方警察虽在知事指挥之下组织,市与道的警察发生竞争,不顾所有分散性质和地方性,警察成为国家的警察,警官由鲜京的警官学校训练,每道政府均设有警务科与警察局，总督府的警务处为中央统制机关，必要时有代替道政府之权。自从警察经过一番良好的组织与训练并严格的集中统制之后，地方机关难望有充分的行动自由。

警察的责任为维持治安，危险思想的取缔包括在内。在战时，或在激进派军人为总督的情形之下，接近自由行动的一切思想是显然危险。过去数年间警察人数大有增加，虽然关于此种统计不能列出。如果警察能发现触犯法律者，尤其触犯治安法、军事秘密法，或关于全国总动员的各种敕令，便能步步高升。知事或任何一种议员，除推测总督意旨竞竞奉行之外，更欲有所作为，均属过份之想。在去年，宪兵(或军事警察)的活动大见增加。一九一九年以前，警察的职权即由宪兵执行，但以后改由新设的民事警察负责。战事发生以来，宪兵所处理的民事递年增加，到今日两种警察的职权几乎难于辨认。就一般说，日本国内的宪兵只在民众触犯军事秘密法或其他类似法规时，才有权管辖，但是在朝鲜，他们的职权似与民事警察全部重复。就警权而论，其行政习惯是改变了，如果续向此种路线前进，一九一九年革命以前的状况不难重见于朝鲜。

无疑的，在朝鲜军人权力的增加，其原因不仅战争一端。过去四年间，朝鲜总督由日本最可注目的黩武主义者——南次郎充任。我们不必赞成有些著作家的极端的见解，也能明白他是代表激进军人的精神。一九一九年以前，朝鲜在精神上的统治，颇像管理兵营一样。以后所开始改革倾向政府和行政文治态度，不管这样事实：文人不担任主要行政职务。

一九二〇至一九三六年，朝鲜的统治者是海军大将斋藤氏和陆军大将宇垣氏。此二人各尝试以较温和手段来统治，增加朝鲜人民的责任心与平等待遇，使他们变成日本的忠实臣民，扶植经济企业与民众教育，强调政府的文治精神与气氛。不要说朝鲜潜藏反抗思想的人民的生活，从此就比较轻松了，政府还是袒护日人的，但是这两个总督自己希望，也给朝鲜人民希望，在相当期间之后，他们所担任朝鲜的负责他领导职务。我们还记得，斋藤氏于一九三六年为日本爱国志士所刺杀，宇垣氏两度将任首相，均被过激派军人视为温和派而加以阻止。南次郎大将是仅有很不相同的才干的。

南次郎重把军治精神注入朝鲜政府的治理。此种措施许多因为战争是不能避免的，但此种解释仍嫌不足，因为他于一九三六年八月就职，而此种新精神几乎立即在朝鲜到处感觉到，战争在次年才开始。什么是战争的精神，什么是南次郎的精神，现在已无法辨清了。最多只能这样说，在军事紧张的一个时期，总督又是一个军人，就重新造成一种与一九一九年革命以前已有的那种气氛。不过不同的地方是:朝鲜人担任执行政府政策的下级行政人员的人数比二十年前增加许多,他们所任职务如警官、宪兵及其他行政人员。在目前,朝鲜没有明显的独立运动。

南次郎就职不久,由其减少教育经费,大量增加行政、司法及监狱等费□,显示其统治的倾向,同时开始了日鲜提携的广大宣传,"日鲜一体"的大标语张贴在公共场所。日鲜连系的密切程度,甚至连鲜文报纸都不准出版,仅有一种日报为例外。总督府的一九三六年至一九三七年的《年报》中叙述鲜人"多少能通日文者为数约□万人"。因为此数中的大部分算是学童,所余二千二百万鲜人难望其能懂新闻。或许即是政府看到这种障碍,所以才禁止学校教授鲜文。

南次郎一面高呼日鲜一体,而其统治政策倾向却又指出日鲜的不同体。过去两年间,着重于普遍建立神道庙,使其分布于朝鲜全境。所有城市均强迫住民前往当地神道庙致敬,至少每月一次。遵命前往或置之不理者,均加精密登记,后者须受警察的教管。此种措施即与日本情形大不相同。日本人民前往神道庙与否,纯视其爱国心与宗教信仰为断,政府不加限制。鲜人供献战费、劳军捐款、奉献金属之类,较日人亦有歧数。关于献金献物,在日本当然也有一种强迫办法,不适在朝鲜却采用特殊的方式,有时竟由警察方面直接发布命令。

南次郎采用一种治鲜的新政策。一九三八年他将军事训练介绍入朝鲜中等学校,这件事情颇乎众望是不可否认的,训练朝鲜人民携带枪械至今犹被视为是以危害日本的安全。一九三八年,南次郎又吸收朝鲜志愿兵三百人编入日本军队。志愿兵的选择方法及其运用,除在东京参加校阅外,均秘而不宣,他们似乎没有送往中国,在警察的压力之下,朝鲜许多合格的青年被迫登记为"志愿兵"担任兵役,虽然入伍的不及千人。

鲜人对于今日世界大事的观点如何,实难推测。不过日本侵略中国东三省初期的成功,向西列强挑衅之后,它的国际地位的增强,有能力的鲜人参加日本推行大陆政策机会的开放,凡此种种,均足使鲜人较易接受日本的统治,并愿意效忠于日本。上述感情究被南次郎的统治破坏了多少,是不大清楚的。此种感情在宇垣氏时代生长,但是现任总督的高压统治政策,大有使鲜人感觉不安的倾向。一大批人因思想犯罪被捕,逮捕原因很不合理,无论合作者、中立者、赞助当局者、秘密反对者,似乎都有与法规及命令执行人周旋的机会。战事发生以来,鲜人欲求任何安宁,或谋子孙的事业,除了仰日本当局的鼻息,奉命唯谨别无他途。要知道日本当局所要求的是什么,和他们要这样做多少久，才能在警察方面留下了清白的身份。这又回到关于警权的基本问题的讨论，这种警权发源于总督和总部的权威。任何政府机关对于住民生活指挥与统制，无论关于耕种习惯、钱款的消费、儿童的教育、买卖，以及他们应当说的、读的、想的等等，其周密程度均不能与朝鲜总督府相比拟。朝鲜又已循环了一周，复成为军事统治的地方。

（原载于《改进》第5卷第10期，1941年）

我在战地生活

[日本]雄远郎次
萧森 译

十月九日

天还昏暗地站在黎明的前刻，部队集结在离桥约一千米达的广场上，我向他们道了谢，走出司令部的门口，人的身体真是不可思议的东西。昨晚，我想今天无论如何当不能再走了，可是今天早晨醒后，穿上军衣，拿起枪，精神也就莫名其妙地来了，也就不知不觉地能走了！这些真是不可思议。脚上的泡不知在什么时候被踏破了，疼不疼呢？我却全说不明白。在这广场附近的竹林内，发生像是机关枪的声音。一会，竹林烧起来了。不久，我们的部队也来到了。中队长和小队长的姿影又活泼地出现在我的眼帘，我行了举手礼，简单地向他们报告昨天以来的状况，中队长只说"你们很辛苦了"一句话，甲斐一等兵走来了，他说："班长，我们挂念你，虽然其他的人都说这路很危险，你们一定夜间住下了，但是，我想你们一定会来，所以我特意来欢迎。天很黑而我落在河中，直等十点钟的时候，你们还没有来，我就回队了。"我们大家一齐笑着说："你真好落水的人呀！"午前六时出发，走出金山，就看到不可胜数的中国兵的尸骸，在屋前，池沼中，地上，零落地像深秋的落叶散乱着。

这路已经变得非常地好了，但是行军却仍然是苦痛的，炎热的太阳照射着，我们都流着汗。谁都厌烦说一句话，尽量地喝着水，我们感到苦痛和难堪，咬着唇，两腿像是机械地轮子呆滞地转动着，我只是被"不要倒！"的努力操持着向前转动。不久，值得感谢的战争又开始了，因此我们潜伏下得到了暂时休息的机会。

在前方的森林中，响起了激烈的枪声，我们卧倒在道路的两旁，和敌人冲突是前卫部队。传令兵把"山炮前进"的命令递传到后方，山炮的车轮发着唧啦唧啦的声音，卷起了灰尘，被拖往前边去，不久，在远方的森林中，山炮轰轰地声音开始了，飞机也来了，在前方的天空中盘旋着。我清楚地看见仿佛是酒瓶子样的东西从飞机的腹部滴落下来，带着特有的使人听了心酸的风声，接着就是猛烈地爆炸的声音，白色的烟往上升，飞机是三架转到了我们的上空，我们一齐举起手来，大声地喊，不用说他们是听不到的。但是我们很清楚地看到飞机上的驾驶员在和我们招呼着的手，摇着手或者是摇着手巾，偶然也有涂了红颜色的通信箭投往稻田中。我们在稻田中吃了午饭，“卫生队前进！”“拿担架来！”传来这大喊着的声音，抬了担架的士兵，发起慌乱的足音，跑向前去，不久又听到“中队长中弹了”的声音，据说当面的“敌人”是大部队，非常的顽强，我们的友军有了许多的死伤，又传来“抬担架来”骇人的声音，森林里的枪炮声猛烈在响，像是有无数的猛虎恶狼在呼啸。

我们仰卧在道旁的凹地里，天空是蔚蓝的，大块棉絮似的白云，慢吞吞的在流转，暖暖的太阳照射着我们的身体，我们下意识地望着深远的天空，我的神情也随了白云在飘散。突然，仿佛随白云而去，感到在前边森林中展开着凄惨地格斗，像是于我没有什么关系似的，子弹在我们的颈上飞驰，发生特有的恐怖的呼啸。暖暖的秋天的阳光照射着使我的头有些昏，我就迷沉沉的睡下了，不仅是我，兵士们也都像沙丁鱼似的，一排都睡着了！鼻孔里发出甜醉人的鼾声，醒来的时候，太阳已经要斜了，然而枪炮声仍然在继续着，我附近的士兵都还在睡，我收拾了枪，直到登陆以前我的枪稍微有点锈，就马上擦一擦，可是从登陆那天浸入到泥里以后，我们就始终没有再修理机械的机会了。一向是任它锈着，锈着我想起就拿着油布擦，刺刀也很锈了，我也把它擦一擦，在我身边的小田一等兵笑着问我：“今天是武器修理日哟！”中岛军曹在道上传过命令，十一月五日任乘本唯夫为上等兵。太阳落下了，大地蒙上一层灰黑，枪仍继续在响，我的心里很恐惧，我们决定分住在附近的民家。

九日晚间

在枫湿镇西我军的进路上，使我们预想到今后的进军更要困难了！子弹仍然是毫不变更的驱使着，不断的射中在墙壁上，步哨在竹林中警戒飞过去，遗留下“小队长集合”的声音，我走到那里，黑暗中听出是小队长的声音：“今夜在这里露营，各分队派出步哨担任警戒。”已经是夜深了，一片无云的晴空，斜挂着一轮皎洁的圆月，银铃似的星闪着耀眼欲眩的光辉。我凝视这伟大、奇丽、壮美的晴空。突然，我像是想起了什么事情似的，又被一种凄伤的哀愁完全缠绕了，这里究竟是什么地方呢？我们究竟要做些什么呢？

我被喧嚣的声音从梦中惊醒了，我慌忙地脱去外套，没有折起，只把它卷了卷就捆到背囊上了。随着我们的前进，周围渐渐透出鱼白色，道路两旁有河，水面上闪着微微的白光。早晨来到了，我们对战况究竟怎样了呢？一点也不明白，我们只是跟着命令转动，只是在这凹地里一动也不动的挨了一天，战争是没有意义的事情，我是不愿再打了！（被俘前一日）

仍幽灵似地漂浮于眼前，
当我三年来
工作在悒郁的，多雾的
西南原野上。

不知多少次，
我凝望那
遥远的山外；
我梦想自己是
粗野而豪壮。
我听说能医治我的，
只有北国的草原，
因此我决定抛弃
一切的依恋，
放阔了我底脚步，
走向北方。

我将杀死我过去的自己，
像撕下一页日历，
我将用汗洗净我残留有
泪之咸味的颜面，
我将要学着去
喜爱太阳。
我愿在北方的风沙里，
洗粗我纤美的手指；
我愿在北方的原野中，
摩糙我柔细的脚掌。

总有一天：
我会永远忘了江南的月色，
湖上的芳草，
骑一匹追风的骏马，
奔驰在北国的平原上。
我可以毫不害羞地
袒露我自己的胸脯，（因它已不像现在那样苍白）
来迎接强烈的日光。
那时狂笑已永远代替了感喟，
汗液已永远代替了眼泪，
我将膨涨起一双肺儿，
为我自己的新生，
纵声一唱！

一九四一年春于江津白沙

后记：我在教育部第三巡回戏剧教育队。巡行工作于西南，已经三年了。今年春天，本队拟转西北工作，因此写了这首诗，雷石榆兄还写了一首《壮行》来赠我。结果，西北之行未能成功，倒好像我对朋友“吹牛”了。现在本队即将入康工作，寄语石榆兄，那儿也有着“风砂冰雪的高原”（《壮行——寄赠张彻》中语）呢！

一九四一，十二，二　彻志成都

（原载于《战时文艺》第1卷第2期，1941年）

朝鲜的儿女们在西安

——记妇慰会难童保育募捐游艺大会

白洁

“中华民族抗战，是朝鲜民族解放的先导，中华民族解放，是朝鲜民族解放的桥梁。”因此，中韩两民族，为了共同的解放事业，为了东亚的和平幸福，五年来的抗日民族解放战争中，中韩两大民族的儿女们，到处传播着密切合作的伟大的歌声！昆仑关下、大洪山麓、太行、吕梁，一直到滹沱河畔，在前线到处洒遍了韩国儿女们的鲜血，在后方到处表现了他们为打倒共同敌人而合力参加抗建的英勇精神！

在去年韩国青年战地工作队，为响应西安各界妇女扩大的征募夏衣运动！他们公演了抗日的名剧——《啊哩啷[①]》，四千元的巨款由他们送到妇女会，制成了成叠成包的夏衣夏裤，一起一起的运往前线，一件一件披在我们烈日炙灼下英勇战士的身上，晋南大捷，豫南大捷，鄂北大捷，这一些英勇战果，正是我们中华儿女的血、朝鲜儿女的汗、东方民族的血与汗凝结为打击侵略者的伟大的力量！

今年——一九四一年的初春，南国的花草绽开了新绿的嫩芽，在西北正飞舞着漫天弥野的雪花，朝鲜的儿女们在这古老的西安——五年来已成为大西北的民族堡垒，又完成了他们与中华民族的女儿们紧切携手的伟大的一幕！

陕西妇女慰劳会为了培养长期抗敌的力量，为了中华民族的后代从战区抢救了一百多个难童，但是我们都知到[道]，妇女同胞在民族抗战中的战时分工，是征募、慰劳、保育和生产，我们抢救难童，我们更要保育难童，但这不能只靠我们的热情来完成伟大的任务，我们的难童，需要衣服，需要食粮，更需要“养”“育”的经费，我们需要各界的帮助完成战时男女分工的任务。在一个盛

① 即《阿里郎》。——本书编者注

大的招待会上，妇女的负责人皮以书先生为难童作了恳切的呼吁，侨陕的韩国儿女们在罗月焕志士领导之下，奋勇的为这一百多个嗷嗷待哺难童发起募捐游艺大会。

他们从旧历的元旦起，在自己的宿舍，妇慰会的办公室内，每天忙着游艺会的筹备工作，排剧、布景、道具、宣传，西安古城的人们都已入睡，朝鲜的儿女们和妇女会的工作同志们，却正在为着中华民族的后代保育而紧张的工作着，一直到游艺大会开幕的前刻！

通衢要巷，遍贴着红绿色的游艺大会的宣传标语和公演的广告，新闻报纸满载着《中韩民新密切合作》《游艺大会观后感》一类的论文和描写，剧场门口"车马水龙"，第一夜、第二夜，到第十五夜，预定最后的一夜了，但是"先生，我等了两夜了呀""我的戏票都揉烂了""错过今夜我的票没用了吗？"无数的高擎着戏票的观众，围绕在隔着铁门的剧场门口，他们爱好戏剧，他们同情难童，但他们也许更关心同情中华儿女的朝鲜的女儿们！

妇慰会的工作同志，游艺会的全体演员们，为了观众，为了工作，为了中华民族的后一代，在半月的过度疲劳之后，事实需要他们作了向观众宣布了最后的决定：决定延长两天公演期限！观众在满足的快慰中，爆裂出雷一般的掌声！

二月十日（旧历正月十日）游艺大会的最后一天，也正是我以偶然的机会步入会场第二次，启幕的前刻妇女会负责人皮以书先生，以开幕第十五天那个和蔼而熟悉的面孔出现在观众的面前，为大会作了最后一天的闭幕词："我们抢救的一百多个难童，由光头赤足而鞋袜衣裤，由饥饿寒冷而温饱快乐，我们感谢各界同胞，更感谢异国的朝鲜的友人们……这不但给我们以物质上的援助，更给我以精神上的鼓励，更表现了中韩两民族的合作精神……来日正长，难童保育的工作也正多，我们要把每一个钱都化在难童身上，决不让有一个民族后代给敌人攫去……我们为中韩两民族解放前途祝福！"这演词代表了中韩两民族热烈情感的交流，震耳的掌声连续在会场的四隅。十点三刻，公演最末一出闭幕，我带着依依的心情随着人潮涌出了会场，布影渐稀，繁星在天，我一路凝眸着中韩两民族光明的后代，不觉踏进了我寂聊的寓所。

［原载于《战时妇女》（西安）第 10 期，1941 年］

朝鲜革命者在中国活动概状

寒松

朝鲜民族最近曾在各地热烈地参加反法西斯的斗争，并光荣的加入了东方各民族反法西斯联盟，全朝鲜的每个有着沸腾热血的革命人员都在忠勇果敢地为着打倒世界法西斯强盗——特别是日本强盗和彻底解放朝鲜民族而斗争着。

数十年来，朝鲜人民，在海外百折不挠地从事民族解放运动，曾取得了不少成绩，也获得了不少的革命经验教训，这些用先烈们的鲜血所凝结成的宝贵的经验教训，对于我们朝鲜人民革命运动，无疑的是有着重大的意义的。因此，我们愿把它写出，作为各革命同志在今后斗争中的参考，但因材料缺乏，无法作出完整的系统的叙述，这一点只好请读者诸君原谅。

一、朝鲜民族

远在1910年被日本帝国主义灭亡以后，许多爱国志士的先辈们，在敌寇残酷的压迫与屠杀之下，被迫地亡命海外，但仍忠贞坚毅的进行着光复祖国的斗争。这中间曾遭受到许多艰难困苦。至1919年发表了有历史意义的朝鲜民族独立运动宣言，给予海内外人士以巨大的影响。于是旅华的各地的朝鲜同胞在这个伟大号召下，风起云涌地组织起许多独立团体，特别是当时在东北的朝鲜人，有数百万之多，以这广大群众为基础开始了部分的武装斗争，随后便逐渐象潮水一样的澎湃起来了。

这个时候在上海建立了“大韩民国临时政府”，并召集了国民代表会议。各地独立团体也重新加以改组，如关内有“韩国独立党”，东北有“北路军政署”、“西路军政署”和“参议府”，俄领“大韩国民议会”，美洲领“韩国革命同志会”“日本留学生会”等团体在“临时政府”这一鲜明的旗帜下，向国内开展军事运动。这是初期的一般的状况。

当时在国际上，因社会主义苏联的屹然存在及其日渐壮大，所以世界政治上起了一个巨大的变化，深深的影响到各国无产阶级及一切被压迫民族的解放运动的激剧开展。那时朝鲜的先进青年也开始接受了社会主义的思想并从事宣传工作，共产党和共产主义青年团也都先后成立，并广泛开展民众运动。1925 年，“青年同盟”和“农民同盟”等革命团体急速的开展起来。至 1928 年召开了海外各青年团体的会议，并产生了在华韩人青年同盟，同时又召开了“时事研究会”，产生了一个全海外的民族协同战线的大独立党筹备会性质的民族唯一党促成会，这个会议包括着韩国独立党、正义府、新民府、参议府等民族团体，共同在统一团结的大路上迈进。

1931 年爆发了震动世界的“九一八”事变，在这以后敌人便大肆驱逐和屠杀东北的这些革命团体和革命分子，因此大批革命分子有时出走海外，有时转入地下活动，整个东北变成为日寇统治的人间地狱了！

日寇侵占东北以后，朝鲜人民的革命运动便遭受到严厉的镇压，表面的公开斗争形式是见不到了，一些优秀的朝鲜共产党员及许多革命志士，便直接参加了中国革命运动，虽然过去间岛共产党曾遭受一次以至五次的数十人被日寇逮捕摧残，但仍然不屈不挠的继续地斗争着，参加组织发动游击战争，在东北人民革命军和东北抗日联军里面，英勇的斗争着和迅速地发展着。

并且还渡江到国内开展游击战争，给予敌寇以重大的打击。这些游击健儿，至今已发展成为拥有数万之众的铁的队伍，在过去、现在以至将来都必然成为朝鲜民族解放运动的一支雄伟的主力军。

二、在关内的朝鲜人民革命运动

从 1932 年“一二八”上海事变起了很大的变化，当时尹奉吉炸毙日本白川大将之壮举轰动一时，因此也更加提高了韩国人民革命的热情。当时许多团体重新发起统一运动，组成一个“对日战线统一同盟”。到了 1935 年 7 月，在南京产生了“朝鲜民族革命党”和“韩国国民党”及“青年团”，各自努力进行培养革命干部的工作，同时派遣优秀干部赴国内各地开展秘密工作，整顿民族阵容和准备革命的力量。

在这里我还有一个重要的补充，就是在中国 1925—1927 年大革命前后，有许多优秀的朝鲜青年入黄埔军校学习，后来实际参加这个伟大的革命斗争。

在上海方面，有许多朝鲜青年加入共产党，积极开展党的工作，建立了朝鲜人支部，并且发动和领导了青年运动。大革命失败以后，有不少的朝鲜革命志士不顾一切危险和困难，到苏区参加土地革命和红军的武装斗争。

当红军北上抗日时，他们也一样坚毅地参加了历史罕见的二万五千里长征，他们这种勇猛果敢的革命精神和灿烂辉煌的战绩，实在值得我们费扬与敬佩！

以上这些是中日战争以前朝鲜人民在中国活动的一般情形。

三、1937年“七七”事变爆发了

中国人民展开了伟大的民族战争，这时关内各地留学生和许多流亡青年都联合在南京，更进一步地从事统一运动，结果形成了以韩国国民党为中心的“光复阵线”和以朝鲜民族革命党为中心的“朝鲜民族战线联盟”，虽然这时还没有很好地把海外革命运动与团体统一团结起来，但是它对行将结成的全民族统一运动起了巨大的推动作用，并且成为一个重要的发端。

1938年保卫大武汉时，在武汉大部分的朝鲜青年组织成一个“朝鲜青年战时服务团”，英勇的参加了保卫大武汉工作，并且获得了很多的成绩。同年10月，以在武汉的朝鲜民族战线联盟为中心，组织了“朝鲜义勇队”，分派到大江南北各战场上，对日寇进行勇敢的斗争，他们活跃在敌人的前方与后方，在和敌人血肉搏斗中，同时还进行很艰辛的宣传工作，把日寇的侵略行为、中国抗战之正义性、日本必败、中国必胜……这些真理，向敌军展开了猛烈的宣传，结果引起了敌军内部动摇，而取得了很大的战果。

1939年冬季，许多革命老前辈们都统一在一个旗帜下，组成“大韩独立党”。同时在军事方面，还组织了光复军，在前后方积极工作。到1940年秋，各革命团体和大部分青年在进步的思想指导下，组成了“朝鲜民族斗争同盟”。结果在关内各党派团体大量减缩，现在只有三个团体，今后将有更进一步合作的希望。

前两年，许多进步的青年为了更加提高自己，曾到延安学习，毕业后派赴华北各战场上工作，敌后抗战增加不小的力量，他们在中共和八路军的领导下，为朝鲜民族解放运动积极努力。

在中共中央和八路军的帮助下，今春在晋东南，以朝鲜人武亭为首，发起组织“华北朝鲜青年联合会”。这个会是全华北同时也是全中国范围内朝鲜人民底统一旗帜，它是朝鲜民族解放运动道路上的光明灯塔。

在大江南北各战场上工作的青年们，斗争同盟和民族革命党全体同志，都不远千里地冲破一切困难，来集合在“华北朝鲜青年联合会”的这个光辉旗帜下。

我们在前后方已经组成了许多的支会，并且由会中选派代表赴延安参加东方各民族反法西斯统一战线大会，为打倒法西斯而斗争！为了达到这个目的，我们已经在敌战区里开展了英勇军事武装斗争和坚苦的深入的宣传工作。目前，我们正处在黎明之前的世界，也正是黑暗与光明斗争最剧烈的时候，法西斯主义必然毁灭，民族革命战争必然胜利，让我们用最大的胜利信心与一切力量，打倒国际法西斯——特别是日本法西斯，为朝鲜民族的独立、自由、幸福的民主共和国的光明前途而斗争！胜利一定是我们的！

（原载于《晋察冀日报》1941年12月17日）

记在华日本人民反战同盟西南支部

[日本]阿植

在华日本人民反战同盟西南支部，在桂林近郊十余里的乡村里，是二十八年十二月廿七日正式成立的。由敌反战作家鹿地亘氏和军委会桂林办公厅参谋处及敌情研究组共同拟定组织计划实施草案，呈军委会批准，并且还组训日本人民反战义勇队哩。它的组织和对我政府的关系是：

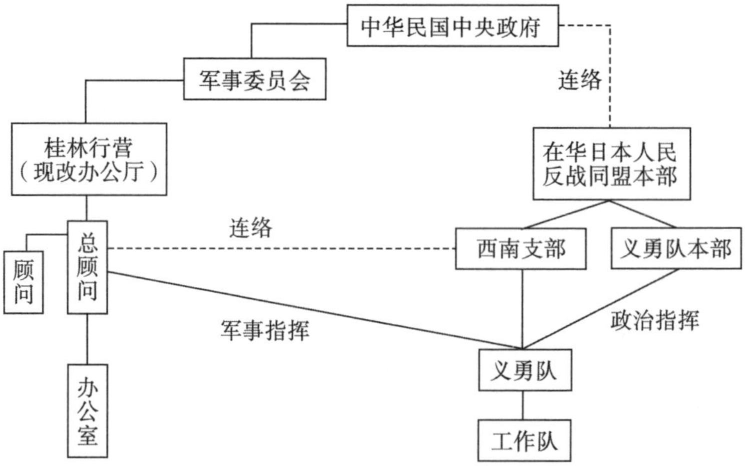

同盟会西南支部的盟员共只二十人，都是智识青年，他们之中有一部份是日本国内的革命倡导者，抗战前后即来中国工作；一部份是被敌国军阀压迫来华作战，在沙场上觉悟而投诚过来的，一般人以为他们是俘虏，那就很错误了。

在华日本人民反战同盟西南支部的负责者是坂本秀夫君。他认为这一组织可看作“日本革命的海外派遣队”。他们的目的是：“谋日本人民的幸福，反对日本军阀不合理的发动侵略战争，而谋实现东亚的永久和平。”因为人力物力财力还是那么缺乏，所以他们的任务“在中国由外国向日本军阀进攻”，仍未能做到。现只用宣传的方法，对日军激动鼓吹，使成反战军队，然后用实力反攻军阀，促他迅速崩溃。所以目前工作大概三种：(一)对敌宣传；(二)对中国人民宣传；(三)对国际宣传。他们唯一有效的武器是播音机。二十八年十一月昆仑关战事最烈的时候，他们自愿随桂林办公厅敌情研究组组长上前线，并且在最前线近距离三百米的地方作反战广播，勇敢热诚，曾使敌军停了炮火。在粤北，他们同样的干着这样的工作，现在又准备到前线去。经常的在桂林电台广播，也收了不少效果。另有《人民之友》刊，已出至三十期了。

他们之间不分彼此，工作是合力不分的，写作演剧，社会活动，工作计划，都是集体化的，学会了七成中国文字运用，听懂三成中国国语，他们已更能接近和理解中华民族了。星期天，他们常会跑到桂林去买书报衣物应用。《三兄弟》一剧在桂林柳州演出，曾得了不少好评与影响，收入钱财捐出一半为慰劳中国战士之用，现在正集体创作着新剧本。

他们的生活是很艰苦的，经政府几番关切资助，都不愿接受。他们的代表坂本秀夫说："革命就是牺牲，就是吃苦，想享受，那就不必去干革命工作了。"他们每天晨操，规定时间看书、工作、研究宣传方法，紧张严肃的时间多于休闲。

他们说，过去对中国的了解太少了，因此常常希冀着大群中国的民众尤其革命青年能够和他们联络合作，携手作战，今后更把中日两族的力量集中，同向大目标奋斗，破除一切隔膜与障碍。

在华日本人民反战同盟西南支部，全部战斗的青年，他们过去曾大大的帮助了政府去说服感化俘虏，目前的工作虽只限于宣传，可是他们的决心与热情，正是日本革命力量的支点，将会撑起一个大的革命队伍的。他们正竭力去引发日本人民胸中蕴蓄的反战怒火哩！我们站在争取民族解放，建□东亚永久和平的意义上，应该去协同他们奋斗的。我们和日本人民一样遭受着日军阀压迫欺凌的大众，今天不仅要同情他们，援助他们，而且要切实地亲诚和他们联成一气，在战场上为战友，在国族界碑上做永久的相互了解的友邦！末了，我应当把坂本秀夫君的诚挚的嘱语转告国人尤其青年同胞。坂本秀夫君说："我们的精神是融合一致的，我们的血对流着，我们应该更求深切的谅解，重新奠定我们的友谊。我代表日本革命同志，期求你们智识的青年友人和我们密切联络，同站一线作战！我们要携着手向东亚和平曙光迈进！"不错，中日的革命同志，要携着手奋战呵！

（原载于《国讯》第274期，1941年）

战争中的朝鲜

[韩国]韩志成
夏迪蒙 译

与满洲及苏联接壤，有四千三百余年的悠久历史，有日本三分之一——二千三百万人口及二十二万町的面积的朝鲜，和日本澈底侵略战争有怎样的关系？在战争中经历着什么样的变化？还有，这个民族底将来如何？这是东亚底重要的现实问题，我们应当用深刻的注意来研究它底真相。

一、日本帝国主义对于朝鲜的依赖性

由于明治维新而不彻底地资本主义化了的日本，经过中日、日俄两役，首先将朝鲜从中国及俄国底势力下切断开来，放在它自己之独占的支配下，终于在一九一〇年废韩国皇帝，造成了“日鲜合并”的局面。

这不是单纯的历史的命运，而是朝鲜在日本资本主义发达过程中的牺牲。然而，日本资本主义不仅把朝鲜夺取过来作为它底商品市场、投资地及原料供给地，更进而想将它变为占领满蒙、中国大陆的军事根据地。明治四十年合并以来的三十一年的历史，不单是日本资本主流底进出底历史，而且是明白地证明了日本政府通过朝鲜总督的政治的、经济的掠夺性与依赖性。朝鲜总督府现在拥有九百万町的土地，支配着有总计一亿三千余万圆的资本及七十以上的支行的朝鲜，殖产银行，东拓和七百十九所百六十三万的金融组合，完全操纵着朝鲜各阶层底经济，榨取着朝鲜民族血汗。合并当时公司仅有五十二家，资本不过三千九百万圆，可是到了昭和十三年来，公司数增至五五二二家，资本增至十八亿圆，属于日本人系的土地，占全朝鲜之百分之八十五，至于各种资本，则占百分之九十五。

不仅这样，在日本最缺乏的粮食与工业资源方面，朝鲜每年供给一千万石以上的米、煤，仅是无烟煤就埋藏有十四亿吨，铁在咸境北道茂山，黄海道兼二浦，有十一亿吨以上的埋藏量，金底埋藏量也是相当的丰富。这个有着丰富的农林矿山物与二千三百万人口的朝鲜，在所谓“建设东亚新秩序”，建立“日满支”王国高度国防上，被看做与日本帝国主义同命运的本体的一部分。因此，日本帝国主义政府如今动员了五千基罗以上的铁路与三万基罗的公路和二万以上的警察，消耗了七亿圆的财政(合并当时为四千万圆，一九三七年为三亿圆)，企图维持、确保作为日本帝国主义底生命的朝鲜。

二、战时日本对鲜政策

一九四〇年四月，南朝鲜总督在道知事会议上的训词中说道：“际兹日本帝国跃进于大陆之时，兵站基地半岛(指朝鲜——迪蒙)之使命，乃在于培养人的资源与物的资源。”其具体的内容为：

(一)内制一体

就是，要从日本底手上消灭掉朝鲜民族。为了这个目的，当局首先发布创氏令，使朝鲜人底固有姓名如金某李某改为日本式，如金子太郎等。根据总督府报导，一年半底改姓达十分之五。用不着说，这在半封建的朝鲜社会，乃是灭亡朝鲜民族的政策。

(二)取消朝鲜语言运动

朝鲜总督府奖励使用日本语的反面，就是禁止小学、中学及一般机关使用朝鲜语，至于朝鲜文报纸，亦遭同样厄运，去年八月，停刊了《东亚日报》《朝鲜日报》。构成一个民族的重要因素，乃是语言。懂得日本语的不过是少数，朝鲜语之发音、文字之简单，文法之正确，乃是世界有数的。日本帝国主义企图废绝它的毒计，证明它是人类文化底敌人，其罪行与秦始皇相等，然而无论如何，它终究不能消灭一个民族底文化。

(三)同婚

开战后特别奖励日鲜同婚。虽然这是混合血统想是成民族单一化的根本政策，可是社会文化、感情风俗、经济生活上有着明白的分野、尖锐的对立，所以它亦无非是梦想而已。

(四)教育单一化

去春以来撤消了朝鲜教育令，朝鲜教育制度以日本教育令为准则，普通学校、高等学校改称为小学、中学。奖励日鲜同学，改朝鲜式服装为和服，强迫头脑单纯而接受性较多的青年少年日本化。

（五）参拜神社

朝鲜人被强迫和日本人一样，不论其宗教信仰如何，甚至是基督教徒和他们底学校，都要每早去参拜神社。这样看起来，甚至信教的自由都没有了。

（六）实施特别志愿兵制度

兵员之补充与物资之补充，同是日本军阀底侵略战争三年来最迫切的问题。因此，昭和十三年二月，日本当局放弃了合并以来的方针，发布陆军特别志愿兵令，强制朝鲜人由于志愿的形式而加入日本军队。这种特别志愿兵第一年是一千名，第二年是二千，第一期的一千名，早就死伤了，随着战争之扩大，朝鲜人也直接地被强迫要牺牲了。

（七）劳动力统制

为了这三年来的战争而丧失掉两百万青年的日本，因为劳力不足，所以军需补充的困难威吓着侵略战争。因此，朝鲜劳动力底统制与榨取是非常地利害。朝鲜当局设立劳动力调整委员，登记十七岁以上有劳动力的人，有计划地统制，支配着劳动力。战争以后，朝鲜送了二十万以上的工人到日本，日本的朝鲜工人达到一百万，占着全体工人之八分之一。

（八）米谷增产政策

日本底粮食问题与兵员问题，同是日本侵略战争之致命的打击。朝鲜每年供给一千万石的米，可是自从战争以来，日本本部大歉收，这个负担就直接被强制转嫁到朝鲜农民身上。前年的增产计划就是为了这个目的，根据这个计划的土地集中，管理生产分配底统制是通过地主来进行的，农民甚至连吃杂粮都不能够。此外还有棉、羊毛、牛等等底强制增产。

（九）矿产

当局建立了金属非铁金属等底五年计划，预定今后要生产七千五百万吨，然而实际与宣传迥异，大约要变成纸上的空谈。

总而言之，兵站基地朝鲜乃是支持日本侵略战争的兵员补充地、劳动力底供给地，成为它底粮食□产供应地。

三、社会的变化

朝鲜底人力与物力，从七七来成为走上崩溃过程的日本帝国主义之唯一的凭借。因此，日本帝国主义底压迫与统制，由于采用“内鲜一体”[①]的政策，而整个地破坏了朝鲜底文化与社会（固有语言服装之禁止，鲜文报纸之停刊，农产物之强制□产，一般日用品之立法的管理，由于干涉人口及职业的强制移民与强迫加入反动团体）。占着百分之八十的人口的亚细亚的农村与自然的农民（指经营自然经济的农民——迪蒙），为了紧急救济日本资本主义，而被投入近代产业底榨取网中。为要获得日本帝国主义所缺乏的矿物资源，平和的田野被疯狂地开掘了。所谓“产业开发”，以鲜北一带为中心，产生了如下的几种情形：陆续地产生了许多暴发户的土财主——由于资本之原始的蓄积与夺取而起家的土著资本家，可是他们又急速地没落了；日本大资本以自给自足经济为名向朝鲜进出（化学及纺织等），及因此朝鲜固有的手工业与工场手工业之被征服；作为资本主义之外延和帝国主义侵略之助手的小市民流氓向大陆迁移和最近他们底穷迫化：佃农受了企图甚得与资本家同等利润的大地主之超经济的压迫而成为近代的债务农奴；中间阶层之没落致无产阶级之增大。劳动者底激场，从使用九五人以上的工场看起来，其情形如下：

	矿山	工场	土木建筑
十一年	一五二.七	一七六.八	一二八.二
十二年	一六六.六	一八九.二	一六六.四
十三年	二二三.〇	二七二.六	一九三.二

从这个增加率推测起来，去年约有工人一百二万人，此外若算上自由工人，则至少将达到百五十万人。

激增着的工人群众，才是作为日本帝国主义之必然的打倒者的朝鲜民族解放之基本的领导队伍。广泛的民族解放斗争，一定会随着世界被压迫民族之革命运动而迈进而创□朝鲜民族之新历史的大道。

---

① 这里“内鲜”的“内”，是指日本本部。日本帝国主义为了掩蔽它和殖民地关系，故意把自己□为“内地”。“内鲜”的“内”，就是“内地”的简称。又，本文系译自青山和夫先生主编之《国际二月号》。——迪蒙

四、朝鲜义勇队之活跃

朝鲜人民三十年来以血肉与钢铁般的坚强性，反抗着日本帝国主义之残酷的统治，为了解放自己而战斗到现在。著名的例子如轰轰烈烈的三一革命，现在转战于白山黑水间的满洲朝鲜义勇队，一九三八年保卫大武汉战役中，更诞生了中国抗战中的伟大的国际纵队——朝鲜义勇队。队长金若山以外几乎所有的队员都是毕业于黄埔军校或中央军校的优秀的军官。全体队员约××名，总队部下分三个支队及一个独立分队，他们现在都在最前线不顾辛苦继续战争。

朝鲜义勇队是最模范的政治工作队、实践部队。截至现在止，四年以来，转战南北六个战区十三省，在参加过的大战斗如湖北、桂南等战役中，都从事过牺牲的战斗。

（原载于《国讯》第 274 期，1941 年）

被日寇绞杀了的朝鲜新闻事业

马义

一

朝鲜新闻事业的寿命是短促的，今天只能当作历史来回溯了。朝鲜新闻事业的发展，一开始就在日本强盗的刀尖下喘息着，挣扎着。日本强盗统治殖民地的目的，是使进步变成腐化，文明变成落后，文化变成蒙昧，可怜还没有坚固基础的朝鲜新闻事业，已经被日本强盗的血手一下绞杀了。

朝鲜今天还有新闻纸吗？当然有的，然而这些报纸既没有一家是朝鲜人办的，也没有一个朝鲜记者，而是道地的日本统治者的报纸。许多过去朝鲜人办的著名大报如《东亚日报》《朝鲜日报》都已经被迫停刊了。

我们不难想到，在日本血腥的统治下已经三十年的朝鲜新闻同业们所受的遭遇和斗争的艰苦。

二

当日寇最初统治朝鲜的时候，其手段为“武断政策”，用恐怖，用暴力镇压一切反日行动，亡国以前朝鲜唯一的报纸《皇城新闻》，这时被日寇抢来当作了朝鲜总督府的机关报——《每日申报》，其他任何报纸是不准出版的。但是经过一九一九年“三一”革命运动，日寇知道“武断政策”的法宝行不通，懂得了“怀柔”，懂得了欺骗，日寇的统治花样有些改变了，开始从“武断政策”改为“文化政策”（当时正是斋藤上台当朝鲜总督），并答应了给朝鲜人民以某种程度的“言论自由”。当然，日寇的阴谋是为了拉拢朝鲜少数上层份子，分化朝鲜民族团结，但是这时期□少使朝鲜的新闻事业显出一点生气。

在这时期出版的朝鲜大报有：

《东亚日报》：是朝鲜历史最久的报纸，“三一”运动前曾一度出版，以后被迫停刊，以后又复刊。他的后台老板是朝鲜南部的财阀金性株，销数约十万份左右。

《朝鲜日报》：与当时朝鲜北部一部民族资本家有关，民族主义的色彩较《东亚日报》为浓，可以代表当时朝鲜较革命的资产阶级的报纸，销数约六万份左右。

《时代日报》：为一部份朝鲜的进步文化人所办，编辑内容形式均极活泼，特别是他反映了“三一”以后的朝鲜民族解放斗争，在朝鲜的一般革命群众、小资产级级及知识份子中具有相当威信。可惜不久即被迫停刊，旋改名《中外日报》继续出版。又停，以后再改为《中央日报》。但在日寇侵略战争发动后，终于一命呜呼了。

《京城日报》：日文版，与《每日申报》同为朝鲜总督府机关报。

以上各报均在朝鲜首府汉城出版，朝鲜地方新闻事业不太发达，地方报不多，除大阪《每日新闻》在朝鲜南鲜、中鲜、北鲜出有地方版外，朝鲜十三道中每道也至少有一种报纸，较著名的有新义州的《鸭江日报》等。这些地方报绝大部份是操纵在日寇手里。在朝鲜称日本人办的报纸为“官方报纸”，称朝鲜人办的报纸为“民间报纸”。

三

朝鲜人办的报纸，时常为了某项消息的“不慎”而被罚停刊三天五天半月一月，那是很平常的，日本帝国主义为了摧残朝鲜新闻事业，极尽一切野蛮之能事，这里我们仅仅举出两件事就够了。

当一九三五年世界奥林匹克大会开会时，日本代表团获得了长距离田径赛的第一名和第三名，而这两名选手正是朝鲜人，日本报纸却无耻的大肆宣传，说这是日本的“光荣”，这时两个朝鲜选手向大会宣布了他们自己是朝鲜人，并在大会上抱头痛哭！这对于日本帝国主义当然是太不体面了。消息传到朝鲜，《东亚日报》登出了两个朝鲜选手的照片，但是把运动衣上的“太阳旗”挖去了，并很技术的报导了事实的真相，这给朝鲜人民如何大的震动呵！他们兴奋着自己民族有这样优秀的代表，他们痛心自己没有直接参加大会的资格，全朝鲜人民纷纷为这件事而愤怒，日寇在老羞成怒之下，把《东亚日报》封闭了八九个月。

另一件事发生在《朝鲜日报》，当上海发生“新生事件”，杜重远为了“闲话皇帝”而吃“妨碍邦交”官司的时候，《朝鲜日报》把这消息简单的披露出来，因而也遭受到停刊的处分，好几个月没有出报。

日本帝国主义用尽一切卑鄙的阴谋，从各方面进攻朝鲜民族解放事业的最后堡垒之一——新闻岗位，一直到澈底消灭朝鲜的新闻事业，使朝鲜人民陷入于麻痹无知的状态。

日本帝国主义企图消灭朝鲜新闻事业最主要的手段是：一、改订严格的出版法，尽力阻止朝鲜人新办的报纸出版。二、统制朝鲜纸张贩卖，利用经济上的优势与朝鲜报纸竞争，以增加朝鲜人报纸的经济困难。三、收买个别败类在各报馆内活动，乘机加以政治上的压力，把整个报夺取而去。四、用政治上的造谣、打击和威胁的手段，以降低该报在读者中的威信。五、采取各种恐怖暗杀手段，随时恐吓和加害各报的编辑记者，并严格限制记者资格，考核记者，以减少朝鲜记者的活动。

在日寇侵略战争发动后，硕果仅存的两家朝鲜报纸——《东亚日报》《朝鲜日报》被迫改组了，日寇的奸细变成了各报馆的“太上皇”，各报的编辑和记者的一切行动随时被监视着，报纸上称日军要称“皇军”或“我军”。消息来源亦全靠日方，不然那只有谈谈“风流寡妇”“麻雀经”，报纸的内容比过去差劲多了。

朝鲜的新闻事业虽然在极困难的条件下，然而朝鲜绝大多数的新闻工作者，他们并没有在困难前低头，他们有的是一颗炽热的心、坚决的意志，顽强的跟敌人斗争着！大型报不能办办小型报，公开报不能办办秘密报，许多英勇坚贞的新闻工作者，为了民族解放事业，直至光荣地流尽最后一滴血。像《时代日报》的记者×××、×××，被敌人捕去，毒打得死去活来，最后终于从容地牺牲了。像《××日报》被迫停刊后，该报一部份的工作人员即携带油印机入山地一面游击，一面出报，成为朝鲜新闻记者一面模范的光辉的旗帜！

四

梦想苟安的《东亚日报》《朝鲜日报》，已经在今年由朝鲜总督府一起下令停刊了，朝鲜自己的新闻事业就这样结束了他的命运。日本帝国主义澈底禁止朝鲜报纸，正是他目前整个阴谋的一部份，日寇今天正在朝鲜普遍进行“同文同种”“日韩一体”的欺骗宣传，禁止一切韩文书报的出版，企图消灭朝鲜的民族意识和民族文化，使朝鲜人民作日寇的万世奴隶。然而这一阴谋是无法得逞的，伟大的朝鲜民族是日寇永远无法征服的，朝鲜的新闻事业虽暂时给日寇绞杀了，然而今天的朝鲜新闻工作者，他们正与所有的朝鲜革命战士携着手，为朝鲜的民族解放事业而斗争着！

[原载于《新闻记者》(汉口)第2卷第10期，1941年]

英勇战斗中的东北朝鲜革命军

[韩国]韦明

金日成军队是在黑山白水之间与中国东北抗日将士并肩作战的朝鲜最有力的一支革命军，正如敌南总督所说的一样，它是“日本帝国的癌！”

“……金日成是厉害，勿论怎样打不过他，他真是个好汉……”敌伪满讨伐队队长前田在幕僚会议上这样说了！

一九三九年四月初，金日成将军挺进到伪间岛省和龙县，筹划军费，策动在满朝鲜同胞的革命暴动，并唤起日本人民的反战。

东北的四月，还是冰天雪地，四月廿七日的晚上，乘着降雪之机会，这些英勇的战士们穿过敌人步哨网，袭击了日寇在满特务会所经营的炭矿，当击毙该公司的社长高田及经理后藤外十余名，并没收五百万日元，伪吉林省警务厅长袖田接到这个情报后，吓得魂不附体，叹息说：“抗日魁首金日成年来率众数万，转战满洲各地，企图倾覆我满洲帝国及大日本帝国，虽然国内外的人早已知道这个，可是梦想不到这次这样胆大的大举来犯，这个简直是我帝国莫大的耻辱，叫我如何还有面子见人？”

正义与罪恶，革命与反动，反抗与讨伐，生存与灭亡，人们的血的战斗不断的创造着新的历史。

有了“癌”，人是活不下去的，感到耻辱的伪满讨伐队长疯狂的下着最大的决心，把过去一万五千名的讨伐队员一下增加了一倍——三万人，从新编制整理，分成三十余分队，并动员几千个谍报员，向伪间岛省一带追击。

全北满的军警都被动员起来封锁交通路线，四路搜索前进。可是建立在民众基础上的金日成部队，很巧妙的冲出了封锁网，于是失败了的敌讨伐最高机关不到一个月又把三十余分队解散，从新编成六个队，另外组织决死队，由全省的森林警察做向导，各方面搜索，在这时还是满地积雪，敌人在西北方面发现部队的足迹，敌前田队长下了最后命令，继续前进，不能失去这良机，一定要把这些“土匪”们完全消灭！

太阳已经下山，满山重谷里光明很快的消去，使人不容易分辨地带和方向了，平时定要在这里宿营，一但发现金日成部队之行迹后，恐受意外之袭击，又不敢停滞，只有前进了。

夜里九点钟讨伐队到了离仁旗河大马鹿沟八十里的高山地带，遇到了这里埋伏着的金日成部队之突袭，前哨部队的伪吉林省警务所长及其他官兵五十余名当被击毙，其余也受了重大的打击，怆惶逃去。

惨败了的敌前田“讨伐”总队长回到讨伐队，加紧训练，企图进行第二次的“讨伐”，把六分队的编制取消，而分组三分队，第一分队长由伪吉林省司法科长池田担任，第二分队长、第三分队长由伪吉林省警务科长宇波、伪奉天省警务科长吉冈分担，动员数万人向伪吉林省安图县搜索出发。

在安图县三番山的深谷，遇到埋伏部队的攻击，在这里开始了激烈的战斗，在三小时的血战中，英勇的战士们击毙了“讨伐”第三分队队长伪奉天省警务科科长吉冈以下五百余名，金日成部队也有百余死伤。对这一支具有灵活的战术和有英勇的战斗历史的朝鲜革命军，敌人用了数万优秀的武装部队竟不能消灭，于是“讨伐”总队长前田只好厚颜的向伪满州[洲]国提出辞职书，他的理由是，以他的能力无法消灭金日成，并请求能予以机会继承已经在第二次“讨伐”中战死的第三分队长伪奉天省警务科科长，伪满州[洲]国政府接到这封辞职书更起了一番恐惶，旋即照准，并呈派伪满州[洲]区治安部警务司次长后藤一郎继任了前田总队长，满洲人叫前田为“讨伐鬼”。

后藤继着前田上台，不久即取消三分队，组织单一部队，向安图县去“讨伐”。有一天正在召集全部队训话的时候，突被一个队员刺死了！根据敌之报道，刺后藤的是部队中的朝鲜人，这位朝鲜烈士也光荣的牺牲了。

敌人在伪满州[洲]国间岛省延吉县明月沟，为了防备“苏满”□培及金日成部队起见，于一九三七年强迫朝鲜人参加“讨伐”部队，这次“讨伐”的时候，由这个部队选拔三十个人参加。

后藤被刺死了，敌讨伐总队副队长继着后藤又向那安图县密林地带再三的进攻。

密林是革命军的世界，那里有险要的山岳、遮天的密林，谁也不能盲目的打进来，敌人最后只有恶狠的向这密林地带冲锋！早已埋伏着的勇士们，又四面包围着“讨伐队”，一齐猛烈射击，敌人无法逃出，只有顽强的抵抗，最后的挣扎，敌前总队长前田□也身受重伤，左腿右手中弹，医治无效，过了二天死了，“讨伐鬼”这次战斗中事实上成了鬼！一千余个敌兵也跟这“讨伐鬼”永久的做鬼去了。

光荣的战利品，有步枪三百余支，机关枪二十余挺，手枪百余支，俘获敌兵五十名。

东北的朝鲜革命军，金日成将军部队，在战斗中成长着，发展着。

（原载于《朝鲜义勇队》第 39 期，1941 年）

在美的朝鲜人

佚名

一、朝鲜人在美国

朝鲜人的渡美

太平洋两岸遥遥相望的两个民族曾经互相派遣公使，经常的取得两个国家之间的密切连结，但自朝鲜亡国之后，日寇便斩断了我们的外交关系，同此朝美的邦交也就告断绝了。

朝美的关系是远在七十年前美商船西曼号的来韩求商而引起的，以[因]一八七一年辛未洋扰事件。两国间便频繁的发生了交涉，在同时美国的基督教传教师的来朝布教更加促进了关系，遂于一八八二年缔结朝美条约。

嗣后美国人士的来朝是继续不断的，现在朝鲜四十余万的基徒[督]教徒及数十个基督教系统的学校是与美国传教师有着间接直接的关系。

朝鲜人的大量渡美是四五十年前的事情，当时美国的资本主义正向上发展，需要东方弱小民族的廉价的苦力，于是美国在日本东京设立开发公司，朝鲜也设立分公司，大量的招募苦力，朝鲜的苦力就应募到夏威夷北美及南美等地去作开发荒地建筑铁路等苦工，如今将近有一万的朝侨多半是他们繁殖起来的家族，他们的子孙，我们叫着第二世、第三世国民。其次是亡国前后亡命到美国去的革命志士，在[再]其次是求学而游美去的。

二、旅美朝侨的生活及活动

一万朝侨的生活文化是很复杂的，那里有五十年前跟开发公司去的一世人，还有和这些第一世人不同的文化生活环境里长大起来的第二、第三世人民。如今仅以夏威夷而言，中学以上毕业学生每年有四百余名，他们没有见过祖国，没有吸收过祖国的空气，和美国人们一样在自由的国度里生活着，然而他们和他们的父母一样是亡国奴，在一般美国社会里认为没有国家的人民，这便使他们痛苦，使他们跟随他们的父母为了曾未见过祖国的同胞的自由而奋斗。

美国的立国的精神是自由、博爱、平等的，美国的独立战争、南北战争，以及第一次欧洲大战时威尔逊的民族自决的号召，这是落后的被压迫的民族运动所敬崇的，尤其威尔逊的号召是曾给予朝鲜民族运动以极大的兴奋和推动。至于今日，他的话虽已成了空票，然而还仍然表现着一些亲近，因此我们朝鲜亡命者和侨民一样的集中于美国的领土上，于是各地也产生了政治的和侨民性的团体，以北美大韩人国民会、大朝鲜独立团、夏威夷大朝人妇人救济会、夏威夷学生会、北美韩国学生会等有政治的侨民性质的各团体为最著，它们经常从事于侨民教育的经济的政治的各种工作，同志会出刊《太平洋周报》，国民会出刊《国民报》《大韩民报》及《朝鲜学生年鉴》等，他们虽然远居于美国，但一向对于祖国之独立运动表示深切的关怀，亦尽应有的努力，物质上捐出巨款供给在华的革命团体，还培养不少的技术人材献给了革命。

中国抗战后的动态

中国的抗战鼓舞了每个朝鲜人民，使他们更兴奋的积极的参加祖国的独立解放运动，更把他们的运动走上更高的形式和有新内容的阶段。

他们因为视中国抗战如自己独立战争，所以爆发的第二年的春天，便在北美朝人社会里产生了中国抗战后援会向美国人士宣传中国抗战、抵制日货、反对军火运日，并为中国的伤兵及难童募捐，又派员到中国参加抗战，听到朝鲜义勇队的产生即刻组织朝鲜义勇队后援会出刊《义勇报》宣传中韩的协同抗日情形，发动在美朝侨从物质上精神上做后援的工作，又和美国人士共同组织美国国防后援会，在华朝人难民救济委员会等积极参加美国的国防工作，在参加美国军队者十余人，在美所有的韩人团体已于今年四月在不分党派不分主义和思想及理论集中朝鲜民族的一切反日力量的原则之下建立了民族的独立战线，因此统一了在美朝鲜革命者的运动，这是朝鲜民族解放运动策略上最正确的。在美国同胞的活动如今由宣传已进入了行动的阶级，由分散的行动进入了统一的民族独立阵线的斗争，由在美的活动扩张到中国与朝鲜在华革命者活动密切的联结起来了，今天是中苏的抗战、英美的反法西斯运动密切合作打击世界法西斯暴徒的时候，在美的朝鲜革命者运动在海外运动当中更占重要性了，他们必定动员所有的力量加强朝美两民族的友谊和合作，进而获得美国政府和人民的同情和援助，献给祖国的独立战争。

三、义勇队后援会的由来

成立沿革

中日战争不仅是中国民族而且使全世界被压迫民族与被榨取阶级，猛烈的唤起有组织的反帝思想，特别是地理上、历史上、文化上、政治上及艺术上与中国有着密切关系的朝鲜人民，视中国革命的抗战为我们自己个革命战争，旅美韩人在纽约、芝加哥、洛衫矶组织中国后援会，向美国的官民不断的宣传物质上援华和排斥日货以作我们的唯一武器。

中国后援会同志正在渴望朝鲜武装部队出现的时候，听见在华朝鲜民族战线联盟领导之下成立了朝鲜义勇队，于是产生了组织义勇队后援会的主张，义勇队后援会发起是依据朝鲜民族战线联盟的政治主张，曾向在美韩各团体如同志会与国民会要求联合后援，但是同志会同志来信说，因为本部在夏威夷，所以不能决定，同大韩国民会屡次商讨的结果，他们认为义勇队与“临时政府”无关系，所以拒绝与后援会合作工作，于是为了执行适当的工作起见，不得不以个人本位来组织后援会了，后援会的成份是国民会员、同志会员、中立人士等。

组织

一九三九年四月在纽约，同年九月洛衫矶，同年十月芝加哥在共同目标之下三个地方各自组织后援会，以物质精神两方面后援义勇队。至一九四〇年为了对内对外工作的统一，遂于五月组织了后援会联合会。

根据组织的秩序，洛衫矶后援会的发动第一次代表大会以书面进行了，纽约代表南宫叶、李震一、卡民平，芝加哥代表田世献，洛衫矶代表金家林、金刚、李庆善等七人进行了会务。

第一次代表大会选派安奭中、李庆善、金宗林、金顺权、金刚等五人执行会务，我们的友谊团体中韩同盟团代表韩吉寿前往华盛顿和我们后援会取密切的联系，并对内对外暴露了日本帝国主义的罪恶战争的阴谋及排美政策。

工作

本会实际工作，随时随地宣传排斥日货并向美国政府及社会团体请愿，要求禁止军火运给日本，包围日本领事馆并示威游行。

依据今日侨美同胞情形及环境来说，美洲后援会的当面任务是有组织的进行宣传，鼓吹革命，所以物质上不曾充足的援助义勇队这是事实，但我们深切的相信后援义勇队是我们革命运动上最重要的工作：

一九四〇年一月洛衫矶后援会刊行机关报纸《义勇报》，四月成立义勇队后援会联合会，随之《义勇队》也归并为联合会的机关报了，向全美洲各地广泛的宣传了民族解放运动的政论与义勇队消息。

结论

我们后援会队是依照朝鲜民族战线联盟和义勇队的革命理论与实践纲领而工作，对外则以打倒日本帝国主义恢复正当的生存权作为根本政策，向各被压迫民族与有关各国宣传要求其联络后援，对内则强调以实正的民主国家建设作为目标统一革命战线，今后关于军事、外交宣传等方面，各党派更加协同起来，我们相信这是我们革命运动的唯一前途，我们决定根据这一方针而奋斗到底。

四、在华的朝鲜义勇队与在美的朝鲜义勇队后援会（译自《义勇报》英文版）

在华的朝鲜义勇队并不是新的组织，他有相当长的历史，有背景，自从朝鲜被日本武力合并之后至于今日不断的生长起来的。

朝鲜的革命是自从朝鲜民族的生存被掠夺的那一天起就开始的，每个人都为着民族的独立而准备战斗牺牲，他们发问：国家亡了我们将怎样下去？有些领导者和他们的群众因悲愤而自杀了，但主要的答复是组织义兵，义兵这就是目前在华的朝鲜义勇队的胚胎。

义兵多数是由被解散的军队和各方打来的借师组织起来的，自然他们的武装是很贫弱的，他们每个人的唯一的武器是旧式的步枪，然而他们是从未失败过的神枪手，那里有惊人的故事，给敌人严重的打击并把他们的财产破坏得不可再恢复的程度，特别损坏了日本帝国的威严。

除了物质上成果之外，还有精神上坚固的成果集中在这功业之周围。他们以真理向日本作英勇的示威，就是日本虽以武力一时征服了祖国，然而人类自由爱国精神是终未被征服的，尽管有了敌人种种的诱惑，但决不能同化优秀的朝鲜民族，相反地，他们随着增强的爱国精神和为自由而不断斗争的决心，便保持着被压迫民族的激昂的意气。

的确他们进行了人类所可能的一切斗争，而且英勇的迎接着我们可以想像的或者想像以上的一切困难。

然而随着敌人武力的迅速增强，全国甚至于常常去躲避的山谷也没有比自己家里安全了，因此他们不得不离开那温柔的亲切的故土，他们虽然不发誓为祖国而牺牲奋斗，然而对于明日的幻想使他们轻视了自己的处境，使他们离开家乡，越过国境到了满洲。

带着繁重的心灵，来到满洲的草原，那里只有异样和荒凉无助的开着，并且还不断的受着饥饿和强盗的来袭。在这个环境里是谁怨恨，是谁抛弃了民族的精神！否，他们良心上曾没有一个满意这个环境，因此随着小小的家庭长大成为村落，独立运动也同样的长大起来了，学校也开设了，爱国的集会也有了，一切可能的话［活］动是进行了，这是在中国领土上的朝鲜独立运动的开始。

但是因为运动过于散漫，所以未能照希望那样很快的去建立了基础。于是他们的指导也变更了，随着时间的过去，有的往上海，有的到南京及其他各地，在那里会到从朝鲜出来的同胞。这给与朝鲜独立运动以前进的机会，而顺利的广播到全中国，“秋收是决定于播种”这是真理的，朝鲜在中国这个基础上，朝鲜义勇队便产生出来了。

朝鲜义勇队如其名称所表示的一样，是一个朝鲜义勇兵的军队，他有着好几个支队，由在华的朝鲜革命领导者们□在中国政府支持之下，共戴金若山为总司令，组织义勇队于抗战爆发约一年之后的一九三八年。

在前几个月是他们以赫赫的战胜来纪念了成立第二周年。两年来他们获得了充分的成果，完成了许多事业，一听到他们的故事，也就使我们的头发便竖立起来。

的确，他们正在进行的工作最具体的证明是最主要的工作。我们甚愿义勇队作先锋，领导朝鲜的革命对抗敌人挺进失去的国土里去。

为了充分的支持和合作起见，在美的朝鲜同胞组织了在华朝鲜义勇队后援联合会，两周年纪念会也举行过了，年会也在不久以前结束了，在过去我们并没到做到很多的事业，自然由于环境上有种种的困难，再加上又缺乏经验之缘故。然而我们自己还自夸的是我们曾用全副的精神照我们的计划去努力而得些成效，如今我们有许多重要的计划和决议，而我们明年的计划是各方面很广泛的，在其中有两件特殊的事情是很重要的，就是朝鲜在美洲国防后援会，这会成立有若干时间，至于今日才开始活动。其次是与美国委员会合作的在华朝鲜难民救济委员会，这会正在成功之途上。

关于前者，我们决不能踌躇于现状，必须要尽最大的努力达到其目的，至于后者，即在华朝鲜难民问题是特别引起我们的注意。当然今天全世界有几百万难民，然而朝鲜人的特殊情形，是和其他同样外境的人民一样，跟普通的其他人民有显著不同的情形。我们亦知道，中国的政府不会不给可能的保护，这是中国政府也不能充分的注意几百万难民中的盟友的难民，这个亦是事实。

为救济在华的朝鲜难民，我们背膀上有着重大的任务，这是不必再强调的。我们已经把这个工作当作在华朝鲜义勇队后援的主要工作目标之一了。

我们的工作是异常的困难，但这不是不可能的，这里不许我们改变！为达到我们已经决定了的目的而奋斗到底！走吧!!

（原载于《朝鲜义勇队》第40期，1941年）

第一个参加中国抗战的国际队伍*

佚名

第一个参加中国抗战的国际队伍——朝鲜义勇队，是在一九三八年十月十日在武汉成立的，在成立的过程中，即多承各方人土[士]惠予协助，或则促成我们精诚团结，或则指示我们工作进行，或则给予我们精神鼓励。更有赖于中国政府给以实际支援，才使本队得以迅速诞生而参加了光荣的保卫武汉的战斗，这是我们深深感激而永志不忘的。

成立迄今，瞬届三年，我们同志为了加紧打击中韩两民族共同的敌人——日寇，曾在六个战区十三个省份与中国军民并肩苦斗，近更深入敌后发动广大韩民的反日运动，工作正在开展，犹待我们加倍努力。回顾三年以来的工作情形，深感任重力微，愧未树立卓异之功，幸荷中国军民之助，尚无若何陨越，非敢自慰，不过借此鸣谢加惠者之盛意。今兹纪念，更承东方民族领袖蒋委员长及各方贤达惠赐题词，或慨撰鸿文，嘉慰有加，期责无量，欣怍之余，感奋万分。

今日何日？为本队成立三周年纪念日，而亦朝鲜亡国三十一周年之日，三十余年的亡国惨痛，三年来的抗敌经验，使我们深深认识：我们朝鲜民族要恢复自由，只有打倒日本帝国主义，要打倒日本帝国主义，就应该努力参加中国抗战，中国抗战的胜利，就是日本的失败，因此也就是我们的胜利，为争取中韩两民族共同胜利的早日到来，决定今后更加力促中韩两民族的团结，更加英勇的参加中国抗战，以严重打击共同的敌人，并决定秉承蒋委员长这次给我们的“自强不息”的训示，而积极团结我们的力量，训练我们的队伍，使这只朝鲜革命军——朝鲜义勇队壮大起来，担负起粉碎敌寇光复祖国的应尽任务。

我们知道：中国抗战是很艰苦的。我们更知道：朝鲜独立，尤为艰苦。由于日本帝国主义的残酷镇压，由于朝鲜的地理环境，非仅朝鲜国内革命难以一

* 原题为《卷头言》。——本书编者注

时爆发，而国外反日力量也不易立即冲进朝鲜。但这一切一切，只不过说明朝鲜革命前途艰险而辽远，并不足以动摇我们最后胜利之信心。正因为我们了解朝鲜革命有比中国抗战更艰险更辽远的前途，我们也就特别了解□蒋委员长这次训示的重要意义，我们今后决以自强不息的精神，来为中国抗战、来为朝鲜革命而拼死奋斗。

怎样奋斗呢？

这得感激王芃生先生这次的指示，王先生是特别关心朝鲜革命的，他这次的题词是："革命须能舍小异，取大同。集中力量，深入敌后，先争取在华朝鲜侨胞之团结，进而联络朝鲜本国之民众。配合所有政治军事力量，与中国抗战呼应一气，打击敌人，是为恢复朝鲜之大道。"

是的，这是朝鲜革命的大道。我们自来就是沿着这个大道前进，今承王先生明确指示，更将沿着这个大道前进，拼死奋斗的沿着这个大道前进，相信在这前进当中，必能团结朝鲜国内外广大的革命力量，以贡献于中国抗战和朝鲜革命的。我们深愿东方各民族先进人士多多给我们扶持，使得朝鲜革命早日完成，更愿国内外朝鲜同胞勿因"小异"而害"大同"，大家团结一致，巩固强有力的革命战线，同心协力，打击日寇，民族前途，实利赖之。

（原载于《朝鲜义勇队》第40期，1941年）

“三一”大革命运动简史

[韩国]李贞浩

一九一九年三月一日，是日本帝国主义铁蹄下的朝鲜民族，一致团结起来，亡国后首次的高扬着太极旗而惊天动地的喊出韩国“独立万岁”，而进行血淋淋的大规模的反日斗争，并向全世界宣布“朝鲜之为独立国，朝鲜民之为自由民”的日子。

同时，“三·一”运动是朝鲜革命运动史上占最光荣轰烈的一页，是后来朝鲜革命划时期的分水岭。为了要明确占计“三·一”运动，我们必须从当时朝鲜的社会状况及国际环境下手，以究明“三·一”运动的基本原因，而后说到它的斗争经过，在它失败的经验教训中确定今后朝鲜革命运动的正确方针。

（一）革命前朝鲜的惨况

这是无可否认的，朝鲜的命运已在中日（一八九四年）、俄日（一九〇四年）两大战后，就注定了它不可挽回的悲运。

日本帝国主义先后把朝鲜境内的中俄两国势力驱逐后，于一九〇五年则置朝鲜于其“保护国”，设统监府于朝鲜，伊藤博文自任朝鲜统监，农工商、警察、外交等大权均由日人擅自担任，并大规模的进行土地调查，至合并前几年则暴戾恣睢，横行无忌，强迫朝鲜皇帝禅位，解散朝鲜原有军队，夺取警察权，广布宪兵，掠夺朝鲜的丰富资源及交通、通讯等机关等等，得寸进尺，着着施行其吞并政策，至一九一〇年八月二十九日就完全吞并了朝鲜。从此拥有四千多年来灿烂文化与保持独立自由的朝鲜民族，就完全失去了自由生存权，而陷于水深火热的黑暗世界。

日本帝国主义开始蹂躏朝鲜的时期，也就是朝鲜民族反帝国主义运动的开端。自一九〇六年至一九一〇年为止，五年当中，朝鲜民族没有一时不与日本强盗拼火，只在义兵运动方面战死者有一七七七〇人，负伤者三七〇〇人，被敌俘虏者二〇七九人。

正当着日本帝国主义吞并朝鲜的时候，安重根义士首先代表全民族的义愤，而在一九〇九年十月二十六日在哈尔滨击毙了敌侵略魁首伊藤博文，发出朝鲜民族反抗的信号！

这是朝鲜亡国以前的大概，现在将朝鲜亡国以后“三·一”革命运动暴发以前的朝鲜社会各方面的状况略加说明一下。

一、政治方面

日本帝国主义吞并了朝鲜以后，则以总督府代替统监府，这毫无疑义的，是日本帝国主义压迫朝鲜民族和榨取朝鲜民脂民膏的更具体化的表现。

一九一〇年至一九一九年“三·一”以前是日本帝国主义对朝鲜实行“武断政治”的时期，就是寺内与长谷川任朝鲜总督的时代。当时朝鲜总督府内设有总督官房、总务局、内务局、度支局、农工商部及司法部等六部，大小官职均由日人担任，而在总督直辖下设警务总监，由各地原有(继统监府时代)日本宪兵司令兼任警务总监，由各地宪兵队长兼任警务部长，实行“宪兵警察制”，全国置一千六百二十四个警察所和一万六千八百四十个警察官员，来专门管制民众，屠杀全国爱国人士，无恶不作，警察经费一九一〇年合并当时不过三十多万日元，一九一八年增至八十多万元，到“三·一”运动暴发的那年则增加到一百七十多万元，由此更可确知敌人加害朝鲜民族的加深程度。

日本帝国主义者不但以宪兵来钳制朝鲜革命大众，更置重兵于朝鲜大小城市及乡村，任意屠杀民众，在敌人的淫威下竟达到了当爱国志士被敌人受刑时，就是死难者的亲友眼见死者的惨境也不敢叹息一声的地步！

一切言论、集会、结社的自由一概被严禁。

二、文化方面

在文化方面，不给朝鲜以出版自由，一切朝鲜固有的灿烂文化及国外新文化、新思潮都在被封锁之列；在教育方面即于一九一一年宣布教育令，实行奴隶教育，日语当做国语，禁止朝鲜学生在校内讲朝鲜话，禁止教授朝鲜历史，将朝鲜过去的所有朝鲜历史文献一概烧毁。淘汰朝鲜人教员，优待日籍教员，限制朝鲜学生的入学率，以企图完成其惠民教育。武断政治仍然在教育界适用，凡是教员都准许佩带剑刀，以资防止意外。

在这种环境之下，这里只有一句话，□是“我有枪刀，不准你动”！

可是，不屈不挠的朝鲜民族的英勇斗争，在这恐怖之下也一样能伸出伟大的姿态。一九一一年则有梁起铎等一百二十人谋刺寺内总督之壮举，一九一二年有朴尚镇志士组织光复□并枪杀韩奸张承远等之壮举，在海外则多数爱国青年及先辈集结于满洲、俄领、上海、美洲等地从事革命运动，如满洲之义兵运动及俄领的国民议会，上海的新韩青年团，美洲的国民会，同志会的活动等，无不是朝鲜民族精神不死、奋斗到底的英勇表现。

三、经济方面

在经济方面，“敌人要在朝鲜无阻碍地进行它殖民地掠夺政策起见，首先以全力来摧毁向来世袭的朝鲜土地所有关系，使土地从身份关系解放出来，成为可以自由卖买，自由掠夺，最后使朝鲜农民转落于必须出卖廉价劳动力的……地步”(参照拙著《现阶段朝鲜社会和朝鲜革命运动》二十五页)。因此，敌人自从一九〇五年统监府时代至一直到合并以后的初期几年(一九〇五年至一九一八年)，都在全力施行土地调查工作，确立所谓“神圣不可侵犯”之土地私有制度而掠夺了朝鲜国有土地八百八十八万多町步，而以登记不合手续的名义下，强夺了七万多町步的民家良田沃土；同时以东洋拓殖会社的名目，加紧兼并农家土地(一九一六年已占有七十三万余町步)，积极奖励日人移民，更加上日人之苛捐杂税及高利贷，任意宰割盘剥，全人口中占百分之八十以上的朝鲜农民，在这二重三重的压迫下，一再转落于金钱的奴隶。

土地改编后，首先招来的是农民的细分化和土地的集中化。朝鲜人地主转落于自作农，自作农转变为佃农，佃农转落于荒地农(火田民)，荒地农又转落于流离失所，无家可归的乞食群。土地急速的集中于日人手中，引起了朝鲜农民阶级构成的急激变化。

日人农家户数在合并当时只有一千三百多户，至“三·一”运动前一年就增至九倍(九千九百余户)。

当时的农家阶级构成是：

农家阶级构成变化表

年度	地主	自作	自作农兼佃农	佃农
一九一四	四六，七五四户	五六九，五一七户	一，〇六五，七〇五户	九二，二六一户
一九一九	九〇，三五八户	五二九，八〇三户	一，〇四五，六〇六户	一，〇〇三，〇〇三户

本表说明着一九一四年至一九一九年间，地主增加到一倍以上，这毫无疑义的是日人地主的增加，其次自耕农显然减下；反之，佃农及荒地农急激的增加。荒地农在一九一二年只有三万四千三百一十六户，一九一八年则增至六

万〇四百九十七户，至“三·一”当时则激增到二十六万九千四百二十六户（一百四十四万二千九百一十九人），几占全人口十分之一。

由于日本帝国主义苛酷的掠夺所引起的是流离同胞的激增。无家可归的可怜同胞，浑[挥]泪一批一批的流亡到异国，这个人数在一九一七年三二九二三人，一九一八年五四五三七人，一九一九年则增加到六五三一二人。

其次，我们在当时朝鲜人的主要食料品方面考察一下，更能正确的认识当时朝鲜民族的惨境。朝鲜人的主要食品为米，我们拿米的消费量来与日本人的米消费量互相比一下。

朝鲜的米生产与消费表

年度	总生产额	对外输出额	输移人额	朝鲜境内口消费额	粟输入额
一九一一年	一〇，四〇五，六一三石	五三九，七六〇石	一二，六五一	九，八七八，五〇五	—
一九一六年	一二，八四六，〇八五石	一，八二三，五六四石	一七，二九六	一一，〇三九，八一七	八，三五一石
一九二一年	一四，八八二，三五一石	三，二六三，三三七石	一七，九三〇	一一，六三六，九四五	六三，一四九石

本统计表中，可以看出当时朝鲜米的生产量与对外输出额是成为正比例的。奇怪的是粟的输入也跟着米生产额的增加而增加。这究竟有甚么原因呢？我们稍留意下面的表格则可明白这点。

朝鲜境内民族□米消费表（“三·一”当时）

年度	日本人			朝鲜人		
	日人数	米消费量	每日人平均量	朝鲜人数	米消费量	每韩人平均量
一九一一	一七一，五四三人	二〇五，八五二石	一，二〇〇石	一五，五一二，〇七二	九，六七三，四三三石	〇.六二四石
一九一六	三〇三，六五九	三六四，三九一石	一，二〇〇石	一六，三〇七，一〇二	一〇，六七五，四二六石	〇.六五五石
一九二一	三四七，八四〇人	四一七，四二〇石	一，二〇〇石	一六，九四一，一三九	一一，二一九，五二五石	〇.六六三石

这里可以看出，在朝鲜境内的日人每人每年平均吃一石二斗的米，而朝鲜人则每年每人平均只能消费其一半而以满洲的粗粟来充饿。饱的是日人，饿的是朝鲜人。生产的是朝鲜人，吃的是日本人。

最后，在工商业方面，自从一九一一年敌人宣布“市场规则”及“会社令”以限制朝鲜工商业以来，朝鲜工商业在各种的桎梏下无从向上发展，反之，日人之工商业则在总督府之积极奖励与保护之下急速的发展起来，一九一一年朝鲜境内已有日人会社一〇九个（朝鲜人方面则有二十七个），日人会社的资本合计五〇六三〇二〇元(朝鲜人的资本合计仅达二七四二三五五元)。至一九一九年“三·一”当时,日人的会社数目竟增至二八〇个(朝鲜人会社只有六十三个),日人会社的资本合计八三七五五九六三元(朝鲜人会社资本仅一一四〇三六一五元)。我们从这简单的统计,就可以知道“三·一”当时的朝鲜工商业,是在日人的限制及巨大移植资本的抑压下,已遭遇到不能自由抬头向上发育的悲运。

总之,朝鲜民族亡国后十年当中备受文化上、政治上、经济上惨无人道的压迫和榨取,每个人民在饥饿和窒息状态之下,充满了对日本帝国主义的敌忾心,每个朝鲜人的面前只有了两条路可撰,或者是饥饿而死,或者是开始斗争。

这就是当时迫切的主观情势。

(二)“三·一”当时客观情势给朝鲜民族的影响

“三·一”革命运动爆发前一年,是第一次欧洲大战的最后决定阶段,参战的主要各国,都在几年的激战中,已呈示疲劳状态,而多年在列强蹂躏下的各弱小民族,都准备乘机起来谋独立的时候。恰好,一九一七年俄国革命成功,放弃帝俄时代所获得的一切在弱小民族国家的特权,而主张援助被压迫民族解放运动。同时,一九一九年一月更由美国大总统威尔逊氏发表十四条和平意见书(后提出和平会议),其中第六条至第十三条是主张“民族自决”的,这给予世界弱小民族巨大的影响,而且给“三·一”运动至大的影响。因而,一九一七年至一九一九年欧洲各弱小国家及民族的解放运动急速的高涨起来:一九一七年芬兰之独立,一九一九年捷克及匈牙利之独立,奥国及德国的革命运动,以及当时在孙中山先生领导下高涨一时的中国民主运动,给朝鲜“三·一”独立运动以巨大的影响。

在这□有利的国际情势与紧迫的国内情势,就被当时朝鲜的爱国人士认作发动独立运动的千载一机。

于是,熊熊的革命怒火竟在一九一九年三月一日开始燃烧全朝鲜,震骇了敌人,振动了全世界。

(三)“三·一”运动的进行经过

“三·一”运动之能在三月一日爆发,就因事前有计划所致。

鉴于当时国内外情势的急迫,国内的领导人物于一九一八年冬集合于朝鲜京城,秘密组织成立朝鲜“独立运动总本部”,其主要成份为各宗教团体及教育界的领导者。天道教方面的孙秉熙先生,基督教方面的李承熏先生,佛教方面的韩龙云先生，教育界方面的宋镇禹先生、崔南善先生，都是当时主要的领导者。

当时独立运动总本部的主要计划是：(一)印发独立宣言书，以资唤起全民族，并引起全世界各国的注意；(二)以书面陈达参加巴黎和平会议的各国代表及美国大总统威尔逊氏，要求承认朝鲜独立；(三)派若干代表赴国外取得国外朝鲜革命团体□有力□士□联系。不久，当时在上海活动的“新韩青年团”也在上海国会商讨独立运动事宜。(一九一九年二月一日)决定选派若干代表赴国内及日本、俄领等地韩侨取得联系，并决定派代表赴巴黎和会要求朝鲜独立。

同年二月留日的朝鲜留学生，就用“朝鲜留学生的名义发表了独立宣言”。

这样，□内外的朝鲜爱国志士不期而然的相互一致起来，积极进行独立运动，至一九一九年一月末朝鲜光武皇帝突然被敌人暗杀，噩耗传来，朝鲜全民族无不悲愤，对敌人的敌忾心达到顶点，独立运动总本部则乘这机会决议：(1)决定故光武皇帝的国葬日即三月一日下午二时发动革命运动；(2)决定京城塔公园为朗读独立宣言地点；(3)通知全国各地方同时发动；(4)决定分发文告于美总统及和平会议各国代表，要求朝鲜独立；(5)决定先动员京城各校学生以进行大规模的示威运动。

三月一日下午二时，署名独立宣言的朝鲜民族代表三十三人中二十九人及数万□众集合了塔公园，先朗读独立宣言，继而高呼“朝鲜独立万岁”，旋则太极旗高扬天空，数千学生高撑太极旗而举行示威。京城数十万群众立刻激荡起来，在悲喜压迫之下，□水般的被卷入了这行列。“万岁”的呼声振动了云霄。手忙足乱的敌人则派大队骑马宪警队挥剑冲击，愤怒不可遏的群众则毫无畏缩的与敌拼命，无数群众在敌人的枪刃下被牺牲，于是由和平的示威运动便很快的转变到血淋淋的革命运动。可惜当时的领导者们没有估计到运动的发展规律，同时也没有正确紧密的领导群众，因而民族代表二十九人被捕之后，运动就失去了领导中心。

这个运动很快地普遍到全国各地方，多在同日同时间举行悲壮的示威运动。全国有血性的男女老幼，没有一个不参加，继续了前后八个多月的轰轰烈烈的革命运动。结果在日本帝国主义惨无人道的屠杀之下，终于失败了。可是“三·一”运动却锻炼了朝鲜三千万民众的革命意识，奠定了朝鲜革命成功的强固基石。

这次革命运动，自三月一日至同年五月末正，所动员的郡数二一一，集会数一五四二次，集会人数二〇二三〇九八人，被敌牺牲者七五〇九人，被伤者一五九六□人，被监禁者四六九四八人，被烧教堂及学校四十九处。

由二月一日至同年年底止，殉国人数达一〇五九八人。

“三·一”运动不但普遍到全国内，同时也很快的波及到海外朝鲜侨胞所住的每个角落里！

首先，是在上海集合的多数革命先辈，如李承万、安昌浩、朴殷植、李始荣、金九、卢伯麟、李东荣等诸先生则组织了“韩国临时政府”，一面主持国际外交，一面指导国内运动，博得了国内外人士之热烈支持。

其次，在北满洲及俄领的侨胞也很快的激荡起来，呼应国内运动。在龙井方面，“三·一”运动爆发后第八天为始，举行了大规模的示威运动，并立刻组织“独立期成会”，同时筹划成立独立军，创办干部学校，训练军事、政治人材，并在国境方面实行大小规模的游击战，以呼应国内运动，颇奏奇功。在俄领方面，当时留俄的韩侨在“大韩国民议会”领导下开独立庆祝会，并发刊《新韩独立新闻》，以鼓吹独立思想。

最后，在美洲及日本的韩侨，亦同样的呼应国内运动，引起了世界爱好正义人士之莫大注意。

(四)“三·一”运动的意义和教训

“三·一”运动是个反帝反封建的民族民主的群众革命运动。“三·一”运动的主要动力是朝鲜各宗教团体——新兴自由主义资产阶级的知识层，所动员起来的是全民族各阶层。

“三·一”运动虽是失败了，但它有不可磨灭的历史意义。

第一，“三·一”运动是朝鲜历史上第一次的最大规模的包括全民族农工商学兵各阶层的自发的反日民族统一阵线形态，这是当时东方各民族独立运动未曾采用过的优秀形态。这种全民族的统一阵线却成了后来朝鲜革命运动的优良传统。

第二，“三·一”运动是自然发生的运动，它与后来的革命运动却成划时期的分水岭。

第三，“三·一”革命运动，动摇了日本帝国主义对朝鲜的统治力。所以敌人受了“三·一”运动严重的打击以后，不得不对朝鲜人让步一下，先放弃从来加诸朝鲜民族的武断政治，标榜“文治主义”，禁止宪兵警察制，撤废社会令，准许某种程度的言论、集会、结社、出版的自由。这对于以后的革命运动和新文化运动却给了重大的影响。

这就是“三·一”运动所不可磨灭的主要意义。那么，甚么是“三·一”运动失败的经验教训呢?

第一,依靠外力谋民族独立者必败。“三·一”运动的领导者们事前并没有准备本身的抗战力量,而专事呼诉于和平会议和美大总统,以谋民族独立,这是失败的主要原因,也就是后来运动的重要教训。

第二,不以暴力,专靠和平运动而谋民族独立者必败。“三·一”运动虽包括了一些部份的暴力,可是多半仍然是徒手的和平示威运动。这种运动不足以驱逐强有力的侵夺势力。革命是流血的,它需要武装起义。可是“三·一”运动缺少了这个条件。这是“三·一”运动失败的主要原因,也就是后来运动的重要教训。

第三,没有强有力的政党领导革命,革命运动必定失败。“三·一”运动虽由韩国独立运动总本部领导,但这是临时组织起来的。它未曾训练大众,组织大众,它没有代表全民族或阶层的政纲,也没有正确的战略战术,所以当民族代表廿九人被捕后就失去了领导中心。这也是“三·一”运动失败的重要教训。

第四,不善于争取外援而处于孤立者必败。革命的胜利不能专门依靠外力,同时也不能专门依靠本身力量,是要依据具体的国际形势,主要依靠本身力量去革命,但同时要不断的争取外援,孤立敌人,削弱敌人,以增强革命力量。“三·一”运动的领导者们虽曾力争外援,可是没有得到相当效果。这也就是“三·一”运动失败的重要教训。

“三·一”运动是朝鲜革命运动史上占最光荣灿烂的一页,我们要继承它□下来的宝贵的革命传统,并须要接受它所失败的经验教训,奋斗到底。只要有统一的、强有力的革命政党领导大众,深入大众,训练大众,组织大众,施号大众,只要有信赖不移的信仰中心,只要有顽强的武装队伍,只要以统一的力量来争取外援,孤立敌人,朝鲜民族必能碎断日本帝国的铁锁□争获得独立自由,以建立新朝鲜。

一九四二年二月五日于渝市

(原载于《朝鲜义勇队》第 41 期,1942 年)

纪念“三一”与我们的任务

［韩国］澄宇

伟大的“三一”到现在已整整地二十三周年了。

一九一九年三月一日，我们朝鲜民族在亡国十年后，第一次向世界万邦宣布“独立”“自主”，向强盗日寇展开了全国的大示威运动。这不仅是在朝鲜革命史上空前伟大的运动，同时在世界革命历史上也写下了最光辉灿烂的一页！是每一个朝鲜儿女光荣自豪的日子！是每一个朝鲜儿女激昂奋发的日子！

目前朝鲜革命问题，由于太平洋战争爆发后，世界民主阵线与侵略阵线□后划分的清楚，而更加显露其重要性。在这样紧张严重的时期，我们来纪念“三一”当然有其特别重大的意义。正因为如此，我们对它历史的意义和它宝贵的经验与教训，不但要加以更深刻的认识，而且对纪念今年“三一”时我们应该要做的任务重新来一次检讨是非常必要的。

一

我们知道：“三一”运动产生的原因，是由于国内资本主义势力之发展与受当时世界大战后世界革命势力之高涨及威尔逊所提倡的“民族自决”的外来影响所致。

朝鲜原来是一个有四千余年悠久文化历史的国家，但是到十九世纪末，它的国内经济结构还是处在“亚细亚的停滞”状态，遂受各先进资本主义国家势力之渐次侵入。尤其是在地理上与朝鲜最接近之日本帝国主义，在当时经过明治维新后，国内资本主义之发展处于欣欣向荣的时期，遂向朝鲜伸出其侵略之魔手。及经日清、日俄两次战役后，列强对朝鲜问题，莫敢与日寇相争，故到一九一〇年，日寇竟以强盗之手段，把朝鲜变成为它的独占殖民地。亡国后日本帝国主义对朝鲜野蛮的经济榨取，首先表现在大量的土地掠夺政策上，同时急速地实行其商品销售与资本输出政策。于是乎朝鲜国内经济不能不引起重大的变化，所谓“亚细亚的”古老的生产样式，如早春太阳下冰片雪块一样地溶解下去，现代式工商业之发展大有雨后春笋怒发之势。当然日本帝国主义虽然在一面以其本国的样子改造朝鲜，但是，同时它为着维持其生命的源泉起见，不能不一面维持封建势力，且利用其经济上独占地位，极力阻止朝鲜民族资本之发展。但是不管日本帝国主义如何维持封建势力，如何利用其经济独占地位，也不能不允许非出所愿的朝鲜民族资本极微弱的发展。在这种情形之下，陷于流离破产、饥寒交迫的广大农民群众的反日情绪日益高涨，而至于上层新兴资产阶级，对日本独占的资本势力也表示极大的不满和愤恨。这就是产生“三一”运动的朝鲜国内情形。至于当时国际形势，亦甚有利于革命运动的发展。自从一九一七年俄国十月革命胜利后，全世界卷入于革新与战争的漩涡中，如从一九一八年到一九一九年法国、奥大利的革命运动，芬兰的独立，匈牙利的建立，苏维埃共和国，日本的稻米暴动，中国和印度等地蓬勃的被压迫民族解放运动等，都是对朝鲜民族革命的觉醒不但给了莫大的影响，同时刺激和鼓励了他们向强盗日寇展开英勇壮烈的斗争。除此以外，战后美国威尔逊所提出的民族自决的口号，也是对“三一”运动起了巨大的影响。当然威尔逊所提倡的所谓民族自决的口号，不过是有利于战胜国维持欧洲新秩序的方案，并不是替殖民地半殖民地被压迫民族求自由解放的口号。但是当时朝鲜民族一般上层份子，对它都是抱了莫大的希望是□□□认的事实。

在这样国内外情形之下，伟大的“三一”运动，□朝鲜民族领袖孙秉熙先生等三十三人共同签名发表之独立宣言下像一座火山一样地爆发起来了！一九一九年三月一日是旧韩国光武皇帝出殡的日子。因为韩皇系日人暗害，故全国人心极端愤懑，从各地参加出殡者不下数十万，所以当时领导这运动的三十三人和拥有广大的群众基础的天道教、基督教和各界代表们都决定利用这个机会发动大规模示威运动。到三月一日下午，他们如约集会于京城塔洞公园，朗读独立宣言后高呼“大韩独立万岁”。一时万众同喊，响激云霄，数千幅太极旗好像无数的自由之花一样地飞舞于半空中，数十万群众像一股汹涌澎湃的洪流一样汇合成一批庄严伟大的示威行列。残暴如日寇在这晴天霹雳般地万众怒吼之下，不能不战栗不知所措。千百名敌骑兵队与宪兵队，开始用他们的刀枪向赤手空拳的群众乱刺乱砍，但是愤怒不可抑遏之群众并不因此而畏缩退避，一直到下午六时始告结束其示威游行。这消息立刻惊动了全朝鲜各地的人民，使他们争先恐后地纷纷举行大规模示威运动。革命的巨浪已动荡于全国，大有江河莫遏之势。不要说全国大都会知识阶层与青年男女学生，甚至全国穷乡僻村牧童、樵夫以及七八十岁老翁老婆婆也都疯狂般地参加这光荣的示威运动。原来在“三一”独立宣言里虽然宣布“一切行动务要尊重秩序,使吾人主张之态度一出于光明正大,贯澈始终”,但是革命情绪极端高涨的广大的群众,并不能以高呼独立万岁和游行示威来满足他们的要求,他们终于超出于“和平有秩序”之上层领导的范围,而进入于群众暴动和流血的革命斗争,他们开始破坏敌人的秩序,反抗敌人武力的弹压,由三月一日到五月末动员的府郡共二一一,群众集会次数共一五四二次,动员人数二〇二三〇九八人,被敌惨杀者共七五〇九人,受伤者共一五九六一人,被烧教堂与学校共四十九处,被毁民房共七一五家。这样全民族的英勇壮烈的大示威暴动,一直继续八个月以上,但是在强大的敌人残酷的镇压之下,终被渐次平定下去!

二

由于以上所述,我们知道三一运动是反日反封建的民族民主革命斗争,它在动员的规模上是完全包括了国内各阶层的而至难以复加的程度,它在斗争的行动中,充分表现了每一个朝鲜儿女高度的爱国热忱和视死如归的革命的牺牲精神。但是“三一”运动为甚么终不能把朝鲜民族从殖民地奴隶的命运中解放出来而中途失败下去呢?关于它失败的原因,我们不能不指出以下几点。

第一,“三一”运动失败的原因,就是为着当时敌人的势力超过革命的力量,而且又缺乏有力的国际上的援助的缘故。日本帝国主义是东方新兴的国家,她虽然参加第一次大战,但战争结束前,她也是以战胜国的资格准备在巴黎和平会议上分到相当的赃物,所以她有充足的力量来镇压革命运动。至于当时国际革命形势,虽然有利于朝鲜革命,但是因为当时中苏两国的革命都还没有完全成功,所以对朝鲜革命不能给强有力的援助。当然,我们永不能忘记中国孙中山先生和俄国的列宁先生对朝鲜革命所给的物质上和精神上的援助。但是不要说中国,就是俄国虽然经过伟大的十月革命的胜利,也还处在严重的内战时期,不能有充足的力量来援助他国的革命运动。且当时日本国内工农革命势力尚处于微弱的状态,亦不能对朝鲜革命给予有力的援助。至于英美等先进诸国,对朝鲜独立不但采取漠不关心的态度,甚至在巴黎和平会议时竟至袒护日寇,不许朝鲜民族有要求独立的权利。所以伟大的“三一”运动,在强大的敌人压迫之下又不能争取强有力的国际援助而终归于失败!

第二,“三一”运动失败的原因,是为着当时领导革命的新兴民族资产阶级的力量薄弱的缘故。“三一”运动是全民的群众革命运动,在表面上看起来,当时领导份子包括各阶层,甚至有一部份封建贵族层也都参加在内,但是在实质上看起来,领导的中心是属于宗教系统——新兴资产阶级的代表们。这些新兴资产阶级代表们的背后经济力量非常的薄弱，同时他们在政治上又缺乏严密的组织和丰富的经验。他们对巴黎和平会议抱着幻想，以为在这个会议上英美等先进资本主义国家，一定可以强迫日本把统治朝鲜的权利退还给朝鲜民族，根本不知道拿自己群众的革命的暴力从敌人的手里夺回失去的自由和独立。所以在独立宣言里，除了充分的表现“和平”独立的幻想以外，并没向广大的群众具体提出来革命的行动纲领。当然我们对领导“三一”运动的先烈伟大的革命精神，表示万分地钦敬，但是他们□□□验的缺乏与政治意识的模糊，限制了他们在政治领导上起坚决正确的作用，所以他们就不但不可能能动地发动广大的群众，向强大的敌人进行大无畏的流血的革命斗争，反而他们落在群众的后面，见到群众自发的暴动行为已超出于“和平”“有秩序的范围”时就表示畏缩退避。所以他们与群众间的联系渐至松弛，他们对群众的信仰亦渐告消失。伟大的“三一”运动就是因为这样没有强有力的革命阶级或政党的领导而终归于失败！

第三，三一运动失败的原因就是为着全民族内部团结的不够与缺乏严密的群众组织的缘故。“三一”运动是全民的自发的革命运动，这个运动一开始表现全民族的空前的团结，但是随着这个运动的发展和持久下去，在国内和国外产生了各种革命小集团。这种革命小集团，不论在组织的规模上，或者在宣传的政纲上，都不能成为代表全民族利益、领导全民族革命运动的强有力的统一的机构。他们虽然在争取朝鲜独立的总的目标上完全一致，但是他们在为着争取朝鲜独立而展开的实际斗争上，都不能采取紧密的联系和共同的步骤，所以革命的力量不能团结于统一的领导下，而渐至涣漫分散的状态。至于当时动员的群众，虽已达到惊人的数目，但是这些群众都是被不可抑遏的一时民族的义愤所驱使，自动参加革命运动，并不是经过严密的组织与政治的训练后有计划有规模地被动员起来的。所以他们开始参加革命时好像有排山倒海之势，但这不过是一时昙花一现的现象。要把革命坚持下去，战胜强大的敌人，决不是这样散漫无组织的一时自发的群众力量所能做到的。当然我们也不可忽视领导当时革命运动的各宗教团体如天道教、基督教、佛教和儒教等拥有数百万的群众基础，但是这些群众集结于崇拜迷信的落后的方式下，并不是集结于进步的革命的组织下，所以他们就不可能发挥他们应有的革命力量，也是无可否认的事实。除此以外，在“三一”运动前后产生的各革命集团，都不过以小数上层知识阶层为中心，并不能深入到广大的工农群众里面，把他们组织起来训练起来。所以他们所进行的运动，只能限制在革命“志士行为”的狭隘的范围内，而不能发展成为为着革命胜利而斗争的大众的革命暴动。伟大的“三一"运动，就是为着内部团结的不够与缺乏严密的群众组织而终归于失败！

三

伟大的"三一"运动，就是因为客观条件之不成熟与主观力量之不完备，没有达到胜利的目的而中途失败，但是在"三一"运动牺牲的革命先烈的鲜血并不是白流的。"三一"运动的结果使强盗日本帝国主义对着有伟大的革命精神的朝鲜民族，不能不表示若干的让步。

一九一九年九月一日，在斋藤总督宣布的所谓"文化政治"下，允许朝鲜民族获得若干言论、出版、结社等自由。当然这并不是日本帝国主义对朝鲜民族真正的让步，而是为着缓和革命而采取的更巧妙更狡猾的新的统治方法。但是，勿论如何，朝鲜民族获得敌人这些让步，不但提高他们民族的觉醒，同时对展开新文化运动也有莫大的影响。除此以外"三一"运动的结果，大大地提高朝鲜民族国际上的地位，同时使他们，更深刻的感觉到：只有全民族的团结，只有有组织有计划的群众的革命的暴力，只有正确的革命的领导，只有争取可靠的国际上的援助，才能推翻日本帝国主义的统治，才能把他们的命运从黑暗悲惨的地狱里拯救出来，从新享受光明、自由的乐园生活。所以经过"三一"运动后，朝鲜革命运动更加深入，广大的工农群众开始出现于政治舞台上。他们已深刻地了解：用自己的力量改造自己的命运，用自己的革命的经验教训领导自己的革命的行动，如"六十运动"、光州学生暴动、元山大罢工以及数十年来海外武装斗争等都是"三一"运动光辉的继承和发展！

纪念今年"三一"节的时候，毫无问题地朝鲜革命国内外情势比"三一"运动当时更加有利的多了：自从日寇进行侵华战争以来，国力之消耗达于极度，国内人民之反战情绪日益高涨。日寇自知最后悲剧之渐次迫近，终至挺而走险，以孤立一掷之投机手段，发动新的太平洋大战。由于太平洋大战的爆发，使世界民主阵线与侵略阵线之划分已最后地明朗化。在这战争的初期，由于日寇背信弃约的偷袭行为，由于英美远东军事上准备的不充足，由于远东各弱小民族团结与动员的不足，日寇在军事上获得初步的胜利。但是这个战争持久下去，最后胜利之属于民主国家实属毫无疑义。我们在不远的将来可以看到：日本法西斯兽血将染红汪洋无际的太平洋与广漠无边的中国原野。换言之，日寇最后灭亡的丧钟已悲鸣于远东，而世界民主国家与东方被压迫民族胜利的凯歌将响澈云霄。这就是朝鲜革命绝对有利的客观条件。至于目前国内革命势力的发展，在日寇战时血腥的统治下，不能不遇到许多困难和阻碍。但是由于数年来日寇在朝鲜实行"工业化"政策（当然这是意味着日本帝国主义在朝鲜特别注重军事工业畸形的发展，而不是意味着朝鲜民族资本之发展），国内工人阶级的力量日益增加，且战时日寇无限制的压榨使千百万农民群众陷入于流离破产、饥寒交迫的领域，甚至使上层地主和资产阶级也因经济统制的影响而俱受破产的危险，这些都有利于革命的成熟和全民的动员。尤其是五年来神圣伟大的中国的抗战与最近英美苏反法西斯战争的胜利，对朝鲜民族给精神上以莫大的刺激和鼓励，使他们大大地提高民族的觉醒并助长斗争的勇气。这就是证明朝鲜革命主观的因素亦逐渐完备。

毫无问题地朝鲜革命的新的阶段已近在眉睫。在这紧张严重的时期，在海外的我们朝鲜革命者，离开我们挚爱的祖国和同胞，在这中国抗战首都——重庆又迎接“三一”运动二十三周年纪念日，这将如何地使人感奋啊！

在今年“三一”节，我们每一个朝鲜革命者应该自己问自己：我们所担负的历史任务是甚么？国内同胞对我们所企望的是甚么？抗日的中华民族和反法西斯的世界民主国家和被压迫民族对我们所企望的是甚么？每一个人应该感觉到我们没有完全的执行自己所担负的历史的任务，不用说这将有愧于国人的企望和抗日的中华民族与世界反法西斯的民主国家和弱小民族对我们的企望！但是我们决不要因此而失望灰心，相反地，我们要拿出千百倍的勇气执行我们未完成的任务来纪念今年的三一节。

第一，纪念今年的“三一”节，我们要在最短期间内要成立海外朝鲜革命最高统一机构。谁也知道统一能生存，分裂就灭亡的简单的真理，但是到现在我们关内朝鲜各革命集团还没有团结在统一的机构下，这主要因为没有群众基础的关内朝鲜革命特殊的客观环境所使然，但是我们也决不能否认主观努力的不够。过去我们对组织统一机构问题，提出“单一党”“联盟”等各种方案。但是到现在，由于国际形势的变化，只有大韩民国临时政府才有成为统一机构的可能。所以我们都要求临时政府当局应该容纳各革命派团体，以谋集中一切力量于临时政□□□成为关内朝鲜革命最高指挥部，而且我们为着实现这个目的□见，已自行结束护法运动，并要求政府当局早日召集临时议会。我们坚决的相信政府当局一定可以采纳我们的建议，同时我们应该为着使政府当局□纳我们的建议，而尽最大的努力和诚意！

第二，纪念今年“三一”节，我们要以统一的力量争取国际上更大的援助。自从中国抗战以来，中国政府与人民已给我们伟大的精神上的鼓励和物质上的援助。但是因为我们统一未完成，无形中妨害了中国政府执行援助我们的任务达应有的程度，更不可能争取英美苏的援助。但是太平洋战争爆发后，朝鲜革命问题在远东问题上更加显露其重要性，所以中苏英美等国对朝鲜问题的注意亦日益增加。在这千载一遇之期会，我们应该巩固和扩大现有的临时政府机构，以谋获得中苏英美等国正式承认和援助，进一步我们要以政府资格并列于对日宣战之二十六国之中，以提高朝鲜民族国际上的地位，并号召国内人民，使展开广泛的反日反战斗争。我们要〖为〗实现这个目的而尽最大的努力！

第三，纪念今年“三一”我们要争取敌后同胞在中国政府与人民援助之下成立关内革命武装队伍，并与国内人民和东北朝鲜革命势力取得密切的联系和合作。我们知道，在中国沦陷区特别在华北一带的朝鲜同胞为数不下数十万，我们应该深入到他们里面去，把他们争取过来，做为建设武装队伍的基础，在这个目的之下我们义勇队一部份已向华北展开敌后工作。今后我们对华南华中的敌后工作，必须加以更大的注意和努力。至于与国内人民和东北朝鲜革命势力取得更密切的联系和合作的问题，因为目前交通的断绝，当然有莫大的困难。但是我们要以不怕艰苦不怕牺牲的精神，为着实现这个目的而奋斗到底！

我们要勇敢地执行以上的任务，来纪念今年“三一”节！自由、幸福、独立的新朝鲜、新中国、新世界的曙光就照在我们的面前！

（原载于《朝鲜义勇队》第41期，1942年）

在更生的太极旗下

——韩国“三一”独立运动二十三周年纪念大会记

佚名

自一九一〇年日寇并韩以来，四十余年处在铁蹄蹂躏下的朝鲜弟兄，曾来也没有像今天一样面上这般的光彩！的确，今天是朝鲜民族更生的一个日子，不独是二十三年前的抗争，留下了这样一个可歌可泣的纪念日。而且，以今日的纪念为契机，给韩国革命运动的团结和统一奠下了一块基石，这更是值得欣喜的一件事。

半年前，朝鲜的革命兄弟还是分别在两处地方，两个壁垒，纪念一个共同的惨痛的亡国节日——八月二十九日。可是，今天各党各派却能□集一堂，纪念自己的光辉的日子。老年、青年，还有下一代的在中国成长的幼小，都从新桥、南岸等几处地方，携老絜[挈]幼的，集合在一起来，这真是一个民族大团圆的可喜的佳日！

全副武装的中国军人，政府的要员，各界领袖和同盟国的友人，中外记者，都来参加这个可纪念的日子。会场中出现有这些人物：贺耀祖、马超俊、董必武、黄少谷、陶行知、王芃生、邵毓麟、潘梓年、费吴生、诺米洛斯基、安献今、麦唐纳，等等。

还不到开会的时候，台上报告：美国将承认韩国独立，今后朝鲜也成为二十七个同盟国中的一员！雨点般的掌声，几十年来未见过天日的朝鲜弟兄，特别为这个喜讯所欢欣鼓舞！那台上紧束着的中、韩、苏、美、英、荷的两把国旗和那两幅巨额的标语：宣言吾国为独立国，吾族为自由民！奋斗到底，直至最后一人，最后一刻！

《独立宣言》节录也格外显得光华灿烂！

《在更生的太极旗下》，朝鲜女郎金秉仁小姐唱着这首动人的歌子，几百人心里都起着共鸣，眼前闪耀着自由解放的光辉！特别是当四位长髯飘飘的老者升起那面长方形的太极旗时，泪莹莹的眼睛里，几百个人重见了祖国的旌旗，光复的信念激荡在心头。

主席金九先生在开会辞里，欣然的报告今日四喜临门：㈠韩国的光复运动，已统一团结于临时政府之下；㈡华盛顿自由韩人大会，在二月廿七——今天与重庆同时纪念“三一”，这是全民反侵略的表示；㈢国亡三十余年，美国已提及韩国独立，中国亦复如此，这是今年纪念“三一”的大礼物；㈣今后党派纠纷将一扫而空，一切革命力量集中于临时政府。

接着一个有意义的节目——历史报告，洪震先生用那连珠炮似的韩语，将三一运动当时的历史教训传授给后人。赵素昂先生更阐述三一革命的特点：是朝鲜民族推翻三千年封建统治，建立民主国家的开始；是推翻日本帝国主义毒辣的殖民统治，建立大韩民族国家的开始……他还指出当前的任务：要争取在侵略战争中的韩国同胞；要破坏日寇利用以供侵略战争的朝鲜谷仓；要破坏敌后的交通，使敌人无法利用朝鲜作为进攻盟国的桥梁；要破坏敌人在韩的海陆空根据地。他高呼着：“二十六个同盟国万岁！英勇抗战的中国将士万岁！韩国独立万岁！”

台底下潮水般的“万岁”的喊声，小孩子也用朝鲜话附和着。

纪念歌唱过后，盟国的友人都被请上台致词，马超俊和黄少谷先生都贡献中国革命的经验，勖免于唇齿相依的朝鲜兄弟。马先生说，在太平洋战争的新形势下，今日正是朝鲜民族抬头的时候，但是还不要过于高兴，任务还很艰苦，朝鲜兄弟应当努力学习国父的谦让精神，加紧进行团结，要有大度包容的风度。黄先生说，今日起朝鲜的团结有事实的表现，今后更希望有进步，应该记取，独立是要□自己努力争取的；希望朝鲜兄弟注重宣传工作，打破敌寇“东亚共荣圈”的欺骗和阴谋。

美、英友人费吴生和安献今先生都致了最善的颂语。费吴生先生述说他在纽约和南京时和韩国革命弟兄的交往，赞扬美国今日的对韩政策，祝福韩国弟兄达到独立的目的。安献今先生强调指出，同盟国家整体就是一个，一个就是整体，他希望韩国成为插在日寇背上的一柄钢刀。他最后用华语说着：黑暗是暂时的，前途就是光明。

最后说话的是邵毓麟、王芃生两先生，他们代表所有同情朝鲜革命的人士发言。邵先生说：希望中国帮助朝鲜的武装。王先生更举出他亲身经历的许多动人的故事，从他亲眼看到的日寇残酷镇压下朝鲜人民发动震沥世界的革命，以及他在巴黎时看见朝鲜弟兄保存他们的历史比生命还来得重要与他在东京时，一位韩籍的汽车夫坦白的告诉他在东京的七千司机的革命组织中有着两千朝鲜弟兄……这些英勇的事迹，证明韩国同胞是决不甘作亡国奴的！

一致的鼓掌中，通过下面的一些决议：

通电各反侵略国领袖，要求对韩国临时政府加以承认；

通电华盛顿自由韩人大会，表示响应；

通电前线的中国将士致敬；

向韩临时政府国务会议致敬；

请早日改选议员，召集临时议会，实现全国一致团结。

在三呼万岁的吼声中，结束了这个极有意义的盛会。大家在太极旗底下作了这一番庄重的誓言，每一个人走出会场时都有着这样一颗信心：

“一个统一的韩国，尽可以推翻残暴的统治者，恢复起自己民族的独立和自由！”

（原载于《新华日报》1942 年 3 月 2 日）

追念韩国革命前辈玄河竹同志

铁山

五月十日是我们的玄河竹(正卿)老同志逝世二周年纪念日。玄河竹或玄正卿这个名字,在中国人看来,自然是很陌生的。可是在广大的韩国民族大众中,这个名字是再亲切,而且再熟悉没有的了。他是自从亡国的时候起就参加反日独立运动。三十余年间,为着韩国民族的独立和自由不屈不挠的奋斗,一直奋斗到死的那一天。他是韩国革命运动的一位杰出的指导者,特别是韩国社会主义集团中的一个忠于主义和忠于事业的领导人。中国抗战发动后,他从华北辗转而来重庆,积极推进韩国革命事业,不幸因工作过劳而得病,遂于两年前的今日,以五十六岁的老年死去了。这自然是韩国民族解放运动的一大损失,尤其是韩国社会主义者们失去了最可信赖的领导者。我们把河竹同志的遗体埋葬在异域独山的时候,那种愤慨和悲痛,是不可以言喻的。

河竹同志的本名是正卿,或化名李兴福,一八八四年一月十五日生于平安北道博川郡东面上沟洞。他的祖父是一位真挚的汉文学者,隐居乡间,以宣讲忠孝与道义为事。父亲是纯朴的农民,专事耕种,全靠勤俭和劳力,支持一家的生活。玄同志就是这样一个贫农的子弟,在幼小时过着半耕半读的生活。

河竹同志是从这样纯朴的农村家庭中生长出来,所以他有着纯真坦直的性情,见义勇为和择善固执的意志,具备了典型的革命家的风度。他在二十岁左右的时候,就觉得国事日非,决心致立于革命事业。当时韩国政府根据日人顾问政策,颁行所谓百一税制度,可是这制度将要使韩国经济陷于根本的破产,于是他结合多数同志,发动反对百一税制度的运动,动员博川、安州等几个县份的民众袭击郡财务所,扑杀日人财务所员,结果十几位同志被捕入狱,他幸得脱免。这就是他第一次的革命事业。

从此以后,玄同志离开了家庭,过着革命的流浪生活,到处纠合革命同志,反对当时韩国政府中的奸臣贼子。在这时期,他遇到韩国儒学大家兼爱国志士柳义庵先生，拜为门徒，一面讲修治国平天下之大道，另一方面参加柳义庵先生所指导发动的义兵运动。这样他以聪慧英俊的青年，成了韩国西北部义兵运动的中坚。

可是亡国后数年间，在敌人绝对优势的进攻和扫荡战中，各地义兵运动渐归于失败。于是玄同志□居农村，教育青年学生，以待时机。在这时期中，玄同志潜心研究现代政治学说，澈底清算传统的忠君爱国主义，而完全接受了现代的民主主义思想，这是玄同志在思想上飞跃的一个时期。

到了一九一九年“三一”大革命暴发的时，玄同志猛然起来参加和指导这一运动。他是跑到中国的东北，在百余万韩侨中组织“大韩独立团”，广泛地展开韩侨大众中的独立运动，特别发起“在满韩族统一会议”，组织“军政府”，积极推进政治及军事各方面的独立运动。

当时在韩国独立运动界，有了保皇派和民主派的对立和分裂，玄同志便是民主派的健将。特别在满州[洲]的韩国独立军中，封建君主主义的全德元一派是和玄同志不能并存的，于是他澈底肃清保皇党，把韩国独立运动提高到民主主义的新阶段。

玄同志在组织“军政府”以后，即和“大韩独立团”内部的封建君主派断然分离，联合民主派青年组织了轰动一时的有名的“光韩团”，一方面潜入国内，组织和教育民众，募集军事活动资金；他方面组织游击队，在国境方面不断实行游击战争。

到了一九二五—七年中国国民革命军北伐的时期，在满韩侨中的八个革命团体统一起来，成立了“正义府”，这是满洲百余万韩侨的反日革命自治政府。玄同志被选为“正义府”的委员长，积极扩展革命事业。可是这个时期，就是以中国北伐革命为契机而东方各被压迫民族解放运动空前高涨的时期，特别是在国内外新兴的社会主义运动风起云涌的时期。在这时期，玄同志的民主主义思想更进了一步，接受了社会主义的思想。从此，他断然参加韩国社会主义集团，忠实地信仰主义，执行革命的任务。当时他看到“正义府”制度不仅不能代表韩侨大众的利益，反而成了压迫和榨取他们的机关，遂欲改革“正义府”，但因反对派的阻害，不能成功，于是他奋然脱离“正义府”，积极推进侨胞的组织和教育运动，同时和国内的社会运动建立密切的联系。另一方面，建立“南满学院”，招募多数青年学生，教以新兴的社会科学。可是玄同志的此种活动，遂为反对派所忌嫌，以致被捕。玄同志出狱后，立即脱出“正义府”统治区域，跑到热河方面来，继续致力于革命事业。可是不久，“九一八”事变发生，热河相继失陷，玄同志遂率领十余同志退到绥远、包头等地，开垦荒地，为的是要移殖满洲的韩侨。因为“九一八”事变后满洲的韩侨都不愿做第二次的亡国奴，愿随玄同志与共生死，因此他在包头经营垦殖凡三四年，但因种种关系，移侨计划终归失败。

到了一九三六年中国民族救国运动风起云涌、中日大战迫在眉睫的时候，玄同志即入关内，先在山西太原和关内各地的许多同志重新建立关系，加入了“朝鲜民族解放同盟”。“七七”抗战后，太原失陷，玄同志和数位同志辗转赴陕西延安，复于一九三八年年底来到重庆，从此成为“朝鲜民族解放同盟”的领导者。

玄同志到重庆以后，热心致力于韩国革命各党派的统一团结工作，特别鼓励青年同志们积极参加中国抗战。他关于韩国革命运动，推出了许多宝贵的意见，即：

第一，要赶快建立全民族的反日统一战线，这个统一战线的主要内容，就是反日民主纲领及在这纲领之下韩国的民族主义党派和社会主义党派的亲密合作。

第二，韩国社会主义者们要建立统一的组织，实行统一的政策。必须实行猛烈的理论斗争，反对和克服一切宗派主义及机会主义的倾向。

第三，联合各地的韩国革命武装及半武装队伍，建立统一的韩国独立军。

第四，争取国际援助，特别要和中国当局建立全面的民族的外交关系，反对个别的党派的外交。

以上四点，便是玄同志临死以前的政治主张。在他死时，也是拿这四点主张来作为遗嘱。这种主张，早已得到各党派人士的赞同。在他逝世二周年后的今日，已经完全有实现的可能。从这里我们可以看得出来，河竹同志的天才的政治的预见和革命的领导能力。

末了，河竹同志的肉体是死了，但是他的革命精神和事业将是永垂不朽的。尤其他的社会科学的进步思想和忠于主义、忠于国家民族的革命人格，将永远活跃于韩国革命大众的胸心里，永远起着指导的作用的。

（原载于《新华日报》1942 年 5 月 11 日）

日人革命觉醒

——延安反战日人成立在华共产主义者同盟

佚名

在华日本共产主义者同盟于六月二十三日下午假日本工农学校举行成立大会，会场正面高悬马克斯、恩格斯、列宁、斯大林、片山潜、毛泽东之巨像及同盟盟旗，两旁置有鲜花，空气至为严肃。首由主持人推选斯大林、季米特洛夫、市川正一、毛泽东、朱德等五同志为大会名誉主席团，继即报告同盟成立经过，指出同盟之成立，表示在延日本同志之飞跃进步，其中部份同志已有参加共产党之要求。现参加者已达二十四名，本同盟不等于党，但为党之准备阶段。本同盟之成立，对于日本之革命运动，对于同盟员本身都具有历史的意义。希望同盟盟员加倍努力，克服一切困难，从外部来促进日本共产主义运动，最后指出同盟之所以能够成立，必须感谢中国共产党及×路军对我人之莫大援助。至此，全体盟员在森健同志率领下高声朗读“加入同盟之誓言”，谓：“当我加入在华日本共产主义者同盟时，谨在日本及中国民众面前，作下面的宣誓：(一)为同盟之目的，同盟之利益，贡献我一生，永不背叛。(二)绝对服从同盟之纪律、决议、命令，并严守秘密。(三)在工作、学习、自我锻炼、日常生活各方面，皆须为他人之模范。”

接着通过同盟盟章及杉本同志建议致书毛泽东同志致敬书(原文见另条)。各代表讲话一项中，朱总司令代表中国共产党及×路军致贺词，略谓：“同志们来延时日尚短，而进步极速，今天在华日本共产主义者同盟成立，我们衷心表示祝贺。现在这个同盟组织不大，但将来必有惊人之发展。同志们必须利用今日有利之环境，加紧学习马列主义，准备将来在日本具体应用。又指出建立日本劳苦人民的武装，是打倒日本天皇制，打倒日本帝国主义，建立日本人民政权重要的环节，各同志参考×路军五年来发展情形，即能了解其中道理。希望同志们不屈不挠，奋斗到底。”李初梨同志致词谓：“十年前曾在京都参加过日本劳农党大会，今天又在延安参加日本共产主义者同盟大会，觉得极有意义。希望同志们注重理论和实践之统一，以无产阶级之道德为最高标准来锻炼自己，同盟之成立，将给予日本国内之革命同志以最大的兴奋与鼓舞。”继又由参加同盟之日本学生致词。最后，同盟盟员代表中小路同志致答词，谓：“我们的进步仅仅是开始，今后应不断的努力，还有未参加同盟的同志，支持着我们，帮助我们，我们坚决相信我们的事业必定会胜利的，我们必须成立真正的布尔塞维克，才能对得起日本共产党廿年来光荣的历史。”至此天色已晚，全体起立高唱《国际歌》，宣告散会。

（原载于《新华日报》1942 年 7 月 26 日）

朝鲜义勇军华北支队第二队李益星队长访问记

仓夷

这次朝鲜义勇军华北支队第二队从晋冀鲁豫来到晋察冀，来和我们的边区的军民一起工作，实在是很值得庆幸的一件事。前几天边区朝鲜独立同盟全体盟员和边区各界代表，已经开了热烈的欢迎大会，欢迎这支朝鲜民族革命的队伍。

率领着这支革命队伍的队长，是李益星同志。我们一见面时他就对我说："晋察冀边区是敌后模范抗日根据地，我们来这里是跟大家学本领。"李队长说这话并不是客套的，这里有它很实在的意思。

追溯到这支队伍以前的历史，在李队长和我的谈话中，是有着许多动人的事迹的。差不多从抗战刚一开始，许多流亡在我关内的朝鲜革命青年，大部分都团结在"朝鲜民族战线联盟"的领导下，参加了我国的抗日战争。1938年双十节前后，武汉的上空首次地飘扬起"朝鲜义勇队"的大旗，他们这支队伍就在那时候诞生了。

那时候他们的队伍分了两个支队——华中支队和华南支队，和我们作战的部队在一起，在火线上负着艰巨的"对敌宣传战"的任务。他们先后训练了两万多个火线上用日语"喊话"的战士。在正面的战场上，几乎每到夜间，双方固守着自己的阵地休息的时候，他们的工作就开始了，进行短距离的"演说战"。李队长说，有一次他进行夜间"演说战"，谈话的中心是说明日本士兵不要为日本军阀当炮灰，中国的抗战完全是为了自卫，和日本士兵无仇，日本士兵应反对这侵略战争！说了一刻钟，就听见对面敌人的阵地里有骚动的声音，还有敌军官焦躁的喊叫声。有时候，他们乘着夜色浓浓的时候，就偷偷地爬出战壕，把巨型的白布写的抗日标语，在离敌人阵地很近的地方高高地张开。天明的时候，许多日本士兵都看见这刺目动心的标语，日本军官们自然生气，但是又不敢出战壕来拿，一出战壕我们的机关枪就射击起来，于是敌人只好咬着牙根，用机关枪扫射，一张标语总要消耗敌人几千发枪子弹。

在我军攻克广西昆仑关的大战中，朝鲜义勇队华南支队也尽了很大的力量，五百余名敌人，被我们的部队包围在高耸的昆仑关上了。白天我们的部队都掩蔽起来，因为敌人的飞机轰炸得太凶。但是敌人只有用飞机来轰炸，救兵是来不了，关上的敌人又不敢下来，所以一到夜里，那我们包围的队伍就实行总攻击了。我们的炮声枪声，齐向昆仑关上射去。这时候，我们的朝鲜义勇队十几个人抬着很大的扩音器，抬到昆仑关对面不远的高山上，先由某军长在扩音机前下命令说："现在有朝鲜同志们跟日本士兵讲话，各部队一律停止射击！"

"那时的情形真叫人兴奋的！"李队长谈到这件事的时候，用深长的回忆，追述着当时的情景。当时，四周围的枪炮声都停止了，山，这时格外的沉寂与空虚。就在这时候，我们的朝鲜义勇队的同志就在扩音机前用日语讲演了。用日语唱反战歌，作时事报告，一面报道日本国内人民生活的痛苦，一面说明侵华战争必败的前途，劝日本士兵们赶快缴械投降，我们优待不杀。许多日本士兵都受到很大的影响，自动的投降过来了，终于造成我军克服昆仑关天险的大胜利。

至于他们随出击部队出发前线，或利用风筝、木筏，在天空，在水上散发标语、传单，或在各地开群众大会，教育日本俘虏，那更是经常的工作了。

这样的，一直到令人痛心的茂林事变发生的前后，他们这支队伍的许多同志们才陆续地来到华北。他们曾在西安、洛阳，演出了许多话剧，演出关于朝鲜革命的故事，朝鲜亡国的惨痛生活，以及反汪反投降等话剧，中心的内容就是要唤起我全国同胞坚持团结，抗战到底！

至 1941 年五六月间，他们负着更重大的任务：为着要开展华北敌后的朝鲜人民的抗日斗争，为了团结 20 万华北朝鲜同胞共同为求朝鲜民族独立而奋斗，他们到晋冀鲁豫武亭同志领导下的"华北朝鲜青年联合会"来了，他们的队伍也就改组成"朝鲜义勇队华北支队"了。至今年 7 月间，朝青会改为"朝鲜独立同盟"后，这支队也改称为"朝鲜义勇军华北支队"了。

在晋冀鲁豫工作了一年，据李队长谈，他们的收获是很大的，实际上也是如此。李队长提到彭副总司令及晋冀鲁豫临参会对他们的热烈帮助，在他的眉宇间就显露着无限的兴奋。他说："我们在临参会上所提的议案都被全体议员通过了，无论对朝鲜人民的生活、工作以及革命事业上，都给了极大的援助，在晋冀鲁豫的施政纲领上，也有明文规定着；边区政府更颁布了优待朝鲜人民的条例，在接敌区各县也都高[设]立了朝鲜青年招待所，已经有许多敌占区的朝鲜同胞过来了。”他们自己也组织了武装宣传队，深入到敌占区、平汉正太沿线活动，而且已经打下了相当广泛的工作基础。

李益星队长很扼要地谈着他们义勇军的生长过程，在这三四年来的艰苦斗争中，朝鲜义勇军的英勇顽强对敌斗争的精神，的确是值得我们学习的。他们紧紧地和中国抗日军民在一起，坚持团结抗战，有许多志士在火线上光荣地牺牲了(如华北朝鲜青年联合会领导者之一的陈光华，以及革命先辈石正诸同志，都是最好的榜样)。在这次朝青二次代表大会中，还有从大后方特地赶来参加的金白渊老先生(他是韩国的语言学者、历史家)，他渡过黄河，冲过敌人的层层封锁线，因为战争的缘故而渡过40天的不见天日的地洞生活。这种为民族独立奔劳冒险的赤胆忠心的精神，更是值得我们全体同胞学习。而李队长谈到这里，从他的闪耀的眼光里，也可以看到他对于革命的坚强的胜利信心。

在改组为“朝鲜独立同盟”之后，朝鲜义勇军华北支队的任务，显然的是更加繁重了。华北支队长朴孝昌、副队长李益星、政委金昌满，他们指挥着三个队——第一队在山东，第三队在晋冀鲁豫，第二队也就是来晋察冀的这队，进行着顽强的对敌斗争的工作。

在晋冀鲁豫边区，他们的队伍分散到军队、政权等工作中去。在工作中，去学习组织武装与训练武装、巩固武装以及指挥部队的种种艺术；在政权中，他们实地考察各种政策、政权机构、民众组织等的设施；而总的任务，还是扩大朝鲜民族抗日统一战线，开展敌占区的工作。李益星同志对我说：“我们来这里，任务更繁重，在太原、天津、保定、山海关的许多地方，都有许多朝鲜同胞，需要我们去团结他们，团结20万华北朝鲜同胞反抗日寇是我们伟大的任务。同时，你们在建设根据地的过程里有着丰富的革命斗争的经验，有着非常丰富的革命斗争的内容，这些对我们都有非常重要的意义，我们要很好地学习，以便作为将来建立独立的朝鲜的借鉴。”李同志并且很愉快地说：“我前天已经和聂司令员、萧副司令员、朱副主任、边区政府的代表见面了，他们都热烈地欢迎我们，帮助我们，我们实在感激得很！”

谈到这里，李队长就哈哈的大笑起来说：“一年半啦！日子不算长，我们要好好地参加这里的各项工作，希望大家多多帮助！”

1942.8.30日

(原载于《晋察冀日报》1942年9月3日)

牺牲在中国

——哀悼孙一峰、朴喆东两位同志

张云

一九四一年十二月十二日，在华北的战场上，我们朝鲜同志——孙一峰、朴喆东——牺牲了。

孙一峰同志今年廿九岁，朝鲜义州人。他的一生都是在艰苦的斗争中生活着。

还在幼年时代，他的家就陷于破产的境地，只能半工半读的在义州公立普通学校读书。

家庭生活全靠他的残废的跛脚父亲种田维持，他的父亲原是健壮的，为争取朝鲜独立而参加“三一运动”才受了伤。那时一峰同志刚七岁，虽然还不懂得什么，但是父亲跛着脚在田野里工作的苦境，给了幼年的一峰深刻影响——种下了反日的仇恨。

义州是靠着东北的一角，在冬天鸭绿江上结冰的时候，革命军常通过这条河而往来于朝鲜边地，消息很容易传到那里，十一二岁的一峰便想参加革命，并要求父亲应许他，但为父亲婉劝所阻。他在公立普通学校毕业后，在木材工厂干过两年的工人，后来就毅然的抛弃了可爱的家庭，离开了可爱的国土而来中国。

来到中国，是一九三一年的初春，他刚十八岁，而且是单身独行、赤手空拳，最初来到中国的商埠——青岛。他饿着肚子，流浪在街头，但他始终没有想过“回家”。因为他知道朝鲜是一个杀人不见血的人间地狱，并又觉得亡国的土地，贫苦的家庭，回去还是受痛苦和压迫。所以他不仅是不想回家，而且坚决的想干革命。他在青岛住了二年，常与失业、失学的青年一起推动反日浪潮，引起了日本领事馆的注意，便离开了青岛而去上海。

来到上海后（一九三三年一月间）最初苦闷过一个时期，因为上海的日本警犬想把朝鲜的失业青年，全部逮捕送到日本或朝鲜国内去，并且他自己找不到正当的领导——革命团体，所以他提心吊胆的郁郁的过了几个月。后来他找到了一个职业，在一个矮胖而魔鬼一样的寡妇所主办的“上海虹口森林汽车洋行”当庶务员。当时他改了自己的名字叫做沙布罗（译音），同时他开始了革命工作。

一峰同志是朴素而忠实的人，别人看起来好像没有气魄，但他对敌人有无限的仇恨，对革命有无限的信仰，对工作有无限的忠实。他在上海时是一个单纯的爱国者，他拿手枪来暗杀警犬与韩奸。一九三四年三月三日他和许多爱国青年们企图炸死侵华首脑——日本有田大使及上海陆战队司令等。那一天正在“上海虹口神社”里举行纪念会之际，他就是投炸弹的共谋者之一。

他离开上海后（一九三四年四月间），觉得革命的运动光凭革命的热情与勇气是不行的，而是需要革命的技术与理论，所以考进了洛阳军校。在军校毕业后又跑到广州去进了广州军校，后又进短期炮兵训练班。

七七事变爆发了，他参加了中国的抗日军队，参加过长沙大会战（一九三九年九月间）与信阳会战（一九四〇年六月间），当时他担任炮兵连长。他在信阳附近时（高粱店）曾给我一封信说道：“仲光呀，战场是革命青年的俱乐部……你想，为革命而战死便是最大的快乐。”他又说：“……同志，我想做凯旋的英雄，否则也做一个牺牲成仁的英雄也好！……仲光，你是否反对英雄主义？”我即时这样给他回答了：“我不反对你底英雄气节……为人类而服务的英雄，就是利于革命的英雄！我们要齐步向前……”

我在洛阳时，我们朝鲜义勇军给过他一封信，说道：“亲爱的革命同志，我们希望你来参加工作，……我们向华北去与××军一起，拯救敌后的朝鲜同胞。”他接到这个信以后觉得“朝鲜同胞多的地方，这就是大家去做工作的地方”（他在欢迎答词中的一句）。是的，他是不怕任何的艰苦，他的一生在战斗中成长起来的。因此一九四〇年八月初来到洛阳后正式参加了朝鲜义勇军。

朴哲东同志，今年才廿七岁，故乡是朝鲜忠清道，家庭很贫苦，只进过公立普通学校。

他是一个矮矮的人，性豪爽，具有丰富的感情，有着异常坚定的革命精神、百折不挠的倔强品质，不怕任何困难与危险。一九三四年我们在洛阳军校受训时，他对我说过：“……我有所爱，也有所恨。……我在上海时，用短刀刺过警犬与韩奸。”

朴同志在朝鲜时参加过忠州学生运动，后来他被日本法西斯的警犬侦缉着，不得不于一九三一年十二月逃亡到中国的沈阳。在严寒的东北，他仅穿着朝鲜南部的学生服，这个衣服在沈阳是太单薄了，终于因寒冷而生了冻疮。同时他自己没有钱，落魄和饿肚子是日常的事，后来找到了一个店员的职业，这时候起他注意学中国文，晚上进夜校。

一九三三年，他十八岁时，在夜校里认识了一位革命同志，从南京朝鲜革命党派去工作的同志，他在这位同志介绍之下，十月初向南京出发。

去南京的路中，遇过许多的阻碍。特别是到了上海码头，他被警犬抓着扣留在上海日本领事馆里。朴同志故意装"傻子"和"绝食"来回答他们的鞭打、拷问和利诱，因此日本法西斯匪徒们猜想"这小家伙没有什么"，所以暂时放他在虹口日本旅馆里。这时候他觉得这是千载难逢的机会，想法子逃走！但是有一个丧心病狂的韩奸，随时监视朴同志的行动。

有一天晚上，那个酒鬼（韩奸）好像猪一样的昏睡时，朴同志轻轻地拿许多东西装进被子里，假装了一个人睡床上，然后他拿了韩奸的短刀很迅速的跑出房门，但被房东碰见了，可恶的房东报告了韩奸，韩奸们立刻喧嚷和骚扰。那时候朴同志想："糟糕……一切都完了！"……"跑吧！"……"到能跑的时候……"他马上翻脸紧紧的握住了短刀。这时候站在大门口的警犬和不知羞耻的韩奸抱住了朴同志的脖子与腰部，朴同志将准备好的短刀来刺上了韩奸的肋部，又刺了警犬的脖子，极力的开始跑："跑呀……跑才有命！"这就是当时他唯一的想头。终至，他跑脱了追逐。

一九三四年一月初，他考进了洛阳军校第二期（当时改名叫做张毅），经过一年半的时间毕业了。一九三五年七月间参加了朝鲜民族革命党，当年党派他到华南去的时候，不幸在福建码头上被日寇特务份子绑架逮捕了。朴同志用不屈不挠的精神，回答了鞭打和拷问。后来日本法西斯把他送到日本九州，判决三年徒刑，囚禁在日本九州监狱里。

一九三八年秋天，朴同志恢复了自由，重见了光明，就回到了自己在朝鲜的故乡。这时候他知道：中国在抗战，而且认识这次的抗战不仅是中华民族解放的战争，而且是东方被压迫民族的解放战争，所以在秘密的警察网□下，于当年冬天逃亡到中国的运城。

朴同志来到运城后住在一位朝鲜的爱国青年家里，积极的组织在运城的失业青年，并推动反日的工作，每天晚上秘密的散发传单，贴标语。有一天晚上他写墙上标语时，不幸被狼心狗肺的汉奸所发现，只好离开而去洛阳。一九三九年，他在洛阳毅然参加了朝鲜义勇军。

十二月十二日。

他们住在黄河北邢台附近的一个小镇。

早晨，偶然地响了“拍拍”两声，这就是站岗同志的信号。在民房里睡着的同志们很迅速地全部武装后，刚出门口时，可恨的日本法西斯强盗——士兵——迫近了四围。向他们射击。

“轻机关枪队站在先头……突破一条路”，金队长急忙的下命令，于是机关枪开始猛烈的射击。在机关枪的掩护下，他们的主力只有向前突去。这时候枪声与炮声充满了天地，“杀呀”……每个战士被抑制的愤怒与仇恨激动着，争先恐后的向着敌人猛扑。

“同志们……你们快跑呀……我们阻止着鬼子……”孙、朴两同志和其他的在一起的同志掩护着……主力已安全的走了，但是他们挂了彩，跑不动了。

“孙同志……有子弹吗？”□朴同志向他问了。孙同志摇摇头，举起一个手榴弹给朴同志看，这时候日本法西斯匪徒的一个小队长与七个日本士兵，已紧紧的围着了孙一峰同志。他向鬼子的小队长猛扑过去，抓着他的咽喉大声的喊：“唉！倭奴……你。”举起手榴弹用力的碰在一块石头上，这个小队长和几个日本兵连同他死在一块。这时候朴同志正在和两个日本鬼子搏斗中，他拿一把木柄手榴弹来打死了一个日本兵，但这时候朴同志再也没有力了，因为已被刺伤了十几次。朴同志开始跑，但迷失了方向，因此跑到山谷，再也不能前进。朴同志觉得进退两难，他默默地向进来的日本兵看了一眼，勇敢的打开了自己的胸部说，“鬼子，你要我的命……”……“来……痛快的刺罢……”野蛮的敌人用力刺，就这样的勇敢的牺牲在山谷里。

（原载于《解放日报》1942 年 9 月 20 日）

朝鲜义勇军

重光

朝鲜义勇军不仅为着中华民族的自由解放，而且为着朝鲜独立而和日本法西斯进行着决死的斗争。

这一伟大的“铁流”，是在五年来的中国抗战中磨炼成长起来的，它已成为威胁日本法西斯的一支力量。

朝鲜义勇军，这一支在中国战场上已经活跃近四年的国际队伍，是一九三八年十月十日在武汉正式成立的。从“七七事变”以后，中华民族进行了伟大的抗日民族革命战争，“我们在华朝鲜革命者，为着直接参加这个正义的战争，更为着在抗战过程中争取祖国独立”（见该军成立宣言），而不分党派与信仰的一切区别，在反日复国的共同目标下，并且团结在关内的“朝鲜民族战线联盟”的旗帜下，在汉口成立了朝鲜义勇军。

朝鲜义勇军的同志们，是从亡国以来始终没有向他的敌人低过头的革命战士。朝鲜义勇军的组成份子一部份是一九一九年“三一运动”和“光州学生运动”（发生于一九二九年十月）的参加者；另一部〖份〗是“九一八”以后在国内不能立足而先后逃亡□中国来的革命同志。他们都受过长期革命的锻炼，他们对于革命寄予无限的信仰和热情。他们的意志是一致的：参加中国抗战，争取朝鲜独立。到一九三八年日本法西斯强盗正向当时的中国抗战中心武汉进攻时，所有朝鲜民族革命党、朝鲜革命者同盟、朝鲜解放同盟、朝鲜青年前卫同盟等等都来到武汉，在建立反日民族统一战线的口号下，因各党派的共同要求而成立了朝鲜民族战线联盟，并且以这个统一团体为基干，而组织了现在活跃在中国各战场上的国际队伍——朝鲜义勇军。在中国的六个战区，十三个省份，都有朝鲜义勇军同志的足迹。现在活跃在华北的朝鲜义勇军华北支队即华北朝鲜独立同盟的武装力量，他们誓死“为华北的二十万朝鲜同胞的一切利益而斗争”，他们把“明年打败日本之后，联合朝鲜国内人民，建立一个独立自由幸福的新国家”（见八月廿九日《解放日报》）作自己奋斗的目标。

（原载于《解放日报》1942 年 9 月 20 日）

中韩人民战斗在一起

——记在华朝鲜死难烈士追悼会

佚名

“……你们死在中国反法西斯的战场上，你们死在反法西斯的斗争中，你们的死增加我们的光荣，增加我们的祖国——朝鲜的光荣。”

挽歌唱起了，全场沉入无限痛悼中！

在正中悬挂着的陈光华、石正等十一位烈士的遗容，他们还是和生前一样。日本帝国主义只能剥夺他们的肉体，他们的精神是永生的呵！

韩一来、崔缺稿、石正、胡维伯、林平、叶鸿德……这些人，在中国的南北战场上，在大城市里，都曾有过他们的足迹。

张重光同志，在报告死难着[者]烈士的历史。

石正同志，朝鲜庆尚南道人，今年四十四岁。二十五岁由日本回朝鲜后，即参加革命工作，历廿余年，不幸在今年晋东南反扫荡战中牺牲了。陈光华同志，今年廿九岁……

抑制不住他的感情，滔滔不绝的讲下去，牺牲的战士，有许多是他的故友啊！

朱总司令轻轻地步上了主席台，他说：“一追悼死难烈士，要学习革命的经验教训。”

“你们知道李红光吧？他就是朝鲜人，但参加东北义勇军活动的，还不止他呢！”

金大伦、李光……长串的名字，便在李延禄同志口中，像背书一般的说出来。

日本代表森健同志用日语在讲话：“朝鲜战斗兄弟的死，也就是日本工农的损失。”

夜更深了！哀思在每个人心里撩乱着，在那华北的战场上，枪林弹雨下，喊口号，以及其他侦察工作，武装参加作战，……就是那些英勇的人们，那些朝鲜义勇军支队的队员，他们始终为打倒日本法西斯而斗争。现在他们当中的十一个，在中国战场上牺牲了！

三十多年来，朝鲜人民无日不在反日斗争中。他们认得清清楚楚，只有和中国人民一道斗争，先打倒了日寇后，朝鲜兄弟才能和中国兄弟手拉手建筑独立自由的国家。

不知道是什么时候了，一轮残缺的明月慢慢地从窗口透射了进来，数盏摇坠的灯光和白布反映成为惨白的交流。

散会了！

（原载于《解放日报》1942年9月21日）

中川利一之死

[日本]桥本克己

李薇 译

中川利一死了，我们最好的同志死了！

中川利一，他是日本三重县一志郡出身的青年，他幼年所住的乡村是在一个幽深的山里，因为与海洋的大城市相隔绝，所以乡民的文化水准很低，但是人情朴厚，古道可风。在这个乡村里，人家互相扶持，共同营生，造成了一种安乐的环境。乡村中没有特别大的富翁，也没有太穷的平民，他们都过着享乐安逸的生活。在这样环境中，中川利一自幼就帮忙他的父亲做工，虽然受过普通教育，但在幽深的山中与外界隔绝，所以没有什么新奇的雄心。他的性格十分素实而温顺，没有过分的欲求、怀疑和嫉妒，只有热烈的感情和求知的热忱。

但是可恨，日本军阀和财阀掀起了侵华战争，日本国内很多的青年被征集，结果变成了战场的尸骨，昭和十四年（民国二十八年）十一月，中川利一也被征当兵，他到朝龙山去，入第二十师团骑兵联队，在那里受训半年以后，就再上战场来打仗了。他到了晋南河津、运城、风陵渡一带地方，在那里，因为是新兵，被迫担任斥候与传令的工作，这项工作是十分危险的，一般老兵都不愿做，只好压迫这批新兵来担任了。尤其是在晋南，中国游击队很多，因此更加危险。当然新兵们也怕这种工作，而且比老兵还要恐怕的厉害，于是新兵有时公开反抗老兵，队伍里常有新旧兵的斗争了。在这样的情绪之下，中川利一本来就不愿好好作战，一般新兵们都待他很好，很尊崇他，很爱他了。民国二十八年八月二十二日，师团长下令说："十个骑兵要往解县的前方，侦察敌状，大家都知道这个任务是很重大的，同时危险性也是很大，都不愿去担任，中川利一也不愿意出去，但是他被迫得不能不去，因为如果他不去，人家则更不愿去了。翌日早晨，他们组织斥候队，分别出发，到了正午被华军攻击，中川利一也被俘了。我初看他是在被俘后送到洛阳×战区政治部的时候，他身体很好，体胖而白，是个很可爱的青年，面上时当[常]含着微笑，言语是温顺而宽容。那个时候，在洛阳的日本反战同志有十多个，对中川利一都有着可爱的印象。中川是很聪明的，我听了他被俘的经过后，便向他说明这样不幸的境遇是由日本军阀财阀所造成的一切，他很快地了解了我说的话，他说："这意思我已经明了了。"聪明的中川已经觉悟了一切，从此就参加我们的反战工作。

从前他是一个樵夫，对政治工作当然没有组织，虽说他没有学问，但是他有热烈的求学心，他不断研究念书，他的智识就渐渐进步了，他以微笑对人交朋友，我们同志间有人生了病，中川一定不眠不休地去爱护，有人困穷的时候，中川就捐助私物来援助他们，所以中川参加后我们反战同志会，恰像获得了阳光一样，大家每天都愉快地工作了，他成了我们不可缺少的人，我们的反战理论，我们的政治经济的研究，我们的宣传工作，处处需要中川来领导。

他爱唱故乡民谣，那些民谣的曲调和歌词都含着哀情。有的时候，他想着家，茫然地想着天空，唱唱悲哀的民谣和童谣。那个时候，我们看得他寂寞的心理，便随他同哀，借以安慰他了。

中川常常说："我本来是樵夫，不知道国家是什么东西，不知道世界是什么样？我什么都不知道，但是那个时候我的生活很安乐，我根本不想些理论和知识，破坏这个安乐环境的是日本财阀和军阀。可是另一方面，我实在谢谢他们，他们把我投掷到世界的大舞台上，在这里，我才认识了真理，同时也觉悟到日本军阀财阀们欺骗我们的情形，实在要谢谢他们，而且要打倒他们。"

民国二十九年九月，中川偶得伤寒病，病势厉害，苦痛万状，便送到后方医院去诊治，十一月初旬才治好回来，但是由伤寒病的影响，患了喉头麻炎症，声音不能歌唱。瘦弱，身体没有力量，那个时候我们屡次同他散步到郊外，但是他步调缓迟，面貌苍白，守卫的哨兵看了他便讶疑，问他为什么这样瘦弱，他就详细地答辩。那时候他时常喜色满面地向我们说："中国的抗战一定能成功。因为在后方服务的哨兵尚且这样温和而尽职，后方还是这样，前方的情形可以推知了，中国抗战的成功是我们革命成功的先声，我们的将来是光明的。"

但可惜，民国三十年二月十二以来，他患了感冒，侯[喉]头肿胀，病势渐重，遂于十月十八日拂晓嗑[溘]然长逝了！这是多么令人悲恸欲绝呢？丢了这个同志，我们的心情感慨无量，口头不能说，笔头也不能写，惟有仰天长啸，泪流滂沱而已！

谁磨杀他的呢？中川自己说过："使我陷入这苦境的是日本军阀。"

我们应该做些什么来安慰中川的英魂呢？他自己也说过："一定要打倒日本军阀。"我们追悼他，一定要打倒日本军阀和财阀。

（原载于《战时文艺》第1卷第3期，1942年）

我怎样作了俘虏

[日本]艾原忠义

李薇 译

“俘虏”，做梦也想不到俘虏这件事，而今竟轮到我头上来，也许是我命运的□影，已经是不可挽回的事了，在“日本人”面子上着想，还有比这更悲惨的吗？

我现在把行军动作中间的一片段，写一点来供参考，我们的部队是以五个中队编成的驮马队(负载弹药)，随在炮兵的后面，便于山地行进。我所在的一个分队，是运输大行李，随着本部队的最后行进的。

在上次作战的时候(去年襄西合战)，我是一名“驭手”，还有一匹马，朝夕不离，这一次行军的编成，我被命为“补手”。这样工作我还是第一次，这两种任务的区别，前者是专管牵马，后者则是输送弹药的助手，在全行军间驭手与补手劳力的消耗比较，驭手是比补手较好的。

驭手在牵马的时候，能得马的□助，而补手则是要靠自己的力量。从服装上说，前者是轻装的，所有的武器以钢盔大衣背囊，都可以放在马上，这虽是不合规定，被长官见到是要诘责的，但是大家都是长官这样做，补手呀，除了上述服装而外，还要携带步枪、手掷弹、三十粒子弹，而且还要和驭马一样跑。这实在是件令人皱眉的事。

在白昼行军，还不觉怎样苦，到夜里尤其是在暗黑的夜黑，走在艰险的路上，不要命飞跑，使人喘不过气来，只要一步落后，就有被部队抛弃的危险，孤独的剩了一个人在路上，他不知部队所在，这样一个异国人，必被人虐杀而绝难幸免。

在此刻才知道，世界上没有再比拿着保护自己的武器去侵略人家的国土是更浑蛋的了，空看着“帝国千城”的美名，于万岁欢呼的声浪中，离别故乡，满以为在这时局紧迫中奉令出征，如何建立功业，谁知像牛马一样无情驱策，毫无一点代价呢？

被俘以来，承蒙司令长官的隆情厚遇以及万、傅两君的想心，得享受意外的优遇，我已深铭肺腑，切望着中日两国早日结束这恐怖的战争，再建和平！至以拙劣之笔，叙述和人[入]一点感想。至此搁笔，敬祝中国战士们健康！

（原载于《战时文艺》第1卷第4期，1942年）

团结，是存亡的关键

——中韩文协昨招待韩国议员　孙院长讲团结与组织重要

佚名

中韩文化协会于昨（十）日下午三时，假中苏文协茶会，招待韩国临时议政院全体议员，到韩国议政院议长洪震及全体议员，韩国临时政府主席金九、外务部长赵素昂、光复军总司令李青天、副总司令金若山等，中国方面到孙夫人、孙院长、冯玉祥将军、吴铁城、周恩来、梁寒操、徐恩曾、康泽等及文化界人士百余人，由该会理事长孙哲生亲任主席并致词如次：

今天，中韩文协招待议政院各议员，期望韩国革命同志的合作与团结，使韩国民族早日在远东获取独立解放。这种工作是艰苦的革命工作，由于中韩两民族共同和日寇数十年的斗争，尤其是中国近五年抗战中的奋斗，使中韩两民族的前面已呈现了胜利的曙光。在全世界民主国家的联盟作战中，韩国必恢复为独立国家。本人借此愿建议给韩国革命同志几点意见：

团结是任何国家救亡图存、复国兴邦的首要条件，没有团结，就不能复国建国。中国过去有不团结的现象，招致了民族的危机。这五年来，中国能抗战，即在于中国能团结，无论国民党、共产党都能发扬无上的民族团结精神。今天，我们虽然还没有把敌人赶出去，但我们已有了胜利的光辉。孙氏讲至此，情绪异常兴奋，大声疾呼团结！谓韩国革命和中国革命一样，不是那一党那一派的事，不是那一党那一派去包办，而是要团结一致努力！这没有别的，因为现在的时机太好了，这是中国的好时机，也是韩国的好时机。因之热望韩人无论在何时何地，都要毋忘团结！团结！团结！

孙氏建议之次一点，即希望韩民族今后应重视组织，无论韩国本部之三千万同胞，或在中国及其他国家之韩胞，都应有坚固之组织。渠即举苏联为例，谓此次苏联抗战成绩，为全世界所歌颂，即在于苏联民族能团结与有组织。故渠希望韩国议会中对团结与组织问题，能多有商讨与成就。

孙氏词毕，即由韩国临时政府主席金九、议政院议长洪震、外务部长赵素昂三氏先后起立致词，感谢孙氏对韩国复国运动之鼓励关切，并恳述韩人今后在团结上必能有满意之成就。赵素昂氏于词中曾以“分裂则亡，团结则存”之格言，表示韩人团结之决心，并答复孙氏之希望。

继被邀致词者为冯玉祥将军及国民党中央党部吴秘书长铁城。冯氏以愉快兴奋而简短之词句，喻孙氏对团结之呼声为“忠言逆耳利于行，良药苦口利于病”，渠愿大家深体团结重要之旨。吴铁城氏称：渠同意孙氏之意见，并勉韩人能愈趋团结，则外援愈多。

此时周恩来同志起立致词，大意是：“刚才孙院长所建议的团结与组织问题，确是由中国数十年革命的经验和血的教训中得来，这是中国四万万五千万人民和各党各派所共同感到和拥护的，也是我所代表的中国共产党的意见。记得在学生时代和在黄埔时代以及革命军队中，都曾和韩国的同志们同过事。韩国人民的勇敢牺牲精神是大家目睹的事实，他们为了中华民族的解放而流过血在中国的大地上。抗战以后，朝鲜义勇队（现已改属韩国光复军）在各战线、各战场上与日寇作战，流血流汗。在北方平原上，牺牲了很多壮士，这些壮士都出身于光荣的黄埔军校。朝鲜志士们的热血洒遍在中国的大地上，但是在谈到朝鲜革命问题、复国问题的时候，他们彼此间便有了争执。实际上大家的目标都是为了韩国的复国与独立，所差的只是办法不同而已。因此对孙院长的提议，个人极为感动。韩国同志们为中国流血，但在自己的问题上却不能合作，这是很可惋惜的事。但是今天席上韩国领袖们一致团结的表示及抗战五年来他们在事实上的表现，都证明了他们的团结确有进步。韩国人民既能以他们的血来帮助中国的求得解放，更应该把他们的血流到他们自己的祖国去。我们希望在不久的将来，他们都能回到韩国，实现韩国的自由独立！”最后由交通部次长徐恩曾氏致词后，孙院长举杯祝中韩友谊万岁，招待会便于热烈情绪中散会。

（原载于《新华日报》1942年11月11日）

蒙古两位抗日的女王：奇俊峰、巴云英

雪心室

中华民族的抗日圣战，是地无分南北，年无分老幼，人无分男女，都有杀敌卫国克尽责任的神圣天职，这种中华民族不可征服的精神，在上海、徐州、武汉、长沙和其他各地都有写不尽的惊天地、泣鬼神的伟大表现，而在瀚海之南，黄河之北，巍峨高耸的乌拉山的南北两□的东西两公旗，出现了两位杀敌卫国的蒙古巾帼英雄——奇俊峰和巴云英，可与花木兰、秦良玉先后媲美，“中华民族不会亡”，在这塞上两位女杰的身上，不是可以体验得到了么？

奇俊峰女王，是乌盟西公旗扎萨克石拉布多尔济（石王）的福晋，她的父亲在清末是宁夏阿拉善旗有革命思想的一位王公，因此被革去王位放逐在外，她就随着太夫人旅居北平，在这幼年的时候学习了蒙汉文字，她的天资聪颖，长于口才、交际，民国二十一年她以十八岁的芳龄与石王结合，二十四五年曾任该旗东协理的额宝斋与石王之堂叔大喇嘛伊喜达格登勾结，受德王之嗾□，在旗变乱了两年，方为驻军敉平，这是她结合不久，随石王所经尝的一段患难，也是磨练她政治能力的一个□面。二十五年石王去世，她这才二十二岁就作了青春寡妇，幸而已怀孕在身，石王的左右想推则任管旗章京萨恪都尔扎布袭继石王的扎萨克职位，但她以身孕男女未明坚持反对，乃以□任东协理，护理扎萨克印务的妥协办法了事，表现了她的政治才干，果然二十六年四月□生一子，名阿勒□鄂齐尔，于是继承不成问题了。二十六年七七事变，西公旗为敌骑侵入，东协理萨恪都尔扎布、西协理色令报屈膝降敌，勾结前变乱之额宝斋劫夺印信，威逼利诱，无所不至，而女王仍不稍为动，在生命危险艰苦困难的环境下，终于乘机于二十七年二月二十四日夜半，携着老母稚子，间道逃出虎口，重整部队，执行蒙旗抗战任务，中枢对于她的持志忠贞，深为嘉许，正式任命她为西公旗扎萨克兼防守司令，不久又兼任绥境蒙政会委员及绥远蒙旗党务特派员，蒙古历史中女性任一旗行政首长的扎萨克和军职的司令官及党政工作，她算是破天荒的第一人。

巴云英是东公旗扎萨克额尔克色庆占巴勒(额王)的福晋,肄业于北平中国大学附属中学,幼年时代,就喜好军事,精娴骑射,其风度一如男子,黄沙白草的漠野,常常看到这位妙龄女郎在马上飘过,她景仰的古代人物是孔□岳三夫子和成吉思汗,现代人□崇拜的是蒋委员长。她和额王给合后颇能赞助额王发展旗务,不幸二十五年额王死去,遗子贡噶色楞,年未十龄,旗政由额王的胞弟奇穆达林沁多尔济(汉名奇天命)护理扎萨克印务,这是巴奇两位女王前半的身世仿佛相同的地方。七七变作,旗境沦陷,奇天命附逆,巴女王深明大义,号召旗众,抚携幼王,抱着孤臣孽子的赤心,在乌拉山一带,展开游击生活,当时四面都是敌伪的势力,她凭着能与士卒共甘苦,虽在冰天雪地之中,给养断绝之下,不稍气馁,设法转进至乌尔沟地方,以机动的姿态,到处袭击敌人,有一次她与数倍她的兵力的敌人伪六师遭遇,靡战两昼夜,歼敌四十余,获枪弹甚多,造成了光荣的战役,二十七年七月方与国军取得联络,迁旗府于五原,中枢对于她的精忠报国,甚为嘉慰,任命她的儿子贡噶色楞为东公旗札萨克兼防守司令,她实际上仍居于摄政地位,主持一切,这是与奇俊峰女王似同不同的地方,可是她也受任了绥境蒙政会委员和绥远蒙旗党务特派员,在抗战的蒙旗中,还是身膺党政军三方面的重任,和奇女王同样占着蒙古历史别开生面的一页,这两位"蒙古姊妹巾帼英雄",曾于二十九年南来重庆向最高领袖述职致敬,蒙古的抗日领袖沙王在重庆对各国记者谈话,这样夸赞过两位女王,"乌盟西公旗已故石王之夫人奇俊峰女士,东公旗已故额王之夫人巴云英女士,督率该旗军民抗战,屡予敌寇重大打击,冲破日寇并吞蒙古迷梦",她们对国家的贡献,已在沙王的口中表白出来了。

(原载于《中国边疆》第1卷第3—4期合期,1942年)

追悼大会会场速写

梁纯夫

这几年来，陪都曾举行过多少次抗战死难者的追悼会，但是没有一次像这回朝鲜义勇队邢台殉难四烈士追悼会这样叫人向往，惹人追迴。这不单是由于这几位烈士是我们的国防友人，不单是由他们真真实实地□到“义勇”这两个字，这次追悼会恰恰开在国际反侵略联合阵线的大完成中，恰恰开在东方被压迫民族解放运动正在走向高潮的当儿，这就使它在一般的追悼会之外，更含有特殊的意义。

你看，会场四壁挂悬着除了一个字对一个字的长条挽联和长方体的中堂挽章外，还有不规则的白布和白纸上写些歪歪斜斜的多数中国市民所不认识的字句和诗篇。

挽联和挽章写着中韩日各式文字，致悼辞的用中韩日各种语言，参与这追悼会有中韩日和英美苏各界人士，而在韩人中，还有顶老的，顶小的，男的，女的。他们的国籍和语言不同，他们的地位和信仰不同，而他们在这会场所要表现的只是一个意思——共同消灭法西斯侵略主义！

开会的秩序和一般的追悼会没有什么不同，只是主席台上坐着五位代表四个国籍的人物。梁副部长寒操先生用中国话致开会辞，接着朝鲜义勇队金若山队长用韩语报告死难四烈士的生平事迹和殉难经过，旁边还有一个韩国同志把他的报告译成中国话。随后是一个朝鲜义勇队的同志用韩文和中文读祭辞，当脆爽的韩语从这两位韩国志士的口像花炮般爆出来的时候，大家肃然倾听着，这许多生疏的音响在他们心中构成一个意念——消灭法西斯侵略主义！

之后有台湾义勇队李友邦队长的演讲，以姊妹军的心情缕述四位勇士这次牺牲的伟大意义；有日本反战领袖鹿地亘先生的演讲，呼吁东方人民团结起来倒打嗜血的日本军阀；有日本问题专家王芃生先生的演讲，追怀中韩两民族的历史关系和今后更加紧密携手的必要。他们用不同的语言说话，但是他们的意念只有一个——消灭法西斯侵略主义！

仪式终结后，大家怀着沉痛的心情离开会场。

（原载于《朝鲜义勇队》第42期，1942年）

苏联于何时与日本开战

顾宝瑾

一、绪论——苏日战争不成问题

由于日本侵略势力不断的澎涨，太平洋上除了中英美荷受到迫害外，北部亚洲的苏联也同样受着很大的迫害。日本从中国开刀，到如今，连英美荷的属地都在日本军阀的刀尖血影之下。“反共公约”的对象是苏联，我们有理由相信，日本的最后一刀定会落在苏联身上。而且，我国的沿海省和堪察加半岛，在日本从事太平洋战争的冒险中有着致命的威胁。因此，日本为了解除侧背之患，这一刀说不定会提早下手。

对于这一事实，史太林事关切身，自然要比我们看的更清楚。日俄的旧账至今没有消掉，而自张鼓峰事件以后，苏联又吃了日本不少的新亏，为了欧洲局面的动荡，自一九三八年以后，北海和库页岛权益的让步，边境冲突的大事化小事，都是一种极度的容忍。德俄战事发生，西境吃紧，但精锐的远东红军为了满边的卅个日本师团而无法抽调，致使希特拉的铁甲师团直叩克林姆宫的大门。俄国不会忘记，当苏德交锋之前，俄国为应付西境的强敌，事先曾无视了德意日三国的反共传统，假作欢笑与日本签订了日苏互不侵犯条约，巴结日本不要拖他的后腿，但战事发生而俄满边界日驻军始终未减，蠢动也如故，以致减低了苏联在西线的抗力。这种种，史太林如何会作太上之忘情，他如何会不寻求机会来解除这一桎梏。

基于前述，所以我们断言，日本一定要待机进攻苏联，而苏联也一定会待机清算日本，无论从历史或从现实观察，这是一件必然的事实。尤其自太平洋战争爆发，这一事实的必然性也随着增加，即是说，日本为了战略将要提早进攻俄国，而俄国为了时机已到，正要赶早清算日本。德国有事于菲洲或近东，莫斯科北中两路的战况好转，西线各地用局部的反攻转为全面的反攻，英美在太平洋海战上逐渐对日增加压力，对苏联的机会如此有利，千载一时，苏联决不会等闲错过。

时至此刻，我们已不必讨论苏联会不会参战，苏联的参战是不成问题的问题。我们要问的是苏联将何时与日本作战？在何种条件之下苏联才会与日本作战？

二、从大局推断苏日开战的时期

一般的说，苏联参战一定是在中英美苏荷等国缔结了军事同盟以后。这一说法似是而非，也太过笼统，战事演进下去，反侵略国家的团结是必然，反侵国为了统筹作战便利而缔结攻守同盟也是必然，这点自属应毋庸议。然而，因了这一战争区域广袤，遍及五大洋，纵令近代通讯工具如此发达，联盟机构怎样周密，虽说战略要求绝对统一，但近代战争的单位战术在求机动，故同盟阵线的一角也一定会保留若干必要的机动措施，而且在主观上，加盟各国各有其独特的国情及战略的传统观念。所以，即使中英美苏荷等国缔结了同盟，苏联和日本也不一定就开火。反之，一到适当或凑巧的时机，反侵略各国即未缔盟，日苏也会疆场相见，何况事实上反侵略国家自苏德战事发生后，早已有了精神及物资的同盟，正式缔盟仅仅是一种手续。所以缔盟与否，不够指出苏日开战的期限。

我们的观察，苏联与日本作战最可能的时期，或者是在希特拉发动东非或近东攻势的前后，这一个时期也正是苏日互不侵犯协定接近失效的时期，即使反侵略各国到时仍不缔结同盟，苏联也可能于那时与日本开战。在这一个假定期限下，苏联将在两种情形下与日作战：

第一，德义进攻北非，闪击埃及，企图夺取苏彝士，甚至同时进攻近东和红海东岸，展开一个支解英国的地中海战争。英国为了不能让通远东的航线堵塞，在美国的协力下，一定以必死之心保卫，这一个战争，要比过去欧洲战场任何一战要来得激烈。并且，美国既已对德义宣战，再不必像过去那样偷偷模模[摸摸]帮助英国，必然会以陆海空军主力之一部，与英国并肩作战，美国的实力是新锐的，英国自顿克尔刻撤师以后，主力休养已久，并且不断补充装备，力量逈[迥]非昔比，德义两国面对两个坚强的抗力，自海已无力也无闲对俄进攻。德国在苏境撤军，南路迄尚扼守克里米亚一线，其作用是防备苏联经由高加索增援近东，或由黑海北边进压巴尔干半岛，影响了德义地中海的攻势，并非有在苏联南部再取攻势以觊觎高加索之意，所以主力战斗一定在地中海东南沿岸展开。是故，这一个机会正是俄国解除侧背之敌——日本的一个最佳时机。在这一个条件下,苏联的远东红军会从伯力、海兰泡等地南下插入黑龙江,以切断中东铁路。另一路以外兴安岭为基地,由赤塔东向满境进迫。海军将以鄂霍次克海鞑靼海峡及海参崴为根据地,在日本海及朝鲜海峡袭击日本舰只,而空军则在堪察加南部及海参崴以五百到一千浬的短距离内,不间断地轰炸日本本部及鲜满各地日本的军事运输及工业经济中心。

第二,苏俄的假想敌,西面是德国,东面是日本,他的建军和战略原则,也以这个假想律为依据,故其作战部署素来分成欧洲和远东两个部份,必要时两个部份可以在两面同时作战。所以,即使德义发动地中海攻势,东线采取守势,但苏联也决不会减弱西线的实力,而且为了配合英美作战,发挥分进合击之效,他会在南路克里米亚越过聂伯河,发动规模更大的攻势,压迫罗匈保捷各国,而将攻势挺进到巴尔干半岛,以牵制德义之背,甚至会在中路同时发动大攻势,乘机收复失地,在这种情况下,德义腹背受敌,一定要根据十二月初缔结的三国协约,压迫日本进攻苏联东境。而日本呢?不仅是为了敷衍协定的约束,尤其是为了希望德义在地中海取得胜利,封锁直布罗陀及苏彝士的通路,遮断英国对远东的交通,一定会攻击苏联,日本将首先以全力攻占海参崴,然后扫荡□海省,同时满边的卅个师团将越乌苏里江进攻伯力,并强渡额尔古纳尔河攻占察林达和赤塔,以切断西伯利亚铁道,使俄军无法向东增援,于是俄国被迫应战,以至于正式参战。

前述两个推测,前者是苏俄主动,后者是日本主动,但无论是苏俄主动或日本主动,这一动一定与德义地中海的攻势互相□接,这一动也一定使苏俄挺身走上火线,不再回头,一直要到整个世界大战结束,一直要到世界反侵略国家获胜才结束。

三、捩转太平洋战局的远东红军

苏联在太平洋参战,无疑的将对日本增加极大的压力,同样也以极大的助力加于反侵略阵线。故此一战争之开始,即是太平洋战争急转直下之契机,在战略上一面减少了中英美荷在南太平洋及中国大陆上的负担,一面又形成了一个环绕日本之巨大联锁,此种无比之力量与形势,使日本处处受敌,招架不及,足以在极短时间内击败日本,解决太平洋战争。

关于苏联远东红军的实力,我们也可以在这里提一提。据一般估计,苏联在沿海省海参崴等地,经常置有轰炸机五百架,潜水艇五十艘及若干战斗舰、巡洋舰和驱逐舰组成的远东舰队,俄满及外蒙边界控制有二十个以上的红步兵军。农业工业的生产额,资源的接应,平时的储藏,充实的军需供应允许远东红军在任何时间和敌人接触，并且可以不必计及这接触到何时休止。苏德战事发生，远东红军并未有大量异动，至多其调动的数目也不致于影响到这一军区独立作战的实力，削弱了这一方面维持均势应有的强度。

他的常备实力，一时不能觅得具体的数目，据苏联红军总司令伏罗希洛夫在一九三九年三月的全苏联布尔希维克第十八届代表大会席上之报告，一九三四年以后四年，红军的整备实力约如下：

一、远东红军管理已取消以前所有的远东红旗战线，建立了两个单独的军队[区]管理，这个办法绝大地改善了对沿海省和黑龙江洲的战斗地位。换言之，沿海省和黑龙江洲各自建立了一个军区，这两个军区，对满洲可以取呼应夹击之效，而不必忧虑敌人在黑龙江洲切断了西伯利亚铁道。

二、关于枪炮火力者：苏联在一九三九年三月以前，每一步兵军炮兵一次放射的炮弹总重量为七一三六公斤，而德国的一次射击炮弹总重量只有六〇七八公斤。如果将一个军的步机枪、迫击炮、手榴弹每分钟的火力加上，苏联一个步兵军一分钟的弹药总重量有七八九三二公斤，而德国却只有五九五〇九公斤。

三、关于坦克机构者：坦克队和坦克部队的组合已经完全改组，坦克机构较一九三四年增加了百分之一八。坦克车辆总数增加了百分之一九一，装甲汽车底数日增加了七倍半，人员总数增加了百分之一五二.五。

四、关于空军者：人员方面比一九三四年增加了百分之一三八，飞机总数增加了百分之一三〇〇。以飞机的摩托马力比较，一九三九较一九三四年增加了七百九十万匹马力，即是较前增加了百分之二一三。以飞机种类分类说，重轰炸机从百分之一〇，大增加到百分之二〇.六，驱逐机从百分之一二.三增加到百分之三〇。如果一九三四年苏联整个空军一次飞行能载重二千吨炸弹，那末在一九三九年已经可以多载百分之二〇八以上，换句话说，一次投弹的总重量增加了两倍以上。

这些数目，都是以一九三四年红军的实力作比较，自不致相差过远，如果我们知道一九三四年时的红军实力，则不难想像到一九三九年时红军的威力。自一九三九到一九四一的现在，自然更要增加。红军的实力在德苏战争时自然已部份的削弱，但并未动摇，这从希特拉从莫斯科外围败下阵来可以知悉，至于西线作战部份地影响了远东红军的实力，自属当然，但其□强性决不会减退，这在德国侵苏而日本始终未敢在东面动手一点可以看出。倒是西线战后，苏联对远东的军事配备和战略战术一定更有一番刷新，殆无疑义。

伏罗希洛夫在报告了上述四节的数目以后说："……这种能够飞行于极远

距离的金属物(指轰炸机)对于充满幻想的侵略家,是一种致命的打击,如果他们敢于来冒犯苏维埃的话。”最后他说:“英勇的第一独立红旗军(按,即参加张鼓峰战役者),以其武器,在好贪便宜的小鬼背上,写下了关于红军战斗力的回答。谁以贪得无厌的眼睛来窥伺苏维埃国家,谁在梦见已经削弱的红军,还嫌哈桑河的教训不够的话,那末我们时时刻刻准备着,在更使人相信和扩大的范围内,再给这些执迷不悟者重演这些教训。”

红军的威力已在西线顿挫了希特拉的攻势,现在该快轮到日本一嘗异味的时候了。

四、结论——击败日本为制胜先机

此刻,地中海上云情雨意,战机待发。月初,华盛顿合众社的电讯一度传出希特拉允许日本于明年二月间给予巨大军事援助。这一消息指陈地中海战局会在明年二月前后紧张,北非或近东两个战场将在那时开辟,现在东西两大战场息息相关,因之日苏两国可能在明年一月间开战,故地中海新战争爆发之日,亦即日苏两军剑及履及之时。

日苏两国既然势在必战,而到现在,两国在时势上均已到达求战的阶段。据合众社二十二日的伦敦电,转述德意志通讯社长春的消息,“满洲国”盛传伏罗希洛夫已被任为远东军司令。这一消息虽未获官方佐证,但随着太平洋战争之激烈,伦敦、莫斯科、华盛顿三地英美苏三方面迄保持不断接触,可知反侵略各国对苏联在远东战略地位之关切及苏联对远东战局之注意。

目前,在华盛顿由罗斯福、邱吉尔领导下之反侵略各国会谈,正探讨“先解决日本抑先击败德国”一问题,诚属多余,因希特拉既尚未在地中海发难而日本在南洋已着逼人,苟不合力将日本击败,则英美在远东权益扫地以尽,而一俟德国动手,英美腹背受敌,不败奚待?以言苏联,亦属如此,必趁德国东线采取守势而日本未在远东制胜前,协同英美先将日本解决,然后后顾无忧,回师西击,则德意轴心转瞬覆灭。“制敌机先”“千载一时”,反侵略国家之英美苏,我知其必有所取舍矣。

(原载于《革命与战争》第2卷第6期,1942年)

驰骋华北战场的朝鲜民族儿女

——记韩光复军第三区队的战绩

冯仪

一九四一年一月间，在中国战场上负有盛誉的朝鲜义勇队第三支队——现改编为韩国光复军第一支队第三区队，奉军事委员会政治部的命令，挺进华北，深入敌后，加紧争取敌后朝鲜群众的工作。

每一个在华的朝鲜革命者，都愉快的迎接这一伟大的任务，以火热的战斗意志奔向前线，奔向敌人的后方，经过了长途的跋涉，越过了敌人的封锁线，克服了种种困难，完成了胜利的进军。在燃遍了抗日烽火的太行山上，又增加了我们异国友人的一支生力军。

由于他们的推动，华北的韩国爱国人士组织了统一的"华北朝鲜青年联合会"——以后并改组扩大为"朝鲜独立同盟"，所有在华北的朝鲜各党派的力量都亲密地团结起来了。

在战斗中，敌人已经直接和朝鲜义勇队交过几次锋，知道他们的厉害，敌人显然慌乱得很，今年(一九四二)二月以后，敌机连续的在我游击区散播"告朝鲜义勇队弟兄书"的荒谬传单，敌区的朝鲜人也不能自由出入了，必须有"居留证""旅行证"，邯郸、新乡一带的朝鲜人被捕去一千多，平汉沿线的朝鲜人多被强迫撤出，敌区的谣言多了，不是今天传说开到朝鲜军五千，就是明天传说又开来一万，敌人的疑神疑鬼，庸人自扰，固然显得滑稽可笑，然而从这里我们不难看到：朝鲜义勇队的政治影响，已经深入到敌人的后方；朝鲜义勇队的威名，已经使敌人感到震慑。

在一九四一年六月，朝鲜义勇队在华北开始展开了他们的工作，到现在正好一年半，这一年半间，他们作了些什么呢？

他们在敌后创办了干部训练班，提高了干部的素质，培养了大批的新干部。

他们还组织了大大小小的战地武装宣传队，分布在太行山、晋察冀边区、晋中、山东，他们进出于敌区与游击区，在敌军驻屯地散发传单，向敌军喊话，向敌人写信……一年半以内，他们一共散发的中、韩、日文传单在三万份以上，漫画四百余幅。自河南之安阳至河北之元氏间，几无一村没有朝鲜朋友的足迹。他们向敌区的朝鲜移民，进行耐心的宣传说服工作，敌区内的朝鲜同胞，在看过他们的宣传品后，个别的甚至集体的逃到我根据地来已经是常事。敌兵逃亡的事件，也逐渐加增了。

沦陷区的朝鲜革命活动，在他们的努力下，已经有了初步的基础，他们英勇的潜入敌人的大小据点，搜集敌情资料与朝鲜移民的情形，并在敌人的据点上建立了坚固的组织。尽管敌人的封锁是多么严，他们依然神出鬼没的往来于华北、东北、朝鲜间，今年四月间，有一位朝鲜革命前辈×××先生，便由北平逃出，得到朝鲜义勇队的帮助，来到了后方。

他们以国际友人的立场，帮助了敌后的中国友军、党政机关及民众团体作民众运动。他们用朝鲜亡国的例子，激发中国人民的抗敌意识。他们帮助中国老百姓，同时也随时获得中国老百姓的帮助。他们在中韩人民间建立了真正的革命的民族友谊。

他们还配合中国友军，直接参加了对敌的作战。在河北元氏战斗中，该队的第二队×××部率领了二十七个队员击退了敌军二百余人。在武安夜特战斗中，该队第三队×××部一度被敌包围，然而他们很从容的从屋顶上用手榴弹把敌人击退了。在太行山的反扫荡战中，该队的第一队×××部孤军掩护友军的撤退，与敌人激战数日。综计该队自挺进敌后以来至本年六月，参加战斗凡四十余次。在几次战斗中，朝鲜民族革命党华北特派员兼朝鲜义勇队第三支队政治指导员，一位英明的朝鲜革命的领导者石□，以及其他许多位优秀队员陈光华、孙一峰、朴喆东、王现淳、崔铁镐等，都先后在作战中阵亡了，这些志士的英名，将在朝鲜民族解放史上永垂不朽。

这是河北元氏战斗中的一个小插曲：

敌人于拂晓开始攻击，朝鲜义勇队驻防的胡家庄已经被敌人包围了，沉着□动的第二队队长金世日，在屋顶上架起了机枪还击，借此引诱了敌人的火力，屋内的队员便得乘机夺门而出，向另一个方向转移。

金队长指挥部队，且战且退，时已受伤多处，然犹裹创继续指挥。

在战斗进行中，有一位分队长受伤倒地，他招呼别的同志把他的机枪带走，但是那个同志不忍放开他，终于同时背负了机枪与受伤的分队长穿越丛林峻岭，急奔二十余里，当他停息时，发觉自己的两足已经血肉模糊了。

当大队已经脱出敌人的包围圈的时候，少数同志因为来不及撤退，依□在和敌人搏斗，孙一峰同志和敌人扭住一团和敌人格斗，张开嘴痛咬敌人的手臂，另一批同志因为无法援救，乃架机枪射击，致敌我同归于尽。朴喆东同志因为不愿被俘，被敌人刺死在刺刀下。

殉国诸朝鲜烈士，均由各该地党政军各界及民众团体举行公葬，华北各地均举行盛大的追悼大会，冀晋鲁豫当局并通令将朝鲜民族英雄英勇事迹编入各级学校教科书教材，公布保护敌区朝鲜人民条例，在接近敌占区设立朝鲜人招待所，欢迎敌区的朝鲜人民移入边区，帮助他们解决生活上的困难与生产的便利。

一九四二，十二

（原载于《新华日报》1943 年 1 月 10 日）

自由中国用什么抗战?

[美国]威尔基
刘尊棋 译

飞入自由中国

我们从兰州南飞到成都,然后越过群山而抵中国的陪都重庆。由中国回国时,我们一度北飞到西安,后来折回成都,再启程越过北部中国,作长途飞行,经大戈壁沙漠而至西伯利亚,这其间我们曾作较短的飞行到四川、云南境内的美军司令部或军营。除了轰炸外还没有被日军染指的自由中国所有各省,我们到过了一大部分。

这样的省份还有十个,五个在西北,五个在西南,在西北部我们看到了中国的将来,在西南部尤其是在四川省——成都和重庆——我们看见了它的现在的精华。

现在不是土地而是人民,给了我最强烈的印象。无论是谁,要完全了解那个国家的无穷的人的资源,都是困难的。已知道中国而自一九三七年日本开始企图征服中国后没有到过那里的人们告诉我说:中国人民的活力、创造性、勇气和对他们自由事业的忠诚,总使他们惊异不置。

参观了中国的纱厂,它的兵工厂、陶器工场和水泥厂,与它们的经理和成百的工人谈了几小时话以后,我开始真正体会到中国人的才智在现代之工业中的独创性与适应性。此外,我曾与大学教授和中小学教师,讨论那种摆脱过去羁绊不可抵抗的推进力,这个力量已使中国在短短几年之中把识字能力从少数人的特权变为群众的权利。经过这番讨论后,一般人笼统地叫做中国之觉醒的那个东西,在我实在感到了一些真实的意义。中国人现在识字的差不多已有一万万,在各大学校中,学问已不是单纯靠渊博来衡量一切了。中国今天的学者把中国丰富的文章学术用在现代生活的许多问题上来。他们不再愤世嫉俗，置身世外，而竞相发现服务社会国家的更好方法。

我在成都会见了当地八个大学的校长，和他们谈论了一些问题。有六个大学的教职员是从日本占领区逃出来的，它们轮流使用着两个原有大学的设备，使其楼房、图书馆和试验室几乎每天二十四小时都没有空闲。

有一天清晨，我向这些大学的一万学生演讲，每当我提到自由时，他们就报以洪亮的欢呼，那个印象深刻的一幕，是我永远不能忘却的。在中国各地我曾和许多小小的学堂负责人谈话，在这些学堂里，中国的农工子弟有史以来第一次得到读书的机会。

在现今所谓自由中国的地区里，十年前只有一百家报纸，今天却有一千家了。每一个相当大的城市都有一两家报纸，而且它的社论翻译给我听时，是锋锐有力的。中国的中央通讯社以其职业化的集散新闻方法，可与我们自己的新闻社和英国的路透社媲美。

重庆的群众

我是下午傍晚时分在一个离城几英里远的飞机场到达重庆的。我们的汽车还没有进城，人们早已排列在街道的两边了。在我们到达城中心以前，群众已挤满了店铺前面的人行道。男女成人和儿童，长须的绅士，有的带着呢帽，有的带瓜皮帽，挑夫、走卒、学生、抱着孩子的母亲，衣着有的讲究，有的褴褛，他们在我们车子缓缓驶向下榻的宾馆途中十一英里的道上，挤得人山人海。他们在扬子江的对岸鹄候着，在重庆所有的山坡上——重庆一定是世界上最多山的城市，他们站在那里，笑、欢呼着，挥动着小小的纸制的美国和中国的国旗。

任何一个参加过美国总统竞选运动的人，对于群众是习以为常的，但对这样的群众却不如此，我可以暗中依我所愿地减低他们的意义，但没有用处。人民挥动着的纸国旗是大小一律的，暗示出来那位殷勤而富于想像的重庆市长吴国桢博士在这个盛大欢迎的设计中曾参与其事。很明显的，并不是所有这些人民，其中有许多敝衣跣足的人，对于我是谁或者我为什么到那里，都具有明白的观念。我还向我自己说，那每个街头巷尾喧闹不绝的爆竹，毕竟不过是陈旧的中国人的热情表现。

但是，尽管我这样努力减低它的意义，这个景象却深深感动了我，在我所注视的面孔上，没有一点人为的或虚构的成分。他们看我是美国的一个代表以及友谊和即将到来的援助的一个具体希望的代表，那是一个群众善意的表现，而且它是人民中和情感中的单纯力量的动人表现，这个力量也就是中国民族最伟大的富源。

像这样的群众，当我初到兰州时也曾见过一次，不过规模较小。后来我又在西安看到另外一次，也是同样的动人，他们因为我们的飞机到达迟了，竟在雨中鹄候了好几小时，他们实在是深刻地感动着我。在像中国这样大的国家作一次短短的旅行，要想如愿建立密切和私人的友谊，借以知悉一切外国的人民的精神和观念，是不可能的事。但是这些中国人民大众却给了我一种切实和历久不渝的感情，致使我对中国的表面印象得到一种根据——在那成千成万的面孔中谁也不会看错的根据。

我后来熟知了的那些中国人都是某一方面的领袖。他们之中有的一些我要在后边加以描写，而且要大书特书。但是任何崇高的赞扬都不足以颂誉中国无名的群众。

他们之中有一个人，我从来没有见过，当我在中国时给我写了一封信。他是一个学生，在信尾上贴了一张他自己的照片。他所用的是那样的一种英文，唯有一个对他自己和他的字典有深深的信心的才能运用的英文。

“亲爱的威尔基先生，”他写道，“让我向你保证，中国——所有盟国中最勇敢最忠诚的一个，在遭逢一切患难之中从未气馁或变心过，因为我们完全了解我们是为自由与正义的神圣大业而战斗，并且我们坚决相信，一个光明的前途在等待着我们，上帝会给我们那孜孜以求的胜利的。”

他在信中附了一个建设战后和平的草案，那的确是一个有趣的方案，但给我印象最深的是它的精神，正如我到处见到的中国群众的精神一样。他提议建立纪念碑，使人们厌恶战争而不称赞战争；他提议这次战争的最后一天，应该规定为全世界公众牺牲日，名之曰“和平、自由、快乐节”。

他的方案中有一项题为“增进人类间的亲爱”。他并且建议，每一国家应拨出和平基金，用来奖励科学的造诣。他向我写道，只有科学“才能解救人类的痛苦，弥补自然的缺陷，提高人类的生活水准，使全人类与自然界而非为人类自己相斗争”。

与□蒋委员长一席谈

在我们这边作战的恐怕没有任何其他国家像中国那样被一个人的人格所支配着，他的名字就是蒋中正，在中国的人们普遍称他为“委员长”。

我和蒋委员长有好几次长谈，还和他及蒋夫人单独吃过几次家庭便饭。

有一天傍晚，我们驱车到蒋委员长夫妇的郊外住宅，座落在扬子江边陡峭山坡上，董显光先生和我们一道。在他们那朴质的房子前面有一个大的敞厅，我们坐在那里凭眺重庆的山岗。下边的江上有许多小船泛行在激流中，载着中国农民和他们的出产顺流而下，到市场去售卖。那是重庆炎热的一天，但在这里却有微风拂面，爽人肌肤。蒋夫人向我们进茶，蒋委员长和我便开始谈话，她和董显光先生轮流替我们传译。

他论到过去和他的政府想把中国从一个几乎纯粹农业的社会变为现代工业社会的目标。他希望在这个改变之中，一面保留住原有传统的精华，一面借着广泛分布的大量小工场的设立，避免西方大规模工业发展的社会脱节现象。他相信他会在中华民国的国父孙中山先生关于工农合一之社会的遗教中，发现这个途径。不过他很愿意同一个从西方来的人讨论这个问题，于是他向我提出许多问题，我向他解释说，他要避免的那些由于美国大量生产和大规模工业合并而发生的社会问题，并不如他似乎在想的那样，单纯因为争权夺利而来，固然这些因素有其作用是没有疑义的。那些社会问题至少有一部分是因为经济的需要而发生的，这就是说，大量生产大大减低了成本。

我向他举出了汽车这个例子，因为他希望中国用低廉的成本制造汽车，在中国公路上行驶。我告诉他听，一个小工场制造一辆汽车，比起一个大工场在科学管理下按照分工合作的方式制造一辆汽车成本要大四倍。我向他说，造成高度生活水准的若干物品，如果必须完全由小工厂制造，它们的价格必然很高，决不是人民大众所能负担的。我向他说，每一个有思想的美国人都知道，在许多场合之下，我们所有的大规模工业合并是不必要的。我又向他说，为了我们的社会与经济的福利计，对于小工业厅应该予以最大的鼓励和优先权。但是，我说，为了维持我们的生活水准起见，若干工业实行大规模生产是必不可少的。我向他讲，我们承认把成千成万的工人放在一个工场里，随时有发生整个社会陷于失业的可能，这种情势造成了社会的、经济的，甚至违反民主的失调现象。我们觉得遗憾的是，由于这种制度的结果，我们的人口分化出一种永久被佣雇的阶层，个个私人作为自己事业的主人的机会因而减少，我并且告诉蒋委员长说，我们还没有找到一切的答案，但是我们的确知道，解决的办法决不是把必要的大单位分裂成许多效率不良的小单位。

我提醒他说，有一种试验在进行着，那是在西方世界中比较和他最接近的，就是俄国的共产主义的试验，但是它的成功一部分是由于为着完成一种特定的目的而运用大集团的大规模生产技术。

他表示说，他可以找出一种解决途径，就是必要的大单位一部分归政府所有，一部分归私人资本所有。

我们讨论了好几个小时，然后给我们充任翻译的蒋夫人，便以一种愉快的但是坚决女性权威的口吻说道："已经十点钟了，你们大家还没有吃一点东西呢。好了，来吧，我们必须进城，至少吃些点心去。你们改日再结束这番讨论吧。"

后来在别的时候，我们当真又谈了好多这个问题，还有许多其他问题。我们谈到印度，谈到整个东方，它的要求，它的目的，怎样可以使它配合在一个全世界范围的秩序里面。谈到战略，谈到日本和它的资源，谈到珍珠港事件和新加坡的陷落，以及这些事在东方反对西方态度所发生的心理上的深刻影响。我们谈到我在中东各国，在俄国和当时在中国眼见其蓬勃发展的那种紧张甚至狂烈的民族主义日趋增长的精神，以及这种精神会如何影响世界合作的可能。我们谈到俄国以及中国国内的共产党，谈到英国及其东方政策，谈到罗斯福、邱吉尔和史达林。

事实上我和蒋委员长在一起的那六天中充满了谈话。

我只要写到中国的事，便不能不提出我自己的结论，就是蒋委员长无论作为一个常人还是作为一个领袖，都比他在民间传统中的声望要来得伟大。他态度安详，谈吐温婉，他不着军装时便穿中国式衣服，这样就越发给人一种学者的甚至是一个经院学者的印象，而不是一个政治领袖的印象。他显然是很会听人谈话的，常能把握住别人的头脑，当他同意你的话时，他点点头，不绝地轻轻地说着"是的，是的"，这是一种微妙的首肯的表示，同时也能解除与他对谈的武装，在某种程度上使人家和他一致。

据说，蒋委员长每天有一部分时间祈祷和读《圣经》。他从这个习惯中，也许是从他的儿时的影响中养成了一种反省的姿态，安详的丰度和一种偶然的想得出神的表情。毫无疑问，他是真诚的，他的尊严和镇定，几乎含有一种凛然的素质。

蒋委员长之有今日的地位是经过艰苦奋斗的，这是他引为自豪的一件事。在二十多年中，他知道了一个国家诞生的最繁重问题。也许是因此之故吧，他对于和他联姻的那个非常的家族和对他早年共患难的同志们所具的忠心，是历久不渝的。我不能用文件来证明这一点，但是凡在重庆的人没有不能体会出一件事来的，就是这个年青的共和国尽管还在青春时期，却已展开了它所特有的一种"老派的纽带"，自然而然地使某些人居于要津。主要佩带些这种"老派的纽带"的人，是他与军阀作战时代的袍泽，现在他们都还没有变为老人，这也是中国之福。

我没有意思表示我在重庆遇到的领袖们没有相当的干才。他们是有的，但是他们并不全是西方意义之下的代表人物，犹之乎中国对民主的概念在若干方面与我们的不同一样，它的领袖们的生活的型式，也是与我们不同的。统治中国的国民党在其推进中国的自治计划中，包括一个训政的时期，在这个时期之中它正把新的生活和思想习惯教育给民众，使他们以后成为一个完全民主的好国民，也有选举权。

在这个训政时期，一个不可避免的事便是中国的领袖们应该是有相当训练的，或者在外国大学中，或者在战争和政治中训练出来的，而不是由人民以代表他们为主而选举出来的，实际上也正是为此，我到了中国才相信，这就是一种因素，一种重要的因素，说明为什么应特别在同情中国的外国人方面，对于重庆所实行的中国生活的集权统治有不耐烦的情绪。

中国指派了它的几个最杰出的人物回答我的问题，并使我知道它的作战努力，把所有那些给了我强烈印象的人们的名字一一列出是不可能的。

军政部长何应钦将军曾在他的私邸设宴款待我，那座房子在重庆的一个小山顶上，俯瞰着江水。我当时和他谈过话，并和史迪威将军、陈绍宽海军上将以及中国陆军中的许多军官说话，后来我曾和广西三杰之一的白崇禧将军有长时间的讨论。

林森主席曾在他的官邸正式招待我；行政院副院长孔祥熙博士在那重庆最精美的住宅草坪上举行了一个露天的宴会；教育部长陈立夫博士、经济部长翁文灏博士以及当时的宣传部长王世杰博士，都提出了很多的时间，把中国怎样应付危机解释给我听。

蒋委员长本人曾在军事委员会亲自主持一次宴会，那个会址在一年前被炸，但已重新修好。这是我在全世界参加的正式宴会中最动人的了，因为它是那样简单朴实，在这种必须牺牲的岁目中居高位者有如此的风气，谁也是喜欢的。余兴中有些乐师弹奏中国古代的乐器，其中有许多是单弦的，而且样子和结构都似乎粗浅，但是歌曲却是中国古代的民歌，节奏很柔和。

席间有一段插曲，是我们一行人始终想起来就觉得好玩的。原来柯尔斯君头一天有点小恙，那天席上他为了试试自己的胃口，便吃了些有奶油的鱼唇，于是饭后菜品上来有很好的老式甘草冰激凌，他就特别高兴。他向重庆市长说出的[了]快愉后，市长解释道：四月间卫生当局深怕中国发生霍乱传染症，他们既没有治霍乱的盐水，而霍乱又是借牛奶而传播的，他们便由市政府布告，凡是供给冰激凌的都予以刑事处分。

“不过，”他接着说，“冰激凌是这样好吃的点心，而且威尔基先生到重庆来使我们太高兴了，所以我昨天决定下令把这禁例开放一天，使我们今天晚上可以用冰激凌来招待诸位。”

此后几天中我们都急切地要看看我们的防霍乱针究竟有无效果。

我们殷勤的主人们留给我若干余暇，说是为了休息，却使我得以见到许多许多其他的中国人。宋子文博士的寓邸是一个方便的会客地点，我又有很大的好奇心，中国人想来会见我的心情，简直没有止境。

举例说吧，我就是在那里和中国共产党领袖之一周恩来作了一次从容不迫、单独而不受阻断的谈话。他住在重庆，在那里帮助主持中国共产党的机关报《新华日报》，并参加目前中国最近似代议制立法机关的国民参政会，他的夫人是参政员。

我第二次会到周恩来将军是在孔祥熙博士的宴会上，主人应我之请也邀了他和他的夫人。曾经作为他的政敌的那些人以一种愉快但是相当矜持的姿态向他寒暄，同时他的旧交史迪威将军也以显然的尊重态度和他接谈，这种情形看来很有兴味。

周恩来将军穿的是一套藏青色衣服，一面表现着中国的传统服制，一面又有技术工人服装的模样。他的面庞开阔，眼睛圆大而严肃。他缓慢地说着英语，他向我说明中国战时统一战线所赖以建立之妥协的性质，他承认他对于中国国内改造进行之迟缓感到焦灼，但向我保证说，这种统一战线一直到打败日本为止都必然会持续下去的。当我问到他，他是否以为战争完了以后这种团结还能维持不辍时，他坦白地表示不愿想作什么预测。不过，他对于蒋委员长大公无私献身国家的忠诚，具有无可置疑的尊敬和信仰。

另外一位给了我深刻印象的人是张伯苓博士。他气宇轩昂，有学者严肃沉思的丰度，但又具有一种温爽的幽默感。他是中国主要学校之一的南开学校校长，也是一位国民参政员。无论我们论到印度、战争，还是美国的大学，他的知识背景和判断，在美国都是难以望其项背的。

重庆另外还有两个人，他们显示给我新的中国，与我在任何描写中国传统生活的书本上所读到的□乎不同。一位是蒋委员长的私人秘书李惟果先生。他年青英俊，聪明过人，而他的干练又足以说明一个伟大领袖如何需要秘书的干材。另外一位是励志社总干事黄仁霖将军。这位将军身材高大，体格魁梧，笑起来非常豪迈，我们不难形容他是一位特殊干练的东道和经理。他的任务之一是为在中国居住的美国空军办理招待所，这件事他办得非常精彩，但在他那活泼的神情和他的社交本领以外，我还看出这人是一个富有想像的、坚忍不懈的，争取中国胜利和更好的世界的战士。

中国不乏优秀的人物担当重要的任务，但是不管那标准如何之高，宋氏一门在中国生活中自成一格。三位昆仲和三位姊妹都受过美以美会教士和美国大学的训练，成为中国精明干练、富于政治干材和财产的一组高贵人物，而于效忠这一青年的共和国，努力不懈。他们形成了世界上最显赫的家族之一。

我在华盛顿时已认识了宋子文，他是中国的外交部长，是联合国大政治家之一。他的三位姊妹我是在重庆见到的，一位是蒋委员长的夫人，一位是掌管中国财政的孔祥熙博士的夫人。在孔博士招待我的草坪上的宴会中，我坐在首席，一边是孙夫人，一边是蒋夫人。我们说话很生动，我当时非常欣幸，两位夫人说着流利的英语，消息灵通，机智丰富。

酒席过后，蒋夫人挽着我的臂说："我带你去见见我的另一位姐姐，她神经作痛，所以不能到户外来参加宴会。"进了房门，我们看见孔夫人有一只手臂系在一个吊带上，她很想知道她一度旅居过的美国的事情，我们三个人说得很高兴，简直忘了时间和户外的人们。

大统[约]十一点钟光景了，孔博士走了进来，轻轻地责备蒋夫人和我没有回到席间去。那时客人都已散去，他便坐了下来，我们四个人一道儿谈论宇宙世界各种问题。

我们谈到弥漫东方的观念上的革命——这是一个我走到任何地方都会提出的话题，谈到印度和尼赫鲁，中国和蒋委员长以及亚州[洲]成万万人民要求受教育，要求更好的生活，尤其是要求摆脱西方，享有独立自主政府的权利，这种向自由迈进的雷霆万钧、波澜壮阔的浪潮。

这个谈话使我不觉神往，他们三位都知道他们自己的事实。他们三位，尤其是蒋夫人，都有强烈的意见，使谈话内容丰富出色。最后，当我们要起身辞出时，蒋夫人向孔祥熙博士和孔夫人说："昨夜席间威尔基先生示意说，我应当到美国去作一次善意的访问。"孔氏夫妇注视着，好像在询问似地。我说："不错的，我想我提出这个意见是对的。"

这时孔博士郑重地说："威尔基先生，你真有这个意思么？如果有，为什么？"

我向他说："孔博士，从我们的谈话中你可以知道，我如何强烈地相信，使我们美国人了解亚洲的问题和亚洲人民的意见是很重要的，你也可以知道，我是如何相信世界未来的和平大约要靠战后东方问题的公正解决以为定。"

"现在必须在这里有一位有头脑、有说服力、有精神力量的人，帮助教育我们关于中国、印度及其人民的事物。夫人就可以是一位完全的使节，她的伟大的才能——我知道她会原谅我以这样亲切的口气说话——她对中国的伟大忠诚，在美国是熟知的。她不但要受到爱戴，而且有非常的效果。以她的机智和才华，一颗慷慨而透澈的心，一种温婉美好的丰姿仪容和一种炽烈的信念，她正是我们所需要的宾客呢。”

现在她已来到美国了，她对国会发表了娓娓动听的演说。她对总统作了令人向往、意味深长的“天助自助者”的警语。从那以后，美国对她的豪迈和她的任务，无有不倾佩的。

美国驻华空军司令陈纳德准将，凡是和他会谈过的人，都不会忘记那个硬汉。他身材高瘦，皮肤作棕黑色，他的两颚和眼睛带着一种刚硬的气质，和他那路易西安那州的慢吞吞的乡音非常不调和。他最初到中国，是作一个单独的飞行员和航空战略家，帮助训练中国的空军。后来他组织了美国空军志愿队，在中国和缅甸获得盛誉。他现在已正式编入美国陆军，美国陆军中有他参加是可庆幸的。

他和他的部属的成就，已经是家喻户晓。他们以十二比一到二十比一的比率，在战斗中击落了大批的日本飞机。我在重庆时，中国方面记载他的队伍和日本空战七十余次，虽然每次在数量上都不如敌人之多，但没有一次不打胜仗。他的参谋长古柏上校有一天同我一道在重庆进餐，告诉了我许多故事，说这个将军把正统的空战战略和奇异的非正统的战术溶为一体，那结果是日本人已经明白表示为他们所不喜欢的了。我们的司机凯特少校告诉我说，陈纳德将军的气候情报系统、空中飞行情况以及地理状态，就他所有的便利来说，实在是绝顶惊人。原来在中国没有好的气象台设备给飞行员必需的情报，陈纳德将军大部分依靠中国信差在羊肠小路上传送到广大区域的情报。

我自己打听出陈纳德将军在中国的人望为任何人所不及。一个成都的教员，当我问到他那一个美国人是他的学生最熟知的和最爱慕的，他直截了当地答道：“陈纳德将军。”我还听见中国最重要的领袖们反覆谈论他，而且永远是带着极大的尊敬和爱戴心的谈论他。

我曾与陈纳德将军作过几次会谈的约会，但回回他都没有来践约，我终于跑到他在重庆附近的一个司令部去看他。我看他正在他自己的飞机场上，面对着一长列 P40 式的作战飞机，每一架都漆成一条巨大的鲨鱼般的，这时我才了解为什么他很难到重庆来践约。

他以直接的亲自的指挥担任着我所看到过的最繁忙、最激动的根据地之一。他的任务不仅包括重庆、昆明上空的保卫，还要防御从印度经过缅甸到中国的最重要的航空线。除此之外，他还有一个额外的任务，即轰炸广州、香港以及靠近万里长城的开滦煤矿。他的空袭侦察办法是我所听说过的最独特而有效的。他的部下几乎全是南方人，台克萨斯州的人尤其最多，都宣誓效忠于他，并替他完成了奇迹。

他手头可用的材料之贫乏，我看见后大吃一惊。谁要看到他所指挥的人数那样有限，对他所完成的业绩就愈难置信。陈纳德将军属于美国战斗人员的伟大传统，他手下的空军值得享有我们所能给与他们的最好的和最大的一切。

他请求的东西少得惊人，而我们已经供应给他的尤远不及他所请求的那一点数量。陈纳德将军以沉重的口吻但伟大的信心说明，可能做些什么事来制止在中国的日军，切断他们通过中国海的供应线，援助中国军队使他们在得到一种空中掩护之后便能向东部中国迈进反攻。他告诉我，以目前的航空线越过喜马拉雅山运输汽油、零件及各种补充，仍能维持一种有限度的空军攻势。

他对于美国国内官吏未能认识他所看透的事物，有一种不平等之感。

在这里发动一种攻势，其作用不仅在于军事方面，它会给中国军队新的信心，给中国人民新的勇气。我从中国回来之后，深深相信我们应该不计任何代价避免给予中国一个观念，即以为我们要再忽视他们一年，并且集中我们的作战于其他战场。姑无论这种观念对中国的抗战有何影响，它会加重一种已受物价恶化了的民气问题，而且会使赖以建设和平及战后世界的与中国谅解之坚实基础无由奠定。

我在中国之日，天天都可以体会出中国对日抗战已有五年多的这个事实。从重庆全体市民一遇敌机轰炸便躲入进去的那些无法置信的山洞，我可以见出；从中国人民在空袭之后立即跑出那些山洞，重建他们被毁的城市并且继续战斗下去那种气魄，我可以看出。

在中国的敌后，英勇的民众继续抵抗着；那些惊心动魄的故事我虽未眼见，却已耳闻，并且可以在重庆得到种种的实证。我在重庆时，还有些脚酸腿痛但快乐的英美人不断从日本占领下的上海、香港、北平抵达那里。他们在一半个大陆上由一部分游击队交代给另一部分，这些游击队深入在敌人的后方形成了活的抵抗的连锁。所有中国的农民都在他们日常的英勇举动中，表示出他们□自由是如何攸关以及他们争取自由的热望。

我还看到实证，证明中国为完成一个现代的军事组织而有过长期的奋斗，这对我是一个新闻，而且后来我知道这对于许多中国人自己都是一个新闻。过去许多美国人对中国军队的印象，依然是一群职业化的匪徒，他们的官长都是和敌人互通款曲的专家，这差不多只是一幅支离破碎、技术落后国家的军事方面的讽刺画而已。在今天，这样的印象作为讽刺画都不存在了。中国在军事方面已经统一起来了，它的领袖是有训练的干练的将领，它的新兴军队尽管显著地缺乏现代作战装备，却是坚强的战斗的队伍，他们既知道为什么而战，也知道如何为它而战。在中国，正如在俄国一样，这是一个真正的人民的战争，即使是很有地位的人的儿子也有入伍作士兵的，这是三十年前募兵时代根本想像不到的事。

有一天下午，我站在成都城外一条泥底但流得很急湍的河上的窄桥边，我的面前沿岸一座很厚的墙后有烟子升起，我可以透过浓烟看见机关枪火的闪烁，我背后的田野上传来一阵迫击炮声。河里面有许多中国青年，奋命泅过激湍的河水，有些在头上举着步枪，有些拿着长绳子系着一座浮桥。

当他们全身沉入最急的流水中时，我差不多可以下很重的赌注，认为他们决不能泅过去，但是他们居然将那座浮桥运过了河。这时突然有成千百的其他士兵从我背后的田野上一跃而起，他们的钢盔和制服都很仔细地伪装起来，我一点都未曾发现。他们跑过浮桥，一拥而至河对岸，展开阵容，对一个大约一英里外的村落作攻势姿态。

他们最后占领了那个村庄，但在占领以前，他们曾切断满布地雷的铁丝网，掀起好多股地雷爆发的浓烟，没有任何掩护，匐伏通过一块空地。他们带着全副武装进入村庄，停下来后周身泥土酷热而疲倦，但因执行一次野外复杂的作战行动新添了一层知识之故，又显出得意之色。

这是在中国最大的成都中央军官学校举行的一次演习，一种野战训练，组织这一次演习的，是美国西点军官学校的中国毕业生，他站在我的身边，在演习进行之际向我解释各项的法则。该校学生一万名中至少有一部分参加了这一次的演习，这是一个很动人的表现，和世界任何地方的同样演习比较起来，决无愧色。我在那一天下午以及后来一再看到的情形，在我觉得是表现一个时代的终结——四万万中国人民被日本、英美或任何军队随意蹂躏的时代之终结。

第二天，在中国空军训练学校，我又看到了中国打了五年多仗的这个事实。这里成千百的中国青年军官学生——这些人们在往往几年以前还有人称他们“不是一个战斗的民族”——用粗大的棍棒互击，在彼此搏斗扭打中吼叫，作着我所见到过的最坚韧的个人肉搏训练。我又在这里看见中国的童子军，有些才八岁，接受全部纪律的军事生活的训练，准备充任职业化的战士。

我向董显光先生说，我想看中国的一部分前线。最初，这似乎是不可能。后来我才知道，蒋委员长对我在中国期间的安全太关切了，必须向他说通，董显光先生要求假以时间来准备一切，最后终于安排好了一次旅行。虽然我们所到的地方没有我们预料的那样危险，我们却仍能得到另外一次教训，证明中国在五年余全面抗战之中学习了多少东西。

我们飞到西安，然后驱车出城，借着一条山路上沿途的灯笼的照耀，攀登到另一个军官学校。当天夜晚我们便出发到前线，很不调和地在富丽的卧车中东行。

第二天黎明我们下了火车，乘上铁轨上的手摇车走了十五英里。这里离黄河几英里，也就是这一战区的前线。有一个同行的军官认为我们使对河的日军看去太像射击的目标，于是我们就开始用自己的腿在黄土层中深深凿下去的道路上步行了最后几英里。

前线原来是一个村庄，四面有网状的壕沟环绕着。黄河在这一点上有一千二百码宽，但是在一个前进的观测所用炮兵的望远镜看去，我们可以望见日军对准我们这边的炮兵阵地和他们自己阵地里的日本兵。当我们在那里时，一切是平静的，但是显然不是永久平静无事的。事实上，在我们到达那里的一刻功夫以前还有过炮轰。

我在这个前线上会见到蒋委员长的公子蒋纬国上尉，他说着一口流畅的英语，以整整一天时间向我解释为什么日军不能在这里越□黄河的原因，而这个地区的群山口中还有一个缺口，是历代向中国南部侵入的孔道。

我们看见了炮兵、步兵、钢甲车和建筑在田里的工事，准备对付日军进攻的。我们检阅了蒋委员长精锐部队之一的第×××师，训练精良，服装整齐，有好的现代的装备。我曾向那些士兵讲话，他们大约有九千人站立在烈日之下。他们注目着我站着的小木台，在我看来好像没有一个人在我讲完以前稍稍移开他的注意力，虽然我说的是英语，当我的话给译成华语时，他们如此之高声欢呼，甚至日本军队都一定会听见了而奇怪为什么这里这样高兴。

走回我们火车，坐下吃饭时，蒋纬国上尉向我断然表示，我适才看过的决不仅是一个专为参观的场所。他走进餐车里边，抱了一堆日本骑兵的刺刀来作为赠给我们一行的礼物，还有很好的法国的酒。这些都是突击队夜间渡河神速地袭入敌军后方□获回来的东西，他们常常带回这样的□□物，还有更重要的战利品，如俘虏和军事计划等。蒋上尉告诉我说，这些突击队有时在敌后停留数星期之久，切断交通，组织破坏工作之后才返回到河西岸自己的司令部来。

（原载于《文汇周报》第1卷第10—11期，1943年）

向方禹镛大夫学习

——为庆祝他底五十寿辰而作

佚名

本月二十日是和平医院内科主任方禹镛同志的五十寿辰。方禹镛同志是朝鲜人，一九二八年来中国，抗战后参加了中国军队做军医，帮助中国抗战，一九三九年来边区，一直在和平医院工作。很多因公致疾的革命同志，是经过他底手而治愈的；很多现已担任治疗工作的青年医生，是经过他底手而培养起来的。他底工作作风，素为和他在一起工作的同志所敬佩；他底细心和蔼精神，也素为曾在和平医院休养过的同志所身受而爱戴。他虽年已半百，身体依然健康，精神依然蓬勃，进步心依然迫切。他还能有很长的时间、很多的精力，将他底优良技术不断地为革命贡献。无论在过去，在将来，我们边区医疗界人士都会向他学习而且应该继续向他学习的。为了纪念他底五十寿辰，为了使每个同志了解他底工作精神，我们在这里做一个简单的介绍。

革命先进医学专家

方禹镛同志从青年学生时代，就痛感日本统治阶级对朝鲜的压迫。他看到了朝鲜同胞在敌人的铁蹄下生活奇苦，看到了朝鲜学生遭受着和日本人不平等的待遇，他积极地参加了朝鲜独立运动，始终不懈。来中国后，依然抱着同样的热情，积极地帮助了中国抗战。他底工作情绪从没有低落过，对于青年医生和护士同志，他总是鼓励他们，爱护他们，在技术上指导他们，因此在医院里，素有“妈妈”之称，而对于同志们对他的帮助，他也诚恳地接受，他常说：“不要拿我当客人，不对的地方，你们直接批评，我才高兴。”

他是朝鲜京城医学专门学校的毕业生，在那学校里担任教授的都是日本或朝鲜的医界名流。毕业后到今天，他已积有了二十多年的医疗工作经验，他在内科方面的知识是非常丰富的。在理论上，他依然不断地追究，遇有复杂疑难的疾病，他不只自己拚命去钻，而且同样催促别人“想想看，查查书看”。

一切为了休养员

对于一个病人的健康，方禹镛同志是抱定负责到底的精神的。很多已经出院的病人，常来信要求他给以生活上的指导，他都一一答覆，无论曾经住过院或未住过院的病人，只要来找他检查，他从不加以拒绝，也从不拖延时间。

对于住院的重病患者，他能注意到治疗上每个细微节目，无论是饮食、护理，他都详细地说明，以便按规去做。他没有和休养员发过脾气，而且他说：“休养员在病中有时候发脾气，那是应该原谅的。”那怕对一个不很要紧的症状，他也绝不忽视去解除病员的痛苦。

在整风中

整风开始后，他每天随着大家，按照规定时间，在屋里或是到树荫下读文件。晚间，他戴上花镜，坐在灯下记笔记。在文件上，他都注明了小标题，在重要的地方都加上了书签。写反省，答测验，他踊跃地按时交卷。

在整风中，他感到非常愉快，他说：“这次整风，力量真大，党中央的英明远见，在这次整风中更完全可以看出来了。”他又说：“这次整风对我底帮助太大。”

写自我鉴定的时候，他感到第一次写的不详尽，马上要回去重写。在这次鉴定中，大家一致感到他反省得最好，他一点不隐瞒过去思想上的缺点，而且在短时间已经从行动上看出进步来了。他特别注意到技术上的合作，在病人的诊断上，他自动地找别人来商量。

生产模范

在他底住室旁边，有一亩菜地。当夏天的傍晚，碧柳荫间，短篱轻掩，和着泉流底潺鸣，有一个健壮的老人，面色欣然，手拿锄头，在菜园里劳作，那便是我们底方禹镛大夫。他说：“每天劳动一下是很好的，一方面可以改善生活，一方面又增加了食量。”

去年，他种了三百多斤菠菜、一百多棵西红柿、一百多株包谷，另外还有一些葱、蒜、白菜。他底生产量超过了任何别的同志。在不影响工作下，他有了这样的生产收获！

他不仅看病看得好，整风整得好，而且种菜种得好。他是值得我们每个同志来学习的。

一九四三年二月

（原载于《解放日报》1943年2月27日）

阐扬“三一”大革命精神

［韩国］金九

三月一日为韩国独立宣言廿四周年纪念日。凡我韩国独立运动者，每当此日，开会纪念或举行示威，检讨过去反日斗争之经验与训练，以决定今后努力方向。但到今年世界反侵略大战，由于各同盟国加紧团结与合作，已进入决定胜利的反攻阶段，而敌寇之败亡，计日可待。至于我民族内部，经去年临时议政院卅四次议会，各党人士亲密合作，已完成前所未有之统一团结。在此内情外势大见好转之时，纪念此日，其意义倍加重大。我等负复国救民之责的革命者，当更发奋鼓勇，加紧努力，以完成“三一”运动所已奠基而尚未完成之革命大业。

“三一”大革命是韩国民族复兴再生的运动，换言之，此运动并不是单纯的反日复国运动，而是我韩五千年以来磨炼长养之民族正气和民族意识在此运动中得以重新发扬光大，以奠定民族复兴、国家再生的精神基础。所以我们纪念“三一”节，必须阐扬“三一”大革命精神。

“三一”大革命的最基本的精神就是“反日独立”和“民主自由”。但这样说明，还嫌不够。我们欲阐明“三一”精神，必须包括下列四点来解释。

第一是自存与共存精神。《独立宣言》第一段说过：“吾等兹宣言我祖国为独立国，我民族为自由民族，以此告于世界万邦，而阐明人类平等之大义，以此诰于子孙万代，而永有民族自存之正权。”又说这是“全人类共存同生之权之正当发动”。我韩民族因为有这种自存与共存的伟大精神，所以能经营有着五千年悠久文化的国家生活，又正因为有此精神，所以亡国以来我韩革命者能不屈不挠，前仆后继，与暴敌相周旋，以完成反日复国的神圣使命。我们必须知道，不能共存者必不能自存。现今德意日侵略者辈，皆不能与人共存，逞其淫威，侵略人国。结果不仅不能自存，且将陷于自灭。我民族，从古至今固不愿侵害人国，又决不愿受人侵略。讲信修睦，与世界共存同生，乃是我民族信守不渝的传统的国际道义。

第二是民主和团结的精神。我国也和别的国家一样，自然有阶级之分和党派之别，而且有时因信仰或政见之分歧而发生纠纷和对立，但这是暂时的或部分的现象。我民族有同一的历史和文化，又有同一的语言和血统，从来自行形成一独立国家。因此一旦外势侵凌，必以和衷共济、团结御侮之精神起而抗争。“三一”大革命时，民族代表三十三人，其政治派别、宗教信仰及社会阶级虽各有不同，但能亲密合作，领导史无前例的大革命运动、此乃我民族高度发扬民主与团结精神之模范。我们要知道，没有民主，则不能团结；没有团结，则不能外御其侮。所以民主和团结，乃是民族国家能独立自存的主要前提。

第三是气节与道义精神。一个民族欲独立自存于世界，必须积极涵养“威武不能屈，贫贱不能移”的民族气节和“杀身成仁，舍生就义”的民族道义。此种精神能否普遍滋长，又能否永久存续，乃是一民族绝续存亡之关键。我韩民族自古提倡此种精神，无数忠臣义士辈出。当我国家将亡时，虽有李完用、宋秉峻等少数民族败类，但同时有闵忠正、安重根等多数忠义之士，伸张民族的正气。“三一”运动不仅在这种精神基础上发动，而且把这种精神高度地发扬起来了。当时全国人民，即使是愚夫愚妇，都能冒着敌人的枪炮，争先恐后，高呼独立，示威游行，乃是我民族气节与道义精神之发动。

第四是自信与自尊精神。一个民族是否有民族的自信力和自尊心，便可以决定该民族的兴亡。我韩民族既有五千年光荣灿烂的文化历史，且有三千万血肉相连的优秀同胞，这是我民族保有自信力和自尊心的主要条件。此种民族精神，也在“三一”大革命中最高度地发扬起来了。当时我民族男女老幼，都能以徒手还击武装的敌人，把所谓文明的敌寇看做野蛮无耻之徒。一时被迫而被敌雇用之韩人宪警及其他官公吏等，亦激于民族的自信与自尊心，倒戈反正，再不与敌人为伍，甚至三尺幼童以在小学里读日本史、讲日本语为奇耻大辱。此种精神乃是发动“三一”运动的主要动力。

如上所举，自存与共存、民主与团结、气节与道义、自信与自尊四点，便是“三一”大革命精神之全部内容。这就是我民族固有的优秀的文化传统。凡我革命同志必须承继此精神，格[恪]勤遵守，而且要积极发扬而光大之。时至今日，全人类绝对多数都站到和我们同一的战线，与我仇敌日本，共同作战。三十个同盟国和全世界正义人士都同情和援助我们，尤其中国四万万五千万同胞是和我们血肉相连之战友。我民族独立自由的前途是很光明的。可是我们还须努力,克服一切困难和障碍,在临时政府领导下,内而巩固民族的团结,外而取得国际的援助,积极展开革命工作,以完成“三一”革命所未完成的事业,建立自由幸福的新韩国,建立和平共荣的新东亚。

(原载于《中央日报·扫荡报联合版》1943 年 3 月 1 日)

白昼攻入河边村

——朝鲜义勇军华北支队第二队前线工作速记之一

蔡野火

四月里，已经是温暖的春天了，但是海拔一千五百余公尺的五台，还在飘落着雪花。

11 日，下了一场五寸厚的大雪，第二天，我们这一支远征军踏着洁白美丽的雪毯，迎着晴明娇艳的太阳，像一支光亮的匕首，沿着滹沱河岸，深深的戳进敌人的肺腑里——敌人盘据了三四年的河边村。

河边村是阎司令长官的故里，那里有阎先生的家族，那里有阎先生的宅地……

多少年来，这个得天独厚的村镇，在阎司令长官的抚育下，以惊人的速度发荣滋长——矗立起了近代的建筑，开设了百货商店，设置了电灯厂，并敷设了铁路……在深山远林中，在滹沱河畔，这个村变成了一颗闪烁的明珠。

1939 年冬天，抗日的烽火，延烧到太行山顶，敌寇的兽蹄踏进了这幸福的村镇，随之，繁华的街市，骤然冷落，兴隆的商业，顿见萧条，无忧无虑的人民，在敌寇的淫威下，从此也不得不忍气吞声，过起牛马的日子。

12 日晌午，当我们这一支精壮的队伍突然出现在街心的时候，颓靡的坐在破烂院落里的人民听到了我们的吼声，突然惊醒般的跳起来了，他们跑到街上，用万分兴奋的声音跟我们一齐喊：

“打倒日寇！”

镇的西边是敌人的堡垒，东边便是我们的宣传阵地，我们把枪口瞄准了敌人的咽喉。就这样，我们在阎锡山先生的故宅——那所宫殿似的“文佗芦草院”里，召开了六七百人的群众大会。

倾听了我们的讲话，人们的眼里放出了愉快的光辉，在告一个段落的时候，他们长长的吁了一口气，轻松的说着：

“对呀！快胜利了！”

我们唱过了雄壮的歌，说过了大鼓书，表演了相声，几年来被愁苦压瘪了的人们，第一次欣慰的笑了。看了反映根据地内部人民的幸福生活，英勇子弟兵的战绩和朝鲜义勇军在前线的活动的照片，他们更兴奋的孩子般的跳起来。一位老太太拄着拐棍蹀躞着走出去，一面走一面兴奋过度的自言自语，我迎着她，问她懂不懂我们的说话，她很感激的连连的说：

“同志，听得懂，同志，听得懂，嗯……”

用“撒网战术”，我们更扩大了宣传的阵地，同志们分散开到全镇的每个角落，散下了大量的朝鲜文、中文、日文的传单，并在墙壁写上五十多条长长的标语……

整个的村镇都欢跃起来了，只有堡垒里的敌人悄悄的伏在那里，不敢稍有声息。

太阳西偏的时候，敌人下午的一次火车老牛般的喘着气进站了。我们胜利的完成了任务退出村口的时候，满街满巷的人们潮涌般的欢送着我们，临别时他们谆谆的嘱咐：

“不要忘了我们！”

…………

1943.4.28 于前线

（原载于《晋察冀日报》1943 年 5 月 27 日）

朝鲜青年不屈的斗争

曾先

日寇六年余的对外侵略战争中，带给朝鲜青年以沉重的负担：许多怪样的“效忠天皇”的组织出现了，“国民精神总动员同盟”“国民总力朝鲜联盟”“国防青年团”“国防妇人会”“青年训练班”“圣汗队”“秋锄队”“爱国班”“勤劳报国队”等等，日寇利用这些机构，加紧奴役朝鲜青年，监视朝鲜青年，麻痹朝鲜青年，企图达到所谓“内鲜(即指日本与朝鲜)一元化”之目标。因此，在这样的要求下，朝鲜被强迫接受了战时编制，每个朝鲜青年得随时听候敌人的征发，每个朝鲜青年得随时准备向“天皇”献纳他们的一切，美其名曰“勤劳报国”“国防献金”；同时，朝鲜被改称“半岛”，朝鲜历史从教科书中删去，朝鲜仅有的二家韩文报纸被迫停刊，说朝鲜话用朝鲜文就要违反“禁令”，“混婚令”“创氏令”雷厉风行。《思想保护观察法》公布了，二万以上的青年被抓到集中营去，受鞭笞，受拷打。《预防拘禁令》又公布了，每个朝鲜青年得随时作为预防犯而被拘禁。日寇满以为这么以来，朝鲜这块“兵站基地”可以坐稳了。

一九三八年，日寇开始在朝鲜实施“志愿兵制”，日寇对于“志愿兵”的考查与训练异常严格。敌人从今年八月一日起，又在朝鲜实施“征兵制”。不过直到参[现]在，日寇还是不敢大胆的给朝鲜人以武装，所以朝鲜人参加于日军作战部队的依然有限，大部分都是服役于后方勤务部队与作战地的苦工(如挖战壕□担架等)。现在在朝鲜，到处抽拉壮丁，成了最恐怖的现象。

在朝鲜拉去的壮丁，有的被送到日本本部做工去。现在日本本部工作的朝鲜劳动者，约在百万左右。

青年人纷纷逃亡，在中国东北及华北沦陷区，布满了这些流亡者。

关于朝鲜青年英勇斗争的事迹，我们无须从历史上拉得过远，这里我只想记述几件较近的事：

中国抗战爆发后不久，鲜南大邱府曾被日寇破坏了一个青年学生的秘密组织，被捕二百余人。

一九四〇年，釜山运动会中，因为对韩籍学生的裁判不公而引起了冲突。在那次运动会上，朝鲜学生所表现的体育成绩比日本学生优异，而日本人并不因废除“差别待遇”而对日韩学生一视同仁，处处偏袒日本学生，压抑朝鲜学生，这样引起朝鲜学生的公愤，由质问、冲突而演进为武装的斗争。参加运动会的二千多学生，手执武器和日本的宪警格斗。这事件虽由一点小事而起，但很快的转变成政治斗争，学生们高呼：“朝鲜革命万岁！”

一九四二年二月五日，松都学生因不愿更改姓名，与日警发生冲突。又同年三月十七日，海州“志愿兵”发生暴动，枪杀日本教官。

此外，在这几年全朝鲜各地的骚动中，如甲山游击根据地的建立，京城女工的罢工游行，多狮岛军港及咸兴兵工厂的被焚毁，燃遍全国的抗租事件，京城、仁川、平壤、新义州、元山、南埔，前仆后继的反抗征兵暴动，这些虽然不是纯青年的运动，然而青年在这些运动中起着主导作用，那是毫无疑问的。

日本帝国主义常向世界夸耀他在朝鲜的“政绩”，他说他在朝鲜已经完成“内鲜一体”，事实的真相最好由朝鲜青年来回答，因为日寇的欺骗政策在他们的铁拳下完全被击得粉碎了。

（原载于《新华日报》1943 年 9 月 5 日）

日本兵士把反战的烈火烧得更高！ 更高！

佚名

在山东日本反战同盟日本兵士代表大会举行开幕典礼的时候，代表我根据地党、政、军、民，敌占区的青年及朝鲜义勇队的百余来宾出席参加，这样使隆重的会场，成了中日韩广大反法西斯统一战线的缩影。大家的敌人是一个，大家的胜利在一起，每人心中沸腾着反法西斯的热血，会场上洋溢着伟大的国际主义的友情。

“反战同盟是在中国共产党、八路军帮助与培养下生长起来的！”主席——反战同盟山东支部长本桥同志，宣布开会意义。他追述着山东反战同盟萌芽、发展、斗争的历史，“在第一次成立时只有四个人，现在已发展到×十余人了”。他明确指出：“紧密团结在组织的周围，思想与组织进一步统一，以便更有力的进行对日本军阀的斗争。”

青年的胜山代表全山东日本士兵，向全中国全世界控诉日本法西斯军阀的罪行，他用愤激的口吻，历述着日本军官虐待士兵的事实：“青驼寺宗峨队长因丢失武器的零件，使全体士兵饿了两天。在临沂三个跑步掉队的新兵，被窒息至死，他们把士兵当成一钱不值的牛马，在官长挑拨下，新老士兵的矛盾非常厉害。”愤怒的心情使他的话更加激昂：“日本士兵的野蛮性，不是生来如此的，而是日本军阀传统教育下产生的，是防止士兵反抗而有意培植的！日军的暴行一切应由日本军阀负责的！”他的控诉更加激怒了全体到会的代表与来宾，日语的口号与中语的口号同时崩发出来：

“打倒日本军阀！”

“争取日本兵士自由！”

来宾致辞，首先是山东军区罗司令员代表山东八路军。黎政委代表山东共产党向大会庆祝，他们怀着极大的兴奋说明这个会议的召开，使今后抗战更能有保证取得胜利，并希望反战同盟的组织更加强大起来，成为中日两国人民团结的桥梁。

朝鲜义勇队代表李明同志说:“最使我高兴的,是朝鲜独立同盟的同志与日本革命同志在中国革命战场上携手并肩作战。”“中国抗战的胜利,也就是日本人民的胜利与朝鲜革命的胜利!”各界代表讲话以后,渡边在简短恳切的答辞中向大会保证:“不管特务如何进攻,我们已有了坚定不移的立场!不管路上有多大困难,我们有了奋斗到底的决心!”

最后会场中飘起了雄壮庄严的日本《红旗歌》。

(原载于《山东画报》第2期,1943年)

“三八”节与朝鲜妇女反法西斯运动

[韩国]金文淑

“三八”节是全世界妇女为着自由解放而奋斗的日子，同时是全世界妇女检讨自己的工作，整顿自己阵营的日子。

纪念今年“三八”节的时候，全世界反法西斯战争已进入反攻胜利的阶段，全世界反侵略国家的妇女，正在努力贡献其力量于反侵略战争，但是如要达到完全消灭德意日法西斯侵略势力的目的，必须有全世界反法西斯妇女更进一步的动员与团结。我们必须使反侵略国家的妇女除了贡献自己力量于反侵略战争外，还得鼓励她们丈夫、兄弟、儿子提起作战勇气负起工作责任，以争取反侵略国家的早日胜利；我们必须使侵略国家的妇女除了贡献自己力量于反战之外，还必需鼓励她们的丈夫、弟兄、儿子努力反战，用一切力量破坏侵略国家的胜利。

我们朝鲜妇女在过去朝鲜革命运动中已表现英勇、坚决的斗争，自从日寇发动侵略战争以来，朝鲜所受到的战争的灾难与痛苦，已达到无可形言的地步。日寇在朝鲜实行强制抽募壮丁，为战时军事工业而服务，因此农村妇女都代替男子耕种已不胜其劳苦，日寇又强迫朝鲜妇女在全国各地组职[织]爱国妇人会，使贡献其财力物力于侵略战争，并又实施劳动服务制，甚至组织妇女慰劳队，送到异国战场上服务，凡此种种都是证明日寇想把朝鲜的生命，当成他们侵略战争的炮灰，但是有革命历史传统的朝鲜妇女决不会像羔羊一样地等待着刽子手们来宰割。她们早已高喊着反抗的怒吼，并又进行坚决的反日反战斗争。在全国各地不断发生的罢工、罢课、抗租、抗税与破坏敌人交通和军事设施之革命斗争中，朝鲜妇女都已积极参加。目前在日本法西斯战时强迫政策下，朝鲜一切革命运动的发展，不能不受到大的阻碍与困难，朝鲜妇女运动自然也免不了同样的命运，但是六年来日寇的侵略战争，已使朝鲜各阶层的妇女都受到空前未有的大灾大难，特别是自从去年日寇在朝鲜实施征兵制以来，朝鲜妇女的怨恨已达于极度，这些俱已有利于妇女自身的团结，并促成发动其反日反战运动。所以目前潜藏在地下的妇女革命势力不久要像一座火山一样爆发起来，当可预测。

在海外的朝鲜妇女，自中国抗战爆发后，在前朝鲜义勇队（现在已改为光复军第一支队）旗帜之下有许多直接参加中国抗战。她们驰骋于中国各战场，在前线对敌宣传工作上或在后方民众工作上已表现英勇坚决的革命精神。目前在华北一带，也有我们许多女同志都在参加极艰苦的敌后工作。但是过去在中国本部的朝鲜独立运动，因为各种关系，未能形成统一团结的局面，因此我们朝鲜妇女运动的发达，也不能不受重大的影响。但到目前，海外朝鲜独立运动，已在临时政府旗帜之下，形成空前未有的大团结，所以我们朝鲜妇女也都团结一致，再建并改组韩国爱国妇女会，一面为韩国临时政府与光复军的扩大□展而推动各种革命工作，一方面为号召国内妇女大众发动广泛的反日反战运动而努力。我们相信不仅靠着自己的力量，同时在全世界反侵略国家妇女们的援助和支持下，特别在中国妇女们的援助和支持之下，我们能够达到我们的目的。

（原载于《中苏文化》第 13 卷第 5—6 期合刊，1943 年）

韩国学生在中大

[韩国]文靖珍

去年入冬之后,苏联获得了斯太林格勒的大捷,北非的英军、所罗门岛战役中的美军,也得了空前未有的胜利,中国在湘北又造成了第三次的大捷。同盟国的胜利,已日见接近。我们的祖国——朝鲜,虽是一个半岛上的小国家,但在地理、政治及军事上都占有重要地位,她是解决东亚问题的关键。在这时候,一群由朝鲜来到自由中国的学生,或许有人怀疑着,他们为什么不上前线干工作呢?其实抗战的大时代中所赋与的任务,我们早已尝试过了。就是说,我们之中没有一个不曾以英勇无比的气概奔驰于各地战场上,和中国将士们一样忠勇果敢地冲杀过敌人。

然而我们与日本强盗拼命,或担任某种工作的时候,总觉得本身的能力不够,因此我们觉得学习是必要的,为了完成未来的事业计,我们几个朝鲜同学便重新踏上了探求真理的道路——来到中国的大学里来读书。

朝鲜革命也同世界各国的革命一样,需要各方面的人才。现在在中大的我们,从前都曾受过各种军事、政治的严格训练,考入中大后,随着各人兴趣的不同,各人所修的功课是不同的。就系别论,外文系有三人,政治系有四人,机械系有一人,医学院有一人。除了这九名同学以外,还有一位教授在园艺系任教。

至于我们的生活,可分三方面来讲。

一、学业方面。以我的经验,觉得一个人出国留学,总难免碰到语文上的困难,我们初来时,虽然有耳朵,然而等于聋子;虽然有嘴,然而等于哑子;虽然有手,然而不会写字。于是,除很少数"中国通"之外,其余同学在上课时虽听讲而下课后再抄人家的笔记变成一个很普遍的现象。因此在功课方面,觉得异常忙碌。

二、交际方面。中韩两国原是兄弟之帮[邦],现在我们更应"同病相怜"

"同仇敌忾"。交友一节，是我们应有的活动。可是，我们虽想尽量和中国同学往来，因为风俗、习惯与语言等的不同，终觉难以如愿。

三、意见方面。当与中国同学们谈话时，有少数中国同学往往怀疑朝鲜将来是否有独立存在的必要(因它较中国地方小，人口少，也没有武力能抵御外侮)？能否归并于中国？对于这，我愿表示一点意见：(一)我深信民主国家战胜以后，决不会再有分割殖民地的帝国主义行为。(二)荷兰、比利时、瑞士、卢森堡等许多国家比朝鲜小，不是一个独立国家吗？然而她们从前所以那少数同学的论调，我认为是不对的，因为朝鲜人从来没有想过与中国合并的问题。朝鲜民族虽然在古时已输入外来的文化，然而他们的生活习惯、语言文字并不与中国或日本相同。

为了使大家容易明了朝鲜民族的真相起见，我愿意在这个地方顺便把朝鲜民族的源流和特性，附带地介绍一下。

自从日本帝国主义吞并了朝鲜以后，便高唱日韩同种说。日韩同种说，早在德川时代已为考古学者藤井贞所创始，他以为日本自应神天皇起即变为韩种，明治以来星野恒和久米邦等复盛倡此说，附和的人日见增多，一直到现在更加厉害，例如最近朝鲜研究会的主干青柳南冥，在其朝鲜四千年史一书中便很得意的说：

> 檀君与日本的天降神族为同种族，曾协力经略东方，一征服熊袭虾夷族，一征服秽貊及其他蛮族，神族所向，殆成破竹之势，……现今日本诸岛及朝鲜半岛与辽东地方悉屈服于我神族的政治之下。(该书第五页)

接着下面就说：

> 现代日鲜民族间关系的形成，确系因远祖时代即隶属于同一神系，而今两民族的融合，当认为系由数千年前远祖的抱负所致。天运能使时代符于古时的期望，此同系民族的融合，更当无疑，而其明显，如远望月之出山一样。(同书第六页)

这是日本帝国主义处心积虑同化朝鲜民族，麻醉拥有四千余年悠久历史的朝鲜民族之灵魂的政策。在另一面，中国的一些史学家也开口就说"同文同种"，这种论调大部份是表示亲密的意思，可是有些学者竟当做事实来断定"朝鲜本是殷民族的分布之地，箕子是他们团体中的近于祭师的团员"(姜亮夫：《夏殷民族考》)。而有些人更断定"高丽本为夏殷混合种人"(卫聚贤：《读殷商民族发源地质疑后》)。事实并不是这样简单，我们不需要空猜测或臆断，也不能为政治作用而蒙蔽事实。现在我愿意检讨一下朝鲜民族的由来。

Ⅰ韩日同种说

从地质学上的研究,我们知道日本与朝鲜原来是联在一起的,日本与朝鲜同时是亚洲大陆之一部份,约当四五十万年前,地壳起了剧烈的变动,日本就与大陆分离,约在三十五万年前的当儿,孤岛上便有人类活动的痕迹,不过一到洪积期的后期,有火山的大活动,这种人遂完全消灭,直至冲积期的初期,又有新石器时代的人种从大陆迁到日本去。所以在地理上,中韩日三国原来都是在一块土地上的,后虽分离,亦相隔不远,所以无论有史以前或有史以后,中日韩三国的交通非常密接,不过我们不能单在"密接"的这一点上便把朝鲜人拉在自己的一边,而硬说是"同种"或"同一血统"。在人类的散播顺序上,我们可以断定,中国为先,再传播到朝鲜,从朝鲜再迁入到日本,而朝鲜与中日为邻,所以他的居民中含有些原中国人(当然不仅限于汉族)和原日本人的血统,而日本人的居民亦含有原中国人和朝鲜人的血统,这点我想是绝对没有疑问的。但这一点不能当做同族的证据。假使地理上的密接作为同种的根据,那么我们未尝不能高唱世界一家,世界一族!日本民族是许许多多不同种族所构成的,如汉族、韩族、虾夷族,通古斯族、黑人种尼格里托(Negrjto)、印度纳西亚人、印度支那人、马来种族、蒙古族等,所以朝鲜民族之于日本民族,只是其混合血统之一支而已,不能凭此即说日韩同种。而且,凡是同一种族,它的生活、习惯和言语大概是相同的,最少要近似,可是朝鲜民族有它特有的生活样式和言语,是不可否认的事实,所以日人之对于朝鲜民族的所谓"天降神族的同系种族",无论在那一方面都是说不通。这只是日本帝国主义欺骗朝鲜民族、同化朝鲜民族的政治作用而已。

Ⅱ中韩同文同种说

至于一般中国学者之中韩"同种同文"说,虽多出自亲密的意义上,但我们也有阐明的必要。因为如果中韩真的是"同种同文",朝鲜民族便不必再来一套"民族独立解放",只须为祖国(假使如果中韩同种,自然要称中国为祖国)而奋斗,一如台湾独立革命党的领袖李友邦先生之为祖国(指中国)而奋斗就算了。

中国学者们之"同文同族"说(或殷韩同种说)的主要根据是方言区的割定与发饰的异同,对此,傅斯年先生说:

"朝鲜洌水间,就人民论,久为诸夏,故周汉辅轩使者得以之与中原旧国并论,若徒然于武昭后始移民,不能立成此一特殊之方言区也。"(傅斯年:《东亚

史纲》一卷《古代之东亚》三一至三二页)傅先生的意思是朝鲜不能成为一个特殊的方言区,他更具体的说:

“朝鲜境内,并其东边……其本体之说中国语,当久在武帝之前。”(《东亚史纲》一卷三十二页)而在发饰方面,他说:

“古代人最重发饰,发饰之别,竟是民族之别。中国人束发如冠,南蛮断发文身,北狄被发左衽。此一分布之形势,在古代东北若合符然。最北之挹娄人,编发者也,中间之夫余、句骊、濊貊,用弁或帻,明其与中国大同。其南部之韩族,则‘魁头露粉’。……虽不编发,亦非弁冠,此事可供分别民族之资。”(同书同卷一一六页)可是李季先生在其《二千年中日关系发展史》里,对这一点反驳得非常有力。他说:“‘发饰’既‘竟是民族之别’,而‘夫余、句骊、濊貊用弁或帻,明其与中国大同’,傅斯年说这句说到澈是甚么意思?难道他真的认那些用弁或帻的‘夫余、句骊、濊貊’人都是中国人,或大部份是中国人?这不独在殷代绝不是那么一回事,即在汉以后也仍旧如此。”(《二千年中日关系史》第一一〇——一一一页)他引了东汉王充的一段话来作证:“黎蜀越巂,郁林曰南,远东乐浪,周时被发推髻,今载皮弁;周时重译,今吟时书。”(见《论衡》下册《恢国书》九一页)而《礼记·王制篇》所说:“东方曰夷,被发文身,……五方之民,言语不通,嗜欲不同,达其意,通其欲,东方曰寄。”(见《礼记》注疏十二卷三十页)在《后汉书》(一一五卷六页)里也有“眇眇偏译”的话,即在《三国志·魏志》(三十卷五页)也有“译人传辞”等语。在这里,我们可以充分知道殷韩的风俗、习惯、言语、饮食,自古一直到现在是和中国不同的,所以傅先生的所谓“朝鲜冽水间,就人民论,久为诸夏”,或“说中国语当久在武帝之前”,以及“夫余、句骊、濊貊,……明其与中国大同”等等说法,当然不能成为“同文同种”的根据了。

Ⅲ朝鲜民族的祖先族

真正朝鲜民族的祖先族,一般认为是配达民族,他们最高君主为檀君。不过我相信倍[配]达民族也不过是原始朝鲜各种族上头盖上神衣的东西。考朝鲜民族的可靠史实,朝鲜民族的主要祖先族为濊貊、肃慎二族,就是中国古史里的所谓“东夷”的一部份。现在我们把它略为解释一下。

(一)濊貊族(又称濊貉族)。濊貊是朝鲜主要的原始祖先族,《后汉书》里说:“东夷悉皆土著。”(《后汉书》一一五卷《东夷传》三页)这里我们不难知道濊貊为朝鲜的基本居民。他们先前住在渤海沿岸和中国的北方,户数约二万。后来,先后迁徙朝鲜半岛,在长久的时间中形成一个单一的民族。夫余、高句丽、东沃沮、南沃沮、北沃沮等等部族,都是由濊貊分出的。后来夫余与高句丽的势力日益膨胀，濊貊的一部居民遂被先后的驱逐到朝鲜的中部——现在江原道地方，他们原住的地盘就以扶余代替了。所以《后汉书》又说："夫余国在玄北菟千里，南与高句丽，东与挹娄，西与鲜卑接，北有弱水，地方二千里，本濊地也。"（《后汉书》一一五卷《东夷传》二页）在《三国志》里更明白的记载着："其印文言濊王之印，国有故城名，盖本濊貊之地。"（《三国志・魏志》三十卷五页）由此可证濊貊是朝鲜的基本居民，扶余的兴起也在濊貊的基础上。扶余原先居住于今日秦[奉]天省开原县（《海东绎史》卷第四扶余条），户数约八千，他们远在殷周时代便与中国交通。高句丽与东沃沮，都是从扶余种分家形成的。他们的言语，都与扶余相同。《三国志》："东夷，旧语以为夫余别种，言语诸事，多学夫余同，其性气，衣服有异。"（《三国志・高句丽传》）《后汉书》里也说："高句丽在辽东之东千里，南与朝鲜、濊貊，东与沃沮，北与夫余接，地方二千里。……东夷相传，以为夫余别种，故言语法则多同。"（《后汉书》一一五卷三页）所以高句丽与扶余必定是同一种族（户数约三万）。至于东沃沮族，向居于今咸镜南道高原、永兴、镜城以南的地方，户数约五千，是由高句丽分家来的，所以"其言语，与句丽大同"（《三国志・东沃沮传》），而其"饮食、居处、衣服、礼节，有似句丽"，可知东沃沮分明是从高句丽族分过来的。在《后汉书》一一卷（五四页）里更具体的说："东沃沮在高句骊盖马大山之东，东滨大海，北与挹娄、夫余，南与濊貊接。……言语、饮食、居处、衣服，有似句骊。……又有北沃沮，……去南沃沮八百余里，其俗皆与南同。"又说："狄北与高句丽、沃沮，南与辰韩接，东穷大海，西至乐浪。……耆旧谓与句骊同称，言语法俗，大抵相类。"（同卷同页）这里我们可以看到濊貊族为朝鲜原始的主要种族，扶余首先分家，后来高句丽就从扶余分过来，高句丽又分为东沃沮、南沃沮、北沃沮等等，都是濊貊的后裔。

（二）肃慎族。肃慎也是朝鲜民族原始先族之一，而古代的朝鲜最出名的也是这个部族——肃慎族，他们的弓矢石碧曾吓恫过邻邦，所以"殷周间事，惟知有肃慎、朝鲜，不闻有他国"（蒙文通：《古代民族移徙走考》三四—三五页）。挹娄就是古肃慎，他们大约在西纪前二世纪的时候就彼扶余征服了，所以《后汉书》里明白的记着："挹娄，古肃慎之国也，在夫余东北千余里，东滨大海，南与北沃沮接，不知其南北所极。……人形似夫余而言语各异。……自汉兴以来，臣属夫余，种众极少，而多勇力，处山险，又善射。……便乘船，好冠盗，邻国畏患而卒不能服。东夷夫余饮食皆用俎豆，唯挹娄独无，法俗最无纪纲者也。"这里我们值得注意的是他的言语和生活习惯都与其他朝鲜先族有不同的地方，对此，白南云先生说："在其言语与夫余、高句丽不同一点上看起来，明明不是统一的种族，假使说他是本源的同系种族的话，那恐怕是不知何时的太古时代所分化出来的。（白南云：《朝鲜社会经济史》第一七五页）李季先生也根据谢娄科娄夫《北中国的人类学》所刊的三幅人种迁徙图，证明挹娄为通古斯族的一部（见李季：《二千年中日关系史》第一三九页）。总之，无论如何，肃慎族是朝鲜原始族之一，没有人会否认的。

以上两个部族是朝鲜民族之主要原始祖先族，他们在长久的共同生活中成形了今日的朝鲜民族。不过在朝鲜民族的血统中，中国人的血统确很不少（这当然不是祖先族）。如箕子之率五千人往朝鲜，以及历代中国人之避难朝鲜等。《三国志・辰韩传》说："其耆老传世，自言古之亡人，避秦役，来适韩国，马韩割其东界地与之。"又说："故国川王十九年（A.C.197）中国大乱，汉人避乱，来投者甚多。"（《三国史记》卷十六《高句丽本记[纪]第四》）及"山上王二十一年（A.C.217）秋八月，汉平人夏瑶，以百姓一千余家来投，王纳之，安置栅城"（同上卷页）。这些逃难来的中国人不胜枚举，后来先后被朝鲜土著同化了。

要之，构成朝鲜民族的原始祖先族，既如上述，在人种上，他与中日两民族的祖先族是显然不同的，并具有特殊的言语和生活习惯，所以"中韩同文同种说"与"日韩同族说"根本是没有根据的。

每个民族，它都有一个特点，失去了这个特点，简直不能成为一个民族，因为每个国家各有民族的特点，所以我们一看到某一个民族时，便会认识到这个人是那一国的人或甚么民族。朝鲜民族有甚特点呢？对于这种特点的描写，不妨把外国人的描写拿来参考一下，郎佛尔氏在其所著《高丽纪事》中写道：

> ……南北两方的人在时代的进程中，渗入大量中国人和日本人的血统，大群的中国移民在耶稣纪元前后的几世纪中因自己国内的纷乱拥入这个国中，在以后的时代中，巨大数目的各级高丽人移住日本，将他们自己的血注入日本的上等和下等阶级中。中国和日本对于高丽人民无论发生了怎样体质上的影响，但不能阻止他们保持很显明的相貌上的特点，这些特点使他们显然不同于中日两国的人民，中、日、韩人虽都具有高头骨、斜眼睛和褐色皮肤这些蒙古种的特点，但凡知道这三种人的人，不会把一个高丽人当作中国人或日本人。在另一方面，高丽人的鼻子却没有日本人那样塌，而日本下等阶级中常见的掀鼻孔，在高丽也很少发见。高丽人的身材较日本人为高，男子平均的高度为五呎四吋，通常具有较优良的体格，不卷曲的黑发在中国人和日本人中十分普遍，但在高丽有时变成近于褐色，甚至近于一种较浅的颜色。高丽人的手足较小，而其容貌表现所指

出的智慧，较高于中国人或日本人。

这种看法，我以为是比较正确的，至其民族的性格方面看来，也不像日本人那样狭气，也不十分和平，他们性格的主要特点大概是“柔而强”，向来中国史书里对漠南游牧族自始少同情，而戎狄胡虏皆成丑字丑词，独对于东夷，名之曰“仁”，称之曰“君子”，大概是由于朝鲜民族性格上的优秀。

我们知道东夷“以精制弓矢”出名，肃慎之“楛矢石砮”及“善射”，在古时是赫赫有名的，这无疑地表示朝鲜民族的英勇，同时我们在史书里能够常常看到：“东夷天性柔顺，异于三方之外”(《后汉书》二八卷下《地理志》一四页)，“夷者柢也，言仁而好生，万物柢地而出，故天性柔顺”(同上卷一一五卷《东夷传》一页)。此外，再从朝鲜革命的实践看来，读者诸位便可以证明朝鲜民族性格中之“柔而强”的特点。这种特点，必能使朝鲜民族解放运动早日成功。

因为朝鲜与中国在过去的数千年中是唇齿相依、休戚相关的，所以在朝鲜亡国以后，中韩两民族不论在那一方面看，仍有着不可分离的密切关系。这种关系，在政治上显得更为密切，就是说，日本帝国主义不仅仅是朝鲜民族之敌人，也就是中国民族的敌人。中国的革命运动，已直接影响到朝鲜的民族解放斗争。因为如此，中国抗战的胜利，无疑地将促进朝鲜革命运动的成功，而朝鲜革命运动的发展，同样可以促进中国抗战的胜利。中韩两民族的关系，即在今后必将愈益紧密起来。

另一方面，扶助弱小民族，可说是中国国策的主题之一，我们可以在中华民国的国父——东方革命先驱者孙中山先生遗嘱中可以看到“与平等待我之民族，共同奋斗”的一段话。中国国民党第一次全国代表大会宣言上也这样说：“凡民族革命，必须明了共同之敌为谁，对于共同的敌人的共同奋斗，自助与互助，初等二致。所以世界上一切被压迫民族之革命运动，有联合的必要。”远的不用说，就是在最近的中国《抗战建国纲领》也很明白的提到“联合一切反对日本帝国主义侵略之势力，制止日本侵略，树立并保障东亚之永久和平”。所以联合弱小民族以对抗侵略势力，是中国的国策。因此我认为，在中国对日战争进入第六年的今天，中韩两民族是东方民族解放运动中最可靠的同伴，我们要克服敌人的一切离间阴谋，紧紧握着手，彼此站在独立自由的立场上联合起来，把东方的法西斯魔鬼日本帝国主义打倒，以创造自由、幸福的新中国、新朝鲜，发扬人类前途的光明。

(原载于《沙磁文化月刊》第2卷第9期，1943年)

1944—1945年

在华日人反战同盟在晋察冀的成长和工作

——宫本哲治先生①访问记

佚名

访问宫本哲治

在晋察冀区差不多大家都见过宫本哲治先生，他是在华日人反战同盟晋察冀支部支部长。反战同盟华北联合会成立后，晋察冀支部和冀中支部合组了一个晋察冀分会，宫本先生就当了这分会的书记，一直到现在，他都一心致力于反战同盟分会的工作。他和这边的其他的许多国际友人一样，常到各地进行工作，和敌人坚决斗争，在各种大会上发表演讲，成了当地人民很亲密的战友。

当反战同盟晋察冀支部成立两周年的时候，记者为明了他们这两年来艰苦奋斗的经过，特到分会访问宫本先生，他正在布置一个关于反战同盟所出版的宣传品的展览会，很忙。

他首先谦虚地说明：自己做这个工作，虽然时间已有两年，但还仅仅有些眉目，工作经验是谈不到的。之后，他就对我所提的问题，开始逐一解答。

反战同盟的任务

关于日人反战同盟的诞生和它的任务，宫本先生说：反战同盟的诞生，是由中日战争的性质所决定的。日本少数统治阶级军阀财阀，为了掠夺中国的资源，奴役中国的人民，进行了非正义的侵略战争，这完全是为了他们少数人的利益，而不是为的日本广大人民的利益。相反的，他们把日本广大的劳苦大众，拿来作为他们侵略的工具，迫使日本人民作无辜的牺牲，把我们安乐的生

① 他曾经是一个被俘虏的工头，现在是同盟的领导者之一。

活都破坏了，生命也没有保障了。为了解救我们跳出战争的苦海，我们发起组织这个反战同盟，它的任务，就是要反对日本法西斯侵略战争，因此也就要联合中国抗战的人民，联合所有东方被压迫的弱小民族一齐起来反对日本军阀财阀。我们这个分会是在中国敌后战场，工作对象达不到日本国内的人民，只能是这战场上的日本军队。日本士兵“是被穿上军装的日本人民”，他们被法西斯欺压着来作战，我们就要向他们宣传教育，教他们认清日本战争的本质，促使他们觉悟，脱离军阀的压榨起来反战。还有一些中国沦陷区里的日本居留民，他们也受了战争的许多痛苦，也是我们宣传教育的对象。

同盟是一个群众组织

宫本先生还很郑重的表示：反战同盟是日本人民的一种反战的群众组织，因此他不像一个政党或一支军队，只要是反对战争的日本人民，不管他是什么动机和思想、习惯和嗜好，都可以加入反战同盟，不受什么约束和限制。我们的组织是独立的，总部设在重庆，在华北还设立了一个联合会，这是因为战争的阻隔，为了领导上的方便□加强的缘故。我们的组织的原则是民主集中制，各级的领导人都是我们日本人，而且都是我们盟员自己选举的。

同盟和×路军的关系

关于反战同盟和××军的关系问题，宫本先生说：“我们和××军完全是站在平等互助的立场上的，彼此不是隶属的关系，正像我们的总部和重庆方面的关系一样。但是因为在华北的敌后方，因为我们和××军的总的战斗任务是相同的，都是为了反对日本法西斯的侵略战争，而××军是华北敌后对敌作战的主体，我们反战同盟又是初建立起来，还没有很好的基础，需要××军总的作战方针的指导与各种帮助，所以我们的工作也就成了××军整个抗战工作的一翼了。”

出版宣传品

回忆到反战同盟晋察冀支部两年来的工作，宫本先生很兴奋。在这两年中间，他们所做的工作成绩是不少的。他们出了《日军之友》（现改为《战友》）卅多期，共三十几万份，出了《前进》《前线画报》各种刊物。因为这些刊物宣传品，都是他们盟员自己写、自己画，写他们要说的话，画他们要画的内容，所以很受在前线的日本的士兵的欢迎，最近投诚到××军来的日本兵，还有的在口袋里装着这些宣传品。宫本先生很有趣的说：“日本士兵过去怀疑，以为宣传品是××军写的，但是事实证明，我们说的话都是他们所要说的，感情和他们是一致的，后来就相信××军里日本朋友大大的有了。”他们还到各地演出话剧，表演日本歌舞，受到人民热烈的欢迎。

他们又来了

在三十一年秋季以后，反战同盟支部才开始了“前线工作”。这不仅在反战工作上得到很大成绩，而且使反战同盟的盟员的斗争经验和认识显著的提高了一大步。宫本先生说：“在前线上，我们打电话、写信、送慰问袋、给炮楼上课，收到不少成绩。就拿电话战来说吧，有一次，我在前线打电话给一个炮楼里的日本兵，他问：‘你是谁？’我说：‘我是给你送慰问袋的。’他马上说：‘那你是反战同盟支部了。’我说：‘是的，慰问袋你收到吗？’他说：‘收到了，谢谢你。’我马上又听到有一个队长责问的声音：‘混蛋，你怎么道谢？’他就反驳说：‘人家送你礼你不道谢？’这样反驳在日本军队里是很少见的呢！有时候，我们一和炮楼谈话，那炮楼里就喊着：‘他们又来了，他们又来了！’他们非常愿意听我们的讲话，有些长官在电话里和我辩驳，都被我们说得哑口无言。至于我们的盟员，则在这次工作中，信心更加提高了，工作热忱高涨着。突击工作的时候，我们不睡午觉，夜里有时还赶夜工。在给炮楼日本兵上课的时候，炮楼里的长官下命令射击我们，我们也毫不退缩，照样的讲话，日本兵受到很大的感动。直接写信也得到很大的效果，佐佐木投诚过来，就是因为被我们的信所感召的。”

我们不要受优待

盟员在支部里的生活情形，宫本先生也有一个详细的介绍。他们有一个“国际俱乐部”，每天傍晚玩野球、篮球、足球，经常有学习讨论会、生活检讨会。盟员中有些是“俘虏”来的，但他们一样受到××军生活上的优待，他们受到了感动，逐渐觉悟了，便自动要求参加反战同盟。盟员们照样可以得到生活上的优厚的待遇，这是××军的伟大精神的表示。××军尊重日本兵的各种生活习惯，尽可能的让日本反战的人民得到安慰。盟员们见到××军艰苦奋斗，为民族解放而忍劳耐苦的许多壮义举动之后，有的自动的提出不要再优待了，愿意受到和××军同样的待遇。

日寇的卑恶对策

谈到这里，我就问宫本先生说：“如上所说，反战同盟是得到日本士兵的信仰的倾慕的，但是日本军阀受了这样大的威胁，有什么反应吧？”

宫本先生突然眉毛舒展开了，他很幽默的笑着说：“反应多得很呢！在前线工作的同志们给我的汇报中，常常提到敌人也给我们寄慰问袋和宣传品，但是敌人宣传的内容都太笑话，完全不能叫人相信。我相信，不管敌人采取什么诡诈手段，都不能动摇我们的组织。我们现在的政治眼光比到××军地区来以前大大不同了！敌人的宣传内容实在太幼稚。”

“我最近听说有他们的盟员在××军附近被敌人俘虏了，敌人把他的手掌用铁丝穿透，血淋淋的，拉到日本士兵的面前说：‘这就是××军的优待俘虏！’”

我问他这是不是事实，他点点头：

“这是确实的。这个士兵名叫志田春吉。日本军阀这种欺骗鬼计，是会暂时得到一些效果的，但是××军不是释放了许多俘虏回去了吗？事实一定会把敌人这种鬼计粉碎的。”

这是一个动人的故事

谈了反战同盟的工作之后，谈话就转到宫本先生两年来的一些感想。宫本先生是日本熊本县人，在井陉煤矿当工头，一九四〇年百团大战的时候，他喝醉了酒，躺在工房□，被××军俘虏了。他说：“开头我相信军阀们的宣传，认为××军是土匪，我想逃跑，没有机会。想自杀，连开两个手榴弹的盖，都被××军的队长制止了。到了××军的中心区以后，我受了优待，可是还想回国。后来偶然看见了一本关于××主义的日文的书籍，引起了我的好奇心。我记得我在国内的时候，就知道了有××党，但是这种书籍却是看不见的，日本政府是不让人民看这种书的。这次我一看，觉得所写的都很关我的痛痒，回顾我过去所处的环境，更加打动了我的心。我看着书，其他和我在一起的日本兵，就叫我不要看，他们说：‘不要被××军迷惑了！’我当下不好拒绝，就只好偷着看，而且越看越有兴趣。有一天××军的一位同志问我，是不是要归队，还是回国。我说要回国，但是要再待两个月，等我把这些书籍看完了，不然回到国内是看不见这种书的。但是两个月以后，我完全觉悟到我过去的想法是不对的，我不愿回国了。正好那时我听到晋东南有我们战友成立反战的支部，更证明像我这样认识的不只一人，而且有许多战友走在我的前头了。这样，我就把人生观确定了，我去找××部长谈话，说明我的愿望，要求在晋察冀成立反战同盟的团体，××军首长欣然的答应了。以后我参加了各种斗争，在工作中逐渐的锻炼，现在回想起当初被俘的情景，实在滑稽得可笑！就拿我前面和你谈的那些话，在二年以前，我连做梦也没有想到呢！”

实在的，宫本先生这段谈话，是非常动人的。他的故事，就是反战同盟支部的生长史，也就是许多从日本法西斯魔掌中解放出来的日本反战人民的生长史！

（原载于《新华日报》1944 年 1 月 5 日）

朝鲜义勇军在晋察冀

宁真

朝鲜义勇军同志，光荣地接受了“配合八路军到敌后之敌后去发动政治攻势”的任务。他们毫无踌躇的换上便衣，整齐武装，出发到炮楼林立的平汉线、同蒲路一带去了。不论在下大雨的黑夜或炎热的白天，不论在敌占区，在游击区，就是敌人派遣游击队跟踪他们的时候，也仍然坚决执行任务。

他们经常在老百姓的包围圈里，用生硬不熟练的中国话，热情的进行宣传，老百姓听了他们的故事，流着眼泪，有的看了他们的演剧说：“你看人家外国人为了抗日，还这样辛辛苦苦的来这儿给咱们演戏、讲话，咱们自己应该怎样啊！”老百姓热爱义勇军，保证他们的供应，经常打听消息，慰劳他们。老百姓对待义勇军像对待八路军子弟兵一样亲热。

他们不仅向老百姓宣传，而且也是对敌宣传的能手。在敌人炮楼前或电话上，用流利的日语向日本士兵指出活路。很多敌兵感动了，有的来信，有的唱歌给义勇军听。义勇军在炮楼喊话，有这样的一个故事：××炮楼廿多个敌人，内中一个小队长很坏，有一天义勇军同志给他们喊话，照例和气的给他们讲国际情势，可是敌人突然答话：“你们山沟里懂得什么。”义勇军的同志尖锐答覆说：“别说山沟，我们这里每天收到各国的广播，连你们东京的广播也都收，反正比你们清楚的多了，你不信，就听东京的消息吧。”他们接着介绍了日本国内的物资困难、残废军人的可怜生活、东京防空设备的缺点……这时敌小队长反驳说：“你们说日本国内穷，我两三个月去过东京，没有那样穷。”宣传战正式开展了，义勇军同志质问他：“那么你穿的军衣不是破烂的吗？”敌人有把握的说：“不是呀。我穿了新军衣，前天才发的呀！”义勇军同志很有力的说：“那么细细看看是否代用品呢！”这一问，敌人没有话可说了。义勇军的同志继续讲：“大家看，你们小队长是多么放荡，军阀们说的也是这样吹牛。”小队长沉不着气说：“反正大日本军是一定胜利的。”义勇军的同志马上驳斥：“那么你们说三个月可以征服中国，为什么没有结束战争呢?”小队长生气又讨厌的说：“就是因为有了你们!”义勇军的同志更有力的反驳说：“对了，因为有了这样不可征服的人民，无法结束战争，将来更没有办法。”这一下，敌人便哑口无言了。他们把所有的武器——步枪、机枪、掷弹筒都拿出来疯狂的射击。

义勇军某队在一分区工作时，配合着八路军向两个炮楼同时喊话，又派一个组到两个炮楼中间去偷听敌人电话，敌人吓得连对义勇军喊话也不敢答应。我们在电话上听见敌人打电话报告中队长要援助，敌人说：“报告中队长，八路军来的很多，还有会讲日本话的也来了。”中队长很恐惶的说：“我知道了，不要怕，城里可以来援军。”这时，义勇军的同志插嘴说：“喂！我们是朝鲜义勇军。”敌人吓得不敢往下听了，马上放下耳机。我们知道了敌人援军要来，在公路上派出了警戒。不久，敌人的三辆汽车亮着灯开来了，他们向着汽车投了两个手榴弹，敌人马上熄了灯，不敢下车，原路退走了。两个炮楼都开始了射击，但义勇军同志们都很泰然的回来了。

在二分区工作时，大白天攻入敌人的火车站——河边村，开了二小时群众大会、唱歌。可是敌人吓得不敢下炮楼，也不敢打枪。这个消息很快的传播在整个的滹沱河边。敌占区的老百姓盼望着朝鲜义勇军到自己村子来。有些村子搭了戏台，准备了慰劳品，等待着看看那一支国际的队伍，要听一听他们说话。

又一次，也是大白天，经过离敌人第三混成旅团司令部七十四里地的地方时，有的炮楼打电话报告它的司令部，夸大其词说：“现在朝鲜义勇军五个支队和八路军二个团经过司令部前……”得到的回答是：“我们也知道，你们为什么不打呢?”“我们兵力太少，不能打。他们还击的，受不了。”老百姓不堪敌人抓夫修路，要求我××区队打击敌人。这时，义勇军的全体同志要求参加这个战斗。结果西松张的伏击战，就添上一支新的力量，队伍按照计划埋伏在大路旁，敌人摇摇摆摆过来了，我们步枪、机枪突然的射击，手榴弹响了，义勇军的机枪也亮起了火，虽距离敌旅团司令部仅仅二十里地，但敌人却意外的受了严重的打击。我们俘虏了敌军一名、伪军九名，缴获战马一匹、步枪九支、手枪一支、测量器一具，其他子弹等甚多。十五分钟结束了战斗，老百姓高兴极了。

正当着“无人区”闹灾荒时，义勇军同志配合子弟兵攻入某乡镇，夺回了三百五十石粮食，救济了灾民，并且对伪军喊话说：“我们是朝鲜义勇军，今天把三百五十石的粮食救济了老百姓，你们愿意不愿意呢?”伪军们好像受了感动说：“我们知道你们的意思，你们国际友军来此地，这样辛苦，我们也有良心。”第二天，老百姓送来二百个鸡蛋和五十斤猪肉，慰劳他们。但义勇军的同志知道老百姓的困难，谢绝了。老百姓又把这些东西交政府转给义勇军。

义勇军不仅在前线坚决的斗争，而且爱护老百姓，关心老百姓的痛苦。去年军区号召各部队节省粮食救济难民时，他们自动地每天每人节省了一两米。这次反“扫荡”后，又配合×部修盖许多民房。

最近为参加大生产运动，达到全年×个月自给自足，他们每天去拾粪，背粮食，又发展工业。他们互相说：“我们工作和战斗中不落后，生产也要不落后。”（新华社晋察冀廿日电）

（原载于《解放日报》1944 年 4 月 24 日）

朝鲜民族的战士和我们并肩作战

——纪念"三一"朝鲜独立运动二十五周年

佚名

在边区,在华北,朝鲜独立同盟和朝鲜义勇军的同志们已经和我们肩并肩的斗争了好几年了。在敌后抗日根据地里,有许多朝鲜民族的同志共同抗战,实在是我们好臂膀。

朝鲜,在我们中国东三省的东南方和辽宁、吉林连界,地位正处在中国和日本的当中。三十三年以前的一九一〇年,日本帝国主义灭亡了朝鲜,把朝鲜土地当作它的殖民地,把朝鲜人民当作奴隶牛马。可是万恶的日本强盗想不到要遭受报复,之后朝鲜人民就进行不屈不挠的斗争,特别在一九一九年的三月一日开始,朝鲜人民实行了伟大的反抗运动,到处发生了抗日的暴动。参加暴动的人民大众有三百余万,实行暴动的地方有二百十二县,举行暴动的次数有一千五百二十四回。这是我们东方被压迫民族争取独立自由的革命运动当中非常轰轰烈烈的一次。虽然当年因为革命群众缺乏无产阶级的领导,因为人民没有自己的武装,因为腐败资产阶级的投降和敌人的强大,独立运动是暂时失败了,但是朝鲜民族三十三年以来,抗日斗争是继续不断的。今天,我们华北抗日战线上,朝鲜独立同盟和朝鲜义勇军的活跃,便是朝鲜民族永不屈服的一面光辉旗帜。

朝鲜独立同盟和朝鲜义勇军在我们晋察冀边区,活跃在东西南北对敌斗争的第一线上,他们的英勇斗争业绩,近年来是更加发展扩大了。本报仅就所知,愿作简略断片的介绍。

朝鲜独立同盟和朝鲜义勇军的同志们,是为参加中国抗战,同时为争取自己民族解放,而毅然投入艰苦紧张的敌后战场。他们不甘于仅在边区中心地区进行单纯的文字宣传与本身各种业务,遂往来参加敌我短兵相接的前线,出入敌人堡垒林、公路网,去年有时更迫近敌占城郊,甚至涌入敌占区的大村镇中进行武装宣传。朝鲜义勇军在前线活动，并趁时进行战斗。去年他们一部份仅在二分区忻县、崞县游击区二十二天当中，就曾和八路军战士共同在阵地上打伏击战一次，反敌寇袭击战斗五次。在漂亮的西松张伏击战当中，他们活捉日兵一名、伪警备队三名、伪自卫团员六名，缴获大枪九枝、战马一匹、测量器一架。在反袭击战斗中，虽然日寇的追击部队往往达二三百名，昼夜寻找追击他们，但是他们几次损失很小，而敌人的损失却大几倍。据居民报告，敌人认为"朝鲜义勇军的子弹老是离身边不远，□□□□"。另外一次他们配合八路军袭入定襄中信镇，帮助群众夺出粮食三百五十多担。他们这样英勇坚决的斗争精神，特别在痛苦呻吟的敌占区群众中，不止一次的引起了欢呼和赞叹。

边区朝盟和朝鲜义勇军，在政治攻势中始终是一支杰出的军队。他们不仅担任对日军宣传，而且担任对伪军宣传，而且更多的是担任对群众宣传。去年在忻、崞二十二天，他们在敌寇跟踪追寻、不断战斗之下，召开群众大会十九次（将近一天一次），演剧十二次，联欢座谈会四次，堡垒喊话两次，以外还有许多其他宣传活动。由此可见他们担负政治攻势的紧张积极程度。在其他□、其他分区、其他时期，工作精神同是这样。在一分区，一次严冬寒夜给堡垒喊话，日本士兵不得不吐露说："我钦佩诸君为祖国事业的道□艰苦斗争精神。"各地伪军在他们这些誓不当亡国奴而远来中国前线参加抗战的志士面前，良心上所受打击和震动更大。游击区、敌占区的中国人民，则很多的已经都知道有了朝鲜义勇军，他们异口同声的说："朝鲜义勇军是能打能讲又能演戏的队伍。"很多他们没有去的村庄，来信约请他们，群众把他们当成完全和自己兄弟一样亲切。

朝鲜独立同盟和朝鲜义勇军，在尖锐的敌后抗战中正在同我们并肩携手的共同作战。我们边区军民，对于兄弟民族的英勇战士，应该更加百倍亲密的相扶相助，并且把这一个事实，这一个有伟大历史意义的事实向更多的人民，向敌伪内部广泛的传播出去，帮助扩大朝鲜独立同盟和朝鲜义勇军的政治影响与组织力量。在打倒共同敌人日本帝国主义的奋斗道路上，中华民族的解放事业和朝鲜民族的解放事业是互为助力的。日本帝国主义倒台的时候，就是中华民族和朝鲜民族一齐大翻身的时代的到来，我们继续着并肩的战斗，来加速日本帝国主义的败灭！

（原载于《晋察冀日报》1944 年 3 月 1 日）

在战斗的中国*

[日本]绿川英子

萧聪 译

译者前记

绿川英子女士是一位日本的革命女性，也是进步世界语者，抗战前跟我国留日学生刘君结了婚。因主张正义，反对寇阀侵华，不容于她的母国，于七七前潜来我国。八一三我国全面抗战开始，她就坚决的参加我国的国际宣传工作，先后在上海、广州和武汉，用她的笔和舌，做了不少宣传敌寇暴行和我国军民英勇抵抗的报导。武汉沦陷后，她随着她所工作的机关撤退到重庆。目前她仍在国际宣传处做广播工作，一方面继续以世界语为军委会政治部出版的世界语刊《中国报导》写作。七年来她的世界语作品已集成一册，以《暴风雨下的低诉》的题名出版了。本文是她的长篇回忆录，叙述着她在战斗的中国的遭遇，目前正在前述的《中国报导》上连载，内容生动，文笔流丽。可惜译者笔拙，不能够百分之百地传达出原文的优点，这是要向作者和读者深致歉意的。

暮春的离别

什么时候更比将尽的春天短促？

什么哀愁更比友朋的别离永久？

——岛崎藤村

---

* 《在战斗的中国》是绿川英子用世界语写作的自传性作品，描写了作者自 1937 年从日本前往上海，取道广州，最终到达汉口，在中国参加抗战的经历。该作品创作于 1943 年至 1944 年间，并于 1944 年由萧聪翻译成中文并发表。1945 年重庆“世界语函授学社”曾出版世界语版本；1951 年日本“世界语通信社”出版了该作品的油印本，1954 年“日本世界语图书刊行会”铅印了该作品。1981 年由中国的世界语学者编译，以《绿色的五月》之名出版（龚佩康编译：《绿色的五月——纪念绿川英子》，生活·读书·新知三联书店 1981 年版）。本书收录的是 1944 年《半月文萃》上刊登的萧聪的译本。——本书编者注

横滨港被喧扰声沸腾着。

开船的钟声在响了。

在船与陆地之间翻嬉着无数纸带所组成的彩色的波浪。但是我的双手是空的。我那里去找带着纸带和眼泪的送别者？难道我就是这样像被秋风刮走的落叶一般寂寞地离开祖国吗？

——忽然间，在岸上的沸腾着的喧声中间，我清楚地听到："En la mondon venis nova sento, tra la mondo iras forta voko——"（新鲜的感觉来到了人间，强烈的呼声传遍了世界——）①，唱着是几个中国同志，他们对我这次到中国去的没有护照的旅行帮助我不少的忙，而且不久以后我将在那里重新见到他们的。我便在心里跟他们一起唱着。

船慢慢地走着，陆地好像在往后溜着。五彩的纸带绷紧了，不就它们便像荷花一样向海面上掉下去。岸上的歌声渐渐地低下去了。"gis la bela songo de homoro, por eterna ben'efek ivigos。"（直到那人类的美梦，为永久的祝福而实现。）②——现在我只看见他们挥着白色的手帕了。船与陆地之间的空隙每分钟在扩大着。他们的形象都渐渐地缩小了。我的眼睛还盯在他们身上，然而我自己知道，我不是在望着他们，而是在望着另外一种看不见的东西——我站着，站着一点不动。

远去了，那陆地远去了，二十五年来，我在它上面编织了玫瑰色的幻想、赤色的愤怒、黑色的厌倦和绿色的爱情。现在它变成全部灰色的了。灰色的，但是愿它不要成为我的过去的一切底坟墓吧。

船不断地往它后面丢弃着白色的浪花，已经走得不十分慢了。蓝色的海非常温柔，蓝色的天也非常明朗。

这是一九三七年的四月中旬。

我□□□□□□□□国大海船的三等舱的床上。在我的周围有十几个旅客，男的、女的和小孩子都有。他们都是中国人。中国人——昨天他们对于我只是外国人而已，今天是同路人，而明天他们将成为我的同胞了。

有许多日本人都惯于蔑视中国人。他们把中国人看成下等人。在他们的头脑里，中国人的记号还是那像猪尾巴一样的辫子。甚至于在穿着现代化的衣服的中国人身上，他们还会感觉到大蒜臭和猪屎味，他们以本能的身体上的厌恶来厌恶中国人。除此以外，关于中国人他们还知道些什么呢？是的，他们

---

① 世界语颂歌《希望》首句。

② 《希望》歌末句。

知道中国人非常仇视着日本人，而且到处在反对着他们，而且常常因此而流血。那末，我的父母和亲戚们，对于我竟甘愿以跟一个中国人的结婚来辱没——照他们的说法——自己和家庭表示愤怒和惊奇，那是很自然的事情了。同时对我的到上海去的旅行，他们也害怕着，好像我是赤手空拳地投身到喝血的敌人中间去一样。

我的一个亲密的女朋友说：她知道有许多中国青年们是完全不同于现在的日本青年们的，后者的大多数没向学的心，没有希望或热情，而只是像老年人一样地坐食着，那末她是了解我的爱情的了，但是——她又加上说，假使她做了我，她是宁肯拒绝这样的爱情的，因为这会□□□□母亲□□□□的悲哀深处去的。在动身的前一天我收到她的一封短信。她写着："我不再到你家里来看你了。只有在纸上，我才有勇气向你送别。再会吧，亲爱的。愿你幸福，不要忘记我。当你失败了或者你的心受了创伤以后，你就回到我这里来吧，我随时替你准备着休息之处。"

她用着"知道"和"了解"的字样，然而实际上她简直什么也不知道、什么也不了解的。因此，对于她，中国委实是这样的辽远啊。

对于我们世界语者，民族的差别不是绝对的。它单只意味着语言、习惯、文化、肤色等等的不同而已。我们把我们看成一个"人类"的大家庭中的兄弟一样。我们这句话太是理论上说说，而是实际上感觉着的。外表上我们是由一种同一的语言联结着，而内心里也由一种同一的感觉联结着。我们也热爱着我们各自的祖国。然而，这种爱并不是那种不能跟对于其他民族的爱和尊敬并立的。

希特勒宣传着日耳曼民族的种族优越性和纯粹性，而努力在自己的人民中间培植着对欧洲其他民族的仇视和轻蔑。他是世界各国包括德国在内的世界语者的共同的敌人。关于日本的统治者也是一样的。他们在日本人和中国人之间掘着一道鸿沟，不断地在把它加深和加阔，并且把它装成是天然的而且不可超越的。

到现在为止，也许有几百个或几千个日本女子越过了这道鸿沟而嫁给中国人了。我不知道他们的道路是花朵还是荆棘的。他们的爱情是国际的，但同时是个人的。我也是他们中间的一个。不同的地方是，我们的结合是跟世界语不能分割的。因此，我的前途是幸福还是灾祸也将和这些日本女人们的前途两样了。在上海，比我早一些时候到达那边的他在等着我。除了他之外，我没有一个熟人。对于他——一个东北人，上海也是一个完全陌生的城市。然而这倒一点也不会给我什么踌躇。我说过我除了他没有一个别人。不，我说错了。在那边我会找到绿色的朋友们——中国的世界语者们的，虽然现在我不知道他们的姓名。

一个月以前是我的二十五岁的生日。假使人的生命折中数是五十岁，我已经过完我的一半了。这过去的一半是很平凡的，而那将来的一半也不会是异乎寻常的，因为我是一个平凡的女人。然而我相信着而且感觉着，我比留在日本会可能多做一些什么或者做些更有意义的什么事情的，因为我是一个世界语者。

被波浪摆动着的船推动着我的心。也许我们已经在大洋上了。

不要再沉思吧！首先，但愿安全地来到上海，但愿路上不出什么事情！

第二天晚上我们的船停在长崎海岸的外边，这是一路上最后一个日本口岸了。是一个钟头的停泊。这一个钟头的对于我是多末悠长和平安啊！当人们通知开船的时候，我如释重负地叹了一口气。

在甲板上晚风凉爽地抚摩着我的头发。海港已经离得相当远了。长崎，在灯光下□□宛如童话国土中的一个美丽的城堡。好像他们要想对我讲述无数神秘的故事。但是，难道我还是一个被他们的魅力所诱惑的孩子吗？

现在只有自由的海洋躺在我的面前了，它把我从祖国、从亲人们那里分隔开来，然而它将导引我到新的生活、新的朋友们那里去。

再会吧，我的祖国，我的亲人。

这一夜的睡眠很安静，在梦里我看到了寂静地凋谢着的樱花，而在它们中间我又看到我的唯一的小侄女儿的一对圆而黑的眼睛。

在上海

1.苦力和摩天楼

虽然已经六年多过去了，□□当我平安地站在上海的码头□□□□□□用手势招呼我的那一□□□□忆，还□□□地在我的心里。这个感觉是太复杂了，单把它叫作“喜悦”，似乎不够一点。我默默地捏着他的手。我没有一句话来表达我自己的情感。不知什么缘故，好像他的手比以前更大更暖和了。

一九三七年四月十九日的中午，我就这样地踏上了中国的大陆。在上海我们住了半年，一直到战争把我们驱向南方。那末，上海对于我应该是印象最深、回想最多的城市了，但是老实地说，我并不喜欢它。

在离开码头使我看见的头两样东西，是成群的半裸的苦力和成行的现代的建筑物。这个对照给了我这样强烈而绝对的印象，使我以后一听到“上海”

这个名词的时候，在我的脑子里立刻反射地出现了这两件东西，而这也是我为什么不喜爱上海的由来。

那些半裸的苦力们，用他们自己血汗，一层又一层地建造起了摩天楼。但是一等到完工，他们回到地上，重新又像牛马般地爬行了。摩天楼的主人们享受着文明生活中不可缺少的一切，他们更享受着在他们祖国里被禁止着的许多特殊的娱乐。上海的确是"冒险家的乐园"。他们不会想到污秽的半裸体的人们。在前者与后者之间直接的关系并不存在。主人们给奴隶们命令，是经由会胡诌几句他们语言的"高等华人"，或者经由安南巡捕或印度巡捕的棍子而转递的。

在公园门前的"狗与华人不得入内"的布告是已经除去了。然而还是一样的，苦力们从不曾在这种地方出现过。在专为中国人而设的电车三等厢中，我们也不曾发现过他们中间的一个。尽管上海是怎样的文明和摩登，他们还是过着他们的原始生活。白天他们半裸着拉人力车和掮重包子，这些事在那些主人们的国土里是只由机器或者牛马来做的。田屋——草屋——对于他们的用处只是作为晚上或者永久的睡眠之地。他们都有一张被日光炙成棕色的脸，可是并不是健康的色泽。他们不仅不懂得主人的言语，连他们自己的言语也不会阅读或书写。所以假使主人的"是"字在他们身上以"打"字来执行，而"否"字以"坐牢"来执行的话，他们甚至也不想尝试着来知道究竟对与不对了。人家在他们生前和死后都一样不拿他们当人看待。假使他们在街上饿死、病死或者热死——这是不常有的——的话，人家□□□把他们的尸体抛弃，像抛弃一条无主的死狗一样。

总之一句话，上海是一个特殊的城市。它有许多显著的特性。例如，在那里人们可以看到人种的展览会，而这些不同人种族的人们都各自过着他们自己的生活。但是除了半裸的苦力和豪华的摩天楼底并存之外，是没有别的东西更比这雄辩地解释上海这半殖民地中国的典型市城的本质了。

我不喜爱上海。它使我想像起一个被肢解着的尸体，而这个想像是使人痛苦的。

2.被关在二层楼

在他的书友那里留住几天之后，我们就同一对在东京时认识的夫妇一起，在法租界租了两个小房间。那两个房间只有一条大路，而那一对朋友住在前房，因为这样我可以避免跟不相识者的不愉快的碰面。

我们的那间只有一个窗户的房间是很黑暗的，而且毫无家具。那墙壁过去也许是白的，现在被污损成黄灰色了。单放两只旅行箱、一个提包、一架打字机和一张小床，那房间好像显得宽大、粗劣而冷酷。

“L 太太是生在马来亚而第一次回到中国来的。她的家还在那边。她只懂得说马来话(这是世界语)。”——L 和那一对朋友是这样地决定的。幸而对我这样的人，法租界还不是东京。在这里没有人对个人的来历发生好奇心的，不管是房东太太，不管是邻居，也不管是巡捕。

我必须一切从头开始。那位女朋友就是我的老师。每天早上她去到街上买食物和回来烧饭。我是学徒，在吃完饭以后洗涤用品。我不久学会了烧火，——在现代化的上海大多数的中国居民连煤气都没得用的！——以后也学会了烧饭。这事情是很简单的，因为我们为了省钱，只吃日夜两顿。当然我们吃的是“中国菜”，但是不是那种著名于全世界的，而只是用豆油煎炒的蔬菜和放点盐来调调味，有时候也有几小片肉而已。

人家开玩笑的称呼 L 为“世界上最幸运的男人”，因为他住着洋房，吃着中菜而有一个日本老婆。啊，他的三宝是多末名不符实啊！这位可怜的幸运儿和那位男朋友在一个新办的专出实事问题小册子的出版社里工作。社的负责人是一位有名的新闻记者袁某，最近才从日本回来。他跟 L 碰巧在船上同住一间舱房。他矮而略胖，他的小身体给人的印象是满身是动。他的却是一个聪明、伶俐、富于弹性而动作敏捷的人。虽然照他所发表的文章看来他是属于进步的一派里的，人家还是不十分清楚他的思想和行动的。有些人说他同情共产党的，另一些人则完全相反。在上海陷落以后他还逗留在那里。有些人以为他在做着秘密工作，而另一些骂他早就跟敌人有着关系。最后我从日本报纸上知道，他已经参加了上海傀儡政府里的重要职位。而直到现在还有许多人不相信他是一个单纯的汉奸。他是一个谜一样的人物。我看见过他好几次。他说的一口好日本话。在上海事变以后几天，正当那个出版社已经因失掉经济的支持而解体的时候，他来拜访过我。那时我只一个人在家。也许他是预先知道的。他出乎常规地戴着黑色眼镜，穿着中国服装。在闲谈中他好像很自然地询问我的家庭的地点和现状，L 有没有熟人或亲戚在东京等等。我立刻感觉到有点不妙，只是含糊敷衍地回答着。这是我们最后一次的见面。

那女朋友是没有职业的，但时常为了各种事情出去。在这样的时候我就在家里读着中文或者世界语的书籍，或者跟房东家里的两个小姑娘玩着。我们后来才知道，那位房东曾在长崎住过几年，娶了一个日本女人，那女人生了一个孩子就死了。回到上海以后又娶了一个中国女人，而且已经有了两个儿子了。奇怪的是，他把他的死去的日本太太的一张大照相挂在走廊上最容易引人注意的地方。再以后一些时——我们当然已经搬走了——我们又听到他是一个“小汉奸”,而且在从他的“办公室”出来的路上被杀死了。我的小游伴(他们俩都已经有十一二岁年纪了)之一是他的日本老婆生的女儿,另外一个是他的没有了父母的亲戚。那末,他们都是不幸的孩子,因此不□我们语言上的阻隔,他们立刻成为我的好朋友了。那小混血儿一点也记不起关于她的母亲的事情,而且好像不大愿意谈到她。但是有一次当屋子里没有别人的时候,我偶然发现她盯视着那照相。我那同住的女朋友告诉我说,她的继母在丈夫不在家的时候,时常嘲笑那小姑娘是“东洋小鬼”。

我的第一个也是最重要的任务是怎样赶快熟习环境和学会语言,这就是说“中国化”。否则,我们就不得不永久隐居在上海,在小小的法租界里了。

请设想一下你突然间变成又哑又聋的情形吧。周围的人们还是像以前一样活泼地生活着,可是你在他们中间是孤独的。你不了解他们,他们也不了解你。

我相信,我原是准备着忍受着这种一时间的外国人的苦难的,但是感觉不会时时刻刻从着理性的。尤其是当我们跟朋友们在一起的时候,我强烈地、深刻地感觉到这种苦难。他们快活地讲着、笑着、兴奋着。我紧张着我的神经,努力捕捉着奔浪着的语句。终于我疲倦了,不愿再听下去。我侧转了头,受抑制地注视着地板。在我好像是,连跟他们在一起笑着,为某种我不能了解的东西而兴奋着的他,也不是属于我的饿,而是一个陌生、疏远的人。

是第二个月的中旬,在吃午饭的时候那一对朋友和L在商量着。

“天日长起来了。吃两顿是不够的。”

“是的,上午我觉得饿得。”

“我懂了!”我像小孩子一样的喊着,而且重复着他们的话。

“对了!”他们也笑着喊了起来。

为了我们的经济情形的恶劣,面包和粥都没有实在,然而我很高兴,因为这确乎是我第一次一个字一个字地弄懂了他们的会话中的全部语句。

在东京动身之前,我答应一家进步的文艺书店的主编从上海寄些报告文学或者译文去。这个允许我不能够马上就做到。我只翻译一篇叫做“花是怎样开的?”的报告文学,这是讲述西安事件的前夜的,那作者好像是在这划时代的历史剧中主角之一的张学良将军的部队中工作的。那篇文章我用了一个中国假名字投递给《日本评论》——一个在东京的相当大的月刊。几个星期以后就来了那本刊出了这篇文章的杂志,日金五十元的邮政汇票和总编辑室伏高信的信。他拿我当作一个中国青年,而且请我继续投寄这一类的译文去。那笔钱L于八月十二日在日本银行领到，而第二天日本军队就开始炮轰上海了。哈，假使我们晚了一天哪！这及时拿到的五十元日金，在以后那些更艰难的日子里，对我们倒不是没有用处的。

头几个月过去得很慢。这对我是新的生活，但是是散文的，而且时常使人厌倦的。异国的旅行者喜爱一条街一条街地逛像小舟飘流在海洋里，碰不到一个熟人。我连这种自由的乐趣也没有。上海最著名的游乐之区，对于隐匿着而且贫穷的我，是另外一个世界。而这跟现代生活分隔开的穷人，也跟泥土分离开来。我住在二层楼，我既没有公园也没有盆花。从木质的地板上，我时时走到柏油的马路上去看朋友或者散步，又重回到那枯燥乏味的二层楼上的幽暗的房间里去。我忘记了柔软而新鲜的泥土底愉快的感觉。假使我不是世界语者而不能呼吸那绿色的空气的话，我那时的生活也许会更枯燥更闷人吧。

在绿星底下

在第一个星期的某一天，有两个客人来敲我们的门。其中一个挺着胸脯大踏步走进来，而另外一个却全身摆动跨着细步。前者是高个子和阔肩膀，他的眼睛从厚厚的近视眼镜里望出来好像永远对着一个方向，甚至在讲话的时候也显得像一个雕像。后者是中等身材，但是似乎很矮，肩膀很狭，他的眼睛似乎不停地像四处游移。甚至在沉默的时候，他的脸也显出微笑。这两个外表上相反的青年倒同样地并不以我不懂得的中国话和结里结巴的日本话来烦扰我。他们是像我一样的世界语者。

“你认识在东京的这位女同志吗？”那叫做席礼如的高个子从口袋摸出一本小簿子来，“我跟她曾经通过信。”

“哈！”我叫了起来，因为呈现在我眼前的那一页上写着我的日本名字①和地址。“我对她很熟悉，”我顿了一下又加上说，“她就是我。”

快活的笑主宰了所有人。

我想起了几年前曾经投稿给在上海出版社的《世界》月刊，而且跟那位可能是编辑先生通过一二次信的。而现在这里这位同志正跟我面谈着了！

在谈话中弄清楚了，叶和L也有过通信的关系，当L还在北平的时候。那末，他——这位中国的世界语运动领导者之一，不是我们俩的新相识，而是老朋友了。而以后在战事发生以后，当我们的那些最艰难的日子里，从各方面说来，他成了我们的永远不能忘记，也无从感谢起的帮助者和鼓励者了。

---

① 绿川英子是作者的笔名。

"人家说我像日本人。你这真正的日本人也同意这句话吗?"那另一位同志叫做崔成,曲着上身向我行起日本礼来。

那时他还在一个技术机关里服务,但在战争的第二年他却成为一家最进步的报纸的记者了,以后又到星加坡去。当日本军队的魔爪伸到那边的时候,他曾一度被英国当局误认为日本人而拘捕起来。在星岛陷落以后,他的踪迹我们无法确定。有人说,他已经安全地脱身,现在在上海附近工作着。但愿这谣传是真的!

席和崔,绰号叫做牛和耗子,初看是完全相反的两个人,跟我所说过的一样。但是我必须提及的是,席是很严肃的,而常常很幽默,崔很滑稽,却又是一个严肃而努力的工作者。他们那时都还不到三十岁。

年轻,工作严肃而思想进步——这在大部份的中国世界语者身上是共通的。我从没有碰到一个白发老人,也没有碰到过只用世界语谈谈唱唱而老是跟踪年轻小姐的花花公子,更没有碰到过邪教徒——排外主义者。[①] 在这里我不必考虑到共同工作者的思想和社会地位,在日本就不同了。所有的人都是同一样的同志和朋友。

上海世界语者协会——全中国世界语运动的中心,是在英租界的一条冷街上。楼下是专售世界语书的书店,虽然只有两三个书架,楼上是会所。在侧屋里住着该会负责人屈嘉和他的太太以及三个孩子,其中最大的一个是十岁的男孩,稍稍能讲几句世界语。这样你会猜想屈嘉是一个中年人了。完全不对,那时他还不到三十岁。他是跟其他同志们一样的青年。靠着他们的存在协会才给我们以更亲切更温暖的印象,好像它不仅仅是一所办公室。但是这个可爱的家庭,完全跟许多其它的家庭一样,也不得不因战争而离散了。今天屈嘉还跟我们一起,在这自由中国的心脏,乐观而坚强地为世界语运动而工作着,然而他的太太和小孩们还远远地留在被日本人占领着的故乡,而那个已经十几岁的男孩子已经在某战区里参加了一个最勇敢的抗日部队作战了。

七月十五日,在协会的筹备之下,在一个小学校里庆祝了世界语的五十周纪念。有三百多个新旧同志与会。广州、北平和其他城市也来了代表。大家诚恳地批评了过去的工作,热烈地讨论了今后的工作。这正是芦沟桥事变以后的一个星期。不安的空气和外界的刺激也深入到绿星会场里来。大家都不能确实地知道,事态会怎样进展,因而也不知道预定的计划能不能实现。然

---

① 日本有一排外主义的邪教,名大本教,为军部所支持,公然利用世界语向全世界宣传其侵略中国之"正当理由"。

而，有一个人在内心感觉到国民和世界语者之间的矛盾的。在中国，世界语不是用来为了对全世界作科学报告的，也不是为了向国际间推销商品的，更不是为了招徕外国旅行者的，当然更绝不会为了宣传法西斯主义的了。世界语者的理想和中国人民的理想完全是一致的。他们既不愿被别的民族所压迫，也不愿压迫别的民族。中国的世界语者很久以来就高举着“为中国的解放而用世界语！”的旗帜。

在会场中响亮地唱着《希望》歌和《黎明》歌，而在这三百张嘴里也以同样的热情涌出了：

“起来，不愿做奴隶的人们，把我们的血肉，筑成我们新的长城。”

“打回老家去，打回老家去。打倒日本帝国主义。东北是我们的。”

这纪念会以伟大的热诚，在雍穆的空气中结束。他们互相紧紧的握手，以热烈的声调交换着“再会”。在平时，他们的再会只在明天或者几天以后，最长也不过在几个月以后。是的，至少在十二月十五日，在柴门霍夫诞辰，他们会重新集合于绿星底下。但是这一次……谁会料得，他们竟会有好几年不能再会呢？在这次集会的两三个月之后，他们便开始离散了。有一些随着政府到汉口，以后又到重庆，有一些拿起了枪杆投身军队或游击队，或者跑到西北去，另外一些为了工作和生活回到故乡或者别的大城市里去，而其余的就留在上海。什么时候他们会互相再会面呢？也许有几个的手人家永远不能再握别了——他们已经把年青的生命为国家民族而牺牲了。然而我相信，在这三两个人中间不会有一个会在汪精卫的傀儡政府底下享着暂时的安乐日子的。这在中国的世界语者们实在是绝对不可能的。

现在，连三十个同志也不容易会合了，我带着复杂的感觉回忆着这次盛会而常常想念到他们，虽然他们中间的大多数我并不亲身认识的。

讲到这次集会，我还想起了帮助我旅行到中国来而那时还留在东京的两个同志。在芦沟桥事变发生以前，日本政府从中国留学生中间大捕进步的活动份子。他们中间就有这两位——丁克和伊凡。所借的口实是，他们尽力于遣送一个日本世界语者的代表到在莫斯科的共和国际指导下举行的全中国世界语者大会来，这就是指上述的纪念会而说。假使这事情是关联着我的话，我真太对不住他们俩了，特别是对丁克，他以后在他的故乡广州也为了我饱尝了囹圄之苦。

奇怪的是，关于他们的逮捕是伊凡自己首先通知我们的。在七月底，他写信来说：“丁克已经在一星期以前被捕了。明后天人家会把我带到警察局里去的。可是请不要发愁，也许不会有什么事情的。”

真的，事情是这样实现了。

他们俩的已经过世的父亲，都是著名的革命家，对中华民国的缔造都有过极大的贡献。伊凡的父亲曾在革命失败的时候，伴同孙中山先生亡命到东京去过，而且跟现在的一个法西斯团体首领头山满认识的。因为这个家伙对警察局长讲了伊凡是他的"挚友"的儿子，不久就释放了他。一回到上海，他就立刻来到我们那里报告说：他们将丁克毒刑拷打，使他的脑筋有点失常，鬼才知道他们什么时候才会放他自由，等等。

伊凡，一个沉默而好学的青年，以后就到生活跟我们完全两样的地方去了。只有一次我接到他们的短信，在里面他表示着他是愉快地工作着和学习着，有时候甚至参加军队，而且现在他比以前更活泼，更快活，更勤奋了，这是像我们这些老朋友们所不能猜想到的。在难得到达我们手上的，那边所出版的世界语刊物上，我们也读到了他的著作。

靠了绿色的朋友们，上海对于我不是完全陌生的城市了。老实说来，我们中间没有一个人能够充分把握我们的语言的。这是一件憾事，但好像对于我这也不十分要紧。有几次，我同一位姓殷的女同志在协会附近的街上散步。她说中国话，而我说世界语。我仅只听懂了她是一个封建性的大家庭的女儿，而这环境给了她各种各样的痛苦。我不知道那位女同志从我的话里听懂了什么事和多少话。然而每次我们总是亲密地讲个不休，在那条街上走过来又走过去，舍不得马上分手。

李同志，一个十九岁的女工，以前在纱厂里的，因为参加了一次罢工而被解雇。那时他没有工做而跟她的爱人（也是一个世界语者）同居着。他每个月给她六块钱吃饭，因为他自己在一个工人夜校里教书，也只得到很少的钱。六块钱吃一个月！多艰难啊，虽然那费用是并不高的。她对我承认，她连维持健康的最小限度的食物也不能够吃到。然而她老是快活的，而且喜欢说话。她向我解说，东洋老板们怎样地剥削和虐待中国工人，非常兴奋而且滔滔不绝，一点也不顾到我是不是懂她的上海土白的。以后，她在一家大出版社里找到了一个工作的位置，人家给她十六块钱一个月。那个月底，她容光焕发地来到我那里说：今朝阿拉请侬格客。还是头一次！她把我拉到街上到一家不十分大而还算干净的馆子里去。在那里，我们每人吃了一盆炒面和一碗鸭片粥。她弯下身子去从右脚的袜统里拿出一张十元的钞票来，骄傲地放在堂倌的手里。我不知道人家给还她的剩下的钱还有多少。我很惋惜着她为着我这样地耗费了她的汗水的结晶。但她是出乎寻常地快活，我也这样。

对于中国的工人，跟日本的工人一样，学会世界语是困难的，第一是因为他们的教育的水平太低，第二是因为世界语和国语的差别太甚。除此以外，在中国，社会形势是完全特殊的，劳工青年和智识青年较之留在绿星底下，都喜欢投身于更现实的斗争的暴风雨当中去。那么人们是没有权利以他们的语言技术的比较低下来责难中国同志们的。

八月十三日的炮声，直接震撼了早已为芦沟桥事变所搅扰和刺激的上海。应答着这炮声，市民们包括世界语者在内怒吼起来了。

“打倒日本帝国主义!”“解放中华民族!”还有“为中国的解放而用世界语!”

十来个有经历的老同志不顾一切困难，实现了停刊已经一二年的《中国怒吼》的复刊。第一期是油印的，第二期铅印了。第三期呢？哎，战局已经十分紧急了。

为了它我写作，用我的打字机誊抄他们的原稿，以及看校样。正像我当时在《给日本世界语者的信》里面所表示的一样，“跟《中国怒吼》合作对于我，并不简单地意味着，一个外国世界语者为了印行一本薄薄的刊物，而供应其不足道的技术而已。当我握起笔管，在我内心里为被压抑的正义而沸腾着热血，燃烧着对禽兽般的敌人的火一样的愤怒。我是愉快的，因为我是跟中国人民站在一起!”

像世界语使我在上海不是完全的陌生人一样，世界语也使我在战争中不是一个第三者，虽然当时我还不可能公开的参加中国对日本侵略者的抵抗。

（原载于《半月文萃》第3卷第1、3期，1944年）

苏联击败日本的计划

[美国]Willard Price
刘煊强 译

究竟同盟□能否在二年或六年以内制胜日本，主要看苏联是否参加对日作战。

苏联很有把握的将太平洋战争缩短四年，而且在欧战结束以后很可能把这力量使□出□。

显然，我们就是没有苏联的帮忙也可战胜日本。□实上，我们再战几年也不至于十分苦恼了寡情的史达林，他不会为了减轻我们的艰苦而把他的国家陷入另一新的战争。他如果对日宣战，那是出于势不得已的原故。

假使对日战争没有苏联的协助，战事结束以后，它只好□在新亚洲的圈外，不能参加最后大局的决定，而这□和它巩固亚洲地位的野心恰恰相反。

她所希望的惟有安全。

它的太平洋唯一的大海港——海参崴，几乎完全被日本的领土所包围，西伯利亚左右翼皆受日本占领下的满洲所威胁。苏联与满洲交界线，其长度有如美国与加拿大两国国境的毗连。这一条三千里长的交界线不但不能成□毫无防□的善邻睦睦界线，反而在苏联方面为密布的四千多个堡垒所构成的防御线；在日本方面为亚洲最灵活的战略铁路系统，布置为一扇形阵势，足以在短时间内运兵到边境上的任何要塞。

这里驻扎着甚末军队？日本最精锐强捍[悍]的关东军，它几乎不是日本陆军中的一部，它就是日本陆军省。所有日本海陆军各部门服务的人员都在它统辖之下，它统治了日本，东条自己和他的主要僚属都是关东军系。

这些顽强的关东军正如普鲁士的官僚把德意志毁灭一样，替日本闯下了大祸，使之近于崩溃之边缘。一九三一年九月十八日，日皇在他的夏天别墅的沙滩上捡拾贝壳时(作者是时适也居住在该处，亲睹日皇作此消遣)，关东军已发动战争，不仅是日皇，就是东京的政府也□□莫知，进攻中国东北，关东军的原则是先行后奏。

满洲占领以后，关东军即与苏联不宣而战，世□或许不至太明了，自一九三一年以来，日苏军队先后曾经冲突过二千次。这些消息在苏日的报纸上都被禁止登载，因为两方都无意于□成整个正面的日苏战争。每一次□不多都是关东军先行侵略，他们常常冲越界线，作有计划的刺探对方防御工作，寻觅苏方的弱点，以便来日进行全面冲突。

日本所以迟迟不先发制人，进行全面战争者，不外是寻觅不出对方有任何防御薄弱之处，对于苏联，他们已由鄙视而变成肃然起敬的态度。

一九三八年七月，日本军官垂涎对方边境上张鼓峰的军事形势，即派二万大军连同大炮、坦克、飞机开赴前线。他们攻下了那个山峰，但是不能继续占领。经过三星期的血战，毫无所获，损失了一师团的精□部队，苏联国旗依然很安静的飘扬在张鼓峰上。

一九三九年，日本军队在诺门坎又惨遭痛击。日本派了十万大兵发动这一次整整一个夏天未曾公布的战争，结果死伤了一万八千人而撤退。

这给趾高气扬的关东军一个很好的教训。虽然如此，但仍不能减退他们的傲慢，反而使之转移至其他的目标，于是转而寻求易得而不费力的胜利。既然不能北进，就向南进。日本政府遂发动日本海军实行南进，同时对中国加紧进攻。他们相信养尊处优的美国人是软弱而不善战的，因此就惹到联合国的头上来！

关东军还驻扎在满洲，虽然有几师已彼[被]调□中国战场作战，但他们已不再是苏联心腹之患，威胁反而是在苏联对日本一方面，以前是“日本几时进攻？”，如今是“苏联几时进攻？”。

直至一九四〇年，没有一个清晰的分析家敢说万一战争开始海参崴可能维持二十四小时，日本的海空军可从其本土出击，陆军即由附近边境越过，而在片刻间即可加以占领。

现在这一幅图画已经完全改变了。日本仅有残余的舰队都派遣在其他地方，空军像□国的一样，已由攻势变成守势，日本唯一的希望是史达林不要恼怒，而事实上那不外是幻想而已！

海参崴由不足抵□的目标，变为凶焰咄咄的威胁，这不仅是由于日本力量的削弱，也是由于苏联在远东不断的增防，就是当西线紧急严重时，它也毫不松懈的加紧准备。据苏联太平洋护航队人员说：这个金角的城市，已非昔日荒凉零落的乡村状态可比。

海参崴与里维拉（Riviera）差不多同在一条纬线上，常令人忆起意大利的那不里斯，但这只是精神上的，而不是自然上的相像。这儿缺少蔚蓝的天空与和煦的空气，破冰船整个冬天都忙于把这冰冻的海港打通一条可以航行的水路。现在的海参崴是蓬勃活跃，它已经是一个具有五十万人口还多的都市。一半的人是穴居地下，海参崴可说是世界上最广阔的地下城市。在街道横川的码头低岩的后面，是一些荒凉无树的高的丘陵，那儿蕴藏着海参崴真正的力量。

这些丘陵地带都是中空的，在这些山丘低下，有许多水门汀穴洞蓄养着二十五万准备对日应战的苏联大军。在泥土石岩一百尺之下，有足以防御空袭的飞机棚。这次战争中飞机在地面上时常被炸的悲剧，可以不在海参崴重演。

丘陵深层下全是军火库，还有的□藏着千百辆坦克。许多大窖内满藏由太平洋或由□曼斯克经西伯利亚铁路运到的接济品，在另一些地下仓库内，储满由西伯利亚运来的米谷和其他食物，据估计足以抵抗两年的围攻。

俄文“海参崴”一字即谓“东方□胜利”，这名词或许是一种预兆。诚然没有一个城市的地位较海参崴更便于进攻日本本土或满洲，给侵略的倭国以报复。它刚位于两者之间，距离前者仅五百哩，距离后者的边境不到三十哩。

所有日本的大城市都在海参崴七百哩的半径内，不到空中堡垒或解放式机一半的航程，B-29 式的飞机一起飞便可到达。这就是说他们可以带最少量的燃料和最大量的炸弹。

要毁坏日本的城市，燃烧弹较高度爆发性炸弹更有用处，因为日本的建筑物都是近于火性。燃烧弹重量较轻，因此每一架飞机所能破坏的程度也增高。

日本的城市位置，很便于一次盘旋的轰炸，那样即可使日本成为这苏联大熊的猎物。飞机可从海参崴起飞，出炸最近被 B-29 式机炸过的八幡钢铁厂，然后经下关、神户、大阪、京都、名古屋、横滨、东京各地返回海参崴。全程共一千九百哩，中等轰炸机即可胜任愉快。

这样的□□，使日本无法集中它的防卫，因为日本□时转移飞机，以沿主要公路、铁路和电力厂、电□线、电报线一起轰炸，使日本整个的主要交通线网完全破坏。

日本对此危险非是昏迷不觉，它的高射炮完全集□在这□□地方，并且加紧增加生产□□物，空袭演习已成为昼夜的号令，□见将来交通必定断绝，他们□即□养大批的□信□子，东京的大报馆如朝日新闻早已利用这种工具与海上轮船、山岭上及其他交通不便的地方通讯。由于利用这种原始的工具，我们即可想像到日本狼狈的情形。

苏联有一个绝□疑问的实力——它的远东海军。□海参崴的人们看不见多数战舰，只有几只□洋舰，但是这狭窄的港内却摆着一行行的一千吨重既□又快的驱逐舰，此外还有大批的鱼雷快艇，苏联远东海军的主要力量是潜水艇，据说停泊海参崴的数目□有一千艘。这个岛屿掩护下的大油田，足以使金鱼码头供给盟军作潜水艇的根据地。

当欧洲战事一结束，苏联即可由地下飞机棚开出那些飞机来轰炸日本各城市，并先发制人的占领满洲边界的要塞，它的军队即开入满洲，予关东军一个久望不得但现在正感厌恶的机会，苏联先在满洲与日本交战，但主要的目标是在日本本土。一旦日本在亚洲大陆上失掉抵抗力，日本本土的抵抗力就弱不堪言，苏联的根据地届时当然开放，与美国空军由阿流申群岛、勘察加往返飞行。

经过几个月的粉碎轰炸以后，苏联与美国即可同时由东西两面登陆夹攻。日本虽愿在亚洲大陆作战，它的本土被侵以后，许多日军将被逼撤回捍卫这帝国的心脏，没有一个前□比他们弹丸大的三岛更可贵。美苏的舰队即在日本海与中国海截断这些被逼回家的日军，把他扫荡得比敦刻尔克一役更惨更狼狈，假若这样巧妙的战略能施展出来，日本的陆上部队一如在海上大受损失，使它以后在中国和满洲的陆上战斗力减低至仅足以招架的程度。

在陆上的战斗，主要盟国的力量应推苏联——虽然中国也可以给予有力攻击，我们(美国)可以供给大批的工具，但是运输千百万美国士兵至亚洲恐怕是极费力量的一件事，结果会使战争反而必须最少延长四年。谢谢希望能和我们合作和具有巨大战斗力量的苏联大熊，我们已眼见太平洋战事□能在一九四六年终之前成为历史的记载。

(原载于《时与潮》第 22 卷第 2 期，1944 年)

日本对苏联的暗算

［英国］Homi D. Mistry
穆文富 译

决定性的赌博

在东条内阁倒台以后，日本进攻苏联可为第一个或最有决定性的赌博，这是日本军阀所抱的企图。我们很容易相信这点，因为根据日本同盟社的消息，“日本政府已作最后决定，将全体人员一齐更换，以便继续进行全面战争”。

按照许多人所相信的来讲，日本进攻苏联，将为对撤退的纳粹军队一种援助，并阻止苏联再向西进的一种直接方法。如果日本向苏联作重大的攻击，那末大部份的苏联军队，将从欧洲战场撤到东方，但这种可能，并不实在的，因为据闻苏联最高统帅部已准备应付这类事变了。在东方已驻有大军，苏联东方军队实际上已能自存，不必调动欧洲军队就可以单独作战。

反而言之，可能性□多的□是日本军阀晓得一件事实，就是苏联东方军队将有侵入中国东北四省的可能，并可能侵入内蒙，因此日本为制敌机先计，将可能进占西伯利亚，特别是军事要地海参崴。

再者，最显著的事实，是为日本领袖们知道最后失败是不可免的，所以在国内外极力宣传说东北是属于日本的势力范围的，这样宣传的意义，是因东北在事实上与防卫它占领地有关系的，所以不说东北是侵略的跳板，而是说它是保卫日本与所谓共荣圈的重要基地。日本人这种心理上的改变，是再加以注意的。

日本军阀明了他们的危险

最要的是日本军阀很明了一件事实，就是按照同盟国家所宣布的政策，同盟国家在西线将德国打败以后，必即转移其全部力量以粉碎日本。邱吉尔首相与罗斯福总统曾一再申明先应对西方的敌人，然后再移向东方。现在他们已经看到希特勒所最夸张的西欧防线被击得粉碎了，日本人很痛苦的明白自己的命运，他们感觉在塞班失败以后已不能掩饰了。日本的东京或可像柏林一样的焚烧起来，在联合国轰炸范围以内的工业区，也将遭同样的命运。日本人晓得他们的死亡之日已将临到，因此日本的好战军阀恐不惜将全世界毁成地狱，以避免这□致死□的灾难——一个真实的民族切腹。希特勒起初因恐苏联攻其背后，所以他先侵入苏联，日本人所想的正相的。当苏联现在正离西线数百英里作战之时，日本人□为此时最能给苏联以有力的打击，这种想法是可能的。这都是使日本采取重大步骤以侵入苏联的一些理由。

生死的问题

日本的政客与作家们常常宣布他们对于苏联的仇恨、矛盾与不妥协的态度。日本一个军阀山川，在他所著《日本的使命与国防》一文里说："苏联的国度与日本政府的性质，是不相合的。"

另外一个日本人，更进一步在他所著一本书的结论中有下一句肯定的话："与苏联作战不仅对日本是一个理论上的问题，而且是日本的生死问题。"

再者，在他们时常以动人的文字语言谈起，并信赖他们国家对中国与苏联的胜利战争。日本前任首相平沼在宣布欧洲的战争的演词中说："中日甲午战争与日俄战争以及日苏在东北的冲突，是日本民族为维持东亚和平与安定的几个例子。"

这些话很妙！但是宣露了日本军阀的欺敲心理，即他们尚未消除一九〇四年至一九〇五年日俄战争胜利的迷梦，以此为证，可知日本可能有一天侵入苏联。事实上，日俄战争在东方历史上却是一件重大事件之一，在那次战争中，一个东方国家首次将一个欧洲强国完全打败了。在那次战争宣战以前，要记得珍珠港！日本的驱逐舰曾驶近旅顺口，并向俄国开炮，旅顺口就是一九〇四年的珍珠港，这种没想到而诡诈的攻击，颇使俄国海上势力损失不小，并使俄国的海军力量削减到不能在东部海面有所活动，后来经老罗斯福总统的调停，日俄两国签订了《朴次茅斯条约》，俄国被割让许多领土，放弃了旅顺与东北。

日本的暗算

如果日本进攻苏联，其第一个目标，即将占领苏联太平洋的海军根据地——海参崴，海参崴距离东京只有六百英里，从这个根据地，同盟国的轰炸机与舰队，在最近的将来，可以向日本进攻。我们回想一九四三年五月，日本政府恫吓苏联说，如果苏联将海参崴允许同盟国利用西伯利亚的根据地，日本即以闪击战进攻苏联，海参崴的重要性可想而知了。日本以为最佳机会是不宣而战，像偷袭珍珠港一样，将这个生命攸关的同盟国的根据地予以破坏。日本军阀不能听任他们所谓“大日本”的心脏之地，被距离仅六百英里而起飞的同盟国轰炸机所粉碎。诚然，日本消除海参崴为同盟国重要的进攻根据地，才能使易受攻击的后方得安全以抵抗同盟国的进攻，那对于日本是极其重要的。

进攻的方式

这种攻苏的必要性，已为日本军阀所澈底了解，我们知道日本攻苏，远在一九二七年七月那个世界最著名的田中奏章中已经决定了。

“为征服东亚，必须先征服中国，取得满蒙之法，是要利用这个地带作为根据地，并以贸易商务为借口，而侵入中国其他地方以及俄国……”

日本征服与统治的外交政策，主要的是根据田中奏章的。田中奏章对于日本军阀如希特勒的《我的奋斗》对纳粹好战军人一样。日本是否将遵照田中的计划向苏联进攻？如果日本进攻苏联，是不是先公开宣战，然后再开始进攻？我（作者自称）以三次事件——日俄之战、中国事件与珍珠港事件一一为证，认为日本进攻苏联必不经正式的宣战而突然发动惊人的袭击。

（原载于《时与潮》第 22 卷第 3 期，1944 年）

在延安的日本反战志士参加解放区大进军

——冈野进预祝日本人民势力的胜利

佚名

日本工农学校全体学员、日本人民解放联盟本部、日本共产主义者同盟本部，因为就要赴前线工作，特于八月三十日假王家坪礼堂举行出发纪念大会。到来宾叶参谋长、总政李部长、美国朋友等人。议长杉本首先对几年来解联和工农学校的发展历史作了总结，指出解联在打倒日本法西斯斗争中的贡献是民主日本建设史上光辉的一页，工农学校在教育、培养解联干部上有其不可磨灭的功绩。杉本在感谢中共、八路军、新四军对他们的援助后说："希望全体同志将解联和工农学校几年来英勇奋斗的精神和传统带回日本去，继续发扬而光大之。"

总政李初梨部长说："解联和工农学校的所有成绩，应归功于日本人民领导者冈野进同志的英明领导和苦心经营。八路军、新四军当抗战开始时，向日本人民、士兵所作的保证，今天已经基本上完成了，今后我们也将继续帮助日本民主力量的发展。"

冈野进同志说："当解联、工农学校即将离延安向前线、向日本进发时，没有一个日本学生不回想到几年来亲自受到的八路军、新四军、中国人民对自己的各种援助和无限温暖的友情。"他着重指出："谁要是真正下了决心，为日本人民服务，谁就会不怕一切艰难困苦，冲破一切障碍，坚决勇敢地为建设民主的日本奋斗到底。只有如此，才是报答八路军、新四军、中国人民的唯一方法，也只有在那时，才有资格获得日本工农学校的毕业证书。"接着美国朋友在感谢日本同志对联合国击溃日本军国主义的事业中，所给予的宝贵和有效的贡献后，他衷心地祝贺日本人民势力的胜利。

叶参谋长说："过去把你们当好朋友欢迎，今天作为好朋友欢送，将来我们也仍然是好朋友。希望同志们保持并发扬中日人民这一可珍贵的友谊。"参谋长感谢日本同志对我军的援助，对光荣牺牲的解联盟员表示哀悼，并希望他们此次作为胜利者赴前线、回日本，要向广大的日本人民、士兵进行耐心的宣传教育。消灭深刻留在大部分日本人民、士兵脑海中的法西斯主义和军国主义的欺骗宣传，扩大解放联盟，以建设民主的日本。参谋长说："民主的日本和民主的中国团结起来，才能创造一个和平、民主的东亚。"他以"中日人民民主主义万岁"的口号结束他的讲话。

□□学生代表公丈和解联代表大山致答辩，还有中山下、相乐、山田和重宫等都争先上台讲话。大会在通过向中国人民领袖——毛主席、朱总司令致敬信件后散会。

（原载于《新华日报》1945 年 9 月 19 日）

战地风光：第三战区韩侨战地工作队活跃的一页

平

敌寇还未放下武器的时候，在第三战区的最前线——苏浙皖边区，有一支活动会猛烈的国际工作队，那就是第三战区韩侨战地工作队。

于民国三十三年八月间在江西铅山工作队最初成立的时候，只有二十几个热烈的青年队员，他们之中有几个是多年为革命而奔走的革命者，其余多半是不愿受敌寇的压迫而自动向自由区投诚的人。抱着牺牲的决心，脱出敌人的严密的警戒线，而投到自由中国的怀抱的时候，他们爬山越岭，涉水步行，尝尽了无限的痛苦。有的人从汉口脱离敌营的时候，被敌人追至汨罗江畔，走投无路，浮水渡江，踏破那埋藏地雷的沙滩，来寻觅那警戒江边的中央军，转辗被送到工作队。有的人从安庆参加集团逃跑，结队离开敌营，跑到乡下的时候，被新四军误认为敌军，受包围袭击，在漆黑一团的黑夜里，一群三十多个热血青年受了意外的无情的打击而溃散了。他们之中有一个人浮水游过浩浩的长江，跑到皖南一个山头，得到一位老农的厚意的帮助，换穿一件老农的破烂衣服，找到工作队来，参加其平生所愿做的复国工作。又有人从南京抛弃那敌寇□特务工作，临行从敌寇特务机关保管库中窃取很多宝贵的军事机密文件，献给战区长官部做个极有用的参考资料。如果把他们的脱逃经过和奋国的历史一一的写下来，在抗战的史料中至少占一页光荣的纪录。

距芜湖一百五十华里的皖南泾县，是韩侨工作队的本部所在地，在那里还有担任着最前线防务的第三战区挺进第二纵队。工作队的一切活动，都同那英勇的挺进队紧密地配合着，纵队司令顾心衡将军对于那小小的工作队寄予无限的同情与希望，所以对于韩侨工作队视同手足，给与精神上的鼓励和物质的援助，由于顾将军的栽培，工作队慢慢的长大起来，从此不到一年工夫，收容闻风来□的韩侨青年竟达一百零三名之多。以后从泾县分发到各地，如青阳、宁国、歙县、昌化、杭州附近，都是工作队的活跃地区，凡是最前线的部队及党政机关无不协助工作队的地下工作，所以工作见着眼顺利的进展。他们的工作分三方面进行，那就是部队工作、民间工作及策反工作。

前线的中国部队，因为时常同敌人接触，所以要晓得敌军的敌情，同时也需要做对于敌军的瓦解工作，于是部队的政工人员都感觉到懂得日文的必要，譬如有时候捉到敌军，审问俘虏，翻译敌军文件，化装汉奸，深入敌后等工作，都很需要日文人才。所以韩侨工作队分发到部队工作的同志，平素在部队里担任日文教官，他们当然不是为传播日文而教日文，那是为打倒日寇而做这样的准备工作。他们的经常工作，都和部队的政工做紧密的配合或联系。甚至有一个时期，挺进第二纵队的政工队队员是多半由韩侨工作队队员来充任的。中韩队员共同宿食，共同工作，约有半年的时间，他们之间虽然言语、风俗和习惯都不尽同，但是相处的情感和友爱丝毫也没有隔阂，没有距离，大家都很晓得中韩两民族作戚相关的特别关系，所以从他们的共同生活中处处表现了互助共济的精神。

他们配合着政工队，时常到民间去，做有关军民合作的工作。附近的老百姓都晓得政工队里有不少韩侨参加着，乡间的农民都以好奇心来特别注意他们的行动及一切，在这样的情形之下，工作的韩侨青年自然更加小心翼翼地做些帮助民众的工作，为的是军民合作，为的是增进中韩两民族间的友爱。不久，附近的农民没有一个不晓得韩侨工作队的韩人并不是真正的"鬼子"，而是他们的朋友。甚至经路的商人也晓得这一批韩人，那在陷区日人势力之下的韩人大不相同，工作同志都穿着同中国士兵一样的草鞋，甚至有的连草鞋也买不起，时常赤着足走那山间的石头路，穿的是兵士的衣服。到冬天，他们没有被子，没有毯子，吃的米是黄豆和糟米饭，他们虽然过着那饥寒交迫的生活，但并没有停止过工作，老百姓看见了，表示同情，时常送些山芋来给他们吃。部队长官看见了甚至抽些自己的被子和传令兵的被子送给他们盖。

策反工作，相当见了效，自从今年春天起，从京、沪、杭、徐、汴等地自动来归的韩侨络绎不绝，一批又一批，十名二十名，突破敌人的警戒线，踏进中国的自由区，于是敌人开始恐慌起来了。敌人在皖南前线——南陵、青弋江、宣城一带，密布了二百余便衣宪兵，来侦察行人行动，监视着在前线的韩侨工作队的活动。但是敌人除了在交通线上的据点以外，始终不敢深入乡村三里之地，结果来归的韩侨没有一个人入了敌网，因为工作队早已在各乡村，尤其在皖南大刀会地区，布置了他们的路线。

（原载于《中韩文化》第 1 卷第 1 期，1945 年）

苏联为什么要打日本?

[美国]Harrison E. Salisbury
钱新哲 译

我们同情苏联注视东方,注视东方的敌人——日本,我们更欢迎她于战后能与太平洋国家真诚密切合作,澄清东方局势,以建立太平洋上的永久和平。但假如苏联如本文所论还有夺取友邦领土的野心而打击日本,那么我们抗议这种反侵略政策,因为支配他人和损人利己的思想都是希特勒的原则。我们深信苏联的"不取寸土,不与寸土"政策,对东方坚守不移。我们宁愿本文系不认识苏联的一种无稽之谈,以求正于敏感的读者。

——编者

史达林曾公开表示认为现在正是铸成苏联绝对安全和永久和平的良机。他在西方绝不留下任何不解决的悬案,将来在东方,他也抱同样的态度。

莫斯科在前天有一本新小说出版,是一本七百页的历史小说,作者是苏联一位工程师,书名为《旅顺口》。主题是描写四十年前日本围攻旅顺口的实情,并且提到旅顺口在现在是苏联在"太平洋上唯一大海港"。

对于住在莫斯科暖室气氛里的人们,正在这个时候出版了一本描写旅顺口的小说,是有点骇人听闻的。苏联最感觉纸□缺乏,能肯出一本七百页的小说,如果有,也是不多的。照惯例,在这样一部作品付印前,一定先呈送史达林,所以差不多是可靠的,在这本书未出版之前,一定被苏联领袖读过得了批准才付印的。

对这本书的各方评论,同样是有趣味的。苏联的权威批评杂志《文学与艺术》用三栏大的地位批评这本书,结论是"俄国那个时期□军队和将校团的最优秀代表,表现了他们对祖国的伟大热爱,英勇地起来击退了日本的侵略,击退了奸狡地偷袭旅顺口俄国舰队的日本军阀"。

当时保卫旅顺口的将校和士兵们视旅顺口就像今天黑海的海军视塞巴斯

托波尔(Sebostopol)一样——不只是一个城或则海港而已,而是比这个都更重要的。旅顺口是俄罗斯祖国土地的象征,对俄国的宝贵和神圣,正如同坦波夫(Tambov)和雷占(Ryacan)对俄国一样。

将旅顺日和塞巴斯托波尔相提并论,这显示出爱国而神圣的象征,正如同巴丹显示出美国的爱国而神圣的象征一样的。坦波夫和雷占毫无问题的是俄国的,正如同俄亥俄州斯勃林菲尔德城是美国的一样。这对苏联的读者只意味着一件事:旅顺口是俄国的。

松开的友谊之手

在过去,当我在苏联的时候,我从来没听到有一位官员或则平民说过表示与日本友善的话;我看见我也听到许多事件,表现着由有计划的冷淡到坦白的敌对。

就用苏联一位最伟大的出版家为例吧!他的文章在美国是以诽谤英美不开辟第二战场的刻薄著名的。就是这个人,替红军向国际公开地说:“给我第二战场的援助吧。”

在最近有一天晚上,这位出版家在莫斯科美国大使馆看了一个海战片《塔拉瓦的海战》(在苏联我们的太平洋新闻片一般是不大上演的)。

“这是我看过的新闻片中的至上品,”这位作家说道,“我一向相信,而且我一向这样写——在东线冬季作战的苏联士兵,打着史无前例的最顽强的仗,我是错了。美军在太平洋的丛林地带遇到的环境,是我们住在苏联的人难以想像的。他的敌人甚而比德国人还更不可饶恕的。我从心的深处向他致敬礼。”

但是,苏联情感是一回事,强硬的外交政策又是一回事。

那些住在莫斯科最了解这种底蕴的人们,全相信苏联将来一定参加太平洋战争,而且决不是一个象征的举动,也绝不仅只供给我们超级堡垒基地而已,而是以全力参加战争。

为什么?

在基本上讲,并不是因为俄国人想到他们欠我们恩情。俄国人是感激我们的援助,但是他们想这种援助是他们在苦斗中换来的。他们感激我们就好像斗拳者在廿回比赛中打到第十六回的时候,他是很感激往嘴里给他塞柠檬的人。如果苏联参加太平洋战争,不仅帮助了美国,而且也帮助了苏联。

斯大林委员长在她的欧洲建议里早就说得很明白,他认为现在正是铸成苏联绝对安全和永久和平的良机,他在西方绝不留下任何悬案。

忘不了的溃败

在东方也是一样。美国人确然忽视了俄国近代的第二次战败，是一九〇四年日俄战争的事实。然而苏联是没有忘记的。在乌克兰的集体农民和马格尼托葛斯克的炼钢工人天天读俄国的伟大爱国者——古图佐夫（Kutuzov）、苏瓦洛夫（Suvarov）、大彼得、喀德林（Catherine）等的传记，你想怎么容易忘掉了一九〇四年。

但是那不足以使苏联打日本。如果苏联真的走进了战争，那是为了正大的、现实的理由。辽阔的俄罗斯占有亚洲最大的一部份，仅次于中国，苏联正瞩望着这广大的东方将来能大规模地发展工业和农业。

东部西伯利亚的辽阔地区和苏联的远东是太平洋的一部。不过自从一九〇四年战败，日本占领了中国东北四省，所谓苏联的远东，在实质上，因日本横跨海参崴的地位，太平洋上的世界贸易已经被封锁了。苏联在战时从美国运到海参崴的作战物资，差不多都要经过日本海。日本能放行这些物资就是日本在各方面安抚苏联，使她不参加太平洋战争的明证。

如果苏联在太平洋上的地位在战略上得到了安全，日本对苏联与伪满洲国相邻的辽远边境和北太平洋上的商业大门的威胁一定要减小的。

日俄战争，俄国失去了辽东半岛南端最优良的不冻港旅顺口。她也被迫将库页岛南半让给日本，后来将广大的渔业区、油田和煤矿租借给日本。她也失去了与中国共有的南满铁路利益，这些使日本处于积极防止俄国太平洋变成大国的地位。

事实上，除开中国，没有那一国家能比苏联更常常与日本冲突。在过去四十年代中，苏联几乎不断地在边境上与日本作战。第一次冲突是一九三六年日本关东军与“外蒙古人民共和国”军队的小接触。“外蒙人民共和国”不是苏联联邦之一，不过一向有苏联最密切的外交援助和军事援助。这次冲突了好几个礼拜，但是最终还是和解了，除莫斯科和东京主脑人外，谁也不知道怎样了的。

最大一次边境冲突要算一九三八年暮夏和初秋的张鼓峰事件。双方都有好几师团的兵力，结果，红军将日本的精兵打得落花流水。双方死伤数千人，外交上极感困难。有一个时候，很可以演成大规模的战争，可是最终苏联还是跟日本休了战。在一九三九年五月，欧洲正在大战前夕的时候，在伪□边境又爆发了波尔湖事件（Lake Bor）。这次也是大规模的战斗，有坦克，有大炮。

红军在一九三九至四〇年前的现代战斗经验，完全从这许多次远东战役学来的。在这些战役中的英雄们都荣获了苏联勋章,在今天□被骄傲地佩带着。在莫斯科报纸上常常看到某某将军死了,将他在张鼓峰战役中荣获的勋章同在史达林格勒得的勋章并列。

在苏联军队中许多神秘不可解的事就有一个是远东红军,这就是为对付日本保卫苏联的太平洋边境而建立的队伍,在第二次世界大战爆发前,苏联在这支队伍的身上耗费了大量金钱和精力。

不仅创建了一支劲旅,在东西伯利亚的荒原和东海滨省建立了工业的整个机体。西伯利亚大铁路铺成了双轨。最坚毅、最苦干、最机敏的苏联青年全被派到这个区域工作。在实质上,苏联青年团已经将远东纳为养子,用自己的力量建立了一个全新的城——有印第安洲南布德城三倍大。

高姆索姆尔斯科(Komsomo'sk——青年团城)以及其他许多城市建立起来并非偶然,全是为了军事目的。从欧俄到海参崴有六千英哩的远程。在军事供给上讲,那是遥远的距离。只有在太平洋作战的美国人和苏联人同样知道,在这样远的距离,军事供给是多么的困难。

蒙在神秘中的一支军队

苏联为了远东军设计了一个工业的准备,并非仅仅建立了几个炮弹厂,并非仅有几个手榴弹厂,而是全盘的煤、铁、钢、铸钢、炮厂、坦克各种工厂,军队需要的,应有尽有。站在这一列最前面的就是食粮。一支军队在这样的荒原上作战,必需要有粮食。你也许周游了世界,一直游到一九四一年六月廿一,但是你也不会看见像远东红军这样供给充足、训练精到的军队。

但纳粹进攻苏联一开始,局势就变了。苏联将全副精力都放在击退德人的工作上了。不过就任何西欧的外交观察家或报纸观察家所能知道的,她没从远东红军抽调什么兵——有也是非常少的。甚而在一九四一年十月,当德军轻坦克已经望见了莫斯科时,她也没向远东调军队。就是在史达林格勒保卫战的时候,分毫力量之差就可决定苏联命运的时候,她也没向沿伪满边境的军队发出抽调的命令。

虽然,史达林在一九四一年十月调过四十个西伯利亚师团保卫莫斯科。这四十个师团全是精锐步队。这些坚强、自由摇摆的人,全是在苏联荒原的传统中养育大的。是这些人打胜了蒙扎斯克(Mozhaisk)战役,打胜了莫斯科保卫战。当你一谈起这些孩子们唱着东方歌曲,穿过褐色的莫斯科街道,俄国的女人们还是要哭的。四十个西伯利亚师团扭转了史达林格勒的局势。

从卡瑞利亚(Karelia)到黑海,从白俄罗斯到西伯利亚后方区,我恰好走了个十字。我从来没碰见一个远东红军士兵。我从来没碰见任何一个红军，在西方战线上曾经看见过远东红军。

不过极少的，或有一次，你可以碰见一位在远东著有功勋的将军。偶而你可以在莫斯科报纸上看见一位在远东很有建树的将军在西部前线上阵亡的消息。但是，就外国人所能知道的，远东红军根本上一点没动。那是一支或许有一百万人的劲旅。在战斗中考验出的、有卓越装备的一百万精兵，是不可忽视的。

远东红军还是布尔雪维克政权最初创建的一支军队。在实际上，它是从游击队和半游击队脱化而成的。他们因为有共产党革命者和少数以前沙皇时代的忠实军官的帮助，完成肃清西伯利亚和远东的乌朗吉尔(Wrangel)将军的白俄军和协约国的干涉军。在远东的战斗差不多继续到三年多。日本军是第一个干涉者，企图攫取整个俄罗斯东部。于是美国军队也登陆了，一方面阻止日本的攫取，一方面打俄国革命党。

阻遏日本的侵略

在俄国内战结束的时候，列宁、托洛斯基和史达林就决定在东海滨省必须建立强大的独立陆军，如果他们不得不防止扩展的日本人。

有些最优秀的苏联军官都被派到这个队伍里来了，十一年多，这支军队都受世人公认的俄国最有才能的军人布鲁赫尔(Blühai，按：即加仑将军)指挥。布鲁赫尔去了，现在指挥者是谁，没人知道。然而许多卓越的苏联军官，包括朱可夫在内，都在东方前线上工作了多年。

日本提供了红军力量的证明。从太平洋战争爆发一直到向中国南部进攻开始，精锐的关东军一直好好地陈在苏联边境上就可想而知了。

欧战的悠久岁月，并没冷落了远东。你几乎不可能拿起一份《真理报》或《红星报》，上面□登载在东海滨省完成的大规模新工业许多报导，描述水力发电厂、新冶金化学工业、新兵工厂的情形。远东工业的扩展，就一般证明讲，甚而已经超过了乌拉尔和西伯利亚的成绩。这里出产的每一部门都是军需工业。全苏联整个是个军营，远东也不能例外。

在美国有许多猜测，是否并且何时苏联才能给我们进攻日本的基地。在这上面或许不会有外交的协定。但是熟悉我们目前在乌克兰已得的许多穿梭轰炸基地的每个人，都认为这些基地是一种试验。

在波耳多瓦(Paltavn)，美军向每一个到那去的采访员问："这就表示我们就要在西伯利亚得到进攻日本的基地吗？"

在莫斯科大约有三十个日本人。日本驻苏大使和其他少数人住在日本大使馆。其余的分住在莫斯科的首都等三家饭店里。大部份日本人包括四个日本通讯员都住在首都饭店，所有的外国通讯员也住在这里。英美人每天都要遇上几个日本人。

有一个日本通讯员在莫斯科□在我隔壁住了七个月。他有极少□朋友。在珍珠港事变前，有少数的美国人还喜欢常常同他谈谈。自从珍珠港事件后，他们就不了。他告诉他□莱多维亚人秘书□他不能了解为什么会这样。俄国人不愿为日本人工作和打交往，他们是孤立的。

日本通讯员从来不被请到前线或红军解放的城市去观光，苏联外交部的一切普通记者招待会也没有他们的份。日本人从莫斯科发出的电报一定要译成英文送苏联当局检查。

印在日历上的伟大时日是一九四五年四月十三日。在这一天日俄双方必须互相照会，不然除非他们希望他们的中立条约自动展期。那个条约有效五年，是在一九四一年德国进攻苏联不几个月前签定的。那是史达林策略的一部份，目的在使苏联不卷入战争。条约签定后还不到六十天的光景，希特勒就向苏联进攻了。

苏联很审慎地遵守那个条约。到去年秋天，苏联纵容日本的长时期终算尽了。他们容许日本托延签订在库页岛上双方关系的新条约。那段时期正是红军在德军□攻击前败退的时候。一旦苏联的军事败退停止，她的外交家们就要改变策略的。说日本现在在谨慎地向苏联挑战，那是很难想像的。

在西伯利亚我听见有一个问题，人们向正在雅克飞机制造厂里打压机上工作的十五岁女孩，问她苏联是否就要帮助美国打日本。这个亚麻色头发的少女请示地注视着共产党书记密克·卡鲁金。

“勇敢点，”卡鲁金说，“答吧。”

这个少女羞涩地微笑着，“美国帮助我们打了德国，”她说，“我想，我们也希望帮助美国打她的敌人。”

那并不是在苏联必要有的一般观点，普通的莫斯科市民——如果你逼着问他关于太平洋战争的话——他是不会说出苏联将来在太平洋上帮助我们，是为了报答我们在欧洲帮他们的忙。他的意思是苏联在太平洋有自己的利益。她有旅顺口和南满铁路。她有库页岛和莎皇割给日本的一切大陆腹地。一般苏联人都认为只这一点，就足够使苏联有参加太平洋战争的正当理由。他并不想在太平洋能供给美国空中堡垒基地就行了。他认为，在实际上太平洋是苏联积极作战的战场。

苏联报纸反映了大局的趋向

在珍珠港事变后两年间，苏联报纸在实际上丝毫不披露太平洋战争的消息。偶而，他们印出麦克阿瑟和尼米兹公报的简略摘要。那就表示一般的苏联公民从《真理报》和《消息报》或《红星报》上一点也看不到美国在太平洋上的战斗。

大约在一年前，他们改变态度了。《真理报》和其他报纸都开始逐渐刊载完备□详尽□太平洋战争的分析和研究。苏联舰队热烈地赞誉美国舰□在太平洋上的战绩。

《战争与工人阶级》用尖刻的讽刺语调评论“希特勒的卑鄙帮凶”在太平洋上的失败。

就像一个年青红军上尉告诉我的一样：“当我们击溃了德国的时候，我们不需要还有什么战争。但是我的弟兄们将来会很高兴的在太平洋上跟你们并肩作战的。他们感觉到现在这个时候，正是解决一切的时候——不仅是在欧洲这样，而在远东也是这样。”

我相信，苏联将来会在太平洋上跟我们并肩进攻日本的。

（原载于《时与潮》第22卷第6期，1945年）

苏联参战与日本接受波斯坦宣言

戴魏光

从日苏中立条约取消说到苏联参战

自苏联宣布取消对日中立条约以后，就发生下列几点影响：

（一）苏联对于东亚的态度，已经有了进一步的表示，对于中、英、美各国，表示她愿意继续合作，在精神已经完全一致，至少，不会因苏联态度的不明朗而引起纠纷的恶果；在反轴心各国的团结上，的确发生了相当的作用。

（二）莫斯科通知日本政府说，该条约"已失去其意义"，其延长是不可能，苏联所提出的理由——日本帮助了德国反对苏联，而又与苏联的盟国英、美作战。显然，能够用为苏联不等条约至一九四六年四月满期而加入远东战争的理由。对于日本政治上的威胁，实不可轻视；而且在苏联正式对日宣战的过程中已安排好一条跳板。

（三）因日苏中立条约宣布废除，对于旧金山会议造成一种更有利的空气。

（四）中、英、美各国更努力于促使苏联早日对日宣战的工作。

（五）牵制日本驻满洲及高丽的军队，甚至使日本不得不增加军队。

（六）消灭日本国民的战意，使日本土充满紧张和沮丧的空气。

其实无论从苏联的历史看来、地理看来、最近国际情势的演变看来，苏联俱无不干预东亚战争之理。北太平洋的海权、桦太岛北纬五十度以南的海权和土地、日本的千岛群岛、中东路支干线的利益，都足以引起苏联参战的动机，假如苏联失去了这个绝好的参战机会，将减少她日后对东亚的发言权。至少上列各项利益，苏联即欲取得亦苦无借口，那么苏联将怎样干预东亚战争呢？本刊上期曾指出二个方式：

（一）"武装调解"（Armed Mediation）。自从欧洲战事结束以后，苏联对东亚的态度一向保持缄默，但自废弃日苏中立条约以后，苏联已积极显露出意欲武装干预东亚战争的态度。从旧金山会议到波斯坦会议这一段过程中，苏联是正在从事幕后的武装调停，七月廿六日联合国要求日本无条件投降，可以说是苏联采取武装调停的最后一张牌，但是这张牌竟为日本所拒绝，于是苏联不得不采取“武装干预”方式——参战。

（二）“武装干预”是武装调解不成后必然的结果，也就是说中、英、美三国要求日本无条件投降，为日本拒绝后苏联必然要走的一条途径。

现在苏联是参战了，这是意料中的事，根本用不到骇异。但是也许有人要问：苏联为什么不先对日断绝邦交呢？这一点本刊上期嘉彬先生就有详细的说明，他说：“苏联假如仅仅宣布对日断绝邦交，未免太失大国身份……宣布绝交……这种表示，未免太‘平凡’‘乏味’了，喜欢‘一雷天下响’的苏联大概不会有这种作风。”（《苏联将干预东亚战争否》）果然，今日的苏联已穿起全副武装，出现于东亚战场，从这里可以看出苏联一贯的作风。

苏联参战后的影响

（一）美国对于苏联参战的感觉。美国虽已解脱了欧洲的战祸，可是还没有跳出东亚战争的漩涡。战争中人力物力庞大的消耗，战局的趋于长期化，国内舆情要求早日结束战争……这种种使美国政府感到头痛，而极力想减轻自己军事上的负担，缩短战争的期间。唯一可能解除美国这种烦恼的，只有一个苏联，苏联在美国人的心目中，该是怎样的伟大呀！现在苏联答应联合国的要求而参加对日作战，在联合国方面讲起来，当然是万分欢迎的，可是一想到苏联参战后将伸展其势力到亚洲，增强其发言权，对于美国在亚洲的利益，或将发生妨碍。我相信，这也许要使美国人民在兴奋鼓舞之余，心坎上又要蒙上一层淡淡的烦恼，四月十三日美国外交政策消息上有一篇文章，题为《我们的对华政策适合于太平洋战争吗?》，里面有几句话，充分表现出这种矛盾的心情：“美国民众不知道苏联是否将用军队对日作战，但这种帮助将一定受到美国朝野的欢迎，盼望苏联对日作战，而又不要他们对于作战区发生影响，这显然是要求莫斯科做我们不要求我们自己做的事情。这种事情，在政治上不论如何是不可能的。”

在这里成为问题焦点的，就是关于满洲底将来。

（二）满洲往何处去？莫斯科对于满洲，究竟作何打算，这是苏联宣战以后一个最大的课题。

一九四三年十一月，美国和英国在开罗会议上已答应把满洲归还中国。我们没有证据来证明苏联出兵满洲有领土的野心，或要将满洲划入其势力范围之内。苏联莫洛托夫外交人民委员于八月八日对日发表声明谓:“英、美、中三国,对日本要求之日本武装兵力无条件投降,竟为日本拒绝,联合国乃邀请苏联政府参加对日作战,以期早日结束战争,以减少牺牲数目,苏联政府对联合国亦遵守本国义务。应允联合国之提案,于今年七月廿六日参加联合各国之宣言。由苏联政府之立场而言,苏联此种政策,实为促进和平,援救各国国民,以□□□□□新的苦难及牺牲,并鉴于此举为使日本国民避免德国拒绝无条件投降后所蒙受之危险与破坏之唯一途径,故苏联政府宣言,自八月九日起,苏维埃联邦与日本进入战争状态。”

苏联政府为什么要参战,是为了要促进和平,援救各国人民,以脱离今后之新的苦难及牺牲,我们不能把这几句话看作外交上的词令。在世界各国(日本势力范围内各国除外)大部份都已对日宣战或断绝邦交的现在,站在亚洲北部的苏联忽然发动巨大的红军,进入满洲国境,在军事上,固使日本左右受击,陷入完全孤立的状态,就是在日本人民的心理上,不吝投下一颗致命的巨雷,它的影响决不是单纯的,世界和平的曙光就靠这一声巨雷而放射到每一个角落。从这种巨大的影响看来,苏联出兵满洲,就以为她要并吞中国的东北部,这是说不通的。不过,苏联对于满洲有很深切的安全的利害关系,这也是事实。苏联在满洲有没有打算,会不会引起纠纷,这倒不是苏联的事,而是我们自己的事。

我们先看一看自己国内有没有统一,最重要的是国共双方有没有妥协,仅仅妥协还是不够,必须要做到真正的统一。要是祖国能一致团结,使外人无可乘之隙,那么苏军在满洲不过是帮助中国统一底地方军队;要是国内四分五裂,各行其是,不能取得政治军事上的统一,那么满洲的纠纷,将随国内政治的混乱而日益加甚。我们撇开理论不谈,请看一看现实。在满洲附近的中国军队,是中国共产党所领导的十八集团军,苏联在满洲行动,对于中国将发生何种影响?可以不言而喻,为了国土的完整、主权的独立,我们必须要求国共双方真诚合作,千万不要酿成阋墙之事,使中国再走上支离破碎的道路!

日本投降以后国人应有的认识

日本看了苏联最后的一张牌,感觉到精神上唯一的慰藉、心坎中一线的希望已经失去,不由自主地走上了投降的一途。当兹局势剧变之秋,过渡时期的大混乱是躲免不了的事,每个人民都彷徨在焦急、疑虑、恐怖的圈子里,不知道眼前将要展开一个怎样的局面,尤其是如何处置××××这个问题,最为关心,依据联合国劝日无条件投降的宣言看起来,×××××××××,是必然的事,在这个大转变的时候,沦陷区里的人民应该采取怎样的态度呢?现在提供几个意见在后面。

1.×军应该竭尽全力设法做到“保境安民”四个字，不管四周的环境在怎样的变化，但是你只要站在人民的立场上，保障人民生命财产的安全□□任何摧残人民的恶势力相抗，一定会得到广大人民的同情，那这种功绩来弥补你的×××，是有余的；要是你摸错了路径，走错了方向，一误再误，一错再错，违背了人民的公意，做了人民的公敌，那么法律决不会宽恕你的。

2.沦陷区里的×吏，是最××的一群，但是应当认清你的目的，说出你心底最深处的话，现在不是因循苟且的时候了，时间是无情的，你应当运用你现有的机构，准备好混乱时期人民一天不可缺少食粮，以及其他种种的日用品，尽量减少人民的痛苦，这样也可以稍赎××，切不可走入毁灭个性的深渊，抛弃人民而不顾，因为过渡时期的混乱，人民是最感深切不安的、

3.沦陷区里的人民虽然知道光明渐渐在接近我们，但是怎样去接受这个光明呢？我以为应该立刻运用现有的保甲组织，严密的团结起来，确保地方的安全，不使宵小之徒趁火打劫。逃难绝不是办法，并且根本没有地方可逃，唯一的办法就是祈求集体的生存，反对个别的逃难。大都市中的民间结社——如洪门——应该打成一片，迅速肩荷起拯民水火的重大责任。

除了上列各点意见以外，我们还得向日本当局进一言：

中日两国，唇齿相依，形同肺腑，合之则两美，离之则两伤，这次事变的发生，根本是错误的，现在不是清算旧账的时候，而是展开中日新关系底新的一页的时候。中日二国，百年大计，现在正是一个决定的时候，以往两民族的误会，能不能就此一笔勾销，还得看日本的最后一着棋走得稳不稳。中国是一个爱好和平的民族，人不犯我，我不犯人，甚至可以“犯而不校”“以德报怨”，这是“中庸”的表现，也是东方民族的特色。阴险、机变、报复、毒辣是不为人所齿的，现在日本既经幡然觉悟，中国人民更应当保持大国的风度，不计前愆，把日本从新估价。在日本方面呢？在这段投降的过程中，应当留一个更宝贵更温暖的印象在沦陷区的人民的脑海中，作为将来见面时重交朋友的基础。中国是不想灭亡日本的，也不希望日本灭亡，只要日本放弃其侵略的野心，安安稳稳地过他海岛的生活，中国民族是绝对愿意与他为邻的，此次日本能够顾全大局、不拘小节的决定向联合国投降，沦陷区民众实在受惠匪浅，希望日本贤明有识之士能够为中日永久的关系着想，大刀阔斧地铲除和平道上一切荆棘，千万不要失去这个千载一时的机会！

[原载于《正义》(南京)第 5 期，1945 年]

苏联眼中的日本*

[国籍不详]格拉兹丹日夫
胡春冰等 译

太平洋方面存在着一种奇妙的情势。中英美的盟邦苏联在对德作战，但并没有对日作战。就因为这一点，盟方讨论对付柏林、东京轴心的若干次会议都分裂成两个举行：一个致力研究轴心的欧洲方面；另一个苏联代表并不参加，讨论轴心东京的一端。一九四三年十一、二月开罗与德黑兰的会议如此，一九四四年八月至十月顿巴敦橡园会议也如此。一九四三年十月莫斯科会议时，中国确曾签字于莫斯科协议，但是协议只关乎欧洲问题，而中国对于欧洲战争也是交战国之一。

纳粹向苏联进犯以前十周的一九四一年四月十三日，日本与苏联曾签立为期五年的中立公约，公约内规定如订约国之一欲废止公约须于满期以前一年通知对方，否则公约将"自动延长有效期五年"，因此苏日双方如果都尊重公约，在一九四六年四月以前双方必须维持中立关系，如一方欲恢复行动自由，也得于一九四五年四月通知另一方面。这时机距现在已不过五个月，我们在这时候来检讨一下过去三年间苏联出版物对日本的态度也许是相当有趣的。

通常一国的外交关系可以由政治家的谈话与访问记、外国记者的观察，以及该国作家在外国刊物上所写文章中看得出来，不过苏联的政治家极少接见记者或公开发表政见，苏联的作家也没有在外国刊物上发表文章，而驻苏外国记者的观察也不够周密，因此关于苏联外交政策的消息的最好来源就是苏联的出版物，在苏联报纸中最有名的当推《真理报》《消息报》与《工作报》，三报都日销数百万份。此外，苏联的地方报从来不发表上述三报所不登的外国消息。至于评述外国新闻的杂志中最重要的，有职工会机关报《工作报》所印行的双周刊《战争与工人阶级》、联共中央委员会的双月刊《布尔塞维克》与苏联科学

---

* 译自一九四四年十一月二十九日《远东概览》。

院有关的世界经济与世界政治社所出月刊《世界经济与世界政治》。《战争与工人阶级》销行数十万份；《布尔塞尔克》在战前销三十万份，现在约十万份；《世界经济与世界政治》战前销二万，目前销数约一万五千五百份。由此可见这几种刊物都拥有广大的读者群。

我们如细心阅读这些出版物，可以发现它们对日本的政策并无差别，往往各杂志的投稿者是同一些作家，另外有些作者提到苏日关系也分别引用同一官方文告或《真理报》与《消息报》社论中同一些文句。不过，我们可以发现，过去三年间苏联报纸关于日本的文章或电讯登得比战前少了，而这些文章也不像以前一般大量地采用日本材料了。

虽然文章刊登数量之少可以篇幅已普遍减少的理由解释（莫斯科的报纸都只限出四张，《世界经济与世界政治》的版面缩少，同时印数也已减少），但是这情形可决不能以直接由日本获得材料不够的理由来解释。举例说，苏联日本问题专家之一阿伐林于一九四三年四月发表一篇文章，它里面就完全没有引用一九三八年以后的日本数字，倒引用了一九四一、四二年出的《远东概览》、伦敦的《经济学者》以及《中国国民评论》（*La Revue National Chinoise*），这时候日本的出版物苏联还继续收得到。同一文章中曾提及《商业的日本》一九四二年十月号，其他的文章也曾提到"东京朝日"与其他的日本报纸。也许这种做法是由于苏联当局的希望，以便避免日本诬指苏联利用在日本的机构为日本的敌人传递情报。

苏联的报纸

苏联报纸对于新闻的处理是有趣的，它们决不刊登敌方的公报，这做法开始于革命以前。同时敌方传来的半官消息与广播评论也决不刊登，除非它们内容有利于盟方而不利于轴心。现在虽然在太平洋战争中守着中立，但报纸对于这战区消息与德方消息同样看待。这也就是说，把日本当作敌人一样看待，所以关于太平洋方面的战讯都来自华盛顿、重庆、悉尼以及其他盟方来源，而决不取自东京，但是如果那一个日本海军大将战死，或者日本首相向日本议会报告危机日趋严重，或惊惶失措的日本天皇谟拜祖宗祈求消弭灾祸，苏联报纸也会刊登□自东京的□讯。在苏联报纸所刊绝少关于太平洋与中国的文章中，同情总公开地给与盟国方面，而且特别对于中国人民，提到日本的时候往往自由地使用如"侵略者""帝国主义"等名词，但绝少对于日苏关系的讨论。

苏联报纸发表关于日苏租借库页岛协议的消息与社论（一九四四年四月一日，协定系在三月三十日签订）以前，苏联的读者一向当不致对日本履行其在一九四一年四五月间所作之诺言没有怀疑。一九四二年四月中立公约一周年纪念日,《真理报》的确说过“为中立公约的继续存在计,日本必须对条约抱持苏联一样的态度……被军事胜利冲昏了头脑的日本军事法西斯集团必须认清,他们那种企图在北方从事侵略战争的论调,势将引起祸害,而受害最大的将是日本自己”,不过一□不多思索的读者当不致臆测,认为“日本要对条约抱对苏联一样的态度”的劝告还关联着“日本军事法西斯集团”的活动以外的什么事情,特别因为苏联报纸上从未表露过必需对日作战的“空谈”。苏联报纸对于日苏关系的沉默,并不意味苏联人民什么都不知道,他们确实对法西斯集团的政策与意图等等问题有着很好的理论与实际的训练,这次战争不久以前,由于以一九〇五年以俄国海军千岛一役被日本击败一事为背景的一本小说出版,开战以后又由于以保卫旅顺港力抗日本陆军为素材的另一本小说的出版,苏联对日本已记起了痛苦的回忆。此外,一九三八年在苏联与高丽边境曾发生张鼓峰事件,一九三九年在“满”蒙边境发生过诺门罕事件,事后曾有数百万本有关于这些事件的小册子发行。

杂志上的文章

现在让我们看看杂志上的文章。一九四二年三月出版的《世界经济与世界政治》发表过一篇阿伐林所写《论日美英军力》的文章,虽然文章写在日本正当胜利达到高潮的时候,但作者所得结论说:“在太平洋战区日本不能在作战的初期占有兵力上的优势。”他的理由是“到一九四二年双方海军形成优势的时候,日本的地位势必日趋衰微”。这文章所作唯一错误的估计是关于中国的,阿伐林曾称:中国军队将在大陆上牵制大量日军,“中国的军事活动势必产生新的估价”。同一刊物的一九四二年五六月号,鲁克耶诺夫夫人分析日本经济上的困难,结论称:“目前日本已经遭遇了巨大的困难,战事愈持久,日本经济上的困难势将愈越显著。”这文章是非常客观的,由纽约与伦敦方面的人写作也不过如此。

同一刊物一九四三年一月号内有一篇艾都斯所写关于珍珠港事变以前日美关系的文章,作者是一个苏联刊物上初见的新人,也许是一个老作家的假名,文内说到过去四十年的关系,特别注意于最后几年。这篇文章也非常客观,并未应用“帝国主义者”“资本主义者”等字样,仅仅有一段说到“那所谓(日本)温和派曾希望采行一种不令对美关系恶化,并获得安协一致剥削中国的政策”,在文章开头与结论处,作者一再强调日本对美进攻不宣而战,而且其时两国谈判尚在进行中。

一九四三《世界经济与世界政治》的二、三月号发表阿伐林《论日本战时经济》一文。同志另文曾为斥德国对苏联的进攻为荒唐的兽行。阿伐林的文章却完全没有这种论调，它的结论说，日本的经济困难正日趋严重，决定的因素将是日本利用占领区资源的能力，但这种利用的工作一定无可避免地要超过许多巨大困难。作者在这里把“利用”两军代替了“剥削”。

一九四三年《战争与工人阶级》的六月号上，有朱可夫博士分析战时日本帝国主义的地位的文章，他指明日本给与亚洲人民的独立是“骗人的”，这些“独立”国家的权柄还掌握在日本的将领手里，日本在经济上落后盟国很远，战争中它所得有利形势已经消失，而战争的长期性已很明显，它的经济将因长期战争而耗竭。而军阀作下冒险计划，竟与美英等列强陷于无望的苦战，日本所费代价势必十分巨大。

同一杂志另一期（一九四四年三月十五日）上，朱可夫博士评论时事措辞更加露角，他称呼日本笼络亚洲的民心为欺骗，曾明白指明“日本军阀空言把东方人民由外国统治中解放出来”是作茧自缚，该文结论略谓：“希特勒德国在欧洲所遇不可避免的困难，势必为太平洋上的日本造成特别的困难。”

对德国的斥责

一九四四年四月一日同刊社论评述日本库页岛租约的结束，特别指出日本违约已经三年。该刊编辑认为这事的原因就是希特勒德国暂时的胜利令日本政治家们冲昏了头脑，社论并申论称：“在最近签定的苏日协议内不难找到苏联正确而坚决的外交政策惊人的表示，它在国际关系中的影响与地位，以及在最重要的国际问题的解决中所具有的声望，这些协定的值得我们重视也因为它表现着双方善意与相互的意愿——与中立协议正向配合——足以为日苏关系中，有关双方利益的若干问题觅取正当的解决。”一九四四年的《布尔塞维克》五月号曾把最后一段话一字字地重述一遍。

一九四四年《布尔塞维克》四月号中另有朱可夫博士论文一篇，作者指出德日之间从无巨大的互爱与信任，略谓：“日本与希特勒之间的关系从未建立于至信。关于这点自有其确实而重要的原因。谁不知道希特勒撕毁他自己签定的条约态度尤同法西斯匪徒，杀人一般地从容？”不过作者总算没有提起日本军阀违约背誓的惯例，据朱可夫的视察，“珍珠港事变的发动实在由于为希特勒劫掠战争所激动”，不然“日本不致向强大如英美这等国家挑战”，他说“苏联人民反抗希特勒侵略者的英勇斗争给予日本的深刻的印象”。以后甚至极端分子也渐渐清醒过来，德国法西斯主义的命运已经决定，而日本情形愈困难，由德国法西斯主义清醒过来也更加迅速。日本过去过高估计了希特勒的力量，终于发觉自己已走到了穷途末路。觉悟的事例在信奉法西斯德国因而模仿它的团体中也屡见不鲜。日本虽然一再迟延而终于决定实践一九四一年春季对苏所作结束日本租借权利的诺言，不是没有理由的……作者同时又着重地指出，“日本当已充分认识剥弱苏联的企图不论其来自何方，一定失败无疑”，又说“每一有思想的日本人当已看到劣迹昭彰的柏林、东京轴心的前途是何等地黑暗，日本与必败的德国法西斯主义缔结同盟实已造成严重的错误。在目前战事迫全日本维持盟约，日本对希特勒德国即将到来的军事挫败极感恐惧，但希特勒可耻的结局不可避免，这就再度说明日本将自己的命运和德国联在一起实在是一个巨大的历史错误”。

日本的危机

《战争与工人阶级》最近□期刊有另□苏联的日本问题专家普普夫(K. opov)的文章，研究日本在“大东亚共荣圈”内的地位，结论称：“日本占领亚洲大陆的各处土地已不止一次，但每次都被迫撤退，放弃所占的土地，而且在这次，战中它与希特勒联合，势将同归于尽，‘大东亚共荣圈’内日本侵略者也没有获得一个坚固的经济与政治的基础，由于各方在太平洋上的反攻与中国延长的战争，日本帝国主义的情势已愈加困难，历史势将重演。”

据《纽约时报》转载，《战争与工人阶级》十一月号内编者于泛论时局时称，麦克阿瑟的打向菲岛已证明日本用以遮掩侵略的“大东亚共荣圈”有了破灭的危险。

对中国的同情

这篇关于苏联报纸杂志处理日本问题的简短探讨提供了下列几点：

一，按苏联报纸所表现的情理看来，苏联政府由于一九四一年四月签有中立协定正怀疑地等候着，并避免任何可被解释为技术上非中立的任何行动或姿态。

二，不过苏联的出版物并不隐讳它们对于中国以及其他遭受日本侵略的国家的同情。

三，除了对日本在大陆与南洋的政策以外，苏联报纸从未发表过可彼认为对日本本身仇视的谈话、文章或评论，也从未发表要求日本任何部分土地与恢复苏联在满洲的政治影响的要求。但日本报纸对苏联的攻击或日本极端分子建议要求苏联领土(或外蒙任何一部分)，一定立即施行苏联报纸能用的强烈口吻予以答复。

四，若干段谈话与文章显示苏联不致废弃与日本所订中立公约。这也就意味公约有效期间将延至一九四六年四月二十五日。

苏联是否按照条文规定于一九四五年四月二十五日废止公约，不可能由苏联出版物的反映来判断，假定苏联这样做的话，那一定太平洋战争达到顶点，苏联在远东已经获得充分的行动自由的时候。关于这点我们可以假定，苏联的政策一定部分中亚洲的情势，部分由美国对苏联的政策决定。

（原载于《经纬》第2卷第10期，1945年）

叛逆者之歌

[日本]鹿地亘

沈起予 译

十二月二十五日。

午前九时，在空袭警报中，廖济寰同志伴着照像的来了。

“准备好了么？卡车在公路上等着，拍张纪念照，便马上出发罢了。”

人们的脸上露着光辉。是抑压着横溢的血气的紧张表情。这正是我们在华日本人民反战同盟桂林支部第一工作队在东亚解放的火线上印下历史足迹的光荣的出发之时呀！为了欢送而全武装起来的办公室林上校，表现出一种难于抑制的感动，走来向我握手，并反复地用细小的声音说道：

“真惭愧！我真是在诸君面前感着惭愧！只要是我的脚不是这样的话……嗯，可惜。祝诸君成功罢。在下一次出动的时候，我一定要一道去的。”

林上校望着他那一星期前在到桂林城内的夜路上跌下坡去挫扣了的脚颈上的绷带，不断地这样惋惜着。

在前园的大樟树下，紧紧扎上军服的出动部队站在前列，留守部队则围绕着他们，站着后面。

“鹿地先生！军装真合适咧。呀……看得出是一个部队长。”宁部同志不断地这末喧闹着。

纪念照拍过了，而警报却尚未解除。但也听不出敌机的声音。于是我们出发了。林上校不听我们劝阻，也拄起拐杖，直送到公路上的车傍。

“后方的事紧紧拜托了。你们的组织运动也是有重大责任的。我们前后两方作一个争取新同志的比赛罢。”

从车上，我这样向他们说，于是下面的留守部队很有自信地向我回答说：“请放心罢！”“决不示弱的！”

“诸君，祝你们成功！”林上校满面浮着看见打扮得过分了的东西时的羞怩的微笑，用打颤的调子向我们告别。

“请好好地保重罢！生病可不行的！不要忘了包点东西回来呀！”

女同志浅野公子也一面把香烟包和糖盒子递给车上的同志，一面温柔地这样激励着。

“不要耽心，准给你带回许多虱子来。”

“那可使不得哟！哈哈哈……”

大家都一起大笑了。原来，在昨天午夜，我问她是否也想到前线去，她即刻点头了。“会有子弹飞来的呀。”我说。“不要紧的！”“那是骇人的啦。”“我一点也不怕！”“那末，就去好么？”“嗯，只要不拖累大家的话……”见她那种燃烧着期待的眼睛，于是我想让她去试试也好。但在旁边的鲇川同志却反对了：

“女子在身体上是吃不消的。没有什么事还罢，但万一若遇到了突击的话，那可就讨厌了。战争这家伙究怎样变化，完全是不知道的呀。”

“因为我是女子……就这末瞧不起我！”她黑下脸孔，抗议了。

“不，这……并不是怎样瞧不起你……”我笑了起来。

“是的。这回还是第一次的试验，看结果如何，待下次再去试试好了。”

在这计划决定了的时候，全体人员都是这末争着参加的。那是二十一日午后的事。从前方行营参谋处吴处长那儿打来了电话给我，希望我伴着同志们前去帮助，于是即刻开了总会。对于人的选拔，同志们完全付托与我，大家都因内心期待的紧张而寂无声息。

“说起来，这一行是完全决定本同盟的价值的试金石……所以有病的人，当然是希望客气一下。源同志、松山同志，请留下来罢……”

但因脚气而不能自由行动的源同志，却一下现出失望的脸色：

“不要紧的，先生！源已经能够走动了！”听着要向前方出动，他原是首先抛掉拐杖，而几乎发出“对呀，机会来了！”这样的欢声的。

“什么叫不要紧！这与到桂林去喝茶是不同的呀……”

“我懂得！谁稀罕你讲这废话！”

“源君，你一到晚不是脚还站不起么！”

“我说过，不要紧！”源跳起来反驳了，但我抑制着他们，使他们宁静下来。

“知道了。但是源同志还以身体为理由而常常不出席晚上的研究会啦。假如身体回复了，就首先从出席研究会开始罢。这次就留在后方……”

不大喜欢研究的血气方刚的年轻人甚觉委屈似的，无言地把头埋下了。

其实，后方的工作也很重要：机关杂志应无停滞地发行，并加以充实；收容所内的俘虏应加以教育和组织的工作。同志们对于这种呆板的工作，也是应当以刚才那种热情来加以指望的……把这些事，使大家澈底了解之后，我便把全体分配成了两队。散会后，源同志很不甘心地向出动的人道：

“要去就要好好地干一番功劳回来。干坏了，那可没有饶情的！”

于是他出去晒太阳去了，后面只听见一片热闹的笑声。

即刻眼睛发花似的准备工作开始了：各自搜集资料，写作了五分钟内演说用的各种原稿。我也回到自己的房间，整理各种文件，以便随时都可以出发。

“报告！”

这时，南部同志走到门口来敬了一个礼。他早上便因疟疾发烧，连对总会也请假了，所以应当是在寝室呻唤的。

“进来罢。怎样了，你的病？”

“是！”他向室内踏进一步，继续着立正的姿势，才勉强说出话来：“南部，病已经好了！其实，就是因此来请求的，希望无论如何也把南部带到前方去。”

我不觉微笑了。真奇怪，不管是张三李四，连病都一一跑掉了。

“疟疾还会再发的。到前线也不就止这一次，还是不要勉强的好罢。”

“那里的话！不要紧的。决不会再发了。南部什么事都可以做。……”

“可是……”

“先生，不要紧的！我请求先生。”

“真的么，那末……把坂本同志叫来。”

见着他那一股正经的表情，我几乎笑了出来。

“那末……先生，我去叫坂本同志去。”

军队式地复诵一遍，他抖擞地走出去了。

坂本同志进来了。我边笑着边问对南部的事究应怎末办，于是他也搔着头，作了如次的报告：

“其实，刚才也到我那里吵了一场去的。听说决定了出动，他便翻身起来，用了不得的劲儿说：‘……为什么不叫我起来！我是可以参加的！什么，说我有病……没有那样的事！这是撇开了我决定的事，责任是在你支部长呀，去替我向鹿地先生说罢……’他还同值日也闹过呢。这样呢，就让他去么？”

“好罢。”

于是，南部同志完全紧张起来，埋头到桌子上，边独自沉吟着“日本军的诸位先生，诸位先生”之类的文句，边舐着铅笔心，而开始写起宣传用的草稿来。

“真干得好。奎宁丸一次吞了几锭呀？”鲇川同志这样嘲弄着他。

“那里的话，……疟疾这家伙，只要起一点寒冷就会好的。那算不得什么病。”

大家这样的兴奋，一沉静下来，我们便马上决定了留守中的一切措置，而完结了本日出发上的忙迫的准备。

在其间，二十三日是同盟支部的成立大会，是在东亚解放史上划时代的我们光荣的一日。去的人、留守的人，各自在自己的任务的意识上过了紧张的几天。宣誓，跟着便是第一回出动的上路。同盟的出发，是以如何光耀的第一步踏起的呀！

桂林的战局紧张着。在邕宾路上直奔北上的侵略军，被陆续集中起来的中国大军从两侧山岳地带向山峡公路上压迫而被包围着了。焦躁的日本军，连日不休地企图用空军来扰乱中国军的后方根据地。即在桂林，每天也有三点钟以上的空袭警报，而大会也是在警报中开的。

今天一清早也就是警报。

太阳光耀地照着。一条线似的贯通着广漠的甘蔗田圃的平地的白色公路。四周几无人烟。在这静寂中，稀疏地围绕我们的卡车的一群，是如何辉耀着无限的欢喜呀！源同志也拖着不自由的两脚，笑迷迷的混在留守部队中，但却泛着一抹寂寥，很晃眼似的仰望着车上。

"南部先生，你是不可以随便的呀！请当心哟。"

"知道的，嘿嘿……说起战场来，那原是我手上的东西。"

南部受了浅野女同志的叮咛。而他却满身高兴，首先跳上车去，在堆积行李了。

终于开车了。好好地干啦！后方拜托了！车上车下互相长长地扬着手而分别了，面颊似火烧的一群，很迅速地冲破着草香的野风前进。

到了××岩下的广坝，还有等待警报解除的市民们在那里左往右还的群集着。

车在戒严中的无人的街道上迈进。乐群路口，马路上还有昨天的写着"在华日本人民反战同盟西南支部成立大会"的字样的白布旗帜横街挂着。我们回首返望着，胸怀上不禁充满了热烈的无限的感慨。车出郊外，一路向南又向南！所能见的，尽是盖被着枯草的广漠的赤土的地表，只要一锄□，就会发出锵然的石音来的贫瘠的荒地。这里那里，全是广西独特的巨大的石笋般的岩山，像刺破了皮肤的骨头一般，竞赛地兀立着。

老百姓们究竟吃着什么过生活呢？散住着的民家，简直像那在石笋般的岩山的罅隙间生下根，毫无余留地吮吸着稀少的水分以拼命生活下去的小松一样，三三五五的在荒野上紧紧地栽着。桂林山水甲天下。不错，那简直是乱石的壮观。走了又走，都是满目的荒野、乱石的壮观。

卡车跑着，跳着，卷起尘灰，在有疮伤的公路上迈进。

风有些冷，然而天空中却无半点云影。同志们的面孔，简直是青天白日。坐在司机台后的行李堆上，我望着这些紧抱年轻的热情而贪婪地眺望着山野的同志的面孔，满心都不觉被一种难于抑压的爱情充满了。——这是如何的离奇的运命啊！系着侵略主义的锁炼，被遣送到大陆，成为炮火的饵食，幸乎不幸，受了伤，被俘获，在长久时间中失去自由而被囚禁的士兵，然而他们却翻然地睁开眼睛，从新来看这人间，看祖国，看这战争了；燃烧着涌来的新的勇气，为挽救东洋的不幸，挽救无出路的祖国同胞而跃起了；现在，为完成这个新的使命，他们又是在向他们曾一度离开了的火线迈进着呀！

我的心胸，不禁被对这些青年同志的痛惜的感情温暖地泛滥了。尽量地摄取日光罢！尽量地贪吸着自由的风罢！把一切都收入眼内，贮入胸怀罢！这一切都会成为亲爱的诸君的成长之粮食、生活之财产的。他们都是经过无止境的辗转的运命的人。有的经过中部及北方各省而环绕到了蒙古；有的则从上海，从南京、徐州、大别山并通过汉口而来。而现在，□□于在想不到的条件下，在广西的荒野上驰驱着呀！

"景致真好咧。假若有这样的东西在日本，那是马上会成为名胜的罢。"

生长于东京的鲇川同志这样发出了感叹的声音。然而，出身宫崎县的贫农之家的樱井同志却如次地说了：

"可是，老百姓的生活似乎是很苦的呀！"

"不错。像这样，简直是种不出什么作物来。假若有什么矿产的话就好了。"南部插嘴进来说。

"造水泥罢，因为全山都是石灰岩长成的。"

我这样一应声，南部嗯地呻吟一声又说了：

"如何呀，先生？我们同盟不好来办一个水泥工厂么。顺便干干那样的副业也算不坏呀。现在虽不方便……但我们达到目的，反战同盟有了空余时间的话，怎样呢，来一下罢。"

他地藏王菩萨似的盘坐在汽油桶上，而完全乐得打诨地说那是"特等座"。听着他的话，鲇川同志在旁嘲讽地说：

"请你不要起那种帝国主义的野心罢。"

"怎么是帝国主义？我已经决心了，我去向□□□□请求，把这些石山给一个与我。哼哼哼……"

卡车厉害地一跳，他便巧妙地取着均衡，而竟能牢牢地把那顽强的身体支持下去。

"前面有个叫'阳朔'的地方。那可说是日本的妙义山的名胜。就在那里吃午饭么。”

“好的。”

坂本同志边不转眼地望着那展开起去的无限石笋般的山峦，边微笑地听着同志们的谈笑。虽是静静地泰然无语，然而他的满心横溢着的喜悦，是紧紧地脉传到我的心脏上来的。真是了不得的青年。年纪还轻，仅二十六岁。他具有激烈的热情和胆力，但平常的胸怀却宽大得悠容不迫而为同僚们所敬爱、所信赖。他长久的信愿终于成为事实了，因为在这以前，他决不是俘虏；他是切断了帝国主义的锁炼，自身大胆地投到我们阵营里来的士兵。自然，因为当时是有不能马上允许他的心愿的理由，因之也曾暂时地在收容所中生活过。然而他却一点也不颓倒下去，而静待着时机。不久他便与我们会着了。

“……华中的前线地带，大都是无人居住的地方，而我们所配备的区域，也属于这种地带，虽有□少的贱役的土民杂在军队内生活，但几乎可说没有军人以外的土民。特别是夜间，步哨线的后方，可说是寂无人影，而这也给了我的决心以极大的勇气。于是在午后十二时，乘着黑暗，我抛弃了机关枪阵地，逃出友军步哨线的疏漏地点，而在中国军火线百公尺的前方藏了下来。因夜间有招引疑惑之故，遂静待早上的到来。午前九时，于是我摇摆着帽子，向中国军作了暗号。当时似乎是叫停止一样，从中国军那面响三声枪声，就这样我马上被迎到中国军那面去了。其间也有一个似较粗暴的排长所误打来的手枪子弹把我的大腿擦伤了……然而我马上便被送到××司令部去了，未扎绳子，未受迫害，受着尽量的亲切地被护送着。……”

这样的感想坂本又继续了下去……

“越过中国军的防御线而感觉意外的，便是那宛如不知道有战争似的农人们，悠然自得的，耕种着田园的光景。在苦战的中国军的后方，竟还有如此情况，这简直使我对大陆居民的伟大不能不五体投地了。到达中国军的防线时，曾被二三十个中国军围绕着，他们一见着我在地面上写的‘我是反帝国主义者。我们是兄弟也’的字句，眼内便马上泛出亲爱之情，而比着手势问我是否饥饿，把饭、鸡蛋、开水送给我。那里的连长穿着便衣，具有逼真的革命家的风度，他走来向我握手，拍着我的背膊，似乎在叫我不要担心一样。这些年轻的弟兄们的好意，更强烈地遗留在我的印象上。”

“但其间也有充满着战时气分的地方：沿河掘下的蜿蜒的散兵壕、灯火管制下的黑暗的街道。以后便到了第××集团军的司令部了，司令长官对我的逃亡很感觉高兴，参谋们也写着‘你是中国的好朋友’，而对我表示友情。”

“……在第×战区政治部，我曾提出书面的要求：为和中国一同打倒共同的敌人,把我送到后方去参加同志们所组成的日本革命组织。已经下了决心的我,还有什么别的想头呢。到桂林！于是和十位日本俘虏一同被卫兵护送着,坐起货车向桂林出发了。在南雄,也曾被充满敌意的群众投了石头,然而我毫不感觉一点奋怒。这不过是当然的事罢了。”

“在战区曾有人向我说我的希望已经送到了桂林,因之在内心上,我是期待着将有人来接我,只要一到,就能会着同志们而开始工作的。然而,不图我竟在××收容所内成了闲居之身……”

我在收容所内把这位青年发现了。他是神奈川的劳动者,而具着一种只要决了心的事,无论如何都要干下去的纯情和勇气。我感觉着:在这动乱的世界上,真是人们各自发挥着真价值的时候了。

与这相反,南部同志却是一个纯粹的“兵”。他是大场镇以来的老脚色,是一个爽快的农民。他说:“我在战场上对无辜的老百姓是亲切的,但你想,突然偷偷地在后面就是那末一下呀,所以在起初,我是恨过中国人来的。”一问,才知道他在割马草的时候,后脑部突然被扁担一下打来了。“那以后,真是优待优待。像豚一样的将四只脚缚起来抬,连走也不准下地走呢。这样一来,想来是要被杀了,但在中途却被放了下来……当地的老百姓走出来点香纸蜡烛了。大概想着我已经是死了咧。哈哈哈哈。”

“你的身体真好,简直是打都打不死的。”同志们这样佩服他,于是他又说:

“嗯,身体总算是结实的。因此,连那末一扁担都不曾被打死呢。”

樱井同志,这是生长于宫崎县的贫农。后来才到都市来当司机,不久便“出征”了。他是一行中唯一的流行歌手。

鲇川同志,这却是生长于东京的知识阶级,算是一行中的名广播员。

佐佐木同志,川崎造船所的电气职工,在军队中是通信兵。他是同志间的宝贵的技术人材,最年轻而只有二十三岁,是一个不大听话的年轻人。他霸据在附上手摇发电机的播音台旁边,玩弄着机械,边检查边感服地说:“真简单咧,这样的东西,只要有材料,我们自己来多做一点不好么。”

“吓,老兄,连这个也是整整费了两天工夫才找着的啦。”在我后面缩在外套内的廖同志,鼬鼠似的转动着眼睛,说起话来了。“化了四千元才买到的。大家都担心着这笔钱从那里开消,但因为是诸位的重要要求,我们竟独断地买下来了。……哼,谁会在钱上焦虑！那简直是无聊的事！还是工作第一呀,你说是不是,总司令！”他是我的热心的援助者,同盟的名誉会员。因为在日本过了长期的学生生活来的罢,气质完全跟日本人一样。至于与我,则完全是情投意合的朋友。他常常瞎喊我为“总司令”,而我则称他为“流氓先生”。然而,其实他是行营××处的组长，稀有的有魄力的行动家。

“这播音机据说能达到千五百公尺远。至于晚上，则两千公尺是确实的，虽然真假不得而知……”

“未接近火线之前，我们先试验一遍罢。”

我们在车上这样商议着。不久，廖同志倾过身来，稍抑压着声音，作了如次的报告：

“村上泰雄已经照着你的意思，送到××战区去了。的确，把他放到同盟内去，算是有害的。那家伙在出发之前的滥酒后的大言不惭，简直是不堪入耳。连对你也瞎骂了一顿呢……用口头和笔尖，那说得上什么革命。俘虏纵然加以组织，那……俘虏什么的，总不外钻进民家去，正在强奸的时候被捕的。咱一个人也可以指挥着中国游击队，活捉许多俘虏来给你们看……后来竟弄得把黄包车都打翻了啦，真是——”

我苦笑了。村上这人，原是标榜着“反战”而投到中国来的日本的××将校，然完全是一个性质恶劣、无自制力、只知个人往上爬而不服从集团的规律的人。我曾请求当局使其以个人的资格去参加中国的抗战。

这种英雄，傍的并不是没有。他们一样地表示着参加抗战的意志，但却只梦想着自己一人成为英雄，建立功劳。“俘虏？乌鸦终归是乌鸦，那能成为凤凰啊？”至于他自身，则完全自矜的了不得，而毫不感到他自己竟是一条“泥鳅”。

这里有为侵略主义者之故成为牺牲品而死了的许多同胞。这里有几千万的同胞们为侵略主义者之故而牺牲于国内，其次也有矢尽刀折而被俘获了的同胞，更还有几百万的同胞依然在火在线往死路上逼近。然而，在这些同胞之间，究有如何的差别呢？对这些同胞失去了希望，又怎能够对祖国和同胞的自救抱起希望来呢？说只需一个英雄来拯救祖国么？那来的话！祖国——同胞是会起来自救的。

我们热爱同胞。我们不能陷于侵略主义者们的策术，而把战死者奉祀于“靖国神社”，对“被俘获了的同胞”加以辱骂。虽然有运命和境遇之差，然只要是成了牺牲的同胞都为我们所热爱。通过这种热爱，我们竟在那些被帝国主义者与英雄们所抛弃了的不幸的士兵中，获得了许多优秀的同志。

而这些同志，也就正是我们“在华日本人民反战同盟”的勇士。

午后一时抵阳朔，在这里进午餐。

二时，再南下，迈进，又迈进。恰如我们的意志一般的卡车，笔直地继续着奔驰。在重叠着的石笋的山峰的彼面，血腥色的太阳沉下去了。广西荒野的山风刺着肌肉，扬头一看，似缺去一半的饼子似的月亮，已经升到天空来了。

六时余，到达××。有成行列的白杨树的广场。灯火热闹地点着，人们在那里做着生意。定好旅馆，出街去吃好晚饭。然而市场的灯突然灭了，人们闹杂的开始奔跑。是空袭警报。于是走出郊外的田圃。××是在低矮的丘陵上耸立起来的带异国情调的都市。建筑物在月光下灰白的浮着。桂林郊外的寒夜，见着七星岩上如丝线一般的黄色的月亮。这一切都似乎还是昨天的事呢！取表一看，正是晚上八时。在遥远的山涛的一角上，是烧草的火罢，青黑的半空，竟反映得绯红。

十二月二十六日。

黎明出发。晨风吹在皮肤上如锥刺一般。

南部同志完全爱上了那汽油桶上的“特别座”，他大大地盘脚坐着，不断地打着譚。

“我们同盟也干干游击战罢。……混进去试试如何呀。不会想到是日本人的。若是先生的话，连年龄也刚刚对呀。不要紧的。……日本军真是随随便便地杀人呢。捉到十七八岁的，‘这家伙会马上拿起枪来作战的罢’，于是乎杀掉。遇着三十左右的，‘这坏蛋摆着神妙的面孔，

放掉了就会从后面一枪打来的罢’，于是乎又杀掉。那些东西，把人的生命真没有当成怎样一回事的呀。……什么，混进去是毫不成问题的。装个中国人，说着‘让我找点事做做’去就行的。会使你烧饭的呢。哈哈哈……”

人们因为寒气而将身体卷缩着。太阳在上升的时候也是绯红的。湖面似的澄静着的大气，一片地光耀着。不久同志们便边想着战场的种种事情，边商谈着种种的计划了。

“被包围着的究有多少部队呢。不知有多少炮啦。要是晚上，大炮也不会怎样了不得。距离应紧紧逼近的好。但若遭遇了突击，就很麻烦的，还是借点兵来配备到适当的地方上好罢。”

“播音机会遇着子弹的集中的。大概，就在夜间，音响的地点也会正确的明白。一个人讲演的时候，傍的应当都离开播音机的附近。若遇着了袭击，不要发生牺牲者呀。应当把机械交与搬运兵，迅速地行动才对。……”

然而，佐佐木却仰天长啸道：

“机器便是我的兵器，无论有怎样的事，我都要抱着一道跑的。”

不久，静静地倾听着同志们的这样的会话的坂本同志，不意地断然地向我说了：

“到了第一线，把我们全部武装起来好么?”

“嗯。要作战么?”

“在必要的场合，非自卫不可呀。而且，这一次非把最后的一发留给自己不可罢。我们是断不能当反革命的军队的俘虏的。”

“那倒是不错的。”南部同志一老一实地点了头。“万一有什么事的话，那是要尽量奋斗到底，使不致有自杀的事……然而，对面也还是要尽量拼命的呀。到那时，万一把对同盟不利的事漏句把出来看看，那才不仅是一个人的不名誉呢。”

廖同志感到不错而点着头：

“不要担心。这里所有的是不够的。到了前线，武器的事是可以商量的。”

“会惊骇起来的罢，”鲇川同志边高兴着边逞着空想，“要是有一个中队左右完全走过来的话，那才会是很好的带回去的礼物啦。”

“那倒是梦想。但是纵然没有一个人走过来，也毫无失望的必要。只要慢慢地把深刻的影响在那些‘先生们’的头上栽进去就行了。”

这是同志们的说法，而我们也赞成。在开头，是不能希望怎样大的结果的。不过，我所特别感着兴趣的，还是我们的行动将在战局上表现出如何的迹印这一件事。

“怎样呢，鲇川君。从你自身的经验推测起来，觉得日本士兵们对于我们的话，可能作怎样的接受呢?”

我这样地问。鲇川正偏首推想，樱井却笑说起来：

“骂一声他妈的瞎说八道！于是就会用机关枪扫射过来的罢，哈哈哈。”

“那，将会有种种不同的。”坂本接着说。“所以，在作为一个部队而成了整体的时候，几乎是不能感到什么效果的，因为那是会被这整体统制下去的。”

“但是从影响上说，还是一样的。”这时鲇川才开口说了，“因为无论是谁，在肚子里都是感觉着真实的事的。触到痛处，马上会起反应。纵然骂骂‘王八蛋’，仍然会感到痛楚的。也许会这样怨恨的罢:真是残酷的话，嗯嗯……我懂得，怎么要说这些应当悄悄收藏起来的话呀！会起一种自己被放到砧板上任人宰割的那种心情的。特别是夜间讨厌。第一线的夜，这家伙简直是寂无人声的。要是簇黑的夜还好，因为那时是由于警戒的心增而极度紧张的。然而月亮一出，四周泛起白来的话，那就糟了。出去当步哨的时候——我也是一样，谁都说着同样的话。只要一见月亮，就要倒楣的。那时是恍恍惚惚的，这个地方——他指着自己的胸口——感觉梗塞，一股辛酸便潮涌上来了。连怀念着的家中人以及‘她’的面孔都一闪一闪的现到眼前来了呢，哈哈哈哈。月亮简直是一个禁品!”

樱井同志和坂本同志点头笑了。鲇川同志还把他的感慨继续下去:

“月光照着的晚上,嗯,人们正带着感伤心情,而内心正满想着故乡的事情,就在这样的时候,突然从山中用一种神秘莫测的声音去向他们呐喊罢。用日本话呀。哼,那才有效,会紧紧地起反应的。……对啦,这样一来的时候,军队们会完全失掉战意的。”

“怎样呀,目前是有月亮的时候么。”

廖同志屈指计算起日历来。大约是旧历的八号罢,于是又补充道:

“对了,有月亮的。”

“真是一位懵懂先生。昨晚上不是还出过月亮的么。”

关于月亮这家伙所引起的奇妙的心理影响,不知为什么,同志们仍论谈着。鲇川作补充的说明道:

“那家伙,老兄,只要被那光一照,全世界的形象看来都完全变了。在那种柔和的光线中,有恰如梦幻一般的世界,前来欺瞒你的灵魂的呀。”

太阳高照,暖和起来。在榴江吃过中饭,不久又是空袭警报。渐渐接近前线,有对天空作警戒的必要了。于是在警戒中奔驰又奔驰。恐怕那些家伙也不会注意到是我们在奔驰罢。到了××,被紧急警报挡住而停下来了。于是到田圃中去向太阳。有十二架轻轰炸机的编队,震摇着地平线飞过去了。

傍晚,在××加油。同志们一下车去吃烟,老百姓的孩子们便围拢来了。忽然其中一位留意到了同盟员的帽章,便边大声地喊叫边跑了过去。于是中国的士兵也围过来了,很稀奇的盯着我们看。不讲礼貌一点的竟俯过来审视坂本同志的胸上的同盟员章,念着“在华日本人民……”,便又回头过去告诉同伴说:“是日本人啦?”

“是俘虏?”“不是,是日本的革命同志。”“是来帮助我们抗战的,不很好么?”这似乎是司机说明的。兵士的脸上表现着惊异和亲爱之情。在这种时候,马上能与当地的人混熟起来的便是南部同志。他已经抓住了一个中国兵,不管对方的惊异而审视着他的胸章,并念道:“汽车兵团……下士……”“姓李?很好啊。”对手感觉意外似的,笑了。而南部则满身高兴:“还这样年轻就是下士了!中国的升级原来是很快的呀。常常有看来还是小孩子却已是上等兵了的。好好!好好地干罢。”他拍着对面的肩膊,这末打着闲谈。大家都笑了,而他又突然取出纸烟,塞一支到对面去:

“吃烟罢?”

“不吃烟,谢谢。”

“不要客气，不要客气！中国士兵不吃烟吗？”

受着南部袭击的年轻士兵，终于红着脸逃走了。

“从前没有这种帽章的军队通过这里么？”我玩笑似的向另一个士兵揶揄说，而他却一股正经地回答道：“没有！”同志们都笑了。我说：“那末，今后会常常来的。”

汽车兵团团长丁先生说一定要和我们谈谈，而开了一个茶会来欢迎我们。他对日本的同志们与中国人生死相共的这事，抱了非常的感激：

“中国政府是以日本的人民为友的……即在此处，已经几次地有贵国的伤兵们被送到后方去了……至于说怎样地待遇着他们，那如其由我来说，倒不若诸君到前方去亲自看的好。”

我们感谢他的好意，告别了。

午后七时到柳江。这是在中国好久不曾见过了的宽敞的街道！颇引起了好感。看来，是带了南方殖民地都市的影响的街道，似乎比桂林还远为富裕，但据说因为接近前线之故，每天受着空袭的威胁，物质也较前少得多了。——以为向南走去便没有必要而不曾准备了棉外套来，但由于朝夕的经验，我们在夜间到街上去买好了。

十二月二十七日。

午前五时出发。浮现于新霭中的石峰之群，一下就被金色照遍了的“日出”，今天也见到了。

午前八时四〇分到××，有桂林行营参谋处的邓先生及其他迎接。

“吃过饭没有？马上就叫准备罢。……有一位俘虏呢，去不去看看？”

一下车，在廖同志去向参谋处长报告的中间，我们便去看俘虏。

“就在那边。”邓先生走在前头说。

果然，在附近民房的门口，有卫兵站着，同志们似乎由于这不意的遭遇战而感觉胸中在打颤。鲇川同志显然浮着不安地微笑，小声说道：“他将会怎样地接待我们呢。”

民房第一家内面的墙边，粗陋的床上丰富地铺着稻藁，俘虏就坐在上面。像被捕获了的野兽似的不安和敌意的气色，很明显地感觉得出来。一见，还是初次经验的同志们，被这种情景之可伤悼而首先气软下来了。至于那俘虏，则翻起白眼，把这一队闯进来的访问者偷看一下，像不知自己将被怎样处分似的，羞耻，恐怖，而蜷缩着身体，把头埋下了。

“啊！受了伤么？”

说着，我逼近去看了。的确受了伤。但已经好好地治疗过，手腕是用白绷带吊着的。“不要紧么？被什么打中的？……嗯，只是手腕么？”

他显然地感觉狼狈而不知怎样回答。这些着军装的访问者究为什么而来，这样温情的话语又是为什么呢。简直是入地无门的样子。

“请放心罢。既到了这里，已经用不着担心了。啊，把我们告诉你罢。是日本人。是同胞呀。”

他不觉把带灰土色的脸抬了起来，但随又埋下去了。

“感觉奇怪罢，我们是日本的革命者。这里是有国内的人们的分遣队的。我们得了中国政府的谅解，用同胞的手来照扶你们。……怎样呢，到战地来后，你听过关于你们的事没有呢。”

半信半疑的样子，但却怕些些的照样埋头答道：“没有听见过。”

“不方便的，是无从使你们知道。但放心罢。连你也会马上知道的，中国政府并未把你们当成敌人。这次的事，不管你是在怎样想，总是日本人民所不能负责的战争。你想，这样的事再继续下去，日本将会变成怎样，人民究又会陷于怎样呢。为要把祖国拯救出来，我们才与中国交涉，这样地走进来的。不要顾虑着许多的事情罢。……嗯，伤很重么？”

除手腕外，大腿部也受了伤。据跟着来的邓先生说，大腿部上还有破片，但在此处有出血的危险，不能施手术。现在不过是移到后方医院以前的临时治疗罢了。

“是被什么打中的？”坂本问。

“是被手榴弹。”

“你的姓名呢？”我问。

“叫小山胜之介。”语尾几乎听不见的消逝了。

“小山君。是的……真遇着不幸了。”

“请你放心好了。”坂本很诚意地，像证明我的话似的说，“我们是同胞。你的心境，我们也明白。在我们的同志间，也有许多跟你同样地遇过不幸的人。在起初，谁也是感觉痛苦的。但只要明白了真象，就都恢复了精神。……你大致也是受过许多宣传来，作了许多的耽心的罢。但既然与我们会着了，就请放心好了。”

小山的眼睛润湿起来了，不久即用难于听见的声音说道：

“我只有想死而已。”

“傻气！”我笑着打消了他的话，“不要寻短见罢。要死，是随时都可以死的。喂，小山君，活着的时候，要想自己的生命是有如何重大的用才行。只要有决心，人是随时都能死的。你的父母都还健在的罢？”

“想死，嗯，”南部漏出同情的叹息，“在最初，谁都是这末想的。就是我，也起过这样的心啦。”

“要放宽怀些才行的。嗯，小山君……怎样呢，他不抽烟的么？抽一支罢。”我在他的垂着的手上，塞一支烟过去。樱井同志给他点火。而他垂着的头，更埋下去了些。

“吃得饭么，嗯？无论是什么，都尽可以不客气地向我们讲的。”

开始流着温热的眼泪，而把香烟拿到口边去了。然而由最不可抑制的哽咽的原故，竟不能吸。眼泪颗颗的流到绷带上来，坚石一样紧封着的胸口，这时才像溶雪似的缓和下来。同志们都互相望了一下。

“真是不幸。”南部叹息地说。“你是一个人被捕的么？”

“还有一个。”

“啊，那人怎样了？”

“留在前方的。怎样了，还不知道！”

邓先生说马上就会移到这边来的。

“你是步兵么？第几师团呢？”

“第五师团。”

“啊，是第五师团么？”南部像遇了亲人似的，发出惊叹声来了。“那末，算是最辛苦的一组呀！五师团的话，在战争一开始，就全是站在第一线的。我们在大场作战的时候，你们大概是在北方——”

“是的，是的！”小山不觉点头回答了。他知道我们的确是日本人！而且还是军队呀！南部的这种素朴的亲爱，马上把小山的不安解消了。据以后的随问随答来，他是岛根县人，做玻璃生意的，但也不过是到处替人装玻璃窗的职工。双亲俱在，在兄妹九人中间，他是第二，有妻子和一个孩子，弟妹等还小。这自然可以想到他的家境之苦了。被征兵之后，不久便是中日战争，而首先被送到华北去了。以后是河北、山东、……华中、汉口，全是站在第一道火线上的。部队自然牺牲甚大，于是补充又补充，最初的战友，现在几乎是没有了。汉口之战以后，一时退到青岛。回国了！回国了！然而在这种快乐的谣传中过着时间的时候，突然又被送到满洲——送去参加诺蒙坎的战争去了。

“送到诺蒙坎！啊，那末到过诺蒙坎的么！”

“那末是干过了不得的战争来的呀。”

“是打得很激烈的罢。”

同志们都你言我语地这末问。

“是的，是打得很激烈的战争。”

“怎样呢，苏联军队是很强的么？”

“很强的。我们的人真死得不少。全吃了战争的亏。……一面也听说过空军有相当的胜利，但……”

“与这次的战争比起来怎么样？”鲇川同志这样问。他答道：“啊，……那是很难说的。”

他说，昆仑关一带的山岳争夺战是非常激烈的。因为日本军既不能运重兵器，而兵站也坏，子弹不足，所以势必常常趋于白刃战的。自己的部队的联队长、中队长以下的将官们，半数以上都战死了。在被优势的中国军逐渐压迫而缩小着防御范围的劣势中，自己一小队所占据的第一线的据点——一个丘陵，便失去了与友军的联络。守过了三天三夜，但子弹缺乏了。中国军冲锋过来，战友们被打得落花流水，而自己也就在那时被手榴弹打中了。

“啊，剩下的人大致有十来个罢。后来大家似乎都从那里逃走了。”

“是的。没有子弹补充的话……”

南部同志很表赞同似的这末附和着。

我们又回到诺蒙坎以后如何的质问来。据说，诺蒙坎以后，的确是要回国的了。而实际上也还坐了船，一次回到了宇品港。只有等待上岸的命令。突然，命令来了，然而却不是上岸，而又是向着华南出动。

“真有这样的事么？”

鲇川同志发出了惊叹的声音。人们彼此相视着，一时简直说不出适当的话来。潜然地，一股涌来的愤怒和同情，从同志们的胸上迸发出来了。

“真干得残酷！……是进了宇品港的？”

“真没有把军队当成活物啦！”

“其实，很早以前就应当退伍的了，已经回到眼前就是故乡的山的地方来……那，你想，谁还有作战的心呢！”

小山埋着头，抽噎的说：

“队里的人一时也大失所望而骚扰起来了……都说再也不愿打仗了。”

“那当然。”南部叹息地说，“谁都会想念起父母兄弟来的。就是一个兵，也是有父母、有兄弟的啦。”

“双亲都还健康么？”坂本问。

“还在。”

“常常来信么？”南部问。

“嗯。……到了这边以后。……但在未回到宇品港以前，父亲来过信，上面说:听说要凯旋了,大家都等着的。"

同志们叹气了。小山则依然垂着头,但不意的忽然记起了另一位战友来,说道:

"……那一位也是负了伤的,名字叫永沼三郎……"

"好的。我们会调查,请放心罢。"

于是,他表示感谢,又默然的把眼伏下。

参谋处通知饭准备好了。邓先生催促先吃过饭再来谈。小山这里也端饭来了。我看了看饭盆,心里感觉到待遇的很好。

"那末,小山君,请吃饭罢。"我说。"我们马上又会来的。如何呢,能够吃么?首先得把身体弄好。已经用不着耽心了。跟着就会把同志们办的报纸带来的,请看一看罢,那或许能够知道一些事情。不要想死的事了,如果知道父母兄弟们也是辛苦得要死的话,那在活着的时候,就应当想好好的活路。是不是?把纸烟和火柴放在这里罢。"

小山表示感悟,只忍着眼泪,深深地点了点头。

于是走出民房。南部同志叹息地说:"在最初的时候,谁也是那样的心境呢!"

坂本同志则温和地浮着放下了心的微笑,低声说道:"想不到俘虏教育还是在前线作的好啦。哈哈哈哈……以为刚被捕获的人是兴奋的,……但反而是未沾染收容所的腐败空气以前的好呀。"

"当然的。那是还没有被到处摆弄过啦。"

"哭了呢。"樱井同志说。声音是当时的感动还未消逝的声音。"简直没有想到在这里会遇着同胞。"

这时邓先生压低着声音同我们商量道:"其实,另一位名长沼的人,已经是死了的。还是不要让小山知道,免得他耽心的好罢。"

进餐。廖同志已经回来了,他说:吴处长想能马上晤面,饭后便去会谈。于是我叫同志们再去和小山谈谈,想把日本军第一线的情况尽量详尽地探听出来。

吴参谋处长是我们同盟,特别是为其先锋的西南支部的诞生父母。饭后,我便托廖同志打好电话,马上前去会他。处长很高兴,他向廖同志探问大家的宿舍、饭食等是否已准备好,并以照例的极沉着的热情,听着廖同志的关于同盟的详细的报告。

"是你所看中的同志,我相信一定能做出很好的工作来。"他这末勉励着。

"究竟有多少日本军的俘虏呢?"

"嗯,不会有很多的。在军部那面,似乎多少有些,……跟着打电话调查一下罢。这边来了一个……已经会着了么?"

"啊,那个,已经会过了。"

处长露着事情真快的脸色,笑了。

于是我探问前线的模样,并贡献意见说:我们的宣传,尽可能的在有少数部队被包围着的地点举行才易奏效,部队愈大,则其统制的力量也就愈发生阻碍力。处长同意了,并说马上把适当的地方调查好后通知我们。

"会过参谋长了么?"他问。

"还没有。"

"那末,可以去会谈一下。一块儿去罢。"

于是,便随着吴处长马上去会了林参谋长。

林参谋长,他与吴处长一样,同是我们同盟的父母。与平常一样,他以极谨严的态度接待着我们。在热心地听过了关于同盟的种种经纬之后,于谈话的一节中,边与处长一同苦笑,边说了如次的话:

"请把这一点好好地同同志诸君说明罢。中国是很复杂的,有时中间也有不理解日本革命的事的人。但总会慢慢地理解起来的,请不必把这挂在心上。至于我们,则是这样想着的,中国与你们的关系是:中国援助日本的人民革命,日本的同志援助中国的抗战。我们是毫没有利用诸君的心意的。"

我深深地对林参谋长表示了敬意。不用说,这些长官们的心意我是知道的。然而由这话而使我更痛感着的是——在这战局上,同盟一定能做出很好的工作来。

是晴朗的午后。访问的归途,远近的农家,一团一团的,睡眠似的,浴晒着太阳。大猪带起小猪散步。这也是在打仗么,这沉静几乎使我不可思议的这样想。

"好一点的宿舍,听说已经没有了呢。"廖同志边走边这末说。"没有办法,就在农家的角落上一道睡罢。但吴处长说这对先生是失礼的,在离此二华里处有一家××公司,叫把你引导那边去呢。"

"我一个人么,"我感觉惶恐而谢绝了,"还是我们大家一同睡罢。请把这意见转达吴处长好了。"

无论是吴处长或林参谋长,不是一见都是过着朴素的野战生活的么!我亲自看到的。战争仍然是有的。谁都在继续着战争。……这不是别的事。我们也仍是来打仗的呀!

刚回到参谋处时,小山正被移到旁边的医务局来,在举行手术。

同志们，邓、林两先生围绕着。

“嗯，这里还有一颗子弹。这……是未打穿的（盲贯）……呀！”南部同志不断地注视，并这末说着。手术完结，南部与樱井两同志帮助担架，把小山抬走了。邓先生真是一位善良人。他边目送着边说道：“真可怜啦，受了那样的伤。把一个并不是愿意打仗的人……但是，我们是尽量留心优待的。就是伤的医治，也总是比中国兵还先医治的。”

这，我也知道。近来，前线的状态完全变了。汽车兵团的丁团长也说过“请亲自去看”的话的啦。

我和坂本同志、鲇川同志一同走到农家前面的广场上来晒太阳。

“在先生的不在中间，和小山谈过话来。相当地明了了许多情况。”鲇川同志开始说。

据说，在第一线上的日本军约一联队左右。其他，到南宁的各据点上虽有多少配备，但也没有多少兵力。南宁设有野战病院，想来是有师团在。海岸方面约有一师团以上的兵力，也有重兵器，然因交通关系，并未到第一线来。所以第一线上只不过有迫击炮、联队炮、坦克车炮之类。

“但是小山来后，已经过了三天了。是否有援兵增加，是无从知道的呀！”坂本说。

“无论如何，日本方面总算是相当苦战的。这很有味。要干就是目前。若不早点去，到了日本军真无出路时，那会干起冲锋和切腹自杀一套来的……那是照例的文章呀。”鲇川同志叹息地这末说。

“赶快罢。”我赞同了。

南部、樱井两同志也来了。真是好天气。猪仔一家发出奇声，在泥土中滚呀转的。

“佐佐木君在做什么呀？”

“他说要和廖先生一道试验一下播音机，在弄机器呢。”

坂本同志见着一匹大猪呼动着鼻尖走近脚边，便一面赶一面笑说道：

“这一带的猪真骇人。说来很肮脏，先一阵在土角上解大便，那家伙便到傍边来等着。一掉下去，很快便伸过嘴来吃了呀。真是！哈哈哈哈。”

同志们一同大笑了。南部说，这一带的猪的营养可算丰富了，因为军队一扎上两三天，四周便是一片“黄金”。

“真的。住上一个大队看看。一天一人一堆，便会堆成一座山，连站处都会没有的。”

廖同志和佐佐木同志把播音机给勤务兵运搬着过来了。

“喂，有什么好笑的？现在我们来试验机器呀。”

“好的。”于是我们集合起来了。佐佐木同志把机器装配起来。廖同志对机器的有味而热中着，时时像被玩具夺取了兴趣的小孩似的，伸出手摸呀弄的。同时，不知从那里来的，为着这稀奇的宝贝，人们竟山也似的堆集起来了。其中还有军事机关的公务员、勤务兵，甚至从农人到猪。他们紧紧地包围看我们。推开这些，佐佐木同志抱起放音箱，到前面××公尺郁苍的展开着枝桠的榕树上去安置起来。

“喂，把正面让开。”

真是些麻烦的看热闹的人。不退开便去推，然而一回头便又塞拢来了。

于是又去推。但推来推去，也总是一样。手摇发电机一叽呀叽的响动起来，“看官们”更起了拼命的好奇心，紧紧缩小包围圈，几乎弄得气也透不过来。

“喂，这些先生们，不能想个办法么？”

我苦笑着，回过头去看看廖同志。其实也真无办法。太过于去推排，对面反而现出一种“我们也还不是想看，尽那末推呀挤的干吗”的发怒的面孔。

“开始罢。南部同志！樱井同志！穿过公路，跑到对面小山脚下去罢！”

到小山脚下，眼看有五百公尺。于是两人像回家似的跑去，一下就见不着影子了。廖同志真高兴得很，他发挥起顽皮孩子的本领，把扩声器放到正面前，“抗战将士各位！抗战将士各位！”的干起演说来。于是从榕树上，有一种奇怪的大声，向着前方的丘陵，打也似的返响过去。

我、坂本、鲇川、佐佐木□□都逐一的把声音试验过了。

“南部同志！樱井同志！怎样呢，听得见么？听见的话，即刻回来罢！回来！听见的话，就回来！”

几分钟内，两个人喘着气跑回来了。

“真好极了！听得一清二楚的！”还在跑着，樱井同志使这样报告了。

“先生的声音，稍有嗡呀嗡的杂音渗进来了。鲇川君的最成功。清清楚楚的，真像一个播音专家。”

把距离扩到千公尺左右，重试一遍。这次，坂本和鲇川跑去了。不久，他们抱着千公尺以上都尽能成功的报告回来了。

试验完结。晚间决定再试验。回到准备好了的宿舍来。午后六时，吴参谋处长招宴。

刚要起身，邓先生却来了，样子似感觉有困难。

“请去同小山讲一讲罢。其实，今晚上就要把他送到后方医院去的，但他却说愿意住在这里，不想走呢。跟他说这边不能够治疗，他说死也不要紧，总是愿意留在这里。似乎很耽心,因为他说等大家回头的时候再把他带去。"

不待问大家,鲇川同志已受了感动,说一声"马上去",便先走了。于是我们也跟着去。

小山依然在那床上垂着头,悲戚的坐着。

"到后方去罢,小山君。在这边是没有治疗的设备的。请保重自己的身体罢。目前你那伤是最重要的。到桂林去,那里也有我们的同志们。把那些同志介绍与你。他们一定会照拂你的。"

被这样劝谕后,小山显然也不能反对,样子只是要哭。不久,他才带着细微的哭声说他的伤很痛,一动就是出血,显然是不能够走拢的。

"真糟啦……简直不能忍耐么?"

"嗯。这样的伤,要移动的话,勉强,也可说是太勉强了点。"南部说。

"但,在这里,也没有治疗的方法呀。那只有等着伤口变坏罢了。喂,小山君,去罢。还是马上到医院去的好些。"

邓先生也拼命地从旁劝说,于是我便向他交涉,希望能将车头上不大震动的地方让出来给小山坐。

"小山君,忍耐一晚上的痛苦罢。早点医治,把身体弄健康了的好。这里有我的名片。上面写着的住所,就是同志们住的地方。到了桂林,便马上托人与他们取得连络好了。是不是?在路上用不着耽心。我们会拜托妥当的。"

"真是抱歉得很,但此外也没有别的办法。"

"去罢,小山君。拿出勇气来罢。"坂本同志边注视他的面孔,边这样激励。小山君已经不反抗了,只是用指头拭着眼泪,点头承认了。我和坂本同志各在名片上把林大佐和同志们的通信处写好后递在他手上。在衣袋内,并给他放好了纸烟、火柴和零用钱。他依然低着头,悲戚地流眼泪。南部同志不知到什么地方去了,见不着影子,但到看着他回来时,手上竟拿了些鸡蛋。

"出血的时候,据说把蛋青[清]涂上便好些的。"

人们催促他说车已经准备好。鲇川和南部两同志扶着小山出来,把他坐在车上。廖同志也来了,他把负伤者好好地拜托与车的指挥人。

我向同车的一位年青宪兵问道:"你也是到桂林的么?"于是他取一个立正的姿势回答,说:"是的。""请你帮忙他,好吧?""好的!"他这样回答,敬了个礼。

车出动了。夜间的黝暗已经降了下来。

"能够支持走到么?"鲇川暗然地说。

"支持是尽能够的。我们在战场上还常常见着抬过伤更重的人呢!"

关于这点,在我们中间,南部同志算是最丰富的体验者。我对于他的这断定，微微感着了点慰安，并想像着卡车每一摇动而来的刺骨的苦痛，不觉对战争的残酷而感到心痛了。

“啊，已经很晚了。走罢。”廖同志这末催促。

在民房内设备好了的招待所中，吴处长已经在等着我们，他高兴地说着“诸君，真劳驾了”，并一一地与我们握了手。过惯了长官阁下与士兵间连拜见的光荣也不易得的日本军队习惯的南部同志们，对这种亲热之深，感觉着惊异，很惶恐地坐了下来。

“吓！那就是中将阁下么？真是好人啦！”

在月下的归途上，带着沉醉的气分，南部同志完全感服的这样说。

播音机的夜间试验，判明千五百公尺是确实的。

十二月二十八日。

在与屋顶无异的农家的二楼上醒过来。搭起梯子上下，也算风流，而厚厚地堆起藁草，上面盖起被盖睡，也比旅馆的床铺还暖。

到参谋处去了的廖同志回来说决定本日午后五时出动。终于到火线了！行装是简单的。把准备来的宣传单分配起来，一部份放在行李内，剩下的全部则委托空军，使其在我们开始工作的前后，撒于日本军的后方。在空袭警报中，同志们就那末散布于附近的草原上，不断地考究着演说的原稿。

“先生，我想不用说大道理，就把我自己过去的经验，照样地说一说，你以为怎样？偶然说一点这样的话，不也是好的么？”

南部同志照例伏在草上，咯呀咯的转动着铅笔，这末说。

我向吴处长道了别。

终于出发。卷起尘烟，我们的卡车向旷野中突进。爽意的微笑自然地涌了上来。同志们望着尘土中焰也似的燃烧着的西倾的落日，高声地合唱了同盟歌。

> 铁的意志贯岩石，不贯焉能止。
> 我们才是狼烟烽火，革命的先锋队。

暗夜降来，走进宾阳城。是无一灯火的死的市街。只是在进口的十字街头，有一簇露店的油灯丛集，寒伧的卖着面、纸烟、橘柑、甘蔗之类。是怎样一些细小的人影呀！而说到这些仅有的买主，却又尽都是军队，大致由于心理作用罢，人们似乎畏惧着什么，连声音都不敢发出一样。战场更近了。停下车来，在露天的面铺子内装满了肚子，买好纸烟、水果，又坐上车子。

“啊，空袭过的，炸成了这个样子。”坂本同志说。

黑暗中，兀立着的阴惨的建筑物的残骸，一闪就在后面消逝了。

大致已经连大炮的声音都可以听得着了罢，我紧张着耳朵，注视着前方。无论怎样，走走，都是无人的暗夜。月亮还没有出来。只有几辆军用卡车的灯头，在黑暗的旷野和半空中，交错着阴惨的光芒的放射。

“有军队开去。”鲇川同志这样唤起我们的注意。一看，我们的卡车，是在蜿蜒的、永无限际的中国军队的纵列的傍边，追过又追过的继续奔驰着。增援！增援！大约是相当多的部队。大家都走向战场！都是去拼命的！为什么呢？为民族的自由解放！默默的，连声音都没有一点，那纵队继续着前进。

午后九时。似乎终于走进了警戒线内，卡车时时被步哨命令了停车。

“军司令部也通知过的，应当是有接的人来，待我去借一下军用电话罢。”说着，廖同志便使大家等着，自己下车到哨兵所去了。但很久都不见回来，也许是哨兵所无电话。

过了半点钟，廖同志才回来了。

“嗨，真远。就在前面。接的人已经来了。马上去罢。”

卡车转动，不久便又停下。到了，第×军的戴参谋在黑暗的路傍迎接着我们。据说他是在日本学习过的炮兵士官，日本话并不怎样好，但那温和的知识份子型的谨严，一下便使我亲近起来。

跟着戴参谋走入山道。沿途受着黑暗中的鼻尖前叫来的“口令”的严厉的呼喊的威胁，边想着这真是没有引导者不能行走，不久便到了军司令部的招待所。

“还不曾用饭罢。马上可以准备的。今天也许疲倦了，暂为休息一下好么？”

但我们回答说：饭是吃过的，也充分休息过；只要有好的条件，很想马上就开始工作。勤务兵很下细地连洗脸水都端来了。我性急地质问了一下战况和地形如何。于是戴参谋在同志们的包围中，画着略图，作了如次的说明：前方昆仑关，约有两个大队的敌人被包围着。防御范围是东西二千公尺，南北六千公尺。由于几天来的激战，实数大约已经不出一个大队了。

“日本军的炮兵阵地是在什么地点呢？”鲇川同志问。

但据说炮几乎不成问题。虽有野炮四门，坦克车炮二门，但子弹缺乏，竟是白天用飞机补充的状态。山峡的进口上安置着坦克车炮，以防御中国军的坦克车攻击。重兵器，此外再没有了。野炮的一部分，在几天前退却时抛弃了。

“这可奇怪了。究竟是什么意思抛弃了走的呢？二千公尺和六千公尺，是还具有相当长的抵抗力的。这，虽然说包围，也还算是远远的包抄，战争还是在这以后。”

南部同志偏首思索着。在后方听说时，原是被截断了的一百或二百名左右的部队成了瓮中之鳖了的。但日本军还在以公路为中心的几个丘陵上，保持着据点。

“要制日本军的死命……例如使山峡进口的炮陷于无力的话，要冲那一个据点才好呢?”

对坂本同志的这质问，戴同志只偏偏颈项，露出难于置答的笑颜。总之，仅据情报，是不能详知的，于是决定亲自前去看察一次。据说，除武器外，还有日记及其他文献之类的俘虏，于是把污脏的太阳旗包着的许多战利品拿来了。展开一看，真有味，都是很好的资料。但我们决定明天再慢慢地检察。

说吃过了的，但饭又来了。因为菜很好，也想着横竖今晚是通宵，便决定装好肚子，同志们都抖擞起精神，吃了起来。其中最年轻的佐佐木同志，因出发以来都是吃馆子的饭和受人招待等的不断的宴会，竟完全爱上了饭而豪餐起来。至于我，倒暗暗里耽心着同志诸君们会把肚子弄坏。

车准备好了的报告。今天仅止于地形的观测罢；不，只要有好地方，便马上干一下如何呢；不用着急，细工还多着呢；商量一定，便决心不把播音机器带去。

“会吃子弹的。”鲇川同志望着面孔，浮起紧张的微笑说。“好，让我们来拜见一下昔日战友的伎俩罢。”

“我还是第一次的经验啦。把头缩下去都不要笑出声来罢。”

我这样一说，南部同志露出很觉意外的脸孔，说：

“还是第一次?……啊?那……是不错的。在最初的时候，谁也会对子弹胆怯的。但不要紧，马上会习惯起来的。只要留心，便不会中的。一听到枪声，不管什么地方，一下就卧下去好了。到不打时，又敏捷地动作起来就行的。日本军的子弹打得很低，所以要尽量蜷下腰干才对。我已经是与子弹成为朋友了呀……”

“到了听不着子弹声，便感觉寂寞的境地了罢。哈哈哈哈。”坂本笑了。

“对步枪和机关枪总算是相当习惯了的，但一被大炮集中起来，还是麻烦的呀。”一看，这是鲇川在说。

“那儿的话，大炮什么的，只要最初一发打来之后，后面的便要不了什么紧。这，我是有自信的。顶讨厌的，倒是手榴弹罢。那简直不知道向那里飞来呀……但是，夜间总不致怎样打大炮的，放心好了。”

这一来，南部同志完全奋勇极了，而坂本同志则沉着的、微微的笑着。

在出发时，大家紧密地商议了——我们这一队是规律第一，要是吃亏的话，那就露丑态了。把口令决定了来罢，行动要如声响一般的敏捷。

走出外面，星空冷冷的在屏息着的黝暗的乱山上展开着。真静寂。濡湿的降了露的地面，感觉得要浸透过鞋底似的。

我们走出了公路。黑暗中，一辆附有傍厢的机器脚踏车等着。在山谷的静寂中，低微的人声，不安似的响着。戴参谋在叱责司机生——就只是这末一部么？于是，一个兵跑去叫车。但却又久不回来。没有办法。这才决定先送走三人，车再回来，廖同志、南部同志和我便先走了。

穿着夜风，熄灭着头灯，三轮车跑过了山峡。世界如只有我们的车是马达声响似的，寂寥无语。行程十五分。峡谷稍宽起来。前方看见一座高山，据说那下面就是昆仑关。突然，一声震耳的轰音把四壁都震动得打颤，背脊上吃了一下恐怖的打击。

“真是在意外的地方打起来了。这是山炮，大约是十五生的左右的东西罢。”南部同志在耳旁这样告诉我。

不久，又是一炮。黑蓝色的紧张透了的星空，纸也似的锐利地撕破了。车继续疾驰，不久，就在低丘陵的荫中，被黑暗包围着的稍大一点的房子前面停下来了。据说只能走到这里。下车一看，在丘陵的彼面，煎豆似的小枪的射击，很清晰的听得出来。哒哒哒哒哒，机关枪的声音也在其中断续着。

我看见了，有几辆车都停在那里，一队士兵在黑暗中，或蹲或立的，默默地捏着枪干，大约是等待着命令。最后一口纸烟的光亮，这里那里闪着。是心理使然罢，在那默无声息的一群上，感觉有一股杀气腾腾似的。

“不致不远。啊，那是捷克枪呢。这丘陵的对面，仿佛就是中国军的第一线。”南部同志说。

廖同志在观看着周围。不久，便走进门边，捉住卫兵，在问什么。

“去罢！”

于是，我们跟在后面，走进门内。中间，一个庭园被右手的黑屋和栈房似的两栋侧屋包围着。在栈房中，兵士们铺起藁草，像乱丢着似的，三三五五的睡着。在黑屋的荫暗处，几个兵在烧起火，用大铁锅煮稀饭。

廖同志走近火边，问：你们是那一师的？

“是湖南。啊，湖南什么地方呢？……那末，这部队里湖南人很多罢。对了。我么？我也是湖南的。××啦。”

这就是同乡的亲热。士兵们让开座，叫我和南部也去向火。随着夜的加深，冷气紧紧地浸人。

依然留着一定的间隔，两门野炮从后面打着，子弹似乎从我们头上经过，房子抖呀抖的，发出异样的震动。步枪声在这里是微弱了。无言的静寂，然而是不安的静寂。在弹道跑着的澄清的星空下，只有焚火的光焰，很像现出一种余裕来。

南部同志说要去大便。一个人去恐要弄出岔子来，但是要出来的东西是没有办法的，还是留心地去罢。于是他向房子的背后去了。正在等着的时候，他回来了。

“先生！请来看一看！”他低声地说。

“什么事？”

“来看一下罢，在干呢。”

我赶快去了。廖同志也跟着。

“真的！”走出后门，我不觉喊出呻吟似的声音。原来一没有了房子的障碍，战争激烈的声响，一下便开始打击起耳鼓来。看去，前方有一座三公里—五公里的极宽的山峦，而山的一面，正一亮一亮的发着火。中有火花似的燃灭，也时时有大的火花闪呀闪的发光。不久，在小枪声中，有咯呀咯的低音的轰响传来。

“真是壮观啦！这个……嗯。”

“听得出来么，先生？是上面与下面互打着的：那种奇妙的带金属性的声音，是中国军的捷克枪。被那家伙集中起来，真是讨厌的，因为那像在空间里有一种钢线似的洪流奔流过来一样。”

到了战争的事上，他便热狂起来，样子似摩拳擦掌的，想干得很，一种一种的音响的差别，他都热心地告诉给我。那咚呀咚的响着的，似乎是山炮。迫击炮的音响则更要钝重些，你看，你看，现在打起来了，那是日本军的重机关枪哪，山当中的，你看，像碎了似的散着的火，那很像是手榴弹，等等。

“就是包围着那座山的么。如果是，那还差得远哪。为什么追到那样高山上去了呢。那是难于攻下的。白天用飞机补充着粮食和子弹，守着那样宽的山的话，那还很费事的。应当设法占领右手那凸出的地带，渐次渐次追下山谷中来才行呀。”

点点头，像夺去了魂似的廖同志，突然现出顽皮孩子的面孔，慨叹地说道：“真好看啦！”

散放着闪火的山。地狱般的美丽。闪呀亮的，火花继续着燃灭。然而，在雄大的星空的沉默下，这一切又是显得如何的渺小啊！震耳欲聋似的，中国军的野炮弹从头上飞过了。

回到烧火的地方来，我们等待后面的同志。死的闪光，使我们焦燥起来。然而，无论怎样等，第二回的车都没有来的样子。

“是怎么一回事呀？”

拿出表来一看，是午前零时半。

等得不可忍耐，我便走出门外来。而偶然地，竟在门前把正在寻找着廖同志的戴参谋碰着了。大家都到了。他们早就在寻找着我们，但没有找到。军长来视察战况，大家便随着到了左面的高地。据说已经把情况都看过来了啦。

廖同志和南部同志也来了。“向军长介绍一下罢。”说着，戴参谋便开头走去，恰巧××军×军长及其幕僚们从坡路的公路上走下来了。于是，军长很亲热地握住我的手，说道：

“真辛苦了。对于诸位的热情，我是极感佩的。”

我们与军长分别过后，为能再向前进计，便拜托了××师派一个引导人与我们。

引导人久不来。于是爬上坡去，在公路傍的丘陵的草上休息。草上已经是露滴滴的了。

“瞌睡来了，暂且躺一下罢。”

樱井同志在草上睡下，鲇川也躺下了。在眼前的高山上，依然是不断的闪光继续燃灭着。我们用手掌遮住火影，抽起烟来等着。

午前一时半。

从小松盘绕着的丘陵上，突然现出人影，走近我们来。戴参谋发声问了。

这原来就是从××师参谋处派来作引导的将官。

好，到火的山去。等待的疲劳，一下就飞了。前进！像要看看侵略者的伎俩似的。

在公路上笔直趋向山头。默默的前进。人影没有断。但只有我们一群的皮鞋声嚓呀嚓的，像一种秘密的话语似的返响着。

看起来，地形是以公路为中心，两侧马上就是低矮的丘陵，而这丘陵时而接近，时而分开，而在分开时，在中间包围着细小的盆地，成为一脉奔驰着。这些丘陵中的一个突起，微微的横亘在前面，而火花的山，则在前方远为高高的，在夜空中耸立着，比想像的还远。

南部同志所说的“那对面便像是中国军第一线”的那丘陵，从右面过去了。然而，那里仍然是无人的山谷，枪声依然是那样的距离，退到前方去了。

走到盆地了。有小河在流，有假桥搭着。桥边有一栋民房。前面薄暗中，群集着军队。一看，原是一所临时医院。担架稀落地运来。房的前庭，负伤的兵们杂乱地躺着，有的还躺在担架上，有的则像土囊似的，长伸着脚，已经不能动了，而在这中间，则有几个卫生兵辛苦地工作着。血的气味，呻唤的声音，“嗳呀……嗳呀……”的低弱的诉着痛苦的声音，在那里面听得出来。

我栗然地胸被打动了。然而随着大家无言的走过，边走过，边不觉暗暗里对那作引导的将官之坦然走着的状态充心佩服了。

这原是当然的事啦！我反省了。这是战争。所谓流尽民族最后的一滴血，决不是空话。无名的英雄们，我们完成了使命。然而，……为最高的目的，坦然地望着多数士兵的死这事，是需要如何伟大的勇气的呀！跨过小河，便是遮断了前方的丘陵的麓脚。火花的山麓下，敌人的弹道的死角，枪声突然被遮断而低弱下去了。丘陵的边角的赤土的缺口，据说几日前日本军是进到这里来过。赤土上还有机关枪阵地的痕迹，附近的草的焦痕还是黑的。

沿着丘陵的脚底前进。一走过，便是从两军的对射上无遮蔽的平原。

“最后抽一支再去罢。”

由鲇川同志的提议，便躲在山脚下，点起烟来。在黑暗中，担架通过了。而伤兵们则拖着滴血的脚，由公路上走回来。

走出坡来了。这回，枪声一下便从附近传过来。不要上当呀……我们从左边看着火花的山，横过正对面的田圃，在黑暗中的阡陌上，向对面的丘陵前进。不久，又走入丘陵上的屋背后，沿着沟谷，走上了被松树遮蔽着的公路的右侧的丘陵。

口令！已经走到了。

第××团本部。虽这样说，也不过是近山顶的黑暗的松林中罢了。团长非常高兴的迎接着我们。真想不到在半夜上，还有到这末一个地方来的远来的访问者罢！一看表，已经是午前二时了。

“怎样的话，就在这里过夜罢。很欢迎的。饭用不着担心。那里的话，没有危险什么的……飞机么？那倒是整天擦着头上飞的，但投弹的事是不会有的。在树荫下睡着，那能被看见啦。”

真是骇人的保证！廖同志高兴而奋勇起来，说明晚把被盖也带来罢。而我，则对这豪爽的军人的亲切的提议搔着脑袋，说白天横竖没有工作的机会，便推谢了。

“那末，便引导一下罢。”

说着，团长便轻快地站起来，开始走上山顶去。脚下，兵士们盖起毡子，贪恋着露营的梦。

成为展望台的山顶。矮矮的,薄暗中的一株松树。走到下面,团长几乎要说出看罢看罢的话来似的,回顾着我们。一下,火花和轰音的战场的全景,都收进我们的视野中来了。

“呀——”南部同志对我回头过来,“先生,刚才流弹从头上飞过了呢。”

我没有留意到。而团长则并不管这一切,开始说明起来。

“前方见着的高山,散放着火花,那是六五高地。”

“从高地的山顶下来,两侧各有小山成为瘤状。左侧的一瘤,你看,现在吐出火来了,那是山炮,这阵地昨日已归我军之手了。因之,现在对面那山的全体,都在我军掌握中了。”(那末,我们算是猜错了。并非是包围着山,而是占据着山的中国军在向下打。)

“我们面前看着的那黑耸耸的近山,那是六〇高地。是今天自己的部队才夺过来的。山顶上有四百多名我军的第一线把守着。山的对面,连山麓一道的五〇〇公尺的左右,都见不着一个敌影,山中还有两军的尸体未检,满面都是血腥气。那方面是静寂的,射击的声音,现在已听不着了。”

公路恰恰从六五高地与六〇高地间的狭窄的平地上走过。这公路的两侧,有日本军盘据着,即日本军是从两侧的山上被俯瞰着的。

此外,在六五高地的右手,前面说过的山炮阵地的一瘤下面,有三个低矮的丘陵,成了日本军的据点。从本日午后三时起,便开始了对这里的攻击,预定在本日内就要加以占领的。而目前激烈的战斗也就是因为这个,如这里一攻下,则日本军就完全被迫到低地中去的。

在干!在干!我们先一阵所目击的,就是这低丘和高山的战斗。山上的优势的火力,猛烈地向低丘打去。而从下面,则哒哒哒哒的,用重机关枪回击。于是从反对一面,从右手的丘陵上,似乎也有中国军夹击着。捷克枪简直得手了似的,开始送着钢线的洪流。而山炮也得着了势子,咚呀咚的打下去。现在是必死的日本军的抵抗。

不错,这样的话,不仅不是“还差得远”。日本军简直成了袋中之鼠了。

团长完全得意起来,开始谈着几天来六〇高地夺取的战绩。

“六〇高地的日本军真顽强地抵抗过哪。最初,我们是从山下攻去的,但牺牲甚多,简直无效。”他指着耸立着的暗山说。这是隔着我们脚下的沟谷的手也能指到的地方。我们站着的丘陵,是公路这面的同山脉的突起,如两腕似的,抱着沟谷。团长的指头,突又转到连结着两丘的本山,说道:“后来才变更战术,把有力的部队迂回到这后面的连结地的高地上去。这末,从上面加以压力,才终于赶下山来了。……已经不要紧了。再已没有反攻一步的力量了哪。”

团长这样说完后，便昂然地望着天空。我想像着那恐怖的格斗。而吮吸了大量血液的黑山，则保守着可怕的沉默。

“嗯，这是日本军的苦战了。”鲇川同志，呻吟似的说。“这末一来，将拿出怎样的一套来呢，那后面才是好看的一幕呀。”

“什么，没有办法了。但为何中国军不加以歼灭呢？已经成了这样，便不断用野炮打去，一鼓而进，那便完事了的。用同样的调子慢慢包围起去的话，那会乘隙逃脱的呀。”

南部同志简直卷袖欲试的，这末说了。

但是，这时佐佐木同志则演着一套麻烦的丢人事。他的大便来了，等不到团长的说明完结，便跑进附近的灌木丛中，蹲下去了。真是，大家都爱拉大便。简直是豪餐的好报应。先一阵在行军的途中，不知是谁也曾使大家久等过哪。

“喂，干什么，在别人的脑壳上！妈的个屁！滚开！”

真糟，盖起灰色毛毡露宿着的中国兵竟没有被他看见。滚开，不滚么！但是，这面正在解着，简直连动也不能动。马上就要动武似的了。我心惴惴的，轻轻拜托廖同志，叫他去说好话。

团长注意到了，他斥责了那兵，但兵不服地辩解着。“不要多说！”就又这末被劈头地责骂了。我简直觉得对团长对士兵都抱愧。

“算了罢——”我对走回来的佐佐木同志说。“留心脚下呀。你把肚子弄坏了么？”

“倒也不是……只是多吃了一点，总是那末常常地要出来。”

解了过后，孩子似的，带着舒服的面孔，他这末说了。

观察完结。是绝好的条件。高地既然在我们手上，那便到处都是工作的据点。

午前三时。我们厚厚地谢了团长的亲切，照着原路回来。到了军司令部的招待所时，东方已经微微发白了。吃过早饭。为躲避空袭，把毛毡拿到山中去露营。

十二月二十九日。

轰炸机的三架编队无豫告地出现头上。刚以为过去了，却又飞了回来，简直无终结似的。但由于战场意识的作用罢，一点也不感觉危险。在竹林中，望着那一碧无际的天空间的叶子籁籁作响，不知在什么时候便睡去了。

醒来已是午前十一时。大致由地上湿气所致，头颇感沉重。这时，不意中，从附近竹丛中向[响]来了年轻的少女们的合唱声音：

“你在前面打，我在后面帮……”

…………

有男子声，拍手，热闹的笑，有女子在要求。于是男声唱起来了。一点儿也不错，是樱井歌手的日本流行歌。一种会心微笑的感情流上心头，我不觉站了起来，慢慢地寻着声音走进林中。

"鹿地先生！"

亲热极了的少女的声音招呼我。

男神女神的一群，在樟树阴下的草地上坐成一团——廖同志在，队员同志们也在。这是广西学生军的女学生和男学生们。待我走到傍边，一个长着一对野猫似的眼睛的、很灵巧的女子笑声说道：

"鹿地先生，睡醒了么？"

待廖同志问她：已经认得了么！她便说："自然是认识的，去年十二月到我们那里去讲演过的呀。"

"不错不错，你们是学生军罢。啊，对的——那时你还打过瞌睡的。"

"笑话，笑话！"——大家热闹地笑了。

"先生，听说你们昨天要来，大家都高兴得很。我们还到公路上去迎接过的哪。把我们等了大半天。"

"那真对不起。你们在这里有些什么工作呢？"

"各种各样都有。中央军的士兵们是不懂本地话的，所以在许多地方，都要我们去作翻译，去照拂他们的。"

"啊，那好极了。……跟我们一路去打仗好么？"

"带我们去罢！带我们去罢！"

"子弹会嗤互嗤的飞来的。不怕么？"

"我们不怕！我们不怕！"

我点头笑了。待廖同志说出"那么，我们便一块儿去罢"的话时，她们便一老一实的，开始商量起时间来了。

"喂，喂，学生同志们！唱罢唱罢。昨天鹿地先生使你们等了大半天，现在应当罚他唱了！"

经顽皮孩子的廖同志这末一煽动，果然女学生们皆大欢喜，拍起手来。

午后四时。——今天第一回工作出动。提早吃完了饭。

吃饭的时候，廖同志很客气地给了一个忠告说："在中国，还残留着旧的形式上的礼仪。由于一点细小事，就会被人判断其价值的。所以应当留意一下。……例如，由于在露天拉屎，就会被人说是野蛮、是下流等等的。"

这，自然就不是旧的形式，也不算是怎样文明、怎样上流的罢。

出发前，晋谒司令部，拜会了戴总司令、杜军长两先生。身长的总司令“阁下”满面湛着亲爱之情，与大家一一握手。

走出司令部，等待车的准备。据说是从河南来的游击队战士的一群，在附近老百姓的屋前待机出发。他们不意中见着同盟同志们的胸章，便觉很稀奇似的围了过来。啊，日本人！日本人！一位侧过头去，叶也似的喃喃说道：

“前方也有日本人，后方也有日本人，真奇怪得很!”我不觉笑了。

午后五时半，戴参谋来说车已准备好，第××师的引导人应是在对面等着的。加上戴参谋，一行共八人。其他搬运机器的勤务兵二人，卫兵一人。——十一人搭上了卡车。问起学生军怎样了，才知道他们曾到公路上等过，但突然别面发生工作，已经转到那面去了。

太阳落下去了。

一到昨天的野炮阵地一带，四围便已黑暗起来。不知怎的，今天路上的模样有些变了。车曾几次地被哨兵命令停下，总觉泛着一股骚然的气象。不久，还不曾到昨天的黑墙处，前面已经有好几辆车被停止在那里。司机大声的向前方黑暗中问了什么，据说是禁止通行。

“什么车呀?”戴参谋走下车来，偏着颈脖，颇觉奇怪的，向哨兵问。

但那回答，似乎说“这是司令部的命令，理由并不明白”。

“没有那样的事。我们刚才从司令部出来的哪。”

退下来的兵在说什么。我问戴参谋，——据说敌人似乎增加了炮。因为在白天曾打过，车在公路上走，恐有危险。

“怎有那样的事!”南部同志根本否认了。“那样被包围着的部队中，能够推呀拉的把炮弄得进来么。纵然能够弄得进来，也没有弄的人呀。”

“不然就是补充了子弹，或者援军突破包围进来了。”

“假若是真，则所谓中国军的包围，恐怕就成问题了。”

鲇川同志与樱井同志带着疑惑的眼睛，彼此相顾一下。不久，坂本同志又静静说道：

“那或者是把联队炮之类的东西稍打了几下的事弄错了罢，因为留到最后用的子弹是有的。”

“我们去怎么样呀?”他向戴参谋激励道。

“去罢！不要紧的。”廖同志也说了。

严谨的戴参谋，受着人们的催促，便和哨兵交涉了什么，结局是灭去头灯，注意地前去了。

到了昨天的房子处，便下了车。走上坡，到前日的左边的丘陵处一转拐，等待引导人来。

“刚才的情报，可算奇怪了。假如真有炮种的话，那就得应更详细地调查一下情况的罢。”

我在这样说的时候，第××师的派遣人来了。戴参谋给我们介绍，原来这也是日本士官学校出身的林参谋官，日本话很好。“能得拜见，真高兴，先生所写的东西，我是常常在报纸上拜读而敬慕着的！”他以极快活的态度，这末向我问谈着。

“听说日本军似乎增援了一点……”我向他问。“那来的事，援军怎会能进来呢？”

“据说来了大炮的……”

“没有什么炮之类的东西。仅仅只有两门坦克车炮。野炮有是有的，但子弹却一颗也没有哪。”

与昨夜比较起来，情况原来是一点也不曾变。

“我原说有点奇怪罢。”南部同志很得意似的说。

“好，我们去罢。”这时林参谋极快活地说着，便开头走了。

星空。时断时续的枪声。今晚上，战斗似乎还不怎样激烈。是还不曾断绝人声的薄暗的公路，但一看林参谋大摆着手在前头的那种大胆的走法，刚才那种不明不白的疑虑，一下便消逝了。总之，战场这家伙，若不从那纵合各部分的视角上去看，是很难了解的。比如，我们站到晚间的六〇高地上去罢。在那里，是可以一望全景的。然而，除了这里那里发散着火花而外，试问参观者又能看得出什么，又能判断得出什么呢？何况只要离开战场一步，所有的，又仅是一些辎重的运搬、后退的担架、增援的部队、交代兵等的慌乱呢。比如说，前去的人向退下的人问战况如何，增援者向伤兵质问，而所回答的，则一切又都仅止于其负伤的周围的断片。但这断片则马上扩大成为流言，而后方一带，也就充满着各种各样的说法了。

“到处都是一样的。只要一退到第一线的后方一步，简直就不知相信什么才好了。”南部同志以体验的觉悟这样说。

但林参谋则是一个极愉快的、真像军人的军人。他说：

“今天白天曾打下了一个重要据点哪。如何呀，就把机器安放在那里好么？”

所谓重要据点者，即属于那六五高地下面的丘陵。

“嘿……今天曾到观测所去看过打仗来呢……中国军队在这两年半对日抗战中真有了不少的进步。——迫击炮向着冲锋前的日本军阵地打着，而都落在小丘的正头上。于是冲锋。于是日本军退走。但这时炮弹又马上集中在那后面的一线上去了，真是有味。但若果这是在开战的当初时，恐怕绝无如此的成绩吧！

于是南部同志完全感觉意气相投，与林参谋合着步调，热情的谈起战争来：

“是的，上海之战的时候，中国军施放迫击炮似乎仍不免要浪费子弹。但日本军也是一样，曾经有过把联队炮打在自己的第一线前三十公尺左右而弄得大家满身是泥沙的事。那时，大队长曾用电话骂道：‘喂，你们的眼睛是生在什么地方的！’……那就是大场镇时候的事呀。”

“啊，你在大场镇打过的么？”

走过临时野战医院，渡过小溪，走到昨天的小丘的外边。从那里，不走昨天的能展望平地的一面，而反对地开始爬上那成为左方的遮蔽的丘陵。这便愈渐爬近六五高地下面的日本军了。

月亮还不曾出来，很黑暗。小松和阔叶的灌木所落下来的叶子很滑。林参谋走在前头，不停地爬上那几乎拄着鼻尖的陡坡。搬运机械的勤务兵喘着大气，落到后面去了。走上尾脊，沿着山背，一直走到顶上。于是，战场一下就在右边进到视野来了。哒哒哒哒，是机关枪的声音。捷克枪也一股气地打着。重机关枪又短短地回击。叭！叭！步枪的发射继续着，但一下又平静了。什么也看不见。什么也没有。只有静寂的田野，在薄暗中可以展望得出。在尾脊的反对面，将是月亮出来的时候了。越过谷间的起伏的丘陵，遥遥的东方的山，沿着微明的地平线，画出一种波状。清静极了！真是平静之至的夜景。那些山，或高或低，都像有心灵似的，俯视着那吞着炮火而静下来了的右手的低地。我们这一团的黑影，在山丘的脊背上爬行前进。一到无遮蔽的展望地方，便把背低了下来。从远处看来，这或许是像寻找获物的夜间的一群野兽的罢。走到顶上一看，还有一个与这丘峰相连的圆的薄暗的丘顶，重叠着。那最前方，最高的一个山丘、六五高地的直下的峰顶，就是本日午后才占领的阵地，而这也就是我们的目的地。

“是相当打得厉害的。两方面都发生了百五十名左右的死伤者。尸体还来不及收殓，血的气味还怪腥臭的啦。”

在顶上等待勤务兵的时候，林参谋这末说。

走下山谷，又走上。在黑暗的谷间，有许多中国兵，边待机出发边休息着。次一丘顶上，在赤土上掘下的几个马蹄型的机关枪阵地，已经是空的了。林参谋向从前方下来的一队士兵问道：“你们可是工兵？”于是对方回答道：“是的，刚安过铁丝网来的。”荷着枪，从身边擦过的士兵，那脸上还明明白白地摆着白天来的疲劳的痕迹。沿着那在小松林中成为弧形的低矮的尾脊，走下，又走上。

于是走到那恰如做成胸墙似的，把赤土的斜面朝着这方向的丘陵上，已经到了。我们边向着那近顶处走去，边不觉被那肌肉都在收缩似的紧张摄住了。

一跨过这赤土顶上，便有日本军。这赤土，今天才吮吸过两军的三百名的鲜血的。终于到了。我们神圣的事业就要开始。泛白的天空下，沉寂得可怕的这低矮的山丘，现在已经带上了特别的色调，很鲜明地展开在我们的眼前。从斜横在后面的尾脊的树林中，月亮出来了。

林参谋寻找×××营长。一个兵从丘顶的山陵上下来。于是那兵把营长请来了。林参谋很亲热地打着招呼，戴参谋和廖同志也跟着走过去了。

“啊，那好极了！就是这几位先生罢。从这里干就行的。……敌军的话，马上在下面就是。只不过距离三百公尺左右的。……嗯，占领大约是在午后，三点钟的时候罢，但先上来看一看罢。”

他放下说明，马上回头就向顶上走去了。去看罢，受着廖同志的引诱，于是便从林参谋开头，同志们都走到约两公尺左右的顶上来了。这时营长向我们注意道：“弯下腰来罢，被看见了，就要挨打的。”

顶上，赤土的峰岭，如马背似的横走着。对面马上是长着小松的斜坡。在荫处的战壕中，安着机关枪，士兵们配备着。我们一直爬到机关枪阵地去俯视下面。“日本军的所在，就是那里，”营长回过头来用手指着说。是一片黑暗的田地。据说日本军还不足四百名。“丘陵的斜面，是属于自己的。如何的话，还可以更走近一些，但那不免有受射击的危险……”

“好，开始罢，同志诸君！纵不走到那里，三百公尺也是绝好的条件。”同志们马上着手准备。

“南部同志！或许会受集中射击的，在离枪关枪阵地左方六七公尺的地方，俯视着日本军似的，把发音箱安好罢。”

南部很敏捷地把发音箱抱起去了。从马背形的顶上走下两公尺处，廖同志和佐佐木同志把发电机和广播机装置起来。这里简直是一个自然的战壕。若非曲射炮，则直射弹是统会从头上飞过了。

“对面定会吃惊的罢。”鲇川同志露出了快心的微笑。

同志们包围着广播机。

“好，最初请廖同志向中国军的弟兄们说明一下我们放送的意思罢。如果他们吃了惊，那是不好的。其次让我打头一阵。以后就请鲇川同志、佐佐木同志、坂本同志、樱井同志、南部同志等依次广播。大家交替地到傍边去看发音箱的调子如何。大家不要露出身体，免受敌人的射击。”

“好的，我也去听一听罢！”林参谋说着，也就同樱井同志一同绕到发音箱背后去了。

叽叽叽叽，发电机的声音开始在夜间的静寂中传出。戴参谋、营长、其他休息中的士兵们都围着我们，吞着口沫，望着。拿起广播机的廖同志的顽皮的面孔，这时简直变成了可怕的严肃的表情。

向着广播机，发着满含力量的声音的廖同志：

“为民族求生存而英勇抗战的中国将士们！……英勇抗战的中国将士们！”

不知在什么地方潜伏着人的山谷的静寂中，一种热情的叫声，洪亮地响了起来。同志们抱起两腕，静静地倾听着。没有枪声。声音的反响，又远远地传送回来。

“现在是由我们真正友人的日本反战同盟诸位同志，在这火线上，利用播音机亲自向敌人广播，说明这次日本军阀侵略中国是如何违反正义与人道，并劝日本士兵不要再受日本军阀的欺骗，应赶快反战，投诚我方，共谋中日两国的真正幸福，打倒我国共同的敌人。……打倒我们共同的敌人。……他们这种伟大的精神，实在值得我们钦佩。”

“他们说的话是日本话。请诸位不要误会……不要误会。同时更希望诸位在他们广播的时候，严厉地监视敌人的动静，要是敌人没有进攻，最好不要乱打枪，好让这些朋友的正义的吼声，能一句一句的播到敌人的心灵上去。这一点请特别慎重……特别慎重……现在我们的朋友就开始广播了。……”

廖同志说完后就把播音机递与我。是轮到我的了。然而我刚要接着的时候，营长却突然说道：借与我一下。就夺过去了。廖同志、戴参谋都不觉露出了笑颜。然而营长却以很似军人的直爽说道：让我来把刚才的话再说一遍罢。

“弟兄们！弟兄们！刚才的话懂了么！现在日本同志要对敌广播！对敌广播！……广播是日本话！用日本话说！……广播中严密监视前方！监视前方！敌人若不攻过来，就不要打枪！停止射击！敌人打枪也不必管他！只监视前方！懂了么！命令完结！”

营长点着头，把播音机递给我了。廖同志完全感服了，他说：“不错……对士兵说话，不用那种口调原是不行的。”

在日本军那面，简直不知道是怎么一回事的罢。一点声音也没有，简直是静悄悄的一种可怕的寂寥。

“亲爱的同胞诸君！亲爱的同胞诸君！”

“今晚上月亮真好！在白天的战斗上，已经疲倦了罢。……祝诸君健康。请诸君边休息边听听我们的话罢。请安静地回想一下一切的事罢，今晚真是一个很好的月夜呀。”

“同胞诸君！同胞诸君！感觉奇怪的罢，我们是日本人哪，是诸君的同胞！是同胞！是念着那陷于可怕的深渊中的祖国和同胞，并想把他们拯救出来而战斗着的日本人。我们是日本人民反战同盟的海外派遣队呀……诸君或许不能马上相信。这是当然的，我们知道诸君平常是受着怎样的宣传。……譬如说，在抗日的中国，是没有日本人活着的道理，或者说，只要当了俘虏，是会活活地被打死等类的话。……但现在我们用事实来与诸君谈一谈罢。诸君所属的第五师团第××联队××队的小山胜之介君等，现在已负了伤，落到中国军的手上来了。但是请安心罢！诸君的战友是安全的，而且意外的受着同胞的手的看护，……目击着。所谓抗日者，不外是抵抗那践踏东亚诸民族和牺牲日本人的侵略者，反而在两国人民间，有一种对共同敌人的亲爱的团结。我们同胞在友邦政府的谅解下，担负着不幸的成了牺牲的同胞们的看照等等的事实，小山君是流着眼泪哭了呀！小山君等是哭了的呀！担心着战友的安全的诸君，请安心罢！请安心罢！”

哒哒哒哒……突然重机关枪开始了射击。流——流——流——子弹在头上发着弹也似震动飞过了。然而与这比起来，我倒反而是由于身边发出了一道大的焰光，起了猛烈的音向[响]而骇落了魂。来了——有人不觉这样说。我无意识地把头埋下了。待轻轻抬头一笑，南部同志才在旁边说道：“不要紧的，先生。”忘八蛋，竟来吓人……但其实，本来中国军方面是不打的，而为使对面沉默计，在正前面的机关枪应射起来的火光，我竟误认为是敌人的什么特殊的炮火了。我苦笑着自己的胆怯，从新镇静下来，等待射击的停止。打了一阵，果然停止了。我毫不放松，继续演说起来。

“同胞诸君！亲爱的同胞诸君！请静静地听一下！”

“这种可怕的不幸的战争，究竟是为的什么呢？内地……诸君的最爱的人们，现在究竟成了什么样呢？今后又将会成为怎样呢？把这样的话对处于这样境遇中的诸君说，我知道是很残酷的事。连我在说的时候，心中也是感觉发痛的。但是，诸君！我们仍然不得不说，仍然不得不说。……为什么呢，因为那些人民的敌人把诸君的眼和耳遮着……那些家伙愚弄着诸君和国民呀……信要检察，报纸、杂志也不准看。……说：分心到后面，士气是会低落的。那些家伙是那样地不信任诸君的么？其实他们是很知道诸君正由于爱国才献出了身家性命的。他们知道诸君的爱国心才加以利用,才使诸君变成瞎子,愚弄着诸君的。……为什么呢?因为假若诸君知道了战争的真正的意义,知道了为什么那样用血泪来痛苦着的话,那是对他们不利的。知道了为一部分战争投机家而使国民拿出牺牲来的话,那是对他们不方便的。”

“不要受愚弄罢,诸君!把过去的事一桩一桩地想一想罢。那些家伙曾对诸君作过一回诚实的事么?诸君是听过若干次的除队归国的话呢?在青岛怎样?在诺蒙坎之后又是怎样?诸君曾一次被带到了宇品,望着眼前就是故乡,然而没有比这更残酷地又欺骗了诸君了。残酷地愚弄着兵士们的心的这种干法,究算是什么!亲爱着同胞的我们,听了这事,真是恨得切齿的呀!”

“请把那些坏蛋对诸君说的战争的目的回想一下罢。抗日中国的膺惩……这究竟在什么时候变成了长期建设,又变成了东亚新秩序呢?以后,这又将会变成怎样呢?我明白地对诸君说罢。由于这‘新秩序’的东亚独占和奴隶建设的梦,不久,比这次更可怕的战争就迫在眼前了!比这次更可怕的战争就迫在眼前了!”

“已经够了!不要再被那些毫无诚实、常常幻变的好听的题目欺骗了罢!……国家呢?……站在饥饿在线的父母呢?……对诸君不曾表示过一次诚意的那些家伙,纵说是要保证后方,也不要相信罢!……救国家……救父母,只有靠我们自己的手来作。过去的事,末后的事,请好好地想一想罢。……同胞诸君,今晚上真是清静的……便于想事情的月夜呀!……”

射击没有再来。全山寂然无声。我说完后,便举起手来,叫把发电机关上。于是樱井同志从发音箱背后跑了过来。

“好极了!好极了!……声音的调子也很不错。”

“放枪了哪。”鲇川同志微笑着说。

“我很担心先生会停下来的。但马上又开始了,我才放了心。”南部同志说。

“但是,后来的一次,因为声音含蓄起力量来,简直好得令人相信是另一个人在说了。”鲇川同志这末说。的确,我也感觉到在受过射击之后,自己的声音是兴奋的。

依次进行了。

鲇川同志广播了国内的情报。第七十五议会。百零三亿的军费豫算。苛敛铢[诛]求。七千万同胞……无论是怎样的孩子都算进去,每人也有三十三元的税的负担。物资缺乏,物价平均三倍的腾贵。……这就是祖国的现状呀。

泥脚陷入泥沼，是政治不安的暗云低迷。……由于军需工业的偏重，煤炭已告缺乏，澡堂的水烧不滚，厨房的瓦斯简直要断绝了，而打开这瓦斯管口，实行绝望的自杀的事，在东京的本所、深川等区，却是每天都有的。——完全像一个广播消息的广播家，这末依次地，以坦然的调子，列举着事实。

佐佐木同志则更大胆的，连自己的真实姓名也道出来了。

“嗯，佐佐木君真是一个了不得的煽动家！”我不觉发出了感佩的声音。那呐喊出来的嘎然的声音，既有力量，也带热情。

“……咱是在川崎造船所作工的工人。现在把我们工人在国内所处的境遇告诉大家罢。……由于法这家伙，我们工人是逐渐逐渐的被送到战地上来。大家知道，在战地上，我们是在飞机、坦克、机械……等的修理上，被残酷使用着的。至于国内的工厂呢？在我们走了之后，公司便以骇人的便宜的工资，请了些外行工人来。而对这些外行工人，便马上以同样的危险，来酷使其作激烈的工作。现在由于劳动的过度和工作不熟悉之故，每天都不断地发生着受伤和死人的事呀！”

“他们究竟为什么要做出这样不合理的事来呢？他们真想得好呀，诸君！”

“在战地请工人，那是非出高价钱不可的。但是如果当成军队来征募，那就仅是赤纸一张，一月只是八元八角钱！仅仅是八元八角钱，就可以随便使用技术很好的熟练工人哪，还有比这更便宜的事么。”

“至于在内地的工厂，也能够出便宜价钱使新工人作同样的事，所以，也算是一举两得！不错的，这能够占很好的便宜！这自然是使他们想战争的！但是，我们呢？那就是连骨头都被舐去了！……连骨头都被舐去了！战争是他们不客气地榨取我们以自肥的绝好的机会！无论在战地或国内，我们都是消耗品！不要打仗了！同胞诸君，不要作战争企业家的饵食了！”

这次，坂本同志介绍了我们的同盟是什么。“……同盟的诞生，才是雄辩地说明了这次战争的本质，也暗示了战争的将来。……远东诸民族的解放、日本人民的解放，两民族的友爱提携。……到我们这里来罢！只有在这神圣任务的遂行中，才能有祖国的救济。同胞诸君！同胞诸君！我们是大大地欢迎的！……”

其次，樱井同志说明了自己从出征的经过到觉醒的经过。他告白了自己从前也同样是军人，同样被俘虏过来的。“诸君，说俘虏是被杀，那完全是撒谎的。我以自己的眼睛，看过许多处于同样境遇的牺牲者呀。……不要受他们的骗而枉死了罢。快些到我们这里来。……”

“樱井同志，请唱一个歌罢。”

从侧边，廖同志这样要求道。

“嗯，弟兄们！唱歌了啦。”于是，果然唱起歌来：

……那以后
孩子也总是爱哭
第二次的春天来了
但父子之春却无音讯
……

唱得好。他继续又唱了几首才结束了。

南部同志在发抖。这家伙是纯粹的军队。“我呀……”他这末地广播起来。

“我呀，我是不懂得各位先生为什么不自觉起来反战的。”我不觉在旁边捧腹笑了。“我是希望尽量早一天自觉过来……跟我们一道，把东洋和平……为东洋和平而努力的一天早些到来。……”

“不错，不错！哈哈哈哈……”

我完全愉快起来，拍着南部同志的肩膊，笑出声来了。“这样，算是好的么，先生。”他简直满身庄重，望着我的面孔。

轮流完了。

日本军呢？简直一点声气也没有。自从第一次的机关枪集中射击以来，已经不打了，变得寂寞得很。好像不挨打，反而不够味似的，起着无聊的感觉。于是我们停下发电机，集合起来，商量今后应取的手段。

月亮上升，森林、赤土的丘陵的斜面以及沟谷间，都一片地泛着白，和婉的美丽，反而更可悲地凄惨地包围了战场。在远远的六〇高地下面一带，时时有交射着的声音传来。

一种放下心来的紧张的松懈突然袭上身来。我坐在赤土的斜面上，让那枪声尚未断绝的火线的姿影，各种各样的浮到眼前来：日本军的兵士们，在战壕内把枪紧紧地捏着，紧紧地捏着，好似捏着自己的心脏一样。大致是互相话也不说，就那末专心竖着耳朵，而将官们则正狼狈着的罢。最初命令了射击，然而那也归于无效。于是感着恐慌，或者在说“不要听！”“不要管他！”之类的话罢。……

“是日本人的事，总算是知道了的罢。”

“那当然是知道的。”

樱井同志和鲇川同志这样应对着。不久，鲇川同志带着胸口发痛似的笑颜说：

“他们今晚上恐怕都睡不着的罢。很觉得可怜似的。就像把一种东西放到菜板上来开刀时的感觉哪。”

“先生刚开始说话的时候,大家是心脏跳动着,半信半疑的;而到了连小山君的事也说了出来,知道确有日本人在之后才狼狈地打起来的。嘿,……这真有效。我在发音箱后面这样痛感着。简直在这面的胸脯上也起了感应呀。”

樱井同志感慨无量的这样说着,廖同志便闪着眼睛点头应道:

“真的,这样的攻击是受不了的。明天早上,假如有人投诚过来的话,那就成功了。”

“那……”樱井同志偏了偏头,“那恐怕还不会有的。自然会有许多人起那样的心的,但因大家的心还没有统一,会从后面射击的。”

“但我们究竟怎样呢?再来一回么?”坂本同志说

于是廖同志道:“再来罢!再来罢!还早呢,一直干到早晨罢。”

一看,还是十一点半。我阻止了他。——随便的过多的广播,反而会把效果减低。此后,只由两三个有志者出来指示一种具体行动的手段就够了。这倒也不错,廖同志赞成了。

“但是还有重要的事说漏了哪,总司令阁下。干一干这样的事来试试罢。即问他们是赞成,还是反对。如果赞成的话,就叫他们放三枪来作为暗号。”

“那倒有味!在放枪以前,再给他们一点钟的考虑的时间好了。”

于是第二次广播的目录决定了。佐佐木同志、鲇川同志,最后由我征求日本军的回答。

两位同志广播后,我便说明了共鸣者如何投诚过来的手续。——中国军方面,已经彻底地知道了这种手续的。明天早上天一亮,就摇起帽子作暗号罢。为不要使其发生疑惑计,把枪放了来,两人一组,摇着帽子过来罢。……

“同胞诸君!亲爱的同胞诸君!”

从月下的山中,一种看不出影子来的声音向地底呐喊。日本军方面依然没有射击。在夜间的静寂中,只有声音在继续着:

“我们的主旨,诸君应当是已经知道了的。……此外,此外我们向诸君作一个提议。假如可能,我们很希望诸君全体作一个强有力的回答。诸君是赞成我们,或者反对我们呢……我们给一点钟的余裕……请诸君充分商量一下……午前一点钟我们再来问诸君。如果赞成,就回答罢。那时请连放三枪!连放三枪来为暗号罢!……

“懂得了么?是连死也被战场的光荣这幻想所束缚而将国家陷于深渊内

呢？或者是讲求一下自救之道呢？这只是靠诸君的勇气如何便能决定的。这决断只要迟一天，那就是一天的自己和他人的不幸。……我们很期待着的。行么！在一点钟后，请连放三枪来作为暗号罢！”

人们在我的话完后，便屏着气息，静静地望着。

樱井同志叹口气，说道：“要是放了三枪的话，那才好哪。”

“那末，就马上办手续罢。不等到明天都行的。”廖同志说。

“用不着忙。没有那末快就能够决断的。”我笑了。

在等待中的一个钟点。然而人们仍是充满着紧张。各自沉默于各自的思念中，我们在丘陵的斜面上休息着。后来，我走下山洼，遮住火，吸起烟来。深深地吸着，又把烟子向月亮吐去，胸中感觉很舒畅。这时廖同志走来说道：“那一位到日本军中去交涉试试，如何呀。我也可以一道去。不要紧，决不会破杀掉。一定会成功的。”“那倒可以保证的。”我笑着说道，“是说保证你的头不会落地的，但用不着那末急。应当沉着地干下去才是。”

在我们的头上，南部同志则在向那笑盈盈的沉默着的坂本同志说服着什么。——“……晚上的话，是打不中的呀。嗯，坂本君。到对面的声音也能听着的地方去谈谈看……中国兵里面倒有些胆子大的。简直有人衔起纸烟，偷到三十公尺……鼻尖面前来的呀。……连红火都看得见。……叭的一枪打去，才滚也似的逃走了。……不要说早了晚了的话罢，是不是，坂本君？”

我回到同志们的地方去了。

“喂，大家不要勉强去干罢。同盟的基础才建筑起来。就是一人的牺牲也是很大的打击。焦躁是不行的。因为这是一种长时期的工作，所以要自重一点才好。”

一点钟过了。我们仍然被急迫的感情捉住，集合在机器的周围。

“同胞诸君！……同胞诸君！”

播音机又开始叫起来。

“午前一点钟了。是预约的时间了！请打罢！打三发暗号的枪呀！”

没有人打。竖起耳朵听，只静静的，没有任何回答。

“同胞诸君！大胆地放罢！”

然而，终于没有放。“仍然是那样！”这种失望的颜色露到同志们的脸上来了。

“好的，同胞诸君！诸君终于没有回答。自然，这也不是那末容易决心的。作为一队来表示意思之难，我们也知道。那末……我们重新告诉诸君罢。心中暗暗赞成我们的意见的诸君，现在我们并不愿意征求诸君表明意见。明朝抓住机会罢—捉住那束缚诸君的妨碍者间的隙罢！很欢迎你们的！不要失掉了机会！……那末，诸君，今晚暂别了。祝你们健康。再会罢，诸君！”

这样便结束了。鲇川同志喟然地叹了一口气。廖同志向中国军的士兵们报告广播完结，并说明天如有抛弃了枪、摇着帽子过来的日本士兵，希望能亲切地保护，并引导过来。

月亮挂在半天中。同志们把机器收捡起来了。好，走罢……然而一留意，却不见了廖同志。我喊了他。勤务兵才说他走到那面树林中去了。只好边想着这人真懒散，边等着。然而约十五分钟，他却从机关枪阵地附近的灌木丛呦呦嚓嚓的爬了出来，叫我的名字了。

“在干什么呀？”

“先生！你看！还有些尸体东躺西困着的。”

一看他吊在手上走过来的东西，却是一件满吸着鲜血的日本军官用的外套。同志们都拿过手来看，坂本同志问道：“内面有什么文件没有呀？”于是佐佐木同志不管那阴阴的污血，把荷包翻过来看，但已经完全是空的了。

“说不定有材料的。一定会有很好的东西。大家都去搜察一下罢？”

廖同志像马上就要转身回去的样子。“晚上是没有办法的，待明天稍亮一下再来罢。”我这末制止了。于是踏着那重雾的山道，我们开始走下山来。

十二月三十日。

连睡一下的时刻都没有，太阳便起来了。飞机已经在头上飞。吃过早饭，再也睡不着了，便把戴参谋交来的日本军的种种文献带到山中去考察。

有许多可注目的材料。同志们都依着自己所分担的部门，连一个角落也不漏掉的，细心地检查了。

很与到过诺蒙坎的军队相称，关于对苏作战的若干秘密文献暴露出来时，都使我们刮目而视了。对于一个厚着脸皮、宣传过苏蒙军常常侵犯国境的侵略主义者，这是太把尾巴露出来了呀：我们不觉这末苦笑了。在士兵的日记里，有关于诺蒙坎战争的如次的记述：

“日本军在空战上，总算还好，……但在陆战上，却很陷于苦战。……敌军的战车最初系取侧面纵队前进，但一到了相当地点，则像冲我军的腹背似的，取着转变自在的战态。我们有两个大队，受着敌机的猛烈的轰炸，简直弄得茫然不知所措了。”

可怜得很，都是经过那末惨澹的战争来的。这对内对外，都是无责任之至；尤其对这些徒然宣传过赫赫的胜利的军队，那士兵们便更可怜了。

在士兵的记录中，时时有刺痛胸脯的话语出现：

“又还没有死，又还能够写信。”

“对于文字仅能数五个字的父亲，一切都包含着，我不觉哭了。”

“在战线的深夜，独自提起笔来，只有怀念着的母亲的姿影浮露出来。”

“焚火熄灭，一瞬间那远远的妻哟子哟！”

“国内变得怎样了呀。有些人在繁华的欢乐里跳舞，而另一层的人，则简直沉默得无声息。但是，有时我的眼前是能够感觉到那表面平静的水下，是有大的游涡回漩着的。”

真可怜哪！大家在肚子内都是一样的。我们自己也还不是那样过来！樱井同志叹息了。

“哟，你看，真猜中了。”

什么，什么，樱井同志倾身过去注视鲇川同志的手中。

“先生，真是写得甜蜜哪。”鲇川同志笑着，把一束情书拿过来了。这或许是在战场上寸刻不离怀抱的一个士兵的恋人来的信。然而现在这悲剧的主人公已经不在了。

“我的她，现在不知在做什么哪。”鲇川同志混杂于笑谈中，述怀着自己的心境。

午饭后，暂时休息。于是到草丛中去午睡。竹林中又听到了唱歌的声音，是学生军的少年少女们。一看，同志们吃着学生们招待的甘蔗，吐着渣滓，谈笑着。南部同志照例以七乱八糟的中国话应对着，撒着爱娇。樱井同志被强请着，在唱日本的流行歌。我于是又仰视着天空，睡了。

戴参谋来了。

“昨天在柳江打了空战，日本军六架轰炸机中被击落了五架，我方出动了战斗机十二架，但毫无损伤。”

这末说来，恰恰有相像的三架编队的两队轰炸机，昨天从我们的头上向柳江的方向飞去了的。（后来，我听了日本的广播，据说在这次空战中，中国有二十架战斗机被击落，而日本机则全部安全归队。但据我所知，柳江是绝不会来得有被打落二十架那样多的中国战斗机的。）

“喂，同志诸君，开始罢！把工作做完，今天早点出动。”

从我们的林间本部中，廖同志叫唤起来了。于是坂本同志喊道：

“同——盟——，集合！”

从竹林中，同志们答应着，爬出来了。有几位女学生，学着喊“同——盟——”的日本话，也边笑边走了过来。这时戴参谋制止了她们，说：“日本的同志们有事呀。做完后又玩罢。"于是她们露出事不对劲的笑颜,点头停止了。

"昨天你们为什么没有来呢?"我这末一问,照例的那长着野猫般的眼睛的少女回答说:"这是因为突然发生了工作。"

"今天去么?""真地去也不要紧么?"于是戴参谋笑望着我,回答道:"去也不要紧的罢。"这样,女学生们便大大地动了劲,跳呀蹦的回到竹林中去了。真是可爱的女孩子们。

午后二时半,结束调查工作。因为要到火线,便提早吃饭。饭后,大家正在整装的时候,南部同志从行李中取出宣传用的传单来,做成了直径两寸大的许多圆。

"这拿来做什么的?"我问道。

"嘿,这个么?把它捆成这样,像手榴弹似的扔过去的呀。"

"不要乱来罢。放下放下。"

"嗯?"

"不要那样去作勉强的事。"

"不要紧的。"他很不服似的,捏着一个圆筒站着。"我与其去广播,倒是作这样的事还适合些。晚间就走近了三十公尺,也不致被看见的。"

"不行,这还有它的用法的。"

"是那样么。……那就放下罢。"他露出失望的面孔,又把传单塞到行李中去了。

午后三时。

我们走上了公路。学生军的一队,简直像去远足一样,山也似的,买了一大堆葱饼来。

"到战场来不看打仗,没有比这样不合算的事了。"一位少女这样闹着说。

借给我们专用的卡车,满载着人和机器,出发了。

这是最初在白天中看见山野。这就是与那星空下澄清极了的黑蓝色的紧张世界同一的东西么,我们不觉这末奇怪着。满是灰土的公路、每天盖上灰尘的已经成了褐色的两傍的灌木、疲劳透了的山野,而在其间,连夜间看不见的小溪,也是那样无精打彩的流着。最初的晚上,我们等待引导人的那丘陵的一带,有满面的赤土的坟墓似的丸峦,无层数的重叠着;小松遮蔽其上,从远处看来,完全像一个无躲藏处的高台。

"唱呀,唱呀!同志们!"

在车上,廖同志露出一个好戏谑的父亲般的面孔,激励着女学生们。野猫眼睛的少女忘形地胡唱了。学生们则被卡车摇动着,蒙着灰尘合唱起来。廖同志在里面摇着头助势，并打着拍子。简直无止境地唱着。我则耽心着这种瞎闹遮去了音响，始终警戒着天空。

“喂，停止停止！”

我锐利地制止了。公路傍边，哨兵在叫什么。车走过几丈，一下停下来了。

“飞机来了！”

果然不错。

“不要慌！不要慌！……马上散开罢！”

我向车上慌乱起来的学生们这末喊叫了。佐佐木同志和南部同志抱起机器。我们走到石边土坎上，零乱的逃进了树丛中去。我藏的地方是墓地似的土堆之间，上面遮掩着荆茨。从树枝的间隙处，看见那地皮相连的高台上，有几个兵一下跑进附近的丛林中去了。飞机呢？……则远远有发动机的声响。一看，在昆仑关的东边，有三架轰炸机，在圆的丘陵上，完全像寻找食物的老鹰，厚着脸皮，擦着山尖回旋着。从对面土堆的阴荫处，野猫眼睛的少女轻轻地望着我，笑了。

飞机声消逝了。又搭上了车，但这次谁也不唱了。

在照例的土坡的荫处停车，等林参谋。今天战斗似乎比昨天还更激烈。伤兵的担架不断地退下来。几个步行的伤兵，依靠在公路边的土坎上休息。戴参谋走去问他们什么地方受了伤。被问的伤兵转动着眼睛望着站在周围的人们的面孔，说了负伤的经过。女学生们的脸上充满了同情的颜色。于是她们取出葱饼来，一个一个的分给与伤兵们。对于这种情景，照例是容易感动的我，不觉诱出了眼泪，而南部同志则完全高兴起来，感佩地说：

“嗬，不错不错！真有好处呢！”

林参谋打发人来了。据说请到第××师司令部去一去。司令部在离公路相当远的山峡内面，T师长、N参谋长、W政治部主任及其他多数的师部的幕僚们，都非常高兴的欢迎了我们。

身高的、很像军人的结实的师长说，我们来援的情报一传出，全军的士兵都非常兴奋。又说：“昨天你们的宣传的效果是非常的显著。”

于是我问道：“反应到战斗上来的宣传的影响是怎样的情形呢？”

师长露出难于说明的脸色，但终于说道：“总之，昨天你们所宣传过的部队，今天几乎失掉了抵抗力，退却了一公里以上，而由这事实便可说明一切了。”

据说日本军的狼狈状态，是很显著地看得出来。这被保证了的确是宣传的效果，但自然我是不能够就这末相信的。

“据我想来，日本军的退却，还是由于你们作战的胜利。请老实给他们一点子弹吃罢。我觉得只有依附着很好的战斗，宣传才有辅助它的效果。”

师长认为完全是那样的，很老实地点了点头。

此外，又说今天想使师部的干部去观我们的工作。于是，过了五时，在将沉的太阳绯红地染着西山的时候，我们便被学生军及师部政治部之外的许多的参观者随从着，由林参谋引导向战场出发了。南部同志在路上挨到身边来喃喃说道：

“今晚上非好好干一下不行呀。”

我向林参谋要求了：如果可能，为引起同一个部队的困乱，很想集中地追上去。他想了想，可是在昨晚的地点的前方，没有适当的据点。好。那末，就从六〇高地走出侧面去看罢。

林参谋快活得似青空。他大踏步，走在前面，照例天花乱坠地谈着战争。戴参谋在后面暗暗笑着说道：“他是一个真愉快的军人。但反之，他一不留心，就是最危险的地方也毫不介意的走了过去的。”

近来，才渐渐成了真正的战争了，即战争是变成有计划的了。上海时代，那像什么样呀。那简直像烧锅炉一样。喂，燃完了，添哪……于是又像用铁铲添炭似的，又把军队增加上去；一没有了，就又添上。现在，是不干那样的傻事了。真正依据着科学的战略，很爱惜军队的。……日本军宣传说在上海之后没有经过苦战的战争，那不外的吃不着葡萄说它是酸的一样，真有趣起来了呀。……简直像战争的交易放不下手似的，林参谋热心地继续谈着。

“啊，在你们中间——”他突然回过头来说，“在你们中间有机关枪射手没有呀？”

“嗯？”

“机关枪的话，坂本同志和鲇川同志便是射手哪。”南部同志回答了。

“如何呀。明天到师部司令部来，把射法做来看看好么？希望对大家讲习一下的。”

“做也可以，但是为什么呢？”坂本同志问。于是，据说他们一有机会就在把各国的射法作比较研究的，“请把日本军最近的射法教一遍罢”。

太阳完全藏去，黑暗来了。

我们照例走到那遮去六五高地的前面的丘陵的荫处来了。有交射着的声音。不管这一切，又渡过小溪，走出右侧的丘陵来。一到这里，大家便停止了说话，已经是地狱圈内了。不要射电筒呀，有人向女学生们注意道。于是她们搜寻着不习惯的黑暗的夜路，渐渐走慢起来了。

检阅当日的团本部，团长高兴地迎接着我们。于是借一个向导兵，马上走下溪谷，笔直向六〇高地走去。山谷满浸着水的田圃。沿着小路，不久眼前便被那松林内充满着尸臭的六〇高地挡住了。于是，我们沿着六〇高地的脚下，走进那右面的丘陵间的沟谷。一看，那将两高地联络起来的高地尾脊，在我们正对面，恰像屏风一样，黑压压的，遮着。的确，今天是异常的激战。前一会，就在那屏风上面，重机关枪和迫击炮曾不断地猛烈地射着。有三个担架从黑暗中走下来了。每擦身过一次，对那些艰苦的牺牲者的敬虔之情，不觉默默地涌了出来。

“有点奇怪哩，那松林中似乎有日本军一样，在互相射呀！”鲇川同志偏着头说。

留心前进！……于是偷也似的，走进屏风的荫处。然而，走进一看，以为是互射着的枪声，原来是向这袋底一般的谷间投来的枪声的反响，在那夜间的深渊似的这个黑暗的沟谷间，有一队士兵正在休息着。一个兵走来向我们借火柴。据说望上去的坡的顶上，就是中国军的第一线。我们边等着落后的学生军，边在这完全处于死角地位的荫处，抽了最后一支烟。

哒哒哒哒……猛烈地射着。略在后面一点的山中，嚏呀嚏的……打着迫击炮。子弹在高空上纵横地飞着。然而在这黑暗的底下，却有意想不到的一队兵，伏兵似的不稳地静藏着。这就是战场。在薮林中，一点一点的、盖着毡子、如疲极了的野兽似的兵士们沉睡着。

“机器来了么？——好的，出发罢！”

不久，林参谋便提头，开始走上那几乎触着胸膛的屏风般的陡坡。

在满被松树遮蔽着的险陡的斜面上，有一条被军靴踏出来的坡路，笔直从顶上下来，就从这条路走上，屏着透不过气的喘息一看，在机枪阵地——枪眼型地削落了的赤土边，在我们的脚下，有枪口俯视着前方的黑暗，射手静静地伏着。我们动也不敢动地站下来。林参谋则很随便地抓着一位站在那里的排长似的军人质问起来。敌人在前方六〇〇公尺。透着一看，满面被薄暗的灌木遮着的谷间，静静地展开着。在那中间，大致藏匿着发火点的罢，枪手简直眼也不眨的注视着前方。我们物色了能把前日的部队收入播音圈内去的地点。于是沿看小尾，从右面走上，那里是一个画着曲线、抱着低地的地型。——好，到了！子弹会来的！

林参谋一下就藏到草内去了。南部同志、廖同志也跟着进去。我们毫无遮蔽地在暴露于人的枪口前的草丛中攀登着。爬上了高处。这次那成为马背型的小尾的内侧才渐渐展开，我们滑下似的，一个一个的躲藏起来。稍稍走下，有一株形能把机器装置起来的松树根子。万事都顺利！站在这山尾的脊上，真是妙极了的风景。无论自己的后方或敌人的后方以及两侧的低地，都宽畅地收进视线内来了。

“喂，准备好了么？”

于是我们开始了。在安置于山尾顶上的发音箱的荫处，学生军和参观者们占据着。照例由樱井同志到那里去检查发音的状态。同志们则集合于高的松林脚下。紧张极了。倒不是全因为南部同志所说的今晚非好好干一下不可。我们在师部司令部中，曾听说从明天起，是终于要开始总攻击了。

中国军方面的射击停止了。日本军的射击也一下静了下来。

这一天，从开初起，日本军就不曾放过一枪来加以妨碍。

不久，在死的群山和地上，那开始上升起来的月亮，漠然地布满着白色的辉光。

这是如何的静寂呀！连那远远地在我们经过的后方的公路上走着的卡车的机器声，也像那消逝于地平线的彼面去了的飞机的爆音似的，响了过来。

这是如何的带悲意的美景呀！在那重重包围着的群山的波浪上溶流着的月光下，士兵们是封锁在怎样的思念里的啊？

奇怪的声音，从那如幽魂飘荡着的连于六〇高地的右边的丘陵中□出来了。连广播着的自己，也由于那声音之主的神秘性而毛骨悚然了。同志们一个一个的传递了播音机。十一时，轮转了一回，然而没有射击。我们逐渐紧张起来，终于对那种无回响而渐感焦燥了。今晚也就这末完了么。简直是费尽精神、空手而归的感觉。很想设法把他们摇动得不能安居，只要有一点什么线索都想抓住。人们的愿望，不期然地都露到脸上来了。

“鹿地先生。”坂本同志用一种沉痛的低声喊了我。“把我放到前方的警戒阵地去罢。”

“喂？”

“把我放到百公尺的地带去罢。如果我一个人不行的话，放两个卫兵同去也好的。”

“去干什么？”

“去和他们讨论来。去说服他们。在这里是不能够得着对方的回答的。”

“不危险么？”

“也许多少有点危险的罢。但这不是说那种话的时候哪。”

“……”

“纵然万一有什么事……明天就是歼灭战。放着不管的话,都[那]些家伙全死掉的!我们特别宣传了一番,也都全归于水泡。这不是活活地望着他们死么!”

“不要去!还不是勉强干的时候。”

“等不住说那样的话!”

“不要那样焦燥地……”

“但是……”坂本与平常不一样,简直不想听我的话。我终于决心问问大家。

“好的,那就征求大家的意见罢。”

我呼了暗号。于是从发音箱的荫处,从发电机的背后,同志们边口应着,边跑过来。我宣布在山上开紧急临时会议。廖同志、林参谋等不知发生了什么,都跑到傍边来望着。

“其实是坂本同志发出了这样一个提议,我想听听大家的意见。”

我传达了坂本同志的意思。坂本同志像想透了似的,抄起手腕等大家的回答。人们像被夺去了声音似的,呆望着我和坂本同志,谁也不说什么。不久,坂本同志才像催促似的说道:“我们如果去,或者能够救出许多同胞。如果不去,那就望着失掉了。为什么我们要这样□声地喊,那意义简直没有了。”

“嗯,……去看看也行的罢。”佐佐木同志说。

“好的罢。”南部同志也断然地说了。

我点头承认了。“去罢!诸君如果去,我也一同去看看。”

但同志都发惊地注视着我。“我也去。如果是我非自重不可的地方的话,没有让诸君单独去的道理。”

同志们静默下来了。我不久又说道:“我们的工作不是能那末快地表现出效果来的。纵然勉强去作,也不一定能够获得同志。要忍耐同盟的基础,现在是最重要的时候。工作是与同盟的成长一同由很长的很长的忍耐而显出大的效果来的。……这样,我静静地继续劝了大家不要焦燥。鲇川同志大大地叹了一口气。廖同志这时才像想定了似的,说道:“还是自重一点的好了。”

总会完结,人们站起来了。然而,坂本同志像独自被遗留下来了似的,仍然坐在草上。他死死钉在那里,一动也不想动。

“怎样了,坂本君!仍然想去么?”

我笑着,拍拍他的肩头。他心中的悲哀,我是明显地感着的。

这是如何好的一个青年同志啊。其实我也是不亚于你那样的焦燥的。不,已经好多年来,我就是那末焦燥过来的呀。在我,你的心境是懂得的。然而，他抬起头来，寂寞地微笑了。

“不，还是依从大家的意见罢。”

我觉得做了一件坏事似的，心里很难过。把这勇敢同志的创造性的提案强制抑压下去的惭愧和后悔，同时袭来了。但在心的另一角落上，则很强烈地这样感着：不然，还是自重的好。现在若把这样良好的同志死去一个，那对于同盟将是怎样的一个打击呀。

“同志诸君！那末，再来一回罢。坂本同志！把尽有的努力作来试试罢！”

像激励似的，我提起精神叫了。“干罢”，坂本同志如回响一般，站了起来。望着他那种什么心境也不留、率先而去的情形，我不禁胸中充满了流出感动的泪来的喜悦。

发电机开始转动了。同志们又依次传递着播音机，发音箱又响出了奇怪的山神的声音。

廖同志跳了过来，向着刚握住播音机的我说道：“把这样的事说一说，如何呀？说昨天见着的战场的实际状态。把眼看着战死者时候的感想说给他们听。”

“好，明白了。这倒是很好的主题。”

于是我紧捏着播音机，向廖同志摇了摇手。

我放任着我的热情，与其说是呐喊，宁是绞着肠子叫唤起来。

……热的眼泪涌出来，我的胸中简直如沸腾一样。

“同胞诸君！……同胞诸君！……昨晚上我们向诸君说过……向诸君说明应当如何自救，如何讲求救国家、救同胞之道。……然而，不知是我们的真情不曾达到诸君的地方，或者是诸君踌躇梭巡，不敢捉住机会，更或者是诸君背后的人民之敌监视着诸君，无间隙地禁止了诸君；……我们等着，我们是等过的呀。假若能够有一个同胞过来也好……我们是这样紧着心子等了的呀。但是，结果，——我们这种热烈的愿望，竟没有得到回答。”

“诸君！就这样，又成了本日的战斗。残酷的一天过去了。无谓的互相残杀的白昼过去了。终于，诸君不得不在惨澹的战斗之后，抛弃着不幸的战友的死尸，退到这里来了。我们到战场去看过。……同胞诸君！好好听着罢。我们究竟在那里看见了什么呢？……”

“那是在满面血腥气当中交错着的两军的尸体呀。为民族自由解放而流了宝贵的血的中国的士兵们，与这混杂着的就是受了无谓的牺牲的诸君的战友呀。终于见到同胞们的惨澹的死尸时的我们的心境，是怎样地难过啊！想至少也得留下一点这些被抛弃在异地的同胞的纪念……于是我寻找了战死者的衣服来看，里面有很多的信和日记发现了。……一件一件的检查来看了。一面看去，我们的心中便难过起来。那些信件……都是从战死者的父母、妻子、梦也不会忘掉的亲爱的人来的消息，都是顾虑着严厉的检查，通知着故国的情形……都是希望着本人早些回国的那种真情流露的东西呀。……这些人现在都是等着的，焦虑地等着的。……在饥饿和地狱般的辛苦中，当成唯一的光明似的专心等着的。但是现在那个被等着的人已经不在了呀。故乡的人们是等着的。请把这些不久便会知道等不到了的悲惨的人们的热烈的期待想一想罢！”

“在这些不幸的同胞的日记上，他们的无诈伪的悲痛的心境，是在每个文字的角落上染着的。爱人的名字，它的通信处……留心记下来的受信的时日，……直到死的一天都是记着的。……”

“同胞诸君！亲爱的诸君！看看这些滴着血的记录的时候……想着：假若这些同胞听了我们恳切的忠告的话……假若他们只要有一种依从我们的心中的呐喊的勇气的话的时候，我们是如何地对我们的残念而切齿呀！请诸君想一想罢！想一想罢！”

“我们的心终于没有达到。但我们看见了。……想着这些同胞的亲人们，就是现在，也是在这月亮的天空下用着怎样热烈的爱情来焦燥着的时候……同胞诸君，请想一想我们的心罢！我们大家都哭了的呀！我们都流了眼泪的呀！”

“同胞诸君！请好好想一想罢。……不要使我们再受这样的悲哀罢！必要的事只有一个——决断！就是决断！诸君要自己脱出穷境，救可爱的父母和我们的祖国的话，……就只有一个决断啦！同胞诸君，抓住机会罢！……请想一想恳切的我们同胞的真情罢！……”

全山寂然然声。谷间和低地，都像毫无波纹的湖面一样。

月亮静静升到天空，像兵士们的魂一样，将惨白的光悲戚地满投在大地上。

我把播音机递出去，巡视着同志们。

“如何呀。还有谁再讲一讲么？”

于是，屏着气息的鲇川同志喟然叹息了：

“停止罢。刚才的就是高潮。不要再用什么来分散了他们的映像好了。”

最后，我们告诉了广播完结，说了“明天再见”的客套话。

这以后便把发音箱朝内。由学生军的女学生们合唱起来，作为中国军将士们的慰安和激励。

午前零时半下山。这次，变更路线，由与六〇高地正对着的丘陵的斜面下来。途中，在后面的黑暗中，林参谋呻吟似的向鲇川同志说道：

“嗯，这是有效的。这都□不受感动的话……连一个中国人的我，也被先生的话打动了呀！”

十二月三十一日。

午前六时。疲倦极了。奋勉着，起床。

汽车应当来了，因为朝上很早就与同志们分别，我是要回到桂林去的。而且，为建立重庆的同盟本部计，是预定用飞机飞的。与大家分别，本非所愿，但西南支部的停留，已经远超过期限了。

“先生，不必担心什么。我们事情已经做过了。以后，我们定努力干下去的。”

坂本同志等这末向我说了，因此昨夜一回到根据地，便开了最后的总会，商量了当面的工作。

随着战况的变化，从这天起，我们的工作突然活跃地多方面地展开了。日本军有溃退之兆，佐佐木同志带着同盟的特种重要使命，和一队游击队转到日本军的后方去。这应是与我的出发同日前去的。剩下的四位同志，从正面的战线上继续工作。戴参谋作我的引导。廖同志则送我到××的行营办事处。

“同胞诸君！那末……第一要留意健康。随着各自的分担，作工作的革命竞赛罢。大家严守着我们同盟的光荣。”

直到快天亮，都谈着不尽的话，而在傍边，佐佐木同志则聚精会神的捆绑着传单。

“明天走得早，请大家慢慢地睡罢……”我这末说了。但南部同志则说道：“那不行。还是叫我起来罢，先生。”

因为这样，所以今朝上，大家都擦着沉重的红眼皮，起来了。

身体软得像旧绵花一样。头脑昏沉沉的。但洗过脸，一跳出户外的冷气中去，新鲜的力量便马上全苏醒过来了。

车准备好了的通知。于是走到街上。有坐厢的自动脚踏车。同志们留恋着分别，包围着我和廖同志。在简短的时日间，我们是以如何的难于切断的爱情结合起来了呀。

“工作刚开始。很抱愧的——但以后的事拜托了。”

"请安心,先生。相信我们好了。"

樱井同志笑着说了。我挥了手。车子发出爆音,飞驰而去。

清凉的山气扑着全身,在眩眼的闪耀着的朝日中,车子子弹似的奔驰着。

"请留心一下飞机!"司机头也不回地说了。天空没有一点尘埃,晴得发出海底般的浓蓝色。

午前十一时,到达××。

访问吴参谋处长,吴处长高兴地迎接着。

"工作如何呀?"

"是,很顺利。真讨光,进行得很圆满。"

"同志们都好么?"

"都紧张着的。"

吴处长愉快地笑了。把昨天才从桂林的家中寄来的葡萄酒打开,给我满满的斟了一杯。我一气喝干了。我撮要地报告了两次工作的情形。但事实上我已经在那笑盈盈的温厚的脸上看出来了:用不着我报告,他已经是知道了大概的。

廖同志则报告了在前线调查了掳获的文件等,并说到给我退回后方的方便,但吴处长则简直像已经知道了似的连连地点了头。

"飞机票也已约好了。但似乎还有一星期多是没有座位的。随后再打电话问一问罢。但在道中间……"吴处长转眼过来把我和廖同志一一看了看。我已经明白了他的意思,马上感到林参谋等的报告已经达到了。——"如何呀,在这中间,在后方老等也是无聊的。就在这边再继续四五天好么?"

我搔着头,感觉惶恐了。对吴处长及军当局的期望,自然是无法拒绝的。

"那末,就干罢。"

"对了,试试看,一直干到九塘的陷落罢。"

这末一来,是非用我们的手把九塘陷落下来不可了。——我苦笑着,一瞬间觉悟到又要回到几点钟前才离开了的火线去了。不客气地领受着吴处长满满地斟来的葡萄酒,我不知要怎样报答这些先生的期待才好,而不禁感到一种对不住的心境。

"去会一会参谋长罢。我们一道去。"

于是随着吴处长去谒见了参谋长。

"啊,鹿地先生。辛苦了。……啊……三百公尺……嗯、嗯……"

参谋长阁下倾听着处长的话,用亲密的眼睛,向我点头。

"那好极了!……是的,对诸位的热心的工作状况,连司令部那面也全都感佩的。那末，明天又回去？啊，那真是。……那末，在那之前去拜会一下白主任好了。”

这样，我这一趟，马上一变而为到总司令部去作工作的经过报告的旅行了。

“天气真好的。如何呀。可是这完全成了来驱车游览一样了呀。”

我向廖同志这末说着，笑了。从参谋长辞别出来，那睡眠似的茅舍的农家，在干□的满覆枯草的原野中，这里那里，静静地蛰居着。

“大家会惊异的罢，总司令一转去的话。”

“多买点甜点心回去好了。”

决定在××歇一夜，我们便躯[驱]起自动脚踏车，到SG的街上去买东西。但不说没有能够买得着点心的铺子，简直是一条死街。没有人的气息的荫处，有一团露店的油灯。来吃面的兵士们，带着粗野的面孔，抽着贱价的纸烟。

一月一日。

午前五时。——舒服地睡得疲倦全消。

于是驱车到PP。但据说白崇禧将军刚才错过，到××去了。受着那以满面笑颜来欢迎我们的俞副参谋长的邀请，我们在这里吃了午饭。

午后二时，回到出发地。

“呀，怎样了哪？”在前庭中与来参观的司令部的士兵们戏谑着的南部，把眼睛鼓圆了。

“喂！鹿地先生回来了呀！”

于是同志们都一齐从家中跑了出来。

“怎样了呀？”“发生了什么事么？”果然，同志们都七嘴八舌的问。

“什么也没有。只是回来了罢了。”

把事情一说明，同志们都满浮着欢喜的脸色。南部同志说：

“这对先生倒是很拖歉的……先生纵然不说什么，但太太和孩子们却是等着的呀。哈哈哈哈……”

“那倒是不错的。”

“不错么。”他几乎要说猜中了似的。“但是，事情既是这样……在我们，是又能够与先生一道过新年了。”

不错，今天是一九四〇年一月一日。新年一类的事，我已忘掉了。昨天、今天，都一样是毫无变化的战场。简直不像是冬天似的温暖。在不可知其底是如何的深深地澄透了的青空上，无间断地，飞机飞来寻觅食物。

今天是元旦，但自然是毫无一点感动可言。自从忘掉了新年的事后，已不知经遇了若干的岁月了。

“没有杂煮[①]的新年，是不会有那股气氛的了。”鮎川同志笑了。不错，他们是曾经有过新年一类的事的。盆[②]和元旦。在生活的辛劳与重压下，农人们只有这一天才是被解放的时候。不，被那种无论是老人或大人，只有这一天才能如孩子似的快乐的幻想所欺瞒的时候。战祸中的元旦。……然而兵士们则是念着次一个元旦总可以会见亲人们的面孔，而迎接着第三次的元旦了呀。至于那些等待着的人呢，在那紧紧逼着的饥饿的除夕晚上，现在是连“杂煮”和温暖的炭火都沾不着的人，想来是很多的罢。

“不要紧的，新年待回到桂林去，与留守部队一同盛大地举行罢。那时恰是旧历新年。在中国的习惯上，新年是在旧历举行的呀。”

“大干一下罢。可是，那时先生已经不在那里了哪。”

“那末，还是就在这里过新历年罢。哈哈哈哈。”

樱井同志接着南部同志的话，轻快地笑了。

“昨晚上怎样了？”我问。

“我们昨晚上也休息了。”樱井同志开始报告道。“据说由于前线的移动，找不着适当的地点。因为司令部来电话说晚上休息……于是白天就花费在文献的调查上，以及试验机械的调子和修缮等上去了。佐佐木君也说等确实地把对面的情势调查之后的好，所以就延了期。至于今天，因为××来邀坂本君和鮎川君去作那个机关枪射击的讲习，所以大家一同去了。现在刚回来的。”

“对了，对了，今晚上又整整齐齐的了。”南部同志用很畅快的声音说。

我们抱起那从××的归途上在宾阳的露店中买来的粗点心，到山中去休息了。这时，坂本和鮎川两同志报告了在××师演习射击的情形。据说，受了非常的欢迎；说今晚上过年，还劝留宿一宵的。因长官们非常热心，取出抄本，一一笔记下来，这使他们颇感惭愧。

“正在演习对空射击法的时候的事。这回可完了！不觉背上这末大吃了一惊。那时飞机真来得矮呢。但是，就这末也似乎并未被发现。来来往往的盘旋一阵，飞机又飞走了。”

“是的。”鮎川同志回想起来，边笑边点头说道，“那是一定会打中的呀。假

---

① 日本元旦必食之菜。

② 即盂兰盆节。

如把枪借跟我，是会把它打下来的，我这样想了好几回。……大家对飞机不是过于随便了么。在我们，觉得马上是会被打下来的，心里战战兢兢的，但中国人们却看也不看，说：‘继续下去罢！’真是惶恐之至。哈哈哈哈……”

“请吃好菜没有呢？”那究竟还是因为是最前线的关系，再没有比这地方不便了。……但是心境是很快畅的。大家都衷心地跟我们做了朋友，都很喜欢问日本的各种各样的事。先生来到这里，是引起了极大的冲动的呀。……

说着这样的话的时候，戴参谋喘着气，跑来抓我们了。

“诸位先生，好消息！好消息！昆仑关拿下来了！”

平常的温柔的表情，这时也由于活鲜鲜的高兴而脸发红了。

“陷落了么！”廖同志马上跳跃过来了。同志们也都包围了戴参谋。

“目前，日本军正向着九塘方面总退却，战利品、各种重要文件及其他等堆得像山一样。从明天起，诸君又要忙了哪。哈哈哈哈。”

终于陷落了么！侵略者的军队必死地守着，经过几次的争夺，而满浸着鲜血的昆仑关！那末，到九塘已仅差一口气了。山中的同志们的脸色鲜明地活跃着。这是如何伟大的一个新年呀！

“今晚上自然是庆祝了。”

鲇川同志这末一提，戴参谋便点了点头：

“司令部方面，似乎正在准备。无奈，目前正是忙不过气来的时候呢。”

据戴参谋的随问随答来——

日本军似乎是狼狈不堪地退却了的。野炮两门、战车炮四门，还添上许多子弹，一同被掳获了。有穿起军靴的尸体的脚露在地面上，于是中国军便去拖来看。尸体长长的拖出来后，那下面的深穴中，竟是埋藏着炮和子弹箱的。……哇，哈哈哈哈！同志们都大声地笑了。

马夺获了四十匹左右。其他约有百多头被日本兵退却的时候自己射杀了。

“射杀马是为什么呢？这可奇怪了。”鲇川同志偏了偏头。

“当然也不会是杀来吃掉了的。”樱井同志应和着。

“那也说不定。长久被包围着，给养应当是断绝了的哪。”廖同志露出很有道理来的脸色。但据说退却是在夜间静静地举行的。那末缠脚绊手的军器、能闹出声音来的驮马等，自然应当是被自身抛弃的。不过对那作伪装的死尸，连土也不好好盖上，竟至脚都披露出来了，那必是如何地暴露了那种丑态的慌张呀。但戴参谋却很正经地说道：

“那仅仅是一种伪装么？或者，还是……司令部那面，也有许多人偏着头，感觉奇怪的呢。”

“还是一种伪装罢。此外，等到以后回来再掘出来的事，……是不会有那种用意周到的余暇的。”

我们一致以为这没有旁的用意了。——此外，还有战利品继续发现出来的模样。也有满装着重要文件的箱子，马上就会运到司令部来的。今天第一线还在前进中，而且是新年，所以司令部的意见，还是希望大家休养。戴参谋又这末报告了。

那末，今晚上就干一干慰劳和激励中国军的广播罢，把女学生们也动员起来。于是，抱起这计划，廖同志和戴参谋一同到司令部去了。不久，从司令部那面传来了欢迎之至的回答。

午后五时。

杜军长的使者来说，要举行元旦纪念兼昆仑关夺回的庆祝，希望同志们全体出席。

盛大的宴会。——军长以下，幕僚的长官和军事顾问的苏联将校们，在司令部内活跃的热闹声中谈笑着。在那里面，陈参谋长还很忙地把受话器挂在耳上，继续与前线通话。不久，大家坐上席来。

“呀，由于诸君的援助，意外地，昆仑关很顺利地陷落了。”

杜军长走出来，向大家打招呼。随着敬劝，我一气地把贵州的名酒、强烈的“茅台”杯了。日本军的士气沮丧和溃退，讨我们工作队的力量极大，长官们都不断地这末称赞着。

“如何呀，有小形的战利品么？如手枪之类。很想给一点与我们作个纪念的。”

“嗯，小的东西，不晓得怎样。待我问问看罢。”陈参谋长很高兴地承认着，并即刻打电话到前方。于是他轻微地笑着：“喂，有什么小的东西么？什么都好。手枪呢？嗯，照相机么？……”

“望远镜之类的便是好纪念哪。”鲇川同志暗笑着，这末向我补充着说明。但似乎也无特别的手边用的小东西。参谋长笑着，放下电话，默默地搔了搔头。

午后七时辞出司令部。马上开始作慰问的广播。女学生们非常高兴地参加。演讲、合唱……黑暗的山间的星夜。

“你看，那个姑娘是几占强呀！”

鲇川同志不意地引起我们的注意，冷笑了。我也不觉苦笑了。原来女学生们正在合唱。而那位野猫眼睛却想自己的声音得到独占，以一种天真的欲望挤开朋友们，把播音机接到自己的嘴边。

一月二日。

一早就是飞机的不断地活跃，是掩护退却罢。

钻到山腹的竹林中去，着手整理戴参谋使士兵运来的一包俘获的文件。通过那刚醒过来的精壮的树木的繁茂处，炫人的阳光，一片辉耀着。树叶一片一片的反射着光，跳跃着。晒黑了的同志们的赤铜色的面孔，彼此一句话也不说，简直是一心不乱的。这就是我们的正月二日的早晨哪。胸襟的开阔的凉爽，甚至无由地涌出一种微微的悲愁来。似远远的海□鸣动般的感情，泛在心头，连深底的深底处都是青色的天空——竹梢簌簌地响着。“吭”，像张在苍空的钢线鸣响似的，转动机的声音，越过山背传来。于是马上有透明的翅膊的三架编队的轰炸机出现头上，回旋，边回旋边移动，秃鹰似的，寻找着获物。哒哒哒哒……后面的山的方角上，高射机关枪开始射击。飞机走了。鲇川同志抬起头微微地看了一下。坂本、佐佐木、樱井诸同志则睬也不睬，继续着调查。渐次整理出来了；作成表送出去的资料，由担任翻译的廖同志、戴参谋等，很忙地接受过去。

飞机又出现，回旋，回旋。高射机关枪。马上是山奔地裂似的爆音——轰！轰！回旋又回旋。近极了。大致是发现了炮兵阵地之类了罢。然而同志们在树荫下的工作中，是连动也不动一下。

“怎样呢，这样的东西是不要的罢。”南部同志在向戴参谋打交涉。原来是画报，有《每日星期报》《家之光》等。

“那样的东西多得很的。都托与你们。”

“那就受着罢。是很好的礼物呢。”

他不久伸伸懒腰，拿起《每日星期报》，爬出工作场去了。

战地的士兵的日记是真正可悲。他们的影子，活活看得见一样。其中有这样的一段：

“……到第四天，才进瓦钵子的澡盆内沐浴。打着抖出来了。下根一等兵喝中国酒醉了，拿起刺刀乱闹。他什么也不知道，连话也说不清。”

“我是要死的，南无阿弥陀佛，南无阿弥陀佛：他这样说得真没办法。明天大家都要参拜我的。他这末说着。给他冰了冰头，他哭了。他拼命说：已经醒了。但不知在什么时候呼呼地睡去了。……”

“大家在战场上都想着死的事的么？”

对我这质问，鲇川同志眼睛离开工作微笑了。

"那，当然是想的哪。"

"是怎样一种心境呢?"

"嗯……"他偏了偏头，"那是因人不同的罢。最初是害怕。与其说害怕，倒是总觉得这样的死，是值不得的。真不合算哪，可惜的青春，竟在这样的事上……"

"那是谁也一样的心境哪。"樱井同志也不意地抬起头来，面孔满用劲地说了。"最初是战战兢兢的。特别是在上战场之前，喂，努力呀，这末拍着肩说过的战友，到了中午，却已经死了哪。望着认识的面孔，从身边逐渐减少起来，真是感触到一种悲壮的心境。总觉得自己的顺序也当然是要到来的……不过在这样当中，也就会渐渐习惯下来。"

"在战斗中，倒是什么也不想的。……一切都忘去了。……恐怖什么的倒马上习惯下来了，但是死得不值的这种心境，却是什么时候也残留着的。不知什么地方，在心的角落上总是隐藏着那家伙。"

"虽说悲壮的心境……报纸上是写着像亲眼看见过似的诳话——但喊着天皇陛下万岁而死的人，却是一个也没有的，不知在什么地方虽然写得有那样的事，……那……无论是谁也还是想着家的事的。在最初一刻，村中也许如此这般地□着出征家族什么的，但到大家都成了出征家族时，那照拂傍人的人，也就不得不受傍人的照拂了哪。尤其像我们那样只有一个老迈年高的母亲的人，那后事是看得见的。"

"啊，你只有母亲一个人么?"

我不觉鼓圆了眼睛。樱井同志稍稍红着脸，微笑，点头。

"那倒真是值得同情的。没有照拂的人么?"

"那……亲戚倒有是有的，但还不同样是一些贫穷人。……不过也不止我一人，所以我是决定不想这个了。"

我感觉到说起了一件不应当说的事，而静静地望着他。比较具有好一点的过去的生活的鲇川同志，却用同情的语调这末说了：

"这一点，我们算是好的。既有长兄，吃也不怎样困难……但困难的人恐怕也是多的罢。"

"那当然是困难的人多呀!"

佐佐木同志强烈地抗议了。鲇川同志搔着头，笑了——

"那是的。……说到这点，我们也许是一种自私主义者。因为我们仅仅是由于那种为什么非死不可、无故地为这种事而失去了青春等的自己的事而可惜着的呀。还年纪轻轻的。"

"哈哈哈哈。同志诸君！在年轻的时候，干罢，干罢。"

这样说着，樱井同志又着手工作了。人们也各自埋头到自己分担的事情上去。

又有这样的日记的一段：

"八月七日。"

"中岛曹长自杀于宇品之日。……激励着弟兄和孩子们，抖擞起精神，走向宇品。而这就是他的人生之最后。……"

"八月十二日。于北平。"

"因水灾之故，铁路不能前进。在此，像要与世上分别般的，酒、啤酒、汽水等胡乱地喝着。写一张明信片回故乡。"

有在起程的港口上就自杀了的士兵。也有由于弟兄孩子等之悲哀而所加的劝勉。到处都是血腥臭。人们悲哀苦闷着。

移时，我不禁哈哈大笑起来了。

"这真是杰作呀！"

什么，什么？不知什么时候又回转来了的南部同志伸过头来。人们都注意着我。"有好极了的歌哪。怎样呢，读给你们听？"

受着同志们的催促，我读了。是很长很长的打油诗：

在文明开化的世上，你不知道军队生活？
不知道我来告诉你。
青春念一受检查，何处是花或是蕾。
是双亲的勇敢不够？是衙门的亲切太微？是她的思念不到？
竟于许多的壮丁中，在野炮甲种上合格。
…………
次日一月十五的天，与双亲弟兄活告别，
与可爱的她也泣离，在多数人的欢送中，
从车窗伸出头来看，都手巾拭眼泪盈盈。
…………
不久听到万岁声，让声音消逝在后面，奔向有名的广岛。
到恶鬼住的兵营里，野炮队上去入营。
一下拖到中队前，身体检查也完全。
最初军服穿上身，看看手来又看脚。
不久就是开饭了，七分米来三分麦。

臭气冲鼻真难闻，军队生活好倒好。
起床起得大清早，烧饭又要把地来扫。
下士官室检被盖，喜欢的纸烟吸不到。
跟着又把马照拂，打破凝冰洗马蹄。
据说马蹄未洗好，班长吵了又来吵。
二年兵和上等兵，拳头耳光打上身。
泪湿手巾还未干，忽又传来集合声。
在那刺身的北风下，四角四方的营庭里，
…………

我自己读呀读的，不觉被畅笑所阻止了。“所谓四角四方，是写得很形象化的呀，哈哈哈哈……”

但南部同志似乎要说营庭之四角四方，是当然之事一样，露出不中意的表情。

“那是到处的军队都有的呀。野炮是野炮的，步兵是步兵的，统有这样的歌。”

“是吗？不是这日记的主人公的创作么？”

“不。原来就有的。是不是，你们那里不是也有的么？”

但傍的人似乎不大知道。又读罢，鲇川同志催促了。

…………
一回到内务班来，据说皮鞋未打整好，班长老爷尽是吵。
二年兵和上等兵，拳头耳光打上身。
初年兵那里敢回手，便所内去哭出声。
次日又要学马术，别人不骑的恶劣马，赶快近前乘上罢！
一乘乘到练兵场，比死还苦苦难尝。
经不起高高的手艺，坠下一时搭不上。
恶鬼教授跳过来，提起大鞭就开抽。
颦着面孔又看马，打起精神又捉□。
汗水七点八点流……
马术完了那之后，驭车教练又开始了。
教官老爷总是吵，恶鬼助手打个不了。
一期时节还算好，二期三期更糟糕。
马房当班是通夜班，天亮不睡把卫兵当。

站在门前作步哨，联队长一过就整队。
长官通过要举枪，下士官通过要埋头。
会客的人和有事的人，整天看人过日子。
…………

大家都笑了。我继续读下去。不久——一读完，樱井同志边想起从前，边感叹地说了：

“真是爱那末随便打人的呀。”

“现在也是的么？”

“是呀，还是打的。”他鼓圆着眼，用严肃的声音说。“嗯，用拖鞋打得你牙腔都要说的哪。”

我惊呆着，但不能不笑了。

“懂事的人还好一点，那些无知识的文盲的老兵，简直是染不得手。他莫明其妙的那样地揍呀。”鲇川同志说。

“自己当初年兵的时候被打过来，现在如果不打，就是一种损失。这末想着，就打的呀。他们想，如果不打人，就是枉当了一回老兵。简直是等着新兵来挨打的呀。”

“那是江户[①]之仇从长崎去取了。哈哈哈哈。”

鲇川同志望望拼命讲着的樱井同志的面孔，这末说着，笑了。

不错，到处都是一样。老百姓们被他们嗾使起来互相啃啮着，而且好好地侍奉着他们的阶级秩序的。——但南部同志不管这一切，带着畅快的口调，说：

“在我们那里，有这样的歌呢……挨中队长骂，受上等兵和二年兵打，以为这就完了，但第二天还被载在会报上，受陆军刑法裁制，在禁闭室二十天……”

大家笑了。

“不过，这样的歌，只有老兵才知道的。在初年兵时，大家都老老实实地干。……待时间久一点，就开始顽皮，学起这样的歌来。真的，这样说来，虽不知道是谁作的，但的确作得好哪。”

的确作得好。这是军队的巧妙的独创艺术。

午后。吃过午饭，继续午前的工作。三时顷，从军司令部来了参谋官，问同志间有人精通炮的没有。一问，才知道掳获的炮运过来了，其中一种似是战

① 东京旧称。

车炮，而又是新型的，但据说是从来没有见过的。

“炮兵是没有的哪。”坂本同志环视了同志们。

南部同志自言自语似的，喃喃说道：

“大队炮一样的东西，总是旧的，如果是新兵器的话，……因为大家离开战争后已经很久了哪。”

这似乎就是炮弹，参谋官从包中取出一颗炮弹和药荚来。廖同志以一种孩子似的好奇心，一下就夺了过去，翻来覆去的弄着看。

“喂，喂，不要干那种危险事罢。爆药还在内面哪。”戴参谋露着危险的面孔，苦笑着，马上把子弹夺过来了。南部同志边望着，边说道：

“这是大队炮呀。就是这个，就是这个。”

拳头般大的美极了的东西，射着黑光。廖同志还把火药取掉后的药荚弄着看，一面闪着眼睛：

“这家伙拿给我，好么？”

“不行。”参谋官笑着，摆了摆头。

“不要紧的罢。”

“不行。我已经要了的。能够做一个很好的花瓶哪。”

他从廖同志手上夺了回去，又装进包子内面去了。露着可惜的眼光，廖同志发着感叹声，说：

“真是好看的东西呀！”

总之是去看一看。南部同志和坂本同志随着参谋官去了。

一点钟过后，回来了。

“似乎是新兵器。我们都没有看过。战车炮样的口径，但要小一点。”

“嗬！终于把秘藏的东西拿出来了哪。”

“去看一看罢。真是样子好看的美丽的东西呢。”

于是，把工作告一段落后，我们全体都跑去参观战利品了。

一月三日。——第三次出动。

从今天起，转上追击了。

午后五时，坐起卡车从基地出发。沿途的模样，在这几天中完全变了。战争走远了。以前那样的警戒的紧张已经没有。毫无变动的田畴，露着被遗弃了的寂寞，在疲倦极了的西倾的太阳下面横陈着。——很明显地感到第一线已经远移到前方去了。

我们也茫然地起着一种舒畅的心境，泰然地在车上谈笑着。从这时刻以后，日本军飞机已结束了掩护被包围的部队，输送给养等的白日任务，不露出影子来。此后是中国军的攻击时间。——然而这种泰然的心境，不久也就告了结束。

一队兵疲态不堪的从前方退下来了，似是交代。几辆卡车停在前面，挡住了去路。于是我们下车来，等待前面的开动。负伤兵走过来了，廖同志和戴参谋止住他，似乎在问前方的状况。南部同志也走过去了。——于是，在其间，突然廖同志露出尖锐的注意，在问什么。

南部同志大踏步走过我这而来。他简直气也透不过，用抑压的声音：

"先生！据说在山洞内面有十名左右被包围着的，似乎还有长官。一个中国兵马上走了过去，据说被手枪打死了。连手枪都有，那一定是长官了。"

"嗬，那在什么地方呢？"

我急急地走到人群中去。其余的同志们也一下紧张起来，集合过来。廖同志简直不管我的质问，紧紧地抓住一位负伤的兵问：

"地点在什么地方？你们是知道的罢？"

对方被弄慌张了，起一种不知为了什么的面孔，鼓着眼睛，回视着我们这谈着不可思议的话的一团。于是他带着弄慌了的口调回答道："这并不是自己亲眼看见的事。不过，到前方，大家都在这末说。地点是马上会知道的罢。"

"嗯！……是真的话，非早点去不可。会自杀的呀。……不是已经切服了么。已经经过相当的时间了哪。……"

鲇川同志用眼睛表明着意思，叹息地说了。

"是什么时候的事？把这一点问明白罢。"

坂本同志眼也不眨的说。廖同志这才向我转过身来：

"了不得呀，总司令阁下！把广播机对着那洞口安好，统统都会过来的。去罢。"

"去罢！这才有味哪！"

我向戴参谋要求向师部司令部清问一下。戴参谋浮着快乐的笑颜承认了。望着大家一齐性急起来的样子，似乎眼睛都鼓圆了。

"对头了。如果是真的话，那是毫无问题的。"

"士兵也在说哪，假若自己内面是有懂得日本话的人的话……哈哈哈哈。"

出发！车又向前方！大家都讲着这事而忘了形似的，紧张地奔去了。

但到达第一日停车的地点时，车又被警戒兵止住了。

戴参谋下车去，在谈着什么。

"要下去么？"我拍着把头伸到车外去了的廖同志的肩膊问。

“不，没有下车的必要。”

“是什么呢？”

“没有什么。只是据说白天这一带又飞来了不少的炮弹。九塘来了三千多援兵，似乎炮兵也有。”

“什么！又是大炮！……去罢去罢。”

于是我们又前进了。

同志们，没有把大炮什么的放在心上。那股劲，简直像是已经把那十余人的一队得到手了。“那是很好的礼物，对浅野公子君是预约过带礼品给她的。”南部同志这样说。……第一，得使他们安心，这像我们这样不会讲话的人是做不到的。……大胆地前去也不要紧的罢。……但究竟怎样呢？因为心是冲动着的哪！——这样微红着脸，发出不安的声音来的，是鲇川同志。

“假如统统过来了话，怎么办呢？我们分成两队，一队马上带他们到后方去么？”

“那样做的话，连人和时间都会不够的。”

很热闹地作着还未捉住的狐狸皮的打算——笑[突]然，一道强烈的闪光！连世界都纷散了！气也断了的打击，接受在背上，连耳朵都被震聋了似的。狐狸皮一下飞了！不久，我才从颠倒了的意识中轻轻的抬起头来看，吐了一口气。原来车子并无他恙。什么一回事呀！人们像胆力都被拔掉了似的，互相望着。

突然，南部同志的铜锣般的声音响起来了。

“喂！怕什么呀！你看，这家伙把脑袋钻到我的大腿下面去了！”

一看，那没有战场经验的勤务兵，果然抱着头，爬在下面的。人们的不安和惊愕的面孔迟缓下来，一齐哄笑了。南部同志拍着他的肩，继续喊了。

“哇哈哈哈哇哈哈哈……不要紧了，喂，起来呀。你看，这像什么样子呀，哇哈哈哈。……”

勤务兵这才抬起头来，不好意思似的，看了看四周。

“刚才那一响是什么呢？”

近极了。

“若是炸弹，又没有飞机……”

“是炮弹么？”

是炮弹的话，则刚才的一发，早已被打得粉碎了。鲇川同志偏了偏头。“大致是什么东西自己爆炸了罢。喂，喂，当心火呀。”

廖同志话也不说，把头伸到停下来的车外，不久，又以照例的突然的冲动跳下车，去探音响的原因去了。不安的脸色，还没有离开人们。——咚！

闪光！……

同时打穿心脏似的打击……

不觉按住了耳朵，但这次可判明了。

“在那里！”樱井同志指着路傍小松树的繁茂处。

十五生的野炮的黑炮口望着松梢。发射后的恐怖的硝烟，微微地游丝似的摇荡着。

“真骇坏人！”

我们不觉安心下来，笑了。原来野炮阵地竟前进到这样的地方来了。

一下，大家又起了热闹的话声。南部同志抱着那感着惭愧的勤务兵的肩头，哈哈笑着，揶揄着。坂本同志则抱着大不必那般戏弄人的面孔，微笑的望着。

“这位老先生是没有上过火线的哪。……喂，你打过仗没有？有？没有？”

抱住肩膊这末问着。这时勤务兵也才恢复了勇气，笑着，感觉讨厌地应对着。

“是的，吃过战场饭的人的话，对这样的声音，是很熟习的。我开初就知道这不是炮弹的呀。”

“但今天会吃炮弹也说不定的。”鲇川同志露着笑颜说。

“为什么？”我问。一面不意地想到了炮兵到了九塘，白天这一带飞来了许多炮弹的情报。

坂本同志这时也静静说道：“这是一种心境呢。在战场是有一种以本能的直觉来判断情况的事的。”

“晚上是不会打的□。”南部同志随便地打消了。随着，以一种由炮声能增加了勇气似的雄辩说：“那不也很好的么，没有炮弹就不像战场哪。”

我想道，如果炮兵来了的话，倒非好好地调查一下工作上的地形不可。但南部同志却不管这些，又继续了他的军队的得意话：

“炮弹什么的，……只要当心一点就没来头的。弹道这家伙是一定的哪。……躲炮弹的话，咱是习惯了的。‘来了，来了’地躲，就行了……大概炮不是从右边打起，移向左边，就是从当中开始，又从右边移到左边的。躲到打过的地方去就行。因为只要躲到弹阱内面去，是没有两次落到一个阱来的事的。要敏捷地不断地跑。那样就可以逃出危险区域的。”

他做着与子弹格斗似的身势，完全高兴得了不得。

等林参谋。在等着中，野炮也不断射着。

隔着一定的正确的时间射着。真相虽然明了了，但震耳欲聋的事仍是一样。于是走下车，躲避到野炮阵地的反对方面的土壁的荫处去。

太阳落土了。无人的公路上，时时有伤兵滴着血，呻唤着退了下来。

林参谋摇着手，来了。

"啊，久等了。"

戴参谋和廖同志即刻走过去，问了当日的战况。小声地，不知说着什么。廖同志露出领会了的面孔，嗯呀嗯呀的点着头。

"怎样呀，今天的情形。"

我走近傍边去了。据说第一线已经超过昆仑关，前进了几基罗。

"刚才说的包围在山洞内的敌人的事怎样了？"

廖同志低着眼睛点头，并以不起劲的口调转问了林参谋。

"嗯……嗯……可是时间已经过了很久。……大致已经逃走了罢。"

"请问个清楚罢。没有逃脱的道理。那是很可惜的呀。"

林参谋点了头，末了说到火线后，再用电话问一问。但那样子似乎是很想不愿谈这件事一样。

戴参谋和林参谋在说着什么的时候，廖同志很觉无味似的离开了。

"怎样呢，那话很像有点靠不住哪。"

"似乎已经干掉了。真不象话。因为对方抵抗了，兵士们就冒了火干掉了。士兵们的头脑，是不明白什么的呀。不过，据说是在包围中乘隙逃脱了。……没有那样的事的。……但这也是我国人的想像呢。……"廖同志吐也似的说。我不觉叹息了。不久，廖同志又慨然地说道：

"政治手段的意义，军人们是不大了解的呀。嗯，总司令。实际上，像这样包围着的话，到处都没有逃脱的空隙的。赶急的话，只有牺牲许多人。……慢慢地慢慢地加以说服的话，是统可以解决的呀。"

"也没有那样简单的。"我不觉笑了。

廖同志有些不高兴了：

"能的。能够把大家的武装解除的。加劲地逼迫着的话……你让我来指挥看看罢。一个兵也不会流血，一周间以上总能全部解决的。只要老实包围着，不让逃掉了就够了。"

"不要开玩笑罢。那样作来，不外是让对面考究策略罢了。"

我想起日本军事侵略者的帮闲作家们所写的关于侵略军的英勇的许多记录文学来。在那里面，是有许多以极少的兵力，心赖着马上会有援兵到来而紧紧坚持着的被包围部队的记录的。

“他们会坚持到饿死的。借着援兵会来的徒然的依赖，继续抵抗的。如不使其知道那种徒然的依赖之无益，而干脆地加以折服，那是什么时候也不会觉悟的。而且指挥官那家伙也会乱说着安慰的话来继续欺骗他们的。”

“是那样的么？”

廖同志偏了偏首。“也许是那样的罢。还是总司令伟大。”不久，又这末开着玩笑，头抬起来了。

“好，走罢。”

林参谋抖擞着精神，催促大家。

“今天前方是比较激烈一点。在九塘，日本军大致是要坚持一下的。”

人们搭上了车。坂本同志又问那包围山洞的事怎样，待一回答说那是不可靠的情报时，同志们便望望我，露出“横竖是那末一回事”的面孔，默然了。

“不要紧，那种机会还多着呢。”南部同志抖擞地占领着车的内面，激励了大家。

不知何时，已经走过了以前的那个临时野战医院的民房。经过了小溪，卡车在薄暗中沿着六〇高地的山脚继续前进。今天车已经能够到很远的前方了。

“不要紧么？不会一直开到敌军中去的罢。”鲇川同志露着木然的面孔，说了。

昆仑关！

我们从停了的车上，心跳着，走下来。这就是昆仑关！出了卡车的掩盖，那将消逝了晚霞的天空和赤土的悲愁的切断的斜面，一下就映在眼上来了。

“嗯……就是这里么！”鲇川同志发出很深的感慨，同时打量着四周。

昆仑关！几次的在死的战斗中，两军的先锋反复争夺过来的昆仑关。血浸润过的战场——惨痛的战斗的痕迹。然而——看起来，却连一点特征也看不出。照例奔走于两侧的低矮的丘脉狭窄起来，会合了，而这却不外是几个山峡之门之一。在赤土的丘陵上，也只有满地小松盘据着。然而却是那末涌来的感慨。我们鼓着眼，回视愁惨地暗澹下去的天空。完全话也说不出来了。

“呵，……这是野炮弹哪。”

南部同志手指着。一看，几株松树打得连根拔起，彼此重着，根朝着天。

有机关枪阵地。周围的赤土，如月亮的表面一样，凸凸凹凹的。在爆炸无间断的火花中，必死地捏着枪把子的士兵的姿影浮到眼上。杀！……冲锋的喊声也在耳内涌来。

我随着被诱惑了的心境，走到从左边来的丘陵的荫处的马蹄形的战壕内来了。壕内已没有尸体什么了。但我仍然寻找着，看掉得有什么东西没有。……什么也没有。我想回去了。但这时胸脯却跳跃起来。赤土的壁上竟写得有什么。

“是什么呀？”不知何时，鲇川同志也走到后面来了。

“看这个罢！”

题的字恰在写在战壕内的人的鼻子那末高的地点上，用木片一类的东西刻在壁上的。大致是想到后来的危险罢，字上又划了两条粗线，企图消掉。我逼过脸去。……模糊地字可以认得出。

“啊！这是士兵写的！”鲇川同志也把脸逼了过来。

“俺”这字就很明白地看得出。……“俺们”……“俺们”——啊，“俺们直到死都是他们的牺牲品……”是这末写着的！

“大家都是这末的心境哪……”

“可以看得出来了，士兵们的心境……”

还有——

“这不是先生的演讲中的话么？”

是的——“俺们的耳目是被遮蔽着的。”这末写着。此外是亲人的罢，还刻得有名字。……我的心脏早钟似的响起来了。士兵们是听过我的话的哪！不，还是很明显地刻在印象上的！……这种确信，一时连脸也热起来，把我弄成兴奋的俘虏了。士兵们是属于我们的！士兵们与我们同在！我们欢喜得连心也要跳出来了。

“喂！又走罢。”

廖同志在喊。

我把题的字抄到手帖上。这才是士兵们的——同胞们的——对我们的贵重的回答。

“喂，有这样的东西呀。”

回到人们面前，我们把抄本上的复写给大家看。人们屏了气息，还有人想马上回到战壕内去。

“走罢！会迟的，走罢。……会迟的呀！”

我们从后面叫了。要去的人这才难舍似的回来了。西空的赤红色消逝，在将转到夜前的模糊的薄暗中，远远的枪声，无间断地响来。

转入山峡的内侧。打坏了的公路。崩坏了的小川的木桥。无数的炮弹车在那旁边翻，被遗弃了。

"抛了这末多的东西逃了。"

"今天去的地方是很臭的哪。七乱八糟的杀了些马在那里。"

林参谋开头,浩然地走去。

月还未出的公路。

前进,又前进。

时时追过那些用杠子吭唷吭唷的挑起子弹箱前去的小队的辎重队。

"最初看见这个的时候,真惊异得很。竟是用肩膊运子弹的呀。"鲇川同志深感着说。

"嗯,那家伙真吃不消呀,哈哈哈哈。"樱井同志也笑出声来。

"那样重么?"

"会令你呻唤起来的。"

"日本军用什么运呢?"

"马或者车。用人运的事,还是第一次看见呢。"

尽了忍苦耐劳之极,用肉体来补助机械力之不足。这就是民族抗战哪。

前进,又前进。

的确,今天的战斗似乎很激烈。炮声不绝。迸流似的子弹的音响,一瞬也没间断。渐次接近这些音响,一看,在北西方黑蓝色的穹苍上,奥里昂(Orion)星座冷寂的辉耀着。

不久,走进丘陵的荫处。卷绕着、环抱着丘陵的公路,在弹道的死角的荫处,我们遇着了一队待机出动的战车。轰轰!……盖过来的恐怖的音响的威胁。巨大的钢铁的怪物。这家伙吐火。只要一想象到这,也是恐怖的。

警戒兵在叫什么。林参谋用冷静的声音答道:"师部。"

"今晚上怎样呢?"

"没有变化。白天,这土冈上落过炮弹的,要当心一点。"

"晚上也打的么?"

"晚上没有打。"

"辛苦了。"

从这里,小路沿着丘陵的土壁向右面上。我们走上去了,在小松的丘陵上曲折着,在弹道中进行着。战车的声音,在黑暗中轰然地沉重地响着,很可怕似的。越走远,越走远,但只要一到山冈的高处,反而觉得那家伙更近了些,威胁似的响来。简直是那漆黑的怪物,似乎马上就要踏翻小松,露出姿影一般来的吼向。

“不要抽烟。这一带似乎是恰当着弹道的路线的。”

林参谋注意道，默默地翻过山冈。

“似乎战车要出动了。”后面，不知谁低声地说。

低地，谷间的水田。一条细小的畦道，沿着刚走过的山冈脚下，向西南，又向西南……

丘陵切断，一下展开来的水田。左手望着直走九塘的公路的平原；右手，那从六〇高地来的连接着的或伸着手脚或缩着手脚的低矮的山脉，黑暗无声。而其中有一支脉，画着弧线，遮着两基罗左右的前方。炮弹和枪声，因为失去了障碍的原故罢，从那上面一下喧闹地响了过来。

走出平地，人们的脚自然地踏快起来。

“讨抗战的光，中国是进步了呢。”

林参谋带着忘了这是什么地方的一种毫不在乎的神气说。

“就取科学这件事来看罢……连老百姓也知道了从未见过的什么战车、什么飞机之类的东西了哪。”

“真的，连那种东西的味道也返来覆去地尝过了呀，哈哈哈哈……”林参谋也笑了。

我着实地回想了民族解放战争的真象。

用肩头挑起子弹箱前去的兵士。而一面又是极恐怖的战车的活动。在极可惊的原始性的人体的努力的傍边，又有最近代的科学并肩前进着。一切都不均衡。一切都不整齐。政治、社会、军事——复杂之至的多样性。然而这一切，都被一股巨大的洪流似的意志所推动着。逆着这股洪流的侵略军，连其自夸着精良的近代武器，手脚也被攫取去了。

默默地，带着牛也似的忍耐力，运着重担的脸孔、脸孔、脸孔——钝重的表情。是谁推动着历史的呢？某种文明人的眼睛，我不意想起来了。

“嗯，这，那能成呀……”那眼睛似乎在说。直到现在，我是常常遇过那样的面孔的。那鼻上拖着欧洲人的文明，那眼孔瞧着“黄色人种”。恐怕那眼睛，在这钝重的可怕的努力中，只能看着照例的东洋的“苦力”的罢。哼！现在看你那样儿！

……我的心中，愤然地涌出战斗来。……我的心中看出来的不是“苦力”，那是历史！那是伟大的东洋的姿态！

不错，洪流内是浮着各种各样的东西的。但一切的不平均，一切的复杂，都朝着一个方向奔。见着这奔流着的一段木片渣滓，你想说的话，就说“这是一段木片渣滓！”好了。但我们见着的是东洋的洋洋洪流。这洪流包含着一切的不均衡，而在进步这一意志下统一起来。

“呀！这气味难受！”

突然，起了捏鼻子的叫声。

“难闻罢。这就是马的尸骸气味哪。”

走在前头，林参谋在黑暗中这样说明。

真的，我们走进到透不过气来的恶臭中了。嗯，真地难受。臭极了。

“是马么？……不是人罢。”

“马上会看见的。连小马房内的也杀掉跑了呢。”

这真够受。连皮肤也浸透进来的恶臭。在黑暗中满讽着的。

据说整个村子都是这种腐臭。真的，越走这气味越浓起来。

我们踏上那杂乱地铺着石梯的坡道了。

先前听出激烈的枪声来的山，就在鼻前。一团簇黑的人家，在山荫处露出来。一逼近，从那里，也有一股更厉害的恶臭强烈地流出来。

“这里似乎是住过队本部什么的。把堆东西的屋做成小马房，据说马杀死了还没有收检呢。”

“去看看罢。”

顽皮的廖同志，马上走到民房门口去。一个似乎刚从山上把伤兵的担架运下来了的卫生兵，在歇气。臭极了。

“马房在这内面么？”

卫生兵抬起诧异的面孔回答说，内面死了三匹。

“算了罢，算了罢！死了的马，就看又有什么呢？”

并不回答捏着鼻子这末制止的我，廖同志独自走进屋内去了。不久，充分地满足了好奇心，才又走了出来。他毫不介意地向那不愿等待而露着不愉快的面孔的戴参谋，一老一实地偏着头说道：

“为什么要干这种无益的事呢？重重叠叠的死着的呢。”

“好，好，走罢！”我不耐起来，说了。

又走上黑暗的坡路，今晚的确充满了杀气。由于眼前的屏风似的遮蔽，枪声只微微地听见。但是新的部队增援了罢，山荫中，竟是那末杀气腾腾的。似乎已近敌前，一点声音也不发，即在晚上也把伪装的树枝等绑在枪上的士兵们，绕着山，从我们的面前移动过去。山麓处，则有一队兵，盖起麦藁，或蜷缩在毛毡内，待着命令，睡着。有时也有拦住走近的我们，询问情报的人。

“你们是那一个部队？”

林参谋问了。士兵们也在回答。

"团部在什么地方?"

兵士露出不知道的面孔。

"去找找电信兵来。"说着,林参谋的姿影消逝了。隔了一会才反[返]回来。

"上去罢。据说团长会打发人来迎接的。"

山是那粗糙的崩落下来的砂混着的坡路。受不住脚的踏踩,常常崩溃着。运机械的勤务兵辛苦地喘着气落后了。

走近顶上,走在前头的林参谋向上面叫道:

"是团部来的么?"

"是的。"

从黑暗中,有人走下来,是传令兵。

不久,又往上走。追着林参谋的脚踵上走。到了,是顶上,喘着气,一看四周,原来是一个几无保障的没有遮掩的秃山头。几乎使我们不觉弯下腰来。两翼和后方的平地,全面都展露着。在山顶的偏南的半腰处,像订造似的,有剃剩了头发般的小松树,遮住战壕生着。团部就在那战壕稍下面处的几株小松的荫处的小穴内。上起刺刀的卫兵。从那内面,应着传令声,有"啊,欢迎!欢迎!"的满含精神的声音传出来。

随着林参谋的引导,走近洞穴的进口。穴中的主人,很高兴地从内面伸出手来。握了手。嘁嘁嚓嚓地爬出来的,这一个血气方刚的生着短胡的团脸的青年长官。他应着林参谋的质问,一气地说明了战况。

"没有几多敌人了。"

"这面的山呢?"

"是我们的。"

"在平地上呢?"

"都是我们的。敌人在不停地退却着。只在前面六百公尺的小山上,还有一个中队了。把这消灭了,第一线就可以一直进到前方。很容易的。那小山的对面的山,今天也是我们的部队占领了。在白天,从九塘那面打来了很多大炮。那一带,满面都落过炮弹的。"

"不要紧么,在这样的秃山上?"廖同志环顾了周围。但据说,这是内侧,而且是在战壕内面,所以不要紧,没有那样容易被打中的。对这满身是力量的话,我倒反而不意地感到不安了。

"有战利品么?"林参谋微微笑着问。

"坦克车炮和——"

"不,小点的东西?"

于是他这才像一下想起了似的,跳下穴内去,从外套内取出一件什么东西来。

"得着了一架照像机。像是很好的东西,看一看罢。"

一下,廖同志以照例的孩子般的好奇心,夺了过来。打开机械,翻来覆去的玩弄着。像马上就要弄坏一样。在傍边,青年团长偏着头说道:"如何呀,是好的么?不大像是军队用的。似乎是有从军的新闻记者之类来过的。"

"好,到外面去看罢。"

他取回照像机,叠起来,又收检到洞穴内去了。我们随着他出去。在外面的斜面上,同志们等着。团长浩然地走在前头,到顶上的战壕前去了。

是伟大的夜景,海一般的大陆的波涛。而这,在星空下,直到地面线,都现出黑蓝色,重叠着,在那底下——现在是时时间断着的枪声的交射。机关枪。是手榴弹罢,在其间,浑然地吐出火光,传过爆音来。团长回过头来,用手指道:

"那是四四一高地,是日本军的。"

距离约有六〇〇公尺罢。明显地与我们站着的山对向着,在夜海上,圆圆的浮在那里。似乎满生着茨茅草和篁竹之类一样,在稀薄的夜雾中,画着柔毛般的线,在顶上,看得出有灰白的稀疏的小松,成排的长着。简直像一只抛了锚的大船。从西北到南,如包围着船的防波堤似的,有丘陵圆圆地围绕着。这是从我们的山顶的同脉的连接地的丘陵,而这一切的山,现在统是被中国军占领了的。

日本军三方面被包围着。只有东南的低地、面着公路的一线是开放的,而就在那一带,现在似乎是必死地继续抵抗着。这时,感到不可思议的,是那从四四一高地的山后面,灰白的浑浑地上升起来的焚火一般的烟子。如是焚火,似稍大了。这烟子传过那柔毛般的山的侧面,直向星空腾去。时时看得出火舌。次乎逐渐在扩大中。

"是失火么?"

我说。于是团长说明了。

"不,那是烧的火,防敌人乘着黑暗逃脱的。"

不错,也有这样的手段。从侧面,又有烟子上升了。白色的烟,似乎还有火的爆炸声。

"啊! 这,已经完了! 像包围了的狐狸。"

樱井同志带着发惊的声音说。熏也似的,烟子逐渐变浓,一摇一闪的向山顶爬去。

“到明天就全收拾完了。”

“同志诸君！马上干罢！我们在今晚上就收拾完哪。”

同志们笑了。团长不懂得我们开的玩笑，问：是什么事？而待戴参谋通译后，他也失笑了。

“就在这里干么？如果什么的话，就在我这洞内干也可以。”

“那不错。在那掩蔽内干的话，点起蜡烛来也不碍事的。”

“怎样呢？”

团长抬起头来，环视着同志们。

“假若诸君内面有人去的话，和我一道走到警戒阵地去干罢。用肉声来对谈怎样呀？不过要吃点手榴弹也说不定。”

“我去罢。”

坂本同志说着，就慢慢地走上前去了。

团长鼓起眼睛，高兴地看着他。

“算了算了。”我笑着制止了。“在这次的工作中间，照着规约自重一点罢。”

“不要紧的，至多也不过是步枪和机关枪罢了。……打来的话，把头低下就行的。”

“不行，不行。”

“不过既然在约我们去，不去也觉奇怪罢。”

“喂，大家，不干了么！尽那末谈着什么呀！喂，干哪，干哪！”廖同志不知误会了什么，大声说道。

“不是在说干的么！掌舵的人太多了哪！”

而就在这时，一下，廖同志失了脚，横倒到战壕内去了。我不觉吃惊起来。

“不要紧么？没有受着伤？——你看，随便乱站着方向，脚下是会动摇起来的。”

人们扶了起来的廖同志，边拍着灰，边不好意思似的说道：

“是的！正如总司令所说！听总司令的命令罢，诸君！”

漂亮地干着顽皮样子，他很快地走在前头，向机器那面去了。

廖同志作介绍演说的时候，叭呀叭的，打来了五六发步枪的精准射击。

坐在发音箱的土荫处的南部同志，回过头来向我说道：

“打来了哪。嗤呀嗤的子弹声音听到没有？”

“瞄准是相当正确的。在晚上，有这远的距离……老战友诸君，手还不错呀。”

鲇川同志笑着，佩服了。

但那以后，射击便停止了。开初的射击，大致把中国话的广播误认为是指挥官的命令了罢。

林参谋、戴参谋、团长三人离开发音箱十公尺，在死角的小竹丛脚下占着阵地。他们盘脚打坐，把枪声当风似的，毫不介意的谈着什么。血气旺盛的团长的颜色，似乎以为今晚上大致可以借这玩意儿不致再单调了一样，看来是无精打来的。

照例的顺序，我首先广播了，从土穴中回到山顶来观察日本军的阵地。

平和的夜。散乱的星群。沉于薄雾中的群山。静寂的阵地。悠然的战场。圆圆的四四一高地上的白烟，完全像画一般的静寂，缭绕上来。然而，在日本军的阵地，眼虽不能看见，恐怕由于这白烟而搅起焦燥的恐慌了的罢。

任何时到战场都意外感觉的，便是战场的这种静寂。这或者是由于夜的加深，两军的活动到了收场的时候了么？在离火线一步远的地方，那般激烈过来的战斗声音，竟像被抹掉了似的，完全感不到了。

“战争这家伙，竟是寂寞得起悲感的东西哪。”

我坐在砂地上，向播完归来的鲇川同志这末说。于是鲇川同志也在旁边坐下了。

“那，你对战争有什么感想么？”

“没有什么感想。只觉得这是一种渺小的东西。也许是因为背景太大了罢。”

“那还是因为没有尝到真正的味道哪。到激战的时候，并不是那末优柔的东西。子弹不断地从耳边嘘呀嘘的飞起来，那才是不怎么好玩的。”

“也许是那样的罢。”

“这种悒然的风景。是完全看不到的。啊……”他不转眼地望着周围的低地。“我对于中国军这面之有这样的余裕，……完全想也不曾想过。原是什么也不知道呀。第一，这也完全是受了军部的那种乌烟瘴气的热闹的宣传所致。真的，宣传家们真是毫无责任。像那样说来，当然是会以为中国军的内面是完全乱七八糟的呀。……总之，这算讨光，日本军的战线看见了，中国军的战线也看见了。”

他笑着，环顾了四周。

“你看，竟是那个样子呀。”他说。

一看，一个肩背着枪的休息中的兵，慢慢地向着那发出声音来的地点走去了。一点没有警戒敌弹的样子，简直是在聊以解愁。

“刚才对他说是危险的，但反而板起不高兴的面孔，鼓碌鼓碌地望着我呢。”

于是我叫那兵不要走近箱去，但他仍然话也不答，待看完了那把戏后，才又从竹薮中慢慢地走了出来。

“戴先生，请向士兵们注意一下罢。发音箱处是会有子弹飞来的。”

于是戴参谋向团长传达说：“鹿地先生是在这末注意。”但被团长注意了的兵却说道：“打不中的。”团长只好“随你去罢”似的，手撑着头，苦笑了。

“没有办法，真是。太渺视了。……其实，这不知是大胆，或是疏忽，我觉得到了这边后才知道了这次中国军的徒然的损伤之多的理由了。”

鲇川同志喟然地说。我只有苦笑。

这也可以说是一种麻痹。浴着压倒般的机械力的优势的帝国主义的军队的炮弹，毫不畏惧地继续抗战过来的士兵，是失掉了在这优越的战况下也有子弹飞着的感觉了。当初，我之所以对战场的空气意识到一种不安和惊异，也确是由于这种弥漫着的麻痹的空气。这就是战场么。我对士兵们的马虎，反而不能不感到一种战场的压迫。

士兵抱着昂然的态度。但这也毫不是想夸耀自己从死什么的走过来了的那种意识。这只是一种一切都是当然的、一切都是倦怠的态度。对一个外来的人，这的确使其感觉奇怪、不惯和不安。最初到宾阳……在宾阳的尘土弥漫的原野上驱车走过的时候，我总不能把这种感觉除掉。——黑暗、发动机的声音、头灯的无言的威胁……一留意，部队、不断的人，从通过的车傍，逐渐逐渐的被后面的黑暗吞蚀下去。……哨兵所、映到刺刀的光芒上来的红灯笼、人的面孔。那些倦怠的、忧郁的面孔，一切都是感到无聊的、疲劳的面孔。在我是一种□然的紧张的刺刀的血一般的闪亮，在他们，似乎也不外是一种难于消逝的倦怠符号。无论是灰尘弥漫的原野或山峦，都满面地支配着这种倦怠。被期待磨光了的神经，为这种倦怠所击败，到就寝的时候，疲劳得意识也朦胧起来了。几天来的这种疲劳的海。我的意识，如个人角力似的紧张着。然而，终于不知不觉地我也把这疲劳习惯了。我自身已快成了这平凡的战场的一部。到一意识到时，我已经没有疲劳了。最初感到的，对我这样神经衰弱的人，如他人的事似的，毫无关系的那种战场的沉郁，其实，也就正是战场、战争生活、军队这家伙。我这样回想了。

这样，无论如何的炮弹的悲鸣，激烈的敌袭什么的，都不是惊心动魄的东西，而如工人向着机械时一样，能够沉着应付的那种战场的生活者完成起来了。在战场，连死也是平凡的。所有的，只是顽强的抗战、民族保卫的昂然意识。这种意识，与我们从来愤然而起的悲壮的意识、柔弱的神经的兴奋等完全不同，而是走着既定之道的人的当然而毫不觉奇的脚步的自觉。

我在胸中对战场打了招呼。于是，战场便现成是很可亲爱的东西了。我又用一种微笑的亲热的眼睛，看那带起刺刀慢慢地走过的兵。而那兵几乎要说“那边什么”似的，抑郁地走开了。

播音机还在黑暗中继续叫着。这次是歌，是樱井同志在唱。

在辽阔的静寂的海岛似的展望中，一个人的声音，如特别添加了寂寥一样的唱着。流弹在空中嘘地一声飞过了。

团长在打呵欠。

“怎样呢，完了么?”

我向那咳着痰，润着喉头，从土穴中出来的樱井同志问。

“是的……今天不行——最初的发音稍高了一点，声音……失败了。”

“统统完了么?”

“是的。”

“好！让我再去摇醒他们罢。”

我笑着站了起来。抑着喉咙笑着的樱井同志，与我擦身而过，走上发音箱后面去了。我边走下土穴，边想起昆仑关战壕内的题的字来。啊，他们的心中是如何地悲痛着的呀。鲇川同志也说过——想起来，我们的广播是残酷的……请轻轻放下罢：他们说不定是这末恨着的罢。

我决不轻轻放下，弟兄，决不轻轻放下。

“把发电机转动起来!”

于是，发电机叽呀叽地回转了。我吹熄了蜡烛。面着土壁的黑暗，那些痛苦地拿着枪、彼此话不说、静想着的士兵们的沉痛的面孔，鲜明地浮到我的眼上来。他们已经很知道我们是日本人。这的确是知道的。不特如此，他们也许还在无所依恃的围攻中，每夜都期待着，不知今晚我们又将在何处出现的罢。

弟兄哟！硬一点罢！

我用斥责似的调子，说起来了。

我用劈头伸[申]斥的调子说了。——拿出勇气来，弟兄！简直没有点硬骨气呀！我是那末想着的。如果不服这话的话，直截了当的向发声的地方打来罢！打来看罢！恐怕不会打的！我决不会轻轻放下的！轻轻放下，那就不是对你们的真正的爱情——我以这样的心境继续说了。

我又说了看过机关枪阵地内的题字的事，——弟兄们，你们的心境，我知道，真正的心境，很知道。你们好好地回答了。谢谢你们！谢谢你们！眼泪都流了。……你们不是那末理解了的么！不完全明了了事情的么！……今天，同志们也嘶着声音向你们讲了。弟兄，你们是懂了讲的话的意思的罢。应当是很懂得的！但仅仅懂得是不行的呀！轻轻放下是不行的呀！我们同志们每天晚上这样地出现在诸君的枪口之前，你们以为是为了什么呀！弟兄，这决不是多事！这决不是为了使你们难受！这决不是为了来说着玩的哟！请想想我们的心罢！想我们看到那希望我们不要说的同胞的软骨头时的悲哀罢！

"弟兄！懂得枪的方向么？枪是对着敌人放的呀！从华北打到诺蒙坎，终于打到这次的冒险的危险中来，……怎样呀，还不知枪的打法么！枪是打敌人的呀！敌人是在你们的后面！是把你们和家族迫着往死地去的那些家伙呀！"

"不要打仗！怠工罢！不要打那和共同的敌人战斗着的中国的弟兄们！把枪向空中放！弟兄互相残杀，那只有使那些家伙们高兴。……中国弟兄们，也决不是愿意打你们的，但你们既然打来，才为着自卫，才不能不回手！那末就把那些叫你们'前进，前进！'的人干掉罢！"

"只向着空中放，还是不行的！怎样呀，枪的用法懂得了么，弟兄！"

我把话截断了。在说话中，依然没有射击。今晚上一定是什么都失掉了余裕，在黑暗的土洞中，捏着扩音机，我只听到了自己的声音。如只有我个人一样。我随便地任意地讲。突然……一个想像浮上心头来：

"他们能够打么？假如我——"声音的主人，现在突然出现到他们的枪口前面的话。

"弟兄！"我被压倒般的气势驱使着，又这样叫了。

"弟兄！懂得了枪的打法么？我问你们。如何呀，懂得了么？或者……究竟怎样呢？"

"对我的话反对么？反对就说反对罢！今晚上……"

"我横竖……好，我是站在这里的。反对的话，就对准声音，一齐射击罢！打！好好地打呀！"

我怒骂了。

"打呀！不要客气，弟兄！"

一发也没有，我等着，但仍是不见打。一枪也没有发。我安心下来，捏着扩声机，哈哈大笑了。

"弟兄，知道了！好的，你们没有打。亲爱的弟兄诸君，你们的心境知道。谢谢！不要忘去了敌人。不要忘去了枪的用法罢！"

我放下扩声机，一看傍边，不知什么时候，廖同志也走来和我并同蹲着，他叹息一声，笑了出来，模仿着我的声音：

“打呀……打呀……不要客气……哈哈哈哈……”

一月四日。

飞机一早就在头上飞着，闪在阳光上，完全是透明似的。

在竹薮中，我们午睡了。农人们放着的水中，呼呀呼的吹着鼻子，——毫无其事地践踏着篁竹，哨嚼着细草。我们悠闲地仰天望着。

突然飞机绕下来了！跟着，一下栽来，轰然一声，群山都响动了。继续又翔了上去，但却并不从小山上飞走，只大大地回旋着。

来了，来了，又一下栽了下来，轰！全山又打着抖，响动了。

很近。但我们完全习惯得对这毫不感觉兴趣，只仰睡着，动也不想动一下。

戴参谋到竹丛中来找我们了。

“诸位!”他叫了，照例地泛着温和的微笑。

“九塘打下了哪!”

“打下了么——”廖同志说。

我迎着走来的戴参谋，又回顾同志们，高兴地说道：“如何呢，真了不得呀!”

九塘的陷落，已经是知道的，那早就成为我的一种意念了。

“九塘的日本军一直退下去了。今晚上又要前进很远的哪。”

“昨晚上的山怎样了?”坂本同志问。

“自然完全退走了。”戴参谋用劲答道。

然而，一听着这，鲇川同志和南部同志一齐发出了失望的声音：

“什么，放走了么……”

“把那些家伙放脱了，真是……”

戴参谋比较地看了看两人，露出与自己的期待相反而落魂了的面孔。一瞬，又变成了完全想也不曾想到而自己的责任突然被纠□了的面孔了。但南部同志却不留意到这个，只可惜地挠起嘴，向我诉说道：

“真不行，是那样的干法……用不着慢慢地来的呀，对那样的东西。一下冲进去就行的。悠然地，无论什么时候，都远远地围绕着，所以被逃脱了呀。那样的东西，在昨天一晚上解决了就行的。”

戴参谋望着廖同志的脸，样子似乎连话也说不出来。在那傍边，背着脸的坂本同志此时才泛着静静的微笑，缓缓地这样说道：

“单看那座山也还是不明白的。如不看附近是怎样的配备。……说不定是一下冲不进去的原故呀。”

“但是……”

“乘着暗夜,偷偷地逃出去了的罢。”廖同志也这末说。

“算了罢,算了罢,就让他逃掉罢。”我笑着说了。“让他活着还好些。慢慢地团聚起来,让咱们接收好了。”

“对了!”挠着嘴,廖同志对同志们说服道,“就互相残杀着,也是无味的!那不过是徒然的牺牲。让他活着的话,就会统统是我们的了。”

我笑着,同志们也才望着那骨碌碌碌地转动着顽皮的眼睛的廖同志,勉强笑了。

“总之是了不得。又退却了。看来,我们是所向无敌的呀。”

“那末,今晚上,卡车又要向前了罢。”樱井同志应声说道。

“当然的。每天平均前进五公里。照这样,在一星期内,就会到南宁的。”

戴参谋回复到平时的温和的面孔,笑了。

这样,我向吴参谋处长预约的到九塘夺回为止,恰恰对头。——总算是在我滞在期内完成了。

“廖先生……今晚上无论如何要去干一干!这是我的最后参加哪。请打个电话给吴处长。到重庆的飞机已经是有了的罢。”

“嗯,马上打。终于达到预约了呢,总司令阁下。”

不久,为明天的我的车的交涉和打电话计,廖同志到司令部去了。我们和戴参谋一同走到照例的山洼中去,又开始资料的调查。

在午饭时,中央社的记者和照相师来访问。据说要把我们这无敌部队的工作收到Camera内去。要照工作场面?……那因为是在晚上,不行的,那末,就来一个模拟演习么。……在谈话之后,廖同志这末说。

“那末,就单拍一个照罢?”

好的,那末,全体出动准备!准备好后,今天就那个样子行了,午后三时就从这里出发,不然,前线会走到很远的地方去了的!

我们准备完结,刚把机器搬到外面时,飞机的声音又从头上听见了。出现了三架。这回,笔直从头上飞过,向柳州方面去了。

“轻轰炸机。到那里去呀?……那个方向。”

南部同志在我的傍边,说:

“会到桂林的罢,哈哈哈哈……”

“不至于……”

“是的。……”

“你，桂林究竟在什么方向，知道么?”

“大致知道的。”

“那末，说来看看。”

我们之开始了这样的问答，是因为我想起了昨夜下山，在途上大家走迷了丘陵，要失掉了走出公路时的事。但总之公路的位置是知道的，所以那时我对作引导的说走那个方向的路。“不，不是走那边!”他这末说着，转来转去的，环视着周围。“不会错，我是知道方向的!”于是我排开那难于决断的兵，走到前面来。大家很怀疑似的也跟在后面。这样，不久便走上见过的正确的道路上来了。“啊，你真了不得。是怎么知道的呢?”作引导的这末佩服了。“自然知道。我么，我是看星子的，星子的地位是一定的。”……星，像静夜的眼睛似的，满面地眨动着的。于是，这回鲇川同志一老一实地问了起来：“那末，是看着哪一颗星知道的呢？可以教我么?”

“嗯……是的。你，有一颗大的家伙是什么星，你知道么？那是金星呀。”我边转来转去地找了出来，边说道。

“金星是怎样找出来的?”

“那……现在这样的时刻，是在西方的呀。”

“那，……还不是先知道方向，然后再来看星座的么，哈哈哈哈……”

我们在黑暗的夜道上，愉快地互相笑了。……

“是这个方向么?”这时，南部同志举起手，指着他的“桂林”来。

但那，完全是估错了的东南方。

“哈哈哈哈，不要瞎来罢，你是当过几年的兵来的！朝那方向去试试看，会走到日本军内面去的呀!”

“真的么?”

“当然真的!”

“那不是昨天的星斗的口子么?”

“瞎说！现在是几点钟，太阳每天是从那里出来的!”

“是从这面，……是的吗……哈哈哈哈。”

在等待的余暇中，照像师已经准备好机器。廖同志大声地从山冈荫下的树林下叫了：

“喂！拍照了！在干什么呀，同盟员诸君!”

机械组的佐佐木同志已经实际地照样准备好了，樱井同志在发电机傍边等待着。坂本同志拿着手枪，站在斜前方，就了护卫的位置。我拿着了扩声机。

“留意！”照相师嚓的一声按了机器。

拍完了照。很稀奇地到后面来看的老百姓和士兵。有这样的老人还留在这样的地方——长着灰色的长须，拄着手杖，一拐一拐的……于是我向他问道：“怎样呢，没有逃么！”老人诺诺连声，点头笑了。这时镜头对着我们，嚓的一声，用快镜收进去了。

今天因为要到九塘前方，我们的卡车在四点钟就出发了。越过昆仑关，在九塘附近下车。据说，日本军还在近郊抵抗。

夕阳留下小松的影子，在赤土的斜面上红红地映着。今晚也是美丽地晴透了的星夜。我们直浴着如血般的挂在山边的太阳，向前进行。小桥打落了，上面是用松木棒刚搭好了的假桥。

通过皮鞋，舒服地感到柔和的赤土，我很快乐。

在一周间中，我们的工作队引起了预想外的冲动。在日本军的战线上，自不用说，即在中国军队这面，现在已全部知道了我们，而成了一种兴奋的话题。但这是说我们究能做怎样多的事呢；这是说我们在这短期间内究竟作过了什么呢。我们被专车运输着，用专车每天回宿舍；几乎在无所谓痛苦的条件下，悠悠然地继续了工作。中国军当局过于欢待我们了，在我们的眼上，没有看不见那忍耐着可惊的困苦，继续着无休息的战斗的中国军的将士们的。他们说：你们是援助中国的国际友人，所以是应当的。但究竟谁是在被援助，谁是在援助的呢？我们，日本人，日本人民，曾有过一次在这样有利的条件和保护之下，公然地向同胞说过真实的话的机会的么！有倒于凶刃下的同志们，有呻吟于牢狱中的同志们，也有失了踪而不知去向了的同志们。老朋友们的面孔，依次依次地被唤起来了。我充满了荣耀的喜悦。——同志们哟……现在和我一同走的，这是新同志呀。我在这里，……你们是惦念我的行踪，一直耽心过来的。但我在这侵略战争的战火中发现出新同志来了！都是了不得的同志，请看罢！

我带着一种与在国内苦斗着的同志们对着面的气氛，这末空想着。

我也在心中画着一种近在数日后的、在重庆的与中国同志们的会面。他们将会凯旋者似的迎接我。他们会露着惊异和感动，“真了不得呀！”这末围着我。但是，究竟什么是真了不得的呢！

这，不只是我们从中国政府得到无上的优厚的援助罢了么！

这，不只是完全照文照字的，中国把我们当成“友人”，不，当成稍过于“客人”了的友人来待遇罢了么！

只是，我要以满心的欢喜叫出如后一事来：了不得——自然是的，真了不得——是我们的友情真了不得呀！这样的事，是用不着怎样惊异的呀！这只不外是我们的友情所产生出来的一点儿小小奇迹罢了呀！我们尽可以更抱起自信来！伟大的！了不得的事情，决不是梦！两民族的伟大的“友情”所创造出来的光耀的东亚，决不是很远的将来的！

我们同志的组织、日本人同志的组织，被这民族的友情培养着，马上将其手脚伸到全大陆上去的事，也不是不可能的罢！

这短期间内所经验过来的各种各样的事件和印象，我逐次逐次地想起来了。

桂南的被小松遮蔽着的赤土的山、绯红的夕阳、迁江的青黑色的水流、满面枯草的岩石的山。

林参谋长的严肃的慈颜，吴参谋处长的亲热的笑面，在那里面浮现出来了。

其次，那星夜、那静静的星的海、枪火、火花般的枪火！

不懂话的，用满面亲热的脸包围着我们的中国士兵们。他们似乎在说：请理解我们罢，我们对你们，是抱着衷心的友情的。而且他们在无意中，浩然地夸示了：我们决不会败，请看罢，我们有枪，我们是保卫民族的勇士呀。

我不意想起昨夜在山下的一桩小事来。

戴参谋向走近傍边来的一位士兵问道：“如何呀，你们？”于是那兵提着枪，大大地发挥起气焰来。简直似乎在说请听罢一样。于是我和南部同志、鲇川同志也到傍边去听了。这似乎是一个老兵，像在讲战况和这次战争的夸功话。……轻轻地带笑听着的戴参谋，不久一下露出惊异的面孔：

“什么！什么，你说杀么！”

“还有让他们活的——自然要干掉。王八蛋，能饶恕他们么！”

戴参谋露出这真糟的面孔，苦笑着，摇摆了手：

“那不行，不行！那样做不行！那是你错了！

戴参谋浮着狈狼的微笑，望着我。

“在说什么呀。”

“哈哈哈哈……在拼命说纵然抓住俘虏，也不会饶恕呀。”

他又回过身去，对兵说教道：“请看这些人罢，都是日本人啦。日本的人民，都是我们的朋友。……”兵露出了为难的面孔。掉过脸去，好像手脚无所措，马上露出自己失败了的颜色，走开了。

“那，如果不像那样的话！如果没有那样的仇敌心的话，是不能打仗的呢。加劲干罢！”

南部同志这末说了。鲇川同志则苦笑着，说：“反之，如果打败了的话，那可不成哪！”

这样的事件，这些昂然的士兵，一切都使我高兴地微笑了。

“鹿地先生！”突然一个喊声，把我从回想中叫醒过来。原来，我是站在同志们的前头，用着随意的步调，悠然地走着的。回首一望，不知是谁，有一群长官，在公路上和同志们一同站着。戴参谋追了过来，在叫我。

“是××师的师长，据说要见一见你。”

把走回来的我的手，师长走出人群，紧紧捏着了。是一位身材矮小，但看来却很精干，而且是稀有的带智慧的军人。他在年轻的脸上，满浮着亲热，向我们谈起来。据戴参谋长说，他是在德国留学很久的一位新军人，廖同志给我当翻译：

“听说先生来了，就很想见一见的。真是好机会。”

明朗的快活的亲热，很使我快乐。

“刚到前线去视察了回来。好的。我们一同走到那面去罢。”

于是，他边走边谈起来：

“对你的工作，我们都是很感动的。这次的战事，实际上对贵国的人民大众，真感觉难过。今天也是有过相当激烈的战斗的。在夺回来的阵地上，两方的战死者纵横交错着。俘获了很多日记及其他文献，而一想到士兵们的心境，连我们也真不能不流了眼泪。在日记中，没有一个不流露着怀乡的情绪的。其次，在土穴中还写得有各种各样的文字。……想着这些人的心境，似乎惹得我们也要哭一样。战死者和中国士兵一样，都好好地埋葬了的。请放心罢。”

我抑制着感动，厚厚地感谢了年轻的师长。

太阳落下，四周冷寂地被暗影包围了。

与××师师长分别过后，在等待引导兵的当中，戴参谋偏偏头，说道：

“嗯，只有一件事是不可思议的。打了这样的激战，……抛弃了这样多的战死者，而负伤者却完全没有呀。……大家都在感觉奇怪呢。想来，是统统杀掉之后逃了的罢。”

“不晓得怎样。……恐不至于……。”

“杀是不会的。”鲇川同志说。

“但一个负伤的也没见到呀。”

“那，杀的事，有也是有的，仅据我所知道的……”我回想起来说。的确有把传染病患者当成作战的障碍而加以毒杀的例。又对于负伤的，在战友们看不到的地方，泼上汽油来烧死的事，也时时有过。似乎，这样的事，大致是使伪兵来干的。我在很早以前，曾听见一个反正过来的东北伪军的师团参谋说过他所亲见的实例。据说，当时有一个伤兵从怀中取出四百元来，说：“救救我罢，这个钱请你们拿去用。”并合掌恳求了，但说因为这是“命令”，还是烧掉了。看着那种样子，连自己也不忍转眼过去看一看。

“但是呀……在战友的士兵们所能知道的地方，是不会有的罢。日本人民并没有奴隶到了那个程度，同时那些家伙也不是那样非政治性的。”

“那当然是的。如果知道有那样的事，一个也不会来打仗的。”鲇川同志这样回应说。

“被遗留下来的时候，伤兵自杀的事却是很多的。在日本军，是会干的，因为大家都以为俘虏什么的，是最大的不名誉呀。非运气很坏的时候，一有余裕就会干的。”

“自杀的事，是干的。”南部同志也点头了。“无论怎样，这战争总是残酷的。”

戴参谋也说是的，随又附加说道：“伪军似乎也到了桂南来。”

我不意想起在一本书上读过的关于奴隶占有制度时代的“既能买卖，也有屠杀权利”的奴隶占有者的定义来。在封建时代，这已经没有了。连暧昧的奴隶占有者也知道：要诱起奴隶的自动的服役，把身分上的依赖多少解放一点是有利的。在“君臣一体”的这个无比的团体的半封建的帝国主义日本，自然人民还是十全十足的……拖着那捏于天皇手上的身分依赖的锁链的……但却又是使他们抱起，作为“民草”，以自动地去作“赴汤蹈火”的服役为光荣的观念的。然而，在眼所看不见的地方呢！“既能买卖，也能有屠杀的权利的。”

中国的一位师长却说，那些不幸的同胞，“是细心地埋葬了的，请安心罢”。东洋的历史，现在已经换过了进步的重点，而以可惊的速度发展着的。

作引导的兵来到，我们又出发了。

在公路上走了一程，左边有一坐标高约六百公尺余的山，就是所谓四一五高地。目前日本军的主力部队逐渐向后方撤退着，而据说四一五高地的前方千五百公尺处，还有一部分在抵抗，掩护着本队的退却。“千五百公尺是稍远一点哪。”但其他也没有适当的据点。“第一，是已经没有日本军了。”引导人望着我们的面孔说。“好，总之去罢，在山的前方，也许还能找出适当的地点的。”

大家就这么决定了。在山麓下,有从顶上牵一条尾脊下来的小丘。第××团本部就在那里,据说到了那边,详细的地势就会知道。

在逐渐黑暗下来的薄暮中,我们离开公路,折入左边的田圃中。

“今天是急推退击啦!”佐佐木同志在后面说。

丘陵脚下有小溪流着。踏着石磴渡过。一跨的小流,从四一五的山间奔下在这里会合了。而遮蔽于其上的灌木的丛林,一下把脚下弄黑暗起来。

收获过的山的斜面上的麦田。这一梯一梯的,从丘陵脚下爬上。……突然来了一股刺鼻的尸臭。

“有死尸呀!嗯,臭得很!”南部同志握住了鼻子。

“真的。”——同志们交口说了。“那里?什么地方?”也有人在这末呼吸着说。

“又是马罢,在那里呀。”

廖同志打动了好奇心,又开始寻找起来了。但从后面,樱井同志警告了他:

“等下!喂,不留心地吸进去,会发生危险的?”

廖同志回过头来了。

“有跟尸臭一样的毒瓦斯的呀。”

大家不觉惊疑地停下来了。廖同志骨碌碌地转动着瞳仁,注视着樱井同志。樱井同志原是在日本军队中受过瓦斯兵的教育的。——完全被骇住了。但樱井同志却带着很严肃的面孔,在考虑着。

“不过,如果是毒瓦斯的话,……一闻着气味的时候,喉呀眼的,应当是在痛的了。”

望着那感佩着的廖同志的面孔,我不禁可笑起来了。——什么呀,原来是上了樱井同志的当。——但连樱井同志自身似还也不曾注意到这个。于是我问了:

“那瓦斯的性质是什么样的呀?”

“属于靡烂性的。因为很重,所以有时是老是那么遗留在低地或无风的洼地上的。那时草或树叶等中了毒,变成了红茶色,所以马上会知道的。”

“呵——”廖同志马上取出电筒来,照了照地面。

我制止了他。

“什么,这里是山的荫处,不要紧的。总司令阁下若中了毒瓦斯,那可不成的呀。”

“但,还是不要打电筒罢。”

樱井同志在向傍的同志作毒瓦斯的说明。——那时，应当用水打湿手巾，按在鼻子上呼吸。……如果是轻的东西，倒在地面上躲避就行的呀。

“若果是重的东西，就应当逃到高的地方去呀！喂，同志们，上高的地方去罢！”

同志们都笑了。毒瓦斯的话也就告一结束，随着我，开始上山。

田圃走完，踏上了松林中的丘陵的斜面。已经簇黑了。在黑暗中，荆棘常常抓住手，抓住衣服。落下的松叶很滑，松枝折断，发出响声。灌木的枝条被辟开，挠着，互相打击，不断地嘿嘿嗦嗦地响。“他妈的！”不知手脚被什么绊住，有似在挣扎的低微的声音。黑得眼前一点也看不见。无论如何，是不能团聚着前进的了。

“喂，都来了么？……××！”

我抓住绊缠着的挡路枝条，喊着暗号看。

“××！”“××！”

这里，那里，有答声回来。

“前头的……等，等一下！……搬机器的真是辛苦的呀！”

这是在最后面，帮助勤务兵运机器的佐佐木的声音。

勉强走出荆棘的丛林了。脚下是满面松叶重叠着的很滑的斜面。而且照样是簇黑的树下的黑暗。

“喂，行了么？到这边来罢！茨棘已经没有了呀！”

像偷过来的野兽一样，折断着枝条，低低地发出排开荆丛的声音，同志们勉强集合到树林中来了。

“都齐了么？”

这次，引导兵走在前头，又开始上登。同志们喘息着呼吸的声音，从左右前后，听了出来。不久，到顶上了。是马背似的松林中的尾脊。在透过树梢的叶子，落到地上来的夜空的薄亮中，我们勉强看出了那尾脊上有一条小路来。引导兵走在前头，沿着这路，开始向四一五高地前进。

不久，他停了下来，在喊什么。松林中有回答的声音。

引导兵又叫了，开始向松林中高声讲话。

松林中，有一群人的势子。站在兵的背后，不觉想到这完全像山贼的巢窟一样。一留心，一个上起刺刀的卫兵迟钝地站在我们的面，从那背后，似乎是刚才的声音的主人，喊喳喊喳地踏着落叶，走过来了。廖同志排开引导兵，走上前去：

“是团长么？”

"是的。是你们么?"

年轻的长官走过来和廖同志握了手。他啊呀啊的点着头,听着廖同志的话。

"鹿地先生呢?"

长官催促似的问道。廖同志这才回过身来:

"介绍一下罢,先生。"

于是,很高兴地,强力地,青年长官紧握了我的手。"好的好的,请罢! 请到这边来! 稍休息一下罢。"

他指着黑暗中山贼的巢窟,亲热地招待了。

"好,请到这边来。好,请!"

"就休息一下去罢。"廖同志也这么引诱了。

于是,我们被劝诱着,走进树林中去了。这是团本部。简单地斫下几根木材来作成座位,仅仅圈绕了两三丈大的地方。但我们客人似的被招待在那坐位上坐了。

"不要招待,请不必管!"

但比廖同志的这阻挡还快,青年团长叫过勤务兵来,吩咐了什么。团长兴致蓬勃地谈着。而正在向我们谈着当日的战况时,勤务兵便把柚子剥得干干净净,用柚子皮作水果盘,端过来了。

"啊,——这在火线上,是很贵重的东西罢。……不必这样呀,这么宝贵的东西。"

廖同志一老一实地客气了。但是——

"请罢,请吃一点罢。"

这么说着,团长便轻快地亲自站起来,把柚子分配给我们。我很抱歉。但团长却像满心要设法招待一下贵客似的。一看,他的动作有一种弹力的感觉。他一支一支的把纸烟分给我们,并亲自擦燃火,给我们点上。

"今天,这树林中掉来两百个左右的炮弹啦。"他快活地说。

"没有什么了,晚上是不会打来的,也有人受过伤。因为是黑暗的,看不见,但那一带简直全是弹洞啦。副团长因为受了破片,带了点伤。"

"啊,伤很重么?"

"不,没有什么要紧。"

团长交替地望着我和作翻译的廖同志,继续谈着。抽一口烟,那红火,在黑暗中,把人的面孔照出红色来。

"现在,日本军是逐渐在退。我们的部队,也马上就要前进了。"

“那末，在这山的对面，是没有敌人的么?”

“一个也没有呀。哈哈哈哈。”

“但据说，在千五百公尺的地带还有的。……”

“啊，是的是的，还有。”团长像想起了似的说。“不了千五百公尺，大致有二千四五百公尺的罢。但那也有退却的模样……所以，算不了是什么敌人的。”

他向傍边的部下的长官，问着那一部分敌人的动势。我和廖同志不期然地对看了。

“不行哪。又换换地点罢。”

“追击么，总司令阁下。”

团长很稀奇地看望我们的日本语的会话。于是廖同志转向着他，说：

“那末，那一面就算了罢。我们再前进一步去看。第一线已经前进得很远了么?”

“嗯，是的。大致在九塘前面五百公尺的地方罢。叫一个人引导你们好了。”

很快地站了起来，他排开我的感谢话似的，叫部下的长官打发引导人了。

又是前进!

这种情况，已经传到后面的同志们了。他们的会话，听了出来。

“像这样的状态，今晚上能够找得出机会来么?”坂本同志说。

“嗯，不去看，是不知道的。”佐佐木同志应道。

“无奈，因为是我们要去，所以大家都逃的呀。”樱井同志愉快地笑了。

“喂……马来了呀。”南部同志透视着林外的小路。真的，有马蹄声。缰绳被兵捉住。黑的马影出现了。

“是马么?”团长大声地向那兵问。

“有四匹！是日本的!”

“嘀，在那里捕获的?”

“没有人管，在山傍边吃着草的。”

“啊，是那样的！哈哈哈哈。”团长哄笑了，他随又回向我们：

“是掳获品呢。今天，从早上，三匹五匹的，常常有这样的俘获物呀，哈哈哈哈。”

“真是日本的马。”南部同志透视着黑暗中，发出惊叹声。“你看，是好家伙哪，背很高……”

黑的马影四匹，缰绳被兵捏着，一声也不响，垂着头走过，向丘陵下去了。

走出松林，是美丽的星空。

向着九塘那面，收割过的水田，一下展望出来。步枪的稀疏声音，远远地在那前方响着。似乎在公路的方位上前进中的中国的战车，轰轰然地震动着无限轨道，继续向前奔驰。

我们又向着梯形的收获过的麦田走下。这是与上来时相反的丘陵的斜面，不久便走到以前渡过的小河的下流。引导兵在河岸上寻来寻去，看有无渡口，这一带全是被杂草和密生的蔓草遮着的灌木的丛林。满面星光，虽不致看不见踏脚处，但却不容易寻找出一个适当的渡口来。

同志们帮助着引导兵寻找踏脚处。不久，便发现了一个缺口，石头在水面上恰恰成了踏磴。我跟在兵后渡着。前面的石头，在兵踏后一取脚的瞬间便崩溃了，而我恰恰踏了上去，一下便落到水内去了。所幸水深不过五寸。

“他妈的！”

于是叮咚叮咚的就从水内走向对岸。引导兵笑着。这次又寻找了上岸处，但对岸却是更麻烦的灌木和杂草的丛薮。

“不行哪。”

兵说。要什么紧！我冒了火，不管一切的钻进丛林中去了。的确不行。我完全被荆棘的铁丝网把手脚衣服都缠住了。“回头罢！”兵在后面说。那时，一直回到河岸的上面去了的一队，用暗号叫道：“到这边来罢，××！”我依然不顾一切，胡乱地钻去。荆刺拖了我的帽子，抓了我的手、脸。兵又说一次“回头罢”，便独自回到对岸，向河的上面跑去了。我一人终于成了河边的荆棘的俘虏。我似乎在这顽强的丛薮中冲进了很远。现在纵要回头，也感觉困难了。于是像落到陷阱中去了的野兽似的，千辛万苦地向前钻着。

到勉强穿了出来的时候，同志们已经在水田那面的公路上报数，大声地叫我了。我也回叫着。

“喂，是了不得的刺笼子呀！真倒楣了。”

“我以为总司令走失了路呢。”廖同志说。

“对不住，对不住！好，走罢！”

在公路上，我擦着挂了刺的手，站在前头，又走了。

轰轰然的，战车追过了我们。

前进，又前进！

九塘已经近了。

在九塘，应是有一簇人家的。但是——受了战火的袭击的部落，却一个亭子也没有，简直不和[知]道何处是九塘。只看见有低矮的丘陵，浮映在水面上。

稀疏的步枪声，似乎随着我们的前进，而逐渐后退着一样。

满面的星的海。

同志们默默地前进着。

“不要紧么，不会是突进到日本军内面去的么？”

鲇川同志不意地说出了我恰恰正感觉着的事。

于是，同志们的轻快的谈话开始了。

“不很好么？那末一来，就用不着播音机，来一个堂堂的宣传罢。”

廖同志这末说。他是真正地相信：就这末干也会成功的。

“说一声‘来得好！’就会把你缚住的呀，哈哈哈哈。”

“嗯，那样的事是常常有的。”南部同志很老实地说，“一不留意，在这样作急追击的时候，常常是有混到敌人内面去并肩进行的事呀。留意，留意！在大别山的时候，也常有这样的事。因为黑暗，一点也不当心，疲倦得进了半睡眠的状态而走着的。但到早上来一看，嘿，那不是中国兵么；那时才喊出了声，惊惶逃走，追去捕捉的呀。……”

“如何呀，”佐佐木同志用高兴的声音说道，“我们自己不组织一个游击队么？那很有趣的呀。”

“扩大了的时候，会逐渐干起来的。”

“绕到日本军的后方去……穿起日本军服去的话，是很可以干一些事的。播音机什么的，是用不着的。……不过，反之，一被弄错了的时候，会被后面打来的哪。嘿嘿嘿嘿。”

“去袭击衣粮厂好了。”就像已经夺获了许多衣粮一样，这末高兴地说着的同志也有。

很不容易追上火线，无论怎样地走！

前进又前进！

没有枪，仰天倒着的战死体，曾两次见过了。

其中，一个是半裸体的。

不知什么时候，我也习惯了战场的那种无所感动了。

“这不是日本人哪。”把自己的脸贴过死尸的脸去，南部同志这末说。没有胡髭。如中国话所说的“没有出息”的，眉毛薄薄的面孔，毫无痛苦的死在那里。完全像孩子画的画似的，随随便便地倒在路傍。

人是可以随便死的呀，——这就是我的感想。

死了的话，大家都是那末样的哪，真无味！——我这末想。

星空无边的盖在头上。

我们抛开死尸，又前进了。

死的恐怖是什么？——我边走边想。从前，这曾像重大事件想过来的事，现在简直是感觉奇怪了。所谓痛苦者，是活着的人的感觉。……而我们是与人类的活下去的事的痛苦战斗过来了。只要堂堂皇皇地战斗就行了。战斗还未停止，后面还有怎样的痛苦呢。

所谓恐怖是什么呢？的确，那样地——像猫子的死尸似的腐烂于路傍的事，使我引起了憎恶之感。然而，这与我们对被遗弃的死者是苦痛了，或者是如何地恐怖了之类的事，是完全不同的。这只是对毫无意味地死去的事，所起的一种虚无性的不快罢了。

总之，是堂堂皇皇地死就行了！如堂堂皇皇地活，堂堂皇皇地战斗一样！如此而已！堂皇地活，堂皇地死……只要耽心不是这样就行了。

“这似乎是东北的伪军。”廖同志对我说。

“东北的？拿到这样的地方来了么？”

“似乎是的。”

我不禁起了一种慨然的心境。总之，他们——痛苦着，被践踏着而活过来了的他们，是把死的方法弄错了。他们不知道死法。

活的话，就堂堂皇皇地活，非死不可的话，就堂堂皇皇地死！

前进，又前进！

戴参谋抓住在路上警备着的兵，问了战况。

我们站下来，等待报告。

暂时听了各种各样的话后，戴参谋边笑着边回过身来：

“据说九塘的前方也没有日本军呢。”

“嗬。”南部同志说。“那末，那枪声呢？在交射着哪。”

在远远的两基罗多的水田中，起了五六发枪声，随又停止了。

突然，在另一个方向，又有稀疏的枪声。但这也没有继续下去。

“是极少数的掩护退却的警戒兵。有也不过是五人或者十人罢。而且日本军，在掩护退却的时候，据说是使用东北伪军的。据说，在俘虏中有伪军，所以知道。”

"伪军的话，是无办法的呀。"我说。

"怎么办呢?"廖同志问。

"赶快走出敌人的侧面去罢?"

"不，不要那样的好。"坂本同志才沉重地开口了。"我们不是战斗部队，……遭遇着了，是很危险的。而且过于伤人了的话，在这种溃退状态的时候，是有那样的事的。如何呢，今晚上，率性决心停止了，不很好么?"

我想了，这似乎很妥当。最后的一天，终于成了得不到机会。——但我们知道:好好地撤回的事，也仍然是必要的。

"同志诸君，如何呢?"我征求了大家的意见。"坂本同志的提案听着了罢。以为如何呢? 的确，这样的话，纵然追赶上了，在安置机器的当中，也会被逃脱了的。这以后，就让中国的战车队去驱逐罢了么?"

同志们露出"这也不错"的面孔，想了不久，佐佐木同志也说道:"就这样罢，过于勉强了，反而是不好的。"都赞成了。

我们决定回头了。

我们委托了"追击"的战车群。

公路满面是灰尘。震撼着大地，战车奔驰过去了。

前进，又前进!

一九四〇年十一月七日

(原载于《叛逆者之歌》，作家书屋，1945年)

1945年以后

传奇性的韩国英雄金贻荪

佚名

【联合社汉城二十六日电】朝鲜政治舞台上又现一神秘人物，其身世经历，传说纷纭，一如传奇。此即朝鲜共党英雄金贻荪将军。韩人知其名者数以千计。据传，此人曾在中国东北一带领导游击战，抵抗日军，先后十五年。关于此人之一切报道，类多近于神话。虽难予证实，□其名已深深印入无数韩人脑海之中，则属无疑问。韩国儿童作兵操之□，□以扮作金将军为荣。日人欲加逮捕，赀巨资殆百万元。此人自一九三一年后，曾两度获得苏联勋章。据最近未证实消息，彼已自延安到达朝鲜北部苏联占领下之京城，同来者有游击队数千人。当地人士闻其将来汉城，即纷纷组织欢迎团体。惟右派对其回国消息，公开加以嘲笑。金九临时政府发言人称：此人久已不在人世，来韩之英雄系属冒充。据传现在京城之金贻荪，年事尚轻，约在三十三岁至三十七岁之间。怀疑者称，金氏年龄如此之轻，足以证明其在一九三一年即领导游击战之说未免失实。朝鲜左倾报人某君今日宣称，彼曾往京城与金氏曾晤四次。金氏现为朝鲜北部共产党秘书，正计划从事政治活动。金氏仪表非凡，身材高大，为普通三十五岁之韩人中所仅见。金氏所率领之游击队到韩时，已被苏军解除武装，□许其招集军队二十万人。现可确信者，朝鲜北部左倾份子，咸一致拥护金氏。无论为真，为假，为军人，为政客，彼终将为朝鲜之强有力人物。

（原载于《世界晨报》1946 年 1 月 28 日）

鲁迅夫妇援救日人鹿地亘

大风

鹿地先生古侠人，
独标正义辨冤亲！
了知泥足沉沦易，
东望乡关屡怆神。

这首诗，是诗人顾佛影赠日本左翼作家鹿地亘之作。他是一位协助中国抗战最早的一位日本青年作家，他跟着中国抗战队伍工作着亦整整历七八年之久。现在已于去年冬天得我国之助，乘着专机返到他的祖国，干着民主政治新建立的工作。他的同情中国对日军阀抗战，有绝早的渊源，远在"一·二八"十九路军淞沪抗日时，他就具着侠义的心肠，助我国进行抗日工作了。

"一·二八"日军侵淞沪时，敌军因战败，几次增援，在他本国内有一部份思想前进青年也就发出反对侵华的呼声，鹿地亘就是其中之一。但事有凑巧，在动员入伍时，鹿地亘也被征入伍，到了中国战场上，他不但不努力从事作战，并且从事反战宣传，日军官得讯便想对他实施逮捕。但他却很机警地逃出了军队，在内山书店店主内山完造的设法之下，躲藏在一个日本人家里，就在这时，他与中国左翼文人间取得了联络，也就在这时，认识了鲁迅。

但后来在"一·二八"战事结束后，鹿地亘又被日方秘密警察发觉了逮捕了去，立即押解回去，便以反动份子的罪名被下在监狱里，一直到日本在"七七"发动全面侵华之域，方才被释放出来。以为他经过这多年的思想消毒，一定不会再有反动行为了，他被编入在救护的部队里，但当他一到上海后，便又很巧妙地逃了出来，仍旧请内山完造为他设法掩护。这时鲁迅已逝世，但许广平夫人却是一个热心抗战、很有担当的女性，便把鹿地亘留在自己家里，一直到敌宪对许广平严密监视时，方才把鹿地亘送到另一住所。后来在上海实在住不下去了，方才由胡风、萧军、萧红等人设法把他带到内地去，由上海而汉口，由汉口而重庆，他一到了能呼吸自由空气的大后方，他是多么的高兴啊！他更加抖擞精神从事打倒好战的日军阀宣传工作，他从事过无数的对日广播，号召酷爱和平的日本人民起来作打倒好战的日军阀的神圣工作。

他在中国抗战初期，也是极力拉拢国共合作成立一共同阵线以抗日的一员，他说中国非举国上下一致的抗日，是不足以摧毁日阀的武力侵略，国共合作是抗战胜利的必要条件，后来果然如他愿望实现，这是令他多么高兴啊！

在日本军阀们眼光中看来，他是一个出卖祖国的日奸，但在日本人民大众看来，他是一个反军阀、拯救人民大众的民主先觉者。他在日军阀摧毁回国时到了上海，曾对初次援救他的许广平夫人加以恳诚的感谢，因为鲁迅夫妇俩已两次拯救了他的性命，这在他的生命史上，一世也忘不了的啊！

（原载于《七日谈》第32期，1946年）

“真糟糕”：鹿地亘谈日本

路德曼

日本反战作家鹿地亘夫妇，已于三月十八日由重庆飞抵上海，同来尚有他的长女鹿地晓——今年八岁，幼子鹿地潮——今年四岁，及其亲戚等。

当鹿地亘夫妇子女下机以后，即趋车抵西藏路大中华饭店，辟四百十一号房间休息。

然而很不幸的，十九日早晨十一时许，他的幼子鹿地潮在阳台玩耍的时候，一个失足就跌了下去，当时脑浆直迸，惨不忍睹。

大中华饭店的访问

下一天，记者访鹿地亘夫妇于大中华饭店，他们正是丧子以后情绪很不好的时候，记者不愿把一些不如意的事重又提起，所以我们谈的是关于战败后的日本内情。

鹿地亘很感慨地说：“我虽然离开日本，但是我是一个日本人，对于本国的内情，也许知道得更详细一点。今日的日本，真糟糕。”

忘不了林芙美子！

记者问他：“究竟如何糟糕？”他就滔滔不绝地说了一大套，以下所汇集记载的，都是关于他的谈片：

我（鹿地亘自称）怀念那位很有前途的日本女作家林芙美子，最近我从朋友的来信中，知道她的生活很苦，因为日本国内正面临大饥荒的灾难，林芙美子一向是靠抽抽版税过活的，自从日本屈膝以后，“新民主义学会”的一批前进份子把她攻击得体无完肤，因为他在战争期内曾经和吉屋信子等写过《东洋爱国女诗人歌集》，她过去的作品如《田园日记》等，已不再为读者所欢迎，版税收入顿减。为了生活，她只得向武者小路实笃借款度日，但是那又能维持多少时候呢？看样子，林芙美子是会活活饿死的。

到处可见“私生子”

我知道，这八年的战争唯一造成日本的现象是“到处可见私生子”，因为战争，丈夫离家乡，妻子随随便便地同甚么人发生肉体关系，其中有军阀，有浪人，也有商人，他们拆了烂污就都不干了。这些私生子没有父亲，将来在教育的印象上是很成问题。

军人不再受欢迎！

打败回去的日本军人，已不再像当年日本民众欢送“皇军”出征的那样威风了。此刻他们可以拿到的是回乡证一张，另用若干，等钱用完，回到家，家已毁，有的自杀，有的勉强活下去，等待饿死。

“谈起日本，正是感慨万千！”那位反战作家鹿地亘，用这样的语气结束了他的谈话。

[原载于《海燕》(上海，1946)第2期，1946年]

日本作家鹿地亘留华十一年来的工作

佚名

鹿地留华十一年，他永远是拖着并不健□的瘦弱的身体和他那一副苍白的面庞不知疲倦地严肃地工作着。从他在华的十一年中，他的生活大致可以分成三个阶段。当一九三五年到一九三七年八一三之间这段时期，他生活在上海，一开头受鲁迅先生的知遇，做着他的本行文学活动，他有系统地翻译中国新文艺介绍到日本去，这一直继续到鲁迅先生死后，八一三的炮火□□时止。这一时期，他大量地把中国人民的呼声，介绍给日本的人民，在上海日本宪兵的追踪下默默地工作。

八一三的炮火划开了一个新时代。这位中国人民的友人、反抗日本法西斯的民主斗士，逃脱了日本宪兵的监视，怀着满腔与中国人民并肩奋斗的壮志，追寻他效力的机会。但是一个敌国人士的他，在上海那样奔腾的抗日怒潮的环境之中，除了少数中国文艺界朋友之外，没有一个能给以他帮助，当时精神上反而增加了他不少的痛苦。他逃到香港，又逃到广州，经郭沫若先生的推荐，得政治部的邀请，于一九三八年的春天到了武汉，任政治部设计委员。从此他才有了贡献能力的机会。

在武汉工作一直到我军撤退前，他写了不少□战宣传品，艰苦地做着感召日本俘虏的工作。在离开武汉时途经常德，视察了当地的俘虏收容所和平村，做他的教育工作，有不少俘虏被他所感化了，知道侵略中国的非义。鹿地亘从武汉到长沙，不久又从大火中逃出，前往桂林，为政治部创办日语训练班，训练对日宣传人员，在这时候，他完成了在华第一部《和平村记》小说。

桂南昆仑关战役爆发，他又去桂林，成立反战同盟桂林支部，然后率领盟员去离火线百米左右做反战播音宣传。在那一次战役中，反战盟员大由等三人英勇牺牲了，这是中日人民携手反抗日本军阀、并肩流血的伟大纪念。鹿地亘于哀痛之余，完成了他第二部创作《我们七个人》。

从桂南返渝，成立反战同盟总部，由他教育成为反战法西斯战士的俘虏，已有四十余人参加。总部成立之后，马上又出发宜昌前线工作，出入于枪林弹雨中，此时又完成了他第三部文艺创作《火线通讯》。这正是一九四〇年冬。从八一三到这时为止，可说是鹿地亘在华生活的第二阶段，英勇地参加战地工作的活跃时期。

一九四一年从宜昌前线回到重庆，对实际工作发生了若干的困难，因此，他不得不改变了工作的方向，就长住赖家桥乡间，埋首作研究敌情工作。成立鹿地研究室，很艰苦地出版油印的研究室报。他对敌情研究的深刻，对中国当局作了很大的帮助。

（原载于《报报》第2卷第1期，1946年）

日本帝国主义的战败与东亚各民族的民族解放斗争

[苏联]叶夫格尼·树柯夫
全云 译

日本在第二次世界大战中的战败根本改变了远东的国际局势。几百年来，日本非但是最危险的世界法西斯主义和世界侵略的根据地，而且是监督东亚帝国主义殖民地利益的国际宪兵。日本的军事机构不止一次地被利用了去镇压被日本自己和其他殖民国家所奴役的各民族的解放斗争。在一九〇二年英日缔结同盟之后的初期，日本还是以比较谦卑的殖民地监督者的姿态出现的。但是最近它非但使自己的帝国获得了极大的扩张，而且开始觊觎亚洲的独霸权了。

日本帝国主义者在被奴役各国国内所施行的暴政，为日本帝国主义者确立了最残酷的殖民者的名誉。他们在台湾、朝鲜、东北和太平洋各代管岛屿上多年统治的经验，指出日本人的统治使东亚各民族走上了饥饿、贫困和退化的命运。

为了举一反三，我们可以以与日本三岛毗邻的朝鲜为例。四十年来，日本人有系统地一天一天掠夺朝鲜人民，窒息他们的民族文化，推行强暴的"日本化"，把朝鲜人贬做"下等民族"。胆战心惊的朝鲜人吓得不敢说自己本民族的语言。他们慎密地避过日本间谍的耳目，神圣地遵守自己的民族习惯，保守忠于自己民族文化的精神。

日本人在东北统治了十三年，日本帝国主义者在那里制造了伪满洲帝国，他们把这富庶地区的人民堕入了最最贫困的境地，以致于使他们把日本帝国主义者恨如切骨。现在自从红军解除了东北的日本人的压迫之后，全世界都开始明白了日本殖民者的恣肆和横暴，他们竟公然以饥饿榨取成千成万中国人民来建立自己的幸福。

所以，日本帝国主义的倾覆决不是单单对于直接参加远东战争的人民有意义。日本抢掠者的溃败应该是能根本改变二千四百万朝鲜人，六百万台湾人，四千万其他日本殖民地人民和曾被日本人占领的中国、越南、菲列宾、印度尼西亚和缅甸等地的好几千万人民的生活条件。希特勒法西斯主义的忠实同盟和最危险的殖民地强盗日本帝国主义的覆亡，对于大多数处在附属地和殖民地地位的东亚各民族的命运是有着巨大的意义的。

第二次世界大战发现，直接牵入太平洋地带发生的战事的印度的命运是和东亚各殖民地国家的命运密切地联系在一起的。东亚和东南亚各国的五万万左右人民，包括印度在内，都是附属地和殖民地人民。他们都曾经以不同的程度和不同的时间自身受到过日本帝国主义的直接或间接的压迫，假使说日本帝国主义没有以直接的殖民地压迫者的姿态出现的话，那无论如何，它是曾经积极援助其他帝国主义国家去榨取亚洲各国的。所以很明显，日本的战败对整个殖民地东方是一件最巨大的事件。

列宁在论第一次世界大战时指出，“殖民地的命运是由大陆上的战争所决定的”。这句话引用到第二次世界大战上来，更为正确了。东西两半球各国和各民族的命运都悬在这一次民主势力对法西斯势力的宏大斗争的结果上。

德国法西斯蒂和日本帝国主义者竭力□把人类抛投到数百年之前去。法西斯蒂奴役威胁着全世界，所有一切民主主义的力量都在对现代的奴隶主、历史上空前的压榨民族、殖民地与人种的“理论家”与实践家进行的斗争中团结起来了。

在确立领导民主力量的英苏美联盟的行动纲领之际，史大林首先提出了“人种特殊性的消灭；各民族平权和它们领土的不可侵犯；被奴役各民族的解放和它们主权的恢复；各民族有按照自己的愿望处理自己的权利……”

民主联盟是在这幅高贵的旗帜之下获得对法西斯主义的历史性胜利的。

东南亚的殖民地与附属地各民族对于这一件伟大事业是有过它们自己的贡献的。那曾被日本人暂时占领的各国的人民为了自由和为了争取非但在西方而且在东方的民主原则的胜利而向抢掠者进行斗争。东方各民族都是自己感觉到有进行这斗争的必要的。日本帝国主义者无法以虚伪的“解除”他们欧美殖民地榨取的“诺言”来蒙骗菲列宾、缅甸、印度尼西亚、越南的人民大众。日本帝国主义者给这些地方的人民带来了新的桎梏、新的灾厄和苦难。日本统治殖民地的奴隶主的行为非但使各被占领国家的人民变成为“白色”帝国主义的自觉的敌人，而且使他们变成为日本帝国主义的自觉的敌人。

现在，希特勒德国和帝国主义日本是被击溃了，曾经积极参加争取联合国民主主义理想的斗争和同时曾经为自己的解放而斗争的各民族要求承认他们有独立和自由生活的权利。而且，有几个民族，尤其是印度和缅甸的人民，甚至还得到过答应在战胜德日两帝国主义者之后立刻谈他们自治的诺言。

★

印度尼西亚和越南是世界上最富饶的殖民地之一。

印度尼西亚而且是最古老的殖民地之一。在十七世纪初叶，荷兰东印度公司就已经开始逐渐逐渐征服巽他群岛了。印度尼西亚各民族几百年来一向是荷英两国征服者残酷榨取的目标。

印度尼西亚人口近七千万。这位在印度洋通到太平洋的路上的一带地方的丰富的矿藏和有利的地理形势，使印度尼西亚成为帝国主义列强斗争的目标。

印度尼西亚富于石油(战前每年石油产量近八百万吨)。虽然印度尼西亚是荷兰的殖民地，但是该地石油区的开采权主要却是在英国资本的手里。巴达维亚石油公司，和其他在印度尼西亚从事开采石油的公司一样，是直接或间接地隶属于英荷的独占联合组织“Royal Dutch Shell”公司的。这一个公司所支配的印度尼西亚地方的石油占全部产量达百分之九十五。

在印度尼西亚的经济意义上占第二位的是锡的开采。战前，印度尼西亚供给的锡几乎占资本主义各国全部开采量的六分之一。在这一部门工业中占据支配地位的是荷兰资本。

还有，印度尼西亚富于橡胶。橡树园大多属荷英两国，一小部份是美国的。战前，这里输出的天然橡胶占全世界全部需要量百分之三十。

印度尼西亚还出产贵金属，并有钨、锰和硫。印度尼西亚的矿藏中也有石炭。

特种“殖民地”农产品中的出口货有蔗糖、烟草、米、茶、咖啡、香料、椰子油，最后还有奎宁。印度尼西亚几乎是独占地供给奎宁予世界市场的(占全世界需要量百分之九十以上)。

由于战略原料的贮藏量的庞大，由于在地理形势上印度尼西亚位在英国最重要的殖民领地的侧翼，最后，而且由于英国资本直接参加开采印度尼西亚，所以印度尼西亚一向是受到英国资本家阶层密切注意的。荷兰之所以能把印度尼西亚保全在自己的殖民地帝国中，主要是由于英国资本在这殖民地上有着相当广大的自由。

殖民地的榨取不止一次地引起过印度尼西亚公开反抗帝国主义的运动。在第一次世界大战时代，印度尼西亚就发生了群众的民族解放运动。一九二六—一九二七年，爪哇和苏门答腊曾经爆发过人民暴动，但是为武装力量所敉平了。殖民地政府虽然作有限度的改革，在次要问题方面向民族解放运动作局部的让步（例如扩大一部份由当地人民补充的国民大会的权限），但是这种改革并不能削弱印度尼西亚解除殖民地压榨和争取独立的决心。

反法西斯战争及其胜利的结束，当然是会促进印度尼西亚民族解放运动的新的高潮的。

反抗德日帝国主义者的战争也引起了另一个东南亚大国越南的民族解放斗争的高潮。

越南是人口近二千五百万的国家，该国在十九世纪上半叶时才成为法国殖民地。

在法国人统治时代，越南的生产力的发展有系统地被摧折了。原料与农产品受到强盗式的榨取。矿产的富源到最近的过去为止一直没有开采。

越南的主要出口货为米（占国内全部出口货三分之二）、玉蜀黍、橡胶、煤、矿石。战前，越南每年出口的米达一百五十万吨以上。国内的经济完全操纵在法国资本家的手里，法国人在这里获取殖民地人民的廉价劳动所创造的高度利润。

越南的民族解放运动是有着它自己的传统的。一九二五年，就已经创立了"青年安南党"。该党的课题是向法帝国主义进行斗争。

法国殖民地政府在一九四〇年夏天和日本帝国主义举行的协议引起了越南人民的愤怒，和猛烈地推进了针对日本帝国主义同时也针对法帝国主义的民族反帝国主义运动的发展。

还在一九四一年的时候，就有了越南独立斗争联盟。参加该联盟的党派和组织有十一个，几乎联合了国内一切阶层的人民。在联盟领导之下，组织了民族解放军，向日本人展开了剧烈的游击斗争。

日本的溃败对于集中独立斗争联盟所联合的一切民族力量来达到解除法帝国主义压榨越南的任务方面开辟了广大的可能性。一九四五年八月二十八日，越南宣布成立由临时政府领导的越南民主共和国。该政府在自己的宣言中声称，它将在法兰西旧的民主口号"自由、平等、博爱"之下领导越南的独立斗争。宣言指出，"我们的祖国不是在法国人手里打下来的，是在日本人手里打下来的；法国人逃走了，日本人投降了……我们越南共和国临时政府委员是我们全体人民授权的，我们宣布与法国断然绝交。我们宣布废除法国和越南之间所缔结的一切条约。我们宣布废除法国在越南的一切统治权……全体越南人民坚毅地决定动员自己一切精神与物质的力量，动员自己的生活和财产，来保护自由和独立"。

过了几天之后，一九四五年七月七日，在爪哇成立的印度尼西亚临时政府宣布成立印度尼西亚独立共和国。

据该政府代表声称：“印度尼西亚人的运动是争取自由的运动，这运动完全是以民主精神实现和网罗着一切党派的。这不是反对白人的运动。印度尼西亚人进行的是反对继续荷兰人榨取印度尼西亚人的殖民地政策的斗争。”

起初在人口最密和经济最发达的爪哇岛上展开的印度尼西亚民族解放运动迅速地波及了整个群岛，各种政见不同的人一致参加这独立的纲领。

越南的法国殖民地政府和印度尼西亚的荷兰殖民地政府镇压民族解放运动的企图立即遭遇到了失败。可以明白，荷法两国的殖民者，当地居民中间毫无内部的支柱。

在第二次世界大战过程中可以看出，荷属东印度和法属越南的不足道的少数殖民地统治国的代表是和基本的当地的人民大众隔离的。

驻在越南和印度尼西亚的殖民地政府，正像驻在印度、马来亚和菲列宾的殖民地政府一样，都是非常不信任它们所“保护”的民族的。在战时，殖民地政府都是继续窒息民族主动权，因此而削弱了它们面对侵略者的阵地。由于殖民地生产力发展的受阻，因此而限制了利用当地富源来组织击退敌人的可能性。

在法属越南，殖民地政府非但没有推行抵抗日本的组织，而且自己还和日本帝国主义者进行协定谈判。同时，越南人民大众非但公开反对法国统治者，而且反对日本人以“大东亚共荣圈”的虚伪招牌来扩大自己的殖民帝国的企图。

反法西斯力量的胜利，尤其是日本侵略者的溃败，把东南亚各民族的民族解放斗争提到了更高的阶级。问题非但是在于宣布成立越南和印度尼西亚的共和国，而且印度尼西亚反抗殖民地政权的解放运动，正像越南一样，现在也带了群众的性质了。

在印度尼西亚和越南展开的事件的意义是很清楚的：经受到殖民地压榨的全部压力的人民大众，不希望尤其是在法西斯主义崩溃之后再回返到从前的地位，不愿意再过奴隶的生活。

美国报纸《纽约先锋论坛报》上有一篇文章指出，在印度尼西亚起来暴动的是被荷属殖民帝国奴役的：“旧的国家机构的回复，对于自觉的工农，意思就是再受农场主人、金融家和官僚们的压迫和榨取。成千成万亚洲殖民地人民大众都密切注意印度尼西亚发生的事变。那一种原则得胜利呢——帝国的利益胜利呢，还是在此次战争中所争取的理想胜利呢？”

假使和争取自由与独立的印度尼西亚和越南各民族相对立的不过是他们从前的殖民地主人——荷兰帝国主义者和法帝国主义者，暴动者无疑地是能比较容易地达到推翻殖民地压榨的目的的。法属越南的二千五百万人民和荷属东印度的近七千万人民是一种巨大的力量！在全世界反法西斯主义斗争胜利结束的条件之下，荷兰和法国殖民地政权是无法应付这种为自由思想所鼓舞着的群众运动的。

但是越南和印度尼西亚各民族非但要和直接的“主人”相周旋，而且还要和比较强大的国家相周旋。这些国家竭力想维持它们自己在亚洲的统治权，所以它们与其他比较弱小和尤其是要依赖它们的殖民地主人们给予最积极而且常常是具有决定性的援助。英军在印度尼西亚和越南的干涉行动，使东南亚各民族争取自由解放的合法运动受到了极大的困难。

英国的武装干涉可以用许多原因来说明。上面已经指出，英国资本家对于荷属东印度的开采的关心也不下于荷兰资本家。所以，应用坦克和飞机来对抗印度尼西亚人的英国军队所保护的非但是荷兰农场主人的利益，而且也是在荷属东印度拥有资本的英国企业的主人。

所以英国的干涉是为殖民地利益所指引的。除了在荷兰和法国殖民地的直接的经济利益以外，对英国政策起着巨大影响的是由于越南和印度尼西亚邻近不列颠自己的殖民领地——缅甸、印度和锡兰。英国殖民地当局对于邻国所发生的事情特别敏感。他们显然恐怕在印度尼西亚和越南这样有力地展开的民族解放运动也波及其他的殖民地国家。而且引起东南亚各国民族运动高潮的共通原因也存在于其他殖民地。

英国支持东南亚从前的殖民地政权的政策显然是反动的，甚至当时执政的自由党中也传出了个别向政府提出的批评的呼声。去年，自由党执行委员会主席拉斯基在《莱诺新闻》上写道：“在我们可以觉得不过是大一些的警察行动而已，但是对于这些民族（法属越南和荷属东印度）却是希望的破灭，事实上的奴隶制的回复，这在他们成了不过是把无情的东方的主人更换了无情的欧洲的主人。因此，英国人所谓他们是在为民主和自由斗争的话，在东南亚却成了一种讽刺了。”

印度进步阶层更激烈地抨击英国的这种行动是不用说的了。印度国民大会领袖之一尼赫鲁〖说〗：“印度军队要参加这可耻的屠杀是最大的悲剧。”

英荷两国的殖民者不止一次企图拉拢社会舆论，而且因此诬蔑叛军与日本人发生关系。然而实际上，印度尼西亚的英荷军司令部和越南的英法军司令部却在利用没有解除武装的日军来抵抗当地的民族解放运动。驻印度尼西亚英军司令克里斯蒂逊中将命令日军炮兵和坦克部队对抗印度尼西亚人。因此，不是日本人在印度尼西亚和越南教唆群众民族解放运动，而是英荷两国军事当局吸引日本人镇压这一运动。

这一个可悲的事实证明，某一个阶层预备重复利用日本军阀充任抵抗起义争取解放的殖民地民族的宪兵。

抵抗暴动民众时也利用美国的武器，美国当局要求撕下这些被利用的美国武器上的美国国徽。美国人从来没有亲自参加反对暴动民众。美国报纸常常对东南亚的解放运动表示同情。但是据河内无线电广播，越南临时政府领袖何世明（译音）向美国总统提出备忘录，抗议美国供给船只转运法国军队至越南。同样，印度尼西亚爪哇地方开到了在美国受训的二十七营荷兰军和几旅海军陆战队。据印度尼西亚政府总理说，这证明美国对于印度尼西亚问题没有严守中立。

向武装拙劣的印度尼西亚军队行动的英荷日联军是有着自动式武器、大炮、坦克和飞机的武装的。英国空军的轰炸在印度尼西亚的居民点引起了严重的损伤。同时，在反印度尼西亚人的斗争中，干涉军采取了最残酷的压迫。为了镇压，有些村子完全为英国人所消灭了。

报复虽然残酷，起义争取自由的东南亚各民族仍旧继续为自己的生存权利斗争。

越南和印度尼西亚的临时国民政府表示，只有在承认两国政府提出的民族主权的基础上才愿意和从前的宗主国进行谈判。

印度尼西亚临时政府声明，印度尼西亚军队是力能以自己的力量完成把日俘包围、缴械和送入港口的任务的，就是说，他们是力能完成英军彷佛开来所要执行的任务的。

★

大家知道，形式上宣布某一国家独立，这还是不够使它真正自由的。各民族所需要的是真正的独立而不是一纸宣言的独立。这可由事实证明。

日本帝国主义的崩溃使菲列宾解除了占领者的束缚。菲列宾是在战前就获有美国自治□的约法的。战时，菲列宾人民驳斥了日本人的教条的游戏而积极抵抗侵略者。菲列宾加入了联合国机构。美国允诺在一九四六年春天让菲列宾完全独立。然而据报上的消息、美国资本家要求把菲列宾□□于他们自己的经济统制之下。大家知道，美国工业向和平轨道转移提高了美国关心对外经济膨胀的要求。某一部份美国人非但并不想缩小而且想扩大他们不单是在东南亚各国而且在其他地区的势力。由于这种关系，因此提出了创立东南亚各国大“联邦”的计划。这一个“联邦”除了菲列宾之外，同时包括马来半岛甚至越南和印度尼西亚。

正如某些美国作家指出，附属的或者还没有自立的和形式上独立的东南亚各国的联合，所表现出来的是“自然而然倾向”于依赖美利坚合众国的支持。这一类的计划甚至有过以同样的基础建立“全中国”联邦的意思。这是不能不令人诧异的，因为大家知道得很清楚，在第二次世界大战过程中，中国不单是保卫了自己的国家独立，而且公认是负责维持全世界和平与安全的五大强国之一。

再则，弱小的附属国的机械的联合，普通是不会使它们强大起来的，甚至常常会加深它们对外的依赖性而成为某集团的政治独立形式下经济奴役的有利的缓冲。正因为如此，所以在怀着某种倾向的外国作家中间，可以遇到许多人主张废除不列颠式或荷兰式的陈旧的殖民帝国而易之以由许多表面独立和在经济上附庸而因此没有真正独立性的“新型”的殖民帝国。经济能力比较强大的国家是关心于夺取新的市场的，因此它们竭力想摧毁古老的殖民地帝国的力量，它们常常企图给它们自己的金融或工业的膨胀添上进步运动的性质。这种膨胀常常包在保护殖民地民族自由和甚至非难帝国主义的外衣之中。在这种场合，也常常利用民主主义的招牌，这在“旧型”殖民地主人推行暴压各民族公民权的政策和叫人感到他们的“人种优越”感之时，特别有利。

东南亚的流血斗争，亚洲各国都可以听到它的反响。这斗争提出了关于现在殖民地与附属地的未来和关于它们以后的历史发展的路途的十分具体的问题。殖民地强国在军事技术上的优势，各殖民地的不同的社会经济水准，帝国主义者代理人所巧妙地利用的内部的民族与宗教的矛盾——这一切都造成了殖民地民族解放之路上的障碍。任何那一个殖民地或附属地争取自己国家主权的能力，最后是要看实际的力量的对比；但是，已经说过，甚至即使有了形式上的主权，也并不是就可以保证有真正的独立。

★

全世界一切真正民主的进步势力深切地关怀着想快速消除殖民地压榨，因为这是对全世界命运起着有害影响的流血战争的起因之一。消除殖民地压榨是真正急不容缓的事。尽速为弱小的殖民地和附属地在走向独立之路的以后的发展方面找出和实实在在地利用那种最后保证有名有实的独立形式——这也是真正急不容缓的事。

联合国机构宪章指出了由国际托管的殖民地进步发展的可能性。这种由托管形式实现的管理，必须保证那些处在托管之下的领土能真正复兴，并“促进政治、经济与社会的进步”，促进人民“向自治或独立”方面进展的“进步的发展”。

这一个形式显然还是不够的，所以会在旧金山大会上受到过公正的批判。不过国际托管倒底还是能够加速殖民地走向完全独立的进步发展的，而且无论如何是力能保证当地人民获得基本权利的。这种国际托管制度制定由国际组织来管理，而且特别制指定不论参加或不直接参加管理托管领土的联合国机构会员代表都参加托管理事会。某些殖民地国家，如果想仿照旧办法统治托管领土的时候，托管制度的国际性在某种程度上是可以□□一下这种欲望的。

毫无疑问，各民族将竭力从建立促进保证全世界和平与安全的联合国国际机构这一事实中汲取可能利用的一切。

徒然企图在亚洲建立殖民地大帝国的日本帝国主义的溃败充当了东南亚各被奴役民族宣布合法要求的信号——保证它们基本的民主权利，给予它们政治与经济的自由发展。可以这样预言，反动派想依靠了武装干涉来窒息印度尼西亚和越南各民族的民族解放运动的企图决不会使殖民地宗主国光荣。

第二次世界大战结束了。不过，假使说战争结束之后同时展开了东南亚几千万人的民族解放斗争，那这是证明，现在是应该重新检阅殖民地民族的法规了，因为大多数殖民地民族是全体进步人类的共同的反法西斯斗争的参加者。

（原载于《时代》第 6 年第 8 期，1946 年）

日本末日记

［日本］森正藏
本报资料室 选辑

编者按：一个日本的新闻记者，忠实的报告日本究竟是怎样战败的？这里揭穿了日本的一切军、政、外交秘密……

吉田给近卫一封秘信坏事

美国B29型飞机的轰炸，使东京的市民们陷入了恐怖地狱的生活。下町一带的劫火方衰，东京上空全已为一片惨雾所笼罩，小矶内阁倒了之后，四月七日出于众人意料之外竟出现了铃木内阁，陆相这只位置也就从摆炮杉山元帅手中让给了阿南大将。阿南当时原在西里贝斯岛的梅诺渡任辉部队的司令官，他是军部的最后希望所寄，所以被召了回来。其时宪兵队已获得了前驻英大使吉田茂是主和派领袖的确证，预备加以检举，但因为他是牧野显伸的女婿关系，杉山陆相不敢贸然加以处断。可是阿南一上台，就于四月十五日将吉田茂交给了宪兵队。

检举了吉田的事件迅速扩大了开去。经宪兵队搜索的结果，竟卷起了意外的反响。重德泗水、马场恒吾，岩渊辰雄等评论家，以及新潟县知事君岛清吉、外务省的若干官吏，均先后被宪兵检举了，大有一个打尽言论、政治、行政各方面自由主义派之势，且谣传这辈人均将送交军法会议处断，宪兵队摩拳擦掌的袭击开始来了。

事件的起因，是由于吉田送给近卫的一封书信落到了宪兵队的手中。凡有自由主义烙印色彩的人，这时周围都有宪兵的幽灵跟踪着，他们阴悒的眼光中不绝地闪着凶光。就是对于个人之间的来往，亦拼命的想搜索出甚么东西来。书信都得经过他们的检查，他们的活动简直无孔不入。他们的检查网终于触到了吉田一封信，而且又是写给近卫的。他们立即开始对近卫与吉田身边投以怀疑的眼光，而俄然开始搜索的活动。

宪兵队所注意的焦点，是吉田是否想通过近卫而向日皇进言和平。他们即以吉田所起草的意见书，当作近卫传达日皇情报的根据。但吉田的意见是否如此，他们犹未明白，不过他们想像吉田一定非难军部的战争施策，提及日本必败论而触到结束日美战争的方策。经宪兵搜索的结果，果然发见了近卫上奏时所作的备忘录，于是就检举了吉田。

战争末期之时，日本宪兵队的监视活动几乎达到了疯狂的程度。因为这时大家对于军队尤其是陆军的战时施策之专行，盛露不满之意，就是日皇本人，也传于此时期开始了对于军部的不信任。总之，水壶有了裂痕，水也自然漏出来了。

在逗子和东京的和平传说，一时甚嚣尘上，不过内容还没有发展到具体的程度。但宪兵队立即看做此举是和平派的阴谋，竟对此先后检举了四百个人，且坚持由军法会议处断，后来因重臣派的出而干涉终算没有实现，这是军部暴政的最后事件。惟要求停战的呼声，从此在国内一天天的炽烈起来。

关东军的最后末日

在七月下旬举行的波茨坦会议席上，美国总统杜鲁门发表了一件特别情报，即发表美国原子炸弹的第一次试验已告成功。

这发表使全世界震惊了。据说原子炸弹的研究制造费达二十亿美金，使用员工六万五千人，在英国和加拿大的合作下，已达到实用于作战的地步。七月七日曾在墨西哥沙漠举行了试验。在闪光一亮之下，烟雾上升至二公里的上空，其光波据说在离试验地点九十公里外的一个盲女都感到，供实验使用的铁轨都化为乌有。

此消息发表后，最感吃惊的倒是史太林，因为他知道如果把这原子炸弹投诸日本，日本的无条件投降必较预期为速。原子炸弹的发表遂促使了史太林对日战争的决意。因此当八月六日原子炸弹轰炸广岛、九日袭击长崎后，苏联军即于九日上午零时开始突破东满与西满边境开始进击，同时以少数飞机轰炸北满与北韩。

是日上午五时，长春的广播电台报告了苏军越境的消息，接着就继续播送军歌唱片。军歌的歌声虽雄壮，然而日籍市民的面容上却已露出痛苦的表情。谁也没有料想到最后的末日会来得这样的快法。不过外表上长春仍旧保持着冷静，与平日不同的，只是看见三三两两的马车满载着行旅向市外走去，这是开战第一天的景象。日籍市民还很信任关东军，他们认为关东军一日存在，边境的战争可以继续一个相当时期。他们做梦也想不到关东军所在地长春(即伪满的新京)想是直接曝露在危险中,事情仅隔得一夜就恶化了。

军司令官山田大将迅即下令将其战争司令部移驻到满洲与朝鲜边境的通化山岳地带,傀儡皇帝溥仪及伪组织的首脑部也一起随行。在十一日早晨,一向悬挂在关东军司令大门上的菊形纹章突告消失了。装载军人军族的逃难火车,不绝向北韩南满开走,逃难开始了。逃难的不限于军属妇孺,一般妇女亦开始拥到长春车站,但在站上担任警戒的宪兵却拒绝一般市民上车。只有军人军属有优先逃命权。以满铁为始的其他所谓国策会社,亦各自装运列车南下。长春的一般日籍市民只好眼泪巴巴的目送着。关东军显然漠视一般日侨市民的家族。因此对于关东军与满铁的不满余绪,就在长春市民间爆发开来了。

在关东军司令部离去之后的长春,就失却了开战第一天的冷静景象,开始发生了混乱。除老弱稚幼之外,所有的男子全部被发动去建筑长春的防御工事。搭乘不到满铁火车的市民们,成群结队的逃出新京向南满而去。城内到处充满了焚烧重要文书的烟雾,甚至在空袭警报中亦焚烧得满天通红。

当时谣传纷纷,有说坚决抵抗苏军,有说为等待政治交涉暂时不抵抗,然而关东军却一直保持沉默。日侨们开始不安了。他们密切注意着"无敌"关东军的行动。

后来从残留的司令部方面获知"守备边境的第一线部队已对越境苏军展开邀击战",可是却全然不见有调兵上前线增援的景象。日侨们就询问关东军司令部何故离开长春,据军首脑部的解释是:"北满将加放弃而退守满鲜边境的通化一带山岳地区,确保据点而展开游击战。"不过日侨们鉴于菲列宾战斗时逃至巴基喔山的日军被击得四分五裂,根本未能采取游击战,因此知道日军已露战败景象。关东军的作战计划,早在战前即已将北韩的兵力自朝鲜军分出,而编入于关东军之下,故满鲜边境本是作战的豫想战场。因此现在仅留少数边境守备队,其余兵力悉集中于南满一带。

至八日十日,阿南陆相发表了《告全体将士书》,内中有谓:"纵令吃草根,啮泥土,辗战荒野,亦信其断必能自死中求生。"表示了关东军是决心作战了。

于是长春方面立即展开了准备最后防御战的工事建筑,到处埋地雷,建造托契卡。士兵刀出鞘的巡逻市街。可是命运终于在八月十五日就决定了。日本投降了。据当时苏联方面发表,关东军将兵投降者五十九万四十人(内将校百四十八人),伤兵二万,阵亡八万。

苏联不欢迎代表前来

自五月下旬以来，外相东乡与前外相广田弘毅间忽然往来频繁。东乡与广田间的会谈是在极端秘密中进行的，之后广田的足迹又出现在箱根的苏联大使毛立克的处所。由东乡、广田、毛立克所结成的一条直线，就是结成日苏关系之间的一条线，此外再加上驻苏大使佐藤、莫洛托夫以至史太林。想由这一条线而向苏联活动出来调解战争。

日皇对此亦表示同意。于六月二十九日，他发了一封秘密电报给史太林。电报的内容是说，为愿结束战争起见，愿派遣近卫前往接洽。可是史太林方面的回电却说："为了尚无把握之问题而派遣代表前来，不能欢迎。"日本方面对此的解释是苏联纵暂时不欢迎日本派代表去，但并无放弃日本之意。因此上层部的意向仍循此线索在极端秘密中走向具体化。

交涉在日本由广田与毛立克之间在莫斯科由佐藤与莫洛托夫之间分头进行。

七月十三日，日本又拍了一通电报至莫斯科，内说关于具体问题即派近卫前来商洽，交涉预备在莫斯科进行。但此时史太林适将出席波茨坦会议去。不过莫斯科表示："日本若提出具体条件，可由苏联担当调停工作。"因此就询问日方的条件如何，以便在波茨坦会议席上向联合国探询意向。

莫斯科方面因等待日本的秘密覆电，史太林特延期出发一天。可是日本却始终没有密电覆去。当时因事件重大，也许一时不能有急速的方策，然而当时如果能作迅速的覆电给克姆林当局，日本也许可能避免原子炸弹的浩劫。

如果苏联的调停而能告实现，日本即可获得自主的解除武装，自动从中国及各地撤退兵队，这样就可以算作不是投降而是媾和了。而且如果日本提出与苏联有利的条件，即从东北自动撤兵并宣布放弃东北权利、放弃朴资茅斯条约、放弃北库页岛的渔权、允许朝鲜独立等，则可能使开罗会议的条件缓和几分。可是现在懊悔已经不及。以波茨坦会议为转机，美日战争急转直下而迅速展开了压轴戏。

地下室中的御前会议

随苏联参战之后，抵抗与投降的问题立即表面化了。军部至此方知重臣方面已在进行和平交涉，不禁愕然，和平交涉不仅通过苏联关系在进行，在铃木内阁成立之后，且通过凡蒂岗、瑞士、瑞典等国的关系进行活动，不过单凭这些没有武力国家的政治力量，毕竟是无法调解日美战争的，故和平交涉的对象还是在苏联。然而原子炸弹的出现，将苏联的调停全推翻了，苏联亦即急速展开参战。

八月九日，铃木首相在官邸中举行临时阁议，要求阁僚对于当前情势下战争是否能继续的问题发表意见，接受波茨坦无条件投降，于此已见端倪。同日夜十一时五十五分，在宫中地下室召开御前会议。当时因事件紧急，会议空气异常紧张。出席者除铃木首相、阿南陆相、米内海相、东乡外相、梅津参谋总长、丰田军令部长、平沼枢密院长等当然出席人外，更有迫水书记长，吉积、保科两陆海军务局长等列席，而以日皇为会议中心。铃木和东乡主张保留天皇制而服从波茨坦宣言，但主战派的阿南陆相却固执如下三个条件，即(1)绝对尊重天皇主权；(2)联合国军不得进驻日本国内一步；(3)由日军自动解除武装。

阿南最初且主张作战到底，预备在本土邀击美军。冲绳败战之后，非难之声虽集中于阿南一身，但他仍坚信本土决战可获胜利。在他是从来不想到日本会得投降的，他仍旧信任日皇。他相信和平派的人虽多，而日皇最后必能赞助他的主张。不过阿南的主战意见终遭否决，但为维持颜面起见，做成了附加三条件的妥协方案。

阿南的发言句句抉自肺腑，他的双目中露出白光，言语很激昂。午夜二时后的大内山虽落在沉静的深渊中，但在会议室的一隅，除铃木首相之外，东乡、米内、平沼的停战派和阿南、梅津、丰田的主战派互相对峙不决。

其时日皇就目视阿南发言说：

“阿南！阿南也许会感到不满意，但余决意听从多数主张。”

于是会议室中复归于寂静。阿南俯首不发一语。日皇又以非常坚决的语调说：

“应即考虑迅速停止战争之道。”

于是接受波茨坦宣言的主张是确定了。

阿南的“英雄”眼泪

八月十日上午三时，首相官邸又开紧急会议，商议关系投降的各种手续，上午七时即请托瑞士、瑞典两中立国出为斡旋。午后一时，首相于官邸中招待重臣报告第一次御前会议的经过。继即在宫中举行重臣会议。同时复召开紧急阁议议定发表投降的形式。十三日上午五时，日本政府向瑞士、瑞典二中立国送出了正式的覆文。立即从中美英苏的名义来了覆电，内开“许可维持天皇制，但应受波茨坦宣言之制约。希即以天皇之命下令立即解除武装”。对此，阿南一派的人又起来表示异议说：

“在解除武装及陆海军无力化后，恐即将限制天皇制吧。如此则国内必见大混乱。这些却是能预想得到的。与其听任混乱，宁可继续作战到底。”

因此，在十四日上午十点四十五分又召开了第二次御前会议，除铃木以下全体内阁外，梅津、平沼、丰田亦均出席。铃木首先报告日皇说：

“陛下既已下决断，而又已接得联合国方面的回覆。惟目前既又有异议，希望能听取各人意见。”

日皇即首先询问海津的意见，梅津奏说：

“解除武装后之混乱，实为势所必忍，届时恐陛下的地位与权限亦将有无法伸展之虑。”

继之阿南与丰田亦表示同样的意见。但不论梅津、阿南或丰田，对于本土邀击战并无确信的把握。丰田在触及这一问题时，曾明言：“并无胜算把握。”

日皇于听取主战派之人的意见后，即先检讨彼此的战力及继续战争所需的生产力，而终于仍旧归结到不得不接受波茨坦宣言的决定，接着说：

“朕深知在日本皇军素无‘投降’一词，故十分了解陆海军统帅部解体时的隐痛。然我国已有相近八十个都市蒙受空袭的惨重损害，无辜臣民死伤者已达数百万。朕一思及人民此种痛苦，实不忍再继续战争。过去明治天皇忍受三国干涉的苦衷，朕于兹亦已体味。”

至此，裕仁又以呜咽激动之声说：

“尔等之意见虽均系为朕打算，但余信联合国答文中已承认天皇主权，尔等亦宜作此考虑。只须念及国家焦土化一事，朕之一身即不值介意。朕实不忍再见人民葬身战火。朕既忍受一切，望尔等亦能善体斯旨而接受朕意。”

这时与会的人都哭泣了，甚至痛哭出声。尤其是阿南，哭泣得身体都激倒了。日皇以白手套掩住了自己的脸。这时已经不再是御前会议的空气了。阿南突然站起来走到日皇面前，跪下去说：“陛下！”但他早已泣不成声。

“阿南！别再哭了，”日皇说，“朕意已决，无可改变，如有他法，朕亦早已为之。现在赶快起草诏书，原子炸弹也许会三度光临我们，事情应争取一瞬的时间，以迅速处理为要。”

当夜阿南于官邸中更换军装盛服之后，即告自戕而死。

被惨杀的近卫师团长

在阿南自杀之后，八月十四日夜十一时日皇颁布了投降诏书。而其时在市之谷方面，亦即充满了杀气。市之谷的陆军部、参谋本部、航空本部，以及防卫总司令部的将校们，听到投降的消息均愕然不知所措。他们最初都不相信，因为他们中间尚无人知道御前会议的内容。但阿南陆相的自杀，始使他们知道事态不是假的了。

是夜市之谷一带，全是充满了武装实弹的少壮军人们，他们的眼光中含有推翻日皇决议之意。陆军部与参谋本部有大不稳的消息一旦传播到外面，四方立即起了响应者。深夜，少壮派军人的车辆群集在竹桥的近卫师团司令部。他们要求会见森近卫师团长，森中将答应了他们的要求，出现在深夜的会客室中。

“阿南陆相的死是不能让他白死的，国民还未知道事情的真相。现在我们非以决战到底的行动来推翻皇上的决议不可。如果海军不动，就让我们陆军来守卫国土好了。我们相信全国在接得近卫师团跃起的消息后，必能立即发动五百万精锐相响应，故务请阁下表示赞成。”

森中将于倾耳静聆之后即劝说：

“陛下决断已下。担任守卫宫城的近卫师团，是决不能采取反叛的行动的。”

“但阁下如果不肯协力，莫怪我们要采取非常行动了。”

“诸位决不能轻举妄动。”

当森中将正待自椅子上站起来时，突然枪声一响，满室烟火，森的身体已经倒下去了。

“中了!”军官们面面相觑的说，森却仍在低声呻吟说：

“务请各位要自重，要自重……”

这时众军官们对于断气中的森中将一齐举手行了一个敬礼，然后执枪在手，将当值的师团参谋监禁一室，竟各自对师团发起命令来。近卫师团所属的部队，于深夜中奉到了保护宫城周围的命令，一齐刀出鞘的于黑暗中向宫城进发。

最后叛变的一幕

莲沼侍从长官亦被监禁了。宫城的卫兵本部亦遭占领。事件报告到东部军管区的司令官田中大将耳中。

“甚么？马上出发!”他穿好军装之后，正待出发时，副官冢本少佐前来劝说：

“阁下，在外面黑暗中是危险的，兵士们在黑夜中不会认得阁下。”

“是吗，那么等一等吧。”于是他再坐下，自言自语的说：

“暴动发生了，如何对得起陛下……冢本，天甚么时候亮？”

“大概四点钟左右可以亮了。”

“四点钟？好吧，还有二小时。”

他就坐着闭目等候时间。其时市之谷方面已充满了拥护陆军暴动的空气。

上午四时，天渐发白。田中大将即身佩手枪率同副官，乘坐了插着将官旗的汽车赶向宫城来。车至坂下门，在那里兵士认识了将官旗，即密切注意车内。汽车并不减低速度，于是在一声“司令官”的怒号下，手中执着枪的兵队随后亦即涌进了侍从副官室。田中大将为欲救出莲沼武官长起见，直走进卫兵本部。

“指挥不在吗？谁是指挥官？”卫兵本部的将校们认识是田中。

“余是司令官，立即撤兵！兵员应迅即归回部队！”

“阁下，这是不行的，阁下亦接受投降吗？”将校们目露异光的问说。

“你们的心思，我都知道。但我们既是陛下的臣属，就不许有违反陛下意志的行动。”田中始以激昂，继以优容的语调训诫众人说：

“应该体察陛下苦衷的我们，绝不许有轻举妄动。你们当知道陛下的处境实在比我们更苦。日本之是否消灭，抑或仍以陛下为中心而虽弱犹存，全得看我们了。懂了吗？你们相信这话，就不可以再有使陛下陷于苦境的行动。”

经过田中三小时的劝说，手握枪杆的少壮军人们的拳头方始松了开来。田中更说：

“我们败也要败得干净，接受败的责任。不是叫你们单独负责，我做司令官的亦抱有负责的决心。我们要散也得像军人那样的散法，这是日本陆军的最后姿态。”

这时枪声突起，四名少壮军人当场自杀了，其他则都到宪兵队去自首，所谓八一五事件就这样宣告了结束。不过其时另外发生了一件意外事件。

这是铃木首相和平沼枢密院长被狙击的事件，发生在十四夜至十五日的朝上。是日东京警备军第三旅团旭部队横滨队的陆军大尉佐佐木武指挥了以横滨工业学校学生为中心的一队人，突然袭击首相官邸和在新大久保的平沼家，企图将两人暗杀，但结果并未成功，除佐佐木外，其余均在当场被捕。

五枝派克笔一纸受降书

一九四五年九月二日，是全世界所不能忘记的一天，是日虽无风息，却从早晨一开始就是昙天。战争结束的钟声，使世界各隅激起了喜怒交集的余韵，战乱于焉告终。在横滨港远的海面上出现了美国四万五千吨米苏里号战舰的巨体。此米苏里战舰是第三战舰队司令官尼米资上将的旗舰,曾在九州、冲绳周边参加过机动作战,现在则被指定为签订无条件投降书的场所。该舰虽曾三次受过日本特攻机的攻击,始终未遭炸沉,不过创痕犹在。

签约式的会场,是在米苏里号的右舷的甲板上,其时业经打扫得一尘不染。在二尺宽、八尺长的方形桌子上,铺着簇新的白边深绿的台布,旁边置有椅子二只、扩声机一架,等待历史时间的到临。旗樯上高悬着美国的星条旗。这面旗就是四年前十二月一日开战当时扯在白宫上面的旗子,在占领罗马、占领柏林的当时都曾扯起过,这次又在横滨海上以最后胜利的雄姿高悬在米苏里号的樯杆上了。

上午八时方过,加拿大的代表在右舷的船梯上出现了,接着是在浅绿色上衣上缀有二根粗红线的苏联代表狄莱维扬可、白色短袖装的英国代表法拉善、草绿色军服的澳洲代表布莱米、金边军帽的法国代表罗克莱克,以及中国代表徐永昌、新西兰代表衣希特、荷兰代表海尔福利等。

不久,穿着灰色军服的联合国最高司令官麦克沃塞元帅偕同美国代表尼米资一起走进会场,代表团一行围着桌子等候日本代表的到来。联合国方面的记者团更屏息静气地紧张的等待着。

"日本代表来了!"记者团中忽起耳语说。日本政府代表重光葵、统帅府代表梅津美治郎率同陆、海、外各人员果然踏上了跳板。重光葵拐着腿,拿着司的克,样子痛苦得很。而一向有陆军至宝之称的梅津,腰间已不再有佩刀,完全是一副败军之相。他们面部紧张,表情板硬,都闭紧嘴唇。在严肃的会场中,日本代表们分二行并站。于是麦帅走向扩声机前命令开始调印。桌上早已放好正文二通的投降书。重光拿出了日皇的委任状,由冈崎战时联络中央事务局长搀扶之下在椅子上坐下。他脱掉了右手的黄皮手套,掏出自来水笔,对投降文书略略看了一下之后,再从上衣口袋摸出一张纸,将笔揩拭一下,然后在投降文书右侧上签名。继之是梅津,他并不坐下,只就俯着身子签名。

日方签名完了之后,麦帅昂然在椅上坐下,拿下玻璃架上早已预备好的自来水笔,一共用了五支笔签完署名。

这五枝自来水笔除麦帅自存一支外,一支送给魏拉特,一支送给哈赛,一支送给美国政府,一支送给西点陆军士官学校,以留纪念。其时以九架飞机编成一队的数百架联合国飞机,在上空翱翔示威,配合着下面军乐队的吹奏声,胜败双方的代表均默无一声。战争就这样结束了。

八日午前十一时四分，在米苏里号樯杆上扯过的那面美国国旗又一度扯起在东京美国大使馆的旗柱上面。而经过风浪颠沛的日本历史，终于在黩武主义者的败北下掩上黯淡的一页。

（原载于《一四七画报》第11卷第8—11期，1947年）

韩国的四领袖：金九、金奎植、赵素昂、金若山

葛思恩

韩国临时政府，从一九一九年四月十一日在上海成立起，到一九四五年十一月二十三日离沪返国止，前后历时二十六年以上。其间就地点而言，始终设在中国境内，但是它的体制与人事，则时有更动。

日本投降前的最后一届临时政府，系一九四四年在重庆成立。那年四月二十日，韩国临时议政院举行第三十六届临时会议，选出临时政府的正副主席各一人和国务委员十四人，后来又从国务委员中选定各部的部长。那届政府中最重要的人物，是主席金九、副主席金奎植、外务部长赵素昂与军务部长金若山四人。其中，金九与赵素昂是当时最大政党韩国独立党的负责人，金奎植与金若山则是第二大党朝鲜民族革命党的负责人。

临时政府因为在海外成立，同时流亡的时间太久，故世界各国一度对于它在韩国国内的地位和声望表示怀疑。临时政府以始终不获任何国家的承认，这也是主因之一。但日本投降后，由事实证明以往各国的怀疑并无根据。临时政府的负责人员在飞返汉城的一天，据说曾受百万以上民众的盛大欢迎。返国以后，他们在朝鲜南部的政治上也始终居于领导地位。

从日本投降后来自朝鲜国内的若干片断消息而观，金九和赵素昂等所领导的韩国独立党仍为南韩首屈一指的大党。去年二月十四日在南韩成立的大韩国民代表民主议员会中，除议长一职系由自美返国的李承晚担任外，副议长二人即为金九与金奎植，赵素昂则为该会议员。今年春间，该会改为韩国立法议院后，议长一职复由金奎植担任。军务部长金若山，曾任与民主议员曾对立的民族战线委员会的四位议长之一。该会成立于去年二月十五日，即民主议员会成立的翌日。

在重庆期间，笔者曾先后访问金奎植、赵素昂、金若山等，详谈他们的生平事迹。至于金九先生，仅曾晤面而未作谈话。兹就当时直接或间接所得的料

材，对于这四位毕生尽瘁革命而今后对朝鲜国运仍可能发生重大影响的人物，作一概略的介绍。

一、主席金九

临时政府主席金九，算来今年已届七十以上的高龄。从十八岁加入东学党至今，他参加革命已有五十多年的历史。为了国家，他曾三度系狱，一度被判死刑；他曾剃度为僧，也曾皈依基督教。他曾亲手扑杀敌兵，也曾主持举世震惊的暗杀活动……

金氏于一九一九年三一革命发生后来上海。此前，他在国内已是全国瞩目的一位革命英雄。而在中国受人注意，则始于一·二八以后。一九三二年四月二十九日，金氏主使的尹奉吉烈士，在虹口公园炸毙白川大将，炸伤植田、野村、重光等后，使金九之名渐为国人所熟知。尹奉吉烈士对于金九是非常崇拜的，曾题词一首，对他推崇备至。词云："巍巍青山兮载育万物。查查苍松兮不变四时。濯濯凤翔兮高飞千仞。举世皆浊兮先生独清。老当益壮兮先生义气。卧薪尝胆兮先生赤诚。"

"童子接主"

金九，原名昌洙，二十五岁时改名龟。到上海后才名金九，号白凡，系朝鲜黄海道海州郡之基洞人。十八岁时，加入当时农民武装暴动的组织东学党，自任"接主"，即地方领袖之意，是东学党中年纪最轻的接主，故有"童子接主"之称。东学党以迷信相号召，朝廷目为敌党，金氏曾企图加以革新，但无效果。那年秋天，他率军进攻海州，不幸失败。当时安泰勋进士方率政府军讨伐东学党，安氏即后来在哈尔滨刺死朝鲜总督伊藤博文的安重根的父亲。金氏兵败后，即依附安泰勋幕下，当时安重根仅十六岁，正随他父亲率军讨伐东学。

判处死刑

甲午之役，中国战败，同时朝鲜国母明成后也为日人所杀。金氏认为中韩两国非合作不足以御侮，乃单身视察中国，徒步数千里，历经东北的通化、宽甸、辑安、桓仁、临江等县。二十一岁时，他本想赴中国锦州起兵讨日，途中知国内已兴起反日的"义兵运动"，乃兼程赶回。到安岳郡的某地遇一便衣日兵，即是亲手杀毙明成后的土田上尉。金九青年时素以力士著称，他单身夺取土田的佩刀，格杀土田，并当众宣布杀人的原因，又在道旁墙上书明他自己的姓名和住址。

几个月以后，金九被捕，拘禁于仁川的监狱中，旋又判处死刑。消息传出，举国震动，闻朝鲜皇帝曾亲自打电话至仁川，特旨缓期执行。二十三岁时，他越狱逃出，为了避人耳目，入公州的麻谷寺，剃度为僧，改号圆宋。一年后返俗，周游全国。当时朝鲜国内基督教的势力相当普及，故于二十八岁时皈依基督教。一九〇九年，安重根刺死伊藤博文，日人在朝鲜大举捕人，金九亦被捕下狱，但是没有确切的证据，旋即开释。三十七岁时，又因参加秘密活动被捕，判处徒刑十七年，在狱期间备受酷刑。后因日本明治天皇夫妇相继逝世，减刑两次，又因新皇庆典，复减刑数次，故五年以后即一九一七年就开释出狱。

历任要职

三一革命爆发后，金氏乘机赴沪。临时政府成立时，他屡次谦让的结果，担任警务局长一职。一九二二年第三届临时政府中，他任内务总长。一九二五年以后，临时政府的元首由大统领制改为国务领制，计第一任国务领李相龙，第二任洪震，第三任即为金九，时年五十三岁。一九四〇年起改为主席制，金九又任主席，直到前年返国之时。

二、副主席金奎植

金奎植博士，是临时政府中的外交元老。一九一九年第一届临时政府在上海成立时，他即担任外务总长一职。为了革命，他仆仆风尘于世界各地，曾两度赴苏联、美国与外蒙，也曾到过欧洲与澳洲。

一九一〇年八月二十九日朝鲜亡国以后，革命志士纷纷出亡国外，金氏亦于民国二年即一九一三年来中国北平。第二年，曾偕柳东说等五人去外蒙的库伦。据他自己说去外蒙的目的是“外蒙地广人稀，拟设立秘密军事干部学校，策动革命”，可惜后来并未实现。民国五年，回到张家口，为了生活，进顺昌毛皮洋行任事。到民国七年，奉洋行总经理的命令，曾再赴库伦，筹设分行。回天津后，改入美商协隆洋行的电器部中任职。

巴黎和会

一九一八年欧战结束后，流亡海外的韩侨认为革命的时机已告成熟，乃在上海成立新韩青年团，并决议派一人参加巴黎和会，一人去东北，二人潜入国内进行革命工作。金奎植被派为参加巴黎和会的代表，而后来的金夫人当时则是派往国内的代表之一。

在巴黎和会中，韩国代表不能获得各国的承认，故未克正式参加会议，只能列席旁听。据金氏谈，当时代表团曾提出请愿书，要求朝鲜获得独立。英美法义等国代表颇表同情，美国的威尔逊总统曾派勃立斯将军接见代表团，商谈朝鲜问题。法国报纸则刊载代表团的请愿书，日本曾企图制止无效。

东方革命大会

巴黎和会结束后，金氏自欧赴美，担任临时政府的欧美外交委员会委员长，负责对美宣传和联络事宜。据谈，当时美国有韩侨八千余，分布美洲大陆及檀香山一带。韩侨团体，在大陆有大韩人国民会，檀香山有同济会、国民会等。一九二〇年，他离美来华，因为不能经过日本，故绕道澳洲。一九二一年返抵上海。

返沪后不久，同年冬天又赴苏联参加在莫斯科举行的东方革命大会。出席大会的朝鲜代表，共计五十余人，由金氏任团长。据谈，他和列宁、托洛斯基、加里宁等同为主席团的一员。当时，国际共产党的总书记为季诺维夫，苏联外交人民委员长则为齐契林。又谓，当时孙总理也派代表若干人参加大会。

大会结束后，金氏于一九二二年五月返中国。翌年，再由上海去海参崴，逗留七月，与苏联方面代表有所接洽。

留学美国

笔者于一九四四年七月一日，赴重庆南岸弹子石的孙家花园访晤金氏，谈约二小时。那时朝鲜民族革命党的干部人员，多数散居在那一带。金氏生于一八八一年一月二十九日，原籍江原道，出生则在庆尚南道的东莱郡。一八九七年十六岁时，东渡赴美，入佛吉尼亚州的罗诺克大学肄药，攻习外交与文学，今日"博士"的头衔即是罗诺克大学所赠的名誉学位。后来转入普林斯顿大学，肄业一年。他是基督教徒，在东渡留学前，即已入教。一九〇四年自美返国，在教育界工作。其后，在一九〇五年及一九〇七年曾两度来中国。

九一八事变后，朝鲜五个革命政党成立对日战线统一同盟，后又联合褚辅成、丁超五等主持的东北抗日会等，成立中韩民众大同盟，派金氏为代表，于一九三五年再度赴美，担任宣传工作，历时半载。返中国前，曾将宣传责任交韩吉洙继续进行。二次世界大战期间，韩氏始终为朝鲜在美的重要发言人之一。

金氏除了外交方面的活动而外，对于文化教育工作，也很努力。在中国期间，曾在若干学校教授英文。革命军北伐时，他在武汉中山大学任教。在天津，曾任北洋工学院的教授。在京沪，曾先后执教于惠灵英语专修学校、复旦大学和中央政治学校。抗战期间，又曾担任成都四川大学的外文系主任。

三、外务部长赵素昂

一九四四年六月十六日午后四时，笔者赴当时韩国临时政府的所在地，即重庆吴师爷巷一号访晤赵素昂先生，在会客室中谈约二小时。那时，他在临时政府中是外务部长，在韩国独立党中则是执行委员长，即是党魁的地位。他的前任执行委员长，即是金九先生。当时的韩国临时政府，是在吴师爷巷，后来才搬到七星岗附近的一家旅社中。一进大门，正厅中间悬有朝鲜的太极图国旗。会客室中，上首有一幅韩国大地图，一侧则悬檀君画像。檀君是朝鲜传说中的开国之君，类似传说中的中国的盘古或日本的神武天皇。画像中的檀君，是三绺白髯、忠厚长者的模样。

赵氏蓄短髯，身材中等而精神饱满。他除精通韩日文外，亦通中、英、俄文。那天，我们先以中、英文交谈，后来民族革命党的宣传部长申基彦君来，始由申君担任翻译。

大同团结宣言

赵氏于一八八七年四月八日生于汉城。青年时留学日本，入明治大学研习法科，前后约四五年。结业以后，原想直接来中国，然被日警发觉，监禁数月，乃于一九一一年返国。

一九一三年，他从国内经东北来中国。一九一七年欧战将近结束时，旅华韩侨曾组织同济社，从事革命活动。该社发表大同团结宣言，由赵氏起草，署名者三十九人，为此后三一革命时独立宣言的张本。同年，他从上海去吉林，纠集同志，进行革命，并把大同团结宣言流传国内。

与革命家的交往

世界革命家中，据谈，在日本时曾听过孙总理的演讲，可惜未有机会交谈，后来在上海由于张继的介绍，曾获谈话约半小时。闻当时总理表示，革命瑞赖自力更生，需要每个同志的努力，不能纯靠外力。在中国革命的领袖中，他与陈英士、张继、戴传贤等比较熟识。一九一九年七月，他从上海赴伦敦，转往欧洲各地旅行，历时数年，经过英、法、瑞士、比、荷、苏联等国，曾与泰戈尔、列宁、托洛斯基等晤谈。

他与金九的长期合作关系，始于一九一九年。那年，临时议政院在上海开会，金九从国内来沪参加，赵素昂亦为与会代表。以后，两人关系渐趋密切。一九二二年第三届临时政府中，赵任外务总长，金九任内务总长。一九二九年独立党在上海创立时，二人都是重要的发起人，创立以后，则同任常务理事。一·二八战役后，尹奉吉在上海行刺白川大将，他们又都是主使人物。

三均主义与外交政策

赵氏对于韩国革命的理论方面，有特殊贡献。他除起草大同团结宣言外，在一九二七至二八年间，又曾首创三均主义，主张政治、经济、教育三者的均等化，其要旨是“以政治、经济、教育之三均制，建均权，均富，均学之民主国”。后来临时政府所订立作为韩国革命建国最高指导原则的建国纲领，即以三均主义为基本精神。

四、军务部长金若山

军务部长金若山，是另外一种典型的人物。他相信武力是革命的主要凭借。一九一八年欧战结束时，上海韩侨曾组织新韩青年团，派金奎植为代表，赴欧参加巴黎和会。那时金若山在南京金陵肄业，他认为革命应以武力为主，外交方面的努力，尤其是在巴黎和会中，日本以战胜国的资格参加，朝鲜的要求一定无法达到目的，故他始终没有参加新韩青年团而秘密从事另外一方面的努力。

朝鲜义烈团

一九一九年一月，即“三一”大革命发生之前不久，朝鲜国内的局势已很动荡。其时，金氏偕李如星由南京出发北上，拟入东北活动。经过济南时，因为纠集同志，耽搁二月。当时朝鲜国内的革命已经爆发，金氏在济南读到朝鲜革命史上有名的“独立宣言”，但对宣言内容颇表不满。宣言中有“和平”“一本良心”等字样，他认为太过软弱，“太没有力气”。后来兼程北上，到吉林组织了朝鲜义烈团。

义烈团是一个进行暗杀和破坏的组织。成立之初，即以“七可杀”为行动纲领。所谓七可杀，包括日本官吏、军队、宪兵、警察，韩奸，日本天皇，朝鲜、台湾总督等。后来该团又发表朝鲜革命宣言，其结语中有“民众为革命大本营，暴力为革命唯一武器”等语。义烈团成立后，在朝鲜、日本与中国，积极展开恐怖活动，曾轰击朝鲜总督府、日本皇宫，又曾在上海行刺田中义一。团员最多时达二千余人，韩奸多人都在他们的手中丧生。

建军的准备

金氏主持义烈团的恐怖行动，历时八年。后来他的思想发生改变。据他自己谈，“我觉得单凭暗杀，并不能把日人驱出朝鲜，故思想转变，决定从建立武装力量入手”。民国十三年，他偕义烈团团员四十余人，自上海南下广州，入黄埔军校第四期肄业。闻黄埔之有朝鲜学生，即自第四期始。后来随军北伐，转战各地，朝鲜同志在镇江等地颇有牺牲。一九二八年，他再赴上海，转往东北，组织人民，曾先后成立朝鲜农民总同盟、青年总同盟等，策动国内民众参加抗租、罢工等活动。

朝鲜义烈团的活动虽停顿已久，但其名义到一九三五年才正式取消。那年，该团和其他四个朝鲜革命团体合并组织朝鲜民族革命党。新党成立后，创办朝鲜革命干部学校，由金若山任校长，先后在南京举办三期，毕业干部二百余人。该校在南京成立时，事先曾得蒋主席的许可，后来因为日本提出抗议而停办。

朝鲜义勇队

一九三八年十月十日，朝鲜民族革命党与若干其他党派合作，在武汉创立朝鲜义勇队，直接参加中国抗战，这是中国关内第一支由韩人组织的武装力量，而其队长一职，即由金若山担任。

朝鲜义勇队成立之初，因人数不多，故其工作系以宣传为主而作战为辅。该队在最初两年的工作报告中有云："曾转战六个战区十三个省份……曾协助中国军队的政治部，创办许多简易日语训练班，训练了六万余对敌工作的干部，在前线及敌人后方，曾印发中韩文的小册五万份，传单五十一万份，标语四十余万份……"到一九四〇年以后，活动大为增加，曾派遣三个支队分别进入华北、华中和东南的敌后区域活动。尤其是派赴华北的第三支队，因为北方的韩侨较多，又因与延安方面取得联系，后来成为实力颇为可观的一支队伍。

一九四〇年九月十七日，韩国光复军在重庆成立，这是临时政府的正式武装力量，朝鲜义勇队也编入其中，由李青天任总司令，金氏则被任为副总司令。

（原载于《亚洲世纪》第1卷第2期，1947年）

日韩行脚（节选）

宋越伦

………………

十八、北纬三十八度

韩国自日本投降，因在美苏两国共同管制之下，情形异常复杂，记者团到达东京之日，即向麦帅总部表示甚盼能有机会前往汉城一行。当时总部方面未有表示，迨至广岛、大阪等地旅行归来，同人等已作返国准备之际，麦帅总部突然派人通知，谓总部已下令指派专机，于十一日清晨载送记者团前往汉城。同人得此机会，虽在极度疲劳之中，无不感觉兴奋，乃重整行装，准备出发。

十一日清晨五时即起，早餐后匆匆赶往立川机场，办理一应手续及穿戴安全衣伞后，飞机起飞已在十时左右。此次所搭为三一七军事运输机，较之ATC线之B五四C型为小，仅有发动机三具，内部设备亦不若ATC之佳。唯该日气候晴朗，驾驶亦颇稳捷，当飞机穿出云层，翱翔于富士山附近之际，长空如碧，白云如絮，俯视下界，则濑户内海清净明美，渔舟点点，宛如空中尘芥，在碧波中四散飘浮。富士山上部悉为白雪所笼罩，屹然耸峙于青山绿水之间，丽阳下射，一种雍容之态，直非笔墨所可形容。

十二时半到达九州岛福冈机场，即在机场附设之食堂中午餐，食堂专为军人所设，食物质量均佳，唯大块文章，无复东京一带精致纤巧之态。机场所有劳工均为日人，其中且有妇女多人，从事修补挖掘工作。一时半重行起飞。经过对马海峡时气流稍有变动，唯飞机进行仍甚平稳。半小时后，飞临韩国上空，山川逐渐为一种黄色之尘沙所笼罩，村落点点，丘陵起伏，与日本之明丽纤巧，又是一番景象。

三时半到达汉城郊外机场，我驻汉城总领事刘驭万及美方军政府代表史蒂华等已在机场迎候，略事寒暄，即驱车前往汉城。

沿途风物，与我国华北一带几无不同，屋宇建筑亦甚相似，唯一切均较纤巧，不似我国之洋洋洒洒，气魄浑厚。农村似甚寂寞，车行其间，除偶有一二瘦骨嶙峋之小孩凝然伫立以外，不若日本之鸡犬相闻，充满活泼之气。公路两旁仍有薄水，原野之间，一片枯草，汽车过处，尘沙四起，一派隆冬肃杀之象，几疑置身河北平原。

一小时后经过汉江铁桥，然后进入汉城市区。市区建筑类多矮小，人民多数均穿白色韩服，中年男子并戴圆形纱帽，一种悠然之态，与东京街头急遽皇皇之情景，截然不同。

人民精神均甚颓唐，忧郁与沮丧之情绪，充分洋溢于市街之间，即此一事，实已足可说明韩国目前之遭遇！

记者团下榻之处，为美方军士之宿舍，询诸韩人，知为李王公主之旧邸，城堡宛然，惟内部早经改造，与普通宿舍无异。汉城生活之苦，如与日本相较，实有天壤之别，即以记者团寄宿之地点言，亦属一片凄凉，虽欲素取一杯漱口之水，而不可得，其他可以想像。

稍事休息，即偕刘总领事前往领事馆，领事馆为清朝总督府旧址，袁世凯督鲜时会驻节其间，至今亭榭院落一仍其旧，唯内部则几经修葺，颇有变更。在领事馆与领馆同人及侨胞领袖等一一相见，然后即至附近中国菜馆晚餐，沿途道路狭窄，尘垢山积，并有孩童成群，手持美国卷烟，逢人兜售，状甚惨凄。

席间刘总领事等详告韩国近况，静聆之余，深觉在南北分割之状态下，韩国命运原已十分暗淡，不料内部党争复极激烈，即以南韩一地而言，大小党派总数已在五百以上，令不人胜太息！

目下美苏以北纬三十八度为界，将韩国分为南北两部，北部由苏占领，南部则由美国代管。而韩国经此一分，无论从政治、经济以及社会各方面言，均已陷入一悲惨万状的局面。

尤其是经济方面，因为南韩是一广大的农村，除粮食外各种工业矿产均须仰赖于北部，北部则为工矿区域，食粮须赖南部的供给，但经此一分，两者经济的连系已告断绝，本来已是异常惨澹的韩国工业和农村，因此又蒙受了足以致命的打击。目下南韩的电力均由北韩供给，所以每当美苏空气紧张的时候，南韩的人民无不栗栗危惧，深恐苏联一不高兴，便把电线轻轻一剪，于是南韩的夜晚便将一片黑暗，造成严重的恐慌了。

晚间十时，汉城即已进入戒严状态，当记者等由饭店返至宿舍之际，市街两旁已是行人绝迹，在肩荷着步枪的韩国警察的往来巡梭中，空气是显得那么的动荡和不安。

十九、紧张的一日

美驻韩最高指挥官霍奇将军因公返美，目下由白朗少蒋（Maj. Cen. Brown）代理其职。军政府为我们原来排了两日行程，后来因为仝人急于赶返东京，乃将两日行程并为一日，因此十二日那天，在记者团全部行程中，可以算得是最为紧张的一天了。

清晨七时半早膳甫毕，即赶至美苏联合委员会（Joint Commission）所在地，出席白朗少将之招待会，会中白朗对美军登陆南韩以来的军政进行□形以及与苏联会谈之经过，曾作详尽扼要之报告。据云美军自一九四五年九月九日在仁川登陆之初，韩国政治由日人所指派之人民委员会负责，一切均入无政府状态，迨至军政府在汉城成立，各地人民委员会逐渐取消，美方乃邀请有声望之韩国人士加入政府。当时右翼政党大致应邀参加，唯左翼方面则一致拒绝。美方虽用尽方法，终难获得左翼之谅解。因此除立法院尚有少数之左翼人士参加外，其余则全由右翼及中间派人士充任。军政府成立初期，各级行政长官均为美人，而由韩人担任顾问。目下则除军政府最高首脑仍为美人外，其余均由韩人充任，惟仍由美籍顾问协助一切。韩国目下政治完全依照美国三权分立制度，在美方指导监护之下，逐渐推进。根据开罗会议宣言，各国均保证韩国最后必须独立，至一九四五年十二月，莫斯科宣言更进一步予以保证（此项宣言由英美苏三国签字，并经我国承认），当时确定进行步骤，由北韩苏军司令及南韩美军司令分别指定代表五人，组织联合委员会，商讨组织韩国临时政府，并解决美苏间一切纷争与隔阂。一旦韩国临时政府成立后，中美英苏四强并须以五年之时间，对韩国予以协助与辅佐（Aid and Assistance），实行所谓信用托管制度（Trusteeship）。当时莫斯科宣言原文到达韩国后，韩人无不极力反对，未几左翼分子态度逐渐转变、由反对托治而趋向于赞成托治，右翼则仍坚持，直至目前，“反托运动”犹为右翼主要口号之一。每有骚动，辄与反“托”有关。最近李承晚、金九所领导的联合阵线，甚且以不惜流血争取韩国独立为辞，对托治抨击不遗余力。

美苏联合委员会于去年三月二十日开始在汉城成立，会议进行达八星期之久，而结果一无所成，其间主要争执在苏方坚持凡反对莫斯科宣言之韩国政党以及人民，一律不准其参加临时政府。此一提议如果实现，则南韩政党势将全部与政治隔离，而造成清一色之左翼政府，美国对此自难同意。

白朗少将于报告之际，殊为坦率诚恳，当其言及韩国内部政党复杂，民众对政治缺少兴趣与关心之时，亦为之摇头不已。

“吾人不愿强迫韩人采取美国式的民主制度，然民主在美国确有其良好之成就，故深信韩国必能遵循以行。”此为白朗少将之结论，当其以爽朗之语调预言“韩国左右两翼最后必将携手合作，以完成统一，建立政府”之际，会以诙谐幽默之语调，陈述其理由：

“错误必被改正，公道自在人心！”

白朗少将报告终了，已在上午十时，乃匆匆赶往军政府所在地，出席民政长官及汉城新闻界之座谈会。

军政府即前日本总督府旧址，星宇建筑壮丽已极，目下军政府各级部会均集中于此，座谈会会场在二楼客厅，除民政长官安在鸿及各报记者四十余人外，尚有军政府各级韩籍官吏参加。安在鸿在日人统治期间，曾因革命入狱九次，而始终未离朝鲜一步，因此其国内声望，较之金九、李承晚等人实尤过之。美方之所以欲其出任民政长官，盖欲借渠之力，以控制韩国多数之政党。其人体格似颇文弱，向记者等致简单欢迎词后，即因事匆匆离去。

座谈会开始后，一种对华热切之感情，即充分表露于多数韩人之间，唯以时间局促，不及畅谈，十一时许，复至三楼立法院，接受立法院全体议员之招待。

韩国立法院为韩国国会之雏形，于去年十二月十日成立，共有议员九十人，半由民选，半由美方指定。由美方指定之四十五人中，多数原为左翼人士，嗣以种种关系，左翼人士大多退出。目下议长由金奎植博士担任，金在第一次世界大战后为唯一出席巴黎和会之韩国代表，在韩国政治地位较为超然。

记者团进入议场后，即坐于主席两旁，与全体议员相对，金议长态度雍容，唯以扶病出席，脸色略现憔悴，穿栗色韩国礼服，戴黑边眼镜，发言前先以木铎击桌，将记者团同人一一向议会介绍后，全体议员即热烈鼓掌，表示欢迎。

记者等进入议场后，第一印象即为中韩两国传统的亲交关系，迄未稍衰，议员对韩国内部的政治意见纵有不同，但在对华亲交一点上，无不竭力拥护。

主席台前挂有巨大韩国国旗一幅，两旁布幔下垂，那八卦上绣着的金线，不时在电灯照射下发着耀眼的光芒。

议员们的面部表情是热切的。坐后未久，张子一、崔鸣鹤两议员就递来了一张纸条，说是许多韩国学生渴望能到中国去留学，不知在现状之下，有无较佳的方法可以成全他们的志愿。

接着纸条子纷至沓来，有的期望中国能对目前的韩国加以援助，有的希望能经常看到一些中国的书报，有的则对主席在开罗会议中提出韩国必须独立的意见表示无限的感谢，有的则希望我们能抽出十分钟以至于五分钟的时间在会场以外与之一谈……

提到韩国独立问题，议员面部的表情是凄哀的，但他们一致认为在□状之下，协助与辅佐(Aid and Assistance)制度为韩国唯一可以采取之路。为了韩国独立，他们不愿意过左或过右，也不愿意在美苏两国之间得罪任何一方面。对于管，则全场的议员包括金奎植议长在内，无不激烈地抨击。他们认为在反对托管之大前提下，韩人是不惜与任何外力相斗争的。(据某一美国朋友的说法，Trusteeship 一辞，与托管截然不同，应当译作“信用委注”或其他更为适当的名辞才好，许多韩国的政治骚动实际上都是因了这翻译的错误，而酿成不幸的后果的。这话事实上确有一部分的理由。但在美苏两国关系紧张之状态下，无论“托管”也好，“信用委注”也好，“协助与辅佐”也好，对于韩国国民，在实质上却是很少分别的。)

我们在立法院停留了足有一个半小时，超出了预订的时间，但那种热烈迫切的气氛，却有力地吸引住我们，使我们忘却了时间的奔驰。

临行的时候，我曾询问立法院最近工作进行的情形，一位朴实的议员回答说:“我们现在正在草拟一个选举法，以便在情势许可时实行普选。虽然在真正的独立没有完成前，这一切原是装点门面虚应故事的事，但我们不得不作如此准备啊!”

午餐是在朝鲜饭店的大餐厅，军政府次长海梅克将军、外交部首席顾问森纳，以及全韩经济部代理部长梅尔登等美方高级官吏均出席作陪，于简单报告军政府各种组织与工作后，他们一致承认中韩两国有其悠久的亲交关系，故在美人之立场，亦望中韩两国之外交以及商业关系，能在短时期内逐渐推进。森纳上校并谓军政府已决定准许韩国船只悬挂其本国国旗出入所有港口，此事并将公告世界，以期韩国商船能自由前往世界各地，取得合法之保护，此于中韩两国贸易将发生重大影响(关于中韩贸易，因在宋子文统制政策之下，目下除走私外，绝少正常交易，而走私者多自香港转口，甚至自备轮舶往来载运，幕后似有极大组织)。

下午二时以后，我们又匆匆地参观了二个学校，在那里，我唯一的印象是韩国自由空气的浓厚，无论从操场、课室以及走廊上，男女学生虽然尚遗留着几分日人的礼节，但那种活泼自由的空气却不是日本任何学校所能企及的。

四时半出席白朗将军鸡尾酒会，在那里，记者遇到了方自我国来韩的前军调部美方代表罗士曼，左臂依然缠着一方红色的军调部的臂章，当其与记者握手致候之际，神情是显得那么的愉快和热烈。

晚间是韩国新闻协会、商会以及外交协会的联合宴会，地点是汉城最大的朝鲜馆子明月楼。

进门后，也像到日本馆子那么地脱去了鞋子，但一进客厅，那气象却完全不同了。

客厅的布置虽简单，但气魄却较在日本时所见的为阔大，地上是油光光的栗木地板，四围靠墙之处铺满着红缎的坐垫，坐垫上面绣着的是些蓝色的花鸟，因为客厅太广大了，所以看上去有点黯淡的感觉。

那天南韩各级政府官员以及政党、工商、文化各界的人士差不多都到了，光是介绍的时间，足足就花了一小时。接着就到邻室的大餐厅，菜是纯粹的朝鲜式，但在味觉上，却是中日两国食谱的掺合，并无特殊值得欣赏的东西。在宴会进行中，各方代表均分别致词，当社会民主党的领袖张光自诩该党为韩国唯一大党之际，门外纷扰突起，历久不息，询诸附近侑酒之歌妓，始悉其他党派因不满张光的演辞，所以有此纷扰，后经南韩警察署长出而干涉，始渐平息。

最后由歌妓表演"迎春曲"，那是纯粹的朝鲜古典剧，内容为描写一青年男子与情侣间之恋爱争夺，凄艳哀婉，予人以一异常强烈之印象。较之日本"舞踊"，无论从色彩、音乐，以及表现的手法讲，都有其独到与进步之处。唯音节哀怨，且无雄伟激动之力，为其缺点。但这是韩国历史的悲剧，不是音乐这个小小的项目所能负其责任的！

当离开明月楼的途中，记者等于整日紧张之后，身体不免疲惫，但在精神上却依然是异常激动的，因为在汉城一日，我们受尽了人间的尊荣，韩国朝野完全把我们当作了他们来自远方的兄长，那种亲切、尊敬，以及满怀着期望的感情，不是任何外交辞令所能表现其万一的。但这是祖先的光荣，我们这一代不过是分其余泽而已——在道义上，我们对于这一唇齿相依的弟兄之邦，实在脱卸不了扶持与协助的责任，但在国内外目前的情势下，我们却是显得那么的无力，愧一赧而外，实在觉得无话可说！

（原载于《日韩行脚》，读者文摘出版社，1947 年）

朝鲜义勇队

郭沫若

从国宣处出来之后，愈之因为还有别的事情和我分了手。我们约好了回头在鄱阳街聚齐，只等天黑，便一同上船。我趁着有这一段空闲时间，便坐着小汽车在汉口市上巡视了一趟。

特区没有什么大的变动。法租界已经戒严了，不能进去。绕道驶向日本租界。沿途所经过的所谓华界的市面是很凄凉的，差不多家家都关门闭户，只剩下一些饮食店还在半开门。车子绝了迹，但奇怪的是有好些面包车被抛弃在街头，没有人照料。这光景使我闷了一下，我开始不明白是什么缘故。但略一回想，也就立地了然了。这是有人在拉夫，把一些黄包车夫，不是拉走了，便是骇跑了。这样一领悟使我立地联想到“七七”献金时，很多黄包车夫和码头工人们热烈献金的盛况。才仅仅三个半月啦，保卫大武汉的成绩就是这样了！

日本租界更仿佛是一片墓地，这里原本预定炸毁，居民都老早搬空了。但惹人注目的是在街道的墙壁上，或在马路的正中，用沥青粗大地写着日本文的标语：“兵士在前方流血，财阀在后方享乐”，或“兵士的血和生命，将军的金鵄勋章”。这些还是我昨天拟好的文句，而今天已经爬上了墙壁，爬上了水塔，横陈在马路的当中了。

这是应该向朝鲜义勇队的朋友们致谢的。他们在这快要撤守的前几天被动员了起来，担任了这项工作。根据三厅所颁发的《对敌标语口号集》和临时由我所拟具的若干条，尽可能地在汉口市上涂写。就靠着这些朋友们的认真工作，就我所亲自见到的，他们的的确确是把汉口全市造成了一座精神堡垒了。

这话倒并不是我一个人在这儿故意地夸夸其谈，而是有着事实的根据的。后来我们根据俘虏的口供，得以知道敌人在占领武汉后，特为这些标语大伤脑筋。他们整整花了三天工夫来洗刷那些标语！但写在街头的尽管洗得干净，印进脑子里的未必便洗得干净。

我的车子在经过后城马路的时候，写标语的人还在继续着工作。他们三五成群地有的扛着沥青或油漆，有的扛着梯子，勤勤恳恳地在那儿争取时间——工作。

我得承认，这是我最受感动的一幕，然而也是我最感惭愧的一幕。那些都是朝鲜义勇队的朋友，明明白白地没有一个中国人在里面。我们中国应该是有不少懂日本文的人才的，留学过日本的学生，起码总怕有好几十万吧？然而在这武汉临危的时候，替我们写对敌标语的，却只有这些朝鲜的朋友们！

朝鲜义勇队的组织，在初是属于政治部第二厅，归康泽管辖的。在武汉要撤守的时候，暂时又拨归卫戍司令部政治部去了。但我们是可以间接指挥的。组织的情形我不大清楚，在思想上可能相当复杂。这是朝鲜朋友们的通病，他们的小党派很多，平常总是很不容易统一。但他们是膺受着亡国的惨痛的，流亡到中国来从事抗日工作，在他们自己的心理上，与其说为了帮忙我们，倒无宁是克尽他们的天职。因此，一般地说来，他们的爱国情绪，比起我们受足了买办教育熏陶的中国人，实在是要高超得不知道多少倍。因此，参加这义勇队的朋友们，尽管受着康泽、贺衷寒的控制，而在爱国行动的表现上是脱离了一切的羁绊的。

在汉口市巡视了一会之后，回到鄱阳街，愈之先坐在那儿等着了。周公因为事情忙，关照过吃饭时不要等他。我同愈之便草率地吃了最后一顿晚餐。饭后再到三井洋行去，总务厅的人们已经在搬动行李，准备上船了。

我们想找贺衷寒，向他告别，但找他不着。他往那儿去了，谁也不知道。

在七点钟的时候，周公却赶了来，和大家握了手。

我们于是便赶向码头，开始了不宜见天日的逃亡之路。

（原载于《华商报·茶亭》（香港）1948年11月13日；转载于《洪波曲》，百花文艺出版社，1959年）

东京的审判：日本对苏联的侵略

[苏联]M.拉金斯基　C.罗森伯力特

在帝国主义日本的统治集团所做的许多最恶劣的、反和平与反人性的罪行中，日本对苏联的侵略要占着一个主要的地位。

在东京审理主要战犯时，日本之作为远东的侵略发源地的作用已暴露无余。在苏联的控诉中提出了无数的文件和证人，确实地无可争辩地证明了日本军阀之准备匪性的进攻苏维埃国家，拟制侵略苏联远东的计划，在苏联的远东境内组织和实行非法的挑衅，已有数十年之久。苏联的控诉书把日本侵略者的企图奴役苏联人民、企图使蒙古人民共和国变为毫无权利的殖民地的罪恶的计划，在全世界的人士前面揭露了。

在一九一八年，苏维埃国家刚刚成立，当苏联击退了许多敌人时，日本军阀侵占了苏维埃的远东，而且在那儿掠劫了四年。日本干涉者在苏联境内所做的罪恶行为已举世皆知了。苏联人民现在还神圣地追悼被日本侵略者陷害的苏联人。

由于苏联人民的英勇的斗争，日本军阀们不得不退出了苏联领土。然而他们丝毫没有放弃他们的侵略的企图，他们不过是在等待对自己有利的时机而暂时则从事准备而已。

一九三一年，日本军阀占领了满洲。在一切日本侵略者的计划中都是把满洲当作与苏联作战的根据地的。他们准备这个战争，在满洲建设了防御，修筑了战略的交通线、飞机场、兵营、军火库，训练间谍、军事破坏者、暗杀者的干部。

驻在满洲的日本军关东军的人数一年一年的增加。在一九三一年关东军一共只有两师，人数在五万之内。一九三六年关东军已有士兵二十七万，而一九四一年底，其士兵官长的人数已增加到一百万。这一支经过选拔的军队是以最新的军事技术配备的，准备在东京的第一个信号一发出来就攻入苏联。

同时，日本侵略者也在自己的后方从事准备侵略战。把满洲中国农民最好的土地加以没收，让给在关东军中服役期满的士兵所改变成的日本移民。用这种方法造成数目极大的后备人员，他们可以在战争时立即加入日本军队，而使军队的人数大大的增加。由于尽力动员满洲人民，编成由日本军官指导的部队，这也能使关东军的力量增强。在日本主人的指使和他们直接参加之下，在满洲组织了一个"协和会"，它的任务是使人民准备反苏战争。所有在满洲服役的日本军官和自愿从事破坏苏联的活动的白俄都加入了这个会。还成立了一个叫做"进步团"的很有名的特别军事破坏队，它的任务是在苏联境内进行破坏和恐怖的活动。

日本侵略者在准备反苏战争时，并年复一年的来挑衅，以试探苏联的力量。

时常有日本军人侵犯苏联疆界的事件发生。常有日本军事团体所组织的武装匪帮越入苏联的领土，他们的任务是破坏铁路，杀害苏联人，进行间谍工作。

一九三八年，日本政府曾命令自己的军队进攻哈桑湖附近的苏联领土。外交的准备常领导着军事的进攻，日本驻莫斯科大使重光葵要求苏联边防军退出数十年来一直属于苏联的领土。由于这一无理要求受到坚决的拒绝，日本军事指挥部把他的军队开来作战了。日本整个的步兵师、强大的炮队和步兵预备队涌入了苏联边防军所守护的地带。事实上这是一个不宣而战的战争。日本大炮由前日本炮兵团长田中隆吉指挥，向苏联领土射击了一万二千发。苏联不得已把自己的野战部队开到作战区，并惩处日本军阀。于是疆界又恢复旧观。

这事并没有使失败的日本军人得到教训。一九三九年，日本军事指挥部又向另外一个地方——向蒙古人民共和国的疆界开来二十三个步兵师和满洲的骑兵部队，并进攻哈勒欣河区的蒙古领土。日本人又在这儿开始进行进攻守护无可争辩的属于蒙古人民共和国的领土的边防军。苏联是与蒙古人民共和国订有互助协定的，就把自己的军队调来援助她。这一不宣而战的战争延长四个月之久，参加的军队甚众，而它是以日本军队完全崩溃而结束的。

一九四一年六月二十二日希特勒德国之违约进攻苏联，使日本军阀增加了勇气。这些近视的政策认为苏联的命运没有几天了，决定有利的机会一到就实现侵略计划。虽有与苏订立的中立条约也阻止不了他们。他们与他们的联盟者——希特勒的观点一样，无耻地宣称条约对他们有利时才能生效。

而且，日本军阀与苏联缔结中立条约时就存心不良，要用这条约来做烟幕。东京的审判证明了正是这样的。

在与苏联缔结条约的两个月之前，日本驻柏林大使大岛曾得到正式的通报，知道德国将军队调向苏联边境，并准备出其不意的进攻。与苏联缔结条约的两个星期以后，日本外务大臣无耻地宣称德国若进攻苏联，日本将不顾中立条约而与德国联合行动。

日本军阀开始疯狂地准备进攻苏联。参谋本部拟订了这种准备的计划，给关东军施以特殊的训练。

一九四一年七月二日曾开了一个日本政府领导人的秘密会议，并有天皇裕仁参加。这一会议通过了“秘密进行反苏战争的军备”的议决案，利用外交谈判为屏障，等待德苏战争转为对日本有利的时机。

于是他们在等着有利的时机。

同时日本军阀又怕错过了这个机会，又怕希特勒德国在日本还没有来得及加入战争之前，她的“闪击战”已取得胜利。在日本参谋部中流行了一个口语：“不要坐失良机。”悲哀的战略家们没有想到这良机还远得很呢。他们是等不到的。有利的时机没有到来，而且它也不会到来的。希特勒德国被苏联的人民和军队的英勇努力击得粉碎了。

直到德国崩溃时，日本在形式上都没有和苏联交战。然而东京的审判无可争辩地证明了日本的侵略匪徒曾执行过她所拒不承认的任务，并曾积极协助希特勒进行反苏战争。

这种协助表现在：一百万有全部战斗准备的关东军留在苏联的边界上，威胁着苏联的远东，使苏联军队的统帅部不得不从抵抗德国法西斯蒂侵略者的战场上调回一支大军。

这种协助表现在：日本海盗击沉苏联的商船。

这种协助又表现于有系统地供给德国关于苏联的、关于苏联军队和军事工业的情报。

因此，日本实际上是站在德国那一边而与苏联交战的国家。

因此，在日苏中立条约一满期，苏联政府就不得已而根据该约之第三条废止该约。

苏联为了忠守盟国的义务，为了要尽力加速结束已使人类流了六年血的第二次世界大战，而对日宣战，并与盟国并肩击溃日本的军队，使日本无条件投降。

如此就肃清了远东的侵略世界的中心。这也是苏联的伟大的功绩。

（原载于《新闻类编》第1655号，1948年）

日本战俘在苏联的情形

佚名

自日本投降后三年以来，苏联遣送机关在遣送日本战俘及日本公民返国方面作了巨大的工作。

苏联遣送机关遵循苏联政府之训令在一九四六年着手遣送日本公民返国。从遣送开始之日起至一九四八年十月一日止，苏联当局已把八十四万余日本战俘及南库页岛日本居民遣送返国。

起初战俘及平民自然是归心似箭，因为每个人都希望及早返国，看看自己的亲友。但是，近来日本人在向苏联当局的个别谈话及信件益发表露出对祖国命运之焦虑，对自己及自己家庭返日后之恐惧，因为每个日本战俘现在都洞察其国内之艰难情况，这种情况是美国对日殖民政策及重行抬头的日本反动派所引起的。

日本居民的赤贫，失业的剧增，返日战俘命运的暗澹——这一切迫令每个居住在苏联的日本人深思熟虑被送返国的问题。这是非常自然的。因为他们住在苏联一切都可保障——工作、工资、住宅，他们不相信在日本也能获得这些。

日本兵士山本正确地说出离苏返日的日本人的心绪，反映出许多日本人的感觉：

“我们之中大多数人的欢快感觉为更深巨的恐惧自己命运的感觉所掩盖住了。如果现在还有人为我们奔走，以便使我们早日返国的话，则你们相信吧，一当我们回日本后，没有人将再为我们、为我们的家庭、为帮助我们觅求工作而奔走。非常确实，当我们回到故国时，我们就要悲叹我们必需艰苦生活，正如许多已返日本的战俘一样，他们在自己信中告诉我们这种苦况。”

日本战俘以及由南库页岛返国之公民深知一九四六年博多县协助遣送局在日本所出版的一本手册。更有一点，这册子是为指导遣送返日者而出版的，并请阅者广泛流传。

这手册提供了关于日本情况的十分清晰的景象。手册中的第一篇是“国内情况”，其中夹有下列诸句：“……国内是没有真正的政治独立的……”“……国内通货膨胀日烈”“……生产锐减……”“……工人尚能糊口，但失业者之处境确是难忍”“……按一九四五年十一月二十四日麦帅训令，分发复员者（即遣返者）之救济金已取消”……又称“……失业者约在三四百万之谱。如果工业中的这种情况仍将继续下去，则失业人数将增加了。对于你们返国者，觅求住宅和工作的问题将呈异常尖锐……”

的确有值得日本人深思熟虑的地方，并且□考虑到在情势继续剧烈恶化中的日本有什么东西在等待着他们。

已经遣送返日的，体验到美国人在日本所□立的“民主新秩序”的那些人的来信更影响居住在苏联的日本人。在这些信中，他们很是坦白，劝告那些希望避免已返国者所受的厄运的人们切勿返日。

所以，日本战俘及居于南库页岛之日本公民希望逃避遣送返日和留居苏联的情绪陡涨。

近来苏联当局接获日本人的大量申请书，恳求不把他们遣送返日，并允许他们留居苏联。

下面就是他们在申请书中所写的：

“我恳求不要把我送返日本而能居留苏联工作。我在接读已返国者从日本的来信时预测到了自己的命运。我懂得，如果我返回日本，我的命运将类似乎那些已返国内而不能觅得工作的战俘的命运。我想避免这恶运。”

“请原谅我未能明确剖白心意，我的处境很为难。我深为祖国之情况而烦恼。我爱日本但是目下尚不愿返日，请允许我住在苏联。我并非想借此抛弃祖国，祖国之命运使我惊讶，我可以预料美国人会如何处理日本。我不想返回没有政治独立的祖国。”

这种申请书多如山积，其中不但表露出日本人对自己命运、对亲友命运的个人焦虑，并且还表达出他们祖国现在及将来之危险，那里美国人在无法无天的乱搞，日本人民的基本权利备受侵犯。

日本人拒绝返国，只希望居留在苏联。

在居留在苏联国土的时日中，日本人确信了苏联人民的人道感情。他们不断感到苏联政府的关怀，即要使全体日本公民与战俘身体壮健，食饱衣暖，住所整洁。他们从日常来往的普通苏联公民处体味到异常人道的□度。

对日本人的这种人道的、关注的态度到处都明确地表现出来，特别是在允许日本战俘按其民族风习在收容所内组织自己的内部秩序与生活。又供给他们日文书籍，允许出版自己的报纸。

日本战俘膳食的配给量是与苏军兵士一视同仁的，烹调膳食者为日本战俘中之厨子。日本医药人员监督膳食之烹煮。

日本被俘兵士与军官，以及南库页岛的日本公民写了许多信，向苏联政府对他们的关怀表示谢忱。

下面摘录一些信中之词组：

“虽然我们是被□之人，但是对我们的态度是非常友谊的。苏联人民忘记了我们是俘虏，亲热地接待我们，关切地而公平地对待我们……为这一切我们向他们表示谢意。”

另外一信则称：

“我们从你们处获得款待，我们居住在温暖的营房里，获得精美的食品和服装。我们的兵士不会忘记说这句话：谢谢你们苏联人民。”

这就是日本战俘在苏联战俘收容所里的情形。

（原载于《新闻类编》第1681号，1948年）

远东黑暗时代过去了

——纪念日本签降三周年

[苏联]库得里雅夫柴夫

和在欧洲一样，苏联在赢得远东的和平所必要的条件方面，也曾起了决定性的作用。日本军阀们曾指望把战争拖长下去，他们并且把他们的占计寄托在西方同盟国与苏联之间的冲突上面。日本的军阀们必定估计到西方列强把开辟欧洲第二战场的事情故意拖延下去，估计到英美某些方面人士，当战争还在进行的时候，就企图与德国达成协议，单独讲和，以便让德国法西斯主义可以放手东进。在战争期间以及在战争结束以后的时期中，美国和英国的统治阶层人士所表现的反民主倾向，日本军阀们都很敏感地起了反应。

苏联参加反日战争，就打破了日本军阀们的阴谋计划，使日美两国反动派之间牺牲民主国家人民的利益而进行的秘密勾结发生困难了。苏军由于打败了在满洲的约一百万员名的日本关东军，迫使它放下了武器，这就粉碎了日本军阀们想利用满洲作为在太平洋进行持久战的根据地的打算。

这么一来，也粉碎了他们一心想牺牲各国人民的尤其是亚洲各国人民的利益，而与英美反动派人士可能妥协的希望。

假如说美国的独占资本家们现在正企图与日本军阀进行一种秘密勾结，那么，成功的条件就比一九四五年他们双方所指望的更不利得多了。

苏联对日本侵略者赢得了胜利以后，在战后的年份中也依然对于参加反日战争时所规定的高尚宗旨始终信守不渝。苏联的代表们在远东委员会中和盟国对日委员会中，一贯坚决主张精密而正确的贯澈波茨坦宣言中关于日本解除军国主义化与实行民主化的条件。

苏联，努力确保远东情势的正常化，坚主从早安排对日和约，应顾及太平洋所有一切国家的利益，而不应只顾及美国统治阶层中扩张派的小集团的狭隘自私的利益来予以贯澈。

一九四五年日本军国主义的败北，由苏联发挥了决定性的作用，对于日本人民的和亚洲其他各国人民的今后命运，决不会不留下痕迹的。

日本民主化的运动，已经在日本大众中间根深蒂固，这种运动博得全世界进步人民这么热烈的同情和声援，无论日本的反动派或美国的反动派，要使远东倒退到那黑暗的时代去都不会成功了，早在一九四五年，在满洲的战场上，那黑暗时代的结束就已经开端。

（原载于《时代》第8年第35期，1948年）

日本法西斯蒂猖獗，苏联代表要求制裁

塔斯社

盟国管制日本委员会苏联代表杰列维扬柯中将致函驻日美国占领军司令麦克阿瑟将军，其内容如下：

盟国管制日本委员会苏联代理委员基思伦阿少将，在八月十一日和在八月二十八日向盟管会特别会议所作的声明中，早已指出，美国占领当局和日本政府目前关于劳工问题所采取的措施，违反波茨坦宣言和远东委员会的政治决议。他们不是想恢复并加强日本人民中间的民主倾向，一如盟国的上述决议所要求的，而是相反地，要阻挠日本民主团体的活动，在许多场合竟对他们加以直接的压迫，破坏国家的民主复兴。

可是，到目前为止，这方面的局势一直没有任何改变。当局没有采取任何措施来打消七月三十一日日本政府禁止罢工和签定集体契约的颁令；同样地，也没有采取任何措施来阻止对日本工厂及办公室职工们所加的压迫。恰恰相反，事实证明，对日本工厂及办公室职工们所加的压迫，还是大规模地继续着，不仅是国营事业方面工厂及办公室的职工们，而且还有和国营工厂及机关毫无关系的一切其他工业部门的工人们，一概都遭到大批逮捕。

一方面是非法禁止日本学生的政治活动，同时抗议侵犯其权利的学生则被逐出于教育机关之外。

日本的报纸，特别是右翼反动派的报纸，日益公开地、直接地宣传着恢复投降以前国内存在过的警察军事统治的主张，并且号召要打击国内的民主势力。在这种情势下，非常自然地，由各种极端国家主义和法西斯主义份子所代表的日本极右派反动势力，一定会死灰复燃起来，展开他们的活动，在若干场合竟厚颜无耻地号召"在日本建立法西斯主义"。

作为例证，杰列维扬柯将军征引了若干反动集团所进行的宣传活动，特别是以管胜雄为首的关西区（大阪-神户区）的教授们。这个集团在日本全境出版着、传布着大量管胜雄所著的小册子,“向濒临灾厄边缘的祖国呼吁”。这本小册赞美着“墨索里尼的勋功伟绩”,号召在日本建立法西斯主义。

杰列维扬柯将军的这封信,进一步指出,这本小册子的序文是自由民主党党员写的,此人同时又是大阪-鬼石(Onisi)市议会议员,他完全赞同管胜雄的意见,誓愿“根据这本小册子的精神来完成精神革命”,声称将“在全国团结赞成我们的人,来创立新的团体”。

赞助这个法西斯运动的计有:关西大学校长岩崎,京都大学的白井教授、片山教授,神户大学的四个教授和三个助教,大阪大学的二十二个教授,京都纺织大学的崛田教授及其他五个教授,大阪高等学校校长高桥及其他等人。

杰列维扬柯将军指出,日本这些法西斯头脑的人们的活动一定会招致严重的后果。他强调指出,在占领政权的局面下,这些法西斯活动和法西斯主义的公开宣传之所以可能,乃是目前鼓励日本反动势力的可耻的政策之结果。

杰列维扬柯在结论中要求立刻采取措施,来禁止日本的法西斯宣传。他同时也要求,刊行并流布上述小册子的发起人和参与人们须受到制裁。

这封信同时分送盟管会的英国和中国代表。

(原载于《时代》第 8 年第 45 期,1948 年)

编后记

20世纪上半叶，东亚各国遭受了日本帝国主义的侵略。面对侵略，东亚各国人民进行了声势浩大的英勇斗争，涌现出一大批可歌可泣的英雄人物。抗日不仅是基于民族立场对外来侵略者的反抗，也是捍卫人类普遍正义的斗争。

记录这一历史过程的，不仅有遭受侵略的东亚各国人民，还有英国、美国等国的来华记者、作家等，甚至包括日本的反战作家。这些文献资料真实反映了抗日战场上的英雄事迹、民众的痛苦与抗争，以及国际社会对东亚反侵略斗争的关注，体现了全世界人民反帝反法西斯的主题。

纪实卷收录了1909—1948年问世的有关东亚抗日的报告文学、历史纪实、战场记录、回忆录等多种文献资料。这些资料涉及中国、日本、朝鲜、韩国、苏联等国家。其中有对安重根、尹奉吉、李奉昌、朝鲜义勇队等朝鲜抗日志士或团体的真实记录与描写，有对日本铁蹄践踏下的朝鲜社会现状之控诉，有对各国抗日情形之真实再现，还有绿川英子、鹿地亘等在华日本反战人士的深情回忆。

纪实卷对朝鲜抗日斗争的记录占据重要篇幅，涉及内容广泛，包括朝鲜独立运动的各个阶段、主要抗日人物以及朝鲜社会状况等。自甲午战争清政府战败后，朝鲜逐步被纳入在东亚率先走上现代化之路的日本的势力范围。1905年，日本强迫朝鲜签订了《乙巳条约》，剥夺了其外交权。1910年，日本完全吞并了朝鲜，将其变成了自己的殖民地。邻国朝鲜的境遇极大刺激了同样处于水深火热之中的中国人，《申报》《民国日报》等诸多中国报纸大量刊发了有关朝鲜状况的文章，一方面表露对朝鲜境遇的同情，另一方面也有警醒国人之意。朝鲜义士安重根刺杀伊藤博文更是引起了中国报刊的关注，流亡中国的朝鲜人在中国境内进行的革命斗争也不断进入时人的视野。尹奉吉在上海刺杀白川义则，李奉昌在东京孤身刺杀裕仁天皇，韩国独立军的青山里大捷，朝鲜义勇队与中国军队的并肩抗战，以及金九、赵素昂等诸多在华独立运动家的斗争等，不仅是真实的历史，也是取之不尽的文学素材，使我们在多年后依然可以通过纸面感受那曾经的赤子之心。

在中国境内从事反战活动的日本人绿川英子、鹿地亘以及一大批有名无名的反战人士，构成了纪实卷另一着重叙述的群体。绿川英子、鹿地亘基于对正义的坚守，超越了民族和国家的界限，致力于对军国主义的批判和对战争的反思，揭露了日本国内民族主义情绪的盲目性，让后人看到了“帝国”内部不同于帝国主义暴行的另一面。此外，像中川利一等从俘虏转变成反战人士的平凡人也因被记录在文学作品中，从而被后人所了解，为东亚抗日叙事增添了生动的篇章。

纪实卷还关注了苏联在远东地区的抗日斗争，从中可以了解苏联人民反抗日本法西斯的坚决态度，也可一窥苏联与日本在远东的政治与军事博弈。另外，《外人目睹中之日军暴行》(节选)、《自由中国用什么抗战?》等纪实作品，提供了英国、美国等国记者与作家的视角，使我们得以窥见东亚外部人士对抗日的关注和评价，丰富了东亚抗日的叙事维度。

纪实性文献是研究历史的重要资料，具有不可替代的价值。它们反映的不仅是历史事件本身，更包含了在历史洪流中的个体体验与群体记忆。上述资料散见于20世纪上半叶的报纸、期刊和图书，内容多为真人真事，为我们提供了跨越国境、跨越文化的多重视角，为我们回顾东亚抗日历史提供了重要的文献支撑，对其进行整理有助于深入挖掘抗战的多重意义，并警醒后人反对战争、珍惜和平。

韩　晓

2025年5月10日